福州年鉴

FUZHOU YEARBOOK

2014

（总第27卷）

《福州年鉴》编纂委员会　编

方志出版社

图书在版编目（CIP）数据

福州年鉴．2014/《福州年鉴》编纂委员会编．—北京：方志出版社，2014.9
ISBN 978-7-5144-1364-9

Ⅰ．①福… Ⅱ．①福… Ⅲ．①福州市—2014—年鉴
Ⅳ．①Z525.71

中国版本图书馆 CIP 数据核字（2013）第 211043 号

福州年鉴（2014）

编　　者：《福州年鉴》编纂委员会
责任编辑：刘方圆

出 版 人：冀祥德
出 版 者：方 志 出 版 社
地址　北京市朝阳区潘家园东里 9 号（国家方志馆 4 层）
邮编　100021
网址　http://www.fzph.org
发　　行：方志出版社出版发行部
（010）67110500
经　　销：各地新华书店
印　　刷：福州贞祥印刷有限公司

开　　本：889×1194　　1/16
印　　张：31.625
字　　数：1240 千
版　　次：2014 年 9 月第 1 版　　2014 年 9 月第 1 次印刷
印　　数：0001～2000 册

ISBN 978-7-5144-1364-9/K·1111　　定价：245.00 元

《福州年鉴》编纂委员会

《福州年鉴》编辑部

主　　编：张　硕

副 主 编：王小珍

编　　审：（按姓氏笔画顺序）

陈　敏　陈文忠

责任编辑：（按姓氏笔画顺序）

陈　敏　苏　颖　吴　燕　邱敏佳　黄　铭

目录翻译：曹　斌

内文排版：周　燕

封面设计：福州讯腾文化传媒有限公司

彩页排版：福州讯腾文化传媒有限公司

《福州年鉴(2014)》撰稿人名单

(按姓氏笔画为序)

丁可锋　马师钦　方长旺　方善明　王小雨　王公略　王东曜　王庆金　王　均　王其斌
王学兴　王明新　王　勉　王香双　王香花　王晓锋　王晓慧　王珠琴　王　翀　王绮萍
王　鸿　王智武　王鹏丽　王　霖　卢菲菲　史中华　叶　巧　叶伟奇　叶彭清　叶　智
申家驹　石美琳　伍能位　刘　仁　刘必华　刘婷婷　刘　媛　吕南勋　孙珅瑾　庄亚辉
庄琳芳　朱寿良　朱福星　江　航　江艳青　池家激　许　宁　许信证　齐　娟　严　平
何　云　何仲武　何晓斌　余　芳　余荣发　吴旭华　吴志琴　吴陈勇　吴玫颖　吴金捷
吴恭济　吴晓鹰　吴　晶　吴　薇　宋增清　岚晋平　张力勤　张大仁　张先玲　张兴亮
张　丽　张丽玲　张　灵　张其顺　张　祎　张　春　张　洁　张洪新　张晓江　张清炎
李陈彬　李小军　李仲才　李财满　李诗婷　李　勇　李宣庆　李海峰　李爱娟　李　敏
李　晴　杜武义　杨兰英　杨　芳　杨济亮　杨　贵　杨家铸　杨晓翔　沈冰娟　沈晓琴
肖登峰　花云龙　苏　成　苏燕铃　邱长新　邱金炜　邱钰香　邱　爽　邹春烨　陈小平
陈中钦　陈为杰　陈云娟　陈少华　陈成铜　陈丽燕　陈张玲　陈　秀　陈迎旭　陈国栋
陈定超　陈明亮　陈　炜　陈直华　陈茂华　陈俊忠　陈俏彬　陈剑雄　陈　勇　陈玲颖
陈　艳　陈　敏　陈　鸿　陈　敦　陈　琼　陈超俊　陈　辉　陈　锋　陈　嘉　陈　燕
陈　璐　陈　巍　周江航　周耿忭　周韶辉　林小凤　林为诚　林文亮　林木荣　林艺芳
林　东　林伟民　林伟群　林希文　林志鸿　林秀忠　林　怡　林明忠　林　青　林剑新
林　涛　林　莹　林培斌　林　捷　林　敏　林智方　林　焱　林　磊　林　燕　欧阳彪
罗长武　郑　丹　郑永平　郑玉捷　郑　尧　郑荣火　郑海云　郑彩蝉　郑颖青　郑鑫欣
侯卫平　侯存真　姚　颖　姜　炜　施理光　柳　铠　洪惠淑　胡志顺　赵彦邦　饶　潇
唐　宜　徐本元　桑　莹　秦　林　翁锦昕　谈张德　郭莉萍　郭耀武　钱聪海　高剑旻
高晓燕　高爱静　曹友权　梁　瑜　符　燕　黄小莉　黄正洪　黄庆华　黄绍梁　黄剑峰
黄　威　黄　闽　黄　凌　黄　强　黄增华　曾令锋　曾　加　曾彩华　温昌经　温盛楠
游向东　程　栩　董炳强　董　颖　谢宏峰　谢冠君　谢美梅　谢　辉　谢　鑫　简素玉
詹志勤　赖仕贤　赖庆明　雷全福　廖　飞　蔡志远　潘　丹　潘丽丽　潘　珍　潘鸿杰
黎发明　黎　明　薛秀敏　戴志雄　戴晓铧　戴　新　魏文忠

编 辑 说 明

一、《福州年鉴》创刊于1988年，由福州市人民政府主办，《福州年鉴》编纂委员会逐年编纂，一年1卷。《福州年鉴(2014)》为总第27卷，主要记载2013年度福州市的基本情况、发展变化及年度大事要闻。

二、《福州年鉴(2014)》设有42个栏目、253个分目、1418个条目。全书配有57幅彩页、99张内文照片、105幅图表。主体内容有三个部分：(1)卷首设特载、专文、大事记、市情概貌；(2)主体部分为各类事业；(3)卷末设县(市)区，调研课题，人物，法规、规章政策选录以及统计资料。

三、本卷继承了2013卷之前各卷基本篇目又结合年度特点有所调整创新。如，"三坊七巷"栏目更名为"三坊七巷等历史文化街区"，以突出福州作为历史文化名城的地域特色；"政法"栏目的"政法委"分目更名为"社会管理综合治理"，"民营经济"栏目的"发展的政策环境"分目更名为"民营经济服务平台"，以突出社会管理与服务民营经济的重要性。将"人民政府"栏目的"重点项目完成情况"分目上调至"专文"栏目中，以突出重点项目的引领带动作用。"服务业"栏目的"商贸经济"分目拆分为"综述""传统服务业""现代服务业"3个分目，使之更加符合经济发展不同阶段与社会分工的特点。"文化　出版　传媒"栏目中的"专业文艺、公共文化、文化市场、非物质文化遗产、文博事业、文化交流活动"分目顺序调整为"公共文化、专业文化、文化市场、非物质文化遗产、文化交流活动、文博事业"，以理顺文化事业的不同内容。

四、本卷稿件主要由市直部门、各县(市)区、驻榕部队、省直单位提供。有些全局性的工作，考虑到各部门、各单位职能交叉、工作分工不同，有些条目内容记述采取详略不同、角度各异、交叉描述等方式，以做到既不遗漏各部门的主要工作，又避免简单重复。此外，由于各供稿单位资料来源、统计口径及统计时点不尽相同，个别数据可能略有差异，读者在引用相关数据时应以福州市统计局正式公布的统计数据为准。

五、本卷的组稿、编纂出版得到全市各级各部门的重视与支持，谨此，《福州年鉴》编辑部向所有关心、支持和直接参与本卷编纂工作的领导、同志深表谢意与敬意。

福州市地图
福州市
鼓楼区
晋安区
台江区
仓山区
马尾区
长乐市
福清市
闽侯县
连江县
罗源县
闽清县
永泰县
平潭县
平潭综合实验区
马祖列岛
白犬列岛
东洛列岛
福州长乐国际机场
福州竹岐直升机场
东张水库
福州至基隆149海里(276千米)
福州至上海433海里(802千米)
福州至温州174海里(322千米)
福州至沙埕104海里(193千米)
福州至三都67海里(124千米)
福州至涵江109海里(202千米)
闽江口
台湾海峡
兴化湾
东海
莆田市
涵江区
荔城区
城厢区
秀屿区
仙游县
古田县
图例
省级行政中心
设区市行政中心
综合实验区
县级行政中心
街道办事处、镇、乡
居委会、村委会
设区市行政区域界
县级行政区域界
山峰
铁路
在建铁路
高速公路
在建高速公路
国道及编号
省道及编号
一般道路
比例尺 1:830 000
地图审图号：闽S（2014）55号
福建省制图院 编制

南平市
宁德
三明市
泉州市
莆田市
古田县
古田水库
闽江
九龙山
水口水库
尤溪
鹫峰山
古田溪
牛母山
1403
霍口溪
山仔水库
旗山
1130
莲花峰
1213
安仁溪水库
闽清县
闽侯县
福州市
鼓楼区
仓山区
戴云山
张帽峰
1238
永泰县
大樟溪
古崖山尾
1000
瑞云山
东湖尖
1682
石谷解
龙江
东张水库
（石竹湖）
大帽山
963
东圳水库
涵江区
莆田市
城厢区
荔城区
龙门滩水库
木兰溪
仙游县
秀屿区

福州市地势图
青山岛
白马山
东冲半岛
浮鹰岛
西洋岛
罗源县
西洛岛
东洛岛
黄岐半岛
东引岛
西引岛
高登岛
大丘岛
小丘岛
马祖列岛
北竿塘岛
（长屿山）
目屿岛
连江县
敖江
粗芦岛
川石岛
马祖岛
（南竿塘岛）
琅岐岛
马尾区
闽江
长乐市
白犬列岛
西犬岛
东犬岛
东海
风洞山
566
东洛列岛
东洛岛
西洛岛
竹排屿
山白岛
南班岛
东洲岛
小练岛
大练岛
峻山岛
大墩岛
屿头岛
君山
435
东庠岛
小庠岛
东壁岛
海坛岛
平潭县
平潭综合实验区
姜山岛
牛山岛
白姜岛
草屿
塘屿
东甲岛
南横岛
目屿
仁屿
大蛇岛
台湾海峡
高度表
（米）
1750
1550
1450
1350
1150
1000
750
500
350
200
0
100
深度表
（米）
图例
省级行政中心
设区市行政中心
综合实验区
县级行政中心
设区市行政区域界
县级行政区域界
河流
水库
比例尺 1:830 000
地图审图号：闽S（2014）55号
福建省制图院 编制

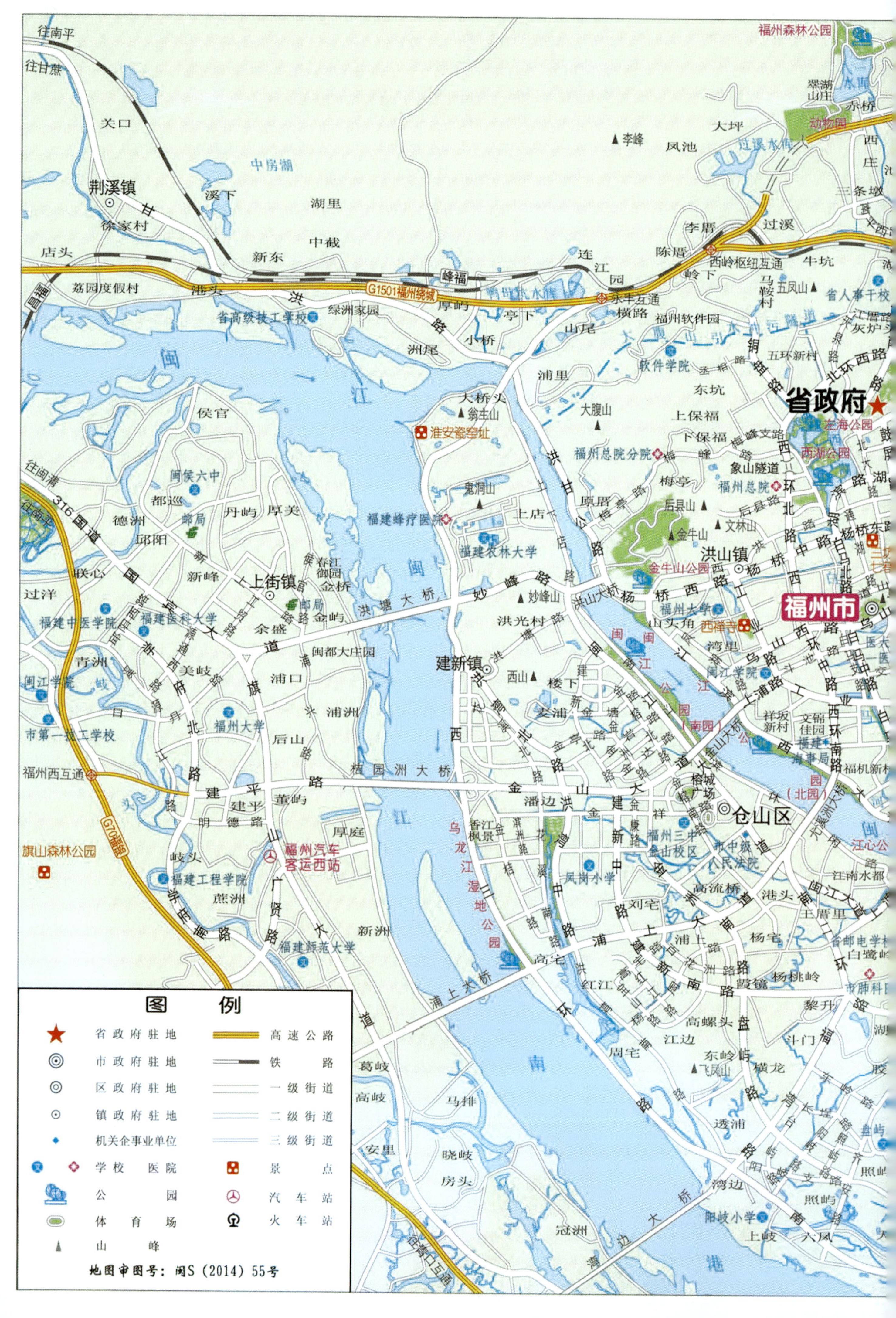

福州森林公园
往南平
往古田
关口
中房湖
湖里
荆溪镇
溪下
徐家村
中截
店头
新东
荔园度假村
港头
峰福
G1501福州绕城
省高级技工学校
绿洲家园
厚屿
亭下
连江园
永丰互通
横路
福州软件园
山尾
小桥
洲尾
浦里
软件学院
东坑
大腹山
上保福
下保福
李峰
凤池
大坪
过溪水库
动物园
李厝
陈厝
过溪
西岭枢纽互通
牛坑
五凤山
省人事干校
五环新村
北环西路
省政府
左海公园
西湖公园
梅峰支路
象山隧道
福州总院
福州总院分院
梅亭
原厝
后县山
文林山
金牛山
金牛山公园
洪山镇
杨桥东路
福州市
西禅寺
福州大学
山头角
湾里
闽江学院
上浦路
祥坂新村
文锦佳园
福建海事局
福机新村
闽江公园
(南园)
(北园)
江心公园
仓山区
福州三中金山校区
市中级人民法院
高湖桥
港头
王厝里
杨宅
白鹭
杨桃岭
黎升
斗门
横龙
东岭屿
飞凤山
江边
高螺头
周宅
红江
高宅
浦上
浦上大桥
透浦
湾边
湾边大桥
阳岐小学
上岐
六凤
照屿
盘屿
大桥头
翁主山
淮安窑遗址
鬼洞山
上店
福建省疗养院
福建农林大学
妙峰山
洪山大桥
洪光村
建新镇
西山
楼下
金洲北路
潘边
金山
建新中路
凤岗小学
刘宅
乌龙江湿地公园
香江枫景
橘园洲大桥
南港
冠洲
马排
晓岐
房头
安里
高岐
葛岐
侯官
闽侯六中
都巡
邮局
丹屿
厚美
德洲
邱阳
新峰
上街镇
金桥
金屿
洪塘大桥
妙峰路
春江御园
余盛
闽都大庄园
浦口
浦洲
后山
联心
过洋
福建中医学院
福建医科大学
青洲
美岐
福州大学
闽江学院
市第一技工学校
福州西互通
316国道
往闽清
往南平
建平
董屿
厚庭
福州汽车客运西站
旗山森林公园
G70福银
岐头
福建工程学院
蔗洲
新洲
福建师范大学
图 例
省政府驻地
市政府驻地
区政府驻地
镇政府驻地
机关企事业单位
学校 医院
公园
体育场
山峰
高速公路
铁路
一级街道
二级街道
三级街道
景点
汽车站
火车站
地图审图号：闽S（2014）55号

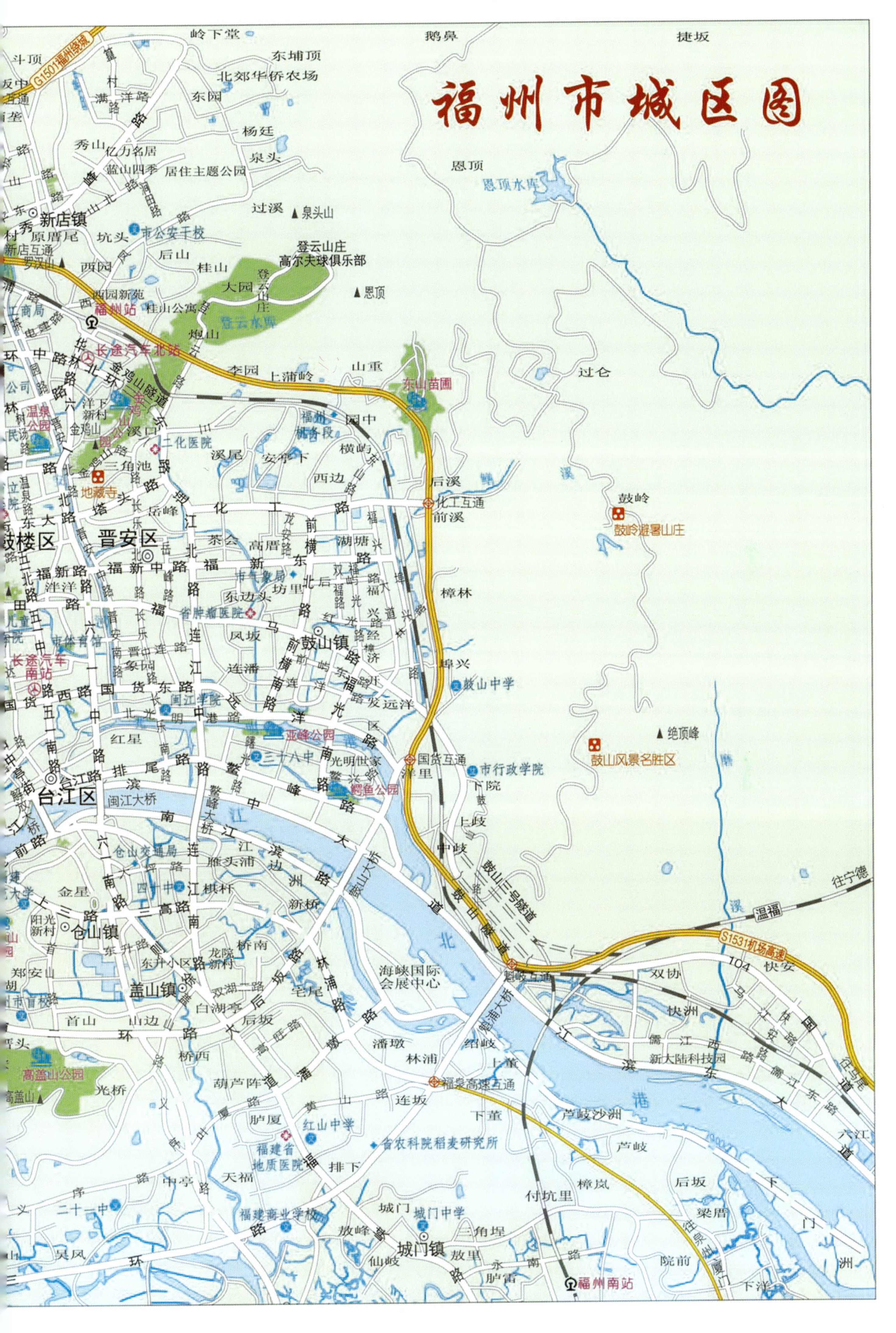
福州市城区图
岭下堂
鹅鼻
捷坂
东埔顶
北郊华侨农场
东园
杨廷
泉头
恩顶
恩顶水库
秀山
亿力名居
蓝山四季
居住主题公园
过溪
泉头山
新店镇
原唐尾
坑头
市公安干校
新店互通
罗汉山
西园
后山
登云山庄
高尔夫球俱乐部
桂山
大园
恩顶
西园新苑
福州站
桂山公寓
登云水库
炮山
长途汽车北站
李园
上蒲岭
山重
过仑
东山苗圃
金鸡山隧道
温泉公园
金鸡山
二化医院
福州机务段
园中
溪尾
安平下
横屿
西边
三角池
地藏寺
后溪
化工互通
前溪
鼓岭
鼓岭避暑山庄
鼓楼区
晋安区
茶会
高唐
湖塘
福新路
市气象局
东边头
坊里
樟林
省肿瘤医院
凤坂
鼓山镇
市体育馆
长途汽车南站
连潘
埠兴
鼓山中学
国货西路
闽江学院
发远洋
绝顶峰
红星
亚峰公园
三十八中
光明世家
国货互通
市行政学院
鼓山风景名胜区
台江区
台江路
闽江大桥
鳌峰路
鳄鱼公园
洋里
下院
上岐
仓山交通局
中岐
鼓山大桥
鼓山二号隧道
往宁德
温福
S1531机场高速
鼓山隧道
金星
四十中
雁头浦
棋杆
新桥
阳光新村
仓山镇
东升小区
龙院新村
桥南
海峡国际会展中心
魁岐互通
双协
104
快安
郑安山
盖山镇
双湖二路
宅尾
市盲校
白湖亭
后坂
快洲
首山
山边
潘墩
绍岐
魁浦大桥
新大陆科技园
桥西
林浦
上董
高盖山公园
光桥
葫芦阵
福泉高速互通
连坂
芦岐沙洲
高盖山
胪厦
红山中学
下董
福建省地质医院
省农科院稻麦研究所
芦岐
六江道
排下
天福
中亭
樟岚
后坂
二十一中
付坑里
梁厝
城门
城门中学
福建商业学校
三角埕
敖峰
城门镇
吴凤
仙岐
放里
胪雷
院前
福州南站
下洋

土地面积：11968 平方公里
年末户籍总人口：665.49 万人
年末常住总人口：734 万人
全社会从业人员：462.66 万人
城镇化率：65.9%
地区生产总值：4678.5 亿元
第一产业总产值：402.26 亿元
第二产业总产值：2133.6 亿元
第三产业总产值：2142.63 亿元
财政总收入：689.12 亿元
地方财政收入：453.97 亿元
地方财政支出：533.84 亿元
全社会固定资产投资：3869.84 亿元
社会消费品零售总额：2681.72 亿元

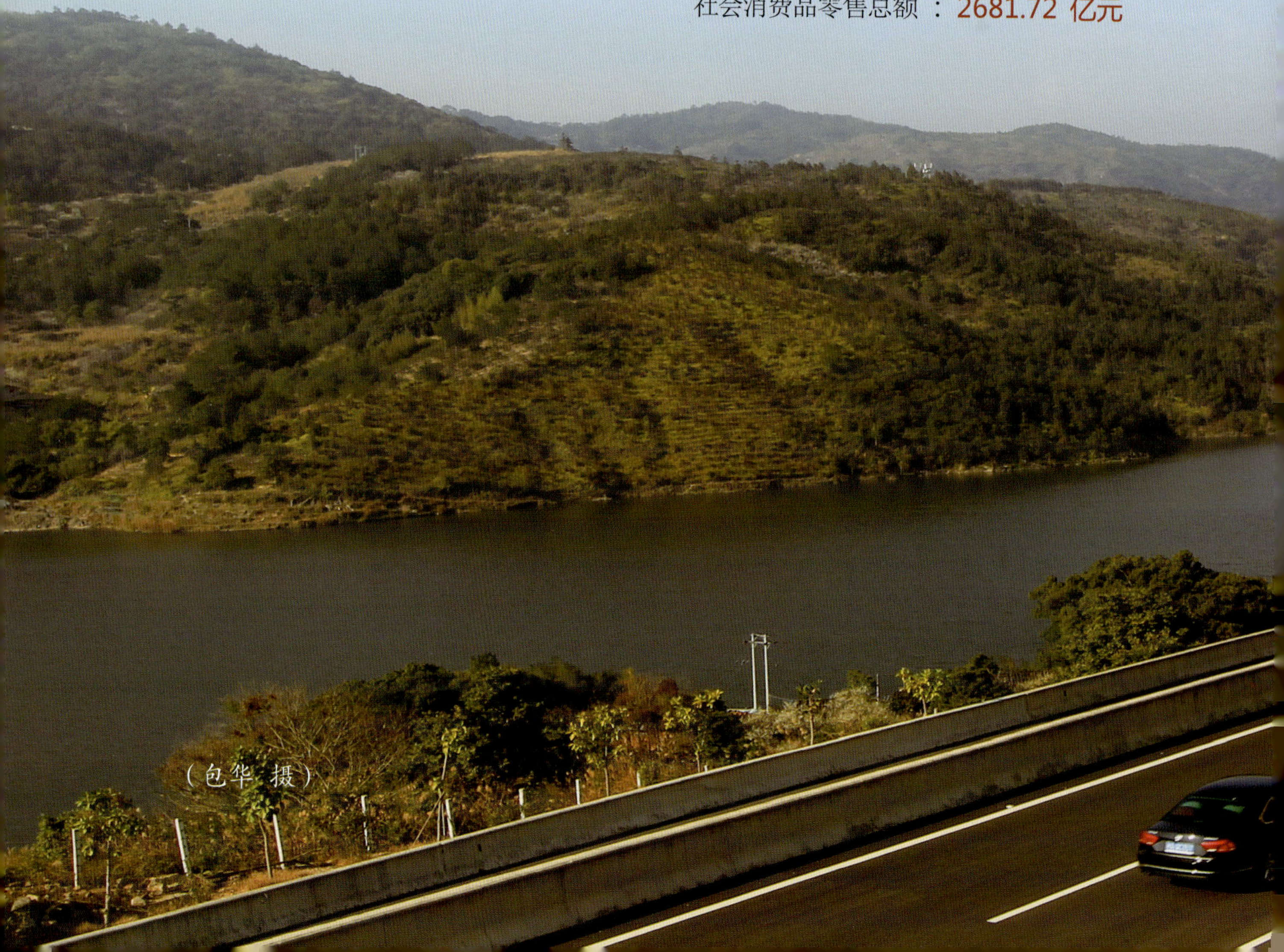

（包华 摄）

出口总额：193.37 亿美元
进口总额：120.92 亿美元
实际利用外资：14.31 亿美元
施工房屋建筑面积：6871.04 万平方米
竣工房屋建筑面积：832.55 万平方米
商品房销售额：1411.79 亿元
接待境外旅游人数：90.5 万人次
高等院校：32 所
中等职业技术学校：56 所
文化馆：12 个
博物馆、纪念馆：15 个
公共图书馆：13 个
卫生机构数：1959 个
卫生机构床位数：31175 张

城市道路长度：1180.8 公里
城市道路面积：2590.82 万平方米
建成区绿化覆盖面积：10594 公顷
人民币存款余额：8746.76 亿元
人民币贷款余额：7773.64 亿元
储蓄存款余额：3215.33 亿元
在岗职工年平均工资：53333 元
城镇居民人均可支配收入：32265 元
城镇居民人均消费性支出：21695 元
城镇居民恩格尔系数：36.9%
农村居民人均纯收入：12910 元
农村居民人均生活消费支出：9311 元
农村居民恩格尔系数：43.1%
居民消费价格指数：102.6%

5月20日，省委书记尤权、省长苏树林等省领导率检查组在福州市开展工作检查。在省委常委、市委书记杨岳，市长杨益民陪同下，检查组一行先后赴台江区、仓山区、马尾区、长乐市，实地查看福州市的项目建设情况（俞松 摄）

8月20日，市委十届六次全会召开，审议通过《关于全力推进福州新区开放开发 在更高起点上加快建设闽江口金三角经济圈的意见》（俞松 摄）

5月14日，市委市政府检查组在连江县察看总投资400亿元的申远新材料项目（俞松　摄）

8月18日，以“文明福州　绿色出行”为主题的福州市民绿色骑行活动在福州东江滨边举行（俞松　摄）

6月19日，琅岐闽江大桥主桥合龙。该桥主塔高223米、主线长1280米，为全市第一大桥、全省第二大桥（叶义斌 摄）

9月26日，向莆铁路正式开通运营（包华 摄）

5月18日，福永（福州至永泰）高速公路试通车，标志福州实现“县县通高速”，永泰正式纳入福州半小时经济圈（俞松 摄）

后坂新城一区、二区年内基本竣工。后坂新城保障房项目建筑面积32.77万平方米，其中一区和二区共有保障房2307套（俞松 摄）

旧工人文化宫电影院（俞松 摄）

11月3日，改扩建后的福州工人文化宫正式揭幕并投入使用（俞松 摄）

1	
2	3

4	5
6	

1. 1月18日，“海峡光缆1号”工程竣工仪式在福州和台北同时举行，两个会场通过视频连线方式实现视频通话。图为福州会场（柯研 摄）
2. “海峡光缆1号”为首条跨越台湾海峡的海底光缆，光缆从台湾淡水直接连接福州长乐，总长度约270公里，其中海中段约208公里。图为光缆内部构造（俞松 摄）
3. 福清核电4号机组年内正式开工（俞松 摄）
4. 7月27日，海峡（国际）照明创意中心光影剧场在福州橘园创意广场内挂牌营业，成为该中心首个对外营业项目，标志海峡(国际）照明创意中心进入实质性运营阶段（叶义斌 摄）
5. 海峡奥林匹克体育中心主体育场建设初具规模（包华 摄）
6. 福州市城市发展展示馆年内完成公共部分区域的二次装修（俞松 摄）

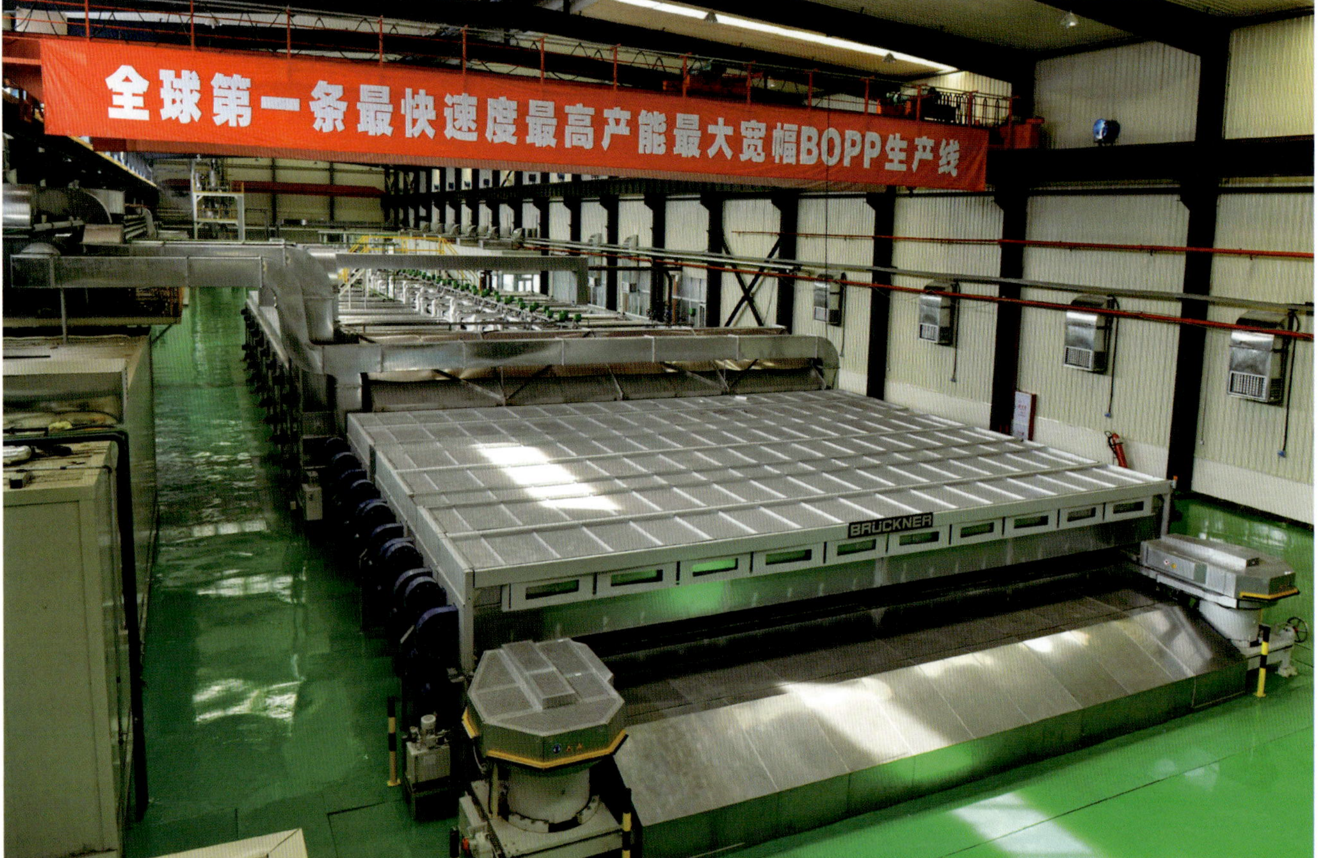
全球第一条最快速度最高产能最大宽幅BOPP生产线
BRÜCKNER

创新尽责求精

1	2
3	
4	5

6	
7	8

1. 地铁1号线城门站至三角埕站区间下行线贯通，为1号线动工以来盾构施工难度最大的区间（包华　摄）
2. 江阴港区5万吨级的10号液体化工码头年内基本建成，为港区内首个化工专用码头和福州现有的最大液体化工码头（杨婀娜　摄）
3. 落户罗源湾开发区的全球第一条最快速度、最高产能、最大宽幅的双向拉伸聚丙烯薄膜（BOPP）生产线于8月上旬投产，年产值可达10亿元（池远　摄）
4. 全省最大的油茶深加工厂——福建胜华农业科技发展有限公司在永泰县投产（俞松　摄）
5. 位于江阴工业集中区的天辰耀隆己内酰胺生产线年内竣工（池远　摄）
6. 1月20日，位于闽侯县竹岐乡的全省首个通用航空产业基地——福州通用航空基地通过验收，开始试运营（俞松　摄）
7. 德通公司投入3.8亿元在连江县新建生产基地，引进世界先进的两片罐生产线（池远　摄）
8. 长乐市长源纺织三期年内实现新增产值15亿元（俞松　摄）

1
2
3
4
5

海峡两岸经贸交易会简称“5·18”活动或“海交会”，前身为1994年创办的“中国福州国际招商月”。21年来，招商月、海交会的规模不断提升，参会的国家和地区数量不断增加，项目投资、经贸交易、参展客商迭创新高，招商引资成效显著，成为福州集聚开放要素的平台、提升开放层次的载体、展示开放形象的窗口。

1. 2013年5月18日，第十五届海峡两岸经贸交易会、第十届中国福建商品交易会暨福州国际招商月20年回顾展在福州海峡国际会展中心开幕。省委书记尤权，省长苏树林，省委常委、市委书记杨岳，市长杨益民参观回顾展（俞松 摄）
2. 1996年起，中共福建省委、福建省政府把福州国际招商月与厦门“9·8”投洽会并列为福建两大国际性招商经贸活动。图为1996年福州国际招商月活动开幕式在五一广场举行（杨婀娜 摄）
3. 1994年10月，举办首届中国福州国际招商月（杨婀娜 摄）
4. 1999年，招商月拓展为“5·18”海交会，并新增由省政府主办的海峡科技文化博览会。图为1999年福州招商月开幕式上的重点项目签约仪式（杨婀娜 摄）
5. 2005年，商务部批准规范展会名称为“海峡两岸经贸交易会”（简称“海交会”）。图为2005年海交会上首次零关税直航大陆的台湾农产品（杨婀娜 摄）

11月27日，全省首个以雷锋命名的“雷锋少年邮局”在晋安区教师进修学校附小揭牌并试营业（包华 摄）

第十一届中国海峡项目成果交易会期间，福州馆展出的3D水晶打印机，吸引众多客商和市民参观（杨婀娜 摄）

10月25—28日，首届中国（福州）寿山石文化节暨第九届中国名石雕刻艺术展在三坊七巷光禄吟台举行（叶义斌 摄）

11月16日，福州市第一医院在罗源县开展三级巡回医疗（市卫生局 供）

8月13日七夕夜，“兰秋河畔　时尚坊巷”七夕文化活动在三坊七巷举行，再现传统七夕民俗（杨婀娜　摄）

5月25日，福州儿童医院新病房大楼主体工程封顶（叶义斌　摄）

6月14日，第四届海峡两岸船政文化研讨会召开，海峡两岸船政文化交流周活动同期开展（俞松　摄）

12月20日晚，专场演出在福清市体育馆举行（俞松 摄）

在12月20日晚的专场演出中，歌唱家宋祖英带领10个合唱团方阵以及全场观众，一起歌唱《爱我中华》（杨婀娜 摄）

12月20日上午，中国音协文艺小分队赴福清洪宽工业区进行慰问演出，歌唱家吕继宏登台演唱歌曲（杨婀娜 摄）

12月20日上午，中国音协文艺小分队赴福清祥兴箱包集团进行慰问演出，歌唱家张也登台演唱歌曲（俞松 摄）

在12月20日晚的专场演出中，歌唱家王丽达演唱歌曲《有福之州》（杨婀娜 摄）

12月20日，“中国梦·侨乡情”——中国文联、中国音协“送欢乐下基层”走进侨乡慰问演出在福清市举办。该活动由中国文联、中国音乐家协会、省委宣传部、省文联、市委市政府主办，省音乐家协会、市委宣传部、市文新局、市文联、福清市委市政府承办。中国音协同时组织两支文艺小分队分赴福清祥兴箱包集团、福清洪宽工业区进行慰问演出。

1. 10月27日，以“悦动福州•活力福建”为主题的第八届全国城市运动会倒计时两周年启动仪式及系列活动在五一广场举行（叶义斌 摄）
2. 11月16—18日，“依波表杯”2013年环福州•永泰国际公路自行车赛举行（俞松 摄）
3. 3月30日，福州12小时超级马拉松赛举行，为大陆唯一的12小时超级马拉松赛（俞松 摄）
4. 4月23—28日,2013年世界沙滩排球巡回赛“融侨杯”福州公开赛在福州南江滨沙滩排球场举行（俞松 摄）
5. 1月1日，2013年“中国体育彩票”全国新年群众登高健身活动在福州鼓山开幕，为该活动举办18年来首次在福州设立主会场（俞松 摄）
6. 11月23日，福州市第五十届中小学生运动会开幕式在福建省奥林匹克体育中心举行（俞松 摄）

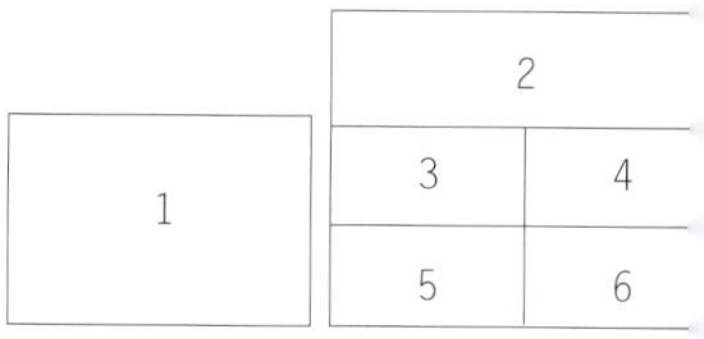

1	2	
	3	4
	5	6

11-01
12-01
4-01
18-01

JPN

2013年中国体育彩票全国新年群众登高健身活动
福州主会场

福州市第五十届中小学生运动
主办单位：福州市教育局 福州市体育局

1月12日，"2013福州海峡创意设计周"在南后街开幕。来自全国的300多件创意精品集中亮相，两岸设计师同台交流（俞松 摄）

5月18日，以"凝聚共识、分享创意、融合共赢"为主题的福州（国际）服务外包论坛暨首届榕台服务外包产业峰会在福州海峡国际会展中心举办（市外经贸局 供）

8月3日，由国台办、全国青联、省政府联合主办，省台办、省青联、市政府共同承办的海峡青年（福州）峰会在福州海峡国际会展中心开幕。两岸青年在形如“中国龙”的梦想墙上张贴“梦想龙鳞”（俞松 摄）

10月16日，海峡两岸红十字水上应急救援培训项目首期水上救生员培训班在福州开班（廖云岚 摄）

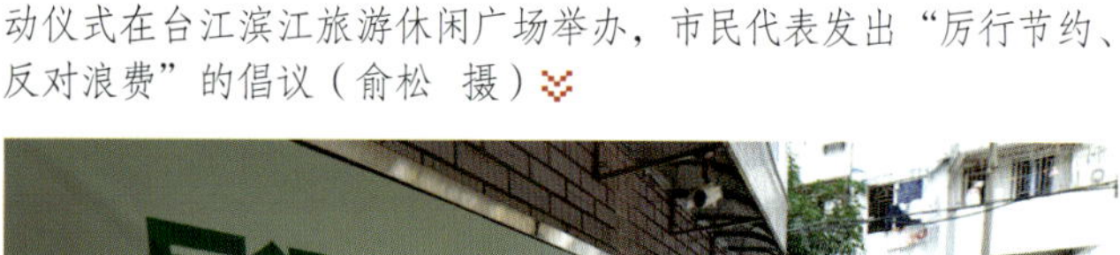

1月26日，“我们的节日•春节”主场活动暨“文明过年”系列活动启动仪式在台江滨江旅游休闲广场举办，市民代表发出“厉行节约、反对浪费”的倡议（俞松 摄）

6月2日，外籍驻榕志愿者在“关爱山川河流 建设美丽福州”志愿服务活动启动仪式上合影（陈乙鼎 摄）

晋安区卫生局开展“服务百姓 健康行动”系列活动。图为医务工作者在日溪乡开展义诊活动（市卫生局 供）

7月13日，台风“苏力”在连江县登陆，公安民警和武警官兵救助受困“五保”老人（俞松 摄）

6月1日起，福州市开展非机动车、行人交通违法行为专项整治行动，同时在全市范围开展“不闯红灯从我做起，做文明有礼的福州人”主题宣传实践活动，组织志愿者参与文明交通主题活动，遏制“中国式过马路”等陋习（叶义斌 摄）

目　　录

特　载

全力推进福州新区开放开发　在更高起点上加快建设闽江口金三角经济圈
——中共福建省委常委、福州市委书记杨岳 2013 年 12 月 30 日在全市经济工作会议上的讲话(节选) …… (1)
政府工作报告
——福州市人民政府市长杨益民 2014 年 1 月 5 日在福州市第十四届人民代表大会第三次会议上的报告(节选) …… (5)

专　文

2013 年市委市政府为民办实事项目完成情况 …… (11)
2013 年福州市"五大战役"建设工作情况 …… (14)
2013 年福州市重点项目完成情况 …… (16)
2013 年福州市"三维"项目对接工作情况 …… (16)

大事记

…… (18)

市情概貌

自然资源 …… (23)
地理 …… (23)
资源 …… (23)
气候 …… (24)
概况 …… (24)
气温 …… (24)
表 1　2013 年福州市各县(市)平均气温、雨量、日照评价 …… (25)
雨量 …… (25)
日照时数 …… (25)
灾害性天气 …… (25)
行政区划 …… (26)
概况 …… (26)
表 2　2013 年福州市县(市)区行政区划一览 …… (26)
人口 …… (27)
概况 …… (27)
自然变动 …… (27)
机械变动 …… (27)
国民经济和社会发展情况 …… (27)
概况 …… (27)
农业 …… (28)
工业、建筑业 …… (28)
表 3　2013 年规模以上工业主要产品产量 …… (28)
表 4　2013 年全社会固定资产投资情况 …… (29)
表 5　2013 年分行业固定资产投资(不含农户)情况 …… (29)
固定资产投资 …… (29)
城乡建设 …… (29)
表 6　2013 年房地产开发和销售主要指标完成情况 …… (30)
贸易 …… (30)
旅游 …… (30)
对外经济 …… (30)
交通 …… (30)
邮电 …… (31)
金融、证券和保险 …… (31)
教育 …… (31)
文化 …… (31)
科技 …… (31)
卫生 …… (31)
体育 …… (31)
民生保障 …… (32)
生态环保 …… (32)
安全生产 …… (32)
机构及负责人 …… (32)

中共福州市委

重要会议及活动 …… (43)
概况 …… (43)
市委工作会议 …… (43)
市纪委十届四次全会 …… (43)
市委议军会议 …… (43)
市党政代表团赴重庆、成都学习考察 …… (43)
全市一季度经济形势分析暨绩效管理和五大战役工作表彰会 …… (43)
市委市政府工作检查活动 …… (43)
"四个万家"活动动员部署会 …… (43)

全市上半年经济形势分析会 …… (43)
“百村百连结对子,军民融合促发展”活动动员会 …… (43)
市委十届六次全会 …… (44)
全市环境综合整治现场推进会 …… (44)
全市组织和宣传思想工作会议 …… (44)
市委十届七次全会 …… (44)
全市经济工作会议 …… (44)
重要接待 …… (44)
纪检监察 …… (44)
概况 …… (44)
作风建设 …… (44)
案件查办 …… (44)
监督检查 …… (45)
规范权力运行 …… (45)
源头预防腐败 …… (45)
纠风专项工作 …… (45)
基层党风廉政建设 …… (45)
绩效管理 …… (45)
效能督查 …… (45)
效能问责 …… (46)
效能投诉办理 …… (46)
组织工作 …… (46)
概况 …… (46)
干部人事制度改革 …… (46)
干部教育培训 …… (46)
干部监督管理 …… (46)
人才队伍建设 …… (46)
基层党组织建设 …… (46)
党员队伍建设 …… (47)
宣传工作 …… (47)
概况 …… (47)
理论工作 …… (47)
新闻宣传 …… (47)
文化事业 …… (47)
闽都文化 …… (47)
文化产业 …… (47)
文化交流 …… (48)
统战工作 …… (48)
概况 …… (48)
多党合作和政治协商 …… (48)
非公有制经济工作 …… (48)
“回归工程” …… (48)
“春风·春雨·光彩”行动 …… (48)
民族宗教工作 …… (48)
联谊工作 …… (48)
党外代表人士队伍建设 …… (49)
精神文明建设 …… (49)
概况 …… (49)
文明城市建设 …… (49)
公民道德教育 …… (49)
农村精神文明建设 …… (49)
文明风尚传播 …… (49)
社会志愿服务 …… (50)
未成年人思想道德教育 …… (50)
机关党的工作 …… (50)
概况 …… (50)
思想理论建设 …… (50)
基层组织建设 …… (50)
党建品牌建设 …… (50)
党风廉政建设 …… (50)
机关作风建设 …… (50)
群团组织工作 …… (51)
“道德讲堂”建设 …… (51)
志愿服务活动 …… (51)
信访工作 …… (51)
概况 …… (51)
畅通诉求渠道 …… (51)
排查化解信访矛盾 …… (51)
领导接访活动 …… (51)
维护信访正常秩序 …… (51)
老干部工作 …… (51)
概况 …… (51)
保障老干部待遇 …… (52)
发挥老干部作用 …… (52)
学习活动阵地建设 …… (52)
丰富文化生活 …… (52)
党校工作 …… (52)
概况 …… (52)
教学工作 …… (52)
科研工作 …… (52)
信息化建设 …… (52)
队伍建设 …… (52)
政策研究 …… (53)
概况 …… (53)
课题调研 …… (53)
调研成果转化 …… (53)
决策服务 …… (53)
文稿服务工作 …… (53)
保密工作 …… (53)
概况 …… (53)
保密管理 …… (53)
技术防护 …… (53)
监督检查 …… (54)
宣传教育 …… (54)
党史研究 …… (54)
概况 …… (54)
党史专著 …… (54)
革命遗址保护利用 …… (54)
红色文化开发 …… (54)
“申苏”工作 …… (55)
党史刊物 …… (55)
档案工作 …… (55)

概况 …… (55)
档案规范管理 …… (55)
档案开发与利用 …… (55)
新农村档案工作 …… (56)
民生档案工作 …… (56)
档案宣传工作 …… (56)
民族宗教工作 …… (56)
概况 …… (56)
少数民族乡村发展 …… (56)
民族团结进步创建工作 …… (56)
宗教事务管理 …… (56)
宗教文化宣传与交流 …… (57)

人民代表大会

综述 …… (58)
重要会议 …… (58)
市十四届人民代表大会第二次会议 …… (58)
市十四届人大常委会会议 …… (58)
地方立法 …… (59)
修订福州市消防安全管理若干规定 …… (59)
修订福州市历史文化名城保护条例 …… (59)
修订福州市城市内河管理办法 …… (59)
审议福州市人民代表大会常务委员会任免国家机关工作人员条例 …… (59)
审议福州市茉莉花茶保护条例 …… (59)
监督工作 …… (59)
开展生态市建设专题询问 …… (59)
开展公共卫生服务体系建设专题询问 …… (59)
开展《福州市人大常委会关于加强人民检察院对诉讼活动的法律监督工作的决议》实施情况检查 …… (60)
开展《福州市城市园林绿化管理办法》执法检查 …… (60)
开展《福州市河道采砂管理办法》执法检查 …… (60)
开展《福建省少数民族权益保障条例》执法检查 …… (60)
听取和审议市人民政府关于福州市国民经济和社会发展第十二个五年规划纲要实施情况的中期评估报告 …… (60)
听取和审议市人民政府关于2012年市本级预算执行和其他财政收支情况的审计工作报告 …… (61)
听取和审议市人民政府关于2013年1—7月国民经济和社会发展计划执行情况的报告 …… (61)
听取和审议市人民政府关于2013年1—7月市本级预算执行情况的报告 …… (61)
听取和审议市人民政府关于职业技能培训工作情况的报告 …… (61)
听取和审议市人民政府关于城乡环境综合整治工作情况的报告 …… (61)
听取和审议市中级人民法院关于基层人民法院建设工作情况的报告 …… (61)
听取和审议市人民检察院关于民事行政检察工作情况的报告 …… (61)
听取和审议市人民政府关于福州市非物质文化遗产保护与传承情况的报告 …… (61)
听取和审议市人民政府关于旧屋区改造工作情况的报告 …… (62)
听取和审议市人民政府关于重点项目建设工作情况的报告 …… (62)
听取和审议市人民政府关于无物业小区整治工作情况的报告 …… (62)
评议公安(边防)派出所工作 …… (62)
其他监督工作 …… (62)
代表工作 …… (62)
代表议案办理 …… (62)
代表建议办理 …… (63)
规范代表工作制度 …… (63)
保障代表履职服务 …… (63)
调研宣传 …… (63)
调研工作 …… (63)
宣传工作 …… (63)
人事任免 …… (63)
概况 …… (63)
表7 2013年福州市人大常委会及"一府两院"副职以上领导任免名单 …… (64)
表8 2013年福州市人大常委会组成人员和工作机构负责人任免名单 …… (64)
表9 2013年福州市政府职能部门主要负责人任免名单 …… (64)

人民政府

重要会议及活动 …… (65)
市政府常务会议 …… (65)
福州市加快重大项目建设推进大会暨马尾新城建设项目开工仪式 …… (66)
福州国家高新技术产业开发区新体制运行揭牌仪式 …… (66)
市环委会全体成员会暨全市环保工作会议 …… (66)
福州·宁德山海协作工作座谈会 …… (66)
第十五届海峡两岸经贸交易会、第十届中国福建商品交易会暨福州国际招商月20年回顾展 …… (66)
第五届中国历史文化名街授牌仪式、中国历史文化名街专业委员会成立大会暨首届中国历史文化名街保护同盟年会 …… (67)
第八届两岸青年联欢节暨2013年海峡青年节 …… (67)
全市环境综合整治现场推进会 …… (67)
福州市重大项目建设推进大会 …… (67)
政务督查 …… (67)
概况 …… (67)
综合性工作督查 …… (67)
领导批办件督查 …… (67)
人大代表建议督查 …… (67)
政协委员提案督查 …… (67)
政府信息公开 …… (67)
概况 …… (67)

九大领域信息公开 …… (68)
政府管理相关的公共信息公开 …… (69)
政府政策制定过程及执行情况信息公开 …… (69)
政府信息公开渠道建设 …… (69)
主动公开政府信息 …… (69)
依申请公开政府信息 …… (69)
"福州发布"政务微博群 …… (69)
行政服务中心建设 …… (69)
概况 …… (69)
"4321 政务服务建设模式" …… (70)
市民服务中心建设 …… (70)
重大项目审批服务 …… (70)
标准化建设 …… (70)
信息共享系统 …… (70)
优化服务功能 …… (70)
审批延伸服务 …… (70)
人员管理 …… (70)
政府法制 …… (70)
概况 …… (70)
推进依法行政工作 …… (70)
简政放权、扩权强区(县、市) …… (70)
审批服务提速增效 …… (70)
立法工作 …… (70)
行政复议 …… (71)
行政执法监督 …… (71)
规范性文件备案审查 …… (71)
机关事务管理 …… (71)
概况 …… (71)
财务管理 …… (71)
办公用房管理 …… (71)
公务车辆管理 …… (71)
公共机构节能 …… (71)
政府采购工作 …… (71)
办公集中区管理 …… (71)
机构编制 …… (72)
概况 …… (72)
体制机制结构调整 …… (72)
事业单位分类改革 …… (72)
机构编制资源配置 …… (72)
事业单位登记管理 …… (72)
监督检查 …… (72)
人事人才 …… (72)
概况 …… (72)
高层次人才引进和服务 …… (73)
海西引智试验区建设 …… (73)
公务员管理 …… (73)
专业技术人员管理 …… (73)
事业单位人事管理 …… (73)
工资收入分配制度改革 …… (73)
人事人才公共服务 …… (74)
组建福州人才市场 …… (74)
军转干部安置 …… (74)
高校毕业生就业 …… (74)
人才中介机构管理和人事争议仲裁 …… (74)
工勤人员岗位考核培训 …… (74)
退休干部管理服务 …… (74)
发展研究工作 …… (74)
概况 …… (74)
重点课题调研 …… (75)
政策咨询服务 …… (75)
地方志工作 …… (75)
概况 …… (75)
二轮市志编修 …… (75)
专志编修 …… (75)
《福州年鉴》编纂 …… (75)
县(市)区志鉴业务指导 …… (75)
举办首次年鉴编辑人员培训班 …… (76)
福州地情网建设 …… (76)
地方志学术研讨会 …… (76)
法规论证 …… (76)
考察交流 …… (76)
获奖情况 …… (76)
驻北京联络处 …… (76)
概况 …… (76)
项目招商工作 …… (76)
信访维稳工作 …… (76)
驻上海办事处 …… (76)
概况 …… (76)
招商引资 …… (77)
服务榕籍在沪企业 …… (77)
驻深圳(广州)办事处 …… (77)
概况 …… (77)
招商工作 …… (77)
商会工作 …… (77)
联络工作 …… (77)

政治协商

综述 …… (78)
重要会议 …… (78)
政协福州市第十二届委员会第二次会议 …… (78)
市政协十二届常委会 …… (78)
主要工作 …… (79)
提案工作 …… (79)
民主协商工作 …… (79)
监督工作 …… (79)
视察调研 …… (79)
委员工作 …… (79)
文史信息 …… (80)
交流联谊 …… (80)

民主党派与工商联

民革福州市委会 …… (81)

概况 …… (81)
参政议政 …… (81)
政治学习 …… (81)
组织建设 …… (81)
榕台交流 …… (81)
社会服务 …… (82)
纪念民革福州市委会成立60周年 …… (82)
民盟福州市委会 …… (82)
概况 …… (82)
参政议政 …… (82)
政治学习 …… (82)
组织建设 …… (82)
社会服务 …… (82)
纪念民盟福州市委会成立60周年大会 …… (83)
农工党福州市委会 …… (83)
概况 …… (83)
参政议政 …… (83)
政治学习 …… (83)
组织建设 …… (83)
社会服务 …… (83)
民建福州市委会 …… (84)
概况 …… (84)
参政议政 …… (84)
政治学习 …… (84)
组织建设 …… (84)
社会服务 …… (84)
致公党福州市委会 …… (85)
概况 …… (85)
参政议政 …… (85)
政治学习 …… (85)
海外联谊 …… (85)
社会服务 …… (85)
台盟福州市委会 …… (86)
概况 …… (86)
参政议政 …… (86)
政治学习 …… (86)
榕台交流 …… (86)
社会服务 …… (86)
台盟福州市委会成立30周年纪念大会 …… (86)
九三学社福州市委会 …… (87)
概况 …… (87)
参政议政 …… (87)
政治学习 …… (87)
组织建设 …… (87)
社会服务 …… (87)
民进福州市委会 …… (87)
概况 …… (87)
参政议政 …… (88)
调研工作 …… (88)
政治学习 …… (88)
组织建设 …… (89)
社会服务 …… (89)
福州市工商业联合会 …… (89)
概况 …… (89)
参政议政 …… (89)
回归工程 …… (89)
商会建设与管理 …… (89)
会员服务 …… (90)
社会服务 …… (90)

社会团体

福州市总工会 …… (91)
概况 …… (91)
职工技能竞赛 …… (91)
职工素质教育 …… (91)
职工权益维护 …… (91)
职工帮扶服务 …… (92)
基层组织建设 …… (92)
新福州工人文化宫落成 …… (92)
共青团福州市委员会 …… (92)
概况 …… (92)
举办第八届两岸青年联欢节暨2013年海峡青年节 …… (92)
举办首届世界魔方协会福州公开赛 …… (92)
青年文明号创建 …… (92)
志愿服务工作 …… (93)
青少年思想道德教育 …… (93)
青年就业创业 …… (93)
青少年维权工作 …… (93)
团组织建设工作 …… (93)
福州市妇女联合会 …… (93)
概况 …… (93)
妇女就业创业 …… (93)
妇女儿童权益维护 …… (93)
新"两纲"实施推动 …… (94)
家庭教育宣传实践活动 …… (94)
关爱特殊困境儿童 …… (94)
统战联谊工作 …… (94)
基层组织建设 …… (94)
福州市文学艺术界联合会 …… (94)
概况 …… (94)
茉莉花文艺奖评奖 …… (94)
闽都文化推广 …… (94)
榕台文化交流 …… (95)
特色文艺活动 …… (95)
文艺惠民工作 …… (95)
福州市社会科学界联合会 …… (95)
概况 …… (95)
学会活动 …… (95)
社会科学普及宣传周 …… (95)
社会科学优秀成果评奖 …… (95)
福州市科学技术协会 …… (96)

概况 …… (96)
企业科技工作 …… (96)
科普设施建设 …… (96)
科普创作与宣传 …… (96)
科普活动 …… (96)
科普创先争优 …… (97)
基层科普行动计划 …… (97)
科技下乡 …… (97)
青少年科技活动 …… (97)
学术活动 …… (97)
重点调研课题 …… (97)
人才工作 …… (97)
榕台交流与合作 …… (97)
福州市红十字会 …… (98)
概况 …… (98)
援助帮扶 …… (98)
募捐活动 …… (98)
生命工程 …… (98)
应急救护培训 …… (98)
社区红十字服务 …… (98)
志愿者服务 …… (98)
榕台交流 …… (98)
福州市残疾人联合会 …… (99)
概况 …… (99)
福州市残疾人联合会第五次代表大会 …… (99)
助残工程项目 …… (99)
社会保障 …… (99)
康复工作 …… (99)
就业服务 …… (100)
残疾权益保障 …… (100)
扶残助学 …… (100)
宣传文体活动 …… (100)
福州市归国华侨联合会 …… (100)
概况 …… (100)
建言献策 …… (100)
侨资侨智引进 …… (100)
侨胞权益维护 …… (101)
联络联谊 …… (101)
福州市台湾同胞联谊会 …… (101)
概况 …… (101)
榕台交流联谊 …… (101)
台胞参政议政 …… (101)
维护权益 …… (102)
调研工作 …… (102)
福州市个体劳动者协会私营企业协会 …… (102)
概况 …… (102)
服务会员企业 …… (102)
服务企业年检 …… (102)
技术职称评定 …… (102)
走访会员企业 …… (102)
举办海西论坛 …… (102)
福州市消费者权益保护委员会 …… (102)
概况 …… (102)
“3·15”消费者权益日活动 …… (103)
社会监督检查 …… (103)
熟食品质量抽查检验 …… (103)
价格调整听证 …… (103)
消费宣传教育 …… (103)
案例举要 …… (103)

外事　侨务　港澳台事务

外事侨务 …… (104)
概况 …… (104)
国外重要代表团访问福州 …… (104)
经贸团组访问福州 …… (105)
文化教育交流 …… (105)
市领导出访活动 …… (105)
服务商贸交易会 …… (106)
缔结国际友城活动 …… (107)
授予荣誉市民称号 …… (107)
涉外事务 …… (107)
因公出国(境)管理 …… (107)
侨资企业帮扶 …… (107)
侨务联谊工作 …… (107)
华侨到榕定居 …… (108)
归侨侨眷权益维护 …… (108)
华侨农场工作 …… (108)
侨胞捐赠兴办公益事业 …… (108)
港澳事务 …… (108)
概况 …… (108)
交流合作 …… (108)
台湾事务 …… (108)
概况 …… (108)
对台经贸合作 …… (108)
对台文化交流 …… (108)
第八届两岸青年联欢节暨2013年海峡青年节 …… (109)
榕台直航 …… (109)
媒体交流 …… (109)
服务台胞台商 …… (109)

政　法

综述 …… (110)
社会管理综合治理 …… (110)
概况 …… (110)
社会管理 …… (110)
平安建设 …… (111)
法治建设 …… (111)
审判 …… (111)
概况 …… (111)
刑事审判 …… (111)

民商事审判 …… (111)
行政审判 …… (112)
执行工作 …… (112)
审判监督 …… (112)
调解工作 …… (112)
涉诉信访 …… (112)
司法服务 …… (112)
司法建议 …… (112)
平安综治 …… (112)
司法公信建设 …… (113)
畅通监督渠道 …… (113)
队伍建设 …… (113)
检察 …… (113)
概况 …… (113)
刑事检察 …… (113)
职务犯罪侦查和预防 …… (114)
诉讼监督 …… (114)
畅通监督渠道 …… (115)
队伍建设 …… (115)
公安 …… (115)
概况 …… (115)
刑事犯罪侦查 …… (115)
十大刑事要案 …… (116)
经济犯罪侦查 …… (116)
经济犯罪要案 …… (116)
禁毒工作 …… (117)
社会治安管理 …… (117)
特警工作 …… (117)
社区警务 …… (118)
出入境管理 …… (118)
网络安全监察 …… (118)
警卫工作 …… (119)
道路交通管理 …… (119)
重大交通事故案例 …… (120)
消防工作 …… (120)
重大火灾案例 …… (120)
边防管理 …… (121)
森林公安 …… (121)
“110”指挥中心 …… (121)
监所管理 …… (121)
公安法制 …… (122)
公安科技信息通信建设 …… (122)
队伍建设 …… (122)
司法行政 …… (122)
概况 …… (122)
司法所规范化建设 …… (122)
人民调解 …… (123)
社区矫正 …… (123)
安置帮教 …… (123)
医患纠纷调解处置 …… (123)
普法依法治理 …… (123)
律师工作 …… (123)
公证工作 …… (123)
法律援助 …… (123)
司法鉴定 …… (123)
国家司法考试 …… (123)

国防建设

征兵工作 …… (124)
概况 …… (124)
征兵宣传 …… (124)
廉洁征兵 …… (124)
民兵工作 …… (124)
概况 …… (124)
民兵组织整顿 …… (124)
思想政治教育 …… (125)
民兵专业训练 …… (125)
组织试点先行 …… (125)
规范化建设 …… (125)
队伍建设 …… (125)
国防动员 …… (125)
概况 …… (125)
国防教育工作 …… (125)
信息化建设 …… (126)
后勤保障建设 …… (126)
双拥共建 …… (126)
概况 …… (126)
拥军支前 …… (126)
拥军优属 …… (126)
文明共建 …… (127)
人民防空 …… (127)
概况 …… (127)
人防宣传教育 …… (127)
人防工程建设 …… (127)
指挥通信建设 …… (128)
人防法制建设 …… (128)
武装警察 …… (128)
概况 …… (128)
思想政治工作 …… (128)
执勤处置突发事件 …… (128)
基层建设 …… (129)
后勤保障 …… (129)

综合经济管理

宏观经济管理 …… (130)
概况 …… (130)
“十二五”规划中期评估 …… (130)
专项规划编制与调研 …… (130)
经济运行 …… (130)
产业转型升级 …… (131)

体制改革 …… (131)
福州新区规划 …… (131)
统筹协调 …… (131)
统计与调查 …… (132)
概况 …… (132)
统计法制建设 …… (132)
普查与专项调查 …… (132)
调查服务 …… (133)
调查制度改革 …… (133)
工商行政管理 …… (133)
概况 …… (133)
工商登记制度改革 …… (133)
打造国家级广告创意产业园 …… (133)
实施商标品牌战略 …… (134)
落实企业帮扶举措 …… (134)
企业注册登记 …… (134)
市场监管执法 …… (135)
消费维权 …… (135)
国有资产监督管理 …… (135)
概况 …… (135)
国资履职监管 …… (135)
国企改革发展 …… (136)
国有资本运作 …… (136)
价格管理 …… (136)
概况 …… (136)
价格总水平调控 …… (136)
商品价格改革与监管 …… (137)
表10 2013年市区公共租赁住房租金标准 …… (137)
表11 2013年普通住宅前期物业服务指导性收费标准 …… (137)
非商品价费监管 …… (138)
表12 火车南站配套停车场机动车辆停放服务收费标准 …… (138)
表13 燃油运价联动措施启动点成品油价格 …… (138)
表14 森林资源资产评估费采用差额费率 …… (138)
价格监督检查 …… (139)
价格服务 …… (139)
药品食品监督 …… (139)
概况 …… (139)
药品生产监管 …… (139)
药品流通监管 …… (139)
医疗器械监管 …… (140)
保健食品和化妆品监管 …… (140)
药械技术认证与监督 …… (140)
案件稽查 …… (140)
行政法制建设 …… (141)
质量技术监督 …… (141)
概况 …… (141)
建设全国质量强市示范城市 …… (141)
推行首席质量官制度 …… (141)
名牌发展战略 …… (141)
卓越绩效管理 …… (141)
中小学质量教育基地 …… (141)
标准化管理 …… (142)
国际电讯联盟标准年会 …… (142)
计量管理 …… (142)
监督执法 …… (142)
食品安全监管 …… (143)
特种设备安全监察 …… (143)
安全生产管理 …… (143)
概况 …… (143)
部署安全工作 …… (143)
安全生产大检查 …… (143)
安全生产标准化建设 …… (143)
道路交通安全综合整治 …… (143)
“打非治违”专项行动 …… (144)
重点行业(领域)专项整治 …… (144)
应急救援能力建设 …… (144)
审计 …… (144)
概况 …… (144)
财政收支审计 …… (144)
公用经费审计 …… (144)
地方政府性债务审计 …… (144)
城镇保障性安居工程审计 …… (145)
政府投资审计 …… (145)
民生资金审计 …… (145)
资源环境审计 …… (145)
国有企业和金融机构审计 …… (145)
经济责任审计 …… (146)
内部审计 …… (146)
审计信息采编 …… (146)
审计信息化建设 …… (146)

财政　税务

财政 …… (147)
概况 …… (147)
支持经济增长 …… (147)
社会民生保障 …… (148)
城市建设支出 …… (148)
控制行政运行费用 …… (148)
创新财政管理机制 …… (148)
国家税务 …… (149)
概况 …… (149)
法制建设 …… (149)
征管改革 …… (149)
税收管理 …… (149)
货物劳务税征管 …… (150)
企业所得税征管 …… (150)
国际税收征管 …… (150)
出口退税管理 …… (150)
纳税服务 …… (150)

地方税务 …… (151)
概况 …… (151)
法制建设 …… (151)
征管改革 …… (151)
风险防控 …… (151)
行业管征 …… (152)
营业税管征 …… (152)
营业税改征增值税 …… (152)
企业所得税管征 …… (152)
个人所得税管征 …… (152)
财产行为税管征 …… (152)
规费征收 …… (152)
纳税服务 …… (153)

农村经济

新农村建设 …… (154)
概况 …… (154)
强农惠农政策 …… (154)
农村沼气建设 …… (154)
村财监督管理 …… (154)
农产品质量安全监管 …… (154)
农业产业化龙头企业 …… (154)
概况 …… (154)
都市现代农业规划 …… (155)
农民专业合作社 …… (155)
休闲农业 …… (155)
农业园区建设 …… (155)
农业科技服务与培训 …… (155)
开展农业服务 …… (155)
基层农技推广工作 …… (155)
五新技术推广 …… (155)
科技培训 …… (156)
种植业 …… (156)
粮食生产 …… (156)
经济作物 …… (156)
特色农业 …… (156)
植物病虫害防控 …… (156)
林业 …… (156)
概况 …… (156)
集体林权制度改革 …… (156)
造林绿化 …… (156)
森林资源保护 …… (156)
林业产业 …… (157)
林业科技 …… (157)
湿地保护 …… (157)
畜牧业 …… (157)
概况 …… (157)
种禽项目 …… (157)
重大动物疫病防控 …… (157)
海洋与渔业 …… (157)
概况 …… (157)
海洋综合管理 …… (157)
海洋环境保护 …… (158)
现代渔业经济 …… (158)
安全监管 …… (159)
渔业惠民政策 …… (159)
科技兴渔 …… (159)
综合执法 …… (159)
海峡渔业周 …… (159)
水利 …… (160)
概况 …… (160)
水行政工作 …… (160)
水利工程建设 …… (160)
防汛抗旱 …… (161)
概况 …… (161)
雨季灾害 …… (161)
台风灾害 …… (161)
防洪减灾效益 …… (161)

工　业

综述 …… (162)
机械冶金 …… (163)
概况 …… (163)
金属制品业 …… (163)
设备制造业 …… (163)
汽车制造业 …… (163)
电气机械及器材制造业 …… (163)
仪器仪表制造业 …… (163)
冶金行业 …… (163)
建材行业 …… (164)
电力工业 …… (164)
概况 …… (164)
电力供应 …… (164)
电网建设 …… (164)
新农村电气化建设 …… (164)
技术创新 …… (164)
安全生产 …… (164)
客户服务 …… (164)
医药化工 …… (165)
概况 …… (165)
石油化工行业 …… (165)
医药行业 …… (165)
政策资金扶持 …… (165)
安全生产 …… (165)
电子信息产业 …… (165)
概况 …… (165)
信息产业发展政策出台 …… (166)
重点项目建设 …… (166)
软件产业 …… (166)
数字家庭产业 …… (166)

表15 2013年福州市电子信息企业获技术创新奖项 …… (166)
表16 2013年福州市入选中国软件业务收入百强企业名单 …… (166)
移动互联产业 …… (166)
终端产业 …… (166)
云计算产业 …… (166)
动漫游戏产业 …… (166)
表17 2013年获市级科学技术进步奖信息产业项目名单 …… (167)
轻纺塑料 …… (167)
概况 …… (167)
纺织工业 …… (167)
轻工业 …… (168)
塑胶制品业 …… (168)
鞋类及皮革制品业 …… (168)
家具制造业 …… (168)
技术进步 …… (168)
工艺美术 …… (168)
概况 …… (168)
技艺传承与创新 …… (168)
行业重大活动 …… (168)
市场拓展 …… (169)
行业服务 …… (169)

城市建设与管理

城乡规划 …… (170)
概况 …… (170)
总体规划 …… (170)
福州新区发展规划 …… (170)
控制性详细规划 …… (170)
专项规划 …… (170)
交通市政基础设施规划 …… (170)
历史文化名城保护规划 …… (170)
城市环境综合整治规划 …… (170)
城市重点地段修建性详细规划与城市设计编制 …… (170)
旧屋区改造规划 …… (171)
各县(市)规划 …… (171)
规划管理 …… (171)
规划监察 …… (171)
国土资源管理 …… (171)
概况 …… (171)
福州市土地利用总体规划(2006—2020年) …… (171)
农村土地整治 …… (171)
基准地价更新 …… (172)
地籍管理 …… (172)
农村集体土地所有权确权登记发证 …… (172)
地质灾害防治 …… (172)
矿产管理 …… (172)
执法监察 …… (172)
数字城市地理空间框架建设 …… (172)
地质调查 …… (172)
“一张图”建设项目 …… (173)
福州市“中国温泉之都”发展建设总体规划 …… (173)
市政建设 …… (173)
概况 …… (173)
市政路桥项目 …… (173)
市政设施管养 …… (173)
内河综合整治 …… (173)
环境综合整治 …… (173)
公共代建项目 …… (173)
村镇建设 …… (174)
污水处理 …… (174)
供水 …… (174)
供电 …… (174)
供气 …… (174)
供热 …… (174)
园林绿化 …… (174)
概况 …… (174)
道路绿化 …… (174)
公园风景区建设 …… (175)
园林管理 …… (175)
市容管理与执法 …… (176)
概况 …… (176)
市容环境综合整治 …… (176)
环境卫生管理 …… (176)
垃圾无害化处理 …… (177)
建筑垃圾工程渣土管理 …… (177)
环卫基础设施建设 …… (177)
法规制度建设 …… (177)
行政审批 …… (178)
行政处罚 …… (178)

环境保护

综述 …… (179)
环境质量 …… (179)
大气环境 …… (179)
水环境 …… (179)
声学环境 …… (180)
生态建设 …… (180)
表18 2013年福州市3条河流水质达标情况 …… (180)
环境监察整治 …… (181)
环保综合整治 …… (181)
污染减排 …… (181)
水环境综合整治 …… (181)
固体废弃物处置 …… (181)
机动车尾气管理 …… (182)
环境事件应急管理 …… (182)
环境监测 …… (182)
环境信访投诉 …… (182)

环保科研与信息化建设 …… (182)
环保科研 …… (182)
环保信息化建设 …… (182)

建筑　房地产业

建筑业管理 …… (183)
概况 …… (183)
行政审批 …… (183)
建筑市场监管 …… (183)
工程质量监管 …… (183)
安全生产 …… (183)
建筑节能 …… (183)
勘察设计管理 …… (183)
工程造价管理 …… (183)
散装水泥和新型墙材管理 …… (183)
城建档案管理 …… (183)
烂尾楼盘活 …… (184)
房地产业管理 …… (184)
概况 …… (184)
市场管理 …… (184)
住房保障 …… (184)
房屋征收 …… (184)
旧屋区改造 …… (184)
物业管理 …… (184)
解决历史遗留“两权证”登记难题 …… (185)
房屋登记业务改革 …… (185)
房地产市场信息登记系统建设 …… (185)
表19　1—12月福州市本级新建商品房交易情况 …… (185)

交　通

公路建设与养护 …… (186)
概况 …… (186)
重点公路项目 …… (186)
农村公路建设 …… (186)
养护管理 …… (186)
路政管理 …… (186)
公路运输 …… (186)
概况 …… (186)
客运市场 …… (186)
货运市场 …… (187)
公共交通 …… (187)
城市出租车 …… (187)
机动车维修 …… (187)
运输驾驶从业人员培训 …… (187)
铁路 …… (187)
概况 …… (187)
福平铁路开工 …… (187)
福州铁路枢纽改造工程 …… (188)
铁路安全管理 …… (188)
地铁 …… (188)
规划审批 …… (188)
地铁1号线建设 …… (188)
地铁2号线建设 …… (188)
水路 …… (188)
概况 …… (188)
闽江游 …… (188)
航运业管理 …… (189)
船员管理 …… (189)
内河交通安全管理 …… (189)
行政执法 …… (189)
港口 …… (189)
概况 …… (189)
港口规划编制 …… (189)
作业区建设 …… (189)
港口物流链体系建设 …… (189)
对台运输 …… (189)
港口安全监管 …… (189)
港口服务 …… (190)
港口改革 …… (190)
机场 …… (190)
概况 …… (190)
基础设施建设 …… (190)
航空运输 …… (190)
航空安全管理 …… (190)
机场服务 …… (191)

邮政通信与政府信息化建设

邮政业 …… (192)
概况 …… (192)
市场营销 …… (192)
信筒(箱)管理 …… (192)
中国电信 …… (192)
概况 …… (192)
市场营销 …… (192)
网络建设 …… (193)
信息化服务 …… (193)
客户服务 …… (193)
中国移动 …… (193)
概况 …… (193)
市场营销 …… (193)
网络建设 …… (193)
通信保障 …… (193)
信息化建设 …… (194)
客户服务 …… (194)
中国联通 …… (194)
概况 …… (194)
市场营销 …… (194)
网络建设 …… (194)
通信保障 …… (194)

信息化建设 …… (194)
客户服务 …… (194)
政府信息化建设 …… (195)
概况 …… (195)
“中国福州”门户网站绩效水平位居全国第三 …… (195)
行政权力阳光运行平台 …… (195)
便民呼叫中心“12345”系统 …… (195)
空间地理基础数据库 …… (195)
数字化城市管理系统 …… (196)
城市数字化综合管理服务平台 …… (196)
政务云计算平台 …… (196)
市直党政部门办公自动化系统 …… (196)
电子政务网络 …… (196)

口　岸

口岸管理 …… (197)
概况 …… (197)
口岸开放 …… (197)
口岸建设 …… (197)
表 20　2013 年福州口岸客运统计 …… (197)
表 21　2013 年福州海港口岸对台客货直航统计 …… (197)
表 22　2013 年福州口岸海运统计 …… (197)
口岸航线 …… (198)
口岸通关 …… (198)
海关监管 …… (198)
概况 …… (198)
支持平潭通关开放 …… (198)
服务企业便利通关 …… (198)
服务福州经贸交流 …… (198)
通关监管 …… (198)
税收征管 …… (199)
海关缉私 …… (199)
课题调研与信息工作 …… (199)
检验检疫 …… (199)
概况 …… (199)
口岸通关模式改革 …… (199)
出境货物检验检疫 …… (200)
进口货物检验检疫 …… (200)
进出境集装箱检验检疫 …… (200)
卫生检疫 …… (200)
涉台检验检疫 …… (201)
产地证业务 …… (201)
边防检查 …… (201)
概况 …… (201)
通行服务 …… (201)
出入境检查 …… (201)
警企联动 …… (201)
海防管理 …… (201)
概况 …… (201)
平安海域创建 …… (202)
海防基础建设 …… (202)
军警民联防 …… (202)
打击走私 …… (202)
概况 …… (202)
打击走私专项行动 …… (202)
缉私成果 …… (202)
反走私综合治理 …… (203)

园区建设

福州经济技术开发区 …… (204)
概况 …… (204)
基础设施建设 …… (204)
招商引资 …… (204)
重点项目建设 …… (204)
融侨经济技术开发区 …… (204)
概况 …… (204)
基础设施建设 …… (204)
主要企业产品及产值 …… (204)
招商引资 …… (204)
重点项目建设 …… (204)
自主创新 …… (205)
福州高新技术产业开发区 …… (205)
概况 …… (205)
基础设施建设 …… (205)
招商引资 …… (205)
产业项目建设 …… (205)
重点入驻项目 …… (205)
创新体制 …… (205)
福州保税港区 …… (205)
概况 …… (205)
汽车整车进口口岸 …… (205)
进口食品交易市场 …… (205)
五大战役项目 …… (206)
跨境电子商务零售出口试点 …… (206)
国际卫生港创建 …… (206)
投资环境建设 …… (206)
元洪投资区 …… (206)
概况 …… (206)
基础设施建设 …… (206)
招商引资 …… (206)
重点项目建设 …… (206)
重点企业 …… (206)
青口投资区 …… (206)
概况 …… (206)
基础设施建设 …… (206)
招商引资 …… (206)
项目建设 …… (207)
福州软件园 …… (207)
概况 …… (207)
重点项目建设 …… (207)

招商引资 …… (207)
文创产业 …… (207)
技术与产业服务 …… (207)
人才服务 …… (207)
滨海工业集中区 …… (207)
概况 …… (207)
基础设施建设 …… (207)
招商引资 …… (207)
项目建设 …… (207)
罗源湾经济开发区 …… (208)
概况 …… (208)
基础设施建设 …… (208)
招商引资 …… (208)
重点项目建设 …… (208)
罗源湾滨海新城 …… (208)
福兴经济开发区 …… (208)
概况 …… (208)
基础设施建设 …… (208)
项目建设 …… (208)
园区改造 …… (209)
连江经济开发区 …… (209)
概况 …… (209)
基础设施建设 …… (209)
招商引资 …… (209)
重点项目建设 …… (209)
金山投资区 …… (209)
概况 …… (209)
基础设施建设 …… (209)
项目建设 …… (209)
江阴工业集中区 …… (209)
概况 …… (209)
园区总体规划修编 …… (209)
基础设施建设 …… (210)
招商引资 …… (210)
重点项目建设 …… (210)
港区建设 …… (210)
银河国际汽车园 …… (210)
化工新材料片区 …… (210)
上街投资区 …… (210)
概况 …… (210)
基础设施建设 …… (210)
招商引资 …… (210)
五大战役项目建设 …… (210)

民营经济

综述 …… (211)
主要行业 …… (211)
民营工业概况 …… (211)
机械制造业 …… (211)
冶金行业 …… (211)
医药行业 …… (212)
石化行业 …… (212)
电子信息行业 …… (212)
轻工纺织业 …… (212)
对外贸易 …… (212)
教育 …… (212)
医疗机构 …… (212)
民营经济服务平台 …… (213)
完善政策咨询平台 …… (213)
完善银企合作平台 …… (213)
搭建科技人才对接平台 …… (213)
搭建商务服务平台 …… (213)
完善寻机发展平台 …… (213)
完善商事纠纷调处平台 …… (213)
完善企业诉求反映平台 …… (213)
构建教育培训平台 …… (213)

服务业

综述 …… (214)
市场和网点建设 …… (214)
城市副食品基地建设 …… (214)
食品安全监管 …… (215)
食品安全网格化管理 …… (215)
传统服务业 …… (215)
典当业 …… (215)
餐饮业 …… (215)
副食品业 …… (215)
现代服务业 …… (216)
物流业 …… (216)
会展业 …… (216)
家政服务业 …… (216)
拍卖业 …… (216)
粮油贸易 …… (216)
概况 …… (216)
粮食储备管理 …… (216)
粮食安全保障体系建设 …… (217)
粮食产销协作 …… (217)
现代粮食流通产业发展 …… (217)
粮食市场监管 …… (217)
烟草 …… (217)
概况 …… (217)
营销网络建设 …… (217)
专卖市场管理 …… (217)
企业管理 …… (218)
法制建设 …… (218)
石油 …… (218)
概况 …… (218)
业务拓展 …… (218)
服务业标准化 …… (218)
安全管理 …… (218)

数质量管理 …… (218)
油品升级 …… (218)
供销合作 …… (218)
概况 …… (218)
烟花爆竹安全经营 …… (218)
农资供应服务 …… (218)
“新网工程”建设 …… (218)
项目建设 …… (219)
为农服务平台搭建 …… (219)
再生资源回收体系建设 …… (219)
农村社区综合维修服务体系建设 …… (219)

对外及港澳台经济贸易

利用外资及港澳台资 …… (220)
概况 …… (220)
外商及港澳台商投资项目 …… (220)
重大利用外资项目 …… (220)
小分队招商 …… (220)
海交会和投洽会 …… (221)
对外及港澳台投资与劳务合作 …… (221)
概况 …… (221)
劳务输出 …… (221)
对外及港澳台贸易 …… (221)
概况 …… (221)
表23 2013年福州市出口额3000万美元以上商品情况 …… (221)
表24 2013年福州市主要出口市场情况 …… (222)
表25 2013年福州市进口额3000万美元以上商品情况 …… (223)
表26 2013年福州市主要进口市场情况 …… (223)

金融业

综述 …… (225)
银行业 …… (225)
概况 …… (225)
中国人民银行福州中心支行 …… (226)
中国农业发展银行福建省分行营业部 …… (227)
中国工商银行福建省分行营业部 …… (228)
中国农业银行福建省分行营业部 …… (229)
中国银行福州地区直属支行 …… (229)
中国建设银行福建省分行 …… (230)
兴业银行福州分行 …… (231)
中信银行福州分行 …… (231)
中国光大银行福州分行 …… (231)
招商银行福州分行 …… (232)
中国民生银行福州分行 …… (232)
华夏银行福州分行 …… (233)
平安银行福州分行 …… (233)
浦发银行福州分行 …… (234)
邮储银行福州市分行 …… (234)
福建省农村信用社联合社福州办事处 …… (234)
福建海峡银行 …… (235)
浙江稠州商业银行福州分行 …… (235)
证券期货业 …… (236)
概况 …… (236)
上市公司直接融资 …… (236)
证券期货经营机构创新发展 …… (236)
场外市场建设 …… (236)
整治违法违规行为 …… (236)
保险业 …… (236)
概况 …… (236)
中国人民财产保险股份有限公司福州分公司 …… (237)
中国人寿保险股份有限公司福州分公司 …… (237)
表27 2013年福州市财产险经营情况表 …… (237)
表28 2013年福州市人身险经营情况表 …… (237)
中国太平洋财产保险股份有限公司福州中心支公司 …… (238)

科学技术

综述 …… (239)
科技创新体系建设 …… (240)
行业技术创新中心建设 …… (240)
现代农业技术创新基地建设 …… (240)
科技企业孵化器建设 …… (240)
生产力促进体系建设 …… (240)
科学技术经费 …… (240)
科技进步考核 …… (240)
表29 福州市科学技术支出占2013年市本级财政一般预算支出比例 …… (240)
表30 福州市科学技术支出使用情况 …… (241)
表31 2013年福州市国家创新型企业名单 …… (241)
表32 2013年福州市国家创新型试点企业名单 …… (241)
表33 2013年福州市新获批省创新型企业名单 …… (241)
表34 2013年国家级火炬计划项目 …… (242)
表35 2013年省级高新技术科技项目 …… (242)
高新技术产业化 …… (242)
高新技术企业 …… (242)
创新型企业 …… (243)
火炬计划与高新技术研究开发计划 …… (243)
农业科技推广 …… (243)
农业科技园区 …… (243)
星火计划 …… (243)
表36 2013年国家级星火计划项目 …… (244)
表37 2013年省级星火计划项目 …… (244)
表38 2013年市级星火计划项目 …… (244)
科技成果管理 …… (248)
科学技术奖励 …… (248)
表39 2013年福州市获省科学技术奖项目 …… (248)
表40 2013年获福州市科技进步奖项目 …… (249)
技术市场管理 …… (252)

产学研活动 …… (252)
技术市场建设 …… (252)
知识产权保护 …… (253)
知识产权示范城市建设 …… (253)
企事业知识产权工作 …… (253)
扶持与培育自主知识产权 …… (253)
专利行政执法 …… (254)
知识产权宣传培训 …… (254)
表41　2013年各县(市)区专利申请量与授权量统计 …… (254)
表42　2013年第十五届中国专利奖福州市获奖项目 …… (255)
表43　2013年获第四届福建省专利奖福州市获奖项目 …… (255)
表44　2013年获第三届福州市专利奖项目 …… (255)
表45　2013年福州市首批国家级知识产权示范企业和优势企业 …… (257)
表46　2013年福州市的福建省知识产权优势企业 …… (257)
知识产权强县工程 …… (257)
科学普及 …… (257)
科技政策培训 …… (257)
科普宣传活动 …… (257)
防震减灾 …… (258)
地震监测预报 …… (258)
地震应急流动观测系统和强震观测台阵改造建设 …… (258)
地震灾害防御 …… (258)
防震减灾宣传教育 …… (258)
地震应急救援 …… (258)
地震灾害紧急救援队建设 …… (258)

社会科学

综述 …… (259)
表47　福州市第八届社会科学优秀成果奖 …… (259)
表48　福州市2013年度获福建省社会科学规划项目立项课题 …… (262)
表49　2013年度福州市中国特色社会主义理论体系研究基地立项课题 …… (262)
学术活动 …… (263)
旅游与文化研讨会 …… (263)
第二届闽都文化论坛 …… (263)
人口科学研讨会 …… (264)
首届海峡(福州)汉服文化节 …… (264)
基层老年协会规范化建设研讨会 …… (264)
其他学术活动 …… (264)
社科研究成果 …… (264)
市委党校研究成果 …… (264)
闽江学院研究成果 …… (265)
福州职业技术学院研究成果 …… (265)
市社会科学院研究成果 …… (265)
市政府发展研究中心研究成果 …… (265)
学术社团研究成果 …… (265)
福州市"135"社区党建工作模式的探索与启示 …… (266)
关于平潭综合实验区生态环境可持续发展的建议 …… (266)
农村金融改革发展若干问题 …… (266)
教育政策创新模式研究:创新路径的视角 …… (266)
三坊七巷志 …… (266)

教　育

综述 …… (267)
表50　2013年教育先进人物 …… (268)
学前教育 …… (268)
概况 …… (268)
0—3岁婴幼儿早期教育 …… (268)
3—6岁儿童教育 …… (268)
保教质量提高 …… (268)
片区管理 …… (268)
初等教育 …… (268)
概况 …… (268)
初中招生 …… (268)
规范办学行为 …… (268)
中等教育 …… (268)
概况 …… (268)
中招制度改革 …… (269)
义务教育均衡发展 …… (269)
普通高中多样化特色化建设 …… (269)
普通高中会考 …… (269)
科技实践活动 …… (269)
表51　2013年青少年科技创新大赛、机器人比赛及高中学科竞赛获全国三等奖以上名单 …… (269)
特殊教育 …… (270)
概况 …… (270)
市特殊教育教研工作室成立 …… (270)
市"特殊儿童的心理辅导策略"专题培训 …… (270)
高等特殊教育 …… (270)
中等职业教育和成人教育 …… (270)
概况 …… (270)
中职招生就业 …… (270)
职教基础能力建设 …… (270)
校企合作 …… (270)
赛事和交流工作 …… (270)
表52　2013年福州市参加全国职业院校技能赛获奖情况 …… (271)
农村成人教育 …… (271)
社区教育 …… (271)
扫盲教育 …… (271)
高等教育 …… (271)
概况 …… (271)
高招工作 …… (272)
自学考试 …… (272)
校园文化建设 …… (272)

表53　2013 年在榕普通高校(34 所)一览表 …………… (272)
闽江学院 …………… (272)
福州职业技术学院 …………… (273)
闽江师范高等专科学校 …………… (275)

文化　出版　传媒

公共文化 …………… (278)
概况 …………… (278)
第十四届新福州人歌手大赛 …………… (278)
第七届福州合唱音乐周 …………… (278)
农家书屋建设 …………… (278)
十大特色农家书屋和综合文化站 …………… (278)
文化科技卫生“三下乡” …………… (278)
“福州最美文化村(社区)”活动 …………… (278)
海峡两岸民俗文化节 …………… (279)
文化惠民演出 …………… (279)
“书香八闽”全民阅读月 …………… (279)
村级文化协管员培训 …………… (279)
福州市图书馆 …………… (279)
福州市少儿图书馆 …………… (280)
专业文化 …………… (280)
概况 …………… (280)
林则徐歌曲征集评选 …………… (280)
表54　2013 年福州市专业文艺省级以上获奖情况分类表 …………… (281)
闽剧民间职业剧团折子戏大奖赛 …………… (282)
首届福州话大赛 …………… (282)
福州文化艺术周 …………… (282)
第二届福州市少儿歌手大奖赛 …………… (283)
《文化福州》创刊 …………… (283)
福州画院活动 …………… (283)
文化市场 …………… (283)
概况 …………… (283)
文化市场行政审批大检查 …………… (283)
文化市场综合执法 …………… (283)
网吧专项整治 …………… (283)
非物质文化遗产 …………… (283)
概况 …………… (283)
海峡非物质文化遗产生态园 …………… (283)
国家级非物质文化遗产项目申报 …………… (284)
文化交流活动 …………… (284)
概况 …………… (284)
海外文化交流活动 …………… (284)
两岸文化交流活动 …………… (284)
内地文化交流活动 …………… (284)
文博事业 …………… (284)
概述 …………… (284)
名城规划编制 …………… (285)
文物保护修缮 …………… (285)
可移动文物普查 …………… (285)
市博物馆陈列更新 …………… (285)
地铁 1 号线屏山站考古发掘 …………… (285)
展览活动 …………… (285)
考古勘探与调查 …………… (285)
水下考古 …………… (286)
文博新媒体宣教 …………… (286)
道德讲堂系列活动 …………… (286)
“左海讲坛”系列公益讲座 …………… (286)
新闻出版 …………… (286)
概况 …………… (286)
扫黄打非 …………… (286)
出版管理 …………… (287)
绿色印刷认证 …………… (287)
培训与交流 …………… (287)
新华书店 …………… (287)
福州日报社 …………… (287)
概况 …………… (287)
政治建设宣传报道 …………… (287)
经济建设宣传报道 …………… (288)
文化建设宣传报道 …………… (288)
社会建设宣传报道 …………… (288)
生态文明建设宣传报道 …………… (288)
对台宣传报道 …………… (289)
对外宣传报道 …………… (289)
报纸品牌打造 …………… (289)
传统报业向全媒体转型 …………… (289)
传统产业向多元产业转型 …………… (289)
广播电影电视 …………… (290)
概况 …………… (290)
新闻宣传报道 …………… (291)
专业频道频率 …………… (291)
精品和品牌栏目 …………… (291)
上宣外宣工作 …………… (291)
“走转改”活动 …………… (291)
市场份额与创收 …………… (291)
新媒体传播与新技术运用 …………… (291)
电影放映与动画制作 …………… (292)
广播电视公共服务建设 …………… (292)
文化生活报 …………… (292)
广电行业管理 …………… (292)
重要活动 …………… (292)
主流媒体看福州 …………… (293)
概况 …………… (293)
第十五届海峡两岸经贸交易会宣传报道 …………… (293)
第六届海峡两岸合唱节宣传报道 …………… (293)
“四个万家”主题实践活动宣传报道 …………… (293)
第八届两岸青年联欢会暨 2013 年海峡青年节宣传报道 …………… (294)
2013 海峡(福州)渔业周暨第八届中国(福州)渔业博览会宣传报道 …………… (294)
2013 年环福州・永泰国际公路自行车赛宣传报道 …………… (294)

卫生 体育

卫生事业 …… (296)
概况 …… (296)
实施国家基本药物制度 …… (296)
新型农村合作医疗 …… (296)
基本公共卫生服务 …… (297)
基层医疗卫生服务 …… (297)
公立医疗机构综合改革 …… (297)
疾病预防与控制 …… (298)
卫生应急 …… (298)
妇幼保健 …… (298)
中医药事业 …… (298)
卫生监督执法 …… (298)
医疗服务能力 …… (299)
卫生人才队伍建设 …… (299)
卫生信息化建设 …… (299)
爱国卫生月活动 …… (300)
健康场所试点项目 …… (300)
卫生城镇卫生村创建 …… (300)
城区除“四害” …… (300)
农村改厕 …… (300)
体育事业 …… (300)
概况 …… (300)
群众体育 …… (300)
竞技体育 …… (301)
第一届全国青年运动会筹备 …… (301)
体育产业 …… (301)
体育宣传 …… (301)

旅 游

综述 …… (302)
资源开发 …… (302)
资源规划 …… (302)
项目建设 …… (302)
景区管理 …… (302)
表 55 2013 年福州市 A 级景区名单 …… (302)
乡村旅游星级景区 …… (303)
“海峡旅游”品牌 …… (303)
旅游服务 …… (303)
星级旅游饭店 …… (303)
旅行社 …… (303)
导游队伍 …… (303)
表 56 福州市五星级、四星级饭店名单 …… (304)
表 57 福州市金牌和 AAAAA 级、AAAA 级旅行社名单 …… (304)
宣传营销 …… (304)
媒体宣传营销 …… (304)
“走出去、请进来”营销 …… (304)
旅游节庆活动营销 …… (304)
旅游管理 …… (305)
安全管理 …… (305)
服务质量管理 …… (305)

三坊七巷等历史文化街区

综述 …… (306)
街区规划 …… (306)
修编三坊七巷规划 …… (306)
朱紫坊规划 …… (306)
召开两山两塔两街区规划评审会 …… (306)
上下杭规划通过专家评审 …… (306)
审议通过烟台山规划 …… (307)
保护修复 …… (307)
拆迁工作 …… (307)
工程建设 …… (307)
社区博物馆建设 …… (308)
文化宣传 …… (308)
主题文化活动 …… (308)
民俗节庆活动 …… (308)
宣传活动 …… (308)
旅游开发 …… (308)
景区建设 …… (308)
旅游营销 …… (308)
旅游接待 …… (308)
新增景点 …… (309)
尤氏民居 …… (309)
田黄馆 …… (309)
漆艺馆 …… (309)

社会民生

人民生活 …… (310)
概况 …… (310)
城镇居民收支 …… (310)
农村居民收支 …… (310)
市场价格 …… (310)
居民消费价格 …… (310)
工业生产者出厂价格 …… (310)
房地产价格 …… (310)
人口与计划生育 …… (310)
概况 …… (310)
依法行政 …… (310)
宣传教育 …… (310)
计生督查 …… (311)
综合治理性别比偏高问题 …… (311)
流动人口服务管理 …… (311)
为民办实事项目 …… (311)
服务机构建设 …… (311)
行业作风建设 …… (311)

信息化建设 ……(311)
劳动就业 ……(311)
概况 ……(311)
促进就业 ……(311)
职业培训和技工教育 ……(312)
劳动关系维权 ……(312)
社会保障 ……(312)
社会保险 ……(312)
住房公积金 ……(312)
民政 ……(313)
概况 ……(313)
优抚安置 ……(313)
社会救助 ……(313)
救灾工作 ……(313)
社会福利 ……(313)
基层政权和社区建设 ……(313)
老区建设 ……(314)
老龄事务 ……(314)
殡葬管理 ……(314)
婚姻收养登记 ……(314)
区划地名管理 ……(314)
民间组织登记管理 ……(314)
边界管理 ……(314)
福利彩票销售 ……(314)

县(市)区

鼓楼区 ……(315)
概况 ……(315)
经济建设 ……(315)
城区建设与管理 ……(315)
社会事业 ……(315)
高新技术产业 ……(316)
表58 2013年鼓楼区街道(乡镇)基本情况一览 ……(317)
台江区 ……(317)
概况 ……(317)
经济建设 ……(317)
城区建设与管理 ……(317)
社会事业 ……(317)
表59 2013年台江区街道基本情况一览……(318)
仓山区 ……(318)
概况 ……(318)
经济建设 ……(318)
城乡建设与管理 ……(319)
社会事业 ……(319)
表60 2013年仓山区街道(乡镇)基本情况一览 ……(320)
晋安区 ……(320)
概况 ……(320)
经济建设 ……(320)
城乡建设与管理 ……(321)
社会事业 ……(321)
表61 2013年晋安区街道(乡镇)基本情况一览 ……(321)
马尾区 ……(322)
概况 ……(322)
经济建设 ……(322)
城乡建设与管理 ……(322)
社会事业 ……(323)
表62 2013年马尾区街道(乡镇)基本情况一览 ……(323)
福清市 ……(323)
概况 ……(323)
经济建设 ……(323)
城乡建设与管理 ……(324)
社会事业 ……(324)
江阴汽车整车进口口岸 ……(324)
表63 2013年福清市街道(乡镇)基本情况一览 ……(325)
长乐市 ……(325)
概况 ……(325)
经济建设 ……(325)
城乡建设与管理 ……(326)
社会事业 ……(326)
城市管理服务指挥中心投入使用 ……(327)
表64 2013年长乐市街道(乡镇)基本情况一览 ……(327)
闽侯县 ……(327)
概况 ……(327)
经济建设 ……(327)
城乡建设与管理 ……(328)
社会事业 ……(329)
南通商贸物流城建设 ……(329)
表65 2013年闽侯县街道(乡镇)基本情况一览 ……(329)
连江县 ……(330)
概况 ……(330)
经济建设 ……(330)
城乡建设与管理 ……(330)
社会事业 ……(330)
表66 2013年连江县街道(乡镇)基本情况一览 ……(331)
闽清县 ……(332)
概况 ……(332)
经济建设 ……(332)
城乡建设与管理 ……(332)
社会事业 ……(333)
表67 2013年闽清县街道(乡镇)基本情况一览 ……(333)
罗源县 ……(334)
概况 ……(334)
经济建设 ……(334)
城乡建设与管理 ……(334)
社会事业 ……(334)
港区建设 ……(335)
福州台商投资区松山片区动建 ……(335)
表68 2013年罗源县街道(乡镇)基本情况一览 ……(335)
永泰县 ……(335)
概况 ……(335)
经济建设 ……(335)

城乡建设与管理 …… (336)
社会事业 …… (336)
福永高速公路正式通车 …… (337)
昌福铁路正式开通 …… (337)
2013 年环福州·永泰国际公路自行车赛 …… (337)
表 69　2013 年永泰县街道(乡镇)基本情况一览 …… (337)

市委市政府调研课题(选编)

编者按 …… (339)
市级行政审批制度改革 …… (339)
市级行政审批制度改革历程 …… (339)
市级行政审批制度改革做法及成效 …… (339)
市级行政审批制度改革存在的困难 …… (340)
市属国有企业改革 …… (341)
市属国有企业发展现状 …… (341)
市属国有企业改革的做法及成效 …… (341)
市属国有企业改革发展中存在的突出问题 …… (342)
城乡一体化 …… (342)
城乡互动发展格局初步形成 …… (342)
城乡一体化发展面临的挑战 …… (343)
党员干部直接联系和服务群众制度 …… (343)
完善党员干部直接联系和服务群众制度的现状 …… (343)
党员干部在直接联系和服务群众工作上存在的问题 …… (344)
文化创意产业融合发展 …… (344)
文化创意产业融合发展状况 …… (344)
文化创意产业融合发展存在的主要问题 …… (345)
保持空气质量位居全国“三甲” …… (345)
空气质量状况呈现逐年向好趋势 …… (345)
表 70　福州市 2006—2012 年 API 年均值、全国排名及三项指标数值 …… (345)
表 71　福州市 2006—2012 年空气优良天数及优良率 …… (346)
表 72　2006—2012 年福州 API 指数、空气优良率在福建省九地市排名 …… (346)
表 73　2012 年福州五城区大气污染物排放情况 …… (346)
影响福州市空气质量指数排名的内外在因素 …… (346)
发展低碳经济 …… (347)
发展低碳经济的形势与机遇 …… (347)
发展低碳经济的问题与挑战 …… (347)
2012 年度福州市行政机关透明度报告 …… (348)
政府信息公开工作取得的成效 …… (348)
表 74　市直行政机关政府信息公开工作总体测评结果(满分 100 分) …… (348)
表 75　县(市)区政府信息公开工作总体测评结果(满分 100 分) …… (349)
政府信息公开工作存在的问题 …… (349)
构建现代化综合交通运输体系 …… (350)
交通基础设施网络基本形成 …… (350)
运输服务能力不断提高 …… (350)
综合交通运输体系存在的问题 …… (350)
开发区整合提升 …… (351)
开发区总体概况 …… (351)
开发区发展的制约因素 …… (351)
历史文化名城保护和旅游开发 …… (353)
历史文化名城保护和旅游开发现状 …… (353)
历史文化名城保护和旅游开发中存在的问题 …… (353)
优化福莆宁职业教育专业结构 …… (354)
福莆宁职业教育专业发展现状及优势 …… (354)
表 76　福莆宁 2012 年中职专业分类及毕业生统计表 …… (354)
福莆宁职业教育专业结构存在的问题 …… (354)
表 77　福莆宁三次产业结构和中职专业结构状况 …… (355)
表 78　福莆宁第二产业结构和中职专业结构状况 …… (355)
表 79　福莆宁 2012 年劳动力需求结构和中职专业结构状况 …… (355)
表 80　专业设置重复率最高的 10 个专业情况 …… (355)
新形势下“两马”旅游的发展 …… (356)
“两马”旅游发展情况 …… (356)
“两马”旅游存在的主要问题 …… (356)
茉莉花茶生态产业 …… (357)
茉莉花茶生态产业发展沿革 …… (357)
茉莉花茶生态产业发展现状 …… (357)
茉莉花茶生态产业的制约因素 …… (358)

人　物

2013 年在榕工作的院士 …… (359)
2013 年福州市先进人物 …… (359)

福州市 2013 年地方法规、规章政策(选录)

地方法规 …… (370)
福州市消防管理若干规定 …… (370)
福州市历史文化名城保护条例 …… (371)
福州市城市内河管理办法 …… (374)
福州市人民代表大会常务委员会任免国家机关工作人员条例 …… (375)
政府规章及政策 …… (378)
福州市人民政府令第 56 号 …… (378)
福州市人民政府令第 57 号 …… (380)
福州市人民政府令第 58 号 …… (382)
福州市人民政府令第 59 号 …… (384)
福州市人民政府令第 60 号 …… (386)

上下杭历史文化街区 74 处历史建筑名单……………………(387)
福州市人民政府关于加强福州市高速公路保护和管理工作的通告
榕政〔2013〕4 号 ……………………………………………(388)
福州市人民政府关于禁止在福州市闽江下游马尾亭江防洪防潮工程建设征地范围内新增建设项目和迁入人口的通告
榕政〔2013〕5 号 ……………………………………………(389)
福州市人民政府关于促进福州临空经济区发展的若干意见
榕政综〔2013〕7 号 …………………………………………(389)
福州市人民政府关于印发福州青年科技奖评选表彰办法的通知
榕政综〔2013〕27 号…………………………………………(391)
福州市人民政府关于调整福州市征地补偿标准的通知
榕政综〔2013〕37 号…………………………………………(392)
福州市人民政府关于修订价格补贴联动机制的通知
榕政综〔2013〕61 号…………………………………………(393)
福州市人民政府关于提高我市农村五保供养标准的通知
榕政综〔2013〕70 号…………………………………………(393)
福州市人民政府关于发展粮食生产加强粮食安全工作的实施意见
榕政综〔2013〕109 号 ………………………………………(394)
福州市人民政府关于加快福州市信息产业发展的若干意见
榕政综〔2013〕110 号 ………………………………………(396)
福州市人民政府关于做好 2013 年普通高校毕业生就业工作的通知
榕政综〔2013〕123 号 ………………………………………(397)
福州市人民政府关于贯彻质量发展纲要(2011—2020 年)建设质量强市的实施意见
榕政综〔2013〕138 号 ………………………………………(399)
福州市人民政府印发关于支持和鼓励企业投资建设公共租赁住房的若干意见
榕政综〔2013〕141 号 ………………………………………(402)
福州市人民政府关于实施《工伤保险条例》的若干意见
榕政综〔2013〕145 号 ………………………………………(403)
福州市人民政府关于进一步支持工业产品开拓市场的若干意见
榕政综〔2013〕154 号 ………………………………………(405)
福州市人民政府关于印发《福州市进一步促进服务外包产业发展的若干意见》的通知
榕政综〔2013〕160 号 ………………………………………(406)
福州市人民政府关于印发福州市规范农村住宅建设规划用地管理的实施意见的通知
榕政综〔2013〕164 号 ………………………………………(408)
福州市人民政府印发《关于加快推进电子商务产业发展的实施办法(试行)》的通知
榕政综〔2013〕167 号 ………………………………………(410)
福州市人民政府关于印发加快闽台(福州)蓝色经济产业园发展若干意见的通知
榕政综〔2013〕214 号 ………………………………………(412)
福州市人民政府关于印发《福州市城乡居民社会养老保险实施办法》的通知
榕政综〔2013〕247 号 ………………………………………(414)
福州市人民政府关于印发福州市促进金融业发展若干意见的通知
榕政综〔2013〕251 号 ………………………………………(415)
福州市人民政府关于印发福州市职工基本医疗保险实施细则的通知
榕政综〔2013〕265 号 ………………………………………(417)
福州市人民政府关于进一步加强和改进最低生活保障工作的实施意见
榕政综〔2013〕268 号 ………………………………………(420)

统计资料

表 81　2013 年福州市经济社会主要指标完成情况………(423)
表 82　2013 年全国 26 个省会城市主要经济指标 ………(428)
表 83　2013 年福建省及九个设区市主要经济指标………(434)

索　引

……………………………………………………………(437)

Contents

Special Issue

Advancing energetically opening – up and development of Fuzhou New Area and constracting the Golden Delta Economic Circle in the Minjiang River Estury with the faster speed and at the higher starting spot
——*Extracts of CPC Fujian provincial Party committee member, Fuzhou municipal Party committee secretary Yang – yue's speech on the City Economic Working Conference in December* 30, 2013 ……… (1)
Government work report
——*Extracts of Fuzhou city mayor Yang Yi – min's report on the third meeting of the fourteenth session of the people's Congress in January* 5, 2014 ……… (5)

Special article

Completion of the tangible things project for citizen of the municipal city hall in 2013 ……… (11)
Completion of "Five campaign" construction work of Fuzhou in 2013 ……… (14)
Key project completion of Fuzhou in 2013 ……… (16)
Three – dimensional project docking of Fuzhou in 2013 ……… (16)

Memorabilia

……… (18)

City profile

Natural resources ……… (23)
Climate ……… (24)
Administrative divisions ……… (26)
Population ……… (27)
National economy and social development ……… (27)
Agencies and persons in charge ……… (32)

CPC Fuzhou Municipal Committee

Important meetings and activities ……… (43)
Important reception ……… (44)
Discipline inspection and supervision ……… (44)
Organizational work ……… (46)
Propaganda work ……… (47)
The United Front Work ……… (48)
The construction of spiritual civilization ……… (49)
The authority of the party's work ……… (50)
The petition work ……… (51)
Veteran cadre work ……… (51)
The work of Party School ……… (52)
Policy Research ……… (53)
Confidential work ……… (53)
Party history research ……… (54)
Archives work ……… (55)
Nationalities and religious ……… (56)

People's Congress

Summary ……… (58)
Important meeting ……… (58)
Local legislation ……… (59)
Supervision work ……… (59)
Representative work ……… (62)
Research publicity ……… (63)
Personnel appointments and removals ……… (63)

People's Government

Important meetings and activities ……… (65)
Government supervision ……… (67)
The disclosure of government information ……… (67)
Administrative service center construction ……… (69)
Government legal system ……… (70)
Office management ……… (71)
Organization ……… (72)
Personnel and Talent ……… (72)
The development of research work ……… (74)
Local chronicles work ……… (75)
Fuzhou's Beijing liaison office ……… (76)
Fuzhou's Shanghai office ……… (76)
Fuzhou's Shenzhen(Guangzhou) office ……… (77)

Political consultation

Summary ……… (78)
Important meetings ……… (78)
Main work ……… (79)

The democratic parties and the association of industry and commerce

The RCCK Fuzhou Committee …… (81)
The NLD Fuzhou Committee …… (82)
The Agriculture – industrial party Fuzhou Commission …… (83)
The CDNCA Fuzhou Committee …… (84)
China Zhi Gong Dang Fuzhou Commission …… (85)
TSL Fuzhou Committee …… (86)
Jiu San Society Fuzhou Committee …… (87)
Fuzhou Committee of the China Association for Promoting Democracy …… (87)
Federation of industry and commerce of Fuzhou …… (89)

Social organizations

Federation of trade unions of Fuzhou …… (91)
Communist youth league of Fuzhou committee …… (92)
Women's Federation of Fuzhou …… (93)
Federation of literary and art circles of Fuzhou …… (94)
Federation of social sciences of Fuzhou …… (95)
Association for science and technology of Fuzhou …… (96)
Red Cross Society of Fuzhou …… (98)
Federation of the disabled of Fuzhou …… (99)
Federation of returned overseas Chinese of Fuzhou …… (100)
Federation of Taiwan compatriots of Fuzhou …… (101)
Association of individual workers association of private enterprise of Fuzhou …… (102)
Fuzhou consumer protection committee …… (102)

Foreign affairs, Hong Kong and Macao Affairs

Foreign affairs …… (104)
Hong Kong and Macao affairs …… (108)
Taiwan affairs …… (108)

Politics and law

Summary …… (110)
Comprehensive management of social management …… (110)
Trial …… (111)
Prosecution …… (113)
Police …… (115)
judicial administration …… (122)

National defense construction

Recruitment …… (124)
Militia …… (124)
National defense mobilization …… (125)
The double – support construction …… (126)
People's air defense …… (127)
Armed police …… (128)

Comprehensive economic management

Macroeconomic management …… (130)
Statistics and surveys …… (132)
Industrial and commercial administration …… (133)
The state – owned assets supervision and management …… (135)
Price management …… (136)
Drug and food supervision …… (139)
Production safety management …… (141)
Quality and technical supervision …… (143)
Audit …… (144)

Finance and tax

Finance …… (147)
State Taxation …… (149)
Local Taxation …… (151)

Rural economy

The construction of New Rural …… (154)
Agricultural industrial leading enterprise …… (154)
Agricultural science and technology service and training …… (155)
Planting …… (156)
Forestry …… (156)
Animal husbandry …… (157)
Ocean and fishery …… (157)
Water conservancy …… (160)
Flood and drought control …… (161)

Industry

Summary …… (162)
Mechanical metallurgy …… (163)
Electric power industry …… (164)
Medicine and chemical industry …… (165)
Electronic information industry …… (165)
Plastics textile industry …… (167)
Industrial art …… (168)

City construction and management

Urban and rural planning …… (170)
Land and resources management …… (171)
Municipal construction …… (173)
Landscaping …… (174)
City appearance Administration and law enforcement …… (176)

Environmental protection

Summary …… (179)
Quality of environment …… (179)
Environmental Monitoring and rectification …… (181)
Environmental Research and information

construction ······ (182)

Construction and real estate

Construction management ······ (183)
Real estate management ······ (184)

Transportation

Road construction and maintenance ······ (186)
Road transportation ······ (186)
Railway ······ (187)
Subway ······ (188)
Waterway ······ (188)
Port ······ (189)
Airport ······ (190)

Postal communication and govement information construction

Postal industry ······ (192)
China Telecom ······ (192)
China Mobile ······ (193)
China Unicom ······ (194)
The construction of government information ······ (195)

Port

Port administration ······ (197)
Customs monitoring and administration ······ (198)
Inspection and quarantine ······ (199)
Frontier inspection ······ (201)
Coast defense administration ······ (201)
Combat smuggling ······ (202)

Park construction

Fuzhou economic and technological development zone ······ (204)
Rongqiao economic and technological development zone ······ (204)
Fuzhou high and new technology industries development zone ······ (205)
Fuzhou bonded port area ······ (205)
Yuanhong investment zone ······ (206)
Qingkou investment zone ······ (206)
Fuzhou software park ······ (207)
Bin – hai concentrating industrial area ······ (207)
Luoyuan economic development zone ······ (208)
Fuxing economic development zone ······ (208)
Lianjiang economic development zone ······ (208)
Jinshan investigation area ······ (209)
Jiangyin concentrating industrial area ······ (209)
Shangjie investigation area ······ (210)

Private economy

Summary ······ (211)
Primary private – owned business ······ (211)
Service platform of private economy ······ (213)

Services industry

Summary ······ (214)
Traditional services industry ······ (215)
Modern services industry ······ (216)
Grain and oil trade ······ (216)
Tobacco ······ (217)
Petroleum ······ (218)
Supply and marketing cooperation ······ (218)

International and Hong Kong, Macao and Taiwan's business and economy

Utilizing foreign, Hong Kong, Macao and Taiwan's capital ······ (220)
Investment in foreign countries and labour cooperation ······ (221)
International and Hong Kong, Macao and Taiwan's trade ······ (221)

Financial industry

Summary ······ (225)
Banking ······ (225)
Securities and futures industry ······ (236)
Insurance ······ (236)

Science and technology

Summary ······ (239)
Construction of Science and technology innovation system ······ (240)
High and new technology ndustrialization ······ (242)
Popularization of Agricultural science and technology ······ (243)
Scientific and technological achievements management ······ (248)
The technology market management ······ (252)
Intellectual property protection ······ (253)
Scientific popularization ······ (257)
Earthquake prevention and disaster reduction ······ (258)

Social science

Summary ······ (259)
Academic activities ······ (263)
Research achievement of social science ······ (264)

Education

Summary ······ (267)
Preschool education ······ (268)
Elementary education ······ (268)
Secondary education ······ (268)

Special education ……… (270)
Secondary vocation education and adult education ……… (270)
Higher education ……… (271)

Culture, publication and media

Public culture ……… (278)
Professional culture ……… (280)
Cultural market ……… (283)
Intangible cultural heritage ……… (283)
Cultural exchange ……… (284)
Cultural relic and museum career ……… (284)
Press and publication ……… (286)
Fuzhou Daily Agency ……… (287)
Broadcast, movie and television ……… (290)
Watching Fuzhou by major media ……… (293)

Health and sports

Health service ……… (296)
sports undertakings ……… (300)

Tourism

Summary ……… (302)
Resource development ……… (302)
Tourism service ……… (303)
Advertising and marketing ……… (304)
Tourism management ……… (305)

Historical and cultural blocks such as Three Lanes and Seven Alleys

Summary ……… (306)
Blocks Planning ……… (306)
Protection and restore ……… (307)
Cultural propaganda ……… (308)
Tourism development ……… (308)
New tourist attraction ……… (309)

Social life

People's livelihood ……… (310)
Market prices ……… (310)
Population and birth control ……… (310)
Employment ……… (311)
Social security ……… (312)
Civil affairs ……… (313)

County (city) and district

Gulou District ……… (315)
Taijiang District ……… (317)
Cangshan District ……… (318)
Jin'an District ……… (320)
Mawei District ……… (322)
Fuqing City ……… (323)
Changle City ……… (325)
Minhou County ……… (327)
Lianjiang County ……… (330)
Minqing County ……… (332)
Luoyuan County ……… (334)
Yongtai County ……… (335)

Research projects (elected) of municipal party committee

The editor's notes ……… (339)
Reformation of Municipal administrative examination and approval system ……… (339)
Reformation of municipal state - owned enterprises ……… (341)
Urban and rural integration ……… (342)
The system of Party member cadre directly touching and serving the masses ……… (343)
Integration and development of cultural and creative industries ……… (344)
Air quality of Fuzhou kept ranking the top three in Chinese Mainland ……… (345)
The development of low - carbon economy ……… (347)
The report about Transparency of Fuzhou's administrative agencies in 2012 ……… (348)
Construction of modern comprehensive transport system ……… (350)
Integration and promotion of the development zone ……… (351)
Protection of historic and cultural city and tourism exploitation ……… (353)
Optimizing the professional structure of vocational education in Fuzhou, Putian and Ningde city ……… (354)
Tourism Development between Fuzhou Mawei and Taiwan Matsu Under the new situation ……… (356)
The ecological industry of jasmine tea ……… (357)

Person

Academicians working in Fuzhou in 2013 ……… (359)
Advanced persons of Fuzhou in 2013 ……… (359)

Excerption of local laws and regulations, regulatory policies of Fuzhou in 2013

Local laws and regulations ……… (370)
Government regulations and policies ……… (378)

Statistical data

……… (423)

Index

……… (437)

全力推进福州新区开放开发 在更高起点上加快建设闽江口金三角经济圈

——中共福建省委常委、福州市委书记杨岳2013年12月30日在全市经济工作会议上的讲话(节选)

这次全市经济工作会议的主要任务是,贯彻落实中央经济工作会议、城镇化工作会议、农村工作会议和全省经济工作会议精神,回顾总结2013年工作,部署安排2014年任务,动员和组织全市人民坚定信心、加压奋进,全力推进福州新区开放开发,在更高起点上加快建设闽江口金三角经济圈,实现经济社会持续健康发展。

一、认清形势,增强责任,进一步坚定做好2014年经济工作的信心和决心

中央最近召开经济工作会议、城镇化工作会议、农村工作会议,习近平总书记、李克强总理分别在会上作重要讲话,全面分析当前国际国内形势,明确提出2014年经济工作的指导思想、总体要求、目标任务和政策举措,深刻阐述城镇化发展和“三农”工作中的一些重大问题,为做好2014年经济工作和今后一个时期城镇化工作、“三农”工作指明方向。刚刚召开的全省经济工作会议,贯彻中央会议精神,对做好福建省经济工作和城镇化、“三农”工作作出具体部署,尤权书记、苏树林省长在会上作重要讲话,提出明确要求。全市要认真学习,深刻领会,切实把思想和行动统一到中央和省里的部署上来,结合福州实际,抓好贯彻落实。

2013年以来,福州市贯彻中央和省委、省政府一系列部署要求,坚持稳中求进、着力在进,以更加前瞻的思维谋划发展,以更加有力的举措破解难题,以更加进取的精神推动跨越,经济社会发展呈现出持续增长、民生改善、社会和谐的良好局面。具体表现为“五突出、五持续”:一是突出稳增长,发展态势持续向好。按照紧盯目标、紧抓进度、紧攻薄弱的思路,出台减轻企业负担、支持工业产品开拓市场等一系列有针对性的政策举措,推动经济平稳发展、结构逐步优化、效益不断提升,预计全市地区生产总值比增11.5%,固定资产投资比增18.5%,地方公共财政收入比增17%。二是突出强后劲,发展动力持续增强。围绕产业、项目、园区三大重点,坚持战役推动,强化“三维”对接,建立健全重大项目例会等项目推进制度,集中落地、动建投产一批产业大项目好项目,新增宝钢德盛、省电力公司2家百亿企业、冶金建材1个千亿产业集群。三是突出提品质,发展面貌持续改善。推进城乡环境综合整治,加大城区旧屋区改造力度,加快马尾新城建设,规划部署福州新区建设,提升城市品质,凸显“生态美”优势,获评“绿色城市”称号。四是突出增民利,发展成果持续惠民。坚持民生优先,加大民生投入,城乡居民收入稳步增长,物价运行总体平稳,就业形势保持稳定,社会事业发展和社会保障体系建设取得新成效,保障性安居工程建设超额完成省下达的目标任务,基本建成18549套。五是突出抓作风,发展环境持续优化。弘扬“马上就办”的优良传统,全面开展“四个万家”活动,严格执行中央“八项规定”,解决干部队伍“四风”问题,实现干部作风的好转和发展环境的优化。这些来之不易的成绩,是中央和省委、省政府总揽全局、坚强领导的结果,也是全市广大干部群众齐心协力、共同奋斗的结果。同时,也要清醒看到,全市经济运行中依然存在不少问题,主要是:经济总量不够大,产业结构亟待优化,竞争力和创新能力偏弱;出口外部环境偏紧,拓展市场、稳定出口难度加大;投资增长后劲不足,项目推进力度不够大,征地拆迁难问题仍较突出;产业发展与资源环境承载能力的矛盾逐步显现,节能减排压力较大等。不解决这些问题,发展势必受到影响。

瞻望2014年,中央和省委都作出形势研判,全市要立足全局,把握大势,科学应对,完成各项工作。首先,面对外部环境,要树立底线思维,保持清醒头脑。从国外形势看,世界经济在经历5年金融危机之后,开始进入深度调整期,并将会是一个长期的趋势。发达国家仍处于经济增长恢复的过程,新兴市场国家和发展中国家面临更多的滞胀挑战,世界经济存在很多不稳定不确定因素。从国内形势看,全国经济已经进入一个增长速度换挡期、结构调整阵痛期、前期刺激政策消化期“三期叠加”的发展新阶段,虽然经济发展基本面没有变化,但经济运行存在较大下行压力,势必对外向度较高的福州经济产生一定影响,特别是将会给外贸出口、招商引资等带来压力,必须树立底线思维,增强忧患意识,未雨绸缪,主动应对。其次,正视自身发展,要认清面临压力,增强责任意识。当前,福州发展正处于爬坡过坎、跨越赶超的关键时期,实现经济行稳致远的难度不小。面对发挥龙头引领作用的压力,福州现在的经济总量、产业层级、辐射带动力与龙头引领的要求尚有一定差距,在兄弟城市竞相发展的大格局中跨越赶超、率先突破,是一个现实而紧迫的重大命题;面临转变发展方式的压力,不转不调、发展就难以持续,不快转不快调、问题就不断积压更加被动。压力就是动力,问题就是导向。要正视问题、正视压力,强化责任意识,积极主动作为,拿出管用举措,化压力为动力,变被动为主动,全力推动发展。再次,展望未来前景,要敏锐把握机遇,坚定发展信心。站在新的历史起点上的福州发展,面临许多重大战略机遇,也积累诸多有利条件。随着一批重大项目的落地投产,随着对外通道和基础设施的日臻完善,随着城乡环境和发展软环境的不断改善,特别是福州新区开放开发所凝聚的发展合力,全面深化改革所激发的发展动力,都为省会福州新一轮发展指明方向、蓄积势能、提供支撑。要抢抓机遇、用好机遇,推进改革,加快发展,谱写省会发展的崭新篇章。

二、明确目标,强化举措,努力推动经济持续健康发展

2014年是全面深化改革的开局之年,也是完成“十二五”规划目标任务的关键一年。根据中央和省委的部署,2014年福州市经济工作的总体要求是:深入贯彻落实党的十八大和十八届二中、三中全会以及习近平总书记系列重要讲话精神,全面落实中央和省委的部署要求,坚持稳中求进、改革创新,全面深化改革,加快转型升级,统筹城乡建设,持续改善民生,着力绿色发展,全力推进福州新区开放开发,在更高起点上加快建设闽江口金三角经济圈,为率先全面建成小康社会打下坚实基础。按照这一总体要求,2014年发展的预期目标是:地区生产总值比增11%左右,全社会固定资产投资比增18%,社会消费品零售总额比增15%,外贸出口总额比增7%,实际利用外资比增5%,地方公共财政收入比增12%,城镇居民人均可支配收入比增10%,农民人均纯收入比增11%,城镇登记失业率控制在3.5%以内,居民消费价格涨幅控制在3.5%左右。

确定这样的指标,是综合各方面因素、经过审慎分析研究作出的。特别是把2014年经济增长预期目标定为11%左右,高于全省0.5个百分点,这既是省会城市发挥龙头引领作用、加压奋进、加快发展的现实需要,也是为全省发展大局担当尽责、多做贡献的必然要求。要实现率先全面建成小康社会,必须保持一个较快的发展速度,加快做大省会经济总量和实力,提升发展质量和效益。全市上下要志存高远、齐心协力,鼓足干劲、扎实工作,为实现既定的目标而努力奋斗。

实现2014年经济社会发展预期目标,要在“稳”“进”“改”上下功夫。“稳”,就是要稳扎稳打,巩固稳中向好态势,把经济增长稳在合理区间,促进经济社会大局稳定,做到稳中有为、稳中提质、稳中增效。“进”,就是要加快转变经济发展方式,调整优化产业结构,化解过剩产能,强化创新驱动,提高发展质量和效益,进一步增强省会经济综合实力与核心竞争力。“改”,就是要以改革统揽全局,以改革开创新局,突出问题导向,勇于攻坚克难,全力突破重点领域和关键环节改革,真正用改革增动力促发展,向改革要红利惠民生。“稳”“进”“改”三者辩证统一、互为条件,“稳”是基础,“进”是方向,“改”是动力。正确处理好这三者之间的关系,做到稳中求进、改革创新,是做好2014年经济工作的核心要求和行动指南。

一要突出主攻方向,加快福州新区开放开发。福州新区开放开发,是福州城市拓展的主攻方向,也是福州未来发展的强大引擎。各级各部门要切实按照市委十届六次全会的部署,统一思想、主动融入、积极作为,举全市之力推进福州新区建设。规划定位要高。就是要提升站位、找准定位,紧紧围绕建设国家级一流新区的发展目标,高起点、高水准编制新区各项规划。要引入顶层设计的理念,通过系统科学规划,把新区的功能定位、空间形态、主体结构、产业布局凸显出来,把新区发展轴线和交通体系勾画出来,把新区与老城之间的连接通道及生态廊道畅通起来,把新区的海洋特色和品质优势发挥出来,以科学规划引领新区开发建设。建设速度要快。就是要着眼快成规模、快出成效、快见形象,抓紧制定新区建设“2020”行动计划,筛选形成新区建设重大项目库,分阶段分步骤安排建设任务,在尊重科学、确保质量的前提下,加大工作力度,提高投资强度,倒排建设进度,千方百计把建设速度提上去,把建设成效亮出来。要突出基础先行,加快推进滨海大通道、城际轨道交通、疏港铁路以及高速公路、高速铁路等对外综合通道建设,完善新区内部路网体系。要瞄准重点区域,推进马尾新城和福清、长乐等滨海新城建设,特别是马尾新城要重点围绕三江口和闽江口两大组团,加快马尾大桥、东部快速通道、道庆洲大桥等一批重大基础设施项目建设,加快琅岐生态旅游岛开发步伐。体制机制要活。就是要赋予新区先行先试功能,集中整合各种优势资源,打造体制机制创新、投资贸易便利、服务环境优良的改革开放“排头兵”和“试验田”。要研究上海自贸区、平潭综合实验区以及目前已经获批的6个国家级新区的先行政策和成熟经验,对一些可借鉴、可复制、可操作的创新举措,采取“拿来主义”,为我所用,以他山之石攻己之玉。特别是要借鉴广东等地申报自由贸易区的做法,加强与平潭沟通对接,借助和放大平潭特殊优惠政策,争取上级支持,抓紧推动福州新区与平潭综合实验区联合申报自由贸易区工作。要创新开发机制,坚持“政府引导、社会参与、市场运作”的多元化投资模式,特别是要以市四大投资集团为平台,加强与央企、民企、外企、金融机构和战略投资者合作,引导和鼓励各类市场主体参与新区建设。要创新服务机制,推行一线工作法,实行项目代办制,对一些重大产业项目、城建项目、民生社会事业项目要做到提前介入、全程服务,并联审批、限时办结,以高效快捷服务强力保障新区建设。

二要发展都市现代农业,提升农业农村发展水平。习近平总书记强调,“中国要强,农业必须强;中国要美,农村必须美;中国要富,农民必须富”。必须按照这一重要要求,坚持“四化同步”,抓好“三农”工作,让农业成为有奔头的产业、让农民成为体面的职业,让农村成为安居乐业的美丽家园。要坚持都市现代农业发展方向。实施现代农业加快发展行动计划,落实强农惠农政策,发展设施农业、节水农业、循环农业、休闲观光农业,推进现代农业示范园区(基地)建设,打造农业高水平产业链。要坚决守住耕地红线,提升土地效益,抓好粮食生产和主要农产品生产,不断提高“菜篮子”自给率,确保经过2—3年建设,蔬菜基地达到1万公顷,满足市区基本供应需要。要抓好农产品质量安全,强化属地管理责任,健全主要农产品可追溯体系,深入开展治理“餐桌污染”,建设食品放心工程,确保人民群众“舌尖上的安全”。要切实改善农村生产生活条件。加大新农村建设投入,加快推进以水利为重点的基础设施建设,继续实施好农村危房改造、农村饮水安全、农村电网改造升级、广播电视户户通等惠民工程,推动城市基础设施向农村延伸、公共服务向农村覆盖。要培育打造一批精品村、示范村,以点带面推进“美丽乡村”建设。要重视农村基层组织建设,加快完善乡村治理机制,落实减轻农村基层和农民负担的各项规定,切实解决好农村“三留守”和“空心村”问题,确保广大农民安居乐业、农村社会安定有序。要千方百计增加农民收入。“小康不小康,关键看老乡。”要鼓励发展专业大户、家庭农场、农民合作社、产业化龙头企业等新型农业经营主体,提高种地集约经营、规模经营、社会化服务水平,切实增加农民务农收入。要通过鼓励农民自主创业、加强农民技能培训等途径,不断拓宽农民非农增收渠道。要坚持富裕农民、提高农民、扶持农民,吸引年轻人务农,培养造就新型农民队伍,确保农业后继有人。

三要着力培育龙头,壮大产业发展实力。解决福州产业规模不大、实力不强的问题,加快构建具有省会特征、福州特色的现代产业体系,关键在抓龙头。要以省里实施龙头促进计划为契机,坚持一手抓龙头培育、优化存量,一手抓龙头引进、扩大增量,打造体现福州水平的龙头企业方阵,不断提高产业发展的综合实力和核心竞争力。要突出骨干企业壮龙头。经过多年来的培育发展,福州市一产、二产、三产中已经形成一批重点骨干企业,一些企业在全省乃至全国相关行业都占有一定地位。这些存量企业经过市场洗礼,具有竞争优势,具备进一步做强潜质,要作为抓龙头的重点来扶持、来突破,通过实施有针对性的服务和指导,促其尽快发展壮大。特别是要深入实施新兴产业倍增发展专项行动,加快壮大星网锐捷、中星微、普天国脉、新大陆等战略性新兴产业领军企业,抢占产业发展制高点。要抓住省会现代服务业发展步入良性轨道的有利时机,抓紧推动海峡金融商务区、闽江北岸中央商务区、南通物流园区、华侨城欢乐谷、华润城市综合体等重大项目建设,大力发展总部经济、金融保险、商贸物流、文化创意、电子商务、信息服务、旅游会展等现代服务业,推动三产提档提质。要强化招商引龙头。坚持招大引强,突出瞄准世界500强、台湾百大和中国500强等具有先进技术和市场前景的企业,坚定不移勤联络,持续发力促对接,力争在引进行业龙头企业上取得新突破。要强化机遇意识、责任意识、服务意识,积极推动“全链条、全要素、无障碍”立体式招商,做到引进一个大项目、带动一批大企业、构建一条产业链。要把招大引强、培育龙头纳入领导班子和领导干部考核范畴,强化责任落实,完善激励机制,推动实体经济发展。要加快产业园区建设,完善配套,提升功能,优化环境,培育一批专业园区,增强项目承载能力。要发展小微企业育龙头。抓龙头企业,并不意味小微企业、中小企业不重要。“铺天盖地”的中小企业中,很有可能会发展成若干个“顶天立地”的大企业。既要注重抓龙头,更好地铸链条,为小微企业发展拓展空间、创造条件;更要重视扶持发展小微企业,引导小微企业围绕龙头企业协作配套、互融共促,推动有基础有条件的企业通过上市融资、引进战略投资等,实现快速发展。

四要推进改革攻坚,增添发展活力动力。深化改革,是2014年工作的重中之重。要按照中央和省委、市委全会的部署要求,拿出全面深化改革的魄力和智慧,细化目标,落实责任,迅速行动,扎实推进,确保新一轮改革开好局、起好步。要突破重点领域改革。改革是一项系统工程,要牵住“牛鼻子”,找准切入点,以重点领域突破带动整体改革推进。要认真抓好《2014年福州市深化重点领域改革要点》的实施,确保各项改革按时序推进。特别是对政府机构改革、行政审批制度改革、公共服务市场化、商事登记制度改革、减轻基层负担等方向明、有基础的改革,要抓紧时间推进,务求尽早见效。要增创开放优势。开放也是改革,高水平开放可以倒逼深层次改革。要坚定不移地实施大开放战略,加快发展开放型经济,以开放促改革、促发展、促转型升级。要顺应世界贸易格局的新变化,加快推动外贸发展方式转变,在完善外贸扶持政策、提高出口商品质量、新兴市场开拓、重点出口商品基地建设等方面下功夫,促进外经贸稳定发展。要深化榕台交流合作,加快台商投资区、台湾农民创业园、闽台(福州)文化产业园等产业合作平台建设,推动榕台先进制造业、现代服务业、现代农业深度合作,继续办好海峡青年节等对台交流活动,推动榕台往来更频繁、合作更密切、交流更深入。要加强与海内外重点客商、异地商会、华侨华人社团的联系,深入实施“回归工程”,鼓励和支持海内外乡亲以总部回归、项目回迁、资金回流等方式“回归”发展,进一步做大做强民营经济。

五要多办惠民实事,提高人民群众幸福指数。要继续按照守住底线、突出重点、完善制度、引导舆论的思路,处理好发展经济与改善民生的关系,处理好尽力而为和量力而行的关系,织密织实保障民生安全网,不断提高人民群众幸福感。要增加财政投入。持续加大民生支出力度,2014年财政预算民生支出安排要超过70%,重点解决好群众关心关注的就业、教育、医疗、社会保障、食品药品安全等民生问题,把好钢用在“刀刃”上,进一步提高民生支出效益。2014年初步安排25件68项为民办实事项目,各级各有关部门要各负其责,认真组织实施,确保这些实事办实办好。要健全保障制度。进一步完善社会保障和社会救助制度,逐步提高城乡低保、农村五保补助标准,兜住兜好基本生活底线,让困难群众生存有尊严、生计有保障、生活有盼头。要继续推进旧屋区棚户区改造三年计划,2014年实施76片、面积约600万平方米改造任务。要加快保障性安居工程建设,探索介于廉租房和商品房之间的住房供给模式,解决好中低收入群体的基本住房需求。要创新社会治理。积极发挥政府主导作用,激发社会组织活力,全面推广"135"社区党建工作模式,完善网格化服务管理机制,推动政府治理和社会自我调节、居民自治良性互动。深化"平安福州"建设,加强社会管理综合治理,深入开展市县联合大接访活动,加强社会矛盾纠纷排查调处,强化安全生产监管,促进社会和谐稳定。

六要保护绿水青山,建设美丽福州。绿水青山、生态优美,这既是福州发展的优势所在,也是潜力所在。要按照建设生态文明先行示范区的目标要求,牢固树立保护生态环境就是保护生产力、改善生态环境就是发展生产力的理念,加强生态环境保护,创造更多"绿色福利",努力打响美丽福州的名片。要推进生态市建设。紧紧围绕创建国家生态市,积极开展创建国家生态县(市)、生态乡镇等活动,加强重点生态功能区保护,抓好重点流域水环境综合治理,推进水土流失治理,提升内河整治成效,巩固和拓展生态优势。要进一步推进"四绿"工程,推广绿色建筑,建设绿色社区,倡导绿色生活,打造绿城花城水城。要加强水、大气、土壤、噪声等污染防治,下大力气解决涉及民生的环保问题,创造宜居宜业环境。要坚持绿色发展。严把项目环境准入关,坚决淘汰高污染高排放的落后产能,既要金山银山,更要绿水青山。要落实节能减排责任,大力发展绿色经济、循环经济、低碳经济,努力构建附加值高、资源消耗低、环境污染少的生态产业格局。要完善体制机制。重点是健全生态文明建设综合考核评价机制,把资源消耗、环境损害、生态效益纳入经济社会发展评价体系,完善体现生态文明导向的目标体系、考核办法、奖惩机制;建立健全资源有偿使用机制,推动林权、水利、矿产、河砂等领域改革,鼓励和引导各类资本参与;探索实施生态补偿机制,坚持谁受益、谁补偿,实行生态保护财力转移支付,平衡不同地区发展和环境权益。

三、把握关键,稳步推进,不断提高新型城镇化的质量和水平

这次中央城镇化工作会议,明确推进城镇化的指导思想、主要目标、基本原则、重点任务。要按照中央和省委的部署要求,坚持"以人为本、优化布局、生态文明、传承文化"的基本原则,围绕"人进城、建好城、管好城"的核心问题,立足实际,因地制宜,稳妥推进,努力走出一条富有省会特色、体现福州特点的新型城镇化道路。

一要推进农业转移人口市民化。新型城镇化的核心是以人为本,关键是解决好人的问题,也就是要有序推进农业转移人口市民化。要加快户籍制度改革。适时出台具体可操作的户籍改革措施并向社会公布,突出解决好已经转移到城镇就业的农业转移人口落户问题,引导和鼓励农业转移人口优先向县城和建制镇转移。要坚持自愿、分类、有序的原则,充分尊重农民意愿,因地制宜制定具体办法,允许一部分农业转移人口在城乡间有序流动,防止"被落户""被上楼"。要完善公共服务体系。合理配置城镇公共服务设施,推动城镇基本公共服务从户籍人口向常住人口覆盖,逐步提高农民工及其随迁家属享有城镇基本公共服务的水平。要研究出台相关政策措施,在义务教育、就业服务、社会保障、基本医疗、保障性住房等方面搞好政策统筹配套,积极推进城乡社保、医保的规范接入和异地衔接,实现城乡统筹,解决农民的后顾之忧。

二要坚持产城互动。产业发展是城镇化的基石。要坚持"四化"同步、产业发展与城镇建设并重并举,培育壮大优势特色产业,着力构建城镇产业体系,实现以城聚产、以产兴城、产城联动、融合发展。要优化城镇产业布局。优化生产要素和社会资源配置,注重经济效益和产业分工,逐步形成中心城区以第三产业、工业园区以第二产业、城镇外围以都市现代农业为主,由内向外的"三二一"产业布局。突出"一镇一品",根据各镇域土地、劳动力、资源等要素特点,宜农则农、宜工则工、宜商则商,大力发展特色产业,找准发展定位,加强配套建设,加快推进乡镇工业园区发展,不断壮大镇域经济,着力夯实产业支撑。要大力发展县域经济。各县(市)要打破思维定势,发挥比较优势,在做大做强特色经济中推动县域经济大发展。要按照总体产业布局,立足自身产业基础,有重点有针对地推进抓龙头、铸链条、建集群,加快主导产业发展,打造县域经济发展的产业支柱。

三要加强规划建设管理。城镇规划建设管理水平,不仅关系居民生活质量,而且也是城镇化的生命力所在。要尊重城镇发展规律,本着对历史、对人民高度负责的态度,高水平规划、高标准建设、高效能管理,切实提高新型城镇化的质量和水平。要优化空间格局。坚持把城镇化规划与主体功能区规划、城镇功能定位结合起来,优化城镇布局与形态,努力形成功能结构互补、空间布局融合、生态环境协调、基础设施共享、生产要素自由流动、社会服务统筹管理的城镇化发展格局。坚持组团式、串联式、卫星城式推进城镇化发展,避免过度占用成片良田,最大程度提高土地集约节约利用水平。积极探索经济社会发展、城乡、土地利用规划的"三规合一"或"多规合一",切实增强规划的前瞻性、科学性和严肃性。要着力构建城镇体系。致力做大做强中心城区,扩容提质县城,加速推进小城镇建设,加快发展新型农村社区,着力建设以中心城区为龙头、县(市)为支撑、小城镇为纽带、新型农村社区为基点的现代城镇体系。要因地制宜、突出特色,注重在城镇建设中体现优美的生态元素,融进厚重的人文底蕴,嵌入自然的山水脉络,让生活在有福之州的人民,望得见山、看得见水、记得住乡愁。要加强城镇管理。城镇发展,建设是基础,管理是根本。不重视、不加强城镇管理工作,必定会影响城镇化的质量和水平。要进一步加强城镇化工作的宏观管理,强化重大政策统筹协调,抓紧制定福州市新型城镇化规划,同时建立健全城镇管理长效常态机制,从严从细高效管理,促进城镇管理科学化、数字化、智能化。要持续开展城乡环境综合整治,全面推进旧屋区、城中村改造,扎实开展违法用地、违规建房等专项整治，不断改善城乡面貌、提升文明程度。

四、加强领导，真抓实干，确保2014年各项目标任务落到实处

能否完成好2014年经济社会发展任务，是对各级干部精神状态、能力本领和工作作风的现实检验。要主动适应新形势、新任务的要求，提振精神，鼓足干劲，锐意改革，扎实工作，确保圆满完成各项目标任务。

一要志向远大、勇于担当。俗话说，"人活一张脸，树活一张皮""志正则众邪不生"。大志向，勇担当，方有大作为。在省会福州跨越发展的关键阶段，迫切需要各级干部特别是领导干部立大志、立远志，奋勇争先、立志自强。要以志争气，坚决破除"甘于平庸"的思想，摒弃"自我陶醉"的心态，真正以大志向激发正能量、催生新作为、创造好业绩。要在其位、谋其政、尽其责，真正把发展目标记在心里、把改革任务抓在手中、把困难问题扛在肩上，遇责任不闪躲，遇难关不绕道，遇矛盾不上交，努力形成敢于担当、勇于负责、各司其职、各尽其能的生动局面。

二要敢字当头、意志刚强。发展难免会遇到这样那样的困难和问题，"惟其艰难，才更显勇毅；惟其笃行，才弥足珍贵"。问题不解决、困难不克服，则无一事可为。反思一些地方和部门工作难以打开新局面，主要症结就在于责任领导原则性和意志力不强，私心较重，不必要的顾虑顾忌多，只做"好好先生"，不敢直面矛盾难题，一遇阻力就退缩停滞，导致工作难以取得进展，发展迈不出步伐。各级干部要有"不达目的誓不罢休"的韧劲，咬住青山不放松，敢字当头，矢志不移，愈挫愈强，问题不解决不放过，矛盾不克服不松劲。要有"逢山开路、遇河架桥"的冲劲，加压奋进，迎难而上，多啃几块"硬骨头"，多解几件"挠头事"，努力为经济社会发展扫清障碍。要有"敢当铁匠硬碰硬"的较劲，主动到工作打不开、矛盾解不开的地方，冲破瓶颈、破解难题，少说不行的理由，多想能行的办法，在攻坚克难中提升能力，在坚持不懈中展现作为，全力以赴推动福州科学发展跨越发展。

三要苦干实干、马上就办。不干不办，半点马克思主义也没有。面对繁重的发展任务，只有强化"干"的意识，鼓浓"干"的氛围，拿出"干"的劲头，才能在竞相发展中抢得先机、赢得主动。要以2014年开展党的群众路线教育实践活动为契机，解决干部队伍作风中的突出问题，继续深入开展"四个万家"活动，大兴求真务实之风，大兴艰苦奋斗之风，大兴马上就办之风，切实以好的作风推动事业发展。要埋头苦干、真抓实干，认真想事、专心谋事、踏实干事，把功夫下得再深一点，把劲头铆得再足一点，以超常的工作状态抓推进、抓落实，努力营造大干快上、苦干争先的浓厚氛围。要大力弘扬"马上就办"的优良传统，立说立行、说干就干，只争朝夕、雷厉风行，推动决策第一时间落实、工作第一时间启动、任务第一时间完成。各级领导干部特别是"一把手"要带好头、作表率，对重点的工作、发展的难点和改革的困难，亲自过问、亲自部署、亲自督查，真正在攻坚克难、推动发展中展示优良作风，推动工作落实。

政府工作报告

——福州市人民政府市长杨益民2014年1月5日在福州市第十四届人民代表大会第三次会议上的报告（节选）

一、2013年工作回顾

（一）经济发展稳中有进、稳中向好。预计2013年全市生产总值4700亿元，比增11.5%；公共财政总收入689.12亿元，比增15.4%，其中，地方公共财政收入453.97亿元，比增18.8%；固定资产投资3832.53亿元，比增18.5%；外贸出口192亿美元，比上年实际数（剔除政策性因素）增长6%；按验资口径实际利用外资14.06亿美元，比增5%；社会消费品零售总额2611亿元，比增15.6%；城镇居民人均可支配收入32130元，比增9.3%；农民人均纯收入12870元，比增12%。预计"五大战役"完成投资1900亿元，为年度计划的134.6%；实施市级重点项目300项，完成投资1170亿元，为年度计划的125.5%。福清、闽侯、长乐、连江被评为全省县域经济实力十强县，闽侯、连江被评为全省经济发展十佳县。

（二）产业结构调整和转型升级步伐加快。全市新增1个千亿产业集群和2家百亿企业，规模以上工业增加值1653亿元，比增13.5%。产业大项目加快向南北"两翼"地区集聚，有66个项目动工建设、77个项目建成投产。新兴产业较快发展，高新技术产业产值突破2800亿元，福州高新区海西园一期基本建成，闽台（福州）蓝色经济产业园、临空经济区等园区起步建设。自主创新能力不断增强，福州蝉联全国科技进步先进市称号，新增2家国家地方联合工程研究中心、37家院士（专家）工作站、2家博士后科研工作站。中国福州海西引智试验区建设扎实推进，福州人才市场挂牌成立，福州与清华大学、中国人民大学等8所高校签订战略合作协议。金融、现代物流、电子商务、服务外包、旅游、文化创意、会展、总部经济等服务业快速发展，普洛斯物流、华侨城旅游等一批大项目落户福州，苏宁广场、五四北泰禾广场等城市综合体建成开业，海峡股权交易中心、通用航空产业基地等投入运营。

（三）改革开放不断深化拓展。构建形成以"四大投"与3个专业公司为构架的国资管理运作新体制。道路清扫保洁、园林绿化养护等领域市场化运作全面开展。行政审批制度改革不断深化，市行政服务中心成为国家级服务业标准化试点单位，审批服务当场办结率78%，群众满意率99.99%，市民服务中心建设进展顺利。福州高新区实行新管理体制。事业单位分类改革、公立医院改革、义务教育"小片区"管理改革、市属文化单位改制等取得新的成果。农村综合改革持续深化，农村集体土地所有权确权登记、林权配套制度改革等有序推进。开放型经济加快发展，签约对接"三维"项目292项，意向总投资2693亿元；新批千万美元以上外（台）资项目47项。江阴港区汽车整车进口口岸通过国家验收，黄岐对台小额贸易口岸获批试行更开放式管理。举办“5·18”海交会和海峡青年节、两岸船政文化研讨会、海峡两岸合唱节等对台特色交流活动,“三坊七巷”被确定为海峡两岸交流基地。支持平潭开放开发,渔平高速公路延伸线基本建成,福平铁路动工建设,闽江北水南调(平潭引水)工程等项目扎实推进。福莆宁同城化步伐加快。对口援建工作有效开展,榕港榕澳合作和侨务、外事、异地商会等工作取得新成果,福州与匈牙利塞格德市、俄罗斯鄂姆斯克市建立友好交流城市关系。

(四)城市面貌发生较大改观。编制完成历史文化名城保护、地下空间、旧城区步行慢道系统等专项规划,基本实现中心城区控规全覆盖。重点区域开发建设步伐加快,螺洲大桥、琅岐闽江大桥等一批项目建成或基本建成,南江滨东段二期等一批项目启动建设。对外通道加快拓展,向莆铁路、福永高速公路建成通车,实现所有县(市)通达高速公路。县(市)城关改造提升成效明显,13个省、市试点小城镇建设扎实推进。中心城区环境综合整治全面推进,完成57条街巷整治、400多幢建筑立面改造和26座高架桥、人行天桥绿化花化,建成11个城市公园和50.5公里城市绿道与慢行系统。实施旧屋区改造440万平方米,综合整治老旧住宅小区268个。新改扩建城市道路20条。新增更新公交车779辆、出租车763辆,新辟和优化公交线路69条,福州成为国家公交都市建设示范工程试点城市。地铁1号线建设和地铁2号线前期工作全面推进。综合治理23条内河,闽江经光明港至八一水库步行道全线贯通,内河整治工程获中国人居环境范例奖。违法建设、非法采砂、渣土车违规等专项整治扎实推进。“数字城管”系统一期、智能交通控制中心三期等建成投入使用。

(五)城市环境质量位居全国前列。城市空气质量优良率94%,综合指数排名持续位居全国大中城市前列。实施82项重点节能项目和335项重点减排项目,一批环保项目建成投入使用,预计可完成省下达的年度节能减排任务。“四绿”工程建设成效明显,新增城市绿地567万平方米,造林绿化2.61万公顷,森林覆盖率55.3%,人均拥有公园绿地面积12.8平方米。重点流域水环境持续改善,闽江河口湿地获评“中国十大魅力湿地”。完成水土流失治理9960公顷。马尾、福清、长乐、永泰等通过国家级生态县(市)区评估,新创建52个国家级生态乡镇、179个市级生态村。

(六)“三农”工作稳步推进。粮食产量保持稳定,农林牧渔业总产值690亿元,比增4.7%。市级农业产业化龙头企业年销售额突破500亿元,中以示范农场等国际合作项目落户福州。福州获得“中国金鱼之都”“中国鳗鲡之都”称号,福州茉莉花种植与茶文化系统入选首批中国重要农业文化遗产。实施葫芦门水库等21个重大水利项目建设,新建改造农村公路255公里。扶贫攻坚和县(市)区对口协作力度加大,“百村竞赛”和“美丽乡村”建设活动深入开展,新建农村户用沼气池1000口,新建改建农村无害化卫生户厕3922户,新建空白村卫生所89个,解决84.3万农村人口饮水安全问题,实施农村造福工程危房改造1750户。

(七)各项社会事业协调发展。各级各类教育加快发展,新建、改扩建公办幼儿园45所,扩容中小学学位1.02万个,福州八中三江口校区等重大项目建成投入使用,全面完成义务教育标准化学校创建任务。医疗卫生服务体系逐步完善,新农合大病补偿标准、基本公共卫生服务人均经费标准进一步提高,新增医疗机构床位715张,组建成立全省首个医疗联合体。市工人文化宫建成投入使用。朱紫坊、上下杭、烟台山等历史文化街区(风貌区)保护修复工作启动实施,闽都民俗园等项目建成开业。新福州人歌手大赛、福州小茉莉合唱团以及闽剧《红裙记》《林则徐复出》等获得国家级大奖。举办寿山石文化节、文化艺术周、闽都文化论坛、环福州·永泰国际公路自行车赛、中华龙舟大赛等大型文化体育活动。推进首届全国青年运动会各项筹备工作。低生育水平保持稳定,人口自然增长率控制在7‰以内。开展第三次全国经济普查。民族团结进步,宗教和谐稳定。新闻出版和广电事业协调发展,妇女、儿童、老龄、残疾人、慈善等工作得到加强,国防动员、双拥共建、民兵预备役、海防、人防等工作取得新的进步。

(八)人民生活水平持续提高。全市各级财政用于民生支出396.31亿元,占公共财政支出的74.3%。年初确定的25件63项为民办实事项目如期完成。城镇新增就业14.5万人,转移农业富余劳动力5.3万人,城镇登记失业率控制在2.5%以内。在全省率先实施城镇居民大病保险,居民社会养老保险、最低工资标准实现城乡统一,城乡低保标准、农村五保供养标准进一步提高。市场物价基本稳定,居民消费价格总水平上涨2.7%。主要食品安全检测指标总体达标。基本建成保障性住房18549套,超额完成省下达的任务。推进“平安福州”建设,人民群众对社会治安满意率达95.06%,安全生产事故发生起数和死亡人数分别下降9.7%、14.9%。抗击“苏力”等台风,最大限度减少人民群众生命财产损失。信访、行政复议、人民调解、法律援助、社区矫正等工作进一步加强。

(九)政府工作作风切实改进。执行中央“八项规定”,全市性会议、文件简报数量和“三公”经费支出分别比降20%、28%和13%。开展“四下基层”“四个万家”等活动,全市处级以上领导干部深入基层、企业约9500人次,解决实际问题约1.2万个。弘扬“马上就办”优良传统,效能建设、绩效管理不断加强,民主评议政风行风等活动受到群众欢迎与好评。政府信息公开、“中国福州”门户网站建设等工作走在全国前列。惩治和预防腐败体系进一步完善,行政监察、审计监督等工作力度持续加大。执行人大及其常委会决定决议,接受人大及其常委会的法律监督、工作监督和政协的民主监督。提请市人大常委会审议地方性法规草案2件,制定政府规章和规范性文件27件。办复532件省、市人大代表建议、批评、意见和622件省、市政协提案,满意率分别为98%和99%。

在看到成绩的同时,也必须正视当前福州发展中存在的困难和问题,主要是:产业集群发展水平不高,龙头企业和知名品牌较少,自主创新能力较弱;城乡规划建设管理水平还需提高,村镇规划滞后、执行不力,环境综合整治、旧屋区改造等任务比较重,群众对交通拥堵、违法建设等问题反映比较强烈;节能减排攻坚压力较大,环境保护和生态建设任务仍然艰巨；民生保障水平有待提升，优质教育、医疗、文化等资源总量不足、分布也不够均衡，住房、就医、就学、食品药品安全等方面需要解决的问题仍比较多；社会服务管理需要加强，维护和谐稳定的压力还比较大；一些干部责任感、事业心不够强，“庸懒散”和消极腐败等现象仍然存在。对此，要切实采取有效措施，认真加以解决。

二、2014 年工作安排

2014 年是全面贯彻落实党的十八届三中全会精神、全面深化改革的第一年，也是实施“十二五”规划、力争率先全面建成小康社会的关键一年。福州作为改革开放先行城市，改革开放始终是必须牢牢把握的“生命线”。面对新形势、新任务，要把改革创新贯穿于经济社会发展各个领域各个环节，全力推进福州新区开放开发，在更高起点上加快建设闽江口金三角经济圈，促进经济持续健康发展、社会和谐稳定。

2014 年全市经济社会发展主要预期目标是：地区生产总值比增 11% 左右；地方公共财政收入比增 12%；固定资产投资比增 18%；外贸出口比增 7%；按验资口径实际利用外资比增 5%；社会消费品零售总额比增 15%；居民消费价格总水平涨幅控制在 3.5% 左右；城镇居民人均可支配收入比增 10%，农民人均纯收入比增 11%；城镇登记失业率控制在 3.5% 以内；人口自然增长率控制在 9.3‰以内；完成单位生产总值能耗、化学需氧量、二氧化硫、氨氮、氮氧化物等年度节能减排任务。

为实现上述预期目标，重点抓好以下八个方面工作：

(一)开创改革开放新局面。

全力突破重点领域和关键环节改革。加强国有资产监管，推动市属国有企业加快整合重组和完善现代企业制度，推进市直部门与所属企业及经营性资产全面脱钩。进一步鼓励发展非公有制经济和混合所有制经济，鼓励非公资本投资城市道路、广场、地下管网、公共停车场等市政工程和学校、医院、养老院等社会公益项目，推动非公资本参与城镇供水、燃气和污水垃圾无害化处理等建设。深化投融资体制改革，着手设立市属金控集团和创投公司，抓好海峡环保等市属企业上市工作。推行商事登记制度改革，最大限度降低企业准入门槛和创业成本。加快建设规范统一的公共资源交易服务平台。深化土地使用制度改革，完善农村征地补偿标准和多元补偿机制，推进农民住房财产权抵押、担保、转让试点。深化财税体制改革，建立健全事权与支出责任相适应的财政制度，推行政府全口径预算管理，从严控制“三公”经费等一般性支出。

全面实施大开放战略。创造条件力争福州新区上升为国家发展战略。争取平潭综合实验区政策辐射，着力在飞地工业园建设、探索共同申报自由贸易区等方面开展合作。加快长平高速公路等重大项目建设，继续在科技、教育、卫生、社保、人才培训、干部交流等方面为平潭提供服务。进一步加强“三维”对接和专业化招商。深化与海内外重点客商以及异地商会、华侨华人社团的联系，开展涉侨引智引资引技工作，维护侨益、凝聚侨心、发挥侨力，鼓励和支持海内外乡亲“回归”发展。实施技术、品牌、质量、服务带动出口战略，鼓励发展服务外包，推进外贸企业转型升级，开拓新兴市场。支持江阴国家汽车整车进口口岸发展壮大以及福州保税港区开展跨境电子商务零售出口试点。加大电子口岸建设力度，争取罗源湾港区扩大对外开放。进一步支持有条件的企业“走出去”或在境内外上市。全面拓展与港澳在金融、物流、旅游、文化创意等领域的合作。加强国际友城合作以及泛珠三角、闽浙赣皖、闽东北等区域协作、山海协作，继续抓好对口援疆援藏援宁工作。

全深化拓展榕台交流合作。加快台商投资区建设步伐，完善海峡两岸农业合作实验区、台湾农民创业园、闽台(福州)文化产业园等榕台产业合作平台。发展海峡旅游，扩大“两马”旅游品牌知名度和影响力，不断拓展赴台旅游客源市场。争取开通黄岐至马祖客运航线，进一步拓展榕台空中直航、海上直航。推动开展对台离岸金融业务，争取建立国家对台金融合作示范区。建设台胞协调服务平台，争创全国台胞权益保护工作先行先试示范点。深化榕台民间交流合作，争取榕台互设办事处，办好“5·18”海交会和一批特色鲜明、层次较高、影响力大的对台交流活动。

(二)加快培育壮大现代产业集群。

发展都市现代农业。实施“粮安工程”，稳定粮食种植面积，拓展引粮入榕渠道，加强粮食储备仓容建设，确保口粮绝对安全。发展设施农业、节水农业、循环农业、休闲观光农业，支持福清国家级现代农业示范区和长乐、闽侯、连江、闽清、罗源、永泰等现代农业示范基地发展。实施种业创新和产业化工程，培育一批“育繁推一体化”的种业企业和花卉苗木基地。推进福州茉莉花种植与茶文化系统申报全球重要农业文化遗产，建设闽侯金鱼产业园、福人花卉市场等一批特色农业项目。加快构建新型农业经营体系，进一步落实集体所有权、稳定农户承包权、放活土地经营权，培养造就新型农民队伍，扶持家庭农场、专业大户、农民合作社、产业化龙头企业等新型农业经营主体。完善农业支持保护体系、基层农业公共服务机构和农产品市场流通体系，建设市农业信息中心，发展农机、植保等专业化服务组织。

抓好工业园区提升和龙头项目建设。加快完善现有工业园区，推进数字福建产业园、中科数据产业园等新兴产业园区建设，打造各具特色与优势的产业集聚平台。创新工业园区建设管理体制，统筹产业布局和招商引资，强化产业配套协作。落实产业龙头促进计划，抓好神华煤港电一体化、马尾船政船舶与海洋工程装备园区特种船舶、申远新材料等 133 个项目建设，建成福清核电站 1 号机组、天辰耀隆己内酰胺等 63 个项目。

不断强化创新驱动与品牌带动。引导企业加大技改、研发投入，全面加强机械、纺织、食品、冶金、建陶、工艺品等传统产业的技术改造，争取新增省级以上创新型企业 15 家，新认定市级以上企业技术中心 20 家。加快发展新一代信息技术、高端装备制造、生物与新医药、新材料、新能源、节能环保等战略性新兴产业，力争高新技术产业产值突破 3000 亿元。开展产学研用协同创新,加强与知名高校、科研院所合作,支持建设院士(专家)工作站、博士后科研工作站和科技企业孵化器、知识产权维权援助中心等创新服务平台。实施闽都人才集聚工程,推进国际人才交流中心和人才公寓建设,建成国际人才项目孵化器、留学人员创业园(闽侯园)和大学生创业园,提高中国福州海西引智试验区建设水平。建立完善品牌评价、认定、拓展、保护和推动机制,支持企业并购国内外知名品牌,争创全国质量强市示范城市和全国知名品牌创建示范区。

持续提高服务业发展水平。推进海峡金融商务区、闽江北岸中央商务区建设,抓好鼓楼区国家服务业综合改革试点,做大做强总部经济、楼宇经济。进一步提升海峡汽车文化广场及水产品、农副产品等批发交易市场,加快建设南通物流园等现代物流集聚区,发展第三方物流和冷链物流、城市配送物流。拓展信息消费,提速建设台江海峡电子商务产业基地二期等项目。构建海西现代金融中心,支持福建海峡银行、福州农商银行引进战略投资者,鼓励发展民营银行和小额贷款公司、村镇银行。打响闽都文化、温泉养生、休闲度假、自然生态等旅游品牌,推动"三坊七巷"创建国家AAAAA级旅游景区和鼓岭创建国家级旅游度假区,推进华侨城、桂湖、贵安、东壁岛等一批文化旅游综合体项目建设。办好第十六届中国连锁店展览会等大型展会。争取组建福州航空,鼓励航空公司增辟重点航线或在榕设立航空基地。

推进"海上福州"建设。加快闽台(福州)蓝色经济产业园建设步伐,发展壮大临港工业、港口物流、造船、海洋运输、滨海旅游、海洋生物医药等"蓝色产业"。鼓励支持福州港资源整合、航线开辟,加大力度建设一批与福州港对接的陆地港,进一步拓展福州港经济腹地,提升福州港综合实力。推进罗源湾养殖退养,拓展湾外、境外养殖。支持发展远洋捕捞、水产品精深加工和水产品市场,推进连江现代渔业产业园和中国—东盟水产品交易所、恒兴南方水产品加工交易中心等建设。启动市级海洋功能区划修编,加强海域、海岸、海岛保护利用,建设洋屿岛海洋度假公园等项目。优化海域资源配置,开展游艇码头等经营性项目用海市场化配置工作试点。

(三)统筹推进新型城镇化和城乡一体发展。

加快实施福州新区重点区域开发。推进马尾新城三江口、闽江口等组团建设,加大琅岐开发力度。建设长乐航空新城,力争设立长乐空港综合保税区。依托环福清湾和江阴湾区域,科学规划建设福清海港新城。统筹罗源湾南北两岸基础配套和产业布局,打造罗源湾临港工业聚集区和综合物流集散中心。以产业发展、民生事业、基础设施等方面重大项目建设带动福州新区开发,抓好海峡文化艺术中心、滨海大通道、马尾大桥、城际轨道交通、东部快速通道、绕城高速公路东南段、道庆洲大桥等项目,建成或基本建成江阴港铁路支线、可门港铁路支线等项目,力争福州新区完成投资1000亿元。

提升中心城区功能品位。加强海峡奥体中心、火车南站、火车北站等片区配套设施建设、环境整治与管理提升,推进二环路、三环路、环南台岛滨江休闲路等道路沿线环境整治。综合整治200个老旧住宅小区,完成旧屋区改造280万平方米。加快光明港公园、飞凤山公园、江心公园等10个公园建设,实施西湖左海连通工程,新建环南台岛、左海公园至金牛山、金鸡山公园至温泉公园等城市绿道与慢行系统100公里。加大城区内河截污和南台岛内河整治力度,力争动工建设江北城区山洪防治及生态补水工程,健全完善内河长效管理机制。统筹推进城市灯光夜景工程建设。完善和提升城区路网等基础设施,争取新改扩建城市道路20公里、燃气管网20公里、排水污水管网29公里、市政供水管网44.5公里,基本建成福湾路、化工路、国货路等连接二环、三环的快速通道,改造金山大桥和紫阳立交、金鸡山隧道等一批道路交通节点。完成地铁1号线沿线站点土建工程,动工建设地铁2号线。推进"智慧福州"建设,实施智能公交系统、"数字城管"系统二期等项目。坚决治理违法建设、违规夜市摊点、非法采砂、渣土车违规、交通拥堵等突出问题,提升城市管理水平。完成福莆宁同城化总体发展规划编制,加强交通建设、产业发展、公共服务等领域的同城化对接合作。

协调推动周边县(市)和小城镇建设发展。编制完成新型城镇化发展规划。继续实施规划、布局、建设、管理、政策等"五个统筹"机制,加快福清、长乐、闽侯、连江等县(市)融入福州中心城区。鼓励各县(市)因地制宜发展壮大特色产业,支持县(市)城关扩容提质、更新改造。开发建设龙祥岛,打造生态宜居岛。推进省、市试点小城镇综合改革与建设,争取一批小城镇列入省级新型城镇化试点。科学制定差别化的户籍落户政策,放开建制镇和小城市落户限制,推进农业转移人口市民化。

改变农村面貌。加大强农惠农富农政策力度,推动公共财政投入向农村倾斜。加强农田水利基础设施建设,抓好土地整理复垦开发和在建的20个水利项目建设,解决20万农村人口饮水安全问题。执行村镇规划,严格农村住房建设管理。开展新一轮"百村竞赛"活动,强化农村环境综合整治,推进农村公路、户用沼气池、无害化卫生户厕等项目建设,打造一批"美丽乡村"精品示范村。加快健全农村留守儿童、留守妇女、留守老年人关爱服务体系。推动农村金融产品创新,建立适合农业农村特点的金融体系。深化扶贫开发和县(市)区对口协作机制,加大对财政困难县和老少边贫岛地区的帮扶力度,抓好整村推进扶贫开发、造福工程危房改造等工作,开展"榕商联村"等活动。

(四)打造"美丽福州"。

推进节能减排攻坚。严把节能环保准入关,发展绿色经济、循环经济、低碳经济。实施50项重点节能项目、305项重点减排项目,加快建陶等行业清洁能源改造。开展生活垃圾分类和餐厨垃圾集中处置试点工作。完善环保基础设施,推进红庙岭垃圾焚烧发电厂二期等项目建设,建成洋里污水处理厂三期等项目。

加大环境保护力度。严格环保监管责任,完善环境监测体系。加强空气质量指数发布,实施区域大气联防联控,严控工业废气排放,确保空气质量持续位居全国前列。继续抓好闽江、敖江、龙江、大樟溪等重点流域水环境综合整治,加强畜禽养殖、石板材等重点行业污染治理和饮用水源区保护。加快构建水土资源流失治理和节约保护长效机制，造林绿化约6793.33公顷，进一步提升造林质量。坚决治理机动车尾气、垃圾焚烧、餐饮油烟、建筑施工扬尘和生活噪声等污染。强化重金属、危险废弃物、核与辐射环境监管，提高突发环境事件应急处置能力。

做好国家生态市创建工作。科学划定生态保护红线，落实主体功能区划，建立国土空间开发保护制度，加强资源环境承载能力监测预警。完善生态补偿和资源有偿使用制度，探索开展大樟溪北水南调水权交易试点，推进节能量、碳排放权、排污权等交易试点。严格执行生态环境损害赔偿制度，建立陆海统筹的生态系统保护修复制度。深入开展创建国家级生态县(市)区、生态乡镇等活动，倡导和推广绿色消费、“135低碳出行”等绿色生活方式。继续治理“青山挂白”，加强闽江河口湿地等重要湿地以及自然保护区、沿海防护林等重点生态功能区的保护。

(五)提高公共服务均等化水平。

办好人民满意教育。深化义务教育招生制度、“小片区”管理和农村薄弱校“委托管理”等改革。加大优质教育资源配置向农村尤其是边远、贫困、民族乡村倾斜力度，加强教师校际交流、农村支教和农民工子女入学等工作。推进学前教育普惠性发展和普通高中多样化、特色化建设，扩容公办幼儿园学位3000个和中小学学位5000个。提升职业教育办学水平，力争建成中等职业教育公共实训基地一期。鼓励和规范发展民办教育，扶持发展高等教育、特殊教育、老年教育、继续教育、社区教育。加强素质教育，建设中小学社会综合实践基地。进一步提高师德师风水平，培育名师群体。

深化健康城市建设。持续优化医疗资源布局，着手组建精神卫生等医疗联合体。深化公立医院改革，逐步建立财政补偿机制和医疗服务价格形成机制。鼓励社会资本参与公立医院改制重组，支持和规范社会资本办医。完善基本药物制度，推进医药流通体制改革。动工建设传染病院门诊综合楼、市一医院外科楼等项目，建成肺科医院负压病房楼、儿童医院病房楼等项目。加强基层尤其是农村医疗卫生人才队伍、医疗用房建设以及设备配备。提高传染病预警监测能力，强化重大疾病防控等工作。支持中医药事业发展，提升基层中医药服务能力。做好医患纠纷调处工作。开展爱国卫生运动。坚持计划生育基本国策，启动实施“单独两孩”政策，促进人口长期均衡发展。

繁荣发展文化事业。抓好市属新闻媒体体制改革，加快已转制文化企业公司制、股份制改造。实施文化惠民工程，开展文化惠民“六进”等活动，提升一批乡镇综合文化站。争取建成海峡图书馆，设立一批城市街区24小时自助图书馆。支持文艺精品创作，繁荣发展哲学社会科学、文学艺术。弘扬闽都文化，加强历史文化名城保护和非物质文化遗产保护以及传统工艺美术传承创新，推进朱紫坊、上下杭历史文化街区，烟台山历史风貌区，船政文化遗址群等保护修复，建设海峡非物质文化遗产生态园。提高文化产业规模化、集约化、专业化水平，支持国家广告产业园、国家动漫影视实验园等项目建设与发展。

推动全民健身与青运同行。加快首届全国青年运动会场馆建设，建成海峡奥体中心“一场三馆”和运动员村。提升竞技体育水平，做好第十五届省运会参赛和首届全国青年运动会备战工作。办好环福州·永泰国际公路自行车赛等活动，积累大型赛事办赛经验。组织开展全民健身活动200场以上，建设15个城市社区多功能运动场、200条健身路径，进一步打造中心城区和县(市)城关“十分钟”健身圈。

(六)开展社会治理创新。

强化社会服务管理。改进社会治理方式，推进政府治理和社会自我调节、居民自治良性互动。培育发展和规范管理社会组织，着手设立社会组织综合服务平台，开展社会组织直接登记。完善“大调解”工作体系和重大决策社会稳定风险评估、公共安全应急处置等机制，推行信访公开听证等制度，加大信访积案化解力度，按照“路线图”依法处理信访事项。创建国家信息惠民示范城市，继续办好便民呼叫中心12345、政风行风热线等便民利民公共服务平台。加强流动人口、特殊人群服务和管理，抓好社区矫正、青少年事务社工等工作。支持工会、共青团、妇联等人民团体广泛参与社会治理及公共服务。加快少数民族地区发展，维护宗教领域和谐稳定。做好防震减灾、地方志、科普、气象、保密等工作。

夯实社区建设等基础工作。开展全国和谐社区建设示范城市创建活动，提升网格化社会服务管理水平，加快城中村改制步伐，增强社区自治和服务功能。进一步减轻基层负担，完善社区、村干部选拔任用制度，建立健全居民、村民监督机制，推进村务公开、决策听证等基层民主建设。深化军民融合发展，加强国防教育、国防动员、国防后备力量建设和海防、人防、反走私等工作，实施科技拥军、“四个一好”等项目建设，巩固提升双拥模范城创建成果。

深化“平安福州”建设。完善立体化社会治安防控体系，强化治安源头管控，推进视频监控等系统建设，依法严密防范和惩治各类违法犯罪活动。抓好“六五”普法和法律援助、法律服务、司法鉴定、仲裁调解等工作。加强道路交通、建筑施工、校园、矿山等重点领域安全生产监管，完善隐患排查治理和安全预防控制体系，坚决防范和遏制重特大事故发生。健全防灾救灾体系，建成救灾物资储备库。

提升市民文明素质。继续推进以社会主义核心价值体系建设为引领的精神文明建设，加强社会公德、职业道德、家庭美德和个人品德教育。巩固文明城市建设成果，力争福清、长乐通过全国文明城市考评。强化未成年人思想道德建设，鼓励发展志愿服务，培育良好的社会风尚。加强政务诚信、商务诚信、社会诚信建设，建设“诚信福州”。

(七)多办惠民利民实事。

促进城乡居民收入持续稳定增长。深化收入分配制度改革，保护劳动所得，增加低收入者收入，扩大中等收入者比重，缩小城乡、区域、行业收入分配差距。健全工资决定和正常增长机制、劳动关系协调机制，完善最低工资、工资支付保障和企业工资集体协商制度。多渠道增加城乡居民财产性收入。完善城乡均等的公共就业创业服务体系，强化职业技能培训，促进以高校毕业生为重点的青年就业和农村转移劳动力、城镇困难人员、退役军人就业,争取城镇新增就业13.3万人,转移农业富余劳动力4.6万人。

持续提高城乡社会保障水平。稳步实施城乡居民社会养老保险一体化,适时提高城乡低保、农村五保标准和新农合年人均筹资水平,推进城乡居民基本医疗保险制度整合。完善社会养老服务体系,健全居家养老服务网络,发展老年服务产业,整合和新建一批老年活动场所。基本建成海峡妇女儿童活动中心。发展社会福利和社会救助,鼓励和规范慈善捐助,加快市社会福利中心、残疾人康复就业中心以及福乐家园建设。

解决群众关注的热点难点问题。加大交通综合整治力度,优化交通组织和管控,优先发展公共交通,新建一批立体停车场、地下停车场,新增更新公交车400辆、出租车600辆,新辟和优化公交线路20条,新建公共便民自行车站点100个。新开工建设7850套保障性住房,力争建成8000套保障性住房。推广"模拟征迁"等和谐征迁模式,完善对被征地、收海农民的保障机制。解决历史遗留"两权证"办理等问题。继续加强"菜篮子"工程建设,保障市场供应量足、质优、价稳。坚决治理"餐桌污染",抓紧建立健全农产品质量和食品安全追溯体系,严厉打击食品药品违法犯罪。

(八)建设法治政府和服务型政府。

加快转变政府职能。深入推进政企、政资、政事、政社分开,全面完成新一轮政府机构改革,开展事业单位分类改革。加大简政放权力度,把该放的放下放彻底,该管的管好管到位。试行政府投资项目审批代办制,开展重大项目审批"直通车"服务。建成市民服务中心,加快各级行政(便民)服务中心(代办点)标准化建设。

全面推进依法行政。坚持用制度管权管事管人,完善政府信息公开、重大事项听证等制度,严格依照法定权限和程序行使权力、履行职责。依法接受人大及其常委会的法律监督、工作监督,接受政协的民主监督,向人大报告、与政协协商政府重大事项和重大决策,听取各民主党派、工商联和各人民团体、社会各界人士的意见。提高政府立法和办理人大议案、政协提案的质量。落实行政执法责任制,加强行政复议、行政诉讼等工作。

始终坚持为民务实。开展党的群众路线教育实践和"四个万家"等活动,落实中央"八项规定"精神,整治形式主义、官僚主义、享乐主义和奢靡之风,为基层、企业和群众解决实际问题。把群众呼声作为第一信号、群众利益作为第一选择、群众满意作为第一标准,集中财力多办打基础、利长远、惠民生的实事好事。健全完善惩治和预防腐败体系,强化行政监察和审计监督,推进廉政建设和反腐败斗争,确保人民赋予的权力始终用来为人民谋利益。

做到"马上就办"。以"踏石留印、抓铁有痕"的劲头推进工作,立说立行、真抓实干,进一步增强政府的执行力和公信力。倡导敢于负责、敢于担当、敢闯敢试的精神,不断提高攻坚克难、推进发展的能力与水平。深入开展绩效管理工作,严格效能问责和岗位绩效考核,坚决反对敷衍塞责、推诿扯皮,用铁的纪律坚决治理"庸懒散"等问题。

(编辑　黄　铭)

2013年市委市政府为民办实事项目完成情况

2013年，福州市安排为民办实事项目25件63项，涵盖城建、交通、文化、教育、体育、卫生、计生、助残、敬老、拥军以及“菜篮子”工程、农村生产生活改善、水土流失综合治理、内河综合整治、城市绿化花化、“点线面”城乡环境综合整治、无物业小区整治、保障性安居工程建设、危旧房（棚屋区）改造等方面。至年底，为民办实事项目实现件件落实。

一、建设市民服务中心

该项目选址于五一广场（福建大剧院）南侧，通过对原单位（原市中级人民法院、市司法局和市教育局）建筑的改造、整合，达到综合利用。完成岩土勘察、桩基工程图纸审查、《环境影响报告表》编制和建筑立面方案设计等工作，进入桩基施工。

二、加强“菜篮子”和“食品放心工程”建设

（一）治理餐桌污染，建设“食品放心工程”。市食品安全监管部门组织联合执法11775次，出动人员27448人次，查处案件938起，涉案金额421.35万元。全市主要食品安全检测指标总体达标，其中生猪“瘦肉精”尿样检测合格率100%；蔬菜农药残留快速检测合格率99.89%；大米黄曲霉毒素指标市场抽检合格率100%；二次供水水质四项常规指标抽检合格率100%；酱油、鱼露、食醋卫生指标市场抽检合格率100%；豆腐等豆制品卫生市场抽检合格率100%；食用油黄曲霉素B1、过氧化值、酸价市场抽检合格率100%。

（二）新建和改造农家店、社区便利店，升级改造城乡农贸市场（含农改超）。1. 投入750万元，完成新建和改造50个农家店，其中晋安区8个、仓山区3个、马尾区1个、福清市10个、长乐市11个、闽侯县8个、罗源县5个、连江县4个。2. 投入2000万元，完成新建和改造100个社区便利店，其中鼓楼区25个、台江区20个、晋安区19个、仓山区13个、马尾区3个、福清市8个、闽侯县9个、永泰县3个。3. 投入2900万元，完成升级改造29个城乡农贸市场（含农改超），其中闽清县4个，晋安区、鼓楼区、福清市、连江县、永泰县和罗源县各3个，台江区、长乐市和闽侯县各2个、仓山区1个。

（三）建成蔬菜基地673.33公顷（10100亩），占任务101%。

（四）落实出栏生猪86万头（占任务122.9%），其中晋安区4.25万头、马尾区4.41万头、福清市21.92万头、长乐市1.85万头、罗源县7.1万头、连江县11.7万头、永泰县1.27万头、闽清县4.7万头、闽侯县28.8万头。

三、加大扶贫力度，持续改善农村生产生活条件

（一）实施“造福工程”。投入4105万元，搬迁1296户5170人，其中福清市21户92人、永泰县300户1124人、闽清县233户826人、罗源县166户701人、连江县96户380人、闽侯县480户2047人。

（二）实施农村村村通客车工程。投入25537万元，超额完成水泥路面铺设240公里（占任务240%）；投入302.4万元，于4月建成闽侯源口大桥并落实撤渡任务；投入1953万元，新增和更新农村客车120辆（占任务150%），全市农村等级公路及具备通客车安全条件的公路全面落实开通农村客车。

（三）免费培训渔民、养殖户。投入50万元，落实培训83期9824人（占任务327.5%），其中市级34期4788人，马尾区3期296人，仓山区1期186人，晋安区1期71人，福清市12期979人，长乐市7期986人，连江县8期1124人，罗源县11期833人，闽清县2期320人，永泰县3期223人，闽侯县1期18人。

四、推进中小河流、水库治理，加快解决农村人口饮水安全问题

（一）实施中小河流治理。投入2900万元，基本完成连江县江南桥至牛村段中小河流清淤、护岸抛石、水闸护坦等整治工程。

（二）实施小型水库除险加固工程。投入2040万元，完成

7座重点小(2)型水库(福清市文柞水库、虎坑底水库、朝阳水库、东园坑水库、下仿水库、干门底水库、百溢洋水库)和11座一般小(2)型水库(永泰县让里水库,罗源县下牛洋水库和洋坪水库,马尾区灯笼里水库,闽清县樟里水库、黄石水库、大限水库、溪里水库、溪柄水库,连江县观音坑水库、耐坑水库)除险加固工程。

(三)实施农村饮水安全工程。投入4.17亿元,解决61个乡镇84.3万人口饮水安全问题。

五、强化水土流失综合治理

落实水土流失综合治理9960公顷。

六、进一步完善城区路网,缓解群众出行难问题

1. 完成新权南路、斗东路、枢纽路、五福路、海底支路、海底路、景观路(福建大剧院前)和江滨辅道等8条道路"白改黑"和福飞路下穿铁路涵洞施工(其中江滨辅道等4条为计划外新增改造任务)。2. 4条道路在建:①下洋路总投资6112万元,完成投资比例51%;②三江口中学配套道路总投资3874万元,完成投资比例28%;③斗池路总投资25155万元,完成投资比例85%(完成工业路至二环路段施工,二环路至白马河路段正在施工);④拓福建材市场路口改造总投资7579万元,完成投资比例69%。

七、建设立体停车场(库),新增道路停车泊位,缓解城区停车难问题

(一)建成建行城东支行立体停车库;另有3个落实选址并加快推进,即省海洋渔业厅(冶山路)立体停车场、省农业厅(冶山路)立体停车场和省工商银行(古田路)立体停车场。

(二)完成增设城区道路停车泊位2376个,占任务102%。

八、优先发展城市公共交通

1. 投入59961.9万元,完成新增更新公交车732辆(占任务244%),其中新增更新普通公交车159辆(市本级118辆、闽清县3辆、福清市18辆、闽侯县20辆),新增新能源公交车573辆(市本级523辆、长乐市30辆、连江县20辆)。

2. 完成新辟和优化公交线路61条(占任务305%),其中新辟公交线路20条(市本级13条、长乐市2条、闽侯县3条、福清市和永泰县各1条),优化公交线路41条(市本级36条,长乐市2条,连江县、永泰县和闽侯县各1条)。

3. 投入1287.8万元,改造公交站台202个(占任务202%)。

4. 完成新建公交首末站5个,其中市本级3个(贵安公交首末站、齐安公交首末站、温泉港湾公交停车场)、长乐市1个(泽里公交首末站)、连江县1个(浦口公交首末站)。

九、深化道路交通安全隐患整治

(一)完成320处道路交通安全隐患整治任务,全年投入5534万元。其中,市本级287处、长乐市5处、罗源县24处、连江县2处、闽清县和闽侯县各1处。

(二)推进公路安保工程。1. 完成国省道安保工程106.5公里(占任务106.5%),其中104国道28.59公里、316国道26.45公里、324国道18.49公里、201省道16.85公里、203省道16.12公里。2. 完成农村公路安保工程1500公里(占任务187.5%)。3. 完成21座危桥改造(占任务105%),其中重建16座(闽侯县吉洋溪桥、香岭桥,闽清县前隆桥、台埔桥、炉下大桥、中心小学桥、宝峰桥、溪演桥,连江县连砂桥,永泰县前湖桥、白仑桥、丹坑桥,福清市安民桥、罗源县后路桥、飞竹桥、傍尾桥),加固改造5座(福清市洋门桥、善山桥、龙田桥、前洋桥,罗源县斌溪中桥)。

十、持续推进光明港等内河综合整治

(一)实施光明港综合整治工程。投入61.36亿元(2013年完成投资8亿元),基本完成光明港驳岸、桥梁、景观和慢行系统建设。

(二)实施南台岛内河整治。1. 基本完成洪阵河、洋沿河、吴山河等3条内河整治工作。2. 继续推进5条内河整治,其中林浦河完成投资519万元(占比55.3%);连坂河完成投资223万元(占比24%);跃进河完成2428万元(占比53.7%);龙津河完成1640万元(占比60%);潘墩河完成756.2万元(占比39.8%)。3. 新启动7条内河整治,其中牛浦河已进场并落实开挖400米河道;清富河完成重新选址,进行工可编制;飞凤河和台屿河完成选址、工可评审及地类分析等前期工作,进行招投标;马杭州河办理项目建议书;流花溪完成项目选址、可研报告及评估,办理土地预审等手续;浦上河完成规划选址,进行可行性研究报告编制和环评等工作。

(三)实施浦东河综合整治工程。投入2000万元,完成浦东河清淤、木栈道和景观绿化等综合整治施工。

(四)实施大庆河综合整治工程。投入600万元,基本完成大庆河鼓楼段透水砖步道、木栈道、石栏杆和铁艺栏杆围墙等综合整治施工;大庆河台江段进行房屋征收,2014年完成整治。

十一、实施"四绿"工程,提高城市绿化花化水平

(一)完成"四绿"工程植树造林4706.67公顷(占任务100.9%),全年投入5.9亿元。

(二)建设三环路绿化廊道。投入9962万元,完成东山苗圃西面、车管所南面、福马路大排档段、淮安大桥至农大、马尾段东侧、金辉地产淮安地块、泰和橡树湾沿线、杜园村等地块的绿化建设及沿线部分地块补植提升,累计完成绿化廊道41.58万平方米。

(三)完成江滨大道、浦上大道、古田路、湖滨路、湖头街、南江滨东路、五四北路、洪甘路、六一路、梅峰支路、天泉路、延平路和二环路等25处街头绿地(占任务125%),完成绿化面积5.28万平方米。

(四)完成东江滨堤外55万平方米公园建设(占任务110%),全年投入5100万元。

(五)落实100公里"绿道"、远足径等慢行系统建设。其中,五城区50.5公里、七县(市)49.5公里。

十二、推进城乡环境综合整治"点线面"攻坚,综合整治一批城市社区和农村村庄

(一)完成268个城市社区综合整治工作,其中鼓楼区60个、台江区73个、仓山区43个、晋安区77个、马尾区15个。

(二)完成134个农村村庄综合整治工作,全年投入1206万元,其中福清市24个、长乐市18个、闽侯县15个、闽清县

17个、连江县28个、罗源县11个、永泰县21个。

十三、继续加强保障性安居工程建设

1. 新开工建设保障性住房28246套(占任务141.2%),其中廉租住房350套、公共租赁住房4186套、限价商品住房12126套、城市棚户区改造11262套、垦区棚户区改造322套。

2. 基本建成保障性住房18549套(占任务185.5%),其中廉租住房1397套、公共租赁住房1133套、限价商品住房4439套、城市棚户区改造11423套、垦区棚户区改造157套。

十四、实施危旧房(棚屋区)改造

启动77个440.48万平方米危旧房改造项目(占任务191.5%),其中鼓楼区18个项目66.45万平方米、台江区16个项目135.63万平方米、仓山区9个项目109.99万平方米、晋安区25个项目77.32万平方米、马尾区9个项目51.09万平方米。

十五、继续解决历史遗留“两权证”办理问题

1.《关于加快解决土地分割登记历史遗留问题的意见》于8月28日印发实施,全年落实办理3186户土地证。

2.《关于进一步加快解决我市房屋所有权土地使用权登记发证遗留问题的意见》于6月26日印发实施,全年落实办理3209户产权证。

十六、办好人民满意的教育

(一)继续解决进城务工人员随迁子女就学问题,对全市中小学进行扩容改建和学生宿舍等生活用房建设。全市新增10260个学位,其中台江区315个、仓山区1305个、马尾区810个、晋安区1980个、连江县960个、罗源县1080个、闽清县450个、永泰县300个、福清市2700个、长乐市360个。

(二)完成新建、改扩建公办幼儿园35所(福清市6所,闽清县9所,永泰县13所,闽侯县3所,鼓楼区、长乐市、连江县和罗源县各1所),落实增设农村小学或教学点附属幼儿园50个班(连江县7个、罗源县13个、闽清县10个、永泰县20个),共新增学位1万个。

(三)完成21.16万平方米校舍拆除重建或加固改造工程,其中市本级6.01万平方米、鼓楼区0.31万平方米、台江区0.58万平方米、马尾区1.59万平方米、晋安区0.5万平方米、福清市8.12万平方米、长乐市0.97万平方米、闽侯县1.38万平方米、连江县1.35万平方米、闽清县0.17万平方米、永泰县0.18万平方米。

(四)实施中等职业教育免学费政策。1. 投入99.75万元,全年落实补助1425名一年级中职非全日制生;2. 投入4080万元,全市43029名中职全日制生春季免交学费;3. 投入3799万元,全市3.8万名中职全日制生秋季免交学费。

十七、进一步提高基本公共卫生服务水平

(一)加强医疗卫生机构儿科和产科床位建设,为省级扶贫开发重点县的综合医院配备儿科医用设备。1. 投入1375万元,落实9个项目新增165张床位,其中儿科床位3个项目35张(福州市中医院、罗源县中医院和闽清县中医院),产科床位6个项目130张(福州市第一医院和第二医院、连江县医院、闽清县六都医院、永泰县医院、闽侯县医院);2. 投入125万元,为永泰县医院儿科配备多功能培养箱、光疗灯、无创呼吸机和小儿监护仪等儿科医用设备。

(二)提高基本公共卫生服务政府补助标准,从每人每年25元提高到每人每年30元。

十八、加快完善基层公共文化服务场所和设施

(一)扶持创建40个激情广场示范点,全年投入120万元,其中市本级14个,鼓楼区、马尾区和闽清县各3个,台江区、仓山区、晋安区、长乐市、闽侯县、连江县、罗源县和永泰县各2个,福清市1个。

(二)建设特色文艺示范基地。投入130万元,建成连江县书法艺术创作基地。该基地选址县城,通过装修原有书协旧馆(约400平方米)作为书法创作基地;另设书法艺术陈列室(120平方米),陈列连江历代书画作品(复制品),以及书法艺术培训中心(300平方米)。

(三)实施农村有线广播应急预警系统建设工程。投入565.9万元,为全市121个乡镇(街道)建设广播室。将8个县级(马尾区、福清市、长乐市、闽侯县、永泰县、罗源县、连江县、闽清县)广播电台联播联控系统纳入建设范围,实现全市农村有线广播县乡村三级联播联控。

十九、加强城乡体育健身场所和设施建设

(一)建成城市社区多功能运动场23个(占任务115%),全年投入600万元,其中福清市6个,长乐市5个,仓山区、马尾区、连江县和闽清县各2个,鼓楼区、晋安区、罗源县和永泰县各1个。

(二)建成健身路径302条(占任务151%),全年投入906万元,其中晋安区35条、马尾区45条、长乐市30条、福清市16条、闽侯县65条、连江县49条、罗源县27条、永泰县20条、闽清县15条。

二十、继续提高城乡居民社会保障、社会救助水平

(一)提高农村居民最低生活保障标准,由现行的家庭年人均收入1800元提高到1900元。

(二)提高城乡居民基本医疗保险政府补助标准,将新型农村合作医疗和城镇居民基本医疗保险政府补助标准由每人每年260元提高到300元。

(三)第三期职工医疗互助活动(2012年7月1日—2013年6月30日)落实职工医疗互助36.3万人,补助职工4272人812.34万元。第四期40万名职工医疗互助活动于2013年7月1日正式启动,年内落实职工医疗互助62228人,补助职工15人1.15万元。

(四)建立专项基金,实施红十字城乡困难居民重特大疾病医疗救助。市财政落实核拨救助基金500万元,并建立城乡困难居民重特大疾病医疗救助专户。年内救助重特大疾病医疗560人,救助金额469万元。

二十一、实施助残工程

(一)为300名贫困残疾儿童提供康复训练(承办单位:市残联)。

投入700.2万元,落实500名贫困残疾儿童康复训练(占任务166.7%)。其中,本设区市334人,其他设区市166人。

(二)落实500名残疾人创业就业扶持工作,全年投入250万元。其中,晋安区和仓山区各4人、鼓楼区和台江区各

3人、马尾区2人、福清市69人、长乐市45人、罗源县40人、连江县55人、闽侯县50人、闽清县110人、永泰县115人。

(三)落实1100名重度残疾人居家托养任务(占任务137.5%),全年投入220万元,其中鼓楼区67人、台江区66人、仓山区82人、晋安区63人、马尾区22人、福清市277人、长乐市85人、闽侯县126人、连江县132人、闽清县66人、罗源县56人、永泰县58人。

(四)为残疾人免费发放300辆轮椅(鼓楼区29辆、仓山区24辆、晋安区23辆、马尾区10辆、福清市40辆、长乐市29辆、闽侯县28辆、连江县25辆、闽清县30辆、永泰县22辆,台江区、罗源县各20辆)和500台助听器(鼓楼区46台、马尾区20台、福清市71台,台江区、晋安区各30台,仓山区、连江县各40台,长乐市、闽侯县各45台,闽清县、罗源县、永泰县各35台,市康复机构和市聋校28台),全年投入82.4万元。

二十二、新建农村敬老院

新建17所农村敬老院,基本建成3所(长乐市古槐镇敬老院、连江县浦口镇敬老院和罗源县飞竹镇敬老院);在建14所(长乐市湖南镇敬老院,永泰县福泉乡、丹云乡、梧桐镇和盖洋乡敬老院,闽清县云龙乡敬老院,闽侯县大湖乡敬老院,长乐市玉田镇敬老院,连江县潘渡乡、蓼沿乡敬老院,罗源县碧里乡敬老院,永泰县清凉镇、盘谷乡、长庆镇敬老院)。

二十三、深入开展“生育文明·幸福家庭”促进计划

(一)开展计划生育小额贷款贴息帮扶工作。投入284.4万元,落实3285户计划生育小额贴息贷款13271.7万元。

(二)继续实施独生子女伤残死亡家庭计生特别扶助,标准为每人每月400元。全年投入923.66万元,落实1267人的独生子女伤残死亡家庭计生特别补助。

(三)继续实施对独生子女父母和生育两个女孩后绝育的农村夫妇一次性奖励,对生育一个子女并领取独生子女父母光荣证的一次性奖励1000元;对农村夫妇生育两个女孩后绝育的一次性奖励3000元。全年投入2149.2万元,其中独生子女父母15063户,奖励1506.3万元;生育两个女孩后绝育的农村夫妇2143户,奖励642.9万元。

(四)为72885人进行孕前优生健康免费检查(占任务105.3%)。

二十四、建设视频监控系统等“平安福州”服务平台

(一)落实495个平安社区综合服务平台建设工作,其中鼓楼区79个、晋安区80个、马尾区14个、仓山区89个、台江区73个、福清市42个、长乐市23个、闽侯县27个、连江县31个、闽清县20个、罗源县7个、永泰县10个。

(二)实施“平安福州”视频监控系统续建工程。投入1976万元,落实租赁3000路高清视频监控探头。其中,鼓楼区350路、台江区500路、仓山区1000路、晋安区550路、马尾区280路、闽侯县上街镇300路,移动探头20路;按租赁规模完成视频系统的升级扩容工作。

(三)改造提升市区交通信号灯。投入2300万元,完成6项任务:落实245个路口安装无线联网交通信号机;更换108台老旧交通信号机;落实156个主干道路口安装交通流检测器;完成11个路口行人二次过街设施建设;更换89个路口非国标灯具;落实186个路口交通信号灯安装高清监控视频。

(四)改造提升市区电子警察。投入3000万元,建成市区路口300个方向电子警察。电子警察系统采用“一枪多道”方式,即1台500万像素摄像机监控3个车道,LED频闪灯给停车线区域补光,以及大于3个车道的路口方向再补充配备1台200万像素摄像机的建设方案。整个电子警察系统由前端高清电子警察抓拍子系统、传输子系统、中心管理子系统组成,前端高清电子警察抓拍子系统采用嵌入式方案,系统软件采用纯视频分析方式进行识别检测(改变以往仅具备抓拍闯红灯行为功能)。

二十五、继续支持驻榕部队建设“四个一好”等项目

(一)帮助驻榕部队建设10个科技、文化拥军项目,全年投入200万元。

(二)建成15个“四个一好”项目(即一个好食堂、一个好菜地、一个好猪圈、一个好饮水),全年投入70万元。

(三)建成示范培训中心、生活服务中心和农副生产基地各2个,全年投入246万元。

(福州市政府办公厅督查室　张兴亮)

2013年福州市“五大战役”建设工作情况

一、“五大战役”项目安排情况

2013年,福州市安排“五大战役”项目770项,总投资11644.64亿元。其中,重点建设战役项目94项,总投资2382.89亿元,年度计划投资340.75亿元;新增长区域发展战役项目216项,总投资2982.37亿元,年度计划投资372.14亿元;城市建设战役项目242项,总投资2520.34亿元,年度计划投资467.71亿元;小城镇改革发展战役项目13项,总投资425.43亿元,年度计划投资61.45亿元;民生工程战役项目136项,总投资926.28亿元,年度计划投资169.78亿元;预备前期项目69项,总投资2407.33亿元。

二、“五大战役”项目实施情况

2013年,福州市“五大战役”项目累计完成投资1943.88亿元,比增26.4%,达到年度投资计划的137.7%,比年度投资计划多完成532.05亿元,并于10月底超额完成年度投资计划,提前两个月全面完成全市“五大战役”项目年度目标任务,五个战役项目完成投资数均超过年度投资计划。其中,重点建设战役项目累计完成投资417.21亿元,比增39.1%,达到年度投资计划的122.4%,比计划多完成76.46亿元;新增长区域发展战役项目累计完成投资496.77亿元,比增12.2%,达到年度投资计划的133.5%,比计划多完成124.63亿元;城市建设战役项目累计完成投资714.18亿元,比增36.9%,达到年度投资计划的152.7%,比计划多完成246.47亿元;小城镇改革发展战役项目累计完成投资88.09亿元,达到年度投资计划的143.4%,比计划多完成26.64亿元;民生工程战役项目累计完成投资227.63亿元,比增23.6%,达到年度投资计划的134.1%，比计划多完成57.85亿元。

三、"五大战役"项目实施成效显著

一是"五大战役"项目投资的支撑带动力度进一步加强。2013年，全市"五大战役"项目累计完成投资超1900亿元，约占全社会固定资产投资额的50%，比增约4个百分点，项目投资的支撑带动力度明显增强，为全市社会经济持续较快发展提供保障。特别是福清核电站、罗源湾滨海城、福清天辰耀隆年产20万吨己内酰胺、连江东雁文化旅游综合体、地铁1号线、福清万达广场等39个年度完成投资超过10亿元的交通、工业、能源、城建和商贸服务业的大型和特大型项目（其中年度投资超过20亿元的9个，10亿~20亿元的30个），年度累计完成投资747.15亿元，占全市"五大战役"项目投资总额的38.4%。其中，福清核电站项目以年度完成投资近90亿元，成为年度单项投资最大的"五大战役"项目。

二是一批"五大战役"项目建成发挥效益。2013年建成或部分建成122项"五大战役"项目，对进一步完善城市基础设施，增强经济发展后劲，提升人民群众生活水平发挥作用。交通基础设施方面，向莆铁路福州段、福永高速公路、江阴港区10号泊位液体化工码头等项目建成投入营运，新增铁路里程117公里，高速公路里程66.4公里，年货物吞吐能力90万吨。工业产业方面，长乐恒申合纤项目、福建省东南电化股份有限公司搬迁、福清经纬新纤科技一期、罗源海峡西岸软包装科技园三期等54个项目建成或部分建成，项目总投资额超过450亿元。城市建设方面，螺洲大桥及南接线工程、三环东北段罗汉山出入口改造绿化等项目建成投入使用，琅岐闽江大桥及接线工程元旦正式通车。社会民生方面，福州市工人文化宫改扩建项目、市区交通信号灯提升和改造二期、连江海峡职业技术学院（一期）等项目全面建成，台江福机新苑、湖前井尾安置房、罗源南洋小区保障房等保障住房项目部分竣工投用，中小学扩容工程已竣工1.02万个学位。商贸服务业方面，台江苏宁广场、东雁文化旅游综合体、福州旗山森林温泉度假村二期、福建高速物流（闽侯）项目等建成开业，罗源湾滨海城项目、晋安五四北泰禾城市广场等项目已部分建成投入使用。

三是新动工项目数量不断增加。2013年，全市动工或部分动工"五大战役"项目157项，项目总投资额超过1300亿元（其中总投资超过20亿元的19项，10亿~20亿元的21项），年度完成投资373亿元。神华福建罗源湾港电储煤一体化项目电厂工程总投资200亿元，开始主厂房填方、基础及码头炸礁、清淤、填方造地等施工。福州至平潭铁路福州段总投资109.13亿元，先行开工点已开工建设。福清万达广场项目上半年动工建设，主体部分完工。仓山闽江世纪商务中心、福建恒捷纺织连江生产基地、源盛纺织、仓山店前安置房、长乐体育中心等项目进入主体施工，晋安光明港片区综合整治（安置房）项目、福清源华能源三期、马尾船政（连江）特种船舶、兴业银行总部大楼、福州外语外贸学院长乐新区（四期）等项目进入基础施工。

四是项目前期推进工作取得新突破。福州至长乐机场城际轨道交通项目完成预可初稿。福清通用航空产业园一期用地已摘牌，道路工程完成立项，进入场地填方工作。台江太平汀洲地块改造项目改造规划方案完成，进入土地挂牌。福清中石油LNG接收站完成可研报告修编和13项专项评价中间成果。长乐外文武垦区围海造地工程完成交地和可研编制工作，进行工可报批。福州港松下港区松下作业区16、17号泊位及配套设施项目工程可行性报告通过审查，选址意见书、环评已批复。福州市红庙岭垃圾焚烧发电厂二期工程环评获批，开展项目核准报批等工作。长乐新金林来纺织、福清宇邦纺织生产项目、福建恒兴南方水产品加工及物流配套、华润城市综合体等一批"五大战役"项目加快推动前期工作进展。

四、推动"五大战役"项目建设的工作举措

一是完善项目责任机制。市四套班子领导成员根据职责分工，参与挂钩联系"五大战役"项目，并作为项目协调推进工作第一责任人，对项目的前期报批、施工建设的全过程进行跟踪、协调和服务。由市发改委作为"五大战役"项目进展情况汇总上报的牵头单位，市重点办作为"重点项目建设战役"的负责单位，市经委作为"新增长区域发展战役"的负责单位，市建委作为"城市建设战役""小城镇建设战役"的负责单位，市住房保障和房产管理局作为"民生工程战役"的负责单位。

二是建立协调例会制度。出台《关于加快推进重大项目建设的意见》，建立重大项目协调推进例会制度。市委书记、市长、常务副市长作为例会召集人，每周至少一名领导主持召开例会，研究协调重大项目推进中存在的问题。由市重点办每周定期征集、筛选并申报需例会解决的重大项目议题。全年组织召开37场周协调例会，对145个重大项目进行协调。各县（市）区参照建立例会制度，在各自职能范围内协调解决项目存在的问题。

三是强化督促检查力度。为确保重大项目协调推进例会议定事项的落实和"五大战役"项目建设按序时计划推动，福州市建立重大项目联合督查机制，由市委督查室、市政府督查室、市效能办、市重点办等部门组成联合督查组，对省、市"五大战役"项目推进情况和贯彻落实市重大项目协调推进例会会议纪要情况，每周至少开展1~2场联合督促检查活动，并通报各单位完成情况。

四是成立在建项目服务团。由市发改委（重点办）牵头，市建委、市效能办、市公安局、市住房保障和房地产管理局等13个相关职能单位抽调专人组成在建重大项目服务团。服务团定期召开联席会议或开展现场巡查，代表各单位及时研究解决重大项目建设中存在的问题，督查落实重大项目协调例会议定事项。对涉及市直职能部门的事项，由服务团中该部门参与相关成员负责，全程跟踪、推动和反馈，确保工作落实到位。服务团成立后帮助苏宁广场二期、红星国际广场等"五大战役"项目协调解决建设中存在问题。

五是加强前期审批服务。市发改委会同相关单位开展项目前期报批协调服务工作，梳理、汇总需报省、国家审批项目推进情况，报请省发改委、重点办及省直有关部门协调推动，同时为市委、市政府主要领导赴京沟通协调提供材料，推动解决罗源湾火电厂一期"路条"、江阴8号和9号泊位岸线审批等一批项目前期报批问题。开展未按期动工项目的协调推动工作,先后对长乐翔孚物流园、市老年人体育活动中心、福湾路提升改造等40多个项目进行现场调研,指导帮助项目单位加快推进前期工作。市重点办会同市行政服务中心按照“集中汇总、分送有关部门限期办理、联审联批会议督促推进”的运作模式,由市重点办梳理汇总需要联审联批的事项,由市行政服务中心牵头各审批单位召开联审联批会议,对“五大战役”项目的前期审批工作进行研究协调,促进104国道连江至晋安段改线、南江滨东大道、马尾大桥等项目加快审批,会议无法协调解决的问题,提交周协调例会解决。对“五大战役”项目的审批工作实行“一个窗口受理、一条龙服务、一站式办结、一个平台收费”等政策,强化项目审批服务力度。

(福州市发展和改革委员会　王其斌)

2013年福州市重点项目完成情况

2013年,福州市在770项市级“五大战役”项目的基础上,筛选出其中300项投资量大、带动力强、辐射面广的龙头项目列为年度市级重点项目。2013年,市级重点项目总投资9276.45亿元,年度计划投资924.54亿元。其中,在建项目157项,总投资5089.4亿元,年度计划投资728.71亿元;计划新开工项目74项,总投资1779.72亿元,年度计划投资195.83亿元;预备前期项目69项,总投资2407.33亿元。

全年累计完成投资1231.61亿元,占年度投资计划的133.2%。其中,157项在建重点项目累计完成投资1007.4亿元,占年度计划投资的138.2%;74项计划新开工重点项目累计完成投资224.21亿元,占年度计划投资的114.5%;推进69项预备重点项目前期工作,福州市琅岐环岛路西北段(二期)工程等4个项目提前动工建设。

从分行业看,商贸服务、农林水利、文化创意、旧屋区改造及房地产、工业、城建环保、能源、交通、旅游、社会事业10个行业重点项目均全面完成年度总体投资任务。其中,旅游、商贸服务、旧屋改造及房地产行业居完成投资比例前三位;商贸服务、工业、城建环保行业居完成投资量前三位。具体为:商贸服务行业累计完成投资259.54亿元,占年度计划投资的147.9%;工业行业累计完成投资238.17亿元,占年度计划投资的132%;城建环保行业累计完成投资198.6亿元,占年度计划投资的125.3%;旧屋改造及房地产业累计完成投资155.97亿元,占年度计划投资的140.6%;交通行业累计完成投资152.91亿元,占年度计划投资的122.3%;能源行业累计完成投资126.2亿元,占年度计划投资的128.5%;旅游行业累计完成投资40.95亿元,占年度计划投资的173.9%;社会事业行业累计完成投资33.68亿元,占年度计划投资的113.4%;农林水利行业累计完成投资14.49亿元,占年度计划投资的109.7%;文化创意产业累计完成投资11.1亿元,占年度计划投资的116.9%。

总体上看,2013年重点项目建设工作取得较好成绩。一是投资带动力度强劲。全市重点项目完成投资量占全社会额的33%,拉动全市固定资产投资持续快速增长。福清核电站项目以年度完成投资近90亿元,成为年度单项投资最大的重大项目。二是建成一批重大项目。年内建成或基本建成向莆铁路福州段、福永高速公路、长乐恒申合纤项目、福建省东南电化股份有限公司搬迁、琅岐闽江大桥、螺洲大桥及南接线工程、福州市工人文化宫改扩建、连江海峡职业技术学院(一期)、五四北泰禾城市广场等51项重点项目。三是新动工项目不断增加。加快推进招商落地、征迁交地、资金筹措、前期审批等工作,先后动工建设福建罗源湾港电储煤一体化、福州至平潭铁路福州段、马尾闽江大桥、福清万达广场、福建恒捷纺织连江生产基地、光明港片区综合整治等41个重点工程,总投资额超1000亿元。四是推进重点项目前期工作。福州至长乐机场城际轨道交通项目、福清通用航空产业园、福清中石油LNG接收站、长乐外文武垦区围海造地等项目前期工作取得新进展,长乐新金林来纺织、福清宇邦纺织生产项目等项目加快前期工作步伐,力争2014年上半年正式动工建设。五是重点项目服务保障举措进一步完善。建立重大项目协调推进例会制度,市委、市政府主要领导每周召开例会,研究协调重大项目推进中存在的问题。完善督查机制,由市委督查室、市政府督查室、市效能办、市重点办等部门组成联合督查组,对协调例会议定事项的落实情况以及重点项目建设进度进行跟踪、检查和通报。成立福州市在建项目服务团,由市发改委(重点办)牵头,市建委、市效能办、市公安局13个相关职能单位抽调专人组成,代表各单位及时研究解决重大项目建设中存在的问题。增强前期审批服务,由市行政服务中心和市重点办牵头重点项目审批单位及时召开联审联批会议,对重大项目的前期审批工作进行研究协调,促进重点项目加快审批进度等。

(福州市发展和改革委员会　曾　加)

2013年福州市“三维”项目对接工作情况

2013年,福州市按照“央属企业、外资企业、民营企业”的项目分类,推进全市招商选资和投资促进工作。

一、“三维”对接工作有序推进

一是推进央企项目。全市已签约央企项目53项,总投资4983.57亿元,其中47项进入省级“三维”跟踪管理系统,动工28项(竣工2项),项目主要集中在能源、交通、石油化工、总部经济、商贸物流、旅游等行业。央企项目累计完成总投资和完成投资两项指标均居全省第一。二是洽谈对接外企项目。第十五届海交会上,全市签约外企项目113项,利用外资28.04亿美元。项目主要投资来源为美国、匈牙利、新加坡及中国香港、中国台湾等国家和地区,集中在电子信息、先进环保设备制造、国际金融、现代商贸服务业及高端酒店旅游业等行业。三是跟踪服务民企项目。全市新增对接民企项目172

项，总投资1652亿元，项目涉及电子信息、汽车制造、机械制造、轻纺、生物医药、新型材料、环保和资源综合利用、建材、现代农业、新能源和节能技术等行业。

二、"三维"重大项目建设例会制度有效实施

2013年，福州市建立"全市重大项目协调推进例会"制度，原则上每周至少一名市主要领导主持召开例会（现场办公会），研究协调"三维"重大项目推进中存在的问题。全年召开37次例会，协调解决市投资促进局牵头上报的30个重大"三维"项目存在的问题，华侨城大型文化旅游综合体项目、普洛斯物流园项目、天邦·海西新天地项目、富力闽侯金水湖项目等取得较大进展。港中旅集团、中冶集团、京东商城华南营运总部、台湾海洋生物博物馆、激光倍频晶体产业、恒大集团、海峡品牌城、万润新能源、中防联博等重大"三维"项目加快对接推进。

三、"三维"项目招商引资态势良好

市委、市政府出台《福州市进一步加强'三维'项目招商引资工作的若干意见》《福州市重大"三维"项目招商引资奖励办法（试行）》《福州市促进金融业发展若干意见》等招商引资优惠政策，带动形成全市"三维"项目投资良好态势。2013年，福州市组织"5·18"海交会"三维"项目签约、邀请清华大学校友投资行业协会到榕投资考察、举办"福州市投资促进局—欧亚友好联谊总会投资促进合作战略框架协议签约仪式"、参加北京国际商品交易博览会等"三维"对接活动，对接国内外客商300余批次。至年底，全市"三维"项目库对接项目683项（含在谈、意向、协议及合同项目），其中央企53项，外企222项，民企408项，累计意向投资总额超1万亿元。

（福州市投资促进局）

（编辑　黄　铭）

1月

1日　福州市数字化城市管理系统（“数字城管”）建成并投入试运行。该系统于2012年3月正式启动建设。

同日　福州市加快重大项目建设推进大会暨马尾新城建设项目开工仪式在马尾举行。马尾新城建设中的20个重点建设项目集中开工动建，所有项目总投资33.42亿元，项目涉及市政路桥、安置房、休闲公园、体育场馆等民生项目和海西财富中心、海西机电科技大厦、金兰大厦等3个总部基地项目。

同日　马尾大桥工程奠基仪式在马尾大桥北连接线（和平路）建设工地举行。马尾大桥南起仓山区城门镇洋坑村，跨越闽江，与机场高速公路二期对接，终点位于马尾镇。工程由主桥、南连接线和北连接线3个部分组成，总投资约35.4亿元。

同日　2013年“中国体育彩票”全国新年群众登高健身活动在鼓山开幕，为该活动连续举办18年来首次在福州设立主会场。

4—7日　市政协十二届二次会议在福州海峡国际会展中心举行，会议审议通过《中国人民政治协商会议第十二届福州市委员会第二次会议决议》。

5—9日　市十四届人大二次会议在福州海峡国际会展中心召开，会议审议并批准《福州市人民政府工作报告》《关于福州市2012年国民经济和社会发展计划执行情况及2013年计划草案的报告》《关于福州市2012年预算执行情况及2013年预算草案的报告》《福州市人大常委会工作报告》《福州市中级人民法院工作报告》《福州市人民检察院工作报告》6项工作报告，表决通过《关于政府工作报告的决议》等相关决议。

7日　福州国家高新技术产业开发区新体制运行揭牌仪式在海西高新技术产业园举行。

同日　江阴港区整车进口口岸通过由海关总署、工信部、商务部、国家质检总局组成的国家联合验收组的验收，标志着江阴港区整车进口口岸正式进入运营阶段。

11日　小菜蛾基因组研究成果新闻发布会在福州举行。小菜蛾基因组研究成果“小菜蛾杂合基因组揭示昆虫的植食性和解毒能力”由福建农林大学教授尤民生主持、深圳华大基因研究院共同完成、英国剑桥大学等多家单位参与，为全球首次公布的鳞翅目昆虫原始类型基因组和首次破译的世界性鳞翅目害虫基因组。

18日　首条跨越台湾海峡的海底光缆“海峡光缆1号”正式开通。光缆从台湾淡水直接连接福州长乐，总长度约270公里（海中段约208公里）。

同日　中共福州台商投资区工委、福州台商投资区管委会揭牌。

20日　由光明日报社和福州市闽都文化研究会联合主办的第二届闽都文化论坛在北京举行。该届论坛以“闽都文化与开放型经济”为主题。

同日　位于闽侯县竹岐乡的全省首个通用航空产业基地——福州通用航空基地通过验收，开始试运营。

26日　由市委宣传部、市委文明办、台江区文明委主办的“我们的节日·春节”主场活动暨“文明过年”系列活动启动仪式在台江滨江旅游休闲广场举办，市民代表发出“厉行节约、反对浪费”倡议，餐饮行业代表宣读“福州市文明餐桌行动”承诺书。

29日　福州等6个城市在由新浪环保频道和中国环境科学学会联合主办的“2012绿动中国年度盛典——见证环保绿能量”活动上获“绿色城市”称号。

同日　全省首家乡镇级博物馆——永泰嵩口古镇民俗博物馆开馆。该馆于2012年动工建设，位于嵩口直街，占地面积646平方米，建筑面积420平方米，总投资约230万元。

同日　住房和城乡建设部公布首批90个智慧城市试点名单，其中地级市37个、区（县）50个、镇3个。福州仓山区入选名单。

2月

7日　零时，螺洲大桥主线通车。福银高速南连接线祥谦收费站同时启用。大桥主桥跨度496米，为全国跨径最大的三塔自锚式悬索桥。

10日　地铁1号线白湖亭站至葫芦阵站上行线隧道贯通，为福州地铁首个实现贯通的盾构区间（使用盾构机开挖的隧道区间）。

同日 旅游观光2号线正式开通，线路起讫站点设在五一广场。

20—24日 元宵灯会首次移至闽江两岸举行。该次灯会设置4个分展区，展出75组大型灯组。

22日 市环委会全体成员会暨全市环保工作会议召开，会上发布2012年福州市环境质量概况，2012年的空气质量和河流功能达标率均优于2011年，城区饮用水水源地水质100%达标，城区空气质量优良率99.45%。

26日 全省文化产业形势分析会暨工作现场会在莆田召开，揭晓2013年度福建省文化产业十大重点项目，福州市的海峡传媒港项目和马尾·中国船政文化城项目入选。

同日 福银高速公路闽清(梅溪)互通立交工程正式动工建设。该工程为闽清梅溪新城建设的重要配套工程，工程概算投资3.3亿元。

同日 国际电讯联盟FSAN2013Q1标准年会首次在福州召开。全球近百名联盟正式会员代表到会，会议主要讨论和制定下一代40千兆光纤到户国际标准(40Gb/s TWDM—PON)，该标准文件将成为下一代光纤到户的主要标准。

3月

3日 由市妇联举办的首届感动福州十大最美女性评选结果揭晓，分别为最美乡村女医生林丽钦、最美“小巷女总理”郑巧汀、最美女检察官黄荣婷、最美农妇周英、最美女社工刘安娟、最美创业女青年黄海金、最美妈妈潘莲玉、最美妻子高依梅、最美女儿林瑞榕、最美“天堂整容师”圆满生命礼体天使。

4日 全市首批5个公共场所“学雷锋志愿服务站”依托鼓楼区便民自行车站点设立，提供即时便民服务。5个服务站分别为东街口万霞广场站、八一七路屏山站、五一广场站、五四路王府井百货站、五一路蒙古营站，

12日 全市首家劳动保障法律援助工作站——鼓楼区人社局劳动保障法律援助工作站在五四路万利花园揭牌。

19日 全市首家集行政服务中心、市民服务中心于一体的综合性服务中心——仓山区行政(市民)服务中心正式启用。

21日 全市首家省级农民创业园区——连江省级农民创业园授牌仪式在官坂镇举行。

同日 福清融侨经济技术开发区举行省级标准化示范园区试点建设启动仪式，园内80多家规模以上工业企业代表参加。

22日 福州市首次发布安全健身操，共8节，涵盖交通安全、课间安全、游泳安全、饮食安全、消防安全、防震安全6类安全知识。

23日 闽侯县被中国根艺美术学会授予“中国根艺之乡”称号。

29日 福州市贸促会原产地签证点授权仪式举行，该签证点将为福州出口企业办理原产地证提供“一条龙”认证服务。

4月

8日 召开市委常委(扩大)会议，总结福州市党政代表团4月1—3日赴重庆、成都学习考察活动情况。省委常委、市委书记杨岳在会上讲话，市长杨益民通报学习考察情况。

9日 市政府正式下发《福州生态市建设规划(编修)》。规划提出拟投入400多亿元资金，打造70多项生态市重点工程，至2015年完成国家生态市创建，80%县(市)区建成国家级生态县(市)区。

23—28日 2013年世界沙滩排球巡回赛“融侨杯”福州公开赛在福州南江滨沙滩排球场举行，福州籍运动员薛晨和搭档张希获女子沙排冠军。

27日 福州家政业询价系统投入试运行，为全国首个家政业询价系统。

30日 首届海峡两岸(福州)汉服文化节在福州文庙开幕。

5月

3日 全省首个青年社会管理服务中心——福建江夏学院—仓山区青年社会管理服务中心在仓山区行政(市民)服务中心揭牌成立。

6日 全市首家公益性质的劳动争议调解机构——福州市劳动争议调解机构(试点单位)在鼓山下院综合楼二层挂牌，该机构将免费为福州市企业和员工调解劳动争议。

13日 市委市政府召开工作检查总结会，总结交流6—11日工作检查情况，研究部署下一阶段工作。省委常委、市委书记杨岳在会上讲话，市长杨益民点评各县(市)区工作，周振华、方清海等市四套班子领导出席会议，市委副书记周宏主持会议，市委常委、市纪委书记骆安生点评各级各部门贯彻执行“八项规定”情况。

18日 第十五届海峡两岸经贸交易会、第十届中国福建商品交易会暨福州国际招商月20年回顾展在福州海峡国际会展中心开幕，首次设立海峡旅游文化展区和美国馆。

同日 福永(福州至永泰)高速公路试通车，标志福州实现“县县通高速”，永泰正式纳入福州半小时经济圈。

同日 由市外经贸局等单位承办的首届榕台服务外包合作峰会论坛在福州举行。论坛旨在探讨全球服务外包行业的现状与前景，谋划福州市服务外包产业未来发展。

同日 首届海峡两岸(福州)大学生创业创新大赛颁奖仪式举行。该赛事由市政府、省公务员局、省教育厅、省团委、中国海峡人才市场主办，有国内外171所高校的768个大学生创业创新项目团队报名，涵盖现代农业、生物医药、节能环保、文化创意等十大产业，决出一、二、三等奖28个，30所高校获组织奖。

同日 2013中华龙舟大赛福州站比赛在海峡国际会展中心浦下河水域开赛，20支标准龙舟队、8支传统龙舟队参赛。该赛事是福州首次承办的中华龙舟赛，也是福州龙舟赛首次进行现场直播(央视五套)。

同日 福州市与欧亚友好联谊总会签订欧洲贸易合作战略框架协议，根据协议双方将在双边经贸展览、国际贸易营销平台、经贸洽谈会等方面相互支持。仓山区政府与匈牙利贸易有限公司的欧亚友好文化商城项目签约仪式同时举行，该项目投资总额近100亿元，将落户仓山区。

19日 首届福州话大赛在福州电视台演播厅落幕，决出成年组和青少年组的金、银、铜奖和专项奖。该赛自1月

3日开赛,由市文化新闻出版局、省文史研究馆、福州人民广播电台共同主办,由“901福州左海之声”电台、市群众艺术馆承办。

同日　全市首个青少年安全教育流动志愿服务站——晋安区象园街道青少年安全教育流动志愿服务站正式启动。该服务站以晋安区第四中心小学青年教师志愿者队伍为骨干,由晋安区卫生局、消防大队、交巡警大队以及象园街道共建。

20日　南江滨堤外公园基本完成一期建设,种植草花10万平方米、水生植物2.5万多株、乔灌木近8000株。

22日　永泰县国家级芙蓉李栽培标准化示范区通过国家标准委验收。

25日　福州儿童医院新病房大楼主体工程封顶。该楼设计面积33680平方米,项目总投资1.68亿元,于2011年5月10日动工。

28日　中共福州市委召开常委(扩大)会议,传达学习省委省政府工作检查总结会议精神,研究部署福州市初步贯彻意见。省委常委、市委书记杨岳,市长杨益民等市四套班子领导出席会议。

同日　总投资超过3000万元的海峡金港赛道建成投用。该赛道位于海峡汽车文化广场,为国内首条按国际汽联标准建设的0~400米专业直线竞速赛道、首条美式直线竞速赛道。

6月

1日　国内最大单地块高端儿童非动力游乐场——马尾东江滨公园儿童游乐场正式开园。该园占地2400多平方米,有3个游乐区27个游乐项目,总投资490余万元。

2日　福州市“关爱山川河流　建设美丽福州”志愿服务活动在西湖公园正式启动。该活动由市委文明办主办,旨在推动学雷锋活动常态化,倡导“关爱他人、关爱社会、关爱自然”的志愿服务。

6日　市中心首条慢行道路——元帅路—卧湖路贯通。

17日　第四届世界闽商大会、第三届民营企业产业项目洽谈会、第十一届中国海峡项目成果交易会在福州开幕。

同日　市农业局、市蔬菜科学研究所与荷兰欧中科技发展中心签订福州欧中都市现代农业研发合作协议书,合作成立福州都市现代农业研发中心,建设欧式新型家庭农场。

19日　琅岐闽江大桥主桥合龙。该桥主塔高223米,钢箱梁结构,主线长1280米,主跨680米,为全市第一大桥、全省第二大桥,居世界同类桥梁前十名。

24日　东海证券、上海财经大学商学院、上海财经大学金融重点实验室在上海联合发布“2013年中国城市竞争力排行榜——上市公司视角下的城市排名”,福州位列市级行政区综合竞争力第二名、规模竞争力和盈利竞争力均列第五名、社会效益竞争力列第三名。

28日　中国历史文化名街专业委员会成立大会暨首届中国历史文化名街保护同盟年会在福州开幕。第五届中国历史文化名街授牌仪式同日在福州举行。

同日　福州市召开“四个万家”活动动员部署会,会议贯彻落实中央、省委关于改进工作作风、密切联系群众的一系列部署要求,部署开展“四个万家”活动。省委常委、市委书记杨岳,市长杨益民等市四套班子领导出席会议。

30日　闽侯新南港大桥实现合龙。该桥起点位于南屿六十份洲互通,终点位于海峡农副产品批发物流中心,全长2.6公里,设双向6车道。

7月

1日　闽侯县与福州高新区托管交接仪式在高新区海西园举行。福州高新区托管闽侯县南屿镇以及上街镇的新洲、马保、建平、马排、厚庭等5个村。

3日　福州至北京高铁(G56次)首发。北京南至福州的G55次高铁列车于7月2日抵达福州火车站,为停靠福州站的首辆高铁列车。

8日　由市委、市政府主办的福州市第二届茉莉花文艺奖评奖工作正式启动,拥有福州户籍的居民个人或集体创作、发表、制作、生产和演出的文艺作品,以及非福州户籍的作者以福州市为主要素材创作的作品均可参加评选。该届茉莉花文艺奖首次对获奖作品进行版权登记。

18日　海峡股权交易中心在福州市行政服务中心开业。该中心于2011年10月26日在平潭注册成立,注册资本1.9亿元,中心将打造区域股权交易市场,利用海西对台合作先行先试政策搭建两岸金融合作平台。

19日　福州市海洋预报台试运行启动仪式举行。该预报台可进行风暴潮等海况灾害的预警预报,为全国首个地级市自建的海洋预报台。

29日—8月9日　第八届两岸青年联欢节暨2013年海峡青年节在福州举办。期间举办第五届两岸青年社团负责人圆桌会议、海峡青年(福州)峰会、两岸青年联合会等17项活动。

8月

5日　《福州市“中国温泉之都”发展建设总体规划》正式实施。根据规划,2020年前,全市将建成古田路温泉会所等15个温泉旅游综合体(会所);2015年前完成10家老澡堂更新改建,同时增加现代洗浴场所。

同日　上午9时许,福州市气象台发布高温红色预警信号,为福州市有气象预警信号以来发布的首个高温红色预警信号。

9日　省住建厅公布福建省第一批城市优秀近现代建筑名录,福州市有19处建筑上榜,分别为美丰洋行,乐群楼,英国领事馆公馆,陶淑女校旧址,师大校部,青年会,杨鸿斌故居(又名采峰别墅),花巷基督教堂,协和医院红砖楼,原福建省文化厅,民国福建省政府礼堂,祭酒岭近现代建筑,马江海战炮台、烈士墓及昭忠祠,福建船政建筑,长门炮台,亭江炮台,泛船浦天主教堂,林森公馆,福州中山堂。

15日　全市首家个人独资企业家庭农场——永泰县辅弼家庭农场在永泰县同安镇兰口村挂牌。

18日　由市文明委举办的“文明福州　绿色出行”福州市民绿色骑行活动在东江滨举行。杨岳、杨益民、周振华、方清海等市四套班子领导与300多名市民参加活动。

20日　市委十届六次全会召开,审议通过《关于全力推进福州新区开放开发　在更高起点上加快建设闽江口金三角经济圈的意见》。

22 日 2 时 40 分,第 12 号台风“潭美”在福清市城头镇登陆,登陆时中心气压 958 百帕,近中心最大风力 12 级(35 米/秒)。

31 日 首批 200 套总值 1600 万元的农业物联网智能感应器产品,在马尾上润精密仪器有限公司下线交货。该项目为福州第一个水产养殖物联网项目。

9 月

7 日 首届闽台乡村旅游合作发展圆桌会议在厦门召开,省旅游局和台湾乡村旅游协会发布闽台十大乡村旅游实验基地名单,马尾区闽安古镇入选。

12 日 福州市和鼓楼区、仓山区入选由工信部公布的首批基于云计算的电子政务公共平台建设和应用试点示范地区名单。

13 日 福州市“中国鳗鲡之都”“中国金鱼之都”授牌仪式在海峡国际会展中心举行。

24 日 市政府正式批复《城市轨道交通线网规划(2012 年修编)》。根据规划,福州市轨道交通线网为“网格放射型”,含线路 9 条,线路总里程 338.12 公里,设计车站 215 座,其中换乘站 26 座。

26 日 全省规模最大的汽车客运站——福州新西客站正式投入运营。该站位于大学新区中心共享区,于 2010 年动建,总投资 2.3 亿元,占地约 8.53 公顷。

同日 全国首条连接海峡西岸和中部内陆腹地的快速铁路——向莆铁路正式开通运营,首发动车组列车分别从福州、南昌西、莆田、三明北 4 个车站开行。该线路的通车,标志中国高速铁路突破 1 万公里,并结束永泰县不通火车的历史。

28 日 “三坊七巷—马尾船政”观光线正式运营,线路起讫站点分别在三坊七巷和罗星塔公园。

30 日 东江滨公园正式竣工。该公园位于闽江北岸马尾区魁浦大桥至马江渡,全长 8.7 公里,总投资 3 亿元。

10 月

1 日 《福州市历史文化名城保护条例》施行,1995 年通过的《福州市历史文化名城保护条例》同时废止。新的条例对保护对象实行名录管理制度,将三坊七巷、朱紫坊、上下杭等历史文化街区,烟台山、马尾、螺洲等历史文化风貌区,鼓岭、福建协和大学等历史文化建筑群,美丰洋行、祭酒岭近现代建筑等历史建筑以及福州非物质文化遗产列入保护名录,同时对新发现具有保护价值的历史文化资源,将经法定程序及时列入名录。

同日 福州市重大项目建设推进大会在长乐“数字福建”产业园项目工地举行。全市涉及高新科技、交通城建、高端服务、社会事业等领域的 69 项重大项目集中动工建设。

15 日 船政衙门及前后学堂复建工程在马尾船政造船厂内奠基开工。该工程占地 4.67 公顷,为“马尾 · 中国船政文化城”的组成部分。

16 日 海峡两岸红十字水上应急救援培训项目首期水上救生员培训班在福州开班,来自福建、广东、江西、浙江和山东五省的 37 名志愿者学员参加。该培训班为中国红十字会总会根据海峡两岸红十字组织签署的“海峡两岸红十字组织民间交流及水上救援培训合作备忘录”的要求,举办的两岸红十字水上救援培训项目的内容之一。

17—18 日 2013 年福州市全民健身运动会广场健身舞比赛在市体育馆举行,仓山区和闽侯县代表队获一等奖,台江区、福清市和永泰县代表队获二等奖,闽清县、鼓楼区和晋安区代表队获三等奖。

22 日 陈景润铜像揭幕仪式在福州三山人文纪念馆名人雕塑园举行。

23 日 在中国茶叶博览会上,福州市被中国土畜进出口商会授予“茉莉花茶出口领军城市”奖牌。

25—28 日 首届中国(福州)寿山石文化节暨第九届中国名石雕刻艺术展在三坊七巷光禄吟台举行。其间举办中国名石雕刻艺术精品展(港澳台寿山石藏品专展),福州刻工—玉石类作品展,寿山石书法、篆刻、图书展,林氏三杰雕刻艺术展,中国寿山石田黄 · 印章精品展和中国名石雕刻艺术精品展拍卖作品展等 6 场大型展会。

26 日 第四届福州国际温泉节开幕。即日起至 12 月 31 日,市民和游客至温泉景区可获相应优惠。

27 日 以“悦动福州 · 活力福建”为主题的第八届全国城市运动会倒计时两周年启动仪式及系列活动在五一广场举行。

同日 位于柳杉王公园正门对面的鼓岭规划展示馆对外开放。馆内约 50 平方米的沙盘,展现鼓岭核心区、鹅鼻片区、恩顶片区、鼓山片区和东部旅游休闲片区等五大功能区。

11 月

1 日 《福州市轨道交通建设管理办法》正式施行。该办法经 2013 年市政府第 22 次常务会议通过,包括总则、规划管理、建设管理、保护区管理、安全应急管理、法律责任、附则共 7 章 41 条,涵盖轨道交通规划、建设、保护区管理等方面内容。

3 日 福州工人文化宫正式揭幕并投入使用。该文化宫始建于 1954 年,2010 年 12 月启动改扩建工程,总建筑面积 12 万平方米,其中新建建筑面积 11 万平方米,总投资约 4 亿元,改扩建后为全国单体建筑面积最大的工人文化宫。

6 日 2013 年中国国际人才交流大会在深圳召开,国家外专局向福州市政府颁发“2013 魅力中国——外籍人才最关注的八大城市”奖。在 8 个最受关注城市中,福州、济南成为政策环境最受关注城市。

8 日 福州市入选“十二五”时期国家公交都市建设示范工程第二批试点城市。

15 日 “中国十大魅力湿地”颁奖仪式在央视一套首播,闽江河口湿地国家级自然保护区入选“中国十大魅力湿地”。闽江河口湿地国家级自然保护区位于长乐东北部闽江入海口南侧,面积 2100 公顷,以中华凤头燕鸥、勺嘴鹬、黑脸琵鹭等珍稀濒危野生动物物种、丰富的水鸟资源和河口湿地生态系统为主要保护对象。

同日 科技部公布 2011—2012 年度全国县(市)科技进步考核结果,福州市获全国科技进步先进市称号,马尾区、仓山区、闽侯县、福清市 4 个县(市)区被确定为全国科技进步考核先进县(市),全市19名先进个人受到科技部表彰。

16日　瀛洲立交桥正式拆除,二层立交南北挡墙段共4个上下车道同时破拆。该桥于1986年建成通车,是全市最早的立交桥,也是至2013年全市仅存的三层环岛式互通立交。

16—18日　“依波表杯”2013年环福州·永泰国际公路自行车赛举行,13个国家和地区的20支专业运动队参赛。

23日　福州市第五十届中小学生运动会开幕式在福建省奥林匹克体育中心举行。由市教育局、市体育局主办,各县(市)区、市直属中小学的90支代表队、近1300名运动员参加,赛事设16个组别、18个项目。

25日　全市首个专用渔业装卸码头“名成渔业专用码头”正式启用。该码头为海峡水产品交易中心的配套项目,总投资6800万元,建设规模2000吨级,最大靠泊吨位3000吨级,设计年吞吐量30万吨。

27日　全省首个以雷锋命名的“雷锋少年邮局”在晋安区教师进修学校附属小学揭牌并试营业。该邮局是由邮政部门设立并纳入邮政代办点建制的邮政机构,学校获得授权负责日常经营,营业收入全部汇入专门爱心账号,用于开展公益活动。

29日　由市政府、省农业厅主办的首届福州茶产业博览会在福州海峡国际会展中心开幕,来自海峡两岸的300多家商家参展。

12月

1日　《福州市城市内河管理办法》施行,1992年市人大常委会通过并经1997年和1999年两次修订的《福州市城市内河管理办法》同时废止。

同日　西营里农贸市场正式关闭,华威新西营里农产品交易市场同日正式对外营业。西营里农贸市场于1997年12月25日开业,曾是福州市中心最大的农贸市场,2013年11月21日开始搬迁新址。新市场位于湾边大桥北桥头,占地2.8公顷,建筑面积5万多平方米,有交易店面150多间,交易摊位300多个,为城市农副产品交易配送中心、“菜篮子”社区直通车的采购基地和分拣中心。

10日　《福州市职工基本医疗保险实施细则》由市政府发布并开始实施。细则提出,福州市职工医保实行市级统筹,参保人员达到法定退休年龄时,缴纳的基本医疗保险费累计年限(含视同缴费年限)须达25年(含)以上,方可享受退休人员基本医疗保险待遇。

15日　福州市地铁公司与中国北车唐山轨道客车公司正式签署地铁1号线车辆采购合同,福州地铁1号线28列168辆B型地铁车辆将由中国北车唐山轨道客车公司在泉州生产基地生产。

17日　海峡两岸篆刻艺术传承与发展研讨会在福州举行。中共中央政治局原常委、国务院原副总理李岚清在省委书记尤权,省、市领导于伟国、杨岳、叶双瑜、李红、杨益民、徐启源、陈大强的陪同下,接见与会专家学者。

20日　“中国梦·侨乡情”——中国文联、中国音协“送欢乐下基层”走进侨乡慰问演出在福清市举办。该活动由中国文联、中国音乐家协会、省委宣传部、省文联、市委市政府主办,省音乐家协会、市委宣传部、市文新局、市文联、福清市委市政府承办。

23日　市委十七届七次全会召开,审议通过《中共福州市委关于贯彻党的十八届三中全会精神全面深化改革的若干意见》和《中共福州市委十届七次全会决议》。

25日　第一届全国青年运动会福州市执委会2013年第四次主任办公会议在福州召开,市长杨益民主持会议。经国家批准,第八届全国城市运动会更名为第一届全国青年运动会,于2015年在福建省举办,主赛区设在福州市。

26日　市科协第八次代表大会召开。会议表彰首届19名福州青年科技奖获得者。2月19日,市政府正式下发《福州青年科技奖评选表彰办法》。办法规定,福州青年科技奖由市政府设立,表彰具有突出贡献的在榕青年科技工作者,每两年评选一次,每届授奖人数不超过20人。

27日　全国互通版“榕城通”IC卡开始发售,福州市民持卡可在国内34个城市贴有互联互通标识的车载设备上刷卡乘坐公交车。

(编辑　黄　铭)

自然资源

【地理】 福州市是福建省省会，位于福建省中部东端，介于北纬25°15′～26°39′、东经118°08′～120°31′之间。东临台湾海峡，西靠三明市、南平市，南邻莆田市，北接宁德市。东西最大横距128公里，南北最大纵距145公里，总面积11968平方公里，其中市区面积1786平方公里。南部为福州盆地的大部分；北部为山地，从西南向东倾斜；西部为中低山地；东部丘陵平原相间。山地、丘陵占全区土地总面积的72.68%，其中山地占32.41%，丘陵占40.27%。鹫峰、戴云两山脉斜切南北，闽江横贯市区东流入海。 （市方志委）

【资源】 *土地资源* 土地面积118.58万公顷（不含平潭），其中，耕地15.32万公顷，园地5.59万公顷，林地69.03万公顷，草地1.09万公顷，居民点及工矿用地9.18万公顷，交通运输用地2.33万公顷，水域及水利设施用地11.82万公顷，其他土地4.24万公顷。

矿产资源 境内已发现各类矿产56种（包括亚矿种）。主要矿产为砂、石、土类，金属矿产储量偏少，高品位矿少，能源矿产仅1种（地热）。已探明列入福建省矿产资源储量表的固体矿产17种，其中金属矿有6种，非金属矿11种。已探明资源储量的矿区和已开发利用的矿山以非金属矿为主。开发利用的矿产有11个矿种，主要矿种为花岗岩（饰面用、建筑用）和凝灰岩（建筑用）、叶蜡石（寿山石）、地热、矿泉水、砂、高岭土。饰面用花岗岩主要产于罗源、连江等县；建筑用花岗岩、凝灰岩主要产于福清、连江、闽侯、永泰等县（市）；叶蜡石主要产于晋安区，闽清、罗源等县也有开采。产自晋安区北峰山区的工艺叶蜡石（寿山石）最为珍稀，其品种达100多种，至今已有1000多年的开发历史，寿山村的“田黄石”和峨嵋村的“芙蓉石”是寿山石的上品，名扬国内外，寿山石被评为国石候选石之首；福州市地热资源丰富且有特色，主要分布于福州城区和永泰、闽侯、闽清、连江等县，因其埋藏浅、水温高、水质好，自古有“闽中温泉甲天下”之美誉；矿泉水主要产自闽侯县、闽清县和长乐市；闽江流域福州境内天然石英砂资源丰富，质量好；高岭土矿主要产于闽清县，为建筑陶瓷、电陶瓷的主要原料。 （市国土资源局）

水力资源 2012年，地表水资源量为121.77亿立方米，地下水资源量34.43亿立方米，地下水与地表水不重复计算量0.37亿立方米，水资源总量122.14亿立方米。全市年供水量30.40亿立方米。其中，地表水源（蓄、引、提）供水量30.04亿立方米；行政分区供水量最大的是市辖区，为6.42亿立方米；最小的是罗源县，为1.95亿立方米。全市年用水总量中工业用水量最多，为13.99亿立方米，占总用水量的46%；其次是第一产业用水量，为10.31亿立方米。全市人均水资源拥有量1775立方米，人均综合用水量442立方米，万元国内生产总值（当年价）用水量85立方米，万元工业增加值用水量106立方米，农田灌溉亩均用水量为657立方米，城镇人均日生活用水量为162升，农村人均日生活用水量89升。水质评价河长488公里，总体状况较上年相比明显好转。水质符合和优于《地表水环境质量标准》（GB3838—2002）Ⅲ类水的河长为459公里，占评价河长的94.06%。超标（Ⅳ、Ⅴ类）河长为29公里，占5.94%，污染主要分布在闽江干流下游魁岐及支流梅溪闽清河段，主要超标项目为溶解氧、氨氮和总磷。 （市水利局）

森林资源 林地面积62.16万公顷，其中生态公益林31.69万公顷，商品林43.84万公顷。森林蓄积量2951万立方米，森林覆盖率55.3%。有国家级森林公园4个、省级11个，省级以上森林公园经营面积1.38万公顷。湿地面积约20.68万公顷，其中近岸与海岸湿地15.82万公顷，河流湿地1.5万公顷，湖泊湿地236.75公顷，沼泽湿地25.04公顷，人工湿地3.32万公顷。沿海防护林面积8.08万公顷，基干林带722.94千米。油茶林1.67万公顷，竹林5.86万公顷，经济林7.38万公顷，花卉面积0.39万公顷。 （市林业局）

海洋资源 海域面积10573平方公里（含平潭，下同），海域辽阔，海岸线绵长，潮间带滩涂面积641.96平方公里；大陆岸线长度920公里，乡级以上海岛

海岸线长度390公里。海岛790个,占全省35.8%,其中无居民海岛756个。0~10米等深线浅海面积1314.1平方公里,10~20米等深线浅海面积1404.64平方公里;有100多种经济价值较高的海洋鱼类,1580种海洋生物种类;罗源湾、福清湾、兴化湾是福建省的三大深水良港。

(市海洋与渔业局)

气 候

【概况】 2013年,气候属一般年景。年平均气温正常,年雨量偏少,年日照时数偏多。夏季第7号超强台风"苏力"和第12号台风"潭美"先后登陆福州连江和福清,影响较重;其他类型气象灾害较轻。

【气温】 全市年平均气温20.3℃(含平潭,下同),较常年平均高0.4℃,属正常;与1999年、2009年并列为1981年以来第八偏高年份,见图1;各月平均气温变化见图2。各县(市)年平均气温19.8~20.7℃,距平0.2~0.6℃,福清偏高,其余各县(市)均属正常,见表1。1月19日受强冷空气影响,永泰县最低气温-0.1℃,为全年全市的低温极值。8

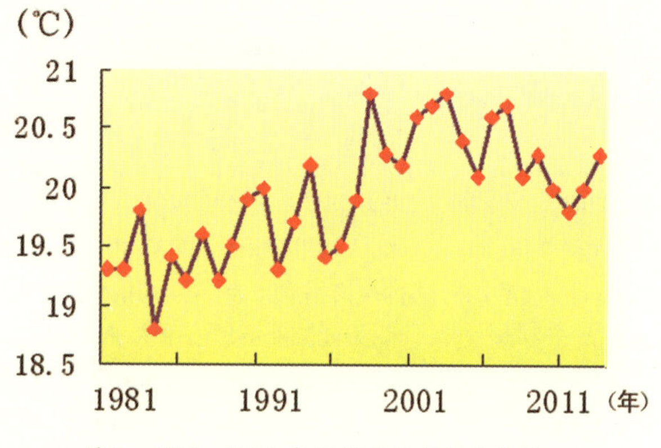

图1 1981—2013年福州市逐年平均气温

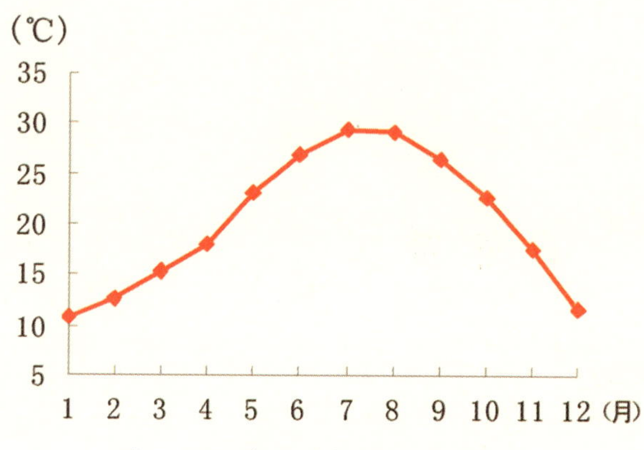

图2 2013年福州市逐月平均气温

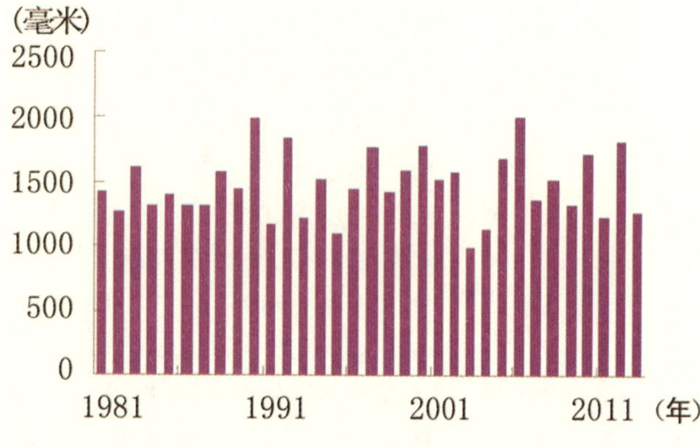

图3 1981—2013年福州市逐年雨量

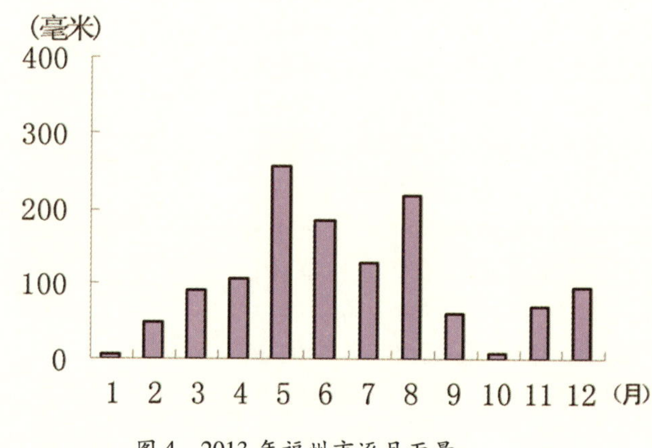

图4 2013年福州市逐月雨量

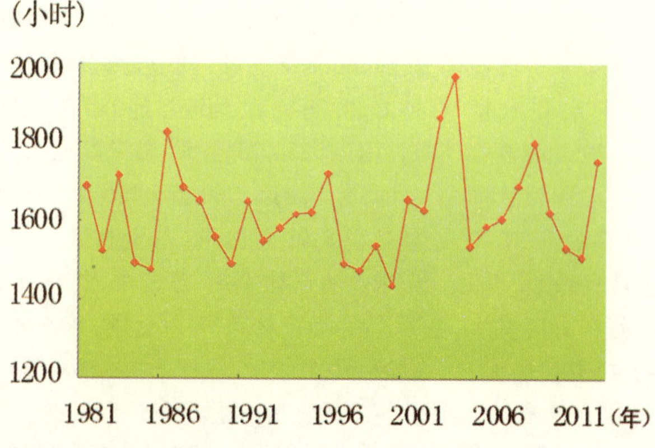

图5 1981—2013年福州市逐年日照时数

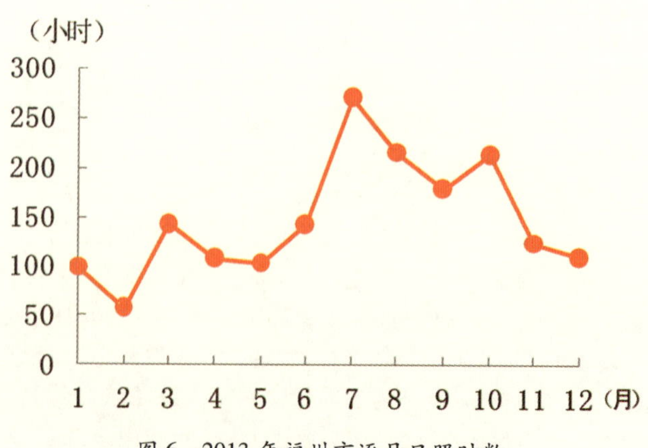

图6 2013年福州市逐月日照时数

表1　**2013年福州市各县(市)平均气温、雨量、日照评价**

	闽清	闽侯	永泰	罗源	连江	长乐	福清	平潭	福州市区	全市平均
平均气温(℃)	20.5	20.4	20.1	20.0	19.8	20.5	20.7	20.3	20.4	20.3
距平(℃)	0.3	0.4	0.2	0.5	0.4	0.6	0.6	0.3	0.2	0.4
评价	正常	正常	正常	正常	正常	正常	偏高	正常	正常	正常
雨量(毫米)	1278.2	1299.4	1237.5	1319.8	1281.2	1326.9	1454.2	1105.3	1137.5	1271.1
距平百分率(%)	-11.8	-9.1	-18.6	-21.1	-18.0	-8.5	-5.3	-14.8	-18.3	-14.1
评价	偏少	正常	偏少	显著偏少	偏少	正常	正常	偏少	偏少	偏少
日照时数(小时)	1684.1	1761.3	1804.9	1870.9	1769.9	1839.8	1691.3	1798.4	1578.4	1755.4
距平百分率(%)	2.9	9.3	8.1	17.0	12.9	10.5	-2.0	10.2	1.0	7.7
评价	正常	正常	正常	异常偏多	偏多	偏多	正常	偏多	正常	偏多
年最低气温(℃)	0.4	0.9	-0.1	0.2	0.9	3.7	4.6	6.1	2.6	2.1
出现日期	1月19日	1月19日	1月19日	12月28日	12月28日	12月22日	12月28日	1月4日	1月19日	—
年最高气温(℃)	39.9	39.9	39.5	38.4	37.8	39.0	36.7	34.9	40.6	38.5
出现日期	8月7日	8月8日	8月9日	8月4日	7月30日	8月8日	7月31日	7月31日	8月8日	—
最大日雨量	77.1	90.4	87.0	162.7	107.8	106.7	151.3	199.1	68.1	116.7
出现日期	8月30日	9月23日	8月22日	8月22日	8月22日	8月22日	8月22日	8月22日	8月22日	—

月8日福州市区最高气温40.6℃,位居年度全市高温榜首,同时打破该地8月最高气温的历史纪录;同日长乐最高气温39.0℃,打破该地最高气温的历史纪录。

【雨量】　全市平均年雨量1271.1毫米,较常年平均少14.1%,属偏少,是1981年以来第八偏少年份,见图3;各月雨量分布见图4。各县(市)年雨量1105.3~1454.2毫米,比常年平均少5.3%~21.1%,其中闽侯、长乐和福清正常,罗源显著偏少,其余县(市)偏少,见表1。8月22日受12号台风"潭美"影响,平潭日雨量199.1毫米,为全年全市日雨量之最。

【日照时数】　全市平均年日照时数1755.4小时,较常年平均多7.7%,属偏多,是1981年以来第四偏多年份,见图5;各月日照时数分布见图6。各县(市)年日照时数1578.4~1870.9小时,距平百分率-2%~12.9%。其中,罗源异常偏多,连江、长乐、平潭偏多,其余县(市)正常,见表1。

【灾害性天气】　热带气旋　年内影响福州市的热带气旋有6个,分别为第7号超强台风"苏力"(7月12—14日)、11号超强台风"尤特"(8月15—16日)、12号台风"潭美"(8月20—23日)、15号强热带风暴"康妮"(8月29—30日)、19号超强台风"天兔"(9月20—23日)和23号强台风"菲特"(10月6—7日)。

暴雨(不含台风暴雨)　1.受高空槽和低层切变影响,3月26日福州市普降大雨—暴雨,其中福州市区、连江、闽侯出现暴雨。2.受地面冷空气和低层切变影响,4月30日午后到夜里全市普降大雨—暴雨,其中福清、平潭出现暴雨。3.受高空槽及低层切变共同影响,5月20日全市普降大雨—暴雨,其中永泰12个乡镇受灾,直接经济损失269万元。4.受低层切变和高空槽影响,6月12日福州市区、闽清、闽侯和永泰出现暴雨。

强对流天气　1.受西南气流和低层切变影响,3月20日8时左右,连江丹阳出现直径约1厘米的冰雹。2.受低层西南暖湿气流和地面冷空气共同影响,4月18日傍晚到夜里,闽侯、福州市区出现暴雨,闽侯县鸿尾乡和福州市区浦上大道降下直径约1厘米的冰雹,闽侯县鸿尾乡还出现9级偏西大风。3.7月31日17时左右,福州市区五四北路一带出现直径几毫米的小冰雹和短时强降雨。4.8月9日19时4分,闽侯县鸿尾乡的埕头村和南下村出现小冰雹。5.2013年,全市发生雷灾8起,直接经济损失30.8万元,无人员伤亡,雷灾主要集中在5—7月。

高温　2013年,除平潭外,各县(市)均出现10天以上日最高气温≥35℃的高温天气,其中闽清、闽侯、永泰、福州市区、罗源和长乐出现25~52天气温≥35℃的高温天气,并出现1~14天气温≥38℃的高温天气。气温≥35℃高温段主要出现在5月28—30日、6月17—20日、6月27日—7月12日、7月22—25日、7月28日—8月1日、8月3—12日。

强冷空气过程　1.3月1日下午起受强冷空气影响,内陆和沿海中北部县(市)出现强降温过程。除福清、平潭外,各县(市)过程降温幅度达8~10.7℃,极端最低气温3~5.4℃(出现在4日或

5日早晨)。2.12月17日起受强冷空气影响,全市气温明显下降。最低气温过程降幅内陆和沿海中北部县(市)区8.6~12.3℃,沿海南部县(市)5.7~7.2℃。过程最低气温出现在22日,内陆和沿海中北部县(市)区0.2~3.7℃。3.12月27日起受强冷空气影响,全市气温明显下降,内陆和沿海北部日最低气温48小时降幅普遍达8℃以上。过程最低气温出现在28日或30日早晨,内陆和沿海北部0~2℃,沿海中南部3~5℃(平潭除外)。

气象干旱 1.7月下旬—8月中旬,全市普遍晴热少雨,大部分县(市)出现小旱,局部中旱。8月下旬初,受"潭美"台风降雨影响,旱情解除。2.9月1—20日,除长乐外,各县(市)出现小旱;21日起受"天兔"台风影响,大部分县(市)旱情解除。平潭、福清干旱持续到11月上旬,达到大旱标准。9月25日—11月2日降水持续偏少,除平潭、福清外,其余县(市)又出现小旱。全市旱情在11月3日解除。

(郑颖青)

行政区划

【概况】 福州市简称"榕",辖鼓楼、台江、仓山、晋安、马尾5个区和闽侯、连江、罗源、闽清、永泰、平潭6个县及福清、长乐2个县级市,总面积11968平方公里。市人民政府驻鼓楼区乌山路96号。全市辖43个街道、99个镇、45个乡(含连江县马祖乡)、2个民族乡;427个社区居委会、2393个村民委员会。

表2 **2013年福州市县(市)区行政区划一览**

县(市)区名称	面积(平方公里)	街道、乡(镇)名称	社区居委会(个)	村委会(个)
鼓楼区	35	东街、南街、安泰、水部、温泉、鼓东、鼓西、华大、五凤街道,洪山镇	63	—
台江区	18	茶亭、洋中、后洲、新港、瀛洲、苍霞、义洲、上海、宁化、鳌峰街道	52	—
仓山区	142	仓前、下渡、临江、三叉街、对湖、上渡、金山、东升街道,建新、盖山、仓山、城门、螺洲镇	64	102
晋安区	567	茶园、王庄、象园街道,新店、岳峰、鼓山、宦溪镇,寿山、日溪乡	66	113
马尾区	281	罗星街道,马尾、亭江、琅岐镇	12	62
福清市	1518	玉屏、龙山、龙江、音西、宏路、石竹、阳下街道,东张、海口、龙田、高山、渔溪、城头、江镜、三山、江阴、港头、沙埔、东瀚、上迳、新厝、镜洋、一都、南岭镇	42	438
长乐市	658	吴航、航城、营前、漳港街道,梅花、金峰、潭头、玉田、江田、古槐、鹤上、首占、文武砂、湖南、文岭、松下镇,罗联、猴屿乡	22	231
闽侯县	2136	甘蔗街道,白沙、尚干、祥谦、青口、南通、南屿、上街、荆溪镇,竹岐、洋里、鸿尾、大湖、小箬、廷坪乡	27	297
连江县	1168	凤城、晓澳、浦口、琯头、敖江、东岱、东湖、丹阳、马鼻、透堡、官坂、黄岐、筱埕、苔菉、长龙、坑园镇,潘渡、蓼沿、下宫、安凯、江南、马祖乡,小沧畲族乡	31	243
罗源县	1187	凤山、鉴江、松山、起步、中房、飞竹镇,白塔、西兰、洪洋、碧里乡,霍口畲族乡	7	189
闽清县	1466	梅城、坂东、池园、梅溪、白樟、白中、塔庄、东桥、雄江、金沙、省璜镇,云龙、上莲、三溪、下祝、橘林乡	20	271
永泰县	2241	樟城、嵩口、梧桐、葛岭、城峰、清凉、长庆、同安、大洋镇,塘前、富泉、岭路、赤锡、洑口、盖洋、东洋、霞拔、盘谷、红星、白云、丹云乡	10	255
平潭县	371	潭城、苏澳、澳前、北厝、流水、平原、敖东镇,岚城、中楼、白青、南海、屿头、大练、东庠、芦洋乡	11	192

(市民政局区划地名处)

人　口

【概况】　2013年，全市总户数193.07万户（不含平潭，下同），总人口数623.66万人（含持证人口），较上年增加9.74万人，平均每户3.23人。其中，市区总户数64.77万户，总人口数194.76万人；七县（市）总户数128.3万户，总人口数428.91万人。60周岁以上老年人口99.79万人，占总人口16%，较上年多6.01万人。男女比例：男性320.71万人，占51.38%；女性302.96万人，占48.62%；男比女多17.75万人，比幅较上年略有缩小。其中，市区男性97.14万人，女性97.62万人，女比男多4838人；七县（市）男性223.56万人，女性205.34万人，男比女多18.22万人。

【自然变动】　全市出生人口11.09万人，较上年多3.42万人，人口出生率17.92‰，比上年的12.75‰高5.02‰。死亡人数2.38万人，较上年减少3142人，人口死亡率3.85‰，比上年的4.41‰低0.53‰。人口自然增长8.71万人，人口自然增长率14.07‰。市区出生人口2.47万人，人口出生率12.77‰，死亡人数6730人，人口死亡率3.48‰，人口自然增长1.79万人，人口自然增长率9.29‰。七县（市）出生人口86.22万人，人口出生率20.27‰，死亡人数1.71万人，人口死亡率4.02‰，人口自然增长6.91万人，人口自然增长率16.24‰。市区人口自然增长率较七县（市）低6.95‰。

【机械变动】　全市迁入人口12.69万人，迁出人口11.65万人，迁入多于迁出1.04万人，人口迁移增长率1.67‰。其中，市区迁入7.01万人，迁出6.11万人，迁入多于迁出8981人，人口迁移增长率4.64‰。七县（市）迁入5.67万人，迁出5.54万人，迁入多于迁出1344人，人口迁移增长率0.32‰。

（陈茂华）

国民经济和社会发展情况

【概况】　2013年，福州市实现地区生产总值4678.5亿元，比增11.5%，其中第一产业增加值402.26亿元，比增4.6%；第二产业增加值2133.6亿元，比增13.2%；第三产业增加值2142.63亿元，比增10.8%。第一产业增加值占地区生产总值的比重为8.6%，第二产业增加值比重45.6%，第三产业增加值比重45.8%。

全年居民消费价格比上年上涨2.6%，其中城市上涨2.7%，农村上涨2.4%；服务项目价格上涨2.9%，消费品价格上涨2.5%；食品价格上涨4.8%，非食品价格上涨1.5%，食品价格上涨是引起居民消费价格上涨的主导因素。工业生产者出厂价格比上年下降1.1%。

实现公共财政总收入（不含基金）689.12亿元，比增15.4%，其中地方公共财政收入453.97亿元，比增18.8%。

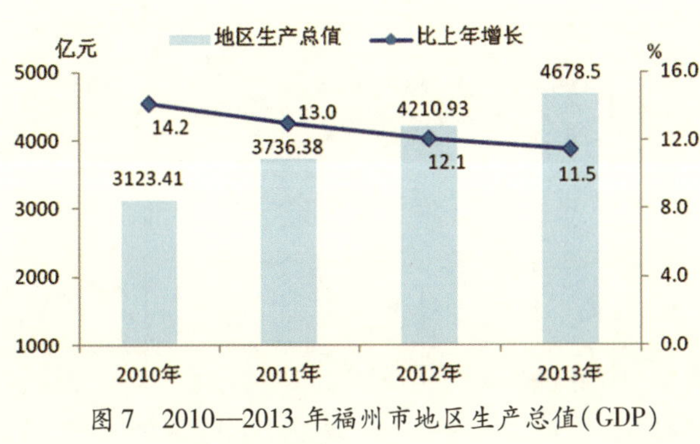

图7　2010—2013年福州市地区生产总值（GDP）及其增长速度

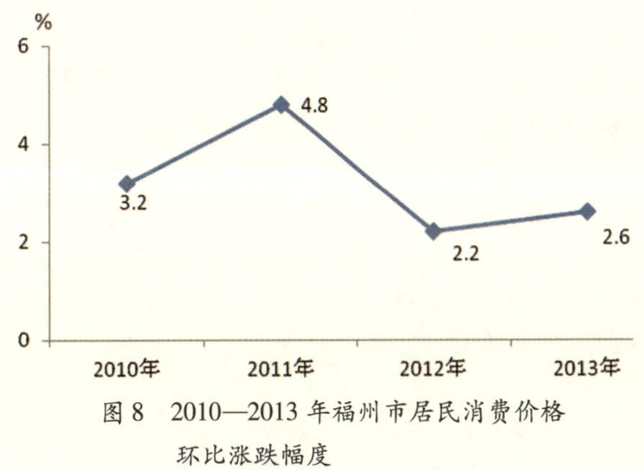

图8　2010—2013年福州市居民消费价格环比涨跌幅度

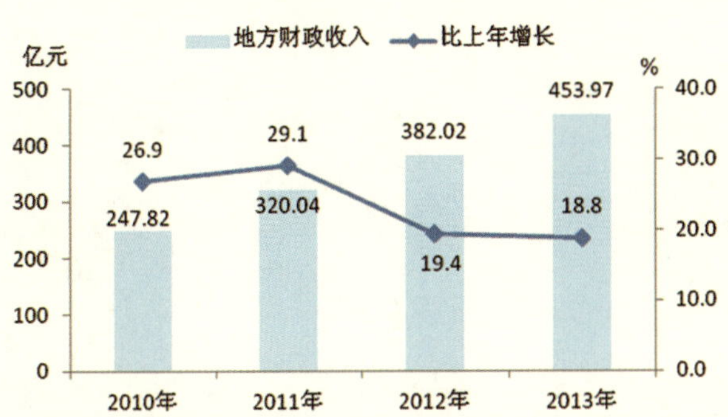

图9　2010—2013年福州市地方财政收入及其增长速度

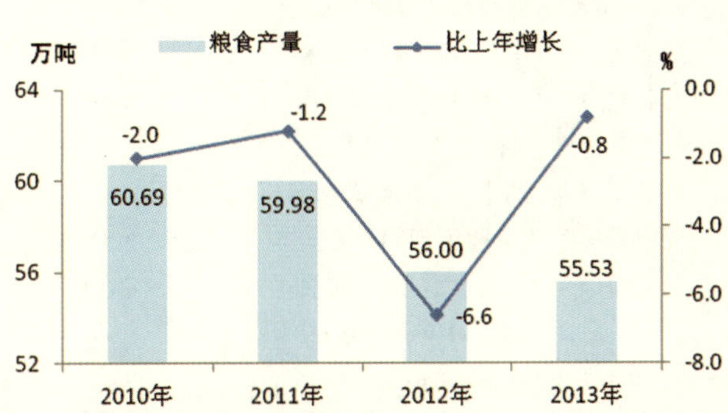

图10　2010—2013年福州市粮食产量及其增长速度

【农业】 实现农林牧渔业总产值682.75亿元,比增4.7%,其中农业产值176.16亿元,比增3.7%;林业产值18.85亿元,比增0.8%;牧业产值73.78亿元,比增2.1%;渔业产值392.97亿元,比增5.9%。粮食播种面积10.512万公顷,比降1.7%;粮食产量55.53万吨,同比减少0.8%。食用菌干鲜混合产量14.5万吨,比增10.8%;茶叶产量2.19万吨,比增12.3%;蔬菜瓜果产量323.67万吨,比增3.8%;水果产量45.46万吨,比增10.8%;肉蛋奶产量41.59万吨,比增0.3%;水产品产量207.7万吨,比增5.9%。

推进产业化、标准化生产,全市有市级农业产业化龙头企业231家,全年销售额573亿元。有国家级农业标准化示范区13个、省级农业标准化示范区17个、市级农业标准化示范区24个。有福建农业名牌54项,8项农产品获得国家地理标志登记保护。有效无公害农产品产地认定企业121家,新增45家;有效无公害农产品认证企业88家,新增29家,有效无公害产品128个,新增33个;有效使用绿色食品标志的企业46家,产品118个;有效使用中绿华夏有机认证(通过农业部中绿华夏有机食品认证中心认证)的企业1家,产品4个。有各类休闲农场143家,"农家乐"313家,总投资规模23亿元,带动就业8000人,全年接待游客600万人。全年认定现代农业技术创新基地22家,有57家现代农业技术创新基地;全年有12个农业项目获国家、省星火科技项目立项。

【工业、建筑业】 实现工业增加值1654.51亿元,比增13.2%。化学纤维制造业、非金属矿物制品业、电气机械和器材制造业、纺织业、黑色金属冶炼和压延加工业等主导行业保持较快增长。加大工业投资力度,推进工业转型升级,完成工业投资1036.78亿元,比增25.1%。

规模以上工业企业实现利润422.51亿元。规模以上工业十大行业增加值总量1178.33亿元,比增14.4%,其中纺织业比增18.6%,计算机、通信和其他电子设备制造业比增8.5%,皮革、毛皮、羽毛及其制品和制鞋业比增13.6%,电力、热力生产和供应业比增7.6%,黑色金属冶

表3 2013年福州市规模以上工业主要产品产量

产品名称	单位	绝对数	比上年增长(%)
发电量	亿千瓦时	431.47	2.8
#火电	亿千瓦时	354.49	8.7
水电	亿千瓦时	63.80	-22.8
食用植物油	万吨	19.58	19.9
纱	万吨	213.91	7.8
化学纤维	万吨	211.40	36.7
人造板	立方米	313011.00	3.4
皮革鞋靴	万双	14987.79	13.2
塑料制品	万吨	99.68	-5.2
水泥	万吨	847.89	24.1
花岗石板材	万平方米	12851.40	26.3
粗钢	万吨	682.45	10.3
钢材	万吨	865.67	17.2
铝材	万吨	52.03	23.8
汽车	万辆	13.92	10.0
显示器	万台	3330.18	11.5
打印机	万台	130.27	22.4

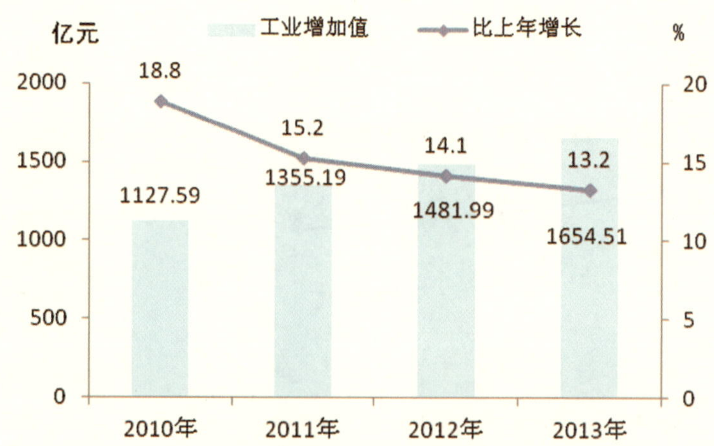

图11 2010—2013年福州市全部工业增加值及其增长速度

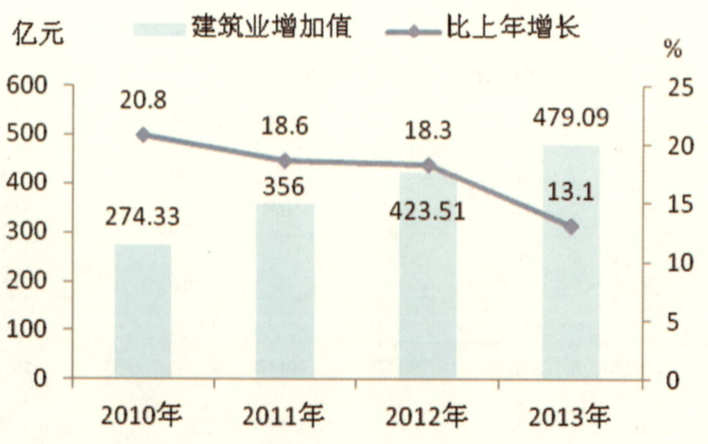

图12 2010—2013年福州市建筑业增加值及其增长速度

表4　2013 年福州市全社会固定资产投资情况

指　标	投资额(亿元)	比上年增长(%)
全社会固定资产投资	3869.84	18.5
按构成分		
农户	35.62	12.3
固定资产投资(不含农户)	3834.22	18.5
第一产业	40.66	-8.8
第二产业	1047.24	25.6
其中:工业	1036.78	25.1
第三产业	2746.32	16.5

表5　2013 年福州市分行业固定资产投资(不含农户)情况

行　业	投资额(亿元)	比上年增长(%)
总计	3834.22	18.5
农、林、牧、渔业	40.66	-8.8
采矿业	0.42	-44.2
制造业	762.99	28.0
电力、燃气及水的生产和供应业	273.37	17.7
建筑业	10.45	129.0
批发和零售业	104.52	52.6
交通运输、仓储和邮政业	415.85	8.4
住宿和餐饮业	40.91	-30.3
信息传输、软件和信息技术服务业	104.75	1.0
金融业	29.36	50.8
房地产业	1433.06	27.5
租赁和商务服务业	63.64	36.5
科学研究和技术服务业	15.45	116.0
水利、环境和公共设施管理业	307.16	-0.5
居民服务、修理和其他服务业	8.71	-34.6
教育	54.86	-15.4
卫生和社会工作	25.39	62.5
文化、体育和娱乐业	67.21	12.8
公共管理、社会保障和社会组织	75.45	-9.0
国际组织	—	—

炼和压延加工业比增17%,非金属矿物制品业比增23.3%,农副食品加工业比增9.6%,电气机械和器材制造业比增19.2%,化学纤维制造业比增26.4%,汽车制造业比增5.5%。

建筑业实现增加值479.09亿元,比增13.1%。

【固定资产投资】　实现固定资产投资3834.22亿元,比增18.5%。民间投资增长较快,拉动全市固定资产投资增长,在固定资产投资中占比提高。三次产业投资结构持续优化,第三产业投资占据主导位置。高新产业投资增势良好,促进产业结构转型升级。

推进重点项目建设,加快地铁1号线建设,推进地铁2号线前期工作,向莆铁路、福永高速公路建成通车,福平铁路动工建设,合福铁路福州段等铁路项目建设提速,加快沈海复线福州段、京台建闽高速福州段等高速公路项目建设,建成或部分建成螺洲大桥、通用航空产业基地、福清宏港纺织科技建设等项目,开工建设神华煤港电一体化、三坊七巷保护修复南街项目、巴陵石化等项目,推进罗源火电厂一期、福清中石油LNG接收站、申远化工可门己内酰胺等重点项目开展前期工作。

推进保障性安居工程,完成投资额97.87亿元,比增20.8%,全年在建面积85.66万平方米,竣工面积101.09万平方米。

【城乡建设】　市区面积1786平方公里,其中建成区面积248.12平方公里,比上年扩大8平方公里。年末城镇化率67.4%,比上年提高1.2个百分点。城乡路网进一步完善,城市道路总长度1180.8公里,道路面积2590.82万平方米;全年新建、改造农村公路255公里,完成1558公里农村公路安保工程建设,新增更新农村客车120辆,建制村通客车率97.1%。年内福州市获批成为国家公交都市建设示范工程试点城市,全年新增更新公交车779辆,新辟公交线路25条,优化公交线路46条,全市有公交线路318条、公交车4310辆,全年公交车客运总量72710万人次;新投入使用出租车378辆,有各类出租车6682辆。有自来水厂30座,综合生产能力252.14万吨/日,全年供水总量48448.21万吨,其中生活用水19476.67万吨。全年液化气供气总量8.29万吨,其中家庭用气4.87万吨;天然气供气总量32894.75万立方米,其中家庭用气10599.5万立方米,城市用气普及率98.6%。全社会用电量337.57亿千瓦时,比增10.6%,其中居民用电70.19亿千瓦时,比增7.7%;工业用电198.51亿千瓦时,比增10.9%。建成区新增绿地面积829公顷,建成区绿地面积9750公顷,绿地率39.2%,比上年提高2.05个百分点;建成区绿化覆盖面积10594公顷,绿化覆

表 6　**2013 年福州市房地产开发和销售主要指标完成情况**

指　标	绝对数	比上年增长(%)
投资完成额	1264.79 亿元	30.1
其中:住宅	865.41 亿元	37.7
房屋施工面积	6871.04 万平方米	20.4
其中:住宅	4961.57 万平方米	16.0
商品房销售面积	1256.49 万平方米	49.3
其中:住宅	1105.48 万平方米	50.6

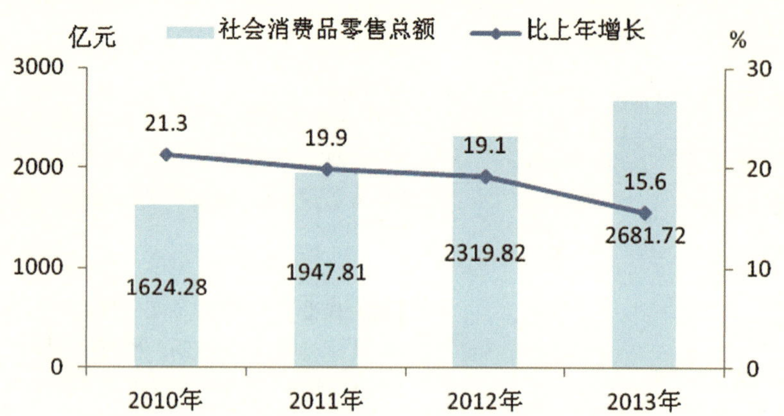

图 13　2010—2013 年福州市社会消费品零售总额及其增长速度

盖率 42.7%,比上年提高 2.1 个百分点。年内建设、提升东江滨、国光、金鸡山等公园,推进飞凤山公园等公园建设前期工作,全年建成城市公园 11 座,新增公园绿地面积 410 公顷,城区有公园 74 座,公园绿地面积 2954 公顷,人均公园绿地面积 12.8 平方米,比上年增加 1.5 平方米。

【贸易】　实现社会消费品零售总额 2681.72 亿元,比增 15.6%。乡村市场商品零售额增幅超过城镇市场。限额以上企业商品零售额增长,食品饮料烟酒类、日用品类等基本生活消费品保持较快增长,通讯、家装、健康保健、金银收藏等相关热点商品消费快速增长。全年新建和改造农家店 50 家、社区便利店 100 家,升级改造城乡农贸市场(含农改超) 29 个。全市有大中型专业批发市场 52 个,总面积 213.69 万平方米;连锁经营企业 170 家,连锁网点 3300 个。

年内福州市获第十二届中国会展业金海豚大奖和 2012—2013 年度中国品牌会展城市称号,成为中国会展城市联盟首批成员。全市有会展场馆 2 个,场馆面积 8.45 万平方米。举办各类展会 86 场,其中全国性展会 12 场,分别比上年增加 10 场、5 场,全年展览面积 89.05 万平方米,比增 20.6%。举办第十五届海峡两岸经贸交易会暨第十届中国福建商品交易会、2013 海峡(福州)渔业周暨第八届海峡(福州)渔业博览会、第二十一届福州国际汽车展览会、第三届中国(福州)家具建材装饰品博览会等展会。

【旅游】　开展马尾船政文化建设年主题活动。完成编制并推动实施《福州市"中国温泉之都"发展建设总体规划》。推出闽江游新产品,白马河旅游首段游船航线正式运营。全市有 A 级以上景区 26 家,其中 AAAA 级旅游景区 9 家。接待境内外游客(含一日游)3536.67 万人次,比增 17.1%,其中境外游客 90.5 万人次,国内游客 3446.17 万人次;实现旅游总收入 403.17 亿元、比增 16.8%,旅游外汇收入 12.88 亿美元、比增 16.2%。全市有星级宾馆饭店 62 家,客房 10995 间。经福州口岸赴台旅游 48982 人次,比增 18.6%。

【对外经济】　新批合同外资项目 135 项,新批合同外资金额 20.57 亿美元,比降 0.03%;实际利用外资(按验资口径) 14.31 亿美元,比增 6.9%。完成进出口总额 314.29 亿美元,比增 11.9%,其中进口总额 120.92 亿美元,比增 21.1%;出口总额 193.37 亿美元,比增 6.8%,产品主要出口美国、欧盟、东盟、日本、荷兰等国家和地区。实现对台贸易额 20.56 亿元,比增 7.9%,其中进口 15.49 亿元,比增 8.4%;出口 5.07 亿元,比增 6.4%。

新批境外投资项目 39 项,新批境外协议投资总额 3.51 亿美元,比增 2.8%,其中中方协议投资额 3.24 亿美元,比增 31.4%。对外劳务合作完成营业额 4786.75 万美元,比增 35.9%,有劳务合作在外人员 6422 人,比增 50.3%。

【交通】　新增高速公路里程 67.44 公里,福永高速公路通车标志福州实现"县县通高速";新增高速铁路里程 117 公里,向莆铁路开通缩短闽赣两省城市间来往时间;航线覆盖点增多,新开辟福州—南昌—重庆、福州—暹粒、福州—深圳—曼谷等 20 条航线。境内公路总里程 10948.67 公里,其中高速公路总里程 488.14 公里;高速铁路总里程 274.9 公里;福州港生产性泊位 131 个,其中万吨级以上泊位 45 个;福州空港国内航线(含港澳台)69 条、国际航线 8 条。货物运量中,公路货运量 12234.06 万吨,比增 14.6%;水路货运量 7294.5 万吨,比增 11.8%;民航货邮吞吐量 11.02 万吨,比增 13.7%,其中货邮出港量 6.5 万吨,比增 14.4%。旅客运量中,公路客运量 18531.21 万人次,比增 0.7%;水路客运量 100.32 万人次,比增 0.9%;民航旅客吞吐量 892.59 万人次,比增 13.7%,其中旅客出港量 458.9 万人次,比增 13.9%。港口货物吞吐量 10504.87 万吨,比增 12.1%,其中外贸货物吞吐量 4859.77 万吨,比增 17.9%;集装箱吞吐量 197.79 万标箱,比增 8.4%。对台客运直航进出旅客 14.44 万人次,比增 4.1%;对台直航集装箱吞吐量 33.27 万标箱,比增 6.1%;榕台空中直航旅客吞吐量 30.18 万人次、比降 4%,货邮吞吐量0.66万吨、比增22.8%。

【邮电】 完成邮政业务总量5.65亿元，比增6.95%，实现邮政业务收入7.18亿元，比增13%；完成电信业务总量108.9亿元，比增7.9%，实现电信业务收入106.9亿元，比增7.2%。全市有邮政局（所）232处；固定电话交换机容量300.37万门，比上年末减少26.88万门；移动电话交换机容量635.6万门，与上年持平；固定电话用户213.9万户，比上年末增加7.1万户；移动电话用户901.5万户，比上年末增加67.2万户，其中3G电话用户294.6万户，比上年末增加108.2万户；互联网宽带接入用户197.1万户，比上年末增加26.2万户。

【金融、证券和保险】 全市有金融机构（不含保险和证券机构）54家，比上年末增加8家，其中银行业存款类金融机构41家，银行业非存款类金融机构1家，其他金融机构12家；各类金融机构营业网点1354个，比上年末增加62个；有3家外资金融机构在福州市设立分行。全市金融机构存款余额（本外币，下同）8950.14亿元，比上年末增长13.2%，其中储蓄存款余额3296.65亿元，比增9.5%；单位存款余额4715.49亿元，比增12.5%。全市金融机构贷款余额8159.89亿元，比增15.7%，其中短期贷款余额2652.03亿元，比增12.4%；中长期贷款余额5292.49亿元，比增17.1%。

有境内上市公司29家，总市值3655.24亿元，比增10.9%；有证券公司2家，证券营业部87家，股民资金开户总数172.85万户，其中全年新开户数16.17万户，全年股票、基金交易额17029.65亿元，比增44.6%；有期货公司3家，期货营业部25个，全年期货交易额38797.96亿元，比增41.5%。

有各类保险营业网点395个，外资保险机构在福州市设立9家分公司和2个代表处。全年保险业务保费收入147.22亿元，比增15.3%，其中财产险保费收入54.83亿元，比增17.3%；人身险保费收入92.39亿元，比增14.1%。保险业务赔付支出50.67亿元，比增20.3%，其中财产险赔付支出29.05亿元，比增14.6%；人身险赔付支出21.62亿元，比增28.7%。

【教育】 新建和改扩建中小学35所、公办幼儿园45所；拆除重建、加固改造校舍21万平方米，创建“义务教育标准化学校”2所，扩容中小学学位1.03万个。全市有高等学校32所，研究生教育专任教师1.07万人，在校研究生1.95万人，学年初招生数0.65万人；高等教育专任老师1.92万人，在校生31.83万人，学年初招生数9.65万人。有中等职业技术学校56所，专任教师0.47万人，在校生16.63万人，学年初招生4万人。有高中94所，专任教师0.84万人，在校生10.5万人，学年初招生3.34万人。有初中268所，专任教师1.59万人，在校生19.31万人，学年初招生6.58万人。有小学905所，专任教师2.54万人，在校生46.92万人，学年初招生8.87万人。有幼儿园1204所，专任教师1.29万人，在校生25.39万人，学年初招生10.45万人。有民办小学18所，民办普通中学39所，民办职业中学12所，民办高等学校12所，民办高校在校生8.1万人。

【文化】 实现文化产业增加值287.27亿元，比增26%。举办首届福州话大赛、第五届少儿故事大王比赛和第七届合唱艺术周等群众文化赛事。“新福州人歌手大赛”获第十届中国艺术节项目类“群星奖”；福州小茉莉合唱团获第五届中国少年儿童合唱节“小百灵奖”及第十届中国艺术节合唱类“群星奖”等奖项；福州九日台音乐厅爱乐合唱团获第十二届中国合唱节金奖；闽剧《红裙记》入围国家舞台艺术精品工程；闽剧《林则徐复出》获第八届全国戏剧文化奖优秀剧目调演金奖；舞蹈《同桌的你》获第十届全国舞蹈比赛优秀表演奖；“激情广场大家唱”入围创建国家公共文化服务体系示范项目；“两马同春闹元宵”等2项活动入选文化部春节文化特色地区项目。推进历史文化名城保护，启动朱紫坊、上下杭、烟台山等历史文化街区（风貌区）保护修复工程。健全公共文化服务网络，全市有文化馆12个、群艺馆1个、艺术表演团体9个，艺术表演团体演出2402场次；电影院28个，剧场、剧院3个；博物馆、纪念馆15个，收藏文物3.25万件；公共图书馆13个，总藏书239.31万册，图书流动点247个；乡镇综合文化站172个，农家书屋2195个。有市级广播电台1座，自办广播节目11套；电视台1座，自办电视节目6套。年末广播综合人口覆盖率98.3%，电视综合人口覆盖率99.1%，行政村有线电视联网率83.7%。有线电视用户176.16万户，比增1.4%，有线电视入户率92.3%；数字电视用户82.04万户，比增42.1%，数字电视入户率43%。

【科技】 全市有高新技术企业346家，行业技术创新中心41家；有国家创新型试点企业4家，国家创新型企业3家，省级创新型（试点）企业122家；实施星火计划项目80项，其中国家级3项；火炬计划项目57项，其中国家级6项；4项科技成果获得市科学技术进步奖一等奖、14项成果获二等奖、42项成果获三等奖；登记各类技术合同2010项，技术合同成交金额12.12亿元。实现高新技术产业增加值789.46亿元，比增25%。

【卫生】 成立全省首个医疗联合体，推广建设社区“中医馆”和“健康小屋”，扩大公立医院对口支援社区卫生服务中心覆盖面，启动新一轮基层医疗卫生机构设备更新，为全市基层医疗卫生机构配置六大件基本诊疗设备。有卫生机构1959家，其中医院107家，比上年末分别增加9家、4家；卫生机构床位31175张，比增9%，其中医院床位24926张，比增10.3%；专业卫生技术人员46466人，比增9.6%，其中执业（助理）医师16880人、比增4.6%，注册护士18652人、比增6.5%。有社区卫生服务中心49个，卫生技术人员1529人；社区卫生服务站144个，卫生技术人员1053人；乡镇卫生院123个，卫生技术人员4909人。年末新型农村合作医疗参加人数332.19万人，参合率99.98%。

【体育】 举办2013年环福州·永泰国际公路自行车赛、2013年全国击剑冠军赛、2013年国际排联世界沙滩排球巡回赛“融侨杯”福州公开赛等大型体育赛事活动，在十二届全运会上福州籍运动员取得7枚金牌、10枚银牌、10枚铜牌。举办2013年全国群众登山健身大会暨福建·福州第七届海峡两岸10万人登山活动、2013中华龙舟大赛(福建·福州站)、第五届海峡论坛·海峡两岸门球公开赛、福州市首届全民健身运动会等群众体育活动。有体育场馆469个,体育场馆面积342.35万平方米;全民健身路径3752条,比上年增加367条。全年举行县级以上群众性体育竞赛活动235项。

【民生保障】 城镇居民人均可支配收入32265元,比增9.8%;农村居民人均纯收入12910元,比增12.3%;农村居民收入增速连续3年快于城镇居民。居民消费价格总水平上涨2.6%。

居民社会养老保险实现城乡一体化,养老、失业保险实现同城同待遇,在全省率先建立城镇居民大病保险制度,加大对困难群体医疗救助力度。企业退休人员养老金、城乡居民基础养老金、城镇居民医保财政补助标准等进一步提高。社会养老保险参保人数399.19万人,其中城镇企业职工基本养老保险参保人数141.78万人,城乡居民养老保险参保人数207.09万人,被征地农民养老保障参保人数31.48万人,机关事业单位养老保险参保人数18.84万人。城镇基本医疗保险参保人数261.72万人,其中城镇职工基本医疗保险参保人数125.71万人,城镇居民基本医疗保险参保人数136.01万人。失业保险参保人数109.02万人,领取失业保险金人数4215人。生育保险参保人数108.09万人;工伤保险参保人数120.98万人。全年保障城市低保对象9226户、16517人,发放城市低保金7377.07万元;保障农村低保对象40180户、76173人,发放农村低保金19792.17万元;保障农村五保对象7862人,发放农村五保金4940.25万元。全年新增建设保障性安居工程28828套,开工率103.7%,基本建成18549套。

城镇新增就业14.62万人,失业人员再就业8778人,就业困难人员再就业4352人,转移农业富余劳动力5.48万人,年末城镇登记失业率2.42%。全市经工商注册登记的个体工商户17.56万户,比增11.1%,从业人员36.86万人,比增14.7%;城镇个体私营从业人员94.3万人,比增10%。

【生态环保】 4个县(市)区通过国家级生态县(市)区评估,6个县(市)区获省级生态县(市)区命名,累计完成89个国家级、125个省级生态乡镇和1873个市级生态村创建。全年植树造林总面积2.76万公顷,森林覆盖率55.3%,比上年提高0.31个百分点。城市空气质量优良率94%,综合指数排名持续居全国大中城市前列。区域环境噪声57.4分贝,交通噪声69.2分贝,均优于国家规定标准。重点流域水质总体保持良好,闽江(福州段)干流水质功能区达标率97.9%,敖江(福州段)干流水质功能区达标率100%,龙江流域水质功能区达标率91.7%,6个市级饮用水水源地水质达标率100%,县级以上饮用水水源地水质达标率99.5%。工业固体废物综合处置利用率97.9%,危险废物全部实现无害化处理。化学需氧量、二氧化硫、氨氮、氮氧化物排放量分别比上年减少1.82%、1.33%、2.51%和8.9%。全市垃圾无害化处理率99.85%,污水处理率89.66%。福州闽江河口湿地获评"中国十大魅力湿地"。全市有自然保护区10个,其中国家级2个,年末自然保护区面积648.35平方公里。

【安全生产】 全市发生生产经营性安全事故384起,比降23.8%;死亡171人,比降0.6%;受伤331人,比降33.1%;直接经济损失299.2万元。全年发生生产经营性火灾事故892起,比上年减少9起,死亡1人,直接经济损失1720万元。

注:1."国民经济和社会发展"分目(下同)所列数据均为初步统计数,部分合计数或相对数由于单位取舍不同而产生计算误差,均不做机械调整;2. 地区生产总值、增加值、工业增加值、建筑业增加值和农林牧渔业总产值按现价计算,增长速度按可比价格计算;3. 未包括马祖列岛。

(沈晓琴)

机构及负责人

中共福州市委员会领导班子名单

书　记:杨　岳
副书记:杨益民
　　　　周　宏
常　委:骆安生
　　　　陈元邦
　　　　徐启源
　　　　陈大强
　　　　陈为民
　　　　何静彦
　　　　吴贤德
　　　　洪　波
　　　　黄忠勇
秘书长:徐启源
副秘书长:刘卓群
　　　　吴晓杰
　　　　黄诗杨
　　　　张源生(挂职)
　　　　吴建铭(援藏)

福州市人大常委会领导班子名单

主　任:周振华
副主任:陈　奇
　　　　鄢　萍
　　　　柯有民
　　　　徐诗文
　　　　陈建平
　　　　林厚新
副秘书长:赵宝昌
　　　　张修强
　　　　潞　江
　　　　林　锋(兼)

福州市人民政府领导班子名单

市　长:杨益民
副市长:陈大强(常务)
　　　　吴贤德
　　　　徐凡新
　　　　严可仕
　　　　陈　晔
　　　　林瑞良
秘书长:瞿理明
副秘书长:朱汉民

王国华
陈希治(兼)
胡孝辉
林汉隽
江　海(兼)
李月健(兼)
刘晓强(兼)
罗蜀榕
朱训志
游通铃
王振松
陈宗胜
姚汉丰(挂职)

福州市政协领导班子名单

主　席:方清海
副主席:雷成才
范美先
郑建闽
林治良
张献勇
林　雄
王长鹰
郑新清
林绍彬
副秘书长:陈向上
江立强
林　敦

福州市中级人民法院

院　长:许先丛
副院长:黄贤光
林智明
欧阳春
施　平
林志雄

福州市人民检察院

检察长:叶燕培
副检察长:杨玉勋
王　矗
顾　颀
董良馨
盖宣闽
张　捷

中共福州市委机构及负责人名单

市纪律检查委员会
(与市监察局合署办公)
书　记:骆安生
副书记:陈　旭
连世潮
张秀榕
常　委:林子波
鄢　荣
黄建新
肖敦颖
苏　建
秘书长:黄建新

市委办公厅(市委政策研究室,市委、市政府接待办公室,机要局,保密局)
主　任:刘卓群
副主任:朱秀兰
游　昕
叶　谊
高明保
政策研究室
副主任:戴清泉
接待办
主　任:刘晓强
副主任:丁如丹
机要局
局　长:朱秀兰
保密局
副局长:王贤伟

市委组织部(市委非公有制企业工作委员会挂靠市委组织部)
部　长:陈元邦
副部长:柳　欣
陈涌华
王玉琴(兼)
郭荣贵
陈荣生
市委非公有制企业工委
书　记:郭荣贵

市委宣传部
部　长:何静彦
副部长:王　征(常务)
高起平(常务)
余作尧
鲍　闽
陈忠霖
张学勇
陈　惠

市委统一战线工作部
部　长:黄忠勇
副部长:刘少华
张性魁
莫雪平
程　辉

市委政法委员会(市社会管理综合治理委员会办公室)
书　记:陈为民
副书记:徐凡新(兼)
齐家麒
陈钦华
许铭忠
唐新文
秘书长:丁　萍
综治办
主　任:许铭忠
副主任:余永佛(援疆)
陈　长

市委台湾工作办公室
(市政府台湾事务办公室)
主　任:郑建平
副主任:郭　云
许春保

市委机构编制委员会办公室
(市政府机构编制办公室)
主　任:邱幸青
副主任:高　颐
唐文贵

市委市直机关工作委员会
书　记:周　宏(兼)
常务副书记:王　聪
副书记:陈一飞
林　敏

市委教育工作委员会
副书记:郑　勇
翁桂香(常务)
唐　希

市委老干部局
局　长:王玉琴
副局长:倪为民
高锦利

市委精神文明建设办公室(市精神文明建设指导委员会办公室)
主　任:张学勇
副主任:曾　玉
林家枢

市委信访局(市政府信访局)

局　长:陈宗胜
副局长:陈吕南
　　　郭汉平

市委农村工作领导小组办公室
(市政府农村工作办公室)

主　任:姜卫平
副主任:郭宜超
　　　黄礼滨
　　　黄欣祥(兼)
　　　丁中文(科技副主任)

市机关效能建设领导小组办公室

主　任:瞿理明(兼)
副主任:林子波(常务)(兼)
　　　陈武光
　　　伍南腾

福州市人大常委会机构及负责人名单

市人大常委会法制委员会

主　委:陈公文
副主委:张　诚

市人大常委会办公厅

主　任:赵宝昌
副主任:吴　菁
　　　许海霖

市人大常委会研究室

副主任:丘志强

市人大常委会人事代表工作室

主　任:吕　英

市人大常委会法制工作委员会

主　任:张　诚
副主任:余则连

市人大常委会内务司法工作委员会

主　任:梁文仪
副主任:叶　勇

市人大常委会财政经济工作委员会

主　任:王培德
副主任:唐庆机
　　　张　航

市人大常委会城建环境工作委员会

副主任:程爱国

市人大常委会华侨(台胞)工作委员会

主　任:陈　巍(兼)
副主任:李支西
　　　王询斌

市人大常委会农村经济工作委员会

主　任:陈家炎(兼)
副主任:陈信平
　　　杨健浩

市人大常委会教科文卫工作委员会

主　任:吴三八
副主任:官君璧

福州市人民政府机构及负责人名单

市政府办公厅(挂市海防委员会办公室、市爱国卫生运动委员会办公室、市双拥工作领导小组办公室牌子)

主　任:朱汉民
副主任:林　雯
　　　郭春曦
　　　高　宇

海防办

主　任:朱汉民(兼)
副主任:李光宝
　　　陈　明

爱卫办

主　任:朱汉民(兼)
副主任:林　怡

双拥办

主　任:陈希治
副主任:洪小榕
　　　王建荣
　　　陆炳成

市发展和改革委员会

主　任:陈继鹏
副主任:李占卫
　　　林万震
　　　梁文心
　　　王韶红
　　　林开华
　　　林鲤晟

市经济委员会

主　任:张大斌
副主任:陈　彪
　　　牛建春
　　　林端雄
　　　王国晓
　　　吴银恕
　　　翁云疆

市城乡建设委员会

主　任:李月健
副主任:陈　路
　　　林京洪
　　　黄霄辉
　　　郑　鸿
　　　吴正颜
总工程师:林宝钧

市交通运输委员会

主　任:左美俊
副主任:施向文
　　　林昌达
　　　刘起宏
　　　许　潮
　　　钟闻华(挂职)
　　　陈志武
　　　王文胜(兼)

市投资促进局
(挂市金融工作办公室牌子)

局　长:江　海
副局长:王熙云
　　　曾秋玲
　　　魏明蒂

市教育局
(与市教育工作委员会合署办公)

局　长:郑　勇
副局长:翁桂香
　　　严　星
　　　陈　红
　　　黄　林
　　　陈　亮

市科学技术局

局　长:林治良
副局长:郑寿平
　　　林　伟
　　　王建忠
　　　薛　博

市民族与宗教事务局

局　长:林阿善
副局长:杨国富
　　　饶春贵

市公安局

局　长:徐凡新
副局长:林　祥
　　　张　鸿
　　　郑雷声
　　　冯　明
　　　黄作璋
　　　陈红卫

打私办

副主任:罗　锋

市监察局

局　长:连世潮

副局长:肖永健
程良琛
兰鸣伟

市民政局(挂市革命老根据地建设办公室牌子)

局　长:张维船
副局长:尤典真
林文铨
庄　严
颜培林
吴　越

市司法局

局　长:俞建春
副局长:林　松
方振荣
柯家欣
王信标

市财政局

局　长:林恒增
副局长:林贞华
李小荣
韩芝玲
蒋爱玉
陈龙建(挂职)
金晖辉

市人力资源和社会保障局

局　长:卢　林
副局长:林　中(兼)
孙鲁闽
秦　健
袁苏欣
熊玉平
高远忠

市公务员局

局　长:林　中
副局长:黄　震
龚家飒
冯　音

市国土资源局

局　长:郑建闽
副局长:彭永麒
李　仲
聂晓梅
郑　鸿(挂职)
总规划师:张　武

市环境保护局

局　长:纪建平
副局长:任义文
赵炳荣
汪家升
彭守虎(挂职)
总工程师:许爱琼

市城乡规划局

局　长:陈　勇
副局长:黄宇清
林　强
刘秋江(挂职)
张　帆(科技副局长)
总工程师:彭　冲
总规划师:吴建青

市住房保障和房产管理局

局　长:李　凡
副局长:兰仰金
张海舟
高学良

市市容管理局

(挂市城市综合执法局牌子)

局　长:林　辉
副局长:郑保胜
李伟贤
江玉坤
金德荣

市安全生产监督管理局

(挂市安全生产委员会办公室牌子)

局　长:陈仁德
副局长:林　晞
总工程师:叶　军

市农业局

局　长:吴建成
副局长:石允淦
聂德毅
陈文辉
黄　菁
朱育菁(在榕高校服务团)
魏秀惠(科技副局长)
汤　浩(科技副局长)

市林业局

局　长:蔡劲松
副局长:张顺恒
冯　平
廖胜彪
范国成(科技副局长)

市水利局

局　长:黄文希
副局长:陈谋祥
陈济斌
巫贤成
总工程师:林　凯

市海洋与渔业局

局　长:林心銮
副局长:陈珍光
陈　钰
陈佳丁

市商贸服务业局(挂市食品安全工作办公室、市支前办公室牌子)

局　长:蔡福勇
副局长:叶　震
陈燕敦
陈　源
沈鹭滨
吴翔天
杨　辉

支前办

主　任:蔡福勇(兼)
副主任:樊新江

市粮食局

局　长:赵时可
副局长:陈春恩
陈　颖
周　岚

市对外贸易经济合作局

(挂市政府口岸工作办公室牌子)

局　长:范建敏
副局长:杨　光
潘　啸
林　周
陈镜清
严周文
梁　勇

口岸办

副主任:黄　瑾

市文化新闻出版局

(挂市文物局、市版权局牌子)

局　长:杨　凡
副局长:黄修钗
卢　玲
胡　南
陈思源

市广播电影电视局

局　长:陈　燕
副局长:赵　洵

陈炳荣

市卫生局

局　长:郑道新

副局长:于　萍

缪　伟

吴锦忠(在榕高校服务团)

杨晓煜

市人口和计划生育委员会

副主任:黄　升

郑维忠

刘惠珍

市体育局

局　长:黄其钦

副局长:陈光华

高慧萍

刘　丹

黄　毅

市审计局

局　长:林良云

副局长:郑子平

郑生明

刘小红

总审计师:翁国荣

市统计局

局　长:郑新清

副局长:王金聚

朱　政

金昌勇

彭锦华(挂职)

总统计师:曹寿全

市旅游局

局　长:潘　威

副局长:李春茂

林小玲

陈贵松(在榕高校服务团)

沈岳阳

市机关事务管理局

局　长:刘晓强

副局长:刘延梅

吴光俊

林春贵

总会计师:赵善才

市政府外事侨务办公室

(挂市政府港澳事务办公室牌子)

主　任:游晓东

副主任:郑建榕

张　萍

马亚明

张素燕

市人民防空办公室(挂市民防局牌子)

主　任:吴　强

副主任:张景颂

郑清辉

市国有资产监督管理委员会

主　任:连国平

副主任:蔡立福

林敬金

谢建明

王　刚

市政府法制办公室

主　任:赵彦邦

市物价局

局　长:李占卫

副局长:黄敬池

连建华

市政府驻北京联络处

主　任:郭建国

副主任:陈晓晖

洪　斌

林鲤晟(兼)

市政府驻上海办事处

主　任:林　麟

市政府驻深圳(广州)办事处

主　任:林发希

福州市政治协商委员会机构及负责人名单

市政协办公厅

主　任:陈向上

市政协调查研究室

主　任:曹　波

副主任:陈小刚

市政协提案委员会

主　任:余　松

副主任:官　兵

市政协经济建设委员会

主　任:邱连生

副主任:吴震诚

刘若兰

袁诚勇

市政协教科文卫体委员会

主　任:汪芷江

副主任:林忠武

市政协港澳台侨和外事委员会

主　任:李肖琴

副主任:陈小凡

吴瑞成

市政协社会和法制委员会

主　任:高孔霖

副主任:胡慧玲

市政协民族和宗教委员会

主　任:石　亮

副主任:邱孝魁

市政协文史资料和学习宣传委员会

主　任:郑新俊

副主任:刘德洪

市政协人口资源环境委员会

主　任:张丰年

副主任:王荔仙

民主党派与工商联机构及负责人名单

民革福州市委会

主　　委:夏先鹏

专职副主委:蔡恩典

民盟福州市委会

主　　委:林治良

专职副主委:刘福莲

江瑞平

农工党福州市委会

主　委:郑新清

民建福州市委会

主　　委:王宗华

专职副主委:倪　真

致公党福州市委会

主　　委:鄢　萍

专职副主委:陈京香

台盟福州市委会

主　委:郑建闽

副主委:甘海疆

九三学社福州市委会

主　　委:林绍彬

专职副主委:吴　茗

民进福州市委会

主　委:陈　奇

副主委:李松铨

福州市工商业联合会

主　席:雷成才

副主席:张性魁

张翠芳

张　强

林　升

福州市社会团体机构及负责人名单

福州市总工会
主　席：陈元邦
副主席：郑湘国
　　　　金　纶
　　　　张　薇
共青团福州市委员会
书　记：郑立敏
副书记：林　巍
　　　　谢志成
　　　　陈　忠
福州市妇女联合会
主　席：孙晓岚
副主席：崔兆英
　　　　陈小玲
　　　　娄月琴
福州市科学技术协会
主　席：付贤智
副主席：刘晓明
　　　　杨信增
　　　　陈　华
福州市文学艺术界联合会
主　席：徐　杰
副主席：米　伟
　　　　武夏红
福州市归国华侨联合会
主　席：蓝桂兰
副主席：付小苑
　　　　余岸明
　　　　林良明
福州市社会科学界联合会
主　席：林　山
副主席：陈由岖
　　　　贺晓军
福州市台湾同胞联谊会
会　长：甘海疆
副会长：林鸿榕
中国国际贸易促进委员会福州市支会（中国国际商会福州商会）
会　长：潘邦瑞
副会长：吴毓青
　　　　陈晓玲
　　　　林连华
福州市人民对外友好协会
会　长：杨　岳（兼）
副会长：郑建榕
福州市残疾人联合会
理 事 长：庞　跃
副理事长：邱松青
　　　　　叶　青
　　　　　徐世元
福州市计划生育协会
副会长：黄　升（常务）
　　　　王　锋
福州市红十字会
会　长：严可仕（兼）
副会长：胡晓强（常务）
　　　　胡树林
　　　　胡经民
福州市中华职业教育社
主　　任：陈今明
专职副主任：陈美华
福州市法学会
会　长：陈为民（兼）
专职副会长兼秘书长：吴　钢

福州市直属副处级以上事业单位

中共福州市委党校（市行政学院、市社会主义学院）
市委党校（市行政学院）
校（院）长：陈元邦
副校（院）长：陈志昇（常务）
　　　　　　游伯笙
　　　　　　林秀玲
　　　　　　唐为民
市社会主义学院
院　长：陈志昇
副院长：刘少华
　　　　游伯笙
　　　　林秀玲
　　　　唐为民
中共福州市委党史研究室
主　任：阮文光
副主任：张和琛
福州市档案局（馆）
局　长：李运启
副局长：蔡光荣
　　　　宋美榕
福州市社会科学院
党组书记：余作尧
副 院 长：张兰英
福州日报社
社　长：鲍　闽
副社长：黄秀泉
　　　　叶向荣
中共福州市委干部理论教育讲师团
团　长：王春生
福州市农业科学研究所
所　长：郭建铭
福州市蔬菜科学研究所
所　长：陈文辉
福州市事业单位登记管理局
局　长：林仁健
福州市人民政府发展研究中心
主　任：郑　立
副主任：孙占秋
　　　　林高星
福州市地方志编纂委员会
主　任：张　硕
副主任：王小珍
　　　　刘必霖（援藏）
福州市地震局
局　长：黄春鹏
副局长：戴　黎
福州市仲裁委员会
主　任：薛海玲
秘书处副秘书长：黄尚斌
福州市行政服务中心
主　任：朱训志
副主任：伍南腾（兼）
福州市土地发展中心（市地产开发总公司）
主　任：谢　侹
副主任：陈韩德
　　　　刘　锋
福州市国有房产管理中心
主　任：曾国俊
副主任：陈永辉
　　　　肖贤荣
福州市住宅发展中心
主　任：张志强
福州住房公积金管理中心
主　任：林　锋
副主任：刘心欣
　　　　蔡　颖
　　　　郑宗沐
福州市房屋登记中心
主　任：陈　津
副主任：陈明辉
　　　　邓世清

林礼岑

福州市供销合作社联合社

主　任:俞昌林

副主任:林洪锦

周志坚

黄家禄

福州市园林局

局　长:孙　利

副局长:刘用斌

杨　晓

陈锵艳

陈志光

总工程师:杨　晓

福州市三坊七巷管理委员会

主　任:杭　东(兼)

副主任:杨　勇(常务)

叶子文

盖文玲

林金其

凌　敏

福州市"数字福州"建设领导小组办公室

主　任:朱汉民

闽江学院

党委书记:王新民

党委副书记:陈　曦

刘元芳

纪委书记:詹　林

副 院 长:赵麟斌

金德凌

陈伙金

狄俊安

福州职业技术学院

党 委 书 记:陈承茂

党委副书记、院长:林承超

党委副书记:林福荣

副　院　长:金昌余

刘松林

詹碧卿

纪 委 书 记:沈锦华

福州教育学院

院　长:郑　勇(兼)

党委书记:许荔萌

党委副书记、纪委书记:陈　新

党委副书记:陈保力

副 院 长:张昌勋

程季平

黄耀荣

福州市知识产权局

局　长:何朝晖

福州市第一技工学校

(省机械工业技术学校)

校　长:张美青

副校长:母安明

刘伟诚

余　丰

陈学祥

福州市第二高级技工学校

(无)

福州市民用建筑统建办公室

主　任:张志强

副主任:林国良

福州市规划设计研究院

院　长:高学珑

福州市政工程管理处

主　任:王家荣

福州市环境卫生管理处

处　长:林长盛

福州市道路运输管理处

处　长:洪德平

福州市水路运输管理处

(福州市地方海事局)

处　长:颜永忠

福州市公路局

局　长:林著惠

福州市海洋与渔业技术中心

主　任:陈国生

福州市海洋与渔业执法支队

支队长:王　林

政　委:朱　斌

福州市文化市场综合执法支队

支队长:吴　跃

政　委:赵民儿

福州市妇幼保健院

院　长:阮能健

福州市卫生局卫生监督所

所　长:颜国添

福清卫生学校

校　长:吴　敏

福州市疾病预防控制中心

主　任:张晓阳

福州市第一医院(红十字医院)

院　长:张　帆

福州市第二医院

院　长:朱　琪

福州结核病防治院

院　长:王　琳

福州市中医院

院　长:张峻芳

福州市传染病医院

院　长:刘景丰

福州市皮肤病防治院

院　长:王　林

福州市第八医院(福州铁路中心医院)

院　长:江　波

福州市体育运动学校

校　长:郭志农

福州市业余科技大学

副校长:黄兆津

福州市建筑设计院

院　长:林兴年

福州市城镇集体工业联合社

主　任:黄济霖

副主任:陈　明

陈子平

福州广播电视集团

董事长:刘　屏

总经理:王　晋

副总经理:刘义萍

陈　航

总工程师:林钦华

中共各县(市)区委员会　县(市)区人大　人民政府　政协负责人名单

中共鼓楼区委

书　记:杭　东

副书记:陈　斌

林碧芬

常　委:俞章华

黄良平

胡道坦

林　峰

张晓容

林　颖

李瑞琨

朱向东

鼓楼区人大常委会

主　任:李　力

副主任:郭光杰

林文华

张宏荣

严孝义

鼓楼区人民政府

代区长：陈　斌

副区长：林　颖（常务）

刘建兴

徐金泰

翁华锋

陈　辉

陈明东（挂职）

陈晓彬

林　诚

鼓楼区政协

主　席：陈　亢

副主席：柯岩辉

程建国

谢裕波

倪　真（兼职）

中共台江区委

书　记：张　忠

副书记：陈曾勇

常　委：邓万铣

陈高英

李　辉

何长嘉

叶仁佑

黄建雄

刘　勇

吴　勤

台江区人大常委会

主　任：林培清

副主任：郑琪鸿

郑功敏

宋晓非

卓小明

台江区人民政府

区　长：陈曾勇

副区长：何长嘉（常务）

严立武

郑则传

李　强

吴晓云

陈　锦

刘华杰

黄劭蓉（挂职）

黄胜进（挂职）

台江区政协

主　席：林品光

副主席：王建东

陈　飞

姚　强

中共仓山区委

书　记：吴贤德

副书记：杨新坚

常　委：梁　栋

阮　锋

苏　畅

翁国平

林建伟

林　宇

邓祥云

刘建平

仓山区人大常委会

主　任：张为民

副主任：陈玉莲

张玉俤

刘玉卿

仓山区人民政府

区　长：杨新坚

副区长：邓祥云

潘仰武

陈　峰

秦　凡

王晶晶

林　莉（挂职）

姚　伟（挂职）

吴文华

张敬明

仓山区政协

主　席：余凤玉

副主席：杨沂光

郭松钿

魏道航

陈京香（兼职）

中共晋安区委

书　记：林　峰

副书记：郑云春

张定锋

常　委：郑章干

赵　坚

童桂荣

孟　翔

魏晓辉

陈华辉

郭　勇

陈信英

晋安区人大常委会

主　任：林圣婉

副主任：林继锵

王乃平

林菊容

许国政

晋安区人民政府

区　长：郑云春

副区长：童桂荣（常务）

陈信英

金昌钦

林　坦

林文福

林　澄

张里岩

张则铭

叶晓兰（挂职）

晋安区政协

主　席：刘昌棋

副主席：黄　玲

张秉洁

郑喜明

中共福州经济技术开发区、马尾区委

书　记：林　飞

开发区、马尾区委副书记：许毅青

马尾区委副书记：蓝　锋

马尾区常委：沈　甦

吴友习

郑　毅

王苏闽

倪晓嵘（挂职）

李利民

雷连鸣

张　林

开发区党委委员：蓝　锋

沈　甦

吴友习

王苏闽

张　凌

李利民

马尾区人大常委会

主　任：范公榕

副主任：吴　强

李　贞

程鸿远

王　峪

福州经济技术开发区管委会

主　任:许毅青
副主任:高洪霖
张　凌
杨木泽
陈秋伸
陈　禺

马尾区人民政府

区　长:许毅青
副区长:高洪霖
李利民(常务)
陈秋伸
游　力
刘晓东
刘　宇
张麒蛰(挂职)
林群慧

马尾区政协

主　席:施敏华
副主席:郭龙生
江国强
侯爱平
林海鹰

中共福清市委

书　记:陈春光
副书记:林　贤
罗若谷
常　委:刘　迟
张文胜
蔡和斌
陈　生
陈金友
叶友琛

福清市人大常委会

主　任:王德玉
副主任:陈建文
林茂清
朱育平
严　萍

福清市人民政府

市　长:林　贤
副市长:陈　生(常务)
王建生
陈恒东
陈存枫
叶小斌
俞大军
陈　丹
张永森(挂职)
陈向群

福清市政协

主　席:游美兴
副主席:陈力奇
方朝钦
吴　敏

中共长乐市委

书　记:王绍知
副书记:王　松
何杰民
常　委:程小马
林建国
吴文琪
邓　岚
池至清
晁　旭
陈增国
朱余泉

长乐市人大常委会

主　任:张礼强
副主任:黄玉钗
郑宽挺
魏义锋

长乐市人民政府

代市长:王　松
副市长:林建国(常务)
王命发
郑子记
林秀燕
郑子毅
陈航星
林　忠
王建刚(在榕高校服务团)
曾志云(挂职)

长乐市政协

主　席:延建霖
副主席:陈　真
曹以强
宋丽晶
林少惠

中共闽侯县委

书　记:赵学峰
副书记:严金官
常　委:郑华琼
李永祥
施玉安
许舜举
江智文
陈乐森
陈长泽
任建川

闽侯县人大常委会

主　任:胡光礼
副主任:林善匡
郑铭魁
张德兴
曾小榕

闽侯县人民政府

县　长:严金官
副县长:李永祥(常务)
欧　建
林建善
杜　微
张建彬
张　旗
林琼华(科技,省下派)
郑学锦
陈道清(挂职)
林坤泉(挂职)

闽侯县政协

主　席:王彦强
副主席:叶　玲
周　敏
赖登球
吴文英(兼职)

中共连江县委

书　记:关瑞祺
副书记:周应忠
常　委:曾开寿
刘　明
李雄平
张金潮
林承祥
杨洪华
吕　斌
李东河(挂职)
黄齐秋
彭国华

连江县人大常委会

主　任:邱德光
副主任:滕忠华
王大荣

王同生
李　晋

连江县人民政府

代县长:周应忠
副县长:张金潮(常务)
孙祥光
林贤清
张发春
冯慧钦
吴能森(在榕高校服务团)
黄文华(挂职)
陈坚斯
吴德泉

连江县政协

主　席:林伦健
副主席:易立群
林　竹
林　文

中共闽清县委

书　记:陈铁晗
副书记:肖　华
常　委:林裕煌
刘久兴(援疆)
林　健
黄　钢
张新怿
郭家彬
陈诸凯
黄身勇(挂职)
黄　侠

闽清县人大常委会

主　任:郑子升
副主任:王　强
陈孝贤
陈婉霞
黄　坚

闽清县人民政府

县　长:肖　华
副县长:林　健(常务)
李荣寿
林志斌
郑仕平
江家良
林从娇
黄　斌
赵春荣(挂职)

闽清县政协

主　席:毛行青
副主席:华秀敏
张　文
陈　峰
叶林生

中共罗源县委

书　记:吴兰铮
副书记:邓达木
王命瑞
常　委:吴国辉
陈敏鸿
蔡　文
刘毅宙
董志干
吴盛洲
兰可明

罗源县人大常委会

主　任:雷光秀
副主任:王永春
邱清崇
周在勤
易建勤

罗源县人民政府

代县长:邓达木
副县长:蔡　文(常务)
汪孝敏
黄元祥
何瑞强
邓　斌
陈明义(挂职)
谢　婧(挂职)

罗源县政协

主　席:何宗乐
副主席:姚建传
于红旗
李恒炎
陈丽霞

中共永泰县委

书　记:林　强
副书记:李新贤
常　委:陈家恬
陈日官
赖颂辉
林从宇
廖美样
张仁灿
洪长春(挂职)
罗晓晖
刘用全

永泰县人大常委会

主　任:吴秋惠
副主任:冯常胜
侯文辉
江晓鸣
陈振杰

永泰县人民政府

县　长:李新贤
副县长:林从宇
王寿钦
祝海辉
曾海方
黄修瑜
伍世代(在榕高校服务团)
邹勇志(挂职)
许以章

永泰县政协

主　席:王德冠
副主席:王礼灯
江惠文
官升玲
陈永青

琅岐经济区党工委

书　记:杨木泽
副书记:郑是平
黄志明
许善坤

琅岐经济区管委会

主　任:杨木泽
副主任:吴红城
张依俤
刑鼎斌

福州市园区管理机构及负责人名单

福州保税港区管委会
(挂福州保税区管委会牌子)

主　任:阮孝应
副主任:李　平
李克亭
黄武闽

福州高新技术产业开发区管委会

副主任:许用贵(常务)
唐　寅
吴　力
陈　辉

陈兆勋(挂职)
任 巍
林 蔚

福州台商投资区管委会

主 任:黄 超
副主任:詹和忠
张发春(兼)
林桂强

福州市鼓岭旅游度假区(市鼓山风景名胜区)管委会

主 任:张定锋
副主任:林贻亮
马建明

福清融侨经济技术开发区管委会

主 任:翁芳明
副主任:林云明
何玉金
余颖凌
林聪仁(挂职)

福州市江阴工业集中区管委会

主 任:罗若谷
副主任:颜美春
詹金瑞
林峭立
陈 昱(挂职)
施家雄

福州市元洪投资区管委会

副主任:陈 嘉
林友华
项箴雄
林在明(挂职)

闽台(福州)蓝色经济产业园管委会(筹)

主 任:罗若谷(兼)
副主任:林道标
张 彪

福州市滨海工业集中区管委会

主 任:林福明
副主任:李平行
林建华
林春营
郑敏光
陈家登
卓国鸿
黄雨涛

福州临空经济区管委会(筹)

主 任:何杰民(兼)
副主任:陈立武
黄华贤

福州市青口投资区管委会

主 任:许舜举
副主任:程道龙
林松旺
陈 榕
陈祥波(援宁)
林碧莹
赵 勇

福州市软件园管委会

主 任:许用贵
副主任:陈 晖
刘丹青
章志燮(挂职)
刘珍昌

(王智武)

(编辑 黄 铭)

中共福州市委

重要会议及活动

【概况】 2013年，中共福州市委召开市委工作会议1次；开展市委市政府工作检查1次；召开市委十届六次、七次全会，审议通过《关于全力推进福州新区开放开发 在更高起点上加快建设闽江口金三角经济圈的意见》《中共福州市委关于贯彻党的十八届三中全会精神全面深化改革的若干意见》和《中共福州市委十届七次全会决议》等文件。

【市委工作会议】 1月25日召开。会议研究部署2013年全市办公厅(室)、组织、宣传、统战、政法及农村工作。省委常委、市委书记杨岳对2013年市委工作提出3点要求：一要严明纪律，坚决贯彻部署要求；二要转变作风，做到为民务实清廉；三要狠抓落实，确保各项工作任务取得实效。

【市纪委十届四次全会】 2月7日召开。会议审议通过市纪委工作报告。省委常委、市委书记杨岳指出全市各级各部门要学习、领会十八届中央纪委二次全会和省纪委九届四次全会精神，结合贯彻落实省委主要领导到榕调研时的重要讲话精神，推动全市反腐倡廉建设。

【市委议军会议】 2月20日召开。福州警备区党委书记、政委洪波汇报警备区全面建设情况。会议部署加强和改进党管武装工作。省委常委、市委书记、警备区党委第一书记杨岳出席会议并讲话。

【市党政代表团赴重庆、成都学习考察】

4月1—3日进行。杨岳、杨益民、周振华、方清海等市四套班子领导率领市党政代表团赴重庆、成都学习考察。代表团一行在重庆实地参观了10个项目，在成都实地参观了8个项目，涵盖两地城市规划、新区建设、旧城改造、产业发展、改革创新、社会管理、公共服务、环境保护、文化旅游等统筹城乡发展等重点内容，并与成都市举行座谈交流会。

4月8日市委召开常委（扩大）会议，对市党政代表团赴重庆、成都学习考察活动进行总结。省委常委、市委书记杨岳强调，要学习借鉴有益经验，统筹城乡发展、推进新型城镇化，在更高起点上加快建设闽江口金三角经济圈。

【全市一季度经济形势分析暨绩效管理和五大战役工作表彰会】 4月17日召开。会议通报一季度经济运行总体情况，表彰2012年绩效管理、五大战役、重点项目建设等一批先进集体和个人。省委常委、市委书记杨岳强调应从确保经济稳健运行、推进项目建设、提升园区建设水平、统筹城乡一体发展、提高幸福指数、强化绩效考核管理等6个方面继续努力。市长杨益民就下一阶段经济工作和绩效管理工作作出全面部署。

【市委市政府工作检查活动】 5月6—11日检查组赴12个县(市)区查看62个项目，并于13日召开工作检查总结会，总结交流检查情况，研究部署下一阶段工作。省委常委、市委书记杨岳要求，全市要以工作检查为动力，在更高起点上加快建设闽江口金三角经济圈。

【"四个万家"活动动员部署会】 6月28日召开。省委常委、市委书记杨岳强调，要传承弘扬"四个万家"优良传统，贯彻落实中央、省委关于改进工作作风、密切联系群众的部署要求，树立群众观点，坚持群众路线，解决群众最关心最直接最现实的问题。会议表彰第六届市直机关党建工作先进单位，部分县(市)区和市直部门作交流发言。

【全市上半年经济形势分析会】 7月19日召开。会议通报上半年经济运行情况和下阶段工作安排。省委常委、市委书记杨岳就做好下半年经济工作强调5点意见：一要以持续增长为目标，狠抓经济运行；二要以高端发展为导向，推动产业转型；三要以统筹发展为路径，加快城乡建设；四要以深化改革为动力，提升行政效能；五要以"四个万家"为抓手，切实改进作风。市长杨益民对下半年经济工作进行部署。

【"百村百连结对子，军民融合促发展"活动动员会】 7月30日召开。会议部署结对共建工作。省委常委、市委书记杨岳,省委常委、省军区政委曹德信,省军区副政委曹伯如及驻榕部队代表出席会议。

【市委十届六次全会】 8月20日召开。会议审议通过《关于全力推进福州新区开放开发 在更高起点上加快建设闽江口金三角经济圈的意见》。省委常委、市委书记杨岳强调,一要统一思想,凝聚共识,认识福州新区开放开发重大意义;二要突出重点,强化目标,推进福州新区开放开发取得实效;三要凝心聚力,真抓实干,为福州新区开放开发提供保证。

【全市环境综合整治现场推进会】 9月24日召开。市领导和市直相关部门、各县(市)区负责人现场观摩城区环境综合整治示范点。省委常委、市委书记杨岳强调下一阶段工作要深化认识、量化任务、强化责任。市长杨益民出席会议并讲话。

【全市组织和宣传思想工作会议】 11月16日召开。省委常委、市委书记杨岳出席会议并讲话。会议强调,要坚持党要管党,提升组织工作科学化水平。要增强责任使命,提升省会宣传思想工作水平。要加强对组织、宣传思想工作的领导,严格落实责任,强化队伍建设,集聚工作合力,开创全市组织、宣传思想工作新局面。

【市委十届七次全会】 12月23日召开。会议讨论市委常委会工作报告,审议通过《中共福州市委关于贯彻党的十八届三中全会精神全面深化改革的若干意见》和《中共福州市委十届七次全会决议》。省委常委、市委书记杨岳就全面推进福州深化改革强调,一要统一思想,凝聚共识,增强全面深化省会改革的责任感和使命感;二要突出重点,抓住关键,增创省会改革新优势;三要加强领导,统筹推进,确保各项改革任务取得实效。

【全市经济工作会议】 12月30日召开。会议强调要全面贯彻落实中央经济工作、城镇化工作、农村工作会议和全省经济工作会议精神,全力推进福州新区开放开发,在更高起点上加快建设闽江口金三角经济圈,实现经济社会持续健康发展。省委常委、市委书记杨岳强调,要坚定做好2014年经济工作的信心和决心,推动经济持续健康发展,提高新型城镇化的质量和水平,确保2014年各项目标任务落到实处。

(张其顺)

重要接待

3月25日,原全国人大常委会副委员长顾秀莲一行考察三坊七巷,省委常委、市委书记杨岳,市长杨益民,市人大常委会主任周振华,市委常委、秘书长徐启源陪同考察。

4月22日,省委常委、市委书记杨岳,市长杨益民,市政协主席方清海,市委常委、秘书长徐启源,市政协副主席郑建闽在芳沁园拜会全国政协副主席林文漪。

6月4日,全国政协副主席罗富和率领全国政协常委考察团在福清考察调研,副市长林瑞良、市政协副主席范美先陪同考察。

8月2日,原全国政协副主席张克辉到榕出席海峡两岸青年节活动,省委常委、市委书记杨岳,市长杨益民,市人大常委会主任周振华,市政协主席方清海,市委常委、秘书长徐启源陪同出席活动。

9月5日,省委常委、市委书记杨岳,市人大常委会主任周振华在芳沁园拜会全国人大常委会副委员长吉炳轩一行。

12月11日,全国政协副主席刘晓峰一行考察于山、三坊七巷,市政协副主席郑新清陪同考察。

12月14日,全国人大常委会副委员长陈竺考察福建上润精密仪器有限公司、三坊七巷,市委常委、副市长、仓山区委书记吴贤德,市委常委、统战部部长黄忠勇,市政协副主席郑新清陪同考察。

12月15—18日,原中共中央政治局常委、国务院副总理李岚清一行到榕出席福海艺缘·海峡两岸篆刻艺术研讨会,省委常委、市委书记杨岳,市长杨益民,市委常委、秘书长徐启源,市委常委、宣传部长何静彦陪同出席相关活动。

(郑永平)

纪检监察

【概况】 2013年,福州市各级纪检监察机关发挥党风廉政建设责任制龙头作用,以落实中央八项规定精神为抓手,推动作风建设。出台《关于建立健全市管干部廉政谈话提醒机制的意见》,完善市纪委主要领导同县(市)区党政主要领导、市直部门主要负责人廉政谈话制度。部署开展新任领导干部任前廉政法规知识测试工作,对新提任或转任领导职务的107名处级干部进行任前廉政谈话,纪委负责人同下级党政主要负责人谈话895人次,诫勉谈话246人次。林则徐纪念馆被文化部确定为"廉政文化教育基地"。

【作风建设】 将各级党政机关和领导干部落实中央八项规定精神情况纳入年度落实党风廉政建设责任制检查考核的重要内容;对全市工作检查活动、"5·18"海交会、"6·18"展会等重大活动执行八项规定情况进行监督检查,对各单位、部分商场、酒店组织开展4轮专项督查;立案查处10起顶风违纪案件并在全市进行通报。年内全市性会议、文件简报数量和"三公"经费支出分别比降20%、28%和16.24%。

【案件查办】 立案查处违纪违法案件747件(其中县处级干部案件12件,乡科级干部案件85件),给予党纪、政纪处分719人,移送司法机关处理90人,为国家和集体挽回经济损失2861万元。加强对重点领域和社会热点问题的督查力度,年内查处"一把手"案件73件,比增23.73%;查处发生在工程建设和土地管理领域案件170件。查办一批司法机关和医药购销、教辅材料出版发行等领域窝案、串案。全年受理群众信访举报9137件(次)。对37件重大典型案件开展一案一整改,提出整改建议125条。

【监督检查】 开展监督检查769次，发现各类违法违规问题361个，制止、纠正违法违规问题247个。提出监察建议67项。加强对市委、市政府实施《海西发展规划》、闽江口金三角经济圈建设、福州新区建设、“廉洁地铁”、“廉洁青运”等重大决策执行情况的监督检查。加强对造林绿化、水流域整治、节能减排、海域管理和墓地生态建设等工作督查。

【规范权力运行】 对林业、环境保护、国土资源、规划等7个部门开展依法行政综合监察“回头看”；对全市财政系统依法行政情况开展综合监察，发现问题93个，以监察建议等形式，提出整改建议87条，建章立制21项。建立健全廉政风险防控体系，防控领域向企业、农村、社区、学校、医院等延伸。

行政权力阳光运行平台 推进党务、政务公开工作和区委权力公开透明运行试点。全市55个行政部门的行政职权全部上网公开，所有行政审批和行政处罚事项上网办理。

政务服务 在全市乡镇以上党政机关，中央、省驻榕相关单位，以及其他依法承担行政和公共事务管理职能的组织、机构中开展“马上就办”活动。全市培育7个省级“马上就办”示范点，29个市级“马上就办”示范点。督促各级各部门梳理行政审批事项和内部公文办理事项，压缩行政审批事项办理时限1215.5个工作日，比法定时限压缩67.47%；各级各部门内部公文办理环节、办理时限平均减少20%以上。

政务公开 市政府办公厅印发《关于做好政府部门联系电话公开进一步畅通便民服务渠道的通知》，推进基层单位电话公开工作。推进台江区加强全国依托电子政务平台加强县级政府政务公开和政务服务示范点建设，在全国104个县区政府试点单位测评中台江区列第十九位，在全省4个试点单位中列第一位。

【源头预防腐败】 开发建设“福州市网上办事公开系统”，推行“制度+科技”招投标监管模式，推进办事公开标准化建设。开展制度廉洁性评估工作，推进工程建设领域守信激励和失信惩戒制度建设试点工作，完善“建设工程远程动态监控平台”，在建筑、市政、内河、地铁、液化气站、搅拌机场等325个工地接入远程动态监控系统。加大对政府采购活动的监督和查核力度，成立市公共资源交易服务中心，完善网上公共资源交易系统和电子监察系统，全年实行建设工程电子招投标499项、政府采购网上交易790项，海域采砂临时用海使用权首次通过网上公开竞价的方式完成出让，增值11401.02万元。

【纠风专项工作】 加强禁止收送“红包”、清理公务用车、治理“小金库”等工作，开展清退会员卡和禁止公款送节礼、贺卡等专项活动。开展保障性住房建设、教育违规收费、医药购销、企业减负等领域监督检查，在全省率先对保障房信息公开责任主体、内容、时限与形式进行规范。推进“让人民满意”媒体直播民主评议政风行风活动，10家政府部门和公共服务单位领导班子接受群众“电视问政”，市民参与互动和投票评议40万人次。推进“政风行风热线”建设，90家单位领导走进直播间，受理群众诉求件1022件，并全部办理反馈，群众满意率95.5%。

【基层党风廉政建设】 加强农村基层和城市社区（经合社）党风廉政建设，制定出台《关于进一步加强农村集体资金资产资源监督管理工作的意见》《关于加强城市街道、社区（经合社）党风廉政建设的工作意见》，实施“五要”工程，建立健全村民会议、村民代表会议、“一事一议”、村民质询听证会、民主评议村干部、村干部任期审计等制度。全年“福州市农村基层党风网”发布党务、政务、村务等各类信息27.6万余条。

【绩效管理】 制订《福州市2013年度绩效管理工作实施方案》，将12个县（市）区和74个市级机关单位，以及重大项目建设、城区旧屋区改造、土地收储、基层党组织建设、人才工作等纳入绩效管理。

在2012年度省对各设区市政府绩效评估综合考核中，福州市从2011年度的第六位上升至第二位。

【效能督查】 市效能办会同相关部门对220个项目开展督查，发出整改通知书139份、效能督办单15份。出台全国首届青年运动会福州市执委会工作人员效能问责办法，对首届青运会筹备工作开展效能监督。市纪委、监察局、效能办对防御第7号台风“苏力”、第12号台风“潭美”、第23号台风“菲特”情况开展效能督查。市效能办全年组织开展10轮集中明察暗访活动；会同相关部门开展县（市）区政府、市直部门落实中央、省、市出台的惠民、惠农、惠企、惠台政策自查工作；会同相关单位组织5个

市委常委、市纪委书记骆安生调研农村基层党风廉政建设（市纪委　供）

督促检查组,对各县(市)区和16个市直单位"马上就办"活动开展情况进行督查;会同市行政服务中心对45个入驻市行政服务中心的单位行政审批情况进行督查,抽查行政审批件186件,发出整改通知书11份,提出整改意见17条。督促推进市行政服务中心、县行政服务中心、乡镇(街道)便民服务中心、村(居)便民服务代办点四级便民服务网络标准化建设。

【效能问责】 市委办公厅、市政府办公厅印发《福州市机关工作人员效能问责实施细则》。全年效能问责违规人员401人次,其中给予效能告诫157人次,通报批评96人次,诫勉教育148人次。在效能问责中,问责执行力低下的问题186人次,其中给予效能告诫70人次,通报批评38人次,诫勉教育78人次;问责"庸懒散"问题215人次,其中给予效能告诫87人次,通报批评58人次,诫勉教育70人次。

【效能投诉办理】 全市机关效能投诉机构受理社会各界投诉1682件,时限内办结率99.70%,其中,市机关效能投诉中心受理投诉570件,时限内办结率99.65%;市直部门机关效能投诉机构受理投诉103件,时限内办结率100%。全市机关效能投诉机构办理省机关效能投诉中心转办件150件,时限内办结率100%。全市"12345"系统受理投诉件26.06万件次,按时办结率99.19%,群众满意率95.57%。

(曾令锋 胡志顺)

组织工作

【概况】 2013年,中共福州市委组织部加大"好干部"培养选拔力度,推进干部人事制度改革,组织实施干部教育培训计划,推进闽都人才集聚工程建设,深化"135"社区党建工作模式,推广党员创业就业培训工作模式,提高组织工作科学化水平。

【干部人事制度改革】 研究起草《关于加强我市干部队伍建设的若干意见》,落实《关于领导班子和领导干部加强和创新社会管理工作考核评价意见》。组建推进园区建设服务团,从市直单位选派27名业务骨干到各重大项目指挥部挂职锻炼。实施年轻干部挂职锻炼"四个双向"工程,接收安置32名外地到榕挂职干部,选派7名公选处级干部到乡镇(街道)担任乡镇长(办事处主任)或到项目建设指挥部、工业园区任职锻炼,面向全国招聘14名国有企业领导人员,研究制定《福州市公务员公开遴选工作暂行办法(试行)》。连续第六年实行军转干部"阳光安置"办法。对7个县(市)区党政正职拟任(推荐)人选进行票决,对9个市直部门党政拟任(推荐)人选先后4次征求市委委员意见。

【干部教育培训】 举办5期全市县处级以上领导干部学习贯彻中共十八大精神轮训班,选送95人次参加上级组织部门举办的学习培训,选调880人次参加市委党校主体班次和专题班次的学习培训。与清华大学等高校合作办班,并与福州大学联合举办工商管理硕士(MBA)在职研究生班,选派40名干部参加培训。成立福州市干部教育基金会资助干部研学深造,组织4批次92名领导干部分别赴新加坡、法国和台湾地区开展专题学习培训。继续抽调33名干部到南京、广州、杭州挂职。开展党员干部读书征文活动,举办党员干部读书活动座谈会,开设福州新闻网"党员干部学习频道",汇编出版《悦读文谈——福州市党员干部读书征文作品选》《学习与借鉴——挂职手记》。在连江县开展县、乡党委工作制度、党政领导班子议事制度和运行机制建设试点。全面推行开放式民主生活会"双测评一督查"制度。制定《关于进一步弘扬优良传统改进工作作风的若干意见》《关于进一步密切联系群众做好群众工作的意见》等文件,下发《关于深入开展"进万家门、知万家情、解万家忧、办万家事"主题实践活动的意见》。

【干部监督管理】 开展全市1549名县(处)级以上党员领导干部报告个人有关事项的工作,对县(市)区和部分市直单位换届以来贯彻执行干部选任政策法规情况进行监督检查,组织对2010年3月以来"带病提拔"的乡科级领导干部选拔任用过程进行集中倒查。开通12个县(市)区级"12380"举报电话。建立组织部长月谈会制,60家市直单位84名干部参加月谈会。出台《福州市党政主要领导干部和国有企业领导人员离任经济事项交接暂行办法》,任中审计项目比重从上年的20%上升到65%。

【人才队伍建设】 制定《福州市人才工作目标责任制考核办法(试行)》。对照"闽都人才集聚工程框架图",制定出台10种类型人才工作政策。出台《中国福州海西引智试验区实施意见》,实施"五大引智计划"和"四大引智工程"。1人入选第十批中央"千人计划",12人和9个团队27人入选第三批省"百人计划",26人(团队)入围福州市引进第三批高层次优秀人才(团队)专家评审。从北京、深圳、成都等地引进5名中央"千人计划"专家。从省直单位引进11名省产业发展科技服务团成员。新增院士工作站5家,博士后科研工作站2家。召开福州市优秀人才表彰会暨人才工作推进会,为入选中央"千人计划"、省"百人计划"等高层次优秀人才(团队)发放奖金3000多万元。在福州日报开设专栏和福州新闻网开设人才工作频道。在2013年中国国际人才交流大会上,福州市获"2013魅力中国——外籍人才最关注的八大城市"奖。

【基层党组织建设】 制定出台《福州市"135"社区党建工作模式实施标准(试行)》,1.4万多名市直机关在职党员到社区登记报到参加活动,报到率超96%;3686名县(市)区科级干部到2488个村(社区)担任"兼职"委员。制定出台《2013—2015年福州市村级基层组织建设规划》。选派229名村(社区)党组织书记异地挂职,接收80名兄弟地市村(社区)党组织书记到榕挂职。面向全市优秀村(社区)主干考录24名公务员、48名乡镇(街道)全额拨款事业编制干部。完成第三批党员干部驻村任职工作。创新"365"非公党建工作模式,制定出台《福州市非公有制企业“双强六好”党组织建设实施标准（试行）》。组织非公企业党组织开展以“榕商情·中国梦”为主题的非公经济人士理想信念教育实践活动。开展“百日攻坚”行动，新组建党组织1500个，非公有制企业和新社会组织党组织覆盖率分别达71.8%和70%。制定出台《关于建立市级党员领导干部非公企业党建工作联系点的意见》，建立市级党员领导干部非公企业党建工作联系点24个。启动“百企联百村，共建新农村”活动。实施“一十百”党建精品示范工程，分类组织示范社区、村、非公企业党组织书记到党校参加培训。建立完善基层党员评议乡镇（街道）党（工）委书记制度。开发“福州市基层组织建设信息展示系统”。

【党员队伍建设】 深化鼓楼区军门社区省级党员教育培训示范基地建设。推广“中心＋基地”党员创业就业培训工作模式，创建党员创业就业培训中心16个，建立市、县、乡（镇）党员创业就业培训基地157个，投入经费近4492.74万元，培训129548人次，帮助就业53771人，扶持创业2734人。完善发展党员“计划核准”“双预审一追究”“全程质量管理”三项工作制度。规范非公企业发展党员工作，实施兼职组织员、三方管理、五步工作法等做法。探索建立农民工“党员之家”。开展“我身边的共产党员”图文DV作品征集展播活动。开展市优秀党教片的观摩评选工作，评出12部优秀电教片、2个优秀组织奖。完善党内关怀帮扶机制，“七一”期间下拨党员教育补充经费232万元，用于党员教育培训及“七一”慰问帮扶困难党员活动。

（陈剑雄　许　宁）

宣传工作

【概况】 2013年，福州市宣传思想文化工作以学习宣传贯彻中共十八大精神为主线，组织开展40多个重大宣传战役。闽剧《红裙记》入选国家舞台艺术精品工程30强，激情广场大家唱成为福建省唯一入围“2013—2015年创建国家公共文化服务体系示范项目”名单的项目，新福州人歌手大赛、福州小茉莉合唱团获全国“群星奖”，福州获第二批国家级文化和科技融合示范基地称号，获批建立海峡（福州）国家数字出版产业基地，福建海西广告产业园（福州园）获批国家级广告产业试点园区。

【理论工作】 组织56个宣讲团、3129个宣讲小分队以及113名特聘讲师，开展中共十八大精神宣传工作。组织中共十八届三中全会精神宣讲3800多场次，受众31.6万人次，印发学习辅导材料20多万份。组织“学习贯彻习近平总书记系列重要讲话精神”宣讲3457场、受众40万人次，发放理论读本5万多册。围绕闽江口金三角经济区建设实践，在市社科研究规划项目和市中国特色社会主义理论体系研究基地课题项目中，设立43个研究课题。

【新闻宣传】 组织各级各类媒体开展中国梦、“四个万家”、福州新区开放开发、文明福州持续文明、城乡环境综合整治等40多个重大宣传战役。建立福州市互联网舆论管理联席会议制度，举办“网络媒体县区行”大型采访活动，持续开展清理政治类有害信息、打击网络谣言、整治互联网和手机媒体淫秽色情低俗信息等专项行动。年内人民网·福州视窗上线，9个县（市）区新闻网站开通。

《首届海峡青年节活动》《闽江河口湿地——神鸟天堂》等9部专题片在央视相关频道播出，闽江河口湿地获评“中国十大魅力湿地”。邀请央视四套摄制鼓岭宣传片、旅游风光片。开展歌曲《幸福之州》MV拍摄和宣传推广。推进福州市在海外落地的4家华文媒体“福州专版”和“福州英文网”等工作，制作每周一期《走进福州》特别节目在美国ICN电视联播网播出。中国国际文化传播中心东南联络部在榕成立。

【文化事业】 加快海峡图书馆建设，市博物馆陈列展览更新进入闭馆施工阶段，各县（市）区文化馆、图书馆、博物馆改扩建工程基本完成。实施文化惠民工程，设立图书馆图书流通点400个，建成激情广场大家唱活动示范点80个。闽剧《林则徐复出》、双人舞《同桌的你》等获国家级大奖；在第四届省曲艺节上，福州市获6个金奖，总成绩全省第一。成立闽都画派研究会，福州画院“闽都画派研究”项目入围文化部全国画院优秀创作研究扶持计划。修订《福州市茉莉花文艺奖评选奖励办法（试行）》，组织福州市第二届茉莉花文艺奖评选。组织李岚清篆刻书法素描艺术展，中国文联、中国音协“送欢乐下基层”走进福清慰问演出，文化艺术周等大型文化活动，首次移师闽江两岸的元宵灯会吸引200多万人次观灯，“天下娘奶回娘家”和“两马同春闹元宵”2项活动入选文化部春节文化特色项目。市“三下乡”活动启动仪式参与部门37家，筹集资金、物资、项目138.9万元。开展封堵查缴境外政治性非法出版物“清源行动”，长乐市文化市场综合执法大队获评第五届全国服务农民服务基层文化建设先进集体。

【闽都文化】 编制完成历史文化名城保护专项规划，朱紫坊、上下杭、烟台山等历史文化街区（风貌区）保护修复工作启动实施。闽都民俗园等项目建成开业。实施福州非物质文化遗产网站和数据库建设，国家级非遗传承人冯久和获第二届中华非物质文化遗产传承人薪传奖。在北京举办第二届闽都文化论坛，开展“金源杯”闽剧民间职业剧团折子戏大奖赛、福州语歌曲创作推广演唱大赛等活动。启动《福州通史简编》编撰工作。

【文化产业】 实现文化产业增加值287亿元，比增26%，占全市GDP的6.1%。推进闽台（福州）文化产业园、国家影视动漫实验园等国家级文化产业园建设，35个文化产业园区整合提升为22个。17个文化产业重大项目建设加快推进，马尾·中国船政文化城、永鸿演艺连锁经营列入省十大重点项目。成立福州文化旅游投资集团公司，启动第二批福州市文化创意产业示范基地（园区）和示范企业评选，推进福州市9家省重点上市后备文化企业服务工作，3家企业通过2013年国家级动漫企业认定，

7家企业列入商务部“2013—2014年度国家文化出口重点企业”。

【文化交流】 举办第八届两岸青年联欢节暨2013年海峡青年节、环福州·永泰国际公路自行车赛、首届中国(福州)寿山石文化节、中华龙舟大赛等大型文体活动。开展大型对台文化交流活动26项,组织第六届海峡两岸合唱节、第四届榕台大学生新闻营、民间文艺家协会马祖交流采风行等入岛文化交流活动,第四届海峡两岸船政文化研讨会首次进入海峡论坛,2013年海峡两岸民俗文化节被国台办确定为对台交流重点项目。三坊七巷被确定为第二批“海峡两岸交流基地”。

(朱福星)

统战工作

【概况】 2013年,福州市统一战线提交“两会”议案、提案382件,推动“回归工程”落实49个合同项目、228个意向项目,对接成功112个项目,协调处理来信来访63件(次)。向中央统战部、省委统战部和市委办公厅报送信息1392条,在全国62个直报点中位列第十九名,获全国统战信息工作三等奖;在全省统战系统位列第二名。福州市统战理论研究与调研成果在全省评比中获一等奖1篇,三等奖与优秀奖各2篇,并获全省统战理论研究组织奖。

【多党合作和政治协商】 召开4次中共市委与市各民主党派、工商联季谈会。支持市各民主党派、工商联开展98项课题调研,其中市委重点调研课题17项;组织党外人士考察舟山国家新区、马尾新城、台江上下杭改造,促成追加市各民主党派、工商联调研经费180万元,全年市各民主党派、工商联年度调研经费各增加20万元,均达30万元。2013年市“两会”上,市各民主党派、工商联及其成员提出议案、提案382件,其中列为重点议案1件、重点提案20件。出台《中共福州市委统战部关于贯彻落实〈关于全力推进福州新区开放开发在更高起点上加快建设闽江口金三角经济圈的意见〉的通知》,动员全市统一战线参与福州新区建设。

【非公有制经济工作】 开展全市民营经济发展情况与中小微型企业公共服务体系建设情况调研,组织发改委、统计局等市直部门分析全市民营经济发展情况。与市工商联在清华大学举办“福州市非公经济代表人士高级研修班”,60名企业家参加;组织5名新的社会阶层代表人士、3名无党派人士和12名非公经济人士参加省委统战部的调训。召开福州市异地商会新春座谈会与福州市异地商会(济南)工作交流会,年内新组建重庆市福州商会、泉州市福州商会、福州市三明商会、福州市安庆商会、福州市四川商会和福州市电子商务商会。

【“回归工程”】 在2013年福州市异地商会新春座谈会“回归工程”签约仪式上,49个“回归工程”合同项目上台签约,总投资额1033.395亿元,涵盖温泉旅游、商贸物流、高新技术等9个领域。市委统战部与市委办公厅、市政府办公厅、市工商联等单位赴各县(市)区督查49个回归项目进度。至年底,49项合同项目中有7项投产、4项竣工、18项动建、19项进入前期工作阶段,签约项目履约率98%。市委统战部与市工商联、市回归办征集、推进对接回归意向项目228项,其中112项对接成功。

【“春风·春雨·光彩”行动】 全市统一战线成员通过市光彩事业促进会参与海西“春风·春雨·光彩”行动,实施农村道路、学校和扶贫助困等“榕商联村”项目36个,支出帮扶资金857万元。在“2013年福州市异地商会企业家新春座谈会”上,14个“榕商联村”项目上台签约,11个异地商会、3名企业家与14个相对落后村结成帮扶对子,每年资助20万元以上发展资金,连续帮扶3年,资助总额1200万元。福州籍企业家参与雅安地震灾区赈灾工作,捐资90多万元,市委统战部联系雅安市委统战部协商确定“雅安市名山区教学录播中心”和“雅安市名山区二中数字图书馆”为灾后援建项目,并将90万元拨付雅安市财政专户。市光彩事业促进会开展“感恩助学”和“善能助学”活动,支出36万元帮扶230名困难学生。各民主党派市委会慰问贫困群众563人次,发放慰问金12.35万元和价值6.5万元慰问品,为群众提供义诊和农业、法律咨询服务,发放免费药品1500多人次。支持福州中华职教社实施“温暖工程——新农村建设带头人培训”项目,举办2期培训班,培训村党组织书记102人次;开展职业技能提升培训,依托团体社员学校开班14期,培训1429人次。

【民族宗教工作】 打造少数民族新农村建设样本,重点帮扶罗源县福湖村,促成北京福州商会分3年捐赠300万元建设畲族文化广场、村庄道路,扶持畲族风情旅游项目发展。北京福州商会第一笔帮扶资金100万元年内拨付到位。

启动清真寺、花巷基督教堂和老佛寺保护性修建工作,促成泛船浦教堂泵房移交市政工程管理部门管理和照天君宫二期规划落实。召开1次全市宗教工作会议,不定期召开由民宗、公安、安全等部门以及相关县(市)区参加的宗教工作联席会议,与市民宗局举办有120人参加的全市基层宗教工作干部培训班。

【联谊工作】 召开全市“五侨”联席会议,探讨新时期整合资源开展海外联谊工作新途径。召开市海联会部分常务理事(深圳)会议,全年有9批27人次参加香港福州十邑同乡会成立75周年庆典、澳门临水宫执理会成立庆典暨澳门陈靖姑文化节等港澳同乡社团联谊活动。接待港澳台与海外乡亲团组38个2600多人次,全程参与印尼旅游部长吴冯慧兰返乡祭祖接待工作。联系市外经、招商等部门为回榕港澳海外乡亲团组召开小型专场招商项目推介会。协调解决印尼旅游部长、世福总会侨领等16名乡亲寻祖、房产等问题。推进新华侨华人、华裔新生代和社团新力量等“三新”工作,与世福总会青年团、澳门福州十邑青年会等举办“榕籍华侨华人青少年夏令营”“澳门青少年夏令营”等两期“寻根之旅”品牌活动,100多名港澳、海外榕籍“新生代”到榕参加活动。

【党外代表人士队伍建设】 促成出台《中共福州市委关于切实加强新形势下党外代表人士队伍建设的实施办法》。与市委组织部召开专题联席会，促成市人大常委会、市政协各增配1名兼职党外副秘书长，5个县(市)区配备政府党外副职。调整完善党政领导与党外代表人士联谊交友方案。

更新完善统一战线民主党派人士、无党派人士、少数民族人士、宗教人士、非公有制经济人士、港澳台和海外人士等“六支队伍”代表人士信息库。召开全市统一战线纪念“五一口号”发布65周年座谈会；在市社会主义学院举办第六期党外干部培训班，44名党外代表人士参加；面向统战成员与统战系统机关干部举办3期天和论坛。福州市7名非公有制经济人士当选福建省光彩事业促进会第四届理事会副会长。在第四届闽商大会上，福州市有47人获闽商建设海西突出贡献奖，36人获福建省非公有制经济人士捐赠公益事业突出贡献奖。

（何仲武）

精神文明建设

【概况】 2013年，福州市精神文明建设围绕“做谦恭有礼的中国人”主题，开展文明交通行动、文明餐桌行动等系列活动。推动道德模范、身边好人推荐评选工作，9人入选“中国好人榜”。推进社会志愿服务活动开展，建立全市首个志愿服务广场，举办首届志愿服务论坛。

【文明城市建设】 制定《文明城市综合整治专项活动方案》《文明城市综合整治市领导督导检查方案》，成立市容市貌、公共交通、交通环境、店铺场馆、各类市场等5个专项整治组，由5名市领导带队开展集中督查。每月定期测评5个城区或11个重点部门文明城市建设工作，并在媒体上公布结果。市创建督导组全年开展挂牌督导活动18批(次)，269个(次)单位被挂红、黄牌警告。召开省市共建文明城市推进会、“加强环境综合整治，持续推进省会文明城市共建工作”座谈会，制定《进一步深化省市共建工作，持续推进福州文明城市建设的实施意见》。开展市级以上文明单位届中复查700多家，取消存在突出问题的21个文明单位新一届市级文明单位申报资格。对33个行业组织行业优质服务指数测评，开展“为民服务创先争优”活动和“创文明行业、建满意窗口”活动。举办社区(村)居委会主任文明建设培训会，全市参加培训的社区干部、村主任950多人次。

市级道德讲堂总堂开展道德宣讲活动 （陈乙鼎 摄）

【公民道德教育】 开展道德模范、身边好人推荐评选工作，福州市2人被授予第四届全国道德模范提名奖，6人获评第三届福建省道德模范，19人获评第三届福州市道德模范(含提名奖)，9人入选“中国好人榜”，11人入选“福建好人榜”。开展“福州好人大家评”大型评选活动，评出66项“月度好人”，10项2013年度“福州好人”。编印《春风暖榕城 道德永传承——2012年荣登中国好人榜、福建好人榜身边好人事迹汇编》。开展第二届公共文明建设系列“十佳”评比活动。开展“道德讲堂”建设年活动，建成市、区两级6个道德讲堂总堂，推动各区县的居民纳凉点开设道德讲堂，制作编印《道德讲堂读书笔记》《诚信经典100则》等10余种“道德讲堂”宣传品和学习材料，开展道德宣讲活动5000多场。制定《深入开展道德领域突出问题专项教育和治理活动实施方案》，在食品行业、窗口行业和公共场所等3个领域率先实施道德领域突出问题专项教育治理。

【农村精神文明建设】 推进城乡环境综合治理和农村家园清洁行动，制定《福州市深化文明村镇建设实施方案》。组织文明村镇、十星级文明户、文明集市、文化活动广场“四个一批”创建活动。推动福清市、长乐市争创全国文明城市，推动连江县、永泰县争创全省文明县城，评选出62个乡镇、425个村为第十四届市级文明村镇。开展“美德在农家”“先进文化进祠堂”等活动，推进农家书屋、文化中心户、“三堂”改造等文化设施建设。100多个市直党政机关、企事业单位与欠发达村建立帮扶关系。

【文明风尚传播】 开展“讲文明树新风”公益广告宣传；开展公益广告有奖征集评选和“千个楼道创文明”等公益广告进社区、进小区、进楼道等活动。围绕“做谦恭有礼的中国人”主题，开展“‘文明福州 绿色出行’福州市民绿色骑行活动”；开展“文明餐桌行动”，制定实施《福州市大中型餐饮单位剩饭剩菜行为处罚暂行办法》，全市宾馆、饭店活动参与率达100%，餐馆参与率达95%；开展文明交通引导专项行动；在各旅行社、景区、星级酒店等开展文明旅游引导活动，分3个批次对1600多名导游进行文明旅游宣传及培训；举办第四届文明公益手机动漫大赛活动。举办“4·23”世界读书日、第八届福州读书月等系列活动，推动“书香榕城”建设。筹建福州市精神文明宣传教育信息中心,推动全市市级以上文明单位组建网络文明传播志愿者队伍,举办12期网络文明传播志愿者培训班,推动千人网络文明传播队伍常态开展网络文明传播行动。

【社会志愿服务】 开展“美丽心灵”系列志愿服务活动,关爱社会弱势群体;开展万名志愿者交通文明引导行动、千名志愿者服务春运、包机送农民工回家过年等志愿帮扶活动。组织关爱海峡、关爱母亲河等“关爱山川河流 建设美丽福州”系列志愿服务活动。开展“迎接青运会,文明我先行”系列志愿服务活动。开展“博爱家园——红十字应急救护志愿服务进社区”活动,对全市50个社区500多名志愿者开展首期培训。开展民间艺人、科普志愿者等学雷锋文化志愿者进乡村少年宫活动。依托社区党组织、各级文明单位和社区物业服务企业,分别成立学雷锋志愿服务队,设立一批“学雷锋志愿服务岗”。建立社区和公共场所志愿服务站,全市500多个社区(其中五城区280多个)均建立由党支部、居委会、物业公司联合组成的社区志愿服务站。建立福州首个志愿服务广场。举办首届“美丽心灵 幸福福州”志愿服务论坛。组织志愿服务工作人员赴台开展学习交流活动。

【未成年人思想道德教育】 组织“做一个有道德的人”主题系列活动,开展“我与中国梦”学习教育实践活动。开展第二届福州市“美德少年”评选、表彰和学习宣传活动;组织优秀童谣征集传唱等道德实践活动;在中小学校开展节日小报创作评比展示等“我们的节日”活动。推进乡村(城市)学校少年宫建设,建成乡村学校少年宫152所(其中15所为中央公益彩票金资助项目),实现乡镇中心校全覆盖。试点建设城市学校少年宫,建成2批22所。推动“数字青少年宫”向城乡学校拓展延伸,开展“文明小博客”“我们的节日”等网上活动。

(郑玉捷)

机关党的工作

【概况】 2013年,福州市直机关党的工作围绕服务中心、建设队伍两大任务,全面实施“五大工程”和“1263”机关党建工作机制,推进基层组织建设,培树党建品牌。把重点课题调研、党建信息与机关党的各项工作相结合,全年征集调研论文110篇,评选一等奖5篇、二等奖8篇、三等奖14篇,并汇编优秀调研成果集。年内福州研究分会向省机关党建研究会报送8篇调研论文,其中1篇获一等奖、3篇获三等奖。

【思想理论建设】 全年市直单位举办学习中共十八大、习近平总书记系列重要讲话、中国梦等学习教育1585场,72225人次参加;开展心得交流626场,包括1022名处级党员领导在内的1.2万多名机关在职党员参加集中测试。编印中共十八大、十八届三中全会和省、市委全会文件、资料汇编,启动“百个机关、百场宣讲、百堂党课”宣讲“三百”工程。推进“书香工程”,编辑出版《理论学习你问我答1000题》学习读物。举办“凝聚正能量·共筑中国梦——福州市直机关学习十八大学习新党章、践行‘四个万家’知识竞赛”。全年编印《福州机关党员学习文选》13期20多万册,充实完善市直机关理论学习师资库、电教片库与理论学习资料库。

8月8—9日,举办“凝聚正能量·共筑中国梦——福州市直机关学习十八大学习新党章、践行‘四个万家’知识竞赛” (市委市直机关工委 供)

【基层组织建设】 推进“1263”机关党建工作机制全覆盖,建立14个建设示范点,并在市直机关基层党组织推行“1263”机关党建工作机制。结合督查落实市委实施细则、建立健全“1263”机关党建工作机制,指导基层单位开展按期换届、党费收缴等工作。全年市委市直机关工委举办发展对象培训班3期,培训发展对象330人,发展机关党员400人。

【党建品牌建设】 继续开展“一单位一系统一品牌”活动,授予市人大机关党委等20个单位为第四批“市直机关党建品牌点”,至年底,共培育推广福州电业局“双培养一输送”、市行政服务中心“马上就办”等74个机关党建品牌。开展“十佳党建品牌”推荐评选活动,选出“十佳党建品牌”初选点,在第二批群众路线实践教育活动中作为工委副处以上领导干部联系培育点。

【党风廉政建设】 在市直机关开展“学党章、守纪律、转作风”活动。全年各单位开展反腐倡廉教育活动521次,领导干部上廉政党课274次,参加人数31225人次。加强“一案一整改”,全年受理各类案件18件。组织对市直机关单位会员卡专项清退和督查等工作,开展市直机关评先、评优审核工作,对隶属于工委的38个市直机关党组织的458名科级以下党员干部有无违纪行为进行审核。

【机关作风建设】 制定下发《关于市

直机关基层党组织和党员干部在深入开展“进万家门、知万家情、解万家忧、办万家事”主题实践活动中发挥表率作用的通知》,引导各级机关党组织开展“三结对三服务”“万名党员干部进社区、进家庭”“下基层、解民忧、办实事、促发展”等主题活动。“四个万家”活动开展以来,市直机关建立处级以上党员干部联系点3297个,联系户6678户,到基层、下属单位开展调研走访及结对共建活动5429场次,结对帮扶困难党员干部群众26852人次,收集意见建议5724条,协调解决基层和群众实际困难和问题4417个,化解矛盾纠纷1658个,提供帮扶资金9433.138万元。成立市委市直机关工委贯彻中央“八项规定”及实施细则督促检查工作领导小组,对105个市直单位践行“八项规定”、反对“四风”情况进行督查。

【群团组织工作】 开展省、市级劳模推荐评选工作,推荐、获评省级劳模2人,市级劳模12人。指导基层群团组织开展换届选举。开展市直机关在职干部职工医疗互助工作,111家市直单位和3个城区共31360名在职党员干部职工参加互助活动。全年工委帮扶慰问困难党员528人,落实帮扶慰问资金110.68万元,其中医疗互助慰问106人,慰问资金89万元。

【“道德讲堂”建设】 开展“身边人讲道德”专场活动,组织机关干部职工1.5万多人次参与第四届全国道德模范网络投票评选活动。推动市直各单位利用“道德讲堂”、单位宣传栏和局域网,开展机关“道德讲堂”建设活动。全年市直各单位建立道德讲堂170多个,举办道德主题宣讲1300多场,13.5万多人次参加。

【志愿服务活动】 结合开展纪念“向雷锋同志学习”活动50周年,在市直机关组织开展“雷锋精神走进新农村”“关爱山川河流 建设美丽福州”等主题学雷锋志愿服务活动,全年各单位开展志愿服务活动753场,17379人次参加。组织市直机关103支共产党员志愿者服务队、6500多人次党员志愿者开展环境整治、秩序维护、文明劝导等志愿服务活动。持续开展“我为党旗添光彩”无偿献血活动,600多名党员干部献血22万多毫升。

(张洪新)

信访工作

【概况】 2013年,福州市加强信访矛盾纠纷排查,下发《关于进一步采取有力措施深入推进信访积案化解工作的通知》《关于对信访积案办结化解实行挂钩联系督导工作的通知》等文件,并开展领导干部接访下访活动,督促相关部门化解信访积案,全年信访态势保持平稳。

【畅通诉求渠道】 市信访局接待群众来访3215批8689人次,办理国家投诉办转办件773件、“省长信箱”邮件2771件,群众来信6812件次,群众来访、来信、来邮总量比增2.63%。“12345”平台批转、审核群众网络诉求件26.12万件次,比增14.21%,群众基本满意率95.8%。

【排查化解信访矛盾】 *矛盾纠纷排查* 在各重大政治活动及重要节点前,市信访局牵头围绕矛盾纠纷集中的征地拆迁、房屋“两权证”、劳动保障、村财村务等方面突出问题和未化解的信访积案,开展排查梳理。市、县两级信访部门对排查出的突出信访问题,逐案明确责任主体、落实领导包案,督促相关责任单位逐案分析,研究解决办法。

信访“路线图”工作 全市各级信访部门、职能部门按照《信访条例》和处理信访事项“路线图”的要求,办理群众信访事项。全年登记办理群众信访事项2.86万件次,受理1.43万件,年内办结化解1.4万件,占总量的98.1%,居全省第三位。

信访积案化解 省信访联席办交办福州市456件信访积案,市信访联席会议分解交办各县(市)区、市直有关单位,并下发《关于进一步采取有力措施深入推进信访积案化解工作的通知》。市信访联席办、市信访局印发《关于对信访积案办结化解实行挂钩联系督导工作的通知》等系列工作配套文件,加大督促督办力度。10月下旬,全市抽调市纪委、市委政法委、市信访局等有关部门组成专项工作督导检查组,对尚未办结息访信访积案和进京非正常上访问题的化解情况进行督导检查。办结化解信访积案395件,办结化解率86.62%。

信访事项评议听证 11月,市信访局印发《关于认真学习借鉴浙江经验做法做好特殊疑难信访事项公开评议工作的通知》,并派督导组对各县(市)区开展信访事项公开评议听证工作进行指导。全市公开评议听证信访事项26件,其中7件多年未化解的信访积案签订息诉息访协议。

【领导接访活动】 健全完善各级领导干部接待群众来访机制,市、县、乡三级党政领导于每月15日、每周一定点接待群众来访。全国“两会”期间,安排全市各级党政领导干部每日接待群众来访,加大矛盾问题化解力度。全年,市、县、乡三级领导1.38万人次参加接访活动,接待群众来访8932批次3.96万人次,受理信访事项7346件,当场调解化解604件,落实责任单位领导包案6742件,年内办结化解7117件,占总数96.9%。

【维护信访正常秩序】 中共十八届三中全会和全国“两会”期间,全市抽调各县(市)区及市直有关部门领导到京开展非正常上访疏导劝返工作。10月,市信访联席办建立进京非正常上访情况“点对点”通报机制,督促有关责任单位落实化解、疏导、处置责任。省、市重要活动期间,市信访局牵头各县(市)区加强活动场所及省委、省政府周边的信访值班巡查,配合开展非正常上访群众的疏导劝返工作,维护正常信访秩序。

(邱长新 叶 智)

老干部工作

【概况】 2013年,福州市县两级老干部局服务管理老干部2644人,其中离休干部1765人(抗日战争时期参加革命工作的237人、解放战争时期参加工作的1528人),厅级退休干部64人,“5·12”退休干部815人。年内组织开展“联百家人、进百家门、暖百家情”主题实践活动,走访慰问100名享受地专级待遇离休干部和100名特困离休干部及29名结对挂钩的离休干部。

【保障老干部待遇】 政治待遇 全年召开通报会、学习报告会、座谈会527场,参加人数3万人次;举办各类读书班、培训班112场,参加人数3395人次;组织297批次近1万人次离退休干部参观考察活动;调整30个离退休干部党建工作联系点。组织离退休干部代表参加市政府考察城市环境综合整治成果活动,组织市直1000多名离退休干部参观重点项目工程。6月25日,开展“榕城夕阳红、共筑中国梦”主题活动。

生活待遇 调整提高全市离休干部高龄护理费和企事业单位“5·12”退休干部一次性抚恤金发放标准,调整离休干部无工作遗偶定期定额生活补助标准,推动市财政每年增加155万元调整提高市直企业离休干部、“5·12”退休干部公务费标准,分批次走访慰问10个省市49名异地安置的离休干部及离休干部遗偶,全年主要节日走访慰问老干部及老干部遗偶3255人次,发放慰问金(品)242万多元,为市直单位187名离休干部无工作遗偶发放慰问金及医疗补助30万元。鼓楼区、闽侯县把每月1日作为老干部亲情联系日,福清市实现离休干部看病就医与省级、福州市级以及福清本市公立医院门诊、住院结算联网;市总工会机关39名青年干部与96名机关离退休干部结成帮扶对子。全年处理老干部信访件21件,办结率100%。

【发挥老干部作用】 全年市级老领导提出意见和建议84条,市直有关部门均予以整改反馈;市老干部民生工作志愿督导组开展明察暗访493次,提出意见建议186条,提交专题调研报告25份。各级关工委组织222个“五老”报告团3947名宣讲员深入学校宣讲“中国梦”。离休干部杜进兴制作的多媒体课件《我的中国梦》,得到国家关工委、省关工委肯定,并入选全省中小学思想道德建设辅助教材。全市26807名“五老”人员义务担当“六大员”,建立关爱工作团(组)1262个,关爱基金50个,累计基金1741多万元,资助贫困学生5700多人,发放助学金549.4万元。退休农业老专家举办食用菌和果树种植、畜牧养殖、兽医培训班9期,培训农林技术骨干270人次,推广农村实用技术22项。

【学习活动阵地建设】 老干部活动中心 召开全市创建省级示范性老干部活动中心推进会,组织部署开展创建省级示范性老干部活动中心工作。福州市、福清市、长乐市老干部活动中心通过评审验收,被省委老干部局授予省级示范性老干部活动中心称号。

老年大学 全市有老年学校2388所,老年学员18.02万人,占全市老年人口的20.98%。年内市老年大学通过省级示范校考察评审,鼓楼区、闽侯县、永泰县、闽清县成立老年大学协会;召开全市基层老年教育工作经验交流会。

【丰富文化生活】 12月17—27日,举办福州市老干部暨老年大学文化艺术节,省直、市直、县(市)区老干部工作系统23个单位参加,参演团队41支。组织市直单位离退休干部老年节登山活动。市老干部合唱团应邀赴台参加首届“两岸相拥,欢歌共享”老年合唱节演出获金奖。市老年大学戏剧系闽剧艺术交流团赴台开展文化交流活动,艺术团自创的舞蹈《海峡情丝》在全国老年大学第三届文艺汇演上获银奖。霞光画院编撰《榕台历代名人书画作品选——翰墨留韵》,收集榕台两地历代名人作品218件。

(李 敏)

党校工作

【概况】 2013年,中共福州市委党校发挥干部培训的主渠道作用,举办各种轮训班、培训班、专题研讨班等89期,受训学员9600多人次,完成各类培训任务。

【教学工作】 创新教学内容和方法 新开发教学专题30个,在“理论教育”单元,新开设《中国梦与中国特色社会主义》等专题;“党性教育”单元调整为“党性与群众路线教育”单元,开设《坚持党的群众路线,切实转变工作作风》等专题;“知识教育和能力培养”单元新开设《网络舆情与引导》等专题;“福州经济社会问题研究”新开设福州新区开放开发、产业结构调整、新型城镇化建设、社会和谐稳定、民族宗教政策专题。主体班所有讲授式教学实行“2+X”教学模式,即教师课堂讲授2小时,留出一定的时间由学员提问、教师解答。新增加现场教学基地3个,选听课程调整达30%以上。

创新教学组织模式 探索推行课题组研究式教学,学员按选择的调研课题组成课题组,每个课题组配上指导教师,指导制定调研方案,参与课题调研,评定调研文章成绩。将项目制的教学组织形式,引入所有的专题研讨班,部分常规主体班也开展阶段式项目制教学。继续实行分段式的培训模式,其中培训类班次以提高理论素质为重点,开展“党校+重点高校”的分段式培训;进修类班次以提高实践能力为重点,开展“党校+先进城市”的异地办班。完善理论学习和外派挂职锻炼相结合的办班模式,举办第二期市挂职干部培训班。

【科研工作】 全国行政学院科研合作课题7项,立项3项。省委党校中特理论研究基地申报26项,获得立项17项。市中特理论体系基地课题申报13项,获得立项13项,市委党校连续8年为市基地课题立项数最多的单位。省党建学会课题和市党建办课题各申报3项,均获立项。

【信息化建设】 围绕整合校内办公系统、改造网络基础设施、建设中心控制室和校园动态展示系统4个方面,开展智慧校园建设。推广教学评估无线采集系统,与福州移动公司共建福州市委党校移动手机短信平台系统。推进视频点播平台录像资源的录制、上传和日常管理维护工作。

【队伍建设】 选派5名干部参加各类主题班学习，安排1名教师到基层跟班调研半年，选派1名教师赴北京大学进修学习一年，选派2名教师参加专题研讨班赴台培训，安排18名教师外出学习考察。调整兼职教师队伍，新选聘一批省市内外专家学者、党政领导干部、企业管理人员等担任兼职教师。

组织开展“制度建设年”活动，健全岗位工作职责，规范工作流程。修订《关于加强值班工作的若干规定》，制定《工作人员效能问责办法》。

（王鹏丽）

政策研究

【概况】 2013年，中共福州市委政策研究室编发《福州政研专报》11期，《福州调研》73期，《闽都通讯》12期，《决策参考》24期，《福州城市科学》4期；起草市委重要文件8份，完成市委重点调研课题7项，撰写调研报告、署名文章、领导讲话等重要文稿45篇；编印《2012年福州调研文集》。

【课题调研】 年内市委政研室完成《深化我市行政审批制度改革的调研报告》《进一步深化市属国企改革的调查研究》等7项课题研究。围绕市委领导关注的重点问题、基层和群众关心的热点问题，开展调查研究：根据未来福州发展目标及定位，撰写《福州、台北两地经济总量比较与测算》；结合开放型经济和海上福州建设，提出《培育具有自由港特色的福州江阴海港新城的建议》；汇总摸底全市22个市级以上开发区的情况，提出《开发区整合提升的建议》；梳理上海自贸区政策，提出《借鉴运用上海自贸区的成功经验和政策措施、加快推进福州新区开放的建议》。完成《关于完善和发展党领导下的基层群众自治制度的思考》《关于福州市加快建设智慧旅游城市的思考》等调研报告。

组织协调全市重点课题调研，督促各重点课题牵头单位、责任单位制定调研计划，推进课题研究。组织开展“新形势下加强党员干部队伍思想作风建设的研究”“加快推进城乡一体化发展的研究”“实现‘两个同步’提高幸福指数的研究”“加强基层社会管理和服务体系建设的研究”“福州市惩治和预防腐败体系建设研究”等11个市领导牵头负责的重点课题和“进一步推进福州经济技术开发区跨越发展的研究”“建设美丽乡村研究”等13个市直部门承担负责的重点课题调研工作。

【调研成果转化】 推动调研成果吸收转化为市委工作举措和政策性文件。吸收闽江口金三角经济圈多次调研和座谈会的对策建议，结合市委、市政府战略部署，起草《关于推进福州新区开放开发在更高起点上加快建设闽江口金三角经济圈的意见》。起草《进一步加快县域经济发展的实施意见》，加快推进新型城镇化的有关工作。参与起草《中共福州市委关于深入学习贯彻习近平总书记一系列重要讲话精神的通知》《中共福州市委关于贯彻党的十八届三中全会精神全面深化改革的若干意见》《2014年福州市深化重点领域改革要点》等文件。组织开展2014年工作思路调研，起草形成《福州市2014年工作思路》，并在此基础上完善形成《中共福州市委2014年工作要点》。

【决策服务】 围绕国内外经济社会形势发展最新动态，收集整理对福州工作有参考启迪作用的各类信息，推进《决策参考》编发工作。根据阶段性工作重点和形势需要，突出领导关注焦点，推出“县域经济发展”“群众路线教育”“各地贯彻落实十八届三中全会决定的意见”等专题。

【文稿服务工作】 牵头或参与撰写《立足协同融合，着力构建军地应急指挥体系》等市委主要领导署名文章，参与起草市委主要领导在全市第三季度经济形势分析会、市委常委（扩大）会传达三中全会精神等重要会议上的讲话或参阅材料。

参与市委十届六次全会宣传工作，联合福州日报社举办推进福州新区开放开发、在更高起点上加快建设闽江口金三角经济圈等重大决策部署的座谈会，组织市直单位研讨，并在《福州日报》开辟专栏刊发各单位学习体会和工作举措系列文章。

参与市委领导专题调研活动，承办福州新区调研、行政审批制度改革、国企改革座谈会等多场市委领导召集的工作会议。

（周耿忭）

保密工作

【概况】 2013年，召开保密工作会议4次。与福州市委台办联合召开海峡论坛保密工作会议，部署海峡论坛期间的保密工作；开展保密工作“调查研究年”活动，收到保密调研文章60多篇；向社会公开招聘录取专业技术检查人员，福清市、连江县分别新增技术检查人员。

【保密管理】 2012年12月24日—2013年1月18日，分别对全市12个县（市）区和76家纳入绩效管理范围的市级机关单位进行保密工作绩效考评。6月，市委、市政府下发《关于印发〈福州市2013年度县（市）区及市级机关单位绩效管理工作实施方案〉的通知》。7月，召开专门会议，分析总结上年绩效考评工作，并根据2013年市委保密委工作要点和省保密局的工作部署，调整绩效考评细则。12月，召开年终保密工作绩效管理测评会议，部署年终保密工作绩效考评工作。

【技术防护】 3月，下发《关于做好保密技术防护专用系统配备工作的通知》，要求全市各级各单位涉密机安装配备“三合一”系统，至11月，有27家单位涉密计算机安装该系统。为提高福州市防止外网泄密预警水平，申请安装“互联网检查监控系统”，该系统安装经费列入2014年福州市政府信息化项目。8月，国家保密局涉密网测评审批督导调研组到榕督导调研福州市涉密网络测评审批开展情况。年内完成全市内网安全监控系统安装配备工作，至11月，阻断违规外联99家单位117台次。

【监督检查】 4月,下发《关于进一步加强国家统一考试保密工作的意见》;5月,协同市教育、公安、监察等部门对全市各考点的保密室、考场的保密工作进行专项保密检查。5月,组织涉外保密检查组,对12家"海交会"重点单位进行涉外保密宣传检查。7月,组织开展政府信息公开保密审查专项检查工作。7—9月,组织开展保密普查工作,102个市直单位和12个县(市)区共1018个单位全部按规定完成保密普查任务。市保密局与市国土资源局联合开展涉密测绘资料的专项检查,与市委办公厅配合对市直单位清退文件丢失等问题进行督查。对参与首届海峡两岸青年节的单位、自愿者200多人进行保密知识培训。年内市保密局查处4起国家保密局和省保密局通报案件。

【宣传教育】 9月,举办新修订保密法实施3周年宣传月活动,市保密局在各县(市)区委党校、市直机关单位、武警等部门举办保密知识专题讲座。12月,举办福州市保密干部全员培训班,对全市315名保密专兼职干部进行培训,并进行结业测试。年内全市通过广播(电视)宣传保密法311次,观(听)众160多万人次;出墙报、黑板报等专刊473期,悬挂宣传标语2120多条;组织机关干部职工学习825场1.91万人次,发放保密宣传材料2.35万份;召开保密工作会议654场,1.64万人次参加;在党校、行政学院或中小学校举办保密教育课59次,6600多人次参加;举办保密培训班87期,8700多人次参加。全市征订《保密工作》杂志2201份,各级各单位组织学刊用刊知识测试人数8928人次。全年向福建省国家保密局报送信息70多篇,被省局评为2013年度全省保密宣传报道暨信息报送工作先进集体。

(陈云娟)

7月24日,中共福州市委保密办、福州市保密局在市委礼堂召开2013年全市保密普查工作会议 (市保密局 供)

党史研究

【概况】 2013年,中共福州市委党史研究室参与完成9处革命遗址的保护和开发利用,协助完成龙山堂革命遗址暨闽赣省委旧址的陈列馆布展,开展红色文化调研3次。支持连江县、罗源县开展"申苏"工作。6次赴闽清县东桥镇官圳村调研,帮助协调25万元水利设施建设经费和其他新农村建设项目。启动党史正本二卷编纂,开展纪念毛泽东诞辰120周年征文活动。召开3次全市党史研究室主任会议,编辑出版《福州党史》(5期)。

【党史专著】 组织编纂《中共福州地方史(1949—1978)》,并参加省委党史研究室举办的业务骨干培训班,确定完成时限和落实措施。4—12月,与市委市直机关工委、市委党校联合举办"纪念毛泽东同志诞辰120周年理论研讨会"论文征集活动,并汇编成集。督导各县(市)区党史部门推进本级党史基本著作的编纂,年内《台江区党史大事记(2000—2012)》初稿完成并送省委党史研究室审阅,出版《福清市委重要文件汇编(1985—2012)》《长乐市历届党代会资料汇编》《闽侯县委大事记(2001—2012)》《连江县第十二次党代会资料汇编》《中共闽清县地方史大事记(1978—2006)》《中共永泰县地方史大事记(2005—2012)》等著作。

【革命遗址保护利用】 推动永泰县洑口乡紫山村龙山堂革命遗址保护开发,7—10月,3次赴实地调研、勘察闽赣省委旧址,拟定《关于永泰县洑口乡紫山村龙山堂中共闽赣省委旧址修缮保护与开发利用方案》,组织到闽赣省委战斗过的尤溪、将乐、宁化、建宁、黎川等地搜集整理相关史料、遗物,选聘设计公司进行布展设计。开展革命遗址调研,为福州市党史教育基地授牌作准备。指导中共闽浙赣省委太平山联络总站陈列馆布展。协调三坊七巷管理委员会就新四军驻福州办事处遗址改造建设福州市抗日战争纪念馆问题进行调研论证。支持连江挖掘开发透堡红色旅游系列项目,发挥革命遗址保护利用价值。

【红色文化开发】 4月12—19日,陪同省委党史研究室赴闽清县、长乐市、连江县、罗源县等地开展红色文化调研,考察中共闽清县委机关驻地——刘忠瑶故居旧址、福建协和大学城工部地下党旧址等11处革命遗址遗迹,参观长乐营前街道城镇化建设、连江红色文化长廊建设和罗源滨海新城建设情况。4—11月,完成中国红色旅游系列丛书国家卷和省卷本中福州市红色旅游景点景区及重要的绿色景点景区材料的收录、编排、审核和上报。6月28日,与市老促会、市老区办在马尾区琅岐镇南兜村联合举办讲党史、迎"七一"建设美丽老区活

8月30日，召开福州市党史研究室主任会议　（市委党史办　供）

动。指导并参加10月22日在连江县举办的“红色连江——书画剪纸作品展”。

【“申苏”工作】　支持连江县、罗源县开展申报“中央苏区县”工作，走访省委党史研究室，搜集并上报史实材料。7月，中央党史研究室正式向国家发改委发文，明确连江、罗源两县与闽东所辖的9个县均作为国家第三类苏区县，比照一类中央苏区县享受国家制定的有关扶持政策。

【党史刊物】　编辑出版《福州党史》季刊4期和增刊1期，发表文章102篇47.5万字。不定期编印《福州党史信息》内刊8期，每期印数151份；编发信息12条，均被省委党史研究室采用。征订《福建党史月刊》1991份，名列全省第一名。

（吕南勋）

档案工作

【概况】　2013年，福州市有各级综合档案馆13个，专业档案馆3个，专职工作人员188人。全年接收档案324256卷（册）、14026万件；接收政府公开信息文本15275份，其中福州市档案馆接收4435份。全市档案馆馆藏总量5824246卷（册），其中福州市档案馆馆藏总量429594卷（册）、26765件。市档案局举办全省档案人员持证上岗培训班和档案专业人员继续教育培训班等培训活动，培训档案工作人员293人次。

【档案规范管理】　档案执法检查工作　市档案局参与省档案局组织的乡镇档案执法检查工作，对闽侯县南通、祥谦、青口等乡镇开展档案执法检查。鼓楼区、长乐市、罗源县档案局开展档案年度执法检查工作。

档案法制工作　各级档案部门开展档案“六五”法制宣传教育活动，组织干部参加全省行政执法资格考试；组织开展“档案在你身边”系列法制宣传活动；组织干部参加省档案局举办的宣传贯彻《档案管理违法违纪行为处分规定》培训；开展档案执法工作和档案管理专项督查，预防档案管理违法违纪行为发生。

档案服务机构备案工作　市档案局完成15家档案服务机构申报备案书面材料审查和现场核查工作，颁发“福建省档案服务机构备案证书”。

“三重”档案工作　加强对“三重”（重要会议、重大活动、重点建设项目）档案进行监督、检查和指导。市档案局参与第一届全国青年运动会档案工作；开展“5·18”海交会、第八届两岸青年联欢节暨2013年海峡青年节等重大活动档案的监督指导工作；派员进驻市委办公厅加强市委重要会议、重大活动等重要档案的收集工作。

【档案开发与利用】　档案资源建设　市档案馆接收福州海峡奥体中心、三环沿路、两江四岸等福州城市建设影像档案并导入“三重”档案专题数据库；鼓楼区档案局接收福州西客站建设专项档案和鼓楼区第十一次人大代表大会照片档案；台江区档案馆接收《福州市上下杭文化遗产保护规划》《福州市上下杭、苍霞、太平汀州城市设计及修建性详细规划》《上下杭历史文化街区保护规划》《福州市区优秀近现代建筑保护规划》等12卷册档案资料，建立民俗民生、城市建设影像档案专题数据库；马尾区档案馆接收2013年“两马闹元宵”重大活动文书档案29份及照片档案58张。

档案信息化建设　市档案局申报的“福州市政务电子文件档案接收管理中心”项目列入2013年“数字福州”建设项目，总投资299.53万元，为全省首家获批列入数字建设的政务电子文件档案接收项目。长乐市依托长乐政务网，实现长乐档案信息网与市直单位网站文件、档案资源共享。全市各级档案馆开展馆藏档案全文扫描工作，优先实施党政机关、民国档案以及利用频繁的民生档案数字化扫描。

档案编研工作　市档案局编辑出版《福州市古村镇历史与文化》；仓山区档案馆联合区方志办策划汇编《仓山区志（1990—2005年）》图书档案篇。

档案服务工作　全市各级各类档案馆接待社会各界查档利用10.36万人次，提供档案资料50921卷（册），其中市档案馆接待查档6338人次，提供利用档案12136卷（册）。市档案馆多次向市委提供习近平、贾庆林、王兆国等党和国家领导人照片及文书档案，为“福州国际招商月20年回顾展”提供档案187卷，为省信息化局编纂《福建省信息产业志》提供原福州市电子行业相关企业的档案519卷；连江县档案馆向县委办提供习近平到连江考察、“3820”工程和闽江口金三角经济圈建设等档案资料。

档案库馆建设　闽侯县档案馆新馆进入搬迁阶段。福清市档案新馆完成项目主体工程；马尾区档案馆新馆桩基工程完工；连江县计划在县行政中心规划内按国家一类标准新建档案馆，已进入设计阶段；罗源县档案馆项目计划建成县级二类综合档案馆。

【新农村档案工作】 3月,在福清市召开全省创建全国社会主义新农村建设档案工作示范县推进会,总结推广福清市创建工作经验;连江县档案局在凤城镇金安、凤园社区,敖江镇青塘村指导社会主义新农村建设档案工作;晋安区档案局落实专人负责行政村的建档工作。

【民生档案工作】 晋安区、福清市、长乐市、闽清县、闽侯县、连江县、永泰县等10个社保经办机构的社会保险业务档案管理被评为省优秀等级;鼓楼区档案局将3500多卷婚姻登记档案接收进馆并进行数字化扫描;连江县档案局开展民生档案工作试点,将县人武部1951—2010年退役军人个人档案12246卷全部接收进馆。

【档案宣传工作】 1月,市档案局开通"福州档案"政务微博。6月9日,全市各级档案馆首次在全市范围内开展以"档案在你身边"为主题的纪念"6·9"国际档案日宣传活动,市档案馆首次向市民开放档案库房;鼓楼区、台江区、仓山区、长乐市、福清市、闽清县档案局在当地广场、街区、公园、体育场等中心场所发放档案宣传资料,提供现场咨询。

(李爱娟　陈　辉)

民族宗教工作

【概况】 2013年,福州市出台《中共福州市委　福州市人民政府关于加快少数民族乡村发展的意见》,支持少数民族乡村发展,长乐琴江满族村入选中国第一批传统村落名录。开展全市依法登记宗教活动场所大调研,完成教职人员认定备案58人,2个宗教活动场所和1名宗教界人士获评全国创建和谐寺观教堂先进集体和先进个人。

【少数民族乡村发展】 4月27日,出台《中共福州市委　福州市人民政府关于加快少数民族乡村发展的意见》,从资金、技术以及挂钩帮扶制度等方面支持少数民族乡村发展。全年落实民族村村级运转保障补助资金820万元,专项用于保障全市82个民族村村级组织日常运转(每村各10万元);落实5个因新设立或异地造福工程搬迁而未建村部的民族村市级村部建设补助经费90万元。落实民族文化经费94.5万元,用于各民族村的非遗项目挖掘、整理和研究。争取省级民族扶持专项资金400多万元,扶持民族乡村发展特色经济和基础设施建设。下拨22万元指导民族寄宿制中小学开展改扩建工作。下拨9万元帮助高山族群众改善生活和生产条件。协调推进23个民族自然村28.8公里公路建设,20个民族自然村建成通村水泥路24.4公里。全年帮助地处偏远的民族自然村少数民族群众197户786人实现造福工程搬迁。指导8个民族村发展苗圃、茶叶、食用菌、生态养殖、蔬菜种植、毛竹垦复等"一村一品"经济项目。指导罗源、连江和永泰6个少数民族村参与2013年全市新农村建设百村竞赛。长乐琴江满族村入选中国第一批传统村落名录。协调帮扶21名少数民族学生至大学毕业。连江县文化馆东方红艺术团的畲族说唱节目《山哈结婚难离哩》获第五届全国少数民族曲艺展演二等奖,该次参展是畲族艺术首次参加全国少数民族曲艺展演;连江县畲族代表队在2013年海峡两岸各民族欢度"三月三"节暨福建省第二届"三月三"畲族文化节"山哈杯"民歌赛中获原创二等奖。

9月13日,举办民族文化展演活动　(市民宗局　供)

【民族团结进步创建工作】 在《福州日报》开设走进民族乡村宣传专栏。组织开展知识问答、制作展出民族工作特色展板、开展法制宣传教育现场咨询、举办少数民族传统民族文化展演晚会等活动。选定鼓楼区鼓西街道西湖社区和台江区滨江社区作为民族团结进步创建活动试点社区,探索新形势下城市民族工作特别是外来流动人口中少数民族群众的服务和管理工作机制。协调帮助2名东羌族外来务工人员解决子女在长乐市就近入学问题。9月13日晚,在西湖公园东侧小广场举办少数民族传统文化展演活动,1000多名少数民族群众和社区居民参加。

【宗教事务管理】 创建和谐寺观教堂　全年召开8场宗教界人士务虚座谈会,探讨宗教自身建设和管理、规范"教风"等问题。5—9月,开展宗教活动场所大调研,检查调研全市1200多处已登记的宗教活动场所,并向市委、市政府作《关于我市宗教工作情况调研的报告》。全市2个宗教活动场所和1名宗教界人士被评为全国创建和谐寺观教堂先进集体和先进个人。

宗教教职人员认定备案　全年认定备案58名宗教教职人员。道教界选送6名道教人士赴江西龙虎山天师府授箓为正一派道士。至年底,福州市道教界有授箓道士39人。

宗教界自身建设　9月23—29日，与清华大学联办宗教界人士第二期高级研修班，50名宗教界代表人士和中青年教职人员赴京参训。选送16名宗教界中青年骨干赴华东神学院和福建神学院接受宗教学历教育。指导成立仓山区佛教协会、晋安区道教协会。

参与社会公益慈善事业　9月17日，启动以“公益助学　五教同行”为主题的宗教慈善周助学活动，全市各宗教团体、宗教活动场所共同设立常态化公益慈善助学项目，从2014年开始定向捐助少数民族贫困学生。引导宗教界人士走访慰问低保户、残疾困难群众40多户，义诊群众600多人。

【宗教文化宣传与交流】　出版《闽都文化》宗教文化特刊　组织宗教界人士、专家学者和民族宗教干部，编写并出版《闽都文化》宗教文化特刊。全书分宗教人物、理论研究、史海钩沉、文化漫谈和随笔走廊等5个专题，宣传展现福州市宗教历史文化特色和宗教研究成果。完成宗教文化宣传片拍摄工作。

“和谐之声”宗教宣讲品牌　以“和谐讲坛”为平台，邀请宗教界代表人士举办20场次宗教知识专题讲座，全市民族宗教系统干部和相关部门参与活动。

指导宗教界开展对外交流　指导市佛教协会参加2013年中国福州国际佛事用品展览会，举办福州寺院风光摄影展；指导旗山万佛寺与韩国天台宗金世运大和尚开展茶道、禅道的交流活动；指导道教界人士组团参加首届澳门陈靖姑文化节，指导晋安区、罗源县分别成立福州白马王文化研究会和陈靖姑文化研究会；指导罗源县凤山天后宫举办海峡两岸妈祖文化交流活动，台湾北港朝天宫妈祖金身分灵安座罗源；指导泛船浦天主教堂开展美国新泽西州纽瓦克教区荣休蒙席江绥神父参访和共祭弥撒活动；指导福州市基督教两会唱诗班赴塞尔维亚尼什参加第三届埃迪茨特音乐节。

（郭莉萍）

（编辑　黄　铭）

综　　述

2013年,福州市人大常委会审议地方性法规草案5项、通过4项,开展立法调研9项;开展执法检查4项、专题询问2项,听取审议"一府两院"专项工作报告24项,备案审查规章和规范性文件27件;作出决定、决议9项;依法任免国家工作人员83人次。

组织办理代表议案、建议。对市十四届人大二次会议主席团交付审议的3件议案和代表提出的512件建议,分别交由市人大常委会有关工作委员会、市政府、市中院、市检察院和有关组织(单位)办理。代表对建议办理情况表示满意或基本满意的499件,占总件数的97.5%。

重要会议

【市十四届人民代表大会第二次会议】 1月5—9日在福州海峡国际会展中心举行,出席会议代表451人,出席市政协十二届二次会议的全体委员、市政府组成人员和市直机关团体负责人列席会议,20名公民旁听大会。

会议听取市长杨益民作《福州市人民政府工作报告》、市发改委主任关瑞祺代表市政府作《关于福州市2012年国民经济和社会发展计划执行情况及2013年计划草案的报告》(书面)、市财政局局长林恒增代表市政府作《2012年预算执行情况与2013年预算草案的报告》(书面)、市人大常委会主任周振华作《福州市人民代表大会常务委员会工作报告》、市中院院长许先丛作《福州市中级人民法院工作报告》、市检察院检察长叶燕培作《福州市人民检察院工作报告》。经审议,会议决定批准上述6项工作报告。会议选举产生福建省第十二届人大代表98人,报福建省第十一届人民代表大会常务委员会代表资格审查委员会。

【市十四届人大常委会会议】 第九次会议　2月25日召开。会议审议市人大常委会主任会议关于提请审议《福州市人大常委会2013年立法计划(草案)》的议案;审议《福州市历史文化名城保护条例(草案修改稿)》;听取和审议市十四届人大二次会议主席团交付市人大常委会审议的代表提出的3件议案办理意见的报告,并作出相关决定;听取市人大常委会评议公安(边防)派出所工作领导小组关于评议公安(边防)派出所工作情况的报告,作出《福州市人民代表大会常务委员会关于授予2011—2012年度"人民满意派出所"荣誉称号的决定》;听取市政府关于大气污染防治工作情况的报告。会议还进行人事任免。

第十次会议　4月25—26日召开。会议传达学习十二届全国人大一次会议精神;听取市政府关于加强公共卫生服务体系建设、推进生态市建设、社区戒毒社区康复、营业税改增值税试点、温泉管理、贫困归难侨生活保障、"校安工程"开展落实等工作情况的报告;审议《福州市城市内河管理办法(草案修改稿)》;审议通过《福州市消防管理若干规定》,报请省人大常委会批准颁布施行;听取和审议市政府关于职业技能培训工作情况的报告。会议还进行人事任免。

第十一次会议　6月26—28日召开。会议对推进生态市建设、加强公共卫生服务体系建设等工作进行专题询问;听取和审议市政府关于城乡环境综合整治、2012年市本级决算(草案)、2012年市本级预算执行和其他财政收支情况的审计工作报告;听取市政府关于食品安全工作开展情况的报告;听取和审议市人大常委会执法检查组关于《福州市人民代表大会常务委员会关于加强人民检察院对诉讼活动的法律监督工作的决议》《福州市城市园林绿化管理办法》《福州市河道采砂管理办法》执法检查情况的报告;审议通过《福州市历史文化名城保护条例》,报请省人大常委会批准颁布施行;审议《福州市人民代表大会常务委员会任免国家机关工作人员条例(草案)》《福州市人大代表联系原选举单位和人民群众工作制度(修订草案)》;补选省十二届人大代表。会议还进行人事任免。

第十二次会议　8月28—30日召开。会议传达学习市委十届六次全会精神;听取和审议市政府关于2013年1—7月国民经济和社会发展计划执行情况的报告、2013年1—7月市本级预算执行情况的报告；审查批准市政府关于2013年地方政府债券资金分配方案；听取和审议市政府关于旧屋区改造、非物质文化遗产保护与传承等工作情况的报告；听取和审议市中院关于基层人民法院建设工作情况的报告；听取和审议市检察院关于民事行政检察工作情况的报告；听取和审议市人大常委会执法检查组关于《福建省少数民族权益保障条例》执法检查情况的报告；审议《福州市茉莉花茶保护规定（草案）》；审议通过《福州市城市内河管理办法》《福州市人民代表大会常务委员会任免国家机关工作人员条例》，报请省人大常委会批准颁布施行；审议市人大常委会代表资格审查委员会关于个别代表的代表资格终止的报告。会议还进行人事任免。

第十三次会议　10月30—31日召开。会议听取市政府关于为民办实事、台胞投资权益保障、创新型城市建设等工作情况的报告；听取和审议市政府关于重点项目建设、无物业小区整治等工作情况的报告；审查批准2013年市本级预算调整方案；听取和审议市人大常委会、市政府、市中院、市检察院关于市十四届人大二次会议代表议案办理情况的报告；审议《福州市茉莉花茶保护规定（草案修改稿）》。会议还进行人事任免。

第十四次会议　12月2日召开。会议审议市人大常委会主任会议关于提请审议《福州市人民代表大会常务委员会关于召开福州市第十四届人民代表大会第三次会议的决定（草案）》的议案。

第十五次会议　12月25—26日召开。会议学习贯彻中共十八届三中全会和省委九届十次全会、市委十届七次全会精神；再次对推进生态市建设、加强公共卫生服务体系建设工作进行专题询问；听取和审议市政府关于福州市国民经济和社会发展第十二个五年规划纲要实施情况的中期评估报告；听取福州市第十四届人民代表大会第三次会议筹备工作情况和会议安排意见的报告；审议福州市第十四届人民代表大会第三次会议日程（草案）、《福州市人民代表大会常务委员会工作报告（稿）》、福州市第十四届人民代表大会第三次会议有关人员名单（草案）、福州市第十四届人民代表大会第二次会议主席团交付市人大常委会审议的代表提出的3件议案办理情况的综合报告（草案）、福州市第十四届人民代表大会第二次会议代表建议、批评和意见办理情况的综合报告（草案）。会议还进行人事任免。

地方立法

【修订福州市消防安全管理若干规定】

市十四届人大常委会第六次和第十次会议分别于2012年8月和2013年4月对该规定草案进行二审、三审。4月26日，市十四届人大常委会第十次会议通过《福州市消防管理若干规定》，报请省人大常委会批准。5月30日，省十二届人大常委会第三次会议批准，由市人大常委会颁布于8月1日起施行。修改后的规定对公共消防设施建设、火灾预防和隐患治理、建设工程防火设计、农村消防安全管理、火灾调查处理机制等作出明确规定。

【修订福州市历史文化名城保护条例】

市十四届人大常委会第九次和第十一次会议分别于2月和6月对该条例草案进行二审、三审。6月28日，市十四届人大常委会第十一次会议审议通过该条例，报请省人大常委会批准。7月25日，省十二届人大常委会第四次会议批准，由市人大常委会颁布于10月1日起施行。修改后的条例创设保护名录制度，明确管理体制、保护内容、保护措施，强化保护规划等内容。

【修订福州市城市内河管理办法】　8月30日，市十四届人大常委会第十二次会议审议通过《福州市城市内河管理办法》，报请省人大常委会批准。9月27日，省十二届人大常委会第五次会议批准，由市人大常委会颁布于12月1日起施行。修订后的办法理顺内河管理体制，加强内河范围内工程建设的管理，规范内河雨污排放口设置，明确禁止破坏内河环境行为，加大违法行为的处罚力度。

【审议福州市人民代表大会常务委员会任免国家机关工作人员条例】　市十四届人大常委会第十一次和第十二次会议分别于6月和8月对该条例草案进行一审、二审。8月30日，市十四届人大常委会第十二次会议审议通过，报请省人大常委会批准。9月27日，省十二届人大常委会第五次会议批准，由市人大常委会颁布于12月1日起施行。条例规定人大常委会的任免范围、任免程序、任免人员的监督方式。

【审议福州市茉莉花茶保护条例】　8月，经市政府常务会议研究同意，《福州市茉莉花茶保护条例（草案）》提请市十四届人大常委会第十二次会议审议。10月，市十四届人大常委会第十三次会议对该条例草案进行二审。该条例对福州茉莉花种植、茉莉花茶加工制作、茉莉花茶品牌进行保护。

监督工作

【开展生态市建设专题询问】　4月25日，市十四届人大常委会第十次会议听取市政府关于推进生态市建设工作情况的报告。6月28日，市十四届人大常委会第十一次会议围绕推进生态型经济发展、生态环境体系建设、生态细胞创建等工作，就推进生态市建设情况进行专题询问。12月26日，市十四届人大常委会第十五次会议再次就该项工作情况开展专题询问，了解上半年专题询问有关事项落实及完成情况，并在编制并完善《生态福州总体规划》、建立生态红线管控监督和协调机制、优化产业结构、重点污染行业污染减排监管、饮用水卫生监督、重点流域水环境整治和海洋环境综合整治、城乡环保基础设施建设、“四绿”工程建设等方面提出意见、建议。

【开展公共卫生服务体系建设专题询问】　4月25日，市十四届人大常委会第十次会议听取市政府关于开展公共卫生服务体系建设工作情况的报告。6月28日，市十四届人大常委会第十一次会议就公共卫生服务体系建设工作情况进行专题询问,询问围绕公共卫生应急能力建设、医疗资源规划布局、基层医疗机构建设、医患纠纷处理等热点问题展开。12月26日,市十四届人大常委会第十五次会议再次就该项工作情况开展专题询问,了解上半年专题询问有关事项落实及完成情况,并在公共卫生服务制度建设、财政投入、基层医疗卫生服务、公共卫生服务人才建设、卫生信息化水平、城乡基本公共卫生服务一体化建设等方面提出意见、建议。

【开展《福州市人大常委会关于加强人民检察院对诉讼活动的法律监督工作的决议》实施情况检查】 5月29日—6月5日实施检查。要求检察机关增强监督意识,加大监督力度;审判、公安、司法行政以及有关行政执法部门要正确对待法律监督;完善执法办案信息互通制度;推动行政执法与刑事司法衔接信息平台的良性运转;重视发挥检察建议的作用;继续做好与新的刑诉法、民诉法的衔接,调整、规范新增的诉讼监督职能和程序;加强协作配合,促进依法行政、公正司法。

【开展《福州市城市园林绿化管理办法》执法检查】 5月28—31日实施检查。要求各级政府及相关部门加大宣传力度,提高全社会的爱绿、护绿意识。加强园林规划的引导作用,协调城市园林绿化建设整体规划与整个城市发展建设规划。合理选择绿化树种,构建以常绿树种为主,乔、灌、藤、花、草相结合的多品种绿地。规范养护管理,提高技术人员素质,加强园林绿化从业人员的法规政策辅导和专业技术培训。发挥园林科研所和专业技术人员的作用,推广运用科研成果。加大执法力度,依法查处损绿、毁绿等违法行为。

【开展《福州市河道采砂管理办法》执法检查】 6月6—9日实施检查。要求按照属地管理的原则,加强河砂管理。继续把好编制年度开采计划、许可证审批、河砂销售、采砂运砂船舶管理等环节。根据河势变化和河砂资源分布的实际情况,对可采区作出适当调整。制定机制砂产业发展规划和机制砂应用标准,选好机制砂生产点,并从税收、资金等方面加大扶持机制砂生产。发挥新闻媒体和群众的监督作用,加大对举报人的奖励力度。加强由市水利局牵头,公安、边防、海事、国土等部门参与的联合执法机制,加强执法队伍建设,保障执法经费。加大处罚力度,对非法采砂案件中达到量刑标准的案件依法立案,追究有关人员的刑事责任。

【开展《福建省少数民族权益保障条例》执法检查】 7月31日—8月2日实施检查。督促相关部门尽快拨付帮扶资金,增强民族乡村经济发展的“造血功能”;探索建立“二水源”保护区生态补偿机制,帮助民族乡村实现由生态优势向经济优势转化。大力培养少数民族干部,派驻优秀干部到经济发展滞后的民族村开展帮扶。落实少数民族中、小学生助学金政策,按时配齐民族村卫生所和合格村医,落实村医补贴。建立健全少数民族特色文化的挖掘、整理、研究、保护、传承机制,保护民族文化以及民族乡村的重点文化遗存;建设具有民族特色的民族村落;通过民族文化元素符号的运用,形成发展旅游与促进经济持续发展的良性循环。

6月28日,市人大常委会开展生态市建设专题询问 (市人大常委会研究室 供)

【听取和审议市人民政府关于福州市国民经济和社会发展第十二个五年规划纲要实施情况的中期评估报告】 评估报告从7个方面总结梳理“十二五”规划纲要确定的重大任务实施情况,至上半年,规划纲要提出的经济发展、结构调整、民生改善、公共服务、资源环境五大类共31项主要指标总体实施进展良好。强调要促进工业化和信息化深度融合,提高企业自主研发能力,加大科技资金投入;优先发展高新技术产业,扶持战略性新兴产业,改造提升传统优势产业。重点扶持电子商务、动漫、移动互联网、健康服务等新兴行业,发展壮大海洋新兴产业和海洋服务业,促进服务业与制造业融合发展。加强招商引资工作,完善产业链招商,整合提升各类园区;扩大对内对外开放,发展服务贸易,提高涉台涉侨工作水平。加快建立健全现代产权制度,鼓励发展混合所有制经济,推动国有企业完善现代企业制度,消除非公经济发展的体制机制障碍。加快政府职能转变,深化行政管理体制改革和审批制度改革,推进财税体制改革和政府机构改革,改进绩效考评体系和指标考核方法。推进新型城镇化工作,健全城乡一体化发展体制机制。加快福州新区开放开发,支持新区改革发展先行先试。深化文化管理体制改革,推进社会事业综合改革。提高社会治理水平,巩固提升生态文明建设成果。加强社会保障体系建设,提高社会福利水平,保障社会弱势群体的基本生活。增加居民工资性收入,扩大中等收入群体的比重,缩小城乡、区域、行业之间的收入差距。完善促进就业创业工作机制,加强高层次创业创新人才队伍建设。发展教育、文化、医疗、科技、体育等社会事业，更加注重发展质量提升、资源配置均衡、资金使用效益提高。加大山海协作和对口帮扶力度。加强"十二五"规划实施的组织领导和督促落实，分析各项规划目标任务完成情况，巩固提升已达到或超过序时进度的目标任务，力争完成进度滞后的目标任务，确保完成约束性指标和关系民生改善的重大任务。完成"十二五"下半期各项工作，为制定"十三五"规划奠定基础。

【听取和审议市人民政府关于2012年市本级预算执行和其他财政收支情况的审计工作报告】 要求市政府要做好审计查出问题的整改工作，建立健全由政府督查部门牵头、相关部门配合的整改落实机制；坚持查处问题与完善制度相结合，促进预算管理、审批制度、决策机制等方面的改革；支持推进计算机联网审计、绩效审计。财政部门要加强预算管理，集中有限的资金用于稳增长、调结构、惠民生等重点支出。各相关部门要加强对财务人员的业务培训、财经法纪教育，资金量较大的单位要建立健全内审制度。审计部门要加大对违法违规行为的查处力度；深化预算执行审计，加强对全部政府性资金的审计监督，完善部门决算审签工作，推进全口径预、决算管理；加强对专项资金的跟踪监督和绩效审计。注重对宏观政策落实情况的监督，加大对经济社会发展的突出矛盾和风险隐患的揭示力度，从制度层面上分析问题、提出建议。

【听取和审议市人民政府关于2013年1—7月国民经济和社会发展计划执行情况的报告】 要求市政府及有关部门要把稳增长放在首要位置，强化投资拉动，推动"五大战役"和重点项目建设提速增效，加大"三维"项目对接力度，破解审批、用地、融资等发展难题，促进项目落地、动建、生效。推动产业转型和优化升级，集中力量发展高新技术产业，壮大战略性新兴产业；加快发展第三产业，提升现代服务业比重，发展旅游会展、金融保险、电子商务等产业。进一步简政放权，强化有效服务，优化投资环境，促进实体经济发展；落实国家和省、市有关稳定增长和扶持中小微企业的政策措施。促进城乡统筹发展，提高中心城区管理水平，整体提升县域发展水平，推进新区规划编制和基础设施建设。完善社会保障体系，扩大就业、促进创业，提高居民收入、稳定物价水平。

【听取和审议市人民政府关于2013年1—7月市本级预算执行情况的报告】

要求市政府及财税等部门要加强税源建设，整合各类扶持资金支持实体经济发展，优化财源结构。要加大地方税收保障力度，抓好收入的征管工作，确保应收尽收。要加强财税分析工作，加大对财税改革动向的研究分析，提前谋划应对措施。要强化支出管理，建立健全预算执行的动态监控体系，规范资金的拨付和使用；加强对专项资金的绩效考核。要做好2014年预算的编制工作，从严控制一般性支出，集中财力惠民生、保重点。要编实、编细项目预算，强化前期准备工作，完善项目库建设。要推进全口径预算体系建设，完善社会保险基金预算，加快国有资本经营预算编制步伐，国有资本经营预算要提交市十四届人大三次会议审查、批准。

【听取和审议市人民政府关于职业技能培训工作情况的报告】 强调要加大调研力度，重点对八大支柱产业紧缺工种、关系民生工种的技能人才缺工情况、民办培训机构发展的瓶颈等问题开展调研。制订中长期技能培训规划。加强有关部门之间和劳动部门内部的协作配合，鼓励校企联合办学，加快培养社会紧缺技能人才。提高扶持政策的针对性和兑现效率，加快创建技师学院，完善和落实高技能人才培养的激励机制。提高财政投入水平，支持公办技校加强基础设施建设、提升办学条件，创办全省一流的技校和实训基地。发挥民办职业培训机构的作用，加大扶持民办职业培训机构的力度，同等对待公办、民办机构，支持民办机构改善办学环境、提高办学质量。加强培训专项资金预算管理，建立健全项目资金绩效考核机制。加大对特殊人群、就业困难人员的帮扶和培训力度。

【听取和审议市人民政府关于城乡环境综合整治工作情况的报告】 强调市政府要坚持把城乡环境综合整治工作纳入年度工作计划，确保城乡环境综合整治年度目标实现。利用现代传媒宣传维护环境创建文明城市，宣传环境保护的相关法律法规。坚持城乡统筹，推动环境综合整治向县、乡延伸。要完善城乡交通体系，为推进城乡环境综合整治提供支撑。整治城市内河，提高内河水环境质量，加大园林绿化投入，提高绿化覆盖率。重点抓好基础设施建设向农村延伸工作，加强农村环卫设施建设，加快乡镇污水垃圾处理设施建设，提高垃圾无害化处理率；加强农贸市场、各类专业市场等商贸设施建设；配套完善水、电、气、通讯、广电、排污等城镇管网。将城乡环境综合整治资金列入本级财政预算并逐年有所增加。探索以政府投入为主、多渠道筹措资金的方式，形成长效投入机制；加强资金监管，增加资金使用透明度。

【听取和审议市中级人民法院关于基层人民法院建设工作情况的报告】 强调要加强基层法院建设，提高审判执行工作效率。推动人民法庭建设，在落实建设用地、完善建设规划、保障建设资金、抓好建设质量等方面加大工作力度，力争全市人民法庭在2014年年底全部达到"省级优秀人民法庭"建设标准。提高并落实基层法官待遇，加强业务培训和岗位交流。

【听取和审议市人民检察院关于民事行政检察工作情况的报告】 强调检察机关要继续提升抗诉、再审检察建议的数量和质量，跟踪督促检察建议书、纠正违法通知书落实情况，加强对民事执行的法律监督，规范和推广诉讼违法行为调查工作，完善督促起诉、支持起诉等工作机制并加大对基层检察院工作的督导力度。配齐配强民事行政检察队伍，培养一批办案骨干和高层次人才。

【听取和审议市人民政府关于福州市非物质文化遗产保护与传承情况的报告】

强调要将非遗保护工作纳入国民经济和社会发展总体规划，建立长效的非遗保护机制。健全投入保障机制，将非遗保护工作经费纳入本级财政年度预算;规范和引导社会资金投入,形成政府主导、社会力量参与的投入机制。配齐配强市非遗保护中心专业工作人员,并督促各县(市)区推进非遗保护队伍建设;完善和落实对各级各类非遗项目代表性传承人的配套扶持政策,提供其必要的传承场所和资助经费。要加强分类保护,对具有市场潜力的项目,鼓励结合文化创意产业扶持发展;对重点保护项目,要不断创新、推出精品、提升档次;对濒危项目,要通过数字化媒体等手段进行抢救性保护。要推进非遗保护与传承平台建设,建立全市非遗保护数字化网络;加强基础设施建设,结合文化旅游,打造各类非遗项目的传播和展示平台。

【听取和审议市人民政府关于旧屋区改造工作情况的报告】 强调市政府及有关部门要对照旧屋区改造年度计划,按照序时进度完成旧屋区改造各项年度目标任务。完善全市旧屋区改造整体规划,提高旧屋区改造质量。解决旧屋区改造资金平衡问题,力求成片整体改造。加快安置房建设力度,增加安置房建设量和投放量,解决征地拆迁补偿安置等问题。破解拆迁交地瓶颈,保护被拆迁人的合法权益。查处违法建设,降低改造成本,确保改造目标如期完成。加强配套设施建设,坚持配套设施与旧屋区改造项目同步规划、同步建设的原则,满足居民就业、就医、就学、出行等需求。

【听取和审议市人民政府关于重点项目建设工作情况的报告】 强调全市各级政府及有关部门要发挥重点项目带动产业转型升级,拉动全社会固定资产投资,增强经济发展的作用。加强项目的储备和遴选,引进科技含量高、土地利用率高、税收含量高的项目。推进项目前期工作,杜绝"三边工程";保持用地规划的稳定性,鼓励已投产项目增资扩产、长远发展。改进项目监督考核机制,加强过程管控,重点监管政府投资类项目的建设进度和投资效益。破解审批、征迁、融资等建设难题,促进重点项目早建成、早投产、早见效。

【听取和审议市人民政府关于无物业小区整治工作情况的报告】 强调市政府及有关部门要按照年度计划完成无物业旧住宅小区整治的各项目标任务。完善全市无物业旧住宅小区整治整体规划,完善市政配套设施,提高无物业旧住宅小区改造质量。市区两级政府要确保整治资金划拨到位,鼓励单位和个人提供整治资金支持。根据小区实际情况,探讨解决停车难的问题。临河无物业旧住宅小区改造需结合内河整治。无物业旧住宅小区整治后,相关部门要组织统一验收,确保整治质量。对恶意拖欠物业费用的行为,要采取有效措施予以解决。引导并增强业主的物业服务消费意识和习惯,完善无物业旧住宅小区长效管理机制。

【评议公安(边防)派出所工作】 2012年10月—2013年2月,市人大常委会和各县(市)区人大常委会组织市、县、乡三级人大代表对全市190个公安(边防)派出所2011—2012年度的工作进行评议。2月16日,市委常委会议听取市人大常委会党组关于评议工作情况的报告。2月25日,市十四届人大常委会第九次会议作出决定,对在2011—2012年度中工作成绩突出的市公安局东街派出所等47个公安(边防)派出所,授予2011—2012年度"人民满意派出所"称号。

【其他监督工作】 市人大常委会会议还听取市人民政府关于大气污染防治、社区戒毒社区康复、营业税改增值税试点、温泉管理、贫困归难侨生活保障、"校安工程"、食品安全、为民办实事、台胞投资权益保障、创新型城市建设等工作情况的报告,向政府及有关部门提出意见建议。开展城乡一体化、都市现代农业发展、新农村建设、土地流转、水利建设、春耕备耕、防汛备汛、造林绿化、森林防火等视察调研,并提出意见建议。

代表工作

【代表议案办理】 关于制定出台《福州市公共场所控制吸烟条例》的议案 市人大常委会教科文卫委就卫生部《公共场所卫生管理条例实施细则》在福州的实施情况进行调研,并组织人员前往国家控烟试点城市开展立法调研,了解控烟立法和工作开展情况。调研组认为,可借鉴卫生部《公共场所卫生管理条例实施细则》、市政府《福州市市区公共场所禁止吸烟暂行规定》及其他城市的有关控烟规定,参考外地市"建立政府主导多部门合作的工作机制、分类划定禁烟和限制吸烟的场所、明确经营者或管理者控烟职责、加大违法行为特别是向未成年人出售烟草制品的处罚力度"等做法,解决福州市控烟立法中面临的"执法主体难确定、控烟范围难划定、违法行为难处罚"等问题。建议将该法规列入2014年立法计划,作为审议的项目。

关于制定《福州市法律援助条例》的议案 市人大常委会内司委会同市司法局外出调研,考察法律援助立法对法律援助机构定性、人员配备以及经费保障问题的影响,法律援助基金会成立、运行以及对法律援助工作的促进,法律援助协会成立、运行以及如何开展法律援助等情况。调研组认为,为规范法律援助行为,保障公民享受平等公正的法律保护,有必要对福州市的法律援助工作进行立法。建议将该法规列入2014年立法计划,作为审议的项目。

关于重新修订《福州经济技术开发区条例》的议案 市人大常委会财经委会同法工委、市政府法制办通过听取汇报、召开座谈会、实地访谈、走访企业等方式,调研开发区发展现状、法规实施情况、存在问题、修订难点及建议等。调研认为,该法规实施后,对开发区优化服务环境,吸引外资、引进先进制造业、促进开发区经济发展发挥重要作用。由于国家相关法律法规有较大变化,相关优惠政策不断调整,现行法规的部分条款与上位法规定不一致,确有修订的必要,但在立法上还要综合考虑政策措施是否实施成熟可上升为法规、现有行政管理体制是否已经理顺和国家政策动向等问题。建议将该条例的修订列入2014年立法计划,继续深入调研,待条件成熟时安排审议。

【代表建议办理】 市十四届人大二次会议期间,代表提出建议、批评和意见(以下简称建议)512 件,其中 491 件交市政府办理,5 件交市中院办理,4 件交市检察院办理,5 件交市人大常委会办公厅办理,15 件交有关党群机关和组织办理,512 件建议中部分建议由不同系统多个部门共同办理。代表对建议办理答复情况表示满意或基本满意的 499 件,占总件数的 97.5%;表示不满意的 13 件,占总件数的 2.5%。

7 月,市人大常委会人代室和市政府督查室联合召开"全市代表建议办理工作座谈会",对经办人员进行业务培训,20 多家政府承办单位经办人员和部分代表参加会议。市人大常委会主任会议研究确定 8 件代表建议作为 2013 年重点督办件,内容涉及服务企业和项目落地发展、居家养老、水资源保护补偿、道路施工建设、项目征地等方面,常委会分管领导和相关工作委员会组成督办小组重点督办。开展"代表建议督办月"活动,对 16 件有承诺事项的代表建议开展"回头看"检查,对 31 件代表建议办理"不满意件"进行督办。通过督办,6 件有承诺事项的代表建议得到解决或基本解决,21 件代表建议办理"不满意件"的反馈意见转为满意或基本满意。

【规范代表工作制度】 修订《福州市人大代表联系原选举单位和人民群众工作制度》,对代表小组活动、代表联系原选举单位、代表联系群众和代表接受群众监督等制度加以规范和完善。开展市十四届人大代表回原选举单位述职活动。完善常委会领导联系代表制度,开展常委会领导走访代表活动。指导代表小组开展活动,印发代表履职手册,完善代表履职档案,实行代表履职情况通报制度,加强市、县(市)区互通代表履职情况。

【保障代表履职服务】 举办 2 期代表培训班和履职经验交流会,培训代表 240 人次。定期向代表寄送文件资料,向代表通报人大工作和"一府两院"有关工作情况。邀请代表列席常委会会议、参加执法检查、专题询问、视察调研等,全年有 50 名市人大代表列席常委会会议,2680 多人次参加视察调研、执法检查等活动。完成全国、省人大代表到榕视察调研的服务保障工作,为全国、省人大代表履职提供保障。

市人大代表赴市第四医院开展调研 (市人大常委会研究室 供)

调研宣传

【调研工作】 结合全省人大制度理论专题研讨会课题,组织市人大机关各委(办、室)、县(市)区人大、部分乡镇(街道)人大和部分人大代表开展"进一步发挥代表作用"专项课题调研。市人大常委会研究室撰写的调研文章获全省二等奖,市人大常委会机关相关委室和县(市)区人大报送的 4 篇文章分获三等奖、优秀奖。组织参与市委重点调研课题"关于加快推进城乡一体化发展"等重点课题的调研。

【宣传工作】 加强常委会会议的宣传报道,在会前召开记者联席会,明确会议报道重点。组织新闻单位对常委会开展的执法检查、工作调研、代表视察等活动以及全国、省人大到榕开展执法检查、工作调研等进行宣传报道。加强宣传报道常委会开展的重点工作,针对 6 月开展的推进生态市建设和公共卫生服务体系建设专题询问活动,组织福州电视台对询问现场进行现场录制,组织《福建日报》《福州日报》《福州晚报》等省市主要媒体进行报道,在《福州日报》开设专版。年内编发《福州人大信息》40 期,增刊 11 期,《中国人大》、《人民政坛》、省人大信息等刊物以及《福建日报》、中国人大新闻网等媒体刊发福州市信息 20 余条,在《人民政坛》《闽都通讯》等刊物发表通讯类文章 8 篇。开展 2012 年度全省人大系统好新闻评比推荐工作,从县(市)区人大报送和市属新闻媒体选送的参评作品中,筛选确定的 9 篇报送省人大,《福州日报》《福州晚报》分获二等奖 1 篇、三等奖 1 篇。召开全市人大宣传信息工作座谈会,表彰 2012 年全市人大信息工作先进单位和先进个人。

人事任免

【概况】 2013 年,市人大常委会任免市人大常委会工作人员 4 人次,市政府组成人员 14 人次,审判人员 40 人次,检察人员 25 人次(其中任命市人民检察院副检察长 1 人)。

表7　**2013年福州市人大常委会及"一府两院"副职以上领导任免名单**

时间	被任免人员	通过任免会议	任免职务
4月26日	徐铁骏	市十四届人大常委会第十次会议	免去福州市人民政府副市长职务
8月30日	吴贤德	市十四届人大常委会第十二次会议	任命为福州市人民政府副市长
8月30日	黄忠勇	市十四届人大常委会第十二次会议	免去福州市人民政府副市长职务
8月30日	王矗	市十四届人大常委会第十二次会议	任命为福州市人民检察院副检察长

表8　**2013年福州市人大常委会组成人员和工作机构负责人任免名单**

时间	被任免人员	通过任免会议	决定任免职务
8月30日	林清	市十四届人大常委会第十二次会议	接受辞去市十四届人大常委会委员职务,报市十四届人大三次会议备案;免去福州市人大常委会城建环境工作委员会主任职务
8月30日	林澄	市十四届人大常委会第十二次会议	接受辞去市十四届人大常委会委员职务,报市十四届人大三次会议备案
10月31日	陈斌	市十四届人大常委会第十三次会议	接受辞去市十四届人大常委会秘书长职务,报市十四届人大三次会议备案

表9　**2013年福州市政府职能部门主要负责人任免名单**

时间	被任免人员	通过任免会议	决定任免职务
6月28日	陈仁德	市十四届人大常委会第十一次会议	任命为福州市安全生产监督管理局局长
6月28日	蔡劲松	市十四届人大常委会第十一次会议	任命为福州市林业局局长
6月28日	程爱国	市十四届人大常委会第十一次会议	免去福州市安全生产监督管理局局长职务
6月28日	陈信平	市十四届人大常委会第十一次会议	免去福州市林业局局长职务
8月30日	林中	市十四届人大常委会第十二次会议	任命为福州市公务员局局长
8月30日	陈荣生	市十四届人大常委会第十二次会议	免去福州市公务员局局长职务
10月31日	陈继鹏	市十四届人大常委会第十三次会议	免去福州市经济委员会主任职务,任命为福州市发展和改革委员会主任
10月31日	张大斌	市十四届人大常委会第十三次会议	任命为福州市经济委员会主任
10月31日	关瑞祺	市十四届人大常委会第十三次会议	免去福州市发展和改革委员会主任职务
10月31日	周应忠	市十四届人大常委会第十三次会议	免去福州市人口和计划生育委员会主任职务

(戴晓铧)

(编辑　黄　铭)

重要会议及活动

【市政府常务会议】 2013年,市政府召开28次常务会议,由市长杨益民主持。主要有:

1月10日,第1次常务会议部署市政府各项工作,研究市级五大战役项目、重点项目计划安排意见及加强农村实用人才队伍建设和农村人力资源开发,传达学习省委办、省府办关于构建土地管理共同责任机制促进科学发展跨越发展的通知精神,通报2012年全市土地工作相关情况。

1月13日,第2次常务会议研究2013年市委、市政府为民办实事项目等事项。

1月16日,第3次常务会议研究建设中国福州海西引智试验区和引进高层次优秀人才、2012年度福州市产品质量奖评选、福州市第五届工艺美术名艺人评选等相关问题,审议《福州青年科技奖评选表彰办法(审议稿)》。

1月31日,第4次常务会议研究加快推进重大项目建设和市区部分道路名称命名方案等相关事项。

2月6日,第5次常务会议部署政府工作,审议《关于进一步加快少数民族乡村发展意见》和《福州市加快科技企业孵化器建设与发展实施意见》。

2月25日,第6次常务会议审议《福州市"十二五"节能和循环经济发展专项规划》,研究扩大无绿色环保机动车限行区域、第十五届海交会总体方案、市政府规章立法计划等相关问题。

3月18日,第7次常务会议传达学习全国"两会"精神,提出初步贯彻意见;审议《福州市国有房产管理办法(送审稿)》;研究2013年福州市主要经济指标分解考核方案、市城市数字化管理服务中心建设、推荐评选国家知识产权战略实施工作先进集体和先进工作者等相关问题。

3月28日,第8次常务会议研究道路交通安全综合整治工作、提高城区农村五保供养标准、修订价格补贴联动机制、设立城市街区24小时自助图书馆等相关问题。

4月16日,第9次常务会议研究分析第一季度经济运行情况,部署下一阶段经济工作。

4月22日,第10次常务会议研究加快信息产业、总部经济、社区服务业发展和为城区困难群体发放节日食品免费供应券等相关问题。

4月24日,第11次常务会议审议福州临空经济区概念规划,研究福州市承办闽浙赣皖福州经济协作区第十五次市长联席会议、进一步减轻企业负担、扶持民航发展等相关事项。

5月3日,第12次常务会议研究三坊七巷、朱紫坊、上下杭等历史文化街区保护规划,全市现代农业技术创新基地认定,调整退役士兵经济补助金标准,落实省部级及以上劳模医疗保障待遇等相关问题。

5月16日,第13次常务会议研究福州市参评"闽商建设海西突出贡献奖"和"福建省非公有制经济人士捐赠公益事业突出贡献奖",全市企业国有资产布局调整与优化重组等相关问题。

5月27日,第14次常务会议审议《福州市基本医疗保险违法行为查处办法》,研究第十一届中国·海峡项目成果交易会、第三届省民营企业产业项目洽谈会筹备工作,做大做强福州保税港区,福州市2013年度绩效管理工作实施方案,福州市茉莉花文艺奖评选等相关问题。

6月19日,第15次常务会议研究福州市构建海峡西岸现代金融中心总体方案,审议《福州市人民政府关于贯彻质量发展纲要建设质量强市的实施意见》和《关于做好2013年普通高校毕业生就业工作的意见》。

7月1日,第16次常务会议审议《福州市支持和鼓励企业投资建设公共租赁住房的若干意见》和《福州市实施工伤保险条例的若干意见》,研究市第八届社会科学优秀成果评奖工作等相关问题。

7月15日,第17次常务会议审议《关于加强社会工作专业人才队伍建设的实施意见》,研究教育系统个人先进项目、推荐第八届全国"人民满意的公务员"和"人民满意的公务员集体"评选对象等相关问题。

7月26日,第18次常务会议审议《关于加快推进电子商务产业发展的实施办法(试行)》,研究第十七届中国国际投资贸易洽谈会福州代表团筹备工作方案、加快闽台(福州)蓝色经济产业园发展等相关问题。

8月5日,第19次常务会议研究部署防暑降温工作、进一步促进福州市服务外包产业发展的若干意见、救护车管理及患者院后转运等相关问题。

8月12日,第20次常务会议审议《关于推进都市现代农业发展的意见》,研究县(市)区、乡、村服务中心标准化建设,见义勇为人员表彰奖励等相关问题。

8月19日,第21次常务会议研究举办首届中国(福州)寿山石文化节暨第九届中国名石雕刻艺术展等相关问题,对2013年福州市通过评审的37家院士(专家)工作站予以认定。

9月2日,第22次常务会议审议《福州市轨道交通建设管理办法》,研究打击闽江下游盗采运河砂、提高城乡低保标准、开展创建"农村信用工程"活动等相关问题。

9月18日,第23次常务会议研究促进总部经济发展的补充意见、扶持福清台湾农民创业园建设等相关问题。

9月28日,第24次常务会议研究分析1—9月福州市经济运行情况并部署下一阶段经济工作,传达学习省政府第三季度防范重特大安全生产事故会议暨全省安全生产标准化建设工作推进电视电话会议精神。

10月14日,第25次常务会议审议《福州市职工基本医疗保险实施细则》和《福州市城乡居民社会养老保险实施办法》,传达国家、省对禁毒工作的要求、部署,研究进一步扩大无绿色环保标志机动车限行区域等相关问题。

10月29日,第26次常务会议审议《关于推进企业首席质量官制度的实施意见》和修订后的《福州市促进金融业发展若干意见》,研究2013年环福州·永泰国际公路自行车赛筹备工作等相关问题。

11月20日,第27次常务会议审议《福州市人民政府关于进一步加强和改进最低生活保障工作的实施意见》、《福州市上下杭历史文化街区文化遗产保护管理办法》、2013年度福州市科学技术进步奖获奖名单等事宜,研究数字城管系统建设情况等相关问题。

12月22日,第28次常务会议研究2014年市委和市政府为民办实事项目、首届福州青年科技奖、福州市第二届茉莉花文艺奖评选表彰等相关问题,审议《市政府及市政府办公厅规范性文件清理意见》《拓展福州港口经济腹地推进陆地港发展的意见》《关于加快推进社会组织管理体制改革的实施意见》《福州市2013年预算执行情况和2014年预算草案的报告(讨论稿)》《福州市2013年国民经济和社会发展计划执行情况及2014年计划草案(讨论稿)》及市十四届人大三次会议《政府工作报告(讨论稿)》。

【福州市加快重大项目建设推进大会暨马尾新城建设项目开工仪式】 1月1日马尾区举行。杨岳、杨益民、周振华、周宏、骆安生、陈元邦、徐启源、陈大强、朱华、陈为民、徐铁骏、吴贤德等市四套班子领导出席大会,共同为开工仪式推杆。市长杨益民主持。

元旦期间,马尾区有20个重点建设工程项目相继开工动建,总投资33.42亿元。开工建设项目包括市政路桥、安置房、休闲公园和体育场馆等民生项目和海西财富中心、海西机电科技大厦、金兰大厦等3个总部基地项目,以及朝日环保公司高新技术产业项目等。

【福州国家高新技术产业开发区新体制运行揭牌仪式】 1月7日在海西高新技术产业园举行。市长杨益民,市委常委、市纪委书记骆安生,市委常委、副市长、福州高新区管委会主任徐铁骏共同为福州高新区党工委、管委会、纪工委揭牌。

福州高新区管委会作为市政府派出机构,由市政府授权赋予经济社会管理职能;同时高新区成立党工委、纪工委,作为市委、市纪委派出机构。整合提升后的福州高新区负责管理洪山、马尾、仓山、台西科技园及福州软件园、海西高新技术产业园、福州生物医药和机电产业园,并根据委托行使闽侯县南屿镇及上街镇建平、新洲、厚庭、马排、马保等5个村和仓山区冠洲村的行政职权,面积增加至174平方公里。

【市环委会全体成员会暨全市环保工作会议】 2月22日在市委礼堂召开。市长杨益民出席会议并讲话,市委副书记周宏主持会议,省环保厅副厅长陈宁应邀到会指导。

会议提出要确保完成2013年各项环保重点任务。要突出结构减排,加强工程减排,细化管理减排,完成污染物减排目标任务;要提高预测预警能力,加强环境安全隐患排查整改,加强环境应急预案管理,防范重特大环境安全事故发生;加快实施空气环境质量达标规划,加强水环境整治,加快治理城区餐饮油烟、噪声等污染;推进农村生态环境整治,开展生态村(乡镇)创建,加强重点区域生态建设,加快推进国家生态市创建工作。

市长杨益民向各县(市)区颁发2013年度县(市)区长环保目标责任书,副市长严可仕总结部署全市环保工作。会上向晋安区寿山乡寿山村等6个第三批"福州市生态村"代表授牌。

【福州·宁德山海协作工作座谈会】 3月25日在宁德召开。省委常委、福州市委书记杨岳,宁德市委书记廖小军在会上发言。宁德市委常委、常务副市长李转生,福州市副市长严可仕分别介绍两市山海协作工作情况。会议由宁德市代市长隋军主持。会上,福州市向宁德市捐赠山海协作资金200万元,两市相关部门签订8份协作协议。

【第十五届海峡两岸经贸交易会、第十届中国福建商品交易会暨福州国际招商月20年回顾展】 5月18日在福州海峡国际会展中心开幕,核心展区为"开放大平台 推动新跨越——福州国际招商月20年回顾展"。22个国家和地区的227个客商团组参展,其中跨国公司20多家、台湾企业500多家。

福州市重大"三维"项目签约仪式同日举行,50个重点"三维"项目上台签约,总投资1851.34亿元,比上届增长89.6%。其中,央企4项,总投资678.5亿元;外企17项,利用外资12.46亿美元;民企29项,总投资1095.6亿元。投资项目涉及新一代信息技术、新材料、新能源、节能环保、现代物流、旅游、基础设施等行业领域。

【第五届中国历史文化名街授牌仪式、中国历史文化名街专业委员会成立大会暨首届中国历史文化名街保护同盟年会】 6月28日在福州举行。全国40多名专家学者和50家中国历史文化名街的代表参会。活动由市政府和中国历史文化名街保护同盟联合主办,市三坊七巷管委会等承办。

中国历史文化名街是由文化部和国家文物局批准、经社会公推、专家评审而产生的中国历史文化特色街区,10条老街区入选第五届"中国历史文化名街"。

【第八届两岸青年联欢节暨2013年海峡青年节】 7月29日—8月9日在福州举办。活动由国台办、中华全国青年联合会、福建省政府联合主办,福建省台办、福建省青联、福州市政府承办,中华青年交流协会、中国青年创业协会总会、台湾青商总会、中国和平统一促进会台湾总会、中华两岸连锁经营企业协会、福州市台胞投资企业协会合作举办。

活动期间举办第五届两岸青年社团负责人圆桌会议、海峡青年(福州)峰会、两岸青年联欢会、两岸青少年篮球邀请赛、2013年两岸城市青少年创意族谱联展、"青春创想秀"暨两岸大学生社团活动策划大赛等17项活动。

【全市环境综合整治现场推进会】 9月24日举行。省委常委、市委书记杨岳,市长杨益民出席会议并讲话,市委副书记周宏主持会议。会议强调要加快推进环境综合整治,推动开展3个环线整治、14个片区环境整治、路街改造、旧屋区改造、闽江两岸整治、"四绿"工程建设、内河整治、专项整治、市容环卫管理等工作,确保整治任务如期完成。

【福州市重大项目建设推进大会】 10月1日在长乐"数字福建"产业园项目工地举行,全市69项重大项目集中动工,主要涉及高新科技、交通城建、高端服务、社会事业等领域。省委常委、市委书记杨岳出席推进大会并宣布动工,市长杨益民宣读市委、市政府关于加快推进市级重大项目建设的意见,市委常委、常务副市长陈大强主持大会。

(庄琳芳)

政务督查

【概况】 2013年,福州市政务督查工作落实督办省、市领导批示(办)件12003件,其中省级领导交办、督办84件,办结率100%;市级主要领导批示件3671件,办结率99%。落实办理省、市人大代表建议532件,省、市政协委员提案622件,满意率分别为98%和99%。全年编发《政务督办》27期。

【综合性工作督查】 一是突出重点、规范运作。对市政府28次常务会议、14次市长办公会议议定事项,以及25件63项为民办实事项目,逐项跟踪落实并分期通报。二是结合"四个万家"和"转变四风"活动,组织3个专项督查组,深入39个省、市重点项目开展督查和协调服务工作,并形成21篇"督查调研"专报。三是建立督查台账,完善督查制度。四是细化、量化考核工作。(张兴亮)

【领导批办件督查】 全市政府系统办理政府领导批示件12003件(含省委、省政府领导批示件84件),办理市政府主要领导批示件3671件,其中批办件1414件,批阅件336件,直转件1921件;反馈率100%,办结率99%。对批转给各单位的市政府主要领导批示件及时交办;对未明确承办单位的批示件,分解立项落实到具体承办单位。规范办理时限,市政府领导批示件一般应在10日内办结、反馈;特别紧急的事项要求立即落实并报告结果。审查反馈报告,对报告中具体事实不详或者意见不清晰的通过电话核实,对部分批示件落实情况采取现场查看方式核查。跟踪督办领导交办的重要批示件,确保落实到位。建立考评机制,将市政府主要领导批示件的落实办理情况列入对市直机关和各县(市)区的绩效考核范畴。(杨兰英)

【人大代表建议督查】 全市政府系统承办市人大建议491件,办复率100%;代表对建议办理情况表示满意或基本满意的479件,占97.6%,不满意的12件,占2.4%。在市十四届人大二次会议闭会后收到18件代表建议意见,均全部办复。

全年代表建议中已解决或基本解决的有225件,占45.8%;正在解决或列入计划逐步解决的有201件,占40.9%;因政策、财力或客观条件限制暂时无法解决的有51件,占10.4%;有关部门留作参考的有14件,占2.9%。

【政协委员提案督查】 全市政府系统承办市政协提案568件,涉及五区七县(市)88个承办单位,办复率100%;提案者对上半年办理工作和结果表示满意或基本满意的556件、占97.7%,不满意的12件、占2.1%。下半年,与市政协提案委组织"回头看"活动,对"不满意件"进行再办理和再答复,有8件取得满意或基本满意,满意率提高至99%。

全年委员提案中已解决或基本解决的有228件,占40.1%(比上年提高了3.5个百分点);正在解决或列入计划逐步解决的有310件,占54.6%;因政策、财力或客观条件限制暂时无法解决的有26件,占4.6%;有关部门留作参考的有4件,占0.7%。

(陈　敏　林明忠)

政府信息公开

【概况】 2013年,全市各级政府及其工作部门主动公开政府信息24881条,受理答复政府信息公开申请906件。鼓楼、台江、晋安、马尾、福清、长乐、连江、永泰等8个县(市)区成立专门工作机构,其他县(市)区及市直各部门依托办公室,确定专人负责政府信息公开工作。全市各级政府信息公开工作有专职人员5人,兼职人员827人。将政府信息公开纳入公务员年度培训计划,对全市机关干部特别是新招录的机关工作人员进行全面培训。全年举办22场业务培训班,1306人次经办人员参加培训。

【九大领域信息公开】 行政审批信息公开　制定《福州市推进行政审批信息公开工作方案》,明确责任单位、公开内容、公开方式及公开时限。利用福州市网上审批服务系统,将全市各行政审批单位的事项(涉密事项除外)全部集中网上办理,所有审批信息在市行政服务中心大显示屏即时滚动播放。在市行政服务中心政府信息查阅厅、公共自助服务区、福州市网上审批服务系统提供自助查询服务。网上行政审批系统应用范围拓展覆盖到市直各有关部门和各县(市)区。全年网上审批系统受理审批申请181995件,时限内办结率99.8%。

财政预算决算和"三公"经费公开　经市人大批准,通过"中国福州"门户网站公开财政预决算报告全文及《市本级公共财政收支预算表》,开展财税政策和预算执行情况的解读工作。在2012年8个部门试点预算公开的基础上,2013年市本级部门预算公开的范围扩大至除涉密部门以外的所有一级预算单位。开展"三公"经费预决算汇总数据公开的前期准备工作。

保障性住房信息公开　制定下发《福州市推进保障性住房信息公开工作方案》及《关于进一步做好保障性住房分配信息公开工作的通知》。一是建设信息公开。在政府门户网站公开各类保障性住房的年度建设计划、完成情况及项目清单,落实项目基本情况及建设单位情况现场公开制度,并在建筑物设置质量责任永久性标牌。二是分配信息公开。住房保障资格审核实行街(镇)、市两级公示。在各类保障性住房配租(售)过程中,实行公开抽号、选房。三是管理信息公开。对获得住房保障资格、纳入轮候的对象在政府网站上永久公示,同时公布各级住房保障部门举报电话。及时查处举报信息并公示予以退出的情况。四是运用政府网站、主流媒体、政务公开栏、电子信息屏、现场张贴公告等渠道公开分配信息,加强网站住房保障信息专栏建设。开展保障性住房建设"工地开放日"活动,每2个月至少组织一次,邀请人大代表、政协委员及保障房申请对象参与。

食品药品安全信息公开　制定《福州市推进食品药品安全信息公开工作方案》,对责任单位、网站专栏内容设置、公开时限都作出规定。一是食品安全监督管理各相关部门在网站增设"食品安全"专栏,设立了食品安全法规、食品安全常识、执法监督信息等二级栏目,发布2010年以来的食品安全信息。通过编制食品药品安全简报、安全用药"六进"活动、群发短信及微博发布等方式发布食品安全宣传和市场相关信息。二是卫生部门拓宽餐饮服务食品安全信息公开范围,加大餐饮服务食品安全信息公开力度。三是质监部门公开开展饮用水、蜜饯、乳制品等各类食品安全专项检查信息、加工食品风险排查工作动态以及质量信用AA级和D级食品生产企业公示信息。年内发布食品安全相关监管信息124条。

环境保护信息公开　制定《福州市推进环境保护信息公开工作方案》。一是公开环境空气质量和水质环境信息。公开福州市环境空气质量状况和空气质量排名情况,实时发布污染物监测数据和空气质量指数。每周公开水环境质量状况,每月公开福州市集中式饮用水水源地水质状况。二是公开建设项目环境影响评价信息。公开建设项目环境影响和竣工环境保护验收批复文件、建设单位或地方政府作出的环境保护措施承诺文件,实现建设项目环境影响评价受理、审批和验收全过程信息公开。三是公开环境污染治理信息。公开福州市32家重点企业污染源信息,公开全市排污许可证发放情况和排污费征收信息、全市40家国家重点监控企业污染源监督性监测信息、全市清洁生产审核情况、固废行政审批情况、重金属污染防控信息。公开监察执法、行政处罚情况。每日公开国控重点监控企业废水、废气自动监控情况。四是公开主要污染物减排信息。公开全市重点减排工程建设和进展情况,发布2012年度主要污染物总量减排数据及2012年福州市环境统计信息。五是畅通环境信息公开渠道。加强环境保护网站建设,开通政务微博。

安全生产信息公开　制定《福州市推进安全生产信息公开工作方案》,在安监部门网站设立"政务公开"一级栏目,下设"政策法规""应急管理""监督检查""安全生产事故信息"等二级栏目,公开事故信息、调查处理信息、应急处置信息、挂牌督办信息、事故通报信息。

价格和收费信息公开　一是更新并公示在福州落地执行的行政事业性收费项目以及市本级制定的行政事业性收费项目目录。二是加大价格和收费监管信息公开力度。在"12358"价格服务网上公开日常市场价格巡查动态、重大节日市场监管信息以及价费专项检查工作的部署、开展、完成情况。上网公开涉及医疗服务价格、房地产价格、"5·18"和"6·18"期间市场价格监管、中秋国庆市场价格监管、价格举报咨询件受理情况、机动车驾培机构培训收费、防治禽流感相关商品价格等多个民生领域的商品和服务价格监管信息。在"福州市网上行政处罚服务大厅"网站上公布价格违法案件查处情况13起。

征地拆迁信息公开　住房保障部门制定《福州市房屋征收信息公开工作方案》,明确信息公开的责任单位及公开内容,要求各县(市)区房屋征收部门及各实施单位开展自查自纠活动。加强征收部门网站建设,将房屋政策法规、征收告知、评估机构选定情况、征收补偿方案、征收决定等通过网站公开。同时加强拆迁现场的房屋征收信息公开工作,将征收告知、评估机构选定情况、征收补偿方案、征收决定、摸底情况、无产权房屋认定、分户补偿等信息在征收范围内公开。国土部门制定《福州市国土资源局推进征地信息公开工作方案(暂行)》,在部门网站首页设立"招拍挂公告""征地及安置补偿公告""土地确权公告"等征地工作相关信息公开专栏,并及时更新信息。

公共企事业单位信息公开　制定《福州市推进学校信息公开工作方案》《福州市公共文化事业单位信息公开工作方案(试行)》。教育部门依托校务公开平台,推进招生、财务类信息的公开工作,公开招生类信息包括招生计划、招生政策、录取情况,特长生、特色班招生办法及录取结果,中考、高考加分情况公示,普高自主招生办法、录取情况等;财务类信息包括财务收支管理情况,事业费预决算,预算外资金管理,大额度资金使用,教科研经费、专项经费安排使用等。年内除两所新校外,市属院校均已建网站,设有招生、财务类信息公开栏目,并对2010年以来的两类信息进行梳理、公开。对群众关心的收费工作,各学校均设教育收费校长公告,城区学校设"价格服务进校园"专栏。文新系统各基层单位通过新闻发布会、网站、微博、电子显示屏及报刊、广播、电视等渠道发布政务信息和便民服务信息。

【政府管理相关的公共信息公开】 一是公开国民经济和社会发展规划及专项规划、城市总体规划、重要地区控制性详细规划及土地利用规划等各类规划信息。2005年以来各年度政府工作报告、国民经济和社会发展计划报告全部公开,"十二五"专项规划全部上网公开。二是加大政府投资项目和重大建设项目信息公开力度,每月发布本地区年度为民办实事项目、政府重点建设项目进展情况。三是推进依法行政类信息公开。行政机关职责、内设机构、职权目录和权力运行流程图以及调整、变动情况全部公开。规范行政处罚自由裁量权,对行政处罚裁量标准细化量化,修订、调整处罚标准,规范简化处罚程序。将全市46个执法部门5181项行政处罚事项、处罚依据、处罚标准、处罚结果以及执法人员的资格等信息全部在互联网上公开。

【政府政策制定过程及执行情况信息公开】 一是决策过程公开。完善重大事项调查研究和集体决策制度、重大决策专家咨询制度、公示制度和公开征求意见制度。二是政策和重要事项公开。重点公开住房保障、促进就业、旧区改造、教育发展、医疗保障、食品安全、养老保障、环境保护等相关政策。三是政策执行情况公开。

【政府信息公开渠道建设】 规范公开专栏建设,全年"中国福州"门户网站政府信息公开专栏访问量1178.44万人次。拓展公开渠道,"福州发布"政务微博群两次扩面,成员单位达77家;政府公报扩大赠阅范围;建立健全政府新闻发布体系,及时发布和解读政府信息。推动信息公开向基层延伸,探索依托居委会、村委会等基层组织,建立社区、农村政府信息公开平台。

【主动公开政府信息】 主动公开政府信息24881条,其中市、县(市)区、乡镇(街道)各级政府主动公开政府信息8634条,各级政府工作部门主动公开政府信息16247条。

主动公开政府信息的主要类别有:机构职能类信息3518条,占14.14%;政策、规范性文件类信息1481条,占5.95%;规划计划类信息724条,占2.91%;行政许可类信息2089条,占8.40%;重大建设项目、为民办实事类信息1402条,占5.63%;民政扶贫救灾、社会保障就业类信息795条,占3.20%;国土资源、城乡建设、环保能源类信息1652条,占6.64%;科教文体卫生类信息1314条,占5.28%;安全生产、应急管理类信息3350条,占13.46%。

"中国福州"门户网站和市档案馆等政府信息公开查阅场所为政府信息公开的两大平台,"中国福州"门户网站主动公开政府信息24808条,网站政府信息公开专栏或网页访问量1178.44万人次;市档案馆累计接收市政府及市直公开单位报送的主动公开的政府信息32129件。各县(市)区均设立政府信息公共查阅点,全市各级政府信息公共查阅场所接待现场查阅政府信息的社会公众22346人次。

【依申请公开政府信息】 收到政府信息公开申请906件,其中市本级政府收到61件,下级政府收到99件,各级政府工作部门收到746件。在全部申请中,当面申请177件,占19.54%;以网上提交表单形式申请430件,占47.46%;以电子邮件形式申请6件,占0.66%;以传真形式申请9件,占1%;以信函形式申请284件,占31.35%。

经审查受理政府信息公开申请906件,已全部答复。其中,"同意公开"471件,占51.99%;"同意部分公开"60件,占6.62%;"不予公开"29件,占3.2%;"非政府信息、政府信息不存在或者不属于本部门所掌握的信息"346件,占38.19%。

【"福州发布"政务微博群】 一是继续增加成员单位,全市12个县(市)区、65个市直单位开通政务微博。二是扩充发布内容,"福州发布"主微博累计发布微博信息超8600条。三是加强服务功能,全年"福州发布"主微博回复网友评论和咨询超1200条,"福州发布"主微博新浪微博"粉丝"数超22万人,腾讯微博"粉丝"数近30万人。四是规范管理制度,各成员单位指定专人负责微博账号管理及内容发布,对发布信息实行"分类管理、分级审核";市微博办每日对各单位微博发布情况进行巡查,并定期通报全市政务微博建设情况;全年组织4次全市政务微博工作培训。

(叶伟奇)

行政服务中心建设

【概况】 2013年,福州市行政服务中心有47个行政审批、服务单位入驻,审批、服务事项367个,其中38个部门和单位常设受理窗口,9个部门纳入综合窗口。全年受理申请58.92万件,年内办结58.59万件,年度办结率99.43%,当场办结率78.35%,平均每个工作日受理2357件。制定出台《福州市行政服务中心审批服务操作规程(试行)》《福州市公共资源交易服务中心评标区管理办法(试行)》《进驻福州市公共资源交易服务中心中介服务机构管理办法(试行)》等管理制度。年内获评第十届省职工职业道德建设标兵单位、省五一劳动奖状。

福州市公共资源交易服务中心有市招标办、市政府采购中心、市建设工程交易中心、市土地矿产交易中心、市产权交易中心等5个与公共资源交易相关的单位及其事项整建制入驻。全年累计完成政府采购305项,预算金额6.03亿元,成交金额5.11亿元,节约率15.23%;建设工程526项,总标的150.27亿元,中标金额134.73亿元,降低率10.3%;土地矿产交易公开出让42个地块,成交金额229.72亿元;产权交易323个项目,底价2.41亿元,成交价3.81亿元,增值率57.72%。

【"行政服务4321 建设模式"】 建成"四级服务平台",市、县、乡、村四级服务平台,12 个县(市)区建立行政服务中心,164 个乡镇(街道)和 2213 个村(居)建立便民服务中心(代办点),市行政服务中心制定实施 868 项服务行为规范标准,83.3%的县级行政服务中心、74%的乡级便民服务中心、61.3%的村级便民服务代办点实行标准化管理。实现"三个集中""两个到位",各部门分散的审批职能集中整合到审批处室,审批处室集中到行政服务中心,审批项目集中到网上审批系统办理,部门领导授权到位,审批人员入驻到位。实行"一条流水线"式服务,推行"一站式受理""一个窗口对外""一车式联合察勘"服务。

【市民服务中心建设】 成立福州市市民服务中心建设工作领导小组,下设办公室挂靠市行政服务中心管委会,按照项目建设时间节点安排,完成项目选址、规划设计方案及选址地块单位搬迁等前期工作,并实施入场拆旧及地质勘探、钻探工程。至年底,场地原有建筑物全部拆除完毕,进入桩基施工阶段。

【重大项目审批服务】 健全完善重大项目跟踪、督查、反馈机制,参与市委、市政府重大项目协调推进例会,指定业务处室专门跟进项目审批进展情况。推动跨部门审批事项的联合踏勘、联合会审、联合验收、并联审批服务,协调落实海峡图书馆、苏宁广场、鼓楼恒力博纳广场、东部新城 3 号保障房项目等重大项目涉及 20 个审批部门的审批服务事项。

【标准化建设】 成立市行政服务中心国家级服务业标准化试点工作领导小组和技术专家组,制定《福州市行政服务中心国家级服务业标准化试点工作实施方案》,推进标准化试点工作。至年底,公布实施 868 项服务行为规范标准,形成基础通用标准体系、服务提供标准体系、管理标准体系、岗位工作标准体系等四大标准体系,实现每一项审批服务事项都有一套标准化办理流程。

【信息共享系统】 以组织机构代码 IC 卡为载体,在 IC 卡内录入企业审批业务信息,在各入驻单位(窗口)推广应用企业审批业务信息共享系统,避免企业多次重复复印、递交纸质材料,同时提高甄别虚假信息的能力,提高审批时效。

【优化服务功能】 市文新局由综合窗口调整为常设窗口,中国人民银行福州支行在中心设立征信业务查询窗口,海峡股权交易中心入驻中心四楼运营,福州市通信发展管理办公室入驻常设窗口。完善公共资源交易服务功能,改造公共评标区,建成隔夜评标区,增设休息室、餐厅、健身、会议室等设施,增加隔夜评标功能。

【审批延伸服务】 开展"上门、预约、代理、跟踪、限时、延时"等服务,每月定期到基层、园区开展上门咨询。全年组织开展 401 场送审批服务活动,1920 人次参加,现场召开服务座谈会 602 场,收集反映的各类问题 989 条,建立民情台账 556 条。

【人员管理】 市委、市政府出台《关于派驻福州市行政服务中心工作人员管理办法》,对派驻人员的条件、管理、调整、培训、考核及教育管理等事项作出明确规定,派驻人员实行派驻单位和市行政服务中心管委会双重管理,党、团组织关系转入市行政服务中心党、团组织。

(林希文)

政府法制

【概况】 2013 年,福州市政府提请审议地方性法规草案 2 件,出台规章和规范性文件 39 件,对 2012 年 12 月 31 日前市政府及市政府办公厅颁发的所有规范性文件进行清理,决定废止和宣布失效 27 件,修改 56 件,继续有效 182 件。加强行政复议应诉工作,全年办理 93 件行政复议案件,应诉案件 26 件。对 16 个市直部门要求修改的行政职权目录和行政处罚裁量标准进行审核。向上级行政机关和权力机关报备 39 件规章和规范性文件;审查市直部门、各县(市)区人民政府报备的规范性文件 178 件;首次受理公民、法人提出的规范性文件合法性审查申请,全年审理申请 2 件。

【推进依法行政工作】 制定出台《关于贯彻落实福建省 2013 年推进依法行政建设法治政府工作要点的通知》,从加强行政决策及执行情况的监督、加强和改进立法工作、规范行政行为、推进行政复议和应诉工作、加强行政监督和问责等方面对全年推进依法行政工作进行全面部署,并将依法行政工作内容具体分解到各个责任部门。完善领导干部学法用法制度,政府常务会议和部门局务会议均安排法律知识学习。

加强科学民主决策,坚持将公众参与、专家论证、合法性审查和集体讨论决定作为重大决策的必经程序。

【简政放权、扩权强区(县、市)】 深化行政审批制度改革,对全市所有行政审批项目进行清理,对没有法律法规依据、部门自行设定的行政审批项目,一律予以取消;对市场机制能有效调节和行业组织能自律管理的经济活动,一律取消审批;对上级政府和政府部门取消的项目,一律不保留,清理结果拟向社会公布。扩大县(市)区审批权限,除国家明确规定须由设区市政府行使的,或者涉及环境保护、重要资源配置等需全市统筹协调,或者县(市)区暂无承接能力等不宜下放的审批事项外,对直接面向基层、量大面广、由县(市)区管理更方便有效的经济社会事项,一律下放县(市)区行使。

【审批服务提速增效】 一是精简申报材料。对没有法律、法规和规章依据而要求申请人提交材料的,予以取消,并要求在办事指南中明确列出需提交的材料,删除"法律法规规定的其他材料"等模糊用语。二是减少审批环节。将行政审批项目的环节全部简化为"3+1"(受理初审—审核—审批办结,加上技术审查或者现场勘察)模式,并将审批权力授权给窗口负责人,减少内部流转环节。

【立法工作】 市政府办公厅下发《关于征集福州市 2013 年政府规章立法计划项目的通知》,向各县(市)区政府、市直各部门征集立法计划,并经政府常务会议研究后确定《福州市人民政府 2013 年规章立法计划》。组织起草、审核修改,并提请市人大常委会审议《福州市茉莉花茶保护规定》《福州市城乡规划条例》2 件地方性法规草案,制定出台《福州市国有房产管理办法》《福州市基本医疗保险违法行为查处办法》《福州市上下杭历史文化街区文化遗产保护管理办法》等 5 件政府规章和《关于进一步支持工业产品开拓市场的若干意见》《关于支持和鼓励企业投资建设公共租赁住房的若干意见》等 34 件规范性文件。

市政府组织各级各部门对 2012 年 12 月 31 日之前发布的规范性文件进行全面清理。经过梳理、筛查,市政府将以市政府和市政府办公厅名义发布的 265 件规范性文件列入清理范围,决定废止和宣布失效 27 件,修改 56 件,继续有效 182 件,清理结果向社会公布。

【行政复议】 一是畅通行政复议渠道,通过执法案卷评查,要求行政执法部门落实在执法文书中履行行政复议权利告知义务制度。加强法制机构与法院、信访部门的沟通,对依法应通过行政复议解决的事项,及时告知当事人向法制机构申请行政复议。全年办理 93 件行政复议案件,其中受理 57 件,不予受理 25 件,其他处理 11 件。二是创新行政复议工作方法,对于重大、复杂以及仅凭书面审理无法查清事实的案件,尽量采用公开听证的方式进行审理。推行行政复议案前化解与过程调解制度,全年因调解成功申请人撤回申请而终止审理的有 15 件(含上年结转 4 件),占结案总数的 23.4%。三是开展行政应诉工作。市政府应诉案件 26 件,市政府法制办及相关市直部门代表市政府应诉并化解行政争议。四是加强行政复议行政应诉培训,组织市、县(市)区政府分管法制工作的领导参加省政府组织的行政复议行政应诉专题研讨班培训。

【行政执法监督】 市政府法制办对 16 个市直部门要求修改的行政职权目录和行政处罚裁量标准进行审核,增减其行政职权,调整和修订行政处罚裁量标准。开展行政执法案卷评查,对检查中发现的问题逐一反馈,并发出整改意见书。实行行政执法人员持证上岗制度,组织全市行政执法资格考试,47 个行业系统执法部门及各县(市)区 2612 名行政执法人员参加考试,1358 人取得行政执法资格证件。

【规范性文件备案审查】 市政府制定的 39 件规章规范性文件全部向上级行政机关、同级权力机关报备。首次受理公民、法人提出的规范性文件合法性审查申请,全年审理合法性审查申请 2 件。全年审查市直部门和各县(市)区政府报备的规范性文件 178 件。

(赵彦邦)

机关事务管理

【概况】 2013 年,福州市机关事务管理局完成党政机关公务用车专项治理,推进市直机关东部办公区建设,落实党政机关停止新建楼堂馆所和清理办公用房工作,开展市直单位环境综合整治检查考评,完成各类重大会议、活动服务保障任务。

【财务管理】 完成市委办公厅、市政府办公厅等 20 余家单位的经费保障任务。完成财务代管单位干部职工工资发放、个人住房公积金、医保基金变更解缴、个人所得税网上申报缴纳、水电费收取等工作。完成全市党政机关礼品礼金登记、收缴及处置工作,收缴礼金 1.4 万元,礼品 59 件。

【办公用房管理】 对办公用房存在超标面积的单位进行梳理,汇总市直 100 余家单位及 12 个县(市)区 200 多份报告及图表数据,协助制定印发《关于贯彻落实党政机关停止新建楼堂馆所和清理办公用房工作的意见》。完成腾空办公用房整合处置,配合市规划局对《市直机关入驻东部办公区原办公用房整合利用规划》进行细化完善。与市司法局、市教育局、市国土局、新榕集团、台江法院协调,确保市民服务中心用地按期交付建设施工单位。完成乌山机关大院 28 号楼维修报批、经费申请等工作,调整增加市委宣传部内设机构办公场所面积,核准市工商联等 3 家单位办公用房维修申请。

【公务车辆管理】 完成全市党政机关公务用车问题专项治理工作,各类违规车辆均按规定处理完毕。重新调整核定县(市)区、市直机关 303 家单位车辆编制。推动市直行政事业单位黄标车报废更新工作,批准市直单位报废旧车 318 辆。2458 辆公务用车参加统一保险,4976 辆(次)公务用车参加定点维修,201 家机关事业单位接受车辆维保监督。市直机关公务车队坚持公里数、百公里油耗、维修费、过桥过路费、停车费"五公开"制度,全年出车 1300 多趟次,安全行车 120 万公里。

【公共机构节能】 落实福州市"十二五"时期公共机构节能各项目标任务,落实节能规划,建立考评机制,把公共机构节能列入各县(市)区政府考评内容。以节能宣传周活动为契机,开展"节能理论进机关"、能源紧缺体验、绿色低碳出行和全国"低碳日"活动,协助市直机关工委举办"凝聚正能量、共筑中国梦"知识竞赛,组织参观"6·18"节能产品和绿色建筑博览会。完成 2012 年度能耗数据会审及上报工作,推动 30 家节约型公共机构示范单位创建工作,其中创建全国节约型示范单位 3 家、省级节约型示范单位 10 家;完成乌山机关大院能耗监测平台建设等重点节能示范项目。年内全市节能工作网络基本构建完毕。

【政府采购工作】 完成公开招标采购项目 95 项,节约资金 1249.97 万元,平均节约率 11.59%;完成竞争性谈判 4 项,节约资金 85.7 万元,平均节约率 29.75%;完成网上竞价项目 464 项,节约资金 259.55 万元,平均节约率 4.42%。

【办公集中区管理】 根据搬迁入驻单位实际需求,修改完善东部办公区装修方案、配套用房分配方案及交通、餐饮、物业等保障方案,推进食堂、超市、银行、通信、文体医疗等基础配套服务设施的建设,组织协调环保部门监测办公用房环境,加大物业监管力度,加快停车场建设。以乌山机关大院及金安大厦安全保卫工作为重点,开展“平安先进单位”创建活动,组织武警、保安等有关人员开展安全检查和反恐演练,协助信访部门劝导上访群众。不定期开展市直单位保卫、消防、卫生检查,与驻乌山机关大院的25家单位签订《安全与消防工作目标责任书》,推动办公集中区环境综合整治。市直机关物业处完成各项水电、办公场所维修1170余次,开展市应急指挥中心建设及市政府楼、服务综合楼维修改造工程,加强办公区集中的水电保障、卫生保洁、绿化美化、门卫值班等物业管理。市直机关后勤服务处加大对食品采购、加工、卫生等环节的监管力度,全年食堂就餐人数16余万人次。

(程　栩)

机构编制

【概况】 2013年,福州市完成117项事权下放;启动新一轮政府职能转变和机构改革工作;推进事业单位分类改革,完成事业单位预分类工作;推进行业体制改革;合理配置机构编制资源,调整体制机制结构,完成用编审批819批次。

【体制机制结构调整】 完成117项事权下放;取消行政审批项目101项;保留行政审批项目287项,其中国家、省级97项。组织小城镇机构改革试点自评,统一福州市小城镇机构改革试点评价数据的统计口径和测算标准,完成130个乡镇开展自评工作。推进行业体制改革,配合相关部门筹划整合演出公司、闽都文化艺术中心以及市体育设施管理中心等事业单位,将其划入福州文化旅游投资集团有限公司;将曲艺团、闽剧院改为传承保护机构。启动新一轮政府职能转变和机构改革工作。开展食品药品监督管理体制改革工作,挂牌成立福州市食品药品监督管理局。

【事业单位分类改革】 开展事业单位清理规范工作,收回市人民检察院检察官培训中心部分空编;将西湖公园管理处、园林科研院长期未使用的空编,调整到园林绿化综合行政执法支队;撤销港口管理局及所属16个事业单位并收回编制;撤销广播电视网络传输公司,核销其编制。将五一苗圃转企改制,撤销事业机构。规范儿童公园、行政服务中心等单位的机构名称。对市环境监测站的人员结构进行调整。变更经费开支渠道,将市检察院检察官培训中心经费渠道由自收自支改为市财政核拨。开展事业单位分类工作,完成预分类工作。

【机构编制资源配置】 设立福州市外国专家局并加挂“福州市外国人工作管理局”和“福州市台港澳专家管理办公室”牌子;增加市物价局总经济师职数及价格监督检查分局领导职数;市经委内设处室加挂“福州市电力执法办公室”牌子;市委办公厅增加行政编制,负责档案资料的收集工作;调整市人大法工委机构编制事项,增加财经委、人事代表工作室领导职数。福州高新技术产业开发区单独成立村镇管理办公室;研究确定蓝园和临空经济区管理体制,印发闽台(福州)蓝色经济产业园管理委员会(筹)和福州临空经济区管理委员会(筹)“三定”方案。完成福州三中、福州格致中学与其附属完中分校分离办学后涉及的机构编制事项调整工作;组织开展大学城新校区管理体制调研,核定改制后的闽江师范高等专科学校的内设机构和领导职数。增加市群众艺术馆、福州董凤山发射台和福州微波总站事业编制。重新核定市儿童医院、市皮肤病医院的编制数。在市科学技术情报研究所加挂“福州市知识产权信息公共服务中心”牌子。设立市劳动能力鉴定中心。设立福州市“数字化”城市管理服务中心,构建城市管理信息监督和指挥平台。设立福州市信息产业服务中心。市公安局成立地铁分局,增设情报信息中心,装备财务处更名为警务保障处;市公安局交巡警支队增设三环路勤务大队;向省申请将福州市公安局上街分局更名为福州市公安局上街(高新区)分局;增加公安机关文职人员;福州市强制戒毒所更名为福州市强制隔离戒毒所。增加市曙光教育服务中心、市法律援助中心事业编制。

【事业单位登记管理】 推行网络办公,全面开展网上登记,市直事业单位申报登记全部实现“现场提交、现场办结、现场领证”。开展事业单位网上年检,将网上申报通过时间压缩至10个工作日以内,比法定时间减少2/3。协助市港口系统完成下属6家事业单位注销工作;下放长乐运管所登记权限。3月开始接受社会对事业单位法人登记信息的查询申请。9月开展网上基础数据库信息清工作,首次在省委编办网站上发布事业单位法人证书废止公告,涉及园林、交通、教育等系统110家事业单位。选取市建委下属的市政工程管理处排水收费所、市民政局下属市少数民族接待站和市社会福利服务大楼3家单位,开展办公地点、实际收入支出、运营情况等方面的实地核查工作。指导闽侯、连江开展县级公立医院改革试点工作,建立县医院理事会制度。

【监督检查】 对学校、医院等有编制标准的事业单位,按照编制逐步到位的原则或明确编制使用控制数予以控编;对市直和各县(市)区招录机关事业单位工作人员用编实行报批制。推进政府购买公共服务,园林、公路等事业单位实行“管养分离”改革。不再批准设立承担行政职能和从事生产经营活动的事业单位。加强机构编制实名制管理,执行核编证年检制度,确保机构编制信息同工资基金册信息一致,实现实有人数和财政供养数相对应。完善机构编制管理信息化建设,推广使用新版的福建省机构编制管理信息系统,指导县(市)区开展新旧版软件数据的迁移工作。开展中文域名注册工作,开通中文域名2468个。

(李宣庆)

人事人才

【概况】 2013年,福州市面向社会考试录用政府系统公务员(含参公管理人员)609 人,聘用事业单位工作人员 4057 人,安置军转干部 230 人,举办人才集市和专场招聘会 105 场,提供岗位 21.7 万个,市属高校毕业生初次就业签约率 64.7%,新增国家千人计划人选 2 人,省“百人计划”人选 10 人、团队 9 个。

【高层次人才引进和服务】 出台《福州市引进高层次优秀人才服务办法》《福州市创业创新人才住房保障办法(试行)》《福州市关于鼓励引荐高层次人才的奖励办法(试行)》《福州市博士后工作管理服务办法》等文件。开展高层次人才推荐活动,新增国家“千人计划”人选 2 人,省“百人计划”人选 10 人、团队 9 个。新增企业博士后工作站 2 家,在闽清、罗源、永泰成立专家服务基层工作站。奖励福州市第二批引进高层次优秀人才(团队)23 人、团队 1 个共 730 万元,配套奖励 2012 年获得福建省表彰的 20 名海西高地领军人才、海西创业英才共 460 万元,开展福州市第三批引进高层次人才评审工作。确定福州人才公寓(鹤林地块)建设方案,启动首批人才租房补贴申报工作。

【海西引智试验区建设】 出台《建设中国福州海西引智试验区的意见》,成立海西引智试验区建设领导小组,由市政府主要领导任组长。在福州市外国专家局加挂“福州市台港澳专家管理办公室”牌子,综合管理台港澳专家工作;通过“台港澳专家证”的认定办法及可享受待遇,筹划颁发“台港澳专家证”。申报获批国家软件与集成电路人才国际培训(福州)基地,筹建中国国际人才市场福州分市场,完成 1.6 万平方米的福州国际人才项目孵化器、福州留学人员创业园(闽侯园)主体建设。组织外国专家福州行活动,邀请 21 名国家“外专千人计划”专家到榕讲座、技术指导;与省公务员局联合举办海外人才福建创业周、海外博士海西行、海外大师海西行等大型人才与项目对接活动,到榕交流、对接的海外高层次人才超过 500 人,达成合作意向 100 余项。制作《中国福州海西引智试验区》《福州市高层次人才政策汇编》等宣传材料,组团赴北美、南京、深圳开展引智试验区政策推介工作。

【公务员管理】 招考录用 2013 年全省公务员统一招考改为一年一次,近 5 万人报名在榕参加笔试。全市政府系统可录用 526 人,年内办理录用 522 人。继续邀请人大代表、政协委员、媒体记者巡视公务员面试现场。组织福州地铁公安公务员专项招考,计划招录 200 人,年内办理录用 87 人。

职位管理 办理市直机关、事业单位科级职数审核及任职资格审查 367 人,审核通过市建委、市公安局等 6 个单位 40 个职位的竞争上岗方案,完成政府系统公务员(含参公人员)登记 749 人。

考核培训 继续在市直机关推行公务员岗位考核,推广公务员岗位考核信息平台并在 48 家单位试运行。完成市直机关公务员上、下半年和年度考核工作,10991 名公务员(含参公人员)参加年度考核,优秀 1856 人、称职 8506 人、基本称职 4 人、不称职 4 人、不定等次 621 人。组织全市 2.3 万余名公务员参加 2013 年福州市干部网上法律知识学习和考试;在全市行政机关公务员中开展“加强与创新社会管理”课程培训,培训 1.23 万人;组织政府系统公务员初任培训班 2 期,培训 2012 年度新录用公务员 352 人。

评先表彰 表彰奖励全市“五大战役”先进集体 62 家,记三等功 34 人,嘉奖 94 人;重点项目建设优胜奖 8 个,先进集体 48 个,建设功臣 4 人,先进个人 94 人。给予连续 3 年年度考核优秀的 186 名公务员记三等功,给予市消防支队三坊七巷中队等 3 家单位记集体二等功或授予荣誉称号。推荐上报国家、省级系统先进集体 46 家,先进个人 113 人。

【专业技术人员管理】 职称评审 完成中小学教师职称制度改革,统一中小学教师职称系列,设置正高级、高级、一级、二级、三级 5 个教师等级,实行评聘结合、按岗推荐,全市有 8 人获得首批中小学正高级职称。下放高校专业技术职务评审权,由高校自主评审、自主聘任、自主发证,指导闽江学院、福州职业技术学院、福州教育学院 3 所市属高校制定专业技术职务聘任方案。药监系统职称评定由评审改为考试,全市有 685 人参加药监职称考试。首次由福州市组织高级工艺美术师评审,10 人获得高级工艺美术师任职资格。全年委托省职改办评审 502 人,市职改办组织评审 4074 人,623 人获得高级职称、1577 人获得中级职称,4 人通过特殊评审取得中级及以上职称。新组建高级工艺师评委库,至年底,全市累计成立 54 个评委库,入库人员 4350 人。

继续教育 开展高层次专业技术人才赴国内外访学进修活动,确定首批访学进修人员 37 人;单独组织 5 个团组 81 名高层次专技人才、企业管理人员赴境外培训;与福州大学等高校合作举办专业技术人才高级研修班 3 期,培训高层次专技人才 150 人。通过专技人员继续教育网络培训平台培训 4400 余人次;举办专技人员公共培训班 60 期,现场培训 8600 人次;批准各基地继续教育办班 128 期,培训 1.48 万人次。开展专技人员继续教育证书验证工作,审验近 6 万人次。

专技人员下基层 规范专技人员下基层工作,至年底,累计有 238 名专业技术人员到基层服务,55 名对口协作县专技人员到市属单位交流培训。

【事业单位人事管理】 人员公开招聘 计划招聘工作人员 6068 人,年内办理聘用 4057 人。审核 49 家市直、县(市)区单位的综合招考方案和 32 家市属单位的面试方案;举办教育系统专业考官培训班,培训考官 1000 余人。

岗位设置管理 批准 1000 余家事业单位岗位设置、变更方案,完成教育系统及其他 208 家单位第二轮岗位聘任。开展事业单位聘用制度推行情况总结评估工作。完善事业单位工作人员考核备案制度,督促各单位按规定处理在编不在岗、超假等人员。

【工资收入分配制度改革】 落实、完善事业单位实施绩效工资的各项政策,探索医疗卫生事业单位、高等院校奖励性绩效工资分配实施办法。完成福州职业技术学院绩效工资总量核定工作,调整市环境科学研究院等 9 家单位绩效工资总量,核定市属其他事业单位 2012 年绩效工资总量。

【人事人才公共服务】 组织高层次紧缺人才暨毕业研究生招聘会、福州市民营企业招聘周、第五届女大中专毕业生专场招聘会等专场公益招聘会8场,开展赴厦门大学、清华大学、中国人民大学等省内外高校招聘活动,参加闽东北协作区第三届高层次人才交流大会,参与全国高校毕业生网络招聘活动,累计提供岗位2.1万个。加强人事代理工作,市人事人才公共服务中心新增人事代理单位11家,全年办理档案调入7000多份、调出2450余份,毕业生报批1626人。举行首届两岸青年人才创业交流大会,举办机关事业单位人事干部业务培训班2期,酝酿出台支持驻榕央企人才队伍建设实施细则,推动将非营利性民办高校纳入机关事业单位养老保险参保范围。完成市人事考试中心保密室改造和市人事人才公共中心档案室扩容装修,基本完成市人才储备中心大楼整修及扩建工程。加强网上人才市场建设,升级改版市人事人才公共服务中心网站,全年网上发布8200多家次用人单位的6.5万余条人才需求信息,委托招聘单位3000多家次,网上访问310万人次,网上人才库储备各类人才9.4万多人,其中硕士以上学历700余人、本科学历2.1万人。

【组建福州人才市场】 挂牌成立企业化运作的福州人才市场,主要从事人才招聘、人才交流推荐、毕业生就业服务等业务。全年福州人才市场与海峡人才市场联合举办海峡西岸招聘会97场,进场招聘企业6800余家次,提供岗位19.6万个,进场求职者23万人次。

【军转干部安置】 完成省下达的230名军转干部接收安置任务,其中计划安置187人、自主择业43人。按时、足额发放自主择业军转干部退役金,开展个性化培训和职业介绍,推荐就业20余人;试点选派6名自主择业军转干部到非公企业担任党支部书记、党务工作者。全年发放企业退休军转干部生活困难补助、医疗补助等各项补助1068.1万元。

【高校毕业生就业】 2013年,市属高校毕业生总数1.5万人,初次就业签约率64.7%,较上年提高2个百分点。调整充实市高校毕业生就业领导协调小组,促进毕业生创业就业专项经费提高到300万元。举办首届海峡两岸(福州)大学生创业创新大赛,吸引海内外171所高校768个项目参赛,26个项目落地福州或有意到榕创业。出台包括提供社保补贴、求职补贴、免费职业技能培训在内的支持高校毕业生就业创业的10项措施,为自主创业高校毕业生落实工商注册登记、人事代理、税收优惠等扶持政策,组织大学生创业讲师团到市属高校开展宣讲。组织200余名毕业生参加就业见习,8家市级毕业生创业培训基地培训学生3000余人次。全年发放毕业生和企业社保补助51.7万元,毕业生求职补贴3.5万元,见习生活补贴38.5万元。接收2批52名新疆奇台县毕业生到榕实习。

8月3日,首届两岸青年人才创业交流大会在福州人民会堂举行。8名台湾嘉宾及青年创业代表、200多名有意创业的青年人才及大学生参会,交流创业体会及经验
(市公务员局 供)

【人才中介机构管理和人事争议仲裁】

开展清理整顿人力资源市场秩序专项行动,加强人才中介机构日常巡查和年检工作,核发4家新增人才中介机构许可证,注销许可证3家,年末全市有人才中介机构27家。举办全市人事争议仲裁暨公务员申诉业务培训班,处理人事争议仲裁案件3起、公务员申诉案件3起。

【工勤人员岗位考核培训】 规范机关事业单位工勤人员升级考核的报名、培训、考试等工作,组织1500余人报名参加工勤人员等级考核,9400余人次参加工勤人员网络继续教育培训。

【退休干部管理服务】 市直单位退休干部公用经费标准由每人每年400元提高到600元。充实福州“银色人才网”银色人才信息库,开展离退休专业技术人员“三下乡”活动,举办退休干部“银色风采”书画摄影作品展,组织离退休干部专题讲座、参观考察等活动,全年到市退休干部管理中心活动的离退休干部5万人次。

(申家驹)

发展研究工作

【概况】 2013年,市政府发展研究中心完成各类调研成果39项(篇),编发《研究报告》18期、《参阅件》9期、《福州经济》6期,编印《2012年福州发展研究》文集,研究范围涵盖城镇化、新区建设、移动互联网、旅游等方面。

【重点课题调研】 完成《福州加快建设海西现代金融中心的研究》《加快福州出口产业基地转型升级的研究》《构建福州现代产业体系的研究》《加快推进福州城乡一体化发展的研究》等4项2013年度市委重点课题调研。完成《福州新型城镇化发展存在问题及对策》《对接上海加快福州新区发展的研究》《福州实施城市旅游发展战略的研究》等16项中心重点课题研究。

【政策咨询服务】 参与起草市委《关于贯彻党的十八届三中全会精神全面深化改革的若干意见》;完成《设立国家级福州新区若干问题的初步研究》《打造优惠政策体系全力助推福州新区发展》;完成省政府《关于进一步推进闽台金融合作先行先试工作意见》专项会议的反馈件,与省政府发展研究中心合作完成《福建镍合金不锈钢产业链与产业集群发展研究》;完成《福州市2013年1—5月份经济形势分析》,参加国务院发展中心组织的东南沿海地区经济分析座谈会;完成《福州市2013年前三季度经济形势分析》,上报省政府发展研究中心;完成福州新区规划相关资料,为国家发改委福州新区规划课题组提供参考;参与福州国际招商月20周年回顾展筹备工作,完成回顾展相关文字材料的起草;参与海峡青年节的筹备、策划及文案草拟论证工作,并赴台湾开展海峡青年节推介活动;完成《新形势下推进旅游景区管理体制改革等问题的对策建议》《福州市引导钢铁、纺织行业和民间资本发展方向的相关建议》《口岸通商环境调研报告》以及与市商贸局合作完成《关于促进福州港口物流业发展的建议》等文稿;完成第九届泛珠三角省会(首府)城市市长论坛的市领导发言稿以及记者采访专题问答材料;参与完成市政协调研课题《关于推进福州小城镇建设的若干建议》;完成《社会养老》《房地产国五条解读》《紧紧围绕使市场在资源配置中起决定性作用深化经济体制改革》等文稿。

(陈　炜)

12月13日,召开《福州年鉴(2014)》组稿会议暨2013卷优秀撰稿人表彰会议

(黄铭　摄)

地方志工作

【概况】 2013年,完成《福州市志(1995—2005)》全书总纂的再次修改稿并报送省方志委提请召开全书评稿会;编纂出版《福州年鉴(2013)》;完成《船政志》总纂稿,经省内专家的评审后呈送省外及台湾有关专家审阅。召开县(市)区志书篇目、志稿审查评议会2场次。组织召开地方志学术年会。年内市政府办公厅下发《关于尽快启动县(市)区地方综合年鉴编纂工作的通知》,全面推动福州市县(市)区开展综合年鉴编纂工作。

【二轮市志编修】 1月,省方志委市县辅导处与市方志委召开座谈会,对《福州市志》送审稿提出初审意见。会后,市方志委根据初审意见,对志稿进行两轮修改。10月,《福州市志》五册完成修订稿,其中第一册14篇完成六大项问题的修改,第二册11篇完成五大项问题的修改,第三册13篇完成四大项问题修改,第四册17篇完成五大项修改,第五册9篇完成四大项问题修改。全书五册对历次评稿会上提出的问题均作出回应,能够修改的均进行全面修改,未能修改的均结合承编单位意见和编纂实际进行说明。

【专志编修】 9月11—16日,《船政志》编辑人员赴山东、辽宁调研,走访历史学者陈悦和相关海军专家等,并与威海市方志委、大连市方志委进行座谈交流。至年底,《船政志》已进入总纂阶段,并呈送省外及台湾有关专家审阅。根据省方志委在马尾召开方志工作座谈会的精神和省方志委主任冯志农关于《船政志》编修工作的四点意见,召开《船政续志》座谈论证,并向市政府申请立项。

【《福州年鉴》编纂】 10月,完成《福州年鉴(2013)》出版,全书123万字,设41个栏目、251个分目、1457个条目。2013卷根据2012年经济社会发展情况,增设"发展的政策环境""地铁""特殊教育"分目。12月,召开《福州年鉴(2014)》卷组稿会议暨优秀撰稿人表彰会议,部署2014卷组稿任务,表彰2013卷的20名优秀撰稿人。

【县(市)区志鉴业务指导】 8月1日,市方志委主任张硕带队赴福清市方志委调研地方志工作,就贯彻省方志委市县处工作规程、开好评稿会与福清市方志委座谈研究。9月25—27日,福清市政府组织召开《福清市志(1989—2005)》志稿评议会,评议会采取分组评议的方式进行,与会人员就志稿的篇目、体例、资料、行文规范等方面进行评审，提出修改意见。

9月13日，根据7月全省设区市地方志机构主任会议精神和市方志委呈报的方案，市政府办公厅下发《关于尽快启动县(市)区地方综合年鉴编纂工作的通知》，全面开展福州市县(市)区综合年鉴编纂工作。为落实市政府《通知》，市方志委制定下发《福州市综合年鉴编写规范(试行)》，并组织开展全市各县(市)区年鉴工作调研。12月31日，市方志委副主任王小珍带领《福州年鉴》编辑部工作人员赴永泰调研年鉴编纂工作。

【举办首次年鉴编辑人员培训班】 11月6—7日，市方志委在长乐市举办首次县(市)区地方志机构年鉴编辑业务培训班，县(市)区地方志工作机构负责人、业务人员以及长乐市部分市直单位分管领导、撰稿人共40余人参加培训。培训班开设6个专题讲座，分别为：年鉴框架设计，“特载”“专文”“大事记”“县(市)区”栏目编辑及装帧设计，“调研文章”“人物”“法规文件”“统计资料”的搜集和编纂，“文化、出版、传媒”栏目编纂，“政法”栏目编辑，“社会团体”栏目编辑。培训讲座结合福州市的年鉴编纂经验，主要从年鉴全书框架、装帧设计、彩页以及具体栏目如何编辑等方面进行培训。

【福州地情网建设】 对原有“政务信息”栏目进行调整，增设“法规、规章、规范性文件”“政策解读”“行政文件”“规划计划”“通知公告”“人事任免”“资金信息”等7个二级栏目。新增“统计信息”“民意征集”“网上调查”“在线办事”“互动交流”“使用帮助”“网站地图”“栏目排行”“文章排行”等9个一级栏目。新增《福州年鉴(2012)》1部120.6万字。网站全年点击量达300万次。

【地方志学术研讨会】 5月3日，市地方志学会召开第十八次学术研讨会，40余名学会会员参加，并特邀省文史馆馆长卢美松出席。该次研讨会收到论文29篇，集中研讨修志编鉴中搜集资料、资料运用、续志与前志衔接、志书特色、方志资源网络化、年鉴编纂与志书编纂相配合等方面内容，评审出一等奖2篇、二等奖5篇、三等奖10篇。

【法规论证】 8月7—8日，省方志委在福清市就《福建省实施〈地方志工作条例〉办法》征求福州市方志委意见，并确定提交省政府办公会议讨论的《福建省实施〈地方志工作条例〉办法》文稿。省方志委主任冯志农、副主任俞杰及相关处室负责人，省政府法制办处长赵剑平，市方志委主任张硕、副主任王小珍等参加座谈及修改工作。

【考察交流】 7月1—6日，市方志委主任张硕参加省方志委考察组赴山东、山西考察《地方志工作条例》地方性政府规章实施情况。10月21—23日，市方志委副主任王小珍带领《福州年鉴》编辑部部分人员赴合肥参加第二十三次全国城市年鉴研讨会。10月27—31日，市方志委部分工作人员赴郑州参加第十届全国中心城市地方志工作交流会，并作了《关于提高志书著述性的几点思考》的会议发言。11月12—22日，市方志委副主任王小珍带领部分工作人员赴北京参加第八期全国出版社编校人员业务培训班。

【获奖情况】 7月，《三坊七巷志》获福州市第八届社会科学优秀成果一等奖，《福州年鉴(2011)》获福州市第八届社会科学优秀成果三等奖。8月26日，《福州年鉴(2012)》获第七届全国年鉴编校质量检查评比一等奖。

(张　灵)

驻北京联络处

【概况】 2013年，福州市政府驻北京联络处加强招商引资工作，推动联络央企、企业在榕落地、回归工程等工作，促成在京榕籍企业家到榕建设“闽商大厦”，促成冠城大通建设总投资32亿元的海西文化创意产业园并启动二期建设，协调推动福州市科技园区更名工作。探索推行接待服务市场化，寻找符合标准的接待食宿场所以及车辆租赁公司，用于开展公务接待活动。全年向市委、市政府报送《信息专报》76篇。

【项目招商工作】 拓宽项目促批工作联系面，协助福建兴邦实业向国家发改委了解粮食进口配额申请及审批政策；协助争取956万元中央投资用于财茂集团技改，并将该项目列入国家发改委、工信部2013年重点产业振兴和技术改造专项计划(第二批)；协调国务院办公厅、科技部等部门促进推动福州市科技园区更名相关工作。

继续开展2011年福州市与央企签约项目后续跟踪，协助对接引进；协助促进福州航空筹建的报批工作；推进国美集团在榕建设投资12.5亿元的物流产业基地；落实京东商城在福州投资的战略部署；促成冠城大通建设总投资32亿元的海西文化创意产业园，并启动二期建设；促成在京榕籍企业家到榕开工兴建总建筑面积约5万平方米的“闽商大厦”，确立总投资约10亿元的福州滨海颐天国际养老社区的投资意向，以及计划在榕创立总投资10亿元、预定交易额500亿元的“海峡国际葡萄酒交易所”；安排福建水产商会企业与福清、平潭对接，计划投资30亿元建设海峡两岸水产品加工基地及水产品经营市场。促成北京福州商会商会与罗源县福湖村结对帮扶，捐款300万元用于该村基础公益建设。

【信访维稳工作】 召开信访维稳专题会议，组织人员对已进京上访人员开展排查调处和稳控工作。继续保持与国家信访局、省驻京办、北京公安局及福州相关部门的联系，建立信息联通、力量联合、工作联动的“三联”工作机制。年内处置非正常上访565人次，并配合完成北京朝阳“11·19”特大火灾事故的善后工作。

(陈国栋)

驻上海办事处

【概况】 2013年，福州市政府驻上海办事处发挥驻上海的区位优势，加强与上海各有关部门的联系，为到榕投资兴业提供服务。搜集、整理江、浙、沪改革开放和经济建设方面的政策举措、招商引资策略，全年汇编《上海信息》24 期，并向市委、市政府报送。

【招商引资】　搜集大型跨国企业的动态投资信息，有针对性地联络跨国集团驻中国总部，介绍福州市产业概况、发展机会及投资软硬环境，先后邀请多家跨国企业中国区总裁到榕考察。至年底，瑞典宜家集团在福州项目进入选址阶段。

加大引荐上海国有企业到福州投资兴业的力度，年内邀请上海实业城市开发集团有限公司到福州考察，至年底，上海城开集团正式签约参与福州马尾新城建设。

【服务榕籍在沪企业】　2013 年，上海有福州籍企业 3500 多家，从业人员 8 万多人，总产值约 200 亿元。驻沪办通过上海市福州商会走访企业，协助会员企业与上海市综合经济部门沟通协调，并引导会员企业参与福州公益事业。

促成在福州籍在沪企业中设立异地党组织，至年底，促成福州籍在沪企业成立 2 个党委和 1 个党总支，共 11 个党支部、250 多名异地党员。

（吴金捷）

驻深圳（广州）办事处

【概况】　2013 年，福州市政府驻深圳（广州）办事处推动招商工作，促成签约落地项目 3 个，投资总额约 223 亿元；达成意向项目 6 个，投资总额约 500 亿元。接待中共福州市委、福州市政府、市直机关部门、各县（市）区领导及深圳、广州市政府相关部门领导、企业人士等 46 批 190 人次，其中厅级领导 21 人次，处级领导 110 人次。多渠道搜集信息，每1～2 天通过网络报送 1 次信息到福州市政府办公厅信息处和广州市协作办综合调研处，每月编辑 3 期《广深信息快报》，每期 220 份，寄送市领导、市直有关部门领导、各县（市）区领导。

10 月 5 日，市政府与华侨城大型文化旅游综合项目合作签约仪式在深圳华侨城举行。省委常委、市委书记杨岳，市长杨益民出席签约仪式并讲话

〔驻深圳（广州）办事处　供〕

【招商工作】　走访有意向赴福州投资的大中型企业以及广东省高科技产业商会、深圳台商协会等商会组织，推介福州投资环境，并通过商会平台寻找有意对外投资的企业。组织招商小分队赴深圳、广州、中山、东莞、佛山、珠海等地开展招商引资工作，走访大中型企业 60 家。组织 15 批广东企业考察团到榕实地考察，年内签约落地项目 3 个，投资总额约 223 亿元（其中广州富力集团签约建设闽侯金水湖旅游综合体项目，计划投资 103 亿元；广州富力集团以 20 亿元竞得闽江北岸中央商务区项目；深圳华侨城集团签约建设仓山区大型文化旅游综合项目，计划投资不低于 100 亿元）；达成意向项目 6 个，投资总额约 500 亿元。

【商会工作】　利用商会平台推动“回归工程”项目，组织在粤榕籍乡亲到榕参加“5·18”海交会、“6·18”项交会、“9·8”投洽会活动。引导深圳市福州商会、广州市福州商会和会员企业家参与公益事业，全年捐款约 600 万元。推动肇庆市福州商会、深圳市福州籍全国珠宝商会筹建工作，筹备开展港澳地区商会组织协调工作。

【联络工作】　推动与广州、深圳两地政府相关部门加强联络，加强与各国驻广州总领事馆的联系，走访拜会美国、英国、法国、俄罗斯、瑞典、挪威、韩国等国驻广州总领事馆总领事，介绍福州的基本情况及近几年经济发展情况，寄送“5·18”海交会、“6·18”项交会、“9·8”投洽会邀请函，邀请赴榕参观考察。年内驻深圳（广州）办事处被深圳市政府评为“2013 年度全国各地驻深办事处先进单位”，被广州市政府评为“2013 年全国各地驻穗机构先进单位”。

（谢　鑫）

（编辑　黄　铭）

综　　述

2013年，政协福州市委员会召开全体委员会会议1次、常务委员会会议5次。收到提案589件，经审查立案571件，立案提案办复率100%，其中关于推进马尾新城、“海上福州”建设和福州新区开放开发、在更高起点上加快建设闽江口金三角经济圈等方面提案86件，关于改善民生的提案139件。开展年度重点课题“加快闽江口金三角经济圈建设”，完成9个子课题的专项调研。编撰出版《上下杭史话》和《福州文史资料》第31辑，编发《福州政协信息》普刊20期、《福州市政协社情民意专报件》88期。

重要会议

【政协福州市第十二届委员会第二次会议】 1月4—7日召开。会议审议并同意方清海、雷成才分别代表政协福州市第十二届委员会常务委员会所作的常务委员会工作报告和提案工作情况的报告。会议期间，委员列席市十四届人大第二次会议，听取并赞同市长杨益民代表福州市人民政府所作的《政府工作报告》，赞同市计划和预算报告；听取并赞同市中级人民法院、市人民检察院工作报告。

【市政协十二届常委会】 第五次会议　1月6日，在政协第二次全体会议期间召开。会议听取大会秘书长关于市政协十二届二次会议决议（草案）讨论情况汇报，审议市政协十二届二次会议决议（草案），提交大会审议通过。

第六次会议　3月26日召开。会议传达学习全国政协十二届一次会议精神；听取市建委、市环保局、市规划局、市园林局关于福州市环境综合整治和生态文明建设工作情况；审议通过政协福州市第十二届委员会副秘书长任职名单，同意江立强任市政协副秘书长；会议期间组织视察福州市环境综合整治和生态文明建设工作进展情况。

第七次会议　6月27—28日召开。会议听取市各民主党派、工商联负责人围绕“在更高起点上加快发展闽江口金三角经济圈”重点调研课题议政发言；审议通过“关于我市新型小城镇建设的若干建议”常委会建议案；听取市发改委、市建委关于福州市新型小城镇建设有关工作情况通报；组织常委赴闽侯青口、福清龙田开展视察活动；审议通过政协福州市第十二届委员会部分专门委员会副主任任职名单，同意吴震诚任市政协经济建设委员会副主任，陈小凡任市政协港澳台侨和外事委员会副主任，刘德洪任市政协文史资料和学习宣传委员会副主任，刘若兰任市政协经济建设委员会副主任。

第八次会议　9月22—23日召开。会议视察福州市环境综合整治工作情况；听取并审议“关于加强福州市城市雕塑建设的建议”“关于福州市基层医疗机构能力建设情况的调研报告”“发挥省会城市优势，大力发展社区支持农业”“以名人命名福州路街专题调研课题”“福州市少数民族特色试点村寨保护与发展的若干建议”“进一步提高福州市区防洪排涝能力的建议”等市政协2013年部分专门委员会重点调研课题成果汇报；听取市公安局、市检察院、市法院、市民政局工作情况报告；审议通过政协福州市第十二届委员会副秘书长及部分专门委员会副主任任免名单，同意林敦兼任市政协副秘书长，同意官兵任市政协提案委员会副主任，免去田虎威的市政协经济建设委员会副主任职务，免去张克恭的市政协提案委员会副主任职务。

第九次会议　12月25日召开。会议学习传达十八届三中全会及省政协常委会、市委全会有关精神；协商《政府工作报告（征求意见稿）》；听取市政府关于市政府系统办理市政协十二届二次会议以来提案情况的通报；审议政协第十二届福州市委员会常务委员会工作报告（讨论稿）；审议政协第十二届福州市委员会常务委员会关于十二届二次会议以来提案工作情况的报告（讨论稿）；审议各专门委员会工作报告（书面）；审议人事事项，同意林敦任市政协副秘书长，同意邓达木辞去市政协十二届委员会秘书长职务；审议通过政协第十二届福州市委员会委员调整名单、不再担任常务委员名单、增补特邀委员名单;审议通过关于召开政协第十二届福州市委员会第三次会议的决定及有关文件;审议通过关于授权主席会议审议市政协十二届常委会第九次会议未尽事宜的决定。

主要工作

【提案工作】 政协十二届二次会议后,政协委员、政协各参加单位和专门委员会提出提案589件,立案571件,占提案总数97%。其中,经济建设类100件,占17.5%;城建环保类141件,占24.7%;教科文卫体类153件,占26.8%;社会、法制、劳动、人事和统战类177件,占31%。立案提案交办1026件次,由88个承办单位办理。不予立案的18件,作为委员来信转送有关部门研究参考。至年底,立案提案均在规定时限内办理并答复提案者,办复率100%。提案所提问题已经解决或基本解决的231件,占40.4%;正在解决或列入规划逐步解决的310件,占54.3%;因条件所限,暂时难以解决的30件,占5.3%。委员对提案办理结果的满意率99%,其中表示满意的占73%,表示基本满意的占26%。

【民主协商工作】 开展城市雕塑、基层医疗机构能力建设、社区支持农业、路街命名、民族村寨保护、市区防洪排涝6个专题调研,与市直相关部门和各县(市)区政府负责人开展协商。市委、市政府《关于进一步加快少数民族乡村发展的意见》,吸纳“保护和传承畲族文化”的建议。市规划局采纳“打造特色城雕”的建议,完善《福州市城市雕塑规划》。市房管部门根据“防范城区外挂空调安全隐患”的建议,组织开展老旧空调外机支架安全隐患排查。在路街命名中体现福州的名人文化、强化市区防洪排涝设施建设、发展社区支持农业的新型业态等建议,均被市政府和相关部门采纳。

专题协商 开展“推进福州台湾农民创业园建设发展”专题协商,市政府制定出台《关于扶持福州台湾农民创业园建设的若干意见》。开展“市区餐饮业夜市管理”专题协商,市政府专题研究部署加强餐饮业夜市监督管理的具体举措,推动成果落实。开展“落实公交优先政策”专题协商,推动优化公交线路、提高车辆调配效率、建设公交场站、改善公交司机工作条件等工作落实。

对口协商 各专委会分别与20多个市直部门进行对口协商,推动开展交通管理优化、垃圾处理无害化、食品安全检测、榕台产业合作等工作。参加《福州市城市内河管理办法》立法前协商,就相关内容提出建议。

【监督工作】 市政协把涉及百姓权益的决策制定、政策执行情况作为民主监督重要内容,通过会议、视察、提案、民主评议等形式开展监督。开展民主监督员述职活动,与市政府开展“委派民主监督员工作”专题协商,推动民主监督员小组的建设,调整充实小组人选,直接参与公正执法、依法行政、效能建设、纠风工作的检查监督。监督员小组提出的合理确定征税价格、灵活处理集装箱限重标准、推进生态引水、内河截污等方面建议,均被相关部门采纳。

【视察调研】 围绕市委“全力推进福州新区开放开发、在更高起点上加快建设闽江口金三角经济圈”决策部署,把“加快闽江口金三角经济圈建设”列入年度重点课题,动员各民主党派、工商联,从创新科技体制、提升规划水平、对台经贸合作等9个方面作为子课题开展专项调研。调研报告提出着力提升战略地位、挖掘对台优势、放大平潭政策效应、再造海上福州等6项建议。市委、市政府《关于全力推进福州新区开放开发、在更高起点上加快建设闽江口金三角经济圈的意见》中,吸纳调研报告提出的建议。将“加快小城镇建设、推进城乡一体化”和“加强生态文明建设、打造美丽福州”,列为常委会议和主席会议建议案。在分析福州市综合改革试点镇建设情况的基础上,提出分类推进、产业支撑等8个方面的建议。10多个相关的市直部门和县(市)区政府,吸纳委员40多条建议。

开展“政协委员文明巡访在行动”系列活动,组织省、市、区政协委员100多人次,先后巡访食品行业、窗口单位和公共场所,就存在的问题提出建议。配合市委、市政府实施“回归工程”,走访联系异地商会企业家和政协委员,邀请国内外榕籍企业家参加闽商大会、“5·18”海交会、“6·18”项目成果推介会,协助推动回归项目的签约、动建、投产。推进市政协领导挂钩联系的59个市重大项目,召开专题推进会协调解决存在的问题,并实地督促检查项目建设进度。

【委员工作】 加强委员业务培训,在武夷山省政协培训中心举办委员暑期读书班。建立委员服务与管理平台,在读

9月22日,组织视察全市环境综合整治工作情况 (政协福州市委员会 供)

书班及全会期间通报委员履职情况。搭建委员履职平台,组织委员围绕常委会议题开展视察,参加市委“两代表、一委员”座谈会、市政府保障性住房分配和管理工作联系会、市委深化改革座谈会等会议,组织政协委员参观智慧城市、4G无线城市建设成果,视察市国税局、市地税局工作,参加媒体直播民主评议政风行风等活动。

【文史信息】 文史工作 开展地方文史资料的挖掘整理和研究,编撰出版《上下杭史话》和《福州文史资料》第31辑,启动《烟台山史话》(暂名)征编工作。参与全国、省、市文史大协作。参加全国政协文史和学习委组织的14个沿海城市开放史料征编工作会议,开展14个沿海城市开放史料(福州分卷)征编工作。参加省政协文史学习委组织的《赴台文化交流》征编,报送26篇文稿。参加省政协文史学习委协作编撰的《畲族百年》于7月正式出版发行。征编出版《福州文史》期刊4期。经市政协主席办公会议研究决定,从福州本地文史专家、大学院校以及台湾方面等聘请41名文史专家和学者作为新一届市政协文史研究员。承办全省政协文史工作研讨会。

信息工作 市政协向省政协上报社情民意信息专报1200余条,被全国政协采用社情民意7篇,被省政协采用272条,其中得到尤权、苏树林等省领导23人次批示。市本级编发《福州政协信息》普刊20期。编发《福州市政协社情民意专报件》88期,其中有80条得到市领导103人次批示。社情民意《借助三环快速通道开行福州市区“点对点”快速公交线路》获市长杨益民批示后,交通运输部门采纳委员的建议,计划从东西、南北方向开通6条“点对点”快速专线。针对社情民意《加快福州留学人员创业园建设的几点建议》反映的完善服务行政管理机制有关问题,高新区管委会对入驻留创园的项目实行全程跟踪的免费代办制,并加快在高新区成立分支机构,设置办事窗口。社情民意《加快构建我市公共图书馆服务体系的建议》经委员反映后,文化新闻出版部门召集相关部门开展专题讨论研究,采纳委员建议,计划在温泉公园等30个场所设立“24小时自助图书馆”,并逐步向全市推广。

【交流联谊】 加强与党派团体合作,各民主党派、工商联提交提案109件,反映社情民意信息280条。开展榕台交流联谊,举办“弘扬船政精神、实现民族复兴”第四届两岸船政文化研讨会、“亲情海峡·彩虹书画”第三届海峡两岸小学生书画交流展、“跨越海峡·相约榕城”第十届海峡两岸青少年夏令营,并组团赴台湾交流访问。加强与港澳乡亲的交流联谊,组团出席香港十邑同乡总会成立七十五周年和首届澳门陈婧姑民俗文化节活动。召开港澳委员、特邀委员和市海联会理事座谈会,通报情况、听取建议。加强与华侨华人社团的联系,联合开展美国八闽金山福州同乡会华裔青少年“中国寻根之旅”夏令营活动。组织开展少数民族特色村寨建设调研视察;走访宗教活动场所,帮助解决宗教房产纠纷问题。

(黄 凌)

(编辑 黄 铭)

民革福州市委会

【概况】 2013 年，民革福州市委会下辖 5 个工委，3 个总支，46 个支部，党员 979 人，新发展党员 16 人。其中，中高级职称 594 人，占 60.7%。获评福州市第三批“平安先行单位”，1 人获市政协系统 2012 年度特邀信息员特别奖，2 人获“民革福建省委会优秀信息员”称号。

【参政议政】 向市人大提交建议 7 件，向市政协报送集体提案 12 件，委员个人提案 19 件，其中《进一步采取措施解决低保群体生活面临的问题》《在推进城市化进程中，应加大对部分特殊群体扶持的建议》《大力推广立体绿化，建设生态宜居城市》3 件提案被选为领导重点督办提案，《关于加快落实城区医疗卫生规划，大力推进新城区配套医院建设的建议》《大力推广立体绿化，建设生态宜居城市》等提案获新闻媒体报道刊载 10 余次。

突出民革在“三农、对台、法制建设”方面的特色，围绕福州新区开放开发等省市热难点问题开展重点调研。完成市委调研课题《加快滨海旅游业发展，推进“海上福州”建设》《以斗堂文化为纽带，推动榕台两岸交流》；完成市政协调研课题《挖掘闽江口金三角经济区文化和生态资源，发展海上福州旅游》。《促进福州传统工艺产业发展的建议》等 3 篇入选福建民革调研论文集。向市政协、市委统战部报送理论研究选题 7 篇，《民主党派组织发展态势研究》《从民革参政议政实践谈进一步提高党派参政议政水平》分别获市统战系统调研和理论文章二、三等奖，《多党合作制度的政治文化意蕴》等 4 篇入选《福州市第八次政协理论研讨会论文选编》。

报送信息 83 条，其中，27 条信息被中央统战部、省政协、民革中央、省民革、市委统战部采用，7 条得到领导批示。其中，《对十二届全国政协一次会议开幕和政协工作报告的反映》《全国政协委员对中央领导下组看望全国政协委员的反映》《党外人士对最高院、最高检工作报告的反映、建议》《全国政协委员对全国政协人事安排的反映》《党外人士对神舟十号成功返回地球反响热烈》《党外人士对文献纪录片〈习仲勋〉反响热烈》6 则被中央统战部采用，《关于着力推进福州危旧房改造的几点建议》《建议机场二期高速路在福州七中地段增设隔音墙》《结合我市环境综合整治积极推进节约型城市园林绿化建设》《建议尽快出台〈国有土地上房屋征收与补偿实施意见〉》获市委书记杨岳批示，《关于加大支持我市民办非企业养老机构发展的建议》获市长杨益民批示。《支持企业技术改造有关税收优惠政策》获福建省统战部“2012 年度好信息”奖。

【政治学习】 学习中共十八大、十八届三中全会、习近平总书记重要讲话和民革十二大精神，民革省委九届九次、十次全会和民革市委十届六次全会精神，《中共中央关于加强新形势下党外代表人士队伍建设的意见》及福州市“实施意见”精神。召开学习贯彻全国“两会”精神专题报告会，主办以“加快推进福州经济新区开放开发”为主题的天和论坛，召集中心组学习中共十八届三中全会精神，举办暑期读书班，邀请专家做祖国统一工作和参政议政等专题讲座。开展纪念“五一口号”发布 65 周年主题教育活动，举办征文活动，收到稿件 80 余篇。

【组织建设】 发展新党员 16 人，其中，中级职称 9 人，高级职称 3 人。选送 11 名后备干部到中央、省、市社科院和市委党校深造学习；组织 80 余人参加年度暑期骨干党员、新党员培训班。市委会领导赴仓山、晋安区委统战部走访，调整仓山区工委班子，筹建单一支部；调整机关干部所联系的基层支部，推进基层组织制度化、规范化建设。

【榕台交流】 邀请张北两岸联合法律事务所参加民革福州市新春联欢会；接待原台海军中将徐学海，参与省委统战部举办的“第四届海峡两岸船政文化研讨会”；加强与台湾基层民众的联系，邀请来闽投资的台商与祖国统一委员会委员开展座谈；开展涉台调研，组织祖国统一委员会赴福州源利再生资源有限责任公司和福清洪宽工业村的洪良集团调研,撰写《在榕台资企业对金融支持需求》等调研报告。

【社会服务】　开展“春风送暖进社区”活动,对太平洋社区和琴湖社区开展扶贫慰问,为居民义诊、写春联,送慰问金3000元,提供义诊服务100多人次,书写春联200余幅。组织部分医卫界、法律界民革党员及机关干部赴连江县下宫乡夏一村开展“三下乡”活动,向10名贫困小学生捐赠助学金1万元,儿童书籍200余册;为村民提供免费义诊、法律咨询服务,接诊人数达200余人,赠送价值近千元的药品。成立福州市中山法律援助工作站,开展法律援助、法律咨询、法律调解、法律社区矫正、法律代理等援助活动5起。

【纪念民革福州市委会成立60周年】　9月27日,召开福州民革成立60周年纪念大会。原省人大常委会副主任、民革省委会主委庄先,民革省委副主委柳红,市委常委、统战部部长黄忠勇,市人大常委会副主任徐诗文,市政协副主席、民盟福州市委会主委林治良,市政协副主席王长鹰到会祝贺。民革省委会副主委、民革市委会主委夏先鹏,市委会副主委林锋、蔡恩典、陈子华、郑云坚及党员代表80余参加大会。副主委柳红、主委夏先鹏、部长黄忠勇分别发表重要讲话。大会展出福州民革成立60周年的珍贵历史图片,对“纪念‘五一口号’发布六十五周年暨福州民革成立六十周年”征文获奖者17人进行颁奖。

(黄小莉)

3月3日,召开民盟福州市委员会成立60周年纪念大会,并表彰特殊贡献盟员

(曾长旺　摄)

民盟福州市委会

【概况】　2013年,民盟福州市委会下辖福清、长乐2个县级市委会,5个区工委,2个总支,69个基层支部,盟员1727人,新发展盟员80人,平均年龄55.3岁,其中,中高级职称占71.4%,教育、文化、科技界占76.6%。担任各级人大代表21人,政协委员93人。获评民盟福建省委、福州市政协系统、中共福州市委统战系统信息工作先进单位称号,2位盟员分获盟省委、市统战系统信息工作先进个人。民盟福州市直机关一支部获民盟中央“组织发展工作先进集体”称号。

【参政议政】　向市政协提交集体提案15件,并在政协大会上做《加快科技企业孵化器发展,完善我市区域创新体系建设》的发言。其中《关于农村中小学布局调整的几点建议》《关于提升我市城市绿化养护水平的建议》《开展网格化管理服务,推进社会管理创新》《关于加强食品安全监管能力建设的建议》等4件提案获评市政协重点提案。

完成各级各类调研论文12篇,其中市委重点课题2篇,盟省委课题3篇,市政协理论研究会、市委统战部理论研究会论文各2篇,围绕福州新区开放开发完成课题调研3篇。其中《关于推进义务教育均衡发展的建议与对策》《关于加快福州科技与金融结合发展》被《福州调研》刊载。

向盟省委、市政协、市委统战部等报送信息358条,被全国政协办公厅、民盟中央等各级单位采用65条,其中《建设福州新区绘制交通蓝图》《开学在即,800名未成年犯九年制义务教育权益亟待解决》等14条信息获省市领导批示。

【政治学习】　组织中心组学习12次,学习中共十八届三中全会精神、习近平总书记系列重要讲话精神和省委、市委重要会议精神;学习贯彻市委《关于切实加强新形势下党外代表人士队伍建设的实施办法》精神。选送盟员8人(次)参加福建省社会主义学院、市委党校组织的培训班;120余名盟员参加盟市委暑期骨干培训班、新盟员学习班;参加市政协、市委统战部等单位的学习班100多人次。

【组织建设】　发展新盟员80人,平均年龄36.6岁,其中具有中高级职务或职称的占40%,教育、文化、科技界占37.6%。市属基层支部开展创“达标支部”活动200余次。民盟福清市委会召开第六次代表大会,选举产生新一届领导班子。7月,晋安区教师进修校支部成立。盟员林群慧被中共市委选派赴广州挂职,11月被选任为马尾区副区长。

【社会服务】　分别在对口帮扶的新店镇新厦社区、永泰县盖洋村开展“送温暖、迎新春”春节慰问活动,送慰问金及慰问品合计近2万元。向永泰县盖洋村捐赠音响设备1套;联合福州第七医院、莆田盟市委到仙游县龙华镇开展消化系统疾病防治义诊活动;向四川雅安地震灾区捐款3000元。开展“农村教育烛光行动”,组织盟内政协委员及骨干教师赴连江华侨中学开展支教活动,就学生中、高考备考及学生考前心理辅导等问题举办专题讲座。配合盟省委前往省未成年犯管教所开展联合帮教活动2场，向未成年犯赠送衣物、食品、图书等，帮助省未成年犯管教所呼吁解决管教学员的义务教育问题；邀请盟员蒋夷牧为省女子强制戒毒管理所女学员和干警做题为"快乐人生"的励志讲座。

【纪念民盟福州市委会成立60周年大会】 3月3日召开民盟福州市委会成立60周年大会，300多名盟员代表参加大会，表彰16个先进支部和93位优秀盟员，并向盟龄超过60年或从事盟务工作20年的29名盟员授予"特殊贡献盟员"称号。同时编撰纪念画册、举办征文活动。

（王　翀）

农工党福州市委会

【概况】 2013年，农工党福州市委会下辖1个地方组织，5个区工委，68个基层组织。党员1521人，其中，新发展党员77人。党员平均年龄52.3岁，中高级职称占78.6%，医务界占60.2%，教育界占24.5%。担任各级人大代表23人，政协委员80人。

被农工中央评为"中国农工民主党2010－2012年社会服务工作先进集体"，3人被评为"中国农工民主党2010－2012年社会服务工作先进个人"。被农工党福建省委评为"2010—2012年度提案工作先进集体"，5人被评为"2010—2012年度提案工作先进个人"；被农工党福建省委、市委统战部评为"2012年度社情民意信息工作标兵单位"，2人被评为农工党中央"2012年度社情民意信息工作先进个人"，11人被评为农工党全省、市政协、市统战系统信息工作先进个人。3人被农工党福建省委评为2012年度机关先进工作者荣誉称号。60人荣获福州市劳模、市科学技术进步一等奖等荣誉称号。

【参政议政】 向市政协十二届二次全会提交12件集体提案，并在大会作《综合开发利用海岛资源，促进我市海洋经济可持续发展》的发言，并被选作省政协大会发言材料。《关于加快发展福州市智能交通建设的若干建议》《关于加快福州山水城市绿色廊道系统建设的建议》等8条集体提案被列为2013年度市领导督办的政协重点提案；《大力推进绿色发展，加快建设美丽福建》被评为省政协2013年度重点提案，有关建议被省政府有关单位采纳，编制出台《福建省林业产业发展布局规划》。

助推福州新区开放开发，促成全国人大常委会副委员长、农工中央主席陈竺，全国政协副秘书长、农工中央专职副主席何维来榕调研。组织课题组赴上海、吉林、宁夏等地开展调查研究，完成调研文章33篇，其中中共福州市委重点课题2项，市政协重点课题1项，省委会重点课题1项。《关于综合开发利用海岛资源，促进我市海洋经济发展调研》获省委办公厅、省政府办公厅颁发的"2012年度省重点课题优秀调研成果"三等奖。《关于推进全民健康行动，提高我市人民健康水平的建议》被市委评为"2012年度市优秀调研课题三等奖"。《关于平潭综合实验区生态环境可持续发展的建议》获"福州市第八届优秀社科成果一等奖"。《关于充分发挥生态环境优势，建设生态马尾新城的调研》获农工党福建省2012年度优秀调研论文一等奖，另有2篇调研文章获二等奖，4篇获三等奖。

上报的166条社情民意信息中，全国政协等中央一级部门采用11条，省委办等省级部门采用60条，市委办等市一级部门采用42条，15条信息获省市领导批示21人次，其中《中小学周边小饭桌的安全隐患期盼尽力化解》获省委书记尤权批示，《专家对我省"打造美丽福建"的建议》被省委统战部评为2013年度好消息。

【政治学习】 学习中共十八届三中全会、中共福建省委九届十次全会和中共福州市委十届七次全会以及全国、省市"两会"精神。围绕纪念"五一口号"发布65周年、纪念"福建事变"80周年，开展多党合作优良传统宣传教育活动。全国人大常委会副委员长、农工中央主席陈竺，全国政协副主席、农工中央常务副主席刘晓峰，全国政协副秘书长、农工中央副主席何维，农工中央副主席龚建明带领有关人员前往福州黄巷28号（原黄巷32号）——原"福建事变"期间农工党中央机关旧址挂牌并开展纪念活动。

【组织建设】 召开主委、常委、全委会议和中心组学习会议20次。完成13个基层组织换届选举工作。向市委统战部推荐处级、科级后备干部56人。有21位党员被提拔或转任，其中，处级干部3人，科级干部18人，医院副院长3人，从非领导转任领导职务4人。选送党员15人次参中央社院、福建省社院和市委党校的培训。举办15场新党章学习辅导讲座，650人次参加学习。举办新党员培训班和骨干党员读书班，170人次参加培训。

【社会服务】 到闽清县白中镇珠中村、继善村以及鼓楼区小柳社区、台江宁化、凤凰社区慰问困难群众，送1.15万元慰问金和价值1.5万元的慰问品。开展以"生态环境与健康"为主题的第六届"中国环境与健康宣传周"活动，组织专家115人次，开展16场义诊和2场讲座，为2500名的社区群众提供保健咨询、疾病初筛、健康宣教等服务，免费赠送5000多元的药品和9000多份"建设美丽中国、享受健康生活"的宣传材料。围绕"科学引领创新，发展促进和平"的主题开展第二十五届中国"国际科学与和平周"活动，开展22场义诊活动，受益群众7400多人，发放宣传材料1100多份。组织党员7人次分两批随团参加两岸中医药学术论坛，提交中医药论文3篇。

组织市委会红十字志愿服务队参加纪念第66个"5·8"世界红十字日暨"博爱周"系列活动启动仪式。为四川泸州灾民捐款3300元，为群众义诊，作法律咨询。东南眼科医院支部现场启动"东南光明行动"，并向"福州市红十字光明基金"捐赠50万元。7月，赴宁夏为当地困难群众免费实施白内障复明手术，捐赠医疗仪器价值25万元。2013年东南眼科医院支部开展光明行动365场次，服务群众10万余人次。

（邱　爽）

民建福州市委会

【概况】 2013年,民建福州市委会下辖1个县级市委会,5个区工委,30个支部,5个专门委员会。会员969人,平均年龄53.05岁。具有各类专业技术职称的692人,占全会人数71.4%,经济界人士791人,占81.6%。担任各级人大代表13人,政协委员63人,特邀人员42人。

被民建福建省委评为2012—2013年度新闻宣传工作先进单位一等奖,2013年度全省民建社情民意信息工作先进单位;4名会员荣获民建福建省委2012—2013年度新闻宣传工作先进个人称号,4名会员被民建省委会评为2013年度全省民建社情民意信息工作先进工作者,2名骨干会员分别被市政协、市委统战部评为信息工作先进个人。

【参政议政】 向市政协提交14件集体提案,其中集体提案《关于加强我市城乡结合部失地农民就业创业指导的建议》以及民建政协委员提交的《借助民营资本助推我市海洋经济发展》《关于在我市主城区推广屋顶绿化、垂直绿化的建议》《关于对三坊七巷保护与开发的建议》等6件被同时列为2013年市政协重点提案。撰写《关于对福州市落实4号文件精神的建议》《关于以国际视野规划建设闽江口金三角经济圈的建议》《关于借鉴台湾经验发展我市城镇化建设的建议》《关于在我省城镇化进程中推进农业现代化的建议》等14篇调研文章和3篇统战部理论研讨文章。其中,《关于推进我市文化创意产业发展壮大的若干建议》提交市政协作为2013年大会发言材料。《福州新区开放开发中土地资源集约节约利用的建议》作为2014年政协年会大会发言材料。

报送信息280条,其中被省委办、省市政协、市委办采用112条(市委办72条,市政协16条,省政协23条,省委办1条),26条获得省市委主要领导批示。其中,《关于加快组建发展福建省港口集团的相关建议》得到省委常委、常务副省长张志南批示,《借力民营资本助推我市海洋经济发展》《关于进一步完善我市三环路两侧道路绿化建设的建议》《关于打造平台,推动榕、台文化创意产业对接的建议》《关于规范福州市三环路上交通指示牌设置的建议》《关于协调好文商关系、促进坊巷发展的几点建议》《关于将福州商会大楼建设作为福兴经济开发区改造提升重要抓手的建议》6条得到市委书记杨岳批示,《关于进一步落实〈福建省人民政府关于进一步支持高校加快发展的若干意见〉的建议》《我市的公共自行车即将面临“故障多发期”亟待引起重视》《关于在我市新城建设过程中应注重整合资源优化工艺的建议》《关于对我市开展的闯红灯整治工作的补充建议》《建设工程绿色施工建议》《我市工地防灾工作亟待加强》《以西安地铁塌陷事故为鉴加强福州地铁建设安全工作》《建议进一步推动福州市国家电子商务示范城市建设》《关于福州市动漫产业亟待解决的问题与建议》《加强软木画宣传与推广的建议》《关于加快我市公共租赁自行车网络化管理的建议》《我市建设中地名变更及注销亟待引起重视》12条受到市长杨益民批示。

【政治学习】 以学习中共十八大、民建十大会议精神以及“五一口号”发布65周年为契机,组织举办各种学习会、座谈会、征文等活动,加深会员对中国多党合作制度和民建发展历程的了解,把实现“中国梦”与深入践行“同心”思想相结合。在省委统战部和各民主党派省委会举办的“三爱杯”纪念“五一口号”发布65周年征文活动中,市委会报送的《走过历史的老人》和《纪念“五一”口号发布六十五周年感赋》分获一等奖和三等奖。

选送后备干部和骨干成员160余人次参加中央社会主义学院、省社会主义学院、省民建、市委党校以及民建市委会暑期读书班、信息培训班等学习。

【组织建设】 发展新会员2批48人,其中大学以上学历33人,各类技术职称及从业资格30人次,经济界人士42人。28人入选民建福建省委员会专门委员会,其中主任1人,顾问2人,副主任12人,委员13人。

台江区工委召开第四次全体会员大会,完成区工委领导班子及机构调整。仓山区工委代表市委会基层组织参加民建全国基层组织建设研讨会。民建福州市委会、福清市委会、鼓楼区工委和仓山区工委参加民建福建省委在厦门召开的全省基层组织建设研讨会。撰写的有关材料入选《民建福建省委员会基层组织建设汇编》。市委会和福清市委会撰写的文章分获全省民建基层组织建设征文活动二等奖和优秀奖。

【社会服务】 组团参加第六届

12月24日,民建福州市委召开十一届五次全委(扩大)会议暨基层组织建设研讨会议 (林宇 摄)

(2013)海峡物流论坛,引进中国风险投资公司高管前往会员企业中金在线网络股份有限公司开展推介。组织130多名会员参加11月9日市委会与企业家委员会、台江区工委、台江区工商联、新华都商学院联合举办的"突破成长瓶颈"高端论坛。

组织企业家委员会会员、会员企业和鼓楼区、台江区工委分别前往博爱安养中心开展节日慰问和献爱心活动。晋安区工委在第十八届"环卫工人节"活动中捐资捐物。会员和会员企业向四川雅安地震灾区捐款捐物10多万元。组织会员企业举办福建省农林大学专场招聘会,提供400多个就业岗位,发起设立"同心基金",用于资助困难学生,开展奖教奖学。

中秋、春节前夕,市委会先后走访台江迎晖社区和中选社区,开展节日慰问活动。9月,到永泰芋坑村开展社会主义新农村建设调研,考察该村美化绿化、村庄整治和造福工程建设等情况。

(林　燕)

5月25日,致公党福州市委赴闽清茶口"致公小学"与全体学生共庆"六一"儿童节,并捐建致公多媒体教室及钢琴等教学设备　(魏小云　摄)

致公党福州市委会

【概况】 2013年,致公党福州市委会设有县(市)委会1个,工委会5个,支部34个,党员815人,新发展党员35人,党员平均年龄55.5岁,中高级以上职称占69.3%。有19人在政府机关和司法部门担任副科级以上职务。获评"致公党中央参政议政先进集体""致公党福建省委2012年度调研和提案工作先进集体""2012年度反映社情民意工作先进集体""2012年度全市统战系统反映社情民意工作先进集体"。

【参政议政】 向省、市"两会"提交集体提案、个人议案和建议80件,提交党派大会发言《挖掘海洋文化内涵实现福州海洋文化旅游大发展》;提案《关于完善我市学前教育监管工作的几点建议》《关于深化农村生态建设的建议》被市政协列为重点提案,《关于加快生态省建设助推美丽福建的建议》被致公党省委确定为省政协十一届一次大会集体提案,并被省政协评为重点提案。

完成调研文章37篇,其中《关于构建海峡两岸(福州)科技中介服务平台的调研》《关于打造国内一流山地生态休闲度假中心的调研》2个课题被确定为市委重点课题,《关于打造国内一流山地生态休闲度假中心的调研》和《大力发展邮轮经济,助推福州新区腾飞》被《福州调研》刊载;《关于福州发展城市旅游的战略研究》被《研究报告》刊载。《关于进一步贯彻落实〈民办教育促进法〉的建议》获评致公党中央"致公党参政议政优秀成果";《闽江流域非法采砂现象的思考和对策》等4篇调研文章获评"2012年致公中央论文竞赛优秀奖";《提升福州海洋经济实力,推进"海上福州"建设》获评"2012年中共福州市委优秀调研课题成果奖二等奖"。

编辑上报社情民意信息198条,其中被全国政协、中央统战部采用13条,被致公党中央采用4条,被省委办公厅《八闽快讯》、省政协专报采用53条,被市委办公厅、市政协专报采用48条。《关于完善政协委员提案答复反馈机制的建议》等3条获省委领导批示,《关于以生态市建设助推美丽福州的建议》等16件获市领导批示。

向致公党中央、致公党福建省委、市政协及市委统战部申报政协理论和统战理论文章6篇次,其中有3篇入选《福州市政协第八次政协理论研讨会论文选编集》,《新媒体时代的协商民主研究》一文在交流会议上做口头发言。理论文章《充分发挥民主党派在人民政协中的利益协调作用》获"2012年全省统战理论研究优秀成果优秀奖"和"2012年全市统战理论研究优秀成果优秀奖"。

【政治学习】 召开主委会4次,常委会3次,中心组学习4次。举办新党员培训班、专题报告、宣讲活动10余场。选送基层骨干和后备干部参加省、市社院,致公党省委,市委统战组织的各类培训班、报告会计200多人次;开展"纪念中共中央'五一口号'发布65周年征文活动",征集上报征文近10篇,其中1篇获致公党省委征文一等奖、2篇获三等奖表彰。

【海外联谊】 接待世界福州十邑同乡会、澳大利亚中国统一促进会访问团、印尼驻广州领事馆代总领事Gantosori一行、缅甸福州三山同乡会商贸考察团、泰国卫生部副部长以及澳洲、美国、加拿大、阿根廷、巴西等同乡会访问团。

【社会服务】 开展下乡义诊、扶贫助困及"送教下乡"活动10余次,服务对象1000多人次。打造致公小学品牌,新捐建"致公多媒体教室"1间、捐赠电子钢琴1架,总价值2万元;发动企业家捐赠价值7000元的助学金和学习用品,对

12 名优秀贫困学生开展认捐助学活动。赴闽清县雄江镇梅洋村开展“献爱心送温暖活动”工作,送慰问金 1000 元和价值 1 万元的棉被等生活用品。

(陈　锋)

台盟福州市委会

【概况】　2013 年,台盟福州市委会下辖 4 个工委,盟员 101 人,新发展盟员 4 人,盟员平均年龄 52 岁。其中,41 人具有中高级职称,担任各级人大代表 4 人,政协委员 29 人次。

全年接待台湾客人 7 批 72 人次,走访慰问台商 68 人次。台盟市委会连续第五次获台盟中央 2013 年度地市级组织参政议政先进集体称号。

【参政议政】　提交提案、议案、建议 52 件,报送信息 200 多条,73 篇次被中央、省、市有关部门采用。完成《深化闽江口金三角经济圈对台产业合作调研报告》《关于进一步发展农业保险的建议》《新形势下深化闽台服务业合作调研报告》《关于培育家庭农场的思考与建议》等 8 篇调研课题,其中《新形势下深化闽台服务业合作调研报告》得到省委常委、副省长陈桦的批示,成为市政协十二届三次会议的大会发言稿。《深化闽江口金三角经济圈对台产业合作调研报告》被选为市委领导和各民主党派领导季谈会主题发言。

【政治学习】　邀请市台盟参议政顾问、原省社科院现代台湾研究所所长吴能远担任“天和论坛”主讲人,对盟员、所联系台胞开展“十八大精神与两岸关系发展”知识讲座,重新认识新形势下两岸关系的最新走向。学习全国政协主席俞正声来闽考察重要讲话精神,中央统战部《关于加强新形势下党外代表人士队伍建设的意见》文件精神,全国政协副主席、台盟中央主席林文漪到闽调研考察讲话精神。

【榕台交流】　市政协、台盟市委会和福州格致中学、福州二中、十一中及台湾嘉义县永庆高中等单位联合主办的第十届“榕台青年夏令营”首次以子活动的方式参与第八届海峡两岸青年节。台盟福州市委会与市政协在开展“结对子”、两地学子联欢等夏令营经典活动的基础上,组织营员参与海峡两岸青年节的各项活动。

6 月 13—15 日,由台盟市委会协办,以“弘扬船政文化、实现民族复兴”为主题的第四届海峡两岸船政文化研讨会在福州召开。海峡两岸 20 多所科研院所的 70 多位专家学者参加。来自海峡两岸的林则徐家族、左宗棠家族、沈葆桢家族、严复家族、罗丰禄家族、叶祖珪家族、萨镇冰家族、黄钟瑛家族、刘冠雄家族、陈兆锵家族、陈季良家族等 30 多个船政精英家族代表参加研讨会,研讨会突显船政文化在维系海峡两岸关系方面的重要纽带作用。

5 月,台盟福州市委会召开在榕台商调研座谈会,针对台资企业如何更好融入“闽江口金三角经济圈”建设以及企业转型升级等在榕台商关心的热点问题,邀请市台盟参议政顾问、省社科院现代台湾研究所所长单玉丽教授为台资企业出谋划策。

【社会服务】　春节期间,慰问部分老盟员、盟员遗属、久病卧床的盟员、走访看望在榕投资的台商;中秋节,台盟福州市委会、市台联组织盟员、台胞和部分在榕就学的台湾新生共游闽江。赴永泰、连江等地慰问挂钩困难群众、学生和下派干部。走访鼓楼福屿社区慰问困难群体及社区干部组织盟员赴福州市第二福利院,通过捐献衣物、送慰问品、义卖工艺品等方式帮助福利院的孤残人员;解决多年来市第二福利院沿途无路灯及监控探头、存在出行安全隐患的问题;邀请在福建工程学院任教的台胞张哲彰博士就福利院智障、肢残人士康复训练事宜和推动两岸社会福利事业的进步、发展与福利院领导座谈;组织农业专家对福利院内“开心农场”进行规划,永泰县丰园蔬菜育苗有限公司为福利院“开心农场”提供种苗。

【台盟福州市委会成立 30 周年纪念大会】　11 月 6 日,召开台盟福州市委会成立 30 周年纪念大会,盟员、在榕台胞及各界人士约 200 人参会。市委副书记、市长杨益民,全国政协常委、台盟省、市委主委郑建闽,市委常委、统战部部长黄忠勇,台盟省委专职副主委柯连妹,市人大常委会副主任徐诗文,市政协副主席林雄,市政协副主席、九三学社福州市委会主委林绍彬等领导应邀出席。会上,杨益民代表市委、市政府,郑建闽代表台盟福建省委、福州市委讲话,市政协副主席、九三学社福州市委会主委林绍彬代表各民主党派、工商联致贺词。授予入盟 25 周年以上盟员及在盟市委机关工作 10 年以上的 20 位同志荣誉称号。同时,表彰台盟热心盟务先进工作

3 月 8 日,台盟市委会到福州市第二福利院慰问孤残儿童(台盟福州市委会　供)

者30名。

（谈张德）

九三学社福州市委会

【概况】 2013年，九三学社福州市委会下辖2个县级市委会，5个工委，1个基层委员会，37个支设，2个直属支设。社员633人，新发展社员25人，平均年龄51.92岁。其中，高级职称315人，占49.8%；中级职称246人，占38.9%。有14人担任各级人大代表，67人担任各级政协委员，22人担任各级特约监督员。全年提交提案、议案和建议161件。

获九三学社中央组织建设先进集体，九三学社中央第二十四届中国“国际科学与和平周”突出贡献奖，九三学社福建省委2012—2013年度参政议政先进集体一等奖，2012年度全市政协系统反映社情民意工作先进集体，2012年度全市统战系统信息工作先进集体。3人被评为九三学社中央参政议政先进个人，5人被评为九三学社福建省委参政议政先进个人。

【参政议政】 提交提案、议案和建议161件，其中提交全国政协14件，省政协8件，市政协48件（其中16件提案为党派提案），市人大20件，区县级人大、政协71件。《关于完善农村新农合工作的几点建议》在全国政协十二届一次会议被选为大会书面发言，《关于防治城市内涝灾害的建议》被九三学社中央作为九三学社界别提案。在省政协十一届一次全会上，《关于防治我省城市内涝灾害的若干建议》被社省委作为党派提案，被省政协列为主要提案，获省委书记尤权、省长苏树林及副省长陈荣凯批示。党派提案《进一步提升我市绿化水平，大力推进美丽福州建设》被市政协列为重点提案。在市人大全会上，由九三学社社员领衔提交的《关于制订〈福州市公共场所控制吸烟条例〉的议案》被市人大列为大会三大议案之一。

完成调研报告6篇、理论研究文章2篇。理论文章《新时期民主党派成员思想状况调研报告》分别获得全省统战理论研究优秀成果一等奖和全市统战理论研究优秀成果一等奖。《关于我省大学生创业园建设的调研报告》获第九届海西论坛第三奖。

全年编辑报送信息241条，被采用145条，其中被全国政协采用3条，中央统战部采用14条，社中央采用4条，省政协采用47条，省委办、省委统战部采用8条，市政协采用7条、市委办采用62条，16条信息获得省、市领导批示。

【政治学习】 2013年，社市委和各级基层组织开展学习中共十八大、十八届三中全会精神和九三学社中央十大有关会议精神。开展“五一口号”发布65周年和九三学社建社68周年主题教育活动，11篇宣传报道被九三学社中央网站采用。在全国、省、市两会期间，接受人民网、福建日报、福州日报等全国性、地方性媒体采访26人次；20多件提案、建议被媒体刊载；社中央网站刊登10件；社省委刊物、网站刊载20余件。

【组织建设】 2013年，完成社长乐市委、福清市委、台江工委及所属各支社换届，福清市委会、晋安第一支社、连江支社届中调整。全年发展新社员25人，女社员占44%。推荐12名社员到省、市社会主义学院等进行培训。向市委统战部报送后备干部及代表人士148人次。有22名社员担任各级政府部门、企事业单位的特邀监察员、监督员、行风评议员。

【社会服务】 春节慰问晋安区华美、砌池社区10个贫困户，送年货和慰问金。联合市红十字会到下派干部捆绑帮扶村罗源县王庭洋村开展春节慰问活动，为10户低保困难户送上价值3000多元的慰问品。在以“科技创新·美好生活”为主题的科技活动周期间，在鼓楼区西湖文化广场开展科普宣传活动。与闽侯基层委员会联合闽侯县残联、东南眼科医院组织医务人员到闽侯县竹岐乡开展“国际爱眼日”宣传义诊活动，开展白内障、青光眼疾病检查和眼病预防知识宣传，免费发放老花镜、眼药水和眼科知识宣传资料。组织医疗专家、科技工作者到马尾琅岐开展“国际科技与和平周”健康咨询、科普宣传活动，近10位医疗专家为群众免费咨询、诊疗，发放常见病预防科普宣传材料和农作物种子等。

（吴陈勇）

民进福州市委会

【概况】 2013年，民进福州市委会有工委5个，总支3个，支部37个，会员727人，新发展会员30人。其中，中高

全国政协委员、市政协副主席、九三学社市委主委林绍彬在全国“两会”召开前带队赴连江调研基层医疗卫生状况 （九三学社福州市委会 供）

级职称629人,占86.4%。会员主要分布在教育界、文化界、经济界、法律界以及部分行政事业单位。

获评2011—2012年度全省民进参政议政工作先进单位、2012年度全市统战信息工作先进单位、2011—2012年度全省民进信息工作先进单位。4条信息获评民进福建省委2011—2012年度好信息,5条信息获评2012年度市政协系统优秀社情民意信息。晋安第一支部获评民进全国宣传思想工作先进基层组织,会员邱蔚蓝获评民进全国宣传思想工作先进个人。

【参政议政】 提交提案和建议案120件,其中市级"两会"提案39件,包括集体提案14件,个人提案25件;县(市)区级"两会"提案、建议81件。提案和建议案主要涉及"创新城市社区管理""校车规范管理""市区绿化管护""内河整治"等方面。在市政协十二届二次会议上,市委会作题为《我市名人故居亟待保护与开发利用》的大会发言。《关于做好我市农村中小学布局"后调整"工作的建议》被列为2013年度市政协重点提案,由市长杨益民和市政协主席方清海亲自督办。

市委会正、副主委应邀参加各类民主协商会议、各级人大代表、政协委员参与市委和市政协领导的提案领衔督办和视察活动25人次,对"推进城镇化""慢行系统建设""城市环境综合整治""党外人士队伍建设""马尾新城建设""上下杭历史街区保护"等发表意见,对《政府工作报告》《关于切实加强新形势下党外代表人士队伍建设的实施办法》等征求意见稿提出修改意见。结合专委会活动,组织民进界别政协委员前往南靖、连江、晋安鼓山镇、日溪乡、福清江阴等地就古民居保护、乡村幼儿教育、二水源地农民出路等问题开展调研活动。

全年报送社情民意信息182条,动态信息25条,得到省领导批示2条,市领导批示5条。

参加政风行风专项检查和行风评议工作30多人次,对食品安全、教育、城运会场馆建设等工作进行督促检查,提出意见和建议。其中,特邀监督员反映的"民办中职学生应享受与公办校生同等待遇"问题,得到采纳和落实,使民办中职学校和公办学校同样,在第三学年获得至少50%的免学费补助。

【调研工作】 完成13篇调研课题,其中,《培育和发展战略性新兴产业,推动福州经济转型提升》和《强化生态文明理念,推进福州新型城镇化建设》2篇调研报告被《福州调研》刊载。《进一步加强流动人口服务管理工作的调研报告》获评2012年度福州市优秀调研成果三等奖。

完成民进福建省委会确定的调研课题11篇,内容涉及:中等职业教育内涵发展、网格化社会服务管理工作、都市现代农业、闽台体育文化交流、生态城镇化建设、闽台(福州)蓝色经济产业园发展、健全和完善生态文化制度、海峡西岸农产品物流中心政策研究、物联网技术和平台建设、对中小学生体质下降的思考、农村幼儿教育面临的困境等,全部通过省民进评审验收。

11月15日,民进政协界别委员赴福清核电站开展调研活动 (邱蔚蓝 摄)

《关于推动我省教育培训行业规范发展的建议》获评2011—2012年度全省民进参政议政优秀调研成果一等奖;《促进我省动漫衍生产品开发推广的研究》《关于我省名人故居保护利用工作的研究》获评2011—2012年度全省民进参政议政优秀调研成果三等奖。《对促进福建省中小学课外辅导市场健康发展的对策思考》获评第八届全面推进海西建设建言献策论坛一等奖。《我省中小学生课外培训现状及发展建议》《我省农村中小学布局调整面临的困境及建议》《我省名人故居的保护与利用工作的研究》3篇调研成果转化为2013年省政协提案。

市委会向市委统战部、市政协报送《闽台体育文化交流现状及展望》《新形势下加强民主党派思想政治工作探讨》《关于提高民主党派参政议政能力的研究——以长乐市为例》3篇理论研究课题。其中,《浅析新时期发挥民主党派民主监督作用》获得2012年度全市统战理论研究成果优秀奖,《关于提高民主党派参政议政能力的研究——以长乐市为例》入选《福州市政协第八次政协理论研讨会论文选编》。

【政治学习】 开展学习践行社会主义核心价值体系和"同心"教育实践活动,学习各类重大会议精神12次。以庆祝"五一口号"发布65周年和市委会成立25周年活动为契机,组织参政议政骨干前往重庆特园参观中国民主党派历史陈列馆,了解统一战线和多党合作的历史;向各支部下发《关于开展"纪念'五一口号'发布65周年"征文活动的通知》,征文《巍巍里程碑》获民进省委会优秀征文二等奖;《基层多党合作,共圆农村"教育梦"》《中共中央"五一口号"发布65周年回顾》《尊重历史选择,共创美好未来》获民进省委会优秀征文二等奖;《我有一双能飞的翅膀》被省委统战部评为优秀征文三等奖。

向《人民政协报》《福州日报》等报纸投稿21篇,其中《民进福州市委会建议美化地铁施工挡板》等13篇稿件被《福州日报》《福州晚报》《海峡都市报》《南方都市报》《闽都通讯》采用。民进中央、市政协、民进省委会网站刊载民进市委会署名文章40余篇次,其中《福州民进会员建言慢性病人不再开药难》《民进福州市委会建言农村中小学布局调整,助力农村孩子圆"教育梦"》《好"菇婆"陈秀娟》《民进福州市委会调研水源保护:不让百姓吃亏》《哦,这么多书》《"一天一份水果"追踪记——民进连江总支社会服务活动纪实》5篇报道刊载在全国性报纸《团结报》上,省政协主办的《政协新天地》以《潜心育人,用心履职》为题对台江工委主委林无的事迹做了报道。

【组织建设】 新成立茶园山中心小学支部,完成二十五中支部、十四中支部、鼓楼小教支部、闽江学院总支、市直小教支部、连江总支、连江一支部、连江二支部、马尾教育支部等9个基层组织的换届工作。

按照"民进章程"和组织建设的若干规定发展会员,开展代表性人士和德才兼备的年轻人才的发展工作,发展对象适当向社科、管理、经济、金融、法律等界别及新阶层人士倾斜。市委会发展会员30人,其中教育界25人,新社会阶层3人,机关2人。

【社会服务】 慰问浦下社区贫困户和社区干部,送慰问品和慰问金近5000元;会同市农业局、马尾保税区慰问闽清东桥镇安仁溪村贫困户;帮助连江江南乡梅洋村协调筹措农村"一事一议项目"基金30万元;组织幼儿教师会员赴晋安区岭头小学学前班开展支教活动,送去绘图本、水彩笔等学习用品;前往寿山乡叶洋村实地查看该村建设情况,商讨帮扶事宜;联合马尾工委赴闽清橘林乡开展"船政文化进乡村"活动,向学校赠送价值万余元的少儿读物及船政文化读本,并看望慰问3名贫困儿童。12月下旬,市委会组织10余名医护界和律师界的会员前往浦下社区开展义诊及法律咨询活动,为社区居民提供医疗及法律咨询服务。

民进连江总支联系22位爱心企业家,资助连江贫困学生42人,资助金额35.7万元,倡议工商业界企业家捐助教育设施113万元,捐资总额148.7万元,较上年翻2倍;与上海闽海沐浴有限公司联合发起"山娃梦香"寄宿生寝室用品助学捐赠活动,向连江三中158名寄宿生赠送价值4.5万元的寄宿用品;与潘渡中心小学结对帮扶,开展捐资助学,捐赠爱心款7800元。福清支部组织部分骨干会员赴福清林厝小学开展"捐书助教"活动,向福清林厝小学捐赠价值1万余元的图书和体育器材。

(黄庆华)

福州市工商业联合会

【概况】 2013年,市工商联有会员2.37万人(不含省外市级异地商会会员),较上年增加1778人。在"进万家服务民企"活动中,走访在榕和异地商会74家、企业155家,召开座谈会33场。收到各类诉求、建议260余条,其中247条诉求、建议已通过整理汇总后向有关部门反映得到解决。组织非公经济人士参加各类专题讲座与培训11场,参加人员600多人次。各异地商会结合举办各类培训、讲座、考察126场,参加人员1.1万多人次。完成162家基层商会组织信息和428名执委、12个县级工商联1418名常委、执委信息登记。福州市47名非公企业家获"闽商建设海西突出贡献奖",28名非公企业家获"非公经济人士捐赠公益事业突出贡献奖"。

福清、长乐市工商联被福建省工商联评为全省县级工商联建设示范点,福清市工商联被推选为全国"五好"县级工商联建设示范点。

【参政议政】 调研各类商会组织和会员企业200多家,完成12篇调研课题。其中,《民营经济发展报告》课题首次对民营经济发展进行比较全面的量化展示;《关于在闽江口金三角经济圈发展总部经济的研究》课题获市委重点调研成果二等奖和福建省"海西建言献策"调研成果三等奖。

"两会"期间,调研成果转化成14件政协提案,是历年工商联团体提案最多的一次;《适当放开台湾商会等经济类组织在大陆设立办事处》建议,获得全国政协办公厅和国家民政部的重视,台湾商会组织在榕设立办事处得到国家民政部的支持。向市人大、政协大会提交议案、建议、提案等93件,并与调研成果汇编成《2013年参政议政文集》。

【回归工程】 2月,市委、市政府举办"福州市'回归工程'项目签约仪式",工商联组织49个回归合同项目上台签约,总投资额1033.395亿元。投产项目7项,竣工项目4项,动工项目18项,进入前期工作阶段项目19项,1项因建设用地规划指标问题无法落实而终止,签约项目履约率达98%。新促成回归合同项目16项,总投资59.88亿元;利用回归意向项目征集邮箱、QQ群以及开展"5·18"海交会、"第三届全省民企产业项目对接洽谈会"等大型经贸活动常态性对接,新达成回归意向项目16项,总投资额138.55亿元。组织起草《福州市回归企业及优惠奖励政策认定兑现管理办法(草案)》,促成回归企业享受各项优惠及奖励、补助的兑现落实。"回归工程"工作被中华工商时报社评为"全国工商联十大创新评选优秀案例"。

【商会建设与管理】 制定《福州市工商联商(协)会工作指导意见》,召开福州市异地商会(济南)工作交流会。发展新的商会组织,在张家口、重庆、南京、泉州、海口五地组建异地福州商会,在市内组建四川、湖南、安庆、三明、建瓯、建阳、古田、惠安、柘荣9家福州异地商会和市服装同业公会、市中小企业发展商会、市电子商务商会、市儿童用品商会、市石材协会5家行业商会。

规范商会组织管理,指导5家在榕异地商会和5家行业商会完成社团登记,帮助5家异地商会完成换届选举。制定《商会秘书长管理办法(草案)》,召开全市直属商会工作座谈会,举办异地商会秘书长、专职工作人员培训班、行业商会(协会)秘书长培训班。

【会员服务】 完成162家基层商会组织信息和428名执委,12个县级工商联1418名常委、执委信息登记。组织30多位企业家实地考察福州大学、福建师范大学等高校重点实验室。开展非公经济专业技术人员职称评审,全年有140人通过初、中级职称评定,100人通过高级职称评定预审并上报省工商联复审。鼓励商会、企业与高校、科研院所开展产学研合作,市电子商务商会制定“榕树下”青年电商创业计划、市中小企业发展商会与省高等职业教育研究会共同成立“校企合作委员会”;与市科技局、市科协合作,推动符合条件的科技型、创新型企业建立院士(专家)工作站,福州新北生化工业公司通过院士工作站认定,闽榕茶叶等4家会员企业通过专家工作站认定。

【社会服务】 签订为期3年的“榕商联村”对口帮扶项目14项,有12项已动工,捐资总额1260万元,到位的帮扶资金410万元。

非公经济人士为雅安灾区捐资捐物1856万元;参与“春风助学”结对帮扶闽清、罗源贫困学生220名,捐助助学金21.7万元;在榕商会(协会)及榕商帮扶“五老”人员慰问金、慰问品近20万元;福建盛辉物流集团等10家会员企业为“闽宁对口协作”捐资100万元;建立公益帮扶、助学帮扶项目储备库,协调福建吉诺集团投资建设永泰“山村赛车俱乐部”。组织福州市温州商会、福建中银联投资发展公司等11家商会(企业)开展公益捐助。

(余 芳)

(编辑 苏 颖)

福州市总工会

【概况】 2013年，新建1632家企事业工会，新增工会会员3.01万人，全市非公企业建会率达95.2%，职工入会率达95.8%。新评选命名1000家“工人先锋号”“五一先锋岗”。推进职工经济技术创新，103项职工创新成果获第八届“6·18”海峡两岸职工创新成果展金奖，获奖数及金奖数均居全省首位。年内市总工会获“全国推动厂务公开民主管理工作先进单位”等4项全国性荣誉。评选表彰全国五一劳动奖状、奖章和省、市劳动模范及“十佳技师”“十佳职工发明人”“十佳技术创新能手”“十佳带徒名师”“十佳创新班组”“十佳职工文化工作者”“十佳基层工会工作者”等先进典型。举办“光荣与梦想”福州市劳动者风采展，营造“劳动最光荣、劳动最崇高、劳动最伟大、劳动最美丽”良好氛围。

【职工技能竞赛】 组织75万名职工参加重点建设项目以及制造、零售、环卫、物业、公共服务、公路桥梁养护、公交驾驶、美容美发等行业的职工劳动竞赛和技能竞赛。在公共服务、金融、邮政、通信、电力、水务、燃气等窗口单位以及重点项目工地，开展工人先锋号“亮牌匾、亮承诺”活动。组织35万名职工参与第五届“我为企业发展献一计”全市职工“金点子”大赛，提出发明创新及合理化建议13万条。命名首批劳模创新工作室、“工人先锋号”创新工作室。全年各级工会组织职工技能竞赛160场(次)，涵盖350个工种，参赛职工达10万人(次)。

【职工素质教育】 全市现有职工道德讲堂117个，开展主题教育活动120多场。社会主义核心价值体系教育和“中国梦·劳动美”主题宣传突破1200条(次)。成立福州市劳动者艺术团、福州市劳动者书画院，承办福建省第二届职工文化艺术节，主办“咱们工人有力量”新年文艺晚会，推进职工道德讲堂布点，送文化到“新福州人”集中地及中小企业，促进职工文化大发展大繁荣。

【职工权益维护】 深化社会化职工维权机制建设，指导县(市)区在坚持政府与工会联席会议制度的基础上，加强与同级人大、法院、人社局、司法局、信访局等单位的横向联系，构建“1+4”职工维权社会化机制，为职工提供全过程、全方位的维权服务。52个乡镇建立政府与工会联席会议制度。依托和谐企业创建平台，发挥劳动关系三方机制作用，推行劳动合同制度、集体合同制度以及工资集体协商制度。福州市物业行业开展工资集体协商的新经验，被《工人日报》《中国工运》等媒体报道。全市企业工会建立集体合同制度，工资集体合同签订率达95%。全市建立企业职代会、厂务公开建制率均达95%以上。建立健

11月3日，中国工会十六大代表、劳模代表、新人代表共同为福州工人文化宫揭幕 (李润钊 摄)

全工会领导下访接访制度，加强“12351”职工维权热线建设。工会劳动保护检查员实现全面培训、持证上岗。

【职工帮扶服务】 打造“春送岗位”“夏送清凉”“金秋助学”“冬送温暖”的工会“四季”帮扶品牌。“两节”期间，筹措送温暖资金1581万元，走访慰问困难职工、劳模2.65万户。开展“新福州人”平安返乡、慰问留榕过年建设者等特色帮扶工作。全市2610家企事业单位的34.94万名职工参加第三期职工医疗互助活动，第四期医疗互助活动已全面启动。开展“安康杯”劳动竞赛活动，配合政府相关部门督促用人单位落实高温作业场所劳动保护措施和高温作业职工的劳动保障待遇。县级以上工会筹措资金300多万元，开展“关爱职工夏送清凉”防暑降温慰问活动，走访近千家基层单位，慰问职工7万多人(次)。筹集资金700多万元，开展“筑梦·情暖求学路”金秋助学行动，帮助近万名困难职工子女解决上学难问题，为600多名困难职工子女提供勤工俭学岗位。举办第四届“建有福之州 做有福之人”新福州人集体婚礼。实施“关爱环卫职工十年行动计划”，推进环卫职工爱心服务站(点)建设，发动爱心医疗机构为3000多名环卫职工免费体检，改善环卫职工生产、生活条件。

【基层组织建设】 探索环卫、民办医疗卫生机构、民办教育培训机构等新经济组织、新社会组织建立行业工会联合会。推进基层工会开展建家活动，新增全国模范职工之家7个、全国模范职工小家7个，复查161个福建省模范职工之家，新命名85个福州市先进职工之家、77个福州市先进职工小家。指导7个县(市)区总工会申报县级工会标准化达标单位。评选出6名全国优秀工会工作者、5名全国优秀工会积极分子，首次表彰“十佳”基层工会工作者。市总工会本级全年举办各类工会干部培训84场5197人(次)。

【新福州工人文化宫落成】 11月3日，新福州工人文化宫落成，向市民开放。职工演艺中心、职工文化艺术展厅、职工服务中心、休闲文化长廊、职工体育中心(羽毛球馆、乒乓球馆部分)等场馆投入试运营。新福州工人文化宫总建筑面积约12.3万平方米。其中，主体建筑高度24米。自投入试运营以来，先后举办全省职工文化节、福州市劳动者风采展、新福州人集体婚礼、职工新年晚会、“五一”职工文化周等近50场活动，做到每周至少1～2场职工文体活动。

(陈丽燕)

共青团福州市委员会

【概况】 2013年，福州市有团组织2.5万个，团员总数42.11万人。全年为创业青年发放贷款2630万元，扶持青年创业386人，带动青年就业1702人。开展“与信仰对话”，团干部“学理论·强党性·铸信仰”活动1217场次，覆盖团员2.66万名。表彰年度“一先两优”集体99个，个人223名，五四青年奖章集体29个，个人35名。2名获评省级“最美青工”荣誉，1人获评全国级“青年岗位能手”荣誉。

【举办第八届两岸青年联欢节暨2013年海峡青年节】 8月，举办第八届两岸青年联欢节暨2013年海峡青年节。组织两岸2000多名青年社团负责人和青少年代表参加第五届两岸青年社团负责人圆桌会议、海峡青年(福州)峰会、两岸青年联欢会等17场子活动。承接海峡青年(福州)峰会、两岸青年社团负责人圆桌会议、“青春创想秀”暨首届两岸大学生社团活动策划大赛等活动，负责定制发放微信卡和专属“海峡青年卡”，开通“海峡青年”官方微信以及专题网站和新媒体平台的运营维护等工作。组织4个团组赴台交流，深化榕台青少年的同业、同龄和产业交流。

【举办首届世界魔方协会福州公开赛】 12月15日，福州首届世界魔方协会(WCA)魔方公开赛在福州大学举行。本次比赛由共青团福州市委员会、共青团福州大学委员会联合主办，福州大学土木学院团委、福州大学魔方协会、福州魔方俱乐部联合承办，开设三阶魔方复原、四阶魔方复原、五阶魔方复原、单手魔方复原、蒙眼复原、二阶速拧、金字塔魔方速拧7个项目，是福州市有史以来举行的规模最大的魔方比赛，包括香港选手在内的全国各地参赛者98人参加本次大赛。

【青年文明号创建】 推荐4家单位申报评选省级青年文明号、93家单位申报评选市级青年文明号。动员全市1028家各级青年文明号开展青年文明号优质服务示范月等活动，参与环保公益活动1万多人次，发布、转发微博900多条，浏览量达5万多人次。开展青年岗位技能竞赛和青年突击队竞赛活动，培育市级青年岗位能手30多名。开展“青春同行”主

8月，在福州海峡会展中心召开第五届两岸青年社团负责人圆桌会议(俞松 摄)

题活动50余场,慰问一线职工1万多人,发放慰问物资价值近百万元。以“保护母亲河——城乡环境综合整治青年行动”为载体,植树20公顷。

【志愿服务工作】 组织5000余名青年志愿者服务公路自行车赛、沙排赛等赛事以及海交会、商交会等经贸活动。筹集希望工程善款220余万元,帮扶300多名寒门学子,捐建1所希望小学。开展“光华福州公益行”活动,发放500万元物资和500万元图书。举办“大爱福州·温暖2013”福州共青团服务外来务工青年“我们一起回家”公益活动,为230名外来务工青年提供免费车票、年货、衣服、书籍等价值100万元的爱心物资。

【青少年思想道德教育】 组织在榕高校“青年马克思主义者”培训班学员到中小学校开展“人生观、价值观、世界观”“热爱共产党、热爱祖国、热爱社会主义”主题教育实践报告会56场次9600多人。开展“文明餐桌”“学雷锋、我先行”等主题新媒体活动165场次,覆盖青少年2万多人。开展“红领巾相约中国梦”主题队日活动830场,省市领导尤权、苏树林、杨岳、杨益民等到福州市金山实验小学与学生一起参加主题队日活动。

【青年就业创业】 成立福州市青年创业促进会,YBC(中国青年创业国际计划)福州办公室提前一年通过YBC全国办认证。构建创业服务网络,在各县(市)区团委、高校及社会窗口建立40个服务站,发展16个导师会所作为YBC导师之家。推出创业能量坊、创业门诊等一系列创业主题活动80期。通过青年就业创业培训计划培训青年2105人次,帮助1263名青年创业,其中以YBC模式标准扶持成功创业的青年有149名,创造400多个就业岗位。新建青年就业创业见习基地26家,举办4场青年就业创业见习基地大型公益招聘会,吸引求职青年2万多人次。联合在榕高校开展“见习岗位进校园”活动,成功对接897名高校学生上岗见习。开展青年创业小额贷款工作,福清“银团合作”模式得到团中央的肯定。选派10名优秀金融干部到县级团委挂职。

【青少年维权工作】 开展创建“青少年维权岗”活动,培育全国级优秀“青少年维权岗”13家,省、市级优秀“青少年维权岗”各75家、45家。开展“共青团与人大代表、政协委员面对面”活动,提交《关于加强青少年事务社工队伍建设的建议》等5份提案、议案。制作“12355”宣传公益广告,发放各类法制宣传和安全自护教育资料6万多份,举办活动50余场,覆盖青少年2万多人次。年内全市生效的未成年犯人数为596人,占全市犯罪总人数的6.24%,比上年同期减少57人,同比下降1.22%。

“福州市未成年人健康成长法治保障”制度被中央综治办、团中央、中国法学会评为全国25个最佳案例之一。“12355”青少年服务台全年话务量8574个,处理心理和法律服务个案867个。服务台官方微博发布4000多条信息,吸引近2万名青少年关注。台江团区委开展“社工、社团、社区”活动。全年接触各类青少年3万多人次,开展帮扶600多名青少年。推动仓山区成立青年社会管理服务中心,完善“督导+社工+志愿者团队”的工作网络。

【团组织建设工作】 新增非公企业836家,推动从业青年规模较大、社会影响较强的100家非公企业建团,建团率达到100%。建立外市驻榕团组织12家,推动县级团委建立驻榕团组织4家,建立福州市驻外团组织3家,覆盖外出务工青年6000人。联合福建师范大学团委在仓山区开展“高校对口中学团建促进行动”。

(齐　娟)

福州市妇女联合会

【概况】 2013年,市妇联有基层组织2895个,其中县(市)区妇联、市直机关妇工委13个,市直机关妇委会83个,乡镇妇联130个,街道妇联43个,社区妇联452个,村妇代会2173个,村妇联30个。全年帮助城乡妇女申请创业贷款8888万元,扶持城乡妇女1527人。组织农业技术培训6814人,资助贫困妇女儿童669人。评选表彰市级以上先进个人143名、先进集体84个,其中,福州市评选的“感动福州十大最美女性”被中国妇女报、福州日报、中国日报网、台海网、中新社等30多家海内外媒体专题报道或转载。

【妇女就业创业】 新增妇女小额贴息贷款8888万元,扶持城乡妇女1527人。“三八”期间,全市妇联系统举办各类招聘会86场(次),帮助1.32万名女性就业。联合福建电视台新闻频道,开展女企业家《巾帼创业路》主题宣传活动;组织女企业家参加第十一届中国海峡项目成果交易会。

对862个市级以上“巾帼文明岗”进行复核考察,保留726个,撤销113个,23个文明岗管理权限移交平潭综合实验区妇联;出台新的管理办法,建立新的评价激励机制。举办“巾帼文明岗”创建工作培训班,组织部分文明岗交流创岗经验,实地观摩全国级、省级巾帼文明岗(标兵岗)。推进巾帼文明岗创建活动,涌现市级以上“巾帼建功标兵”94个,“巾帼文明岗(标兵岗)”114个。

举办“双学双比”培训班72期,为全市6814名农村妇女和进城女农民工提供实用技术、就业技能培训。选派22名全国“巾帼科技特派员”举办2期省“专家快车农村行”培训班,带领8名省级巾帼示范基地从事种植蔬菜、花卉、食用菌的基地负责人参加省级“巾帼致富种子工程”培训班,并赴陕西省咸阳市杨凌镇国家现代农业示范园实地考察。年内培育市级以上“巾帼示范基地(村)”54个;评选“全国农村妇女岗位建功先进集体”2个,“全国农村科技致富女能手”2人。发动各界妇女参与新农村建设,营建巾帼林,种植树苗1万多株。

【妇女儿童权益维护】 开展“三八”妇女维权月活动,处理来信来访1455件,办结率100%。开展周末“送法进社区”和“反邪知识进家庭、进海岛”“六五”普法宣传活动130场,惠及妇女10万余名。承办国际预防以劳动剥削为目的的拐卖项目(二期)工程,秀山中学受

市妇联开展"感动福州最美女性"中秋联谊活动 (市妇联宣传部 供)

到国际劳工组织的表彰,福州市2名女干部受全国妇联表彰。

全市村(社区)妇女维权"三制"覆盖率达80%以上,有省、市级"三制"示范点27个,建立妇女议事机构、组织2438个,妇女互助组1738个,组建由2232名女干部组成的信访代理、协理员队伍。鼓楼军门社区、晋安前屿村妇女议事制案例被评选为"福建省妇女维权'三制'优秀案例"。

【新"两纲"实施推动】 "两节"期间,发动各县(市)区妇联走访慰问50名贫困妇女儿童,发放慰问金3万余元。组织专家开展"妇女健康关爱月"、"关爱母亲健康"义诊、儿童先天性心脏病和贫困妇女白内障免费手术的征询、贫困"两癌"妇女救助等活动,惠及妇女儿童2万余人。年内海峡妇女儿童活动中心主体封顶,玻璃幕墙落架完毕,二次装修进入施工图纸复核阶段,已投入资金1.7亿元(含拆迁征地)。

【家庭教育宣传实践活动】 承办"寻找最爱阅读的中国孩子——著名儿童文学作家团走进福建"福州启动仪式。5名全国著名儿童文学作家高洪波、金波、白冰、葛冰、刘丙钧到场,为200余位家长讲授如何让幼儿喜欢阅读的方法。加强各县(市)区社区及村级家长学校的创建工作。全市建立社区家长学校457个,组建率96.83%;建立村级家长学校1443个,组建率66.56%。开展科学家教宣传普及活动66场,培训家长1.12万人次。

举办"幸福家庭·魅力女性"等公益大讲堂74场。深化五好文明家庭、平安家庭、学习型家庭、环保文明家庭、廉政文化进家庭等各类特色家庭创建活动,评选环保文明家庭(标兵户)60户,联合海警一支队评选"好妻子""好母亲"20名。

组织"小手牵大手·相聚九月九"、"爱心帮妈线"、"厉行节约·反对浪费·从光盘行动开始"签名、网络文明传播等一系列敬老爱老、文明交通、低碳环保主题巾帼志愿服务活动。举办"美丽·映像"福州市女性摄影作品展、"鲜花献给榕城最美的人"花艺秀活动、"做健康快乐母亲"自行车骑行比赛。

【关爱特殊困境儿童】 "两节"期间,慰问150名特殊困境儿童,发放慰问金7.5万余元。"六一"期间,开展"城乡孩子手拉手·共筑美丽中国梦"、"庆六一·全城亲子运动会"、第二届春蕾杯——"我的中国梦"征文大赛等"中国梦"系列主题教育活动。拓展留守流动儿童活动阵地,援建"留守流动儿童之家"12所,捐赠图书5000余册,价值近8万元。全年募集春蕾款31.31万元资助女大学生、女高中生及义务教育阶段的贫困女生308人;举办"海峡两岸心连心·共为学子献爱心"两岸医生义诊暨"春蕾女童"资助见面活动。开展"预防性侵·守护童年"关爱行动,邀请中华社会救助基金会女童保护项目组到榕开展宣讲活动,提高预防性侵意识。

【统战联谊工作】 参与"海峡妇女论坛",组织部分市直单位和县(市)区的妇女干部前往台湾考察。坚持民主党派妇委会工作联系制度,邀请人大女代表、政协女委员参加妇联活动,加强联系和服务。坚持对市离退休女干部联谊会、市三胞妇女联谊会、市女企业家联谊会、市家教研究会等团体会员的指导,完成市家教研究会的换届工作。

【基层组织建设】 新培育市级以上"妇女之家"示范点57个,横向拓展"妇女之家"55个。联合市委组织部在浙江大学举办全市女干部研修班;推荐处级和科级女干部、县(市)区妇联主席、女村干部、女大学生村官等参加上级妇联举办的培训班,全市培训各级女干部127人次。

(黎 明)

福州市文学艺术界联合会

【概况】 2013年,试点在乡镇建立文联组织,新增乡镇文联组织5个。新增会员550余人,其中国家级会员增加27人。成立中青年书法家协会、女子书法家协会、木雕专业委员会挂靠文联。参与"福海艺缘"系列活动,引入国家级赛事。宣传福州、扶持突显地域特色的文艺创作,通过文艺评奖发现原创人才,开展赴台文艺交流。

【茉莉花文艺奖评奖】 7月,第二届茉莉花文艺奖评奖,10个艺术门类,征集作品632件,有82件作品获奖。散文《日落日出》等11件作品获一等奖,报告文学《迹留金山》等28件作品获二等奖,诗歌《歌唱妻子》等43件获三等奖。首次对获奖作品进行版权登记。一等奖的作品将代表福州市参评福建省百花文艺奖,其核心主创人员可参选市优秀人才。

【闽都文化推广】 6月16—30日,在北京国际版权中心举办"漆彩世界、情满海西"2013年福建漆艺作品晋京展。周剑石、杨明修、郑益坤、王和举、吴川、汪天亮等85名中国前沿漆艺专家参与活动。第二届福州语歌曲征集评选活动征集创作歌词305首,评选出60首进行曲谱评选。参与"金源杯"闽剧民间职业剧团折子戏大奖赛,有116个剧团近3000人参加比赛,有30多个剧目登台亮相,参演人员大部分是80后的年轻演员。

【榕台文化交流】 5月18日,组织福州民间文艺家16人赴马祖采风,收集整理马祖的风土民情、自然风光、人文景观、民歌民谣,与马祖民俗文化专家探讨研究两地民间信仰、民间文学、姓氏源流、婚姻状况和福州母语的流行历史与现状。

8月24日,"桃园杯"海峡舞蹈节在福州正式开赛,比赛设置国际标准舞、穿衣国际标准舞、交谊舞、少儿舞、街舞五大舞种15个大项,有50余支海峡两岸代表队1500余人参赛。

9月28日,《海峡诗人》杂志社10余名诗人与《创世纪》诗刊主创人员在台北时空艺术会场进行交流。与台湾实践大学教授及工艺师进行陶艺交流,完成摄影家台北、高雄、马祖交流采风活动及接待马祖文艺家的回访等。

12月28日,第七届中国书画名家海峡两岸采风行暨名家名作展活动在台北中华文艺中心举办。台湾中华画院、台湾"中国美术协会"、台湾书法学会、台湾师范大学艺术学院、台湾漫画学会、两岸和平文化艺术联盟等机构200多名书画家、书画爱好者出席活动。台湾知名人士吴伯雄、关中、蒋孝严、洪秀柱、林中森等为展览题词祝贺。

【特色文艺活动】 3月25日,市文联与中国摄影家协会、闽侯县委宣传部共同主办"幸福家乡美丽福州"全国摄影大展,从462名作者5000余幅(组)作品中,遴选出160幅优秀摄影作品。举办"中国梦·诗歌榕城"80后海峡诗人作品研讨会;举办50余场"诗歌快闪"活动及"诗歌闪亮四季"——庆祝诗歌快闪一周年活动;首次组织诗人团队赴台交流;与洛阳、三明、南平、莆田等地市开展"诗歌双城记"活动。

开展"名城有约"——西安、洛阳、南京、杭州、福州中国画名家作品联展,第十届中国艺术节全国优秀美术作品展,"八闽丹青奖"首届福建美术书法双年展,福建省第二届漆画展,美丽新农村摄影比赛,"春和景明"福州美术家协会会员山水画展,首届海峡两岸雕塑艺术博览会等活动;十番伬《春回坊巷》赴山东参加全国曲艺优秀节目展演;举办福州市第一届中青年书法篆刻作品展暨学术批评研讨会、陶瓷文化传播交流讲座等。

【文艺惠民工作】 开展群众文艺活动100余场,"诗歌快闪""墨香飘万家""新春走基层""走进美的小区"等文艺惠民品牌影响日益扩大。建立"连江书法艺术创作基地",试点成立5个乡镇文联组织。在"文艺家走进后湾"系列活动中,先后组织书法家、戏剧家、摄影家多次驻点采风、表演或创作,其中有市摄影家协会新春拍摄全家福活动在永泰、罗源、连江等地开展;市书法家协会组织书法进百家活动;市曲艺家协会组织"闽都书场"常驻公益演出。

(侯伟平)

福州市社会科学界联合会

【概况】 2013年,开展4场理论研讨活动。举办第五届社会科学普及宣传周活动。参与闽都文库筹建、闽都文化产业规划调研、《福州通史简编》编撰以及《船政文化》专题片筹拍工作;组织评选张元幹纪念馆、故居楹联征集,参与出版《芦川雅韵——张元幹故居楹联征集作品选》。出版"福州社科普及读本"系列第一辑《山水福州》,该书被评为"全国优秀社会科学普及作品"。闽侯县社科联、马尾区社科联、台江区社科联先后成立,市海洋经济学会、市诚信促进会、市房地产估价协会完成换届工作,市审计学会获民政部门AAAA级社会组织称号。

【学会活动】 举办闽都文化论坛、基层老年协会规范化建设、人口科学等理论研讨会、座谈会57场;举办学习贯彻中共十八届三中全会精神、家庭教育等报告会、讲座320多场;举办会计知识、法律知识等培训班15场,6500多名会员参训;组织"社会科学在你身边""档案在你身边""诚信兴商月"等普及咨询活动8场,230多名专家学者参加,接待群众咨询3万人次;组织会员赴外地学习、考察、交流7次;撰写论文、建议、调研报告等近1600篇,其中公开发表160多篇,内刊发表1100多篇;编发内部刊物、内部资料24份。

【社会科学普及宣传周】 10月19—25日,2013年社会科学普及宣传周活动开启,活动主题为"学习社科知识、建设美丽福州、共享幸福生活"。10月19日,与市委宣传部、经济技术开发区区委宣传部、经济技术开发区社科联联合在马尾区市民广场举办开幕式暨"社会科学在你身边"咨询活动,向船政文化博物馆、马尾阳光学院、琅岐实验小学等10家单位赠送社科书籍,组织50名学生开展以反映马尾历史文化为主题的百米长卷绘画活动。市闽都文化研究会、市劳动与社会保障学会、市霞光画院等25家学会参加咨询活动,通过有奖竞答、谜语竞猜、专家义诊、书画互动等方式,为市民提供劳动就业、法律纠纷、卫生保健、房产经济、家庭教育等方面的指导。全市参与社科普及宣传周有关活动的机关、学校、社区街道及科研院所等单位200多家,6个县(市)区举办开幕式,开展大型广场咨询活动5场,70多家社科学会、协会、研究会、促进会,350多位专家学者参与咨询活动,接受群众咨询3000多人次,发放各类社科资料、宣传手册、宣传海报5万多份,卫生保健用品1500多份,向社区、学校、图书馆等赠送社科书籍4000多册,制作各种挂图、展板500多面,举办各类讲座论坛20场,开展科普进基层活动12次。10家社会科学普及基地、30多家人文社科类展馆免费开放。

【社会科学优秀成果评奖】 市第八届社会科学优秀成果评奖收到参评成果174项,其中专著27项,论文(含系列论文)97项,调研报告29项,工具书5项,科普读物3项,教材11项,古籍整理1

项,译著1项。经初评、复评和市评审委员会评审,并报市政府审定,47项成果获奖,其中市委组织部课题组《福州市"135"社区党建工作模式的探索与启示》等5项成果获一等奖,林翊《中国经济发展进程中农民土地权益问题研究》等13项成果获二等奖,郑镇《科学发展观对中国特色社会主义理论与实践的推进》等26项成果获三等奖,李方祥《社会主义和谐社会构建中的意识形态问题思考》等3项成果获佳作奖。

(严 平)

福州市科学技术协会

【概况】 2013年,福州市科协所属市级学会77个,其中新增3个,注销2个。个人会员约2万人,团体会员800多个。新成立企业科协10个,总数达359个,会员近2万人。全年市本级预算内科普经费1110.21万元,市级人均科普经费1.53元,比增8.51%。县(市)区科普经费897.38万元,比增11.11%。市科协被授予"福建省科协学会工作先进集体""福建运盛青年基金会先进集体"等称号。

【企业科技工作】 联合市委组织部、市公务员局、市财政局,评审认定第三批院士(专家)工作站37个,其中院士工作站3个,专家工作站34个,拨付建站补助经费600万元。新建7个院士工作站,开展7个项目合作研发。至年底,推动全市企(事)业单位设立153个院士(专家)工作站(其中院士工作站29个,专家工作站124个),联合设站企业开展551个科技研发项目。推动福州大学与连江县、晋安区开展县校战略合作,举办"晋安区企业与福州大学项目签约仪式",促成钜全汽车配件公司等5家企业与福州大学签订6个项目合作协议。

完善"科技成果对接网站"功能,累计拥有高校、院所(含专业院系、研发机构、工程中心等)、企业会员366家,院士专家会员2149名,发布科研成果信息1937项、技术和人才需求信息792项、科研设备信息489项,发布国家、省、市科技政策信息285项。网站总访问量达1971万人次,日均访问量达1.13万人次。运用科技咨询网络,实施"金桥工程",签订13项技术服务合同,完成合同金额92万元。

开展"科技人员服务企业行动",与福州大学等在榕高校、院所合作,组织106位专家服务福州市108家企业,成为企业常年科技顾问。

开展企业群众性科技创新活动,组织近300家企业1000多名科技人员参加"讲理想・比贡献"竞赛,参赛项目近300项,评出获奖项目66个,其中一、二、三等奖分别为4项、11项、23项。

【科普设施建设】 新建标准科普画廊22座,电子科普画廊17座;新建社区科普大学26所;新建青少年科学工作室7个。闽清县建立科技活动中心、吴孟超院士事迹展示馆,福清科技馆通过布展设计方案、完成招投标工作。

【科普创作与宣传】 汇编《全民科学素质系列科普丛书——科学生活・科学保健系列》3000套、《生活中的科学(八)》1万本,编印《榕城科普读本》之《福州温泉》《健康体检指标解读》各5000本。联合福州电信"爱讲座"项目组,开展"猪肉Style背后的故事""科学预防H7N9"等"爱科普 爱讲座——科普讲座进社区"活动。启动2013年福建省流动科技馆巡展(福州)活动,相继在闽侯县、马尾区、长乐市巡回展出。春节期间,投资近200万元的福州科技馆球面科学展示系统投入运行,成为公众特别是青少年学习和探索"天文与地球科学"的"知识宝藏"和"生态教室"。

【科普活动】 5月12日,在全国防灾减灾日期间,通过举办讲座、发送资料、展品展示、媒体宣传等方式,开展防灾减灾宣传工作。

5月19—25日,组织参加以"科技创新・美好生活"为主题的2013年科技・人才活动周活动,全市组织活动项目410场,参与者2100多人,受惠群众28万人次。全市各级共投入活动经费逾130万元,与各级电视台、电台合作制作宣传栏目26期,在各级电视台、电台、报刊、网站等新闻媒介刊出报道近210篇。结合各类"纪念日",引导全市城乡各类科普志愿者先后开展以"红红火火过大年""美丽福建美丽心灵"等为主题的志愿服务活动。福州科技馆继续与在榕高校和科技型企业合作,联合举办"新春科普游园"、"闽都蛇趣——关爱与保护"、"阳光・成长"六一主题活动、"传承技艺欢度国庆"、"第三届在榕高校大学生才艺节"等主题科普活动,全年到馆观众超过10万人次。全年举办科普大篷车展教活动32场,受众3.9万人。

9月14—20日,举办以"保护生态环境建设美丽福州"为主题的福州市"全国科普日"活动,动员、组织全辖区

10月11日,福建省流动科技馆(福州)巡展首站活动启动仪式在闽侯县石山博物馆举行

(林涛 摄)

380多个部门和单位，2200多名科普工作者、志愿者开展近百场科普活动，发放科普资料24万多份，受益群众25万多人次。

【科普创先争优】 鼓楼区福屿社区工作室、仓山区金洲社区工作室被评为第五届"福建省青少年科学工作室"达标单位，各获奖补资金1万元；晋安区景城社区工作室、闽侯甘蔗三福社区工作室被评为鼓励单位，分别获奖补资金6000元和3000元。开展2012—2013年度福州市科普先进乡镇(街道)评选，23个乡镇(街道)通过评估认定、命名授牌。

【基层科普行动计划】 安排专项经费60万元，评选表彰市级科普惠农先进单位17个、个人9名；择优申报全国和省级表彰评选，其中6个单位、3名个人获全国表彰，获奖补经费135万元；6个单位、3名个人获省级表彰，获奖补经费35万元。率先在全省组织开展"市级社区科普益民计划"先进评选工作，安排专项经费30万元，评选表彰市级科普益民先进社区10个；择优申报全国和省级表彰评选，其中鼓楼区温泉街道河东社区、晋安区鼓山镇景城社区、马尾区罗星街道马限社区、长乐市吴航街道三峰社区获全国表彰，获奖补经费80万元；鼓楼区温泉街道河东社区、台江区上海街道凤凰社区、仓山区金山街道金环社区、晋安区鼓山镇景城社区、马尾区罗星街道马限社区、长乐市吴航街道三峰社区获省级表彰，获奖补经费80万元。

【科技下乡】 参加2013年全市科技、文化、卫生"三下乡"启动仪式暨集中示范活动，参与闽清"十八坂"等科技下乡活动，捐赠《农民种养技术》《科学用药常识》《科学饮食常识》等科普读物1000余册，科普年历、科普春联1000套，捐款2.5万元。依托各县(市)区开展科普宣传、咨询、服务等活动近30场(次)。实施科普兴村"三个一"工程，市、县(市)区两级农函大举办农村实用技术培训班359期，培训新型农民2.77万人次。组织福州市医学会、闽侯县科协等10个市级学会和8个县市科协实施"学会联村送科技"项目32个。开展"三下乡"技术培训、咨询，科普宣传、服务等活动近30场(次)。

【青少年科技活动】 组队参加第28届福建省青少年科技创新大赛，50个项目获奖，其中一等奖18项；晋级全国青少年科技创新大赛的6个项目全部获奖，获奖总数列全省首位。举办"第29届福州市青少年科技创新大赛"，参赛项目(作品)336个(其中台湾马祖11个)，评出优秀项目219项，优秀实践活动30项，优秀科幻画作品160幅，优秀科教作品20件，优秀科技教师10名，优秀组织单位10个。举办"福州市第九届青少年电脑机器人竞赛"，全市53所中小学组成144支代表队参加竞赛，评出一等奖24队、二等奖45队、三等奖69队。承办"第十一届福建省青少年机器人竞赛"，福州市代表队夺得11项一等奖，其中10支代表队晋级全国竞赛并全部获奖。联合市教育局、省科技馆共同举办"全省青少年科学素养竞赛"，福州市获得网络在线知识竞答一等奖9名、二等奖25名、三等奖43名，科普绘画比赛二等奖、三等奖各1名，获奖人数占全省首位，市科协获得组委会颁发的"优秀组织奖"。组队参加"第十八届全国青少年信息学奥林匹克联赛福建赛区比赛"，有71名选手获奖(其中一等奖47名，二等奖17名，三等奖7名)，获奖数目居全省首位。组织开展全市教育工作者科技教育论文评选活动，评出一等奖论文15篇，二等奖论文22篇，三等奖论文35篇，推荐15篇优秀论文参加第二十二届全省教育工作者科技教育论文评选活动，其中11篇获奖。

【学术活动】 全年举办专题性论坛、学术报告会、研讨会500多场次。以"科学发展美丽福州"为主题，举办"福州市科协2013年学术年会"，征集论文1000多篇，精选135篇入选《福州市科协学术年会论文集(2013卷)》。邀请海峡两岸专家学者，围绕城市规划、园林建设、城市交通、休闲建设路径等城市发展的重点、难点、热点问题展开交流探讨。福清市、闽清县等4个县(市)区科协和市医学会、市畜牧兽医学会等15个市级学会承办19场分会场活动。

【重点调研课题】 开展调研课题20项，其中《公交节能与新能源汽车发展的现状与对策》等3项调研被省科协采纳，并递交省四套班子和中国科协办公厅，《福州市公立中医院改革状况调研报告》被省委办公厅作为专报件上报省领导，《发挥好福建温泉旅游优势提升海峡旅游品牌影响力》入选2013年福建省科协决策咨询研究重点课题，是福建省唯一入选该项目的市级科协项目。市政协副主席、工商联主席雷成才撰写的《关于推进马尾新城建设的思路与建议》以及永泰县副县长林实执笔的《关于加强农村卫生人才队伍建设的几点建议》2篇调研文章获第九届福建省科技工作者优秀建议奖。

【人才工作】 开展首届福州青年科技奖评选表彰工作，19名科技工作者获得表彰。推荐33名优秀科技人员参加运盛青年科技奖和紫金科技创新奖评审，福建新大陆电脑股份有限公司、福州市传染病院2名科技专家获得第五届紫金科技创新奖。推荐10名优秀科技人员参加省市青年五四奖章评选，其中4名科技人才(团队)获省市青年五四奖。为149名非公企业技术人员评定中、初级职称。组织福建省高校5名优秀在读博士生参加中国科协第十一届博士生学术年会。中国科协海智计划工作站——格通公司团队被福州市列入第二批引进高层次优秀人才(团队)。

【榕台交流与合作】 与台湾地区近百个科研机构、高校、科技社团、企业、科普场馆，400多名专家、学者建立稳定的联系渠道。联合台湾自然科学博物馆、台湾马祖经贸文化交流协会等台湾民间科技社团，分别举办2013年榕台中学生自然探索夏令营、第六届"两马"青少年科技创新作品巡回展和"福州市青少年科技教育研讨会"。市青少年科技教育协会组织中小学师生一行15人赴马祖考察交流科技教育工作，接待马祖教师到榕参访交流团一行20人、马祖师生科技创新参赛队一行13人。市科技馆邀请台湾自然科学博物馆科教组王文泽作"利用SOS球面科学展示系统，探索天文与地球科学教育活动”的主题演讲。

(王香花)

福州市红十字会

【概况】 2013 年,福州市有 2874 人申请大病救助,总计发放救助金 3439.49 万元。15 名白血病患儿得到中国红十字会“小天使救助金”49 万元的救助;47 名因车祸、火灾、台风等意外事件而造成的急危险重伤者,得到重点救助,发放救助金 127 万元。报名登记捐献器官 39 人,报名登记遗体捐献 105 人,实现捐献 19 人。

接受捐赠款物价值 6151.37 万元,其中捐款 5891.37 万元,物资价值 260 万元,救助弱势群体 1.19 万人次;建立“福建三特爱心基金”和“福州红十字光明基金”。年内,市红十字会获得市委、市政府“创建全国文明城市先进单位”及省文明委“学雷锋优秀志愿服务组织”、市综治委“平安先行单位”、中国红十字会总会“宣传工作先进单位”

【援助帮扶】 *“红十字博爱送万家”活动* 1 月 17 日,在五一广场举行“红十字博爱送万家”活动启动仪式,筹集款物价值 150 多万元,购置慰问物资 3500 份,慰问 3500 户困难家庭。联合慰问“生育关怀”对象及麻风病院、福利院等病残老人。闽侯县为 60 名失地农民和外来务工困难家庭儿童送去慰问金 3 万元;鼓楼区红十字会通过博爱超市等渠道,发放社区困难居民价值 10 多万元的风雪衣;长乐市红十字会分别帮助 500 名学生、300 名残疾人、200 名孤老、200 名因病致贫人员以及 100 名孤儿。

大病救助 有 2874 人申请大病救助,发放救助金 3439.49 万元。长乐市、闽侯县分别拨款 200 万元和 600 万元。在闽侯县荆溪镇,为 17 名重病失地农民上门发放大病救助金 14.56 万多元;在连江、长乐、永泰为 154 名大病救助对象现场发放救助金 118.53 万余元。

专项救助 重点救助 47 名因车祸、火灾、台风等意外事件而造成的急危险重伤者,发放救助金 127 万元;帮助 15 名白血病儿童申请总会“小天使彩票公益金”49 万元;救助困难家庭大、中、小学生及自闭症等特殊儿童 110 人,发放助学金 54.2 万元。

【募捐活动】 4 月 20 日,四川雅安芦山地震发生的当天下午,即向全市发出赈募倡议书,并开通 24 小时募捐热线,募集赈灾款 310.5 万元。

接受福州农康医疗器械有限公司定向捐赠晋安区医院一台价值 60 万元的德国西门子全自动发光免疫分析仪;滇虹药业集团定向捐赠冠名红十字医院价值 85 万元的专用药品;永泰县红十字会开展“助学圆梦”行动,接受上海慈善总会燎申助学金、“点点助学团队”和香港信和集团捐赠,帮助大、中学贫困生以及边远山区留守贫困小学生 113 人,改善寄宿生活条件。

【生命工程】 与省献血办、省血液中心开展“无偿献血七县(市)行”公益品牌活动,全年无偿献血 8523 人次。13 名志愿者获全国和省“无偿献血星级志愿者”称号。

3 月 15 日,市红十字会成立造血干细胞捐献志愿者之家。全年累计动员 1940 人次进行造血干细胞捐献,采集 50 人份高分辨血样,体检 28 人,成功实现捐献 6 人。闽清县推荐造血干细胞捐献者吴新烨为闽清县第二届道德模范(助人为乐)候选人。

4 月 2 日,在三山陵园人生广场举行遗体和器官捐献者追思悼念活动,市领导、捐献者家属、报名捐献志愿者、医学生及社会各界人士 200 人参加活动。90 岁高龄的原副市长孙明带头报名登记遗体捐献。到榕务工人员李清财因意外伤亡,其父主动捐出其眼角膜和肾脏,使 2 人重见光明,2 人获得重生。闽侯县人寿公司员工黄爱敏坚持无偿献血,并在成功捐献造血干细胞后,报名登记遗体器官捐献,成为全省“三捐献”第一人,被市文明办推荐上“中国好人榜”,9 月为榜首。

【应急救护培训】 全年举办应急救护培训班 50 期,2313 人获红十字急救员证;举办卫生救护知识讲座 33 场,普及急救技能相关知识 3560 人。与市文明办联合下发《关于开展“博爱家园——红十字应急救护志愿服务进社区”活动的通知》,培训师资骨干 30 人,分别到鼓楼、台江、仓山、晋安、马尾、长乐、闽清、永泰社区举办应急救护讲座 28 期,培训社区急救骨干 2200 多人。闽侯县政府拨出 30 万元专款,在政府机关、学校、社区、企业开展急救培训工作。鼓楼区依托 10 个街(镇)红十字博爱门诊,成立 10 个“红十字应急救护志愿服务进社区培训基地”。永泰县通过电视直播急救技能培训,广泛推广急救知识。

【社区红十字服务】 3 月 10 日,与鼓楼区红十字会、开元社区等单位,举办“孝老爱亲、浓情拗九”活动,给社区老人送“拗九粥”、平安水果篮;“六一”前夕,与鼓楼区妇联等多家单位联合看望慰问“福乐家园”智障儿童,并到西洋社区恒爱特殊学校为特殊儿童送慰问品和慰问金。联合省预防医学会与社区组织,合作艾滋病防控、艾滋病人及感染者关怀与服务等项目。

【志愿者服务】 组建市级志愿者组织 278 支,登记红十字志愿者 3 万人,志愿服务达 7.73 万人次,参与志愿服务总时数约 14.15 万小时。“5·8”世界红十字日期间,成立福州东南眼科医院红十字志愿服务队、福州市红十字遗体和器官捐献志愿者之友联谊会和福州市红十字造血干细胞捐献志愿服务队。在龙祥岛建立福州红十字水上救护志愿服务队和水上救生培训基地。

【榕台交流】 与台湾新北、马祖红十字组织建立临床用血和造血干细胞互捐、急危险重病人互救、弱势群体互助、救援救助物资互通、红十字各阶层人士互动的“五互”合作。全年接待马祖、苗栗等台湾来访团组 11 批次,通过“两马”“两门”绿色通道双向护送因病因故滞留人员 12 人,为平潭海难人员亲属寻回滞台骨灰遗物。组织人员参加“海峡博爱论坛”及水上救援人员赴金门、澎湖交流救生技能。

(林 怡)

福州市残疾人联合会

【概况】 2013年,全市有残疾人39.3万人。设立市盲人协会、市聋人协会、市肢残人协会、市精神残疾人及亲友协会、市智力残疾人及亲友协会5个专门协会。建成残疾人综合服务设施11个,残疾人康复训练服务机构31个,特殊教育学校13所,残疾人就业服务机构13个,"福乐家园"18所,残疾人托养服务机构12个。全市有助残志愿者767人,受助残疾人1.85万人次。有2.18万名残疾人享受低保,9068名残疾人享受多项优惠政策。发放中华人民共和国第二代残疾人证16.54万份,办证率42.41%。

新建立3家残疾人扶贫开发基地。3家福利企业获得省康复扶贫贷款贴息款18万元。与市卫生局及市第四医院(省精神卫生中心)合作创办市级精神病患者康复托养中心。

全市12个县级残联机构单列,乡镇(街道)均建立残联组织,2657个村(居)成立残协并聘请残疾人联络员。落实市级专门协会和县(市、区)乡镇专职联络员待遇,实行残疾人联络员实名制网络管理和持证上岗。市盲人协会和市智力残疾人及亲友协会完成社团登记。

【福州市残疾人联合会第五次代表大会】 3月11—12日,福州市残疾人联合会第五次代表大会在梅峰宾馆召开,市直有关部门和县(市)区分管领导,市残联各专门协会和残疾人代表176名参加会议。会议审议通过市残联党组书记、理事长庞跃代表市残联第四届主席团所作的题为《求真务实 开拓创新 努力实现福州市残疾人事业科学发展的新跨越》的工作报告,形成《福州市残疾人联合会第五次代表大会工作报告决议》。会议聘请省委常委、市委书记杨岳为第五届主席团名誉主席,选举产生新一届残联和各专门协会领导机构以及出席省残联第六次代表大会代表。

【助残工程项目】 4项"助残工程"列入省委、省政府,市委、市政府为民办实事项目。1. 残疾人就业扶助项目,扶持残疾人种植养殖、创业就业500名,每人补助5000元。2. 居家托养服务项目,为800名重度残疾人提供居家护理补助,每人补助2000元,实际完成1100名。3. 贫困残疾儿童康复救助项目,为贫困残疾儿童康复训练提供补助每人1.5万元。完成790名残疾儿童(其中福州籍531人、其他设区市259名)康复训练并提供康复救助。4. 辅助器具适配项目,为困难残疾人发放轮椅300辆、助听器500件,多功能护理床300台。

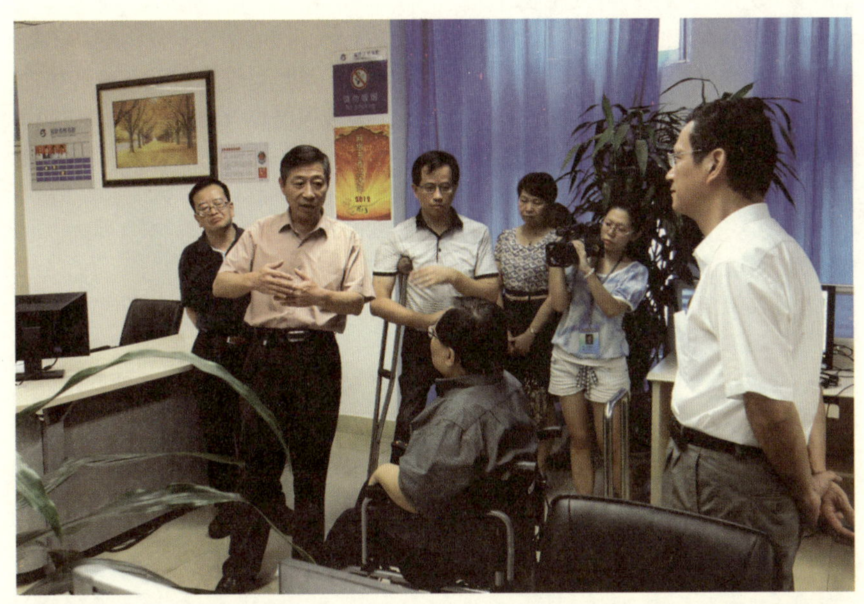

8月3日,中残联党组成员、副主席吕世明在省残联党组书记、理事长柯少愚,省残联党组成员、副理事长杨小波等人的陪同下,到榕调研福州市残联信访及无障碍建设工作 (左晖 摄)

【社会保障】 全市2.18万名残疾人享受低保,9068名残疾人享受多项优惠政策。为1.46万名符合条件的重度残疾人按城市每人每月100元、农村每人每月80元标准增发低保金。为1100名一级重度残疾人(以精神和肢体残疾人为主)一次性发放每户2000元的居家护理补贴。城镇重度残疾人免费办理医疗保险,二级以上重度残疾人列入城乡医疗救助对象。已参加基本养老保险的城镇贫困残疾人个体户,按福州市上年度城镇在岗职工平均工资25%给予补贴(2013年每月补贴86元)。为全市就业年龄段残疾人办理意外伤害保险,按每人每年20元的标准投保(闽侯县残联按每人每年63元的标准投保),市财政补助五城区和永泰、罗源、闽清县6.5万名参保残疾人每人每年10元保费。

【康复工作】 为290名符合救助条件的残疾儿童(其中自闭症儿童247人、脑瘫儿童38人、聋儿5人)提供每人1.5万元标准的一学年康复训练救助。完成国家残疾人事业专项彩票公益金贫困精神病患者医疗救助项目,并在国家和省服药救助320名、住院医疗救助40名的基础上,为1000名贫困精神病患者提供每人每年500元的服药医疗救助,为100名贫困精神病患者提供每人每年4000元的住院医疗救助。实施"光明行动"并建立贫困白内障患者复明手术救助长效机制,为1432名贫困白内障患者实施复明手术,并按标准补助每例(单眼)1500元,超额完成1000例的年度任务目标。年内,通过创建全国白内障无障碍城市复查验收。实施康复救助项目的绩效管理,加强康复辅具需求录入、筛查和业务培训工作。与医疗机构合作,筛查上报电子耳蜗装配对象42名,资助8名贫困聋儿医疗筛查费,完成儿童矫治手术12例。会同卫生部门,推进城乡社区康复室及康复服务网络建设,完成新建18个"福乐社区康复站"。联合香港安安国际自闭症教育基金会,举办首期福州市自闭症儿童康复师资培训班,80多名专业教师参训。

加强康复辅具工作进社区及辅具适配服务,开展业务培训、巡回适配活动,规范辅具招投标,全年近3万人次残疾人享受社区康复服务或配置康复辅助器材。配合省残联举办"闽台残障人士服务框架及运行福州辅具交流会",促进两岸辅具服务交流合作。完成国家专项彩票公益金辅助器具发放任务,为脑瘫、偏瘫、听力、视力残疾人发放辅助器具298件;发放手持电子助视器组合900例;为残疾人装配假肢、矫形器176例。为全市贫困重度残疾人免费配置多功能护理床300部。完成国家残疾儿童"七彩梦行动计划",为65名0~6岁贫困残疾配置辅助器具。建立鼓楼区"福乐适配站",健全残疾人辅助器具适配服务信息数据库。

【就业服务】 开展全市就业年龄段残疾人基本状况入户调查和残疾人康复辅具需求调查摸底工作,入户调查录入就业年龄段残疾人4.49万人,录入率91.24%。福州市残疾人就业服务指导中心门户网站正式运行,残疾人就业信息平台建立。分散按比例安排2744名残疾人就业。举办各类残疾人技能培训46期,培训残疾人2320人。鼓励就业年龄段内有培训需求的残疾人参加社会机构举办的各类培训,推进残疾人职业技能培训工作社会化。选送3名残疾人能手参加福建省残疾人岗位精英职业技能竞赛,获得机械组装项目第五名。开展盲人医疗按摩培训和考试工作,规范盲人按摩行业管理。

【残疾权益保障】 *残疾人维权服务* 编印《福州市残疾人联合会服务指南》,开展法制宣传活动,发放《中华人民共和国残疾人保障法》、就业创业优惠政策等宣传材料;完善市残疾人法律援助服务。聘请律师担任市残联法律顾问,为市残联机关和残疾人提供法律服务,为福利企业和残疾人个体经营户提供帮助。与市相关执法部门以及信访部门沟通联系,处理涉及残疾人权益的来信、来访50件和"12345"投诉件53件,及时做好残疾人上访及有关矛盾纠纷排查调处工作。

残疾人免费乘车和机动车补贴发放 残疾人凭第二代中华人民共和国残疾人证免费乘坐福州市内公交车。为2115名符合条件的下肢残疾人发放每人每年260元的残疾人机动轮椅车燃油补贴;为鼓楼、台江、仓山、晋安4个城区381名享受低保待遇的代步车车主(马尾区自行承担)发放交通补贴每人每月100元;为五城区741部残疾人代步车统一投保,每年每辆车50元。支持残疾人驾驶汽车培训工作,10多名残疾人顺利考得C5驾驶证。

残疾人家庭危房改造和家庭无障碍改造项目实施 推进无障碍城市建设、改造,巩固福州市创建全国无障碍城市建设成果。推广残疾人电子阅读卡,推进残疾人读书无障碍。在省残联、省残疾人福利基金会的指导下,闽清、永泰、罗源3县先后开展"积善助残、安居工程"献爱心活动,募集资金1000多万元。帮助1000余户残疾人家庭进行旧房改造、新建等。推进"危房改造"项目,为农村400户特困残疾人家庭改善居住条件,每户市级补助5000元、县级配套补助5000元。为120户符合条件残疾人家庭进行无障碍改造,每户平均补贴3500元。

【扶残助学】 贯彻《福州市扶残助学实施办法(试行)》,对残疾人和残疾人子女考入高中、中专、大专、本科、硕士、博士的,分别给予一次性补助2000元、3000元、3500元、4000元、4500元。全年助学489人,发放助学金131.2万元。将扶残助学一次性补助拓展为每年给在学残疾人和残疾人子女发放补助。

【宣传文体活动】 组织参加第九届全省残疾人艺术汇演,获金奖1个、银奖2个、铜奖4个、优秀奖10个。选送残疾人摄影作品参加2013年闽台残障人士摄影作品展,获三等奖。推荐优秀作品参加省残联"我的助残故事"征文比赛,获二等奖1个、优秀奖2个。举办各种大型义诊、文艺汇演及宣传活动等,"全国助残日"期间,开展闽台文艺交流活动。开通全国残联信息资源报送管理系统账号。更新福州市残疾人在线网站,发布信息325篇,省残联采用118篇。实施残疾人"自强健身工程",建设残疾人"福乐健身站"2所,与市体育局联合办班,培训残疾人社会体育健身指导员90名。12月2—5日,组队参加福建省第五届特奥会,获31金14银5铜。福州电视台《新闻110午报》频道播放手语新闻。已建成7所"福乐书屋"。

(郑海云)

福州市归国华侨联合会

【概况】 2013年,福州市侨联有委员160人,主席、副主席(含兼职)19人,常委50人。聘海外港澳荣誉职务117人。其中,荣誉主席7人,港澳顾问26人,海外顾问40人,海外委员44人。全市有基层侨联组织658个,12个县(市)区和3个华侨农场均建立侨联组织,重点侨乡的乡镇(街道)、村(居)也建有侨联组织。市侨联有华侨历史学会、归侨之家、法律顾问委员会、青年委员会、缅甸归侨联谊会、越柬老归侨联谊会等团体会员。

【建言献策】 各级侨界代表委员提出议案53件、提案65件,其中《关于建设福建华侨文化博物院》被确定为福州市政协2013年重点提案。发动侨界开展"我为美丽中国、美丽福建、美丽福州献策"活动,征集对策建议30余篇,其中14篇被省侨联收入资料汇编。深入连江长龙华侨农场、闽清等地调研贫困侨状况,赴福清、马尾调研侨界留守儿童成长情况,调查全市各级侨联组织队伍状况,形成《福州贫难侨的基本状况和对策建议》《福州市各级侨联干部队伍建设的现状分析》《关于重视做好侨乡留守儿童工作的建议》3个调研课题报告,并提出分析和帮扶建议。

【侨资侨智引进】 举办各类招商推介会23次,引进项目14个,投资总额3.42亿美元,引导、联系海内外侨商678人次考察福州投资环境。接待银帝集团董事局主席、中国侨联副主席朱奕龙团队、香港软件业协会考察团及世福总会恳亲团等考察福州新区、蓝色产业经济园、海峡软件城、南台岛等。联系、协调马绍尔群岛共和国侨商来榕参加海峡渔业博览会,首次引进南太平洋马绍尔群岛的水产品参展。推进侨企对接,配合省侨联开展中国侨联"海内外侨商福建行"团组的考察、对接工作,接待著名侨领侨商许荣茂、张茵、赵藤雄、许健康、姚志胜等;协助首届"福建省侨商项目对接洽谈会"海内外侨商邀请和项目对接工作,成功对接侨资合同意向项目5个,投资额达2亿美元。协助市政府参与引进海外人才21名、海外团队3个,引进科技成果项目7项,投资额2400万美元。引导海外侨胞捐赠慈善项目75个,捐资4981万元。

【侨胞权益维护】 与市司法局联合成立福州市涉侨纠纷人民调解中心,聘请人民调解员,促进涉侨纠纷妥善处理,化解矛盾。接待侨界群众来信来访600余人次,妥善处理信访500余件次。与省高院、省侨联、鼓楼区侨联联合举办"12·4"全国法制宣传日暨侨务法律宣传咨询活动,现场向群众发放法律常识手册和侨法宣传资料1000余册,并为群众解答法律问题,300多名归侨侨眷和各界群众参加活动。打好"敬老、扶贫、赈灾、助学"牌,筹集资金30万元慰问贫困归侨500余户、侨界人士60人次、侨领20人次。"六一"节期间联合省、市、福清三级侨联走访慰问失依儿童44名,发放慰问款物9万元。通过"魏可英助学奖学金""索高广场侨心助学金""刘建忠助学基金"等放助学款11.3万元,帮助48名贫困侨生上学。开展"百侨帮百村——共建美丽乡村"活动,全市侨联系统共帮扶21个自然村。全市侨联工作者踊跃参加"侨爱心365行动",每人每天捐出1元钱帮扶贫困侨,捐款侨联工作者144人,捐资总额5.26万元。

【联络联谊】 接待、接访世界各地的海外、港澳社团40个476人次,重点侨领、重要人士135人次。举办"美丽福州、圆梦中国"侨界座谈会,邀请市委常委黄忠勇与40余名来自世界各地的侨领侨商及全市各级侨联工作者代表座谈。参与组织华裔新生代青少年夏令营2次,85名华裔青少年回祖籍国参加活动。开展市侨联委员活动日,组织部分侨联委员和侨界人士60余人赴连江梅洋村共植"侨心林";开展青委会界别活动日,组织教科文卫界别的青年委员20余人参观考察昙石山文化遗址、陈宝琛故居。与省侨联联合举办侨界迎春千人游园活动。开展省华侨文化博物院落地三坊七巷的筹建和选址工作。

(唐　宜)

福州市台湾同胞联谊会

【概况】 2013年,福州市有台胞1866人,其中担任各级人大代表、政协委员33人。市台联推进"入岛交流",参与两岸海峡论坛、两岸少数民族丰收节、两岸青少年夏令营等大型对台交流项目。对台胞到大陆寻祖、探亲、访友、求医、旅游等,做好宣传、接待和服务工作。对台胞到大陆经商、投资、建厂、求学、兴办公益事业和进行科技、文化、学术、经贸、体育交流等进行牵线搭桥。年内接待台湾同胞87人(次),组织各种节日联谊活动5次,慰问困难台胞112户。全年拨给229名老龄、困难台胞专项资金34.02万元。

9月13日,接待中国侨联副主席、银帝集团董事局主席朱奕龙来福州考察投资环境 (唐宜　摄)

【榕台交流联谊】 "三八"期间,与市妇联联合举办两岸姐妹共植"海峡巾帼林"活动。"5·18"海交会和"6·18"项交会期间,接待金门县政府副秘书长李增财一行及世界女记者与作家协会台湾分会、台退役将领访问团。6月,组织在榕台胞50多人欢度端午节,到长乐参观冰心纪念馆、长乐市博物馆,在当地观摩由村民自发组织的龙舟比赛。9月,举办庆中秋暨迎接2013年台湾新生联谊活动,在榕台胞、台商、台湾学生130多人参加闽江一日游,游览三坊七巷,举办"浓浓海峡情·相聚一家亲"联谊活动。10月,组织重阳节活动,在榕老台胞40多人到由台资投资创建的晋安区宦溪镇快乐园艺园参观。协调福州市海洋与渔业局,帮助对接台商参与2013年第八届海峡(福州)渔业博览会,争取70个展位及台湾小吃饮食区。

【台胞参政议政】 1月,11名台籍人大代表、政协委员分别参加市人大和市政协会议,向大会提交《关于正确处理台胞台商台属纠纷和维护其合法权益的建议》《深化闽江口金三角对台经济圈产业报告》《新形势下深化闽台服务业合作调研报告》《建议将闽王文化节纳入海峡论坛》等提案。8月,召开福州市台联七届六次理事会议,根据《中华全国台湾同胞联谊会章程》有关规定和市委有关职务任免文件精神,增补甘海疆为市台联七届理事会理事,并选举为常务理事、会长。11月,林鸿榕应邀参加由全国台联与全国政协港澳台侨委员会联合在北京举办的首期台籍政协委员研习班。12月,作为福州市民主评议政风行风代表和特邀监察员,甘海疆、林鸿榕参加由市纪委、市监察局、市政府纠风办联合开展的2013年"让人民满意"媒体

9月17日,市台联组织在闽高校求学的台湾新生游览福州三坊七巷

(叶彭清　摄)

直播民主评议政风行风活动。

【维护权益】　解决台胞住房、拆迁、入学、改籍、社保、医保、就业、民事纠纷等问题。开展台胞困难群体和老龄群体的摸底、统计、建档等工作。了解台胞困难、社会保障和社会救助情况,编制台胞档案,建立台胞数据库。

【调研工作】　完成《深挖历史资源、发挥地域优势、深化榕台交流对策研究》《做好台湾青少年工作几点思考》《进一步创新地方台联工作的思考与建议》《影响两岸同胞情感融合的因素及对策建议》课题调研。走访台胞乡亲、台籍党员100多人(次),下访、接访13次40多人(次),化解矛盾纠纷3起,协调解决基层和台胞实际困难、解决具体问题11个。8月,会领导随省台联调研组到福清、长乐调研,了解台商愿望和诉求。以在闽高校台生群体为切入点,对台湾学生就学、就业、婚姻等情况开展调研,对部分在闽高校台生基本情况和就业取向进行了解,促进台湾学生融入大陆社会。举办2013年福州市台胞暑期读书班,组织台胞参加中央、省、市各类培训班、辅导讲座、参观调研等。10月,台联甘海疆、林鸿榕到罗源县洪洋乡石塘村市台联帮扶驻点村开展调研活动。

(叶彭清)

福州市个体劳动者协会私营企业协会

【概况】　2013年,福州个体劳动者协会、私营企业协会分别有个体会员17.31万户,从业人员36.09万人;私营企业会员8.81万家,从业人员8.81万人。

被福建省工商局、福建省个私协会授予2007—2012年"全省个体私营企业协会先进单位"称号;授予福州春伦茶叶集团有限公司等26家单位"全省先进私营企业"称号。评选出72家"文明诚信企业"和77家"文明诚信个体工商户"。

【服务会员企业】　建立会员短信平台,向会员群发"节日问候""银企对接宣传"短信9700多条,各县(市)区个私协也借会员短信平台向会员发送年检提醒、生日问候等短信。

【服务企业年检】　做好2012年会员企业年检的宣传和前期准备工作。对逾期年检的企业,协调工商部门予以补检。截至年底,帮助1194家会员企业办理年检,为会员企业解决困难与问题78人次。

【技术职称评定】　印制3000多份《福州市私营企业职称评审须知》资料发放给会员企业。年内,有1584人申报参加职称评定,有801人通过初级职称,444人通过中级职称。

【走访会员企业】　全年,走访调研企业302家,举办企业交流座谈会3场,联合黑龙江省个私协会、甘肃省个私协会开展招商引资座谈会,邀请50多家企业参与洽谈引资;组织参加"印尼展销会",有7家会员企业达成意向;组织82家会员单位参加2013年中国(福州)家具建材装饰品博览会暨福建省家具建材装饰品行业经销商年会;配合市工商局开展2012年度"民评考核迎检"工作,组织企业对市工商局、市个私协会进行全面考核。

【举办海西论坛】　11月23日,市工商局、市个私协会举办第三届海西论坛,特邀《商业周刊》主笔、香港中文大学及亚太研究所研究员石齐平在福州大戏院作专题演讲。

(王小雨)

福州市消费者权益保护委员会

【概况】　2013年,福州市各级消费者权益保护委员会围绕"让消费者更有力量"年主题,开展"诚信福建"和"百城万店无假货"主题教育实践活动。全年受理消费者投诉1.53万件,解决结案1.51万件,结案率98.54%。为消费者挽回经济损失1320.46万元,其中欺诈行为得到加倍赔(补)偿有27件,得到加倍赔(补)偿金额7.65万元,二次以上投诉19件,不予受理96件,支持消费者起诉5件,应用人民调解、行政调解、司法确认工作机制调解消费纠纷50件,接待来访、咨询1.27万人(次),收到消费者表扬信2件。

受理投诉统计数据显示:家用电子电器类、电信服务类、生活社会服务类投诉位居前三位,分别占投诉总量的16.98%、15.39%、14.58%。商品质量、合同纠纷和售后服务位居投诉性质前三位,分别占投诉总量的40.59%、25.03%、9.96%。

【“3·15”消费者权益日活动】 3月15日，与省、市有关部门在福建会堂召开“让消费者更有力量”——“3·15”国际消费者权益日纪念会。现场开展“讲文明、树新风，海峡两岸乐善杯公益广告”获奖作品展，消费维权成果展。省人大副主任黄琪玉、副省长李红、省政协副主席杨根生、市人大常委会副主任陈奇、副市长陈晔、市政协副主席林治良和有关部门领导为新成立“福建省消委会汽车专业委员会”授牌，向省消委会金融专业委员会顾问颁发证书，为获评省消委会“十佳”维权先进分会授牌；举行《聚焦消费》电视节目开播仪式。各县(市)区消委会、分会、维权站点也在辖区开展“3·15”、进校园、进社区、进企业、进景区、进乡村宣传、咨询、服务活动。

组织各种纪念活动89场次，参加活动4.4万人次，受理消费者投诉206件，咨询服务1.49万人次，为消费者挽回损失14.43万元，发放宣传材料25.8万份，发放各种纪念品1.7万件，各新闻媒体报导53篇。

【社会监督检查】 联合工商执法部门开展“护学”专项整治，在校园周边查处、销毁“三无”儿童食品、玩具、文具。加强农资市场监管，打击“以送货下乡”，厂家直销等名义销售假冒伪劣商品行为。联合工商、农业等执法部门对禽类市场监督检查，预防H7N9禽流感。组织维权志愿者在商场、超市、餐饮行业等进行消费体察和监督。针对快递服务和电脑消费维权状况，开展消费者满意度市场调查和评议活动，消费者综合评价为一般。在分析原因的基础上，提出加强行业诚信体系建设，引导行业转型升级等建议。

【熟食品质量抽查检验】 会同市商品检验所在超市、熟食品专卖店随机采样(购买)7家经销企业销售的55个批次的熟食品。由商品检验所依据GB2760—2011《食品安全国家标准食品添加剂使用标准》、GB2726—2005《熟肉制品卫生标准》、GB2711—2003《非发酵性豆制品及面筋卫生标准》，对熟食品(亚硝酸盐、苯甲酸、山梨酸、糖精钠、甜蜜素、脱氢乙酸、柠檬黄、日落黄、苋菜红、胭脂红、菌落总数、大肠菌群等12项指标)进行检测，经检测总合格率为16.4%。存在的主要问题集中在微生物指标和食品添加剂超标。市消委会针对熟食品超标企业提出处置建议，要求超标企业整改，并向消费者发布消费提示。

【价格调整听证】 市消委会推荐10名消费者代表参加福州绕城高速、机场二期高速开放路段车辆通行费收费听证会，消费者代表占听证会人数的41.7%。连江县消委会丹阳分会在丹阳镇公开征集消费者代表15名参与丹阳自来水价格调整听证会。

【消费宣传教育】 在新闻媒体发布“2013年十大侵权案例”；举办第二届全国消协组织投诉调解技能大赛福建赛区福州市选拔赛；在“诚信兴商宣传月”制作典型案例宣传展板6块；在电视台发表《电视讲话》3篇；在维权站点开办宣传栏168期；在国家、省级媒体发表各类新闻报道34篇，市、县级媒体53篇，调研文章8篇；发布警示、提示、忠告171篇，其中12篇在省消委会《民生》杂志发表，7篇在《榕城红盾》刊载。发送诚信宣传短信31.79万条；制作播放各类公益广告875次。

【案例举要】 2月24日，郑先生投诉平潭县某旅行社票务代理处。其购买2张2月19日长乐—西宁飞机票因安检延误，要求退票，票务代理处没有按规定只收取10%手续费而按原价收取30%手续费。经调解，退还840元。

2月25日，林先生投诉连江某食杂店与某烟花供应商。其购买的烟花燃放时，突然炸膛导致额头、眼睛被炸伤。经调解，食杂店和烟花供应商各补偿1000元、6000元。

3月4日，郑先生投诉晋安区某酒店。其在该酒店洗澡时，由于卫生间地漏无盖致脚被割伤。要求补偿医药费、误工费。经调解，酒店补偿800元。

3月15日，黄先生投诉连江县苔禄镇某啤酒厂商。其购买的2箱啤酒请朋友饮用后，出现肚痛、腹泻，送医院治疗。事后发现啤酒过期。经调解，厂商补偿2.7万元。

4月18日，李女士投诉长乐市某汽车贸易公司。其与该公司签订代理购买某品牌520Li行政版汽车协议，事后，李女士上网查询得知该款车型没有行政版，要求退还定金5万元。经调解，汽车贸易公司退还定金。

5月15日，谭女士投诉闽侯县某电动车维修店。其以旧电动车和1100元钱换购电动车。该维修店将二手电动车改装后交于谭女士。谭女士骑车时避震器失灵摔伤，要求赔偿损失。经调解，维修店退还换购费1100元，补偿医疗费4000元。

6月9日，朱先生投诉琅岐镇某饲料店。其购买的98.5公斤鸡饲料给鸡喂食后，导致130只鸡死亡。经农技人员鉴定，该饲料存在质量问题。经调解，饲料店退还购货款280元，补偿2000元。

7月29日，陈先生投诉福州某房产公司。其在该房产公司置业顾问诱导下，交定金10万元购买该公司某楼盘商品房。事后，陈先生以购房协议是其朋友代签为由投诉。由于该协议不是当事人签字，属无效协议。经调解，房产公司退还10万元。

8月13日，某女士投诉马尾某美容店。其在美容店诱导下办理美容年卡，交年费1.07万元。消费部分美容项目后，某女士认为效果不佳，以该店涉嫌虚假宣传、强制消费为由投诉。经调解，美容店扣除已使用产品费用，退还余款6157元。

9月1日，叶先生投诉某房产经纪服务公司。称其经该公司介绍认购林先生二手房，三方约定预留5000元作为房屋内无户口违约保证金。事后，叶先生查询得知该房屋户口尚未迁出，要求支付违约金。经调解，林先生、中介各支付违约金5000元、1000元。

(陈成铜)

(编辑　苏　颖)

外事 侨务 港澳台事务

外事侨务

【概况】 2013年，福州市人民政府外事侨务办公室接待外宾团组32批395人次，友城来访团组9批63人次，其中副部级以上团组12批145人次；在文化、教育、经贸、旅游、医疗、中小企业金融服务、水资源处理等领域，与国际友好城市展开16次洽谈，达成高产生态示范园建设、农产品加工、水产品开发、自来水技术交流、校际交流等多个合作项目；批准因公出国(境)674批1381人次，向外交部报送全市123家民营企业156人次的APEC商务旅行卡申请，APEC商务旅行卡申请数量连续两年实现翻番增长；处置各类涉外事件42起，完成加纳采金人员劝返等重大涉外事件处理工作。接待重点华侨华人45批次650人次；从9月10日开始在全省率先受理华侨回国定居申请，受理1300多件，占全省总受理量约90%。

市外侨办获福建省外事办授予的“全省外事工作服务社会发展优异奖”；福州市和美国友好城市华盛顿州塔科马市获得由全国友协和美国国际友城协会评选的大奖“友城经贸交流奖”，该奖全国仅有4对友城获得。

3月19日，市外侨办主任游晓东向在捐赠社会公益事业方面做出突出贡献的著名侨领林文镜颁发“福建省人民政府捐赠公益事业突出贡献奖”（王海　摄）

【国外重要代表团访问福州】 5月13日，缅甸全国民主联盟中央执委尼布(正部级)带领干部考察团一行12人访问福州，参观连江县官坞村水产养殖公司、福湾新城春风苑保障性住宅小区、三坊七巷等。

5月17—19日，匈牙利国会副主席乌伊海伊·伊什特万访问福州，参加“福州国际招商月20年回顾展”、第十五届海峡两岸经贸交易会，出席福州市外经贸局与匈牙利亚洲中心·中国品牌产品贸易中心合作项目签约仪式。市长杨益民会见客人一行。

6月9—11日，匈牙利前总理彼得·迈杰希一行7人访问福州，出席福州市投资促进局与欧亚友好联谊总会举行的投资促进合作战略框架协议签约仪式，考察福州的投资环境。市长杨益民会见客人一行。

6月15—18日，乌克兰中央委员、敖德萨州委第一书记查理科夫(正部级)带领乌克兰共产党干部考察团一行10人访问福州，参观三坊七巷、春伦茶业和中庚董希源美术馆。

6月16—18日，泰国前总理川·立派一行9人访问福州，拜会省领导，考察平潭综合实验区，参观三坊七巷和林则徐纪念馆。

7月29日—8月1日，南非自由州省省长马哈舒勒一行31人访问福州，参观三坊七巷。

7月31日—8月1日，澳大利亚外交部长鲍勃·卡尔一行15人访问福州，参观海峡水产品交易中心、定光寺、三坊七巷。

9月9—10日，南非自由州省副省长马克格一行9人访问福州，参观贝奇（福建）食品有限公司、福建农林大学菌草研究所、福建省新华技术学校、省博物院等，并就南非自由州省与福州开展农产品加工、校际交流与合作进行商谈和交流。

9月12—17日，斯里兰卡渔业与水产资源发展部副部长萨拉特·古纳拉通一行7人访问福州，参加第八届海峡（福州）渔业博览会。副市长严可仕会见客人一行。

11月8—10日，印尼旅游及创意经济部部长冯慧兰一行13人访问福州，参加“印尼之夜·福清专场”有关活动，并赴晋安区西园村祭祖。市长杨益民会见客人一行。

11月27—29日，日本冲绳县副知事高良仓吉一行12人访问福州，参观琉球人墓园、琉球馆。

12月8—10日，缅甸联邦巩固与发展党副主席泰乌（正部级）一行25人访问福州，考察台江区金斗社区、仓山区福湾新城春风苑保障房小区、连江县官坞村水产养殖。

12月18—19日，安哥拉中央委员、副主席办公室主任阿德里亚诺·梅勒莱斯·帕特洛西尼奥（正部级）带领的安哥拉人民解放运动（简称“安人运”）干部考察团一行15人访问福州，参观军门社区、马尾海峡水产品交易中心，春伦茶业和三坊七巷，并与军门社区党组织负责人进行座谈。

【经贸团组访问福州】 2月28日—3月6日，斯里兰卡斯中友协会长班德拉访问福州，参观鼓山、三坊七巷、森林公园，并赴马尾区考察水产企业、造船厂、船政博物馆，了解马尾开发区开发建设情况。

5月16—28日，南非曼德拉市议员、市非国大党主席、市公共安全部主席塞姆宾库斯·贝斯维尔·马法那一行8人访问福州，参加第十五届海峡两岸经贸交易会，参观江阴港和福清市溪头村，了解江阴港区发展经验和福州市新农村建设情况。客人一行还就曼德拉市与福州市建立友好城市关系有关事宜与市外侨办展开磋商，并举行建立友好城市关系意向书签字仪式。

5月17—18日，日本贸易振兴机构广州代表处所长塚田裕之一行2人访问福州，参加第十五届海峡两岸经贸交易会。

5月17—19日，韩国光阳市副市长尹仁烋一行5人访问福州，考察永泰石圳青梅种植基地、乌山小学，马尾开发区等。副市长陈晔会见代表团一行。

5月17—20日，俄罗斯鄂木斯克市政府副市长卡西亚诺娃·伊丽娜一行4人访问福州，参加第十五届海峡两岸经贸交易会，与市领导就进一步加强福州市与鄂木斯克市友好合作关系进行深入的商谈。客人一行拜会市经委、市教育局，考察马尾开发区和长乐市有关企业，参观三坊七巷等。

5月26—30日，越南司局级党政干部考察团一行33人访问福州，参观台江区拆迁安置小区，了解在征地拆迁过程中做好群众工作的做法和经验；参观军门社区、福清市新农村建设示范点以及三坊七巷。

8月22日，法国圣戈班集团上海研发公司对外风险投资部部长许叶棋一行访问福州，与马尾开发区管委会和外商投资服务中心举行座谈。

9月8日，副市长陈晔在厦门会见俄罗斯驻广州总领事米哈伊尔·梅德韦杰夫一行2人。陈晔感谢米哈伊尔·梅德韦杰夫总领事在福州市和俄罗斯鄂木斯克市建立友好交流城市一事上所给予的大力支持，向其介绍福州市和俄罗斯鄂木斯克市开展交流合作的具体情况。

9月10—12日，美国塔科马市世贸中心总裁兼首席执行官安东尼·亨姆斯塔德一行8人访问福州。

10月8—9日，马来西亚砂拉越州内阁高级部部长黄顺舸一行8人访问福州，拜访与诗巫市建立友好交流关系的鼓楼区、福清市，并与厦门航空福州分公司就厦航航班直飞诗巫事宜展开座谈。

10月21日，匈牙利亚洲中心总裁鲁道夫·瑞德一行5人访问福州，举行匈牙利亚洲中心推介会。

11月11—14日，日本长崎市上下水道局局长野田哲男一行4人访问福州，与福州市水务有限公司开展自来水技术交流。

12月6日，世界贸易中心协会主席加齐·阿布纳尔一行13人访问福州，考察拟建设的福州世界贸易中心选址地块。

【文化教育交流】 2月24日—3月25日，圭亚那乔治敦市圭亚那旅游局产品开发官员安娜丽·席拉姆和日本长崎市国际课主事大塚研吾访问福州，参加“福建省国际友好城市联络员研修班”。市人大常委会副主任陈奇会见客人一行。

3月13日，“福建省国际友好城市联络员研修班”学员15人拜访市外侨办，了解福州国际交流与友城工作开展情况。

5月15日，法国圣纳泽尔市法中跨文化中心主席陈明红一行2人访问福州，参观马尾船政博物馆、鼓山涌泉寺和三坊七巷。

7月24—28日，意大利热那亚大学副校长米歇尔·马索内特一行3人访问福州，与福州大学签订校际合作协议。

9月6日，澳大利亚塔斯马尼亚州长吉丁斯一行9人访问福州，拜访福州八中，考察福州八中中澳班，并出席闽江师范高等专科学校举行的闽江师范高等专科学校与塔斯马尼亚州签署幼童保育职业教育与培训谅解备忘录签字仪式。

12月1—3日，日本那霸市建设管理部花和绿课课长仲间好彦一行4人访问福州。

【市领导出访活动】 4月11—18日，副市长黄忠勇应大苏黎世经济发展署、德国SFC公司邀请，率团赴瑞士、德国参加新华都商学院（瑞士）国际教育项目启动仪式。

4月17—27日，副市长、市公安局长徐凡新应巴西圣保罗州大都市发展秘书处、阿根廷—中国生产及工商协会、智利福建总商会邀请，率团赴阿根廷、巴西、智利参加“大都市城市管理会议”，看望当地华人华侨，洽谈经贸合作项目。

4月18—25日，市委常委、仓山区委书记吴贤德应美国博能特国际集团、加拿大福建社团联合总会邀请，率团赴加拿大、美国洽谈在仓山区投资的博能特(福州)工业有限公司二期建设项目,看望榕籍华人华侨,并进行投资项目推介。

5月28日—6月7日,市人大常委会副主任徐诗文应南非约翰内斯堡议会、博茨瓦纳福建同乡会、阿联酋中国福建商会邀请,率团赴阿联酋、博茨瓦纳、南非开展投资促进活动。

6月1—10日,市委副书记、市长杨益民应荷兰瓦格林根市政府、匈牙利匈中关系发展基金会、以色列爱曼美坦有限公司邀请,率团赴荷兰、匈牙利、以色列洽谈经贸项目,并代表福州市与匈牙利塞格德市签署友好交流城市关系协议书。

同期,副市长陈晔应俄罗斯鄂木斯克市市政府、瑞士绮年华(Eterna AG)公司邀请,率团赴俄罗斯、瑞士洽谈经贸项目,并代表福州市与俄罗斯鄂木斯克市签署建立友好交流城市关系协议书。

6月10—19日,市政协副主席张献勇应美国洛杉矶地区总商会、美国APSC公司、巴西圣保罗市议会、智利中国和平统一促进会邀请,率团赴美国、巴西、智利洽谈在福州保税区设立美国产品服务中心项目,探讨福州与巴西开展在塑料制品、电器、通讯设备及交通器材等生产领域的合作,召开福州投资环境和项目推介会。

6月19—29日,市委常委、市政法委书记陈为民应德国消防促进会、俄罗斯圣彼得堡市政府亚太合作中心、瑞士瑞中经济文化促进会邀请,率团赴德国、俄罗斯、瑞士洽谈消防业务及开展社会管理创新机制交流。

6月29日—7月8日,市委常委、常务副市长陈大强应美国密歇根州奥克兰郡、加拿大福建同乡联谊会邀请,率团赴美国、加拿大、香港访问密歇根州奥克兰郡政府、Alley Automation开发区,学习高新产业开发园区规划、建设与管理经验和方法,开展闽台(福州)蓝色经济产业园推介活动。

7月14日—8月13日,省台盟主委、市政协副主席、市国土资源局局长郑建闽随团赴美国参加党外领导干部公共管理出国研修班。

8月1—24日,市人大常委会副主任柯有铭随省人大团组赴阿联酋、肯尼亚、南非开展立法交流。

8月15—25日,市人大常委会副主任林厚新应俄罗斯圣彼得堡市政府亚太合作中心、希腊—中国经济贸易文化交流协会、保加利亚政治经济交流协会邀请,率团赴保加利亚、俄罗斯、希腊洽谈江阴开发区医药垃圾处理机械设备制造项目,引进希腊法莫登药业集团先进制药技术和资金项目。

8月17—27日,市委副书记周宏应印尼海洋事务与渔业部渔业捕捞局、马来西亚百利达中央水产有限公司、缅甸仰光渔业发展有限公司邀请,率团赴马来西亚、印尼、缅甸洽谈远洋渔业与海洋新兴产业项目。

8月26日—9月5日,市政协主席方清海应波兰科沙林市政府、瑞典中国商业发展中心、希腊拉里萨市政厅邀请,率团赴波兰、瑞典、希腊开展友好交流与经贸项目洽谈活动。

9月17—27日,市人大常委会副主任陈奇应阿根廷布宜诺斯艾利斯市政府、波哥大宏德盛(哥伦比亚)工业公司、秘鲁ABUCORP集团邀请,率团赴阿根廷、哥伦比亚、秘鲁洽谈经贸合作项目。

11月28日—12月7日,副市长严可仕应美国洛杉矶郡政府、加拿大茶叶协会、哥斯达黎加利蒙港口局邀请,赴哥斯达黎加、美国、加拿大洽谈现代农业项目。

12月22—30日,市委常委、市委秘书长徐启源应以色列海法市政府、塞浦路斯拉纳卡市政府邀请,率团赴塞浦路斯、以色列洽谈经贸合作项目,与以色列海法市政府联合召开福州投资环境和项目推介会,与海法市政府洽谈福州市与以色列Maagad现代化农业企业在农业科技等领域加强务实合作事宜等。

【服务商贸交易会】 5月18—22日,第十五届海峡两岸经贸交易会、第十届中国福建商品交易会在福州举行。市外侨办邀请外国使领馆、国际友城、驻华机构、侨商团组34个约288名来宾前来参会。

海交会期间,侨资企业福耀玻璃集团与高新区管委会签订再投资4.5亿元的大型模具研发中心项目协议;名城地产集团与永泰县政府于2012年签订的总投资约120亿元永泰东部温泉旅游新区建设项目在海交会前夕开工建设;福建元泰茶叶有限公司在海交会专设展位,宣传福建红茶产品及产业。

国际友城韩国光阳市代表团专程赴永泰石圳考察青梅种植基地,并与永泰县青梅研究所就青梅生产、加工技术进行探讨;国际友城俄罗斯鄂木斯克市代表团拜访市经委、市教育局、马尾开发区,参观福建华映显示科技有限公司、福建锦江科技公司、海西创意谷和福建网龙公司等,就中小企业融资贷款、文化创意等情况进行了解和交流;南非曼德拉市代表团还深入江阴港和福清市溪头村,了解江阴港区发展经验和福州市新农村建设情况,参加市外侨办举行的福州市与曼德拉市建立友好城市关系意向书签字仪式。

6月18—21日,第十一届中国海峡项目成果交易会在福州举行。市外侨办汇总整理来自14个国家(地区)50名华侨华人专业人士项目资料,有针对性地分发给福州侨资企业。福耀集团投资20亿元在江阴工业区建设临港汽车玻璃产业园;福建康波力特阳光建材有限公司引进比利时专利PTB防火防水保温隔热复合板技术在闽侯铁岭工业园二期落地投产;振兴圣宁维集团拟与福州永一视频有限公司合作生产护柑宝牌圣宁维植物复合蛋白"解酒保肝"功能饮料,预计投资额为6200万元。

9月8日,第十七届中国国际投资贸易洽谈会(简称"投洽会")在厦门举行。市外侨办邀请德国福建同乡联合总会、德国福建商会、欧洲新侨协会、比利时海贝尔集团、荷兰鹿特丹华商会等代表团45人赴厦参会。

同期,举行首届福建省侨商投资项目对接洽谈会(简称"侨洽会")。市外侨办协同市外经局,向海内外客商推介福州新区投资商机,包括福州台商投资区、高新技术产业园、临空经济区和闽台福州蓝色经济产业园四大产业园在内的13个国家级、省级产业园区。其间,福州市对接侨资项目57项,总投资59.85亿美元,利用外资18.82亿美元。对接合同项目有41项,主要集中在商业地产、物流、总部经济、先进制造业、基础设施、信息、旅游等行业。

【缔结国际友城活动】　2013 年，福州市与 3 个外国城市建立友好交流城市关系，与阿根廷第二大城市——里奥加耶戈斯市缔结友城于 12 月获中央批准。5 月，市外侨办主任游晓东在福州与南非曼德拉市外事部门主要领导签署建立友好交流城市关系意向书；7 月，市长杨益民在匈牙利塞格德市市政大厅代表福州市与塞格德市长签署建立友好交流城市协议；8 月，副市长陈晔在俄罗斯鄂木斯克市代表福州市与鄂木斯克市副市长签署建立友好交流城市关系协议书。同时，与法国谢尔省政府、俄罗斯伏尔加格勒市、泰国驻厦门总领事馆、泰中经贸促进会就缔结友城事宜展开实质性洽谈。

5 月 19 日，市外侨办主任游晓东和南非曼德拉市议员、市非国大党主席、市公共安全部主席塞姆宾库斯·贝项目中，总投资超过亿美元的有 13 项，斯维尔·马法那分别代表两市签署建立友好城市关系的意向书　（王海　摄）

【授予荣誉市民称号】　配合市委组织部、市人才办开展荣誉市民称号授予工作，汇总由福州大学、福建医科大学、福建师范大学、福建农林大学、省农业科学院、中科院福建省物质结构研究所、马尾区政府、仓山区政府、晋安区政府及福清市政府等多家单位推荐的贾力等 14 名“福州市荣誉市民”候选人经市政府常务会议、市人大常委会审议，全部顺利通过。

【涉外事务】　处置各类涉外事件 42 件，处理完成年度涉外文书核查工作。妥善处置在加纳开采金矿的中国公民被抓事件、匈牙利驻上海总领事馆投诉网络诈骗案、闽侯县公民在南非被枪杀、非法移民巴哈马的 7 名长乐公民被遣返、3 名长乐游客在韩国脱团，协调 2 名越南籍女精神病人回国等一批影响较大的涉外事件。

接待来自 10 多个国家外国驻华使领馆团组 27 批 101 人次，斐济、新加坡、新西兰、泰国 4 位驻华大使以及美国、以色列、泰国、新西兰、俄罗斯、韩国等国驻华总领事先后访问福州，拜会市领导，了解福州改革开放和经济社会发展情况。

【因公出国(境)管理】　审核、审批因公出国(境)674 批 1381 人次，其中，批准福州市民营企业因公渠道出国(境)323 批 835 人次。颁发新版因公电子护照 353 本，新版通行证 398 本。送办外国签证 321 批 2710 人次，签证成功率达 100%。为福州 123 家民营企业 156 人次向外交部申请 APEC 商务旅行卡。

【侨资企业帮扶】　走访融侨集团股份有限公司、郭氏投资集团、诚丰集团(中国)有限公司、金山大道(中国)控股有限公司等 50 多家重点侨资企业，帮助企业解决实际困难和问题。对企业反映的工业厂房配套设施、企业搬迁、产业纠纷、税费、社保、用工等投资环境等问题，进行协调并提出解决措施。

组织重点侨资企业参加国务院侨办组织的“侨商宁夏行”“侨商广西行”和“侨商吉林行”活动，以及省侨办组织的侨商赴漳州考察活动和“2013 年福建省稳定外贸增长政策——侨资企业专题报告会”，江苏南通市政府举办的南通海安开发区投资环境推介会、甘肃省玉门市人大举办的项目推荐会等活动。

【侨务联谊工作】　接待重点华侨华人 45 批次 650 多人次，先后向巴西、意大利、英国、马来西亚、南非、阿根廷、西班牙、荷兰、法国、印尼、奥地利、新加坡等国家和地区的 20 多个社团庆典活动贺电。协助办好《玉融乡音》《闽侯乡音》《涌泉乡音》《吴航乡讯》《青芝乡讯》等 8 种乡刊，发行量 60 多万份，发往海外 40 多个国家和地区。

4 月 9 日，市外侨办联合省侨办举办“海外侨胞恳亲联谊座谈会”，邀请到由世界福州十邑同乡总会长张锦雄率领的第十二届常务理事访闽团一行以及来自印尼、英国、马来西亚、新加坡、文莱、加拿大、澳大利亚、中国香港等 18 个国家和地区的福州籍侨领参会。

5 月 30 日—6 月 6 日，市外侨办与闽清市外侨办主办“2013 年海外华裔青少年中国寻根之旅夏令营”，组织 30 名新加坡榕籍青少年在福州开展寻根问祖、学习参观活动。

6 月 1 日，由国务院侨办主办，省侨办承办，市外侨办协办的“文化中国——2013 年海外华文媒体福建行”活动在福州开幕，来自美国、德国、法国、巴西、澳大利亚等 16 个国家和地区的 26 家海外华文媒体的 26 名负责人深入侨企福耀集团采风。

7 月 5 日，纪念福州著名侨领林绍良逝世一周年座谈会在福州举行。省委副书记于伟国出席会议并讲话。中国海外交流协会副会长谭天星，省领导洪捷序、张帆、雷春美，老同志游德馨、张家坤、曹德淦、金能筹，市政府副市长陈晔，林绍良亲属林圣斌、林逢生等出席座谈会并致词。省委常委、市委书记杨岳，市委副书记、市长杨益民会见林绍良亲属一行。

7月24—31日,由市外侨办主办,以"中华文化·寻根·鼓岭"为主题的"2013年海外华裔青少年中国寻根之旅夏令营"在福州旅游职专举行。来自美国旧金山的28名榕籍华裔青少年到榕开展寻根访祖、华文学习等活动。

2013年12月21日—2014年1月2日,市外侨办与福清市外侨办联合举办"2013年海外华裔青少年中国寻根之旅冬令营",来自印尼的37名榕籍青少年在福清市开展寻根问祖、学习参观活动。

【华侨到榕定居】 9月10日,市外侨办在全省率先受理华侨到榕定居申请。截至年底,受理华侨到榕定居申请1300多件,占全省总受理量近90%。

【归侨侨眷权益维护】 扶助贫难侨 争取各项专项资金20万元,对贫困归难侨实行补助及开展"两节"慰问;完成福州市散居贫难侨纳入当地低保行列,对627名散居的贫困归侨执行每人每月再发给100元生活困难补助;落实全市无房归侨每户发放4万元补贴工作;做好关停并转企业归侨退休职工享受特殊补贴的申报和发放工作。

侨务信访工作 接待来信来访1000多人(件)次。主要问题集中在旧城改造的拆迁安置、补偿问题,落实侨房政策,散居农村的归侨侨眷宅基地、承包地、祖坟地的纠纷,出入境定居以及其他日常信访问题。

"三侨子女"身份证明认定 为归侨、侨眷办理各种身份证明。为福清市参加普通高校和成人高考的归侨子女、华侨子女、归侨学生出具"三侨"子女高考升学证明248份。

【华侨农场工作】 华侨农场危房改造项目纳入省、市保障性安居房建设范围,市外侨办与农场签订目标责任书;清理解决江镜华侨农场被解除劳动关系人员基本养老保险问题,完成807人历史遗留被解除劳动关系人员参加社保问题,涉及金额约3662万元,为农场争取到20个全额拨款事业编制和1个行政编制。举办华侨农场管理人员培训班,参加人员85多人(次)。

【侨胞捐赠兴办公益事业】 福州市华侨捐赠项目200多项,金额2.5亿元人民币。其中,捐赠教育事业55个项目,金额1.15亿元;卫生事业5个项目,金额0.24亿元;生产生活设施0.25万元;社会事业0.88亿元。6月18日,在第四届闽商大会上,福州市有17位华侨获"捐赠公益事业突出贡献奖"。

港澳事务

【概况】 6月18日,市港澳办促成澳门特区政府贸易投资促进局驻闽联络处正式成立,主要职能是宣传推介澳门的投资环境,推动澳门与福建在文化创意、旅游及经贸投资领域多层次的合作交流,特别是介绍当地企业进入澳门市场,以及利用澳门商贸服务平台开拓海外市场,尤其是葡语国家市场。全年审批278批575人次因公出访港澳,办理港澳通行证398本,办理香港居民身份确认76份。

【交流合作】 1月18—19日,中国神华能源公司独立董事范徐丽泰(十一届全国人大常委会委员、香港前立法会主席)一行8人到榕考察,了解神华在闽项目的发展情况。省委常委、市委书记杨岳会见客人一行。

5月17—19日,接待香港特别行政区政府和澳门贸易发展局客人2批4人参加"5·18"海交会。

7月,市外侨办(市港澳办)组织鼓楼区、仓山区社区干部2批4人赴香港参加省港澳办组织的社区干部培训班。

8月6日,澳门特别行政区政府贸易投资促进局福州联络处主任李东坡拜访市外侨办(市港澳办)。

(林木荣)

台湾事务

【概况】 2013年,国务院台湾事务办公室增设福州市"三坊七巷"为海峡两岸交流基地。国家林业局批准海峡(福州)大熊猫研究中心交流赠送台北市立动物园3只自繁小熊猫。首条横跨台湾海峡的福州至台北淡水海底光缆"海峡光缆1号"顺利开通。全年组织260个团组1734人次赴台。

【对台经贸合作】 榕台产业对接 新批准台资项目55个(含第三地),合同台资4.99亿美元(含增资),实际到资1.29亿美元;榕台贸易总额20.56亿美元,进口额15.49亿美元,出口额5.07亿美元。台湾富邦金控集团、福建神威系统集成有限公司等项目相继在福州万达金融街落地,增资项目取得进展。福州保税港区与台中港区签订合作意向书,促进榕台港口物流、金融产业等方面的对接。位于福清市高山镇的海峡商品交易市场于12月29日正式开业,该项目规划用地66.67公顷,总投资30亿元,项目一期投资3.5亿元,占地7.8公顷,总建筑面积约10万平方米,设立内贸区与台贸区两大区域,以两岸双向贸易为特色,涵盖两岸商品十五大类,是福建省唯一大型台货批发市场。

涉台经贸活动 第十五届海峡两岸经贸交易会签约台资项目21项,投资总额3.92亿美元,利用台资2.42亿美元,其中总投资千万美元以上项目9项。台资签约项目涉及总部经济、生物科技项目、文化创意产业以及增资扩产项目等。510家台湾本土企业参加包括海峡两岸旅游文化展区、海峡两岸机电展区、台湾文创交流展区、食品展区、台湾特色食品展区、台港澳日用精品展区等多个专业展区的展示。由福州市贸促会、台湾中华美学经济发展协会、福州市台胞投资企业协会共同主办的"文创福州——两岸文化创意产业研讨会"同期举行。第八届海峡(福州)渔业博览会台湾展区面积达8000平方米,较上届扩大110%。参与举办"海峡两岸渔业合作交流会""两岸海洋渔业养护与共同开发青年科学家研讨会"。

【对台文化交流】 第五届"海峡论坛"期间,福州市举办"船政文化交流活动周""闽台(福州)特色庙会""第六届海峡两岸合唱节""第七届海峡两岸门球公开赛”4 项子活动。举办“海峡两岸民俗文化节”“第十一届两马同春闹元宵”“第六届(福州)陈靖姑民俗文化节”“闽王(王审知)金身赴台湾巡安祈福暨闽豫王氏宗亲文化交流”等活动。

6 月 14—20 日,市政府、台盟福建省委会、市政协、省文史馆在福州主办海峡两岸船政文化交流活动周包括第四届海峡两岸船政文化研讨会、海峡两岸船政后裔恳亲祈福活动、福建船政与台湾专题展、海峡两岸船政文化书画摄影展、船政文化讲坛、船政系列影视节目展播、船政系列图书漂流等 7 项活动。6 月 14 日,20 多个科研院所 70 多名专家及两岸 20 个船政家族代表出席海峡两岸船政文化研讨会。同日,福建船政与台湾专题展在马尾造船厂开展,展览分为“筑海防,安台湾”“推新政,稳台湾”“大开发,兴台湾”“梦相同,心相约”4 个篇章,两岸船政文化专家学者、船政后裔及各界代表 200 余人参加开展仪式。闽台(福州)特色庙会汇集台湾小吃 26 家 60 个摊位、大陆 13 家 16 个摊位,活动期间总人流量近 30 万。

6 月 16—18 日,第七届海峡两岸门球公开赛有 43 支队伍 300 多名门球好手参赛,其中台湾 16 支 100 多人,创历届之最。台湾体育总会首次作为该项赛事的主办单位。

6 月 21—29 日,中国音乐家协会、市政府、台湾新竹市政府在台湾新竹主办“海峡两岸合唱节”,约 1500 人参与比赛,创历届之最,活动主要包括:海峡两岸合唱大赛、千人大合唱、海峡两岸童声合唱联展和闭幕式暨颁奖晚会等。

【第八届两岸青年联欢节暨 2013 年海峡青年节】　8 月,由国务院台湾事务办公室、中华全国青年联合会、省政府主办的“第八届两岸青年联欢节暨 2013 年海峡青年节”在福州举办,活动以“中国梦・中华情”为主题,安排“海峡(福州)青年峰会”等 17 场青年主题特色活动,内容涵盖两岸青年人才创业交流、文创交流、大学生社团活动、寻根、体育竞赛等,近 2000 名各界嘉宾参会。此次活动在两岸青年交流史上创下 3 个纪录:一是参加活动的两岸青年法人社团 60 余家,创单次两岸青年交流活动中法人社团数量之最;二是参加活动的大学生社团 220 家,数量创两岸青年交流之最;三是两岸青年共同拼成“二维码”图案,成功申请上海大世界吉尼斯纪录。

8 月 3 日,作为主体活动之一的“海峡青年(福州)峰会”在福州海峡国际会展中心举行,1000 多名两岸青年社团负责人和青年代表参会,第十届全国政协副主席张克辉出席峰会并开启“海峡青年节”官方微信平台。

中共中央台办、国务院台办副主任叶克冬,团中央书记处常务副书记、全国青联副主席贺军科,福建省领导杨岳、李红,福建省老同志叶家松,福州市领导杨益民、周振华、方清海、周宏、陈元邦、徐启源、鄢萍、黄忠勇、雷成才、王长鹰出席峰会。

【榕台直航】　空中直航　福州至台北松山、桃园、台中、高雄等 4 条空中客运直航常态化航线每周客运有 23 个航班 46 个往返架次。全年福州空港往返台湾航班达 2433 航次,运送旅客 30.59 万人次。

通邮工作　1 月,首条横跨台湾海峡的福州至台北淡水海底光缆工程顺利竣工,这是第一条直接连接大陆和台湾本岛的海底光缆系统,也是两岸距离最短、时延最小、质量最优的海缆系统。

海上直航　“两马”航线全年运送旅客 4.54 万人次;集装箱运输 33.25 万标箱,散杂货运 47.5 万吨。福州至高雄港、台中港、基隆港等港口海上货运直航常态化运营。

【媒体交流】　促成福州人民广播电台与台湾广播业达成协议,通过台湾北部调频广播电台落地台北市、新北市、基隆市。

第十五届海峡两岸经贸交易会期间,台湾《中国时报》《旺报》《工商时报》及东森电视台等 7 家台湾媒体 12 人到榕采访,台湾媒体对参展台湾企业等进行报道。

7 月 22—29 日,由《福州晚报》与台湾财团法人大硕青年关怀基金会、《桃园新报》等联合主办的“第四届榕台大学生新闻营”在台湾举行,41 名闽台高校新闻专业或有意从事新闻工作的大学生参与,两地大学生共同研习新闻理论,共同实习采访,共同在两岸媒体刊发新闻报道。

9 月 5—6 日,由台湾主跑两岸新闻的媒体记者组成的台湾媒体福建参访团一行 23 人到榕参访,实地走访台资企业华映光电股份有限公司、冠捷电子(福建)有限公司和三坊七巷。

【服务台胞台商】　受理涉台诉求件 119 件,办结 112 件,办结率达 94.1%。出具台籍、台胞学生中高考证明 59 份,办理更改台籍 22 人,受理台商子女就学 63 人,出具台胞证明函 1 人。组织座谈会、说明会、推介会 16 场次,走访企业 30 余家,开展调研 8 次。

(杨家铸)

(编辑　苏　颖)

综 述

2013年,福州市政法系统部署开展“走基层、解民忧、树形象、保平安”为主要内容的党的群众路线教育实践活动,定期下访、带案下访、入户走访及约访重点对象。公安机关组织全市190个派出所、646个警务室同步开展“警民相约警务室”等活动。检察机关推行派出(巡回)检察室建设,接待群众、办理信访。审判机关在全省率先建成“点对点”网络执行查控机制,建立失信被执行人名单信息公布制度,受理执行案件25597件,执结22627件,执结标的额60.53亿元,比增5.97%。司法行政机关加强与法院的交流、协作,在每个驻点法院派驻律师值班,实现法律援助、司法救助无缝对接,全年办理法律援助案件10638件,比增27%,市法律援助中心被司法部授予全国法律援助“便民服务示范窗口”称号。扶持成立全市首家非营利性民办社会工作服务中心——“福州市榕树社会工作服务中心”,加强弱势群体救助保护工作。

社会治安整治　全市政法机关加强严打严防工作。公安机关开展打击黑恶势力、黄赌毒、缉枪治爆等专项行动,全年破获各类刑事案件31085起。检察机关批准逮捕各类犯罪嫌疑人7219人,起诉11628人。审判机关审结一、二审刑事案件9161件,其中判处5年以上有期徒刑直至死刑的1270人。

完善大调解格局　加强人民调解组织和人民调解员队伍建设,年内全市调处各类矛盾纠纷49100件,调处成功率95.9%。深化诉调、检调、公调对接,全市派出所调处化解矛盾35551起。整合市、县两级医调中心等各方面资源,建立医患纠纷调处联动网络,全年接访医患纠纷投诉360件,赴现场应急处置重大医患纠纷155起,结案率86%。

社会治安防控体系　推进“375”工程建设,完成“三台合一”接处警系统升级对接工作,全市防控体系建设总完成率94%。在全省首创非紧急警情单警接处警工作模式。完善预警指令分级分类研判管控机制,红色预警指令抓逃考评居全省第一。推进“平安福州”视频监控系统续建工程,提升和改造电子警察、城区旧治安卡口、宾(旅)馆网安监管系统、互联网基础数据库、互联网安全监控中心等信息化项目建设,4477路监控点完成复核并提交运营商施工。旅馆业治安管理信息系统抓逃数、互联网线索落地查证数均居全省第一。规范群防群治队伍建设,引导社会力量参与群防群治,督促指导物业管理单位按规定比例组建巡防队。

社会管理综合治理

【概况】　2013年,福州市委政法委在“平安福州”“法治福州”中推动加强政法队伍建设,市民对社会治安满意率达95.06%,综治责任制考评首次进入全省优秀行列。

【社会管理】　社会管理创新　开展交通协管员队伍状况调研,起草完成《关于建立交通警务辅助人员队伍的意见》。加强流动人口社会服务管理创新,提升全市流动人口“一站式”站点规范化建设水平,推广晋安区鼓山镇红光村流动人口“三同”服务管理模式,拓宽流动人口参与政治、经济、社会事务的渠道,解决流动人口随迁子女就学问题。整治全市高铁沿线非法采掘问题,将铁路护路联防工作纳入社会管理综合治理考评体系。推广闽侯县大湖乡在特高压项目动建前开展风险评估的做法,落实重要决策、重大项目风险评估机制。

社区网格化服务管理　推广鼓楼区网格化试点工作经验,设置市级网格化服务管理平台,构建“三级平台、四级管理”组织管理体系,并作为“社会综治管理系统”纳入“福州市城市数字化综合管理服务中心”平台建设,建立每月检查通报制度。全市各街道和乡镇的495个社区均建成网格化综合服务管理平台。

特殊人群管理　在全省率先设立社区矫正人员交付接收中心,依托社会企业建立过渡性安置基地,开展“送温暖、关爱刑释解教人员”活动,全市接收社区矫正人员13774人。年内,新增安置就业基地5个;新增刑释解教人员4637人,安置率97.97%;帮教4576人,帮教率98.68%。实行将精神病人治疗必需的心理测评量表纳入医保目录范围，引导重性精神疾病患者在门诊接受持续规范治疗，提高病人住院期间目录范围内的医疗费用医保结算和救助基金标准，降低患者病情复发及肇事肇祸风险。

【平安建设】　拓宽平安创建领域　研究起草《关于进一步深化平安福州建设促进社会和谐稳定的实施意见（讨论稿）》。以"平安先行县（市）区""平安先行乡镇（街道）""平安先行单位"为载体，拓宽平安创建领域，开展平安创建活动。全市8个县（市）区获省综治委命名"平安先行县（市）区"，10个"平安先行乡镇（街道）"和15个"平安先行单位"获市综治办命名表彰。

创新平安宣传方式　以提升平安建设"三率"为目标，创新平安宣传方式方法，在公交车、出租车车载显示屏以及数字电视机顶盒开机屏、全市阅报栏电子显示屏、全市中小学校门口LED显示屏等载体投放宣传"平安福州建设"公益广告，并结合市委"四个万家"开展进村入户走访宣传活动。

【法治建设】　加强调研规划，研究提出法治福州建设规划调研报告，组织开展各类重点课题调研活动。开展"双百"（百名法学家百场报告会）活动，加强法学研究和成果交流。组织开展劳动教养适用对象分流方案调研。落实闹访滋事等违法行为的处理衔接工作。推进涉法涉诉信访工作改革，把涉法涉诉信访从普通信访中分离出来，纳入司法程序交由相关司法部门依法办理。年内福州市获评"全国法治城市创建活动先进单位"，闽侯县获评"全国法治县（市、区）创建活动先进单位"。

（陈　璐）

审　判

【概况】　2013年，福州市两级法院受理各类案件10.25万件，审执结9.45万件，结案率92.2%，其中市法院受理各类案件2.1万件，审执结1.94万件，结案率92.31%。全市法院一线法官全年人均结案131件。推进基层基础建设，全市法院新增5个人民法庭被评为省优人民法庭。在市辖看守所设立远程视频提讯系统，增加两级法院科技法庭数量。

组织开展向"全国模范法官"翟树全、詹红荔等先进典型学习活动。全市两级法院有62个集体、255人次获市级表彰，24个集体、182人次获省级表彰，有5个集体、11人次获国家级表彰。市法院立案庭获评"全国巾帼文明岗"，市法院民事审判第一庭获评"全国维护妇女儿童权益先进集体"，市法院干警吴一萍获评"全国法院办案标兵"。

10月31日，市委常委、政法委书记陈为民前往闽清县竹柄村开展"四个万家"活动　（市委政法委　供）

【刑事审判】　受理各类刑事案件9667件，审结9161件，其中市法院受理1414件，审结1298件。审结杀人、绑架、抢劫、强奸和涉黑、涉枪涉爆等犯罪案件560件。审结制售有毒有害食品、假药、劣药等犯罪案件79件，其中审结销售"病死猪肉"系列案，涉案117名被告人均被判处有期徒刑以上刑罚。审结贪污、贿赂、渎职等犯罪案件136件，判处罪犯170人。坚持惩罚犯罪与保护人权并重，判处5年以上有期徒刑、无期徒刑和死刑1270人，为64名符合条件的被告人指定辩护人。

【民商事审判】　受理各类民商事案件5.71万件，审结5.15万件，其中市法院受理7261件，审结6404件。应对企业融资和民间借贷案件高发态势，运用多元调解、诉讼保全等措施，依法审结相关案件5309件；对农村集体资产经营管理、金融不良债权处置等领域开展调查研究。审结婚姻、赡养、继承等案件9431件。审结涉军案件34件。审结劳动争议案件2122件。马尾法院建立劳动者维权网络，审结涉及657名员工与外资企业的群体性劳动报酬纠纷案件。审结涉林及破坏生态、污染环境案件169件，发出"补植复绿"令2份，责令补种林木56.93公顷。市法院和连江、闽清法院成立生态资源审判庭，并在重点林区、水源保护区、温泉旅游区设立巡回办案点，罗源法院成立海上渔排调处中心，构筑海洋、森林、矿产、水土等生态资源"点面结合"的司法保护体系。

涉外、涉港澳台案件审判　审结涉外民商事案件1447件，其中市法院审结107件；审结涉港澳台民商事案件1949件，其中市法院审结157件。深化涉台司法合作交流，建立涉台司法互助业务联络人制度，成立港澳台司法事务办公室，组织参加海峡两岸司法研讨活动，围绕两岸司法实务合作等问题开展研讨交流。办理涉台司法文书送达、调查取证1279件，认可台湾地区民事判决、裁定、调解书、仲裁裁决33件。

知识产权案件审判　受理知识产权案件1003件，审结975件。在全省率先设立“知识产权法律服务站”,每周选派法官到站解答法律问题,指导企业健全知识产权管理制度。诉前调解纠纷152件,促使当事人达成技术许可或转让协议28份,推动66项科技成果转化。开展“知识产权日”系列宣传活动,邀请专家举办知识产权讲座。首次以白皮书形式发布福州知识产权司法保护状况和十大典型案例,宣传福州投资环境。

【行政审判】 受理各类行政案件1365件,审结1261件,其中市法院受理561件,审结543件。举办和谐征迁专题研讨班,为征迁一线人员、从事征迁工作的负责人提供法律知识培训。市法院和台江、仓山、晋安法院开展诉前协调,服务福州地铁1号线等重大建设项目。鼓楼法院通过释法析理,促使4名拒不搬迁的拆迁户达成补偿安置协议,缩短斗池路拓宽工程的征迁时间。加强司法与行政互动,发布2012年行政司法审查白皮书,编印发放《土地、房屋类行政诉讼须知》。加强行政首长出庭应诉工作,77名行政首长出庭应诉,比增413%。12月初,市法院及五城区法院设立城市管理巡回法庭,办理破坏市容、违章搭建等城市管理中发生的案件。

【执行工作】 受理执行案件25597件,执结22627件,执结标的额60.528亿元,比增5.97%。推进“点对点”网络执行查控机制建设,实现与19家金融单位以及公安、车管、工商、国土、房管等联动单位的“点对点”对接,9月1日查控机制运行以来,全市法院查询银行存款226108次,比增201.54%。创建“执行工作人才库”,集结全市法院执行能手,由市法院统一指挥,执结各类重大疑难和涉执信访案件136件。落实失信被执行人名单曝光制度,将526名被执行人纳入失信名单,促使211名被执行人自动履行生效裁判。加大财产保全力度,办理各类财产保全案件671件,涉及保全金额60亿余元。

【审判监督】 依法保护当事人的申请再审权,审查申诉和申请再审案件542件;审结再审案件297件,纠正确有错误的裁判。通过文书评选、案例指导,

5月22日,省妇联向市法院民一庭颁发“全国维护妇女儿童权益先进集体”牌匾 (市法院 供)

分析问题、总结教训,实现裁判尺度的统一。

【调解工作】 推广法官调解工作室和物业纠纷法律服务中心等经验,鼓励当事人首选调解方式解决争议。调撤一审民商事案件23516件,调撤率50.1%。永泰法院“金梅法官调解室”总结创新“双赢三心四法”工作模式,调撤案件478件。深化保险纠纷诉调对接,市法院通过保险纠纷快速处理通道调处纠纷34起,平均调解周期20天,5次邀请保监局、保险行业协会等机构的调解员观摩庭审,向金融部门提出司法建议5篇,被最高法院和中国保监会列为保险纠纷诉调对接试点单位。与市仲裁委联合制定《关于建立诉讼与仲裁相衔接机制的若干意见》,支持仲裁机构依法受理案件,实现案件的内外分流。

【涉诉信访】 化解涉诉信访疑难案125件,化解率70.62%。坚持院领导每日接访和预约接访工作制度,自主研发法院信访信息管理系统,实现信访信息数据化管理。市法院领导接待来访群众2445件次,批示转办案件1413件,近一半的案件通过释法说理答疑当场予以化解,群众来信比降13.25%。集中清理涉诉信访积案,建立依法终结制度。

【司法服务】 推广市法院民商事速裁工作的经验,实现案件繁简分流。以速裁方式审结民商事案件3839件,平均结案周期11.61天,服判率99.77%。健全弱势群体权益保障机制,为149名生活确有困难的刑事被害人、申请执行人发放救助金545.85万元,对1902件案件当事人缓、减、免交诉讼费292.51万元,为符合条件的当事人提供法律援助646件。

【司法建议】 针对案件审判中发现的问题,发出司法建议126条。报送的反映生猪养殖业相关问题的建议,引起省领导的重视,省政府为此召开专题会议,对全省生猪养殖业进行规范。针对网吧管理漏洞提出司法建议,推动有关部门开展专项整治活动。

【平安综治】 审结涉少刑事案件699件,对316人判处非监禁刑,对758名未成年被告人实行犯罪记录封存,帮助71名失足青少年复学、就业。市法院筛选未成年人犯罪典型案例,汇编《成长之路,司法护航》宣教手册,发放给全市中学及挂点社区。福清法院设立全省首家未成年人社区矫正对象职业技能培训基地,长乐法院探索“合适成年人”诉讼参与制度,保障未成年被告人和服刑人员的合法权益。依法办理减刑、假释案件8039件。完善审判工作与社区矫正的衔接机制,协助做好监外执行人员的帮教工作。开展法律“六进”活动526场。市法院被评为“全省综治工作先进单位”。

【司法公信建设】　加强案件质量评查，组织两级法院评查各类案件28344件。在评查活动的基础上，开展“找问题、抓整改、转作风、树公信”专项治理活动，针对所发现的司法作风、司法能力及案件质量方面的问题和不足开展整改。

制定《福州市法院错案责任追究办法》，明确错案的认定程序、追责范围和责任承担，强化法官责任意识。全年因证据不足或依法不构成犯罪而宣告无罪6人。

加强福州法院网的建设，推动裁判文书上网与网络庭审直播，开通市法院官方微博，公布全市法院的工作动态，推进司法公开。全市530名人民陪审员参与审理案件15713件，一审案件陪审率84.02%，同比上升2.32个百分点。

【畅通监督渠道】　*人大及其常委会监督*　市法院就检察监督、基层法院建设、建议件办理等工作向市人大常委会作专题报告。办结人大代表建议件4件，办理代表关注案件92件。制定“六个加强”实施方案，在两级法院建立“定向联络”机制，市法院领导带队走访代表86人，邀请237名代表视察法院。市法院制定《关于人大代表旁听案件庭审的暂行规定》，邀请人大代表旁听案件庭审6场，61名代表参加。改版《榕法通报》，定期向代表通报法院工作动态。

政协民主监督　向市政协通报法院半年和全年工作情况，落实监督意见。办理政协委员关注案件11件。聘请19名政协委员担任人民陪审员。邀请政协委员旁听案件庭审3场32人。通过召开座谈会等形式，听取市政协机关和政协委员的意见建议。

检察机关及社会各界监督　邀请市检察院检察长列席审判委员会讨论抗诉案件10次。审结检察机关抗诉案件33件，其中维持9件，改判13件，发回重审4件，检察机关撤回抗诉5件，终结2件。接受社会监督，587人次参与市法院开展的“法院开放日”活动。

【队伍建设】　开展为期3天的队伍集中整训活动。制定《机关工作人员效能问责实施细则》，对影响政令畅通、庸、懒、散、奢、态度粗暴、着装不规范等22种情形予以问责。建立纪律作风督查制度，选聘131名人民法院监督员，组织明察暗访101次，对33名工作人员给予问责处理。

开展“一月一警示”廉政教育活动，落实风险防控机制和防止法院内部人员干扰办案制度。加大对违法违纪行为的查处力度，市法院1名干警、基层法院4名干警受到政纪处分和辞退处理，另有1名基层法院退休干警受到刑事追究。

组织两级法院干警参加新刑诉法、民诉法等业务培训班8场，选送271人参加上级法院培训。邀请高校和科研机构的专家学者就审判热点问题和法律前沿知识讲解授课。有20篇论文在全省法院第二十五届学术讨论会上获奖，市法院连续11年获得全省法院学术讨论会“组织工作先进奖”。

（吴旭华）

检　察

【概况】　2013年，福州市两级检察院批准逮捕各类犯罪嫌疑人7219人，比降9.1%；起诉1.16万人，比增3.9%；其中市检察院批准逮捕239人，起诉413人。落实疑罪从无原则，对证据不足的，决定不批捕335人、不起诉158人。立案侦查贪污贿赂案件176件225人，其中百万元以上大案14件；立案侦查渎职侵权案件38件47人，人数比增14.6%。整合全市两级检察院办案力量，深挖窝串案103件147人。

围绕开展“四下基层”“四个万家”等活动，全市两级检察院领导班子成员接待群众来访近1600人次，深入村居走访群众约300人次。办理来信来访3840件，市检察院和12个基层检察院接访窗口被评为全省“文明接待室”。在人口集中的社区、乡镇设立10个派出检察室，面向偏远乡村设立8个巡回检察室，就地受理信访举报、提供法律服务、监督司法活动。

全市两级检察院有27个集体和33名个人受到省级以上表彰。市检察院获得全国基层检察院建设组织奖、全国查办危害民生民利渎职侵权犯罪先进集体、全国检察宣传先进单位等荣誉。鼓楼区检察院和鼓山地区检察院被评为全国先进基层检察院。

【刑事检察】　推进打黑除恶和扫毒害、打盗抢等专项行动，起诉黑社会性质犯罪嫌疑人17人，起诉杀人、绑架、强奸等严重暴力犯罪嫌疑人695人，起诉毒品犯罪嫌疑人1786人，起诉抢劫、抢夺、盗窃犯罪嫌疑人2941人。起诉醉驾犯罪嫌疑人1509人。起诉组织色情、赌博活动犯罪嫌疑人491人。起诉破坏市场经济秩序案件524件815人，其中起诉传销、集资诈骗和非法吸收公众存款案件55件121人，累计涉案金额约20亿元；起诉制售假冒伪劣商品、侵犯知识产权案件94件156人，涉及联想、三星等知名品牌。从严办理销售病死猪肉案件11件56人，其中福清市检察院起诉1件销售30吨病死猪肉的重大案件。依法从宽办理初犯、偶犯、过失犯等轻微犯罪案件，作出无社会危险性不捕413人、相对不起诉712人。注重教育挽救涉罪未成年人，决定不批捕70人、不起诉50人，作出附条件不起诉12人。加强捕后羁押必要性审查，督促侦查机关解除羁押措施58人。

充分听取犯罪嫌疑人辩解和辩护人意见，发现并排除21件案件中的非法证据。会同法官、律师召开庭前会议28场，召集侦查人员、鉴定人出庭说明情况95人次，组织证人出庭作证75人次，对简易程序案件和二审开庭案件全部派员出庭。统一监管各类案件及其法律文书、赃证款物，评查重点案件1050件，预警通报程序、时限等方面可能出现的问题405件。协同市律师协会举办刑事诉讼实务研讨会，接待律师查询、阅卷2287人次，办理当事人和辩护人提出的妨碍行使诉讼权利的控告申诉6件。

坚持把化解矛盾贯穿于执法办案全过程，促成刑事和解165件，移送人民调解中心调处轻微犯罪、民事申诉、涉检信访和刑事附带民事案件146件。加强对全市约5100名社区矫正对象管教活动的监督，针对脱管、漏管等问题提出纠正意见81件，督促收监执行66人。保障弱势群体权益，帮助579名未成年人和困难当事人获得法律援助,支持农民工、残疾人和妇女、儿童提起维权诉讼23件,向特困刑事被害人及其近亲属发放司法救助金46万元。推广涉罪未成年人社会调查等机制,建立轻罪记录封存制度,帮助43名未成年人重返校园。选聘115名"合适成年人"代行监护人职责,先后参与247件未成年人犯罪案件诉讼活动。台江、福清等地检察院会同爱心企业设立涉罪未成年人管护帮教和技能培训基地,仓山、马尾、永泰等地检察院在中小学设立青少年维权基地。针对留守儿童帮教、食品医药监管等问题,发出检察建议50件。

【职务犯罪侦查和预防】 查办工程建设领域职务犯罪案件94件115人,查办商业贿赂案件106件111人,查办"违法占地、违法建设"背后职务犯罪案件9件11人。开展行贿犯罪档案查询工作,向工程招标方和主管单位提供查询4377批次,推动完善工程项目廉洁准入制度。加强与纪检监察等机关的协调配合,查办厅级干部2人、处级干部10人,涉及环保、医疗、房产、狱政等主管单位。围绕"三农"建设、财政专项补贴和食品、医疗、教育等民生领域,推进专项法律监督,查办职务犯罪案件112件154人。市检察院组织查处包括省环保厅原副厅长在内的环保系统11人涉嫌受贿250万元大案。加大对执法不严、司法不公的监督力度,查办行政执法人员46人、司法工作人员9人。依法介入重大责任事故调查活动,查办安全监管环节渎职案件4件4人。开展"完善举报制度、加强举报人保护"专题宣传活动,依法查核网络反腐线索,向22名举报有功人员发放奖励金7万元。加强追逃措施,抓获在逃职务犯罪嫌疑人10人。

坚持在"镜头下"讯问职务犯罪嫌疑人,随案移送讯问活动全程同步录音录像资料。落实职务犯罪案件上提一级审查逮捕制度,市检察院审查基层检察院报捕职务犯罪嫌疑人113人,决定不批捕25人。推行人民监督员制度,市检察院提请人民监督员监督评议基层检察院拟撤案、不起诉的职务犯罪案件25件28人。依法审慎运用涉案信息查询、电子数据恢复等侦查技术。

剖析职务犯罪案例158件,发出预防建议151件,促成涉案单位建章立制143项。开展廉政宣教415场,设置廉政海报45幅,协同党校组织廉政党课70次。赴村居、学校、企业、机关、工程组织"五个百场"法制宣讲,举办法制讲座、普法展览635场,约7.5万人次参加活动。晋安区检察院制作的海报入选全国优秀廉政海报,罗源县检察院开通微信预防平台。面向乡村干部、征地拆迁人员和行政执法人员开展专项预防,举办警示教育240场,组织预防调查40项,提供预防咨询675件。连江、闽清等地检察院推动建成农村职务犯罪警示教育基地。拓展预防领域,深入金融系统排查廉政风险45项,协助税务系统完善内部监管机制,会同福建农林大学等高校建立预防协作机制。市检察院"金融系统职务犯罪风险防控项目"入选全国百个精品预防项目。

【诉讼监督】 *刑事诉讼监督* 拓展派驻公安机关查询案件信息范围,办理刑事立案监督229件,比增19.3%,其中督促侦查机关立案128件、撤案101件。对于侦查机关漏捕的犯罪嫌疑人,追加逮捕279人,追加起诉60人。推进行政执法和刑事司法相衔接,督促行政执法机关移送刑事案件128件。针对侦查环节违法情形提出纠正意见162件。审查司法鉴定意见1628件,监督纠正错误鉴定意见8件。市检察院监督纠正1件错误的指纹鉴定意见。提出和提请刑事抗诉38件,省、市检察院支持抗诉25件,法院审结的23件中改判15件、发回重审1件,其中市中院改判10件、发回重审1件。全市两级检察院检察长通过列席审判委员会对131件案件发表意见。推广被告人羁押期间表现纳入量刑建议制度,起诉案件中提出量刑建议的占89.5%,法院采纳率91.5%。

监管活动监督 推进全市8个派驻监狱检察室和10个派驻看守所检察室规范化建设。依法审查减刑、假释、保外就医8493人次,监督纠正刑罚变更执行不当26人次。鼓山地区检察院探索对17名罪犯减刑、假释庭审活动进行同步监督。针对监所食品卫生、羁押期限等环节开展专项监督,受理在押人员控告申诉219件,监督纠正监管活动违规问题87件,深挖监管人员职务犯罪案件5件5人。监督和促成415名余刑3个月以上罪犯投监执行,促进缓解看守所超负荷关押问题。继续督促实行未成年人与成年人分管分押,改善在押未成年人饮食、教育等保障条件。依法对6名精神病人提起强制医疗诉讼并对执行活动进行监督,对公安机关适用指定居所监视居住的4件案件进行监督。

民事行政检察 会同律师事务所、民营企业设立23个联系点,受理民事行政申诉574件,比增18.5%。提出和提

12月6日,举办福州市检察机关第一届反渎职侵权"精品案件"评选现场会
(市检察院 供)

请民事行政抗诉35件，省、市检察院支持抗诉22件，法院审结的18件中改判6件、调解1件、发回重审6件，其中市中院改判1件、发回重审3件。提出民事行政再审检察建议15件，促成法院启动再审程序10件。加强民事执行监督，针对违规执行等问题提出纠正意见209件，比增122.3%。开展行政非诉执行监督，督促纠正怠于执行行政处罚决定等问题52件。调查民事行政诉讼违法问题41件，鼓楼、长乐、闽侯等地检察院依法监督纠正伪造证据、虚假诉讼等问题。督促国土资源等行政机关提起民事诉讼10件，其中督促追缴土地出让金2900万元。全市民事行政检察工作考评总分排在全省首位。

【畅通监督渠道】　内部监督　接受省检察院巡视，整改巡视发现的问题。加强自身执法办案各个环节互相制约，依法接受侦查、审判机关的制约。建立纪检监察、检务督察和案件管理的衔接机制，开展“讲纪律、正作风、树形象”专项检务督察，组织55次交叉督察、上下互查等活动，查找并纠正执法办案、警车管理和机关效能等方面存在的问题。市检察院聘请5名市人大代表和5名市政协委员担任检务督察专员，开展7次明察暗访，不定期督察全市检察干警纪律作风。查核信访举报等渠道反映的检察队伍问题，全年未发现违法违纪情形。

人大监督　配合市人大常委会开展执法检查，向市人大常委会专项报告民事行政检察工作。办理市人大代表议案和建议、批评、意见，按时办结市人大常委会交办的4件代表建议件。加强联系人大代表“四个一”活动，即市检察院领导班子成员每半年走访一次所联系的市人大代表团，市检察院每季度开展一次有主题的联系活动，市检察院办公室每季度联系一次市人大代表，各基层检察院每月开展一次有内容的联系活动。市检察院领导班子成员分别联系市人大各个代表团，邀请市人大代表265人次视察未成年犯维权、执法规范化建设等7项检务活动，寄送7期《福州检察之窗》。

社会监督　向市政协通报检察工作，听取市政协委员意见、建议，协助市政协委派的5名民主监督员开展监督工作，邀请市政协委员55人次视察检务活动。面向乡村、社区群众举办18场检察开放日活动，邀请人民群众参与15件刑事案件公开审查，在福州电视台《法眼》栏目播放48期“检察纪实”专题片，在市检察院门户网站公布刑事案件审查起诉进程信息。平潭县检察院微博获“全国政法微博官民互动奖”。

【队伍建设】　完成仓山、闽侯2个基层院检察长交流任职工作，完成6个基层院9名院领导的调整复核工作。开展中青年干部挂职锻炼工作，市检察院与新疆昌吉回族自治州奇台县检察院互派挂职干部2批4人；跟踪考察选派到省检察院、市委政法委、市信访局、平潭县检察院、闽清县农村的挂职人员。年内市检察院干警中本科以上学历的占干警总数的94.4%，检察官中具有研究生以上学历和法律硕士学位的占23.2%。

开展“两提升三过硬”建设，落实“强服务、保公正、严检风”的阶段任务。针对刑事诉讼法、民事诉讼法的新规定，组织刑事证据、民事检察等5场集训活动，调研督导15项诉讼监督实务问题，培育17项法律监督亮点工作，评选全市第一届查办渎职侵权犯罪“精品案件”6件。

（刘　媛）

公　安

【概况】　2013年，福州市破获刑事案件数比增43.1%，破案率比增10.2个百分点；因刑事案件造成伤、亡人数分别比降1.5%、32.4%；八类暴力罪案比降26.8%。打假、打击假发票、打击传销等专项行动破获各类经济犯罪案件1270起。反走私工作破获刑事案件17起；查获行政违规案件931起，总案值6.95亿元。调处矛盾纠纷3.58万起，调解成功率99.2%。年内公众对社会治安的满意率为95.06%。

成立正科级情报信息中心，启动市级情报平台一期工程，健全研判机制，其中利用红色指令抓逃629人。落实派出所基础工作管理指导、基础定位、基础业务、机制保障四方面二十项内容，创建高等级派出所，评定一级、二级派出所74个（占全市派出所总数39%），新创数比增29个。全市建立流动人口“一站式”的服务所（站）628个，配有3873名专兼职流动人口协管员，全年录入流动人口信息213.8万条。

开展“走基层、解民忧、树形象、保平安”和“四个万家”活动，科级以上领导干部2138人参加走访，召开座谈997场，收集意见建议1800条，协调解决基层和群众实际困难937个。市公安局被市委确定为“马上就办、办就办好”示范单位，被省效能办确定为示范创建单位。在全省各设区市公安机关党风廉政建设责任制综合考评中，市公安局党委得分位列第一，被省公安厅评为“优胜单位”。

全市公安系统有16个集体和32名民警被评为全省公安专项工作先进。1人被评为第八届“全国人民满意的公务员”，2人被评为省劳动模范。因抓捕逃犯牺牲的福清江镜派出所民警陈光淡，被省公安厅追记个人一等功，被省委批准追认为中共党员。

【刑事犯罪侦查】　破获各类刑事案件4.02万起，其中年内案件3.1万起，分别比增18.6%、43.1%。抓获作案成员1.2万人，比降29.3%，其中依法刑拘、移诉犯罪嫌疑人1.06万人、1.1万人，分别比增3.3%、6.3%；摧毁犯罪嫌疑团伙273个，抓获涉案成员877人。通过打击、防范，八类暴力罪案比降26.8%，其中“两抢”、入室盗窃、盗电动车等直接关系民生的多发性案件分别比降43.4%、37.1%、9.2%。

侦破恶性案件　发生命案80起，比降23.8%，破案77起，破案率96.2%；另破年前命案积案10起。抓获本地年前命案在逃嫌犯10人、协抓外省市命案在逃嫌犯28人，其中速破“4·15”鼓楼入室抢劫杀人双命案、省督“10·20”系列侵害女性命案，以及闽侯“1·28”特大绑架勒索588万元案、“8·19”福清“割肉男”系列伤人案等案件。

打击侵财罪案　刑侦部门将街面“两抢”、入室盗窃、盗电动车、偷车内财物等侵财案件作为重点,连续开展"打盗抢,保民安"、城区"反扒"等统一行动。破获各类侵财案件绝对数2.7万起,比增12.9%,打击处理2607人,抓获地域性职业犯罪嫌疑人31人。破获外辖区电信诈骗案件4.8万起,打击处理涉案人员356人;追缴、冻结赃款4800多万元。

"打黑除恶" 打击涉及工程建筑领域、娱乐场所经营、开设地下赌场、暴力讨债等黑恶势力的违法犯罪活动。破获黑社会性质组织案1起,抓获组织成员19人,缴获枪支2支,从中侦破各类案件20余起;摧毁恶势力团伙169个776人。

缉捕逃犯 抓获各类负案在逃嫌疑人员2982人,其中历年逃犯142人,外省逃犯393人,命案逃犯50人,外省非网逃犯30人,本市逃犯1514人,本市逃犯被外地公安机关抓获853人。

"灭枪"行动 破获涉枪案件113起,其中持枪犯罪案件46起;打击处理犯罪嫌疑人344人,收缴各类枪支353支。

【十大刑事要案】 破获公安部督办特大制贩枪支犯罪团伙 1月17日,刑侦支队组织60余名警力,对以陆某军、韩某赐为首的特大制贩枪支犯罪团伙实施抓捕,在厦门、漳州、长乐及福州市区等处抓获10名涉案人员,缴获各类仿制枪支50支(长枪28支、短枪22支)、弩枪2支,各类子弹2万余发,以及枪支零配件2000余件,查扣用于作案的汽车1辆、假冒军人证件2本。

破获"1·17"特大持枪绑架案 1月17日晚22时许,受害人王某驾车回到福清宏路某村家门口时,3名持枪男子将其挟持上车并带走,并向其家属打电话索要赎金500万元。福清刑侦大队经近2个月侦查,分别在江西、浙江等地抓获犯罪嫌疑人张某、姚某和林某。据查作案后,3人迫于警方追查压力而释放人质并逃窜。

破获"1·28"特大绑架案 1月28日下午,闽侯县公安局专案组在市公安局刑侦、行动技术、网安和特警支队等部门的协助下,在闽侯县南屿镇九都村抓获犯罪嫌疑人江某新、黄某冰和黄某国3人,解救被绑人质林某。经查,3人因觊觎受害人财产,于1月27日晚在受害人回家途中将其绑架,并向其家属索要赎金588万元。

破获省挂牌督办特大系列"投资"诈骗案 4月19日,台江刑侦大队敦促犯罪嫌疑人陈某林、郑某芳投案自首。查明2人以投资糕点原料项目名义,骗取被害人林某投资款140万元,另以相同手段骗取多人投资,涉案金额3000万元。

破获"6·7"杀人碎尸案 6月18日,刑侦支队在晋安分局协助下,破获晋安区新店镇"6·7"杀人碎尸案,抓获犯罪嫌疑人郑某昌。其因生活琐事及经济原因与其妻严某娟发生争吵,持铁锤将严砸死并用菜刀、电锯碎尸,然后驾车将用塑料袋分装的尸块、作案工具、血衣等,在宦溪至鼓岭山路沿途丢弃。

破获涉黑团伙案 8月4日,刑侦支队、连江县公安局专案组联手破获在连江以刘某忠和马某俊为首的黑社会性质犯罪组织,抓获组织成员17人,缴获枪支1支和一批砍刀、镀锌管等作案工具。该团伙涉嫌刑事案件20余起,致7人轻伤、多人轻微伤。9月10日,连江县检察院以组织、领导、参加黑社会性质组织罪等10余项罪名对该团伙全部成员17人作出批捕决定。11月6日,该案移送审查起诉。

破获跨省特大毒品案 8月初,刑侦支队三大队在毒品情报信息研判中掌握闽粤某贩毒线索,并于9月13日在闽侯、鼓楼和广东惠州等地抓获林某、黄某华等11名吸贩毒人员,缴获各类毒品1.05万余克,其中毒品"奶茶"256袋8627余克、"神仙水"44瓶1050克、"摇头丸"780余克、冰毒7克、"K粉"25克及"开心果"2克,另查扣运输毒品的汽车2辆、毒资4万余元。

破获"9·11"抢劫金店案 9月11日中午12时许,长乐市民主街一家珠宝行遭抢劫,损失金器重约700克,价值近20万元。长乐刑侦大队于次日在长乐市仁和医院抓获因作案受伤住院的犯罪嫌疑人林某伟,追回被抢金器。

破获"10·20"系列侵害女性案 10月24日,刑侦支队专案组在仓山、台江分局配合下,在金山浦上小区抓获犯罪嫌疑人王某福,破获10月20日晚发生在仓山区十字亭路的企图强奸故意杀人案。并经DNA比对并串,带破3起重大案件。据查10月17—20日夜晚,王某福连续作案4起,其中入室抢劫、企图强奸1起,伤害1起,强奸未遂1起,企图强奸并故意杀人1起;致死1人、伤2人。

破获"5·24"杀害父子命案 12月26日,马尾区局专案组在湖北省荆门市抓获犯罪嫌疑人李某,破获省公安厅挂牌督办的"5·24"故意杀害2人命案。李某因怀疑其妻与沈某金有性行为而怀恨在心,遂于5月24日晚持刀至马尾镇沈某金的暂住处,将沈及其11岁的儿子砍死。

【经济犯罪侦查】 破获各类经济犯罪案件1264起,抓获犯罪嫌疑人1119人,挽回经济损失8796余万元。开展"三打"(打假、打击假发票、打击传销)专项行动,打假行动立案814起,破案698起,捣毁制假窝点219个,抓获涉案嫌犯469人和负案在逃嫌犯12人,移送起诉29人,涉案金额约9.62亿元。破获由公安部挂牌督办的案件14起;破获跨省重大案件32起。打击发票犯罪行动,破案16起,打掉发票犯罪窝点18个,抓获嫌犯26人,涉案发票金额4.2亿多元。打击传销行动,破案9起,抓获嫌犯13人。

经侦部门与名牌企业建立警企联手打假维权机制。10月,市局经侦支队根据对陈某由涉嫌假冒注册商标案开展跨省专案调查,抓获陈某由及同案人黄某谋、刘某柄等犯罪嫌疑人,缴获一批假冒"西门子"品牌开关插座成品、半成品及作案工具,总案值5840万元。针对网络购物领域侵犯知识产权和制售假冒伪劣商品的情报信息,经侦部门从中发现涉嫌销售假冒注册商标商品的网店16家和涉假线索35条,破获售假罪案23起。经侦部门运用公安内网信息平台,并通过与工商、卫生、食品药品监督管理等部门沟通情况,发现制假售假嫌疑度排行前的公司、商户125家,从中筛选25条线索,破获跨省重大案件19起。

【经济犯罪要案】 3月27日,在公安部经侦局的指挥协调下,对以福州作为主战区发起的“2·18”特大盗版软件案实施统一收网行动。北京、上海、广东、陕西、山东等涉案地警方同时参与。福州市摧毁制假、销售窝点2个，抓获翁某兴等犯罪嫌疑人4人，查封假冒工控软件3643套、新旧款加密锁552件、标签1020张，以及销售记录、物流单据等罪证，涉案金额2.8亿元。5月16日，中央电视台“社会与法”频道《一线》法制栏目对此案作专题报道。

7月18日，犯罪嫌疑人李某斌、肖某文、朱某星等策划制造交通事故进行保险诈骗活动。李某斌驾车并雇佣犯罪嫌疑人陈某森和黄某金驾车，在晋安区鼓山中学一侧的三环辅道路段故意制造三车相撞事故，企图骗取保险理赔金13.05万元。保险公司在复查中发现疑点，拒绝支付并报警。经侦部门调查证实，以李某斌为首的保险诈骗团伙，先后人为制造交通事故，骗取8家保险公司保险理赔金120余万元。警方从中抓获涉案嫌犯10人。　（曹友权）

【禁毒工作】　组织实施“扫毒害保平安”行动和禁毒百日攻坚会战。全年破获毒品犯罪案件1741起(其中缴毒千克以上案件32起)，比增57.4%；抓获犯罪嫌疑人2052人，比增58.8%；缴获各类毒品1278千克，比增9.2倍；查获吸毒人员6638人次，比增59.2%。市公安局专案组于3月破获公安部督办的“RJDC1301”涉台走私毒品大案，缴获藏匿于木雕内、企图利用物流走私去台湾的氯胺酮1000.07千克，抓获犯罪嫌疑人5人。全年查处64家涉毒娱乐场所。福清市、晋安区于2月在酒吧查获涉嫌吸毒人员42人(其中容留他人吸毒的11人)，均予治安拘留或刑事拘留，酒吧被停业整顿半年。禁毒部门开展对涉毒人员联合研判专项行动，从中带破刑事案件98起、行政案件656起，查处1126人。完善DIAS系统的录入工作，为42名民警开通DIAS系统账户，录入涉毒线索4692条，破获涉毒案件8起。

设立社区戒毒(康复)工作站79个(其中独立工作站62个、集中管理工作站17个)，配备专职社工167人，基本覆盖全市各街道、乡镇，320名吸毒人员参加社区戒毒社区康复。针对社区戒毒社区康复对象期满应办解除手续的需要，市禁毒部门设计办理解除参加社区戒毒(康复)3年期满对象的流程材料，并予以施行。开展社区戒毒社区康复工作站点的网络租用和安装工作，至11月，已安装81个点。禁毒支队对517名吸毒人员信息进行排查、核实、维护更新。强制戒毒646人，责令社区戒毒1005人次。

福州市禁毒工作被省级以上各类媒体报道3243篇次，其中中央电视台新闻频道、《今日说法》栏目，以及人民日报、人民公安报、禁毒周刊、人民网、新华网、法制网，分别报道禁毒支队破获公安部督办的“2013－097”特大走私毒品案。6月3日上午，市政府在国家禁毒教育基地——林则徐纪念馆举行纪念虎门销烟174周年暨全民禁毒宣传月启动仪式，省市有关部门领导及社区干部、社区民警、禁毒志愿者和学生代表300余人参加活动。市禁毒办、市集邮协会和市公安集邮协会发行2013年“全民禁毒宣传月”邮票纪念封一枚。　（宋增清）

【社会治安管理】　开展以打击从事制假售假的“黑作坊”“黑工厂”“黑市场”“黑窝点”为重点的“打四黑除四害”和打击涉“黄赌毒”等违法犯罪专项行动。破获六大领域(食品、药品、农资、建材、儿童用品、卷烟)“四黑四害”刑事案件495起(包括部督案件4起)，其中肉制品案件69起，地沟油案件4起，非法加工白木耳案件1起；刑事拘留57人；捣毁生猪私宰窝点37个，注水牛肉窝点5个，地沟油黑作坊6个，食品加工黑作坊21个，非法食品添加剂生产窝点1个。查获“黄赌毒”案件9419起、2.23万人，其中赌博案件2908起、1.15万人，黄丑案件599起、1135人，吸贩毒案件5912起、9611人；治安拘留1.1万人、罚款5036人。

开展“缉枪治爆”专项行动，破获涉爆刑事案件8起，涉枪刑事案件41起，非法烟花爆竹案件115起。抓获公安部公布的涉枪涉爆在逃人员7人。收缴各类枪支174支，子弹4565发，炸药3631.49公斤，雷管1.29万枚，管制刀具882把，剧毒化学品2950公斤，非法烟花爆竹4000余件。抓获各类涉案违法犯罪嫌疑人员237人。

加强旅馆业实名、实情、实数、实时登记，治安管理部门采取定期检查和突击检查方法，督促各旅馆及时上传旅客信息。对虚假登记的220家业主做出处理，对18家累计处罚2次以上的旅馆式出租户予以停业取缔。通过旅馆业治安管理信息系统，抓获网上在逃人员265人。

组织开展“打假证建诚信”专项行动，查处制造贩卖假证、非法小广告案件103起(其中刑事案件3起)，抓获违法犯罪嫌疑人109人，刑事拘留3人，治安拘留104人。破获非法出版、淫秽色情、侵权盗版等“黄非”案件81起，收缴非法图书2.4万册、盗版光盘1.5万张。

全年治安部门参与、协调处置群体性非正常上访和群体性事件123批6181人次。配合有关部门指导处置因福州大鞋城搬迁、越战老兵福利待遇问题、“5·8”金山交通事故等引发的群体性事件等。参与处置医患纠纷166件，办结137件，调解成功率82.5%，其中经过调解促使当事人当场放弃诉求的7件。督促医院增设医患纠纷调解窗口52个、调解人员82人。　（陈茂华）

【特警工作】　**社会治安维稳防控工作**　在重点路段、重要敏感部位开展武装巡逻。在元旦、春节和省市“两会”期间，特警增加城市武装巡逻勤务班次，并加大夜间街面执勤的督查力度。全年夜间街面执勤出动警力3.06万人次，救助群众、处置交通事故、治安案件等各类警情1421起。组织专业抓捕队实行24小时备勤制度，配合刑侦、技侦、禁毒、反恐等部门执行缉捕任务47次，出动警力560人次，抓获涉案嫌疑人360人，缴获冰毒3.01千克、“K粉”20千克、“神仙水”40千克。完成省市“两会”、除夕和元宵灯会、第十五届海峡两岸经贸交易会、第十一届中国海峡项目成果交易会、2013年中华龙舟赛福建福州站和2013年环福州(永泰)国际公路自行车赛等安全保卫任务66场次。

民警体能、技能及战术素养训练　将跨越200米障碍、3公里越野、器械训练等课目列入每季度的必训课目。4月18—28日，抽调27名骨干队员与武警部队人员统一编队,依托武警福建总队直属支队在闽江开展冲锋舟相关技能训练。组织开展“公安特警五项”(综合体技能、搏击、长短枪互换射击、精度射击、突击攻坚)练兵比武集训,福州特警“五项”参赛队参加全省比赛获团体总分第二名。 (宋增清)

【社区警务】 制发二代身份证33.12万张,为老弱病残、行动不便人员送证上门418张,办理临时居民身份证3.73万张,受理加快证件15.91万张。在长假休息期间办理居民身份证425人,发出证件722张。为高考考生开通“绿色通道”办理证件5533张,年满16周岁人员的发证率86%。入户采集人像信息1512人。8月至年末,全市采集居民身份证指纹信息6.6万人。

在各街道开展流动人口信息采集专项行动,扩大出租屋信息采集覆盖面,登记流动人口234.81万人,出租屋18.11万户。在用工企业实行二代证读卡器采集流动人口员工信息的基础上,与卫生部门联合下发通知,要求全市13家市属医院全面安装二代证读卡器采集医院外来护工信息,对已采集信息的护工可发放病房出入证,无出入证的护工不能进入病房从事陪护工作。

简化办理户口审批环节,落实限时审批制度。审批出境人员回国落户1155笔,户口迁入迁出和项目更正审批6.08万笔,答复户籍内容问题和来信来访接待2721件。为各部门提供人口查询信息服务150万余次。建立人口信息质量纠错机制,清理纠正存在的跨省“重人”“重证号”问题,核查户籍身份3512人,注销重复户口603人。全年派出所窗口民警服务评价器的使用显示,评价为“非常满意”的61.56万笔、“基本满意”的228笔,总满意率达100%,群众参评率达99.02%。

全市派出所排查各类矛盾纠纷3.58万起,调处化解3.16万起,防止和制止群体性上访、械斗事件115起。全市常住人口3万人以上的派出所85个,已建立驻所人民调解室83个;实有人口在3万人以上的派出所22个,已建立驻所人民调解室20个。 (陈茂华)

【出入境管理】 出入境管理部门全年办理各类出入境证件76.18万件次,比增24.6%,其中因私出国(境)68.14万人次(公民因私出国18.18万人次、内地居民往来港澳地区39.8万人次、大陆居民往来台湾10.16万人次),办理出入境通行证2692人次,办理各类外国人证件、签证、居留许可1.53万件次,办理台湾居民签注、证件2.18万件次;长乐国际机场口岸落地签注办证3万件次,“两马”(马尾、马祖)直航办证1.06万件次。

对2007年以来1万余名港澳定居人员的户口和注销情况进行倒查,批准居民赴港澳定居1165人次,不批准285人。完成2582人次依法不批准出境人员通报备案信息的录入,比增62%;完成国家工作人员登记备案1.88万人次,比增38%。清理涉及266个单位报备国家工作人员登记备案的不合格人员信息2783条,发出核实确认登记备案信息的函226份,修改189个单位不合格人员信息2000条。

在仓山区行政(市民)服务中心设出入境办证服务窗口,每周六窗口照常受理办证。6月起,办证窗口日接待群众办证及咨询2200余人次。6月15日起,为台湾居民申请办证、签注提供邮政速递服务。

出入境部门与治安部门及各分局加强联络会商,提高外国人住宿登记的登记率、上报率。开展外国人签证居留许可受理审批的后续管理工作,实行涉外单位登记备案制度和信誉等级评定制度。走访涉外涉台企事业单位83家,建立完善涉外涉台企业档案56家,对37家涉外单位50名外事联络员进行培训,签订《登记备案单位责任义务告知书》。对外籍高层次人才的签证实行特事特办。

查获出入境领域刑事案件1起(公安部督办案件),刑拘7人、批捕5人;办理行政案件5起,处罚8人次;抓获网上在逃人员6人;摧毁制假窝点3个,缴获电脑、打印机、扫描仪等制假工具及各种伪造、变造证件资料38种、736本(份、张)。查处涉外、涉台行政事件1290起1411人次,其中外国人“三非”案件1086起1207人次(非法入境4起123人次、非法居留1080起1080人次、非法就业2起4人次),台湾居民非法居留204起204人次。 (宋增清)

【网络安全监察】 发现、处置网上有害信息7.55万条,报送信息2.36万条,编报内刊737期。网安部门侦破案件915起,抓获违法犯罪嫌疑人1391人,其中自办案件353起(含部督案件9起、省督案件1起),抓获嫌犯559人;协破案件562起,抓获嫌犯832人(在逃人员211人)。

开展集中打击网络违法犯罪专项行

鼓楼区东街派出所开展“大手牵小手,平安过‘六一’”安全教育活动 (市公安局 供)

动,破获各类涉网案件465起,抓获违法犯罪嫌疑人597人,追缴赃款245万元,其中打假专项行动破案28起,抓获嫌犯54人;缉枪治爆专项行动破案10起,抓获嫌犯12人;网络诈骗专项行动破案71起,抓获嫌犯56人;“打盗抢保民安”专项行动破案251起,抓获嫌犯301人;“扫毒害保平安”专项行动破获案件25起,抓获嫌犯39人。4月19日,网安支队协破部督“利用互联网售卖涉及国家英语四六级考试、全国高等自学考试等多种全国性统一考试答案”案件,抓获犯罪嫌疑人1人,扣押作案电脑4台,并协助抓获上线卖家10余人,摧毁该售卖考试答案链条的犯罪团伙。4月20日,网安支队协助市公安局出入境管理处破获“3·15”提供伪造变造出入境证件案件,抓获7名制假护照犯罪嫌疑人,缴获假护照50余本、电脑3台、移动硬盘1块及打印机、扫描仪等制假工具。10月28日,网安支队协助鼓楼公安分局破获非法出售公民个人信息案,抓获犯罪嫌疑人叶某,查获作案电脑1台,记账笔记本1本。

检查网吧3478家次,处罚违法违规网吧151家,在网吧娱乐场所抓获各类在逃人员86人。督促全市75家重点单位整改安全漏洞1507个。

【警卫工作】 完成各级警卫任务245批次,其中有等级的22批次。主要有:6月14—16日,中共中央政治局常委、全国政协主席俞正声和全国政协副主席、台盟中央主席林文漪到福州,就对台工作进行调研。6月17日,全国政协副主席、中华全国工商业联合会主席王钦敏到福州出席第四届世界闽商大会开幕式。10月28日,中共中央政治局委员、国务院副总理汪洋到平潭考察两岸经济合作。12月16日,中共中央政治局原常委、国务院原副总理李岚清到福州举办“福海艺缘·李岚清篆刻书法素描艺术展”。先后还有全国人大常委会副委员长吉炳轩及全国政协副主席李海峰、刘晓峰等到福州考察调研。

出动警力数千人次,完成省市人大、政协两会,第十五届海峡两岸经贸交易会,第十一届中国·福建商品交易会暨福州国际招商月20年回顾展,闽浙赣皖经济协作区第十五次市长联席会,2013年中华龙舟赛,第四届世界闽商大会,第三届民营企业产业项目洽谈会,第十一届中国海峡项目成果交易会,第八届两岸青年联欢节暨2013年海峡青年节,福州市元宵灯会暨海峡两岸民俗文化节,2013年环福州(永泰)国际公路自行车赛等211场大型商贸、文体活动的安保任务。

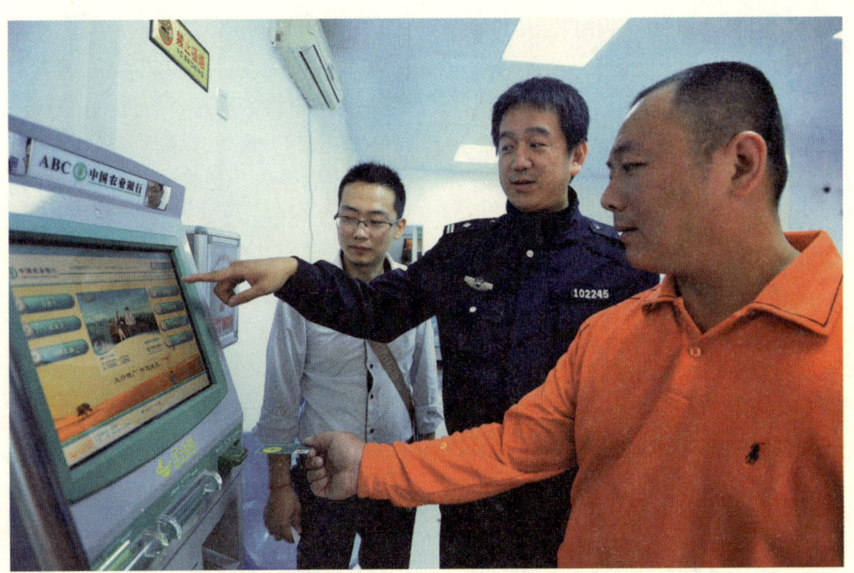

晋安区轻微交通事故快处服务点设置自助缴费机,为交通处罚缴费提供“一站式”服务 (市公安局　供)

【道路交通管理】 发生道路交通事故2772起,死亡462人,受伤3302人,直接财产损失275万元。“四项指数”较上年全面下降,其中起数下降10.47%,死亡人数下降23.22%,受伤人数下降11.14%,直接财产损失下降27.33%。

继续推进交通安全综合整治“三年行动”,该行动从2012年开始,2013年把重点车辆源头监管作为防范事故的重点工作。与交通运管部门建立联席会议制度,对全市3731辆公路和旅游客运车辆、1013辆危化品运输车、6940辆出租车、831辆渣土车全部安装GPS车载终端。查处渣土车和货车交通违法行为28.9万多起。会同教育部门落实校车排查、驾驶人资质审查、车牌核发等工作,全年校车没有发生交通死亡事故。会同安监、公路部门排查交通事故“黑点”和危险路段320处,报请市政府安排专项整治经费。从12月开始,在四城区开展为期半年的规范交通行为专项行动。完善公安智能交通控制中心建设。实现245个路口信号灯无线联网,建设156个路口地磁、350路视频监控,更换108台信号机、89个路口灯具,设置11个路口“二次过街”信号灯,租赁186路监控视频,提升和改造300个方向电子警察。

建立轻微交通事故快处机制,在鼓楼、仓山、晋安设立3个服务点,为交通事故当事人提供定责、定损、理赔的“一站式”服务,实现轻微交通事故快撤、快处、快赔,缓解轻微交通事故引发交通拥堵的问题。年内受理轻微交通事故2.9万起,快速处理车辆4.7万辆,平均每天处理200余起。

组建新型交通警务辅助人员队伍,11月18日首次面向全市公开招聘交通警务辅助人员264人。年龄须在18—35周岁男女,学历高中以上。12月6日,首批经培训后的89名警辅上岗,在鼓楼区各大路口协助民警维护交通秩序,参与“规范交通行为”专项行动。

完善30条道路交通标线10.5万平方米,规范设置交通护栏1500米,交通标志560面,增设814面车道行驶方向标志。在地铁1号线21个站点围挡施工区域增设80面指示标志、165面警告标志,完善交通标线125处。三环路17个路口增设红绿灯,沿线25个通道增设凸面反光镜35面等。在主干线设置警告标志35面,增设文字警示标志58面。在城区道路新增2376个停车泊位,在移动公厕周边设置28个限时长10分钟的停车位。

【重大交通事故案例】 2月3日10时30分,王某鸿驾驶福州某储运有限公司的闽A74×××号重型半挂牵引车,途经203省道35公里加500米闽侯路段,超车行驶,与相对方向由李某均驾驶的轻型厢式货车发生碰撞,致轻型货车驾驶员及乘员3人死亡、2人受伤。

5月28日8时50分,闽侯县白沙镇陈某花驾驶闽ALQ×××号轿车沿115县道由白沙往甘蔗行驶,途经青岐路段时与对向行驶的闽AY6×××号33路公交大客车相撞,造成轿车乘员3人死亡、驾驶员与另1名乘员受伤。

6月1日5时30分,阮某某驾驶闽AEB×××号轻型货车沿晋安区连江南路行驶至龙福机电路段时,遇杨某骑无牌电动车横穿机动车道,阮某某发现时措施不及,车头撞上电动车,致杨某死亡。

6月12日7时30分,在104国道连江县东湖镇路段,闽A22×××号运砖大货车失控行驶近100米,连撞4辆小车后侧翻,造成2人被碾压死亡,6人受伤。

6月23日7时45分,徐某某驾闽A5A×××号重型自卸货车准备开往福清,途经324国道31公里加900米路段右转弯变更车道时,与其同向行驶的陈某某驾驶的无牌轻便摩托车发生相撞,导致陈某某死亡。

6月25日零时15分,闽清县梅溪镇吴某某驾驶闽A75B××号轻型货车由南平开往福州,行驶至316国道59公里加250米路段,与相对方向行驶的轻型货车碰撞,造成4人死亡、3人受伤。

【消防工作】 发生火灾1830起,死亡8人,受伤1人,直接财产损失2324.8万元,未发生较大以上火灾事故,火灾形势平稳。消防官兵接警出动4699起,出动消防车7252辆次,出动警力4.68万人次,抢救被困人员1235人,疏散被困人员3530人,抢救财产价值3.5亿元。处置“5·20”速8酒店附属楼、“11·23”长乐在建厂房坍塌救援和“6·4”“6·18”马尾两起货轮火灾。

开展“清剿火患”战役,全市消防部门检查各单位、场所1.9万多家,发现并整改火灾隐患3.8万余处,责令“三停”171家,查封186处,罚款735万元,拘留违法人员56人。受理举报投诉759件,全部整改到位。支队针对区域性火灾隐患特点,组织鼓楼区开展高层公共建筑,台江区开展木屋区,仓山区开展塑胶行业、企业,晋安区开展城中村、出租房等专项治理。

投资1800余万元建设福州市消防指挥中心升级改造和福州市消防同频同播数模通信系统2个信息重点项目。投资6407万元购置各类消防车15辆,各种器材装备3.34万套,91米举高车、远程供水系统等装备投入执勤。全市31个消防中队配备3G单兵图像传输设备,消防支队应急小组配备340兆无线图传及海事卫星电台。

联合市教育局开展“校园生命通道体验月”活动,在全市1904所中、小学校集中开展“消防安全第一课”,92.2万名师生参加活动;围绕“119”宣传周,开展微电影曝光消防违法行为,高校校际消防竞赛、消防微信达人挑战赛等宣传活动。组织宣传活动286场,发放宣传资料30余万份,编发消防短信100余万条,播放消防公益广告50余万次。消防支队在各级新闻媒体刊发稿件2119篇。联合福州大学等6个单位举办以认识火灾、学会逃生为主题6场大型“119”消防宣传活动,受教育群众50余万人次。

【重大火灾案例】 1月30日18时50分,仓山区金洲南路露天木材加工场突发大火。消防部门出动9辆消防车、56名消防官兵,至9时左右大火被扑灭。受灾过火面积近500平方米。

4月5日2时50分,鼓楼区海潮东路如家快捷酒店4楼起火。消防人员在灭火的同时组织搜救人员,疏散房客。约20分钟后火被扑灭,救出2名房客。

6月3日13时许,位于晋安区新店镇的嘉坤制衣公司2楼棉花仓库起火。消防部门出动6辆消防车和30多名消防官兵于15时左右将火扑灭。

9月30日15时56分,仓山区盖山镇官洲路11号3层楼电器仓库突发大火。120多名消防人员和25辆消防车参与救援,至20时大火被扑灭。库存冰箱、微波炉等均烧毁,损失约5000余万元,过火面积2000多平方米。

11月20日8时45分,台江上下杭拆迁屋一排民房发生大火。消防支队出动6辆消防车赶赴灭火,至10时左右大火被扑灭。过火面积约150平方米,涉及9个门牌号、9户居民受灾。据查,火因系拆迁户搬家用火不慎。

12月22日零时30分,台江区达道路迎晖三弄的木屋区起火,消防部门出动29辆消防车与140余名官兵到场灭火,至凌晨3时许大火被扑灭。47户100多人受灾,过火面积900多平方米。

(陈茂华)

消防官兵进行灭火救援 (市公安局 供)

【边防管理】　市公安边防支队破获刑事案件1714起，查处治安案件3243起，抓获违法犯罪嫌疑人4021人。在打击成品油走私活动和“缉枪扫毒”、清理非法入境的越南人等专项行动中，查获走私成品油案件58起、2162.06吨，案值1729万元；破获偷渡案件16起、166人；破获“4·19”组织越南人偷越国境的特大案件，抓获属于“三非”的越南人99人，提供线索并配合兄弟单位抓获偷渡人员170人；破获涉枪涉爆案件8起、涉毒案件229起，缴获枪支8支、子弹58发、爆炸品1.75吨、雷管110枚和冰毒、“K粉”10.4千克。破获“3·28”福清三山镇聚众吸毒案，抓获吸毒者37人。全年边防部门化解各类矛盾纠纷978起，消除社会安全隐患35起。

出台《边防派出所民警日常业务基础工作绩效考评办法》，先后25批次对官兵进行接处警、户籍、交通管理等方面的业务培训。实施警务室、船管站建设达标工程；启动执法办案场所、警务服务厅和拘留审查所等改造提升工程，完成16个单位、34个改造项目。在边防派出所开展“亮户籍窗口、创优质服务”的便民活动；开展辖区实有人口、异地船舶信息的采集工作，全部船舶建立管理档案。派出所新配发警务通177台；辖区新增高清探头253路。支队指挥中心对信息化建设、无线通信组网、视频监控整合、警务通升级、信息化应用等5个项目进行提升改造，建成集指挥、控制、通信、情报、预警等功能于一体的实战型指挥中心。

印发军事业务训练工作意见和岗位技能练兵方案，采取举办第五届军事竞赛、演练、新兵集训、体能达标考核和派员特训等方法开展实战训练。支队新训工作获省总队考核第一名，在总队岗位技能练兵比武竞赛中获团体总分第一、4个单项冠军，有2人分获个人全能和400米障碍第一。　（曹友权）

【森林公安】　受理各类森林案件554起，查处493起，其中刑事案件立案133起，破获72起（重特大案件14起、积案17起），抓获犯罪嫌疑人97人（负案在逃36人），提请逮捕23人，移送审查起诉74人；查处治安案件17起，治安拘留15人次；查处林政案件404起，处罚413人次。收缴省级以上野生保护动物680只（条），制品265公斤，挽回经济损失690万元。接处警救助出动200余次，救助放生蟒蛇、白鹇、穿山甲、猫头鹰及其他野生动物100余只（条）。

破获盗滥伐林木类刑事23起，查处盗滥伐林木类林政案件86起。5月14日，福清市森林公安分局破获犯罪嫌疑人俞某云在福清市东瀚大坵村山场盗挖省级保护的珍贵树木油杉72株和黑松42株案。长乐市森林公安分局破获“6·1”毁林案件，抓获8名涉案人员。

查处非法侵占林地案件76起，其中刑事案件8起，破案3起（省局督办案件1起），抓获犯罪嫌疑人5人，其中逮捕4人，涉案林地面积10.18公顷，挽回经济损失35.63万元。整治各类建设工程未批先占和少批多占、违法开垦、吞食林地、修屋建坟以及临时占用林地等行为。福清市森林公安分局查处毁林建墓违法案件9起，制止侵占林地毁林建坟的违法案件105起。

开展对野外违法用火的整治行动，查破森林火灾刑事案件5起，查处野外违法用火治安案件5起，行政拘留6人。福清市森林公安分局侦破“10·11”江阴镇高岭村特大森林火灾案件。

组织开展“清积案会战”专项行动，侦破积案17起，抓获在逃嫌犯18人。晋安区森林公安分局破获省森林公安局督办的横屿村三环路鼓岭非法占用林地案，抓获3名涉案嫌犯。永泰县森林公安分局破获积案7起。

加强森林警务信息化建设，市森林公安局购置指纹、DNA、手机数据等信息采集仪，购置40台执法记录仪配发直属派出所每名民警。永泰县森林公安分局一线单位每辆警车均安装车载执法记录仪。全市森林民警执法记录仪配备率达100%。　（陈茂华）

【“110”指挥中心】　市公安局“110”接处警173.4万起，其中处置群体性事件238起，疏导市区交通堵情9614起，协调社会联动8334起。抓获各类现行违法犯罪嫌疑人员2.4万人次。编报《每日情况》365期、信息228篇，被采用103篇，得到领导批示29次。

推进接处警系统升级改造。一是更新“110”“119”“122”台的“三合一”接处警系统，于6月1日实现与全省公安机关接处警系统功能对接。二是全市警用摩托车增加GPS定位装备。三是对巡逻警力进行可视化部署和动态掌控，完善PGIS警用指挥地理信息系统等建设，对警情进行全程跟踪指挥处置。

指挥中心对所属指挥调度民警、接线员以及对各分局、县（市）区局、派出所等负责接处警工作的相关警种340人进行系统培训、测试。指挥中心获全省公安机关综合警务改革创新工作先进集体、市“文明示范窗口”称号。

【监所管理】　全市（不含平潭）有公安监管场所21个，其中看守所9个、拘留所8个、强制隔离戒毒所2个，以及收容教育所和精神病收容所各1个。在编民警550人，警辅人员424人。

开展“法治文明窗口建设年”活动，3月，市公安局制定《全市公安监管场所法治文明窗口建设年活动实施方案》。监管部门采取包括组织一次对社会开放、开展一次“所长接待日”、对全体在押人员进行一次法制教育等内容的“六个一”措施。市人大常委会内司委领导率市人大代表到一、二看守所视察，市综治办将监所安全文明管理工作纳入综合治理责任书和年度考核的内容。福清市投资500万元用于看守所监控系统数字化、高清化改造。罗源、连江和长乐投资1.43亿元新建看守所、拘留所和驻所武警中队住房。闽清投资2630万元建设“两所一队”新址，已完成第一期土石方工程。全市监所在押人员的给养费、消耗费等，均纳入同级财政预算并保障到位，每月伙食费亦适当调高。全市监所分别邀请、接待人大代表、政协委员视察147人次；接待参观、采访的媒体记者、党政机关企事业人员、律师等195人次；开展所领导接待日活动200多次，接谈1651人次。

开展监所安全大检查60多次，发现、整改各类问题和事故隐患200多起（条）。对患有严重疾病的65名在押人员及时变更强制措施。强化整治监所秩序，对监室内有无拉帮结伙、恃强欺弱现象，以及因思想情绪波动可能轻生自杀的对象等进行摸排,并加强对重点人员的管控,制止在押人员自伤行为21人次、企图自杀行为6人次。

深挖犯罪线索。至10月,全市监所转递案件线索937条;协破刑事案件437起,其中部督案件5起,省督案件2起,特大毒品案件1起;抓获犯罪嫌疑人107人,负案在逃人员102人。

(曹友权)

【公安法制】 落实网上执法办案管理工作,每月3次在网上发布执法办案"四率"通报。全年案件扫描率、考评率均达100%,发现问题率304.97%,整改率97.84%。每季度开展执法质量考评,全年考评刑事、行政案件592起,评定的18起不合格案件及时整改。各级公安法制部门组织执法质量考评226次,考评案件2.92万起,发现与纠正执法问题7.28万个。办理个案督办件110件,纠正执法不当151起,追究执法责任13起37人,发出执法建议书、纠正违法通知书40份。审核各类案件及强制措施2.23万起,发现纠正各类执法问题2.46万个。开展对轻伤害案件评查、久押未决案件清理、"另案处理"人员跟踪监督工作等专项执法检查70余次。

举办刑事诉讼法、办理刑事案件、行政案件程序规定等专题培训84场,参训人员1.06万人次;举办各类执法培训184场,参训人员1.38万人次。全市1356名公安民警参加全省公安机关基本级和中级执法资格考试,318人参加全国公安机关高级执法资格考试。至年底,全市公安机关基层有法制员824人,其中专职109人、兼职715人,建成法制室138个。市公安局代表队参加全省公安机关法制员业务技能竞赛,获第三名和优秀组织奖。

全市公安机关信访量2114起,均已办结。省公安厅交办的46件已化解42件。各级公安机关接访359场(其中市公安局局长开门接访24场)。办理省长信箱116件、厅长信箱785件、"12345"系统诉求件2.9万件。

全市公安机关受理行政复议案件233起,办结209起,未结24起;受理、审结诉讼案件82起;受理、办结国家赔偿案件6起;办理刑事不予立案复议案件6起,维持5起,未结1起;办理刑事不予立案复核案件6起,维持4起,撤销与未结各1起。

参与研究指导疑难案件41件,制作阅卷意见20份,批复意见5份。各级法制部门在指导基层执法方面提供法律咨询服务1.8万人次,研究协调处理难案1609起,协助其他部门办理案件149起。开展公安法制调研36次,解决执法问题85个,为领导提供办法建议2525条。

(宋增清)

【公安科技信息通信建设】 继续推进视频监控系统建设。至11月20日,拟建的3000路探头在完成坑基、立杆、挂枪、线缆等工序后投入使用的有2212路,并通过验收。至11月底,二期工程进入施工阶段。

加强执法规范化建设项目的技术支持与服务工作。市公安局科通部门对全市公安机关讯问、羁押、监管等360间执法办案场所的同步录音录像系统,加强设备巡检,分别排除摄像头、网络、温湿度显示屏和UPS不间断电源等各类故障70起(次)。完成市公安局办案中心17间讯(询)问室的同步录音录像系统升级改造并通过验收。检查验收全市14个办案中心、170个派出所"四区八室"讯(询)问室的有关系统。

市公安局公安信息中心完成等级评定工作。经省公安厅等级评定工作组实地核查上报,9月,被公安部确认为"公安二级信息中心",并发牌匾。

加强治安卡口和"警务通"两大系统的运行保障。由专人负责监控全市现有21个治安卡口的运行情况,排除各种故障23次。全市卡口上传高清图片8334万多张,7个启用限违抓拍功能的卡口抓拍超速交通违法15.2万多起。全市发放"警务通"应用终端7978部,民警应用"警务通"查询各类信息162万次,办理交巡业务与信息采集69.5万笔,其中简易处罚29.3万单,强制措施8.2万单,违法停车32万单。

【队伍建设】 市公安局新增情报信息中心等2个业务单位,原市公安局装备财务处更名为警务保障处、原福州市强制戒毒所更名为福州市强制隔离戒毒所。市公安局交巡警支队增设三环路勤务中队(副科级)。招收公安院校和普通院校毕业生152人,招录21名具有特殊技能的人员充实特警队伍。举办新警、文职、警衔晋升等培训班20期1605人。协助选任处级干部16人,提任科级干部150人。

3月,全市公安机关开展"走基层、解民忧、树形象、保平安""四个万家"活动和"马上就办、办就办好"等为主题的教育实践活动,至年底,全市2139人次科级以上领导干部参加走访,到基层或下级单位调研1.52万人次,走访群众1.47万人次,召开座谈会1023场,收集意见或建议1800条,协调解决基层和群众实际困难974个。在"马上就办"活动中,市公安局被市委确定为示范单位、被省效能办确定为示范点创建单位;出入境管理处被确定为全市"四个万家"活动典型示范单位。市公安局警务活动监督中心查纠窗口服务不规范等问题62个;查处民警违法违纪19起、23人,分别比降24%、32.25%。

(曹友权)

司法行政

【概况】 2013年,福州市有司法所173个,司法助理员349人;公证处13家,执业公证员107人(含实习公证员);律师事务所118家,执业律师1140人;法律援助中心13家,法律援助工作人员37人;司法鉴定机构22家,司法鉴定人员284人;基层法律服务所63家,基层法律服务工作者307人。

全市司法行政系统有5个集体、5名个人受到省部级以上表彰,198个集体、34名个人受到厅局级表彰,其中市司法局获"全国法治城市创建活动先进单位""平安先进单位"等称号,市法律援助中心获评司法部"全国法律援助便民服务示范窗口",市医患纠纷调解委员会获"全国模范人民调解委员会""福建省综治先进集体"称号。

【司法所规范化建设】 3月1日,省司法厅命名首批"福建省规范化司法所”，福州市有15个司法所获命名。市司法局制定下发《福州市司法所规范化建设量化考评标准》，推进创建规范化司法所的部署、申报、检查工作。3月15日，召开全市司法所规范化建设推进会，部署规范化司法所创建工作；8月8日，召开全市司法所规范化建设现场推进会。9月30日、12月3日，市司法局对拟申报省司法厅命名的2013年“福建省规范化司法所”进行进展情况通报。年底，对全市司法所规范化建设工作进行专项检查和年度考评，上报省厅拟命名规范化司法所91个。年内连江县、罗源县司法业务用房完成搬迁入住。

【人民调解】　排查各类矛盾纠纷4.99万件，调处4.91万件，调处成功4.71万件，调处成功率96%。开展元旦、春节、国庆及中共十八届三中全会召开期间专项排查活动，化解重大敏感时期矛盾纠纷。健全完善检调、诉调、公调对接机制，制定出台《福州市县级人民调解中心规范化建设量化考评标准》，全年办理“三大对接”案件879件，联合市公安局等单位开展对接专项督导。

【社区矫正】　累计接收社区矫正罪犯1.36万人，解矫8386人，有在矫人员5176人。矫正期内重新犯罪22人，重新犯罪率0.16%。在全省率先开创交付接收中心等九项建设。进行县级社区矫正交付接收中心建设，实现服刑人员统一接收、建档、分派、奖惩、管理。探索科学监管，落实日定位、周听声、月见面、季评议制度。实行定期走访和“四个必访”（即对严管对象每月必须进行一次家庭走访，社区服刑人员受到警告以上处分必须走访，社区服刑人员患重病或家庭出现重大变故必须走访，重大节假日必须走访）。在中共十八届三中全会召开期间，集中排查走访社区矫正重点对象1300人，落实重点监管和个案教育。实行非监禁刑审前社会调查制度，实现社区矫正工作向审前延伸。全员培训社区矫正工作人员近1000人次。

【安置帮教】　安置帮教对象2.13万人，安置率98%，帮教率99%。过渡性安置场所“福州市曙光教育服务中心”接收安置无家可归、无亲可投、无生活来源的“三无”刑释解教人员22人。落实刑释解教人员“必接必送”制度，全市从监所接回刑释解教人员1388人。成立安置就业基地83家，安置就业342人。健全完善刑释解教人员就业援助、职业技能培训、最低生活保障和临时性救助等一体化政策体系，989人参加职业技能培训，1031人获得就业援助，17人纳入最低生活保障，27人获得社会救济。

【医患纠纷调解处置】　接访医患纠纷投诉360件，立案284件，结案245件，结案率86%。所有已调处的医患纠纷，均未发生投诉及协议反弹现象。市医患纠纷人民调解委员会获“全国模范人民调委会”称号。

【普法依法治理】　推进法治文化阵地建设，建成鼓楼五凤兰庭、福清一拂等22个法治文化公园（社区、长廊）。开展常态化“法律六进”活动，举行“金融合规文化进社区”、福州市第五届中小学生“聚焦法眼、快乐学习”等活动331场次；会同有关部门开展知识产权法律学习考试，全市6万名机关干部参加学习测试。在福州电视台《新闻110》栏目开设专题，在《福州日报》《福州晚报》每周各开设2期《“六五”普法之窗》专栏。加强司法行政宣传报道工作，中央、省、市媒体采用福州市司法行政新闻稿件2949篇（件）。加强依法治理专项创建活动，开展“民主法治村（社区）”评选活动，全市25个村被评为第三批省级“示范村”，287个村居被评为市级“民主法治村（社区）”。

【律师工作】　全市有律师事务所118家，执业律师1140人，担任政府、企事业单位法律顾问1372家，办理各类案件1.4万多件，业务收费1.15亿元。组织律师为重点领域、重点工程、重点项目提供法律服务，海峡西岸经济区律师服务团福州分团为政府和企事业单位提供法律服务53件，为65个重点项目提供法律服务。选派律师750人次组成涉法信访法律咨询小组，在各级政府信访部门为上访群众提供法律咨询4700余人次，参与重大疑难信访案件的研究和法律论证285件。

【公证工作】　办理各类公证21.5万件，收费5549万元。开展“公证服务到一线，促进海西大发展”主题实践活动，各公证机构为65个重点项目提供公证法律服务，参与服务重点项目的公证员856人次，提出公证法律意见和建议45件。5家公证机构、25名公证员被省民政厅评为优秀等次，数量均位列全省第一。

【法律援助】　开辟法律援助绿色通道，扩大法律援助覆盖面，全年办理法律援助案件10635件，提供法律咨询10735人次。市法律援助中心《关于法律援助立法工作的思考》论文获司法部法律援助理论研究征文一等奖，3个案例入选全省十佳老年人维权案例。

【司法鉴定】　办理各类司法鉴定2.95万件，业务收费2780.2万元。完善行政与行业管理相结合的管理格局，开展《司法鉴定程序通则》执行情况大检查，组织全市法医临床、车检、电子声像类司法鉴定机构参加省级认证认可，维护正常的司法鉴定市场秩序。对确因经济困难无力支付鉴定服务费用的法律援助当事人，予以提供减免费用鉴定近100件。

【国家司法考试】　福州考区在全国率先实行考场安全系统试点工作，通过扫描电子标签等方式实现试卷全程网络监控，防止发生泄密和替考。考区报名人数4350人，实际参考人数3502人，成绩合格人员752人，上线率21.5%。

（张　祎）

（编辑　黄　铭）

国防建设

征兵工作

【概况】　2013年，福州市征兵工作围绕“四个确保”（确保100%完成任务、确保零责任退兵、确保新兵运输安全、确保廉洁征兵不发生问题）目标，提早筹备部署，按照“十个步骤”（兵役登记、预征对象确定、体检初检、政治初审、体格检查、政治审查、走访调查、审批定兵、交接运输、跟踪走访）规范征兵。征兵时间调整至夏秋季，全市按时完成征兵任务。

【征兵宣传】　运用“三网”（互联网、校园网、人才网）、“两报”（福州日报、福州晚报）、“两屏”（公交和的士LED屏）等媒体，采取政策宣讲、专题报告、发布公告等形式开展征兵宣传。召开省、市征兵宣传大会、司令员征兵电视讲话，同时利用福州警备区自行研发的“榕兵一号”系统，将全市专武干部、民兵营长同步纳入该系统，每日更新征兵政策并组织问题研讨。在全市组织“五个一”活动：即一次基层专武干部、民兵营连长政策宣读，教育系统给每名男性高中、大学应届毕业生发一条政策短信，每个街道、社区组织一次适龄青年和家长政策宣讲，在福州市教育网、人才招聘网、人力资源网发布一次政策原文，民兵营连长到适龄青年家庭组织一次点对点的解读。全市各类报刊发表征兵信息20篇，悬挂征兵横幅4885条，通过手机发送各类征兵信息约260万条，印发征兵宣传手册30172册，宣传图片31136份，张贴兵役登记公告23356份，张贴标语33484张，给适龄青年发信8836封。

【廉洁征兵】　坚持把廉洁征接兵纳入军地政绩考核体系。将征接兵任务落实到具体岗位、具体人员，明确各级领导、机关和征接兵人员的岗位职责，根据分级负责原则，逐级签订责任状。增加征兵工作透明度，全年市征兵办未收到违规征兵的举报。

3月12—21日，在晋安基地组织新任职专武干部集训　（福州警备区　供）

民兵工作

【概况】　2013年，民兵编组整顿工作结合省会中心城市驻军指挥机关多、重要目标分布广、高新技术产业集中等特点，依托各专业行业系统开展，调整基干民兵队伍。

年内台江、闽侯人武部民兵整组工作通过南京军区抽检，福清、闽侯、平潭人武部通过省军区规范化建设达标检查。

【民兵组织整顿】　2月，市委召开专题议军会，研究民兵预备役工作，将党管武装绩效考评权重由1分提高到3分。3月上旬，采取任务对接、难题交流、集中会审的方法，组织军事科长和参谋集训；3月中旬，采取专题授课、技能操作、实例分析的方法，集中组织新任以及上年度未参训的专武干部集训；3月下旬，采取警备区统一计划、人武部具体组织实施的方法，组织民兵营（连）长集训。4月，南京军区抽检福清人武部民兵应急连。5月中旬，结合整组检查，以遂行作战和担负非战争军事行动任务为背景，组织民兵重点应急连和综合应急排实施拉动演练和点验。

应急队伍建设按照地市建营、县（市）区建连、乡（镇、街道）建排的要求，组建应急营、应急连、综合应急排，在沿海一线县（市）区组建民兵海防连。通信保障、气象水文、测绘支援分队依托行业系统编组，每个县（市）区编配相应保障队伍。在主城区组建相应数量的网络心理战分队、新闻宣传和抗干扰分队。在福清第二化工厂组建防化救援分队。基于战时交通运输支援任务需求，组建民兵船运团。结合驻军需求并考虑辖区专业分布特点，组建相应规模的安全警戒、伪装防护、海上支援、情报侦察、公（铁）路运输、装备维修、医疗救护、工程抢修等分队。

【思想政治教育】 1—3季度，开展“坚定信念，铸牢军魂”“学习贯彻党章、弘扬优良传统”、强军目标、十八届三中全会精神学习和“听招呼、讲党性，正确对待进退走留”等教育活动。针对民兵外出打工多、人员流动大、教育难落实的实际和思想行为特点，福州警备区自主研发“榕兵一号”民兵教育平台。

【民兵专业训练】 采取自训、集训、岗位培训和挂钩代训等方法，组织专武干部、民兵营（连）长和专业分队训练。3—4月，组织专武干部和民兵营（连）长进行业务技能培训。5月，分点组织12个单位的操舟手集训，并组织集中考核验收。6月，组织95名通信、防空、防化、14.5高机等专业技术骨干参加省军区集训。6—7月，组织民兵应急分队进行集中训练。第三季度，参加省军区组织的民兵高炮连实弹战术演练。10月1—20日，依托台江、晋安、马尾人武部高炮分队组成高炮连，21—27日参加省军区组织的实弹战术演练。11月，参加省军区组织的防卫作战和动员支前保障实兵检验性演习。

【组织试点先行】 主要开展4项试点工作。在鼓楼区开展将国防动员指挥专网由人武部向街道延伸拓展试点，探索提高民兵教育管理的途径。4月，在连江、长乐展开海上民兵侦察分队试点，研究提高海上侦察分队获取报知信息能力的办法。5月底，在鼓楼、台江、仓山组织流动民兵管理试点，研究探索民兵动态化、信息化管理的方法。6月26日，在长乐市人武部组织战备“三化”（信息化、规范化、常态化）工作试点，研究提高战备工作水平。

【规范化建设】 加大建设投入，提高各人武部和乡镇（街道）武装部基础设施配套建设、信息化指挥手段建设水平。在2012年鼓楼、长乐、罗源3个单位达标的基础上，福清、闽侯、平潭3个单位被省军区评为基层规范化建设达标先进单位。至年底，全市人武部规范化建设达标率46.2%，乡（镇、街道）武装部达标率88.5%，民兵营（连）部规范化建设达标率74.2%。

【队伍建设】 年初，针对部分专武干部队伍缺编、复退军人和人武学院毕业人员比率不高、兼职专武干部所占比率大、少数人员超龄以及民兵营（连）长队伍党员编配率和进两委不达标等问题，加强专武干部、民兵营（连）长的选拔配备、教育培训和管理使用，落实政治、经济待遇。至年底，超龄人员完成调整转行，缺编的专武干部基本编配到位，每月150元的岗位津贴全部落实。

国防动员

【概况】 2013年，福州市完成各县（市）区国防教育机构隶属调整工作，加强“榕兵一号”等信息化平台建设，提高国防动员信息化建设水平。3月20日，福州市委召开专题议军会，对规范国防教育机构设置、调整党管武装工作绩效权重等内容进行研究规范。6月9日，中共福州市委、福州市政府和福州警备区召开各县（市）区党管武装第一书记述职报告会，通过个人述职、组织讲评，部署推进党管武装各项工作。

【国防教育工作】 2013年，福州市国防教育机构完成隶属调整工作。一是完善领导机构。各县（市）区成立国防教育联席会议，负责组织开展辖区内国防教育工作。各县（市）区人武部协调地方宣传部门，将国防教育办公室由宣传部门移交到人武部，在政工科挂牌办公，具体负责国防教育工作。二是丰富活动载体和阵地。各县（市）区人武部协调宣传部门，在电视台、广播电台和新闻网站，开设国防教育专栏、专题节目，在城区人口密集地、高速路出口等设立国防教育宣传广告牌。全市有省级以上国防教育基地23家，其中国家国防教育基地

6月19日，召开福州市县（市）区人武部党委第一书记党管武装工作述职报告会
（福州警备区 供）

3家。三是结合重要时间节点开展国防教育活动。清明节,市委市政府和警备区领导到文林山革命烈士陵园扫墓;罗源人武部组织民兵开展植树寄哀思活动。9月,全市高校学校组织新生军训。征兵期间,13个县(市)区集中开展9场大型征兵宣传动员大会,组织8支宣传小分队开展68场国防教育宣讲活动。鼓楼、马尾人武部分别邀请国防大学、武警指挥学院教授为科级以上领导干部上国防形势课。四是开展军事实践活动,组织"四套"班子领导过军事日活动。五是落实专项经费保障,将国防教育经费纳入财政预算范围。六是健全检查考核机制,将国防教育纳入党管武装绩效考评范围,提高权重分值。

2月20日,市四套班子领导参观民兵武器装备展示活动 (福州警备区 供)

【信息化建设】 建设网络化办公系统 依托省军区指挥控制专网,建成警备区网络办公系统,指导人武部同步接入警备区办公系统。结合长乐人武部"三化"建设和鼓楼信息化建设试点,探索依托政务网,联通人武部到基层武装部网络,应用省军区国防动员专网,实现与军地各部门的网络化办公。组织5次信息化专业培训,招收1名地方专业网络维护人员。

拓展指挥平台 警备区本级和各人武部配备部海事卫星电话,与2012年购置的3G移动通信终端构成民兵机动应急通信平台,实现现场音视频资料适时传输功能。自行研发的"榕兵一号"手机通信和电脑版信息化建设平台,实现辖区全覆盖,拓展专武干部、民兵骨干及民兵信息员信息交流渠道。

完善数据系统 依托鼓楼人武部研究升级完善网上征兵系统,初步实现征兵工作全过程信息化。通过"省政务信息共享平台"连接省公安厅"居民户籍档案数据库",直接提取辖区适龄青年基本户籍信息;完善数据汇总、统计、分析、预测等辅助决策功能,满足市县两级征兵办的工作需要;集成文电传输,预置各类文书模板,实现公文流转和常态化征兵办公平台。

【后勤保障建设】 协调市经动办、交战办等部门组织动员潜力调查,核实更新各类后勤动员潜力数据32份;组织后勤人员修订完善各类后勤保障计划12份。4月,省军区机关工作组检查警备区后勤工作,考察马尾造船厂和闽侯南屿永辉生活必需品物资供应站。

双拥共建

【概况】 2013年,福州市双拥共建工作以创建新一届省级双拥模范城为契机,在双拥共建活动中探索实现军民融合发展。全市投入补贴资金2亿多元,帮助驻榕部队完成项目建设145项。中共福州市委、福州市政府和福州警备区联合开展"百村百连结对子、军民融合促发展"活动。福清市人武部与井冈山市人武部开展联学联创联建活动,并将第一批150万元帮扶资金拨付到位。福州市获评"省级双拥模范城",鼓楼区、仓山区、马尾区、福清市、长乐市、闽侯县、连江县、罗源县获评"省级双拥模范县(市)区",省委常委、市委书记、市国防动员委员会第一主任杨岳被南京军区评为军区首届"国防先锋"。

【拥军支前】 全市投入补贴资金2亿多元支持部队建设和国防工程建设,帮助驻榕部队改善水、电、路等基础设施、训练设施、文化设施及"菜篮子"工程建设145项。市本级财政安排经费1.78亿元用于支持驻榕部队各项建设,其中安排经费6467万元用于支持部队基础设施建设项目9个,安排经费1.06亿元用于改善部队训练设施建设项目12个,安排经费85万元用于改善部队文化设施建设项目10个,安排经费423万元用于改善部队生产生活设施建设项目13个。福清市投入560万元扶持新驻防的武警部队进行基础设施建设,长乐市拨款1233万元支持驻地部队建设综合办公楼、训练场地及饮水管道改造。罗源县投入资金1500万元用于支持驻地部队营房整修、改善工作生活设施等建设。连江县拨款1000多万元用于支持驻地部队进行基础设施、训练设施建设。

将支持部队科技文化建设纳入为民办实事项目,安排科技文化拥军专项经费200万元支持部队科技文化建设。市菜科所组织科技人员40多人次到驻榕部队指导科学种菜,为驻榕部队举办21期的培训班,培养蔬菜生产骨干1000多人。市图书馆开展"送图书进军营"活动,为每个图书流通点配送图书1000~3000册,共4万多册,并随时免费轮换。全市各个拥军基地为驻军官兵开办微机、财会、法律、烹饪、电工、种植等培训130期。

【拥军优属】 春节前夕,市四套班子领导率福州市"两节"慰问团,分组走访慰问省军区等24个部队机关单位;市双拥办代表市委、市政府走访慰问驻榕部队17个副师级和团级机关单位及90个基层连队。市本级向南京军区领导机关及空军领导机关和海军舰队领导机关官兵赠送慰问金1019万元。“八一”前夕,市双拥办代表市委、市政府走访慰问驻榕部队17个副师级和团级机关单位及90个基层连队,向每个基层单位赠送慰问金1万元。审核兑现第二批军休干部住房保障经费4200万元,并完成军休干部和军队无军籍职工的接收安置工作。全年全市向部队赠送慰问品、慰问金3000多万元。

先后协调军地双方召开军地协调会、军地联席会议、涉军问题专题协调会等达100多场次,帮助驻榕部队解决随军家属就业、子女入学、部队建设征用地等问题,调处涉军投诉件75件。市本级安置随军家属21人,推荐随军家属就业65人,协调安排部队子女入学、转学138人,并为6名符合中招优待条件的军人子女办理加分,为40名享受同等优先照顾的军人子女办理优先照顾。接收安置转业干部257人,其中计划安置204人(团职73人,营职以下及技术干部131人),自主择业53人;在计划安置的军转干部中,进机关、参公单位169人,占83%;进事业单位35人,占17%。接收退役士兵、士官2380人,其中自主择业安置2293人,按照入伍时有关安置政策待安置15人,符合政府安排工作72人(已安置57人,货币安置3人,待安置12人)。举办12场退役士兵就业专场招聘会,231家用人单位参加,提供就业岗位5233个,现场达成就业意向202人。动员1470名退役士兵参加福建中华职业技术学校的退役士兵技能培训,83名退伍军人参加福州市第二高级技工学校举办的计算机应用与维修、烹饪、汽车维修、电气自动化设备安装与维修等专业培训。

【文明共建】 参与福州市重点工程建设、水利工程建设12处,结对帮扶324对,捐资助学254人,扶残济困496户。便民义诊3000人次,植树造林66.67多公顷,派出校外辅导员1300多人,帮助各类学校军训学生5万余人次。开展暖心关爱工作,投入10万元帮助家庭困难干部,各县(市)区人武部走访慰问辖区内作战部队基层主官和特困干部家庭,干休所投入35万元为老干部办理“五件实事”。驻榕部队出动官兵2万多人次、车辆3500台次,参加抢险救灾600多次,扑救火灾300多起,转移危险区域和被困遇险群众8万多人次,加固修复海堤163处、渔排2600余个。5月21日,闽清梅城下龙舟防洪堤被洪水冲开90米裂口,闽清县人武部协调驻地部队、武警县中队出动600多名官兵抢险救灾并堵住缺口。

(史中华)

省委常委、市委书记杨岳视察于山人防工程开发利用项目——越洋图书城

(市人防办 供)

人民防空

【概况】 2013年,福州市人防工作坚持以建为主、以收促建,加强审批、执法、质量监督工作,扩大结合民用建筑修建人防地下室面积。全市人防系统完成人防结建审批204项;完成2013年国防动员潜力统计调查任务。市人防办连续第十年被国家人防办评为全国人防通讯报道工作先进单位,在省人防办组织的人防工作“十二五”中期检查评比中获全省总分第一。

【人防宣传教育】 开展“进党校、进学校、进社区、进企业、进网络”的“五进”活动,向党委、政府、军事机关、街镇、社区、学校赠阅《中国人民防空》《福建人防》1.68万册。发放4.69万册《中小学防空防灾知识读本》到五区和永泰、连江及闽清等地中学,全市159所初中开展防空防灾知识教育,年受教育学生8.3万人次。省市机关、党校、人民团体等各级领导干部到市委党校在市人防办开设的教学实践基地接受防空防灾知识教育27批次610余人次。5月25日,举办全市中学生防空防灾知识竞赛活动,54所中学160名学生代表参加比赛。6月28日,正式启用乌山北坡防空洞纳凉点,同时安排播放电影,开展道德讲坛、福州评话等文化活动。年内有915篇(幅)稿件或图片被《中国人民防空》《福建人防》等市级以上报刊及网站采用,发表研究性文章14篇,编发《福州人防》工作简报4期。

【人防工程建设】 完成人防结建审批204项,收取易地建设费9923.6万元。监督人防结建工程60个;发出整改通知30份;配合县(市)区监督检查81次,监督项目65个,面积42.4万平方米。

组织召开“城市大型人防综合体建设研究暨福州市宝龙万象广场平战结合人防工程设计方案科研创新评审会”,系统研究大型地下综合体设防要求和技术。配合有关部门开展城市轨道交通兼顾人防工程建设,组织召开地铁兼顾人防工程培训班,135 人次参加。福州地铁1号线兼顾人防工程全线展开施工;2号线完成人防初步设计,并于11月14日通过市人防办主持召开的专家评审会。

【指挥通信建设】 "091"工程完成可行性论证、地灾评估及环境评估,施工图设计及施工图审查、工程量清单、控制价编制等工作。"1238"工程完成项目可研报告、土地征用、项目初步设计、环评、综合管线审批协调、水土保持评估、地质勘探准备等工作,并完成代建合同和设计合同签订等工作。全年测试警报 2.67 万台次。4月21日,与马尾区国动委共同组织开展福州胜科水务公司应急救援演练,全市警报器鸣响率 100%。6月21日,配合市安委会在江阴工业区开展化学品泄漏应急救援演练。9月4日,组织应急通信分队赴莆田市仙游县游洋镇石苍乡震区,增援莆田市完成地震灾情信息采集传输任务部署,采集并向省应急办上报受灾现场的灾情实况。完成 2013 年国防动员潜力统计调查任务,完成县(市)区防空袭方案修订任务。

【人防法制建设】 结合"4·21"全市防空警报试鸣活动,在全市 4500 辆的士车顶 LED 显示屏投放滚动字幕,并在 3000 辆公交车上的移动视频播放通告,宣传警报维护管理和试鸣规定。6月,组织全市人防系统 10 人参加全省行政执法资格考试,9人获得行政执法资格证书。对市人防办 2011 年1月1日—2012 年12月31日期间的规范性文件进行清理,梳理8份规范性文件,其中1份废除,1份修改,6份保留。组织市人防办 66 名工作人员参加市司法局举办的年度法律知识学习和网络考试。市人防办与多个县(区)人防办联合执法,处理违法案件7起。

(邱钰香)

武装警察

【概况】 2013 年,福州市武警支队完成各类临时勤务 549 起,其中,执行临时警卫勤务 12 起;处置群体性上访事件 82 起,劝离上访群众 2974 人次;执行押解勤务 341 起,押解犯人和犯罪嫌疑人 7039 人次;执行武装押运勤务 74 起,其他临时勤务 40 起;处置执勤险情4起。组建抢险救援排,为特勤排和县(市)中队应急班配齐基本装备;3名特战队员被总部评为"狙击、突击专业初级人才"和"狙击中级人才"。支队被武警福建总队评为"基层建设先进支队"。一中队被武警部队评为"基层建设标兵中队";二十五中队被总队评为"基层建设标兵中队";七大队党委和一、五、十五中队党支部被总队评为"先进基层党组织"。

【思想政治工作】 2月20日召开党委常委会分析作风建设形势专题会议。开展廉政承诺活动,组织会员卡专项清退;参加廉政法规知识百题问答竞赛,被武警部队评为"优秀组织奖";录制的廉政党课辅导录像被武警部队评为二等奖。封存和涂装 13 台超标、超编车辆,与 39 户签订腾退住房承诺书。

开展"坚定信念、铸牢军魂,永远做党和人民忠诚卫士"教育活动,组成由3个常委带队的工作组,收集梳理重点难点问题 16 个。加强警营文化建设,建成基层大、中队网上警史馆 39 个;官兵自编自导的微电影《勇士勋章》获第三届全军和武警部队业余 DV 短片创作大赛一等奖。

组织 12 名心理咨询师与官兵开展心理互动;开通法律服务热线,开展"送法到基层、普法到官兵"活动,解决2名官兵家庭涉法问题;向 22 名特困干部发放生活补助 5.9 万元,帮助 15 名干部子女就读。

【执勤处置突发事件】 1月4—10日、1月24日—2月1日,武警支队分别派出 60 名和 85 名官兵担负省市"两会"临时警卫勤务。

1月30日,出动 65 名官兵,完成国家反恐局组织的"1·23"涉恐专案收网行动,抓获新疆籍犯罪嫌疑人 35 人(其中专案列名骨干分子3人),缴获遥控模型飞机2架及管制刀具等部分作案工具。

2月20—24日,元宵灯会在闽江两岸举行。出动兵力 2150 人次、车辆 40 台次,协助找回走散儿童和老人 12 人,抓获小偷2人。

3月5日,支队处置一起上访群众冲闯省公安厅大门事件。

5月15日—6月30日,出动官兵 135 人次,完成国家一级文物——圆明园国宝暨南北朝佛像珍品入城押运和展览期间的安全保卫任务。

5月18—19日,中华龙舟大赛在福州海峡会展中心浦下河畔举行,派出官兵 150 人次、冲锋舟8艘,完成大赛现场安保任务和应急救援任务。

在国庆等重要节点,支队先后出动官兵 5280 人次,对福州市区及县市 34 条重要路线及9个重点路口进行武装巡逻,盘查可疑人员 609 人次、车辆 40 次,

10月12—13日,完成福清市山林灭火任务　(市武警支队　供)

实施群众救助咨询423人次。

7月5日，连江县看守所1名犯罪嫌疑人冲出监舍企图翻墙脱逃，被执勤官兵当场制服。

10月12—13日，福清市发生山林大火，出动65名官兵完成灭火任务，避免13.33公顷林地受灾。

10月25—28日，2013年中国（福州）寿山石文化节暨第九届中国名石雕刻艺术展举行，出动20名官兵完成现场安保任务。

11月18日，2013年环福州·永泰国际公路自行车赛举行期间，出动100名官兵，完成比赛现场的安保任务。

12月7日，连江县武警中队协助公安局处置1起持械伤人事件，抓获犯罪嫌疑人1人。

【基层建设】 开展"干部骨干在岗培训、大练基本功"活动和基层大、中队主官纲要培训，一中队指导员林少敏被全军和武警部队评为"'四会'优秀政治教员"。4月18—28日，组织65名舟艇操作骨干参加集训。7月，市武警支队在总队第六届军事比武中获总成绩第二、军事成绩第三。

整理规范的基层中队按纲建队软件资料被总队选送广州指挥学院作为教学模板参展。为部分车辆安装北斗3G智能监控系统，不定时对车辆运行情况进行检查；统一购买非智能手机配发基层中队。

开展安全保密检查和隐患排查治理等专项整顿活动，整治安全隐患81处。组织督察组下基层进行督察检查，现场拍摄发现的问题；组织督查人员对总队、支队督察中发现的问题整改情况进行回访落实。分批次安排15名部门领导和机关干部到基层中队当兵住班，指定70名机关和大队干部到基层中队定向对口代职。

【后勤保障】 修订完善12类应急保障方案，组织后勤专业训练和应急保障方案演练。完成元宵灯会、"两会"执勤、新兵拉练、城市武装巡逻等后勤保障。在总队第六届军事后勤比武中获后勤成绩第一名。选送96人参加炊事员、军械修理工、驾驶员等专业技术学兵培训，组织3批次87人次拟任、现任军械员培训，组织21人参加总队直选毕业驾驶员复训。

投入1072万元为基层办实事，推动10个单位营房新建、拆迁工作，新机关建设完成项目立项、地质勘探、项目招标工作。协调华能电厂建成占地2.67公顷，集种植、养殖、休闲、娱乐为一体的农副业生态园，并作为总队加快推进全面建设现代化后勤工作会议的参观点。

（花云龙）

（编辑　黄　铭）

宏观经济管理

【概况】 2013年,福州市发展改革工作继续做好月度、季度和半年度的经济运行分析;牵头开展"十二五"规划执行情况中期评估;编制《闽江口金三角经济圈产业发展规划》等规划,进行《对台贸易电子商务发展策略研究》《关于加快培育和发展三次产业龙头企业的实施意见》等课题研究;优化产业结构,夯实工业经济增长基础,加快发展服务业,加快海洋经济发展;促进固定资产投资增长,继续推进"五大战役"项目建设及重点项目建设,争取中央和省级补助资金6.14亿元;推进项目成果推介;推动福莆宁同城化和闽东北、闽浙赣皖等协作区连片发展,主动支持和融入平潭开放开发;加快市政路网、污水垃圾等市政基础设施建设,推进轨道交通、铁路、国家高速公路网、海西高速公路网及国省道、港口和重大能源项目建设;继续简政放权,推进审批制度改革,深化医药卫生体制改革;加强民生建设,推进公共服务均等化,促进社会保障房建设;开展行政复议与行政诉讼、招投标指导与协调等工作。

【"十二五"规划中期评估】 代拟福州市"十二五"规划中期评估工作方案,组织市直相关部门、各县(市)区开展"十二五"规划中期评估。起草《福州市国民经济和社会发展第十二个五年规划纲要实施情况中期评估报告》,经市第十四届人大常委会第十五次会议审议通过。

报告从产业转型升级、城乡统筹、新增长区域建设、社会事业发展、扩大内需、体制改革、可持续发展7个方面,总结梳理"十二五"规划纲要确定的重大任务实施情况:至上半年,规划纲要提出的经济发展、结构调整、民生改善、公共服务、资源环境五大类共31项主要指标总体实施进展良好,其中每千人口医疗机构床位数、每千人口医生数、新型农村合作医疗参合率、城镇职工参加基本养老保险人数、城市(不含县城)垃圾无害化处理率、城市(不含县城)污水处理率6个指标提前达到规划目标;财政总收入、地方财政收入、全社会固定资产投资额、社会消费品零售总额、实际利用外资(验资口径)、出口总额、城镇化率、农民人均纯收入、城镇保障性住房建设套数、新增城镇就业人数、城镇登记失业率、城镇基本医疗保险合计参保率、单位GDP能源消耗、二氧化硫等主要污染物排放总量下降率、森林覆盖率15个指标预计至2015年可按时完成规划目标;地区生产总值、人均地区生产总值、城镇居民人均可支配收入、人口自然增长率4个指标预计要经过较大努力才能完成;三次产业结构比重、高新技术产业增加值占GDP比重、R&D经费支出占GDP比重、城市建成区绿化覆盖率4个指标完成规划目标难度较大;主要劳动年龄人口平均受教育年限、单位GDP二氧化碳排放下降率2个指标由于缺乏统计调查数据暂时无法评估。

【专项规划编制与调研】 完成《闽江口金三角经济圈产业发展规划》《闽江口金三角经济圈社会发展规划》《福州新区产业发展规划思路》《福州市电子商务产业发展中长期规划(2013—2020)》《台商投资区扩区总体规划及规划环评》等规划编制。启动编制《福州新型城镇化发展规划》《福州新区发展规划》。开展农业转移人口、龙头企业等有关问题的研究,起草《贯彻落实省委、省政府办公厅〈关于有序推进农业转移人口市民化八条措施〉实施意见》《对台贸易电子商务发展策略研究》《关于加快培育和发展三次产业龙头企业的实施意见》等课题或政策。

【经济运行】 跟踪分析经济运行情况 制定年度国民经济和社会发展计划;针对"五大战役"、重点项目建设、固定资产投资完成情况以及项目建设征迁等问题,定期召开协调推进会议,提出对策建议;跟踪年度计划执行情况。完成地区生产总值4678.5亿元,增长11.5%。全社会固定资产投资完成3869.8亿元,增长18.5%。社会消费品零售总额2611.3亿元,增长15.6%,位居全省第一。公共财政总收入689.12亿元,增长15.4%,地方公共财政收入453.97亿元,增长18.8%。

"五大战役"项目 安排市级项目

770项，总投资11644.64亿元，完成年度投资1943.88亿元，比增26.4%，其中重点建设战役项目完成年度投资417.21亿元，比增39.1%；新增长区域发展战役项目完成年度投资496.77亿元，比增12.2%；城市建设战役项目完成年度投资714.18亿元，比增36.9%；小城镇改革发展战役项目完成年度投资88.09亿元；民生工程战役项目完成年度投资227.63亿元，比增23.6%。

交通基础设施建设项目　铁路完成投资25.97亿元。向莆铁路建成通车，福州火车北站新建北站房基本建成。启动轨道交通1号线延伸至马尾段及6号线过江段方案研究工作；组织开展2号线部分站点开工建设前的管线迁改、房屋征收等各项准备工作。福永高速公路建成通车，“县县通高速”目标全面实现。福州长乐机场总体规划修编通过国家民航局审查，加快机场二期工程预可研报告编制，开展机场二期扩建填海前期调研工作。开工建设罗源湾港区碧里作业区6号5万吨级泊位，推进罗源湾港区将军帽作业区15万吨级泊位等24个在建项目建设，其中闽江口内港区松门建材3000吨级码头建成投产。

重大水利项目　重大水利项目32项，总投资173.67亿元，完成年度投资22.46亿元。推进平潭及闽江口水资源配置(一闸三线)工程、霍口大型水库工程、闽清县葫芦门水库工程前期工作。

重大能源项目　推动新能源、清洁能源项目建设，江阴风电厂建成，鲤山风电厂、钟厝风电厂基本建成。推进福清核电5号~6号机组、可门电厂三期、江阴电厂二期、罗源火电厂、永泰白云抽水蓄能电站等项目前期工作，开工建设神华煤港电一体化电厂项目。

推进项目成果对接　举办“福州市食品加工行业技术诊断辅导提升工作启动仪式及成果对接会”“2013中国工程院院士八闽行——长乐纺织院士行”等11场项目对接活动。第十一届“6·18”海峡项目成果交易会对接项目665项，总投资271.5亿元，其中总投资在1亿元以上的项目34项，占对接项目总数的4.5%，投资总额达211.7亿元，占对接项目总投资额的78%。20万吨/年己内酰胺工程、聚碳酸酯(PC)一体化装置2个项目投资额达40亿元以上。

获上级资金扶持项目　292个项目获上级投资补助资金6.14亿元，其中中央预算内补助资金52067.74万元，省级预算内补助资金6309.6万元，省级其他资金支持3000万元，获企业债券发行资金额度10亿元。

【产业转型升级】　总部经济　颁布实施《福州市关于促进总部经济发展的补充意见》。1月10日，认定兴业银行股份有限公司、兴业证券股份有限公司、福建联迪商用设备有限公司、福建苏宁电器有限公司、百胜餐饮(福州)有限公司、福建宏盛建设集团有限公司、福州麦当劳餐厅食品有限公司和中交四航局第五工程有限公司8家企业为福州市第一批总部企业。12月11日，认定福建海峡银行股份有限公司、中建海峡建设发展有限公司、华福证券有限责任公司、福州家乐福商业有限公司、福建邮科通信技术有限公司、福建新华都综合百货有限公司、福建省融旗建设工程有限公司、永辉超市股份有限公司、福州福大自动化科技有限公司、福建腾新食品股份有限公司、海峡出版发行集团有限责任公司、国脉科技股份有限公司、福建省三奥信息科技股份有限公司、冠城大通股份有限公司、蔚蓝集团有限公司15家企业为福州市第二批总部企业。

民航经济　空港运输总架次76998个，增长15.86%，旅客运输量8925923人次，比增13.68%，货邮吞吐量110239.6吨，比增13.71%。推进“福州航空”筹建，6月20日民航华东局正式受理申请报告，并于7月上报国家民航局。

海洋经济　牵头完成《关于加快闽台(福州)蓝色经济产业园产业发展的若干意见》《闽台(福州)蓝色经济产业园产业发展规划》等政策及规划编制。组织申报现代海洋产业重点项目，推进海洋重大项目建设，筛选马尾船政(连江)特种船舶、长乐翔孚物流园、福清江阴国际汽车城等39个项目上报列入全省海洋经济重大建设项目。

创建国家电子商务示范城市　印发实施《关于加快推进电子商务产业发展的实施办法》《关于电子商务产业发展专项资金管理暂行办法》；完成《福州市电子商务产业发展规划(2013—2020年)》初稿；完成《对台贸易电子商务发展策略研究》课题研究，并上报国家发改委。推动海峡电子商务示范基地等电子商务专业园区建设，开展电子商务试点专项组织申报和跟踪管理工作。

【体制改革】　简政放权　行政审批项目减少为287项(含国家、省级97项)。减少审批环节，采取周末提请办结、急件半天办结、重点项目开通“绿色通道”等办法，压缩承诺办理时限至3个工作日。

重点领域改革　起草《中共福州市委关于贯彻党的十八届三中全会精神全面深化改革的若干意见》和《2014年福州市深化重点领域改革要点》，提交市委十届七次全体会议讨论通过并颁布实施，确定完善海洋经济发展的体制机制、健全四大投资集团体制机制、创新工业园区管理体制机制等可操作性强改革目标任务和措施。

医药卫生体制改革　城镇基本医保参保人数318万人，参保率96%以上；新农合参合人数332万人，参合率99.98%。推进商业保险机构承办居民大病保险工作，城镇居民大病保险最高报销封顶线由14万提高至24万元。推进总额控制下的按人头付费、按病种付费等复合式付费方式改革。扩大实施基本药物制度，将村卫生所纳入实施范围。探索公立医院发展新模式，由福州市一医院牵头23家县、区医疗机构组建全省首个医疗联合体。

【福州新区规划】　加快编制《福州新区发展规划》和《福州新区空间发展规划纲要》。持续推进马尾新城建设，加快琅岐环岛路建设，琅岐闽江大桥建成。完成马尾新城控制性详细规划，细化快安、马江、亭江、琅岐岛4个片区控制性详细规划，开展三江口组团、闽江口组团城市设计。

【统筹协调】　经济社会协调发展　186个农村义务教育教学点列入“教学点数字教育资源全覆盖”范围，新建、改扩建45所公办幼儿园，扩容中小学学位1.02万个，进一步放开省一级达标学校的报考限制。加强基层医疗卫生建设,启动新一轮基层医疗卫生机构设备更新,为基层医疗卫生机构配置六大件基本诊疗设备。加快奥体中心等一批八城会场馆项目、市儿童医院病房大楼、福清市医院、永泰县医院病房大楼、市职业教育公共实训基地等在建项目建设,推进福州职业技术学院特殊教育一体化基地综合大楼、福清市卫生学校实训楼等项目前期工作。会同房管部门和有关项目单位协调解决保障性安居工程项目前期有关工作。开展房地产市场运行情况调控分析工作,提出调控措施。

推动福莆宁同城化　出台《加快构建福州大都市区推进福莆宁同城化发展的实施意见》,牵头会同莆田、宁德发改委开展编制《福莆宁同城化发展总体规划》。开展福平莆宁城际轨道交通线网规划编制,确定福马铁路改造、长乐机场城际轨道交通项目作为福莆宁城际轨道交通线网重要组成部分及率先启动建设项目。

县(市)区对口协作　推动永泰县、闽清县进一步完善工业园区基础设施建设,承接产业项目转移。4个协作组达成协作项目95个,总投资38443.5万元,协作资金(含意向)2605.5万元,到位帮扶资金1179.7万元。

推动闽东北、闽浙赣皖等协作区连片发展　落实闽东北、闽浙赣皖福州经济协作区中福州市跨区域重点项目相关工作。闽东北经济协作区重点协作项目初步计划27项,总投资1931.03亿元,计划投资144.33亿元,完成年度投资179.94亿元,占年计划的124.67%。

主动支持和融入平潭开放开发　召开第三、第四次联席会议,支持平潭道路、港口等基础设施和供水、供电、供气等公用设施建设,推动两地在高新技术、港口物流、现代服务、文化旅游等领域的产业对接、分工和协作。落实2012年福州—平潭综合实验区2次联席会议议定的重点工作,推进渔平高速公路延伸线、电力专线上岛工程等20项工作。探讨福州与平潭综合实验区联动发展,完成《推进福州市与平潭综合实验区联动发展研究》。

(林　焱)

统计与调查

【概况】　2013年,福州市统计工作加强对经济社会运行情况的分析监测和重大问题的调研;开展横向对比资料的交流与探讨,定期提供设区市、省会城市横向对比统计资料;推进基本单位名录库建设,按照"先入库,后报数,要进库,走程序"的原则,对各县(市)区统计人员就法人表和产业表疑难点、指标进行培训与指导,根据专业相关属性变动适时更新名录库,全市有法人单位80147家;开发福州市统计地理信息系统,以地图为载体,加载各类统计数据和名录库单位信息,实现任意空间区域内统计信息的查询分析,并运用于福州市第三次全国经济普查小区图的电子化制作与划分;开展2012年度县(市)区政府绩效管理有关指标数据的科学采集和考核评分工作,参与改进2013年度县(市)区绩效评估指标体系、评估办法、计算方案。

国家统计局福州调查队推进方法制度改革、服务型统计创新、统计法制建设等方面工作。开展居民收支调查、居民消费价格调查、工业生产者价格调查、房地产价格调查、农产品生产价格调查、畜禽监测调查、固定资产投资价格调查、服务业小微企业调查、限额以下商业调查、规模以下工业调查、福建产品市场占有率调查、采购经理调查等各项常规抽样调查工作。　(王珠琴　谢美梅)

【统计法制建设】　以《中华人民共和国统计法》颁布30周年纪念宣传活动为契机,印发《中华人民共和国统计法》相关条款宣传材料5000份,利用9月12日"第三届中国统计开放日",与鼓楼区统计局和华大街道三级联合举办以"统计为您服务"为主题的宣传活动,以统计法律法规咨询点、数据展示及展板宣传为主要内容。组织开展福州市一套表单位名录库、企业联网直报数据质量和贯彻落实"四大工程"总体部署情况3个方面自查工作(以下简称"三查"),同时抽查仓山区、晋安区和福清市统计局的"三查"工作落实情况;开展统计弄虚作假行为清查工作及统计监督检查,推进"六五"普法工作。

全年1063人参加统计从业资格考试,277人参加统计职称考试,1502人参加继续教育。全市统计系统检查单位数757家,立案查处统计违法案件43起,其中予以警告43起、通报10起、罚款21起,罚款金额达4.54万元。

国家统计局福州调查队全面实施统计调查行政义务告知制度,发放告知书2700余份,加大对县(市)区走访检查力度,集中开展调查数据质量、基层基础和统计执法三项检查工作。

【普查与专项调查】　第三次全国经济普查　完成市县乡三级普查机构组建,落实市级普查经费222万元,督促县(市)区落实普查经费734.43万元,先后召开3次市经普办主任办公会议,制定《福州市第三次全国经济普查领导小组办公室工作规则》,构建并开通第三次经济普查网站,编发10期经济普查简报。完成省第三次全国经济普查电子地图绘制及PDA的使用专项试点演练。

服务业调查　建立服务业统计联席会议制度,实行重点服务业统计报表制度,开展专项调查,组织开展以县(市)区为主体的年度服务业抽样调查,同时在金融业继续推行季度全面调查,实现网上直报;组织县(市)区开展国家服务业重点企业联网直报工作和全省服务业企业调查工作。

非工业企业景气调查　调查由入户问卷填写改变为通过国家统计局企业景气调查网络上报系统报送,并通过网络和电话解答县(市)区问题,上报率100%。

全国投入产出调查　对406家调查单位开展调查。定期深入县(市)区及企业走访调研,了解并掌握变化情况,协调解决企业填报过程中存在的问题,完成投入产出基层调查表的审核、上报工作。

其他专项调查　会同市效能办组织开展2012年政府绩效考核评估工作;开展高新技术产业、农业产业化龙头企业调查,少数民族乡、村社会经济调查,人口抽样调查,2012年私营单位工资情况抽样调查,文化产业调查,妇女、儿童

"两纲"监测统计及海洋经济专项调查；完成工业、能源、投资、贸易、农村、人口、社科、服务业等专业2012年统计年报和2013年定期统计报表工作。

（王珠琴）

【调查服务】 报送各类调查信息251条；开展调研分析及方法制度研究，完成福州市农产品流通体系调查、服务业小微企业生命周期研究、汽车产业发展研究、居民消费行为研究、居民主观幸福感调查、交通安全意识测评体系与环境保护意识测评体系研究等18个重点调研课题；开展公众社会治安满意率、公安边防派出所辖区公众社会治安满意率、公众环保满意率、公共文明指数、县（市）区政府绩效管理公众评议、市级机关单位绩效管理公众评议等专项调查。

（谢美梅）

【调查制度改革】 非国家调查县城乡住户调查一体化改革 协调县（市）区政府成立一体化改革工作领导小组，在全省率先完成县级队住户类调查资源整合，开展5个非国家调查县住户一体化改革，完成基层辅助调查员选聘与培训、调查小区住宅摸底调查、调查户抽选、调查户动员与培训等开户记账工作。

开展以市为总体的规下工业调查改革 执行规模以下工业统计新标准（由年主营业务收入500万元以下扩大到2000万元及以下），开展目录企业筛选工作和基层辅助调查员选聘、培训工作，加大样本企业、村居实地走访和入户评估力度。

推进消费价格调查"一品两价"采集方式 在市区居民消费价格数据采集的基础上，分两步面向全市所有县区推行"一品两价"，将生鲜食品"一品两价"采集数据列入年度汇总。

其他改革 开展服务业小微企业监测调查、全国贸易限额以下行业抽样与问卷调查、采购经理联网直报等方法制度改革，完成工业生产者价格调查、固定资产投资价格调查制度改革的前期工作。

（谢美梅）

工商行政管理

【概况】 2013年，福州市新增内资企业5.06万户，注册资本634.83亿元；新增私营企业1.54万户，注册资本521.98亿元；新增个体工商户3.44万户，注册资本22.9亿元；新增农民专业合作社346户，出资总额13.91亿元；新增外资企业362户（含分支机构），注册资本11.20亿美元。至年底，全市各类市场主体总数突破28万户，其中实有内资企业10563户，注册资本931.03亿元；实有私营企业9.13万户，注册资本4424.03亿元；实有个体工商户17.56万户，资金总额76.81亿元；实有农民专业合作社1299户，出资总额38.12亿元；实有外资企业4316户，注册资本134.59亿美元；实有台资企业661户，注册资本8.29亿美元。查处各类违法违规案件10966件，罚没入库4123万元。

市工商局注册处获评"全国工商系统先进集体"，鼓楼西营里工商所、平潭潭东工商所获评"全国工商系统先进工商所"，平潭县局注册窗口获评全国"工人先锋号"。

【工商登记制度改革】 推进平潭综合实验区工商登记制度改革试点工作。12月1日，根据省政府颁布实施《平潭综合实验区商事登记管理办法》出台《平潭综合实验区商事登记管理办法实施细则》等配套制度，改革内容包括：商事主体直接登记制、商事主体自主选用名称、注册资本认缴登记制、按照方便注册和规范有序的原则放宽市场主体住所（经营场所）登记条件、放宽经营范围登记、将企业年检制度改为年度报告制度、建立经营异常名录制度、建立商事主体信用信息公示系统、推行外商投资企业全程电子化登记等九大方面。12月2日，平潭县工商局核发全省首批新版营业执照，"办法"实施首月，平潭新增各类市场主体1504户，比增83.41%，认缴注册资本8.264亿元，比增384.95%。

【打造国家级广告创意产业园】 以市政府名义，制定福建海西广告产业园区（福州园）"一园三区"发展规划以及《福州市支持国家广告产业园区发展的意见》《福建海西广告产业园（福州园）管理暂行办法》等产业政策，设立广告园区发展专项资金。该规划包括福州核心园（闽台AD广告产业园）、闽侯园（海峡传媒港、广告研发制造园）以及长乐园（海西广告文化创意园）三部分，总规划面积189.33公顷。福建海西广告产业园（福州园）被确定为国家级广告产业试点园区，闽台AD广告园被认定为省级广告产业园区，园区入住广告创意文化类企业108家。全市各类广告企业7352家，注册资本达426.7亿元，分别比增47.1%和14.2%。

福州市发出第一张新版营业执照 （市工商局 供）

【实施商标品牌战略】 全面启动“商标工作指导站”建设。充实驰名、著名商标后备企业库196家;定期召开全市知识产权“大调解”联席会议,完善法院、工商、海关诉调对接机制。新增注册商标8977件,新增驰名商标12件、省著名商标77件、知名商标192件、地理标志证明商标1件、商标马德里国际注册11件。全市实有有效注册商标62940件,比增13.6%,其中驰名商标43件(台湾商标2件),著名商标593件,知名商标693件,地理标志证明商标14件,商标马德里国际注册176件,分别比增38.7%、10.8%、24.6%、7.7%和6.7%。

10月28日,市工商局举办“百名执法骨干人才培训班” (市工商局 供)

【落实企业帮扶举措】 开展“四个万家”主题活动,落实“一企一策”。向企业征求意见建议1107条,解决实际问题953个,通过动产抵押、商标质押、股权出质等方式帮助企业实现融资682.6亿元,为129户经营主体解决转型升级、转制改制中的名称字号延续问题,指导555家内资市场主体自主选择经营项目。

【企业注册登记】 全市(含五区八县)工商窗口入驻行政服务中心;依托“12315工商百事通”平台,完善网络、短信、电话等预约方式,工商事务预约服务由市局窗口延伸至鼓楼、台江、仓山、晋安4个城区局,受理预约服务2.7万户;率先开展外资企业全程电子化年检,网上年检率95.5%;清理前置审批项目22项;实施重点项目跟踪服务,促进项目落地505个,注册资本总额256.2亿元。

个体经济 实有个体工商户17.56万户,比增11.09%,资金76.81亿元,比增13.29%;新开业3.44万户,比增6.38%,资金22.9亿元,比增30.92%;注销、吊销1.35万户。在总户数中排名前5位的是批发和零售业,居民服务和其他服务业,住宿和餐饮业,制造业,交通运输、仓储和邮政业,分别为12.34万户、1.93万户、1.78万户、0.53万户和0.28万户,各占总户数的70.27%、10.99%、10.13%、3.01%和1.59%;从事第一、二、三产业个体户分别为1097户、5400户和16.91万户,分别占总数的0.62%、3.07%和96.31%。

私营经济 实有私营企业9.13万户,比增17.92%;注册资金4424.03亿元,比增24.83%;从业人员78.17万人,比增8.16万人,增长11.65%;注册资金逾亿元662户,比增23.73%;1000万元~1亿元的9887户,比增22.43%;500万元~1000万元10817户,比增29.08%,100万元~500万元18797户,比增22.82%。从事第一、二、三产业的户数分别是2709户、17243户和71354户,分别占总数的2.96%、18.89%和78.15%。

内资企业 新增557户,实有1.06万户,其中国有企业1724户,集体企业3328户,内资公司5130户,其他企业381户。在总户数中排列前5位的是批发和零售业、金融业、制造业、租赁和商务服务业、建筑业,分别有3135户、1581户、1224户、953户和770户,各占总户数的29.67%、14.96%、11.58%、9.02%和7.28%。注册资本931.03亿元,比增23.32%。

农民专业合作社 实有1262户,比增35.84%;出资总额36.97亿元,比增78.90%;成员总数17932个,比增66.16%,其中农民成员17077人,比增66.86%。出资总额1000万~1亿元97户、500万~1000万元173户、100万~500万元511户,分别比增304.16%、113.58%、61.19%。

外商与中国港澳台商投资企业 实有外资市场主体4591户(含分支机构1333户),比增5.56%;投资总额247.92亿美元,比增12.37%;注册资本134.59亿美元,比增11.15%;外方认缴额110.70亿美元,占认缴注册资本的82.25%,比增10.09%。实有台资企业661户,比增10.17%;投资总额12.62亿美元,比减4.39%;注册资本8.29亿美元,比减2.07%;实有台湾个体工商户206户,比增10.16%;资金数额2800.9万元,比增1.04%。企业法人户均注册资本451.20万美元,比增7.84%。外商投资企业(含分支机构)三大产业实有户数所占比重分别为2.11%、43.72%、54.17%,三大产业注册资本比重分别为3.75%、60.63%、35.62%。从分布情况看,企业法人户数位居前5的国家或地区分别是:中国香港地区1202户、中国台湾地区661户,美国211户,日本188户,英属维尔京群岛184户,其他国家或地区的企业所占比例均低于3%。从新登记情况看,新增外资主体365户,比增15.51%;投资总额22.34亿美元,比增72.80%;注册资本11.20亿美元,比增61.18%;外方认缴额9.89亿美元,比增77.23%。新增台资企业82户,比减2.38%;注册资金7729万美元,比减46.62%。注吊销企业134户,比减30.57%,其中注销134户(法人企业34户,分支机构100户)。

【市场监管执法】 查处各类案件9772件，比增94.08%，罚没入库4123.13万元，比增93.75%，罚没款逾5万元的案件126件，比增2.93倍。

公平竞争执法 开展“八闽红盾出击”系列专项执法行动，突出治理“傍名牌”、商业贿赂、公用企业限制竞争，以及公共服务行业侵害群众和企业利益等违法行为，查办竞争执法类案件718件，比增95.11%，居全省前列。查处商业贿赂案件52起，罚没173.05万元；不正当竞争案件499起，罚没641.44万元；“傍名牌”案件492起，罚没118.39万元；查处服务领域各类违法案件826起，案值474.31万元，其中公共服务类案件150起。开展流通领域商品质量监管，对手机电池、小家电、化妆品、润肤霜膏等商品共计100批次进行检测，其中合格商品89个批次，查处11个批次检测不合格商品。

流通环节食品安全监管 开展流通环节食品市场主体准入工作，全市流通食品经营户45682户，其中，企业8591户、个体工商户37073户、农民专业合作社18户。全市工商系统核发《食品流通许可证》13955份，其中企业3152户、个体工商户10798户、农民专业合作社5户。开展“一月一重点”食品安全专项整治，立案查处食品案件1265件，罚没入库307万元，分别比增95%、106%。加强食品监测，抽检各类食品1538批次，指导基层局开展快速检测2.5万批次。防控H7N9“禽流感”疫情，出动执法人员2495人次，检查销售禽蛋类市场380个，检查经营户3655户，下达整改通知书11份。

商标广告监管 建立打击侵犯知识产权和制售假冒伪劣商品行动常态工作机制，出动执法人员6059人次，检查经营主体17158户，检查各类批发零售市场1318次，重点整治173个区域，立案查处376起案件，罚没49.98万元，移送司法机关案件4件。重点整治虚假医疗、药品、医疗器械、保健食品、美容服务、化妆品及房地产广告等重点领域，立案查处各类违法广告案件989件，罚没354万元，处理各类投诉件759件，立案数和罚没款分别比增44.8%和14.7%。

市场主体监管 推进福州市市场主体信用信息平台建设，该平台作为“数字福州”建设项目进入研发阶段；开展工商良好信用企业评选认定工作，被认定为省、市工商优异信用企业91家。深化中介组织监管，实行经济类鉴证行业备案制，完善中介信用平台，发布主体信息3619条，平台点击量累计达201.8万人次。牵头开展查处取缔无证无照经营专项整治，查办案件2679件，罚没528.3万元，新建“零无证无照一条街”164条。

参与社会综合治理 牵头开展“打传销·反欺诈·促和谐”专项行动，捣毁传销窝点35个，教育遣返342人，立案查处18起，追究刑事责任58人。联合市综治办在大学城举办打击传销“校园行”宣传活动，成立全省首个高校“反传销志愿者联盟”，在台江、仓山两地建立无传销社区示范点。

【消费维权】 全市消费维权服务站点3647个，全年和解消费纠纷6956件，和解息诉率达93.7%。各级“12315”服务热线接受消费者咨询17.8万人次，受理申诉、举报3.2万余件，办结率达98.6%，为消费者挽回经济损失2746.3万元。通过“诉转案”查办案件360起，罚没177万元。加强对12315申诉举报数据的分析运用，对投诉量较大的公共服务企业开展行政约谈16次，行政指导通信运营商开通消费调解“绿色专线”，实现工商企业诉调“联网直通”。举办“12315社会开放日”，开展“媒体维权联动”，参与《福州晚报》维权热线，现场接受消费者的咨询、举报和投诉。

（伍能位）

国有资产监督管理

【概况】 2013年，福州市人民政府国有资产监督管理委员会履行出资人职责企业（以下简称“所出资企业”）资产总额985亿元，比增28.6%；国有权益413.5亿元，比增27.6%；营业收入131.3亿元，比增15.3%；利润总额12.4亿元，比增67.9%；上缴税金9亿元，比增39.6%。实现融资132亿元，承担“五大战役”项目66项、市重大项目42项，完成投资272亿元。下达考核目标企业12家，主要考核经济效益指标净利润完成9.23亿元，增幅27.31%。所出资企业的资产总额、归属于母公司的所有者权益、利润总额、上缴税金比增数均高于全省国企的平均比增数，并位居省内各市前茅。

【国资履职监管】 国资监管 落实资产经营责任。建立责、权、利相一致的业绩考核与薪酬管理体系。下达企业负责人资产经营业绩目标责任书，完成2012年度所出资企业负责人经营业绩考核工作。落实企业法人代表向出资人代表报告上年度资产经营制度。提出第三任期经营业绩考核办法和薪酬管理意见。完成全市国有出资企业产权登记补录。办理资产评估核准备案项目6项，组织国有产权进场交易5项，涉及资产评估值1.26亿元。完成所出资企业负责人职务消费情况调研和2012年度国有企业工资内外收入监督检查。深入企业查找内控体系建设短板和瓶颈，督促企业建立健全内控制度体系；推动所出资企业制定完成2013年商业计划书及第三任期（2013—2015年）资产运营目标及发展保障措施。指导推动企业开展全面预算管理工作。推行企业重大事项法律审核制度。

外派监事会 探索建立国有企业监事会工作联席会议制度，完善监查中所揭示问题的沟通、反馈与整改落实运行机制，研究印发《福州市国有企业监事会监督检查工作实施细则（试行）》等6份文件。以财务、资产监督为中心，采取年度检查、日常监督和专项监督检查的方式，对企业财务活动及企业负责人的经营管理行为进行监督。完成公交、民天、城乡建总等企业2012年度监督检查工作报告。开展所出资企业资产租赁专项检查。

企业领导班子和队伍建设 结合所出资企业第二任期班子履职情况考核，配合市委组织部开展福州建设发展投资集团、国有资产投资集团、交通建设投资集团、文化旅游投资集团（下称“四大投”）及下属企业法人治理结构配置和班子建设，健全地铁公司、农工商集团、马尾新城建设公司3个专业公司的董事会、党委会、监事会和经理层组织。制定下发《关于所出资企业和马尾新城公司人事管理有关问题的通知》。配合市委组织部面向全国招聘15名国有企业领导。

【国企改革发展】 *构建以“四大投”为主体的新格局* 5月,市委、市政府部署实施福州市国有企业第三轮布局调整与优化重组。市国资委调整履行出资人职责企业布局,构建以“四大投”与3个专业公司为架构的国资监管运营新格局。企业集团由生产经营型向战略管控型,由资产运营型向资本运作型转变,在全国率先构建以运营国有资本为主的国有资产管理运作体制。

管控新模式 推进“四大投”集团“决策在集团,运作在权属企业”运作模式。福州建设发展投资集团作为房地产综合开发建设全产业链和酒店餐饮服务等运作主体,负责房地产开发经营、产业园区、城区内基础设施及配套、酒店餐饮、食品制造和工艺美术六大板块投融资、建设和运营;市国有资产投资集团作为实现政府战略性产业和民生公用事业等运作主体,负责政府战略性产业、公用事业、民生事业和开发建设四大板块投融资、建设和运营;市交通投资集团作为“大交通”综合产业运作主体,负责全市涉及交通行业的建设、运输、置业、实业和电子信息五大板块业务投资、建设和运营;市文化旅游投资集团作为文化产业投资运营主体商,集全市文旅资源,推进历史文化街区及旅游、文化影视传媒、文体赛事及会展业、文化创意和文化产权五大板块业务投融资和运营。

成本管理 推进“四大投”集团全面预算管理,集战略管理中心、资本运营中心、风险控制中心、资源配置中心、业务协调中心于一体。市建设投资集团建立账务中心,对资金统一管控、统筹运作。

承接园区基础设施与旧屋区改造建设 “四大投”集团对接五大园区建设,总投资额70亿元。市建设投资集团落实高新园区2号路延伸段、新南港大桥连接线和文化服务设施建设等工程,启动闽台文化产业园前期规划工作;市国有资产投资集团对接临空经济区安置房及道路工程;市交通投资集团落实蓝色产业园道路工程和台商投资区松山片区基础设施项目;市文化旅游投资集团作为海峡非物质文化生态园业主开展一期工程前期工程。旧屋区改造方面,市建设投资集团落实福飞路改造工程安置房二期一区(湖前)等4个项目,总投33.4亿元,建设规模55万平方米,并对接高湖区旧屋改造等5个项目;市国有资产投资集团与晋安区商谈金鸡山片区旧屋改造项目,规模112万平方米,总投约150亿元;市交通投资集团对接商谈“海峡·奥体花园”旧城改造项目。

“三维”战略合作 市建设投资集团与福建省能源集团签署战略合作协议,拟在房地产开发及经营管理、福州市保障房建设开发和商业贸易等方面合作;成功受让福建省能源集团控股公司福建华夏世纪园发展有限公司20%股权,共同参股开发建设清凉山片区;与福建省交通控股集团商谈合作盘活闲置土地和合作建设码头项目。市交通投资集团与福建省高速公路公司合作投资建设福泉高速、京福高速、福永高速、渔平高速等十几条高速公路,与福建省铁路投资公司合作投资建设温福、福厦、向莆、合福和福平铁路等项目;与福建省交通集团商谈江阴港壁头液返区泊位项目合作。市国有资产投资集团与福建省水利集团合资成立控股公司福州水务平潭引水开发有限公司,负责闽江北水南调福州“一闸三线”工程;双方共同与央企合作参股投资建设龙湘水库。

【国有资本运作】 *上市培育* 海峡环保公司实现上市股改与公开竞争择优引进战略合作伙伴一步到位,是十八届三中全会后福州市国资系统所出资企业中首家实现混合经济的企业。聚春园集团、新榕城建公司等上市筹备按序开展,同时挖掘潜在上市资源,邀请投行界专家对所出资企业开展尽职调查和有针对性指导。

拓宽融资渠道 与西南证券、国信证券、中信证券、兴业证券对接发行企业债、资产证券化等事宜,通过发行企业债券、中期票据和私募债等方式,帮助企业提升直接融资比重,降低融资成本。各所出资企业与各金融机构签订2800亿元规模融资框架协议,项目融资合作对接额度达179亿元。市城乡建设总公司拟发行保障房私募债68亿元、企业债18亿元;市交建集团拟发行企业债10亿元、短期融资券15亿元;市建设发展集团拟发行私募债20亿元;“大城投”集团拟发行中期票据20亿元、短期融资券30亿元。

(王学兴)

价格管理

【概况】 2013年,福州市价格管理围绕“居民消费价格总水平涨幅控制在3.5%左右”的控价目标,CPI上涨2.6%,位居全省首位。推进电、水、气等民生商品价格的改革与监管,进一步规范行政事业收费、医疗、教育收费等非商品价格收费,通过“12358”系统受理价格举报与咨询5976件,受理“12345”群众价格诉求336件,主要涉及车辆停放服务、交通运输、药品和医疗服务、物业管理服务、房地产销售等行业或领域。

【价格总水平调控】 福州市及福州市区CPI均上涨2.6%,涨幅与全国平均水平(2.6%)持平,略高于全省(2.5%)平均水平,涨幅位居全省首位。福州市区CPI涨幅在全国36个大中城市中列第24位。从环比走势看,CPI环比基本保持小幅波动运行,但涨多于跌。其中8个月环比上涨,其中1、2月涨幅最大,分别上涨1.1%、1.4%;4个月环比下跌,其中3月跌幅最大,下跌1.2%。从同比走势看,与2012年高开低走恰好相反,CPI呈低开高走态势,涨幅比2012年高0.4个百分点,其中最高涨幅在10月,上涨4.3%,最低涨幅在1月和3月,上涨1.2%。从构成居民消费价格总水平的八大类商品与服务价格指数来看,同比呈“六涨二跌”态势,即食品类上涨4.8%,娱乐教育文化用品及服务类上涨2.9%,居住类上涨2.8%,医疗保健和个人用品类上涨1.1%,家庭设备用品及维修服务类上涨0.8%,衣着类上涨0.3%,交通和通信类下降0.2%,烟酒类下降0.3%。

蔬菜价格异动协商机制启动　1月6日—2月28日，启动蔬菜价格协商机制。蔬菜价格协商机制涉及范围包括永辉、兴福兴、蓝天等所属市区生鲜超市和民天集团平价店共计70余家门店，对上海青、天津白等16个大众化时令蔬菜品种实行价格协商。协商批发价：上海青、天津白1.7元（每500克），大白菜、包菜、白萝卜1.0元，豆芽菜0.8元；协商零售价：上海青、天津白为2.5元，大白菜、包菜、白萝卜1.5元，豆芽菜1.2元。

农产品"绿色通道"政策　落实鲜活农产品运输"绿色通道"政策，通行"绿色通道"车辆48.40万辆，免征通行费9176.26万元。

价格补贴联动机制　4月5日，市政府下发《关于修订价格补贴联动机制的通知》，自1月1日起执行。启动条件由原来的月度CPI上涨3%、食品上涨6%，调整为月度CPI上涨2%或食品上涨5%时启动联动机制，补贴标准由10元调整为50元，食品涨幅每多超1个百分点，增加补贴5元调整为10元，最高不超过100元；CPI同比涨幅未达到2%且食品类消费价格涨幅回落到5%以下时不启动联动机制。调整后，福州市价格补贴启动条件全省最低，补贴标准全省最高，居全国前列。全年向低收入群体发放价格补贴1243.2万元，受益对象18.7万人次。受益对象在原有基础上，增加家庭经济困难高校学生，增加10所市属高校，受益人数增加2万人，补贴额约为500万元。在全国首创发放节日食品券，在传统节日向革命五老人员、重点优抚对象、城乡低保对象和农村五保供养对象发放，标准为300元/人次，受益4万人次，约1200万元。

价格调节基金征收管理　根据《福州市人民政府关于贯彻落实〈福建省价格调节基金管理办法〉的通知》，调整价格调节基金征收项目和标准，建筑业按营业额的0.3%征收（2013年暂按0.2%征收）；娱乐业按营业额的1%征收；餐饮业按营业额的1%征收；住宿业按营业额的1%征收。市物价局不再直接征收基金，改由地税部门代征。全年入库1.16亿元，基金主要用于福州市基地建设、价格异动协商机制的补贴、平价商店建设和联动机制的补贴发放等方面。

表10　**2013年市区公共租赁住房租金标准**　单位：元/平方米．月

片区名称	收费标准
一、东山新苑、狮峰新苑（东山苗圃）及其周边	9
二、远东丽景及其周边	10
三、赤星新苑（盛世星城）、西庄小区及其周边	10
四、西园雅居、名桂佳园及其周边	10
五、福湾新城春风苑、秋月苑、冬阳苑及其周边	10
六、首山丽景及其周边	10
七、联建新苑及其周边	12

表11　**2013年普通住宅前期物业服务指导性收费标准**　单位：元/平方米．月

类型及等级		收费标准
高层	一级	1.70～2.15
	二级	1.35～1.70（不含）
	三级	1.15～1.35（不含）
	四级	1.15（不含）及以下
小高层	一级	1.50～1.80
	二级	1.20～1.50（不含）
	三级	0.90～1.20（不含）
	四级	0.90（不含）及以下
多层	一级	0.95～1.15
	二级	0.70～0.95（不含）
	三级	0.50～0.70（不含）
	四级	0.50（不含）及以下

价格监测预警　对全市粮油、副食品、工业生产资料、农业生产资料、工业消费品、能源、汽车、房产、居民服务收费九大类700多个品种的重要商品和服务价格实施价格监测，完成1500多项监测上报、分析任务。在各项价格调控措施出台前后，有针对性调整监测频率、品种以及监测范围。

【商品价格改革与监管】　电水气价格改革　完善居民阶梯电价政策，继续对石材加工集中区外的建筑饰面石材加工企业和所有建筑饰面石材矿山企业实行差别电价，征收差别电价2.6亿元。继续落实钢铁烧结机和玻璃炉窑脱硫效率考核实行差别电价政策。拟定氀售县一般工商业用电同价方案。督促供水企业合理使用超定额用水加价资金加快户表改造进度，加快管网改造和二次供水设备改造步伐。对供水企业、污水处理企业2010—2013年度生产成本开展价格成本监审。温泉水价格实行政府指导价管理，居民6.8元/吨，非居民7.8元/吨。对市区宾馆饭店用电、用水、用气价格执行与当地一般工业企业同等电、水、气价格政策。

医药价格机制改革　对部分常用药品最高零售价格进行调整，平均降价幅度达15%；运用价格政策促进低价药品生产和供应。开展医院自制剂价格核定工作。

成品油价格监管　落实国家对成品油价格形成机制，进行以"缩短调价周期，调整国内成品油价格挂靠油种，完善价格调控程序"为内容的改革，成品油价格调整实现"常态化"。调整成品油吨升

折算系数,理顺成品油计量关系。制定国Ⅳ汽油质量升级加价政策。

涉房价费监管　继续实施商品房销售价格报备制度,备案246个楼盘项目;组织开展在售楼盘商品房“一房一标价”执行情况检查,对7家明码标价不规范的房地产公司进行查处;开展保障性住房价费纠风专项治理工作;核定公共租赁住房租金标准;加强房地产评估机构从业行为监管,对3家评估机构申请资质调整的材料进行初审,并对17家房地产价格评估机构从业行为实施年检,将机构信用信息在政府门户网站及时发布。

物业服务收费管理　重新修订并公布福州市区普通住宅前期物业服务等级标准及指导性收费标准。

【非商品价费监管】　行政事业收费　重点审验收费单位在执行国家及省、市有关收费文件精神落实情况,主要审验收费许可证是否有效,是否按规定办理变更或注销手续;是否按规定对收费项目及标准进行公示;是否按规定的收费项目、收费标准、收费范围实施收费;收费单位代办费的收入、支出情况;是否按规定使用收费票据等情况。选择福清市、长乐市、连江县、晋安区作为试点开展交叉年审。全市审验1073个收费单位,审验率100%,审验合格的单位1045个,约占审验单位的97%,不合格单位28个,约占3%。其中市本级审验203个收费单位,合格及基本合格单位199个,占98%,不合格单位4个,占2%。

医疗服务收费　调整全市医疗机构54项中医医疗服务项目价格和急救项目收费标准,审批市一医院特需病房床位费标准。对照2012版项目规范,核定57项新增医疗服务项目价格。

停车收费　重新制定福州市火车南站配套停车场机动车停放服务收费标准;明确福建教育学院、福州海峡创意产业园等园区内向社会开放的停车收费标准。调研物业小区停车收费执行情况。

教育收费　保持私立学校收费标准总体稳定,时代中学、华伦中学9800元(初中学费,每生·每年,下同);三牧中学、华南实验中学9500元;黎明中学8800元。

交通运价　根据福州市区客运出租车燃油运价联动预案,与市交通运输委员会联合发文,重新公布福州市区客运出租车燃油运价格联动措施启动点的成品油价格。对道路客运价格实行最高价管理,公布新增的非农村客运线路最高票价。

表12　**火车南站配套停车场机动车辆停放服务收费标准**

车型	3小时内	超过3小时
小　车	5元/辆次	1元/小时
12座以上客车、2吨以上货车	10元/辆次	2元/小时

表13　**燃油运价联动措施启动点成品油价格**

启动点	93号汽油油价(元/升)	加收措施(趟次)
1	8.82	每趟次加收1元
2	9.72	每趟次加收2元
3	10.62	每趟次加收3元

表14　**森林资源资产评估费采用差额费率**

评估值(万元)	费率
100以下	6.0‰
101~1000	2.5‰
1001~5000	0.8‰
5001~10000	0.5‰
10001以上	0.1‰

旅游门票价格监管　调整永泰姬岩风景区票价为35元/人次;闽侯旗山国家森林公园票价为35元/人次;皇帝洞大峡谷景区门票价格为60元/人次,景区内游船、游览车价格不变;正式核定永泰天门山景区票价为35元/人次。正式核定青云山景区分景点门票价格为:青龙瀑布、白马峡谷、水帘宫景区均为35元/人次,云天石走廊、神谷景区均为27元/人次,上述5个景区联票价格为130元/人次(二日内有效)。核定永泰云顶景区门票价格一日游为115元/人(当日内有效)、二日游为130元/人(二日内有效);观光车从大门口—天池景区—瀑布入口—索道上站的票价一日游为35元/人(当日不限乘坐次数),二日游为45元/人(二日内不限乘坐次数);缆车单程票价为40元/人次,往返票价为60元/人次。调整闽侯十八重溪景区门票价格为30元/人次。

其他经营服务性收费监管　调整全市生猪定点屠宰加工服务费标准为:提供冷冻库冷却猪肉服务的机械化代宰加工服务费42元/头,未提供冷冻库冷却猪肉服务的机械化代宰加工服务费40元/头;手工代宰加工服务费35元/头,手工自宰加工服务费27元/头。核定市区保安服务收费标准为:保安服务公司在福州市区为机关、团体、事业、企业单位、集贸市场、银行、金融证券交易场所、机场、码头、车站、娱乐等公共服务场所提供的安全守护、巡逻服务收费的基准价为每人每月2300元,允许上下浮动20%。3月,依据省物价局将林业中介服务收费管理权限下放至设区市人民政府,林业中介服务收费标准重新核定为:1. 木材检验费:第一道检验每立方米13元,第二道检验每立方米7元,商品薪材、枝桠材检验费8元/吨。2. 伐区调查设计费:采用全林分每木调查法调查林木蓄积量的,按林木蓄积量每立方米13元,采用标准带或标准地调查法调查林木蓄积量的,按林木蓄积量每立方米10元,采用其他调查法调查林木蓄积量的,按林木蓄积量每立方米6元。3. 森林资源资产评估费采用差额费率累进办法计费，每宗评估项目最低评估收费300元。调整杜坞粮食交易市场市级专项储备粮轮换竞价会的交易手续费标准为买卖双方合计不超过成交金额的6‰。

【价格监督检查】 开展涉农收费、药品和医疗服务价格、房地产市场价格、旅游市场价格、教育收费等涉及民生领域价格和收费专项检查，查处价格违法案件80起，实施经济制裁540余万元。组织对重要民生商品和服务价格开展日常市场巡查，在传统节日以及"5·18"海峡两岸经贸交易会、"6·18"海峡项目成果交易会等活动期间，加强对粮食、食用油、主要副食品、蔬菜、牛奶及奶制品、常用药品、交通运输、民用能源、物业管理服务、停车服务、银行金融服务、零售商业服务、旅游相关服务等重要民生商品和服务价格的监查力度，重点防范经营者串通涨价、哄抬物价、囤积居奇、价格欺诈等不正当价格行为。省、市、县(区)三级"12358"举报系统联网运行，受理价格举报、咨询件5976件，市物价局受理"12345"群众价格诉求336件，主要涉及车辆停放服务、交通运输、药品和医疗服务、物业管理服务、房地产销售等行业或领域。

【价格服务】 依法行政 梳理"福州市物价局审批服务事项目录""办事指南事项填报表"以及"福州市物价局房地产价格评估机构资质认定流程图"。将原有5道审批程序简化为3道；将法定工作日20天缩短为5天。受省物价局委托，9月30日召开福州绕城高速、机场二期高速开放路段车辆通行费收费听证会，参加听证会22人，其中消费者10人；经营者2人；其他利益相关方3人；专家学者2人；市人大、市政协各1人；政府部门2人；市消费者权益保护委员会1人。旁听5人。

价格成本监审和调查 完成殡葬服务、教育收费、广电网络建设、小水电发电上网、景区门票、生猪屠宰、物业服务收费、保安服务、高速公路收费、停车场收费、水利工程供水和木材检验收费等12个领域的32项成本监审，核减不合理成本16.28亿元。开展生猪、蔬菜、奶牛、蛋鸡、早晚稻等成本调查以及农资购买情况及农户种植意向调查工作。

价格认证 完成刑事案件涉案财物价格鉴定3755件，标的金额1.468亿元，市县两级价格认证机构涉案财物价格鉴定无一例提请复核裁定。开展涉案物品价格鉴证工作，办理非刑事案件涉案物品价格鉴定98件，标的金额1.928亿元。开展涉税财物价格认定，完成鼓楼、台江、仓山、晋安四城区单元住宅价格认定，实现应用房地产评估技术加强存量房交易税收征管。协助纪检监察机关开展涉纪财物价格认定，完成5件。开展价格争议调解处理，市价格认证中心统一加挂"价格争议调解处理工作室"牌子。在永辉超市杨桥店和黎明店设置价格争议调解处理工作站。受理价格争议调解处理45件，成功调解40件，调解内容包括损坏公私财物、火灾损失、服务价格纠纷等。

价格调研 开展生猪屠宰加工服务、保安服务、林业中介服务、景区票价、医疗机构救护车、社会保障性住房建设、住宅市场租金、部分物业服务收费、停车场、驾校培训、律师服务收费、有线电视入网建设费、殡葬服务收费、港口经营服务收费等价格调研。

(王明新)

药品食品监督

【概况】 2013年，全市开展药品安全责任体系评价工作，制定具体实施方案，按照《2013年福建省药品市场监管工作考评细则》组织验收，八县(市)局全部通过，罗源县获评"省级药品安全示范县"。引导6家医药企业进入政府设立的医药工业园区，组织18家企业参加海外医药人才对接交流会。出台《福州市药品医疗器械质量安全信用分类管理实施办法》，将药品、医疗器械安全信用等级分为诚信、守信、警示、失信四级。根据日常监督检查和稽查执法情况，依照《福州市药品医疗器械质量安全信用分类管理等级划分标准》作出相应的认定，并建立信用信息档案。对认定为诚信等级的，给予政策支持；对认定为守信、警示、失信等级的，采取防范、提示、加强日常和专项监管等措施予以惩戒。开通企业信用等级公众查询平台，公众进入市食品药品监督管理局政务网站"企业信用查询"栏目可查询企业基本信息和信用等级情况。

【药品生产监管】 有药品生产企业31家，其中制剂生产企业24家、体外诊断试剂1家、中药饮片厂4家、医用氧气厂1家、空心胶囊厂1家；基本药物生产企业14家314个品规。新增原料药生产线3条、新改建2个无菌制剂车间，3家企业4个再注册品种恢复生产，3家企业申报5个新药，1家企业通过药包材再注册，3家医疗机构制剂室6个品种通过再注册核查。通过新版药品GMP(生产质量管理规范)认证的无菌药品生产企业4家20条生产线，未通过的2家企业2条生产线全部停产整改。

受省食品药品监督管理局委托，对福州瑞来春堂生物科技有限公司进行GMP跟踪检查，重点检查物料的审计、购用、储存、检验，生产过程中的质量控制，成品的检验与审核放行，销售与回收，以及验证等环节。对企业搽剂生产、中药饮片和中成药生产、安全生产情况进行专项检查，限期整改发现的缺陷并跟踪整改落实。

落实药品安全监管属地管理制度，每季度对高风险药品生产企业巡查1次，每半年对医疗机构制剂室日常监督检查1次，检查覆盖面100%。基本药物实行网上电子监管，跟踪基本药物生产销售情况，全年处理3条预警信息。

【药品流通监管】 根据新修订的药品GSP(经营质量管理规范)规范药品经营企业人员配备和人员资质，5月起，药品零售企业在申办、换证、变更及申请药品GSP认证时需要提供该企业执业药师的社保及医保缴费证明，作为执业药师在岗证明。

通过福州药品经营企业各片区监管QQ群和网络视频实时监控药师在岗情况，每月不定时对驻店药师在职在岗情况实行在线视频监督抽查。抽查时，药店须10分钟内接通视频，保证药师露面。

全面完成零售(连锁)药店"四证合一":对药品零售(连锁)药店多本许可证书进行整合,把药品零售(连锁)企业的药品经营许可证、药品经营质量管理规范认证证书、医疗器械经营企业许可证、保健食品经营企业卫生条件审核证明等4证进行合并,统一换成福建省食品药品经营许可证(合)。至10月29日,五区八县1580家零售药店(含连锁门店)中,符合条件的1365家申请领到福建省食品药品经营许可证(合)。

继续推行认证综合监管工作制度,完成药品零售企业GSP认证现场检查和跟踪检查323家次,配合省局完成药品批发(连锁)企业GSP认证现场检查和跟踪检查41家。福建同春和国药控股福州公司通过新版GSP认证检查。

加强药品购销渠道的管理,查处药品批发企业"走票""挂靠",零售药店进货来源、销售去向把关不严等违法违规行为。加强含麻黄碱类复方制剂监管,执行"没有电子监管码统一标识一律不得销售"的规定。加强基本药物配送企业、特殊药品经营企业管理,监督企业按要求采集和报送相关数据。加强血液制品、疫苗监管,强化冷链管理。按照《福建省医疗机构药库药房药柜设置条件指导意见》,组织对医疗机构药房药库规范化建设进行"回头看",特别加强诊断试剂、特殊药品及有特殊储存条件要求药品的监管。全年监测发现违法药品广告6种38次,移送市工商局查处。

【医疗器械监管】 参与省局修订《福建省医疗器械经营企业资格认可审查规定》工作。完成20个一类医疗器械产品的分类界定、9个一类产品注册审批的现场核查、42家次生产企业许可事项和体系考核的现场审查、231家次经营企业许可事项的现场验收。检查生产企业98家次、经营企业475家次。对医疗器械生产、经营企业安全工作进行检查,责令存在安全隐患的3家企业限期改正。

组织义齿专项检查,出动执法人员571人次,检查生产企业22家,检查覆盖率100%;检查一级(含)以下医疗机构215家;查处2家违规使用医疗器械的使用单位。通过网络检索到福州地区有22家无证生产义齿企业在互联网上发布招聘信息,连江县局在公安部门的配合下捣毁1家地下义齿生产黑窝点。

对2009—2013年审批注册的115个产品案宗逐一审核复查,发现5个方面问题,涉及28个产品,形成书面报告上报省局。动员企业注销不符合一类医疗器械定义的产品注册证。

对不具备经营条件或经营资格的73家法人企业和44家非法人企业在市局网站和福州门户网站予以通报,并抄送各级工商行政管理部门、各医疗机构及各招投标公司。全年监测发现违法医疗器械广告127种次。

【保健食品和化妆品监管】 召开全市保健食品生产企业、经营企业安全监管工作会议,对《福州市食品药品监督管理局行政处罚裁量标准》相关内容进行逐条逐项讲解。统一印制保健食品经营"八不准"宣传品3400份,发放至保健食品生产企业及经营保健食品的大型卖场等。

对全市保健食品生产企业进行量化等级初评,从人员管理、卫生管理、原料管理、贮藏运输、设计设施、生产过程管理、品质管理等7个方面进行检查。确定10家保健食品生产企业10名质量受权人,组织保健食品质量管理基本常识和法律法规知识培训。

对新开办、经营场所变更等保健食品经营企业,按照《保健食品经营企业现场检查评分表》进行现场验收,确保符合卫生管理、环境布局、索证索票、产品贮存、销售环节等要求。4月,组织保健食品经营企业签订承诺书。审核发放保健食品经营企业卫生条件审核证明406家。

5—9月,开展打击保健食品"四非"(非法生产、非法经营、非法添加和非法宣传)专项行动,按照"二个不漏""六项必查"的原则对保健食品生产企业、专营批发企业进行"拉网式"监督检查,"二个不漏"即:生产、专营批发企业一家不漏,所有生产经营的产品品种一个不漏;"六项必查"即必查产品票据、生产及供货企业证照、标签标识、购进验收记录、销售台账、硬件设施6个项目必查。检查保健食品生产企业11家、专营批发企业192家,检查覆盖率100%。查处涉嫌经营假冒产品、产品来源不明、标签标识不符合规定等违法违规行为的22家企业90品种。

开展化妆品生产企业违法添加、安全生产专项检查,与在产的22家生产企业签订《化妆品生产质量安全承诺书》,作出产品质量和安全生产承诺。

全年监测发现违法保健食品广告14种98次,移送市工商局查处。对违法广告严重以及假冒伪劣产品的信息,以QQ群、短信群发的方式通知辖区内保健食品生产经营企业,要求立即停止采购、销售问题产品,并及时报告。发送问题产品短信1500多条次。

【药械技术认证与监督】 年内取得实验室资质认定和食品检验机构资质认定2个证书。检验能力涵盖药品、化妆品、洁净室环境3个领域132项参数以及25项食品参数。成立生物安全委员会,强化检验质量管理体系环节控制。

完成监督性抽检1001批次,其中全检327批次,检出不合格30批次,不合格率3%。完成委托检验215批次。完成快检2745批次,其中检出阳性110批次。完成保健食品监督性检验105批次、化妆品风险监测36批次。

3月起,各区卫生局、八县(市)药监局每月通报上报数据监测情况。全市有717家ADR(药品不良反应)网络上报单位,收到药品不良反应报告9719份,其中新的、严重的报告2826份;医疗器械不良事件报告2733份。对严重的药品不良反应报告,中心采取现场和电话核实同时进行的方式进行复核。6月,八县(市)局正式成立县(市)药品不良反应监测机构,先后自行开展专业培训,培训人次500余人。9月,将药品不良反应及医疗器械不良事件报告审核和评价权限下放各县(市)监测机构。

开展药物滥用监测工作调研,初步掌握全市戒毒机构设置、人员配备,戒毒人员收治和康复治疗、脱毒效果等基本情况。

【案件稽查】 组织开展药品分类管理、定制式义齿、中药饮片、利用互联网非法销售假药、打击保健食品"四非"、药品“两打两建”等专项整治行动。出动执法人员16640人次，检查药品生产、经营、使用单位11741家次；受理举报投诉339个；核协查312件；立案392件，结案345件。

5月，分3组对国家总局通报的保健食品进行核查，未发现违法行为。同时对其他处室移送的涉嫌经营假冒保健食品、保健食品来源不明、标签标识不符合规定的25家企业近百个品种进行协查，经核查为假冒保健食品的一律立案查处。

成立“12331”药械投诉举报中心，专门负责投诉举报工作，受理举报投诉260个，执法人员核查后录入执法网络系统；对符合立案条件的，及时立案查处。

【行政法制建设】 更新福州市网上行政处罚电子政务平台中的11种行政执法文书。在行政处罚和案件调查中，依照强制法规定的程序和时限使用强制手段，扣押时限到期一律解扣，行政处罚书出具后扣押物品及时转为没收。

召开全市系统行政执法监督检查暨案件评查会议，随机抽查2012年6月—2013年的56份行政执法案卷，对发现的行政处罚和行政许可卷宗中存在的具体问题进行通报。在重大案件审核制度基础上，推行一般行政处罚案件法制人员审核制度，规定一般行政处罚案件在行政处罚书出具前必须由法制人员对案件的事实、证据、程序、适用法律等方面进行全面审核，审核市局机关行政处罚案卷111件，其中重大案件20件。

重新编制《权力运行流程图》，对《行政职权目录》进行审核清理，将行政许可事项由4个大项减少到2个大项32个小项，其中9个小项于4月初下放（委托）县（市）局办理。整合4条行政处罚职权，新增69项行政处罚自由裁量权，行政处罚自由裁量权细化标准249条。

市局行政服务中心窗口推行“五快”（快受理、快验收、快审核、快审批、快上报）工作方式，全面实施外网申报、容缺预审、预约登记、限时办结等服务制度，全市系统行政审批事项办理时限从486个工作日提速到154个工作日，对所有不需要现场踏勘的审批事项一律当天办结。全年办理行政许可事项2961件。

针对刑法修正案（八）将生产、销售假药罪从危险犯改为行为犯的修改以及刑法规定的其他移送情形，对涉嫌犯罪的案件，经局案审会讨论通过后，按照《福建省行政执法与刑事执法衔接工作机制规定》将案件移送司法机关处理，全年向公安机关移送案件14件。

（周韶辉）

质量技术监督

【概况】 2013年，福州市质量技术监督工作以创建全国质量强市示范城市为重点，继续推进标准化管理、计量管理等工作，在全国率先出台《关于开展中小学质量教育社会实践基地建设工作的意见》；加强食品安全监管、特种设备监察等工作，通过开展监督执法，查处违法行为。

【建设全国质量强市示范城市】 成立由市长杨益民任组长，各县（市）区和40个市直部门主要领导为成员的质量强市工作领导小组，领导小组下设办公室（简称“质量强市办”，挂靠市质监局），围绕产品质量、工程质量、服务质量等开展创建工作，印发《福州市质量强市领导小组工作规则》和《福州市申报“全国质量强市示范城市”工作方案》，推动市政府出台《福州市贯彻实施质量发展纲要2013年行动计划》。市政府常务会议研究通过《福州市人民政府关于贯彻质量发展纲要　建设质量强市的实施意见》，明确福州市到2020年的质量发展总体目标和到2015年的具体目标。公开征集的“质赢天下、福泽九州”经市委常委会研究确定为福州市“城市质量精神”。

【推行首席质量官制度】 经市政府第26次常务会议研究审议，11月市政府办公厅印发《关于推行企业首席质量官制度的实施意见》，并举办首期首席质量官公益培训，企业中高层管理人员100多人参加。

【名牌发展战略】 115项产品被评为2012年度“福建名牌产品”，49项产品被评为2012年度“福州市产品质量奖”。推动福清市申报“全国设施农业知名品牌创建示范区”，长乐市申报“全国化纤产业知名品牌创建示范区”，马尾区申报“全国电子信息产业知名品牌创建示范区（智能办公家居）”。

【卓越绩效管理】 在全省率先建立卓越绩效管理自我评价年度备案制度，指导获首届“福州市政府质量奖”的冠城大通、金纶高纤、亚通科技、榕基软件、海源机械5家企业先后开展该活动，同时向100多家企业推广先进的质量管理方法。

【中小学质量教育基地】 与市教育

11月20日，举办福州市第一期企业首席质量官任职培训班

（来源：福州市质量技术监督局网站）

局、检验检疫局共同推动中小学质量教育基地建设工作,推动市政府在全国率先出台《关于开展中小学质量教育社会实践基地建设工作的意见》,推动市质检所、春伦茶业、青岛啤酒等单位申报国家级、省级中小学质量教育基地。至年底,春伦茶业等5家单位通过省级中小学质量教育基地现场考核验收。

【标准化管理】 标准制定 参与制定国际标准2项、国家标准85项、行业标准91项、地方标准29项;完成制修订国家标准20项、行业标准22项、地方标准13项;新立项国家标准3项、地方标准7项;企业产品标准备案265项。引导企业采用国际标准或国外先进标准6项。

地理标志产品 12月,连江鲍鱼获批国家地理标志产品保护,全市地理标志产品保护总数达9个。福清嘉儒蛤、永泰山茶油申报地理标志产品保护材料通过省质局审核并上报国家质检总局。

标准化示范园区 3月21日,福清融侨经济技术开发区举行省级标准化示范园区试点建设启动仪式,园内80多家规模以上工业企业代表参加。对第七批2个国家级、第六批2个省级农业标准化示范区建设进行验收;在国家标准委组织的农标示范区省际交叉检查工作中,闽清县淡水网箱养鱼综合标准化示范区、永泰白色金针菇标准化示范区、闽侯蘑菇标准化示范区、罗源食用菌标准化示范区4个农业标准化示范区通过验收。跟踪指导5个第七批省级农业标准化示范区项目建设。指导罗源县开展农业标准化示范县建设。新申报立项开展4个第八批国家级农业标准化综合示范区(县)建设。

海西服务业综合标准化试点 市质监局根据国家质检总局与省政府签署的《关于贯彻落实海西规划,共同推动福建科学发展跨越发展合作备忘录》要求,围绕平潭综合实验区总体规划,草拟项目实施方案,突出闽台交流先行先试示范区、海西经济社会协调发展先行区和平潭智慧岛等特色。推进平潭建设“海西服务业综合标准化试点”项目。

社会管理和公共服务标准化 围绕《社会管理和公共服务标准化“十二五”行动纲要》,组织开展培训6场。重点推进民政、医疗体检、冷链物流、行政服务中心等服务领域标准化,为鼓楼区国家级服务业综合改革试点工作提供标准化服务,指导鼓楼区制定国内首个《楼宇经济公共服务规范》地方标准。推动闽侯县行政服务中心申报国家级社会管理和公共服务综合标准化试点项目。

【国际电讯联盟标准年会】 2月26日—3月1日召开,福州高意通讯有限公司为主办方,以“下一代40千兆光纤到户国际标准(40Gb/s TWDM-PON)”为主题,联盟正式会员近100人出席。

【计量管理】 能源计量监管 开展能源计量审查试点工作,加强对列入万家节能低碳行动的重点能耗企业的能源计量监管。年内新增综合能耗万吨标煤企业15家。联合国家城市能源计量中心(福建)实地走访企业,解决能源计量数据采集中遇到的技术问题。对15家待采集的企业进行分类,所有企业均与设备改造公司签订改造合同,完成34家能耗企业能源计量审查任务。

机动车安检 联合市交警支队车管所、环保局监察支队,对辖区各机动车安检机构试行量化考核管理,对安检机构机动车检验情况进行考核,考核内容包括检验规程执行、检验报告管理、人员资质管理、现场环境等方面,对存在问题较严重的安检机构,限期进行整改。

计量器具监管 与直属一分局在名成水产批发公司试点推行电子计价秤“四统一”(统一配置、统一管理、统一检定、统一轮换)举措。配备首批具有防作弊、数据传输功能的电子计价秤给部分经营者使用。继续推行集贸市场、乡村卫生院(中心)、社区卫生服务中心(站)的免费检定等各项惠民措施,免费检定计量器具46840台件,比增11.3%。开展加气机专项计量监督检查。依法查处1家未经检定擅自使用且计量超差的加气站,并对投诉较多的液化气充装站短斤少两问题开展突击检查,依法立案查处1家液化气充装站。开展医疗计量器具专项监督检查。重点检查全市18家各类二级以上医院是否建立医疗计量器具台账并依法进行计量检定,是否存在超期未检或使用检定不合格医疗计量器具等情况,配合省局完成8家省级医院计量器具监查。

定量包装 开展定量包装商品净含量监督检查,抽查744批涉及百姓日常消费的大米、食用油、茶叶、调味品、肉制品、水产品、休闲食品、油漆涂料、电线电缆和化肥等10类商品的计量准确情况,全年统计平均合格率达97.3%。

【监督执法】 打击侵犯知识产权和制售假冒伪劣商品 制定《福州市质量系统2013年“双打”工作方案》,对辖区重点产品、重点企业逐一巡查,重点检查细木工板、防水涂料、建筑排水用硬聚氯乙烯管材、陶瓷砖、食品等产品。以产品加工制造集中地、制售假冒伪劣产品案件多发地,特别是把无证生产问题、产品质量问题较多的地区和城乡结合部作为重点区域。出动执法人员6931人次,检查企业723家次,立案查处348起。

农资打假 在闽侯县竹岐乡举行以“进千村,入千户,抽千样”为主题的“春耕护农”专项行动启动仪式,活动现场提供法律咨询服务、真假农资产品鉴别及受理农资产品相关投诉等服务,抽取蔬菜生产基地肥料仓库中的30个样品进行免费检测,赠送约1吨优质化肥(1000多袋)。对辖区内化肥、农药、农膜、农机等农资产品生产企业进行检查。

儿童用品专项检查 5月27—31日开展,重点检查童装、童鞋、玩具、童车、儿童安全座椅、婴幼儿纸尿裤6类儿童用品,出动执法人员65人次,检查18家企业,查处1家儿童玩具生产企业。

“黑心棉”专项整治 一是对棉花收购、加工、销售、承储等环节进行检查。督促涉棉企业和人员依法行事,做到收购、加工棉花排除异性纤维和危害性杂物。查处棉花经营活动中标实不符、掺杂掺假、以次充好、以假充真等违法行为。二是对再加工纤维生产企业进行检查。查处使用禁用原料生产再加工纤维、使用脱色漂白等工艺生产再加工纤维等违法行为。三是对絮用纤维制品生产企业进行检查。打击以禁用原料或限用原料生产“黑心棉”的违法行为。对供应大中专院校、寄宿制中学、幼儿园以及救灾抢险、扶贫济困等集团的生活用絮用纤维制品质量开展执法检查,出动执法人员121人次,检查企业22家,立案查处1起。

【食品安全监管】 蜜饯生产企业专项整治 督促61家蜜饯生产企业自查并开展重点监督检查和抽样检测。送检原料、半成品及成品141批次,下达责令整改通知书16份。7—9月,市、县联合开展对问题企业整改工作“回头看”工作。

肉制品专项整治 督促企业开展自查,检查企业102家次,抽检原料肉及肉制品39批次,发出责令整改通知书9份。

酒类专项整治 检查白酒、黄酒等酒类生产企业58家次,立案查处4起。对白酒生产企业开展市县联合检查,督促企业对生产、储运过程中使用的塑胶容器、管道、密封材料和包装材料等进行全面整改。全年未发现酒类生产企业生产过程中存在故意添加邻苯二甲酸酯类物质的违法行为。

建立食品生产企业信用监管机制 按季度通过门户网站公布最新质量信用AA级和D级名单。已公布的50家AA级企业中35家长期保持榜上有名,4家下榜,新增15家上榜;12家D级企业中,2家经整改调升C级企业,2家被依法注销食品生产许可证,新增4家D级企业。印制1000面《福州市食品生产企业重信息公示栏》在全市食品生产企业中张贴。

【特种设备安全监察】 全市在册特种设备58967台〔锅炉3770台、压力容器8606台、电梯30910台、起重机械12554台、场(厂)内专用机动车辆2978台、大型游乐设施146台、客运索道3条〕,其中在用特种设备49367台〔锅炉1491台、压力容器5768台、电梯29294台、起重机械10292台、场(厂)内专用机动车辆2387台、大型游乐设施132台、客运索道3条〕,另有压力管道895.4千米,气瓶119.8万只。

电梯安全 市政府印发《福州市人民政府办公厅关于进一步加强我市电梯安全工作的通知》,进一步明确地方政府及相关职能部门的电梯安全监管职责;对全市无物业小区电梯安全状况进行摸底,提交《关于无物业小区电梯安全情况的报告》,包括无物业小区电梯分布情况、安全状况、存在问题整改对策与建议等内容。

气瓶数字化管理 会同市安监局、市建委联合印发《关于推行气瓶数字化管理的通知》,要求辖区气瓶充装、检验单位实行气瓶条码管理,实现摸清自有产权气瓶底数、规范自有产权气瓶档案管理。使各级监察机构能及时掌握辖区气瓶数量、检验情况等信息,实现各气瓶检验单位气瓶检验信息与充装单位、监察机构实现自动共享。

专项检查 在节假日及重大活动期间,会同省特检院对鼓山索道、左海公园、儿童公园、金牛山公园、动物园等公园、旅游景点及会议场所、宾馆等的大型游乐设施、客运索道、旅游观光车辆、电梯等设备进行检查,检查特种设备291台套,重点检查特种设备注册登记、设备定期检验、操作人员持证上岗、管理制度的落实、建立应急救援机制以及设备是否存在其他事故隐患等情况,下达《特种设备安全监察指令书》3份,责令其限期整改。制定《福州市质量技术监督局深入开展涉氨制冷企业液氨使用专项治理工作方案》,并开展专项监督检查,出动650多人次检查210家单位,发现安全隐患310处,发出监察指令书123份。印发《福州市特种设备安全大检查及重点整治“百日行动”工作实施方案》,以氨介质的压力容器使用单位、气瓶充装单位、小型锅炉和移动式压力容器使用单位等为重点领域开展大检查,组织检查组632个,出动检查人员2279人次,检查企事业单位1125家次,发出监察指令书481份,立案查处12起。

(董　颖)

安全生产管理

【概况】 2013年,福州市发生各类生产安全事故384起、死亡171人、受伤331人,同比分别下降23.7%、0.6%、33.1%。开展安全生产大检查、道路交通安全综合整治、安全生产标准化建设、“打非治违”专项行动、安全专项整治与隐患排查治理等工作。

【部署安全工作】 先后下发加强安全生产工作的文件500多份。市安委会对安全生产事故控制指标实施动态监管,实行月通报、季分析、半年督查、年度考核,对事故多发地区进行警示通报,先后约谈事故多发或安全管理不到位、隐患整改不力的多家企业单位负责人,督促落实安全生产责任。

【安全生产大检查】 成立安全生产大检查领导小组,并在市安办设立专项工作办公室,建立工作例会制度、信息交流制度、调度统计制度、总结报告制度。先后5次召开动员部署会议。6月9日,市政府4名副市长分别带队到餐饮燃气、危险化学品、道路交通、建筑施工等行业领域检查隐患排查治理情况。8月上旬、9月中旬,市安委会组织督查组对所有县(市)区和市直重点单位开展督查。8月中旬,市安办邀请专家组织暗访组,采取“四不两直”(不发通知、不打招呼、不听汇报、不用陪同和接待,直奔基层、直插现场)的方式开展暗访,对查出的隐患,现场处理,现场警示,跟踪整改,并建立台账。其间,组织督查组11012个,参加检查人员60204人次,督查检查企事业单位和公共场所61400家,责令改正、限期改正、停止违法行为62139起,责令停产、停业、停止建设1150家,暂扣或吊销有关许可证、职业资格212个,关闭违法企业87家,行政处罚983.7万元。

【安全生产标准化建设】 分3期对69名评审专家、293名企业内审员进行培训。组织专业技术人员到重点企业指导服务,其中工贸行业企业按照国家标准达标275家。中铝瑞闽铝板带有限公司、福建金闽再造烟业发展有限公司被评为一级达标企业,15家企业被评为二级达标企业。

【道路交通安全综合整治】 制定出台《2013年福州市道路交通安全综合整治“三年行动”工作意见》等10余份文件,持续开展18项专项整治。全年无发生1次死亡10人以上重大道路交通事故,事故死亡人数比前3年平均数下降34.78%。完成500处隐患路段整治任务,整治率100%;国省干线安保工程完成约536公里;农村公路安保工程完成1500公里;普通公路危桥改造项目完成26座;大型客车报废注销率在全省率先实现100%,校车检验率达100%;大中型客车、重中型货车和危化品运输车等重点车辆检验率、机动车所有人基础数据集中清理补录率均达99%,居全省之首;危险品运输车、校车、渣土运输车安装使用卫星定位装置,卧铺客车安装使用视频装置均达100%;更换非专用校车364辆,新购国标车196辆。

【"打非治违"专项行动】 出动检查人员48583人次,打击非法违法、治理纠正违规违章行为314590起,责令改正、限期整改、停止违法行为1.78万起,责令停产、停业、停止建设企业465家,暂扣或吊销有关许可证、职业资格9317个,行政拘留2149人,行政处罚3601万元。

【重点行业(领域)专项整治】 燃气安全:组织1008个检查组,检查餐饮场所13924家、从业人数55833人,排查餐饮场所安全隐患5220项,责令停业整改768家,停业23家,查处"黑气"点32处,查处不合格液化气钢瓶785个,行政拘留6人。

涉氨涉氯使用安全:检查170多家企业,对30家可能构成重大危险源的企业进行全面体检,于11月底至12月中旬组织开展县区间交叉检查和专项督查。12月3日,市委常委、副市长吴贤德带队到福州外贸食品冷冻厂、琪宁精细化工有限公司等企业进行督查。

油气输送管道安全:排查出油气管道安全隐患点15处。在安全生产专项整治中,检查生产经营单位1.86万家,排查事故隐患3.49万项,整改率99.7%。

【应急救援能力建设】 市财政拨出专项资金1000万元,建立江阴化工应急救援机构,进一步完善江阴消防站装备。6月21日,在福清江阴工业区举行危险化学品事故灾难应急救援演练,20多个部门和74家企业参加演练,参演400多人,参演车辆20多部。"安全生产月"期间,全市举办应急预案演练活动100多场,企业自行组织演练活动3000余场,参演2万余人,投入经费1000多万元,修订预案300余件。

(邹春烨)

审　计

【概况】 2013年,福州市审计机关完成审计和审计调查项目(单位)404个,占年度审计项目计划389个的103.86%。查出应上缴财政、归还原渠道资金、调账处理等审计处理处罚金额16.98亿元,移送有关部门处理事项9件13人,涉及金额5037.11万元。促进增收节支和挽回损失5.72亿元,已调账处理、拨付资金等5.44亿元,推动建立健全制度和整改措施22项。年内,在全省审计系统信息宣传考核第一名,统计考核第三名。被审计署授予全国地方政府性债务审计先进公务员集体,全国审计信息宣传工作先进单位。

【财政收支审计】 对112个部门单位2012年度的预算执行和财政决算进行审计,其中:市级预算执行审计部门12个、县级50个;审计县(市)区政府财政决算2个、乡镇(街道)48个。查出主要问题金额74.15亿元,分析研究审计发现存在预算编报不真实不完整、预算批复不规范、违规变更调整预算、未按规定纳入预算管理、未按规定征收缴纳预算收入、隐瞒转移截留资金、违规改变资金用途、资金滞留闲置、违规采购、决算草案编报不实不完整以及预算资金结余不实等方面问题原因,从体制机制上提出加强财政预算管理的建议意见。

【公用经费审计】 制定《市直部门和乡镇公用经费使用管理情况专项检查工作方案》,以"三公经费"〔公务接待费、因公出国(出境)经费、车辆购置和运行费〕、会议费、差旅费、培训费等真实性、合规性为重点开展检查,其中:48个市直部门1—9月公用经费支出3614.81万元,比上年同期4685.07万元减少1070.26万元,下降22.84%;36个乡镇(街道)1—7月支出1975.59万元,比上年同期2540万元减少564.41万元,下降22.22%。审计查出主要问题金额541.72万元,针对存在公用经费预算没有细化、实际支出与预算不相符、扩大开支范围或提高开支标准、公车费用居高不下、会计核算不实、支出审批手续不严、列支渠道不符合规定和经费转嫁或摊派下属或其他单位等方面的问题,提出细化公用经费预算、制定各项开支标准范围、严格会计核算、加强内部控制和外部检查监督5点审计建议意见。

【地方政府性债务审计】 8—9月,审计署驻深圳特派办和市审计局组织80名审计人员,分别对福州市、县、乡三级地方政府负有偿还责任的债务、负有担保责任的债务和其他相关债务等3类债务进行审计。重点审计检查2011—2012年3类债务增减变化情况、新的举债主体和举债方式形成的地方政府性债务情况(包括BT、EPC等建设项目融资方式)。以"见人、见物、见账,逐笔、逐项"为原则,主要审计市本级及12个县(市)区和130个乡镇政府及机构、经费补助事业单位、公用事业单位、政府融资平台公司等单位和全额拨款事业单位、国有独资或控股企业、自收自支事业单位等新的举债主体,延伸审计932个单位和366个项目。至2012年年底,福州市三级地方政府3类债务余额435.20亿元〔不包含市本级粮食企业政策性挂账1.14亿元和县(市)区粮食企业和供销企业政策性挂账1.97亿元〕,其中市本级政府286.46亿元、县(市)区146.23亿元、乡(镇)2.51亿元。三级地方政府负债率(债务余额与地方政府综合财力的比率)分别为80.48%、26.03%和4.6%,偿债率(当年还本付息额与地方政府综合财力的比率)分别为18.05%、5.28%和0.53%,全部低于债务率100%和偿债率20%的警戒线。逾期债务率(逾期债务额占债务余额的比重),市本级政府0.02%,12个县(市)区0.61%,在130个乡(镇)中负有3类债务的70个乡(镇)为54.54%,表明偿债压力较小,风险较低。该次审计查出主要问题金额45.30亿元,依法处理和纠正以财政性收入和行政单位国有资产或其他方式提供担保的债务，以及未按规定投向和用途使用债务资金等方面问题。

【城镇保障性安居工程审计】 2012年10月—2013年2月，审计署驻深圳特派办和市审计局组织76名审计人员，分别对2012年度市本级及5个区和7个县（市）的各类城镇保障性安居工程投资、建设、运营和管理情况进行审计，延伸审计127个单位（企业）、33个街道办（乡镇）、26个居（村）委会、164户家庭。至2012年底，累计建设、购买、长期租赁保障性住房和棚户区改造安置房18.27万套，解决中低收入家庭21.32万户、65.46万人住房困难。2012年，筹集保障性安居工程资金27.37亿元，支出28.74亿元，累计结存13.43亿元。实际完成开工40282套，基本建成33302套（其中竣工1.97万套、面积123.51万平方米）。查出主要问题金额22.55亿元（其中有19个保障性安居工程项目未按规定进行招投标，涉及金额21亿元），对部分县（市）区目标任务未完成、工程建设程序履行不到位、保障性住房分配和使用管理不规范等方面问题进行处理和纠正，并将东部新城8号社会保障房项目涉嫌个人违规和螺州镇政府以工作人员名义成立公司抽逃资本金，及部分党政机关领导干部违规占用下属企业车辆3方面问题分别移送市政府和市纪检监察机关处理。

【政府投资审计】 对第八届全国城市运动会场馆建设、国际机场二期建设项目、地铁1号线一期工程和援疆发展建设工程等重大建设项目进行审计和跟踪审计。审计109个项目，总投资149.79亿元，完成投资额69.11亿元。查出主要问题金额3.07亿元，促进整改落实有关问题金额9920.88万元，核减结算和决算6585.18万元。处理和纠正项目概（预）算编报不完整、违规招投标、项目超计划超概（预）算、征地拆迁补偿政策不落实、建设工程进展缓慢、未按规定征收缴纳收入、违规改变项目计划和资金用途、项目资金滞留闲置、工程结算决算高估冒算等方面问题。

10月，市审计局局长林良云带领工作人员向姜黄种植示范户了解生产情况

（市审计局 供）

【民生资金审计】 就业资金审计 2月，对市本级和12个县（市）区的就业专项资金筹集、管理和使用情况进行专项审计调查。2012年，就业专项资金收入2.43亿元，支出2.14亿元，历年累计结余1.83亿元。审计发现就业资金筹集力度不足、资金管理使用不规范、促进性就业项目支出比重偏低、职业培训机构监管机制不完善等方面问题，查出主要问题金额5401.73万元。

扶贫和救灾资金审计 7月，对扶贫和救灾专项资金的筹集、管理和使用情况进行专项审计。2012年，全市财政安排各项扶贫和救灾专项资金12490.87万元（扶贫资金7533.40万元、救灾资金4957.47万元），支出8820.34万元（扶贫资金4649.21万元、救灾资金4171.13万元），结余3670.53万元（扶贫资金2884.19万元、救灾资金786.34万元）。查出违规金额3994万元（扶贫资金2028.21万元、救灾资金1965.79万元），处理和纠正扶贫和救灾资金拨付不及时、滞留扶贫和救灾资金、挤占挪用扶贫和救灾资金等方面问题。扶贫资金重点审计市、县（市）区的扶贫办、农办、财政、发改委、老区办、民宗局和金融等分配管理使用扶贫资金的部门和经办机构74个，延伸审计使用扶贫资金的企事业单位54个、乡镇（街）113个、居（村）委会269个，调查家庭户数165户。救灾资金重点审计市、县（市）区的财政、民政、水利、农业、渔业、经贸和科技等分配管理使用救灾资金的部门和经办机构74个，延伸审计使用救灾资金的企事业单位69个、乡镇（街）163个、居（村）委会309个，调查家庭户数371户。

【资源环境审计】 对城区75条内河综合整治、环境综合整治、重大水利建设、水土流失综合治理、农村饮水安全工程和新农村基础设施建设6个重大项目进行审计和审计调查。检查发现部分环境整治项目未按规定编制概（预）算、履行基建程序不到位、建设资金使用管理不规范、拨付征地拆迁补偿款不及时、项目建设进度缓慢、财务管理不善等方面问题。查出违规金额1613.98万元，管理不规范金额17418.20万元。促进整改落实问题金额4185.30万元，其中上缴财政272.76万元、归还原渠道资金3912.54万元。移送处理事项2件、涉及金额1440.59万元。

【国有企业和金融机构审计】 对福州民天集团有限公司、市城乡建设发展有限公司、市物资回收利用公司、福州日报社和福建海峡银行等12个单位（项目）进行审计和审计调查。查出主要问题金额83933.32万元，促进整改落实问题金额3.08亿元。处理和纠正违规经营、违规担保、违规贷款、资产质量不实、决策失误、管理不善导致国有资产流失、财务收支核算不实等方面问题。《供销社及其物资回收公司资产经营管理情况》和《关于福州民天集团有限公司2012年度资产负债损益审计发现问题的专项报告》等要情专报获市政府领导批示。

【经济责任审计】 出台《福州市部门和单位内部管理领导干部经济责任审计暂行办法》和《福州市领导干部离任经济责任事项交接暂行办法》。对128个部门150名主要党政领导干部和国有企业领导人员进行任期经济责任审计,其中:离任审计86人,占57.33%;任中审计64人,占42.67%。审计查出主要问题金额85657.90万元,其中:违规金额35503.10万元(应负直接责任645.70万元、主管责任3735.73万元、领导责任31121.70万元);管理不规范金额50154.80万元(应负直接责任3429.72万元、主管责任40003.70万元、领导责任6721.39万元)。移送有关部门处理事项3件4人,涉及金额260.82万元。

【内部审计】 全市有内部审计机构106个,其中专职机构36个;内部审计人员285人,其中专职人员105人。完成审计项目782个,其中财务收支审计13个,效益审计12个,经济责任审计88个,内部控制评审7个,信息系统审计2个,基本建设审计101个,其他审计事项429个。审计总金额4504.31万元,增收节支金额1260万元,被采纳的审计建议意见有452条。

【审计信息采编】 采集、开发、编报《福州审计信息》和《福州审计要情》124期413篇(条),被市级以上党政部门和新闻媒体采用267篇(次),采纳率64.65%。其中,《供销社及其物资回收公司资产经营管理情况》《市审计局建议加强政府投资建设项目监理单位管理》《应重视重大水利建设项目虚报进度的问题》《应进一步规范国有企业负责人的薪酬管理》《审计建议应加快理顺福州高新技术产业开发区财政管理体制》等10多篇(条)信息要情专报,被上级党政领导批示或批转到相关部门进行研究落实整改。

【审计信息化建设】 对“金审二期”硬件工程进行验收,完成系统支撑平台、机房改造和LED显示屏建设任务。完成县(市)区审计局会商系统部署,实现与国家、省、市和县(市)区四级审计机关互联。启动“金审三期”工程项目建设,以审计项目流程管控、大项目管理、网上审理、数据库和移动办公等为建设重点。探索“总体分析、系统研究、发现疑点、分散核实”数字化审计方式,对城镇保障性安居工程、地税征收管理和地方政府性债务等项目进行实践。

(陈直华)

(编辑 吴 燕)

财　　政

【概况】　2013年,福州市各级财政部门推进建立房产交易税二手房价格评估机制,争取限售股减持等易流失税源回流;落实地方税收保障办法,筹建涉税信息综合管理平台;建立非税收入资金实时监控体系。

全市(含平潭,下同)地方公共财政收入453.97亿元,比增18.8%,完成预算的105.2%;加上划中央收入235.15亿元,公共财政总收入689.12亿元,增长15.4%。公共财政支出533.84亿元(含省专款和上年结转等支出,下同),比上年增长123.11亿元,增长30.0%。政府性基金收入509.53亿元,增长63.6%,完成预算的111.0%;支出514.93亿元,比增167.16亿元,增长48.1%。社会保险基金收入135.9亿元,支出113.46亿元。

市本级地方公共财政收入169.64亿元,增长13.4%,完成调整后预算的100.4%;加上划中央收入87.67亿元,公共财政总收入257.30亿元,增长13.2%,完成预算的100.2%。预算支出104.60亿元,完成预算的87.1%,加上省专款和上年结转等支出42.15亿元,支出共计146.75亿元,增长43.2%。政府性基金收入220.74亿元,增长130.3%,完成预算的105.6%;支出199.10亿元,增加83.22亿元,增长71.8%。社会保险基金收入85.53亿元,支出70.21亿元。

中央、省级财政共下达福州市专项补助资金65.14亿元,增加5.13亿元。共取得省转贷福州市地方政府债券11.51亿元,比上年增加9.21亿元,是历年转贷金额平均数的2.5倍。

【支持经济增长】　*落实积极财政政策*　完善结构性减税政策,稳步推进"营改增"试点,调整小微企业增值税和营业税起征点,对小微企业中月销售额不超过2万元的增值税小规模纳税人和营业税纳税人,暂免征增值税和营业税;对工业外贸流通企业房产税、城镇土地使用税实行"即征即奖"。兑现800多户企业财政扶持资金3.80亿元,实行劳动密集型小企业贷款贴息和小微企业融资担保风险补贴。加大市级股权投资资金运作力度,促进初创期高新中小企业发展。兑现出口退税93.50亿元,取消行政事业性收费项目31项,免征行政事业性收费2项。

推动产业经济发展　拨付各类工业扶持资金4.68亿元,支持工业企业增长、节能降耗和技术改造,抢救保护濒临失传的重点传统工艺美术品种与技艺,促进产业优化升级。进一步完善鼓励总部经济政策,兑现企业总部奖励0.62亿元。完善促进金融业发展各项举措,兑现24家金融机构奖励1721.8万元。投入2000万元,支持福建海峡股权交易中心成立运营。拨付资金0.73亿元,推进航空港口联动发展。投入3.60亿元,支持重大水利建设、海堤和病险水库除险加固、农村饮水安全工程。实施"海上福州"发展战略,投入0.34亿元,发展海洋新兴产业、现代海洋服务业和现代海洋渔业。拨付1.32亿元,培育壮大农业龙头企业和特色产业,支持果蔬、花卉、茶叶和食用菌等生产,支持农业"五新"技术推广。拨付0.70亿元,推进农业综合开发项目实施。永泰县和连江县东湖镇天竹村、罗源县霍口畲族乡福湖村等6个村列入美丽乡村省级财政"一事一议"奖补范围,其中试点县奖补1200万元,试点村奖补100万元。筹措0.20亿元,建立外贸中小企业贷款风险补偿金,采取政、银、企合作方式建立风险共担机制,帮助外贸中小企业解决融资问题。拨付0.77亿元,助推现代物流企业发展壮大,加大在中央电视台等新闻媒体宣传福州力度,支持发展乡村旅游、温泉旅游、森林旅游,成功举办第四届福州国际温泉旅游节。推进"中国服务外包示范城市"申报工作。

支持科技创新　拨付资金0.78亿元,支持创新平台、企业技术中心建设和科技重大项目、科技基础研究,鼓励"产学研"加速融合,促进科技成果转化,支持创建知识产权示范城市。投入0.60亿元,扶持重点出口行业转型升级,支持企业研发、技术改造和国际认证等。拨付0.23亿元,用于引进高层次优秀人才工作津贴及科研项目补助发放。落实海西引智试验区建设资金500万元,支持国际化创新人才培养及国际人才项目孵

化器建设。

【社会民生保障】 提升社会保障能力 扩大社会保障制度覆盖面,对未参加职工基本养老保险的高龄职工发放生活保障金69万元,按当地城镇居民(单人户)最低生活保障标准执行。实现城乡居民社会养老保险全覆盖,从土地出让收入中提取被征地农民养老保险金2.03亿元。提高城乡低保对象补助标准,城区城市单人户为460元/月,多人户430元/月;农村单人户350元/月,多人户320元/月。在全国首创中秋节点为困难群体2万人每人发放300元食品供应券。拨付1.15亿元,落实各项促进就业、创业政策。

促进教育优先发展 保障义务教育阶段免除学杂费,统一城乡义务教育阶段生均公用经费标准,小学、初中每生每年分别提高到610元、810元,惠及70万名中小学生。对公办中等职业学校全日制在校生免学费。拨付3.17亿元,实施16所中小学校安工程,建成福州八中三江口校区、金山三期小学和金山七期小学等新区学校,启动建设英华学校、四十三中等新布点学校。安排1000万元支持学前教育,新建、改扩建45所公办幼儿园。拨付0.68亿元,化解福州职业技术学院债务并支持学院二期建设。

推进文体事业发展 拨付1400万元,加强重点文物和非物质文化遗产保护修复,重点支持基层文化设施建设,推进村级公共文化设施设备更新维护,保障海峡两岸合唱节、文博会等文化活动经费。拨付3921.32万元保障博物馆、少儿图书馆等公益性文化设施免费开放;拨付7800万元,推进新工人文化宫建成投入使用。加快创建全民健身示范城市,拨付0.38亿元,支持承办世界沙滩排球赛、环福州·永泰国际公路自行车赛、中华龙舟大赛等活动。

深化医疗卫生体制改革 提高基本医疗保障水平,新农合和城镇居民医保政府补助水平从每人每年260元提高到300元;扩大按病种定额付费试点范围,鼓励多种形式的支付方式改革。基本公共卫生服务经费政府补助标准从每人每年25元提高到30元。上述共增拨经费3400万元。拨付0.93亿元,完善基层卫生机构软硬件设施。

【城市建设支出】 实施生态保护和环境整治 投入13.80亿元,综合整治光明港、东西河、白马河等23条城区内河。拨付0.68亿元,推进环境空气监测网建设,加强大气环境、重点流域整治及饮用水源保护。拨付3.48亿元,用于各区环境综合整治、环卫提升、垃圾处置等,支持街巷整治、建筑立面改造等,提升城区环境卫生管理。

基础设施和公共服务设施投入 拨付28.65亿元,支持南江滨东大道及延伸段、南台大道南段、铜盘路、林浦大桥、螺洲大桥等市政道路、桥梁的提升改造与建设。拨付1.52亿元,加快实施闽江北港南岸、南江滨东段及魁岐排涝二站防洪工程。投入31.82亿元,支持铁路、高速公路、地铁1号线建设。投入10.45亿元,对投融资平台承担的公益性及半公益性建设项目进行固化补助。拨付0.50亿元,保障妇女儿童活动中心、市民服务中心等公共项目建设。拨付3亿元,提升环南台岛、三环路和南江滨堤外绿化景观,完成湖滨路、浦上大道等主次干道沿线和街旁绿地绿化建设,建成11个城市公园,加快建设"美丽福州"。拨付19.10亿元,改造上下杭、朱紫坊历史文化街区和烟台山历史风貌区,保护修复鼓岭风景区,启动南街项目改造。

改善住房和出行条件 按规定将土地出让收益6亿元和住房公积金增值收益4300万元用于廉租房和公共租赁房建设。拨付14.38亿元,推进廉租房、公租房等社会保障房建设,加大旧屋区改造力度。拨付5.61亿元,继续补贴优惠群体乘车、新购公交车辆、开辟新线、驾驶员增薪等。

加强公共安全体系建设 支持行政服务中心创新管理和"数字城管"、智能交通控制中心建设。支持各类司法救助,健全医患纠纷第三方调处机制。提高消防官兵高危补贴和政府专职消防员待遇,加强消防安全布局,提高消防应急救援能力。共拨付4.80亿元,保障公共安全、社会综合治理经费。

【控制行政运行费用】 按照"零增长"原则编制"三公经费"预算,控制一般性支出。禁止提高会议用餐和住宿标准,执行公务接待报销"三单"(一是提供业务招待费报销单,凡是超过规定人数、就餐金额超过规定标准的一律不准报销;二是提供点菜单,凡有高档菜肴、酒水的一律不准报销;三是提供就餐发票,凡时间、地点、金额不符的一律不准报销)制度。加强对公务用车等经费支出审核。控制出席会议、考察调研、学习交流、检查指导等公务活动的接待支出。全面停止新建楼堂馆所,控制办公用房维修改造项目,严格执行维修改造标准,禁止豪华装修。全市公务接待费比上年下降51.37%,因公出国(境)经费支出比上年下降1.24%。

【创新财政管理机制】 强化体制机制创新 下发《福州市人民政府关于调整市对区财政管理体制的通知》。明确跨区域经营企业的税收归属,进一步理顺收入征管与归属。完成财政系统依法行政情况综合监察工作。落实简政放权、提速增效、扩权强县强区工作,取消或下放部分审批、审核、备案项目。开展市级单位票据电子化管理网络版试点。首次公开出让海域采砂临时用海使用权,探索资源有偿使用市场化机制。市投资管理公司定位为市属国有金融投资控股公司,承担海西金融服务中心投融资主体职能。

提高预决算管理水平 开展国有资本经营预算编制,建立完整的政府预算体系。扩大预算绩效目标编制范围,试点预算执行过程绩效监控,推动项目单位开展绩效自评。将市本级部门预算公开的范围扩大到除涉密部门以外的所有一级预算单位,并做好部门决算和"三公"经费公开前期准备工作,推进财政信息公开。

加强财政资金管理 全面清理现有财政对外借款,督促借款单位履行还款责任;清理国库暂存、暂付款项。清收部门结余结转资金,压缩规模,盘活存量资金。清理撤并财政专户15个。深化国库集中支付改革,市本级新增15家预算单位纳入集中支付系统,推动公务卡制度试点工作。开展清理和规范专项资金工作,提高资金使用效益。配合审计机构开展地方政府性债务审计，夯实政府性债务，防范财政风险。

加强财政监督检查 对全市72家单位开展会计信息质量检查，查处违规金额1.5亿元；开展全市强农惠农富农资金检查，重点检查313户，涉及175个项目，纠正和整改违规金额145.12万元。选择16家市本级财政票据使用单位，专项清查其执行非税收入及财政票据管理政策和制度情况，发出整改通知9份，整改率93.75%。落实事业单位及所办企业国有资产产权登记管理办法，研究出台《福州市级行政事业单位国有资产交易实施细则》。

（林 敏）

国家税务

【概况】 2013年，福州市国家税务局组织入库税收收入390.12亿元，完成年度收入任务352.60亿元的110.64%，比增68.37亿元，增长21.25%。税收收入总量超过泉州上升到全省第二位，增量、增幅、进度均居全省首位，增幅超过全省平均增幅10.35个百分点。其中直接收入371.22亿元，比增77.07亿元，增长26.20%；免抵调库18.90亿元，比减8.70亿元，下降31.52%。实现地方公共财政总收入241.60亿元，比增19.89亿元，增长8.97%。另外海关代征税款77.35亿元，比增8.88亿元，增长12.96%。管征各类纳税人14.02万户，比增1.83万户，增长15.01%。其中企业8.96万户，个体工商户5.06万户；一般纳税人3.20万户。首创的“任务管理与服务回访系统”被省国税局在全省推广。

【法制建设】 依法行政 在台江区国税局、连江县国税局、长乐市国税局3家单位开展依法行政示范单位创建工作。与市地税局联合发布《部分税务行政简易处罚裁量权基准》，进一步规范行政裁量权。审理重大税务案件12件，审结8件，其中审理确定3件虚开增值税普通发票案件属于情节恶劣情形，按上限给予50万元处罚。受理行政复议案件1件，协调撤回复议申请1件。全面开展税收执法督察，对6个单位重点开展检查。配合财政部驻福建省专员办对全市国税系统税收政策执行情况和税收征管质量开展为期5个月的专项检查。运行税收执法管理信息系统，全年税收执法准确率达99.80%，过错户、过错数均大幅下降。

税务稽查 检查企业196户，直接查补入库收入4.39亿元，比增111%，占全省国税稽查查补收入的37%。对135户企业开展税收专项检查，查结51户，查补收入2.39亿元。开展打击骗取出口退（免）税专项行动，对24户外贸企业开展突击检查和调查取证，查实虚假提单1711份，涉及退税额2.12亿元，确认涉及进项发票1915份，进项税额3013.38万元，出口退税2836.13万元。查处国家税务总局督办案件4件，省国税局督办案件1件，移送重案审理16件，移送公安4件，涉及税款超千万元的10件。开展打击发票违法犯罪活动，检查企业265户，查处非法发票份数7057份，查补收入合计1.04亿元。开展药品医疗器械医疗机构发票专项整治，查补税款2118.83万元。受理来信、网络、“12366”热线举报345件，合计查补收入519.28万元。

税法宣传 在全国第22个税收宣传月期间，举办“支持台胞创业，培育共同产业”税法宣讲、“中国福州”门户网站高端访谈、税收热点“微访谈”、“税收带来榕城美”主题摄影大赛，发布2012年度福州市纳税百强榜，编印《海西税务》宣传专刊等宣传活动。在福州电视台播出2期“民生面对面·税收热点访谈”节目。编印并向纳税户赠送3期3600份《税法解读》。编撰出版《税收历史故事》。在全国税收好新闻评选、全国税收博文征集等活动中获一等奖等奖项。在新浪、腾讯“@福州国税”官方微博发布信息800多条，“粉丝”达13.83万名。

【征管改革】 10月起，在全市国税系统全面实施税收征管改革，改变原来以“划片包干”为主要特征的征管模式，推行以风险管理、分类管理、信息管税等为主要内容的专业化管理。主要做法：市局和各县级局成立“税收风险分析监控中心”，统一开展税收风险分析、识别和排序；取消税收管理员直接管户，分局按行业、规模、特定业务并兼顾地域因素进行分类管理，主要从事纳税评估工作。市国税局率先开发并于1月1日起全面运行“任务管理与服务回访系统”，解决任务布置管理、多头下户、干部监管、基础信息维护、纳税人满意度等难题。

【税收管理】 基础管理 加强欠税清理工作，分别4次对1.15万户次欠税人进行公告，清理陈欠税款6647万元。继续推广网络发票管理系统，全市开通网络发票管理系统3.47万户，实际开票

4月24日，在市国税局举行福州市医疗卫生行业专项整治工作情况汇报会

（市国税局 供）

2.75万户,共开具发票661.33万份,开票总金额940.03亿元。审批印制普通发票38种4253.20万份,审批印制企业衔名发票1.76亿份。继续推进"一户式征管档案系统"应用,受理涉税事项19.62万件,扫描归档资料202.88万页,归档比例达96.88%。对符合条件的5户企业、2个品目(微型计算机和电视机)征收废弃电器电子产品基金663.27万元。

风险管理　出台《福州市国家税务局纳税评估工作程序指引(暂行)》,规范纳税评估工作。建立县级局分类分级评定、稽查局抽查、市局纳税服务部门回访和税收风险分析监控中心监督评价的多级评估考核机制。全市国税系统已建立158个行业管理模型,涉及68个工业行业、8个商业行业,重点开发房地产风险管理模型、汽车4S行业模型、出口企业退(免)税风险管理模型3个精品模型。落实福州市地方税收保障办法,采集各部门第三方涉税信息66.11万条,应用第三方信息补税4.92亿元。市局税收风险分析监控中心推送4期816户上级及市局风险管理任务。通过纳税评估V3.0系统下达评估任务2699户,全年评估入库税款5.81亿元。

【货物劳务税征管】　7月1日起推行海关专用缴款书"先比对后抵扣"管理办法,涉及930户、缴款书1.57万份、税额26.13亿元,稽核比对异常比例降低,数据采集准确性提高。8月1日起将广播影视业纳入"营改增"试点范围,有844户新试点企业,其中广播影视业73户。落实农产品增值税进项税额核定扣除办法,13户企业试点期间增值税增幅高于农产品进项税额增幅51.11个百分点。完成748户防范增值税专用发票虚开和打击骗税专项评估,发现问题企业457户,补缴税款和进项转出合计9286.67万元。完成117户固定资产抵扣专项评估,进项转出和补缴税款合计7974.33万元。完成96户"营改增"税收风险评估,合计补缴税款2133.35万元。对9个征收单位开展车辆购置税专项检查,对少征税款和滞纳金的车辆补缴79.6万元。

【企业所得税征管】　入库企业所得税209.36亿元,比增52.76亿元,增长33.69%,占税收总收入的比重由上年48.67%上升至53.67%。开展2012年度所得税汇算清缴工作,至2012年年底全市办理税务登记企业4.82万户,开业面100%,比上年上升8.53个百分点;汇算面100%,比上年提升1.19个百分点。推行所得税专业化管理,按照规模、行业、事项等对不同纳税人实施不同管理办法,其中依托房地产风险管理平台对86户房地产企业开展纳税评估,补缴企业所得税3.28亿元;对政策性搬迁所得税政策开展专项调研和评估,补税6077万元;与市地税局联合加强和规范建筑劳务分包企业所得税征管。

【国际税收征管】　组织入库非居民税收收入6.84亿元,比增41%。特别是成功办理日立数字映像、联迪股份、福清融侨大酒店股权转让等非居民税收典型案例。福清市国税局以国外汇款方式成功入库首笔股权转让税款563.71万元,填补全省非居民境外缴税程序上的空白。开展反避税工作,对5户企业开展反避税调查,结案或进入结案程序4户,新立案2户,全年入库反避税税款3925.8万元。加强"走出去"企业管理和服务,建立280户次"走出去"企业税务档案,2011—2013年,为"走出去"企业境外所得抵免所得税额2411.18万元。上线运行国际税收信息管理平台。与市地税局2次召开联席会议达成国际税收管理6个协作项目。向美、日等5国提供318条电子自动情报。

【出口退税管理】　全市登记注册出口企业4125户,其中外贸企业1852户,生产企业2273户,办理出口退税93.5亿元,同比下降5.63%。组织4场出口企业出口退税培训会。建立4个出口企业联系QQ群。编印发放3000册《出口货物退(免)税新政策问答》。对45家重点出口企业实施"一对一"帮扶。正式运行"出口退税远程综合服务系统",减少企业网络预审申报错误。试用"出口退税风险识别辅助系统"。针对出口企业异常增减、敏感商品出口、外贸货源变化等开展分析和管理监控,适当加大审核和函调力度,发出函调件1384份,涉及增值税发票13746份,税额2.99亿元。对54户免抵退税企业开展专项评估,补税753万元,调增免抵税额2241万元。

【纳税服务】　依托"任务管理与服务回访系统",对全市国税系统所有工作人员下户实施规范审批、统筹管理、全程监控,杜绝随意下户,减少下户次数。市局成立纳税服务回访室,对每次下户行为进行纳税服务质量回访,成功回访8064次,总体满意率达98.69%。市局领导班子带队集中走访调研26户重点企业,召开企业界政协委员、重点企业、外贸企业、台资企业等多场服务企业座谈会。通过"12366"纳税服务热线和网站受理纳税人咨询、举报、投诉1070件,回复率100%。采购9台自助办税终端配置到基层办税服务厅。获市政府同意在福州行政服务中心增设国税大厅市行政中心国税窗口,办理各类事项2.36万件。鼓楼区国税局在全省率先推行增值税专用发票自助代开、发票网络申领及邮寄速递服务。

落实出口退(免)税和各类减、免、退税近200亿元。主要包括:一是增值税优惠政策。落实固定资产进项税额抵扣33.95亿元,落实软件产品即征即退等促进结构调整的税收优惠4.7亿元,落实促进就业税收优惠4299.54万元,免征4.2万户次小微企业增值税699万元。二是企业所得税优惠政策。累计为1792户次企业落实2012年度企业所得税优惠,涉及金额109.5亿元,其中为130户高新技术企业减免所得税2.98亿元,为779户小微企业减免所得税400万元。三是"营改增"试点政策。全市共有2.25万户"营改增"试点企业,减税面达96.57%,试点企业减税8.89亿元,非试点企业减税4.36亿元。四是其他税收优惠政策。免征2030辆车辆购置税1.19亿元。免收纳税人发票工本费和税务登记工本费242万元。五是实施增值税汇总纳税扶持总部经济发展。全市批准592户汇总申报企业,涉及总分机构2435个。

(魏文忠)

地方税务

3月29日，联合省地税局在福州一中开展“税法进校园”宣传活动

（来源：福建省地税局网站）

【概况】 2013年，全市地税系统组织入库税费533.32亿元，同比增收96.5亿元，增长22.09%，其中：税收全年累计入库382.37亿元，同比增收72.22亿元，增长23.29%；各项费金入库132.64亿元，同比增收19.33亿元，增长17.06%。组织财政总收入374.27亿元，同比增收72.16亿元，增长23.89%。

管征各类纳税人14.8万户，其中，内资企业8.94万户，港澳台商投资企业2383户，外商投资企业2055余户，个体经营户4.81万户。

【法制建设】 依法行政 制定《福州市地税局2013年依法行政工作要点》，确定依法行政4个方面17项工作内容，规范税收行政权力运行；执行《福建省税务行政处罚裁量权基准》及《适用规则》，统一税务行政处罚尺度，缩小处罚裁量空间；根据《税收规范性文件制定管理办法》，以公告形式制定税收规范性文件20份，未发现越权违规制定情形；清理税收规范性文件206份，经审核确认，现行有效的57份，部分条款失效废止的38份，全文失效废止的111份。文件清理结果全部以公告形式向社会发布；建立健全法规库，新增入库各类税收文件900余份。

税务执法稽查 制定实施《福州市地方税务局关于规范基层税务执法管理若干问题的通知》，明确税管员下户执法的九大类事项，在全市地税系统建立下户执法审批、记录、反馈和跟踪监督四项制度。重新规范代征协议和证书，加强对委托代征的日常管理与监督，对不按照规定履行管理职责的工作人员，按规定追究相关责任。执法督察小组对全市地税系统各基层局贯彻落实组织收入原则情况、结构性减税政策落实、重点行业税收管征、行政处罚裁量权等开展复查，复查面达41.18%。发现问题27个，提出督察建议21条。开展保障性住房税收政策执行情况、惠企政策执行情况、税务行政审批等专项执法督察，针对督察发现的政策宣传不到位、减免税管理不完善、监督检查不健全等问题，追究责任。开展证券、营利性医疗机构、培训机构、房地产及建筑安装业等专项检查，检查企业202户，查补收入3.4亿元，其中查补税款1.72亿元，加收滞纳金1186.58万元，罚款751.64万元。打击各类发票违法犯罪活动，查处购买虚假发票违法企业301家，涉及非法发票份数7483份、金额1.09亿元，查补地方税费200.29万元、加收滞纳金2.08万元、罚款104.74万元。

规范定额均税负 对营业税个体户进行摸底调查，按行业类别、经营地段、经营项目等指标，测定5个行业营业税户（饮食业、娱乐业、服务业、文体业、住宿业）36项定额项目的定额标准及调整系数，7月1日起全市统一实行“定额早知道”软件。

税法宣传 围绕“税收·发展·民生”主题，开展税收政策、税收管理和纳税服务等宣传活动。由福州地税市局与福建省地税局联合举办“服务永无止境、税企风雨同行”税企座谈会；组织税收志愿者走进大学、中学、小学校园，开展税法知识竞赛；制作税收动漫宣传片，在公交车、商场楼宇等处滚动播放；与市银联合作，在各银行网点LED滚动播放宣传标语、手机缴税方式、网银缴款方式；通过向纳税人发送彩信、寄送宣传资料等方式，开展税收宣传活动；在《海峡财经导报》《福州日报》连续刊登福州地税简政放权、审批事项前移、优化流程等纳税服务新举措的宣传报道。

【征管改革】 集中办税 以办税服务厅为中心，以行政服务中心、房地产交易所、国地税联合中心的办税窗口为延伸，对邻近的分局（所）进行整合，实行合署办公，减少征收成本，全市地税系统各县（市）办公地点由69个缩减至20个。

分类管理 按照“行业局+属地局+个体局”或“行业局+属地局”模式，实行重点行业集中管理。原则上房地产与建安行业集中一个分局（所）实行专业化管理，其他需专业化管理的行业，由福州市地税系统各基层局根据税源结构因地制宜设置。

强化评估 在管理分局、稽查局分别设立评估机构，建立健全行业评估模型，实现从“数据分析→案头分析→约谈→实地检查→转入稽查”的全流程无缝衔接。

专业稽查 在市稽查局探索分行业专业化稽查，按行业分为若干检查科（组），将风险分析监控机构推送的任务和纳税评估后移交的涉嫌偷逃骗税案件作为稽查重点，实现专业化稽查和审理。

【风险防控】 规范岗责 将税源管理事项分为基础管理和风险管理两类。基础管理类事项由地税分局（所）负责，分别设置户籍管理、调查执行等岗位。风险管理类事项由市、县两级地税机关负责,设置分析监控岗和纳税评估岗。结合涉税事项和业务流程,对各岗位职责进行明确分工。

数据分析　由市地税局统一建设数据分析监控平台,不定期通报数据分析结果,以"数据"监控"事前、事中和事后",从而实现"闭合式"管理和"留痕管控"。全年发现基础信息异常数据12.76万项,异常户次比占总户数7.56%,异常数据同比下降至5102项,异常户次同比降至1.9%,平均清洁率逾95.96%。全年通过数据分析补缴入库税款1.2亿元。

后续督察　3月成立督察内审办,负责对税收执法情况的监督检查和执法责任追究,形成对风险防控点的动态调整与跟踪,排查执法风险。

【行业管征】　房地产开发企业土地增值税管理　研究制定房地产开发企业建筑安装工程费预警值,合理确定前期工程费、基础设施费、公共配套费和开发间接费的预警线,建立土地增值税纳税评估模型,加强对土地增值税常规性动态指标的预警、比对、分析。全年组织入库土地增值税54.24亿元,同比增收15.81亿元,增长41.15%。

企业所得税全行业预警管理　制定企业所得税分行业计税所得率预警指标,实现对查账征收纳税人企业所得税的全行业预警管理,对企业所得税申报异常又无正当理由的,由税务机关进行纳税评估或列入税务检查。全年入库企业所得税42.6亿元,同比增收6.78亿元,增长18.91%。

建筑劳务分包所得税管征　市地方税务局、市国家税务局联合制定《关于规范建筑劳务分包企业所得税管征有关事项的公告》,要求实行查账征收的建筑劳务分包企业必须真实、准确核算工资薪金支出。对不符合相关规定难以查账的,企业所得税依法实行核定征收,强化个人所得税的征收管理,规范工资薪金支出的税前扣除。

【营业税管征】　入库151.44亿元,同比增收18.37亿元,增长13.81%。受"营改增"影响,交通运输业和服务业营业税分别减收3.7亿元和5.7亿元,拉下营业税整体增幅7.06个百分点。金融营业税入库27.29亿元,增长9%。建筑业营业税增长17.98%,同比回落1.92个百分点。住宿餐饮业营业税入库4.3亿元,同比增长5.52%,同比回落10.76个百分点。

【营业税改征增值税】　2012年11月1日,完成交通运输业和部分现代服务业"营改增"转换,全市共有20836户企业经确认后纳入营改增试点范围,试点纳税人累计减少税收7.27亿元,减幅达39.76%,减税面97.02%。核实"营改增"之前所发生的应税服务的营业税缴纳情况,确认应补缴营业税税款120.57万元。2013年8月1日"营改增"试点在全国全面开展,对于税负增加企业在过渡扶持期内已经申请拨付的财政扶持资金进入结算阶段,市地税配合做好财政扶持资金的结算工作,并加强对试点纳税人的管理,对纳税人提交的增值税纳税数据与在地税部门申报的增值税附征税费数据进行比较分析,对发现问题进行处理。开展广播影视服务业营改增试点工作,确定移交广播影视服务企业129户,年营业税收入约入库1800万元。

【企业所得税管征】　入库42.6亿元,同比增收6.78亿元,增长18.91%。行业贡献中,主要是房地产业企业所得税,入库16.91亿元,增收5.73亿元,增长51.18%,拉动企业所得税整体增幅15.98个百分点。企业所得税汇算清缴入库11.63亿元,同比增收3.88亿元,增长50.13%。引导中介机构参与汇算,对2.67万户企业开展汇算清缴,全年预缴税收30.89亿元,同比增收3.32亿元,增长12.04%。制定企业所得税分行业计税所得率预警指标,规范建筑劳务分包的企业所得税管征。入库非居民企业所得税1.51亿元。

【个人所得税管征】　入库46.35亿元,同比增收6.28亿元,增长15.66%。工薪所得个人所得税增量最大,主要是金融企业、软件企业和行政事业单位年终奖金发放增加带动税收增长较快,入库工薪所得个人所得税23.39亿元,同比增收4.22亿元,增长22.02%,拉动个人所得税整体增幅10.52个百分点。建筑企业扣缴个人所得税有所增长,企事业承包承租所得个人所得税入库4.84亿元,同比增收1.3亿元,增长36.63%;跟踪企业分红,加强涉税辅导,利息股息红利所得个人所得税入库8.95亿元,同比增收9220万元,增长11.49%。

【财产行为税管征】　入库　141.98亿元,同比增收40.79亿元,增长40.32%。房产税、土地使用税、土地增值税和契税分别增长55.16%、84.42%、41.15%、74.99%。

契税　入库31.07亿元,同比增收13.31亿元,增长74.99%。与国土局信息交换,对各类招拍挂和协议出让的土地进行跟踪管理,督促受让土地单位及时申报缴税;土地契税入库14.75亿元,同比增收8.26亿元,增长127.27%。联合市房屋登记中心清理各类历史遗留房产税收,对市区已购房未办理契税完税的购房者,进行公告催缴;对购房者进行政策宣传,开展"一窗式""一站式"服务,所有不动产转让业务实现即到即办并足额缴纳契税。房屋契税入库16.32亿元,同比增收5.06亿元,增长44.94%。

房产税土地使用税　加强私房租赁房产税、土地使用税的管征,房产税入库14.42元,同比增收5.13万元,增长55.16%;土地使用税入库8.31亿元,同比增收3.80亿元,增长84.42%。

城市建设维护税教育费附加　城市建设维护税入库19.31亿元,同比增收2.19亿元,增长12.79%;教育费附加入库9.42亿元,同比增收1.30亿元,增长15.96%;地方教育费附加入库6.27亿元,同比增收0.74亿元,增长13.39%。

车船税　入库2.75亿元,同比增收0.49万元,增长21.58%。

【规费征收】　基本养老保险费入库54.38亿元,完成年度计划的99.60%,同比增收7.65亿元,增长16.38%;失业保险费入库5.36亿元,同比减收0.91亿元,下降14.49%;医疗保险费入库

38.07亿元，同比增收7.37亿元，增长23.99%；工伤保险费入库2.63亿元，同比增收0.56亿元，增长27.35%；生育保险费入库1.87亿元，同比增收0.34亿元，增长22.42%；机关事业养老保险费入库3.64亿元，同比减收0.44亿元，下降10.82%；工会经费入库3.83亿元，同比增收2.67亿元，增长231.06%；江海堤防工程维护管理费入库4.87亿元，同比增收0.25亿元，增长5.41%；残疾人就业保障金入库2.03亿元，同比增收0.25亿元，比增13.73%；省级价格调节基金入库5516万元。

【纳税服务】　建立标准化纳税服务机制　全市统一规范办税服务厅内、外部标识，设立办税服务区、咨询辅导区等多个功能区。全面梳理现有涉税业务事项，制定《福州市涉税事项标准化操作指南》和《减免税操作指南》，规范税务登记、认定管理等10个大类317小项税费业务、20个大类172个项减免税业务。办税服务厅即办事项达260项。通办地域由福州市区扩大到全市范围（7个县），通办事项范围由239项扩大到269项。统一运用涉税资料管理系统，实现资料即时调用和资源共享。

落实优惠政策　落实工贸企业房产税、土地使用税"即征即奖"优惠政策，全市工业企业和外贸流通企业入库房产税和土地使用税9.6亿元，财政部门发放奖励680户（次），奖励金额2.39亿元。落实企业所得税税收优惠政策，减免经营性文化事业单位转制20户，减免企业所得税6590.6万元；减免高新技术企业49户，减免企业所得税9673.7万元；减免小型微利企业180户，减免企业所得税89万元；减免研发费用加计扣除53户，允许加计扣除金额1.78亿元。落实工贸企业江堤费减负政策，全市7124户工业企业申报缴纳江堤费3692万元，同比减收2230万元，下降37.7%。落实失业保险费减负政策，入库失业保险费5.3亿元，减负2.65亿元，惠及8万户企业。

（杨　芳）

（编辑　吴　燕）

农村经济

新农村建设

【概况】 2013年,福州市农林牧渔业总产值685亿元,比增4.7%,其中第一产业增加值402亿元,比增4.6%。农民人均纯收入12910元,比增12.3%。福州市农业局被农业部评为全国农业先进集体。在第二轮新农村建设"百村竞赛"活动中,实施项目550个,完成投资7.2亿元,实现工农业总产值280.8亿元。推进福清市溪头村、长乐市青山村、永泰县芋坑村等7个精品示范村建设,累计实施项目105个,总投资3.6亿元,修建公园面积38.6万平方米,种植各类树木7.2万株,完成立面装修5.3万平方米,铺设管道2.4万米,河道整治3570米。其中,福清市溪头村投入1000多万元,修建全省最大的农村休闲公园,面积300多亩。

深化农村环境综合治理,各县(市)把治理经费纳入县(市)本级财政预算,累计投入5192万元财政资金。7个县(市)农村新增垃圾箱(池)5956个、垃圾中转车470辆、保洁人员1082人。43个乡镇建有压缩式转运站,占全市乡镇的33.8%,有81个乡镇建有非压缩式转运站,占全市乡镇的63.8%。开展农村环境综合治理"五个一"〔1条示范镇街、1片示范小区、1个示范村庄、1座示范公园、1条示范水系(域)〕示范工程,7县(市)投入资金5.46亿元,实施建设项目640项,其中示范镇街项目130项,示范小区项目127项,示范村庄项目134项,示范公园项目131项,示范水系项目122项。完成为民办实事项目——农村村庄整治134个,完成年度计划的134%,累计完成投资2.69亿元。

【强农惠农政策】 水稻种植保险投保面积6.66万公顷,参保总金额1199.6万元;发放种粮农民农资综合补贴资金9361.74万元,发放农机购置补贴资金1742.64万元;筹措新农合资金1.18亿元;免除农村义务教育阶段学杂费及补助困难学生生活费1746万元,纠正和整改违规资金20余万元,全市无涉农负担的恶性案件、严重群体性事件和造成重大影响的其他案(事)件。

【农村沼气建设】 新增农村沼气用户1000户,项目分布5个县(市)区,其中永泰县250户,闽侯县200户,闽清县200户,福清市250户,连江县100户。项目完成总投资350万元,其中中央投资130万元,省级配套40万元,设区市补助80万元,农户投资100万元。

【村财监督管理】 根据市委、市政府办公厅《关于进一步加强农村集体资金资产资源监督管理工作的指导意见》,市纪委、市农业局组成联合检查组,抽查19个乡镇、36个村,发现问题92个,下发整改通知书,要求各乡镇建立健全各项"三资"管理制度。针对农村财务计算机网络监管发现的问题发出整改意见32份,整改反馈率100%。

【农产品质量安全监管】 新增无公害农产品产地认定企业65家;无公害农产品产品认证企业29家33个产品;新增绿色食品产品认证企业14家35个产品。中央预算内农业投资建设的福州市农产品质量安全检验检测中心初设方案通过专家审核,开始进行建设。加强兽药、饲料等投入品监管力度,完成饲料产品安全监测96批次。在生产基地、批发市场、超市、农贸市场累计抽取样品16998个,完成农药、瘦肉精、重金属等63363项次的检测工作。受理生猪产地检疫申报4.29万批次,检疫生猪115.61万头,牛、羊7451头、禽类62.83万只,病害死动物无害化处理率100%;受理生猪屠宰检疫申报2.93万批次,屠宰检疫生猪100.99万头,牛、羊6.77万头,禽119.62万只,病害死动物无害化处理率100%。

(马师钦　张清炎)

农业产业化龙头企业

【概况】 全市231家市级以上农业产业化龙头企业(其中省级以上龙头企业43家,国家级龙头企业8家)总销售收入(含交易额)572.7亿元,比增12.3%;企业净利润总额23.4亿元,比增16.8%;带动农户97.6万户,其中市内53.4万户;产值亿元以上企业97家,其中10亿元以上8家。

有223个省级以上品牌，其中获中国名牌产品3个、中国驰名商标8个、“中华老字号”10个，中国名牌农产品1个、省名牌69个、省著名商标83个、省名牌农产品49个。全市无公害农产品产地认定企业121家，无公害农产品认证企业88家128个产品；使用绿色食品标志的企业46家，产品118个；使用有机食品标志的企业6家，产品28个。与高校、科研院所开展合作的龙头企业108家，合作项目177个。科企合作开发新产品251个，申请国家专利65个。34家企业获首批院士（专家）工作站挂牌，其中4家龙头企业挂牌院士工作站，30家龙头企业挂牌专家工作站。6家企业被认定为“国家农产品加工技术研发中心”。（马师钦）

【都市现代农业规划】 市委、市政府出台《关于推进都市现代农业发展的意见》，市政府印发《福州市都市现代农业发展规划（2013—2020）》。成立以市长杨益民为组长的都市现代农业领导小组。该规划提出：努力打造“三圈七产业多区（带）多基地五工程”的都市现代农业格局，重点发展蔬菜、水果、茶叶、食用菌、水产、花卉苗木和休闲农业七大主导产业，强化优质农产品基础工程、现代农业提升工程、都市农业示范工程、农业科技能力支撑工程、农业创意开发工程等五大现代农业支撑工程建设。

【农民专业合作社】 评定11家市级农民专业合作社示范社，组织、推荐5家和7家农民专业合作社申报规范化建设项目和省级示范社，举办全市农民专业合作社规范化建设培训班。6月17日，市农业局、市蔬菜科学研究所与荷兰欧中科技发展中心签订福州欧中都市现代农业研发合作协议书，合作成立福州都市现代农业研发中心，建设欧式新型家庭农场。

【休闲农业】 市政府成立休闲农业工作领导小组，印发《福州市休闲农业发展规划（2013—2020）》，形成《福州市休闲农业重点建设项目表（2013—2020）》，重点项目62个。围绕打造“依山、泮水、沿江、滨海”四大都市休闲农业产业带，建成各种休闲农场143家，农家乐313家，总投资规模23亿元，带动就业8000多人，年游客量近800万人，年营业收入16亿元。全市有国家级休闲农业示范县1个，国家级休闲农业示范点3家，省级休闲农业示范点21家，评选市级休闲农业示范点15家。

【农业园区建设】 福清国家现代农业示范区被列为农业部、财政部认定的首批现代农业改革与建设试点县。连江县被列为第一批省级农民创业园，并在考核中居全省第一。罗源县被列为第一批省级农民创业示范基地；闽侯县、永泰县、闽清县、长乐市成为第二批；晋安区、仓山区、马尾区成为第三批。

农业科技服务与培训

【开展农业服务】 组织市、县、乡三级百名专家服务团、千名农技员，印发万册《春季农业生产服务指南》，到基层开展万次“三服务”活动。开展科技下乡、现场咨询指导和科技培训等活动约350场（次），接受技术咨询3.5万人次，发放科技书籍、农业技术资料约10万份；组建机耕服务队2635个，农机维修服务队566个，维修农机具24826台，投入农机具3342台。

【基层农技推广工作】 实施基层农技推广服务体系建设项目（2011—2014年），总投资2083.5万元，到位资金1956.15万元，累计完成投资1178.18万元，完成36个乡镇站房建设，115个乡镇共购置仪器设备3247台（套）。

全国基层农技推广补助项目年内项目补助资金590万元下发至7个县（市），其中连江县为国家级示范县，罗源县为省级示范县。全市使用资金400万元，资金使用率68%；选聘项目专家93人、技术指导员530人、科技示范户5365人，辐射带动农户48827人，选送科技示范基地24个，培训农技人员879人，建设农民田间学校46所、科技网络书屋562个。

【五新技术推广】 *新品种* 引进、试验、示范推广农作物新品种7.33万公顷，主要粮食作物良种覆盖率保持99.1%，蔬菜良种覆盖率94.6%，主要粮油作物优质专用率84.6%。

新技术 开展粮食畜产创建活动，建立13个部级万亩示范片，总面积13.38万亩。全市建立水稻、马铃薯、花生等粮油作物高产示范片7.5万亩。在长乐、福清、闽侯、连江等县（区）推广“早稻—再生稻—菜—菜”栽培模式，早稻留桩再生稻面积1.4万亩。

新肥料 推广测土配方施肥7万公顷，其中水稻5万公顷，平均增产5%。推广稻草还田2.2万公顷，推广有机肥1.33万公顷。长乐、连江、闽清实施土壤有机质提升项目1.07万公顷。

新农药 重点示范推广10种农药，

8月3日，市农业局联合闽清县农业局在闽清县下祝乡举办“四个万家”主题实践活动农业生产技术培训班（来源：福州农业信息网）

建立核心示范片 64 个,面积 9.8 万亩次,辐射推广面积 70.76 万亩次,防治效果达 85.3%。25 家农作物病虫害专业化统防统治组织实施水稻病虫害统防统治面积达 20.54 万亩次。

新机具　机械插(抛)秧 1.01 万公顷,是上年的 1.5 倍,机耕作业面积 11.87 万公顷,机收水稻 3.01 万公顷。新增各类农业机械 11778 台,新建市级水稻机械化育插秧技术推广示范片 1 个,新建 6 家农机专业合作社。

【科技培训】　举办各类农牧业村级农民技术员培训班 524 期,培训 2.6 万多人次,其中动物防疫员培训 238 期 8963 人次。举办畜牧兽医、农业机械、种植业和农村经管等初、中、高级农业专业技术人员继续教育培训班 5 期,受训 1192 人。农广校 2013 届(2010 级)学员 7 个专业 271 人毕业;新招 302 人。参加新型职业农民专科学历教育学员 107 人。

(张清炎)

种植业

【粮食生产】　粮食种植面积 11.06 万公顷,总产量 65.7 万吨,单产 396 千克,比增 5 千克。全市逾 2 公顷的水稻种植大户 1322 户,种植面积 1.07 万公顷,逾 6.67 公顷水稻种植大户 428 户,逾 66.67 公顷水稻种植大户 13 户,福清市江镜镇全国种粮大户施忠辉种植面积最大,达 466.67 公顷。

【经济作物】　蔬菜种植面积 11.53 万公顷,比增 0.6%;产量 322 万吨,比增 1.5%。水果面积 4.83 万公顷,基本持平;产量 39.5 万吨,比增 1.8%。茶叶面积 9466.67 公顷,基本持平;产量 1.95 万吨,比增 2.6%。食用菌产量 27.6 万吨(鲜品计),比增 13%;产值 14.5 亿元,比增 15.1%。

水果:加快橄榄品种结构调整,建立甜橄榄标准示范园 10 个,重点推广加工型橄榄优良品种,新认定橄榄新品种 2 个。引进晚熟优质龙眼品种约 10 个,加大长乐青山龙眼等地方名特优新品种的示范推广工作力度。蔬菜:在闽侯县、永泰县、闽清县海拔 500 米以上山区,推广高山反季节大白菜、花椰菜等 3333.33 公顷。引进推广国内外高产优质设施蔬菜专用种,推广番茄、辣椒、甜椒设施栽培关键性配套技术 1666.67 公顷。新建福清绿溢浓和连江园友 2 个集约化育苗基地。茶叶:福州茉莉花种植与茶文化系统入选首批中国重要农业文化遗产,福州茉莉花茶入选 2013 年中国茶叶区域公共品牌价值十强。10 月 23 日中国茶叶博览会上,福州被中国土畜进出口商会授予"茉莉花茶出口领军城市"奖牌。食用菌:重点扶持 16 个项目,以现代机械化生产线工厂化生产绣球菌、双孢蘑菇、金针菇、海鲜菇、杏鲍菇的企业 23 家,推动产业向工厂化、现代化、标准化、规模化方向发展。全市产值上亿元的县达 3 个,珍稀菌类占 36%。其中秀珍菇产量占全省 70%、全国 60%,设施栽培面积 1713.33 公顷。

【特色农业】　推广品质优良的浙大茭白生产,引导农户发展茭白生产,推广面积 66.67 公顷,年平均亩产量 1015 千克,平均亩产值达 3500 元。日本甜柿项目,在原有果园的基础上扩大 6.67 公顷,总面积达 26.67 公顷。

【植物病虫害防控】　加强农作物病虫情监测预警,有效利用虫情测报灯,通过"福建省农业有害生物监控信息系统",进行所有病虫数据的上传、汇总、监控。全市农作物主要病虫发生 572 万亩次,开展农作物病虫害防治 682 万亩次,挽回粮食损失 34686 吨,农作物病虫害造成损失有效控制在 3% 以内。

(张清炎　张　春)

林业

【概况】　2013 年,实现林业总产值 234.749 亿元,比增 5.7%。其中第一产业 64.085 亿元,第二产业 153.135 亿元,第三产业 17.529 亿元。林业用地面积 75.39 万公顷,其中有林地面积 62.16 万公顷。森林蓄积量 2951 万立方米,森林覆盖率 55.3%。有国家级森林公园 4 个、省级 11 个,省级以上森林公园经营面积 1.38 万公顷。湿地面积约 20.68 万公顷,其中近岸与海岸湿地 15.82 万公顷、河流湿地 1.5 万公顷、湖泊湿地 236.75 公顷、沼泽湿地 25.04 公顷、人工湿地 3.32 万公顷。沿海防护林面积 8.08 万公顷,基干林带 722.94 千米。油茶林 1.67 万公顷、竹林 5.77 万公顷、经济林 7.19 万公顷、花卉面积 0.39 万公顷。生态公益林 31.56 万公顷,商品林 43.84 万公顷。

【集体林权制度改革】　全市新增林权初始登记发证宗地 757 宗,发放林权证 1141 本,新增登记发证面积 9280.63 公顷;注销登记 89 宗,面积 2527.49 公顷;更正登记 25 宗,面积 554.05 公顷;变更登记 186 宗,面积 3956.67 公顷,其中生态公益林 31.55 万公顷实现投保面积全覆盖;商品林投保面积 35.32 公顷,参保率 95%。全市林权抵押贷款 6075.92 万元,抵押登记森林面积 2259.27 公顷。闽清县溪源三源油茶专业合作社入选福建省农民专业合作社示范社;闽清县三昌油茶专业合作社和闽侯县留禄峰油茶专业合作社入选福建省农民林业专业合作社规范化建设项目;闽清县东桥镇森林王红菇专业合作社、闽清县三昌油茶专业合作社、永泰县三宝油茶专业合作社入选福州市农民专业合作社示范社。闽清县和永泰县被列入 2013 年度省级林下经济示范县,由省级政府分别给予 200 万元扶持发展资金。

【造林绿化】　完成造林 2.63 万公顷,占任务的 108.1%。"四绿"工程建设完成造林 5197.07 公顷,占任务的 111.4%。福银高速(福州段)森林景观通道示范段建设完成造林 107.8 公顷。全民义务植树月期间,完成义务植树 1224 万株,参加人数 313 万人。新建义务植树基地 9 个,面积 32.9 公顷。在"2013 年福建十大树王评选"活动中,闽侯县青口镇东台村下社自然村的榕树获评"榕树王"。

【森林资源保护】　完成 546.67 公顷

生物防火林带建设任务,共发生森林火灾19起、受害面积160.67公顷,发生率2.75次/10万公顷,受害率0.23‰,低于省定“双控”指标。全市清除松材线虫病疫情面积106.6公顷,清除松树枯死木81686株,开展松墨天牛生物防治1070.87公顷,并经国家林业局检查,撤销福清市松材线虫病疫区。组织开展违法征占用林地检查清理、非法经营加工野生动物专项执法、“绿盾2013”林业植物检疫执法、打击野外违法用火等专项执法行动。查处825起林业行政案件,侦破刑事案件60起(其中破积案16起),为国家挽回经济损失1113万元。调处林权争议12起,涉林面积686.67公顷;办理群众信访事项74件,督办信访事项68件,复查复核信访事项22件。审核占用征收林地116起,面积975.9公顷,争取到省林地备用定额695.9公顷。2013年起,对省级以上生态公益林生态效益补偿每亩配套补助市级资金2元,使该项补偿标准每亩提高到19元。

【林业产业】 林产品进出口总额11.46亿美元,其中出口额9.14亿美元,进口额2.32亿美元;通过“6·18”海峡项目成果交易会、“9·8”中国投资贸易洽谈会、林博会等平台,推出20项林业产业招商项目。经市外经贸局新审批4项涉林合同外资项目,总投资6158.72万美元,合同外资3408万美元。全市林产加工企业691家,其中规模以上林业企业179家,省林业产业化龙头企业6家,上市企业2家。拥有中国驰名商标1个、中国驰名品牌1个、省名牌产品14件。在第九届海峡两岸林业博览会暨投资贸易洽谈会上,市林业局组织福建天恩达红木家居有限公司、福州奈斯环宇低碳能源技术开发有限公司、福建仙芝楼生物科技有限公司参展,天恩达牌节节高茶台、简能牌无患子护肤产品、仙芝楼牌芝盛胶囊获第九届林博会金奖。在第八届中国花卉博览会上,市林业局征集选送切花花材(文心兰)、盆栽植物(蝴蝶兰)、盆景(澳洲杉、苏铁)、组合盆栽、观赏鱼、观赏石等6类100多件产品,获金奖3项、银奖5项、铜奖10项、优秀奖3项。推进新兴花卉基地建设,永泰同安等地新建绿化苗木基地约66.67公顷,闽清(白中、白漳、塔庄等)有多家花卉苗木企业投资建设花卉苗木基地,罗源县碧里乡西洋村地被苗基地发展良好,福清三山苗圃、连江陀市国有林场2个省级绿化苗木培育基地面积达千亩。全市林下经济发展总面积3.58万公顷,总产值约6.8亿元。制定实施闽清县、永泰县林下经济发展规划,3个项目被列为省级林下经济项目资金扶持对象。森林旅游产值6200万元,比增30%。新增永泰东星苗圃森林人家、闽侯岁昌森林人家2处。

【林业科技】 “林下种植三叶青药材技术研究”被列为省2013年林业专项资金项目,获得资金补助8万元。加强林业科技创新成果对接转化,全市共征集技术需求8项,完成技术对接6项,总投资1490万元。科技周期间,举办各类林业科技活动15场,发放科普图书280册,科技资料7500份,35家单位和103名科技人员参加活动;举办科技下乡活动18次,80人次科技人员下乡,参加活动的农民6000人次。市、县两级组织举办林农技术员培训班,为林业生产提供技术服务,培训600人次。

【湿地保护】 在闽清黄楮林国家级自然保护区、永泰藤山省级自然保护区开展野生动植物调查工作,完成全市自然保护区范围、界限、功能区划的核查确认工作。闽江河口湿地自然保护区(长乐区域)晋升为国家级自然保护区,面积2100公顷。闽江河口湿地被评为“中国十大魅力湿地”。

(吴志琴)

畜 牧 业

【概况】 全市肉蛋奶总产量44万吨,其中,肉类产量24万吨,禽蛋产量18.5万吨,奶类产量1.5万吨。生猪出栏262.5万头,牛出栏1.5万头,羊出栏14.5万头,家禽出栏1490.1万只。全市禁养区内有4641家畜禽养殖场,搬迁拆除4560家,完成率98.3%。

【种禽项目】 完成市农工商种禽公司种鸡场一期工程建设。项目用地10公顷,建筑面积1.2万平方米,完成投资4000万元,建成6栋父母代种鸡舍、配套孵化厂、饲料厂、污水处理系统和辅助设施建设,种鸡舍引进德国“大荷兰人”饲养设备。7月,公司开始试运营,引进4批美国海兰蛋鸡种苗父母代种苗6万套,8月开始供种,销售鸡苗52万羽,鸡蛋125吨。

【重大动物疫病防控】 完成春秋两季重大动物疫病强制免疫工作,各类免疫密度达100%。将疫苗配套、应急工作经费、监测流调、动物卫生监督等防控经费纳入财政预算,市、县两级共落实防控经费1861.856万元,其中市级830万元。

(张清炎 张 春)

海洋与渔业

【概况】 2013年,福州市海洋经济产量产值1840.28亿元,比增19.5%,占全省28%;海洋经济增加值739.03亿元,比增19.67%,占全省30%,占全市GDP的17.6%;海洋经济生产总值1265亿元,占全省24%,占全市GDP的29%。渔业产量207.7万吨,产值364亿元,分别比增5.85%、6.5%。水产品加工总量128.96万吨,产值236.7亿元,分别比增3.4%、8.4%。经省级以上政府批准确权用海项目16宗,用海面积273.36公顷,征收海域使用金1.53亿元。

【海洋综合管理】 用海管理 对连江可门经济开发区临海工业区(一期)内的福建恒捷实业有限公司差别化化学纤维项目、可门路网、可门污水处理厂、申远己内酰胺等项目,简化海域使用论证为海籍调查报告;推进江阴东部片区、长乐松下牛头湾作业区、长乐外文武、琅岐岛东部海域等区域用海规划的报批工作。《江阴工业集中区东部片区临海工业园区域建设用海总体规划》通过国家海洋局组织的海域使用论证和环评专家评审;《福州港松下港区牛头湾作业区区域用海规划》通过省海洋与渔业厅组织的听证;《福州市琅岐岛特色海洋经济园区域建设用海规划》上报国家海洋局;《长乐市文武砂垦区区域建设用海规划》上报省政府审核。

海域采砂用海使用审批 拟定并由市政府批准实施《福州市海域采砂临时用海使用权挂牌出让方案》,完成海域采砂临时用海首批C、D1、J三个区块使用权挂牌出让,成交价1.37亿元,溢价1.14亿元;B1区块(连江县川石岛东侧闽江口矿场与能源区)海域采砂临时用海完成挂牌竞价,成交价630.55万元。

无居民海岛管理 加紧编制《福州市无居民海岛保护与利用规划》,通过公开招标确定福建海洋研究所为编制单位。扶持连江洋屿岛旅游综合开发项目,实施生态修复工程。开展第2批80个海岛名称标志设置工作,立碑任务全部完成。福清东壁岛入选首批福建"十大美丽"海岛。

服务"海上福州"建设 申报闽台(福州)蓝色经济产业园为福建省第一批海洋产业示范园区。新申报财政部、国家海洋局海洋经济创新发展区域示范项目10个,包括宏东食品有限公司的高纯度海洋纯天然硫酸软骨素联产功能蛋白新技术及产业化项目、胜田食品有限公司的南方海参高值化综合加工关键技术及其系列产品产业化项目等,申请中央投资1.5亿元,项目总投资约5.5亿元。宏东公司建设"远洋渔业总部"项目被列入省海洋经济前期重大项目,计划总投资14.3亿元。指导福清东瀚物流园区、闽台(福州)蓝色经济产业园、福州台商投资区等重大项目优化用海方案,完成与新修编省级海洋功能区划的衔接;专人跟踪对接申远己内酰胺、中石油(福建)LNG码头、恒大滨海旅游综合体、马尾新城等重大涉海项目。

【海洋环境保护】 完善海洋工程环境影响评价制度。探索建立海洋工程建设项目生态补偿制度。制定《2013年福州市沿海县(市)区海洋环保责任目标》,从海洋环境质量、海洋污染控制、海洋生态保护、海洋环境监管4个方面对任务进行分解。启动《福州市近岸海域环境保护规划》编制工作。

开展渔业资源增殖放流活动11场,投放大黄鱼、真鲷、鲈鱼、东风螺、海参、鲍鱼等苗种近782万尾。结合饮用水质修复,启动"山仔水库生态鱼放养"项目。

在连江黄岐后仑村、罗源湾鸟屿等重点渔村、网箱养殖区开展海漂垃圾整治试点工作;持续开展连江江湾消波堤、官坞海上养殖环境等海洋环保重点整治项目和修复工程;在长乐市开展海洋生态文明示范区试点建设。下拨80万元用于连江官坞、罗源县岐头—北山的入海污染物总量控制、海岸带整治等项目。

9月13日,举行2013年渔业周·中国金鱼之都授牌仪式

(市海洋与渔业局 供)

【现代渔业经济】 水产养殖业 完成福清三山镇金庆水产养殖有限公司等8个水产养殖标准化池塘建设项目,建设面积78.47公顷;新增福建省融盛农业综合开发有限公司等4家循环水养殖企业,建设面积70715平方米;福清市目屿海产品养殖有限公司等7家养殖企业在第八批农业部健康养殖示范场创建活动中通过省、市考核验收小组验收,面积1366.34公顷;福建宏峰泰健康养殖园区等3家单位入选省海洋与渔业厅首批现代渔业产业园区建设项目,总数居全省第一。开展以渔业增养为主的连江洋屿岛、福建宏峰泰海洋牧场建设,鼓励开辟湾外、省外和境外水产养殖基地,推广陆上工厂化养殖基地、消波堤、抗风浪网箱应用。

水产加工业 新增产值逾亿元的水产企业9家,共计45家。"福州金鱼""福州鱼丸""福州烤鳗"和"连江海带"4个品牌入选福建省"十大渔业品牌"。福州市"中国金鱼之都"和"中国鳗鲡之都"申报成功,并在渔业周上进行授牌。下半年,福州鱼丸在厦门、成都等地开展全国巡回宣传活动。新大泽公司生产的"宇昌牌小球藻片"和宏东公司生产的"硫酸软骨素胶囊"获国家食品药品监督管理局颁发的保健食品批准证书,填补福州市水产加工保健食品的空白。福建海壹公司的"海旺及图"和日兴公司的"江船长 Captainjiang 及图"获评中国驰名商标。福建海壹食品饮料有限公司(海产品加工)、福建宏龙海洋水产有限公司(远洋渔业)2家企业获福建省海洋产业"十佳"龙头企业称号。

远洋渔业 产量22.79万吨、产值22.15亿元,分别占全省97.68%和98.95%,分别比增7.7%和7.1%,占全国16.86%和15.48%。外派远洋渔船395艘,占全省94.05%,比增119艘,增长43.1%。新建境外养殖基地4个,签约项目总投资5亿多美元,面积约9000公顷。

休闲渔业 连江、罗源、闽侯、永泰、闽清等县(市)申报8家"水乡渔村",并通过市级初审。至年底,全市有18家单位获评,占全省20%。

福州金鱼　以金鱼养殖为主的观赏鱼养殖场58家，养殖面积约80公顷，年产成品金鱼3000多万尾，年产值约3亿元，年出口总值3000多万美元。6月，福州金鱼被列为“福建十大渔业品牌”之一；8月，中国渔业协会授予福州市“中国金鱼之都”称号。

渔港建设　建设竣工2个，在建3个，通过市发改委可行性批复4个。推动黄岐半岛渔港建设，协调指导黄岐中心渔港验收工作。

【安全监管】　水产品质量安全　开展农业部、省、市三级抽样检测446批次，产地、流通环节抽检合格率逾97%，水产苗种药残超标值均未超过10微克/千克。开展规模化无公害产地认定，认定产地20个面积404.87公顷，认证产品26个、产量9331吨、产值25865.5万元。新增福州鑫海水产养殖有限公司、福州市琅岐经济区鲲腾水产养殖农民专业合作社、闽清县宝峰鱼乐渔业有限公司3家养殖企业开展可追溯体系建设试点工作。全市发展11家水产品质量安全追溯试点单位。

渔业生产安全　召开安全教育讲座67场，参加11205人，发放各类安全宣传材料约3万份。通过海洋渔业安全应急指挥平台向渔民、群众发送安全宣传教育信息70次约70万多条。在黄岐港、五一广场举办安全生产宣传咨询活动。

海洋生态环境安全　市海洋预报台5月投入试运行，试行编制《福州海洋预报》《福州沿海赤潮发生条件预测》及台风简报等，赤潮发现率100%。加强水质监测，每月通报罗源湾海水水质状况。修订《福州市突发水生动物疫情应急预案》。

防台防汛　组织抵御第7号超强台风“苏力”、第12号台风“潭美”等8次防台风撤离工作，组织渔船回港避风55135艘次，撤离渔排人员53526人次，发现险情437起，全部修复或加固，台风期间无安全事故。

【渔业惠民政策】　燃油补贴　获中央财政直补的2012年度国内渔业成品油价格改革财政补贴资金3.97亿元，于年内全部发放完成。远洋渔业燃油补贴1.69亿元，11月分别拨付给福州宏龙海鲜水产有限公司、福州市翊顺远洋渔业有限公司和福州宏东远洋渔业有限公司。

渔业保险　签单保费约3219多万元，其中，渔工投保24231人，完成率100%；投保渔船1621艘，完成率100%。理赔案件152起，赔款859万元。

海洋与渔业培训　举办各类培训班88期，免费培训渔民和技术人员9987人，参训人数比增53.3%。其中，渔船船员生产技能和安全培训班49期7367人；水产品质量安全培训班32期2027人；赤潮知识普及培训班5期419人；基层水技人员培训班2期174人。

【科技兴渔】　海洋与渔业环境监测　对罗源湾、定海湾、敖江口、闽江口、长乐沿岸等重要海域开展不同项目的海洋环境常规性与趋势性监测，完成“闽江口海湾环境质量监测”“闽江口国家级赤潮监控区监测”“陆源入海排污口监测”“长乐沿岸海水入侵监测”“闽江入海污染物总量监测”“闽江咸潮上溯监测”“长乐国家级海洋公园监测”“海洋垃圾监测”“闽江入海口水环境质量监测”“罗源湾海水质量监测通报”“江河重点增值放流水域环境质量趋势性监测”“平潭竹屿省级重点排污口监测”“闽侯育苗场水质检测”13项监测任务，出具技术报告300余份。

渔业科研　“中科红海湾扇贝的引种与试养”项目，苗种经过4个多月的养殖，平均规格达4.2厘米，养殖阶段成活率80%，长势良好。“日本海葡萄引种与驯养”项目，养殖4个月藻种扩增7倍。“鲍参藻网箱立体生态养殖示范”项目，通过整合网箱、附着基、养殖筏架等设施形成生态浮岛，利用鲍、海参、藻类之间的能量转化关系，构建具有自我修复功能的生态养殖新模式。在连江奇达海区进行鲍、海参、藻类网箱立体生态养殖技术研究，每口网箱（2.4米×2.4米）增收海参16.3~22千克，鲍单位面积产量达38.59千克/平方米，比传统的浮筏式网箱（4米×4米）提高25.3千克/平方米，鲍成本降低逾5%，海域利用率提高2.8倍。构建鲍、海参、蕨藻、益生菌等协同共生的可控室内生态循环养殖系统，实现全程不换水、零排放、不施肥，养殖成活率高，可有效避免台风、赤潮、高温、附着生物等对海区鲍养殖的影响。“金鱼可控生态养殖技术示范”项目，在闽侯县选择2个金鱼养殖场，开展金鱼土池及水泥池可控生态养殖试验。

【综合执法】　海洋监察　打击非法采砂、非法倾废、非法围填海等行为，查处各类海洋违法案件140起，结案129起，其中办结“海盾”案件6起、“碧海”案件4起、“海岛”案件3起、采砂案件118起，收缴罚没款8849多万元。

渔政渔监　开展港口执法检查行动774次，检查港口1288个，检查渔船9903艘，发现存在安全隐患渔船791艘，整改率91%。开展渔业水上执法行动176次，登临检查渔船1542艘次，查获违规作业渔船109艘。立案查处渔业案件142起，其中，违反渔业港航法律法规的案件61起，占案件总数的43%，处罚款75.86万元；查处违反伏休制度案件27起，收缴罚没款9.86万元。在全市推行经营单位承诺制度，组织开展45次执法检查，查处9家违法经营单位，查获并放流中国鲎、鲟鱼等保护动物176尾。组织开展水生野生动物保护知识咨询和法律法规宣传活动，发放各类宣传材料2000多份。

联合执法　与市文新局联合开展1次文物专项执法；与市环保局联合在海洋环境保护、打击违法开采海砂等方面开展2次环保执法检查。

【海峡渔业周】　展示面积4.6万平方米，布设标准展位2300个，其中，商业展位1100个。548家企业参展，展会面积、标准展位和参展企业数分别比增15%、12.3%、2%。其中，美国、澳大利亚等17个国家和地区商业展位达460个，占商业展位的42%。展会期间现场展销、交易、签约金额达183.6亿元。同时举办渔业合作重点项目签约仪式、水产品交易对接会、鲜活水产品订货会、国际渔业合作圆桌会议、海峡两岸渔业合作交流会议、两岸海洋渔业养护与共同开发青年科学家研讨会、海峡两岸渔业资源增殖放流启动仪式等10场配套活动。活动期间,中央、省市、境外、网络新闻媒体100多家200多名记者参与采访报道,刊播各类新闻报道近千篇(条)。

(林 莹)

水 利

【概况】 2013年,福州水利实现投入24.97亿元,占计划104.05%,比增23%。各县(市)区分别完成投资情况:永泰县3.98亿元、福清市3.36亿元、长乐市3.21亿元、罗源县2.18亿元、闽侯县2.12亿元、连江县2.07亿元、闽清县1.99亿元、马尾区1.32亿元,仓山区0.12亿元,福州市闽江下游防洪工程建设公司、福州市闽江下游管理处、福州市城区水库管理处完成2.63亿元,内河整治2亿元。

【水行政工作】 重点水利工程前期事项 开展闽江防洪工程可行性研究及项目立项工作;福州市江北城区山洪防治及生态补水工程完成可行性研究设计、初步设计和施工图设计打包招投标,完成可行性研究报告编制;福建省平潭及闽江口水资源配置(一闸三线)工程完成工程规划、项目建议书、移民安置、水土保持等前期工作。

流域规划编制 完成《福州市城区排涝规划》《龙祥岛防洪排涝规划》《福州市江北城区山洪防治及生态补水工程规划》《500平方公里以下流域综合规划环境影响报告》《福建省大樟溪流域综合规划》《福建省大樟溪流域(福州段)防洪规划报告》《福建省大樟溪岸线规划》《大樟溪流域500平方公里以下小流域(福州段)综合规划环境影响报告》《梅溪流域防洪规划》等规划编制并送相关单位审核。

农村水电管理 实施农村水电站增效扩容改造项目;完成农村水电站安全生产"双主体"(安全监管主任、安全生产单位)责任落实及上报,水能资源开发规划中小河流名录复核,水利系统水电安全生产汛前安全大检查等工作;完成农村小水电发展情况调研并形成初步意见报送省水利厅及市发展和改革委员会。

基层水利机构增编 晋安区、马尾区、闽侯县、长乐市、福清市、连江县、罗源县、永泰县、闽清县9个县(市)区相继出台乡镇水利工作站设站增编文件。扶持组建34个农民用水户协会,组织30人次农村基层农民水利技术员培训。

水资源管理保护 完成闽侯甘蔗、侯官,闽江原厝、义序、鳌峰洲、城门浚边村,长乐营前、敖江塘坂水库,马尾白眉水库9个饮用水水源地水质监测;开展水资源综合管理系统建设;编制完成《福州市水功能区划》《2012年福州市水资源公报》;编制并实施《闽江下游(福州段)2013年度河道采砂计划实施方案》;发放《福州市河砂(石)资源定额凭单》218万立方米、《福州市河砂(石)资源出口准运凭单》23张、《福建省河砂(石)资源准运凭单》198本、《福州市河砂(石)资源车辆准运凭单》1270本;查处违法采、运砂船舶184艘,违法运砂车辆389部,清理非法砂场27个,上缴财政罚没款2626.5万元。

行政审批 办结各类审查审批项目95项。发出审查审批文件95份、缴费通知48份。收取水土保持补偿费895.4万元,征收水资源费642.39万元。审批事项经简政放权,由原先的33项缩减至3个大项。

【水利工程建设】 重大水利工程 实施在建项目21项,总投资156.26亿元,完成投资19.45亿元,占计划111.4%;新开工6项,总投资17.41亿元,完成投资3.01亿元;福州市闽江北港南岸防洪堤(壁头—乌龙江大桥段)、魁岐排涝二站工程、福州闽江下游南港农大洪塘段防洪排涝工程、福州市2013年农村饮水安全工程、福州市中小河流治理项目、福州市2013年水土流失综合治理项目、福建省平潭及闽江口水资源配置一闸三线工程7个水利项目列入"五大战役",完成投资9.56亿元,占计划6.48亿元的147.6%,其中农村饮水安全工程实施项目61个,解决84.31万农村人口饮水安全问题。

冬春水利建设 投入劳动力1320万工日,占计划57.6%,完成土石方1355万立方米,占计划57.4%。2012—2013年,完成投资5.54亿元,占计划101.93%;投入劳动力1921万工日,占计划100.54%,完成土石方1869万立方米,占计划100.21%。

农田水利建设 农田节水灌溉建设任务3333.33公顷,完成节水灌溉面积3353.33公顷,占计划100.6%;完成长乐市莲柄港大中型灌区节水配套改造及泵站更新改造项目,完成长乐市雪美农业开发有限公司设施农业、闽侯县品众农业发展有限公司设施农业节水灌溉项目。完成第一批罗源县重点县3年建设任务与第三批闽侯县、第四批闽清县中央财政小型农田水利重点县项目年度任务主体工程,完成投资5143.37万元。2012—2013年实施的福清佳家和闽清大丰农场山地示范工程通过验收,可新增山地水利蓄水容积1450立方米。完成晋安汶石下湖大湾农业山地水利建设,完成投资80万元,新增管道4000米,新增蓄水容积200立方米。完成列入第六批初级水利化县建设的闽清县、马尾区建设验收任务。

中小河流治理 开展福清市虎溪阳下奎岭项目区、连江县敖江南岸江南桥至牛村段防洪工程和永泰县长庆溪防洪工程3个中小河流治理任务,完成主体工程,包括综合治理河长12.01公里、加固堤防672米、新建堤防4.10公里、清淤河长6.52公里,完成投资8632.7万元。

病险水库及海堤除险加固工程 完成列入福建省人民政府"稳增长惠民生"项目的11座小型水库和41座山塘除险加固任务,完成7座列入中央补助资金的重点小(二)型水库和11座一般小(二)型水库除险加固工作。新一轮海堤强化加固工程方面,完成福州市5条一期工程;基本完成二期工程中的连江马鼻海堤强化加固工作;完成连江大官坂海堤一、二期前期工作。

水土流失治理 市水土保持委员会成员单位水利局、林业局等完成9963.71公顷,占任务9873.4公顷的100.9%。6666.67公顷"为民办实事项目"水土流失治理任务完成6720.71公顷,占任务100.8%。市本级审批开发建设项目水土保持方案34个。

(陈 嘉)

防汛抗旱

【概况】 2013年,福州市降雨较为集中。1—9月有2次气象干旱。4—6月降雨偏少,比上年减少22%,闽江出现最大流量仅为8500立方米/秒;5、6月集中出现2次强降雨过程,福州市多地不同程度受灾。登陆或影响福州市的有"苏力""西马仑""潭美""康妮""天兔""菲特"6个台风。全年洪涝灾害造成直接经济损失16.46亿元,占全市GDP 4678.5亿元的0.35%,其中农林牧渔业直接经济损失10.52亿元、工业交通业直接经济损失2.72亿元、水利工程水毁直接损失1.78亿元。台风造成损失16.29亿元。启动Ⅰ级应急响应2次,Ⅱ级应急响应2次,Ⅲ级应急响应5次,Ⅳ应急响应5次。

【雨季灾害】 5月20日傍晚至22日,受高空槽和低层切变共同影响,福州市发生强降雨天气,市区、福清、长乐、闽清、永泰、闽侯等地降雨明显。全市4个县(市)区受灾,受灾人口1.35万人,紧急转移0.02万人,因洪涝灾害造成直接经济损失1298万元。6月11—13日,受高空槽和弱冷空气共同影响,各县(市)区出现中到大雨,部分县(市)暴雨,累计降雨量永泰77毫米为最大。3个县(市)区受灾,受灾人口0.5万人,因洪涝灾害造成的直接经济损失422万元。

【台风灾害】 影响台风6个,其中"苏力""潭美""菲特""康妮"4个台风造成损失。"苏力"和"潭美"台风正面登陆,造成风、雨、浪、潮灾害影响。

第7号台风"苏力" 7月8日8时在西北太平洋洋面上生成,13日16时在连江县黄岐半岛登陆,登陆时近中心最大风力12级(33米/秒)。受其严重影响,7月12日起,沿海出现10~13级大风。福州市普降暴雨到大暴雨。13日2时—14日8时,降雨量50~100毫米有60个站点,降雨量超过100毫米的有20个站点,3个站点超过200毫米,其中以闽侯青龙山224.2毫米最大。仓山区、马尾区、福清市、长乐市、闽侯县、闽清县、永泰县、连江县、罗源县9个县(市)区受灾,受灾人口17.67万人,因洪涝灾害造成的直接经济损失5.76亿元,其中,农林牧渔业直接经济损失4.19亿元,工业交通业直接经济损失0.53亿元,水利工程水毁直接经济损失0.71亿元。

第11号台风"尤特" 8月10日2时生成,14时加强为台风,11日17时加强为超强台风。受"尤特"外围影响,14—15日福州大部分县(市)出现降雨,其中15日福清出现暴雨,没有出现明显灾情。

第12号台风"潭美" 8月18日2时在西太平洋洋面生成,20日20时加强为台风,22日2时40分在福清市城头镇登陆,登陆时近中心最大风力12级(35米/秒),登陆前后恰逢天文大潮高潮时,沿海各地风、雨、浪、潮交加,海堤、避风港及港内渔船受损。全市沿海5个县市的40个乡镇过程雨量超过100毫米,其中10个乡镇过程雨量超过200毫米。以福清港头257毫米为最大,其次是福清东瀚229.4毫米,永泰大洋225.4毫米,罗源中房220.9毫米。21日20时至22日3时,福州市沿海风力达11至14级,14个自动站出现12级以上大风,其中连江东岱41.9米/秒(14级)为最大。12个县(市)区、135个乡镇受灾,受灾人口26.39万人,转移人口4.6万人,直接经济损失达10.36亿元。其中,农林牧渔业直接经济损失6.19亿元,工业交通运输业直接经济损失2.15亿元,水利设施直接经济损失0.93亿元。

第15号台风"康妮" 8月26日14时生成,28日2时加强为强热带风暴。受"康妮"外围影响,8月29—30日福州部分县(市)出现大雨到暴雨,闽清、永泰、福清和平潭的局部乡镇有大暴雨。永泰的嵩口、长庆、盖洋3个乡镇,7863人受灾,转移581人,房屋倒塌11间,直接经济损失1205万元。

第19号台风"天兔" 9月17日2时生成,18日20时加强为台风,19日17时加强为超强台风,22日19时40分在广东省汕尾市沿海登陆。受"天兔"外围影响,21日白天福州市沿海出现10级以上大风,21日夜里平潭沿海出现12级阵风,其余县(市)沿海有9~11级阵风。罗源3个乡镇受灾,直接经济损失62.24万元。

第23号强台风"菲特" 9月30日20时在西太平洋洋面生成,10月7日1时15分在福鼎沙埕登陆,登陆时近中心最大风力为14级,风速42米每秒。福州市北部沿海风力达9~11级,浪高3.5~5.5米。3个县(市)区、13个乡镇受灾,受灾人口2547人,直接经济损失0.174亿元。

【防洪减灾效益】 抗洪抢险资金投入3068万元,减淹耕地1.28万公顷,避免粮食减收2.84万吨,减少受灾人口13.9万人,解救被洪水围困群众20人,避免人员伤亡41起260人,避免县级以上城市受淹1座,减灾经济效益9.23亿元。转移海上渔船和渔排养殖人员和陆上低洼地带、危房危屋、地质灾害隐患点等受威胁地区的群众11.07万人次,组织回港或就近避风船只4.5万艘次。

(陈 嘉)

(编辑 吴 燕)

工 业

综 述

2013年,福州工业完成总产值7254亿元,首次突破7000亿元,比增14.1%。规模以上工业完成总产值6767亿元,比增14.4%。规模以上工业完成增加值1665.4亿元,比增13.7%,增加值增速在26个省会城市中排名第7,居东部沿海省会城市首位,在福、厦、泉3个中心城市中居领先位置。工业经济综合效益指数达275.1%,提高8.2个百分点。实现利润总额367亿元,比增9.8%。工业用电量198.5亿千瓦时,比增10.9%。冶金建材产业产值首次突破千亿元,全市千亿产业增加至4个。省电力公司和金源纺织集团产值首次突破百亿元,全市百亿企业总数发展至8家。

加大政策扶持力度 在推进园区、重点项目建设,深化民企、央企项目对接,发展战略性新兴产业,增强企业创新、节能降耗等方面,出台有针对性的政策举措,并落实增产增效用电补贴、稳增长系列奖励、技改资金补贴和扶持小微企业发展等扶持资金4.2亿元,其中市本级资金2.8亿元。扶持和规范担保业发展,149家融资性担保公司累计为11510家中小企业提供228亿元融资担保;推进小额贷款公司发展,10家小额贷款公司为3475家中小企业发放贷款44.8亿元。实施企业房产税和土地使用税"即征即奖",为企业减负逾10亿元。编制《福州工业产品推荐使用目录》,引导和鼓励全市机关、企事业单位和市民使用本地产品。

推进园区和重点项目建设 研究制定《加快工业园区发展意见》《中心城区工业企业改造提升实施方案》,推动福州高新区、蓝色产业园和临空经济区等工业园区发展。贯彻落实省技改12条措施,实施技改专项行动计划,推进203项工业重点项目建设。对45项市级工业重点项目下达技改补助资金3935万元,引导企业技改投资44.3亿元。科立视触控屏、源达针织高档纺织品、百洋海味鲭鱼罐头生产线等77个项目竣工投产,总投资324.94亿元;巴陵石化己内酰胺、广福鑫铜铝材扩建、福抗药业等66个项目开工建设,总投资844.21亿元。实施省级新增长区域发展战役重点项目274项,完成投资882亿元;实施市级新增长区域发展战役重点项目216项,完成投资496亿元。

深化民企项目对接 完成省第三届民营企业产业项目洽谈会暨签约工作。出台《福州民营企业项目对接工作考核奖励实施办法》,强化民企项目对接目标责任制。新对接民企产业合同182项,总投资1437亿元,分别比增109%和53%,投资总额列全省第一。合同项目动工142项,开工率78%;2011—2012年对接的155项民企项目中,动工142项,开工率91.6%。

推动央企项目对接 中交四航局福建区域总部等3个项目竣工投产;新开工10个项目,总开工项目达28个;新对接中节能环保、神华海西总部、中航幸福航空运营等8个项目,总投资1163亿元。2011—2013年,签约项目53个,总投资4983亿元,其中47个央企项目进入全省"三维"跟踪管理信息系统,总投资4139.87亿元。完成央企项目投资234.07亿元,累计完成投资679.56亿元,两项指标均居全省第一。

增强企业创新能力 认定鑫港纺机、捷星显示科技等17家市级企业技术中心,培育华映光电、国脉科技等10家企业为省级企业技术中心,推荐锦江科技、雪人股份等5家企业申报国家级企业技术中心。22项新产品通过省级新产品、新技术鉴定,约占全省总数的50%,其中达到国际水平4项,国内领先14项。跟踪服务125项,扶持31项重点产学研项目。下发《关于申报2013年工业设计扶持产业发展专项资金的通知》,促进工业设计与制造业融合,设立海峡工业设计专家工作站,3家企业被认定为省级工业设计中心。推进"质量强市示范城市"建设,培育国家级工业企业品牌培育试点企业4家,省级3家。

发展战略性新兴产业 牵头建立福州市战略性新兴产业发展工作联席会议制度,成立战略性新兴产业和两化(信息化和工业化)融合推进工作小组。开展省级工商发展资金战略性新兴产业专项工作和第二批省战略性新兴产业骨干企业认定工作。至年底,认定战略性新兴产业企业154家,实现产值约1510亿元,比增20.13%。出台《加快福州市信息产业发展的若干意见》，提出加快专业园区建设、加大财税扶持、创新金融体制机制、加强市场开拓支持等10个方面举措。组织国家和省物联网、省软件专项、LED产业等117个企业（项目）申报资金，推动物联网、云计算、LED等行业发展。组织融侨经济技术开发区“电子信息（显示器）产业示范基地”完成国家新型工业化产业示范基地复核，推动福州经济技术开发区物联网基地申报国家新型工业化产业示范基地。推动国家信息消费试点城市、中国软件名城、国家数字家庭产业示范基地、国家安全可靠工业控制系统产业园4个国家级项目申报，其中国家信息消费试点城市获批。组织推荐长源纺织等3家企业申报省级两化融合专项资金项目，上报省级两化融合示范企业11家、两化深度融合五年行动方案重点建设项目33个。发展总部经济，国脉科技、三奥信息等6家工业企业被市政府认定为第二批总部企业。

推进节能降耗工作　开展“国家级生态城市”创建活动，抓好连江县、罗源县石板材加工企业综合整治监督工作。淘汰落后产能项目8个，其中：造纸7个，产能8.5万吨；制革1个，产能8万标张。各县（市）区全面落实目标责任制和评价考核制度，完成80家工业企业节能低碳行动的任务与考评。配合省经贸委完成56家重点用能企业能源审计。开展工业锅炉改造、电机系统节能等50项技改项目，实现年节约8万吨标准煤。GDP能耗下降到0.508吨标准煤/万元。推进江阴工业区耀隆化工、东南电化、中软集团、巴陵石化等企业实现原料互供、管道运输。举办“2013年全国节能周活动暨第二届海峡西岸（福州）节能产品博览会”。

拓展经济协作和对口支援　5月，牵头承办闽浙赣皖福州经济协作区第十五次市长联席会议和“5·18”海峡项目成果交易会闽浙赣皖福州经济协作区合作展等一系列活动。完成福州市参加第九届泛珠三角省会城市市长论坛和第九届泛珠三角区域合作经贸洽谈会组织筹备工作。10月，举办首届中国（福州）寿山石文化节暨第九届中国名石雕刻艺术展。组织企业参加“西洽会”“西博会”“青洽会”“广博会”“亚欧博览会”和福州—银川产业对接会。完成第五批援疆工作及第六批第七批援藏衔接。完成重庆万州区的对口支援和产业对接工作。对口支援闽清、永泰、连江、罗源4个县，在农副产品重点项目申报方面给予政策倾斜和优先安排。

加强行政审批和行业管理　市行政服务中心入驻窗口行政审批审核项目的办理时间压缩2～3天，项目当场办结率逾98%，群众满意率100%。电子信息、医药化工等行业建立完善软件行业、医药化工行业数据统计制度；机械冶金行业开展高强钢筋生产情况检查、民爆企业打非治违专项行动。工艺美术行业引导协会抱团拓展市场，建设寿山石鉴定中心等行业公共服务平台，组织举办第二十二届工艺美术设计创新大赛。完成企业管理咨询诊断项目250多项。举办10期企业成长培训班，为中小微企业培训管理人员2600多人。开展安全生产和安全标准化建设，实现安全年，委属企业死亡和重伤事故为零，重大设备事故和火灾事故为零，重大事故隐患整改率100%。

（翁锦昕）

机械冶金

【概况】　2013年，福州市机械冶金建材行业规模以上企业完成产值2211.4亿元，其中机械行业规模以上企业461家（产值亿元以上企业201家），完成产值1139.1亿元，比增13%，占全省机械工业比重22.4%；冶金建材行业规模以上企业285家（产值亿元以上企业123家），完成产值1072.3亿元，比增21.3%，行业产值首次突破千亿规模，与纺织化纤、轻工食品、机械制造行业形成四大千亿产业格局。

【金属制品业】　完成产值94.8亿元，比增28.1%，其中昇兴集团股份有限公司完成产值11.79亿元，比增4.8%；福州德通金属容器有限公司完成产值11.09亿元，比增15.7%。

【设备制造业】　通用设备制造业　完成产值115.1亿元，比降2.5%。其中，日立数字映像（中国）有限公司完成产值15.14亿元，同比持平；福建科杰起重机械有限公司完成产值2.7亿元，比降35.2%。

专用设备制造业　完成产值104.3亿元，比增24.8%。其中，福建乾达重型机械有限公司完成产值7.86亿元，比增13.7%；福建省轻工机械设备有限公司完成产值17.09亿元，比增36.5%；福建省鑫港纺织机械公司完成产值7.6亿元，比增174%。

船舶修造行业　8家规模以上企业完成产值109.6亿元，比增5%。其中，福建省东南造船厂完成产值30亿元，比增29.6%；福建省马尾造船股份有限公司完成产值26.16亿元，比增7.5%。华东船厂等个别企业开工率严重不足，开工率不到总产能的40%。

【汽车制造业】　东南汽车、奔驰汽车、新福达汽车等99家规模以上汽车整车及配套生产企业完成产值282.8亿元，比增5.9%。其中，东南汽车完成产值79.53亿元，比增1.7%；奔驰汽车完成产值54.4亿元，比增13.6%。

【电气机械及器材制造业】　完成产值365.3亿元，比增21.6%。其中，泰明电力、永强力加、力鼎动力、联合动力、利莱森玛、金飞鱼柴油机等28家发电机制造企业完成产值173.37亿元，现价增长22.16%。以大通机电、通尔达电线电缆、瑞鑫集团为主的电线电缆制造行业完成产值65.15亿元，现价增长18.71%。以天宇电气、亿力电器、山亚开关、天一同益为主的配电开关控制设备制造行业完成产值34.35亿元，现价增长33.94%。内燃机行业面临南安、重庆同质产品竞争压力，产品质量与自主研发能力不足。

【仪器仪表制造业】　完成产值49.8亿元，比增10.1%。其中，福建上润精密仪器有限公司完成产值13.3亿元，比增5.7%，产品广泛应用于航天及军工行业。

【冶金行业】　黑色金属冶炼及压延

加工业　38 家规模以上企业完成产值 570.9 亿元,比增 18.1%,初步形成产业集群。以宝钢德盛不锈钢有限公司、吴航不锈钢有限公司为龙头的不锈钢产业集群,总产量约占全省 60%;以鑫海冶金、亿鑫钢铁、三金钢铁、中国国际钢铁制品有限公司为龙头的普通钢(建筑钢材)产业集群,总产量约占全省 30%。个别企业如宇星实业因资金链断裂停产。

有色金属行业　中铝瑞闽、南方铝业、奋安铝业等规模以上企业完成产值 138.4 亿元,比增 25.2%。

【建材行业】　规模以上企业 229 家,完成产值 363 亿元,比增 25.4%。其中,水泥行业完成产值约 36.42 亿元,比增约 18.7%,占全市建材行业规模以上企业总产值的 10%。全市水泥产量约 665 万吨。65 家陶瓷企业完成产值 70.8 亿元,比增 12.1%。

(陈少华)

电力工业

【概况】　2013 年,福州电网供区面积 1.17 万平方公里,供电人口 671.53 万人,供电户数 262.37 万户。拥有 35 千伏及以上变电站 184 座,其中 220 千伏变电站 31 座、110 千伏变电站 119 座,主变 350 台、总容量 2200.08 万千伏安;35 千伏以上输电线路(含电缆)总长 5110.841 公里,10 千伏线路(含电缆) 17149.99 公里。

【电力供应】　福州地区电网依靠省网络供电,有 500 千伏、220 千伏 2 个电压等级主干电网。其中,500 千伏电网新增笠里变,与福州变、东台变、洋中变提供变电总容量 550 万千伏安。500 千伏主网电源由连江可门火电厂、福清江阴火电厂、闽清水口水电站、宁德晴川核电站支撑,并通过 7 回 500 千伏线路,西与水口电厂,南与泉州、莆田,北与宁德联络,电网架构形成三向延伸、南北贯通、布点均匀的链式结构。220 千伏电网以 500 千伏变电站作为主电源点,并辅以东部长乐华能电厂、西部水口水电站作为补充,网内有 220 千伏变电站 31 座,容量 1146 万千伏安,线路 1968 公里。

福州地区联网中小型电厂总装机容量 1140.74 兆瓦,其中,水电容量 590.74 兆瓦,风电容量 506.5 兆瓦,其他容量 43.5 兆瓦,分别占比 51.79%、44.4%、3.81%。全社会用电最高负荷 601.04 万千瓦,比增 13.6%,网供最高负荷为 588.71 万千瓦,比增 16.24%。全社会用电量 337.57 亿千瓦时,比增 10.63%,其中第一、二、三产业以及居民生活用电量分别是 5.07、205.75、56.55、70.19 亿千瓦时,分别比增 5.68%、11.55%、11.53%、7.68%。

重点支柱行业用电呈增长趋势。纺织业用电量 39.64 亿千瓦时,比增 8.86%;橡胶和塑料制品业用电量 11.2 亿千瓦时,比增 0.96%;黑色金属冶炼及压延加工业用电量 32.13 亿千瓦时,比增 14.73%;有色金属冶炼及压延加工业用电量 15.64 亿千瓦时,比增 29.97%;交通运输、电气、电子设备制造业用电量 12.32 亿千瓦时,比增 3.8%。

【电网建设】　推动浙北—福州 1000 千伏特高压入闽工程及 500 千伏超高压沿海二通道建设。投入资金 20.4 亿元,其中主干电网 9.9 亿元,配电网 9.5 亿元,分别比增 -2.4%、6.7%。主干电网方面,娘宫输变电等 15 个项目通过省发改委核准;建成投运竹屿输变电等 51 个输变电工程,新增容量 190.9 万千伏安、线路 445.2 公里。配电网方面,新建、改造 10 千伏线路 358 公里、配变 203 台、低压线路 367 公里,解决 2.1 万户用户的低电压问题。保障城市地铁轨道交通 1 号线、2 号线工程、福建申远新材料有限公司己内酰胺一体化项目、保障房等电力供应。完成三环路、南台大道等 134 项迁改工程。完成 34 项输电线路和 163 条道路架空线路缆化下地。

【新农村电气化建设】　完成农村电网升级改造投资 3.17 亿元,新建 9 个电气化乡镇、94 个电气化村。新建和扩建 110 千伏变电站 9 座(容量 50 万千伏安)、110 千伏线路 11.3 公里;新建和改造 10 千伏配变 213 台、10 千伏线路 227.12 公里、低压线路 120.48 公里;改造户表 3.98 万户。涉及 5 个县(市)87 个乡镇,337 个行政村,842 个自然村和 22 万电力用户,受益农民 258.03 万人。

【技术创新】　率先开展 TD - LTE 无线专网技术在智能配用电网的应用研究,在省电力系统获得首个无线 TD - LTE4G 企业专用频段,可用于配网自动化、用电集抄、无人值守可视化管理、应急通信、移动巡检及办公等业务。推广分布式光伏发电项目接入,受理分布式光伏发电项目接入申请 34 户(含 8 个县),其中 76% 为居民户申请。至年底,通过验收 14 户并网发电,装机容量 93%,为 8 千兆以下,电压等级 220/380 伏。首次开展水电站厂房尾水建设并运行壅水堰,解决因水电站尾水位降低影响机组安全稳定运行问题,该项目获福建省科技进步三等奖。

【安全生产】　开展安全大检查、“十查十严格”等活动,安全生产工作通过国家能源局安全督察。应对 2 次电网四级风险,抵御“苏力”等超强台风侵袭。落实“四位一体”(政府主导、行业监督、供电企业检查、客户执行落实)模式,治理客户安全隐患。进一步加强居民用户的用电安全管理,需加装末端漏电保护装置居民用户进行一对一书面告知,并进行建档。完成 195 户非煤矿山普查,在无证和采矿证过期的 145 户中,停电 74 户、销户 4 户、拟销 8 户,余 59 户待政府及相关部门通知要求后再进行处理。全年未发生电网、设备、交通、火灾和恶性误操作事故,连续安全生产 2374 天。

【客户服务】　走访重点客户 265 户,进社区 43 个,进农村 102 个,参加各区政府会议 238 项,对接区政府工作 102 项,现场解决用电事项 157 项。开展福耀玻璃等 64 个重点客户能效诊断,签订 10 个照明节能改造项目。在夏季用电高峰期前,改造重载、低电压台区 319 台。做到“快速响应”和“快速复电”,抢修信息反馈率同比提高 1.2 个百分点,故障平均修复时长比降 25%。开展带电作业 2022 项,减少停电 5.9 万时户。

建设城网片区网格化服务体系，拓宽缴费渠道，启用公务卡、“翼支付”等缴费渠道。推行首问责任制和一次性告知制度，完成用电报装1398项，平均办理时长缩短2.5个工作日。完成“5·18”海峡两岸经贸交易会、“6·18”海峡项目成果交易会、中高考、“中华龙舟大赛”及重要节假日等221项保供电任务。

（姜 炜）

医药化工

【概况】 2013年，福州市医药化工行业规模以上工业完成产值293.08亿元，比增20.2%。其中，医药制造业完成产值74.51亿元，比增14.4%；石油加工、炼焦和核燃料加工业完成41.22亿元，比增－3.1%；化学原料及化学制品制造业完成177.35亿元，比增32%。

福建省福抗药业股份有限公司完成产值11.18亿元，比增9.9%；北京同仁堂健康药业（福州）有限公司完成产值7.51亿，比增－0.2%；福州海王福药制药有限公司完成产值5.82亿元，比增－9.7%；福建南少林药业有限公司完成产值6亿元，比增25.3%；丽珠集团福州福兴医药有限公司完成产值3.66亿元，比增－18.85%；福州闽海药业有限公司完成产值3.57亿元，比增34.72%。

福建德胜能源有限公司完成产值13.85亿元，比增－25%；福建省长乐市双强化工有限公司完成产值8.85亿元，比增14.8%；福州一化化学品股份有限公司完成产值2.67亿元，比增16.1%；福州坤彩精化有限公司完成产值8.89亿元，比增11.1%；福州耀隆化工集团公司试生产，完成产值2.67亿元。

【石油化工行业】 完成投资108.64亿元，比增34.8%。

重点项目建设 福州耀隆化工集团公司与中国化学工程集团公司的全资子公司——中国天辰工程公司合资成立福建天辰耀隆新材料公司，建设20万吨/年己内酰胺项目，总投资46亿元，完成投资34.46亿元，完成土建主体框架建设，土建施工进入全面收尾阶段，安装工程中钢结构安装完成80%；设备到货70%，安装完成57%。中国软包装集团公司与福建中景石化公司、福建中江石化公司合作在福清江阴工业集中区建设PP生产装置，中景石化公司35万吨/年聚丙烯装置及配套建设项目完成投资5.65亿元，累计完成投资12.65亿元；中江石化年产35万吨聚丙烯装置及配套建设项目完成投资5.6亿元，累计完成投资11.62亿元。福建景城实业公司与福州天浩贸易集团公司合资设立福建美得石化公司，在福清江阴工业集中区建设66万吨丙烷脱氢项目，完成投资6.33亿元，累计完成投资11.93亿元。巴陵石化20万吨/年己内酰胺项目完成投资5.79亿元。

技术改造 福州耀隆化工集团公司搬迁项目完成投资3.6亿元，完成投资20.6亿元，建成年产40万吨联碱、40万吨氯化铵和20万吨合成氨装置，年底竣工，开始投料试生产。福建东南电化股份有限公司搬迁项目完成投资6.35亿元，累计完成投资32.85亿元，完成TDI装置土建及安装、辅助装置土建、烧碱生产装置土建及安装、PVC装置土建及安装、乙炔装置及全厂管廊土建工程、锅炉烟囱、110千伏总变及外线工程、排水泵站、原水处理、道路工程施工等，基本竣工，开始投料试生产。

【医药行业】 完成投资11.93亿元，比增116.94%。医药企业实施新修订药品GMP技改项目6项，总投资29亿元。福抗药业新医药产业基地建设项目，占地13.33公顷，建设冻干无菌头孢原料药、片剂、针剂等GMP车间生产线，计划投资8亿元，完成投资1亿元，并完成征地和部分生产改造；VE项目年底试生产。海王福药连江第二生产基地建设项目，建设二类替米沙坦原料药及其片剂、四类盐酸格拉司琼氯化钠注射液、五类硫酸依替米星氯化钠注射液、五类苦参碱氯化钠注射液、三类氯法拉滨原料药及注射液、五类吗替麦考原料药及其分散片、复方甘草片新药片剂、针剂等新修订药品GMP标准车间中西药生产线，计划投资6亿元，完成项目征地；对老厂区进行符合新修订药品GMP的技术改造，完成投资1亿元。迈新生物公司肿瘤病理诊断试剂的产业化及自动化项目，占地4公顷，建筑面积2万平方米，建设诊断试剂GMP车间，自动化实验室及车间，诊断试剂研发中心，计划投资1.5亿元，完成征地并购置诊断试剂研发中心厂房等，完成投资0.35亿元。丽珠集团福兴医药有限公司新修订药品GMP改造及建设新药生产线、新药研发平台等项目，建设1吨达托霉素/年、2吨替考拉宁/年、500吨维及尼亚霉素/年、盐酸万古霉素、硫酸粘菌素、硫酸卡那霉素生产线的扩建和L－苯丙氨酸生产线的扩建、5000吨阿司巴甜/年、新药研发平台，计划投资3亿元，完成投资1亿元。金山医药连江健康医药园项目，项目征地14公顷，建设生产、研发大楼、办公场所、物流中心以及办公、生活配套设施；项目规划建设中药制剂园4公顷，生物医药园10公顷，总体建筑面积18.2万平方米，计划投资10亿元，完成征地。

【政策资金扶持】 组织北京同仁堂健康药业（福州）有限公司等企业争取到福建省2013年度中药及生物制药生产项目扶持资金，为福州辰星药业有限公司争取到2013年福建省战略性新兴产业扶持资金等。组织辰星药业、闽海药业、海王福药、北京同仁堂健康药业（福州）有限公司等企业申报福建省第二批战略性新兴产业骨干企业认定以及申报福建省工业化和信息化两化深度融合五年行动方案重点建设项目。闽海药业扶持项目通过专家验收。

【安全生产】 落实化工行业危险化学品管理，指导企业加强行业安全生产工作。年内耀隆化工搬迁项目建设安全无事故。参与医药化工企业的安全生产标准化建设工作，参与5次企业安全生产检查。全年安全生产无事故，因工死亡事故、因工重伤人数均控制在0.1‰以下。

（张晓江）

电子信息产业

【概况】 2013年，福州电子制造业完

成产值791.3亿元,比增7.2%,软件业完成收入398.9亿元,比增20.1%。天晴数码、中邮科通信、联迪商用、榕基软件、三元达通讯、亿榕信息、顶点软件、新大陆软件、富士通软件、瑞芯微电子10家企业入选“2013—2014年度国家规划布局内重点软件和集成电路企业”。12月,国家工信部批准福州市为首批国家信息消费试点城市。

表15　2013年福州市电子信息企业获技术创新奖项

获奖项目或科技立项	获奖单位
2013年国家火炬计划重点高新技术企业	榕基软件、三元达通讯、四创软件、福特科光电
2013年国家火炬计划立项	福州软件园产业公司、福州生产力促进中心、榕基软件、索天信息
2013年福建省省级创新型企业	思迈特数码、锐思软件、星网视易、实达数码、睿能电子、实达资讯、创频数码
2013年福建省知识产权优势培育企业	新大陆电脑、星网视易、思迈特数码、鸿发光电子、飞毛腿电子、鑫诺通讯
2013年度福州市科学技术进步奖一等奖	锐捷网络、博远无线

表16　2013年福州市入选中国软件业务收入百强企业名单

序号	企业	名次	收入(万元)
1	福州福大自动化科技有限公司	16	476594
2	福建星网锐捷通讯股份有限公司	43	178519
3	一丁集团股份有限公司	63	116675
4	福建新大陆电脑股份有限公司	66	105990
5	福建富士通信息软件有限公司	99	78638

【信息产业发展政策出台】　6月,《福州市人民政府关于加快福州市信息产业发展的若干意见》颁布,提出加快专业园区建设、加大财税政策扶持、加强项目用地支持、加强企业人才支持、加强企业住房支持、加强市场开拓支持、加强企业金融支持、加强企业自主创新、加强产业环境建设、加强组织领导10条政策措施。

【重点项目建设】　数字福建产业园在福州滨海新城动工建设,重点突出云计算、物联网、电子商务、移动互联网、地理信息、大数据六大产业,一期规划福建省云计算平台、省政务数据中心、灾备中心、国家北斗产业应用基地等项目。福州动漫游戏产业基地二期建成,神画时代、航天信息、天狼星动漫、世纪长龙、翰格文化等企业入驻。科立视材料公司的触控显示屏材料器件项目总投资1.7亿美元进入试投产,样品测试结果符合预期。海西动漫创意之都二期总投资超6亿元,主楼(天晴楼)竣工并通过验收。

【软件产业】　福昕软件是国家电子书标准工作组全权成员单位,产品PDF阅读器全球下载量近6000万次,市场占有率排名全球第二。福大自动化、榕基软件、国通信息、亿榕信息等公司在国内工业控制软件、质检电子申报、邮政信息化、电力信息化等细分市场排名国内第一。

【数字家庭产业】　10月,福建省首个数字家庭体验屋对外开放,该数字家庭体验屋集成家居照明、安防、多媒体、环境控制等系统。星网锐捷、捷联电子等公司承担“2013年国家电子信息产业发展基金招标项目——10万用户级数字家庭应用示范工程”,成立福建省数字家庭创新与应用推广联盟。“首届中国数字家庭金凤凰奖”评选中,星网锐捷获“年度产品优秀奖”、捷联电子获“年度技术创新优秀奖”、新大陆获“年度最具市场潜力优秀奖”。

【移动互联产业】　瑞芯微全球功耗最低的双核芯片和国内首颗28纳米工艺制程的四核芯片成熟量产,应用于平板电脑等产品,在国内市场排名第一。91无线公司两大分发平台“91助手”和“安卓市场”的应用累计总下载量突破100亿次。飞毛腿集团生产的手机电池产品涵盖所有手机型号,累计销量超8亿只,该集团是制定国内移动电源领域的首个规范性标准《便携式移动电源》的牵头单位。

【终端产业】　联迪商用是唯一全部入围国内五大银行的金融POS厂商,并进入京东、亚马逊、支付宝等移动支付市场,国内POS机市场占有率42.8%,排名第一。星网锐捷有业界领先的企业级网络解决方案定制能力,瘦客户机产品排名亚太区第一,网络通讯产品在教育市场排名国内第一,交换机产品排名国内第二,为30个国家部委提供网络技术服务,在教育市场连续第6年排名行业榜首,90%的全国211高校采用公司的网络通信解决方案。

【云计算产业】　福州市、鼓楼区、仓山区成为国家首批基于云计算的电子政务公共平台建设和应用试点示范区。福富软件承建的福建省政务网、政务外网云计算平台通过验收。榕基软件与电信合作,建设国内首个省级政务移动办公云平台。升腾资讯成为中国云计算技术与产业联盟的成员,参与云计算国家或行业标准制定。

【动漫游戏产业】　星空动漫、坤奇信息、天之谷3家企业经文化部认定为国家级动漫企业。金豹动画连续3届上中国动漫春晚,卡通人物“JONJON囧囧”

表 17　　2013 年获市级科学技术进步奖信息产业项目名单

类别	项目名称	主要完成单位
一等奖	锐捷安全计费管理解决方案(RG－SAM)	福建星网锐捷网络有限公司
	移动互联网应用软件"91 手机助手"	福州博远无线网络科技有限公司、福建博瑞网络科技有限公司、福建博动文化传播有限公司
二等奖	物联网感知识别芯片	福建新大陆电脑股份有限公司
	无线 POS 终端 E550	福建联迪商用设备有限公司
	基于数字预失真技术的移动通信接入网设备	福建邮科通信技术有限公司
	智能人机交互技术的研究及应用	福建星网视易信息系统有限公司
	四创山洪灾害监测预警系 V1.0	福建四创软件有限公司
	工业自动化 IAP 新技术研发及其产业化	福州福大自动化科技有限公司、福州大学电气工程与自动化学院
三等奖	捆绑式星探光学系统	福建福光数码科技有限公司
	动力锂电池组保护板测试系统及其应用研究	福州开发区星云电子自动化有限公司
	基于智能小区的数字家居系统研发	福建省冠林科技有限公司
	智能存折打印机控制软件及其应用研究	福建实达资讯科技有限公司
	一种自适应介质厚度的印字装置及其应用研究	福建实达电脑设备有限公司
	光纤熔接机高清晰度显微镜头	福建福特科光电股份有限公司
	厚铜导线断路修补方法及其应用研究	福州瑞华印制线路板有限公司
	RDP 环境下流媒体映射解决方案及其应用研究	福建升腾资讯有限公司
	提高液晶显示器动态对比度的方法	福建捷联电子有限公司
	MW0831 平板电脑	福州思迈特数码科技有限公司
	全景互动体验式数字多媒体展示系统	福建佳视数码文化发展有限公司
	企业级非结构化数据管理平台及其应用研究	福建亿榕信息技术有限公司
	榕基司法管理信息系统	福建榕基软件股份有限公司
	基于物联网的睿能电脑横机编织网络平台	福建睿能电子有限公司
	富通网优测试数据管理平台	中富通股份有限公司
	麦格贷记卡分析管理系统	福建麦格数码科技有限公司
	三奥媒体资产管理系统及其应用研究	福建省三奥信息科技股份有限公司
	综合信息服务平台	福建邮科通信技术有限公司
	经编机贾卡控制系统	福建宏宇电子科技有限公司
	基于多参量预补偿法高级智能压力变送器	福州福光百特自动化设备有限公司

获"中国动漫十大形象"。网龙网络在中国游戏行业年会上获评"优秀企业"、"优秀企业家"(CEO 刘路远)、"优秀网络游戏"(产品《魔域》)、"最受期待网络游戏"(《猎龙战记》)4 项奖项。嘉泰公司动画片《幼童留洋记》获"金猴奖"动画系列片最具潜力奖。天狼星动漫公司的《手机小子》入选"国家动漫品牌建设和保护计划",是福建省唯一入选企业。

（林　捷）

轻纺塑料

【概况】　2013 年,福州市轻纺行业规模以上企业有 740 家,完成工业总产值 2492.09 亿元,比增 17.42%(按可比价,下同),工业总产值占全市工业比重 36.83%,经济总量继续位居 6 个行业之首。

城镇集体工业联合社规模以上企业完成工业总产值 785.8 亿元,比增 15.3%(现价比增),占全市规模以上企业工业总产值的比重 11.6%,完成工业增加值 245.6 亿元,比增 14.23%。

【纺织工业】　规模以上企业 396 家,完成工业总产值 1598.87 亿元,比增 20.63%,占全市规模以上企业工业总产值 6766.99 亿元的 23.63%,占全省纺织工业总产值 4119.59 亿元的 38.81%,位居全省第二,同时位列工业八大支柱产业首位。具体为:纺织业233家企业,产值727.55亿元,比增20.78%;化学纤维制造企业24家,产值377.02亿元,比增24.57%;毛皮、羽绒制造企业55家,产值381.36亿元,比增19.23%;服装企业84家,产值112.93亿元,比增12.30%。

【轻工业】 规模以上企业344家,完成产值893.22亿元,比增12.08%(按现行价)。食品和其他轻工两大类中,食品业规模以上企业253家,工业总产值687.54亿元,比增11.37%,位列工业八大支柱产业第四位。具体为:农副食品加工业503.71亿元,比增13.22%;食品制造业98.74亿元,比增6.61%;饮料制造业82.37亿元,比增5.68%;其他轻工规模以上企业91家,工业总产值205.68亿元,比增14.49%。

【塑胶制品业】 完成工业产值272.5亿元,比增5.7%,完成工业增加值66.2亿元,占全省25.25%,位居全省第一。管材制造业由于产能过剩,增长速度受到影响;龙头企业——福建亚通新材料科技股份有限公司完成产值21.87亿元,比增7.41%;福建振云塑业股份有限公司完成产值12.83亿元,比增2.94%。塑料薄膜及复合膜制造业增速较快,但其主要代表企业明达工业(福建)有限公司受国际市场影响,产值出现负增长;塑料配套件企业生产保持平稳增长;日用塑料制品业龙头企业福建茶花家居塑料用品有限公司下半年产值有较大增长,比增12.3%;塑料再生料行业中生产PET再生料企业由于需求量严重萎缩,产值明显下降,生产PE再生料企业主要供应鞋材企业,产值保持较快增长。

【鞋类及皮革制品业】 完成工业产值319.53亿元,比增19.3%,完成工业增加值142.4亿元,占全省14.1%。鞋类行业龙头企业祥龙鞋业订单充足,企业发展平稳,完成产值14.25亿,比增51.32%。箱包制造业龙头企业祥兴(福建)箱包集团有限公司采用自创品牌与购买国外知名品牌使用权战略开拓内外市场,完成产值56亿元,比增43.95%。

【家具制造业】 完成产值131.9亿元,比增21%,完成工业增加值37.1亿元,占全省22.5%。全年增速放缓,波动较小。第一季度减产较为明显,主要原因是春节放假,工厂或停工或减产。第二季度多数员工返岗,同时各地政府新年度采购办公家具招投标启动,增产明显。第三季度线上线下销售模式初显成果,特别是"电商"模式发展迅速,企业订单增长明显。第四季度年终岁末家具市场进入销售旺季,家具行业内外销市场转暖。

【技术进步】 轻纺行业 建设福建春伦茶业集团市级企业技术中心,认定鑫港纺织机械等市级企业技术中心,指导4家企业创建省级企业技术中心,其中坤彩精化等企业被认定通过。指导5家企业创建国家级企业技术中心,其中长源纺织通过国家预审进入专家答辩程序。10项新产品通过省经贸委新产品新技术鉴定。参与建设海峡工业设计卖家工作站;参与制定设计产业扶持政策,市经委与市财政局联合下发《关于2013年工业设计产业发展专项资金的通知》,动员符合条件的企业进行申报。培育建立工业设计中心。

塑料行业 获市科技进步奖3项,其中福建祥龙塑胶有限公司的"玻璃钢管道生产线的工艺流程及连续自动化生产线的应用研究"获二等奖,祥兴(福建)箱包集团有限公司"拉链布带高效熨烫机"、福建恒杰塑业新材料有限公司"聚丙烯静音排水管道系统"获三等奖。祥兴(福建)箱包集团有限公司"一种拉链布带高效熨烫机"获福州市专利优秀奖。思嘉环保等5家企业6个项目列入市科技计划,有20家企业拥有22个福建名牌产品称号,21家企业拥有福建省著名商标。福建思嘉环保材料科技有限公司获福建省优秀创新型企业称号,福建振云塑业股份有限公司、福州隆诚实业有限公司获福建省良好创新型企业称号。福建晟扬管道科技有限公司、福建融音塑业科技有限公司2家企业被授予福州市知识产权示范企业。争取产学研、节能与循环经济补助资金、增产补助奖励资金及行业重点投资项目补助金2449万元。成立福州市首家行业性创新联盟——塑胶新材料产业技术创新战略联盟,通过联盟先后策划协办"福州大胜化工首届橡塑辅料供需交流会",组织行业企业参加第27届中国国际塑料橡胶工业展览会等。

(王 均 石美琳)

工艺美术

【概况】 2013年,福州工艺美术行业规模以上企业完成产值111亿元,增长(现价)14.6%,出口交货值64亿元,增长6.6%。

【技艺传承与创新】 开展第22届福州市工艺美术创新设计"如意奖"大赛,改变以往以作品为主要评判标准的方式,采用现场创作现场打分的形式,评出一等奖6名,二等奖12名,三等奖24名,新秀奖3名。

委托福建省技师学院、福州市旅游职业中专学校定向培养传统工艺美术濒危品种软木画和脱胎漆器专业学生72人,其中2012级50人、2013级22人。

编辑出版《福州手工艺三宝》《福州寿山石中青年雕刻家创新作品集》《历代咏寿山石诗文选》;完成闽都巧艺系列丛书《脱胎漆器技艺手册》资料收集工作。

完成对百名大师带徒授艺工作资料的整理、统计、考核及建档工作,推进濒临灭绝传统工艺品种大师带徒工作的管理、考核工作。

为中央美院、清华美院、中国美院、福州大学厦门工艺美术学院等院校学生提供漆艺、寿山石雕、木根雕艺实训场所,培训各专业学生153人。

开展行业专业技术人员职称评定,新增高级工艺美术师10人,工艺美术师14人,初级工艺美术师及工艺美术员82人。

【行业重大活动】 根雕艺术展 举办首届中国(福州)寿山石文化节暨第九届中国名石雕刻艺术展,以"六大展会""八项活动"为主要内容。"六大展会",包括第九届中国名石雕刻艺术展,福州刻工——玉石类作品展,寿山石书法、篆刻、图书展，林氏三杰雕刻艺术展，中国寿山石田黄、印章精品展，第九届中国名石雕刻艺术展拍卖作品展；“八项活动”，包括中国（福州）寿山石文化节活动暨第九届中国名石雕刻艺术展开幕式，第九届名石雕刻艺术展优秀作品评审，第九届中国名石雕刻艺术展专场拍卖会，海峡两岸寿山石文化艺术论坛，寿山石鉴赏咨询活动，中国名石雕刻技艺现场交流会，寿山石诗词吟诵会，寿山石书法、篆刻现场笔会。

漆艺展　市脱胎漆器行业协会与省城镇集体工业联合社在温泉公园联合举办中国脱胎漆艺之都迎春作品展，展出95件脱胎漆器精品，其中中国工艺美术大师、福建省大师创作的精品27件。国庆期间，市工艺美术联社和省工艺美术研究院在福州画院联合举办现代漆艺展，展出漆画和漆器作品百余件。

【市场拓展】　市寿山石行业协会、市脱胎漆器行业协会、市工艺美术研究发展中心、市工艺美术联社先后组织行业重点企业和协会会员“抱团”参加第八届中国（莆田）海峡工艺品博览会、第六届海峡两岸（厦门）文化产业博览交易会、2013年中国（杭州）工艺美术精品展、2013年北京国际创意礼品及工艺品展览会、2013年中国（青岛）工艺品创新展等专业展会。

【行业服务】　完成行业公共服务平台——福州寿山石鉴定中心实验室CMA建设，通过认证取得正常对外营运资质，于7月正式挂牌对外服务。完成《福州市传统工艺美术保护发展专项资金管理办法》修订；完成市脱胎漆器行业协会、市寿山石行业协会换届工作；关注行业规模以上企业经济运行相关数据及广交会成交动态、汇率变化、国际市场大宗商品价格走向、国内市场动向等，为企业提供适用的市场信息。

（林智方　吴薇）

（编辑　吴　燕）

城市建设与管理

城乡规划

【概况】 2013年福州市城乡规划工作围绕建设滨江滨海现代化国际大都市，按照"东扩南进、沿江向海、联动平潭"城市发展战略，推进《福州市城市总体规划（2011—2020）》《福州新区空间发展规划纲要》等规划编制，完成保障房、旧屋区改造、生态建设等专项规划；规范规划审批，出台《福州市城市规划编制、审批及调整若干规定》等措施；服务海峡奥体中心、地铁1号线等市政项目建设；启动新规划馆建设；对城区130个在建项目开展批后跟踪管理，清理违法建设355项。

【总体规划】 5月28日，住建部第5次常务会会议审议并原则通过《福州市城市总体规划（2011—2020）》。修改完善后报送住建部，待国务院批复。

【福州新区发展规划】 完成《福州新区空间发展规划纲要》成果并上报市政府研究。组织编制《福州市发展战略规划》《闽江口金三角经济圈规划研究》。

【控制性详细规划】 组织完成中心城区鹤林片区横屿组团、江北片区规划梳理；编制完成马尾新城控制性详细规划及南台岛金山、义序、奥体、烟台山、会展片规划；《上海东—福机片控制性详细规划》《新店益凤物流园区控制性详细规划》通过专家评审，基本实现城区城市建设用地范围控规全覆盖。

【专项规划】 深化《福州市山体保护规划》；组织编制完成《福州市历史文化名城保护规划（2012—2020）》《福州市2014年度城市规划实施计划》《福州市保障房用地规划（2012—2020）》《福州五城区危旧房（棚屋区）改造行动规划》《"生态福州"总体规划》《福州海峡奥体绿色生态城区专项规划》《鼓楼区军门社区建设发展规划》《福州市闽江、乌龙江、马江沿线游艇、游船码头布点规划》《福州闽江北岸内河旅游发展规划》《福州市中心城区地下空间利用专项规划》《福州市旧城区步行慢道系统规划》等；推进中小学教育设施等专项规划修编工作。

【交通市政基础设施规划】 组织编制《福州市中心城区近期道路交通改善方案研究》《福州市环南台岛滨江休闲路规划设计方案》《第八届城运会交通组织规划专项研究》《轨道交通1、2号线沿线站点交通接驳专项规划》《福州市区重点地段支路街巷整治规划》《福州市区主要干道停车整治规划专题研究》《福州市旅游综合交通规划》《2012年度城市交通发展年度报告》《东部新城商务办公中心区道路交通组织研究》。开展马尾新城三江口至长乐过江通道的规划研究工作。

【历史文化名城保护规划】 《福州市历史文化名城保护专项规划（2011—2020）》通过省住建厅组织召开的规划技术审查会审查，修改完善后报省政府审批，并报住建部及国家文物局备案。配合三坊七巷管委会开展三坊七巷（修编）、朱紫坊、上下杭历史文化街区、烟台山历史文化风貌区以及苍霞、公园路、马厂街历史建筑群、两山两塔两街区历史文化遗产特区保护规划编制及报批工作，均通过市规划委员会审议，其中三坊七巷（修编）、朱紫坊、上下杭历史文化街区保护规划成果通过省住建厅召开的技术审查会审查。

【城市环境综合整治规划】 完成《福州市环境综合整治工程综合设计导则》中的既有建筑、市政基础设施、园林绿化、城市家具与小品及社区整治5项细则；组织编制《福州市中心城区色彩规划》《福州市城市雕塑布局规划》《福州市城市风貌特色规划研究》《闽江北岸景观提升规划》《华林路沿线立体绿化改造概念设计》《五四北路（琴亭高架桥）环境综合整治设计》《浦上大道—南二环路—福湾路环境综合整治设计》《西北三环沿线综合整治规划》。

【城市重点地段修建性详细规划与城市设计编制】 完成海峡金融商务区东区城市设计、海峡奥体中心周边区域城市设计、晋安新城茶会核心区城市设计、闽江两岸景观提升规划；仓山汽车走廊片区、上渡建材市场、海峡会展中心周边地区等设计通过市政府研究审议。基本完成市民服务中心建筑立面设计优化，组织开展海峡文化艺术中心建筑方案设计竞赛、海峡非物质文化遗产生态园城市设计方案征集工作。

【旧屋区改造规划】 结合各区提供的2013—2015年需改造的危旧房(棚屋区)项目有关资料，完成规划范围内所有需改造危旧房(棚屋区)项目用地总量摸底工作，并进行梳理、整合，完成拟改造121个项目的规划选址与核发规划设计条件工作。

【各县(市)规划】 会同福清、长乐、闽侯、连江等县(市)开展辖区内控制性详细规划以上层面规划成果的编制和技术审查工作，并实行重点发展区"一书两证"(建设项目选址意见书、建设用地规划许可证和建设工程规划许可证)规划审批备案机制。督促各县(市)区落实村庄规划的报批工作，625个村庄规划编制成果完成报批数624个。指导完成省、市两级13个试点小城镇的总体规划、控制性详细规划、主要专项规划的编制工作。

【规划管理】 规划法规体系 修订《福州市城乡规划条例》通过市政府审议；开展《福州市城市规划管理技术规定》修订工作；制定《福州市区控制性详细规划编制技术规程》；修订《福州市城市地下空间开发利用管理若干规定》报市政府研究；参与《福州市历史文化名城保护条例》修订工作。制定《福州市城乡规划局规划公示办法》《福州市城乡规划局规划听证办法》。

规划委员会运作制度 召开6次会议，审议28个规划项目；与建筑环境委员会联合召开4次会议，审议23个规划项目。

规划审批管理 出台《福州市城市规划编制、审批及调整若干规定》，修订《福州市既有住宅增设电梯的若干意见》，拟定《福州市城市建筑景观规划管理暂行规定》。修改完善《建筑工程电子报批技术指引》并完善建筑工程电子报批系统。出台《福州市建设工程规划条件核实规定》，规范建筑层高、容积率计算规则。简化规划审批环节，将1公顷及以下建设项目总平方案并入建筑单体方案审查；取消高层建筑方案会审，以征求意见函形式与相关部门沟通联系。

建设项目规划审批 收件4001项，办结3891项。核发《建设项目选址意见书》306件，出具工作红线图280件，面积约3024.12万平方米；建设用地规划许可证236件，面积约1289.76万平方米；建设工程规划许可证(建筑)211件，建筑面积约1119.95万平方米；建设工程规划许可证(市政)280件；完成总平面规划审批项目94件，出具规划设计条件118件；办理规划条件核实案件388件。

服务建设项目 推进省立医院金山院区、海峡奥体中心、海峡图书馆、市老年体育活动中心、轨道交通1号线站点等社会公建项目，东升新苑、联建新苑等社会保障房项目，金融街项目、中央商务区项目等重大项目的规划审批。

城市规划展示馆项目 完成展示馆新馆布展工程设计施工一体化招标，布展设计方案和实施计划通过市委常委会研究同意，该规划馆位于南台岛海峡会展中心东侧，建筑面积5.3万平方米，一二层布展面积近2万平方米，总投资约6亿元。年内启动项目施工建设。市城市规划展示馆(临时)接待参观者逾3万人次，重要团体78个。

【规划监察】 对城区130个在建项目进行批后跟踪管理，查处违法建设355项，组织、参与拆除违法建筑98处，拆除面积3.59万平方米；对75个违法建设项目进行行政处罚。

(邱金炜)

国土资源管理

【概况】 2013年，福州市出让经营性用地1029.7315公顷，成交价款421.7415亿元；出让工业用地933.2936公顷，成交价款20.1484亿元，办理划拨国有建设用地使用权169宗，面积1011.3373公顷；协议出让(含划拨转出让)80宗，面积149.194公顷，出让价款30.65亿元，其中市本级公开出让土地42宗，面积155.344公顷，成交价款229.7203亿元；办理划拨国有建设用地使用权19宗，面积45.3892公顷；协议出让(含划拨转出让)30宗，面积61.3026公顷，出让价款25.6亿。

五区七县批准的农用地转用和土地征收项目225批次，面积3088.62公顷，其中四城区批准农用地转用和土地征收项目52批次，面积658.88公顷，涉及农用地501.09公顷(耕地290.51公顷)、新增建设用地565.99公顷，保障闽台(蓝色)经济产业园蓝色大道、琅岐环岛路西北段(二期)道路工程、内河综合整治、保障性安居工程等重点项目的用地需求。

【福州市土地利用总体规划(2006—2020年)】 1月5日，规划获国务院批复并实施。该规划以科学发展观为指导，坚持经济、社会、人口、环境和资源相协调的可持续发展战略，统筹土地利用，保护耕地，节约用地。规划指出：至2020年，全市农用地面积940054公顷，占土地总面积77.34%，比2005年降低2.19个百分点；全市建设用地总量调整到121880公顷，占土地总面积10.03%，比2005年提高2.59个百分点；全市未利用地面积调整到153612公顷，占土地总面积12.63%，比2005年降低0.39个百分点。

【农村土地整治】 2月，市政府将773公顷补充耕地与3000公顷高标准基本农田建设任务分解下达，并与各县(市)区政府签订耕地保护目标责任书。8月2日，省国土资源厅、财政厅追加下达福州市1533公顷高标准基本农田建设任务，于9月3日分解下达各县(市)区。完成补充耕地949.53公顷，完成省下达任务数的122%。批准立项高标准基本农田建设项目58宗，规模3838公顷，验收1712公顷。上报省国土资源厅26个旧村复垦项目，整治规模95.81公顷，新增耕地80.47公顷，省国土资源厅先行核定城乡建设用地增减挂钩指标49.73公顷。

【基准地价更新】 福州市城市土地定级和基准地价评估的建设用地分为商服用地、住宅用地和工矿及仓储用地3类。基准地价是指在城镇规划区范围内,对现状利用条件下不同级别的土地,按照商服、住宅、工矿仓储等用途分别评定的某一估价期日法定最高年限的建设用地使用权区域的平均价格。根据省国土资源厅《关于开展新一轮城镇基准地价修编工作的通知》要求,市国土资源局委托福建师范大学地理研究所完成福州市基准地价修编。该次基准地价评估的范围包括鼓楼区、台江区、仓山区和晋安区,北至福州国家森林公园,南至乌龙江,东至南台岛最东端,西至南台岛西北端。6月3日,市政府下发《2012年福州市四城区土地级别与基准地价更新成果的通知》。

【地籍管理】 全市办理国有土地使用权证14.43万本,集体土地使用权证6152本。市辖区办理国有土地使用权证6.77万本,其中个人分割登记6.72万宗,单位土地登记515宗(包括延期登记203宗,变更登记312宗)。开展土地登记资料查询业务,市辖区办结土地登记资料单位公开查询100件。协助执行各级法院的土地查封冻结及执行裁定,协助执行案件103件。开展废弃园地调查,完成562.89公顷。

针对已核发房屋所有权证的单元式楼房项目的土地证分割登记历史遗留问题,将群众权益与开发商违规补交相关规费问题分离,提请市政府下发《福州市人民政府办公厅关于加快解决土地证历史遗留问题的意见》,完成3816户业主土地分割登记。

全面完成2012年度土地变更调查与遥感动态监测工作。主要完成外业核查、成果修改完善与上报等工作。完成土地变更调查面积5167公顷。确定全市城镇土地总面积3.86万公顷,其中城市面积2.1万公顷;建制镇面积1.76万公顷。完成全市基本农田的调整补划工作,确定基本农田总面积14.1万公顷(含可调整地类面积)。继续开展城镇土地调查,各县(市)区该项工作均完成验收。同时,推动地籍信息化工作,各县(市)区基本完成地籍数据库建设,并在地籍管理信息系统上运行。

【农村集体土地所有权确权登记发证】

该项工作成果于3月前通过市级验收。6月,福建省加快推进农村集体土地确权登记发证工作领导小组办公室组织有关专家到鼓楼区、罗源县、福清市进行检查验收。10月,国土资源部有关专家进行抽查验收,经综合评定通过验收。全市应发证面积91.24万公顷,已发证面积90.04万公顷,覆盖率98.7%;应发证宗地数9037宗,已发证8840宗,确权登记率97.4%。

【地质灾害防治】 颁布并执行市、县两级2013年度地质灾害防治方案。落实987处地质灾害隐患点防灾责任制,逐点制定临灾避险转移预案,发放防灾明白卡989份,避险明白卡5096份,更新补充警示牌88个。健全汛期防灾值守、预警预报、巡查监测、灾情速报等各项制度。全年投入防灾资金1289.9万,发生地质灾害8处,无人员伤亡。

【矿产管理】 对全市71个应检矿山进行年检,总年检率100%,办理矿产资源储量评审备案18宗,公开挂牌出让长乐市、闽侯县、连江县3宗地热和1宗建筑用凝灰岩采矿权,总成交采矿权价款935万元。全市有效采矿权52个,其中饰面石材27个,建筑石料12个,叶蜡石2个,矿泉水9个,地热2个。

指导晋安区和闽清县、连江县推进矿产资源开发整合工作。支持罗源县加快饰面石材矿山整合工作,办理该县43个整合矿山划定矿区范围审批工作。

印发《福州市国土资源局配合开展非煤矿山安全生产大检查工作方案》,重点打击无证非法采矿行为,配合开展非煤矿山安全检查。6—9月,组织102个督查组,其中暗查、突击督查组65个,交叉检查组37个,参检人员368人,检查企业事业单位、场所81家。

印发《关于继续开展严厉打击非法违法采矿专项行动的实施意见》。立案查处26宗非法采矿案件,罚款45.903万元,没收违法所得55.985万元,没收矿产品84吨,行政拘留2人,刑事拘留8人,拆除、没收、暂扣非法采矿设备238台(辆、套)。2012—2013年,建立非法违法采矿档案卷宗149个,建档率100%。

【执法监察】 清理整治违法建设 立案查处违法案件595宗,涉案土地面积102.16公顷,其中耕地38.92公顷;作出行政处罚565宗(含上年未结案件76宗),涉及土地面积112.76公顷,强制拆除违法建筑物、构筑物面积42.0338万平方米,没收违法建筑物、构筑物面积16.2605万平方米,收回土地0.53公顷,其中耕地0.19公顷,罚款443.78万元。

土地卫片执法检查 完成遥感图斑数执法检查498个,监测总面积641.33公顷。发现卫星遥感监测图斑涉及违法用地311宗,面积98.5公顷(其中耕地26.19公顷),全部查处。土地卫片执法检查工作通过省国土资源厅验收。

信访与诉求处理 接待群众来访663批2027人次,转办群众来信81件;办理信访复查151件;办理上级部门和领导批办转办件70件;受理市便民呼叫中心"12345"系统诉求件4425件,办结率达100%。

【数字城市地理空间框架建设】 该项目是国家测绘地理信息局、省测绘地理信息局和福州市共建共享项目,福州市被列为全国"数字城市地理空间框架"建设的试点城市。福州市成立工作小组,下设办公室,挂靠市国土资源局,负责组织协调项目的实施。10月21日,项目通过省测绘局组织的预验收,项目构建政务版和公众版公共地理空间框架数据库,开始应用于国土、地震、国税、环保、城建及公众地图服务等领域。项目除设计要求的"福州市国土行政审批系统"等6个信息系统应用实例外,还增加"福州市经济地理信息系统"等7个自行完成对接的信息系统。

【地质调查】 完成城市地质调查11个专题设计。《福州城市地铁规划沿线工程地质调查专项报告》及相关图册、《福州市"两江四岸"工程地质调查专项报告》于9月前通过专家审查并提交成果;"第四系""海水入侵""应急水源

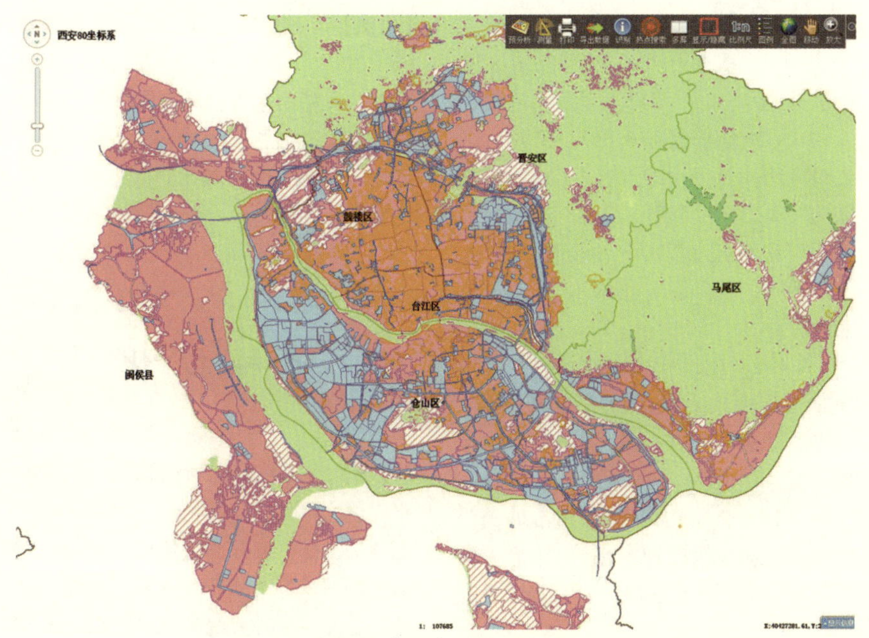

一期数据建设成果展示与应用

地”“地热”4个专题通过野外验收。推进城市地质信息数据库建设，原始数据库完成率90%、基础数据库完成率逾85%，并进行地上地下一体化的三维可视化精细模型建设。

【“一张图”建设项目】 推进项目一期建设：编制完成《福州市国土资源数据库标准框架及建设规范编制要求》及土地供应、农村土地整治等11个专项业务数据库标准规范。建设、整合1999—2013年国土资源业务数据库，完成10个核心数据库、35个数据集的建库入库工作。完成项目硬件设备的采购、验收工作及图形转换系统的研发、测试、安装及部署工作。完成市国土资源行政审批系统与地理信息公共平台的对接改造工作，并将与国土资源相关的地理信息数据成果纳入“一张图”应用体系。通过“一张图”实现对项目用地现状、是否符合土地利用总体规划等用地情况及报审程序的预分析功能。

【福州市“中国温泉之都”发展建设总体规划】 8月5日，市政府颁布该规划。12月8—10日，国土资源部评估专家组完成对福州市“中国温泉之都”发展建设情况每3年1次的中期评估工作，综合评分91分，评定为优良。

（高剑旻）

市政建设

【概况】 2013年，福州市区完成市政路桥、公用设施等固定资产投资125.14亿元。建成区范围面积260平方公里，城市道路面积（宽8米以上）总里程达901.5公里，道路面积达到2245万平方米；全社会用电量337.57亿千瓦时，比增10.63%，其中第一、二、三产业以及居民生活用电量分别是5.07亿千瓦时、205.75亿千瓦时、56.55亿千瓦时、70.19亿千瓦时，分别比增5.68%、11.55%、11.53%、7.68%；日集中处理污水60.7万吨，污水处理率95.1%；自来水厂日供水能力159万吨，建成区自来水普及率99.9%，气化率98%。

【市政路桥项目】 安排项目197个，完成投资57.1亿元。建成东部商务中心周边路网、螺洲大桥等32个项目，打通建华支路、临江路等一批断头路、瓶颈路，完成上浦路—工业路口、金洲路—浦上路口等一批交通拥堵点整治。新增道路面积40万平方米；全市道路（8米以上）总里程901.5公里，道路面积2245万平方米。马尾大桥开始动建，同时推进福湾路等提升改造项目建设。

【市政设施管养】 完成设施维护、建设投资3.91亿元。完成福新中路、杨桥东路等33个项目“白改黑”及部分人行天桥、高架桥花箱绿化改造及路灯升级。推动强弱电杆缆化下地改造，缆化工程完成投资1.2亿元。健全市政设施管养机制：试点新型管理模式，推动三环路合同能源管理项目实施；推行可调式、下沉式检查井井盖等新工艺、新材料；进一步规范破路占道审批，完善破路施工管理责任制及批后跟踪检查制度。

【内河综合整治】 完成投资约20亿元。全市107条内河全部纳入整治范围并逐步启动，新建滨河步道11.4公里，提升改造绿化面积14万平方米，累计建成截污管道85.7公里。光明港、大庆河鼓楼段等6条河道整治基本完成。选取瀛洲河、光明港一支河等作为生态修复试点河道。《福州市城市内河管理办法》于12月1日起正式施行。年内福州市内河整治工作获“全国人居环境范例奖”。

【环境综合整治】 计划投资13.59亿元，实际完成投资15.09亿元。加强道路景观改造，下达环境综合整治项目293项。全市57条道路沿线开展景观整治，完成主干道沿线66个工地的施工围墙标准化改造及500余幢建筑立面改造，五一广场、市政府以及古田路两侧景观改造完成。重点建设元宵节前闽江跨江桥梁夜景提升工程、闽江一期、二期夜景灯光工程。加强户外广告管理，向市容局发出27批次拆除函，涉及862面违章广告；审批通过户外广告设置申请87件，并以公开拍卖方式确定5个户外广告位置的使用权，发布各类公益广告882面；《福州市户外广告设置与管理办法》被列入2013年市人大立法计划。

【公共代建项目】 在建项目27个，完成投资24亿元。海峡奥体中心主体育场钢结构罩棚拼装单元全部吊装完成，体育馆、游泳馆、网球馆完成混凝土和钢结构桁架，配套用房（商业中心）完成大部分的PHC管桩施工；城市发展展示馆完成公共部分区域的二次装修；海峡妇女儿童活动中心外架4层以上落架；福州海峡图书馆完成主体结构3层；

市工人文化宫、三江口高级中学交付使用。

【村镇建设】　小城镇综合改革建设试点完成投资88.09亿元,24个村庄环境整治实际完成投资2.24亿元,完成率130.86%,其中永泰县嵩口镇月州村、闽侯县白沙镇孔元村等5个村列入省美丽乡村建设典型示范村。创建福清市江镜镇、长乐市文岭镇等7个“绿色乡镇”,新植树木5.55万株,新增9个公园,公园绿地面积增加11.04公顷。指导农村住房建设,完成6种户型的农村住宅通用图集制作,福清市三山镇厚林小区被确认为第九批省级“三统一特”(统一规划、统一设计、统一配套、特色明显)村镇住宅优秀小区。建成乡镇压缩式垃圾中转站30座,完成乡镇污水处理设施建设项目18个。

【污水处理】　完成投资5.33亿元。洋里污水厂厂区、厂外管网及片区雨污分流改造工程、连坂污水厂厂外管网工程继续施工,建成污水管道9.40公里;三八泵站上游排水管网排查试点工程基本完成。市区污水处理厂处理污水1.96亿吨,比增6.4%。　(许信证)

【供水】　福州市自来水有限公司供水生产能力达142万立方米/日,完成供水量3.86亿立方米,比增1.05%;日均供水量105.81万立方米。完成工业总产值现价4.11亿元,比增5.12%。出厂水水质综合合格率100%,管网水水质综合合格率99.87%。在全市设置90个管网水质采样点,进行每月2次采样监测,并定期向社会公布。二次供水检测一次合格率84.3%,复检合格率100%。

投入488.7万元,完成东部新城周边规划道路给水管道工程、鼓岭宜夏老街供水工程、泉塘路等5项管网建设工程;投入316.14万元,完成斗池路、建华支项、坂中路等4项代建工程;外部出资791.27万元,完成地铁、道路管网改迁工程21项。投入772.66万元,对钱塘西路、进步路、老药洲等15条小街巷进行管网改造。全市供水区域范围内管网平均压力达0.24帕,基本达到国家标准。至年底,城区管网总长1813.7公里(其中口径100毫米以上1284.9公里)。完成一户一表改造1.6738万户,小区地面管改造1.5244万户。完成小区管网及供水设施维修任务3.0632万项,完成1.8464万个小区水池清洗工作。年内实施飞凤山水厂和新义序水厂建设及北区水厂和西区水厂的污泥干化厂改造、东南区水厂排泥水处理改造等重点工程。

9月27日起,增设金山营业厅,解决金山及浦上片区约10万余用户供水业务办理问题。推行数字城管系统,由客户服务中心24小时负责业务受理和对接工作。6月19日,《福州市城镇生活用水二次供水管理办法》经市人民政府第15次常务会议通过,自8月1日起施行。　(桑　莹)

【供电】　福州电网供区面积(不含平潭)1.17万平方公里,供电人口671.53万人,供电户数262.37万户。拥有35千伏及以上变电站184座,其中220千伏变电站31座、110千伏变电站119座,主变350台、总容量2200.08万千伏安;35千伏以上输电线路(含电缆)总长5110.841公里,10千伏线路(含电缆)17149.99公里。全社会用电最高负荷601.04万千瓦,比增13.6%,网供最高负荷为588.71万千瓦,比增16.24%。全社会用电量337.57亿千瓦时,比增10.63%,其中第一、二、三产业以及居民生活用电量分别是5.07亿千瓦时、205.75亿千瓦时、56.55亿千瓦时、70.19亿千瓦时,分别比增5.68%、11.55%、11.53%、7.68%。

(福州电业局办公室)

【供气】　LNG工程共完成投资1.69亿元,新建、续建CNG加气站、油气合建站等6座,铺设燃气管道21公里。查处黑气店点72处、实施治安处罚26起,查处“源头”违法充装行为16起。开展餐饮场所燃气安全专项治理网格化拉网检查和隐患整改,建立餐饮场所燃气安全信息系统,餐饮场所全部与供气企业签订供气协议。建设瓶装燃气安全监管网络平台,实现燃气充装、配送等环节的电子化监管。全年发生燃气事故4起。

【供热】　螺洲地热田K2探采结合孔竣工验收,出水量1655立方米/日,水温76℃。桂湖温泉旅游综合体项目完成投资16亿元;温泉博物馆主体工程竣工;启动《福州市地下热水(温泉)管理办法》修订工作。

(许信证)

园林绿化

【概况】　2013年,市园林部门主抓道路绿化、公园景区建设提升,推进环境综合整治工作。新建和改造公园15个,增加公园面积近100万平方米。建成区绿化覆盖率42.7%,绿地率39.2%,人均公园绿地面积12.8平方米。

【道路绿化】　三环路绿化　实施三环路全线(50千米)两侧30米绿化带及沿线可视区域的绿化建设提升,完成绿化面积47.02万平方米,主要包括福马地铁2号线地块、晋安大排档、金鸡山隧道东出口、站东互通地块、罗汉山出入口、六建地块、淮安段、浦口A15安置房前、螺洲A8安置房前、城门驾管所对面停车场、永丰互通周边部分绿地绿化。

二环路绿化　完成全线绿化改造提升,修复破损绿地,改造行道树树池,增设行道树花坛,对南二环驳岸、挡墙等实施立体绿化,对全线13座高架桥、16座人行天桥和1座跨江立交桥进行绿化。

北江滨大道绿化花化　完成长14千米,面积11万平方米的绿化改造及北江滨杨桥路段至魁岐段堤外绿道建设、工程后续的基础设施建设。

街旁绿地　在古田路、湖滨路、浦上大道、北江滨台江段、南江滨东路、洪甘路等路段新建25处街头绿地,增加绿地面积5.28万平方米。

道路花化　完成市区25座高架桥、人行天桥花化(含二环路),主要种植三角梅;利用时花、彩叶地被完成五一五四路、二环路等主要道路花坛改造;完成五一五四路、华林路、乌山路、湖滨支路等道路的花化工作,摆换时花约360万盆,造型三角梅5000盆;在尤溪洲大桥、华林路、五四路等路灯灯杆悬挂花球;继续推进拆墙透绿工作,四城区共完成48处拆墙透绿点。

【公园风景区建设】 南江滨堤外公园建设 公园位于南江滨西大道,东起魁岐大桥会展岛江滨大道沿江地块,横穿鼓山大桥桥底,西至鳌峰大桥,全长约4550米,总占地面积约65万平方米。公园总体规划布局分为生态密林区、花田荷塘区、疏林水塘区、芦荡湿地区4个区域,结合地形设置1个主入口,9个次入口。5月20日,基本完成一期建设,完成大花波斯菊、百日草、向日葵、鼠尾草、醉蝶花、太阳花等10万平方米的草花播种,种植千屈菜、鸢尾、再力花等水生植物2.5万多株,种植大叶榕、朴树、水杉、池杉等乔灌木近8000株。

飞凤山等公园建设 完成飞凤山公园建设项目选址意见书、方案设计的评审、可行性研究报告、环境影响评价报告书及社会稳定风险评估等工作。启动清凉山公园等项目建设及江心公园整治提升前期工作。

国光公园及闽江廊线绿道(鼓楼段)建设 项目位于洪甘路闽江畔,连接闽江公园创业广场,5月4日正式贯通,建成1.6千米自行车道、人行道,1.8万平方米绿化景观及亭、台、椅等配套服务设施。

大腹山公园建设 总面积20多万平方米,包括主入口广场、环形步行道、林下休闲场地、观景平台、景观亭、牌坊、阶梯花池、登山道和生态停车场等,种植景观植物2万株,年初完成景观建设并对外开放。

金鸡山公园改造提升 完成南大门及入口广场改造、环山路栈道、环山公路"白改黑"及配套建设、山顶观景平台主体工程建设等。

东江滨公园绿化景观改造 位于马尾区魁岐大桥至马江渡段,闽江北岸防洪堤内侧,规划用地总面积约49.92万平方米,绿道全长8.7千米,国庆前夕开园。

马尾生态休闲公园建设 总面积约7.33万平方米,建设内容包括绿化种植、电气照明、给水、景观铺地、雕塑及小品、假山置石等,年底基本完成施工并投入使用。

于山风景名胜区改造提升 于山风景区持续提升AAAA级旅游景区品质,新增景区入口醒目标识,完善景区内旅游指引标识系统,增加区域导览图和景物解说标识,重新印制导游图;完成兰花圃平台地面改造、景区内道路主干道白改黑等项目。于山摩崖题刻被国家文物总局授予"全国文物保护单位"。

花化彩化 西湖公园举办春节花展、国庆花展、金秋菊展和第一届杜鹃花节,展出各种花卉10万多盆,接待游客近300万人次;于山风景区举办春节精品兰花展,展出国兰的墨兰、春兰、建兰等精品180余盆约150个品种,洋兰精品与组合盆栽50余盆;茶亭公园举办夏季荷花展。闽江公园新增风荷流韵景点荷花景观带300多米,新增面积3000多平方米,新增荷花7000多株。结合内河环境综合整治,晋安河、白马河等内河种植具备自净能力的水生和开花植物,同时推进光明港、新西河等内河绿化改造提升。

南江滨花海公园 (市园林局 供)

【园林管理】 园林执法 开展机动车违规侵绿、夏季摊点侵绿、清理违规绿地广告牌等专项整治行动,查处侵绿行政案件90余起,劝导800余次。开展《福州市城市园林绿化管理办法》修订前期工作,完成全市执法大检查任务。

绿化养护社会化 拟定《福州市绿地行道树质量考核标准与评分依据》《福州市绿地行道树质量检查考核办法》《福州市园林绿化社会化养护管理项目政府采购资格预审文件》等文件。完成绿化养护社会化工作政府采购竞争性谈判招标,推向社会养护的绿地面积466万平方米,行道树10.11万株。

苗圃基地建设 在永泰租地13.33万平方米,在闽侯租地近20万平方米建设苗圃基地。利用东山苗圃用地进行时花生产,部分时花用于道路摆花和节日布展等。

绿化施工队伍建设 初步完成市花木公司二级施工资质的升级及五一苗圃转制为市园林建设开发有限公司的工作。审核福州园林绿化施工一级企业13家,核准省内其他城市在榕备案一级企业14家。4月,开展福州市园林绿化工程"十佳"项目评选活动,选出福州市园林绿化工程"十佳"项目。

宣传服务活动 开展进社区(1次)、进公园(2次)、植树(3次)、进校园(5次)、"请您评园林"(7次)等18场园林宣传服务活动及2场"惠民·利民·乐民"服务活动,上万名学生、市民参与。

园林科研工作 在移植的树木中植入电子芯片,利用对应的树木移植管理系统进行全程监管;加大生物防治技术的攻关应用,在省9个设区市率先采用"以螨治螨"对园林绿地进行生物防治,降低化学农药的使用频率与数量;利用航测技术测量市"绿色家底",明确建成区绿地分布状况;开展市树、市花专题研究,完成工业路羊蹄甲复壮技术、匍匐月见草引种驯化繁殖技术推广项目研究和《城市园林绿化工程用木本苗木标准》《树池透水彩石应用技术规程》的制定,编制《福州市园林植物应用·乔木篇》。

古树名木保护　制止、查处盖山镇黎升村破坏古树、建新高宅村古树被烧等行为;完成古树名木地理信息管理系统的一期开发,2月起对公众开放古树查询等功能;督促管护单位对问题古树进行养护,发出古树养护任务书21份;组织实施城门一级古槐、仓山区5株二级古树等古树名木的专项保护工作;完成地铁上藤站,东浦路、坂中路道路建设,福晟·钱隆国际等建设项目涉及的古树移植施工。

(林剑新　高爱静)

市容管理与执法

【概况】　2013年,开展占道摊点和大排档、"市容六乱"、户外广告和渣土运输管理四大专项整治;受理"12345"便民呼叫系统投诉2291件,其中渣土、噪声类1718件,市容类275件,内河及环卫类183件,其他115件,反馈率100%,无逾期办理案件;办理省长信箱15件,其中渣土、噪声类12件,市容类2件,队伍建设类1件;办理上级交办件22件,其中渣土、噪声类5件,市容类5件,内河及环卫类3件,其他9件,办结率100%;办理群众来信48件,其中渣土、噪声类4件,市容类9件,内河及环卫类4件,其他31件,办结率100%;接待来访人员19批次,其中渣土类5批次,市容类5批次,其他9批次,反馈率95%以上;"110"社会联动电话接警1.296万件,反馈率98%;办理数字城管663件、领导批办件1360件,反馈率100%;办理省、市人大代表建议、政协提案37件,反馈率100%。全市有环卫人员7019人(不含社区保洁人员);城区有垃圾转运站59座、公厕922座,公厕全部实行免费开放;有各种环卫专用车辆647辆;市区230条360公里长主干道实行机械化清扫清洗,面积2200万平方米,机械清扫率达70%。

【市容环境综合整治】　占道摊点和大排档整治　组织3次违章占道摊点和大排档专项整治,清理3.1万余处,查扣摊车等违章占道物品1.23万余件,查处沿街叫卖近1.3万起,查扣喇叭181支,罚款近32万元。针对摊档回潮问题,加强执法力量对违章多发路段实行定点值守;会同公安部门查扣占道销货机动车226部,罚款8.43万元;会同市商贸服务业局开展拟撤销的33个便民市场调查摸底工作,鼓楼区撤销1个占道便民市场。

市容六乱整治　开展"两车"停放秩序整治,在五一、五四路等路段划定"两车"禁停路段,查纠不规范停放"两车"5.1万余辆次,处罚4700余辆次,罚款4.46万余元。开展"门前三包"整治,查纠乱堆乱放杂物、乱丢乱倒垃圾等行为1877起,罚款近17.3万元。开展占道宣传活动整治,查处违规占道615起,查扣帐篷等物品259件,罚款2.45万元。开展乱张贴整治,移送通讯部门停机乱张贴电话号码4批次4100部。开展破路施工整治,查处未经审批破路施工和施工不规范围挡行为132起,罚款12万余元。开展扫黄打非和流浪犬整治,收缴并销毁光碟、书籍、六合彩报等6.88万余件,收容路面无主流浪犬1162只。落实市容绩效考评制度,印发《福州市市容管理绩效考评办法》,实行日常检查考评制度,出动检查人员1000余人次,印发市容绩效管理检查月通报8期、周通报36期。

户外广告整治　以市区9条景观线路和主干道为重点,协调市户外灯光广告建设管理委员会办公室,拆除各类违章、过期户外广告385面、布幅广告178条。

渣土专项整治　与市城乡建委、市交巡警支队、市道路运输管理处等联合开展整治,立案渣土处置违章835件,罚款916万元。

【环境卫生管理】　道路清扫保洁市场化　至8月底,市区三环路和五城区43个街镇道路清扫保洁全面完成市场化招投标,清扫总面积3272.86万平方米,分成27个合同包,分别由13家企业中标,中标总金额2.8亿元,年增1.7亿元。三环路保洁分2个合同包段实行市场化运作,2家保洁公司通过竞争中标,接管三环路保洁作业。在新建的福马路垃圾转运站推行垃圾收运模式试点改革,拟通过公开招投标,由企业负责垃圾收运作业,该方案获市政府批准,由晋安区环卫处组织实施。

环卫保洁及绩效评估检查考评　重新修订《环境卫生管理绩效评估工作实施办法》,按标准加强绩效评估检查,对发现问题当场记录、拍照(摄像)取证,累计评估检查道路600多条次、公厕600多座次、转运站552座次、垃圾运输车4488辆次,印发环卫绩效评估检查情况

6月4日,市容管理局执法大队检查水泥搅拌车　(市市容管理局　供)

通报24期790多份。实行市级补助经费与绩效考核挂钩,对各区环卫工作进行考核,将主次干道、人行道、社区卫生保洁、垃圾清运、公厕保洁管理及果皮箱保洁、经费投入、使用管理情况、保洁员配备等列入考核范围,并下发系列规范性文件加强环卫管理。针对自来水公司收费平台不完善问题,修订垃圾处理收费信息化管理系统技术方案;扩大城市生活垃圾处理费征收面,全年征收垃圾处理费7000万元。

餐厨垃圾集中处置　委托中国市政工程华北设计研究总院初步编制《福州市餐厨垃圾工程可行性研究报告》《餐厨弃物处理项目工程环境影响评估报告书》,并初步通过专家论证,水土保持方案通过审批,拟采取BOT形式通过公开招标,在红庙岭垃圾综合处理场规划用地内建设福州餐厨垃圾和废弃食用油脂处理厂,规划项目日处理餐厨垃圾500吨,分2期完成。

垃圾分类试点工作　与市住房保障和房产管理局联合下发《2013年度福州市城市垃圾分类收集试点工作方案》,向五城区印发《生活垃圾分类试点工作方案》,确定省委党校小区、制片厂小区、江南水都心巢小区等10个小区和电影制片厂、武警二中队、台江区上海街道办事处等15个机关单位为试点单位,并购置分类桶2700多个。市、区环卫部门在部分试点小区制作垃圾分类宣传专刊,举办大型启动仪式,发放垃圾分类试点宣传材料2000多份。

城区内河河道保洁　与市直管河道沿河单位住户签订新一轮《护河公约》170多份,制止沿河乱扔乱倒57人次、乱搭电缆管线3起;开展内河保洁工作调研,购置4艘机械保洁船只,分别配置在光明港、晋安河、白马河等内河开展河面垃圾打捞作业。内河泵站管理实行24小时值班,严格执行开关机制度,城区5个泵站全年安全运行,其中文山里泵站安全运行24109小时,新西河泵站安全运行6434小时,洪塘泵站安全运行12301小时,琼东河泵站安全运行7279小时,连潘河泵站安全运行4339小时,并完成生态补水任务。五四排涝站开机572小时,解决琼东河、旧树兜河、五四河等河段低洼地带的内涝问题。

关爱环卫工人　建设环卫工人室外休息点,五城区建有环卫工人休息屋14个。市政府分配50套公租房给五城区环卫工人,全市220名申请对象按条件从最高分到最低分顺序排名,前50名经各区公示后确定为承租对象,10月15日,48名一线环卫工人签订公租房租赁合同,2名自愿退出,剩余2套房仍将按《福州市环卫工人承租公租房租申请条件》重新审核分配。每年为环卫工人安排1次健康体检,每年组织环卫职工参加福州市总工会开展的职工医疗互助活动。

【垃圾无害化处理】　红庙岭垃圾综合处理场建成投入运行垃圾无害化处理设施7个,无害化处理城区生活垃圾91.6万吨(日均2510吨),无害化处理率100%,其中年填埋处理生活垃圾34.4吨(日均944吨),年焚烧处理生活垃圾57.2万吨(日均1566吨),发电1.69亿千瓦·时,年飞灰稳定化处理10607吨,年处理炉渣约11.2吨。红庙岭综合垃圾场洗车场每天冲洗城区垃圾运输车辆360余部。

【建筑垃圾工程渣土管理】　渣土工地管理　要求渣土运输企业所有车辆全部安装GPS,纳入渣土处置监控平台实行24小时监控,检查发现并督促178部车辆纳入监控平台监管;督促22部车辆接受交通违章处理,对45家次违章渣土公司予以停办运输卡;巡查工地净车出场设施262家次,对不符合规定的6家渣土工地停办运输卡;核实新申报工地111家,巡查施工工地637家次。

渣土处置管理　征收渣土处置费748万元、泥浆受纳费553多万元;核查渣土公司停车场1526家次、车辆25472辆次;累计审验渣土公司运输车辆2857辆次;697名渣土运输车驾驶员经培训考核合格持证上岗。

渣土受纳场选址　与闽侯、长乐、连江3县(市)开展渣土受纳场选址对接工作,选定长乐罗里、南屿窗厦2个地块作为受纳场先期投入使用。经现场踏勘及初步论证,闽侯荆溪桐口林场作为渣土受纳场选址点上报市政府。同时,推进连江琯头、丹阳及琅岐沿江改造回填项目作为渣土受纳场选址。现场查勘渣土临时受纳点23个,否决不符合条件的受纳点11个;报备临时受纳点2个。

协作处理工作　与建委、交巡警建立协作机制,移送各区加强属地管理乱卸倒55起,移送建委责令停工11起,移送交巡警等查封车辆393部、查扣违规车辆461部;利用渣土GPS监控平台抓拍并立案查处渣土处置违章案件119起。

【环卫基础设施建设】　新建5座垃圾转运站,其中市本级1座(福马路转运站)、仓山区2座(建新镇洪湾转运站、金山街道刘宅转运站)、马尾区2座〔儒江转运站和亭江(闽安)转运站〕,投入经费1871.86万元;改造提升垃圾转运站6座,其中鼓楼区2座(甘洪转运站、杨桥西转运站)、台江区2座(十二桥转运站、红星转运站)、晋安区2座(连洋转运站、南湖转运站)。新建公厕3座,其中仓山区1座(麦德龙移动公厕)、晋安区2座(过仑公厕、峨嵋公厕);改造提升公厕25座,其中市本级完成榕城广场16座、鼓楼区完成9座(福马桥、东泰路、冲浪、天泉路、蛇山、外九彩、梅峰、双抛桥二里、后曹)。购置后装式垃圾压缩车、拉臂车等环卫专用车辆40辆、果皮箱4420个,采购30座单体移动公厕、2个箱式车载公厕、1辆车载流动公厕。新建福马路垃圾转运站,占地面积2324.1平方米,采取全新垃圾转运作业工艺,设计转运垃圾能力为150吨/天,设有国内先进的全封闭垃圾压缩转运车间、管理用房、绿化等处理设备。

【法规制度建设】　市容法规宣传　按照“六五”法制宣传(普法)规划,向《福州日报》《福州晚报》普法专栏投稿《做文明市民,请勿高楼抛撒垃圾》《请勿随手乱扔垃圾》等7篇普法文章。按照福州市法制宣传教育“六五”规划,在福州电视台新闻频道每周不定期播放5集市容管理法制宣传动漫片。

微博及信息简报工作　发布微博490条,接受并反馈网民诉求135条,微博粉丝3万人,监控并有效处理网络舆情5起;成立10人网络文明传播志愿者队伍,发表微博、博客800多篇。上报信息170余篇,被上级采取40余篇,印发各类工作简报205期,被省住建厅评为2012年信息报送先进单位。

法规规章修订　修订《福州市市容和环境卫生管理办法》《福州市建筑垃圾和工程渣土管理办法》《福州市城市生活垃圾分类管理办法》,建议列入市人大2014年地方性法规立法项目;修订《福州市餐厨废弃物管理办法》,制定《福州市市区夜间饮食疏导点管理暂行办法》上报市政府审定。

参与媒体民主评议　参加《政风行风》直播节目,现场调查满意率逾85%。

【行政审批】　精简8个大项、9个小项审批服务项目为4个大项、5个小项,缩短16个工作日;下放4项审批项目后及时开放GPS平台,实现审批、管理与执法信息共享。行政审批窗口4人次被市行政服务中心评为月度"先进工作者",2人次被评为月度"服务标兵"。接受咨询1746多人次,受理审批271件,发放运输卡15280张,办结率100%。

【行政处罚】　修订完善行政处罚《案件调查终结报告及案件处理审批表》,增加《行政处罚决定审批表》。根据《福州市市区户外广告设置与管理办法》规定,将市城乡建委移送拆除的违法设置户外广告案件文书更改为《拆除违法广告设施通知书》。对2012年12月31日前对外发布的29件市市容管理局规范性文件进行清理、废止和修改、归并,其中清理废止《关于在市区饲养信鸽活动有关规定的通知》《关于开展市区"两车"停放管理绩效考评工作的通知》《福州市市区便民早市管理办法(试行)》《福州市市区便民市场管理规定(试行)》4件规范性文件。保留修改、归并规范性文本25件。对37个当事人56个案件申请人民法院强制执行,责令当事人缴纳罚款和加处款项132万余元。

(林秀忠)

(编辑　吴　燕)

综　述

2013年，福州市环境质量继续保持优良状态，市区空气达标率94.0%，空气质量保持全国重点城市前列；闽江（福州段）、敖江（福州段）和龙江干流水质达标率分别为98.3%、100%和90%；全市市级、县级集中式饮用水源地水质达标率分别为100%、99.3%。市区环境噪声平均值57.4分贝，道路交通噪声年均值69.2分贝，市区功能区夜间噪声达标率与上年持平。城市生活污水集中处理率94.26%，生活垃圾无害化处理率98.43%。工业废水排放量5071.05万吨，工业废水处理排放达标率95.79%，工业固体废物综合处置利用率98.08%，工业危险废物综合处置利用率100%，医疗废物处置率100%。

开展生态创建系列宣传、法制宣传进社区、无绿标车扩大限行宣传、主题为“文明福州·绿色出行”的市民绿色骑行等活动。围绕世界环境日中国主题“同呼吸·共奋斗”，开展环保宣传进社区、环保宣传进高校、纪念“6·5”世界环境日广场宣传等活动。至年底，创建市级以上环境友好型学校203所，市级以上环境友好型社区144个。

环境质量

【大气环境】　福州市区环境空气达标天数343天，达标率94%；平均空气污染指数（API）为56。全年超标22天，其中19天超标污染物为颗粒物（PM2.5），3天为二氧化氮。二氧化氮（NO2）和颗粒物（PM2.5）年均值超过二级标准，二氧化硫（SO2）、颗粒物（PM10）、一氧化碳和臭氧符合二级标准。全市空气质量综合指数为3.98，在74个城市中位于海口、拉萨、舟山之后，排名第四。市区降水pH均值为4.93，酸雨率87.9%。各县（市）中，永泰县、长乐市空气质量等级为优，其余为良。

【水环境】　闽江流域福州段水质总体为优，全流域水质功能区达标率98.6%。敖江全流域水质功能区达标率100%，干流5个断面浊度年均值达标准

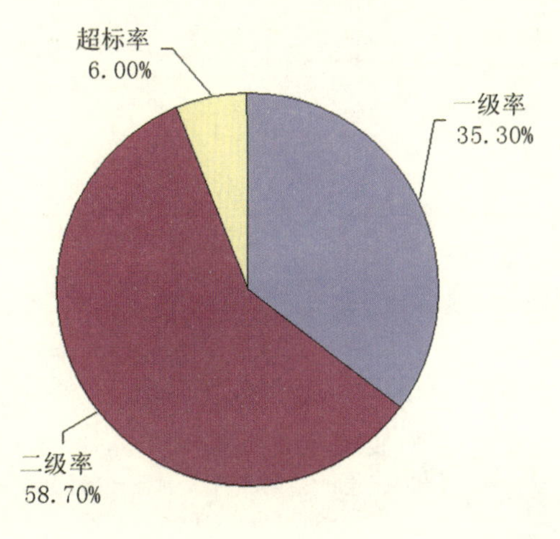

图15　2013年福州市空气质量分级比例

图16　2013年福州市县（市）API均值

限值。龙江流域水质功能区达标率91.7%。闽江干流福州段的下西园断面出现溶解氧超标,龙江倪浦桥断面水质功能区达标率仅66.7%,超标因子为氨氮和溶解氧。

福州市区6个饮用水水源地水质达标率为100%。各县(市)城关饮用水水源地水质良好,福清、闽清达标率分别为98.99%、96.40%,其余均达100%。

山仔水库、东张水库除总氮、总磷外各项指标年均值达标,水质处于中营养化状态。西湖水质各项指标均达标,水质处于轻度富营养状态。

市区内河水质达标率为66.7%,彬德闸和港头的氨氮年均值超出功能区标准,市区内河仍以有机污染为主。福州市近岸海域年均值达标率为54.5%,主要污染物为无机氮、活性磷酸盐等。

表18　**2013年福州市3条河流水质达标情况**　单位:%

河流		断面数	水域功能达标率	Ⅰ类~Ⅲ类水质比例
闽江	干流	8	97.9	97.9
	梅溪	1	100.0	66.7
	大樟溪	3	100.0	100.0
	全流域	12	98.6	91.7
敖江干流		5	100.0	100.0
龙江		4	91.7	41.7
合计		21	97.6	84.1

【声学环境】　建成区区域环境噪声年均值57.4分贝,处于"一般"水平(55.1~60.0分贝)。从噪声声源结构来分析,市区受生活噪声影响的区域面积最大,占78.0%;在区域环境中,受施工噪声污染影响的噪声声级水平最高,平均为64分贝,首次超过交通噪声污染的分贝值。

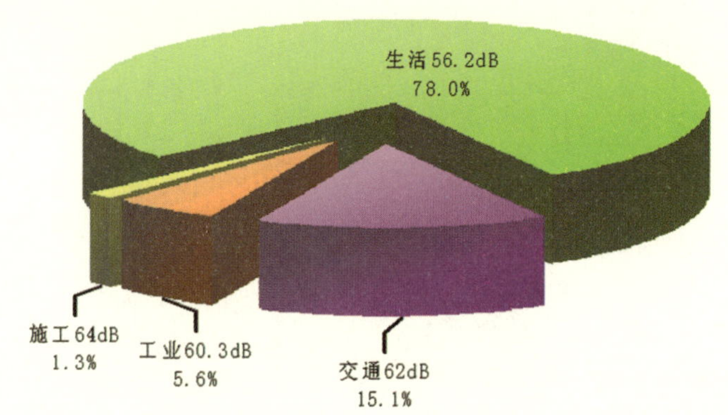

图17　2013年福州市区域环境噪声声源比例变化趋势

道路交通噪声年均值69.2分贝,维持在"较好"水平。在开展监测的市区62条交通干道中,道路交通噪声声级大于70分贝的有23条,累计长度63.75公里,占总长比例34.3%。

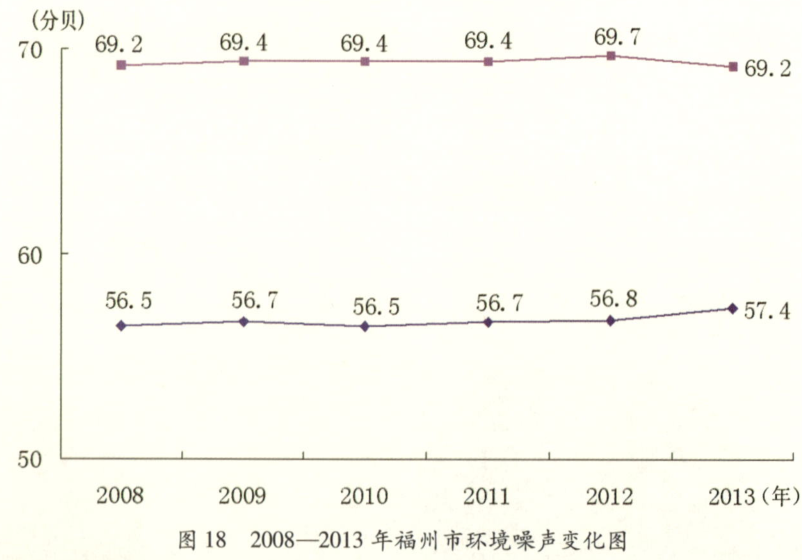

图18　2008—2013年福州市环境噪声变化图

【生态建设】　落实"以奖代补""以奖促治"等政策资金2017万元,结合新农村建设和清洁家园行动,推动完成89个国家级、125个省级生态乡镇、1873个市级以上生态村(不重复计算)创建,完成率89.36%。加强农村环境连片综合整治,建立健全农村三级环保管理机构,173个乡(镇)街道挂牌成立环保工作站(所)并指定环保专干。

至年底,建成区园林绿地面积9750公顷,绿化覆盖率42.7%;市区公园面积2954公顷,其中城市公园74个;绿地率39.2%,城市人均公共绿地面积达12.8平方米。全市林地面积75.39万公顷,森林覆盖率为55.3%;人工造林2.63万公顷,其中沿海防护林666.67公顷,速丰林1880公顷;各类自然保护区面积332.599平方公里;省级以上森林公园面积138.1平方公里;一级、二级水源保护区面积1147.09平方公里;风景名胜区面积216.03平方公里。永泰县、马尾区、福清市、长乐市通过国家级生态县(市)区技术评估,鼓楼区、晋安区、闽侯县、连江县完成省级生态县(区)创建。

环境监察整治

【环保综合整治】 开展“整治违法排污企业，保障群众健康”环保专项行动，出动执法人员5000多人次，检查企业1700多家次，立案查处企业54家（次），开展重点有色金属排放企业、火电企业、水泥企业、医药制造企业、印染行业和交通主干道两侧冒黑烟企业排查整治，下达环境监察整改通知书405份，对涉嫌违法的220家企业立案处罚，对非法经营的55家电镀、养殖等企业予以强制关停取缔，对10家存在突出环境问题的企业挂牌督办，对重要区域、重点行业、重点企业、历年挂牌督办单位等开展环保后督察，对2011—2013年环保部转办投诉件办理及落实情况进行专项督查。加强中、高考期间噪声监管，开展市区娱乐业噪声和市区商业噪声专项整治，劝导、制止违反规定使用高音喇叭等音响器材沿街叫卖扰民行为400多起；开展拆除工地环境污染整治，对6家未采取环保措施造成扬尘污染的拆迁单位进行处罚；开展焚烧垃圾成因调查和焚烧垃圾污染执法检查，处罚3家违法企业；开展内河整治，对辖区内河排污口逐条进行排查，对3家非法排放污水的企业进行处罚。征收排污费入库8158万元，办理危险废物转移145件。

【污染减排】 化学需氧量、氨氮、二氧化硫、氮氧化物分别比上年减排1.82%、2.51%、1.33%、8.9%。加快产业结构调整，淘汰1万吨以下废纸造纸和全部皮革鞣制生产线、对屠宰行业进行整合治理，实施清洁能源改造和工业区集中供热工程。加强减排管理，建立联席会议制度。每半月1次对电厂、国控企业以及市区污水处理厂进行减排现场核查，每月1次对其他重点企业污染治理设施运行进行全面检查，完成减排核查报告、核查笔录和现场检查笔录。加强在线监控日常运行管理，实行“日调阅、周分析、月通报”制度，保持全市国控重点污染源在线自动监控设备连通率逾85%。完成全市所有国控、省控重点污染源在线监测设备的验收和有效性审核。

5月22日，召开环境质量发布会 （梁吉江 摄）

【水环境综合整治】 开展福州市集中式饮用水水源2013年度环境状况评估及《全国城市饮用水水源地环境保护规划（2008—2020）》福州市实施情况中期评估工作；完成闽清县3个乡镇饮用水源保护区划定以及连江县观音阁水源保护区、闽清县白石坑、塔山水厂水源保护区、跨市域的福清市东张水库水源保护区调整工作；开展县级以上集中式饮用水源地环境风险隐患排查；加强敖江塘坂水源生态治理，向山仔水库投放110万尾生态鱼苗；规范敖江塘坂水源保护区周边农村污水和垃圾处理设施社会化运营；建成仓山城门水厂、马尾白眉水库水质自动监测站，实现对6个市级水源地、12个县级饮用水源地、99个乡镇饮用水源的水质监测的全覆盖；针对水口库区下泄造成原厝水源地出现溶解氧偏低以及山仔水库藻类防控问题，提请省环保厅组织专家进行论证，分析原因并提出对策措施，妥善应对出现的水质异常状况。

开展禁养区外规模化养殖场全过程综合治理，推广“猪—沼—果（鱼）”等生态农业养殖模式；完成闽侯县上街镇厚美村、青口镇青林村、大湖乡，福清市新厝镇，晋安区日溪乡，罗源县霍口乡、飞竹镇等禁养区内畜禽养殖污染整治任务；完成闽清雄江段网箱养殖投饵转不投饵类400个，橘林段削减420个网箱。

开展保护环境专项督查，整治造纸、电镀、化工、医药、印染等行业污染，出动5700人次，检查企业1800家，查处54家企业违反环保法律法规行为；加快石材加工集中区规范化进程，连江县丹阳镇花园、丹阳镇坂顶、蓼沿乡赤南岗和溪东、罗源县白塔、飞竹、西兰乡后路、西兰乡一期和二期、洪洋乡一期和二期等13处石材加工集中区内污水处理设施建成投运；连江县3个、罗源县4个在用堆渣场通过地质灾害评估和安全评估工作，关闭罗源县起步镇和中房镇2个在用渣场，完成36个废弃渣场覆土绿化。

闽侯县青口新城区污水处理厂和闽侯县廷坪乡、小箬乡、大湖乡、闽清县金沙镇、东桥镇等5座生活污水集中处理设施建成投运；完成马尾青洲污水处理厂脱氮除磷技改项目。加强水电站最小生态下泄流量执法监管，各水电站基本达到要求；完成罗源县三溪水库清淤工程，敖江支流花园溪、兰水溪水质有明显提升。

【固体废弃物处置】 全市工业固体废物产生量809.63万吨，处置利用量804.37万吨，处置利用率99.4%；全市工业危险废物产生总量32153.8吨，其中综合利用总量11595吨，处置量13450.5吨，贮存量7131.0吨，工业危险废物全部依法安全处置；无害化处置医疗废物5653.24吨，处置率100%；无害化处理生活垃圾91.63万吨，处理率100%。

【机动车尾气管理】 组织实施福州机动车环保检验合格标志管理,核发环保标志37万多份,分别于4月1日和12月1日扩大市区无绿色环保标志机动车限行区域,限行区域面积达17.48平方公里。全年停放地检测车辆580部,查处超标车11部,督促召回处理55部;路面检测车辆96部,查处超标车50部。

【环境事件应急管理】 开展“编制环境应急预案年”活动,组织修订《福州市环保局突发环境事件应急预案》,编制完成《福州市核电厂核事故应急预案实施程序》以及《福州市核电厂核事故应急演习脚本》,督促140家企事业单位完成应急预案编制。与市武警消防支队建立联动处置突发环境事件的应急机制,完善全市环境应急预案管理体系。组织开展“2013年环境安全大检查”及陆源溢油污染风险等环境风险源调查,检查重点流域、饮用水源地、尾矿库、化工园区,以及涉重金属、危险化学品等重点企业和液氨从业单位205家,下达整改通知33份。处置闽侯荆溪镇绿洲家园附近千吨运沙船抛锚导致废油直排闽江污染事故、闽江口“富航89”与“永得胜168”货轮相撞事件、福清市上迳镇交通事故引发危险化学品泄漏污染环境事件,以及永泰县嵩口镇水库死鱼事件。开展辐射安全大检查,检查辐射单位200家。

【环境监测】 仓山、晋安、闽侯、闽清、罗源完成监测站国家级标准化验收工作,全市12个环境监测机构达国家级标准化建设要求,达标率92.3%。完成国家、省、市重点污染源废水、废气的监督性监测,取得数据3.15万个。各县(市)区全面建成具备全指标监测能力的县级空气质量自动监测站,全市空气质量实时发布平台开始试运行,新增的20个县(市)区空气质量监测点向社会发布实时监测数据。AAAA景区鼓岭环境空气质量自动监测站建成投运。

【环境信访投诉】 受理各类污染投诉7984件,处理率100%,办结率达98.5%。办理答复涉及环保工作的人大代表建议、政协委员提案41件,办结率100%,满意率97%。

环保科研与信息化建设

【环保科研】 围绕重点流域污染整治、饮用水源保护、空气重污染防治、环保模范城市创建等重点环保工作,完成《福州市“十二五”环保规划中期评估》《2013年度福州城市水源地环境状况自查报告》《饮用水源环境保护规划实施情况评估》《福州市环境功能区划修编》《福州市重污染环境应急预案》以及福清长乐两市《创建环保模范城市规划》。福州市被环保部列为2012年度全国试点城市,由环保部规划院编制的《福州市环境总体规划(2011—2020年)》编制大纲通过专家评审。与清华大学、复旦大学、河海大学等高校科研单位开展交流合作,提升环境科技水平。

【环保信息化建设】 继续推进环境信息与统计能力项目建设,实施市、县两级环保专网改造,部署环境统计、减排管理、环境信访管理、排污收费管理、环境应急指挥视频会议系统等业务应用系统,启动配套建设的福州市环保监控中心和信息化能力建设项目。实现政务外网的横向接入,部署数字城管系统,建成环保移动执法系统、机动车尾气排放管理系统、环境质量监测数据管理与发布系统等业务应用系统。完善福州环境保护门户网站建设与管理,规范并充实环境信息公开的栏目和内容。

(谢冠君)

(编辑 吴 燕)

5月8日,环保宣传走进闽江学院 (梁吉江 摄)

建筑业管理

【概况】　2013年,福州市完成建筑业总产值1822.9亿元,比增26.45%,完成建筑业增加值439亿元,占全市GDP 9.4%。市区建筑业产值完成750.1亿元,占全市建筑业总产值42.1%;福州企业完成市外产值1072.8亿元,比增18%,占全市建筑业总产值58.9%。

【行政审批】　70项行政审批事项压缩为29项,调整近60%的办事指南。推行容缺预审、服务专员全程服务、并联审批及年检培训等服务方式,受理量约2.2万件,办结率100%。行政服务窗口先后获"服务标兵窗口""先进工作窗口"称号。

【建筑市场监管】　对未取得施工许可证擅自施工等违规行为立案47起,处罚44家(次)。协调解决工程款拖欠投诉2件,涉及金额7000万元,协助劳动部门处理工资拖欠投诉28件,涉及金额4261万元。对在榕企业的办公场所、人员情况等每月随机动态核查,发出督促整改意见书14份,取消12家企业的备案资格。5家建筑模板一体化企业和3家脚手架一体化企业完成申报。开展招投标406项,投资节约率8.01%。制定或修订6个建设工程招投标规范性文件。对已备案的7家工程招标代理分支机构的217名从业人员进行岗位资格审查。

【工程质量监管】　在建房建工程项目299项,建筑面积2059.1万平方米;市政工程49项。房建工程方面,发出责令整改通知书2249份,约谈责任人45项次;加强对海峡奥体中心等重点工程、校安工程、保障房项目的监督执法和行业动态监管,规范主体行为。市政工程方面,发出质量问题整改(停工)通知书50份,发现隐患68条;制定《重要分部分项以及重点工序施工质量要求》等文件,对关系桥隧工程结构安全的关键指标加大抽测频率。

【安全生产】　在建工程339项,以保障房项目、建筑起重机械设备为重点,开展各类安全检查约2200次,发出责令改正通知书778份、责令停工通知书26份。强化推进建机"一体化"及标准化工地创建,推行远程视频动态监控系统,新安装项目58个。

【建筑节能】　完成2012年所有建筑面积3000平方米以上的国家机关办公建筑、大型公共建筑等1570多栋的能耗数据调查统计。开展福州市建筑节能监督检查,推进可再生能源建筑应用示范城市工作,完成第三、四批福州市可再生能源建筑应用城市示范项目的申报、审查、公示工作,全市有45项可再生能源建筑应用示范工程,示范建筑面积369万平方米;组织"福建省绿色建筑与低能耗建筑综合示范楼"等项目验收评审工作。

【勘察设计管理】　开展深基坑支护设计质量检查、全市建筑工程勘察和设计质量检查,制订2014—2017年度房屋建筑工程勘察设计质量专项治理工作方案;市规划院等9家单位获2013年度省级优秀工程勘察设计评选活动各类奖项18个。

【工程造价管理】　编发材料信息15万余条。完成2013—2016年度741家施工企业劳保取费类别核定。完成全国资格考试4395人次和持证全国造价员继续教育验证2750人次。建设典型工程造价指标数据库,上传系统的各类工程达100多项。

【散装水泥和新型墙材管理】　完成建设工程施工现场新墙材产品抽检13组,完成新墙材生产企业抽检17次,抽检产品48种,完成新型墙体材料现场核验131项(次)。正式启用"福建省预拌商品混凝土质量动态监管平台"。

【城建档案管理】　核发《福州市建设项目档案审查意见书》118份,出具市政基础设施工程档案移交清单20项,接收世茂国际中心等建设项目档案172项,整理入库档案1960盒3926卷。"城市建设档案信息管理系统"录入城建档案卡片信息2100多条。启动"福州市数字城建档案管理系统”建设。接待查档772人次,调阅档案2046卷。

【烂尾楼盘活】 “晓康苑”等6个项目复工续建,其中“晓康苑”通过单体验收,海晟物业公司介入管理;“侨益大厦”通过单体验收和消防验收;“乌山嘉苑”23套解封销售的房子有22套办理产权证;“新兴大厦”完成60%的产权证办理,共计120户;一、二层商场抵押给银行的部分解押。

(许信证)

房地产业管理

【概况】 2013年,继续贯彻落实房地产宏观调控政策,五城区实行商品住房限购政策和差别化信贷税收政策,抑制投资投机性购房需求。全市房地产开发投资完成1264.79亿元,比增30.1%。商品房销售11.84万套,面积1174.43万平方米,分别比增38.73%和39.08%,其中商品住宅销售9.21万套,面积1027.93万平方米,分别比增47.38%和48.42%。全市预售批准新增供给商品房1531.05万平方米,比增47.03%,其中住宅1242.15万平方米,比增45.89%。二手房交易4.08万件,面积409.03万平方米,分别比增57.93%和52.75%,其中住宅交易3.38万件,面积348.69万平方米,分别比增55.62%、53.18%。

市本级商品房销售4.37万套,面积386.03万平方米,分别比增11.71%、11.51%,其中商品住宅销售2.54万套,面积297.89万平方米,分别比增17.76%、18.43%。市本级预售批准新增供给商品房497.78万平方米,比增43.19%,其中住宅386.73万平方米,比增66.09%。市本级二手房交易3.18万件,面积286.15万平方米,分别比增51.5%、41.46%,其中住宅交易2.62万件,面积245.72万平方米,分别比增50.26%、46.44%。

全市完成房地产抵押贷款登记14.26万宗,抵押房屋价值4684.05亿元,抵押房屋面积3961.83平方米,分别比增44.59%、68.58%、15.36%,房地产抵押登记金融放贷金额2606.77亿元;市本级完成房地产抵押登记6.92万宗,抵押价值3386亿元,抵押面积1352万平方米,分别比增29.79%、88.97%、15.65%,房地产抵押登记金融放贷金额1874.9亿元,比增101.6%。发放房屋各类权证38.21万本,比增38.39%。市本级发放房屋各类权证20.8万本,比增19.42%。 (温昌经 曾彩华)

【市场管理】 出台《关于公布2013年度福州城区新建商品住房价格控制目标的通知》,提出2013年福州城区新建商品住房价格增幅低于当年城镇居民人均可支配收入实际增长幅度的价格控制目标。继续执行房地产宏观调控措施,控制商品住房价格上涨,实行“一房一价”销售,开展商品房销售市场秩序专项检查和中介市场专项整治活动,查处捂盘惜售、哄抬房价、变相涨价、骗购骗税等违法违规行为。市政府成立房价监测专门工作小组,监测分析商品住房价格变动情况,制定应对措施。11月,出台《关于进一步加强房地产市场调控促进房地产市场平稳健康发展的通知》,提高外地购房家庭购房条件:对于无法提供自购房之日起算的前3年内在福州市累计缴交2年以上纳税证明或社会保险缴纳证明的非福州市户籍居民家庭,暂停在福州五城区内向其出售住房。

【住房保障】 出台《福州市鼓励和支持企业等社会力量开发建设公共租赁住房的若干意见》,明确开发区和工业园区的生活配套设施用地应安排不低于30%用地作为公租房等保障性住房建设用地,企业利用自有用地建设公租房可享受优惠政策,租金标准可在政府制定租金标准的10%内上下浮动。全年开工建设保障性住房28828套,占任务数的103.69%;基本建成18549套,占任务数的103.05%;完成投资97.87亿元,完成率110.02%;各类保障性住房累计竣工101557套。配租配售各类保障房3041套,其中城区启动保障房分配多部门联合审查工作机制,受理公共租赁住房和廉租住房申请2500户,首批审核公示529户。全市保障性住房配租配售92835套,配租配售率91.4%。审核发放市直机关事业单位住房补贴478.66万元,市属国有企业职工工龄补贴1414.26万元。

【房屋征收】 出台《福州市房屋补偿实施细则》,提高旧房补偿、装修补偿、搬家补助费等标准。探索推行协商征收、模拟征收、自治征收新模式,制订具体实施方案,在鼓楼区科艺宫周边地块、仓山区南江滨东段等11个项目试行。实施房屋征收项目82个,涉及被征收户31983户,拆除旧房约480万平方米。完成68个项目共213亿元的安置费用审核工作;受理拆迁裁决案件120件,报请房屋征收补偿决定65件,报请责令交地决定169件。推进地铁1号线、三环绿化景观改造等重点项目土地房屋征收工作。

【旧屋区改造】 拟定2013—2015年城区旧屋区改造三年计划,重点改造城区重要区域居住卫生条件差、房屋质量安全隐患突出的旧屋区,包括241个片区,占地2200公顷,征收旧房面积约2048万平方米,涉及住户11.47万户。2013年计划改造120个项目,占地1013.33公顷,改造面积1067万平方米5.34万户。除晋安区连江路西侧华威客运站周边地块外,其他119个项目启动实施改造,其中77个项目进入房屋征收阶段,12个项目推出土地出让。

【物业管理】 整治物业服务不文明、环境卫生保洁不到位等问题,制定《物业服务行业做好文明城市专项整治方案》,下发123份整改通知书,对20家物业企业进行通报批评,会同市物价部门修订出台《福州市区普通住宅前期物业服务等级标准及指导性收费标准》,将各等级物业服务收费标准平均提高30%,并全面细化服务标准。加强物业专项维修资金管理,累计归集31.42亿元,新增4.45亿元。加大旧住宅小区综合整治改造力度,建立协调例会制度、半月报制度、督查制度、通报制度和考核制度等,完成旧住宅小区整治268个,涉及建筑面积479万平方米,受益户数6.4万户。 (温昌经)

【解决历史遗留“两权证”登记难题】　6月26日，出台《福州市人民政府办公厅关于进一步加快解决我市房屋所有权土地使用权登记发证遗留问题的意见》。解决历史遗留问题项目104个，办理56个项目产权初始登记，为8042户群众解决办证难题，其中4654户群众完成办证。

【房屋登记业务改革】　8月30日，出台《福州市人民政府办公厅转发市房屋登记中心关于福州市集体土地房屋产权登记问题的实施意见的通知》，市本级开始开展集体土地房屋产权登记工作。建立健全房屋登记质量管理机制，5月起，市本级开展融资租赁房地产抵押登记工作；6月起，组织开展6期房屋登记质量检查工作；8月起，市房地产档案馆取消档案利用收费。

【房地产市场信息登记系统建设】　市本级个人住房信息系统与住建部系统完成联网工作。新建商品房网上备案、从业主体管理、项目管理、登记管理、测绘及成果管理5个子系统正式上线运行。完成2004—2013年的房屋登记数据整理迁移工作，共计113.07万条。

表19　　1—12月福州市本级新建商品房交易情况

月份	面积（万平方米）	金额（亿元）	均价（元/平方米）
1月	32.13	50.17	15613
2月	27.29	42.26	15486
3月	47.41	74.13	15636
4月	29.7	50.74	17086
5月	28.74	46.51	16183
6月	44.36	75.11	16931
7月	28.01	47.67	17021
8月	25.09	45.11	17984
9月	25.4	39.86	15693
10月	29.74	49.7	16710
11月	33.21	52.94	15942
12月	34.96	52.72	15078

说明：上述数字为新建商品房网签销售量数字，包括住宅、商业、办公等所有房屋。均价为简单算数平均价，受物业类型结构等因素影响，不反映城市“均价”及其变化情况

（曾彩华）

（编辑　吴　燕）

公路建设与养护

【概况】 2013年，福州市公路总里程10948千米，公路密度为91.23千米/百平方千米，其中，高速公路488千米，二级以上普通公路827千米。完成交通建设投资102.3亿元。“两环、八射、十联”的高速公路网布局结构逐渐成形。福州新区路网规划、农村路网规划调整方案完成编制。整治市级“黑点”和道路安全隐患路段228处/8项；公路养护实现综合优良路率89.63%、干线优良路率90.9%、管养公路县乡道可实施里程绿化率88%，专项工程质量合格率100%。

【重点公路项目】 公路在建283千米，总投资384亿元。5月18日福永高速公路建成试运营，12月28日全线正式通车，该项目全长66.3公里，按双向六车道建设，设计行车时速100公里，总投资80.6亿元，道路起于闽侯县南屿镇，终于梧桐镇与仙游县交界处。渔平高速公路延伸线（平潭复线桥）主体工程基本完成，2010—2013年完成投资14.14亿元。京台线建瓯至闽侯高速公路（福州段）完成路基工程90%、桥梁下部81%、梁片预制52%、隧道掘进57%，2012—2013年完成投资3.34亿元。沈海复线宁德漳湾至连江浦口高速公路（福州段）完成路基土建工程86%，2012—2013年完成投资26.7亿元。绕城高速公路东南段、长平高速公路进入临建设施建设阶段。琅岐闽江大桥及接线工程主体工程完工。

【农村公路建设】 完成农村公路建设240千米，总投资2.6亿元，完成年度投资计划152.9%；完成农村公路安保工程1500千米，总投资9500万元，完成年度投资计划190%；完成危桥改造23座，完成投资9735万元，完成年度投资计划162%；完成撤渡建桥1座，完成投资2314万元，占年度计划115.7%。其中，市公路局完成农村公路建设里程17.332千米，县乡农村公路安保工程461千米。

【养护管理】 重点推进324国道、201省道、203省道等线路路面改善工程，完成水泥砼路面“白改黑”66千米、加铺水泥路面13.631千米，整治市级“黑点”和道路安全隐患路段228处/8项，加固或改建危（病）桥5座，实施国省干线及县乡公路安保工程561千米、边坡灾害治理2处，建成长乐共建城南服务区及福清宏路养护中心。围绕“美丽交通生态公路”，推进316国道、202省道、203省道等生态文明路建设，完成排水系统整治63.82千米、桥梁改造10座，完善与提升绿化路段346千米，增设公路文化景观2处，管养公路县乡道可实施里程绿化率88%。

【路政管理】 推进综合执法改革，平稳转移路政队伍，开展公路执法形象建设，实现执法证件、服装、场所和车辆外观“四个统一”；加大公路班站、路政所、路政局三级路政工作的联系，强化执法工作的协作与联动，及时协调查处公路违法行为，维护公路路产路权；梳理、规范行政许可和网上审批工作，办理路政许可419起。

（王东曜　王绮萍）

公路运输

【概况】 2013年，福州市客运量18531.21万人次、旅客周转量819235.71万人公里，货运量12234.06万吨、货物周转量1748106.63万吨公里（含平潭）。

【客运市场】 全市客运企业（含旅游包车客运）63家，其中从事班车客运的39家，从事旅游（包车）客运的24家。全市客运车辆3769辆104373座，其中，客运班车3034辆75410座，旅游（包车）客运车辆735辆28963座。全市有56个等级客运站，其中一级客运站4个、二级客运站6个、三级客运站3个、四级客运站22个、五级客运站21个。完成73家客运企业2012年度质量信誉考核，评出AAA级企业16家，AA级企业44家，A级企业13家。

年内实施道路客运许可行政审批34项；新增县际客运线路6条、19辆客车，新增客车30辆，更新客车424辆（其中新能源LNG客车101辆）。

采取班车线路延伸、节点运输、预约客车和周末班车等模式,新开通农村客运线路4条,新增或更新农村客车120辆。

福州新汽车客运西站完工并正式投入使用;福州新汽车客运南站主体站房建设完工,转入外墙装和办公场所装修及附属楼建设;福州新客运北站成立业主单位,进入规划手续报批准备阶段。

【货运市场】 全市有道路货运企业795家(其中危险货物运输企业28家),个体运输户3.5万户;拥有各类货物运输车辆5.21万辆,总吨位43.85万吨,大、中、小型货运车辆占营运货车的比重分别为32.6%、1.9%、65.5%;货运车辆平均吨位达8.6吨。对全市7月1日前许可的31家道路危险货物运输企业和单位开展企业资质复查工作,经复查合格的企业25家,注销企业5家,因停车场不符合要求须整改的企业1家。

【公共交通】 全市有公交车3565辆,折合标台数4278.4标台,分别比增157辆,273.5标台,其中新能源公交车1264辆,比增513辆;国Ⅲ排放标准公交车1794辆,比增26辆;国Ⅱ及以下排放标准公交车507辆,比减497辆。完成公交客运量6.37亿人次,营运里程2.35亿千米,同比分别减少4.8%和0.8%。线路长度3678.7千米,增加249.7千米。全市营运线路213条,比增14条。车辆及线路分布5家公交企业:市公共交通集团有限责任公司车辆2412辆,线路153条;福州闽运公共交通有限公司车辆487辆,线路21条;福州康驰新巴士有限公司车辆496辆,线路30条;福州营达公交有限公司车辆138辆,线路6条;福州华威公交巴士有限公司车辆32辆,线路3条。

【城市出租车】 市区出租车5782辆,出租车企业19家,其中国有企业6家2311辆,集体企业8家2253辆,有限责任公司性质企业4家1055辆,其他性质企业1家163辆。具有出租车从业资格的驾驶员4.3万多人,在岗出租车驾驶员约1.5万人,企业出租车3579辆,占61.90%,个体出租车2203辆,占38.10%。

【机动车维修】 全市有一、二、三类机动车维修企业618家,其中一类73家、二类250家、三类295家。建立营运车辆二级维护竣工检测及车辆综合性能检测监控网络,对营运车辆进厂维护竣工检验、维修材料项目单、维修合同等有关原始凭证实行电子备案制度,同时对营运车辆总质量超过3500千克的车辆准入市场进行燃料消耗量核查。通过实施维修企业质量信誉考核制度,规范机动车维修市场经营行为;要求维修企业落实机动车维修服务规范,并在企业客户接待室公示企业工时单价、维修报备程序、维修经营许可证、诚信经营服务和质量保证期制度等信息。

【运输驾驶从业人员培训】 机动车培训机构83家,训练道路长度9.2万米,教练员4102人,教练车3671辆。年内培训机动车驾驶员11.5万人,道路运输从业人员7477人。推广使用"福建省机动车驾驶培训学时管理系统",加强对教练员、学员的管理。推进道路客运驾驶人大培训活动,约4800人参训。

(陈为杰)

铁　路

【概况】 2013年,福州市辖区铁路拥有福马线、峰福线、杭深线、昌福线和外福疏解线,营业里程263.006千米,其中,福马线23.402千米,峰福线65.969千米,杭深线148.02千米,昌福线21.367千米,外福疏解线4.248千米。福州机务段配属机车364台,比增38台,其中电力机车237台,内燃机车127台;福州车辆段配属客车1390辆,比增58辆;福州动车段配属动车组55列折合8辆标准组62组,比增23组;福州车站每日图定开行120对列车,比增2对,福州南站每日图定开行列车90对,比增14对。

全年福州市境内铁路发送旅客1915.17万人,比增288.82万人,增幅17.8%;发送货物367万吨,比减22.12万吨,减幅5.6%。福州机务段机车年走行7233万千米,比增3.1%,其中,动车组走行2881万千米,完成179亿吨千米,分别比增15.8%和11.5%;机车牵引565亿吨千米,比减10.8亿吨千米。

【福平铁路开工】 11月1日,福州至平潭铁路开工,项目投资257.3亿元,计划建设工期5.5年。该项目自福州站引出,经鼓山、福州南、长乐、松下,以桥梁跨越平潭海峡人屿岛、小练岛、大练岛至平潭岛,正线全长88.433千米,全线设福州、福州南、长乐、长乐东、松下、平潭6站,其中福州、福州南为既有站,其余为新设站,预留莲花山设站条件,桥隧比80.1%。

6月18日,高铁项目参加海峡两岸技术成果展　(南昌铁路局　供)

【福州铁路枢纽改造】 福州站改扩建工程 完成投资9061万元,累计完成19.35亿元,占概算的94.2%;建成高架候车室5417.5平方米;建设无站台柱雨棚1211平方米。

福州站北站房工程 建设规模2.5万平方米,投资4.065亿元,完成投资0.77亿元,完成静态验收、初步验收及安全评估。

福州东(樟林)货车车辆段工程 该工程段规模4线20台位,洗罐一线3台位,存车线5条,抛丸、喷漆、调梁线、调机线各1条。项目投资3.93亿元。12月12日,中国铁路总公司批复开工报告。完成投资0.5亿元,占概算的12.7%。

【铁路安全管理】 排查解决铁路道口安全隐患问题,将福马线快洲、建板两处道口拆除列入市政府安委会跟踪督办事项。

(刘 仁)

地 铁

【规划审批】 9月16—18日,省发改委组织召开地铁2号线及1号线二期工程初步设计专家审查会。根据初步设计方案,2号线是福州市轨道交通东西向主轴线,途经大学城、金山、鼓台核心区、晋安等组团,连接大学城、福州展览城、金山文体中心、五一广场等重要结点。2号线全长29.289公里,设站22座。设厚庭站、金山站、南门兜站、紫阳站、前屿站等5座换乘站。与1号线合设控制中心,设竹岐停车场和下院车辆段。工程总投资196.22亿元,其中资本金80.84亿元,占总投资41.2%。2号线车辆采用B型车,采用直流1500伏架空接触网授电方式,最高运营时速80公里。初、近、远期均采用6辆编组,初期配属车辆31列186辆。建设工期52个月。

9月24日,市政府正式批复《城市轨道交通线网规划(2012年修编)》。根据规划,福州市轨道交通线网为"网格放射型",含线路9条,线路总里程338.12公里,设计车站215座,其中换乘站26座。

设计单位编制完成轨道交通第二轮建设规划初步方案,福州市拟在2014—2020年建设4、5号线市区段及6号线、1号线东延伸段、2号线西延伸段,线路总里程约98.5公里,车站72座。总投资额690.52亿元,技术经济指标为7.01亿元/正线公里。 (李陈彬)

【地铁1号线建设】 2013年,完成投资29.565亿元,开工累计完成投资119.571亿元。秀山站、斗门站、东街口站、茶亭站、上藤站、白湖亭站、葫芦阵站、黄山站、排下站、城门站、三角埕站、火车南站东西延伸段12个站点完成主体封顶。象峰站、罗汉山站、树兜站、屏山站、南门兜站、达道站、三叉街站、胪雷站8个站点进入基坑开挖、主体结构施工,福州火车站进入围护结构施工。盾构区间全长36.23公里,完成10公里,占比27.5%;矿山法隧道全长6.2公里,完成1.4公里,占比28%。全线14台盾构机下井施工,新店车辆基地至象峰站1号竖井、斗门站至树兜站、白湖亭站至葫芦阵站、城门站至三角埕站4个区间双线贯通,上藤站至三叉街站下行线、葫芦阵站—黄山站上行线2个区间单线贯通。

运营筹备 与广州铁路职业技术学院、湖南铁路科技职业技术学院、南京铁道职业技术学院、武汉铁路司机学校、福州职业技术学院5所大专院校开展校企合作,招收委培生和订单生800余人。公开面向社会招聘管理人员和技术骨干111人,应届毕业生校园招聘,招聘专业涵盖运输、信号、电气化、机电、车辆等。

资源开发 10月22日成立负责资源和物业业务的地铁资源开发分公司,并取得临时三级房地产开发资质,主要职责包括广告、商业相关开发和经营,物业策划、开发等。地铁1号线5处可结合出入口、风亭、冷却塔等附属设施合建开发的地块报规划、国土部门办理相关审批手续。完成新店车辆基地物业开发项目方案专家论证,上藤站物业开发方案编制,其中新店车辆基地上盖物业开发完成修建性详细规划编制工作并报市规划局审查。

【地铁2号线建设】 前期工作 完成投资1.165亿元。完成各站点范围内迁改管线摸底,完成第一批动工建设站点的交通疏解、管线迁改方案设计。BT招标工作经市政府常务会议审议通过,进入招标程序。2号线共有14个站点的主体结构施工涉及拆迁,需要办理规划、土地报批手续,其中11个站点完成选址报批和用地规划许可证报批,如浦口站、上街站、紫阳站等。完成全线初勘及车站主体结构详勘,地形修测工作,高清影像数据处理,地下障碍物补充调查(含物探),完成2号线防淹洪涝专家评审和2号线工程人防系统初步设计专家评审,初步设计客流预测修编报告和初步设计安全风险评估工作。完成2号线勘察、设计、咨询及勘察监理招标,人防系统(含非标防护设备)设计、交通疏解、管线迁改及便道设计、初步设计阶段安全质量风险评估、补充物探招标。

资源开发 确定戴德梁行作为地铁2号线物业开发策划单位,完成地铁2号线沿线(沙提站、金山站、上洋站)物业开发商业策划第一阶段工作,并着手研究制定广告、地铁电视、民用通讯接入等业务规范。

(黄 威)

水 路

【概况】 2013年,福州市船舶731艘,350.47万载重吨(含省属企业),比增18.59%,标准箱位15603TEU,比增45.8%,载客量3700客位(含两马航线2艘909客位),比增0.14%。完成客运量100.32万人次,旅客周转量3138.96万人公里,分别比增0.86%、6.13%;货运量7294.5万吨(含省属企业),货运周转量1084.469亿吨公里(含省属企业),分别比增16.68%、19.88%。

【闽江游】 接待游客15.1万人次,比增15.3%。承办"庆三八、送温暖""喜迎国庆,畅游母亲河""榕城之恋第十一届相亲会""福州市百对新人游闽江"集体婚礼等公益活动。

【航运业管理】 全市67家航运企业全部通过安全生产标准化建设达标考评。对全市170家水路运输业及水路运输服务业经营资质进行为期4个月的核查,对1家经营资质未达标的企业上报取消经营资格。引导航运企业优化结构,单船平均吨位4794吨,比上年提高20.4%,平均船龄11.5年。落实省政府《关于促进航运业发展的若干意见》优惠政策,福建冠海海运有限公司、福建源远船务有限公司等2家企业获省财政420万元补贴。检验发证内河船舶316艘,征收船舶检验费110万元。

【船员管理】 组织船员基本安全培训10期107人,客船特殊培训7期40人,水上摩托艇1期16人,船员安全再教育6期197人,油船安全特殊培训2期25人,渡工安全培训14期132人。

【内河交通安全管理】 4月8日,福建省首艘内河多功能救助船“新淮安”号建成投入使用,投资901万元,用于闽江干流浮动码头、航运船舶与水上设施遇到洪水、台风、火警等灾害和突发水上交通事故的救助。

6月21日,在闽江南港举办“2013年内河交通应急救援实战演习”,开展落水搜救、船舶消防、船舶失控和防油污、防漂移5个科目搜救演练。举办首届“平安海事”杯水上技能竞赛活动。并先后组织开展“打非治违”“内河交通安全生产重点整治百日行动”,以及“渡口渡船安全管理专项整治回头看”“平安交通”“危货运输整治”等专项整治活动,排查、整治安全隐患64处,整改率100%。

全市更新钢质客渡船48艘。开展辖区渡口渡船基本信息核查工作,按照“一船一档”要求,建立健全客渡船档案。

【行政执法】 组织开展闽江流域跨地区水上交通联合执法、夜间联合执法、“三无”船舶专项整治、闽江流域通航秩序集中整治,打击“三无”船舶、超载运输、配员不足,小渔船占道捕捞等违法行为。全市出动执法艇335航次,参加执法人员1397人次,检查各类船舶1529艘,查处配员不足、超载运输、未办理进出港签证、未取得船舶营运证从事水路运输、未办理水工作业证等各类违章行为53起,罚款18.85万元。闽江北港禁航进入常态化管理,监管过往船舶2489艘次。

(庄亚辉)

港 口

【概况】 2013年,福州港完成港航建设投资29.02亿元,超年度计划8.82%。江阴港区10号5万吨级泊位工程、江阴24号泊位国电10万吨级码头扩建工程、闽江口内港区山水建材码头工程4个项目建成,新增吞吐能力363万吨。首次对闽江口通海航道进行抢救性疏浚施工,恢复乘潮通航2万吨级海轮。

完成货物吞吐量1.27亿吨,比增11.82%,其中集装箱吞吐量完成197.79万标箱,比增8.38%。完成煤炭、铁矿石中转量711.35万吨,比增7.43%,完成集装箱海铁联运424标箱。“两马”和平潭至台中、台北航线进出旅客14.44万人次,比增4.09%。对台货运直航完成集装箱吞吐量33.25万标箱,比增6.09%,货物吞吐量完成537.08万吨,其中平潭客滚启动货运,完成1376标箱。引航保障江阴港区10万吨级以上集装箱船舶150艘次,比增2.6%;引航罗源湾港区30万吨级以上船舶37艘次,比增68.2%。

【港口规划编制】 7月底,《福州港总体规划(送审稿)》通过省厅和省发改委联合组织的审查。配合中石油LNG项目开发的江阴港区万安作业区港口开发方案、罗源湾港区淡头作业区和可门作业区下屿岛岸线利用规划均获省厅审定。罗源湾可门作业区岸线调整利用方案通过交通运输部审查。新《福州港总体规划》环境影响评价研究编制完成初稿。

【作业区建设】 推进江阴港区壁头作业区和罗源湾港区可门作业区的连片开发建设。完成三都澳港区溪南作业区长腰岛原油储备基地项目一期10万吨级油品码头工程等13个项目预审的初审工作,三都澳港区溪南作业区长腰岛原油储备基地项目一期30万吨级油品码头工程等11个项目通过项目预审。

【港口物流链体系建设】 将马尾港区站列入货运场站,并对马尾站至省内和江西部分铁路站点的集装箱运价优惠下浮30%,协调形成港务集团对马尾至青州、江阴的集装箱短途运输和码头装卸费按“一口价”收费定价机制。加强福州港与武夷山、晋江、三明、龙岩陆地港和沙县公路港以及江西上饶市、丰城市的物流对接,开展港口推介和港口物流课题调研。4月、12月江阴港区各新增1条至东南亚和韩国航线,江阴港区迎来15.6万吨集装箱船。推动玖龙纸业、赛得利等大型外贸企业将江阴港区作为其再生资源废纸进口口岸。推动江阴港区发展国际集装箱中转业务。马士基公司通过江阴港区中转台湾箱源至南非线进入常态化运营。江阴港区整车进口口岸运入车辆4274部,其中外贸车362部。促进市政府于8月30日出台扶持港口发展补贴和优惠政策。12月,《拓展福州港口经济腹地推进陆地港建设发展意见》(代拟稿)通过市政府常务会议审议。

【对台运输】 8月,考察台中、高雄、基隆、台北等港口,实现榕台港口管理部门的对接。10月,“海峡号”正式开通平潭至台北航线,平潭至台中的滚装集装箱运输起步发展,11月实现黄岐至马祖包船运输试航。

【港口安全监管】 39家企业通过安全生产三级达标评级,全港共有129家企业通过该项评级。福州新港和青州集装箱码头有限公司成为交通运输部安全生产工作标准化管理一级达标企业。全年出动港政、航政管理人员4496人次,对辖区港口企业、在建工程、航道开展安全检查。发现安全隐患642处,发出整改通知书56份,提出整改措施409条,整改隐患622处、整改率96.9%。主办危险货物作业申报、危险货物安全检查、工程安全质量等专题培训,参训370余人。组织120多人参加交通运输部安保和省厅危险货物安全知识培训。在中石油马尾红山油库码头举办消防安全演练,举办“平安交通”安全生产知识竞赛。

可门1~3号泊位沉箱预制被省厅列为2013年水运工程混凝土质量通病治理示范项目;罗源湾港区碧里作业区6号泊位和将军帽15万吨级泊位工程2个项目被省厅评为“平安工地”示范等级项目。

【港口服务】 以电子口岸中心为主体,全面启动并推进福州港顶层设计信息化(一期)项目建设。以航道管理站为主体,基本完成闽江红山引航基地、下店航道维护码头维修加固主体工程,推进与黄岐港点交换的可门作业区工作船基地选址前期工作。以救助中心为主体,推进1艘引航拖轮、2艘港政艇和3艘5200匹大马力拖轮建设。江阴航道二期、罗源湾与福清湾深水一期3条深水航道于11月由福州海事局对外发布航行通告,正式运行。

【港口改革】 完成福州宁德港口一体化改革协议协商。根据省厅批复,将福州港船务处改制为福州港福宁拖轮有限公司。福州港务集团完成青州、新港、福建江阴国际集装箱码头一体化改革,以及罗源湾北岸碧里作业区4号、5号、6号,将军帽码头整合和江阴港区6号、7号泊位收购。在新用户群中推动煤、盐“散改集”运输方式变革,全年完成4.5万标箱,其中煤炭6000标箱。承接闽江通海航道抢救性施工、福州市地铁泥浆中转、闽江内河航道航标维护等工程,实现营收5000多万元。

(符　燕)

机　场

【概况】 2013年,福州机场安全保障飞机起降8.34万架次,比增15.02%;旅客吞吐量892.6万人次,比增13.68%;货邮吞吐量11.02万吨,比增13.71%。通过ISO 9001质量管理体系第三方年度认证,获“中国最佳绿色机场”称号。全面完成福州机场第一轮扩能建设,机场年旅客吞吐量保障能力逾1300万人次。元翔(福州)国际航空港有限公司安检护卫部护卫分部候机楼护卫班组获评全国“工人先锋号”,安检护卫部监护分部获评“全国民航青年安全示范岗”,公司团委被评为全国民航五四红旗团委。

【基础设施建设】 全面完成第一轮扩能建设,包括完成候机楼南翼2号国际厅装修改造项目、新建航空业务配套用房(翔汇广场)项目等,福州机场年旅客吞吐量保障能力逾1300万人次。启动实施福州机场第二轮扩能改造工作,机场总体规划通过专家组审查,设立福州机场二轮扩能改造项目部并于12月开始动工。投资4576万元完成进出场路扩宽工程;投资744.9万元完成福州机场航南路改造工程;投入200万元更新候机楼不间断电源;投资1500万元完成福州空港佰翔花园酒店南楼外立面装修及室外景观改造工程。

福州机场新貌　　(福州机场　供)

【航空运输】 国内航线方面:幸福航空进驻福州机场运营,新开福州—黄山—合肥航线,山东航空新开福州—南昌—重庆航线(冬春航季改为福州—桂林—重庆),海南航空新开福州—郑州—乌鲁木齐航线,东方航空新开福州—长治—太原航线,华夏航空新开福州—连云港—大连航线。新增鄂尔多斯、临沂、烟台、长治、连云港、常州、景德镇和淮安8个支线航点。福州机场签订多家通用航空服务协议,引进公务机停场运行。

国际和地区航线方面:新开或增开福州—暹粒、济州、首尔、雅加达定期航班,国际航点增加至8个,比增2个。深圳航空新开福州—深圳—曼谷航线等,新引进济州航空、上海航空加入国际航线运营队列,中外航空公司达6家。福州—香港航线实现每日5班,其中3班用全新空客A330宽体客机执飞的新市场格局,客流量达46.06万人次,比增24.7%。福州机场对台货运航线进一步发展,邮航获批新增对台货运航班配额,11月起,福州—台北(桃园)货机定期航班由每周3班加至每周5班。配合检验检疫局完成对特种货物储存场地的验收工作,福州机场货运站成为全国8个“进境种苗指定口岸”之一。

全年航班执行率88.47%,比上年提高1.27个百分点。运营航线约70条,航班通达北京、上海、广州、香港、台湾及新加坡、吉隆坡、大阪等55个重要城市,每天进出港航班总数超过220架次。5月,市政府出台《福州市扶持民航发展的补充意见》,加大对新设基地和投放过夜飞机的扶持力度。

【航空安全管理】 作为全国首批“航空器机坪运行管理”试点机场之一,签订新机坪管理协议。完成《福州长乐国际机场使用手册》换版修订和安保岗位手册编写工作并组织试运行。组织修订《福州机场航空危险品运输管理手册》中货邮管理制度。实施《福州机场鸟击防范工作评估报告》。8 月，通过 ISO 9001 质量管理体系第三方年度认证。成立福州机场航务管理机构，承接机场 NAIP 资料、飞行程序标准、净空以及空域等航务管理工作。全面完成 PBN 飞行程序设计工作和试运行。

组织开展机场紧急救护技能专项培训、机场义务消防员年度复训和演练。修订完成 2013 年版《福州机场突发事件应急救援预案》，对福州机场各级运行管理者及驻场单位安全管理人员组进行新应急救援预案的专题培训。组织实施航班大面积延误、机坪航空器燃油泄漏应急处置、机场大面积停电等 12 项应急演练。

完成 9 套“飞机泊位引导系统”的设备更新，完成过夜车场扩建区域监控、周界报警与车位引导系统、候机楼高压室高压开关改造工程、110 千伏开关空压机更换等项目。更新机坪南北道口岗亭 X 光机和 2 台爆炸物探测仪，增加安检信息系统开包工作站。在候机楼、机坪与货站监控点更新 20 只监控探头，并增加机场货站监控系统存储容量。“缩短北远机坪早班出港航空器地位等待时间”和“提高飞行区内警情救援优秀率”研究课题成果获“国优”称号。

【机场服务】　按照《福州机场运行保障关键环节服务标准》，以“新、顺、美、值、悦”等 5 个角度为切入点确定福州机场 115 项服务提升举措。开展福州机场服务工作评估调查，评估项目涉及服务理念、服务督控、服务体验、服务品牌、服务文化、服务培训、服务评价 7 个方面 20 个课题。推出福州机场“行李管家”“向日葵”精品问询、“迎燕”导乘、“翔之旅”“桃红节油专家”等精品服务。实行 ACARS 系统上传配载舱单，提高机场配载工作效率。增加国际进港货物预录入服务，实现进港货物提速。

在安检信息系统中增加手机值机二维码验证功能接口模块，简化旅客乘机手续；改进升级候机楼 WiFi 服务设施、完善公共区域航显软件，在出发大厅新版航显增加模拟电子翻板动感效果及卡通动画值机柜台路线引导等功能，在国际候机厅触摸屏增设自助取号功能。引入麦当劳、太平洋咖啡、真功夫等知名品牌餐饮，形成候机楼内几条具有特色的商业街。投入 325 万元，创新楼内外绿化景观造型；投入 246 万元，完成候机楼两翼绿化景观提升项目；投入 220 万元，完成现场自助值机（含酒店、城市值机）、航显设备、离港打印机等设备的配置或更新。过夜车场新增 4 个车岛、196 个停车位，福州机场总停车位增至 1600 个，并增加汽车打气、充电设备等服务项目。

4 月，福州空港佰翔花园酒店北楼客房正式开业，加上福州佰翔家海滨酒店，福州机场区域酒店客房保障能力为 262 间。9 月 24 日，福建空港快线运输有限公司在候机楼正式启用火车票代售点，实现“铁陆空联运”。10 月 16 日，占地 1.2 公顷，建筑面积 10500 平方米的福建佰翔天厨食品有限公司新厂房正式投入使用，其中纯生产面积 8960 平方米，日配餐能力最大可达 4 万份。

（黄剑峰）

（编辑　吴　燕）

邮政业

【概况】 2013年,福州市邮政行业业务总量完成27.08亿元,占全省比重23.7%;业务收入完成23.7亿元,占全省比重24%。其中,福建省邮政公司福州分公司实现业务总收入7.18亿元,比增12.97%,进度与增幅均位列全省第四,完成有效收入4.84亿元,比增7.87%。规模以上快递服务企业业务量完成1.16亿件,比增98.4%;业务收入完成14.68亿元,比增57.3%;投递量完成1.03亿件,比增40.73%。快递服务总体满意度72.5%,高于全国平均水平0.4%,在50个重点城市中列第19位。根据国务院办公厅《关于完善省级以下邮政监管体制的通知》,2012年10月26日,福州市邮政管理局正式揭牌,履行全市邮政行业管理工作,履行行业调控、市场监管、公共服务等职能。

【市场营销】 全市邮政行业网点553个,其中邮政网点233个,快递网点320个。

邮政业务 市邮政公司发行《鼓岭印象》《闽江胜景》《福州大学校园风光手绘明信片》《榕情花韵》《中国永泰·集邮旅游护照》等以福州文化底蕴、自然资源和建设成就为题材的集邮品、明信片册。跨境电子商务小包邮件收寄9.7万件,实现收入3373.4万元,比增78%。新开办银星速汇业务,办理3024笔,占全国邮政储蓄代理金融总笔数的85%;收汇金额达746万美元,占全国邮政储蓄代理金融总金额的91%。邮政自邮一族形成"加油优惠+代办交通违章及车驾管业务+联盟商家优惠"的"1+1+N"产品叠加模式,新增会员4.8万户,实现收入685万元,位居全省第一。邮政每个普服网点平均服务人口约2.65万人,平均服务半径约4.03公里。邮路长度达1247公里,邮政专用标识车辆54部。

快递业务 取得快递经营许可的企业数量98家,占全省比重27%,从业人员逾万人,经营的品牌包括EMS、顺丰、申通、圆通、中通、韵达、汇通、宅急送、天天、国通、快捷、速尔、优速、DHL、UPS、FedEx、TNT等,其中顺丰、申通、圆通、中通、韵达、汇通、国通、天天、快捷、速尔、优速在福州处理中心场地面积占2.75万平方米,参与城市配送的车辆约500部。"双11"期间,福州市十大规模品牌快递企业收件量240.3万件,投递量达276.12万件,日均收件量34.3万件,日均投递量39.4万件。日最高收件量42万件、投递量44万件。

【信筒(箱)管理】 开展信筒(箱)专项整治活动,将信筒(箱)专项整治作为政风行风评议议题,投入资金近60万元用于信筒(箱)专项改造更新,新增23个信筒(箱),更新386个信筒(箱),撤销设置过密的立式信筒(箱)26个。同时,将信筒(箱)广告和寄信功能相结合,增加宣传邮政业务和公益性广告的功能。

(薛秀敏 张力勤)

中国电信

【概况】 2013年,中国电信福州分公司完成经营收入32.8亿元,比增3.1%。申报的《无线网络切换的自动引导方法及系统》等4项发明专利,通过集团专家评审。年内获"全国五一劳动奖状""全国安康杯竞赛优胜单位"称号。在第三届海峡两岸信息服务创新大赛上,福州分公司的"智慧游手机客户端"项目获一等奖,永泰"智慧旅游云平台"项目获二等奖。

【市场营销】 围绕"存100送1000""一人话费全家享,再送金牌好宽带""手机以旧换新"等活动,开展网格精确派单、光宽带导高营销、提升金牌服务等工作。加强流量内训师团队和辅导员队伍建设,通过数据挖掘和精确派单营销,12月福州户均流量达232.86兆,持续保持全省第一。全区组织开展分支局(网格)、营业厅等"划小"项目,引入局长、店长负责制,提升天翼和宽带业务量。在宝龙、中亭街等地建立核心商圈门店,开设迪乐门店等实体渠道,提供便民服务。至2013年,宽带用户数达134万户,天翼用户达190万户。

【网络建设】 FTTH、DSL、LAN 端口利用率分别提升 7%、6%、5%。新建及搬迁 245 个无线网络室外站点，扩容 9 套 BSC，新建室内分布站点 67 个，新增 1X 载扇 709 个，DO 载扇 606 个。实施农村宽带无线化解决方案。启动 4G 试验工程，建设 FDD - LTE5000 个载扇以及 TD - LTE150 个载扇，全部采用射频拉远站点(BBU + RRU)进行建设。加快网络演进，母局退网或缩容割接用户 12 万户，退网容量 33 万线。高清 IPC 的普及促使新建的全球眼均采用高清 1080P 格式接入，实时传输数据量是原有 CIF 格式的 16 倍。

在本地网内调度形成市客调(管控、支撑、调度)、区县客调、分支局三级调度的纵向架构。取消县级网管，落实县公司设备维护网格的划分，网络故障由 NOC 直接派障到区县分公司网格维护。完成"翼路畅享""雷霆行动"等各项网优竞赛指标，经集团第三方测试，语音、数据部分测试指标全部达标，测试结果为满分，语音除覆盖率外，其他指标均明显优于移动和联通。

【信息化服务】 由福州分公司承建的长乐"12319"城市管理服务指挥中心，为市民提供保姆式服务。系统打造社会综合管理、数字城管指挥等九大平台，市民可通过拨打"12319"热线电话、登录"12319"网站和下载"爱长乐"手机应用软件参与城市管理。6 月 1 日，市长公开电话正式接入指挥中心，中心累计受理各类事件 11570 件，办结 11270 件，办结率 97.40%。

建成东街、宝龙、大学城等翼支付商圈，突出"翼支付加油、公交、代缴水电煤、大型商超、餐饮、观影、美发"等民生类应用。至年底，福州翼支付总用户数达 53 万户，翼支付联盟商户数、活跃用户数排名全国前列。

与市人力资源和社会保障局合作开发全国首创的"摇工作"轻客户端，城乡居民通过天翼终端"摇一摇手机"即可获取周边就业信息，该平台是全国公共就业和便民服务方式的创新。

【客户服务】 建立集约化体系，明确省、市、县、分支局等各级投诉处理的职责与界面，以"能集中不分散，能在线不现场"的原则执行集约处理。建立第一责任部门的负责机制；对超时、重复、高频的未办结投诉单实施日短信预警催办；优化区县公司装维及渠道投诉处理流程，通过 10000 号直接派单至责任分支局或营业厅，提高处理效率。组织涵盖关键环节和全业务流程的服务稽查，变事后结果管控为事前和事中生产运营的全过程服务质量管控。采取规范宣贯、流程固化、主动渗透等手段强化前置管理，减少和解决客户不良感知及投诉。全业务万用户投诉率 20 次/万用户，宽带装移机履约率 99.14%，宽带修障及时率 98.27%。

(陈俏彬)

电信推出"翼支付"平台，突出民生类应用 (电信福州分公司 供)

中国移动

【概况】 2013 年，中国移动福建公司福州分公司以"规模、收入、基础管理"为着力点，落实"农村市场、流量经营、集团全业务、4G 发展、班组建设"工作，全区营业收入完成 55.14 亿元，比增 9.25%。获中华全国总工会颁发"全国模范职工之家"称号。

【市场营销】 加强组建 V 网、套餐推广、精准营销，存量客户保有率达 70.18%。通信用户到达份额 62.91%。与电信、联通签订《高校备忘录》，规范高校市场经营行为。推出互联网电视产品，率先在全省移动启动互联网电视业务试商用活动，移动铁通宽带累计净增客户与收入分别同比提升 200%、211%，家庭客户规模逐步扩大。启动电话用户真实身份信息登记工作，新增电话用户实现真实身份信息登记。通过开发应用栅格化分析法，搭建四网协同平台，加强 4G 智能终端销售，手机上网流量累计比增 83.6%，无线上网收入累计达 9.47 亿元。建立集团客户看管与考核体系，加强集团保有；加强终端、专线、WLAN、固话等业务的融合交叉捆绑，以 ICT 项目为依托，拓展集团业务；加快物联网建设、深化各行业应用，加快信息化推广。

【网络建设】 开展 2G/TD 结构性优化项目、TD 专项整治、网络"百日攻坚战"等活动。2G、TD 健康度分别较年初提升 26 分、28 分；评估得分 80 分以上的高校从 4 所提升到 34 所。搭建网络投诉三大管理体系，采用"拆闲拼站"模式，开展投诉黑点专项整治等活动，解决长期热点投诉区域 1075 处。通过建设优化同步，实现三环内核心城区、福州大学城、平潭综合实验区核心区域 4G 网络基本覆盖。

【通信保障】 成立地市级应急通信局，制定《福州分公司防汛抗台简明指导手册》。参与"苏力""潭美""天兔"等超强台风抢险救灾保障工作，组织

中国移动福州分公司推出“一机在手，门禁钱包都有”信息服务　　（移动福州分公司　供）

“5·18”海峡两岸经贸交易会、“6·18”海峡项目成果交易会等重点活动的通信保障，参与5次防汛抗台风以及南京军区“畅通2013”军地联合等各类应急通信保障演练，配合各级政府各部门编写防汛、抗震、重大会议等应急预案。出动应急通信保障车辆17辆次，抢险车辆739辆次，抢险保障人员2318人次。

【信息化建设】　一是关注专业市场与重点行业，实现行业信息化规模拓展。承建福清城市数字化管理服务平台、“平安福州”视频监控等项目，深化政务合作。依托省市县项目联动机制，在金融行业实现集团专线、集团WLAN等项目的规模化拓展。二是探索手机一卡通在民生领域的应用。在全市1300多家商户布放各类消费POS终端10000多部，实现基于PBOC2.0拓展电子现金应用；在自来水缴费、个人医保缴费方面达成业务合作，并立项开发，开展前期准备工作；与三特公司、北京华厦满天星公司等进行技术对接，推动实现手机一卡通在线购买商品、电影票等电子商务服务应用；与福建江夏学院金融学院共建“海峡两岸移动互联网金融研究中心”；与福州市政府共同牵头推动手机“城市一卡通”试点。

【客户服务】　开展“突破136”服务提升工程，针对“促销、新业务、流量、热线外呼、网络覆盖”等不满意客户群体，搭建不满意客户修复体系。12月回访客户评价满意率94.7%，同比提升4.8pp。组织暗访监测、明察走访、满意度调查和投诉跟踪分析，强化营业厅服务过程管理。建立投诉处理质量评估体系，开发营销投诉热点分析应用平台，深化服务质量分析。推动解决热难点投诉问题138件，解决率86%。

（刘婷婷）

中国联通

【概况】　2013年，中国联合网络通信有限公司福州市分公司实现通信服务收入17.05亿元，比增22.3%，纳税额比增26%。10月，中国联通海峡两岸（福州）通信业务出入口局正式开通。

【市场营销】　3G业务用户数净增25.7万户，收入比增48.1%，月户均流量超过400兆。宽带业务在确保资费稳定的情况下全面向用户提供“高速率、多应用”的宽带服务，用户在同资费情况下享受的单位带宽较上年提高2兆，全网用户宽带接入速率均超过4兆。社会渠道数量增长21.8%，服务网点数量增加。根据用户消费互联网化需求，拓展网上营业厅、手机营业厅、自助终端和MINI厅等电子商务渠道。电渠服务占比提升14个百分点，达61%，交易额达4.75亿元。

【网络建设】　新建3G基站401个，网络规模同比提升14%，市区3G网络总体覆盖率达99%，市区二环内、八县主城区及重点高校网速全面升级至42兆，全网网速达21兆。推进城镇光纤到户，新建宽带端口16万线，覆盖用户48万户，网络规模同比提升28%，20兆以上端口占比达76%，乡镇宽带覆盖率提升至60%。1月18日，由联通主导建设的“海峡光缆1号”开通。

【通信保障】　修订完善各级通信保障应急预案，确保重大节日、台风等自然灾害期间的通信安全，并配合相关部门完成“5·18”海峡两岸经贸交易会、“6·18”海峡项目成果交易会、国际视频两岸通话活动、反恐演练、南京军区部队与地方应急通信演练等重大活动保障29场，出动应急通信车50车次，投入保障人员580人次。

【信息化建设】　由福州联通承建的福州市数字化城市管理系统（简称“数字城管”）通过综合验收，成为福建省首个通过住建部专家组验收的“数字城管”项目，接入政府单位81家，每天处理案件超千件。以“班班通”项目为核心推进福州教育信息化，投资近亿元与鼓楼、台江、马尾、福清、闽清、平潭等县（市）区开展合作，实现光纤到校、宽带及多媒体教学设备到班，为逾20万名师生和家长提供教育信息化应用服务。

【客户服务】　建立覆盖3G、宽带用户的全业务、全流程服务感知评价体系，围绕50个服务关键指标实施穿透式服务

11 月 19 日，由福州联通承建的数字城管项目通过终验

（联通福州分公司　供）

管理。在第三方年度满意度评测中，3G 客户满意度较上年提升 7 分，宽带客户满意度较上年提升 0.5 分。3G 网络和宽带网络第三方回访结果均列全省第一。服务综合绩效排名全省第三，“沃领先”服务项目中网络服务全省排名第二、宽带服务全省第一。

（周江航）

政府信息化建设

【概况】　2013 年，安排信息化重点建设项目 145 项，其中在建项目 71 项，新开工项目 67 项，预备、前期项目 7 项。建成或基本建成信息化重点建设项目 20 项：福州市数字化城市管理系统（一期），福州市数字化综合管理服务平台，市委办、市府办信息化系统硬件更新项目，福州市网上审批系统存储扩容项目，福州市公务员岗位考核系统，福州市行政服务中心基础网络建设项目，省应急视频会商指挥系统优化升级项目福州市节点，福州市天气预报预警业务新平台，福州市人大常委会网络安全建设系统，福州市市直党政部门办公自动化系统备份项目，1∶500 数字线划地图数据库Ⅱ期项目，福州市气象连线直播室项目，电子政务一期工程升级改造项目，空间地理数据库地下管线子库（地下管线普查建库工程），福州市经济地理信息系统，福州市第一高级技工学校数字化校园一期工程，福州市公安局公众服务平台（5＋N 项目），福州市卫生局信息中心机房项目，福州市建筑物抗震性能普查及地理信息系统（二期），福州市交通执法非现场执法系统（电子警察五期）。

【“中国福州”门户网站绩效水平位居全国第三】　网站月均访问量达 8100 多万次，在“第五届（2013）中国政府网站绩效评估暨第八届特色政府网站评选”中位居全国 32 个省会城市及计划单列市政府门户网站第 3 位，并获“政府透明度领先奖”。

主要成效：信息公开方面：新建环保、安全生产等专栏以及第一届全国青年运动会福州赛区官网，主动公开部门财政预决算、环境质量、安全生产等社会公众关注的热点信息。继续建设完善网上办事公开系统暨农村基层党风网。探索突破政务信息公开传统模式，推动信息公开向厂务、村务、校务、院务和公共企事业单位等领域拓展。资源整合方面：市数字办与市政府法制办、市行政服务中心共同组织梳理、规范办事指南，将梳理结果同时在“中国福州”门户网站以及市直部门子网站上发布。突出市民关注的教育、医疗、就业、交通、住房、医社保等 13 个民生服务领域，通过跨部门整合服务事项，打造虚拟行政办事大厅和场景式导航服务，实现办事预约与办事服务相对接。互动交流方面：依托门户网站开展 9 期市直部门主要领导的“在线访谈”，与市电台合作开展 70 期“政风行风”媒体直播，与市监察局合作开展 10 期“让人民满意”媒体直播民主评议政风行风活动。

【行政权力阳光运行平台】　网上行政审批系统　构建虚拟审批服务大厅，提供网上申报、网上查询、网上反馈、网上投诉等服务。受理审批申请 181995 件，办结 176987 件，时限内办结率达 99.8%。

网上行政处罚系统　全部公开 46 个执法部门 5181 项行政处罚事项、处罚依据、处罚标准、处罚结果以及执法人员资格等信息。市直部门在系统登记案源 2693 件，立案 2314 件，结案 1765 件，处罚金额 1473.94 万元，基本实现行政处罚裁量“零自由”。

网上公共资源交易系统　建成建筑工程网上招投标平台、政府采购网上交易、国有产权网上交易等系统。至年底，建筑工程网上招投标项目 1321 项，总标的金额 436.99 亿元，中标金额 391.7 亿元，降低率 10.3%；网上产权交易项目 225 项，底价 5.06 亿元，成交价 6.86 亿元，增值率 35.46%；完成政府采购 3329 项，预算金额 22.68 亿元，成交金额 20.27 亿元，节约率 10.65%。

市场中介组织信用信息系统　统一发布福州地区所有市场中介组织的信用信息，包括基本信息、良好信息、不良信息等。至年底，公布中介组织信用、企业资质许可、企业年检、从业人员等信息 2.17 万条，网站访问量 201.8 万人次。

【便民呼叫中心“12345”系统】　市、县、乡三级 1442 个单位加入系统服务，受理群众有效诉求件 26.06 万件，及时回复率 99.19%。为市民服务 69.6 万次。

【空间地理基础数据库】　一期工程中的 1 个平台（数据共享服务平台）、1 套基准（GNSS 基准站及平面高程控制基准系统）、5 个子数据库（数字正射影像 <DOM>、数字线划地图 <DLG>、数字高程模型 <DEM>、地址编码、地下管线）等全部建成并投入使用；二期工程中的1:500数字线划地图数据库Ⅱ期项目通过初步验收,1:2000数字线划地图、数字正射影像、数字高程模型数据库项目建设基本完成。

选择市交通委、综治办、文新局、园林局等信息化条件好且有应用需求的政府部门开展空间地理基础数据的共建共享,开展相关应用培训,并提供技术咨询和服务。年内,市数字城管系统、市灾害应急平台消防通信调度系统、市环境监测及污染源管理地理信息系统、市地震信息处理和应急指挥系统等一批基于全市空间地理基础数据库建设的应用系统建成并投入使用。

此外,空间地理基础数据库项目成果还应用于地籍测量、房产测量、建设工程测量、水利工程以及水下地形测量、气象预报等领域。提高轨道交通2号线、台商投资区1:500地形测绘工程、琅岐环岛路三期带状测绘、地下管线数据库生产等重大项目的测量效率和监测精度。

【数字化城市管理系统】 系统依托信息技术,涵盖城市公用设施、道路交通、市容环境、园林绿化、房屋土地、宣传广告、施工管理、街面秩序及突发事件等方面的城市管理内容。一期工程覆盖范围包括鼓楼、台江两区53平方公里,普查城市管理部件28.5万件,1月1日投入试运行,5月30日通过国家专家组初步验收,11月19日通过综合验收。同时相继出台《福州市数字化城市管理实施办法(试行)》《福州市数字化城市管理部件和事件立案结案规范(试行)》等制度。一期工程有市、区两级81家单位接入系统服务。至年底,立案、派遣城市管理案件145344件,结案率94.22%。二期工程于11月20日全面启动。

【城市数字化综合管理服务平台】 该平台建设内容包括:一个平台、两大中心、九个子系统。“一个平台”,指市级数字化城市综合管理服务平台,“两大中心”,指城市管理服务中心、市委市政府应急指挥中心;“九大子系统”,指数字城管系统、社会综治管理系统、生态安全监管系统、公共场所监控平台、应急指挥系统、安全生产监管系统、社区矫正监管系统、特殊车辆监管系统、“爱福州”手机门户。至年底,该项目完成招投标及市级指挥大厅建设,并进行综合管理平台软件开发调试。

【政务云计算平台】 该平台统一搭建包括服务器、存储、系统软件等基础资源池,主要建设内容包括政务内网、政务外网两大部分。该项目于6月27日通过“数字福州”专家组评审,9月26日完成公开招投标。

【市直党政部门办公自动化系统】 发文方面,市政府及市政府办公厅的所有公文通过电子公文传输系统,向已建办公自动化系统的71家市直党政部门进行交换,不再印发纸质文件;收文方面,58家主要政府部门向市政府及市政府办公厅行文,全部通过电子公文传输系统进行交换,市府办不再受理其报送的纸质公文。全市党政部门注册用户4741个,实现网上办理发文80003份,收文133719份;通过电子公文传输系统发文57803份,收文311085份。

【电子政务网络】 完成东部办公区中心机房建设,将各单位的设备集中托管到中心机房,实现精密空调、不间断电源、消防、安防和防雷等机房基础设施的共建共用。采用云计算技术,组织虚拟化条件下的软硬件资源按需分配、动态管理。完成86场电视电话会议的技术调试、现场值守。完成福建省应急视频会商指挥系统(福州节点)的升级改造。加强170家接入政务内网、82家接入政务外网的市直单位网络管理,确保政务网络新增接入、迁移,保障市直各应用系统的网络线路畅通,同时强化政务内、外网安全保密工作。

(叶伟奇)

(编辑　吴　燕)

口岸管理

【概况】 2013年,福州市海港口岸完成货物吞吐量10395.92万吨,比增11.53%,其中,完成外贸货物吞吐量4859.01万吨,比增17.81%;完成集装箱吞吐量197.57万标箱,比增8.28%,其中,完成外贸集装箱吞吐量119.40万标箱,比增3.16%;"两马"客运直航出入境旅客4.12万人次,比增15.20%;空港口岸出入境旅客103.14万人次,比增10.83%。

【口岸开放】 罗源湾港区扩大开放进入国家口岸办会商中编办阶段;启动黄岐港区扩大开放申报程序,同时征求军方和驻闽查验部门意见;罗源湾港区临时靠泊国际航行船舶继续获交通运输部批准;松下港区牛头湾作业区0号、3号泊位新增涉外作业点通过省级验收;闽江口内港区福州名成渔业港务有限公司码头新增涉外作业点通过市级验收。

【口岸建设】 6月,黄岐港区旅检通关中心以及对台客运码头开工建设,该项目总投资1900万元,面积8000平方米。10月,总投资700万元,建筑面积3300平方米的江阴港区国检应急处理中心建成投入使用;福州名成渔业港务有限公司2000吨级散杂货码头建成投入使用,新增吞吐能力30万吨。年内继续推进松下港区鑫海码头18、19号泊位

表20 **2013年福州口岸客运统计**

类型	出/入境	累计(人次)	比增(%)
海港口岸	出境	20576	20.12
	入境	20601	10.67
	合计	41177	15.20
空港口岸	出境	513430	9.10
	入境	517939	12.61
	合计	1031369	10.83

表21 **2013年福州海港口岸对台客货直航统计**

类别	完成量	比增(%)
客运(人次)	41177	15.20
货运(万吨)	328.60	-5.50
集装箱(万标箱)	31.58	3.24

表22 **2013年福州口岸海运统计**

类别	完成量	比增(%)	进口累计	比增(%)	出口累计	比增(%)
货物吞吐量(万吨)	10395.92	11.53	—	—	—	—
外贸吞吐量(万吨)	4859.01	17.81	3904.57	19.16	954.44	12.58
集装箱(万标箱)	197.57	8.28	—	—	—	—
外贸集装箱(万标箱)	119.40	3.16	56.98	1.84	62.42	4.40

电子口岸业务办理现场　（来源：中国电子口岸数据中心福州分中心网站）

建设。

【口岸航线】　福州海港有37条外贸航线，其中远洋4条，分别为美西、非洲、西非2条；近洋5条，分别为日本、韩国、东南亚3条；中国台湾8条；中国香港8条；内支线12条。年内新增东南亚近洋航线1条。

福州空港国际航线有16条境外航线，其中：国际航线10条，地区航线6条；有境外通航城市14个，其中国际城市9个，分别为新加坡、吉隆坡、大阪、首尔、济州、曼谷、暹粒、雅加达和襄阳；地区城市5个，分别为香港、澳门、台北、高雄、台中。新增国际城市3个，分别为暹粒、雅加达和襄阳。

【口岸通关】　海关方面，全面推广通关作业无纸化改革，实现海关、企业全程无纸化通关作业，与出入境检验检疫局在江阴港区启动关检合作"一次申报、一次查验、一次放行"的试点。出入境检验检疫方面，对全省企业不分产品，出口全部实行直通放行。边防检查方面，推行"驻点执勤"模式及诚信服务，提供"一站式"服务，推出"一船一报"，创新"三位一体"勤务指挥体系。海事方面，对重点船舶实施抵港即靠、靠好即卸、卸好即离。福建电子口岸福州分中心(二期)，包括海关船舶网上报检系统(海关端)、机场物流监控系统、空港货站监控系统、国检电子闸口系统(二期)、船舶网上报检系统(检验检疫局端)(二期)通过最终验收，有31家船代、货代、码头、货站企业用户开通，并进行船舶业务数据申报。

（陈　勇）

海关监管

【概况】　2013年，福州海关监管进出口货物6185.1万吨，进出口总值276.8亿美元，进出境人员140.9万人次，进出境运输工具2万辆(架)次；征收关税和进口环节税127.52亿元；刑事立案40起，案值41308.56万元，偷逃税款6626.68万元；立案调查行政违法案件455起，案值约69138.98万元。

研究制定服务闽台经贸交流工作方案，帮扶台资企业转型升级。争取对台小额贸易口岸开放，福州连江黄岐码头和宁德霞浦三沙码头获批成为国家第二批试行更加开放管理措施的对台小额贸易口岸。

【支持平潭通关开放】　组织业务骨干50余人编写海关信息化系统业务需求方案，修订《平潭综合实验区海关监管方案》及7项附件，在卡口通道管理模式等12项方面有创新性成果。推动《海关对平潭综合实验区监管办法》出台，开展该办法的政策宣讲。指导平潭分线管理基础设施建设，推进"二线"通道卡口、环岛巡查、信息化平台三大基础项目建设，研究推动选择性征税、台车入闽、入区退税等工作。

【服务企业便利通关】　与厦门海关联合推出稳增长、调结构的10项措施，包括优化监管服务，助推海西对外开放综合通道建设；推进关检"三个一"试点，加快通关速度；支持构筑两岸交流平台；推进保税监管改革，引导加工贸易转型升级；让守法企业享受更便利的海关措施；推动电子口岸建设；加大政务公开力度；加强政策研究；打击走私和侵权行为；加强同厦门海关的联系。答复解决省口岸办转来的部分企业反映的7个方面12个问题，涉及服务标准化、落实预约加班制度、整合监管资源、简化审批手续、降低查验率、企业报关单打单费用等问题。参与福建省促进口岸通关便利化考评，平均通关时间缩至3.89小时。支持重大项目和重点企业，审批减免税货值8.44亿美元，减免税款6.47亿元，其中重点解决宸鸿科技公司封关前设备进口免税问题，项目涉及税款4.2亿元。发挥"12360"服务热线、政务微博、微信、门户网站作用，提供咨询投诉、通关协调等服务。

【服务福州经贸交流】　支持港区货物通关，跟踪福州保税港区(一期)整改事项进展情况，加快封关运作步伐。推动江阴港区汽车整车进口口岸通过国家验收，研究制定进境汽车监管操作规程。接受申报进口的汽车整车360部，总货值2020.13万美元，征收税款11696.8万元。

推动对台通邮业务发展，支持"平潭—台中"邮路开辟，规范全国唯一水陆路出口邮件总包交换站——马尾对台监管点工作，监管闽台往来邮件总包19831袋、328.2吨。完成与台湾海关、台湾关税协会两岸交流外事活动2场。

【通关监管】　审核报关单证524119份，比增2.4%。成为全国首个将无纸通关推广至关区全部业务现场的直属海关，审核办理无纸化报关单约32万份，占同期报关单总量的61.29%，超过总署目标11.29%。完成企业无纸化电子签约5.3万家，约占关区备案企业的97%。推动关检合作“一次申报，一次查验，一次放行”通关模式，在江阴口岸试点实施，年底将试点范围扩大至江阴口岸进口的所有法检货物。先后与合肥、海口、济南等3个直属海关签订区域通关合作备忘录，并将原有“属地申报、口岸验放”适用范围扩大至B类出口生产型企业进出口货物。办理跨关区“属地申报、口岸验放”通关模式下货值5.93亿美元，比增27.01%，征收税款6.21亿元，比增24.24%。

【税收征管】 完成税收总量127.52亿元，比增2.38%，位居全国第22位，其中实际入库121.3亿元，转出6.22亿元，分别比增1.27%和30.02%。加工贸易内销征税4.45亿元，海关特殊监管区域征税14.06亿元；通过审价、归类、稽查、核查、打私等渠道补税入库1.88亿元。制定价格预审、原产地管理等操作规程，完善关区重点审价目录，目录商品估价补税额超关区估价补税总额90%。税收征管、归类、估价正确率等考核指标分别位居全国第6、7、15位。减免税全年零差错。通过4次税收调研，实现税源回流6.85亿元。

【海关缉私】 以固体废物、毒品武器、涉税货物等为重点打私商品，以出口、旅检、海上、非设关地等为主要打私渠道，立案侦办走私犯罪案件40起，案值41308.56万元，偷逃税款6626.68万元，分别比增33.3%、349.5%、229.7%；立案调查行政违法案件455起，案值69138.98万元，缉私罚没及补税1306.03万元。先后破获“9·12”冻水产品走私案、“11·1”对台小额贸易渠道走私普通货物案、“11·9”海上偷运走私红木案、“12·4”走私珍贵动物制品案等案件。

【课题调研与信息工作】 撰写《平潭综合实验区与上海自贸区政策比较》上报省政府。参与制定《福建省跨境贸易电子商务工作实施方案》，推进平潭作为全国第二批跨境电子商务试点城市申报工作，获海关总署批准。编发进出口监测预警信息253期，被省委省政府采用50篇（条）次，获省领导批示1篇次；被主流新闻媒体刊发38篇次。

（戴志雄）

检验检疫

【概况】 2013年，福州出入境检验检疫局受理报检15.36万批，货值115.85亿美元，分别比增-18.76%和2.78%。检验检疫进出口货物12.99万批，货值102.30亿美元，比增-6.36%和16.61%，分别占福建局进出口检验检疫批次、货值的27.30%和25.12%，批次、货值均排名第2位，其中出口货物检验检疫9.60万批、货值30.73亿美元，比增-21.67%、-23.23%；进口货物检验检疫3.39万批、货值71.57亿美元，比增109.58%、50.04%。检出不合格1007批，货值29.07亿美元，同比分别增长23.41%和17.98%。

受“进口全申报”“新法检目录”“一促一减”等政策影响，检验检疫进出口货物总值呈现年初到年中快速增长，至年末逐渐回落的趋势，其中受“进口全申报”影响，进出口业务增长47.74%；受8月15日法检目录削减影响，进出口总值比增23.26%；受“一促一减”政策影响，进出口总值比增3.72%。

截获进境疫情652批、450种、6565种次，分别比增35.83%、15.38%、18.87%，其中检疫性有害生物23种、363种次，比增-4.17%、0.55%；非检疫性有害生物427种、6202种次，比增16.67%、20.15%。从进境台湾旅客携带的非洲凤仙中截获青巨栖蛞蝓，为全国口岸首次截获。

办结行政处罚案件50件，涉案金额691.77万美元，罚款39.93万元，其中办结伪造、变造检验检疫证书案件8件。

【口岸通关模式改革】 开展进口水产品集中查验，在马尾口岸开设进口水产品集中查验点，提供24小时驻点查验服务，将90%以上的进口箱载水产品纳入试点范围。进口水产品重量、货值比增20.58%、25.74%。对罗源湾进口铁矿石、煤炭等资源性产品实行“三个一”查验新模式，进口大宗散货重量、货值比增30.02%、25.09%。

落实通关便利化措施，为进出口企业节约通关时间约47万小时，节约费用约4982万元。主要包括：直接减免检验检疫费571万元；通关单无纸化放行出口货物7.2万批，可为企业节省通关时间约14.5万小时、节约费用约1458万元；出口货物直通放行2.7万批，为企业节省通关时间约5.4万小时，节约费用约544万元；绿色通道放行货物2.2万

福州海关服务助台湾哈雷机车亮相“5·18”海峡两岸经贸交易会

（福州海关 供）

批,为企业节省通关时间约4.4万小时,节约费用约448万元;无纸化报检批次2.5万批,为企业节约时间约5.1万小时,节约费用约126万元;快速通关模式放行8.9万批出口货物,可为企业节省通关时间约18.2万小时,节约费用约1835万元。开展出口货物木质包装、进口机电产品、进口矿产品检疫监管模式改革,以及进口水产品、进口废料和进口葡萄酒集中查验模式。为企业节约费用3000万元,整体通关效率提高约10%。

【出境货物检验检疫】 出境货物下降23.23%。检验检疫货物9.60万批、货值30.73亿美元,同比分别下降21.67%、23.23%,其中8月15日前分别增长2.08%、-0.16%,8月15日后分别下降58.67%、59.31%。

法检工业品 法检目录调整前工业品占出口量约占70%,调整后动植物及其产品占出口批次逾70%,货值约占50%。检出不合格出口货物126批、货值501.71万美元,批次不合格率0.13%,货值不合格率0.16%,不合格检出集中在轻工、机电、纺织、食品等产品。

动植物及其产品 检验检疫3.56万批、货值7.08亿美元,分别比增7.68%、7.98%,其中出口活鱼139批、637.25万美元,比增172.55%、51.63%;出口精炼鱼油850.91万美元,比增47.00%。出境植物及其产品第一大贸易国美国增长18.56%,第二大贸易国澳大利亚增长30.96%,出口新西兰产品增长68.37%。

食品及化妆品 检验检疫8709批、9.59万吨、货值6.31亿美元,分别比增-1.94%、5.24%和3.15%。主要出口市场日本、美国大幅下滑,同比分别下降10%和40%;出口越南食品4337.49万美元,增长275.67%。出口食用菌及蔬菜制品(含罐头)2.09亿美元,比增35.58%;出口水产品(不含烤鳗)1.52亿美元,比增15.59%;出口化妆品2819.32万美元,比增22.69%;出口烤鳗1.30亿美元,下降24.49%;茶叶4034.04万美元,下降31.08%。食品农产品前三大贸易伙伴美国、日本、欧盟,贸易额分别为3.42亿美元、3.04亿美元、2.26亿美元,分别比增0.60%、-8.84%、1.20%;出口东盟1.23亿美元,比增92.79%。出口食用菌及蔬菜制品(含罐头)比增35.58%;水产品(不含烤鳗)比增15.59%,化妆品比增22.69%;出口烤鳗下降24.49%,茶叶下降31.08%。

【进口货物检验检疫】 受"进口全申报"影响大幅增长。检验检疫货物3.39万批、货值71.57亿美元,分别比增109.58%、50.04%,其中法检货物1.90万批、56.32亿美元,分别比增17.32%和18.06%,非法检货物约占进口货物批次、货值的44%和21%。检出不合格881批、货值29.02亿美元,分别比增14.71%、17.83%,批次、货值不合格率分别为4.64%、51.53%,主要集中在铁矿砂、煤炭以及大豆等高货值产品。

法检工业品 检验1.25万批、货值39.99亿美元,分别比增14.01%、18.39%。矿产品占进口工业品的46.44%,进口铁矿砂18.51亿美元、煤炭6.63亿美元,分别比增32.43%、7.49%。进口机电产品9.56亿美元、钢铁及其制品1.41亿美元,分别比增24.19%、34.50%。进口废料检验20.84万吨、6768.85万美元,同比减少30.11%、45.48%。

动植物及其产品 检验检疫2137批、货值13.59亿美元,分别比增30.70%、16.26%,其中进口鱼粉12万吨、2.30亿美元,分别比增-8.15%、11.12%;进口油菜籽30.86万吨、1.98亿美元,分别比增55.22%、60.05%;进口大豆134.25万吨、7.87亿美元,分别比增3.41%、1.65%。

食品 检验检疫4575批、货值3.23亿美元,分别比增21.81%、17.4%,其中进口大米2.98万吨、1162.70万美元,比增119.20%、115.62%;进口水产品2.41亿美元,比增25.74%;进口冻鸡爪等471.95万美元,比增16.93%;进口酒类2021.74万美元,比增3.99%;进口食用油1.23万吨、1482.39万美元,减少56.83%、51.25%。

【进出境集装箱检验检疫】 受理进出境集装箱报检31.49万标箱,比增-6.56%;查验8.66万标箱,比增-8.24%,查验率27.51%;对21.37万标箱实施卫生除害处理,比增6.58%,卫生除害处理率67.88%。

受理进境集装箱报检20.53万标箱,比增0.66%,其中进境重箱9.67万标箱,比增7.91%,查验2.2万标箱,查验率22.69%;实施卫生除害处理9.65万标箱,卫生除害处理率99.76%。进境空箱10.85万标箱,比增-5.02%,查验1.07万标箱,查验率9.87%;实施卫生除害处理10.85万标箱,卫生除害处理率100%。进境重箱中截获植物性有害生物20批次39标箱,主要为白腹皮蠹、拟白腹皮蠹、弓背蚁、美洲大蠊、青霉菌、腐生线虫、交链孢、曲霉菌等,均作有效的检疫除害处理;截获蝇类63批次126标箱,均卫生杀灭;进境空箱检疫不合格的有275批次545标箱,主要是截获纸屑,玉米、小麦、木屑、黑腹果蝇,金色狗尾草、美洲大蠊、米象、烟草甲、蜘蛛、玉米、一点红等,均作除害处理。

受理出境集装箱报检10.96万标箱,比增-17.64%,其中重箱10.85万标箱,比增-17.84%,空箱1084标箱,比增8.84%。查验5.40万标箱,比增0.69%,查验率49.23%;实施卫生除害处理8695标箱,比增-1.45%。出境冷藏集装箱集中预检922批9464标箱,分别比增7.96%、8.67%;其他集装箱适载检验检疫1296批2362标箱,分别比增-34.51%、-35.20%。出境集装箱适载检验均合格;出境空箱130批1084标箱,分别比增22.64%、8.84%。

【卫生检疫】 出入境船舶及人员 检疫出入境船舶4990艘次,比增0.79%,其中出境2572艘次,入境2418艘次。检疫查验出入境人员102005人次,比增2.08%,其中出境51763人次、入境50242人次。检出发热及其他相关症状人员5例,筛查率4.90/10万,同比下降45.56%。确诊传染病0例。监测体检179人次,同比下降84.84%,全部为交通员工。在出入境人员健康体检中发现传染病1人次,检出率0.56%,该例为艾滋病病毒感染者1例,系交通员工。预防接种0人(针)次。

放射性监测 "两马"旅检口岸实施放射性监测18820次,发现2例放射性超标入境旅客。对货物、集装箱实施核生化有害因子监测,发现超标1起,予以退运处理。

医学媒介 截获医学媒介疫情并通报信息144条;医学媒介49998只,列全省分支机构第三。其中,入境交通工具上截获医学媒介31508只,比增74%。医学生物媒介携带病原体检测532项次。开展鼠疫F1抗体、鼠疫F1抗原、汉坦病毒、钩端螺旋体核酸检测,其中检出汉坦病毒阳性7份、钩端螺旋体阳性7份,其余检测结果均为阴性。

口岸卫生监督 对23家码头供水及外供食品单位实施卫生监督328次。签发卫生许可证储存场地类14份,食品生产经营类11份。开展船舶食品快检78批次,共检出4批次农残超标。码头供水监测18批次,均未发现异常。对23家储运场地卫生监督151次。

环境因素监测 开展湿度、相对湿度、风速、一氧化碳、二氧化碳、细菌总数、照度、噪声、可吸入颗粒物、甲醛等口岸内环境因素微小气候监测,按每3个月2次要求对两马客运站候船厅监测8次;入出境船舶监测15艘次,均合格。

【涉台检验检疫】 海上直航 检疫客轮751艘次,比增3.2%,货轮1336艘次,同比下降2.34%。其中,出境客轮375艘次,货轮704艘次;入境客轮376艘次,货轮632艘次。出入境人员47185人次,比增4.48%,发现病例0人次。检疫旅客携带物39043批,比增-4.79%,发现问题333批次,同比下降9.0%。

对台小额贸易 检疫对台小额贸易船舶1171艘次,比增8.83%,其中出境船舶585艘次,入境船舶586艘次。出入境货物2277批次,货值1580.08万美元,其中出境20批、55.79万美元,入境2257批、货值1524.30万美元。

【产地证业务】 签发各类原产地证书5.81万份,签证金额22.3亿美元,分别比增-3.7%和3%。其中,普惠制证书3.58万份,签证金额12.5亿美元,分别比增-8.8%和-3.8%;一般原产地证1.09万份,签证金额4.72亿美元,分别比增-5.1%和11.2%;区域性优惠原产地证书1.14万份,签证金额5.06亿美元,分别比增18.9%和15.8%,其中签发ECFA证书111份,签证金额238.6万美元。

(杨晓翔)

边防检查

【概况】 2013年,福州边防检查站检查出入境船舶3597艘次,人员9.23人次,"两马"航线客流量突破55万人次,服务"万人游马祖"旅客3000余人次,并开通"防高温绿色通道"。将常规检查和诚信服务相结合,简化通关程序,年吞吐量比增28.5%。推出"一船一报"、现场办公等举措,创新推出远程查验、团体旅客协作验放模式。被公安部边防管理局评为"提高边检服务水平先进集体",被公安部记集体三等功。连续第二年在福建省大通关满意度测评中位列68个口岸检验单位第一名。

【通行服务】 针对所辖口岸罗源湾港区企业多为大型国企、央企的情况,全面推行诚信服务,推出"航行船舶、口岸企业、船舶代理"3个等级评定办法,设定"诚信、守信、失信"3个标准,推行常规查验与诚信通行相结合,简化查验程序,节省通关时间。有16家代理公司86名人员通过备案,11家企业享受诚信通行、绿色通关服务,年吞吐量比增28.5%。

针对罗源湾船舶装卸周期长且码头泊位紧张的情况,推出"一船一报"举措,提高码头利用率。针对华东造船厂年修船量大,所需工人多、流动性大的实际,推行现场办证。制定出台《游艇服务管理工作规定》《远洋渔船管理规定》等制度,与4家游艇公司、11家远洋渔业公司、183艘远洋渔船建立服务约谈、责任管理制度,同时开展送法上门、送证上门等服务。

【出入境检查】 开通"防高温绿色通道",确保台湾进口农副产品运输船舶能及时靠港卸货。创新推出远程查验、团体旅客协作验放模式。全年"两马"航线客流量逾55万人次,服务"万人游马祖"旅客3000余人次,完成"5·18"海峡两岸经贸交易会代表团、韩国籍教学船舶出入境边检任务。

【警企联动】 新增"警企联动"办公室3个,培训边检协管员25人,建立"边检警官任企业指导员,企业保安任边检协管员"机制,完善"三联"勤务模式,优化"三员"队伍选聘、考核、评定等14项举措。"警企联动"机制在所辖港区全覆盖。

(钱聪海)

海防管理

【概况】 2013年,福州市沿海县(市)

4月12日,福州边检站优质服务马尾进香团 (陈川 摄)

区海防办机构改革全部完成,共查处各类海洋违法案件140起,结案129起,收缴罚没款8849多万元;市公安边防支队破获偷渡案件12起119人,接收边检部门移送案件17起56人,抓获各类涉嫌偷渡组织者、运送者9人;省公安边防总队海警第一支队出动舰艇364艘次,航程41540.1海里,航时4189小时58分钟,检查船舶、渔船民378艘1856人次;福州海事局组织救助各类海上险情81起,救助遇险船舶94艘、遇险人员949人,获救921人,救助成功率97.05%。年内,市公安边防支队使用"民警入户走访跟踪管理系统",并开发"民警业务绩效考评系统"。

【平安海域创建】 信息收集 市公安边防支队先后摸排异地船舶121艘,实现登记、建档率达100%;省公安边防总队海警第一支队通过走访涉海军地部门、船管站、渔业船舶组织、船舶制造维修及航运企业,实地踏查岛屿、码头、港澳口、渔村、台轮停泊点、油库及加油站,完成10个沿江、沿海县(市)区重点港湾澳口、重点船舶、重点渔船民及海上治安热点难点等方面基础信息收集工作,收集各类信息795条,并全部建立电子数据库;福州海事局全面开展辖区采运砂船舶的调查摸底,基本做到"底数清、数据明、措施实"。

专项治理 市公安边防支队共查处涉枪涉爆案件8起,缴获炸药1.75吨、雷管103根。查处涉毒案件311起,抓获各类违法人员413人,缴获各类毒品10700余克、罂粟1044株。妥善处置群体性事件17起,涉及群众1125人。省公安边防总队海警第一支队先后开展"雷霆治爆""眼镜蛇""打私联合行动""打假专项行动"及清理整治"三非"越南人和重点海域专项治安整治等行动。市海洋与渔业部门组织开展港口及海上执法检查950次,立案查处渔船违法案件142起,罚款75.86万元。

【海防基础建设】 完成海防执勤道路、视频监控站等项目建设。完成2005—2011年度海防执勤道路项目验收材料、2014年度福州市海防项目建设计划以及"十三五"海防基础设施建设规划的上报工作。

【军警民联防】 在支队设立福州市海上联勤执法指挥部,支队与福州、福鼎市海洋与渔业局、浙江省海警一支队建立联勤机制,9次开展联合执法行动,检查各类船舶35艘次,查处非法采砂船26艘次,调处矛盾纠纷2起;市公安边防支队走访群众46万户次,52万人次,收集群众意见建议1100余条。开展"安全防范宣传进村居、进校园、进企业、进港区、进农家"活动,制作下发安全宣传海报2000余张、宣传单5000余份。

(高晓燕 王 鸿)

打击走私

【概况】 2013年,福州市涉及走私的刑事立案37起,涉案案值33919.56万元,涉案偷逃税款5956.68万元。行政违规立案931起,涉案案值69563.46万余元,其中:查获无合法、齐全手续成品油3348.56吨,案值2445.13万元。查获主要物品有:成品油、电子产品、卷烟(烟丝及其制品)、毒品、濒危动植物及其制品、枪械配件、食品、非法出版物等。

【打击走私专项行动】 1月28日—2月28日,市打击走私综合治理领导小组组织海关、公安(边防)、工商、出入境检验检疫、商贸、国税、海事、烟草、石化、渔政、交通等部门,开展为期1个月的打击走私专项行动。重点打击成品油、香烟、冻品、洋酒、毒品、电子产品、非法出版物、反动宣传品、淫秽物品、濒危动植物制品和固体废料等。

7月—12月31日,组织海关、公安(边防)、海警、工商、出入境检验检疫、烟草、海洋渔政、海事、经贸、国税、食品药品监管、质检等部门开展打击走私联合行动,出台《福州市打击走私联合行动方案》。重点打击"洋垃圾"走私、涉税商品走私、毒品走私、武器弹药走私、濒危野生动植物走私、骗取出口退税违法犯罪活动、违法携带货币进出境行为、治理沿海偷运走私、治理流通领域走私货物交易行为为9个方面的走贩私行为。9月26日,市打私办组织主要缉私职能部门分管领导召开"打击走私联合行动工作推进会"。

【缉私成果】 马尾海关缉私分局行政违规立案208起,涉案案值57866.16万元,罚没入库74.72万元,补税额23.16万元。福清海关缉私分局行政违规立案97起,涉案案值4901.95万元,罚没入库129.3万元,补税额253.32万元。省海警一支队查获无合法、齐全手续成品油案件9起,1218.36吨,涉案案值945.13万元。与市边防支队联合查获涉嫌走私案件1起,查扣涉案集装箱车6辆、货柜6个。

市公安边防支队查获走私案件57起,涉案案值1500万元。其中,查获无合法、齐全手续成品油50起2130.2吨;涉烟案件5起,查扣卷烟102.12件、非法烟丝约3吨、外国伪假注册卷烟商标40箱;塑胶制品6.19吨、走私进口货物6箱柜(与省海警一支队联合办案)。捣毁卷烟加工点1处、香烟储存窝点1处,查扣涉案车辆47部、船舶15艘、地下油罐36个。

福州出入境检验检疫局检验检疫进口冷冻水产品2694批次、24万吨,货值20469万美元,检出不合格产品88批次、0.52万吨,货值405万美元;检验检疫进口废物原料1144批次、18万吨,货值5968万美元,检出不合格168批次、1.7万吨,货值911万美元;查获进境旅客禁止携带物281批(主要为肉类、蛋及其制品、水生动物产品、新鲜水果、种子等),退回38批,销毁处理243批。

福州海关驻邮局办事处查获涉毒品案38起,其中冰毒案17起4914.66克,氯胺酮案7起10504克,麻黄碱案14起20341.7克;濒危物品及制品案39起,主要为沉香木及制品55件22467克,象牙及制品212件24510克,红珊瑚及制品50件5011克,濒危鹿角14个2862克,玳瑁2件11960克,琥珀7件770克;查获武器弹药及配件案件13起,其中管制器具案2起,查获疑似弩身1支、弩配件21件;枪支配件案11起,查获疑似枪把1个、疑似仿真枪2把、弹匣24个、瞄准器5个、枪支零配件42个、疑似左轮手枪1把、疑似枪管5支、枪托1支;查获各类违禁印刷品、音像制品968件。

福州海关驻长乐国际机场办事处查获各类案件180起，其中移送缉私部门126起，移送检验检疫部门54起，主要物品有象牙制品36607克、沉香木及制品35958克、红珊瑚及制品7870克、小叶紫檀6000克、羚羊角270克、犀牛角17200克、眼镜蛇干3300克、玳瑁制品100克、日币4467万元、美金59.5万元、港币312.3万元、人民币43万元、黄金制品2326克、氯胺酮6635克。

市工商局查处涉嫌走私案件141起，涉案案值94.46万元，罚没额93.76万元。市烟草专卖局查办非法进出口卷烟案件294起，查获卷烟16032.55条，涉案金额140.33万元。

【反走私综合治理】　市委、市政府主要领导与沿海县(市)主要党政领导签订反走私综治领导责任状(以社会管理综合治理责任状形式体现)。12月中上旬，市打私办开展反走私责任制落实情况的迎接检查和自查工作，从"领导重视、机构健全、经费保障、落实责任、调研部署、综合治理、履行职能、案件查处、工作效果"9方面进行考评，并将考评结果分别上报省打私办和市政府。7月25日，召开"福州市2013年打击走私综合治理工作会议"。

(陈明亮)

(编辑　吴　燕)

福州经济技术开发区

【概况】 2013年,福州经济技术开发区完成生产总值382.90亿元,比增13.8%;工业总产值948.47亿元,比增14.8%,其中规模以上工业产值939.99亿元,比增14.8%;地方财政收入27.95亿元,比增32.5%;完成固定资产投资145.54亿元,比增50.4%。

【基础设施建设】 琅岐闽江大桥正式通车。琅岐环岛路全线动工,一期完工。启动琅岐围海造地项目。新建快洲路、经五路等12条市政道路,建成江滨路2座人行天桥。动工建设马尾大桥北互通工程、闽江防洪工程福州段(一期)、迷云山塘工程,完成琅岐千乙贰抢险、琅岐亭江农村安全饮水等工程。完成青洲污水处理厂生化技改工程、快安污水处理厂2.5万吨改扩建工程,全区污水处理率达83.6%。新建雨污管道40.2公里。新建、改造5座生活垃圾转运站。白眉水库成为琅岐主要供水水源,全区饮用水水质达标率100%。空气质量优良率98.9%。建成东江滨公园、魁岐生态休闲公园。

【招商引资】 对接"三维项目"36项,总投资116.5亿元,中建海峡、大德总部等10个项目落地。引进台资项目11个,投资1.4亿美元。对台货运量28万标箱,对台小额贸易量3713吨,比增96%。

【重点项目建设】 完成投资133.5亿元。科立视触控面板一期试产,中国普天项目落地,开发区被认定为省物联网示范区,完成物联网国家新型工业化产业示范基地申报,物联网相关企业实现产值270亿元。开发区获"全国科技进步先进区"称号,全区企业参与制(修)订各级标准81项。百事达等5家总部大楼竣工,世创国隆、金澜大厦等6家总部项目加快建设,中建海峡等5家企业获福州市总部企业认定。17家上市企业实现产值180亿元,比增6.9%,8家境内上市公司市值逾500亿元。三奥科技、昇兴集团通过股票发行审核委员会审核。中国—东盟海产品交易所落户马尾,名成水产2000吨专用码头投入使用。

(王公略)

融侨经济技术开发区

【概况】 2013年,融侨开发区实现规模以上工业总产值714亿元,比增4%;完成固定资产投资114亿元,比增36.64%。实现进出口总额(海关口径)50.56亿美元,其中出口(海关口径)36.9亿美元;实际利用外资9382万美元;财税收入17.12亿元。

【基础设施建设】 启动福前路南段道路及桥梁建设,工程合同造价约545万元,完成主车道及桥梁施工。推进南部片区水、电规划建设,完成南部片区金印关溪河段改造工程,推进冠辉段关溪改造工程施工,高二支渠关溪东岭改造工程完成工程招投标。

【主要企业产品及产值】 福建捷联电子有限公司主要产品为:液晶显示器(LCD MONITOR)、液晶电视(LCD TV)和电脑一体机(AIO)。实现工业产值198亿元。福耀集团主要产品为:专业生产汽车安全玻璃和工业技术玻璃,实现工业产值43亿元。捷星显示科技(福建)有限公司主要产品为:TFT-LCD平板显示屏、显示屏材料,液晶显示屏、液晶显示器、液晶监视器、液晶电视、电脑显示器一体机、电脑电视一体机等显示产品及其部件,实现工业产值66.9亿元。

【招商引资】 引进新项目10项,总投资31亿元。主要有友和胶粘的耐高温电气特种胶带、融工光学的PMMA光学级亚克力光板、天瞳光学的光学镜片以及冠捷集团的平板显示触控项目等,其中冠捷集团的平板触控项目年底试投产,达产后年产各类触控屏1000万片,产值6.5亿美元;同时,跟踪洽谈中小尺寸液晶面板生产线、裕元传动数控机床、新成和光学以及TFT-LCD偏光片等一批项目。

【重点项目建设】 项目30个,总投资49.6亿元,年度计划投资9.3亿元,完成投资16.0559亿,天瞳光学、诺希新材料、融工光学(1号厂房)、融工海洋、南少林药业技改、乾丰纺织技改、宏宇电子、安德佳技改、盛辉物流9个项目年内投产或试产。

【自主创新】 成立科技孵化器,引进福州大学福清研究院,设立海洋生物工程、生物质能源工程和平板显示技术3大研发中心;深化诺希靶材与清华大学、捷联电子与福州大学、宏宇电子与江南大学、武汉纺织学院等校企合作关系,组织15家企业19个科技成果项目、5个技术需求参加"6·18"海峡项目成果交易会科技成果对接;组织捷星等企业申报福清市科技计划项目11项;新金星被认定为福建省著名商标,新金星、星泰安、帝业、吉福粮油被认定为福州市知名商标,福融辉被认定为高新技术企业。

(陈玲颖)

福州高新技术产业开发区

【概况】 2013年,福州高新区理顺县区托管新体制运行,强化"三维"项目对接,加快海西高新技术产业园、生物医药和机电产业园的开发建设,整合提升南屿新城。完成工业总产值700亿元、总收入683亿元、利润35亿元、出口40亿美元、纳税21亿元,分别比增11.1%、12%、7.9%、5.8%、8.8%。固定资产投资方面,海西园完成28.5亿元,两园完成24.2亿元。

【基础设施建设】 科技东路、创业路、科技一路等11条道路建成或部分建成,实现通车里程约13公里,4条公交线路直通园区;建设一期安置房,总面积约68.8万平方米,其中10万平方米实现入住,23万平方米实现封顶;建平变电站扩容工程立项报批,南屿变电站竣工投入使用;园区餐饮、健身、会议等配套设施建成投入使用,并通过社会化购买服务方式聘请甲级物业进行保安、保洁、绿化管理。12月5日,海西园1号地块约17.33公顷由中海地产集团有限公司竞得,该地块将用于完善人才公寓、星级酒店、商业等配套设施。

【招商引资】 引进神骑航空、华扬盛鼎、庄民实业等购地自建项目8个,促成北京迪生、万润新能源、中科农业等5个孵化培育项目落地,总投资20亿元。至年底,高新区有入驻企业96家,总投资289.25亿元,其中海西园签约64家企业,总投资136.54亿元;两园签约32家企业,总投资152.71亿元。

【产业项目建设】 星网锐捷一期、奔驰研发中心、永福设计、中青科研、山亚科技、博思软件等购地自建项目建成投产,中星微、四创软件、力普环保、光速达、思迈特、迈新生物等创新园、创业大厦等17个项目完成装修入驻,清华紫光科技园、福耀模具等重大项目完成土地招拍挂手续。

【重点入驻项目】 清华启迪项目 启迪控股成立于2000年,其前身是清华科技园发展中心,旗下直接投资及控参股企业200多家,管理总资产逾300亿元。该公司拟投资170亿元,在福州高新区海西园、生物医药机电园和仓山科技园合作开发建设福州清华启迪科技园(以下简称"清华科技园"),建设包括科技产业园区、精品住宅区、文化创意及商业服务区等3个主要功能区域的清华科技园项目。预计项目建成后第5年起,科技产业园年总产值达100亿元以上,年税收不低于7亿元,在园区内打造不少于10个科技公共服务平台、25个技术转移中心、10个院士工作站、30个博士后工作站等创新平台载体。

国家LED国际创新园项目 福建鸿博集团是福建省LED龙头企业之一。该公司拟选址福州高新区建设的"福州国家半导体照明国际创新园",该园被认定为国家国际科技合作基地(国际创新园),并于11月30日正式授牌。该项目为年内国家半导体照明行业唯一一个国际创新园,计划用地约33.33公顷,引进海外高层次人才30人;承担至少5项国家重大科技攻关和专项;引入或建立至少2个国家级的联合创新重点实验室或工程技术中心;引进或重点建设10家以上具有国际或国内技术领先水平的独立研发中心;建成投产后可形成100亿元的产业规模。

【创新体制】 1月7日,福州高新区正式按新体制运行并举行挂牌仪式,市领导杨益民、骆安生、徐铁骏出席并揭牌,根据新"三定"方案,福州高新区执行"小政府、大社会、小机构、大服务"的管理模式。3月15日,福州高新区和闽侯县签订县区托管协议,由闽侯县委托福州高新区代管南屿镇及上街镇建平、厚庭、新洲、马排、马保5个村经济社会各项事务。7月1日,福州高新区举行县区托管交接仪式,市长杨益民出席并讲话,相关镇村事务正式全面托管移交。10月1日,福州高新区机关办公场所正式搬迁至闽侯县上街镇福州高新区海西园内。

(黄 闽)

福州保税港区

【概况】 2013年,福州保税(港)区引进项目200个,注册资本折合1.72亿美元,进出口贸易额56.9亿美元,财政收入2.92亿元。江阴港1~5号泊位集装箱吞吐量80.8万标箱,其中外贸完成49.6万标箱,内贸完成31.2万标箱。1月7日,福州保税港江阴汽车整车进口口岸通过国家验收,正式对外运营。

【汽车整车进口口岸】 省政府明确福州保税港江阴汽车整车进口口岸工作由福州保税港区管委会负责。完成1.1万平方米保税港国际汽车展厅装修,开展汽车展示业务。通关速度提速至4~6天。注册汽车经销企业5家。江阴汽车口岸累计报关进口车辆363辆。

【进口食品交易市场】 以海峡经贸广场为载体,组建市场运营平台公司,建设进口酒类及预包装食品检测试验室,推进交易市场建设与招商工作。全区注册进口食品类企业32家,优传、酩豪、酩悦、凯撒等6家酒类企业入驻交易市场,签订入驻展厅意向企业12家,使用交易市场展厅面积逾2000平方米,进口食品种类从葡萄酒扩展至食用油、调味品等,销售额3391万元,其中进口酒销量61.5万瓶,交易额逾3000万元。

【五大战役项目】 福州保税物流园区、宏捷国际供应链、鑫原达冷链物流、华沛研发中心4个项目被列入福州市“五大战役”建设项目,年计划总投资7500万元,实际完成投资10066万元,完成计划数134.2%。

【跨境电子商务零售出口试点】 11月,省商务厅和福州海关将园区定为福建省跨境贸易电子商务零售出口试点。省商务厅牵头,园区和福州海关、省电商中心等单位联合成立专门工作小组,选定保税港区直属国有企业福建保通物流有限公司为主体,投资组建跨境电商平台申报和建设主体,委托北京东方物通公司编制申报福州保税港区跨境电子商务零售进出口试点工作规划方案和系统设计,推进跨境电子商务零售出口监管设施和公共信息服务平台建设,加大电商及关联企业招商。

【国际卫生港创建】 年初启动创卫工作,完成专家预评估、省级预评估、“创卫”技术小组设立和创建资金测算等工作。5月,会同福清出入境检验检疫局保税港区办事处、江阴国际集装箱码头有限公司、福州新港国际集装箱码头有限公司等单位,以230项国际卫生海港创建标准为模板,分解港口常规能力、突发公共卫生事件应对能力、创建组织和宣传工作等任务目标。

【投资环境建设】 引进并组建由福州保税港汽车城有限公司、上海元初物流公司、福建八方物流公司和台湾京扬物流公司联合成立的福州港太元行汽车服务有限公司,可为汽车口岸提供进口汽车仓储管理、报关、整备交车、零组件及运输配送物流等营运服务。引进福州招商银行和太平保险公司,为口岸提供金融保险服务。与市交巡警支队及市国税局对接,拟在区内设立车辆上牌一站式服务窗口和车辆购置税办税窗口。建立周例会协调机制,召集保税港区海关、国检、税务、工商等职能单位和汽车经营企业召开座谈会或现场办公会。

(黎发明)

元洪投资区

【概况】 2013年,元洪投资区完成规模以上工业总产值124.2亿元,比增16.43%;固定资产投资33.66亿元,比增33.83%;合同外资完成4520万美元;实际利用外资3380万美元,比增1686.47%;内资实际到资5.3亿元;税收收入完成1.59亿元,比增7.88%。

【基础设施建设】 总投资4亿元。东部BT路网工程完成元城五路、洪嘉大道(部分)沥青路面,以及元城次四路、元城次五路的泥结路面铺设。元城四路填方在建。西部BT工程进行招投标工作,包括洪新大道、元海三路和污水管网A标段,总造价近7500万元。日处理能力1万吨的元洪污水处理厂一期建成投产,同时推进二期建设。日供水能力3万吨的元洪第二水厂建成,总投资4457万元。日供水能力5万吨的原水供应管道工程基本建成,总长13.8公里。

【招商引资】 在建在批项目51个,总投资150亿元,其中在建项目16个,总投资34亿元,全面达产后年产值可达256亿元;回归创业园有在产在建在批项目29个,用地20.162公顷,总投资131.88亿元,其中在产项目8个,在建项目10个,实施报批11个。

【重点项目建设】 建设项目5个,其中,经纬新纤科技有限公司10月投产;宏港纺织10条生产线于5月和12月先后投产。鸿生建材企业厂房主体建设、源华能源三期基础工程完成,宇邦纺织项目用地填方基本完成。

【重点企业】 宇邦纺织——项目总投资13亿元,注册资金2.8亿元,项目一期用地12.79公顷,正在进行填方工程。二期用地约13.87公顷在批。该公司主要从事生产加弹化纤及高档纺织品的研发、生产、印染后整理加工,生产规模为年产各种织物布料5.6万吨和印染后整理6万吨的加工能力,预计达产产值20亿元,可上缴税收1亿元。

(赖庆明)

青口投资区

【概况】 2013年,青口投资区完成工业总产值346亿元、比增9.2%,其中规模以上工业产值329.6亿元、比增9.1%。东南汽车产量119557辆、比增11.7%,产值79.5亿元、比增1.7%。奔驰汽车产量13089辆、比增9.0%,产值54.4亿元、比增13.6%。完成税收23.3亿元、比增12.5%。完成固定资产投资68亿元。实现外资实际到资1672万美元。完成内资实际到资23.4亿元、比增51.7%。全年汽车4S店销售汽车13062辆、销售金额19.92亿元,二手车交易58654辆。

【基础设施】 林森大道项目动工建设,该大道延伸段(奔驰大道至324国道路段)委托市规划设计院设计。新区污水处理厂工程建成,并进行干管工程招标及施工。五期防洪堤工程完成项目可行性研究报告,获水利厅审查批复,水保方案通过审查,并进行环评、移民安置规划编制及用地、规划、林地审批。螺洲大桥及南接线工程实现通车,同时推进辅洞工程建设。324国道绿化景观工程两侧绿化乔木、灌木及地被、雨水管、人行道全部完成。完成义溪桥修复、3号桥、澄山路、6米排洪渠、辅翼至奔驰大道自来水管工程、东台支线河道、324国道路灯等基础设施项目建设。

【招商引资】 新批内资项目30家,总投资28亿元;新批外资15家,总投资1.5亿美元,实际到资1672万美元。获批项目主要有:福建联众科技有限公司(总投资1亿元)、福州海芳塑胶制品有限公司(总投资9000万元)、福建华奥汽车有限公司(总投资1.2亿元)、福州榕通汽车销售服务有限公司(总投资8000万元)、福州远翔斯巴鲁汽车销售服务有限公司(总投资3000万元)、福州巴博斯汽车销售有限公司(总投资5000万元)、福建省嘉成生物科技有限公司(总投资2亿元)、福州嘉驰汽车配件有限公司(总投资1亿元)、福建金飞鱼柴油机有限公司(总投资1.8亿元)、福建鑫荣兆科技有限公司(总投资1.6亿元)、福建绅威游艇有限公司(总投资1.4亿元)等45个项目。

【项目建设】 获批农转用8项、用地面积66.93公顷,正在报批5项、用地面积12.78公顷。基础及主体在建项目26项、拟建总建筑面积484320.7平方米,重点推进祥鑫铝业、海峡工程机械、圆通物流、蓝海物流六和机械(三期)等项目建设。

(青口投资区)

福州软件园

【概况】 2013年,福州软件园完成技工贸总收入300亿元,比增20%,税收7.8亿元,比增23%。入驻企业450家,其中上市企业4家(福晶科技、三元达、榕基软件、富春通信),另有11家上市公司设立分支机构,产值超亿元的31家,超2000万元的41家,全国软件收入百强企业2家,国家重点软件企业8家,集聚各类技术人才2.7万人。获"海峡国家数字出版产业基地""国家广告创意产业示范园""国家文化和科技融合示范基地"称号。

【重点项目建设】 软件园F区(总部及研发大楼,总建筑面积38.5万平方米)竣工1幢,封顶7幢;占地8.27公顷的大腹山生态公园建成启用。邀请新加坡邦城设计公司进行园区1~4期规划提升方案设计,概念性规划通过专家评审;1期规划提升详规设计进入评审阶段。

【招商引资】 引进企业79家。推进海峡软件新城的招商对接和落地工作。神画时代、易联众等12家企业签约G区(动漫二期),5家企业入驻,正常运营;F区(总部与研发大楼)与企业在谈。"5·18"海峡两岸经贸交易会期间签约项目6个,总投资8.1亿元,组织园区企业50名高管参加"5·18"海峡两岸经贸交易会服务外包高峰论坛等活动。"6·18"海峡项目成果交易会对接项目22项,总投资2.22亿元。

【文创产业】 天之谷公司《小小天空》获杭州国际动漫节"美猴奖"、《土豆侠》获中国原创手机动漫游戏大赛"手机动画金奖";天狼星动漫公司《手机小子》获文化部"国家动漫品牌建设和保护计划"扶持;金豹动画公司"囧囧"连续3年入围央视动漫春晚。福建嘉泰文化《幼童留洋记》获第九届中国(杭州)国际动漫节"金猴奖"的"最具潜力动画系列片奖"。全年完成28872分钟原创产量,居全国第3位;7月,联合省广电局等主管部门,邀请国内专家在全省电视动画创作培训班授课;兑现动漫扶持资金1700万元。

【技术与产业服务】 为60多家小微企业提供服务器托管等网络技术服务,依托TPARK平台,提供无线上网服务。联合共建实验室,分别与中国电信联合运营动漫渲染一期服务平台,与光通共建"云存储"公共服务平台,与金桥通信共建移动互联网信息技术联合实验室,与盈通公司联合共建人才培训实验室等;推动"智慧园区"试点,依托新产品体验中心等平台,推动产业链上下游资源共享,开展智能车闸、智能快递终端等试点。

【人才服务】 筛选推荐3名高端人才参加中央"千人计划"答辩,其中1人入选中央"千人计划"专家。引进1名中央"千人计划"专家;1个创业团队入选第三批国务院侨办重点华侨华人创业团队;博士后科研工作站网龙公司分站与福州大学联合招收博士后科研人员1人,从事歌唱声音转换及合成技术专业方向研究;举办第三届海峡两岸信息服务创新大赛暨福建省第七届计算机软件设计大赛,215支队伍入围决赛并在现场展示作品,约2万人到现场观赛;联合省信息化局、市科技局等单位,举办各类政策培训和沙龙论坛6期,约300家(次)企业参加培训,携手北京大学等开设EMBA培训课程,累计培训180多人次;成功举办2场招聘会,220多家企业参加,面向社会提供就业岗位2000多个。

(李小军)

滨海工业集中区

【概况】 2013年,滨海工业集中区完成规模以上工业总产值710.67亿元,比增24.01%;上缴"两税"约5.32亿元,比增20.96%;固定资产投资完成92.30亿元,比增28.17%;外资实际到资3366万美元,比增842.86%;内资实际到资28.81亿元,比增78.81%。

【基础设施建设】 动建滨海二期路网工程,完成滨海中心街改造、松下粮食物流基地区间道路支路二建设与支路一施工监理招投标;开展湖文路、两港路改造拓宽工程等项目服务协调工作。鑫海码头18号、19号泊位在建,完成松下码头12号、13号泊位前期工作,开展松下码头4号泊位、鑫海码头16号和17号泊位前期工作。进行滨海污水厂一期技改及二期扩建工程前期工作,完善企业污水支管,确保污水收集处理并达标排放。完成滨海广场(滨海外来工活动中心)前期工作,推进滨海集贸市场建设。

【招商引资】 "5·18"海峡两岸经贸交易汇期间签约内资项目8项,总投资146.10亿元;签约外资项目3项,总投资2.02亿美元,利用外资7500.00万美元。"6·18"海峡项目成果交易会对接项目19项,总投资38.90亿元;民企对接产业项目13项,总投资222.44亿元。"7·13"珠三角民营企业产业项目洽谈会签约项目6项,总投资额171亿元。"9·8"厦门投资贸易洽谈会签约项目7项,外资项目5项,总投资3.5亿美元,比增26.4%;利用外资1.60亿美元,比增73.4%;民企项目2项,总投资29亿元。

【项目建设】 安排"五大战役"项目46个,总投资372亿元,年度计划投资53.52亿元,实际完成投资55.92亿元。其中,工业区战役3项,完成投资10.89

亿元;重大产业项目战役32项,完成投资42.25亿元;基础设施项目建设战役5项,完成投资1.61亿元;城市建设战役5项,完成投资0.52亿元;民生工程战役1项,完成投资0.66亿元。

推进省、市重点项目建设,恒申合纤一期年产6万吨锦纶纺丝及年产2万吨氨纶项目竣工投产,动建二期日产400吨聚酰胺及年产12万吨锦纶纤维项目,锦纶纺丝部分投产;完成力恒长丝四期项目主体工程,部分投产;山力化纤熔体直纺项目一期聚合楼、短纤楼、打包楼及后纺车间封顶;完成海西高科技企业港项目智慧中心结构施工。

(江　航)

罗源码头　　　　(罗源县政府办　供)

罗源湾经济开发区

【概况】　至2013年年底,罗源湾经济开发区累计批准投资项目115个,落地投产企业82家,合同投资总额逾479.3亿元,在宝钢德胜、时代包装、华东造船、华能集团等一批龙头企业的带动下,形成冶金建材、船舶修造、轻工食品、机械制造、港口物流等产业集群。完成工业总产值303.62亿元,比增7%,其中规模以上工业产值302.8亿元,比增7%;地方级财政收入7.5亿元,比增102%;完成固定资产投资87.53亿元,比增27.22%。

【基础设施建设】　防洪排涝工程　金港防洪排涝工程,完成投资0.405亿元,亿鑫排涝闸站和土港排洪渠工程基本完成,白水排洪渠工程完成施工图设计和图审工作,可湖两岸防洪堤、JB截洪沟、排水渠及管道工程的左岸防洪堤挡墙(690米)全线完成,截洪沟完成1400米,右岸防洪堤完成300米基础施工,同时亿鑫公司要求停建右岸工程。大小获片区防洪排涝工程,完成规划修编可行性研究等工作;松山片区鹤屿泵站水闸及滞洪区工程,完成可研水保方案编制,并报县水利局委托环评。

道路建设工程　岐鹤南路完成施工图设计,由台商投资区组织实施。站前路完成审批手续和基础勘探,并进行施工方案设计。

污水管网建设工程　金港工业区污水排海工程编制可行性研究报告并完成组织勘察、设计招标。罗源湾新城一期(铝产业园)污水管网一期工程在建,滨海新城污水管网基本完成。

【招商引资】　新引进项目6项:年产5万吨环保型涂料生产基地、宝翔物流、苏冶机械设备、华润燃气、福亮钢化项目和BOPP第6条生产线,累计合同投资总额约4.3亿元。储备项目有智能开关柜项目、富雪岛制冷设备项目、珠海中润综合体项目3个。

【重点项目建设】　"五大战役"项目13个,计划总投资73.29亿元,完成投资87.53亿元。其中,6个项目完成或超额完成年度投资计划:弘景木塑复合材料制品、三金钢铁冶铁炼废渣、亿鑫钢铁富余煤气—蒸气联合循环发电、福建空分气体二期、三金二号桥和开发区松岐中路;5个项目动工建设:宝钢德盛二期镍合金、海峡西岸软包装科技园三期、恒久专用车生产二期项目、汽车新能源固态氢项目和罗源湾开发区金港工业区防洪排涝工程。

【罗源湾滨海新城】　计划投资56亿元,完成投资75.79亿元,其中住宅销售1.75万套,交房9619套;商业店面销售1000套,开业280家,世纪金源五星级酒店开业,45万平方米的购物中心和4栋主体28层的写字楼正在招商,永辉超市等部分商家开业,滨海商业街和十字商业街完成约60%;九年制滨海学校建成招生,与福州三中联合办学,福州三中新校区建设进入1~6层结构。完成滨海路古街A~D区路段及1~6区主干道建设7.78公里,完成滨海城1号桥建设,水幕电影项目完成设备安装调试并投入使用,游艇码头、海洋公园、如意公园等项目在建。

(罗源湾开发区管委会)

福兴经济开发区

【概况】　2013年,福兴经济开发区完成规模以上工业产值162亿元,新批合同外资26万美元,实际利用外资3420万美元,比增7.1%,自营出口(海关口径)8.8亿美元。

【基础设施建设】　完成福兴大道、福新东路和河滨路改造工程,完成湖塘路、后屿路、红光路和双福路4条次干道亮灯工程,并报请列入市政建设盘子改造建设;办理福光路改造建设审批手续;配合完成磨洋河沿岸征迁交地任务;推进驳岸修建、截污、沿线景观整治等工程施工。

【项目建设】　首批企业自建总部大楼项目建设进展顺利,其中中辉大厦总部项目竣工交付使用，占地0.33公顷，总高16层，建筑面积1.39万平方米；盛丰总部项目进入内部装修，占地0.82公顷，总高26层，建筑面积3.4万平方米；盛辉总部项目完成25层施工，占地1.65公顷，总高32层，建筑面积7.9万平方米；福晟总部项目进入桩基施工，占地0.91公顷，建筑面积4.22万平方米。

【园区改造】 对钢材市场及周边企业状况、土地性质、现有土地厂房用途等情况进行全面调查摸底，协调市直有关部门启动总部核心区及中央商务区建设，占地约40.93公顷。推进园区内协特莱照明、钜全汽配、福华纺织、日光照明等台资企业改造提升工作。

12家企业完成搬迁或关停并转工作，德通容器、茶花家居、昆胜塑胶等企业完成生产车间外迁工作，鑫宏模具、荣葆鞋业等企业实施关停。

（潘鸿杰）

连江经济开发区

【概况】 2013年，连江开发区完成税收2.158亿元，其中国税1.52亿元、地税0.638亿元；完成规模工业产值230亿元；完成固定资产投资44.28亿元，占年度计划44.2亿元的100.18%；新批合同外资3520万美元，占年度计划3500万美元的100%；实际利用外资2180万美元，占年度计划2000万美元的109%；内资到资9.4034亿元，占年度计划9.37亿元的100.36%；完成进出口额2.3264亿美元，其中出口总额2.0088亿美元，进口总额3176万美元。

工业用地总面积约1426.7公顷，其中敖江园区333.33公顷、琯头园区200公顷、江南园区20公顷、东湖园区333.33公顷、东浦工业集中区240公顷、琯头粗芦岛船舶修造基地300公顷。

【基础设施建设】 项目9个，总投资3.65亿元，完成投资1.2亿元，粗芦岛环岛公路在建，防洪排涝工程后一片区临时排洪渠及粗芦岛供水工程建成并投入使用、山岗片区一期D、E地块平整工程完成总工程量的72%；粗芦岛水闸工程正在招投标；推进长龙引水工程、山岗220千伏变电站、山岗规划二、三路等项目前期报批工作。东湖园区通园大道、公租房建成投入使用；粗芦岛马尾船政工业园区8项基础设施配套工程全面启动。全区供水、供电、供气扩容工程进行前期规划。

【招商引资】 签约海西国际农产品现代物流园、普洛斯（连江）物流园、顺发机电、科辉机械、锦添农业开发、速冻食品制造、华润水泥搅拌站7个项目，总用地119公顷，投资总额37.8亿元。其中包括福建正祥投资集团有限公司投资30亿元的海西国际农产品现代物流园项目、普洛斯投资管理（中国）有限公司投资7100万美元的普洛斯（连江）物流园项目、福州市光辉食品有限公司投资1亿元的速冻食品制造项目。

【重点项目建设】 省市县重点项目26个，其中在建项目10个、计划新开工项目8个、前期预备项目8个，总投资55.22亿元，年度计划投资12.17亿元。至年底，完成投资17.56亿元，占年计划投资的144.3%，超序时进度44个百分点，其中茶花塑料、劳安设备、吉百年食品、德通金属、锦程高科、福泰技改等12个项目投产或试投产。

（杨　贵）

金山投资区

【概况】 2013年，金山投资区实现规模工业总产值约265亿元，实现税收约8亿元，完成工业固定资产投资10.2亿元，完成社会消费品零售额10.3亿元。园区有企业1300余家，规模以上企业155家，“国家级企业技术中心”企业2家（星网锐捷、福大自动化），“省级企业技术中心”企业6家。

【基础设施建设】 投入91.6万元，对破损水、电供应管网、瞎眼路灯进行全面维护检修；对绿化带、行道树进行定期整修；对化粪池进行清疏整治，将污水管网接入市政污水管道，日排污能力6万吨；开通金山污水处理厂及城门污水处理厂；实现电话装机容量1万门；并设计配套管道液化气。

【项目建设】 在建项目40项，总投入10.2亿元。金和生物“年产1200万瓶氨基酸饮料和宣通液保健食品生产线的技改项目”、鸿博印刷“智能IC卡生产线建设项目”、博能特“二期厂房扩大项目”、源盛纺织“年产500万件套服装气动流水线自动化技术改造及品牌车间建设项目”、瑞达精工“工业创意研发中心”等重点项目在建，博能特二期项目总投入3.11亿元，完成投资7539万元，占比24%；源盛纺织公共服务平台建设项目总投入1.1亿元，完成投资6240万元，占比56%；瑞达精工研发中心项目总投入2.7亿元，完成投资1.13亿元，占比41%。

（王　霖）

江阴工业集中区

【概况】 2013年，江阴经济开发区完成规模以上工业产值88.2亿元，比增13.7%；合同外资4550万美元；外资实际到资5150万美元，比增19.6%；固定资产投资97.34亿元，比增26.9%；完成税收4.15亿元，比增23.5%。内资实际到资15.95亿元，集装箱吞吐量80.75万标箱，比增3.96%。

【园区总体规划修编】 委托福州市城乡规划设计院编制《江阴港城总体规划2013—2030年》，规划面积158.29平方公里，其中规划建设用地120.2平方公里。在江阴半岛形成6大功能区，分别为西部产业区、东部产业区、东部滨海新区、南部港口物流区、中部居住区及北部生态涵养区；在新厝片区形成三大功能区，即中心服务区、配套居住区和高新产业区。规划发展功能定位为：“依托江阴港区的强劲动力，发展以港口运输与现代物流、临港石化、电力能源、海洋产业、现代服务业为核心，具备山海港城业独特空间特色的，配套完善的海港新城。”经过专家评审并修改完善,完成报批版。

【基础设施建设】 投入6.55亿元,推进20项园区水、电、路和填海造地等基础设施建设。其中,江阴应急原水供水管道建成投入使用,日供水能力达17万吨;何厝110千伏变电站建成;化工新材料专区重点配套道路林芝路完成建设,港区配套道路港前路完成西段沥青路面铺设,国盛大道开展沥青路面铺设和人行道铺装;完成96.93公顷预留港湾站和张厝片区填海造地工程,东部片区临海工业园区域733.33公顷用海手续待国家海洋局批复;新建集中供热综合管道8公里,完成化工公共管廊建设前期工作;启动涉及2个自然村、720户征迁工作和561套安置套房规划建设以及708宗联体住宅用地规划安排的环保隔离带建设工作。

【招商引资】 签约合同项目6项,总投资约39.7亿元。其中,外资项目由香港银河国际控股股份有限公司投资建设的江阴港区18号、19号整车进口配套滚装码头1项,总投资1.6亿美元。内资合同项目5项,项目总投资30.1亿元。分别是福耀浮法玻璃项目,总投资20亿元;福清鑫天源港航工程综合预制厂项目,总投资5亿元;中海油LNG气化站项目,总投资1亿元;天辰汇林化工产业基地配套项目,总投资4亿元;金盛达卫生用品加工生产项目,总投资1000万元。

【重点项目建设】 列入省重点项目15项,完成投资79亿元;列入福州市重点项目23项,完成投资88.55亿元;列入福清市“五大战役”重点项目28项,完成90.86亿元。

【港区建设】 推进汽车整车进口口岸通过国家级验收,正式投入运营;完成24号泊位7万吨级扩建至10万吨级煤码头和江阴港区第一个5万吨级化工液体码头水工主体工程,动工建设11号、12号2个5万吨级化工液体码头,其中11号泊位由福建闽海能源有限公司投资建设,总投资9.28亿元,建设5万吨级液体化工码头及55万方库容仓储设施,完成投资1.62亿元。11号泊位内港池建设4个小泊位工程可行性研究报告获省港航局批复。12号泊位由中江化工码头有限公司投资建设,总投资5.16亿元,建设5万吨级化工液体码头及200万吨冷贮罐区,完成总工程量80%,10万吨大型储罐和码头水工桩基在建,实际完成投资2.5亿元。

【银河国际汽车园】 计划投资45亿元,一期投资2.98亿美元,规划建设有进口汽车贸易交易综合经营示范区、第三方物流功能区、汽车行政服务中心、汽车主题酒店、二手车交易市场、进口改装车文化俱乐部、进口汽车配件及美容交易市场等8个功能区。福建江阴港银河国际汽车园有限公司与“香港逸富汽车贸易有限公司”“香港百聪汽车(中国)有限公司”“美国LCW汽车公司”“迪拜艾尔阿伽万汽车厂”等关键汽车出口商达成合作意向,与福建交通集团八方物流股份有限公司就福清江阴港进口汽车物流产业的发展规划达成合作意向书,临时过渡期汽车展厅和办公楼投入使用。整车通关、销售全面启动,整车进口贸易量566辆,到港355辆,销售整车284辆,实现利税8000多万元。该项目完成投资3.85亿元。

【化工新材料片区】 5个总投资550.4亿元的大型化工项目,完成投资154.7亿元,其中东南电化、耀隆化工建成试生产;天辰耀隆己内酰胺基本实现机械竣工;中国软包装中景石化科技园项目在建;中石化巴陵己内酰胺项目完成项目用地软基处理,全面开始地质详勘。

(谢宏峰)

上街投资区

【概况】 2013年,闽侯上街投资区实现工业总产值40.906亿元,比增14%,其中规模以上工业产值31.512亿元,比增17.6%;内资到资15.687亿元,比增23.6%;外资到资1654万元,比增20.5%;出口总值6748万元,比增17.3%;财政总收入8.5995亿元,其中完成地税7.1395亿元,比增14.6%,完成国税1.46亿元;完成固定资产投资89.73亿元,比增23.8%;农民人均纯收入10080元,比增13.3%。

【基础设施建设】 建成侯官路、工贸路和新上街大道、源通路、惠好路一期前半段、马保路、源通北路一期、惠好东侧路等8标段城市2级标准道路,总长5830.5米。

【招商引资】 福建高速物流建设项目占地约11.33公顷,投资3.5亿元,项目分3期,其中一期、二期办公楼和仓库竣工投产,三期进行前期手续报批,主要用于民生用品物流。根雕生产基地项目计划投资1.86亿元,一期14幢厂房及配套设施(建筑面积12万平方米)完成主体结构,并进行室内外配套设施建设。

【五大战役项目建设】 大学新校区二期安置房项目 在建点总建筑面积约24万平方米,包括建平1号三期、侯官村一期、岐安3号二期3个安置点;筹建点总建筑面积约36万平方米,有岐头安置点、岐安1号二期安置点、沙堤安置点、金屿安置点、美岐1号三期安置点、浦口(二期)安置点、红峰村代建安置点、侯官(下市)安置点8个安置点,进行手续报批、征地、钻探、设计、财审及招投标等前期筹建工作。

大学新校区征迁 完成交地1215.2公顷,拆除房屋5437户148.2万平方米,主要完成福建教育考试院、教师生活区及乌龙江大道东半幅道路等项目交地9.67公顷、拆除涉及乌龙江大道、省人民医院附属第三医院等项目房屋6.83万平方米,其中省人民医院附属第三医院拆除房屋4.2万平方米。

(王晓锋)

(编辑 吴 燕)

民营经济

综　述

2013年，福州市实有外资市场主体4591户（含分支机构1333户），比增5.56%；投资总额247.92亿美元，比增12.37%；注册资本134.59亿美元，比增11.15%。实有台资企业661户，比增10.17%；投资总额12.62亿美元，比减4.39%；注册资本8.29亿美元，比减2.07%。外商投资企业（含分支机构）三大产业实有户数所占比重分别为2.11%、43.72%、54.17%，三大产业注册资本比重分别为3.75%、60.63%、35.62%。从分布情况看，企业法人户数位居前5位的国家或地区分别是：中国香港地区1202户、中国台湾地区661户，美国211户，日本188户，英属维尔京群岛184户，其余国家或地区的企业所占比例均低于3%。全年新增外资主体365户，比增15.51%；投资总额22.34亿美元，比增72.80%；注册资本11.20亿美元，比增61.18%。

实有私营企业9.13万户，比增17.92%；注册资金4424.03亿元，比增24.83%；从业人员78.17万人，比增8.16万人，增长11.65%；注册资金亿元以上的私营企业662户，比增23.73%；1000万～1亿元的私营企业9887户，比增22.43%；500万～1000万元的私营企业10817户，比增29.08%；100万～500万元的私营企业18797户，比增22.82%。从事第一、二、三产业的户数分别是2709户、1.72万户和7.14万户，分别占私营企业总数的2.96%、18.89%和78.15%。

实有农民专业合作社1262户，比增35.84%；出资总额36.97亿元，比增78.90%；成员总数1.79万个，比增66.16%，其中农民成员1.71万人，比增66.86%。出资总额1000万～1亿元的有97户、500万～1000万元的有173户、100～500万元的有511户，分别比增304.16%、113.58%、61.19%。

（伍能位）

主要行业

【民营工业概况】　全市有民营工业企业5万多家，从业人员50多万人。规模以上民营工业企业完成产值3276.1亿元，占全市规模以上工业总产值48.4%。民间投资快速增长，主要涉及机械制造、冶金、医药化工、电子信息、纺织化纤、食品加工等多个行业。全市成立147家融资性担保机构和10家小额贷款公司，缓解民营企业贷款难、担保难问题。成立27家企业技术中心，其中省级10家、市级17家，民营企业占90%以上，提升民营企业创新能力和核心竞争力。

【机械制造业】　全行业完成产值1139.1亿元，比增13%。规模以上民营企业291家，完成产值583.49亿元。

汽车产业全市有48家规模以上民营汽车整车及配套生产企业，完成产值72.8亿元。船舶修造行业有6家规模以上民营船舶修造企业，年内产值35.16亿元。电气机械及器材制造业有66家规模以上民营电气机械及器材制造企业，完成产值245.98亿元。通用设备制造业有民营企业51家，完成产值56.44亿元，龙头企业有福建科杰起重机有限公司、蓝卡潞工业有限公司、福州贝石轴承有限公司等。专用设备制造业有民营企业53家，完成产值84.94亿元。金属制品业有民营企业50家，完成产值73.84亿元，龙头企业有昇兴集团股份有限公司、福州德通金属容器有限公司、福州宝井钢材有限公司、福建省祥鑫铝业集团有限公司等。仪器仪表制造业有民营企业18家，完成产值18.33亿元。

重点项目有中航国际通用航空飞机制造项目、中铁乾达盾构机项目、马尾船政（连江）特种船舶项目、福耀汽车玻璃监港产业园项目等。

【冶金行业】　全市规模以上冶金企业56家，完成产值709.3亿元，比增19.4%。其中，民营钢铁企业32家，完成产值约303亿元，龙头企业有宝钢德盛不锈钢有限公司（原德盛镍业公司）、吴航不锈钢有限公司、福建亿鑫钢铁有限公司、福建鑫海冶金有限公司、吴航钢铁制品有限公司、长乐宏顺型材有限公司、福建三金钢铁有限公司等；民营有色金属企业12家,完成产值约90亿元。重点项目有宝钢集团不锈钢深加工产业园项目,长乐不锈钢彩涂板项目,吴航不锈钢技改、盘条改造及线材拉丝深加工项目等。

【医药行业】 医药制造业完成产值74.5亿元,比增14.4%。规模以上医药企业26家,其中产值超亿元的企业14家,超10亿元的企业2家。

重点企业福抗药业公司完成产值11.2亿元,比增9.9%;北京同仁堂健康药业(福州)有限公司完成产值7.5亿元,比减0.3%;海王福药完成产值5.8亿元,比减9.8%;金山医药实业集团完成产值10.4亿元,比增13%;福建南少林药业有限公司完成产值6亿,比增25.3%;丽珠福兴医药完成产值3.7亿元,比减18.8%;福州闽海药业有限公司完成产值3.6亿,比增34.7%。重点项目有福抗VE生产线,海王生物药业连江生产基地等项目。

【石化行业】 石化制造业完成产值218.6亿元,比增22.5%(石油加工及炼焦业完成41.2亿元,比减3.2%;化学原料及化学制品制造业完成177.4亿元,比增32%)。产值超亿元的企业有34家,超5亿元的企业有9家。

重点企业德胜能源完成产值13.8亿元,比减25%;双强公司完成产值8.8亿元,比增14.8%;一化公司完成产值2.7亿元,比增16%。重点项目有耀隆化工搬迁项目,东南电化搬迁项目,天辰耀隆己内酰胺项目,中江、中景聚丙烯项目,中软丙烷脱氢制丙烯项目,中石化巴林石化己内酰胺项目,申远己内酰胺等项目等。

【电子信息行业】 规模以上民营企业22家,完成产值179.87亿元,占全行业总产值19.3%,主要涉及通讯终端、电子元器件和软件等行业。福州市信息产业民营企业有国家"创新型企业"2家(福建星网锐捷通讯股份有限公司、福建新大陆电脑股份有限公司),国家"创新型试点企业"2家(福建三元达通讯股份有限公司、福建榕基软件股份有限公司),国家技术创新示范企业2家(福建星网锐捷通讯股份有限公司、福建新大陆电脑股份有限公司)。重点项目有科立视材料项目,福顺晶圆8英寸芯片项目,普天国脉新一代信息产业研发和生产基地项目,福建兆元光电LED项目等。

【轻工纺织行业】 规模以上企业740家,完成工业总产值2492.08亿元,比增17.42%,占全市工业比重的36.83%。其中,纺织行业规模以上企业396家,完成工业总产值1598.87亿元,比增20.63%,占全市规模工业总产值的23.63%,位居全省第二。纺织各子行业的情况:纺织业233家企业,产值727.55亿元,比增20.78%;化学纤维制造业24家企业,产值377.02亿元,比增24.57%;毛皮、羽绒和制鞋业55家企业,产值381.76亿元,比增19.23%;服装84家企业,产值112.93亿元,比增12.3%。轻工业中规模以上企业344家,完成产值893.22亿元,比增12.08%。食品业规模以上企业253家,总产值687.54亿元,比增11.37%。其中,农副食品加工业产值503.71亿元,比增13.22%;食品制造业产值98.74亿元,比增6.61%;酒、饮料和精制茶产值82.37亿元,比增5.68%。

纺织化纤行业重点企业有:福建金纶高纤股份有限公司、长乐力恒锦纶科技有限公司、福建锦江科技有限公司、福建省长乐市金源纺织有限公司、福建省长乐市长源纺织有限公司、福建源盛纺织服装城有限公司、福建省长乐市华源纺织有限公司、福建省长乐市锦源纺织有限公司、福建省长乐市新华源纺织有限公司、福建省长乐市金磊纺织有限公司、福州翔隆纺织有限公司、鑫港纺织机械有限公司。重点项目有恒申合纤聚合纺丝、氨纶长丝、锦纶长丝生产线项目,经纬新纤年产120万吨差别化涤纶熔体化学纤维项目、长乐凯邦锦纶二期项目,山力化纤项目等。

轻工食品行业重点企业有:祥兴(福建)箱包集团有限公司、福建元成豆业有限公司、福建康宏股份有限公司、长乐市聚泉食品有限公司、福建龙和食品实业有限公司、明达工业(福建)有限公司、福建海壹食品饮料有限公司。重点项目有明一婴幼儿配方乳制品、营养辅食生产线建设项目,闽清东桥表业工业园项目等。 (黄正洪)

【对外贸易】 有出口实绩的民营企业达1970家,占全市出口企业的70.8%,民营企业超过外资企业(773家)成为最大的外贸经营队伍。受国际市场(特别是欧美市场)复苏缓慢及汇率波动等因素影响,全市出口总值193.37亿美元,比上年实际数(剔除政策性因素)增长6.83%,其中民营企业出口76.04亿美元,比降15.5%,占全市出口额39.33%。 (林为城)

【教育】 全市有各级各类民办学校1391所,其中幼儿园916所,小学18所,普通中学39所,中等职业学校12所,高校12所,文化培训机构394所。

根据评、管、办分离的原则,委托两家教育中介机构对市属20所民办学校开展年检评估工作。联合市财政局共同制定《福州市民办教育发展专项资金管理办法(试行)》,并下拨年度专项资金203万元。举办民办学校教师专场招聘会、民办教育管理工作培训班,开展"福州市名师进民办中小学、幼儿园"系列活动,组织开展福州市民办学校教师优秀教学论文评选活动。加强对民办学校的招生监管,核实各民办学校招生资格、招生计划和招生简章,并通过媒体集中公布。与福州日报联合组织40多家首批优质培训机构签署《诚信办学公约》并授牌;公布76家无证办学机构。

(郑 丹)

【医疗机构】 批准开业的民营医院有55家,其中二级综合性医院4家,一级综合性医院27家,专科医院24家(三级专科3家、二级专科医院6家);检验所3家。卫生技术人员总数4762人,其中高级职称291人,床位2459张,年门诊量148万人次,年住院人次5.3万人次。

民营医院用人机制方面,台江医院改制后招聘各类人才近百人,高级职称人数由原来7人增加到26人,中级职称由22人增加到47人;鼓楼医院托管前高级职称卫技人员由原来的1人增加到

23人、中级职称由原来11人增加到25人。社会公益方面，福州福兴妇产医院与省红十字会、市总工会共同开展“春暖女性爱心行动”为1.27万名女性提供免费体检，免费金额133.5万元；为贫困家庭提供医疗援助金额达32.2万元；福州东南眼科医院参与防盲治盲公益事业，9年累计在光明行动、复明工程、红十字复明行动等公益活动中为5300多例贫困患者全免手术费，为7600多例贫困白内障患者减免部分手术费，减免金额达1100多万元。

（张先玲）

民营经济服务平台

【完善政策咨询平台】 将中央、省、市有关民营经济政策文件通过“民营经济政策进万企”专栏予以发布，并收集省、市与民营经济发展相关的政策文件69份，汇编成《促进民营经济发展政策汇编（二）》，发放给执委以上会员，帮助企业了解政策信息。

【完善银企合作平台】 有19家商会与民生银行联合成立“城市商业合作社”，吸收会员单位1615家，通过互助基金担保或联保等形式累计为782家会员单位审批贷款16.26亿元，实际贷款余额11.07亿元，有效缓解中小微企业融资难的问题；与市经委等部门联合举办银担企对接会，促成13家融资担保和小额贷款公司与35家中小微企业达成5亿多元的融资意向；福州市三明商会、连城商会等异地商会还通过设立互助借贷基金、互助会等，为会员提供短期借款服务。

【搭建科技人才对接平台】 开展“民营企业家高校行”活动，组织30多名企业家实地考察福州大学、福建师范大学等高校重点实验室，举行校企合作座谈；鼓励商会、企业与高校、科研院所展开产学研合作，市电子商务商会制定“榕树下”青年电商创业计划，市中小企业发展商会与省高等职业教育研究会共同成立“校企合作委员会”；与市科技局、市科协合作，推动符合条件的科技型、创新型企业建立院士（专家）工作站，福州新北生化工业公司通过院士工作站认定，闽榕茶叶等4家会员企业通过专家工作站认定。

【搭建商务服务平台】 累计帮助300家本地和异地榕商企业在该平台开设专门网页，展示企业形象、推广产品服务，福州百洋海味、杭州诺丁食品等企业通过该平台实现销售对接。通过收集整理会员企业的商务需求信息，先后帮助福建中银联投资公司、福建建莲生物科技、福州菲诗雨服饰等企业协调解决出具注册废品回收公司函件，促销农产品，举办秋季农产品博览会等问题。

5月27—31日，在市劳动保障大厦公共就业服务大厅开展以“帮人才就业，促民企发展”为主题的“2013年福州市民营企业招聘周”活动　（市工商联　供）

【完善寻机发展平台】 累计组织省内外榕商1540多人次，参加“5·18”海交会、世界闽商大会和全国11个城市在福州举行的招商推介活动；组织20多名企业家参与“福建百名企业家宁夏行”活动，在特色农产品加工、节水灌溉、物流运输等方面深化“闽宁对口协作”；引导全市企业与台湾的经贸合作，福州上果农业发展公司与台湾汉光果蔬合作社、福和生鲜农产公司签订合作经销台湾名优水果合同。

【完善商事纠纷调处平台】 与市中院联合召开诉调工作专题研讨会，开展调解员企业法律调解基础知识培训，并通过旁听市中院合同纠纷案件等，提高调解员的实际业务操作能力，增强企业经营者的法律维权意识。年内帮助商会、企业协调解决各类困难、诉求近百件，涉及项目落地、产品推介、子女就学、市场搬迁、厂房改造、涉企商事纠纷调处、融资贷款、抱团合作等。

【完善企业诉求反映平台】 收到各类诉求、建议260余条，涉及产品质量索赔、展会展位落实、市场搬迁、企业季节性缺工等方面问题，其中247条诉求、建议通过及时整理汇总后向有关部门反映得到解决，办结率达到95%。

【构建教育培训平台】 组织非公经济人士参加各类专题讲座与培训11场，累计受训达600多人次，围绕中共十八大后中国经济走向、高绩效团队管理、职业经理人创新管理等，帮助企业经营者提升职业能力和管理水平；各异地商会也结合会员需求先后举办各类培训、讲座、考察等126场，累计参加人员1.1万多人次；同时选送7名常、执委赴京参加福建省非公经济人士培训班。开展非公经济专业技术人员职称评审，有140人通过初、中级职称评定，100人通过高级职称评定预审并上报省工商联复审。

（余　芳）

（编辑　邱敏佳）

服务业

综　述

2013年,福州市实现社会消费品零售总额2611.29亿元,比增15.6%,其中限额以上企业实现销售1396.77亿元,比增20.6%,占比达到53.5%。批发销售总额3111.39亿元,比增18.5%。列入统计的八大类商品均有不同程度增长,其中食品、饮料、烟酒类195.04亿元,增长21%;服装鞋帽、针纺织品类89.72亿元,增长15%;日用品类68.14亿元,增长29.3%;家用电器和影像制品类63.02亿元,增长9.6%;中西药品类51.84亿元,增长36.4%;石油及制品类152.07亿元,增长14.4%;建筑及装潢材料类64.36亿元,增长35.9%;汽车类321.02亿元,增长21.3%。第三产业增加值2142.63亿元,比增10.8%,其中批发和零售业454.63亿元,比增8.6%;住宿餐饮业82.14亿元,比增1.8%。

【市场和网点建设】 全市列入商贸服务业主管部门跟踪统计的36个在建服务业重点项目,总投资839.28亿元,其中当年计划投资127.59亿元,实际完成178.04亿元,完成投资比例139.54%。南星商城项目总投资4.8亿元,年度计划投资1.41亿元,完成1.56亿元,超额完成投资10%。

市场整合与搬迁方面,出台2013—2015年《市区专业市场搬迁工作实施方案》,议定南方钢材市场、南方建材市场群、花鸟市场、西营里市场等市场搬迁、整合方案,先后将西营里农贸市场关闭搬迁至福州华威物流新西营里农产品交易配送中心;将旧鞋城分别搬迁至利嘉国际商贸城与东方名城。

建成五四北泰禾广场和台江苏宁广场一期2个大型商贸服务业项目,并于9月相继开业。其中,五四北泰禾广场项目商业购物中心面积达12万平方米,是一个集购物、休闲、娱乐、餐饮、办公、居住为一体的大型商业综合体;台江苏宁广场一期项目商业体量达到7万平方米,为纯商业购物中心。继续培育海峡汽车文化广场,年内福州市二手车交易市场呈现交易总量增长和单车均价回落的特点,二手车总交易量5.92万辆,比增17.11%,交易金额49.44亿元,比增9.72%。每台车平均成交价8.35万元,比上年下降5622元,降幅6.31%。报废汽车回收拆解7152辆,比增70.45%。老旧汽车报废更新201辆,财政补贴361.8万元,落实《福建省推进城区菜市场建设管理三年行动方案》,重点建设改造9个市、县、城区及省试点小城镇的农贸市场、生鲜超市。全年扶持建设50个农家店、建设改造29个城乡农贸市场及生鲜超市、100个社区便利店;新增加油站4座、加油船4条、成品油配送企业11家;有55家外商投资企业申请新设或增设商业网点。

【城市副食品基地建设】 全年新建蔬菜基地673.33公顷,全市蔬菜基地面积达到1万公顷。62家蔬菜、生猪、禽

华威新西营里农贸市场　（市商贸服务业局　供）

蛋、羊等基地被列为2013年度省级城市直控副食品基地,其中13家被列为省级副食品示范基地。市级直控城市副食品基地58家,其中生猪基地31家、羊基地5家、蛋禽基地18家、肉禽基地4家,年出栏生猪86万头、蛋2100万公斤、肉羊2万头、肉禽250万羽以上。巩固提升市级副食品基地,全年市财政安排生猪、蛋禽、羊基地扶持资金1094.2万元,新建蔬菜基地扶持资金1000万元,环保建设项目扶持资金395万元,蔬菜基地冷藏加工建设项目扶持资金200万元。"农超对接"试点确定的永辉、蓝天、兴福兴3家超市,生鲜农产品采购量34.57万吨,销售额31.34亿元,其中来自于"农超对接"基地的生鲜农产品采购额17.76亿元,占比56.67%。

【食品安全监管】 全市治理"餐桌污染",建设"食品放心工程"主要食品安全检测指标全部达标,其中生猪"瘦肉精"尿样检测合格率,大米黄曲霉毒素指标市场抽检合格率,二次供水水质四项常规指标抽检合格率,酱油、鱼露、食醋卫生指标市场抽检合格率,豆腐等豆制品卫生市场抽检合格率均为100%;蔬菜农药残留快速检测合格率为99.91%;水产药物残留养殖环节抽检合格率为98.73%;食用油黄曲霉素B1、过氧化值、酸价市场抽检合格率为96.78%。

每月组织开展食品安全风险点专项整治。市公安局围绕"打击食品犯罪保卫餐桌安全"专项行动,破获危害食品安全案件169起,抓获犯罪嫌疑人285名。市农业局开展农药及农药使用专项整治、兽用抗菌药专项整治、"瘦肉精"专项整治、生鲜乳违禁物质专项整治、农资打假专项整治、茶叶农残超标专项整治等工作。全市检测克仑特罗75530头份,检测莱克多巴胺45738头份,沙丁胺醇10624头份,全部合格。市质监局开展乳制品专项整治,全年抽检854批次,全部合格;持续推进面包(糕饼)类前店后厂经营单位专项整治,摸排五城区五类店204家;开展严厉打击食品虚假标识标注等违法行为专项整治,责令限期整改12家,立案查处2家;开展食品添加剂排查整治,查处滥用食品添加剂企业12家;开展熟制花生制品、辣椒、花椒制品专项整治,检查花生制品生产企业17家次,抽检花生制品、辣椒制品等13批次,暂未发现非法添加行为;风险监测蜜饯原料、半成品及成品141批次,下达责令整改通知书16份,跟踪确认异常样品生产企业全部整改完毕。市卫生局开展春季学校食堂食品安全专项检查、洋快餐食品安全专项检查、餐饮服务单位肉品安全检查、餐饮服务环节食品非法添加和滥用食品添加剂专项整治等。全年开展12次食品安全专项整治,检查各类餐饮业9200家次,发出卫生监督意见书810份,处罚24家违法经营餐饮服务单位,罚没金额19.29万元。市工商局开展节日食品市场、冻品市场、肉及肉制品市场、水产品市场等专项整治。全市累计查扣未经检验检疫肉品7565公斤,立案查处13起销售不合格水产品案件,案值5.5万元,罚没金额7.2万元。市食品药品监督管理局开展打击保健食品"四非"专项整治,对涉嫌经营假冒产品、产品来源不明、标签标识不符合规定等违法违规行为的22家企业90个品种全部移送稽查处理。市商贸局开展打击私屠滥宰保障肉品质量安全集中整治行动,市县两级开展执法检查823次,查获生猪私宰窝点83个,查获私宰肉4.04万公斤,查获案件80起,案值77.89万元。台江区开展废弃油、餐厨废弃物专项整治,完成规范17家大型生鲜超市和31家大中型酒楼饭店废弃油、餐厨废弃物集中处置,并建立"一户一档"。

【食品安全网格化管理】 全市聘请食品安全信息员、协管员2606名,主要承担隐患排查、信息报告、协助执法、宣传引导等职责。完善农产品质量安全监管体系建设,形成市、县、乡三级监管网络。组织开展食品安全示范县建设试点、餐饮消费安全示范街建设、食品安全检测资源整合试点、肉菜安全追溯体系建设试点、农产品质量安全可追溯试点、流通环节食品质量可追溯试点、水产品质量安全追溯试点。闽侯、长乐列入全省县级肉品质量安全信息可追溯系统建设试点县(市),并基本完成项目建设。

传统服务业

【典当业】 典当经营企业41家,典当总额41.29亿元,比增124.04%,其中动产21.34亿元,比增105.39%;房地产15.74亿元,比增1439.21%;财产权利4.21亿元,比增188.36%。实收资本10.41亿元,比增35.55%,典当余额8.20亿元,比增22.39%。从业人员579人,增加163人。

【餐饮业】 全市在卫生部门登记的餐饮服务单位1.03万家。百胜餐饮(福州)有限公司、福州麦当劳餐厅食品有限公司、福州聚春园集团有限公司、福州德克士食品有限公司、福州潮福城酒楼有限公司、福州牡丹大酒楼有限公司、福州市晋安区新紫阳大酒店、福州安泰楼有限公司8家主要餐饮企业2013年营业收入18.64亿元,比降0.72%,其中,仅百胜餐饮(福州)有限公司、福州麦当劳餐厅食品有限公司分别增长9.74%和15.66%,其他5家均下降3.93%~20.71%;福州香格里拉酒店有限公司、福州世纪金源大饭店有限公司、福州大饭店、福州美伦大饭店有限公司、福州聚春园集团有限公司聚春园大酒店、福州四季春旅馆有限公司、福州于山宾馆、福州贸总酒店有限公司8家主要住宿企业营业收入7.81亿元,比降6.30%,其中,福州大饭店、福州四季春旅馆有限公司、福州贸总酒店有限公司增长3.47%~6.70%,其他5家下降1.75%~10.74%。

【副食品业】 市场总量充足,满足供应。蔬菜市场总体量增价涨,价格呈现前低后高,相对平稳的运行态势。据海峡蔬菜批发市场和商务部城市生活必需品系统监测数据,蔬菜年平均批发价格为2.68元/公斤,同比上涨5.05%;年平均零售价格为6.54元/公斤,同比上涨15.92%;蔬菜年总成交量68.66万吨,比增5.3%。

猪肉市场销量减少价格平稳,平均价格同比基本持平,呈现上半年走低,下半年平稳反弹态势。据福州和盛食品有限公司监测的数据,生猪年平均收购价格为15.2元/公斤,猪肉年平均批发价格为19.5元/公斤,同比均基本持平。全年屠宰生猪30.3万头,比减5.2%。

禽类市场上半年大幅波动,全年呈量减价涨态势。上半年,受福州市及国内各省市出现人感染H7N9禽流感疫情影响,禽类市场出现大幅波动,4月福州市发现人感染H7N9禽流感,海峡禽类批发市场日交易量最低减至6350公斤,比正常日交易量减少90%以上,海峡禽类批发市场4月底紧急关闭,至5月底恢复正常交易。6月禽类批发价格为20.6元/公斤,同比下跌3.2%,禽类日平均交易量为5.48万公斤,接近正常时期的交易水平。下半年受禽流感疫情后续影响,家禽上市量较往年有所减少。蛋品市场量减价涨,价格变动较为频繁。据监测,蛋品年平均批发价格8.90元/公斤,同比上涨5.7%,成交量1.12万吨,比减39.5%,鸡蛋全年最低批发价为6.8元/公斤,最高批发价为9.7元/公斤,鸭蛋全年最低批发价为9.2元/公斤,最高批发价为12.1元/公斤,波动幅度均在30%左右。

现代服务业

【物流业】　全市2013年全市社会物流总额11401.41亿元,物流业增加值271.31亿元,占GDP比重5.8%,占服务业增加值比重12.6%。8个物流项目列入省现代物流业候选示范项目;向省里申报示范物流节点城市进入验收阶段。中储粮长乐直属库一期、高速物流二期、蓝海物流一期、鹭燕医药物流等一批项目建成投入使用;南通东南国际建材城、永辉物流、普洛斯物流、华威莱多多四大商贸物流项目开工。至年底,全市注册的各类物流企业有2481家,按行业类别分,交通运输类企业1228家,货物仓储类企业199家,运输代理类企业659家,装卸搬运类企业63家,邮政快递类企业287家,物流平台类企业45家。获得国家A级评估的物流企业28家,其中5A级企业4家,4A级企业8家,3A级企业13家。

【会展业】　举办各类会展86场,比增10场,其中海峡会展中心举办57场、经贸会展中心28场,其他场地1场。全年展馆收入5818万元,比增32.68%。

引进全国性会展4场,分别是:中国乳制品工业协会第十九届年会暨第十三次乳品技术精品展示会、2013年沃尔玛新年准备会议、中华医学会肾脏病学分会2013年学术年会、中华医学会糖尿病学分会第十七次全国学术会议。其中,乳制品年会为国内乳制品行业规模最大的盛会,也是开展国内外技术交流和经贸合作的最佳平台,展会展览面积达1.1万平方米,设置标准展位约550个。我市首次举办的本土展会有:2013年福州国际佛事用品展览会暨福州红木古典家具展览会、2013首届福州茶产业博览会、首届中国海峡生活艺术品博览会。首次举办的2013福州国际佛事用品展览会暨福州红木古典家具展览会,吸引境内外客商9.7万人。由福建省农业厅、福州市人民政府共同主办的“2013首届福州茶产业博览会”于11月29日—12月1日举办,规模达2万平方米,近百家品牌茶企参展,展示内容涉及茶产业链各环节。申会办展方面,成功申办第49届全国工艺品交易会并与组委会签订合作备忘录,将于2014年3月在福州举办;第十六届中国连锁店展览会暨2014中国(福州)特许加盟展览会初步确定将于2014年11月6—8日在海峡国际会展中心举办,展览面积6万平方米。8月,在武汉举办的第九届中国国际会展文化节上,福州市获“第十二届中国会展业金海豚大奖”和2012—2013年度中国品牌会展城市,并与深圳、成都、南京、广州、武汉等16个城市共同成为中国会展城市联盟首批成员。

【家政服务业】　举办2013春季福州家庭服务对接会,福州中青家政服务有限公司等近30家家庭服务业企业参加,其中有福建省家政服务有限公司等4家全国百强、7家全国千户企业,会上成功对接家庭和家庭服务员1126对,其中现场签订合同的有352对,家庭服务企业提供月嫂、家庭服务员、钟点工等1500余个工作岗位。现场招聘成功1148人,接受咨询1.12万人次。对接会上同期举行鼓楼区首届家政服务员职业技能竞赛。并确定每年定期举行春季和秋季的家庭服务对接会。首次推出大学生“暑期保姆”招募计划,吸引近300名大学生报名,新招募的大学生“暑期保姆”分别接受家政技能、职业道德、安全教育等多方面培训,成为持证的“家教为主,家务为辅”的“智慧型保姆”,提供中小学家教辅导、幼儿智力开发以及简单的烹饪和家居保洁服务。首期培训的50名大学生被预订一空,月薪在1500~3400元。组织7家家政培训企业(机构)为2450名从事家政服务业的城镇下岗失业人员、农民工和“4050”人员进行免费培训,其中家政服务员1600人,月嫂、高级家政员750人,老年护理员100人。中央财政提供262万元培训费用补贴。出台2013年家庭服务人员和月嫂工资指导价格,按照“见习、初级、中级、高级”4个等级设置。

【拍卖业】　拍卖企业63家,比上年减少4家,分支机构15家,比上年增加5家,全年组织各类拍卖活动1699场,比增35%,拍卖总成交额123.48亿元,比增52%,实现利润2694.16万元,比增106.32%,年末从业人数787人,增加24人,其中注册拍卖师147人。

(刘必华)

粮油贸易

【概况】　2013年,福州市粮油储备总量、人均数达历史最高水平。粮食市场管理规范有序,粮油供应充足、价格保持基本稳定,全市国有粮食企业实现利润423.35万元,比增45.5%。

【粮食储备管理】　福州市地方粮食储备规模38万吨,其中市级储备22.5万吨,县级储备15.5万吨,储备粮轮换10.13万吨。组织开展春秋两季储备粮清仓查库工作,全市储备粮油数量真实、质量良好、储存安全。开展各县(市)区粮库建设,其中马尾区、连江县已进场施工,闽侯县完成钻探工作;其他县(市)

开始落实建设用地。在杜坞粮库开展5万吨"智能化粮库"建设试点,推进粮库信息化和自动化管理。

【粮食安全保障体系建设】 落实国家粮食局关于编制"粮安工程"建设规划的决策部署,启动"粮安工程"相关工作,完成制定《福州市"粮安工程"建设规划(2013—2020年)》,主要内容是:全面提升粮食收储和供应保障能力,打通粮食物流通道,修复粮食仓储设施,完善应急供应体系,保证粮油质量安全,强化粮情监测预警,促进粮食节约减损,切实做到敞开收购农民余粮、保障严重自然灾害和紧急状态下的粮食正常供应。

确认全市市县两级26家骨干粮食加工企业和42家骨干粮店,会同市财政局审核发放市级骨干粮食加工企业、骨干粮店扶持资金169.03万元。认定福州市米业公司湖北阳新县2441公顷为省外粮食基地;福建上瑞集团省外粮食基地按规定调回2.03万吨粮食返销福州市场,达到基地粮食产量的80%。全市认定6670公顷省外粮食基地,年可提供稻谷4万吨以上。

【粮食产销协作】 九省粮洽会上,福州市与省外产区粮食企业签订粮食购销合同115万吨。与哈尔滨、佳木斯、宜春、淮安等粮食主产区建立长期稳定的产销协作关系。粮食批发市场发挥福州国家粮食交易中心平台优势,拓展互联网远程交易客户,地方储备粮远程交易客户近300家,覆盖江西、安徽、江苏、河南等粮食主产区,推动贸易粮入市交易,全年交易量113.46万吨。

【现代粮食流通产业发展】 继续推进市面粉公司(松下港)项目建设,完成年度投资4700万元,3.97亿元总投资任务全部完成。市面粉公司与中粮集团签订合作备忘录,共同投资兴建面粉加工项目,并谋求在粮油加工、粮食市场、仓储物流等领域的深入合作。福州粮食批发市场继续完善竞价交易系统功能,实现全网络化交易。举办省内、省际竞价交易会。完成批发市场服务中心招商引资工作,推进杂粮中心招商工作。

【粮食市场监管】 开展监督检查271次,检查企业902家,其中,综合性检查29次,粮食库存、粮食收购等专项检查242次。开展治理"餐桌污染"专项检查,检查企业113批次,抽取样品119份,合格率96.7%。市粮油质检站检测粮油样品2263件次,报告准确率达100%。规范行政审批审查,受理核发粮食收购许可证9件,取消3家企业收购资格。组织人员参加执法培训,新增8名获得省级行政执法资格的执法人员。开展粮油市场价格监测及预警工作和社会粮油供需平衡调查,福州粮食批发交易市场被国家发改委评为"全国先进价格监测定点单位"。

(潘丽丽)

烟　草

【概况】 2013年,市烟草专卖局(公司)销售卷烟30.1万箱,比增3.6%,销售收入80.4亿元,比增7.8%。条均价106.8元,比增4%,实现税利16.8亿元,比增4.9%。全国销量排名前15品牌(1~3类)销售23.2万箱,比增12.2%,占总销量的77.2%。全国销售额排名前15品牌累计销售75.4亿元,比增9.3%,占卷烟总销售额的93.8%。销售一类以上卷烟4.6万箱,比增5.1%。销售低焦油卷烟5.4万箱,比增5.3%,占全省比重20%。

【营销网络建设】 制定全市行业2013年现代终端建设方案,全年投入500万元现代终端建设专项经费,建成现代终端2134户,占零售客户总数7.9%。网订率稳定在86%以上,一机一户率65%以上,具备网上配货条件的客户达3551户,现代终端客户扫码设备使用率达100%;贷记卡结算金额占比近50%。举办"亲情式服务""专销协同服务""增值性服务"3场课题推进会。加快推广"1+X"品牌培育模式和"336"消费引导法。围绕知名品牌培育主题组织现代终端客户培训88场。全市零售终端月户均盈利比增3%。以管理标准化、安全标准化和中转站标准化为抓手,以5S管理、定额管理、卓越绩效管理、GPS系统应用、"四小"活动为载体,全面推进供应链物流、精益物流、人本物流、科技物流建设,全年物流费用率0.77%,单箱物流费用174.7元。筹备新物流建设,上街物流中心重建项目进入立项申请阶段。

【专卖市场管理】 查获各类违法经营卷烟案件2568起,其中万元以上案件419起,5万元以上移送案件72起,国标网络案件9起(含烟机),市标网络案件3起;查获各类违法卷烟1809件,其中非法生产卷烟334件,非法渠道卷烟1154件,非法进口卷烟321件。打掉一个制假窝点,查获烟机1台套,查获烟丝5660公斤,烟标30.3万张。刑拘犯罪嫌疑人45人,逮捕26人,判刑17人。开展"110大户"专项治理行动350次,取缔18户,转化78户,瓦解下线157户。围绕"市场、品牌、客户"3个维度,升级"1395"专卖分析模型。以"APCD"工作法试点应用为契机,加强市场监管。强化物流企业、公共娱乐场所日常监管,对全市406家物流企业、280家公共娱乐场所摸底排查并登记造册,发展有效线人145人。加强许可证管理,初步实现证件总量稳定、发展平衡、布局合理,全市持证零售户总数为3.01万户,有效证件使用率96.4%。开展企业员工及其亲属从事与卷烟有关经营活动监督排查。规范代送代收户管理,建立专卖、营销、物流三线互控制度,加大直送力度,直送到户率达98.3%。提高合理供货相符率,15件以上户相符率达85%。

【企业管理】 开展标准化体系文件的定期评审、修订、完善工作,编制完成机关各部门标准化文件1568份,纳入技术标准管理的记录表单692份。提高标准化管理信息化水平,打造"1336"企业综合信息管理平台。通过国家局质量管理体系建设交叉评价检查。推进技术创新,在2013年度全省烟草商业系统科技工作表彰会上,2个项目获科技创新一等奖、1个获二等奖、1个获三等奖。推动"四网"建设,构建远程办公VPN网络,推进主干业务流程同城异地容灾系统建设,开展"全流程、全应用、全压力"

的实战演练。推广网上快捷支付,全区网上快捷支付零售客户达3800多户,金额占比13.4%。细化定额指标,推动预算系统上线,强化重点费用控制。成立"三项工作"管理委员会,履行公开招标程序,公开招标的项目数占比88%,金额占比92%。

【法制建设】 推动"六五"普法,开展大篷车法制宣传活动20场。推进案卷评审交流和交叉评查,审查行政处罚案件2456宗。组织开展经营管理、专卖行政执法人员法律知识和执法资格考试。加强经济合同审查,审核市局机关及各县局合同97份,标的金额4296万元。

(林伟民)

石　油

【概况】 2013年,中石化森美福州分公司根据市场紧张和缓和的程度制定相应的营销措施,保障福州市成品油供应,全年销售成品油80万吨。

【业务拓展】 在黄山车管所设立移动发卡网点,在浚边、洪塘等15座全自助和半自助加油站增设发卡网点,开展半自助加油站价格优惠试点,提高加油IC卡持卡消费比例。根据油品调价预期,走访客户,告知客户成品油价格调价预期情况,进一步拓展小额配送业务。

开展网络发展和形象改造工作,为客户营造良好的消费环境。全年完成11座加油站、40座二次油气回收、13座自助和半自助站、10座洗车场的改造。同时完成闽侯白沙的油罐和加油机更换的隐患整改。

配合福建电视台公共频道《西岸财金》在黄山、长汀加油站拍摄题为《中石化便利店便利您的生活》宣传短片,提高福州易捷便利店的知名度;加快洗车场改造进度,丰富加油站服务项目,完善服务功能,有9座加油站洗车场对外营业。规范便利店经营管理,定期组织非油品管理人员到各片区召开运营水平提升便利店现场会;根据不同节假日开展促销活动,通过开展合作营销,拓展非油品业务。

【服务业标准化】 开展零管服务业标准化工作,根据《零管部服务业标准体系文件》,推进零管服务业标准化体系建设,提升加油站和发卡网点的员工服务意识、服务水平和客户满意度。年内以98.5分的全国最高分通过国家级服务业标准化试点评估验收。

【安全管理】 开展"平安工地""360度安全"及"安全生产月"主题活动。通过开展创建"平安工地"活动,落实施工安全管理职责,将安全生产法规制度、技术标准落实到现场,做到施工现场场容场貌规范化、施工组织管理程序化、安全防护标准化、安全培训教育持续有效、施工安全风险有效控制,杜绝事故发生。通过"安全予工作→安全在路上→安全进家庭"三维安全监管,对工作与生活每一个角色全包围的安全环绕,实现从"要我安全"到"我要安全"到"我会安全"到"人的条件反射",形成安全内化于心、外化于行,让员工自觉、自愿、自然地"将安全做成习惯"。根据"安全生产月"活动主题,强化安全基础、推动安全发展。同时下发《福州零管部加油站夜间值班和夜间巡查制度(试行)》,通过视频监控方式随机抽查夜间翻牌,做好加油站夜间安全防范工作,避免油站发生偷盗事件。下发台风应对指导措施PPT,要求各加油站严格落实防范措施,确保加油站财产安全。

【数质量管理】 践行"每一滴油都是承诺"主题活动,坚持"质量第一,信誉至上"方针,严把油品接卸关,严防"问题油"入罐;加强销售环节管理,防止销售"杂质油",确保销售的油品质量100%合格。强化数质量管理,对25部油罐车安装远程高清车载视频监控,以确保油品合格验收。

【油品升级】 成立国Ⅳ车用汽油置换工作领导小组,列出加油站汽油完成置换时间计划表,制订油品升级应急预案,在规定时间内对所有国Ⅳ汽油置换合格的加油站统一更换(张贴)油品标识(加油枪、油罐区卸油口、操作井盖及油品价格牌标识)。推广使用国Ⅳ汽油,以改善城市环境、空气质量。对所有置换好的国Ⅳ汽油取样送油库质检室检验,确保2014年1月1日起销售的国Ⅳ汽油100%合格。

(陈俊忠)

供 销 合 作

【概况】 2013年,全系统实现商品销售总额71.19亿元,比增47.19%。其中,售给农民的农业生产资料4.64亿元,比增23.28%;消费品零售36.62亿元,比增52.66%;农产品购进额36.18亿元,同比上升77.37%;再生资源购进额4.09亿元,同比上升44.41%。全系统利润汇总实现赢利2526.02万元,比增44.3%。各项经济指标全部实现两位数大幅增长。

【烟花爆竹安全经营】 春节期间,全市(含八县)设立1431个烟花爆竹零售网点,销售各类烟花爆竹11.91万件,配送额达2005.4万元,满足节日市场供应。

【农资供应服务】 春耕前夕,各级供销社及农资企业全力筹资,调配各类化肥和农药,全系统提前完成市政府下达的8.8万标吨的化肥储备任务,实际冬储化肥10.05万标吨。各级社和农资公司发挥农资配送中心和农资经营网点、庄稼医院、仓库等平台,创新经营服务方式,春耕期间采取电话预约、延长营业时间、拆整卖零等便民措施,方便农民群众购买。长乐市供销社联合化肥生产企业天脊集团在文岭镇开展"文化科技农资"三下乡活动,把群众急需的农资和相关文化科普知识送到田间地头。全年全系统获化肥冬储专项补贴276万元,专项整规和推广"五新"补贴5万元。

【"新网工程"建设】 全系统基本建成消费品配送中心4个,完成农资配送中心2个,完成再生资源交易市场(分拣中心)1个。按全国总社行业标准改造提升农资网点23个,按全国总社行业标

供销社农资农家店及庄稼医院　　（市供销社　供）

准改造提升消费品网点 27 个，建设农资连锁经营网点 60 个，建设日用消费品连锁经营网点 30 个。

【项目建设】　市社项目方面，征地建设农资专业批发市场和再生资源市场。福州大鞋城转型项目面积 6532 平方米，近 300 家店面，通过公开招标，拟将其改造成时尚文化街区。

县（市）社项目方面，福清市社在火车站交通要道一侧争取到 2 公顷土地，用于建设“福清市农业生产资料配送中心”，江镜镇和阳下街道通过资产置换分别征地 0.67 公顷、0.33 公顷，用于新建供销社经营网点。福清市供销大厦遗留近 10 年的产权确权问题得到解决，东张供销社将占地面积 3536 平方米资产挂牌拍卖，拍卖价达 2050 万元。罗源县政府无偿下拨松山渡头村政府储备地 0.83 公顷用于建设农资服务中心，财政安排建设资金 168 万元。闽侯县社和社有资产管理有限公司共同投资的青口日用品配送中心（青口供销大厦）动工开建。

直属企业资产保值增值方面，回收公司协议约定回收公司办公大楼被拆迁 3475.8 平方米的房屋进行等面积在特艺城二期就地安置补偿。新店供销社金山大饭店招标，中标额达 326 万元，比原承包费 82.5 万元提升 295%。盖山社运用拆迁补偿款 1510 万元购置工业路（万象城旁）中央第五街的商业店面 180 平方米。土产棉麻总公司抓住下杭路改造机遇，争取对下杭路 179 号商用房屋进行自主保护性整治与转型利用。福州干鲜果总公司联合豪果缘公司经营果品及农副产品配送，同时进行果品网上交易及配送。琅岐供销社在当地开发水产养殖基地。

【为农服务平台搭建】　新发展各类专业合作社 24 个，村级综合服务社 83 个，专业协会 3 个，恢复重建基层社 20 个。

【再生资源回收体系建设】　建成则徐大道废五金分拣加工中心，在福州市五区八县推进再生资源连锁加盟回收站点建设，建成 249 个基层回收站点，分批按照“六统一、一规范”标准进行升级改造。

【农村社区综合维修服务体系建设】　建成 14 个乡镇服务站和 21 个村级维修点。年内全系统修理各类器具达 688.25 万件，配送零配件 59.01 万件，提供义务咨询服务 9.29 万次、义务维修 5892 件，实现业务收入 1432.38 万元。

（戴　新）

（编辑　邱敏佳）

对外及港澳台经济贸易

利用外资及港澳台资

【概况】 2013年，新批准外商及港澳台商投资企业135家（项），按验资口径，合同外资及港澳台资20.57亿美元，比增0.03%；全年实际到资14.31亿美元，比增6.86%，增幅比全省（5.38%）高1.48个百分点。其中，引进港澳投资项目48项，合同港澳资9.19亿美元，实际利用港澳资5.34亿美元；新批台湾直接投资项目47项（不含第三地），合同台资3.49亿美元，占全市新批合同外资及港澳台资总额的16.99%，行业主要分布在批发零售业，信息传输、计算机服务和软件业，制造业。有72家外商及港澳台商投资企业投产开业。

至年底，全市累计批准外商及港澳台商投资企业9691家，在业投产的外商及港澳台商投资企业2686家。有91家世界500强企业在榕投资设厂或设立办事处。

【外商及港澳台商投资项目】 外商及港澳台商直接投资135项中，农、林、牧、渔业3项，合同金额1102万美元；制造业14项，合同金额44503万美元；建筑业4项，合同金额10749万美元；交通运输、仓储和邮政业2项，合同金额2267万美元；信息传输、计算机服务和软件业7项，合同金额13136万美元；批发和零售业68项，合同金额61393万美元；住宿和餐饮业6项，合同金额465万美元；金融业3项，合同金额6904万美元；房地产业3项，合同金额7717万美元；租赁和商务服务业19项，合同金额21574万美元；科学研究、技术服务和地质勘查2项，合同金额11万美元；水利、环境和公共设施管理1项，合同金额400万美元；居民和其他服务1项，合同金额16万美元；文化、体育和娱乐业2项，合同金额3082万美元。投资项目主要来自新加坡、匈牙利、英国、德国、意大利、澳大利亚、日本、印度尼西亚、叙利亚、毛里求斯、卢森堡、马来西亚、英属维尔京群岛、塞舌尔、萨摩亚及中国香港、台湾、澳门等18个国家与地区。其中中国香港91852万美元，中国台湾34939万美元，英属维尔京群岛17706万美元。

【重大利用外资项目】 全市新批总投资千万美元以上项目71个，合同外资17.27亿美元，占全市合同外资总量的84%，比增9.03%。江阴国际集装箱码头、银河汽车工业、万业港口、嘉捷科技、南方铝业增资、松下码头增资、普洛斯仓储、清禄置业、城开实业和中日达金属增资项目等一批重大外资项目获批。其中，福清汽车改装、组装项目总投资2.9亿美元，合同外资2.1亿美元；法液空项目总投资4.2亿美元，合同外资1.4亿美元，为福州市引进的投资额最大的世界500强产业项目。

【小分队招商】 3月，市外经贸局随省市联合招商小分队赴英国、德国、荷兰开展招商活动，先后拜访英国国家外包协会、荷兰帝斯曼集团、德国莱法州文化商业中心、林德集团、MG公司，考察英国特易购连锁超市、英国伦敦城市大学容积式压缩机技术中心等，洽谈推进一批合作项目。福州市组织小分队随福建经贸代表团赴澳大利亚、马来西亚、新加坡开展经贸洽谈和侨商联络工作，参加“福建—澳大利亚产业合作推介会”“福建—澳大利亚产业合作座谈会”，开展项目对接洽谈；拜访澳大利亚福建总商会、马来西亚福建社团联合会、新加坡中华总商会、新加坡福建会馆等部分重点客商，邀请侨商参加9月举办的福建省侨商投资项目对接洽谈会。组织小分队随省外经贸厅组团赴台湾，参加第24届台北国际工具机展暨闽台机械装备制造业交流合作会，并拜访台北电脑商业同业公会、冠捷集团、富邦金控公司、统一证券集团、台北科技大学等企业和机构，开展拟在闽投资的台资项目对接活动。

4月，市外经贸局牵头组织高新区、长乐市、连江县招商部门及福州市17家企业参加在北京举行的由中国贸促会经济信息部、省外经贸厅、省贸促会共同承办的“中国（福建）企业跨境并购与投资项目对接会”，88家世界500强企业、跨国公司及央企负责人参会，其中包括通用电气、塔塔集团、雀巢、IBM、威立雅水务、丹佛斯、甲骨文、施耐德、默克、液空集团等。福州市小分队针对性地与部分外企进行项目对接，并推介一批福州招商项目。其间，拜访法国大使馆商务参赞、剑桥基金投资有限公司、天鹰资本国际集团、富贵鸟矿业集团等，并重点推进和洽谈沃尔玛物流配送中心项目、GE 一次性蛋白药物生产技术平台项目、丹佛斯机械项目等。

8 月，福州市招商人员随省外经贸厅招商团组赴加拿大、日本、韩国开展省市联合招商活动，拜访加拿大福建社团联合总会、加拿大华人商业物流总会、加拿大中华总商会、日本电子信息技术产业协会、日本伊势集团、日本株式会社中荣等重点客商和相关机构，举办多场推介会，宣传推介福州市投资环境和对外招商项目，洽谈推进包括加拿大华人商业物流总会、日本株式会社中荣系列项目、伊势集团蛋鸡养殖项目在内的一批招商项目。

11 月，福州市小分队随省外经贸厅组团，赴台考察产业园区，开展项目洽谈和招商活动。在台期间，重点洽谈和推进海钜能源股份新型动力锂铁电池生产基地和总部研发大楼项目、庄民环保总部研发中心和生产制造基地项目、太古汽车福州总部项目、富邦总部大楼增资建设项目、新光国际集团金融街总部大楼项目以及琅岐海峡国际峰会项目等一批福州市在谈重大招商项目。

【海交会和投洽会】 第十五届“5·18”海峡两岸经贸交易会福州市签约外资及港澳台资项目 111 项，利用外资及港澳台资 26.73 亿美元。第十七届“9·8”厦门投资贸易洽谈会福州市签约外商及港澳台资投资项目 102 项，利用外资及港澳台资 26.24 亿美元，同时举办的首届福建省侨商投资项目对接洽谈会，福州市对接侨资项目 57 项，总投资 59.85 亿美元，利用外资 18.82 亿美元。

对外及港澳台投资与劳务合作

【概况】 2013 年，福州市新核准的境外投资企业有 39 家，对外投资总颇 3.51 亿美元，其中中方投资总额 3.24 亿美元，外方投资总额 0.268 亿美元。对外投资总额、中方投资额比上年同期分别增长 2.75%、31.4%。

至年底，全市经核准设立的对外投资企业项目（含境外机构）249 个。在台湾设立企业（含机构）19 家，协议投资总额 1.38 亿美元，其中大陆投资额 7990.23 万美元。新签对外及港澳台劳务合作合同 1818 份，合同金额 7089.07 万美元。

【劳务输出】 外派劳务人员 4469 人次，期末在外人数为 6275 人。派出对台渔工 28 批计 846 人次。主要派往南非及中国台湾、澳门、香港等国家与地区，从事近、远洋渔业、餐饮业、建筑和制造业等行业。

对外及港澳台贸易

【概况】 2013 年，进出口总额 314.29 亿美元，比增 11.9%。出口总额 193.37 亿美元，比上年实际数（剔除政策性因素）增长 6.83%，占福州市 GDP 的 25.21%（按 1 美元 = 6.1 元人民币换算），占全省出口总值的 18.16%，出口商品销往 213 个国家与地区。进口总额 120.92 亿美元，比增 21.08%，进口商品来自 127 个国家与地区。

在进出口总额中，对台进出口总额 20.56 亿美元，比增 7.91%，其中出口 5.07 亿美元，比增 6.35%，占全市出口比重的 2.62%；进口 15.49 亿美元，比增 8.43%，占全市进口比重的 12.81%。港澳进出口总额 14.78 亿美元，比降 1.06%，其中出口 14.23 亿美元，比增 15.53%；进口 0.55 亿美元，比降 79.1%。

表 23 **2013 年福州市出口额 3000 万美元以上商品情况**

金额分类	商品名称	出口金额（万美元）	占出口总额比重（%）
10 亿美元以上（2 种）	品目 84.71 自动数据处理系统用液晶监视器、其他彩色监视器	240893	12.46
1 亿美元以上（28 种）	液晶显示板，拖轮及顶推船，其他橡胶或塑料外底，纺织材料鞋面的鞋靴，其他塑料制鞋面的鞋靴，制作或保藏的鳗，其他以机织物或其他纺织材料做衬底的鞋靴，其他木家具，用栓塞法装配鞋底及面的橡、塑鞋，塑料或纺织材料作面的提箱、小手袋等，其他上釉的陶瓷砖、瓦、块及类似品，未列名已加工花岗岩制品，其他橡、塑或再生皮革外底，皮革鞋面的鞋靴，织物制其他男式服装，机动车辆用点火布线组及其他布线组，其他液晶显示器彩色电视接收机，棉制针织或钩编的女式上衣，车辆用层压安全玻璃，品目 8471 所列其他机器的零件、附件，装有点燃式活塞内燃发动机的发电机组，家具的零件等	933873	48.29

续表23

金额分类	商品名称	出口金额(万美元)	占出口总额比重(%)
5000万~1亿美元(33种)	光通信用微光组件的光学元件,未列名电灯及照明装置,车身(包括驾驶室)的未列名零件、附件,花岗岩碑石或建筑用石及其制品,手持式无线电话机的零件,其他彩色投影机,车身(包括驾驶室)的未列名零件、附件,未列名化纤男式带风帽防寒短上衣、防风衣,其他0.35毫米<厚度≤4毫米 铝合金制矩形厚板、片及带(包括正方形),电动的挂钟,聚氨基甲酸酯浸涂、包覆或层压的人造革,压燃式内燃机发电机组P≤75千伏电,5903、5906或5907织物制62011100至1900类型服装,其他印刷品,塑料制小雕塑品及其他装饰品,摩托车其他零件、附件,化纤制机制花边等	241224	12.47
3000万~5000万美元(61种)	塑料片或纺织材料作面的其他类似容器,其他玩具,其他点燃式活塞内燃发动机的零件,棉制针织或钩编的婴儿服装及衣着附件,灯座(线路V≤1000伏),其未列名塑料制品,其他雨伞及阳伞,其他金属家具,其他冻对虾仁,塑料制餐具及厨房用具,车辆用钢化安全玻璃,其他非醋方法制作或保藏的蘑菇,化纤制针织钩编套头衫、开襟衫、外穿背心,干香菇,塑料片或纺织材料作面的手提包,冻、干、盐腌或盐渍墨鱼及鱿鱼,其他卧室用木家具等	233994	12.1
合　　计	131种	1649984	85.32

表24　**2013年福州市主要出口市场情况**

国别(地区)	出口金额(万美元)	占出口总额比重(%)
美　国	409391	21.17
欧　盟	321814	16.64
东　盟	287808	14.88
日　本	152402	7.88
中国香港	141053	7.29
中　东	88693	4.59
中国台湾	50718	2.62
俄罗斯	36532	1.89
澳大利亚	34297	1.77
加拿大	31221	1.61
印　度	29369	1.52
巴　西	22814	1.18

续表 24

国别(地区)	出口金额(万美元)	占出口总额比重(%)
墨西哥	18193	0.94
智　利	18048	0.93
南　非	17746	0.92
波　兰	17411	0.9
土耳其	15038	0.78
尼日利亚	13999	0.72
巴拿马	11637	0.6
埃　及	10430	0.54
合　计	1769050	91.48

表 25　**2013 年福州市进口额 3000 万美元以上商品情况**

金额分类	商品名称	进口金额（万美元）	占进口总额比重（%）
10 亿美元以上(1 种)	单项记录价值≤￥2000 非税、证进口商品	307663	25.44
1 亿美元以上（15 种）	液晶显示板，非种用黄大豆，处理器及控制器，饲料用鱼粉，对二甲苯，镍矿砂及其精矿，己内酰胺，乙烯聚合物的废碎料及下脚料，其他低芥子酸油菜子，褐煤，仅冷轧铁或非合金钢卷材(厚<0.3 毫米)，其他烟煤等	457414	37.83
5000 万～1 亿美元（12 种）	石油沥青，其他煤，含铝量低于 99.95% 未锻轧非合金铝，其他集成电路，平均粒度≥0.8 毫米，<6.3 毫米未烧结铁矿砂及精矿，乙二醇，甲醇，初级形状的聚乙烯，初级形状的聚丙烯等	80704	6.67
3000 万～5000 万美元（19 种）	纵锯切刨或旋切白松(云、冷杉)木材，各种硫黄(升华、沉淀及胶态硫黄除外)，天然橡胶乳，苯乙烯，冻、干、盐腌或盐渍墨鱼及鱿鱼，三乙醇胺，其他精炼铜丝，偏振材料制的片及板，其他工业用单羧脂肪酸;精炼所得酸性油等	69353	5.74
合　计	47 种	915134	75.68

表 26　**2013 年福州市主要进口市场情况**

国别(地区)	进口金额(万美元)	占进口总额比重(%)
瑞　士	243581	20.14
中国台湾	154923	12.81
美　国	139331	11.52

续表 26

国别(地区)	进口金额(万美元)	占进口总额比重(%)
东　盟	136786	11.31
欧　盟	112603	9.31
韩　国	98158	8.12
日　本	74504	6.16
巴　西	53104	4.39
加拿大	27344	2.26
澳大利亚	19835	1.64
南　非	16855	1.39
阿根廷	11973	0.99
秘　鲁	11648	0.96
挪　威	10136	0.84
合　计	1110787	91.86

(林为城)

(编辑　邱敏佳)

金融业

综述

2013年,福州市金融业增加值为333.54亿元,比增14.8%,占GDP的比重7.13%,占第三产业的比重15.57%。金融业实现税性收入187.35亿元,占第三产业全部税收622.42亿元的30.1%。

银行存贷款余额、保费收入、股票和基金交易量等主要经营指标继续稳居全省首位。全市有银行机构47家、证券法人公司2家、证券营业部87家、期货法人公司3家、期货营业部25家、保险公司51家。至年底,全市银行本外币各项存款、贷款余额分别为8950.14亿元和8159.89亿元,比增分别为13.15%和15.67%,占全省的比重分别为30.93%和31.43%。全市银行业不良贷款余额63.8亿元,不良贷款率为0.78%,比全省平均水平低0.5个百分点。福州市商业银行全年实现本外币账面利润242.73亿元,比增44.45%。全市证券营业部有87家,占全省总数的44.85%;手续费收入11.38亿元,占全省总数的49.95%;利润总额5.13亿元,占全省总额的44.77%。全市期货营业部有25家,占全省总数的43.1%;手续费收入9258万元,占全省总数的53.99%;利润总额为1871万元,占全省总额的120.27%。全年保险保费收入147.21亿元,比增15.3%,占全省总额的25.6%;全市各财产险公司累计赔款支出约50.64亿元,累计增长20.2%,占全省总额的27.02%。

广发银行福州分行于10月开业试运营,东亚福州代表处升级为省分行的筹建申请于4月报国家银监会待批;省内首家国企发起设立的武夷保险经纪公司、首家煤炭期货交割仓库在榕注册成立;福建省区域性的海峡股权交易中心首家运营场所在福州市开业运营。全国首家入驻市级行政服务中心的人行"征信服务窗口"——福州中心支行"征信服务窗口"正式运营,实现各项征信业务的"一站式"服务。市保险业协会牵头组织设立的3家道路交通"小事故快撤快处中心"正式运行,实现市区交通小事故保险公司定损、赔付"一站式"服务。福州市首个投融资服务平台——福州投融资服务平台在市行政服务中心正式开业运营。

福州市有融资性担保公司147家,累计为12040家中小企业提供251亿元贷款担保;已获批开业的小额贷款公司10家,累计为5225家企业发放贷款78.3亿元。境内外上市企业有59家,其中境内上市企业28家,境外上市企业31家。境内上市公司直接融资86.26亿元,其中股权48.76亿元,债券融资37.5亿元。

(林小凤)

银行业

【概况】 2013年,福州银行业实现平稳较快发展。至年末,全市银行业资产总额达1.29万亿元,比年初增长13.1%。各项存款余额8463亿元,比年初增长11.2%。各项贷款余额8159.5亿元,比年初增长15.7%。全年新增贷款1105.4亿元,增量位居全省各设区市首位。全市银行业资产总额、存款、贷款余额分别占全省银行业的26%、30%、31%,均位居全省各设区市首位。全年实现税后净利润214.8亿元,比上年增长15.6%。年末全市银行业不良贷款率0.78%,低于全省不良率0.5个百分点。福建海峡银行、福州农商行等地方法人银行的资本充足率、拨备覆盖率和流动性等主要指标均高于监管要求。

普惠金融服务方面,试点建设社区支行,组建社区支行47家,引导中小银行下沉服务重心,为居民与小微业主提供专业、便捷、贴心的金融服务。

小微企业金融服务方面,推动地方政府开展小微企业信息体系、信用评价体系、担保体系和风险分担体系等"四个体系"建设,改善小微企业金融服务外部环境。各银行业机构创新小微企业贷款还款方式,兴业银行、福建海峡银行等推出"连连贷""续贷通"等无还款续贷产品。至年末,全市小微企业贷款余额2513.4亿元,比年初增加389.33亿元,多增116.15亿元,增长18.33%,高于各项贷款平均增速2.66个百分点。

"三农"金融服务方面,实现农村基础金融服务全覆盖。推出加强农村金融服务10条措施,推进支农金融服务"阳光信贷工程”“金融服务进村入户工程”和“富农惠民金融创新工程”,实现目标客户建档全覆盖,小额便民服务点基本覆盖和阳光信贷标准化网点基本全覆盖。至年末,全市银行业涉农贷款余额2348.32亿元,比年初新增333.38亿元,增长19.82%,高于各项贷款增幅4.15个百分点。 (张 丽)

【中国人民银行福州中心支行】 采取适时窗口指导、监测预警、预调微调等调控措施,借助差别存款准备金等动态调整工具,引导辖内地方法人金融机构合理投放贷款。制定出台《关于进一步加强和改善福建省实体经济发展金融服务的若干意见》,配合省政府制定下发《关于贯彻落实金融支持经济结构调整和转型升级的实施意见》等,引导金融机构加大对重点项目、战略性新兴产业、传统产业转型升级、小微企业、“三农”、节能减排、民生保障等重点领域及薄弱环节的信贷支持力度,同时严格限制对“两高一剩(高耗能、高污染和产能过剩)”行业贷款。会同省金融办与中国银行间市场交易商协会签署《借助银行间市场助推福建省经济发展合作备忘录》三方协议。被中国金融工会授予“全国金融五一劳动奖状”。

服务海西建设 通过政银企会商方式加强重点项目建设融资协调。牵头组织第十一届“6·18”金融服务馆各项活动,促成项目成果与金融资本对接。加强高新技术产业、文化产业和节能环保产业等战略性新兴产业的金融支持,省内首家成立的福建海峡银行福州科技支行年末科技型中小企业贷款余额6955万元;牵头制定关于进一步推动金融支持辖内文化产业发展的实施意见,银行业支持文化产业发展的“五种模式”被中共中央宣传部向全国推广。推动建立涉农贷款增量奖励制度,创新农村金融产品和服务方式,提升农户和农村中小企业对接金融信贷的能力,年末辖内涉农贷款实现增量和增速“两个不低于”的目标;配合省政府制定出台《关于进一步深化集体林权制度改革的若干意见》,支持组建林权收储中心,完善林业贷款风险补偿机制,年末辖内林权抵押贷款余额居全国第2位。完善中小微企业金融支持体系,引导银行业设立中小企业金融服务专营机构,扩大区域集优直接债务融资等银行间市场发债创新试点,促成福建海峡银行发行小微企业专项金融债,年末辖内小微企业贷款增速持续高于全部贷款增速。完善促就业小额贷款政策扶持体系,推动开发小额担保贷款管理系统,全年福州市发放各类促就业小额贷款5650万元;联合省教育厅下发《关于加快推进生源地信用助学贷款工作的通知》,支持所有金融机构开办生源地助学贷款;拓宽保障房建设融资渠道,促成福州市试点“保障房非公开定向债务融资工具”(又称“保障房私募债券”)落地,福州市城乡建设发展总公司和福州市建发集团获准分别发行保障房私募债券5亿元和20亿元,年末福州市保障房开发贷款余额58.48亿元,比增87.07%,同比多增12.84亿元;引导金融机构改善居民购买首套自住房金融服务,全年商业银行首套住房贷款笔数占比持续维持在90%以上,年末福州市个人住房贷款余额1467.35亿元,比增27.48%,同比多增144.98亿元。推动福州构建海西现代金融中心,协助出台《支持福州市构建“海峡西岸现代金融中心”的若干意见》,推动福州市与13家金融机构签订战略合作协议,“平潭注册、福州运作”模式的海峡股权交易中心(福建)有限公司正式开业运营,为非上市公众公司股权转让提供区域性交易平台。

维护金融稳定 与福建证监局签署《关于加强证券期货监管合作 共同维护金融稳定的合作备忘录》,建立证券期货业重大事项报告制度和风险监测评估机制;完善突发金融风险事件应急处置机制,应急演练内容拓展至银行、证券、保险等金融各业;将金融稳定定点监测的对象范围扩大至退市高风险上市公司、上市公司从事类金融业务、企业担保链等,加强对辖区大型问题企业、融资平台、钢贸企业、光伏企业等重要风险点的监测和排查,全年辖内人民银行系统累计开展金融风险提示112次;全面推进“两管理、两综合(开业管理、营业管理、综合评价、综合执法)”工作,首次组织完成对辖区28家银行业机构的118个分支机构的综合评价,并对福州农商银行实施省内首次综合执法检查;推动金融生态县创建试点覆盖全省各市,指导福清、长乐等试点县(市)人民银行探索构建金融生态环境评价指标体系。

基础金融服务 完成全国金融业综合统计和存贷款综合抽样统计试点任务,开展辖内23家县域法人金融机构将新增存款一定比例用于当地贷款考核工作,福建成为全国唯一考核全部达标的省份。

深化农村支付环境建设,福清和平潭试点助农取款金额上限调增等优惠政策;实施“贯通城乡”专项行动,实现福州市城乡结合部222个行政村支付服务全覆盖;发展农村手机支付业务,辖内首个基于标准金融IC卡的公交手机支付业务系统,在农村地区应用;推动商业汇

3月19日,中国人民银行福州中心支行举行“全国金融五一劳动奖状”颁奖授牌仪式 (中国人民银行福州中心支行 供)

票电子化，全年辖内电子商业汇票系统业务量首次突破2000亿元；联合省高院开发建成全国首个由人民银行中转的“点对点”银行账户网络执行查控系统，系统日均查询量是此前人工查询量的60倍；在全国率先与公安部门、省军区合作，采取人民银行牵头汇总、批量发送发证机关核实的方式，解决银行核实非居民身份证件信息的难题。

组织宣传贯彻《征信业管理条例》，举办宣传活动3604场，参与人数达13万人次，开展福州市区14家银行业金融机构落实条例专项检查；与省发改委牵头起草的《福建省社会信用体系建设工作方案》正式颁布实施；中小企业信用档案建设的增信作用明显，年末辖内累计建立中小企业信用档案10.47万户，其中1.81万户获得银行融资，分别比增4.18%和25.84%；拓展机构信用代码应用范围，推动将其作为辖内信用信息公共交换平台建设的主要信息项。

推进国库信息化建设，拓宽电子缴库业务范围，继续实行批量拨付涉农补贴和出口退税资金；与福州四城区财政部门共同推动国库集中支付改革，纳入直接办理国库集中支付业务的预算单位达2258家，批设代理银行18家；将平潭综合实验区支库移交平潭综合实验区支行，协助建立一机多库业务模式；首次组织辖区支库对同一商业银行开展行政执法检查，加强对商业银行代理国库业务的监管。

建立小面额现金备付金制度，实现10元（含）以下小面额人民币投放的乡镇全覆盖；拓宽小面额人民币投放渠道，10元券ATM终端取款便民服务试点在福州市取得突破。年末辖内银行业金融机构营业网点（邮政代理网点除外）提前实现对外付现全额清分的目标；正式推广自主设计开发的残损人民币复点中心管理系统，实现辖内残损人民币复点中心业务管理的电子化和标准化。将反假货币工作纳入省级以下地方政府社会管理综合治理考核评价体系，推进假币犯罪危害突出地区重点整治，连江成为全国假币违法犯罪重点整治县。

完成全国证券业大额和可疑交易报告综合试点，兴业证券成为全国证券业首家按照自主监测标准报送可疑交易数据的单位；提升资金监测效能，全年报案113起、立案32起、协助破案26起，同比分别增长52.7%、45.5%和30%。开展区域洗钱风险提示，有效遏制辖内利用“天狮集团”名义从事网络传销诈骗活动；推动辖内涉案金额达64亿元的集资诈骗洗钱案宣判，成为全国洗钱金额最大、判处刑罚最长的洗钱罪案件。

外汇监管服务　完善跨境资金流动监测分析机制，发现并上报辖内转口贸易异常快速增长情况，查实货物贸易外汇管理制度改革后通过总量监测发现实质性违规行为的首个案例，促成外汇总局在全国13省市部署打击虚假转口贸易专项行动；加强外汇收支形势监测分析协作，被外汇总局指定参与跨境资金流动监测与分析平台数据项标准制定和数据共享试点工作。组织完成首批“控流入”重点企业筛选和31家列入B/C类企业整改情况评估，加强对外币报关人民币结算C类企业及人民币内保外贷业务的监管，防范异常外汇资金流入风险。

推动服务贸易外汇管理改革，对外汇总局起草拟与国家税务总局联合签署的《关于共同推进服务贸易外汇改革工作合作备忘录》提出修改意见并被采纳；探索全国个人对外贸易外汇管理改革试点，制定辖内个人对外贸易外汇管理办法。参与外汇总局外债登记管理政策法规、外商投资企业资本金结汇改革、返程投资外汇管理改革等的设计论证。

提升贸易投资外汇便利化，协调解决税制改革后的国际海运费、碳排放指标交易费等涉及的购付汇新问题，将指标达到正常标准的首批“控流入”25家B/C类企业恢复为A类。参加中国电子口岸IC卡网上审批系统海关、工商、国税、外管、外经贸联审福州试点，共同推进企业入网手续办理。调增福建海峡银行短期外债指标1100万美元，专项支持平潭综合实验区企业融资。批准中国银行福清分行开办省内首笔外币资金池业务。支持民营企业福州宏东远洋渔业有限公司为其境外子公司提供3000万美元对外担保额度。

加强银行结售汇市场准入服务与管理，辖内福州农商银行、福清农商银行获批办理结售汇业务，存贷比超标较大的福建海峡银行结售汇综合头寸增持到位，达到调整后的监管下限要求。自主对辖内兴业银行融资性对外担保、华夏银行转口贸易项下付汇、集友银行短期外债及融资性对外担保等情况，开展银行外汇业务检查。

查处外汇违法违规行为，集中开展虚假转口贸易外汇业务、外商投资企业利润汇出、房地产行业和“港华系”企业外汇流入等专项检查，查实涉嫌企业利用真实单证虚构转口贸易违规行为，转口贸易项下银行单证调取、异地单证核验等检查手段被外汇总局向全国推广。拓展非现场检查的深度和广度，强化非现场检查系统数据的分析利用，筛选出异常线索94条、金额8.55亿美元。

（王　勉）

【中国农业发展银行福建省分行营业部】　突出和强化政策性职能，做强粮棉油等基础信贷业务、做大农村基础设施建设等主导信贷业务。年末各项贷款余额107.7亿元，占全省农发行系统总量的22.3%，各项存款余额46.2亿元，比增5.5亿元，增长13.7%，实现账面盈利3.1亿元，占全省系统总盈利的27%，人均创利274万元，存贷款规模、账面利润等主要指标排名全省系统第一；实现各项贷款利息收入66826万元，贷款利息收回率99.87%；全额收回不良贷款本金2300万元并完成表外欠息的减免工作，实现全辖零不良贷款。

保障粮食安全　确保国家政策性粮油资金供应，市县两级财政全年粮食风险基金提前到位9061万元，超额2512万元，综合到位率138.35%；发放各级储备贷款5.45亿元，支持轮换、增储储备粮油39.67万吨。支持“引粮入闽”“北粮南调”等政策，促进产销对接，保障粮食市场稳定，发放流动资金贷款16.33亿元，支持带动调入粮食436万吨，调入油料41万吨。支持化肥储备企业做好化肥冬储工作，发放化肥储备贷款2.5亿元，支持储备化肥4.94万吨。

服务实体经济　支持一批规模大、带动力强、具有竞争优势和发展前景的优质客户，重点扶持棉纺、水产和食品三大行业精深加工高端客户、龙头企业发展壮大，全年投放实体企业贷款32.25

亿元,其中产业化龙头企业贷款30.34亿元,信贷扶持省级以上产业化龙头企业26家,覆盖率57.8%,年末产业化龙头企业贷款余额20.75亿元,比增0.5亿元;服务农业小微企业,年末小微贷款余额37.22亿元,扶持粮油购销储、林木种植、畜禽养殖、食品加工、家具制造、农村基础设施改善等行业领域的44家客户;制定个性化服务方案,办理国际业务489笔,较上年增加65笔,结算金额11812万美元,比增4221万美元,增长55.6%。

推动新农村建设　推进省、市投融资平台重点项目营销,对接福建省水利投资(集团)有限公司水利建设、福建省交通建设发展中心农村路网建设等5个项目,申请贷款额度29.7亿元。加大农业农村基础设施建设贷款投放力度,向平潭、福清、连江、永泰等地投放农业农村基础设施建设贷款8.45亿元,年末贷款余额34.1亿元,比增1亿元,占全部贷款的31.7%。

风险管控　组织开展企业集群风险和外部风险传染排查工作,排查因股权关联、债权关联、营运关联等关系形成的企业集群及民间融资、非法集资等可能向银行业传递的外部风险情况;开展贷款"三核对"及信贷基础管理大检查,检查商业性客户存量贷款的贷后管理及信贷基础管理工作情况,核实企业上年经营状况和资产情况;开展"一企一策"贷款风险防范工作,加强商业性贷款风险敞口覆盖,有效担保贷款比重比年初增加8.83个百分点;组织检查贸易企业在东北的粮食库存,摸清客户异地购销、储运等各环节管理情况。　(池家澂)

【中国工商银行福建省分行营业部】

经营利润突破23亿元,在当地四大国有银行中继续名列首位,存款余额突破1000亿元,贷款余额突破800亿元,资产质量保持基本稳定,实现安全经营无案件无事故。参与银行业文明规范服务示范单位创建活动,闽都支行营业室、南门支行营业室通过中国银行业文明规范服务千佳示范单位复评验收;台江支行营业室、仓山支行营业室获福建省银行业文明规范服务示范单位称号。

服务实体经济　建立绿色快速通道,对接项目资金,支持福州地区优势产业升级、技术提升,支持重点产业和新兴产业发展。全年累计向福州市投放各项融资774.2亿元,支持的项目包括:新建合肥至福州铁路(闽赣段)、厦深铁路(福建段)项目、城市轨道交通1号线、绕城高速、福清核电等重点项目;鑫东华实业、金纶高纤、恒申合纤、卡冠纤维科技、集佳油脂、盛扬实业等实体企业;福州地区商场、旅游、酒店、物流等文化产业和现代服务业。

工行福建省分行营业部与南京军区福州总院合作投产"银医一卡通"项目,图为7月25日,双方领导在现场指导投产工作

(中国工商银行福建省分行营业部　供)

设立小微企业专营机构,加大对中小微企业的支持力度。与市经济委员会、市财政局、市信用担保协会初步协商签订四方协议,全面推动落实省分行"万家小微企业成长计划",政府配套增信基金额度和开户情况得到实质性推动。全年通过直接信贷资金支持的小微企业客户达322户,融资余额约40.15亿元。

贯彻绿色信贷政策,支持生态文明建设。围绕"美丽福州"建设目标,对接福州特色产业,加大对实体经济支持力度,将贷款投放于一系列清洁能源、节能减排、产业升级、保护环境、生态文明建设等客户和项目。介入福清核电项目融资工作,累计对该项目办理融资10亿多元。对国内已投产的最大燃气蒸汽联合循环发电厂——莆田燃气电厂(LNG),累计办理融资10亿多元。

创新国际业务,重点推广代开人民币融资性保函、代理开证、信用证保兑、进出口代付、合作办理远期结售汇等产品。实现代客商品风险管理业务,以及代开信用证及保函业务等零突破。

通过投行业务拓宽资产管理业务渠道。平潭建设百亿元投资基金项目一期10亿元股权投资项目完成风险审查。全年向总行、省行推荐资产管理业务规模113.9亿元,实现对接理财项目规模38.428亿元。

配合"军银融合随军银行的研制"项目,组织随军银行参加部队军事财务演练。落实军人退役养老保险补助资金划转结算业务。开展军队武警客户百日服务提升活动。以核心企业客户、系统行业客户、中小企业客户为重点,为客户提供集资金集中、综合理财、风险管理为一体的结算与现金管理综合化金融解决方案。

个人金融业务　发展个人按揭贷款,稳健推进个人经营贷款业务。为长乐CSH酒店办理首张逸贷公司卡。连续3年作为福建地区汽车展销唯一合作银行,为国际汽车展览会提供金融服务。信用卡专项分期付款业务向车位、家装市场、家居家电卖场、出国留学服务机构等行业渗透。推广小额快速支付受理业务,与水利、电力、烟草、医疗、证券、工商行政、交警等多个行业和部门开展代付代缴等代理业务。投产10元券ATM自动柜员机。

网点建设　设立中国工商银行福建省分行营业部私人银行服务中心。完成连江金安支行和马尾琅岐支行2个网点新建工作，改造网点12个，新增离行式自助银行及自助点20个。

风险管控　开展员工行为禁规学习教育活动和岗位风险警示教育，违规参与民间融资专项排查活动，“纠违规违章，守行为规范，强履职尽责”内控文化活动。完成161家网点反洗钱工作的集中处理以及反洗钱监控新旧系统的转换工作。加强消防安全检查，组织开展“清剿火患”战役行动。开展防范和打击非法集资宣传月活动。参与公安机关打击伪卡、电话诈骗等欺诈犯罪活动，为客户避免经济损失达100余万元。通过市公安部门、省银监局组织的金融机构2012—2013年度安全评估验收工作，受评的20个支行成绩全部达到优秀，营业部本部取得99.2的高分。

服务社会　全年发放助学贷款3122笔，金额1442.72万元。向连江县安凯乡黄家村村民委员会支付建设资金20万元。组织员工开展“春蕾计划”捐资助学活动，帮助贫困学生重返校园。组织青年帮扶小组走进“双留子女”学校欢度六一。组织志愿者队伍分赴社区开展“清洁家园在行动”活动。与福建海博书城合作发行“书香海西灵通卡”，并对其提供信贷支持，扩建书城、增添新设施。组织志愿服务人员开展金融延伸志愿服务活动，配合福建江夏学院金融学院，开展“金融进社区”大学生社会实践活动。和省教育厅关心下一代工作委员会共同主办“新年第一课——财商大讲堂之压岁钱”儿童理财沙龙。开展“普及金融知识万里行”活动。

（陈　敦）

【中国农业银行福建省分行营业部】

贯彻落实绿色信贷，支持重点领域与行业转型和调整，重点支持有市场发展前景的先进制造业、战略性新兴产业、现代服务业、文化产业、电子信息产业等；围绕“海上福州”建设，支持现代物流、海洋服务、海洋制造和高端设备制造产业；支持对省、市重大基础设施项目建设和总分行核心客户房地产开发贷款。以小企业金融服务中心为平台，优选小微企业，实行名单制营销管理，培育优质小微企业客户群，实现小微企业贷款增速和增量“两个不低于”要求。支持总分行级核心客户房地产开发贷款支持的楼盘个人住房按揭贷款及公积金贷款需求。加强与同业机构合作，创新金融产品，完善业务流程，满足客户多层次高端金融服务需求。年内通过全国文明单位初评，文明行业测评成绩居各参赛行业第一，辖内新增全国级青年文明号1个、省级1个、省分行级2个。

服务“三农”　与124家市级以上农业产业化龙头企业建立合作关系，其中省级以上35家，服务覆盖率达77.8%。加大小城镇特色产品和服务方式创新，与7个省级、4个市级小城镇综合改革建设试点镇签订合作协议，全面支持小城镇综合改革建设试点。完善“金穗惠农通客户体验店”工程项目，加速组成覆盖全辖的惠农联通服务网络；调整优化低效、无效金穗“惠农通”服务点，重点开展空白行政村的布点工作。新增金穗“惠农通”服务点近700个，电子机具覆盖近1786个行政村，覆盖率达74.54%。加强与晚报民生工程“绿色超市”合作关系，共同发行联名卡，累计开立“读者绿卡”2万多张。与市农办联合举办农业产业化龙头企业银企对接会，探索支持罗源畲族乡区域发展模式。

网点建设　完成辖区45个营业网点升格和27处离行式自助银行（设备）选址、评估、批复等工作。在华林支行营业厅和湖东支行营业厅试点网点6S管理，总结经验向全辖推广。华林支行营业厅被中国银行业协会评为文明规范服务百佳示范单位，百佳示范单位数量居省内同业第一。

风险管控　加大信贷风险排查和不良贷款清收处置力度，持续加强内控合规管理，内控评价继续保持“一类行”；加大安全生产和案件防控力度，继续保持无责任制刑事案件和治安灾害事故发生，全辖各支行、营业网点、金库“三化三达标”工作验收优秀率100%，安全保卫工作考核排名连续4年居全省农行第一，2012—2013年度银行业金融机构安全评估综合得分居福州市18家参评金融机构第一。

（沈冰娟）

【中国银行福州地区直属支行】　与省广电集团签订合作协议，加快水、电、煤、通信、交通等民生项目的开发，带动存款资金流的增长。加快“结算+清算”渠道建设，推广“聚优汇”和“结算宝”两大结算工具，辅之以产品优惠组合套餐，通过流量带动存量，吸引低成本客户资金。全面打响“核心存款攻坚战”，多渠道拓宽资金来源，以高层营销

3月8日，马尾支行成功发放全国农行首笔“县域个人冻品非标准仓单质押”贷款，吸引包括中央电视台在内的多家媒体广泛关注。图为该行代表与个人商户签订合同书　　（中国农业银行福建省分行营业部　供）

为突破口,加大行政事业机构客户及教育系统的营销服务力度,保持存款资金的强劲增长。福州地区单位结算账户和个人有效客户分别净增4682户、9.47万户;人民币存款新增65.17亿元,增幅11.64%;外币存款新增7969万美元,增幅9.82%。

创新资产通道　加强与海外分行联动,推广海外直贷、内保外贷等产品,公司条线共运用海外、表外资金33亿元(各币种折合),叙做外储专项委托贷款2.45亿美元。加快微型金融业务推广模式,福州地区试点机构投放微型企业贷款55笔,贷款超亿元。创新个人信贷产品,推出外汇留学贷款、"工薪贷""个贷资产转让"等重点产品。年内福州地区人民币贷款新增60.7亿元,增幅14.26%;外币贷款新增1865万美元,增幅5.22%。

特色业务　推出跨境金融IC卡、旅游保证金代管、国际汇款全额到账、全球欧元清算、全球美元清算以及新西兰、印尼卢比现钞兑换业务。创新投行业务,叙做投融通、标准债券类投行理财业务,实现"中银集富"理财计划投资标准化资产的首次突破。推广跨境金融服务,为东南汽车下游经销商叙做省内首笔"票据池融资+销易达+国内信用证"业务。年内福州地区叙做贸易项下国际结算业务70.72亿元,跨境人民币结算业务141.24亿元,中间业务毛收入同比增速四大行排名第一,中间业务收入在全辖贡献度达19.86%,比增8.42%。

客户服务　加强与中建海峡、省监狱管理局、武警福州指挥学院、中铝瑞闽、世纪金源、融侨集团、世茂集团等重点客户的战略合作。投产运营养老金账户,拓展IC卡跨行业应用。先后投产福州公交一卡通、华榕泊车卡、银医通、NFC收集支付等项目。年内福州地区各级机构新增1251个公司有效客户,189万个人有效客户。

网点渠道建设　获批筹建网点2家,标准化改造17家,县域网点覆盖率达100%,服务网点达120个。实施网点梯度建设,在做实15家大中型网点和8家对公转型网点的基础上,加快潜力网点的培育。运用互联网思维,通过产品与服务组合创新,发挥电子渠道与物理网点协同服务的互补优势。试点运营供应链网络金融平台,丰富网点智能化服务元素,投产自助终端、PC端自助填单系统,推广移动支付、转账汇划、在线理财等重点产品以及手机取款、密码取款特色服务。加快渠道业务迁移,试点外包大堂引领员,增强网点厅堂分流引导,优化客户服务体验。电子渠道业务替代率达61.22%,提升0.5个百分点。

风险管控　加强主动风险管理,调整、完善风险管控机制和手段,强化贷前预防和贷后管理。制定特贸授权动态调整制度,初步建立福州地区集中审批制度,从制度上加强风险控制。成立特定客户资产质量排查工组小组,摸排资产,一户一策制订清收计划,抓不良项目重组与化解,累计化解不良资产3.84亿元;对异地钢贸建立个人授信风险资产间的联动催收保全机制,实现不良客户信息共享,降低风险敞口。严密防控操作风险,推进合规文化建设,开展长青内控联合行动、飞行检查、巡视督导、治理基层违规操作8项重点环节等活动,排除操作的风险隐患。　(陈　琼)

【中国建设银行福建省分行】　落实2012年与市政府签署的战略合作协议,将福州地区作为业务发展的重点区域,贴近福州经济特色、百姓金融需求,支持福州实现经济持续健康发展和社会和谐稳定。至年底,在福州地区一般性存款余额1304.8亿元,新增134.1亿元;各项贷款余额992.8亿元,新增122.7亿元,存贷款余额继续保持当地四行首位。

福州地区1个机构被评为"第一届总行级企业文化建设示范单位",并继续保持全国银行业百佳文明规范服务示范单位称号;1个机构保持全国银行业文明规范服务千佳示范单位称号;1人获得全国金融青年岗位能手称号;3人获得全国银行业文明规范服务"明星大堂经理"称号。开展贫困英模母亲资助项目和"资助贫困高中生成长计划",同时向福州地区公益捐赠18万余元。

服务实体经济　将福州地区作为信贷投放的重点区域,通过盘活存量、用好增量、合理利用外部资源,最大限度地满足福州客户(项目)的信贷需求。全年福州地区各项贷款增幅14.1%,新增额占全行新增总额的38.7%。

支持铁路、核电、化工等基础设施和重点项目建设,突出对"三维"项目和优势产业的融资需求对接和省、市重点项目建设信贷支持,并在授信审批和业务准入方面给予支持政策,对接福州地区"三维"项目(客户)92个,其中授信27户,授信金额214.6亿元。支持福州地区省重点项目26个,授信金额427.1亿元。支持工业转型升级,把福州地区的省"百项千亿"技改项目作为重点跟踪营销的客户群体,全年对福州地区"百项千亿"技改项目授信34户、授信金额30.2亿元。

根据不同小微企业客户所处的生命周期、企业规模,为客户提供包括融资、结算、理财、顾问和咨询等在内的综合化产品套餐。推广"速贷通""成长之路""助保贷""善融贷""网银循环贷"等特色产品,支持消费类行业、民生服务业、文化产业和新兴科技产业小微企业。至年底,福州地区小微企业贷款余额137亿元,新增14亿元,增幅11.4%。

融资创新　通过信用类表外业务和非信贷方式解决客户资金需求。其中,为福建华电可门发电有限公司、东南沿海铁路福建有限责任公司、新华都实业集团股份有限公司等24家福州地区企业发行各类理财产品44笔,合计金额37.1亿元;为福建建工发行短期融资券,累计募集资金3亿元;研发推出第三方独立财务顾问创新机构融资业务,累计向福州地区投资标的个贷资产6.6亿元,累计缓解个贷规模约9.4亿元,累计为11家客户有效解决投融资需求。

民生服务　加大支持普通住房特别是保障性住房建设力度,至年底在福州地区房地产开发贷款余额112.9亿元,其中普通住宅项目和保障性住房项目占97.3%。与16个保障性住房楼盘项目建立合作关系,向各类保障性住房项目发放房地产开发贷款和个人贷款累计超过3.3亿元,帮助602户中低收入居民实现购房的梦想。

创新个人助业贷款经营模式,采取"优质信誉+有效抵押+稳定现金流"的形式,重点服务"衣食住行"类大型批发专业市场。全年在福州地区投放助业贷款12.2亿元,年末余额12.3亿元。

推广财富贷、家装贷、学易贷和黄金质押贷等产品，发展小额贷和结算卡等产品。全年累计向福州地区发放个人消费经营类贷款13.8亿元，年末余额24.5亿元。

开展汽车分期、车位分期、安居分期、红木分期、旅游分期等信用卡分期付款业务。至年底，在福州地区信用卡专项分期贷款余额40.5亿元，直接拉动大额消费38.3亿元。其中全年购车分期交易22.8亿元，为1.5万名客户提供购车信贷支持；安居分期交易5.9亿元，支持3862户家庭完成住房装修计划。

重点发展绿色信贷，支持节能减排，向环保、文化等行业提供金融支持，致力打造“绿色信贷”模范银行。至年底，福州地区节能减排行业贷款余额149.6亿元，新增10.2亿元；福州地区十大文化行业贷款余额6.2亿元，增加0.5亿元。

渠道建设　福州地区新增对私营业网点2家，装修改造网点9家，升格网点5家；开通自助银行226家，自助设备1236台，分别新增26家和132台，自助设备账务性交易量比达83.35%。推广电话支付业务，福州地区EPOS签约客户达7846户。在福州63个网点上线可视服务系统。新增47个综合性网点，综合性网点占比达60.9%。对7个“信贷工厂”开展实地验收，并进行复验和“回头看”，调整部分经营中心的业务办理权限或流程，确保小企业经营中心建设“形神兼备”。提升个贷中心建设水平，新建1个二手房贷款专业经营中心。发展电子银行，福州地区个人网银、手机银行、企业网银客户分别新增48.2万户、46.2万户和0.6万户，电子银行账务性交易量比（不含自助）达83.2%。抓住“客户、交易、融资”三大核心，向客户推广善融商务平台。创造与地方政府合作开办“地方商品汇”模式，批量吸引优质客户群体，先后与闽清、闽侯、福州仓山区等3个县（市）区政府签署合作协议，年末福州地区商户总量达2615户，交易额12亿元，获得贷款117亿元。

（罗长武）

【兴业银行福州分行】　2013年，兴业银行福州分行年末总资产1143.56亿元，本外币各项存款余额775.06亿元，本外币各项贷款余额475.89亿元。次级以下不良贷款余额5437万元，不良贷款比率为0.114%。

服务实体经济　调整贷款结构，重点支持城镇化建设、钢铁、交运、纺织、电力等行业发展，发展现金管理、投资银行、供应链金融、绿色金融等重点业务，拓宽企业项目融资渠道；小企业业务开展重点企业链式营销，创新产品政策与信用条件的个性化设计，全年小企业贷款余额新增15.74亿元。创新型绿色金融业务持续落地，至年底绿色金融融资余额约28亿元。创新银医合作模式，创设“兴业诊疗通”银医合作服务方案，与区域标杆三甲医院签订合作协议，省立医院、福建医科大学附属第一医院系统上线运行。

社区银行开业　6月25日，国内首家持牌社区银行——兴业银行福州联邦广场社区支行正式开业。至12月末有6家社区银行正式对外营业。社区支行通过客流分析，合理安排营业时间，提升服务水平。

“美丽厅堂”建设　调整网点布局，按照“美丽厅堂”检查标准和第三方尼尔森服务质量监测整改要求，提升服务规范水平。引入企业金融团队对营业厅服务质量的全面评价、考核机制，加强内部协调和柜面公共平台管理和考核。建立健全服务督导制度，落实监督检查职能。组织柜面技能和服务规范竞赛活动，强化各项业务技能和知识。推行低柜服务模式，实现免费WiFi覆盖全市全部营业网点，营业厅内设置电子银行服务专区，配置移动终端设备，开创“无线”服务新模式。

风险管控　加强重点行业客户的市场调研，调整授信政策和授信业务流程。强化政府融资平台贷款风险管控，开展平台客户名单制管理工作。将新兴业务纳入贷后集中检查范围，落实风险排查工作。发布风险提示信息，落实授信后双线管理职责，加强放款环节操作风险管控。组织开展案件防控工作，对全体员工开展异常行为风险排查。

（陈　艳）

【中信银行福州分行】　支持实体经济发展，业务指标稳步提升，资产质量保持良好，内控管理基础稳固。年末，总资产612亿元；本外币各项存款余额608亿元，本外币各项贷款余额399亿元。在福州、莆田、漳州、宁德共设立营业网点28家，其中福州21家、莆田3家、漳州3家、宁德1家。

业务经营　公司业务方面，推进大客户经营上移战略，以“商行＋投行”服务模式，为辖内优质企业及重点项目提供授信、投行融资等综合金融服务，与市政府新组建的建设发展投资集团有限公司、国有资产投资发展集团有限公司两大集团达成战略合作。支持实体经济发展，与福建民营企业发展基金签订战略合作协议，支持东百集团等多家现代服务业企业发展。零售业务方面，固化深化网点销售化转型，提供理财、保管箱、出国金融等多元化产品服务。探索介入寿山石、珠宝等专业市场，为个体工商户、小微企业提供个人经营贷款、消费贷款小企业标准产品、POS网络贷款等，小微企业贷款实现“两个不低于”。国际业务方面，开展外汇清算产品、跨境人民币等业务，与信银国际、进出口银行、出口信保公司合作，支持“走出去”企业和出口企业发展，办理省内最大金额跨境人民币股权并购项目。金融市场业务方面，开展票据买断、逆回购业务，引进基金公司同业负债，依托双边、类双边业务，实现同业业务规模稳定增长。

风险管控　建立全面风险管理体系，加强垂直风险管理；严格授信审批调查，坚持“涉黄、赌、毒、民间融资、不法行为”不予立项，强化贷前调查质量考核；实行核保资格准入管理，强化评估、核保、放款各环节风险管控；加大重点风险领域专项排查力度，结合非现场检查，调整授信结构，防范风险隐患。各经营单位签订“合规经营承诺书”，强化员工行为排查、案防风险排查及滚动排查等，强化会计事中、事后监督及安保管理。

（饶　潇）

【中国光大银行福州分行】　至年底，表内外资产总额640亿元，存款余额近400亿元，各项贷款余额350亿元，实现税后利润近10亿元。获总行2013年度发展奖。

业务经营　推进业务受信工作，固定资产贷款总额有所提升，房地产开发贷在同业中形成一定竞争力。有效控制融资平台贷款、中长期基建类贷款、“两高一剩”行业授信,重点支持中小型企业生产、贸易类项目授信推进,强调通过产品化加强与客户的合作,利用核心企业和模式化以及特定产品切入客户或深化与客户合作力度,扩大实体企业授信客户面。建有24个有效的供应链金融核心网络。对公有效授信客户数1638户,位居全行第三位,中小企业管辖客户数1465户,户数全行排名第三;累计实现贸金客户数491户。通过财富管理、小微金融和结算产品的带动以及客户综合经营,储蓄、个贷总额突破百亿元,零售客户规模稳步提升。信用卡和支付易业务逐渐成为零售业务发展的新亮点,信用卡业务连续3个季度获得总行信用卡突出贡献奖。通过产品组合即“机卡通归贷”开拓小微客户,为增存揽储开辟新的渠道。至11月30日,存量支付易1.81万台,全年累计新增信用卡有效客户数12.16万户;新增手机银行29.5万户;新增手机支付客户1038人。

网点建设　完成光大银行全国首家有营业牌照的社区支行——福州名城港湾社区支行的看点、签约、装修、筹备等工作,并于11月1日正式开业。至年底,实现11家社区支行网点正式开业(福州城区5家、泉州1家、龙岩2家、漳州3家),新建1家同城支行(福州华林支行)和2家县域支行(泉州南安支行、龙岩新罗支行),福州南门支行、湖东支行完成搬迁、装修改造;分行新办公大楼建设和莆田分行筹建进展顺利。

风险管控　重新签订《任期内案件防控目标责任书》和《履职期间保卫干部安全工作责任书》,分行党委书记与基层党支部书记签订《党风廉政建设责任书》,形成全行一级抓一级,层层抓落实的案件防控和安全保卫目标管理责任体系。依托“四位一体”的内控监督机制,定期组织运营、零售、票据、信用卡、信贷、财务等条线部门,对全行各项业务和管理的合规性开展全方位的案件风险排查。在加强思想教育和监督检查外,对违纪违规人员问责。定期召开风险预警会议和合规预警会议,应对外部经济形势变化,加强风险预警管理,提高应对风险、处置风险和化解风险能力,促进全行信贷资产良性发展。建立并实施重点监测客户名单管理制度。　(林　磊)

【招商银行福州分行】　年末总资产606.01亿元,各项自营存款余额476.33亿元,各项贷款余额433.44亿元。获评辖内唯一一家连续4年获外汇管理局“A类银行”评级的股份制银行;获评人民银行福州中心支行2013年福建省“反洗钱十年”广场宣传活动优秀单位。

支持海西建设　贯彻招商局集团与省政府签署的《深化战略合作框架协议》,落实与福州、莆田等地政府签订的战略合作协议,与省委宣传部签署《金融创新支持文化创新合作备忘录》,制定《关于文明单位(企业)和道德模范金融服务实施细则》,加强银证合作,支持地方经济发展;通过持续优化网点布局、强化产品业务创新、提供多方位金融支持和优质高效服务等举措,加大对全省重点建设项目和优质企事业法人的授信支持力度,提供财务顾问、信贷融资、资金管理、投资银行、项目股权合作等支持和金融服务。

服务小微企业　结合海西区域市场和产业集群特点,运用生意贷、展翼通、网贷通等创新产品,为小微以及“千鹰展翼”客群提供产品和结算服务;加强与各级科技厅局、海峡产权交易中心、省委宣传部以及券商合作,参展海峡项目成果交易会,联合举办中国创新创业大赛推介活动,培养具有潜力的创新成长型企业,为小微企业提供全面、优质的金融服务。年末,小企业和小微企业贷款余额达238亿元,较年初增长82亿元。

网点建设　实现二级分行三明分行对外营业,完成涵江支行、东门支行、三坊七巷自助银行及2家福州同城自助单点建设;完成7家零售网点的选址租赁,推进零售支行和社区支行的建设工作。

客户服务　发行地产基金、股权质押信托等多期高收益理财产品,为公众提供财富管理、消费金融、跨境金融等服务。开展内训师“服务礼仪”送教上门活动,规范网点服务标准。福州分行营业部获“2013年度福建省银行业文明规范服务示范单位”称号。　(李诗婷)

【中国民生银行福州分行】　将业务定位为“快乐山水、小区惠民”,支持弱周期、低碳产业的绿色信贷,为产业链上小微客户及社区居民提供现代金融服务。年末,下辖有20家支行营业网点和1个分行营业部、1家二级分行(莆田分行)。各项存款余额341亿元,排当地股份制银行第二;贷款余额221亿元。小微不良贷款率基本为零,自建行以来无案件、安全运营无事故。获“福建省2012年度纳税百强企业”称号。

专业银行建设　将分行机构整合为营销、评审、售后服务、运营保障4个职能,并率先在行内成立海洋产业金融部、文化旅游行业金融部和林业金融中心。在营业网点探讨专业化支行建设,成立连江水产专业支行,内设养殖捕捞金融部、加工流通金融部。在福州湖东支行设茶叶专业支行。在福州三坊七巷设文化旅游专业支行,开启夜间银行。在仙游县榜头镇坝下村,成立国内第一家进村的县域支行。成立中国鼓山海洋俱乐部,是中国第一家海洋产业百亿资产俱乐部,在国内首创电商与俱乐部合作模式,引入民生电商推动俱乐部从百亿资产规模到千亿交易;并为俱乐部成员发放省内首笔海洋并购贷款。

产品开发　为连江支行开发“海融通”、鲍鱼贷。为仙游支行开发业内首张“红木家具卡”。为三坊七巷支行参与组建国内首家寿山石文交所,上线“银商直通车”交易资金托管系统。为平潭支行开发“建融通”。

营销模式创新　依托集群、商圈、两链等社会与经济网络,创新小微金融批量开发模式,实现网络化营销,改变一对一的低效营销,提高销售效率。推出“微时贷”,整合成立“福建省小微企业互助合作基金”;推出“微信贷”,通过微信平台,为小微企业提供无抵押信用贷款。被省银监局列为小区银行试点单位,以小区周边1.5公里生活圈为网格,为小区居民提供专属的微贷、理财、结算等金融服务和社区医疗、水电代缴、零售产品特卖等非金融服务。

风险管控　变被动的贷后检查为主动的售后服务,提倡“用心服务客户、用爱储蓄客户、用智提升客户”服务理念。在业务快速发展的同时,小微不良率0.018%,且团队未发生道德风险。开展

“狠抓合规经营”专项活动,合规与操作风险检查实现实质性突破,注重事前防控与事后检查的有效结合,实现业务全覆盖。加强与监管机构的沟通交流,邀请监管人员列席分行各类重大会议,上门汇报分行发展思路及风控情况。年内监管评级获历史最佳、当地最高且唯一评级上升的成绩;全年实现监管零处罚。聘用第三方公司进行监测,推动客户服务质量提升;建立投诉管理体系,投诉处理及时率100%;关注声誉风险,在市场上没有负面评价。 (陈小平)

【华夏银行福州分行】 年末,资产总额192.60亿元,增长18.70%;负债总额189.11亿元,增长18.83%;一般性存款余额160.71亿元,增长14.06%;各项贷款余额133.06亿元,增长18%;不良贷款余额0.83亿元,不良贷款率0.63%,实现“双下降”。泉州南安支行、福州金融街支行先后开业,所辖分支机构达12家,建有16个自助服务区和19个单点自助设备。在2013年度人民币流通管理工作综合评价中连续第5年被评为A类行;被中国银联福建分公司评为“2013年度福建省银行卡风险管理先进单位”。

服务产业结构转型升级 加大以物流、教育、旅游、文化为代表的现代服务业和绿色信贷领域信贷投放,把战略性新兴产业、医疗和海洋经济作为新增重点投放领域,交通物流业信贷余额增长166%,租赁和商务服务业信贷余额增长110%。推出城镇化建设贷款,支持城镇化过程中的土地整治、城镇更新改造及安置房建设、产业园区建设和城镇基础设施建设。支持福州“温泉品牌”旅游项目建设,为福州桂湖温泉城建设等项目提供资金支持。

支持小微企业发展 坚持“中小企业金融服务商”发展战略,在福州、泉州设立2家小企业业务专营机构,在全辖所有经营单位配置小企业专营客户经理,为小企业融资提供专业、全面的金融服务。针对小企业业务,建立独立的客户划分和评级体系、小企业信贷评审系统和审批流程,提高对小企业信贷业务办理效率。在同业中首创“平台金融”业务模式,实行“一笔订单一笔贷款,线上支付随借随还”的全流程电子化金融服务,小企业提供不受时间、地域限制的在线融资、现金管理等全流程、全方位的电子化金融服务。推出“小企业宽限期还本付息贷”产品,根据客户资金回流的周期和生产经营特点,给予一定的还款宽限期,减轻小微企业还款压力。创新小微企业还款方式,推行“年审制”贷款,延长贷款期限,减轻企业负担。

公众金融服务 开展金融服务进社区活动,辖内各网点组织“四进社区”营销活动192场次,分行员工860人次利用周末、节假日走进社区,宣传介绍银行卡、理财、电子银行等金融知识与业务,受惠公众达到近1.10万人次。在共建社区(福州市鼓楼区开元社区)的社区网站开辟反假币、反洗钱宣传专栏,开展防伪反假宣传活动;将每月的第一个工作日定为“爱护人民币宣传日”,宣传残损币兑换和小票兑换业务;通过手机短信、电子滚动屏、电子海报机、报纸、移动电视和公交车后LED等形式开展公益宣传。 (王香双)

【平安银行福州分行】 年末表内资产总额达258.54亿元,比年初增加95.43亿元,增幅58.50%,各项存款余额191.53亿元,各项贷款余额165.73亿元,表外业务合计92.32亿元,累计实现中间业务收入10244.04万元,税前利润55780.26万元,在福州当地存贷款市场份额持续上升。向福建地方缴税收1.3亿元,全年保持“三无”,即无重大差错,无责任事故,无经济案件。在福州市区、平潭、漳州、福清、长乐、闽侯、连江等地设有13家机构网点及3家社区支行。

特色业务 围绕“医、食、住、行、玩”及“大消费、大物流、大保健、大文化”四大板块,依托总行产品业务创新,提升服务水平。除基础授信业务外,在贸易融资、线上供应链金融、国际结算业务、离岸业务等方面,推动“公私E管理家”“智能收款”“集团现金管理”“阶梯财富账户理财”等网络金融产品组合,并通过产业基金、并购贷款、股票融资、财务顾问、企业债、结构化融资等投行业务,与美旗淮矿建材交易平台、东盟水产交易所、中国医健联盟、黄金珠宝行业行业合作平台等均签订量身定制的金融方案与战略协议。通过有限合伙制、区域集优债、银债通业务、理财委贷、“平台+基地”业务模式、黄金租赁等担保方式和贸易融资创新产品,在传统信贷业务基础上,结合集团综合金融平台,运用债券、信托、基金等多种金融工具,为企业提供一揽子金融服务方案,以弥补信用担保体制在支持融资方面的不足。年内实现多种贸易融资产品的首发和核心企业开发的模式探索,陆续实现首笔离岸开证业务、黄金租赁业务、福费廷业务、打包放款和非标远期结汇业务及国内外贸易融资联动的全流程业务落地。

综合金融 年初,贯彻集团综合金融战略,依托金融全牌照优势,组织推动项目对接、联系集团其他专业子公司进行项目接洽、项目筛选论证、项目调研和方案设计等一系列前期工作,筛选出涉及险资债、企业债、私募债、区域绩优中票、IPO、结构化融资、金融租赁等领域的近20个投行及综合金融项目。6月,借助“6·18”海峡交易投资洽谈会平台,通过集团品牌发布、项目签约、平安专业论坛等形式推进重点项目落地,推动集团与市政府签约,利用“团金”项目集聚发展能量。

一行一策 初步形成钢贸、纺织、黄金、海产、农茶——“黑、白、黄、蓝、绿”等各色行业领域业务全面覆盖的开局,并将“一行一策”作为业务转型规划和五年战略目标达成的实现路径和发展机会,立足福建区域经济特色和分行的实际情况,围绕“五色”板块,组建专业化团队,对当地特色市场、目标客户群的开发、服务方案等各方面提出建设性意见,制定合理的政策方案和明确的业务发展目标,集中力量、组织各业务单位和风险条线,批量开发,实现专业化团队、专业化审批,逐步建立在上述行业或客户群体中的竞争优势。

服务小微企业 以“产品多、效率高、服务优”三大特色,为小微企业提供各类贷款融资服务。推出贷款产品——“贷贷平安”商务卡,打造一个包括贷款、支付、结算、理财等多种功能的综合金融平台,满足小微企业生意往来经营贷款“短、频、急”的需求。该项业务在福州特艺城珠宝商圈、大利嘉电子城、南方建材市场等进行商户拓展与市场营销。分行小微企业贷款余额26.7亿元,占公司贷款29.17%,主要投向于制造业15.69亿元,批发零售业6.35亿元,分别占比58.76%、23.78%。

信贷投放　年末表内外授信总额258.08亿元,其中保障性安居工程贷款余额1.5亿元,涉农企业贷款余额45.91亿。重点支持宁德福安、长乐、福清等县级及农村地区的企业客户,对注册地位于农村区域的企业及各类组织投放的贷款余额39.44亿元,占比85.91%。同时,按照"三个办法、一个指引"管控涉农信贷资金用途,确保涉农信贷资金投入实体经济,农林牧渔业行业贷款余额1.1亿元,占比2.4%。

零售平台　依托集团优势践行大消费金融模式,创新零售产品和服务,加强一站式综合金融服务能力,推出结构类系列、养老系列、资管系列等稳健创新的理财产品和贵金属业务、金抵利、生肖金等平安金系列产品。在福州兰庭新天地社区支行,为社区居民及中小企业提供财富类、结算类、授信类、特色卡等专业、便捷、贴心的多样化产品和个性化服务。

风险管控　通过定期风险排查、专项风险排查以及合规问题的追踪整改机制,实现"零案件"、无重大操作风险事件和法律风险事件。推动制度梳理及制度管理系统上线、完善《案防合规委员会章程》及反洗钱内控制度等举措规范制度管理,开展常态化的合规培训与宣导,落实案防合规专题培训、反洗钱、制度管理系统等多项培训,并围绕监管重点,持续开展不规范经营专项治理活动。遵循总行"主动经营风险"的管理理念,加强信贷资产质量监测与风险排查,优化信贷结构,主动防范信贷操作风险,构筑风险经营的健康机制。　(温盛楠)

【浦发银行福州分行】　年末本外币资产总额达470亿元;本外币离、在岸各项存款余额达323亿元,其中一般性存款余额249亿元;本外币各项贷款余额246亿元。成立有泉州分行、漳州分行、闽都支行、长乐支行、福清支行、石狮支行、平潭支行、南安支行、茶亭支行、晋江支行、连江支行以及福州融侨锦江社区支行等分支机构。

服务实体经济　服务支持区域重点和新兴产业,围绕福建区域电子、机械、石化三大主导产业和60多个产业集群,重点对其中的战略新兴产业、先进制造业、区域优势行业、"走出去"企业、小微企业和个人消费领域,加大信贷支持力度。加大对福建海洋主导产业转型升级的支持和服务力度,加强涉海企业的金融服务、支持闽台海洋产业合作。适应企业和百姓需求多样化、个性化趋势,不断创新、推广、应用多样化产品,满足企业转型升级和百姓消费的金融需求。通过首创推出的政府、银行、产业基金合作模式,为基础设施建设提供支持;通过"浦发创富闽商"品牌系列信托合作融资产品、中小企业集合债券,解决中小企业融资难题;通过业内首创的"投贷宝"小微企业产品,以"项目对接+股债结合"的服务方式,帮助企业引入优质投资基金。依托中小企业业务专营机构,调整信贷资金结构配置,支持石狮市布料交易市场、南安市中国水头石材产业园、莆田仙游红木产业园等产业园开发,并逐步推动福建省水电行业中小企业批量式开发项目贷款,健全信贷管理体制,完善贷款定价机制,中小企业表内外授信业务齐创新高,授信客户数稳步增加,客户基础扩大,实现"规模、质量、效益"全面发展。

风险管控　建立健全风险内控、运营科技、资金财务、合规审计、综合管理五大类若干个具体工作的操作流程及岗位管理办法,重点对资产负债比例管理、资金管理、财务管理、会计管理、稽核监督检查、安全保卫等方面进行具体规范,基本形成风险控制与市场反应互为平衡的内部管理体系。通过建立分工合理、职责明确、报告关系清晰的组织结构,明确决策机构、经营部门、综合管理部门、支持保障部门、监督部门以及所有与风险和内部控制有关的部门、岗位、人员的职责、权限及其相互关系,确保各项管理工作得到有效运行。年内无不良资产、案件和违规违纪行为。

服务社会　与省教育厅关工委联合开展捐款活动,募集现金支持省内贫困中小学开展"爱心图书捐赠"活动,捐赠书籍6000册。开展以"善用金融,幸福生活"为主旨的金融知识万里行活动。

(蓝晋平)

【邮储银行福州市分行】　有员工900余人,拥有143个支行(网点),其中自营支行27个,代理支行116个,设有300多台自助银行。至年底,各项人民币存款余额207亿元,各项贷款(含银团及项目贷款)余额82亿元。

信贷资金投向以"两小"(小额贷款和小企业贷款)业务为重点,累计发放小额贷款近43亿元,其中农户贷款34亿元,青年创业贷款4亿元;发放小企业贷款28亿元,个人经营性贷款94亿元(其中农户经营贷款27亿元),个人消费贷款20亿元。　(秦　林)

【福建省农村信用社联合社福州办事处】　指导福州农商银行及八县(市)农信社、农商银行改革与发展,围绕"电子银行建设年""案件风险防范年""服务创新年"工作思路,指导6家农村信用社、3家农商银行强化管理,防范风险。至年底,辖区有326个营业网点2438名职工;各项存款余额548.09亿元,比增102.1亿元,增幅22.89%;各项贷款余额346.64亿元,比增63.63亿元,增幅22.48%;不良贷款占比0.85%,下降0.21个百分点,实现不良贷款"双下降";全辖资本充足率15.35%、拨备覆盖率407.57%、拨贷比3.48%。

服务海西建设　至年底,全辖涉农贷款余额214.53亿元,比增44.59亿元,增幅26.24%;小微企业贷款余额43.93亿元,比增11.69亿元,增幅36.25%;涉农和小微贷款均实现"两个不低于"目标。全辖农户建档目标完成115.49%,新增贷款农户数11725户,新创建信用乡(镇)1个,信用村34个,新评定信用户13146户,实现金融服务"村村通"。全辖有8家行社承办新农保(含居民保)业务,涉及2457个行政村200多万人口,布设"小额支付便民点"1971个,各行社通过设立营业网点、小额便民点、ATM或CRS自助机具等形式实现金融服务"村村通",覆盖面达100%。

电子银行业务建设　组建电子银行部门,组织3场电子银行业务普及考试和2场电子银行大比拼考前测试,长乐联社、平潭农商银行在全省农信系统电

5月6—19日，连江县联社对全体员工开展了四期每期两天两夜的卓越团队训练营 （福建省农村信用社联合社福州办事处 供）

子银行业务技能大比拼笔试中，平均分位居第8、9名。全辖电子银行发展迅速，12月电子交易占比达70.13%，比增22.04个百分点，网上银行11.07万户，比增5.18万户，增幅达88.09%；短信银行36.34万户，比增11.27万户，增幅达44.95%；手机银行6.83万户，比增1.37万户，增幅达25.05%；电话银行12.16万户，比增2.16万户，增幅21.63%；布设ATM机、CRS、自助终端共869台，比增217台，增幅33.28%；发展POS、福农通、生意通等机具6238台，比增2904台，增幅87.10%；发行贵宾卡1.93万张，比增8319张，增幅达75.90%；贷记卡2.93万张，比增1.66万张，增幅达129.72%；发卡及电子银行业务收入5809.89万元，比增142.14%。

新业务拓展　福州、福清汇通农商行开办国际结算业务，福清汇通农商行获批自营理财业务，长乐联社开展代理理财业务；福州农商行等6家行社开办贷记专项卡业务，闽侯、永泰联社开办公务卡业务；福州农商行发行寿山石主题联名卡、“信都·移搜精英联名信用卡”。

风险管控　成立福州稽审中心稽查中队，强化区域稽审中心检查职能；组织开展2012年度稽核工作综合评价，按A、B、C、D类确定评价；持续推进辖内行社开展监事长风险排查88项和突击替岗69人(次)，开展员工自办业务、员工与客户资金往来密切以及客户间资金往来异常等风险专项排查，落实资金交易可疑分析；开展新增不良贷款、大额贷款、科技风险检查、年终决算后续跟踪、柜台内控突击检查等专项稽核工作。全年全辖投入176人次、951个工作日开展37项(次)现场检查工作，发出稽核意见书37份、检查通报2份、整改通知书1份，出具高管离任审计报告6份。全辖投入安防资金3469万元，对45个安防设施相对落后的网点进行改造；开展安全保卫自查工作4次，检查营业网点1312个(次)。 （吴恭济）

【福建海峡银行】　完成董事会、监事会换届工作，聘请独立董事和外部监事，编制2013—2015年战略发展规划。年末资产总额843.51亿元，比年初增加140.80亿元，增幅20.04%；存款余额574.42亿元，比年初增加55.01亿元，增幅10.59%；各项贷款余额398.35亿元，比年初增加50.47亿元，增幅14.51%；不良贷款总额5.86亿元，不良贷款率1.47%。全年累计实现拨备前利润14.27亿元，同比增加0.73亿元，增幅5.42%，其中账面利润10.05亿元，比增0.38亿元，增幅3.92%。各项监管指标均符合或优于监管要求。获“全国厂务公开民主管理先进单位”称号。

业务经营　发行30亿元小微金融债券，推进小微企业业务，连续4年实现“两个不低于”目标；首创省内科技金融运营模式，相继设立福州科技支行和泉州科技支行，开展面向科技型中小企业专营业务；开发特色化产品与服务，与台湾华南银行合作开办“跨境融资保—台融易”业务，莆田分行探索建立电商专营模式，三明分行率先推出采矿权抵押融资业务，福清分行创新推广保理池融资方案等；取得证券投资基金销售业务资格、公务卡业务开办资格；跨区域发展取得新进展，三明分行开业，南平分行、温州瑞安支行获批筹建，同时社区支行和小微支行建设稳步推进。

风险管控　制定2013—2015年风险管理战略，出台《内部控制体系评价办法》。推进信用风险化解工作，对钢贸行业、房地产、集团客户、联贷联保、担保公司业务合作等风险高发领域进行全面排查，加大不良资产清收化解力度，年末实现不良贷款率控制目标。通过吸收主动性负债、提高拆借利率、控制贷款投放节奏、提升利率管理等措施，应对流动性紧张的市场局面。加强交易账户风险限额管理，各券种持有比例管理，定期开展压力测试，加强对资金业务的监控等，提高市场风险的管控能力。防范操作风险，加大自查、抽查，排查等检查力度，培育合规文化，保持案件防控高压态势，严防发案风险。推进信息科技风险的防控体系建设，加强业务连续性管理，全年开展29项信息系统应急演练。

（王晓慧）

【浙江稠州商业银行福州分行】　坚持以小微企业贷款等公司业务为主，兼顾发展零售和国际业务。年末资产总额47.84亿元，存款余额36.3亿元，贷款余额26.01亿元，不良资产率1.37%，实现营业净收入1.54亿元，日均存贷比69.58%。

服务小微企业　坚持“服务中小，支持个私”的市场定位，重点拓展产业集群、产业链和供应链、专业市场和商业街中经营的优质小微企业和个体经营户。至年末，小微企业贷款余额21.62亿元，占比83.12%，户均贷款335.19万元。

零售和国际业务　发挥零售和国际业务的联动作用，推进零售业务，相继推出“财丰理财”“如意宝”“如意鑫”等理财产品。电子银行业务继续主推各项免费政策,电子银行条线融入互联网因素,推出“E市通账户”。开展国际业务,以“夯实基础　创新发展”为主要目标,国际业务量较上年实现翻两番。准入福清、连江支行的外汇业务,并经总行获批开办西联汇款、电子旅行支票、合作开办远期结售汇业务等业务。

同业业务　新增3家同业合作机构,并与中行长乐支行建立银承兑汇票担保业务及重新开展银承代开合作业务,巩固同业业务优势。加强外部合作,开通银联柜面通、小微信贷平台等业务渠道;探索出一套金融IC卡社区管理服务方案,涵盖社区车辆、人员、物业缴费等多项内容,得到省直机关屏西社区、新南花园、金色家园等物业的认可。

网点建设　新开连江支行和长乐支行2家支行,连江支行于1月开业,长乐支行于11月开业,网点总数达到5个。分行本部完成新址选址、装修及安防消防等前期准备工作。台江支行获总行、银监部门批准筹建,连江琯头支行获总行批准筹建。

(潘　丹)

证券期货业

【概况】　2013年,福州市有A股上市公司29家;有2家法人证券公司(兴业证券股份有限公司,以下简称兴业证券;华福证券有限责任公司,以下简称华福证券),3家法人期货公司(兴证期货有限公司,以下简称兴证期货;金友期货经纪有限责任公司;鑫鼎盛期货有限公司),2家基金公司(兴业全球基金管理有限公司、华福基金管理有限责任公司),2家投资咨询公司(福建天信投资咨询顾问有限公司、福建中讯证券研究有限责任公司);9家证券分公司(新增4家),2家基金分公司,1家投资咨询分公司;87家证券营业部(新增2家),25家期货营业部(新增1家)。福州市有具备从事证券、期货相关业务资格的会计师事务所1家,资产评估机构2家。

29家上市公司年底总股本395.05亿股,总市值3655.24亿元,分别比增35.15%、10.89%;至年底29家上市公司总资产38694.56亿元,净资产2762.23亿元,分别比增13.78%、17.01%。全年营业收入2052.79亿元,净利润485.07亿元,分别比增23.41%、20.90%。

2家法人证券公司年底资产总额397.85亿元、净资产149.64亿元,分别比增46.48%、39.52%;实现营业收入33.64亿元、净利润总额9.35亿元,分别比增30.56%、38.96%。全市证券营业部全年代理买卖股票、基金17029.65亿元,较上年度增长44.64%。

3家法人期货公司年底资产总额35.19亿元、净资产5.51亿元,分别比增33.6%、11.05%;实现营业收入27057.26万元,净利润3472.74万元,分别比降2.15%和增长4.24%。全市期货营业部全年期货交易额38797.96亿元,较上年度增长41.46%。

【上市公司直接融资】　新股发行暂停,福州市仍有5家上市公司通过资本市场实现直接融资约87.18亿元。其中有2家公司(兴业证券、永辉超市)通过非公开增发实现融资49.68亿元;有3家上市公司(兴业证券、华映科技、福耀玻璃)通过发行短期融资券等方式实现债券类融资37.50亿元。

有114家省重点上市后备企业,其中2家通过发行审核等待发行、2家进入证监会首发审核程序,共计拟募集资金10.79亿元,11家向证监局福建备案辅导。另有9家上市公司提出股权再融资和债券再融资方案,拟融资130.58亿元;1家公司向上海证券交易所备案发行中小企业私募债,拟募集资金3.5亿元。

【证券期货经营机构创新发展】　兴业证券和华福证券均获A类评级,其中兴业证券首次被评为A类AA级,兴证期货也上升至B类BB级。兴业证券先后取得转融通、柜台交易、股票质押式回购等9项创新业务资格;华福证券取得直接投资、代销金融产品和承销保荐机构业务资格,设立另类投资子公司和基金管理公司,实现多元化经营。

【场外市场建设】　海峡股权交易中心于7月开业,在股权转让、定向融资、信贷服务、项目合作等方面为中小微企业提供高效便捷的对接平台。至年底,该中心与中国银行、兴业银行等12家银行机构签署战略合作协议,合计授信200亿元,并挂牌320家中小企业,其中一些企业和投资机构达成投融资协议。

【整治违法违规行为】　召开5次与维护资本市场秩序有关的省直部门联席会议,与人行、银监局、保监局、法院、检察院、公安厅等部门联合下发4份关于银行资金查询冻结、证券期货违法犯罪案件办理、反洗钱、加强证券期货监管合作等专项通知;对福州地区违法违规市场主体采取监管谈话、出具警示函、下发责令改正决定、立案稽查等措施。福州地区全年未发生重大风险事件。

(陈张玲)

保　险　业

【概况】　2013年,福州市有商业保险公司主体51家〔不含众安产险(虚拟)〕,其中产险公司23家(含政策性保险公司1家)、人身险公司28家。保险中介机构主体85家,其中保险代理公司55家、保险经纪公司18家、保险公估公司12家。

全年福州市〔含众安产险(虚拟)〕保费收入147.22亿元,增长15.3%,保费收入列全省九个设区市首位。产险公司保费收入56.67亿元,增长17.1%,占全部保费收入的38.5%。其中,机动车辆保险保费收入37.92亿元,增长19.4%,占产险公司保费收入66.9%。产险公司赔付支出29.88亿元,增长15.6%。其中,机动车辆保险赔款支出22.64亿元,增长16.9%,占产险公司赔款支出的75.8%,简单赔付率59.7%。人身险公司保费收入90.54亿元,增长14.2%,占全部保费收入的61.5%。其中,个人代理业务保费收入48.71亿元,增长15.2%,占人身险公司保费收入的53.8%;直销业务保费收入11.27亿元,增长21.7%,占人身险公司

保费收入的12.4%;银邮代理业务保费收入26.17亿元,增长9.7%,占人身险公司保费收入的28.9%。（张丽玲）

【中国人民财产保险股份有限公司福州分公司】 毛保费收入12.12亿元,实收保费12.16亿元,增幅13.5%,综合赔付率62.94%,实现利润总额9878.42万元,缴纳税收6947.28万元,支付保险赔款合计6.23亿元。

业务经营 主承保京台高速建工险以及福耀集团的产品召回责任保险。业务经营持续保持市场领先地位,连续17年中标省直机关、连续6年中标市直机关公务用车保险。

客户服务 引进网上俱乐部建设方案,结合实际与业务发展结构,构思网上俱乐部建设方案,通过半年的开发,俱乐部网站运营平台完成开发,进入验收阶段,并在福州全线试点开通运营。

服务社会 赞助并参与团市委举办的“社区青少年自护教育暨结对帮扶”活动,为贫困青少年提供6000元慰问物资;组织开展“暖冬行动”,为福州市马长白慈善社团捐助2000多件衣物以及4140元运费;组织员工参与“幸福福州 青春同行”春运公益志愿者活动,为春运返乡务工人群提供多项志愿服务。

（孙珅瑾）

【中国人寿保险股份有限公司福州分公司】 2实现总保费26.353亿元。其中,长险首年保费9.931亿元;长险首年期交保费3.549亿元;10年期及以上期交保费1.512亿元;长险首年标保1.501亿元;短期险保费8614.69万元,意外险保费5834.24万元。总保费占福州市场份额28.91%,列福州寿险行业首位。获《福州日报》“海西金融业15强”称号,1人获中国人寿总公司“百朵金花”。

业务渠道经营 个险渠道实现长险首年保费2.268亿元、长险首年期交保费2.257亿元、10年期以上期交保费1.429亿元、长险首年标准保费1.281亿元、短期险2840.45万元。银保渠道以稳定渠道关系为基础,实现长险首年保费7.662亿元,业务规模居全省系统第一;长险首年期交保费1.292亿元,业务规模居全省系统第一;长险首年标准保

表27 **2013年福州市财产险经营情况表** 单位:万元

公司	保费收入	保费收入(2012年)	比增	市场份额	赔付支出
人保产险	191301	163867	16.74%	33.75%	102662
平安产险	116222	97793	18.84%	20.51%	52537
太平洋产险	70698	60111	17.61%	12.47%	41947
华安产险	5354	3172	68.81%	0.94%	1978
天安保险	7248	6203	16.86%	1.28%	5165
大众保险	3163	1084	191.92%	0.56%	923
大地产险	23631	28853	-18.10%	4.17%	18283
中华联合	14646	12158	20.46%	2.58%	8466
太平保险	8619	6019	43.21%	1.52%	3809
安邦产险	841	814	3.34%	0.15%	508
永诚产险	3969	5815	-31.75%	0.70%	3360
都邦产险	5239	3700	41.61%	0.92%	2105
国寿财产	19404	17370	11.71%	3.42%	11580
中银保险	13287	12307	7.96%	2.34%	11488
华泰财产	2055	1764	16.49%	0.36%	1061
阳光产险	6494	7923	-18.03%	1.15%	5075
民安保险	3093	2566	20.52%	0.55%	1603
国泰产险	2993	2237	33.77%	0.53%	1298
富邦产险	4003	1817	120.25%	0.71%	1738
紫金产险	6868	3485	97.07%	1.21%	2409
英大产险	17835	9541	86.94%	3.15%	5415
长安责任险	3404	4208	-19.12%	0.60%	4227
出口信用险	36336	31282	16.15%	6.41%	11112
众安产险(虚拟)	43	0	—	0.01%	19
合计	566746	484088	17.07%	100.00%	298768

表28 **2013年福州市人身险经营情况表** 单位:万元

公司	保费收入	保费收入(2012年)	比增	市场份额	赔付支出
中国人寿	262002	274102	-4.41%	28.94%	104424
平安人寿	225272	185281	21.58%	24.88%	37129
太平洋人寿	83501	77967	7.10%	9.22%	6988
新华人寿	51768	20233	155.86%	5.72%	3322
泰康人寿	30721	30020	2.33%	3.39%	4116
民生人寿	8320	8435	-1.36%	0.92%	1186
太平人寿	56969	34015	67.48%	6.29%	2274
生命人寿	22991	17321	32.73%	2.54%	1965

续表 28

公　司	保费收入	保费收入(2012 年)	比增	市场份额	赔付支出
中英人寿	21717	21475	1.13%	2.40%	1450
农银人寿	6487	3351	93.59%	0.72%	7086
国泰人寿	2821	2767	1.93%	0.31%	554
人保寿险	38455	37549	2.41%	4.25%	4497
信泰人寿	3012	3289	-8.42%	0.33%	797
英大人寿	3504	3977	-11.91%	0.39%	907
华泰人寿	1590	2009	-20.89%	0.18%	112
中宏人寿	1777	1347	31.98%	0.20%	55
信诚人寿	4159	3137	32.57%	0.46%	301
合众人寿	10076	6232	61.69%	1.11%	116
幸福人寿	4036	12418	-67.50%	0.45%	393
君龙人寿	1659	1252	32.55%	0.18%	176
阳光人寿	12037	7462	61.32%	1.33%	622
海康人寿	2215	1698	30.39%	0.24%	36
百年人寿	8476	7459	13.64%	0.94%	98
中美联泰	9382	1093	758.74%	1.04%	80
人保健康险	18628	16840	10.62%	2.06%	20559
和谐健康险	9	7	23.46%	0.00%	1
平安养老险	13775	12044	14.38%	1.52%	8645
泰康养老	69	0	—	0.01%	0
合计	905428	792779	14.21%	100.00%	207888

费 2206.27 万元。团险渠道通过项目制运作带动业务发展,实现短期险保费 5742.39 万元,其中意外险保费 4180.13 万元。

客户服务　通过网络、电话等平台为客户提供更加便捷的服务,举办 2013 年“中国人寿杯”少儿绘画展福州选区、VIP 客户健康体检、国寿大讲堂、“鹤彩无限”特约商家优惠活动,举办金银卡客户年会,丰富国寿“1+N”服务品牌内涵。

(姚　颖)

【中国太平洋财产保险股份有限公司福州中心支公司】　保费收入 6.454 亿元,比增 19.99%,占福州产险市场份额 12.48%,人均产能上升至 247 万元。

车商渠道在理赔方面推出一对一服务、快赔、优享汇等增值服务,出台各项续保考核及激励方案,并实行专人负责制,续保工作得到较大改善。个人业务方面,细化车商渠道、交叉销售渠道、完善电网销渠道的建设;法人业务方面,深化重大客户团队、工程机械团队、银保团队等专业化团队建设。执行分公司渠道资源配置模式,实行差异化管理。专业化渠道建设方面,施工机具专业化团队实现保费 2508 万,超额完成任务的 7%。下半年根据每个直销团队的特点进行分类指导,引导团队有所侧重开拓业务。

(陈　秀)

(编辑　邱敏佳)

科学技术

综　述

2013年，福州市科技工作按照市委、市政府“全力推进福州新区开放开发在更高起点上加快建设闽江口金三角经济圈的意见”的战略部署，进一步深化科技体制改革，坚持“国家创新型试点城市”和“国家知识产权示范城市”建设标准，提升壮大高新技术产业，推动传统产业转型升级，不断完善科技创新和公共服务体系建设，加强知识产权保护和产学研合作创新成果推广应用，扶持科技型中小企业的技术创新活动，福州市连续第10次蝉联“全国科技进步先进市”，被科技部、中宣部、文化部、新闻出版广电总局四部门认定为国家级文化和科技融合示范基地。

全市拥有国家重点(工程)实验室、工程(技术)研究中心、企业技术中心等国家级研发平台16个、省级企业工程技术研究中心28家、市级行业技术创新中心41家、市现代农业技术创新基地57家；院士工作站28个、博士后科研工作站14个。组织科技创业团队参加一年一度的全国创新创业大赛，有89个创业团队参加福建赛区竞赛预赛活动，10个团队获奖，其中一等奖1项，二等奖3项，三等奖2项，优秀奖4项，5个团队进入全国总决赛。

组织专家分2批对企业申报的研究开发项目进行论证，确认529个研究开发项目，核定225家科技型企业的研发费用所得税前抵扣额达10.28亿元。落实《福州市创建国家创新型城市若干配套政策》《福州市科学技术奖励办法》政策，对12家创新型企业和60项获得2013年度福州市科学技术进步奖科技成果给予经费奖励，全市研究与实验发展(R&D)经费支出74.3亿元，占GDP的1.81%，居全省第二位。

市地震局围绕地震监测预报、震害防御、应急救援三大工作体系推进各项工作。地震监测预报方面，坚持365天24小时不间断值班制度和国庆、春节等重大节假日和全国“两会”等重要时段地震“零报告”制度；召开月、半年和年度地震趋势会商会；举办福州市区防震减灾“三网一员”培训班；开展地震应急流动观测系统和强震观测台阵改造建设；更新升级改造地下流体地震台网。地震灾害防御方面，开展地震安全性评价监督和执法检查工作，琅岐岛地震小区划工作，地震科普知识“进学校、进社区、进乡村、进机关、进企业”活动，防震减灾科普基地前期准备工作。地震应急救援方面，高效应对地震；加强地震灾害紧急救援队建设；完善地震应急指挥系统；加强地震应急预案管理修订和地震应急避难场所检查和维护；开展地震应急演练。

（李海峰　郑彩蝉）

6月18日，举行海峡两岸工业设计专家工作站揭牌仪式　（市科技局　供）

科技创新体系建设

【行业技术创新中心建设】 在原有38家行业技术创新中心基础上,依托省微生物研究所建立"福州市生物制药行业技术创新中心",依托福州大学数学与计算机科学学院、福建省闽保信息技术股份有限公司建立"福州市电子政务安全行业技术创新中心",依托福建农林大学园艺学院、市经济作物技术站建立"福州市橄榄行业技术创新中心",至此全市有41家行业技术创新中心。

行业中心为企业完成约5.5万批次的检测及成型服务;举办培训班146期,培训各类人员约9000多人次;引进、推荐各类人才近700人;举办83场专项研讨会;获市级以上各类奖项109项。邀请国内外有关专家进行交流、指导;同时与国内外高校科研院所建立合作关系。41家行业中心中依托单位为高校科研院所的有28家,有效集成高校科研院所系统的科研成果在福州市落地转化。福州市材料与模具行业技术创新中心与福耀玻璃工业集团合作项目获2012年度国家技术发明二等奖、第七届国际发明展览会金奖和发明者协会国际联合会(IFIA)光荣奖;福州市工业控制集成应用行业技术创新中心获全国"工业机械手与智能视觉应用"职业技能竞赛全国一等奖、省"自动化生产线安装与调试"职业技能竞赛二等奖;水产品深加工、纺织服装、汽车机电、工业控制集成应用等20家行业中心获市科技计划项目资金扶持200多万元。 (叶 巧)

【现代农业技术创新基地建设】 新筛选认定22家福州市现代农业创新基地,至此全市有57家现代农业技术创新基地,涵盖全市辖区内有代表性的科技型农业产业化龙头企业和农业支柱产业。以产业划分,水产企业18家、畜牧企业9家、食用菌与茶叶企业12家、果蔬企业9家、花卉企业2家、粮油制品加工企业2家、其他类企业5家。基地依托企业承担多项国家、省、市级科技项目。福州大北农生物技术有限公司"猪腹泻二联新型活疫苗研发技术成果转化""用于预防猪传染性胃肠炎、流行性腹泻的二联活疫苗的研发及产业化"分获国家农业科技成果转化资金项目60万元和省区域重大专项80万元扶持;福建益升食品有限公司牵头承担的国家富民强县专项行动计划项目"罗源县食用菌产业升级关键技术示范与推广"获117万元资金扶持;福建天马科技集团股份有限公司"基于膨化软颗粒生产方法的功能性大黄鱼配合饲料的开发"获省区域重大专项80万元资金扶持;6家企业获省星火项目120万元资金扶持;市政府除对新认定22家企业每家扶持20万元用于基地建设外,7家企业获市科技计划项目110万元扶持。 (林文亮)

【科技企业孵化器建设】 引导相关机构开展科技企业孵化器备案工作,有福州金山科技企业孵化器、福州海峡工业设计创意园、福州863软件专业孵化器、闽台AD创意产业园、福建工程学院科技创业园、福州活力孵化器等6家孵化器符合备案条件,总面积近20万平方米。闽台AD创意产业园等4家确定为市级科技企业孵化器,并获补助33.2万元。市高新技术产业创业服务中心(福州金山科技企业孵化器)和福州863软件专业孵化器服务中心授予省级科技企业孵化器称号并获省级科技企业孵化器50万元奖励,福州金山科技企业孵化器、福州863软件专业孵化和福建工程学院科技创业园获省科技厅孵化器新增孵化用房资金补助33.7万元。 (叶 巧)

【生产力促进体系建设】 4月,市生产力促进协会被市民政局认定为福州市首批AAA级社会团体。市生产力促进中心申报的国家火炬计划项目——"海西(福州)中小企业云制造及转型升级平台"获得立项和经费支持;承担的国家火炬计划项目"海西(福州)工业设计创意产业基地建设"通过专家验收。全年完成"双阳极结构的表面安装型电容器"等科技检索56项;履行国家创新基金项目申报服务机构的职能,完成企业注册36家,为31家企业申报国家创新基金项目提供技术咨询服务,其中18家企业的创新项目获省科技厅推荐立项。组织召开"福州市生产力促进协会第二届会员代表大会暨2013年新春茶话会",创建协会QQ群。全年编辑和发放《福州市生产力促进协会简报》12期,向省生产力协会、福州科技网等网站投稿24篇。 (林 东)

【科学技术经费】 根据市财政安排,2013年市本级财政专项经费安排科技事业费用专项预算2亿元,比增10.9%;实际支出2.69亿元,比增12.2%。组织和引导企事业单位申报国家、省级各类科技计划项目,年内福州市获国家和省级科技计划项目103项,扶持经费6402万元,其中国家级27项,获扶持经费1690万元;省级76项,获扶持经费4712万元。 (张大仁)

【科技进步考核】 6月5日,福州市对科技进步考核工作的总体要求、职责分工和进度安排等进行再部署,制定市、县(市)区科技进步考核工作方案。各县(市)区按时完成考核相关材料的填报,市科技局研究形成考核初审意见后

表29 **福州市科学技术支出占2013年市本级财政一般预算支出比例**

考核年份	本级科学技术支出(万元)	本级财政一般预算支出额(万元)	本级科学技术支出占2013年本级财政决算支出比例(%)
2012年	24015	1024815	2.34
2013年	26933	1696359	1.59

表 30　　**福州市科学技术支出使用情况**

序号	使用领域	经费主管部门	经费额(万元)	
			2012 年	2013 年
1	科学技术管理事务	市科技局等	481	527
2	基础研究	市科技局等	24	11
3	应用研究	市科技局等	1470	1487
4	技术研究与开发	市科技局等	4906	3097
5	科技条件与服务	市科技局等	7352	9774
6	社会科学	市社科院等	343	343
7	科学技术普及	市科协等	1336	1284
8	科技交流与合作	市科技局等	120	23
9	科技重大专项	市科技局等	594	40
10	其他科学技术支出	市科技局等	7389	10347
合计	—	—	24015	26933

表 31　　**2013 年福州市国家创新型企业名单**

序号	企业名称
1	福建星网锐捷通讯股份有限公司
2	福建福晶科技股份有限公司
3	福建新大陆科技集团有限公司

表 32　　**2013 年福州市国家创新型试点企业名单**

序号	企业名称	序号	企业名称
1	福耀玻璃工业集团股份有限公司	3	福建邮科通信技术有限公司
2	福建榕基软件股份有限公司	4	福建三元达通讯股份有限公司

表 33　　**2013 年福州市新获批省创新型企业名单**

序号	企业名称	序号	企业名称
1	福建思嘉环保材料科技有限公司	8	福州坤彩精化有限公司
2	福建仙芝楼生物科技有限公司	9	福建实达数码科技有限公司
3	福建中能电气股份有限公司	10	福建大昌生物科技实业有限公司
4	福州思迈特数码科技有限公司	11	福州隆诚实业有限公司
5	福建锐思软件开发有限公司	12	福建睿能电子有限公司
6	福建瑞达精工股份有限公司	13	福建实达资讯科技有限公司
7	福建星网视易信息系统有限公司	14	福建创频数码科技有限公司

表34

2013年国家级火炬计划项目

序号	项目名称	承担单位
1	福建创新创意产品体验推广公共服务平台	福州软件园产业基地开发有限公司
2	海西(福州)中小企业云制造及转型升级平台	福州市生产力促进中心
3	榕基基于移动互联网的无线信息服务平台	福建榕基软件股份有限公司
4	自动储冰送冰系统	福建雪人股份有限公司
5	高效环境友好型卵形鲳鲹(金鲳鱼)配合饲料	福建天马科技集团股份有限公司
6	基于城市密钥PKI的城市通卡综合业务系统	福建索天信息科技有限公司

表35

2013年省级高新技术科技项目

序号	项目名称	承担单位
1	光动能全制式响闹背光电波手表的研发和产业化推广	福建瑞达精工股份有限公司
2	新一代高性能低成本低功耗桌面云终端GM810	福建升腾资讯有限公司
3	高性能聚酰胺-6切片聚合关键技术及产品研发	福建锦江科技有限公司
4	抗菌性微孔改性EVA材料的研制及在背包中应用	祥兴(福建)箱包集团有限公司
5	新型磷酸盐非线性光学晶体生长及相关器件开发	福建福晶科技股份有限公司
6	移动互联智能家居管理系统	福建省冠林科技有限公司
7	工业自动化通用技术平台在1000MW发电机组中的应用研究	福州福大自动化科技有限公、福建神华福能发电脑限责任公司、福州大学先进控制技术研究中心
8	基于无线互联和云计算技术的互动教学平台	福州锐达数码科技有限公司
9	3D婚纱摄影创意产业系统	福建三维游软件科技股份有限公司
10	虚拟化3D演播室系统研发	福州软件园产业服务有限公司
11	三奥新媒体多屏分发互动系统	福建省三奥信息科技股份有限公司
12	基于云计算的新一代动漫动画数字出版公共服务平台的研发	福建伊时代信息科技股份有限公司
13	闽清县陶瓷科技企业孵化器(二期)及公共服务平台建设	闽清县陶瓷科技孵化器有限公司、福州市陶瓷行业技术创新中心

上报省科技厅。11月15日，科技部公布2011—2012年度全国县(市)科技进步考核结果，确定1045个县(市、区、旗)为全国县(市)科技进步考核科技进步先进县(市)，4171人为全国县(市)科技进步先进个人。福州市再次获全国科技进步先进市称号。福州市所辖12个县(市)区中有10个县(市)区通过全国县(市)科技进步考核，其中马尾区、仓山区、闽侯县、福清市4个县(市)区被确定为全国科技进步考核先进县(市)，福州市有19名先进个人受到科技部表彰。

(林伟群)

高新技术产业化

【高新技术企业】 2013年，开展高新技术企业复审和2013年高新技术企业认定的培训和辅导工作，推荐26家企业

5月16日，举办福州市2013年度国家创新基金项目申报培训会

（市科技局供）

参与高新技术企业复审，复审通过21家；推荐83家企业参与2013年高新技术企业认定，认定通过66家，截至年底，福州市有高新技术企业342家。根据《福州市创建国家创新型城市若干配套政策》通知精神，对福建省2012年新认定的福州三龙喷码科技有限公司等33家高新技术企业各奖励10万元。6家企业被评为2013年国家火炬计划重点高新技术企业，自2010年《国家火炬计划重点高新技术企业管理办法》实施以来，截至年底，全省（不包括厦门）有56家国家火炬计划重点高新技术企业，福州市有20家，占全省的35.7%。

年内福州市开展省级科技型企业备案工作，受理3批391家企业申报省级科技型企业备案，有369家企业通过备案成为省科技型企业。

（谢　辉）

【创新型企业】　在省科技厅、省国资委和省总工会等部门联合开展的2013年度第4批“福建省创新型企业”评价活动中，福州思迈特数码科技有限公司等14家企业被命名为“福建省创新型企业”。至此，全市有国家创新型企业3家，国家创新型试点企业4家，省级创新型企业53家，省级创新型试点企业69家。

在2013年度福建省创新型企业年度考评中，福建榕基软件股份有限公司等18家企业获创新型企业奖励，获技术创新成果后补助奖励200万元。福建思嘉环保材料科技有限公司等2家企业被评为优秀创新型企业，分获后补助经费奖励15万元；福建冠良汽车配件工业有限公司等15家创新型企业获得良好评价，分别奖励后补助经费10万元。此外，福州市给予12家2012年度认定的省创新型企业配套资助180万元；14项省创新型企业技术创新项目通过省科技厅项目验收。（方善明）

【火炬计划与高新技术研究开发计划】

年内全市获科技部国家级火炬计划项目6项；省级工业高新技术科技项目13项，其中省产业支撑科技重大项目1项、区域科技重大项目6项、科技平台建设项目1项、创意产业项目5项；市级工业高新技术科技项目38项。

（叶　巧）

农业科技推广

【农业科技园区】　2013年，福州农业科技园工业总产值131.5亿元（规模工业产值106.3亿元），出口交货总值1.185亿美元，粮食总产量4164吨，农民人均收入11337元。

园区制定出台闽侯县拓展榕台农业合作意见和重点招商引资项目，吸引台湾农民投资，重点吸引掌握较高生产技术和管理经验的人士，尤其是获“神农奖”的台湾杰出农民到闽侯开发现代农业。截至年底，园区有台商投资农业项目37项，台资农业企业实际到资2.6亿元。新增投资2000万元，新项目3项，协议投资额3000万元。园区管委会全年为企业无偿办理各类证件10项，获批市级闽台农业合作项目4项，争取经费20万元。

鼓励农业科技园区内台湾农民、台资企业和高校院所建立合作。年内园区内台资农业企业与5所台湾科研院所、3所大陆科研院所建立科技协作关系。园区结题验收科技项目2项，组织实施省、市、县科技项目5项，引进台湾良种18种，推广面积63.33公顷，新增引种示范基地2处，面积23.33公顷。福州雪峰文武茶场获国家茶展金质奖章，成功引种台湾翠玉、红玉茶叶新品种20公顷，改造旧茶园20公顷基本完成；台湾珍稀物种爱玉果和蜂媒传粉繁育技术、红宝柚丰产栽培技术也在园区推广。至年底，园区引进国内外农业良种有150多种，其中台湾良种有100种；农业新技术50多项，推广面积3500多亩，受益农户达3万多户。

园区发挥紧邻省会中心城市的优势，打造“白沙湾—梧桐下—朝阳农场—汤院温泉”等休闲农业精品观光路线。年内园区接待赏樱采莓、户外烧烤、农业观光游等游客近10万人次，休闲观光农业总产值近1200万元。　（陈　巍）

【星火计划】　福州市星火计划工作以加快农业农村发展方式转变为主线，面向产业需求，着力突破农业关键技术和共性技术，开展农业“五新”的研发、应用和推广，扶持农村科技服务体系建设和农业科技型龙头企业的发展，提升水产、畜牧、果蔬、食用菌、茶叶等农业特色优势产业的科技水平，依靠科技创新驱动，推进县域经济发展，引领支撑现代农业建设。年内实施星火计划项目80项，扶持金额1488万元，其中国家级3项，省级10项，市级67项，项目主要由农业科研与推广机构、农业产业化龙头企业等承担实施。

表 36

2013 年国家级星火计划项目

序号	项目名称	承担单位
1	生猪健康养殖新型循环经济模式构建与产业化示范	福建省星源农牧科技股份有限公司
2	猪腹泻二联新型活疫苗研发技术成果转化	福州大北农生物技术有限公司
3	罗源县食用菌产业升级关键技术示范与推广	罗源县人民政府

表 37

2013 年省级星火计划项目

序号	项目名称	承担单位
1	四阶段变温脱水技术在蔬菜薯粉面上的应用	福州昌盛食品有限公司
2	微型旋耕拆垄烟草拔秆多功能农机具示范推广	福州良正机械有限公司
3	浒苔高效制备活性多糖的产业化技术开发	福建海兴保健食品有限公司、福建医科大学公共卫生学院
4	台湾红肉火龙果种苗快繁及绿色栽培关键技术研究与示范	福建省星源农牧科技股份有限公司
5	冷冻预制加汁花蛤肉产品加工技术产业化示范	福清市贸旺水产发展有限公司、福建师范大学生命科学学院
6	螺旋藻生产过程中吸收二氧化碳关键技术的研究与开发	福清市新大泽螺旋藻有限公司
7	“北鲆1号”良种养殖模式优化示范与推广	连江县台海高新农业有限公司、福建省水产技术推广总站
8	金针菇新品种工厂化栽培技术示范	福州惠生食用菌有限公司、福建农林大学
9	基于膨化软颗粒生产方法的功能性大黄鱼配合饲料的开发	福建天马科技集团股份有限公司、厦门大学海洋与地球学院、福建天马饲料有限公司
10	用于预防猪传染性胃肠炎、流行性腹泻的二联活疫苗的研发及产业化	福州大北农生物技术有限公司

表 38

2013 年市级星火计划项目

序号	项目名称	承担单位
1	海参加工新技术及产业化示范	胜田(福清)食品有限公司、福建师范大学生命科学学院
2	烤鳗鱼内脏产品开发及产业化	长乐聚泉食品有限公司、福州大学食品安全分析与检测教育部重点实验室
3	橄榄种质资源及其药用功能成分开发利用关键技术研究	福州大世界橄榄有限公司、福建农林大学园艺学院、福州市经济作物技术站

续表 38－1

序号	项目名称	承担单位
4	福州市橄榄行业技术创新中心	福建农林大学园艺学院、福州市经济作物技术站
5	海带降血压活性研究及高值化产品开发	福州市水产品深加工行业技术创新中心
6	优质鲜食甜橄榄山源 1 号的选育与推广	福州市农业科学研究所
7	绶草的种群恢复及资源开发	福州市农业科学研究所
8	紫肉甘薯新品种的选育与示范推广	福州市农业科学研究所
9	大花蕙兰疫病发生规律及综合防控技术研究	福州市农业科学研究所
10	草菇周年栽培自动化控制技术应用研究	福州市农业科学研究所
11	小型无籽西瓜新品种筛选及早春设施栽培技术研究	福州市农业科学研究所
12	进境植物繁殖材料上重要种传病毒口岸快速检测技术的研究及应用	福清出入境检验检疫局、福建出入境检验检疫局检验检疫技术中心
13	耐低温弱光瓠瓜新品种选育	福州市蔬菜科学研究所
14	胡萝卜雄性不育系选育及利用研究	福州市蔬菜科学研究所
15	低褐变优质普通丝瓜新品种的选育	福州市蔬菜科学研究所
16	福州市茉莉花产地土壤重金属现状调查及评价	福州市农产品质量安全检验检测中心、福建农林大学资源与环境学院
17	红绵蜜柚病虫害综合防控技术研究	闽侯县植保植检站、福建农林大学亚热带果树研究所、闽侯县蛇头山橄榄种植场
18	棘胸蛙仿生态养殖技术研究	永泰县水产技术推广站、永泰县顺达生态农业有限公司
19	福州园林害虫黑刺粉虱寄主种类、发生特点及防治方法研究	福州市园林科学研究院、福建省农科院植物保护研究所
20	油茶生态栽培与良种示范推广	永泰县东洋乡东洋村委会
21	永泰青梅种植示范推广	永泰县葛岭镇布边村委会
22	双孢蘑菇发酵隧道建设创新及周年栽培示范	罗源县旗峰生态农场、罗源县科源食用菌技术服务中心

续表38－2

序号	项目名称	承担单位
23	金观音茶园高产优质栽培管理及加工技术	福建省蓝湖食品有限公司
24	新型环保杀虫剂40%吡丙醚o噻虫嗪悬浮剂的研发及其应用	福建新农大正生物工程有限公司、福建农林大学植物保护学院
25	现代茉莉花茶清洁化生产线及其配套技术研发	福建敖峰闽榕茶业有限公司、福州市华茗茶业研究所
26	微生物酵解活性功能肽的研制及应用	福建省新闽科生物科技开发有限公司
27	龙须菜新品系引种培育技术研究与示范推广	连江罗源湾金牌渔业科技有限公司
28	面粉生产供气系统装备技术的研发及其应用	福建省长乐市东方面粉有限公司
29	速冻海参减菌化技术研究及产品开发	福清市华盛水产食品有限公司
30	蚕豆大棚高产栽培技术研究与示范推广	长乐大地农业综合开发有限公司
31	速冻米比萨生产关键技术研究	福州富水综合食品有限公司、福州市食品工业研究所
32	紫糯番薯水晶包生产技术研究与开发	福建腾新食品股份有限公司、福州市食品工业研究所
33	固定化磷脂酶应用于油脂精炼技术研究及其产业化	福建康宏股份有限公司
34	鱼类软骨中硫酸软骨素提取关键技术研究及保健食品的开发	福州宏东食品有限公司
35	仿生肉馅鱼饺产品开发及产业化项目	福州旭煌食品有限公司
36	耐低温高效降解木质纤维素复合菌剂的开发	福建省微生物研究所、福建超大集团有限公司
37	大型海藻对罗源湾海水养殖区生物修复技术开发及产业化研究	福建师范大学、连江罗源湾金牌渔业科技有限公司
38	咸蛋清高效脱盐和蛋白回收的关键技术及应用研究	福建省微生物研究所、福建光阳蛋业股份有限公司
39	益生素和中草药对猪肉质影响的研究与示范	福建省农业科学院畜牧兽医研究所、福建省华龙集团饲料有限公司
40	野生食药用珊瑚菌产业化关键技术研究	福建师范大学生命科学学院、福建永生活力生物工程有限公司
41	铁皮石斛关键栽培技术研究与应用	福建农业职业技术学院、福清佳家农业综合开发有限公司

续表 38－3

序号	项目名称	承担单位
42	茉莉花茶降血糖功效研究及新产品开发	福建农林大学茶叶科技与经济研究所、福建春伦茶业集团有限公司、武夷学院
43	都市农业技术集成示范与推广	福建省农业科学院农业生态研究所、福州市榕商农业科技发展有限公司
44	海带三角燕生产技术研发及产业化	福建省连江远嘉冷冻食品有限公司
45	蔬菜优质种苗繁育技术的开发与示范	福建昌盛生物科技发展有限公司
46	无血浆蛋白粉乳猪教槽料的研究与示范	福清市丰泽农牧科技开发有限公司
47	日本对虾池塘健康养殖技术应用	连江县台海高新农业有限公司
48	草菇新品种区域性筛选与配套栽培技术研究	长乐希尔帆食用菌开发有限公司
49	应用生物集成技术开发营养食品	福建滨海生物科技有限公司、台湾双星能量国际股份有限公司
50	果园套种桂花其香味抑制虫害研究	闽侯县白沙青年果场基地
51	绣球菌冻干超微粉生产关键技术研究及产业化示范	福清市火麒麟食用菌技术开发有限公司
52	老茶园改造及野山茶研制	闽侯县天雾农场
53	纯天然螺旋藻功能饮料的开发	福清市新大泽螺旋藻有限公司
54	芦荟汁饮料生产及质量控制技术研究	福州金和生物科技有限公司
55	一种去除鳗鱼黏液加工器具装备与产业化	长乐太平洋食品有限公司
56	软包装冷冻调味鱼加工技术研发项目	福州东水食品有限公司
57	茉莉优质品种的健身栽培及推广	福州福民茶叶有限公司
58	一种解酒保肝功能性饮品－超级丹植物风味饮料的研制及产业化	福建永生活力生物工程有限公司
59	浒苔高效提取活性多糖的技术研究	福建海兴保健食品有限公司、福建医科大学
60	鲍鱼工厂化循环水健康养殖	福清市宏峰泰海珍品养殖有限公司

续表 38 - 4

序号	项目名称	承担单位
61	国家标准化蛋鸡场蛋品“无抗化”体系的构建	福清市文华实业有限公司
62	灵芝代料仿生态栽培与加工技术研究与示范	福建岁昌生态农业开发有限公司
63	金针菇绿色食品标准化栽培技术研究与示范	福州惠生食用菌有限公司
64	橄榄汁的防褐变研究及产业化应用	福州西城食品有限公司
65	面包虾排深加工技术的研究开发	福清市东威水产食品实业有限公司
66	福春1号大白菜、松花55天花椰菜和夏华2号甘蓝新品种推广	福州市蔬菜科学研究所
67	连江县海带产业化可持续发展新技术应用与推广	连江县官坞海洋开发有限公司等

(丁可锋)

科技成果管理

【科学技术奖励】 2013年,福州市有13项科技成果被授予省科学技术奖,其中“移动互联网应用软件‘91手机助手’”等4项成果获二等奖,“中波红外侦察跟踪及两档视场一体化热成像系统”等9项成果获三等奖。

根据《福州市科学技术奖励办法》有关规定,市政府于12月3日发布《福州市人民政府关于颁发2013年度福州市科学技术进步奖的决定》,授予“锐捷安全计费管理解决方案(RG - SAM)”等60项科技成果为2013年度福州市科学技术进步奖,其中一等奖4项,二等奖14项,三等奖42项。在获奖项目中,按成果类型分:鉴定类8项,评审类3项,验收类8项,发明专利类27项,软件著作权9项,标准类1项,集成电路布图设计1项,农业新品种2项,医疗器械1项。获奖成果大部分得到推广应用,从2010年至2012年底,累计新增产值83.178亿元(新增产值亿元以上的有17项),新增利润12.680亿元,新增税收5.439亿元。

表 39　**2013年福州市获省科学技术奖项目**

序号	项目名称	奖项类别	获奖等级	主要完成单位	主要完成人员
1	移动互联网应用软件“91手机助手”	科学技术进步奖	二等奖	福州博远无线网络科技有限公司	刘德建　陈宏展　郑　晟　潘运武
2	塑料管道材料制造装备节能降耗技术研发及应用	科学技术进步奖	二等奖	福建亚通新材料科技股份有限公司、福建恒杰塑业新材料有限公司、福建师范大学、福建祥龙塑胶有限公司、福建振云塑业股份有限公司	陈　鹊　姚忠亮　陈庆华　王存奇　莫晨杰　林真源　陈黎星
3	FoxitPhantomPDFV5.0	科学技术进步奖	二等奖	福州福昕软件开发有限公司	熊雨前　黄　鹏　孟庆功　穆　菁　徐　明
4	基于数字预失真技术的移动通信接入网设备	科学技术进步奖	二等奖	福建邮科通信技术有限公司	赖克中　张健荣　陈群峰　许乔丹　许祥政　谭金生　翟红光

续表 39

序号	项目名称	奖项类别	获奖等级	主要完成单位	主要完成人员
5	中波红外侦察跟踪及两档视场一体化热成像系统	技术发明奖	三等奖	福建福光数码科技有限公司	肖维军　林春生　屈立辉　周宝藏　郑炜亮
6	高效节能灯用新型磁性材料	科学技术进步奖	三等奖	福建省福晶磁性材料有限公司、闽清县陶瓷科学研究所	许翊从　康明山　裴谐第　陈根荣　刘小燕
7	建筑渣土填筑路基技术研究	科学技术进步奖	三等奖	福州绕城高速公路有限责任公司、福建省交通科学技术研究所	郑志东　姚志雄　陈荣刚　陈治伙　陈永锋
8	电子产品面板控制芯片及系统控制软件	科学技术进步奖	三等奖	福州福大海矽微电子有限公司	施隆照　王仁平　陈传东　江浩　刘伟城
9	汽车后视盲区增效镜	科学技术进步奖	三等奖	福州福特科光电有限公司	郭少琴　黄木旺　林勇杰　王　敏　林孝同
10	基于 SOA&BPM 的证券金融投资者营销与服务平台 --FCRM	科学技术进步奖	三等奖	福建顶点软件股份有限公司	严孟宇　雷世潘　徐传秋　赵林　戴小戈
11	综合信息服务平台	科学技术进步奖	三等奖	福建邮科通信技术有限公司	江奕华　吴学慧　唐建光　林　宇　江秀清
12	城乡商贸流通信息化服务平台	科学技术进步奖	三等奖	福建鑫诺通讯技术有限公司	陈　奇　钱光洪　何则锐　廖尚春
13	儿童哮喘早期诊断及规范化治疗系列研究	科学技术进步奖	三等奖	福建省福州儿童医院	唐素萍　华云汉　陈辉清　郭依华　陈瑞月

表 40　**2013 年获福州市科技进步奖项目**

序号	项目名称	获奖等级	主要完成单位	主要完成人员
1	锐捷安全计费管理解决方案(RG-SAM)	一等奖	福建星网锐捷网络有限公司、北京星网锐捷网络技术有限公司	林伟俊　汪　奇　赵　敏　刘福能　林雁敏
2	移动互联网应用软件《91 手机助手》	一等奖	福州博远无线网络科技有限公司、福建博瑞网络科技有限公司、福建博动文化传播有限公司	刘德建　陈宏展　郑　晟　潘运武
3	XGHF43/1/26 全电脑多梳栉带压纱板高速提花经编机	一等奖	福建省鑫港纺织机械有限公司	郑春华　谢春旺　赖秋玉　郑依福　郑春乐
4	乙肝肝衰竭临床治疗优化方案及发病机制的研究	一等奖	福州市传染病医院	潘　晨　林明华　李　芹　高海兵　甘巧蓉
5	强冬性耐寒春大白菜新品种选育	二等奖	福州市蔬菜科学研究所	方淑桂　陈文辉　曾小玲　钟开勤　胡　蓉
6	气相色谱法测定化学工业气体中杂质新技术的研究及应用	二等奖	福州市产品质量检验所、国家化学工业气体产品质量监督检验中心(福建)	陈　熔　林宇巍　邹　震　应　松　张凤利
7	物联网感知识别芯片	二等奖	福建新大陆电脑股份有限公司	孙亚力　郭　栋　陈文传　杨　韬　林建华

续表 40－1

序号	项目名称	获奖等级	主要完成单位	主要完成人员
8	无线 POS 终端 E550	二等奖	福建联迪商用设备有限公司	李登希 肖 锋 洪晓辉 胡长发 孟陆强
9	基于数字预失真技术的移动通信接入网设备	二等奖	福建邮科通信技术有限公司	赖克中 张健荣 陈群峰 许乔丹 许祥政
10	智能人机交互技术的研究及应用	二等奖	福建星网视易信息系统有限公司	刘灵辉 郑维宏 林剑宇 陈 风 马雪怀
11	四创山洪灾害监测预警系统 V1.0	二等奖	福建四创软件有限公司	汤成锋 林灿文 陈博嘉 江 峰 张 凌
12	工业自动化 IAP 新技术研发及其产业化	二等奖	福州福大自动化科技有限公司、福州大学电气工程与自动化学院	陈新楚 郑 松 卢定兴 陈艺宾 刘朝儒
13	一种新型波浪行双层结构的鼓式刹车片	二等奖	福建冠良汽车配件工业有限公司	王长达 张世绍 安忠文
14	5182H19 易拉罐罐盖及拉环用铝合金带材	二等奖	中铝瑞闽铝板带有限公司	黄瑞银 蔡 峰 朱志斌 罗筱雄 司开田
15	玻璃钢管道生产线的工艺流程及连续自动化生产线的应用研究	二等奖	福建祥龙塑胶有限公司	姚忠亮 李基安 戴永顺 林厚永 万 勇
16	鲟鱼人工繁育和鱼子酱开发技术研究与示范	二等奖	福建省龙翔特种水产养殖有限公司、福建省农业科学院中心实验室、福建省农业科学院畜牧兽医研究所	罗土炎 饶秋华 周伦江 罗 钦 陈明乐
17	台湾优质薄皮甜瓜筛选及高抗性砧木的选育与应用	二等奖	福州市农业科学研究所、福建省农科院农业生物资源研究所	赵依杰 张伟光 吴宇芬 张小红 陈晟
18	系列肿瘤组织免疫组化临床诊断试剂盒	二等奖	福州迈新生物技术开发有限公司	王小亚 方 圆 杨清海 程本亮 郑艳华
19	捆绑式星探光学系统	三等奖	福建福光数码科技有限公司	肖维军 林春生 郑炜亮 李昌洪 黄友镜
20	桩底清孔系统及桩底清孔的工艺研究与应用	三等奖	中建海峡建设发展有限公司	赵红岗 吴平春 王 耀 赖友华 吴维国
21	动力锂电池组保护板测试系统及其应用研究	三等奖	福州开发区星云电子自动化有限公司	李有财 邓秉杰
22	基于智能小区的数字家居系统研发	三等奖	福建省冠林科技有限公司	洪群青 陈 谧 张展林 付 明 陈伟东
23	智能存折打印机控制软件及其应用研究	三等奖	福建实达资讯科技有限公司	陈铭邦 彭建明 蔡作英 戴 乐 吴华
24	一种自适应介质厚度的印字装置及其应用研究	三等奖	福建实达电脑设备有限公司	林艳青 李桂海 苏剑斌 陈铭邦
25	光纤熔接机高清晰度显微镜头	三等奖	福建福特科光电股份有限公司	黄木旺 王 敏 梁秀玲 何金铃
26	厚铜导线断路修补方法及其应用研究	三等奖	福州瑞华印制线路板有限公司	陈跃生 许秀恋 何华辉

续表40－2

序号	项目名称	获奖等级	主要完成单位	主要完成人员
27	RDP环境下流媒体映射解决方案及其应用研究	三等奖	福建升腾资讯有限公司	张　辉　郑　荣　魏良晨
28	提高液晶显示器动态对比度的方法	三等奖	福建捷联电子有限公司	钟连生　谢洪洲　高华平
29	MW0831平板电脑	三等奖	福州思迈特数码科技有限公司	林　栩　帅　文　蔡义锋　王　硕　谢绵接
30	全景互动体验式数字多媒体展示系统	三等奖	福建佳视数码文化发展有限公司	郑崇勇
31	企业级非结构化数据管理平台及其应用研究	三等奖	福建亿榕信息技术有限公司	倪时龙　苏江文　余深田　郑　映　洪顺淋
32	榕基司法管理信息系统	三等奖	福建榕基软件股份有限公司	陈明平　邓松高　李达取　马　圣　苏志心
33	基于物联网的睿能电脑横机编织网络平台	三等奖	福建睿能电子有限公司	张国利　林航武　林云鹏　杨家荣　周跃武
34	富通网优测试数据管理平台	三等奖	中富通股份有限公司	张立达　刘圣峰　陈增铂　池其洋　林惠聪
35	麦格贷记卡分析管理系统	三等奖	福建麦格数码科技有限公司	魏盛勇　贾相忠　倪　钦　李树景
36	三奥媒体资产管理系统及其应用研究	三等奖	福建省三奥信息科技股份有限公司	卓　华　邱源峰　陈　锦
37	综合信息服务平台	三等奖	福建邮科通信技术有限公司	江奕华　吴学慧　唐建光　林　宇　江秀清
38	经编机贾卡控制系统	三等奖	福建宏宇电子科技有限公司	游雄峰　张　英　吴　俊　李　龙
39	基于多参量预补偿法高级智能压力变送器	三等奖	福州福光百特自动化设备有限公司	祁剑峰　蔡铁强　郑剑秋　连云章　姜晓虹
40	用于挂置平板电视机的钢丝绳挂架的挂件	三等奖	福州展旭电子有限公司	吴　槐　陈新宇　谷　飞　施春炎
41	新型汽车发动机用平板型PU材质空气滤清器的研制	三等奖	德宝雅特（福州）有限公司、福建交通职业技术学院	陈大健　傅高升　许　铁　苏庆列
42	额定电压0.6/1kV及以下金属护套无机矿物绝缘电缆	三等奖	福州通尔达电线电缆有限公司	郑　飞　雷　厉　黄豪士　乔德军　马付合
43	一种高效碳化硅刚玉稀土陶瓷复合砂轮及其制造方法	三等奖	福州双屹砂轮有限公司	郑春和　郑小勇　郑顺伟　李金林　林群
44	拉链布带高效熨烫机	三等奖	祥兴（福建）箱包集团有限公司	宋强国　薛行远
45	预应力混凝土刚构－连续梁桥组合结构体系抗震及减震设计研究	三等奖	福州市公路局、福州大学土木工程学院	林著惠　卓卫东　刘发水　叶知义　谷　音

续表 40－3

序号	项目名称	获奖等级	主要完成单位	主要完成人员
46	聚丙烯静音排水管道系统	三等奖	福建恒杰塑业新材料有限公司	王存奇　许建钦　张正华　林真源　陈智凯
47	抗腐蚀性预应力混凝土管桩基础	三等奖	福建省大地管桩有限公司	杨金辉　董伟东　冯三药
48	一种消泡剂的制备方法	三等奖	威尔(福建)生物有限公司、浙江大学	陈关喜　吴清洲　林信康　黄继富
49	一种聚酰胺环氧固化剂及其制备方法	三等奖	福州百盛精细化学品有限公司	石孟泽　高孝贵　林丽清　林荣乐　郑珍黎
50	降低涤纶布染色不均的方法及其应用研究	三等奖	福州福华纺织印染有限公司	陈奕廷　李德祖
51	四相催化氧化深度处理废水的方法及其应用研究	三等奖	福建微水环保技术有限公司	徐军富　王珏
52	有利于提高产品质量的节能型烤鳗工艺	三等奖	长乐太平洋食品有限公司	黄建新　陈　宏　何吉山
53	抗大风浪网袖制作方法及其应用	三等奖	连江罗源湾金牌渔业科技有限公司	蒋书英
54	大花蕙兰软腐病的发生规律与综合防治技术研究	三等奖	福州市农业科学研究所	秦建彬　魏翠华　谢　宇　江昊　林增谋
55	文旦柚果茶及其制造方法	三等奖	福州市食品工业研究所	黄秀娟　陈日春　郑　红　吴圣静　陈兴才
56	一种具有香叶风味的速冻烤鳗加工工艺及其应用研究	三等奖	福建福铭食品有限公司	杨宗铭　杨　新　郑梅芳　黄大松
57	一种保持鱼肉新鲜的速冻台湾鲷鱼片的加工方法及其应用研究	三等奖	福建铭发水产开发有限公司	杨　新　杨宗铭　郑梅芳　黄大松
58	酸性植酸酶在毕赤酵母中的高效表达	三等奖	福建福大百特科技发展有限公司	叶秀云　张　洋　杨　捷　靳伟刚　罗鋆琳
59	恩度联合单药治疗老年非小细胞肺癌的初步研究	三等奖	福建省福州肺科医院	陈　群　石　琴　谢　强　翁丽珍　李育宏
60	福州地区生活饮用水污染状况及遗传毒性研究	三等奖	福州市疾病预防控制中心、福建医科大学	郑能雄　徐幽琼　林华影　张文昌

（郑荣火）

技术市场管理

【产学研活动】 2013年,福州市分别与清华大学、中国人民大学、厦门大学、福州大学等8所高校签订战略合作协议。市科技局根据福州市产业发展情况,结合国家创新型试点城市建设要求,批准设立“福州市电子政务安全行业创新技术中心”(依托福州大学数学与计算机科学学院)、“福州市生物制药行业技术创新中心”(依托福建省微生物研究所)、“福州市橄榄行业技术创新中心”(依托福建农林大学园艺学院、福州市经济作物技术站)。

【技术市场建设】 福州技术市场通过科技部火炬中心对“国家技术转移示范机构”的考评,并被评为年度“国家技术转移示范优秀机构”。根据市科学技术局《关于建立“中国创新驿站福州基层站点县(市)区工作站”》通知要求,首批在连江县等8个县(市)区建立中国创新驿站县(市)区工作站。

6月7日,福州市科技局、福州技术市场与福清市科技局合作在福清市举办

“海洋生物技术科技成果及专利技术推介会”，福清市40多家企业的负责人、技术人员共130多人参加。推介会邀请“台湾国立交通大学”、黄海水产研究所、厦门大学、福州大学、集美大学、福建农林大学、福建师范大学等7家省内外高校院所的12名专家，为企业带来80多项海洋科研成果。5月6日，“2013年专利成果交易和转化模式创新研讨会”在福州召开，北京、陕西、福建、长沙、南昌、深圳等专利技术展示交易中心负责人到会交流。“6·18”项目成果交易会征集30个对接项目、15个技术需求项目，邀请8名专家到会指导。根据省科技厅的要求，征集20多个项目开展“6·18”生物医药技术网上对接工作。

（詹志勤）

知识产权保护

【知识产权示范城市建设】 2013年，国家知识产权局、福建省和福州市共同推动在福州市建设“国家知识产权局专利审查协作海西中心”项目。该项目选址高新区海西园，占地面积约5.53公顷，总建筑面积为8万平方米，总投资约3.8亿元。12月16—17日，国家知识产权局到福州与省政府、市政府就共建合作进行商谈。根据国家知识产权示范城市工作要求，福州市对现有的《福州市促进自主知识产权奖励办法》进行修订，12月，市政府原则通过新修订的《福州市促进自主知识产权奖励办法》，待市政府常务会议通过后即可颁布实施。新办法对福州市专利授权、设立政府专利奖、优势示范、专利技术实施与产业化、专利权质押融资、专利保险等予以扶持与奖励。市委编办批准在市科学技术情报所加挂福州市知识产权信息公共服务中心，中心主要开展知识产权信息公共服务平台及企业专利数据库开发与建设，编写专利信息统计与分析报告等工作。

出台《福州市专利提升行动计划实施方案（2013—2015年）》，在全市范围内开展企业发明专利“清零”、专利代理人“入园进企”等五大提升行动。成立企业知识产权管理标准化推进工作队伍，福耀玻璃等15家企业列入全国首批《企业知识产权管理规范》国家标准的推广行列。3所中小学入选2013年福建省知识产权试点学校。

年内全市专利申请量达到9262件，其中发明专利申请3258件，占总申请量的35.18%；专利授权量达6280件，其中含金量高的授权发明专利达1159件。截至年底，全市有效发明专利量4172件，居全省首位，每万人有效发明专利拥有量为5.7件。

【企事业知识产权工作】 市知识产权局发挥知识产权试点示范引领作用，推荐全市企事业单位列入各级各类知识产权试点示范（优势）。福耀集团入围全国首批专利运营试点企业和首批国家知识产权示范企业，星网锐捷通讯等11家企业入选全国首批知识产权优势企业。新大陆电脑等6家企业评为“2013年度福建省知识产权优势企业”；市科技局与市知识产权局联合认定国光电子等27家企业为2013年度福州市知识产权示范企业，对28家2012年度福州市知识产权示范企业进行集中复审。截至年底，福州市拥有各级各类知识产权试点示范企业242家，其中国家级30家、省级76家、市级136家，在列入省级以上试点示范（优势）的企事业单位中，福州市拥有量居全省九地市前列。

促进专利技术转让和交易，年内国家专利技术（福建）展示中心举办福建省优秀专利展等展示活动4场，新增展品112件；主办或合作承办各类专利交易活动6场次，促进专利转让9项，成交金额132.3万元；通过中心平台实现专利交易额1300多万元。中心承接福建省首届专利技术网上拍卖会，成交金额12.5万元。

【扶持与培育自主知识产权】 市知识产权局受理授权发明专利资助1186件，资助金额551万元；受理发明专利奖励1144件，奖励金额752万元。开展高新技术企业发明专利“清零”行动，19件发明专利获得发明专利“清零”奖励资金19万元。

促进企业知识产权与金融有效结合，市知识产权局分别与中国银行福州市市中支行、福建海峡银行科技支行签订战略合作协议，10家企业累计获得银行专利权质押贷款9000多万元，另3家企业与银行达成专利质押贷款意向，意向金额1800万元。4家企业获得福建省企业专利权质押贷款贴息71.5万元。

专利保险试点方面，市知识产权局与中国人保财险福建省分公司签订战略合作协议，年内完成34家企业91件专利的投保，保费总额近10多万元，保障金额近170万元。

组织推荐专利项目参加各级专利奖评选，争取专利技术实施与产业化资金扶持。推荐福建新大陆电脑股份有限公司的“智能溯源秤的研发及产业化”等6个项目列入2013年福建省专利技术实施与产业化计划项目，获90万元资金支持。推荐福州宜美电子有限公司的外观设计专利手表（11E003）和福建新代实

3月7日，召开全市科技暨知识产权工作会议　（市科技局　供）

业有限公司的外观设计专利削笔机(自动进笔)获得第十五届中国外观设计优秀奖,根据《福州市扶持和培育自主知识产权奖励办法》,获奖项目的专利权人获得5万元奖励。推荐福建联迪商用设备有限公司的发明专利"POS文件认证的方法及认证证书的维护方法"等8件专利项目获第四届福建省专利奖,其中一等奖1项、二等奖2、三等奖5项,根据《福建省专利奖评奖办法实施细则(试行)》,获特等奖,一、二、三等奖的专利权人将分别获30万、10万、5万、3万元奖励,对获中国专利优秀奖的专利按省专利奖一等奖的标准给予奖励,对获中国外观设计优秀奖的外观设计专利按省专利奖二等奖的标准给予奖励。组织评选出2013年度福州市专利奖金奖2项、优秀奖21项。

【专利行政执法】 开展知识产权执法维权"护航"专项行动,多次牵头组织市工商、版权、公安经侦支队等执法部门开展联合执法行动,深入批发市场、大型商场超市、医药商店、家装市场开展30多场专项检查活动,出动人员达300多人次,检查涵盖医药、食品、玩具、电器等十几类逾2万种商品,查获假冒专利案件66件,涉案金额数百万元;受理调解纠纷案件1件,侵权纠纷案件8件。深入第15届"5·18"海交会、第11届"6·18"海峡项目成果交易会开展现场执法维权工作,设立知识产权维权服务咨询台。开展入园进企知识产权维权服务工作,市知识产权局与市法院联合在福州软件园挂牌设立福州市首家"知识产权法律服务站",为企业答疑解难。召开全市知识产权纠纷"大调解"联动机制第三届联席会议,全市多部门知识产权纠纷"大调解"联动机制进一步巩固;市知识产权局与市公安局、市科技局共同签署《打假维权合作机制备忘录》,创新信息共享机制,完善办案协作机制,形成联合执法常态;建立专利联络员制度,截至年底,全市有17家大型商场、超市、医药连锁商店和4家新闻媒体设有62名专利联络员,市知识产权局与市法院多次联合举办专利联络员知识产权保护培训班。进一步加强地区间专利执法协作与沟通,签署《闽粤沿海十二城市共同查处假冒专利行为协作备忘录》。

【知识产权宣传培训】 通过"2·21"首届福建知识产权日、第13个"4·26"世界知识产权宣传日、第7届中国专利周等宣传日开展系列知识产权宣传活动,在《福州日报》《福州晚报》《海峡都市报》《东南快报》刊登20多条知识产权工作动态,福建电视台、福州电视台播放知识产权新闻10多条。

通过多媒体信息平台宣传知识产权。首次通过遍布全市社区的270多面LED阅报栏播放知识产权公益广告;与移动通讯公司签约,通过移动彩信与短信平台发送知识产权宣传信息20多万条;首次开展全市公职人员知识产权考试,有1293个单位6.29万人次参与考试。

联合福建农林大学举办第二届大学生知识产权竞赛,在福建农林大学开设大学生知识产权选修课程,市知识产权局与福建工程学院共同签订建设知识产权教学科研基地协议。实施企业知识产权培训网络化。开设中国知识产权远程教育平台福州分站,并组织2期1000多人次参加远程教育培训。举办多场全市

表41 **2013年各县(市)区专利申请量与授权量统计** 单位:件

县/市区	专利申请量				专利授权量			
	总数	发明	实用新型	外观设计	总数	发明	实用新型	外观设计
鼓楼区	2127	924	922	281	1399	273	886	240
台江区	511	154	197	160	371	550	179	142
仓山区	1771	717	642	412	1274	314	681	279
晋安区	866	268	465	133	578	95	361	122
马尾区	556	211	278	67	548	124	343	81
福清市	856	139	368	349	653	64	328	261
长乐市	757	106	546	105	460	34	385	41
闽侯县	1262	623	520	119	625	163	409	53
连江县	168	42	83	43	151	18	102	31
闽清县	136	25	65	46	102	8	66	28
罗源县	144	14	95	35	28	2	26	0
永泰县	56	15	29	12	48	9	29	10
平潭县	52	20	17	15	43	5	26	12
校正值	0	0	0	0	0	0	0	0
合计	9262	3258	4227	1777	6280	1159	3821	1300

说明:表中统计数据的原始资料由省知识产权局提供并校正确认,并经市知识产权局分离处理后所得

表 42　**2013 年第十五届中国专利奖福州市获奖项目**

序号	奖项	专利名称	专利号	专利权人	发明人(设计人)
1	外观设计优秀奖	手表(11E003)	201130198008.0	陈祖元	陈祖元
2	外观设计优秀奖	削笔机(自动进笔)	201130080274.3	福建新代实业有限公司	王新富

说明:根据《福建省专利奖评奖办法》和《福建省专利奖评奖办法实施细则(试行)》规定,对获中国专利优秀奖的专利按省专利奖一等奖的标准给予奖励,对获中国外观设计优秀奖的外观设计专利按省专利奖二等奖的标准给予奖励

表 43　**2013 年获第四届福建省专利奖福州市获奖项目**

序号	奖项	专利名称	专利号	专利权人	发明人(设计人)
1	一等奖	POS 文件认证的方法及认证证书的维护方法	200910112787.X	福建联迪商用设备有限公司	孟陆强　黄水香　刘世英
2	二等奖	一种在常温下运行的多梳栉经编机	200910111544.4	郑依福	郑依福
3	二等奖	一种放电单元模块化结构的臭氧发生器	200710137824.3	福建新大陆环保科技有限公司	陈　健　王　涛
4	三等奖	玻璃板压制成型机	200710008846.X	福耀玻璃工业集团股份有限公司	福原康太　张小荣
5	三等奖	一种玻璃钢管道生产线的工艺流程及连续自动化生产线	200910266632.1	福建祥龙塑胶有限公司	姚忠亮　李基安　戴永顺　林厚永　万　勇
6	三等奖	存储策略控制列表、策略搜索方法和三态寻址存储器	200810005218.0	福建星网锐捷网络有限公司	周驰原
7	三等奖	介质纠正机构	200610037779.X	福建实达电脑设备有限公司	曾光贤　胡森炯　林艳青　肖　锋
8	三等奖	一种具有香叶风味的速冻烤鳗加工工艺	201110047817.0	福建福铭食品有限公司	杨宗铭　杨　新　郑梅芳　黄大松

表 44　**2013 年获第三届福州市专利奖项目**

序号	奖项	专利名称	专利号	专利权人	发明人(设计人)
1	金奖	一种弯曲玻璃板的方法和装置	201110040971.5	福耀玻璃工业集团股份有限公司	周遵光　郑宗法　卓光进　陈道鼎
2	金奖	一种具有香叶风味的速冻烤鳗加工工艺	201110047817.0	福建福铭食品有限公司	杨宗铭　杨　新　郑梅芳　黄大松
3	优秀奖	一种自适应介质厚度的印字装置	200910111065.2	福建实达电脑设备有限公司	林艳青　李桂海　苏剑斌　陈铭邦
4	优秀奖	一种高容量锂离子电池后备态管理方法	201010118217.4	飞毛腿(福建)电子有限公司	俞　峰
5	优秀奖	同一包厢内多台点歌机同时点歌的方法	201010207699.0	福建星网视易信息系统有限公司	冯　锐　林剑宇　付春启

续表 44

序号	奖项	专利名称	专利号	专利权人	发明人(设计人)
6	优秀奖	一种光学成像触摸传感系统及其成像方法	201110001407.2	锐达互动科技股份有限公司	丁万年 陈日良 陈 丽 洪文杰
7	优秀奖	双模数字射频拉远系统	200910112544.6	福建三元达通讯股份有限公司	董文峰
8	优秀奖	一种高性能的自由空间光纤放大器模块	200710008569.2	福州高意通讯有限公司	蒋友山 蔡宏铭 刘 涛 李 阳
9	优秀奖	具有搅料机构的制砖机布料机构	200710008578.1	福建海源自动化机械股份有限公司	李良光 王 琳
10	优秀奖	带有可食性裹衣的节状香肠的生产工艺	200910215484.0	福建海壹食品饮料有限公司	陈凤祥
11	优秀奖	一种针座及其安装方法	200810070771.2	福建省百仕韦医用高分子股份有限公司	陈永曦
12	优秀奖	无线网络中下行数据的传输方法及无线接入设备	201010001278.2	福建星网锐捷网络有限公司	沈 翀 黄 涛
13	优秀奖	一种放电单元模块化结构的臭氧发生器	200710137824.3	福建新大陆环保科技有限公司	陈 健 王 涛
14	优秀奖	基于嵌入式 Linux 的浅层地震勘探仪器软件体系结构的装置	200710009186.7	福州华虹智能科技开发有限公司	林学龙
15	优秀奖	杆状药材切片装置	201010507003.6	北京同仁堂健康药业(福州)有限公司	唐 辉
16	优秀奖	一种玻璃钢管道连续自动化生产线	200910266632.1	福建祥龙塑胶有限公司	姚忠亮 李基安 戴永顺 林厚永 万 勇
17	优秀奖	捆绑式星探光学系统	201110130553.5	福建福光数码科技有限公司	肖维军 林春生 郑炜亮 李昌洪 黄友镜
18	优秀奖	有利于提高产品质量的节能型烤鳗工艺	201110458542.X	长乐太平洋食品有限公司	黄建新 陈 宏 何吉山
19	优秀奖	一种刷卡速度测试方法及刷卡速度测试设备	201110325177.5	福建联迪商用设备有限公司	郑云斌 曹小苏 苏 龙
20	优秀奖	一种可控的开关机电路	200910215284.5	福建鑫诺通讯技术有限公司	钱光洪 周遵亮
21	优秀奖	图形或条码识读模组	201010187624.0	福建新大陆自动识别技术有限公司	吴文彬 吴冬周 邱有森
22	优秀奖	一种 LED 显示驱动与键盘控制芯片	200910111013.5	福州福大海矽微电子有限公司	张 进 施隆照
23	优秀奖	一种拉链布带高效熨烫机	201010234071.X	祥兴(福建)箱包集团有限公司	宋强国 薛行远

表 45　**2013 年福州市首批国家级知识产权示范企业和优势企业**

序号	单位名称	序号	单位名称
一	首批国家级知识产权示范企业		
1	福耀玻璃工业集团股份有限公司		
二	首批国家级知识产权优势企业		
1	福建星网锐捷通讯股份有限公司	7	福建省苍乐电子企业有限公司
2	福建新大陆科技集团有限公司	8	福建联迪商用设备有限公司
3	福建海源自动化机械股份有限公司	9	福州瑞达电子有限公司
4	福州高意科技有限公司	10	福建实达电脑设备有限公司
5	福建三元达通讯股份有限公司	11	福建新代实业有限公司
6	福建亚通新材料科技股份有限公司		

表 46　**2013 年福州市的福建省知识产权优势企业**

序号	单位名称	序号	单位名称
1	福建新大陆电脑股份有限公司	4	福州开发区鸿发光电子技术有限公司
2	福建星网视易信息系统有限公司	5	飞毛腿(福建)电子有限公司
3	福州思迈特数码科技有限公司	6	福建鑫诺通讯技术有限公司

专利权质押融资、专利保险、发明专利“清零”、专利保护等知识产权实务培训班。企业专利分析利用培训被列入全市专业技术人员继续再教育培训课程，首批60多人参加。举办多场商场超市专利联络员培训班，邀请市法院法官以案说法。结合“四个万家”主题实践活动，赴40多家企业开展知识产权工作现场指导服务。

【知识产权强县工程】　全市12个县(市)区全部挂牌成立知识产权局，大部分县(市)区相继出台措施，加大资金投入，促进县域经济的发展。年内鼓楼区、仓山区、闽侯县专利申请总量分别为2127、1771、1262件，这3个县区专利申请总量占全市的55.71%。罗源县、闽侯县、长乐市专利申请总量增长率分别达到80%、31.46%、14.7%。鼓楼区、仓山区、福清市专利授权量分别为1399、1274、653件，该3县区专利授权总量占全市的52.96%。闽清县、连江县、罗源县专利授权总量增长率分别达277.78%、169.64%、154.55%。福清市进入国家知识产权示范城市培育阶段，仓山区入选国家知识产权强县工程试点县(区)，闽侯县通过国家知识产权强县考核验收，长乐市列入福建省知识产权强县。至年底，有1个县(市)区进入国家知识产权示范城市培育阶段，2个县区列为国家知识产权强县工程试点县(区)，6个县(市)区列为福建省知识产权强县。

（黄绍梁）

科学普及

【科技政策培训】　1月17日，市科技局联合市国税局、市地税局在福州举办2012年度企业研发费用加计扣除及项目确认培训班，参加培训科技企业210家，其中首次参训企业占三成。市国税局、市地税局及市科技局相关业务负责人结合国家税务总局《企业研究开发费用税前扣除管理办法》的具体规定，对研发费用加计扣除政策适用范围、企业所得税事先备案管理事项、研发费用归集及研发项目确认等业务内容进行讲解。省统计局、市技术市场相关人员也应邀向参训人员解读科技统计要求和技术交易政策等。

6月14日，市科技局和福建海峡银行福州科技支行在软件园服务中心举办科技型企业备案和高新技术企业认定培训会，对科技和银行融合相关政策进行宣传，参加培训企业近60家。

（王庆金）

【科普宣传活动】　5月19日，2013年福建省暨福州市科技·人才活动周在福州举行。活动周以“科技创新·美好生活”为主题，突出科技与生活同行、科技实现美好生活、科技与文化融合的重要作用，组织举办一系列群众性科技活动。活动周期间，福州市组织活动410场，涉及全市12个县(市)区，参与各项活动总人数达28万多人，在各级电视台、电台、报刊、网站等新闻媒介刊出报道近210篇，全市各级投入活动经费达130万元。

年内市科技系统组织开展科技下乡

和科普进社区活动19场,其中大中型科技下乡13场,科技培训2场,科技知识有奖竞猜活动2场,科普进社区活动2场。发放各类科普、农业资料和图书4150多册,赠送优良蔬菜种子4470多包,挂历、春联1470余本。科技下乡参加的人数有1.34万多人次,其中参加各类培训班人员80人次。

(王庆金　肖登峰)

防震减灾

【地震监测预报】　在3个地下流体观测点进行电磁波仪器适应性测试工作。对福清市、连江县、长乐市、罗源县和永泰县等地下流体观测站的仪器进行检查维护。开展月、半年和年度地震趋势会商会,参加省2013年年中和2014年度地震趋势会商会,提交地震趋势会商报告。地下流体台网的数据传输系统的通信线路由原先靠调制解调器拨号传输的方式改造为数字电路,实现从原有的电话拨号定时收数到光纤时时传输的转变。

【地震应急流动观测系统和强震观测台阵改造建设】　地震应急流动观测系统和强震观测台阵改造建设是福州市防灾减灾"十二五"规划的重要项目和"数字福州"建设项目。年内完成项目招投标、安装和验收。应急流动观测系统的建成将弥补现有固定监测台网的不足,可完成大震前的前震和震后地震活动性观测,为判断震情的发展趋势提供依据和震时地震应急提供支撑。强震观测台阵改造项目的完成将为高层建筑在强震环境下的工程结构受力研究提供有效数据。

【地震灾害防御】　从市委、市政府下达的2013年重点建设项目和"五大战役"工程项目中确定属于福州市区的需要进行地震安全性评价的项目,并发文通知责任单位,督促做好工程建设场地地震安全性评价。年内有23家业主单位完成项目的地震安全性评价工作。对福州琼河旧屋改造项目、福建省科技馆搬迁项目、福州东二环泰禾城市广场(四期)办公楼工程、金城湾高层建筑工程、兴业银行大厦超高层建筑工程以及福州市三江城一期超高层建筑工程、融侨锦江悦府、苏宁置业广场等多家单位进行安评监督检查。继续开展琅岐岛地震小区划工作。项目中标单位福建地震地质工程勘察院完成项目实施和报告编写工作,该项目的完成将为琅岐岛新建、扩建、改建一般建设工程抗震设计提供依据,为琅岐岛已建工程的抗震鉴定与加固、社会经济发展和国土利用规划的编制,以及震害预测和防灾、救灾措施的制定提供基础资料和科学依据。

【防震减灾宣传教育】　开展防震减灾科普知识和法律法规知识"进学校、进社区、进乡村、进机关、进企业"宣传活动。通过现场咨询和举办防震减灾科普知识讲座等形式先后在福建工程学院、小西湖广场、台江第六中心小学、中亭街、祥坂小学、晋安附小、马尾区科协、马尾亭江镇罗星街道、温泉小学、后县社区、格致中学鼓山分校、罗源凤山小学、江夏学院、鼓山新区小学、省体育职业技术学院、省女子劳教所、省女子监狱等地开展地震科普知识宣传活动;利用广播、电视、报纸、网站、公交车后LED等多种媒体,播放专题片、刊发防震减灾科普常识和防震减灾标语等;向市民免费开放市地震局、罗源青少年活动中心等5个防震减灾科普宣教基地。开展防震减灾科普基地前期准备工作,邀请专家对海峡妇女儿童活动中心和晋安区第六小学进行防震减灾教育基地前期规划设计。

【地震应急救援】　3月27日10时台湾南投发生M6.5级地震,6月2日台湾南投发生M6.7级地震,9月4日6时23分在仙游县与永泰县交界处发生4.8级地震,10月30日1时50分在仙游县与永泰县交界处发生4.3级地震,10月31日台湾花莲发生M6.7级地震。震后,第一时间开展地震应急响应工作,收集震情信息,通过短信、震情专报等形式,向市委市政府值班室、有关市领导及省地震局报告震情,及时准确做好震情、灾情和社情信息收集汇总及上传下达工作,引导舆论稳定社会秩序。9月4日、10月30日莆田仙游县、福州永泰县交界处发生地震后,派出现场工作队人员赶赴现场了解震情、灾情。开展福州市地震信息处理和应急指挥系统平台中避难场所、桥梁和道路等数据更新维护工作。加强地震应急避难场所检查和维护;跟踪督促福清市和永泰县应急避难场所的建设。与市教育局联合发文要求福州市各学校做好"5·12"防灾减灾日期间的应急疏散演练;组织福州市地震灾害紧急救援队开展紧急救援演练;组织地震应急现场工作队进行野外地震应急演练;指导福建省女子监狱、马尾亭江镇罗星街道开展地震应急疏散演练。联合团市委、市红十字会向社会招募地震应急志愿者,对福州市地震救援志愿者进行防震减灾、医疗救护等应急知识技能培训。加强地震灾害紧急救援队建设,完成《福州市地震应急预案》修订工作,于7月11日正式印发。

【地震灾害紧急救援队建设】　市政府承担832万元(分3年,年内到位资金280万元),用于省、市共建应急救援队的建设;依托武警福州支队四大队十四中队成立福州市武警地震灾害紧急救援队,配置装备建设经费170万元。市财政支持市地震灾害紧急救援队运维费27万元。调整充实福州市抗震救灾指挥部成员单位的组成;组织福州市抗震救灾指挥部成员单位应急管理干部赴北京参加地震应急救援指挥与协调培训班。

(郑彩蝉)

(编辑　邱敏佳)

综　述

2013年，福州市申报课题9项获省社会科学规划项目立项，89项获省教育厅社科研究项目立项，25项获市中国特色社会主义理论体系研究基地课题立项。1项成果被评为“全国优秀社会科学普及作品”。市委党校、闽江学院、福州职业技术学院、市社会科学院、市政府发展研究中心、市委讲师团等6个理论研究基地公开发表研究成果近350项，25项成果获厅局级以上单位奖励。《福州社会科学》《福州党校学报》《闽江学院学报》《福州经济》《高职研究》等刊物发表社科类论文、调研报告近400篇。福州市第八届社会科学优秀成果评奖47项获奖，其中一等奖5项，二等奖13项，三等奖26项，佳作奖3项。

闽都大讲坛围绕闽都文化与中国近代史进程、福州城市考古、福州名人、烟台山传奇、儒家文化与先秦诸子的思想魅力等十大专题开讲，全年在福州电视台播出52集。市家庭教育研究会继续开展家庭教育公益大讲堂活动，组织会员深入学校、社区和乡镇巡讲66场，培训家长1.12万人次。

表47　福州市第八届社会科学优秀成果奖

成果名称	奖项	学科组别	成果形式	作　者	工作单位
福州市“135”社区党建工作模式的探索与启示	一等奖	马列科社	调研报告	市委组织部课题组(课题负责人：陈涌华，执笔：林修钢、郑锦峰)	市委组织部
关于平潭综合实验区生态环境可持续发展的建议	一等奖	社会	调研报告	潘　辉	闽江学院
农村金融改革发展若干问题	一等奖	经济	专著	祝　健、张传良等	福建师范大学
教育政策创新模式研究：创新路径的视角	一等奖	教育	论文	石火学	福州大学
三坊七巷志	一等奖	文史	工具书	市地方志编纂委员会(主编：黄启权)	市地方志编纂委员会
中国经济发展进程中农民土地权益问题研究	二等奖	马列科社	专著	林　翊	福建师范大学
中国特色社会主义政治文化建设	二等奖	马列科社	专著	俞慈珍	市委党校

续表 47－1

成果名称	奖项	学科组别	成果形式	作　者	工作单位
对加快城市化进程中推进我市"城中村"改制工作若干问题的思考	二等奖	社会	决策咨询研究报告	市委政策研究室课题组(课题负责人:李新贤、王振松,执笔:白俊超)	市委办公厅
福州市洋留守儿童成长的问题与对策	二等奖	社会	调研报告	市社会科学院课题组(课题负责人:林文平、张兰英,执笔:叶钦地)	市社会科学院
转型时期宏观调控中的政府信用及其法治保障研究	二等奖	社会	专著	王新红	福建师范大学
福州市"十二五"现代工业发展专项规划研究	二等奖	经济	决策咨询研究报告	福建农林大学软科学研究所课题组(课题负责人:郑庆昌,执笔:郑庆昌等)	福建农林大学
基于政府支持的循环经济产业链稳固升级研究	二等奖	经济	论文	吴飞美	闽江学院
关于全力打造泛闽江口滨海繁荣带,进一步推进"海上福州"建设的思路与建议	二等奖	经济	决策咨询研究报告	市委政策研究室、市海洋与渔业局课题组(课题负责人:黄诗杨、李振泰,执笔:潘佳、林徐峰)	市委政策研究室
大学体育理论与实践教程	二等奖	教育	教材	林　立	闽江学院
高职人才培养模式研究——基于第一批国家示范性高职院校建设方案的分析	二等奖	教育	论文	刘松林	福州职业技术学院
中国人的社会生活	二等奖	文史	译著	陈泽平	福建师范大学
明代作家徐𤊹　生卒年详考——兼谈作家生卒年考证方法	二等奖	文史	论文	陈庆元	福建师范大学
闽都文化概论	二等奖	文史	专著	市社科联(主编:林山)	市社科联
科学发展观对中国特色社会主义理论与实践的推进	三等奖	马列科社	系列论文	郑　镇	省委党校
从个体知识到社会知识——罗蒂的知识论研究	三等奖	马列科社	专著	顾林正	闽江学院
大力提升领导干部形象	三等奖	马列科社	调研报告	李　娣、李烈满	市委党校、省委党校
政治经济学中的人类发展经济学:终极关怀与现实关注	三等奖	马列科社	论文	舒　展	福州大学
政府组织战略性绩效评价指标设计:平衡计分卡的应用	三等奖	社会	论文	吴贵明、钟洪亮	福建商业高等专科学校
海西战略视角下的福州青少年发展报告	三等奖	社会	调研报告	共青团福州市委员会(主编:陈奕辉)	共青团福州市委员会

续表 47－2

成果名称	奖项	学科组别	成果形式	作　者	工作单位
弘扬闽都“福”主题文化的调研	三等奖	社会	调研报告	市委宣传部课题组(课题负责人:叶友琛,执笔:薛超进)	市委宣传部
关于构建福州大都市区绿道网的建议	三等奖	社会	决策咨询研究报告	市委政策研究室课题组(课题负责人:刘卓群、王振松,执笔:朱红艳)	市委办公厅
农民参与新型农村社会养老保险意愿研究——基于福州市大洋镇的调查	三等奖	社会	论文	林淑周	市委党校
福州市和谐社会评价指标体系的构建与实证分析	三等奖	社会	论文	叶钦地	市社会科学院
中国社会保障制度变迁中的政府责任:1949—2009	三等奖	社会	论文	钟洪亮	福建商业高等专科学校
推动我市小城镇综合改革建设试点工作的若干思考	三等奖	经济	决策咨询研究报告	市委政策研究室课题组(课题负责人:李新贤、张忠、王振松、戴清泉,执笔:白俊超、李伟)	市委办公厅
以“五个统筹”加快福清、长乐、闽侯、连江四县(市)融入福州大都市区体制机制研究	三等奖	经济	决策咨询研究报告	市人民政府发展研究中心课题组(课题负责人:郭艳芳,执笔:刘庆、黄尚斌、徐勇、陈炜)	市政府发展研究中心
探索循环经济规划之道	三等奖	经济	专著	邱寿丰	闽江学院
打造福州“中国温泉城”的对策研究	三等奖	经济	决策咨询研究报告	市城市科学研究会课题组(课题负责人:李新贤、王振松,执笔:沈秋贵、韩鸣)	市城市科学研究会
人民币国际化的货币替代机制研究	三等奖	经济	专著	严佳佳	福州大学
执行情境已知与否对前瞻记忆加工过程的影响	三等奖	教育	论文	陈幼贞	福建师范大学
职业生涯规划	三等奖	教育	教材	陈　建	福建对外经济贸易职业技术学院
记忆编码与提取的非对称关系	三等奖	教育	论文	孟迎芳	福建师范大学
福州年鉴(2011 卷)	三等奖	文史	工具书	市地方志编纂委员会(主编:张硕)	市地方志编纂委员会
《邯郸记》评注	三等奖	文史	古籍整理	邹自振	闽江学院
大鼓山·涌泉寺	三等奖	文史	工具书	魏　键	晋安区教师进修学校

续表 47－3

成果名称	奖项	学科组别	成果形式	作　者	工作单位
东南坛坫第一家——菽庄吟社研究	三等奖	文史	专著	黄乃江	福建师范大学
明代中古诗歌接受与批评研究	三等奖	文史	专著	陈　斌	福建师范大学
胡适海外汉学观研究	三等奖	文史	论文	冀爱莲、郭炳通	福建师范大学
西周长铭金文修辞研究	三等奖	文史	专著	李义海	闽江学院
社会主义和谐社会构建中的意识形态问题思考	佳作奖	马列科社	论文	李方祥	福建师范大学
村民自治权之法理探究	佳作奖	社会	论文	陈忠禹	市委党校
农产品出口技术性贸易壁垒问题研究	佳作奖	经济	系列论文	庄佩芬	福建农林大学

表 48　**福州市 2013 年度获福建省社会科学规划项目立项课题**

课题名称	项目类型	课题负责人	工作单位
推进党的创新理论普及路径探索——以福州经验为例	一般项目	高起平	市委宣传部
基于人文关怀视角的社会管理创新研究	一般项目	陈忠霖	市委宣传部
优化农产品供应链系统，积极稳妥推进我省城镇化战略研究	一般项目	陈成栋	闽江学院
清代送学礼考论	一般项目	毛晓阳	闽江学院
生态文明建设的“三维”发展路径研究	一般项目	李晓菊	闽江学院
福州文化创意产业的发展探索——以福州脱胎漆器为例	一般项目	郑　鑫	闽江学院
家庭法视域下儿童权利研究	青年项目	郑净方	闽江学院
中美贸易失衡中东亚因素的定性与定量分析	青年项目	林斐婷	闽江学院
资本市场弱化及其对实体经济的影响	青年项目	郭念枝	闽江学院

表 49　**2013 年度福州市中国特色社会主义理论体系研究基地立项课题**

课题名称	项目类型	课题负责人	工作单位
马克思主义社会管理思想对社区服务型党组织建设的启示——基于福州“135”党建工作模式的研究	重点项目	孙继红	市委党校
福州市统筹城乡基本社会保障制度研究	重点项目	林淑周	市委党校
城乡发展一体化与福州全面建成小康社会研究	重点项目	徐安勇	市委党校
“中国梦”与党的创新理论成果研究	重点项目	王春生	市委讲师团
福州新型城镇化建设存在问题与对策	重点项目	孙占秋	市政府发展研究中心
“海上福州”船文化产业发展研究	重点项目	叶钦地	市社科院
提升基层党组织执政水平与农民政治认同研究	重点项目	林文泰	闽江学院
“中国梦”宣传教育的途径与方法研究	重点项目	刘春兰	福州职业技术学院

续表 49

课题名称	项目类型	课题负责人	工作单位
机关党建“五大工程”研究	重点项目	王　聪	市直机关工委
当前农村宣传思想文化工作存在问题及对策研究	重点项目	杨洪华	连江县委宣传部
开展群众路线教育实践活动的研究	一般项目	俞慈珍	市委党校
福州县乡财政保障能力的调查与思考	一般项目	薛　青	市委党校
实现“中国梦”必须正确处理六个辩证关系研究	一般项目	肖文桂	市委党校
发挥好投资对经济增长关键作用的思考	一般项目	林丽娟	市委党校
弘扬“马上就办”精神　加强干部队伍作风建设研究	一般项目	林善炜	市委党校
文化产业市场体系培育研究——以福州市为例	一般项目	陈登源	市委党校
科学发展观指导下的村民自治权保障研究	一般项目	陈忠禹	市委党校
中国梦认同背景下群众文化建设路径研究——以福州市为例	一般项目	蔡雄杰	市委党校
加强调查研究　改进党的作风研究	一般项目	陈振锟	市委党校
社会管理创新中的微平台应用研究	一般项目	王青松	市委党校
福州市发展移动互联网产业的研究	一般项目	林高星	市政府发展研究中心
关于构建闽东北海洋文化圈战略构想可行性研究	一般项目	杨济亮	市社科院
提高规模化集约化专业化水平，促进福州市文化产业跨越发展研究	一般项目	丁　琼	市社科院
实现“中国梦”：十个关系维度的分析	一般项目	黄海林	闽江学院
经济转型背景下我市就业和劳动力市场问题研究	一般项目	陆　芳	福州职业技术学院
高职院校校企合作、工学结合人才培养模式的研究——以福州职业技术学院为例	一般项目	刘思锶	福州职业技术学院
福州市大学生就业难的成因及对策研究	一般项目	杨学明	福州职业技术学院
福州市新型城镇化战略研究	一般项目	李　为	福州外语外贸学院
微电影在中国特色社会主义文化发展中的应用研究	一般项目	刘小利	福州外语外贸学院
学习贯彻十八大精神　加强国有企业服务型党组织建设	一般项目	刘世用	市国资委
提高基层宣传思想工作的科学化水平	一般项目	黄良平	鼓楼区委宣传部
加强志愿者队伍建设的实践与思考	一般项目	李　辉	台江区委宣传部
构建人文仓山的若干思考	一般项目	翁国平	仓山区委宣传部
关于乡镇社区公共服务需求及满意度的实证研究	一般项目	丁凌风	晋安区委宣传部
福州市生态文明城市指标体系构建及应用研究	一般项目	吴　琳	晋安区委宣传部
福清市草柄村旧村改造的调查与思考	一般项目	王承国	福清市委宣传部
创建文明城市的思路与对策	一般项目	邓　岚	长乐市委宣传部
城镇化进程中征地拆迁利益冲突及调整机制研究——以闽侯县为例	一般项目	王邦娟	闽侯县委宣传部
扎实推进科学理论进基层研究	一般项目	林贤强	连江县委宣传部
发挥学校“道德讲堂”引导作用的研究	一般项目	雷元炳	罗源县委宣传部
永泰历史文化资源与旅游开发研究	一般项目	柯兆云	永泰县委宣传部

学术活动

【旅游与文化研讨会】　1月11日，由市社科联、市文新局、市旅游局、市旅游协会等单位在连江县联合举办，省、市部分高校、科研院所专家学者以及市旅游协会会员等30多人参加。会议围绕提升福州“中国温泉之都”品牌、福州历史文化名城保护和旅游开发、温泉产业发展、老年旅游产品打造、闽都文化资源与旅游的融合等问题展开研讨。

【第二届闽都文化论坛】　1月20日，

由市闽都文化研究会与光明日报社在北京联合举办,主题为“闽都文化与开放型经济”。全国政协原副主席张克辉,台盟中央副主席、全国台胞联谊会会长汪毅夫,全国侨联原主席庄炎林,福建省原省长胡平,全国政协常委、港澳台侨委副主任林兆枢,武警部队副司令员薛国强,全国妇联副主席陈秀榕等26名副部级以上领导,国内权威研究机构、著名学府20多名专家学者,以及光明日报社、福州市等部分领导参加。收到论文36篇,24篇入编论文集,内容涉及闽都文化总论、名人专题研究、船政文化、书院文化与教育、海洋文化、民俗文化与文物保护等方面。汪毅夫、中国社科院学部委员陈祖武、中国人民大学国学院教授王子今、北京大学教授徐凯、中国社科院近代史研究所文化室主任李长莉、当代中国研究所副所长武力分别作“陈宝琛爱护华侨”“闽都文化已逾越三山”“闽越在东方航海史上引人注目”“闽都文化具有海洋特质”“福州具有开放底蕴”“闽都文化具有海洋开拓意识”等学术报告,对闽都文化给予高度评价,对福州的海洋性特质及开放底蕴进行论述。中央电视台、新华社、《人民日报》《光明日报》《中国青年报》、凤凰网等众多权威媒体给予报道。

【人口科学研讨会】 3月13日,由市人口学会举办。各县(市)区人口计生局、部分乡镇(街道)分管计生工作负责人,专家学者以及热心人口事业的各界人士等70多人参加。会议围绕加强人口文化建设、创建“生育文明 幸福家庭”、人口早期教育、流动人口服务管理、应对人口老龄化等问题展开研讨,并就市人口学会如何促进福州人口长期均衡发展提供理论支撑提出多条建议。

【首届海峡(福州)汉服文化节】 4月30日—5月1日,由省文史馆、市社科联、市文新局、市委文明办、市三坊七巷管委会等单位在福州文庙联合举办。来自海峡两岸的70多家汉服社团,近千名代表参加。台湾知名人士宋楚瑜亲笔题词“推广汉服文化 展现民族特色”。活动期间,开展“先秦两汉服饰复原展”、汉服同袍祈福仪式、“首届海峡(福州)汉服文化论坛”“汉服倾城——共游三坊七巷”等汉服文化推广活动,发布《海峡两岸汉服组织福州宣言》。

【基层老年协会规范化建设研讨会】 10月29日,由市社科联、市老龄办联合举办,市老年学学会承办。省老龄办,市养老机构、军休所、社区和老年服务协会代表,部分在榕高校专家学者及主办方领导等近百人参加。会议强调基层老年协会规范化建设的重要意义,提出基层老年协会建设的基本要求,并就如何发挥基层老年协会的作用和加强组织建设展开研讨,21篇优秀论文入编论文集。

【其他学术活动】 市监察学会深入县(市)区、乡镇街道、村(社区)及项目建设一线,召开座谈会13场,实地查看城镇化建设项目24个,发放调查问卷1000份,征集群众意见与建议,形成《城镇化建设过程中群众利益维护问题研究与探讨》调研报告。

市群众文化学会编辑《只为神州百花艳——福州公共文化服务论文集》,收录全市各县(市)区群文一线工作者论文32篇。

1月,市地方志学会举办第十八次学术研讨会,史志专家、学会会员和论文作者等70多人参加,收到论文29篇。

3月,市陈靖姑文化研究会与仓山区委宣传部、福建陈氏委员会联合举办第六届(福州)陈靖姑民俗文化节“临水夫人文化”研讨会,来自闽台两地信众和有关领导等200多人参加,会议就开展陈靖姑民俗文化的非物质文化遗产保护、提升陈靖姑民俗文化旅游品牌等问题展开研讨。

7月、11月,市人力资源和社会保障学会分别举办“学习贯彻劳动合同法修正案”和企业工资协商理论研讨会,劳资人员就劳动合同订立与履行、劳动争议调研裁决、流动人员社保接续等问题展开研讨,并提出具体的意见与建议。

8月,市房地产估价协会与市房屋征收办联合召开征收报告鉴定技术研讨会,参与制定《福州市城市房屋拆迁估价技术鉴定细则》。

(严 平)

社科研究成果

【市委党校研究成果】 新增国家行政学院合作课题,3人获得立项,分别是陈忠禹《村民自治权保障研究——基于科学发展观视域》,薛菁《中小微企业融资支持体系政府与市场行为有效性边界研究》及林淑周《统筹城乡基本社会保障制度研究》。

新增省党建研究会及市党建办课题,各有3人申报并获得立项。兰荣禄《大部制改革背景下权力运行、制约和监督机制研究》、李娣《提高非公企业党建

4月30日,首届海峡(福州)汉服文化论坛在榕举行 (市社科联 供)

科学化水平》、蔡雄杰《“亚腐败”文化影响下的党的作风建设》获省党建研究会立项课题。蔡雄杰《创新思想政治工作做好新时期群众工作》、吴碧英《提升做群众工作的“软实力”与“硬功夫”》、肖文桂《构建和谐党群干群关系问题研究》获市党建办课题立项。

在全省党校系统第九届社科优秀成果评奖(不含省委党校)中,有7人获奖,薛菁《税收选择性执法现象分析》、徐安勇《中国农村改革发展研究》、林淑周《新型农村医疗保障制度研究》、李娣《大力提升领导干部形象》获得一等奖,陈忠禹《马克思主义人民自治思想及其当代价值》、周挺《中国共产党与马克思主义中国化》获得二等奖,孙继红《马克思主义发展史上的论争》获得三等奖。

发表论文123篇,其中在省级CN以上期刊上发表83篇,市级CN刊物14篇,市级内刊27篇。编辑出版《福州市经济社会发展典型案例教材汇编》《大专十年优秀科研成果选编》《学习与借鉴——挂职手记》等论文集。

(王鹏丽)

【闽江学院研究成果】 获各级各类社科项目立项152项,其中省(部)级社科项目立项15项、市(厅)级社科项目91项、政府企事业委托社科项目24项、校级社科项目22项,社科类项目到校科研经费844.6万元。教师发表的68篇社科学术论文被SCIE、SSCI、EI、CSSCI等系统检索收录。教师主编出版社科学术著作27部,获省第十届社科优秀成果奖二等奖2项、三等奖2项,获市第八届社科优秀成果奖一等奖1项、二等奖2项、三等奖4项。学校承办首届诺贝尔奖经济学家中国峰会、国际经营创新思维研讨会等高层次学术活动,以及福建省百场社科报告会2场。 (赖仕贤)

【福州职业技术学院研究成果】 公开发表人文社科科研论文118篇,其中《现代职业教育体系视域下的专本科衔接研究》等10篇文章发表在《职教论坛》《福建论坛》《河北师范大学学报》等CSSCI与中文核心学术期刊上;出版《梁璋钜评传》《多元文化视野下的思想政治教育与创新》《中国高等职业教育发展与实践研究》等专著3部;社科成果《高职人才培养模式研究——基于第一批国家示范性高职院校建设方案的分析》获市第八届社会科学优秀成果二等奖,是全省高职高专院校4项获奖成果之一。

承接人文社科科研项目39项,其中《以职业素质培养为核心的高职院校思想政治教育新模式研究》为省教育科学“十二五”规划2013年度重点项目,《叙事性动画短片分镜头脚本设计研究》等4个项目为省教育厅人文社科A类项目,《“中国梦”宣传教育的途径与方法研究》为福州市中国特色社会主义理论体系研究基地2013年度重点项目。完成市中国特色社会主义理论体系研究基地项目3项,省教育科学“十二五”规划项目2项,省教育厅A类项目3项。由省教育厅在学校立项建设的“动漫游戏福建省高等学校应用文科研究中心”与院级科研机构“中小企业管理服务中心”等科研服务机构分别与7个相关企业行业签订协议,开展横向科研项目的应用研究,为其提供相关的咨询与技术服务。1月,学院承办全国性学术会议——第八届中国中青年职教论坛暨中国职业技术教育学学科建设与研究生培养研讨会。

(李 晴)

【市社会科学院研究成果】 全年完成课题13项,结项9项,完成2项2012年度福州市中国特色社会主义理论体系研究基地课题。有13项科研成果公开发表,2项科研成果获市第八届社会科学优秀成果奖,其中《福州市洋留守儿童成长的问题与对策》获二等奖;《福州市和谐社会评价指标体系的构建与实证分析》获三等奖。市社科院与市政府数字办联合课题组完成的《2011年度福州市政府机关透明度测评报告》获2012年度福州市优秀调研课题三等奖。1项科研成果获2013年福州市妇女理论研讨高校及有关部门组优秀奖。参与市政协《加强生态文明建设 打造美丽福州》课题调研和撰稿,与市卫生局联合开展《福州新农合制度执行效果分析》课题研究,与市政府数字办合作开展《2013年度福州市行政机关政府透明度测评报告》课题调研;有8人次参加6场不同类型学术交流和考察活动。 (丁琼)

【市政府发展研究中心研究成果】 全年完成各类调研成果39项(篇),其中承接省政府2项课题研究任务,市委重点课题4项,中心重点课题16项,福州市中国特色社会主义理论基地重点课题和一般课题各1项,与市直部门合作完成研究任务1项。编发《研究报告》18期,《参阅件》9期,发表论文20篇次。《以“五个统筹”加快福清、长乐、闽侯、连江四县(市)融入福州大都市区体制机制研究》获福州市第八届社会科学优秀成果三等奖,《推进福州城乡居民收入倍增研究》《建设环兴化湾福莆工业新城》获得2012年度市重点课题优秀调研成果二等奖。编撰出版《2012年福州发展研究》文集,全书收录研究中心2012年各类研究成果30多篇。 (陈 炜)

【学术社团研究成果】 2013年,社科类学术团体围绕理论和现实问题开展研究,取得一系列优秀成果。市闽都文化研究会组织专家提炼概括“闽都文化”概念,总结出闽都文化概念表述语,并就《朱紫坊文化研究》《烟台山文化资源利用与文化产业发展研究》《上下杭文化研究》3项课题,首次面向全国开展招标活动,该调研成果获省委常委、市委书记杨岳肯定性批示。市霞光画院出版《以画当歌》书画集;市国际税收研究会翻译瑞士、瑞典、荷兰、意大利等4个国家的税收信息资料26万多字。市政策咨询研究会参与编发《福州政研专报》11期、《福州调研》73期、《闽都通讯》12期、《决策参考》24期,完成《深化我市行政审批制度改革的调研报告》《关于完善和发展党领导下的基层群众自治制度的思考》《关于福州市发展滨海旅游的研究》等10多项课题,3项获市领导肯定性批示。市监察学会1篇论文入编《中国优秀领导干部论坛》,6条调研信息被中央纪委“研究之窗”网站采用,8篇文章被省监察学会《党风廉政研究》采用,1篇调研报告被《福州调研》采用,3篇论文在全省纪检监察系统有关会议上交流。在全国老龄委、全国老年学学会开展的优秀论文评选中,市人口学会的《浅谈老年体育在实现“中国梦”中全面建成小康社会的地位和作用》等2篇论文获优秀奖。在省民政厅举办的全省民政政策理论研讨会上，市民政学会的《军队离休退休干部社会心态》获二等奖。在省审计厅举办的全省审计机关党建重点课题调研征文活动中，市审计学会的《抓“联创”树品牌　助推审计事业科学发展》获一等奖，《创建党建品牌　树立审计形象——对县级审计机关创建党建品牌的思考》获三等奖。在省统计局、省统计学会年度各类优秀科研成果评选中，市统计学会的《福州居民主观幸福感实证研究》等3篇获一等奖，《促进小微企业稳定发展的思考与建议》等3篇获二等奖，《人均GDP9000美元后福州产业结构升级》等6篇获三等奖。在省城市金融学会第十九届优秀论文评选中，市城市金融学会的《互联网金融时代商业银行竞争力研究》等2篇获一等奖，《经济增速放缓时期银行资产业接续发展研究》等4篇获二等奖，《商业银行消费金融业务的发展及其对策研究》等5篇获三等奖。

【福州市“135”社区党建工作模式的探索与启示】　调研报告作者为市委组织部课题组。该成果首次对福州市在深化创先争优活动、加强城市基层组织建设的创新实践——“135”社区党建工作模式进行系统总结，进一步明确其具体内涵。“1”即强化社区党组织一个领导核心，强化社区党组织在构建城市基层区域化党建格局中的核心地位，着力构建网络化的组织体系，推行“社区建党委（党总支）、小区建党支部、楼院建党小组”的“三级核心网格”做法；“3”即建设职业化的社区工作者队伍、履职化的党员队伍、社会化的志愿者队伍等三支队伍；“5”即建立健全共同参与组织机制、民主管理监督机制、基本建设保障机制、服务群众长效机制、党建责任落实机制等五项工作机制。该模式探索出一条以党建带动社会管理的新路子，较好地解决社区机构谁来协调、工作开展依靠谁、管理服务功能谁来加强等问题，并首次总结该模式取得“四个转变”的实践启示，即组织架构由“小共建”向“大覆盖”转变，党员管理由“分散式”向“集约式”转变，资源整合由“内循环”向“外循环”转变，社区管理由“被动型”向“自觉型”转变。

【关于平潭综合实验区生态环境可持续发展的建议】　调研报告作者为闽江学院潘辉。该成果认为，生态环境建设和改善是实现平潭综合实验区科学定位的基本前提，也是实验区总体规划中要冷静考虑和论证的重要内容。并针对生态环境的可持续发展提出建议：建设环岛海岸防护林体系和纵横交错的防护林网是构建平潭岛生态安全的有效屏障，也是实现森林花园岛的基本要求；在乡土植物保护的基础上，引进海岛适宜树种，丰富生物多样性，通过科学引种、合理配置、精心管护尽快促成生态风景林效果；合理保护和科学利用淡水资源，科学估算海岛生态承载力和环境容量，建立海岛生态系统定位监测站。

【农村金融改革发展若干问题】　专著作者为福建师范大学祝健、张传良等。该成果从支持“三农”发展的金融入手，运用理论分析和案例研究，探讨中国农村金融改革发展的核心问题与关键措施。全书分6部分：一是农业政策性银行转型研究。将中央关于农村金融改革的方针政策与农业发展银行转型及跨越性发展结合起来，提出其转型的模式、原则，并探索实施的具体路径。二是农村小额信贷可持续发展研究。从法律保障、资金来源、利率确定、风险防范等方面探讨制约小额信贷发展的障碍，提出商业化运作是小额信贷发展趋势，小额信贷机构应建立企业法人制度并给出具体的参考模式。三是农村新型金融机构风险防范与稳健发展研究。剖析小额贷款公司、村镇银行系统性与非系统性风险生成机理及其原因，设计金融风险预警和控制模型，提出防范与控制金融风险，促进农村新型金融机构持续健康安全发展的对策。四是农户信贷担保机制完善研究。分析农户信贷担保现存问题及原因，阐述政府在农户信贷担保机制构建中的角色定位及作用，设计适合我国国情的农户信贷担保机制运行框架与具体思路。五是农业保险、农业巨灾保险风险管理机制构建研究。从制度和政策层面论述建立农业保险、农业巨灾保险风险转移机制的必要性，透析农业保险市场“双冷”现象及原因，提出政府主导、商业保险与合作保险并存的农业保险经营模式，并就建立健全农业巨灾保险风险转移机制提出设想。六是福建现代农业发展的金融支持研究。阐述农业现代化与金融支持的内在关系，考察农村金融供给现状及金融供求失衡的原因，提出加大金融支持福建现代农业可持续发展的思路与措施。

【教育政策创新模式研究：创新路径的视角】　论文作者为福州大学石火学。该成果从创新路径的视角，结合国内外成功的教育政策创新实践，提出教育政策创新的3种模式，即教育政策调整、教育政策终结和教育政策移植，深化教育政策创新的理论研究。研究参考公共政策相关研究成果，把教育政策移植作为教育政策创新的重要模式，丰富教育政策创新模式的内涵，并结合实际，具体分析当前教育政策调整、教育政策终结和教育政策移植过程存在的问题，针对性地提出政策建议。

【三坊七巷志】　该书为福州市地方志编纂委员会组织编纂，主编为黄启权。该成果全面记述三坊七巷的自然和社会的历史现状，分建置沿革、自然环境、坊巷、古建筑、坊巷文化、文苑、人物等七章，还附有朱紫坊和鳌峰坊两篇专记。

（严　平）

（编辑　邱敏佳）

综　述

2013年，福州市有幼儿园1204所，比增1.8%，在园幼儿24.39万人，比减1.1%；小学905所，比减2.4%，在校学生46.92万人，比增4%；普通中学322所，比增1.3%，在校初中生19.31万人，比减0.2%，在校高中生10.5万人，比减3.2%；中等职业中专学校37所（不含技工和省属在榕学校），全日制在校生4.5万人，比增12.2%；普通高校34所，市属高校全日制在校生5.86万人，比增6.5%。

福州市教育局落实教育工作年度计划，全面完成义务教育标准化学校创建工作，鼓楼、台江、晋安、福清、罗源5个县（市）区通过“义务教育基本均衡县”国家评估验收；建成福州八中三江口校区；全面实施中等职业教育免学费政策，校企合作、中高职一体化办学等有新进展。启动学校章程建设。推动福州教育学院改制闽江师范高等专科学校。

落实中小学校舍安全保障长效机制，全年拆除重建、加固改造校舍约22万平方米，完成投资2.47亿元，并完成对市属部分学校的校舍等各类设施修缮改造。出台福州市《“教育信息化促进区域教育均衡发展”试点工作实施方案》，从信息化促进区域均衡发展、优质资源共建共享、跨区域网络协同教研等方面探索。深化教育视频联播网应用，加快教育远程研修一体化平台建设，构建基于视频的优质课程资源库。启动全市186个农村义务教育“教学点数字教育资源全覆盖”项目建设。解决进城务工人员随迁子女就学问题，全市义务教育阶段随迁子女在校生达15.6万人；实施中小学扩容工程建设，新建、改扩建35所中小学，扩容学位1.03万个；新建、改扩建公办幼儿园45所。拓展福州市数字青少年宫的内涵和覆盖面，数字青少年宫活动室覆盖至全市乡镇中心校。福州市中小学生社会实践基地开始实质性筹建。福州在2013年全国未成年人思想道德建设评估中位居第七名。福州小茉莉合唱团获第五届中国少儿合唱比赛、全国第十届艺术节合唱决赛最高奖。

组织开展全市（不含平潭综合实验区）中小学教职工编制测算。测算2013—2014学年度福州市中小学（含幼儿园）教职工编制总数为5.53万人，实有教职工5.24万人，缺编2857人。其中，中学超2076人（城市缺205人，县镇超62人，农村超2219人），职专缺414人，小学缺2389人（城市小学缺1010人，城镇小学缺650人，农村超729人），特教学校缺177人（城市缺95人，县镇缺24人，农村缺58人），幼儿园缺1953人；市属中小学2013—2014学年度教职工编制总数为6449人，实有教职工6070人，市属中小学缺员379人。

开展义务教育阶段教师校际交流，全年全市交流3074人，占应交流人数13.58%。市直学校选派180多名教师赴农村学校、薄弱学校支教，接收安排26名各县（市）及平潭实验区骨干教师

在福建会堂举行吕榕麟同志先进事迹报告会　（市教育局　供）

表50　2013年教育先进人物

获奖称号	获奖者	工作单位
省劳动模范和先进工作者	林　旻(女)	福州教育学院
	林　苹(女)	福州教育学院附属第四小学
	林秀芳(女)	闽侯县实验小学
	张正坚	罗源县东宅中心小学
	薛命惠	福清市教育局
省"五一"劳动奖章	陈　原	福州第三中学
	张　芸	福州三中金山校区
省基层"最美教师"	张　芸	福州三中金山校区
省"三八"红旗手	黄　敏(女)	福州群众路小学

到福州市区优质学校跟岗学习。全年开展新师培训、教师全员岗位培训、骨干名优教师系列培训等各个级别的培训20多项,市级培训机构培训教师1.5万多人。组织市区优秀骨干教师对七县(市)及平潭综合实验区开展送培下县250多场。发动名师工作室开展各级各类讲座、公开课、示范课、送培送教下县等活动近400场。

(郑　丹)

学前教育

【概况】　2013年,全市幼儿园1204所,小学附设学前班1115个,全市在园幼儿24.39万人,学前三年入园率达98.08%,农村学前三年入园率达96.71%。创建省级示范性幼儿园2所,市级示范性幼儿园12所(民办园9所),全市新增三级示范性幼儿园91所,示范园覆盖率达24%。

【0~3岁婴幼儿早期教育】　在市儿童学园成立"福州市0~3岁婴幼儿早期教育指导中心",为福州市首家婴幼儿教育指导中心,中心进行早教课程研发和教玩具的设计,制定婴幼儿早期发展活动方案等。挂牌命名50所幼儿园为福州市首批早教基地园,为辖区内0~3岁散居婴幼儿家长及看护人员开展早教咨询指导服务。出版《0~3岁婴幼儿亲子活动指导与设计》早教书籍。

【3~6岁儿童教育】　贯彻国家教育部新颁《3~6岁儿童发展与学习指南》,组建专家指导组,成立鼓楼和福清2个实验区县、28所市级和29所县(市)区级实验基地园。推动暑期送教下乡,联合闽江师范高等专科学校在全市选拔23名名优教师组成专家团,举办各类教学讲座39场次,培训幼儿教师1.19万人,其中民办教师8224人。

【保教质量提高】　开展福州市幼儿园"提升园本教研有效性"研训一体活动,全市近120名新办园、乡镇中心幼儿园园长、业务园长、教研组长参加;承办福建省普教室组织的"福建省第二届乡镇幼儿园教师教学比武"活动;组织开展福州市幼儿园教师教学技能大赛。

【片区管理】　制定《福州市学前教育片区管理暂行规定》。全市设58个片区,各县(市)区通过片区管理网络建设,以公带民、以强带弱,优势互补、资源共享,使不同层级的幼儿园在更新办园理念、规范办学行为、加强安全工作、提高教育教学质量上有所提升。

(林　青)

初等教育

【概况】　2013年,辖区内有小学905所,比减2.4%;在校学生46.92万人,比增4.0%;专任教师2.45万人,比减3.4%。秋季全市小学一年级招生8.9万人,其中随迁子女2.3万人。随迁子女义务教育阶段在校生15.8万人,其中公办学校14.13万人,随迁子女在公办学校就读的比例达89.4%。

组织学生参加省、市青少年机器人竞赛及第二十九届福州市青少年科技创新大赛等科技创新活动。台江第三中心小学、闽侯实验小学被确认为省科技教育基地学校。

【初中招生】　恢复福州八中初中部招生,并对台江区的对口方案进行调整;恢复体艺特长生招生;明确部分小学毕业班学生回4所新区中学升学办法;明确五区户籍的民办小学毕业班学生升学办法;放宽进城务工人员随迁子女升学政策。

【规范办学行为】　建立小学教材教辅材料选读专家库;重新公布教材及教辅材料用书目录;通过教育部对福州市教材及教辅材料用书的征订、使用与管理工作的检查。推进"全国中小学生学籍信息管理系统"学生学籍信息采集、录入及审核工作,完成全市"全国学籍系统"建设工作;督促县(市)区开齐开足英语与信息技术课程;开展教学常规检查,主要抽查县(市)区建立健全教育教学常规管理制度、执行省颁义务教育课程计划、教学改革、教育质量监控以及执行省颁学籍管理办法的情况。

(侯存真)

中等教育

【概况】　2013年,全市普通中学322所,其中完全中学69所,高级中学25所,初级中学199所,九年一贯制学校19所,十二年一贯制学校10所。在校初中生19.31万人,在校高中生10.5万人。全市初中毕业生6.14万人,初中毕业升学率达97.8%,优质普高招生人数占总招生人数的82.1%。

【中招制度改革】 调整普高第一投档线切线办法，提高高分保护功能。降低择校生招生比例，由2012年占总招生数的17%降低到15%；提高定向生比例，由2012年占总招生数的40%提高到42.5%（占正常缴费生数的50%）。进一步放开省一级达标学校的报考限制。首次实施普通高中提前自主招生，8所一级达标高中校提前自主招收713人。推动福州三中中加班进一步完善剑桥国际高中A-LEVEL课程，新增福州八中中美班和福建师大附中中美班。

【义务教育均衡发展】 制定并以市政府办公厅名义颁发《关于深入推进义务教育均衡发展的意见》。完善初中素质教育目标绩效考核细则，增设"初中三年保留率"的考核权重为10%。抽查全市普通中小学教学常规管理情况，举办教学开放周（日）活动。加强对课题研究指导，连江一中等9所中学的省级课题通过省教育厅首批结题验收。

【普通高中多样化特色化建设】 实施《福州市普通高中多样化特色化建设工作方案》，遴选20所学校启动普通高中多样化特色化建设试点。推荐福州三中、格致中学、福州八中担负省级普通高中多样化发展改革实验。建成福州八中三江口校区，启动福州三中与福州十九中合并办学，实现福州三中与马尾江滨中学、罗源滨海中学联合办学。福州屏东中学、师大二附中和闽侯一中被省教育厅确认为省一级达标学校；福州十五中等7所学校，福州城门中学等6所学校分别通过省二级、三级达标学校市级验收评估。（简素玉）

【普通高中会考】 1月，学业基础会考报名参加考试的考生为9.58万人次，设61个考点，3408个考场；6月，学业基础会考报考7.33万人次，设103（包括信息技术）个考点。组织4.07万名高二学生参加物理、化学、生物实验考查。完成2012级3.9万名高一新生建档工作。（黄增华）

【科技实践活动】 和市科协共同主办第九届福州市青少年电脑机器人竞赛。参加第28届福建省青少年科技创新大赛，16项获省一等奖（含1项马祖作

表51 **2013年青少年科技创新大赛、机器人比赛及高中学科竞赛获全国三等奖以上名单**

姓 名	选送学校	奖 项 名 称
陈天乐	福建师大附中	第29届中国数学奥林匹克二等奖
温拓朴	福州一中	第29届中国数学奥林匹克二等奖
李抒旻	长乐一中	第29届中国数学奥林匹克三等奖
陈天垚	福州三中	第30届全国中学生物理竞赛决赛三等奖
黄豪硕	福州一中	全国青少年信息学奥林匹克竞赛一等奖
予 凡	福州三中	全国青少年信息学奥林匹克竞赛一等奖
柯嵩宇	福建师大附中	全国青少年信息学奥林匹克竞赛二等奖
林旸焜	福州一中	全国青少年信息学奥林匹克竞赛二等奖
张瑞喆	福州一中	全国青少年信息学奥林匹克竞赛二等奖
陈天垚	福州三中	全国青少年信息学奥林匹克竞赛三等奖
侯冠豪	福州一中	全国青少年信息学奥林匹克竞赛三等奖
李哲舟	福州三中	全国青少年科技创新大赛一等奖
潘嘉骅	福州高级中学	全国青少年科技创新大赛二等奖
赖志宸	福州一中	全国青少年科技创新大赛三等奖
邵捷宁	福州三中	全国青少年科技创新大赛三等奖
郑若琪	福州时代中学	全国青少年科技创新大赛三等奖
陈星熠 林 烁 蔡致远 林星烁	时代中学	第13届中国青少年机器人竞赛一等奖
张逸韬 练 舒 肖炜熠 夏诗皓	福州三中	第13届中国青少年机器人竞赛一等奖
陈涵冬 林位麒 念 诚 冯 雍	福建师大附中	第13届中国青少年机器人竞赛一等奖
王亦铭 赵顺福 陈荣勋 张皓东	福州阳光国际学校	第13届中国青少年机器人竞赛二等奖
田一鸣 蒋云翔 林思宇 吴若菲	时代中学、屏东中学	第13届中国青少年机器人竞赛二等奖
何游龙 潘函劼 黄孜妍 陈 江	屏东中学	第13届中国青少年机器人竞赛三等奖

2013 年两岸城市青少年创意脸谱联展 (市教育局 供)

品),18 项获省二等奖(含 1 项马祖作品)。闽侯一中、闽侯实验中学、福州十二中被确认为省科技教育基地学校;推荐福州三中、福州八中、福州格致中学鼓山校区和福州四十中为全国青少年载人航天科普活动联系学校。开展"节约粮食,从我做起——2013 年青少年科学调查体验活动",引导广大学生从小养成科学的生活方式。邀请空间技术专家、神舟飞船总设计师戚发轫开展载人航天科普讲座。

(简素玉)

特殊教育

【概况】 2013 年,全市招收残疾儿童 497 人,其中特殊教育学校招生 245 人,普通学校接收残疾儿童随班就读 252 人。年内在市聋哑学校举办福州市特教青年教师教学技能大赛。福州市聋哑学校、福州市盲校、连江县特殊教育学校被省教育厅确认为省级标准化特殊教育学校。福清市特殊教育学校、闽侯县特殊教育学校、永泰县特殊教育学校通过市级标准化建设督导评估。

【市特殊教育教研工作室成立】 福州教育研究院成立福州市特殊教育教研工作室,聘请中国教育科学院博士杨希洁、泉州师院教授邓岳敏、福州市盲校校长吴淑英为顾问。开展"特殊儿童的心理辅导策略"专题培训,制定工作方案,以一线教师为培养对象。

【市"特殊儿童的心理辅导策略"专题培训】 12 月 1—3 日举办,近 200 名从事特殊教育的教师、心理健康教育专兼职教师以及福州市未成年人心理辅导站全体辅导教师参加。培训主要围绕特殊儿童的心理特点及辅导、自闭症儿童的早期干预、随班就读的课堂教学策略等方面开展。

【高等特殊教育】 促成福州职业技术学院成为全省唯一的特教高等教育基地,并争取到 7200 万元专项经费用于特教学生学习生活一体化中心建设。推动福州职业技术学院申办盲人针灸推拿专业。

(李财满)

中等职业教育和成人教育

【概况】 2013 年,全市中等职业中专学校 37 所(不含技工和省属在榕学校),其中公办校 28 所(包括行业办 4 所)、民办校 9 所。国家级中等职业教育改革发展示范校 4 所,国家级重点职专 6 所、省级重点职专 8 所、市级重点职专 9 所。省达标中等职业学校 16 所。全市中等职业学校(不含技工校)全日制在校生 4.5 万人,非全日制 8478 人。经省教育厅批准,福州电子职业中专学校与福州交通职业中专学校合并正式更名为"福州机电工程职业技术学校"。

【中职招生就业】 市属中职学校招生人数 1.97 万人(全日制 1.55 万人,非全日制 4170 人),市属技工校全日制招生 1542 人(非全日制暂停招生)。福州市中职学校(不含技工校)毕业生 1.22 万人,就业(含升学)人数为 1.19 万人,就业率 97.55%,其中对口就业率 81.79%。

【职教基础能力建设】 为 4 所国家级示范校扩大校园面积 2.56 万平方米,新建校舍建筑面积 5.7 万平方米,投入 3378 万元用于重点专业实训基地等建设,招聘专业教师 72 人。开展国家级示范校和重点校与一般校结对帮扶工作。实施专业建设"一校一策"目标管理,倡导一所学校一个发展策略,撤销停办 25 个专业,新设置 15 个专业,推动 2 个专业实训基地列入中央财政支持重点建设计划。探索中高职一体化办学,推进免试入读高职院校试点。实施中等职业教育免学费政策,将中等职业教育免学费范围扩大到所有全日制二、三年级在校生。

【校企合作】 深化职业教育集团化办学,开展订单教育,推动全市 37 所中职学校与 512 家企业实施校企合作,订单培养学生 6582 人,向合作企业输送毕业生 5959 人,与企业共建研发机构 6 个。开展中职学校"送教到企"活动,为企业职工开展非全日制学历教育、岗前培训、转岗培训、职业技术技能提升培训和职业资格技能鉴定工作。

【赛事和交流工作】 举办第八届中职学生技能赛暨首届福莆宁学生技能联赛,组织师生参加全国全省教师教学技能大赛、全省中等职业学校"文明风采"竞赛等活动。加强中职招生宣传,联合媒体开展"十大最佳就业品牌专业"和"十大最具升学空间专业"评选活动,提高职业教育的社会吸引力。推进榕台交

表 52　**2013 年福州市参加全国职业院校技能赛获奖情况**

奖别	专业类别	参赛项目	参赛选手	指导教师	所在学校
二等奖（5 个）	电工电子技术	单片机控制装置安装与调试	兰铖锴	闫亚红	福州电子职专
	石油化工	工业分析检验	李　洪　吴丽颖	张星春　石百铮	福州工业学校
		化工生产技术	张功伟　俞忠锋　王晶晶	郭剑恩　林　斌	福州工业学校
	烹饪	面点	吴先福	林　琴	福州旅游职专
	医药卫生	护理技能	吴　怡	陈琳琳	福清卫生学校
三等奖（19 个）	农业技能	手工卷曲绿茶	林明月	郭淑敏	福州商贸职专
	酒店服务	客房中式铺床	林英银	杨　榕	福州旅游职专
	建筑工程技术	楼宇智能化系统安装与调试	刘　佳　伊朝熔	翁寿俊	福州建筑职专
		建筑装饰技能	柯齐敏	游育敏	福州建筑职专
	电工电子技术	电气安装与维修	官新锋　张　辉	林　强	福州电子职专
		机电一体化设备组装与调试	冯　涛　刘　辉	方凡张	福州电子职专
		制冷与空调设备组装与调试	陈　煌	许孟韬	福州电子职专
	信息技术	智能家居安装维护	周明焕　方国成　林龙志	郑　华　林　超	福州电子职专
		数字影音后期制作技术	叶秋鸿	王　斌	福州电子职专
		数字影音后期制作技术	张真菠	杨宏志	福州电子职专
		计算机辅助设计	陈世昌	苏　晋	福州电子职专
		动漫	林方靖	高传勇	福州电子职专
	能源与新能源	光伏发电设备安装与调试	高飞鸿　林友灼　吴志强	詹　民　方凡张	福州电子职专
	服装设计与制作	女式时尚成衣款式、纸样设计与立体造型	何　艺	林丽敏	福州外贸职专
	烹饪	热菜	林俊杰	张亮光	福州跨洋职专
		面点	黄紫莹	刘成春	福州旅游职专
		冷拼与雕刻	陈先榕	卢师承	福州旅游职专
		冷拼与雕刻	潘　铿	石海波	长乐职专
	医药卫生	护理技能	李　佳	郑玉春	福清卫生学校

流合作，与台湾地区职教界合作开展多轮教学研究学术交流、学生技能联赛活动和骨干教师培训。

【农村成人教育】　全市绿色证书培训 1.76 万人，获证人数 9490 人；富余劳动力转移培训 418 期，培训人数 1.88 万人，就业人数 1.72 万人；实用技术长中班培训 369 期，培训人数 1.33 万人；短训班 5984 期，培训人数 35.04 万人；职业资格获证人数 1927 人；初中毕业生职前（3 + X）培训 2141 人。

【社区教育】　组织开展社区教育实验和学习型组织创建工作，推进学习型城市建设。福清市被教育部确认为第三批全国社区教育示范区，罗源县被确认为省级社区教育实验区。推进社区教育品牌建设，有 6 个项目被列为全国、全省社区教育实验项目，2 个项目被确认为第一批“福建省社区教育品牌”。发挥社区教育“四级网络”作用，扩大市民终身学习参与面。依托福州市社区大学，搭建学习平台，加强数字化终身教育资源建设，开展终身教育系列活动。

【扫盲教育】　支持各县（市）区开展扫盲教育，给予适当经费补助，免费赠送部分教材，建立脱盲测试和扫盲工作年度报表制度，建立扫盲工作督导检查制度。对各县（市）区扫盲领导机构和队伍建设、扫盲政策措施制定、扫盲专项经费落实等工作进行专项检查。全年扫除文盲 3717 人。

（林培斌　徐本元）

高等教育

【概况】　2013 年，市属高校全日制在校生 5.86 万人，比增 6.5%。市属高校招生 2.08 万人，毕业生 1.55 万人，专任教师总数 3449 人，专业数量 255 个。深化专业结构调整，符合政策导向和企业用人需求的现代服务业、文化创意、外包服务业、加工制造业等专业所占比例扩大到63%以上。教育部正式批复福州教育学院改制更名为闽江师范高等专科学校;支持福州海峡职业技术学院申请筹建本科层次福州理工学院,7月通过省市考察评估,进入教育部评审阶段。福州职业技术学院申办视障学生特教班。

(陈　燕)

【高招工作】　研究生招生　全年攻读硕士学位研究生招生全国统一考试全市报名9632人,其中全国统考报名9055人,法硕联考262人,管理类联考163人,推荐免试生152人。福州大学、福建师范大学、福建农林大学等院校单考生、管理类统考2608人委托福州市组织考试。全市设15个考点405个考场。

普通高考　福州市普通高考应考人数3.95万人,设46个考点1611个考场。其中,普通高考41个考点,1469个考场;高职单考5个考点,142个考场。

成人高考　2.74万人报考,其中免试生14人,"新型农民"(不需参加考试)有2463人,实际参加编排考场有2.49万人。全市设28个考点842个考场,其中23个考点设在市区,5个考点设在县城。　(吴玫颖)

【自学考试】　全年组织16次36项考试,报考50.69万人,58.39万科次;审核自考毕业生2478名。各类考试报考人数占全省总量的46.8%,没有发生试卷保管安全泄密事故、重大考场集体舞弊事件和其他重大事故;非学历证书考试报考人数增长幅度较大,学历证书考试报考人数呈下降趋势。　(欧阳彪)

【校园文化建设】　推动市属高校全面开展主题校园文化节活动,3所市属高校5个文化活动项目分别获省级校园文化建设优秀成果奖。以"文化育人、校园追梦"为主题,组织市属高校开展首届校园文化建设展示活动和文艺精品展演。组织市属高校师生参加全省"我的中国梦"主题系列活动,开展大学生演讲比赛、大学生创业计划评选展示活动、高校教师"微课堂"精彩瞬间比赛等。

(陈　燕)

表53　**2013年在榕普通高校(34所)一览表**

学校类型	院　校	地　址
本科院校	福建农林大学	仓山区上下店路15号
	福州大学	闽侯县上街镇学园路2号
	福建医科大学	闽侯县上街镇学园路1号
	福建中医药大学	闽侯县上街镇华佗路1号
	福建师范大学	福州市大学城科技路1号
	福建工程学院	闽侯县上街镇学园路3号
	闽江学院	闽侯县上街镇大学城文贤路1号
	福建江夏学院	闽侯县上街溪源宫路2号
	福建警察学院	仓山区首山路59号
	福州外语外贸学院	长乐市首占新区育环路28号
	福建师大福清分校	福清市融城镇校园新村1号
二级学院	福建农林大学东方学院	福州市琅岐经济区龙鼓度假村1号
	福建农林大学金山学院	福建农林大学金山学院
	福建师范大学协和学院	闽侯县上街大学城学园南路
	福州大学至诚学院	福州市杨桥西路50号
	福州大学阳光学院	福州经济技术开发区(马尾)卧龙山
高职高专院校	福建商业高等专科学校	鼓楼区新店义井村19号
	福建幼儿师范高等专科学校	仓山区长安路89号
	福建卫生职业技术学院	闽侯县荆溪镇关口366号
	福建信息职业技术学院	鼓楼区福飞南路106号
	福建农业职业技术学院	福州市南郊相思岭
	福建交通职业技术学院	仓山区首山路80号
	福建体育职业技术学院	鼓楼区福飞路151号
	福建对外经济贸易职业技术学院	马尾区亭江镇亭江路8号
	福建生物工程职业技术学院	福州市洪山桥中店42号
	福建艺术职业学院	闽侯县甘蔗镇昙石
	福州职业技术学院	闽侯县上街大学城源阳路
	闽江师范高等专科学校	闽侯县上街大学城学园南路
	福州英华职业学院	仓山区城门镇浚边村
	福建华南女子职业学院	仓山区乐群路6号
	福州黎明职业技术学院	闽侯县南屿镇双龙村
	福州海峡职业技术学院	晋安区鳝溪学园路9号
	福州软件职业技术学院	鼓楼区铜盘软件大道89-1号
	福州科技职业技术学院	仓山区建新镇上下店路60号

【闽江学院】　2013年,学校面向全国31个省(市、自治区)招收本专科生6201人,其中本科5046人。招收硕士研究生25人。新华都商学院跻身"全国50个最难考的会计学专业院校排行榜"。2013届毕业生年度就业率达99.23%。年底,全校教职工1100多人,全日制在校生

2.04万人，校舍面积54.65万平方米，教学行政用房面积28.66万平方米。

本科教学　制定并实施《闽江学院本科教学工作合格评估整改工作总体方案》，编制完成《闽江学院2012年度本科教学质量报告》，推进教学工作评估常态化。新增国家级本科高校专业综合改革试点1个，国家级精品资源共享课立项1个，省级实验教学示范中心2个，国家级大学生创新创业计划项目20项、省级大学生创新创业计划项目30项。出版自编教材7部，其中2部入选"十二五部委级规划教材"，1部教材获福州市第八届社会科学优秀成果二等奖。推进公共课程教学改革，开展"大学英语"课程分层次教学改革试点，实行"形势与政策"课程专题讲座教学形式。

研究生教育　编制《闽江学院新增硕士学位培养单位建设规划》，学校入选福建省硕士学位培育单位。工商管理、纺织科学与工程、信息与通信工程等3个一级学科列入硕士学位培育学科，应用经济学、计算机科学与技术、电子科学与技术被列为支撑学科。获批"福建省工商管理研究生教育创新基地"。

学科专业建设　根据省教育厅部署，启动办学规模核定工作，初步明确学科专业调整思路。加强校教学工作指导委员会建设，发挥其在新专业设置、专业培养方案审定中的作用。开展2013级专业人才培养方案制订工作，增加创业创新教育学分。12个项目入选第二轮中央财政支持地方高校发展专项资金规划项目，涵盖省级重点学科、教学实验平台、科研平台和专业能力实践基地、公共服务体系及人才培养和创新团队建设等5个方面。

师资队伍建设　全年引进、接收各类人才35人。首次自主开展高级职称评聘工作。开展业务培训、岗位练兵、教学基本功大赛等不同形式的教师素质提升活动。2名教师入选2013年度"福建省高等学校新世纪优秀人才支持计划"，3名教师入选2013年度"福建省高校杰出青年科研人才培育计划"。

科研与服务地方　绿色功能材料实验室获批省重点实验室；电子信息与控制工程研究中心、闽都历史文化研究中心通过省教育厅验收；成立闽江学院纺织服装研究所院士专家工作站和闽江学院社会科学界联合会。获得省部级以上科研立项25项，其中国家自然科学基金项目2项、国家重大科技专项1项。拓展科研项目申报领域，首获中华全国归国华侨联合会课题2项，首获福清市科技项目1项（产学研项目）。4项社科成果获福建省第十届社科优秀成果奖，7项社科成果获福州市第八届社会科学优秀成果奖。主办首届诺贝尔奖经济学家中国峰会（北京）等一系列高层次学术会议。分别与晋江、永泰等市县政府签订战略合作协议，与晋江市政府联合举办"晋江市纺织服装本科人才定向班"。2项成果在"6·18"项目成果交易会上对接签约，9条建言获省市领导批示，5名教授被市委政研室聘为市政策咨询研究会特聘专家。

交流与合作　承办布鲁克大学孔子学院第3次理事会。推进中外合作办学项目与国外高校的学分互认工作。中美合作办学项目接受教育部留学服务中心组织的国际通识教育课程（IGEC）项目教学质量外部专家评审，首批学生赴美学习。与台湾联合大学签订友好合作协议，设立福州民俗文化台湾研究基地。获批"自考本科与高职高专教育衔接考试主考学校"，与校外近20家单位建立合作关系。与中航国际、柒牌集团等知名企业磋商推进产学研合作。

校园文化　开展"校园四季主题"文化活动，以促学修身、爱党爱国、励志成才、迎评督学等为主题的宣传教育活动，"道德讲堂"活动，为首届海峡青年节等大型活动提供青年志愿服务。2项成果分获2013年福建省高校校园文化建设优秀成果二、三等奖。1件大学生课外科技作品在全国第十三届"挑战杯"大赛中获三等奖，为省内同类院校入围决赛的唯一作品。1个团支部入选省级"雷锋团支部"，离休干部肖华被评为"福州市第三届助人为乐道德模范"。学校获2013年福建省大中专学生志愿者暑期"三下乡"社会实践活动优秀团队、"全国大学生志愿服务西部计划优秀等次项目办"等称号。

基础建设　新华都商学院大楼投入使用，完成第四食堂、北大门改造工程，新增校舍面积3.5万平方米。启动数字化校园基础平台建设。整合办公、人事、学工、教务等应用系统资源，扩充校园网计算和存储资源，基本完成校本部无线网络覆盖。推进文献资源建设，推出学科服务平台，馆藏文献总量达243.3万册（含电子图书94万册）。

（赖仕贤）

【福州职业技术学院】　学院有电子信息工程系、机械工程系、交通工程系、计算机系、人文系、管理系、财经系、应用外语系、商贸系9个系，公共教育部、思想政治理论教学研究部2个部，金科网络技术管理学院、国际教育学院2个二级学院，电大与继续教育中心1个中心。年内任命陈承茂为福州职业技术学院党委书记，提出"创建全国先进高职院校"和"成蛹化蝶为应用技术大学"两大目标，启用新的党政管理机构11个、教学机构13个、教学辅助机构3个。录取新生2819人，报到2636人（含参军保留学籍），报到率为93.46%，比上年提升3.22个百分点。其中，专业城市轨道交通运营管理（平均分420）、会计电算化（平均分417）、旅游管理（平均分400）等3个专业录取平均分接近本二线（431分）。有全日制普通高职在校生6809人，全日制本科生76人，各类成人学历在校生1.21万人。

成立国际教育学院　与安博集团联合成立国际教育学院，与澳大利亚博士山学院合作举办会计电算化专业，并首次招生68人，强化与国外合作院校沟通联络、招生宣传、教学管理、出国留学等方面工作。

专业建设　在全省第一轮专业评估中，学院17个专业类（33个专业）有16个专业类（31个专业）进入全省前10名。其中，艺术设计类（含艺术设计、广告设计与制作2个专业）为全省第1名；城市轨道交通专业、电梯专业、特教专业等成为省高职高专唯一特色专业。计算机网络技术、应用电子技术、广告设计与制作、市场营销、旅游管理等5个专业被评为省高等职业教育示范专业。

政校企一体化办学　由省特种设备协会牵头，学院与福建迅达等多家电梯企业及相关院校联合成立福建省电梯职教集团，启动福建省电梯专业急缺人才的培养;在共建专业、共建生产性实训与员工培训基地、共建科研与技术服务中心、共建“双师结构”专业教学团队等方面取得重要突破和明显成效,出现一批重大项目、精品项目。校企合作突出人才培养方案的“三个融合”,即核心课程设置与职业岗位工作内容相融合、实践教学标准与现行的职业资格标准相融合、人才培养过程与实际工作过程相融合。把职业资格认证列入人才培养方案和课程体系,推进课程内容与职业标准对接,2013 届毕业生职业资格认证率 93.26%,其中高级证书的比例达 80%。

培养培训特色实践　引企入校,成立电梯应用技术研究与服务中心、思科网院实践与创新中心、(武汉华中数控)福建数控技术服务中心等培训与技术服务中心,探索“产、学、研、用”相结合的路子,使其成为全省知名的电梯、数控、网络人才的培养培训基地与技术研发基地。学院是信息化局福建省软件适用人才重点培训基地、福建省美容美甲化妆职业技能鉴定与培训基地,福州市社区大学、农民工技能培训基地、社区干部培训基地,可开展 40 多个工种的职业技能鉴定。年内为企业、社会人员开展技能培训与鉴定 1.8 万多人,为社区大学进行各类培训 7400 多人。“电梯装调与维护”实训基地被评为中央财政支持的高职教育实训基地(获省财政资助经费 200 万元)以及省财政资助的生产性实训基地(获省财政资助经费 100 万元)。

构建“产学研”高职校园形态　根据高职院校办学定位与特点,提出构建“产学研”新型的高职校园形态。以财政支持实训基地建设(2 个中财支持的实训基地、2 个省级生产性实训基地、4 个省财支持的实训基地)为引领,打造省职教基地特色品牌;学院投入 1000 万元建设、调整覆盖所有专业的院内七大实训中心;立足于区域行业企业,校企共建 5 个大型培训与技术服务中心(思科、电梯、数控、沙龙、汽车)、1 个动漫游戏福建高校应用文科研究中心,为企业解决在应用研究、开发服务和人员培训等方面的实际难题;建设一批“校中企工作室”,推动师生结合企业项目进行毕业设计、技术研发和社会服务。同时,加强院外 105 个实训基地建设,根据各专业的特点不同,强化“小型化、多批次、企业岗位不间断”的实训模式,年接待学生 21.36 万人次,其中接受半年顶岗实习学生 16.24 万人次。

中高职及应用本科特色办学　有 10 个专业与 10 所中职学校开展“3+2”五年专中高职一体化联合办学,探索课程和教学内容、职业资格证书、师资、教材以及教学模式等方面的衔接,进行五年一贯制的贯通培养。年内与闽江学院合作进行计算机网络技术、应用电子技术 2 个专业的专本衔接试点,率先进行“高中毕业生”单一生源转型到“上接本科下接中职”的多种生源、“中职—高职—应用本科”三级办学层次的系统培养职业人才的探索。

专兼教师一体化探索　借助校企合作平台共建“双师结构”专业教学团队,制定《专任教师下企业实践管理办法(试行)》,提出建设“三能”教师团队(能教、能练、能开展应用研究)要求,暑期推动 72 名教师下企业进行实践锻炼。学院专业教师中,双师型教师 149 人,聘请企业兼职专业带头人 11 名,行业企业兼职教师 67 名,构建一批结构较为合理、稳定的双师结构专业教学团队,其中省级优秀教学团队 4 个。

闽台教育交流与合作办学　与台湾大华科技大学、中州科技大学、亚洲大学、朝阳科技大学等院校开展合作办学,有闽台合作专业学生 855 人。2013 届闽台班毕业生平均一次就业率达 97%,双证书平均获取率达 96%。与台湾朝阳科技大学合作,组织学校 16 名研究生赴闽进行为期 2 周的考证、参访,并与财经系师生交流。

科研与技术服务　把教师技术服务能力与质量作为绩效考核与职称评聘的重要指标;成立院级科研机构“中小企业管理服务中心”,组建第二届科研创新团队。全院公开发表论文 249 篇,比上年度增长 63%,其中发表在核心期刊或被 EI 收录的论文 33 篇,增长 175%;有 43 项项目获得省、市、厅级科研项目立项。其中《数控机床切削加工方案优化研究及应用》获市科技局立项资助,《基于遥感影像的耕地信息自动识别及农作物长势评估方法的研究》获省教育厅福建省高校杰出青年科研人才培育计划项目立项资助,《以职业素质培养为核心的高职院校思想政治教育新模式研究》获省教育规划“十二五”规划重点项目立项资助;获国家发明专利 2 项;出版专著 3 部;《高职人才培养模式研究——基于第一批国家示范性高职院校建设方案的分析》获福州市第八届社会科学优秀成果二等奖(全省高职高专院校 4 项获奖成果之一)。孙小丹入选 2013 年“福建省高校杰出青年科研人才培育计划”人选。

成立院系两级督导体系　成立由院长直接领导的院级督导室,建立院系两级督导工作队伍及运行体系。各系部相应建立 11 个教学督导组,聘请具有丰富教学和教学管理经验的院内外、专兼职教学督导人员 22 人,组建 192 名学生教学信息员队伍,建立学生教学信息总站,形成学院督导、系部评价、学生信息员反馈的质量监控信息系统,通过院系两级分层次开展督导工作,建立教学质量监控档案,并跟踪分析;加强实践教学环节的督促、检查与评价,推动教师授课水平及人才培养质量的提升。

学生职业技能大赛　承办 2013 年福建省职业院校技能大赛(高职组)智能电梯装调与维护竞赛项目、第八届“思科网院杯”全国大学生网络技术决赛、“2013 年海峡两岸大学生职业技能大赛”的微电影创作和机器人游西湖 2 个竞赛项目,协办 2013 年福建省“娃哈哈”杯第三届高职高专院校市场营销技能大赛。通过以赛促学,增强学生的职业能力与创新能力,在省职业院校技能大赛(高职组)获团体一等奖,“智能电梯装调与维护”“汽车营销”“信息安全技术”等 3 个项目代表福建省高职院校参加全国技能大赛并获 1 个二等奖、2 个三等奖。

实施全员育人制度　践行全员育人理念,将学生综合素质培养系统地贯穿于一二三课堂等育人全过程。配合第一课堂教学,开展以职业行为习惯养成为主要内容的第二课堂活动(早读早练晚活动)、以及适度集中的暑假专业实习与社会实践相结合的第三课堂活动(培养学生敬业精神和合作态度)。同时把职业指导课、思政课、公共课、职场英语课等与第二课堂、第三课堂活动结合起来,在活动中融入产业、行业、企业、职业和实践等要素，形成具有学院特色的职业素养培养体系。此外，把全员育人工作量列入全院教职工绩效考核和职称评聘，初步构建全员育人全程育人机制及考核督察机制。制定《绩效考核及绩效津贴实施办法（试行）》，推动全员育人高职教育理念实施。

实施教师职务公开聘任制度　以能力、业绩、贡献为依据，从培养高职院校“双师型”教师特点出发，制定《福州职业技术学院专业技术职务聘任实施办法（暂行）》，在双师资格（技能等级）、行业影响、教学改革、技术服务、全员育人等方面提出质与量的要求，并组织开展2013年度教师、实验、教管系列专业技术职务聘任工作，评审聘任正高级职务5人、副高级职务9人、中级职务14人、初级职务7人。

基础建设　溪源江北岸二期工程基本验收，新生入住二期学生公寓，二期食堂启用，溪源江2座大桥竣工，使一二期校园成为一体。学院各项办学条件总体上高于教育部对高等职业院校人才培养工作评估的标准。

（林艺芳　卢菲菲）

【闽江师范高等专科学校】　2013年5月，经国家教育部正式备案，省政府正式批复同意将福州教育学院改制为闽江师范高等专科学校。校园占地面积10.69公顷，设有“四系一部”，即初等教育系、人文社科系、外语系、计算机系和公共基础部，有初等教育、学前教育、音乐教育、应用英语、计算机应用技术专业、行政管理、心理咨询、文秘、导游、软件教育等10个专业。有全日制在校生2041人，成人教育学生338人；有教职工189人，教学研究人员55人（特级教师3人，省市名学科带头人6人），高校专任教师89人。教研员下校听课达近3000节，评课2000节，举办学科年级教研活动500场次。开展中小学各级各类教师继续教育培训30多项，年培训中小学教师近6万人，培训量达30多万人次，其中新教师见习期培训有中、小、幼新教师700多人参加。

组织开展“四个万家”主题实践活动，“我的中国梦”系列主题活动和“道德讲堂”活动，举办“5·25”心理素质拓展月活动，承办首届福州市属高校校园文化建设成果交流展。承接省教育厅教育改革试点中的“中小学教育教学改革试点”项目，于2012年12月立项为19项市级课题，年内完成阶段性研究任务，有17项课题进入预结题阶段。在福建省春秋国际旅行社有限公司、福州市台江蒙特梭利早教中心、晋安区实验幼儿园建立教育实习基地。《福州市学前教育片区管理机制的建立及有效实施策略的研究》于7月通过省教科所立项，确定为省级课题。教研员参加“国培计划”专家库人选参评活动，物理学科林明华、音乐学科金蕾2名教研员入选国培专家库，通用技术科黄建忠、小学英语科郭琳榕2名教研员入选省培专家库。获2010—2012年度福州市教育科研优秀课题一等奖5项、二等奖10项、三等奖20项。

学生专业技能大赛　4月7日，参加全国高职高专英语写作大赛（福建赛区决赛），1人获二等奖，1人获三等奖，2名老师获指导教师奖。5月7日，参加福建省职业院校技能大赛，1人获省高职高专英语口语大赛（非专业组）优秀奖，1人获省高职高专英语口语大赛（专业组）优秀奖，1人获导游服务（中文）三等奖，1人获导游服务（英文）三等奖，2人获（艺术设计传媒大类）二等奖，3人获得三等奖，4人获优秀奖，9名老师获指导教师奖。5月，参加全国大学语文研究会首届大学生征文赛，1人获优秀奖，1人获指导教师奖。7月21日，参加“全国小学语文教学法研究中心第十八届学术年会暨第二届全国高师、高职小学教育专业语文类师范生虚拟教学竞赛活动”，获“团体特等奖”，1人获特等奖，2人获一等奖；3名老师获优秀指导老师称号。9月，在“中国梦·爱国情”诵读大赛（大学生个人二组获奖）中，2人获特等奖，2人获优秀指导教师奖。11月8日，11人参加第五届全国学生汉字书写大赛福建赛区比赛，获高校硬笔特等奖1人、一等奖1人、二等奖4人、三等奖2人，高校软笔一等奖1人、二等奖1人，3名老师获优秀指导教师奖。11月25日，“繁星”合唱团参加中国第十二届合唱节比赛，获中国第十二届（温州）合唱节女声组银奖。

招生与就业　5月15日，举办主题为“点燃梦想，打造职场精英之我的未来不是梦”的毕业生就业指导会，由摩尔拓展公司联合创始人、总经理、海西教育联盟秘书长林天主讲。7月，向教育厅申报语文教育、舞蹈教育、物联网应用技术等3个新专业，并获准，将于2014年春季开始招生。8月1日，进行艺术类音乐教育、高职专科（师范、非师范）等专业阅档、录取。10月，举办就业指导服务月活动，活动包括就业指导讲座、专业针对性较强的各类校园招聘会、“圆梦工程”创业培训班等。10月23日，举办校园专场招聘会，招聘会现场福州乐学文化传播有限公司、福州朗宁家庭教育管家连锁机构等近20家用人单位提供128个岗位。年内录取784名新生，其中音乐教育专业40名，初等教育专业277名，学前教育专业211名，高职非师类专业256名。其中，师范类绝大多数专业的文理科的平均录取分数比大专线高约190分；非师类大多数专业的平均录取分数高出专科线100分。

交流与合作　9月6日，以澳大利亚塔斯马尼亚州州长拉拉·吉丁斯为首的塔州代表团一行7人到校，就学院与塔斯马尼亚理工学院合作举办学前教育（儿童服务）大专实验班项目进行商谈，院长郑勇和拉拉·吉丁斯分别代表两校签署合作备忘录。10月21日，副院长张昌勋等老师带领11级导游专业学生到宝中旅游集团进行参观交流，双方就未来合作的具体事项进行洽谈。10月30日，与福建省中、小企业家商会合作，将为“千人百校”校企合作系列项目做示范，并与福州朗宁家庭服务有限公司签订合作办学协议，同时举办企业家与大学生“预就业”为主题的对话沙龙。12月10日，省教育厅选派3名专家到校进行中澳合作办学项目评估，通过评估，取得与澳大利亚塔斯马尼亚理工合作办学的资格。12月11日，与圣安琴投资管理有限公司签订举办具有国标舞特色的舞蹈教育专业合作办学协议，同时举办企业家与大学生“舞出我青春”国标舞主题对话沙龙。

学科教研工作室成立　11月6日，在光禄坊校区会议大厅召开福州教育研究院学科教研工作室成立大会。学科教研工作室是在福州教育研究院教学研究中心领导下,由各学科具体组织的一支教学研究与指导团队,开展教育教学研究、学科教学规划、学科教学指导、学科教学质量测评、学科教师专业发展指导等活动,推进学科教学改革,提升学科教学质量。

教师教学技能赛事 5月15—17日,在福州市晋安区实验幼儿园举办市第二届乡镇中心幼儿园教师教学比武活动,评出一等奖3名,二等奖4名,三等奖4名。6月27日,组织青年教师微课教学比赛,评选出一等奖、二等奖各6名,三等奖9名。10月,承办省普教室组织的"福建省第二届乡镇幼儿园教师教学比武"活动,获一等奖第一名。11月,联合各县(市)区开展福州市2013年教师技能大赛初赛,12月开展决赛,来自福州地区七县(市)、五区和直属校中小学、幼儿园各学科的近500人参加比赛,394人分获各学科组别一、二、三等奖。11月23日,举办以"自由型设,尽由本设"为主题的网页设计大赛,经过预赛和决赛两个阶段,评选出参赛作品一等奖1名、二等奖4名和三等奖9名。12月27日,举行外语系第三届英语风采大赛,分为歌曲竞赛,英文配音,话剧表演3个环节,穿插英语绕口令和猜歌名2个与英语专业相关的游戏环节。

教学研讨 3月,语文、数学、英语、政治、历史、地理、物理、化学、生物、体育10个学科召开"中考考试说明解读"研讨会议,自五区七县以及平潭综合实验区的教研员参加。4月21—24日,组织开展为期4天的"福州市幼儿园'提升园本教研有效性'研训一体活动",全市五区七县近120名新办园、乡镇中心幼儿园园长、业务园长、教研组长参加。5月9日,政治、历史、地理3个学科联合开展初中文课综合教研活动,特邀请北京师范大学哲学系教授程光泉为3科教师开设关于"教师人文素养"的专题讲座。

教学视导 3—4月,教研中心组织初中教研员到长乐朝阳中学、长乐二中、连江凤城中学、闽清城关中学、福清西山中学、连江文笔中学听课、调研。9—12月,教研中心组织初中15个学科的教研员前往闽侯10所中学进行课堂教学诊断专项听课、调研。10—12月,教研中心组织高中教研员和部分高中学科教研工作室成员、高中学科顾问,到各县(市)开展教学视导工作。

教师学科命题培训 12月上旬,教研中心举办福州市中考学科和高中高考学科的教师考试命题培训,初高中的语文、数学、英语、政治、历史、地理、物理、化学、生物学科约800名教师参加培训。培训第一阶段是公共课培训,聘请北京师范大学统计测量研究所、教育部教育质量监测中心命题专家温红博教授做专题讲座,第二阶段由各学科组织学科专项培训。

市名优教师影子培训 9月,小学语文名师3人到杭州访学,小学数学名师4人到北京访学。11月,福州市第三期中学名优教师影子培训开班,培训为期半年,分两个阶段,第一阶段集中北京等教育发达区脱产研修1~3个月;第二阶段在岗研修,开展行动研究。此次培训选派4名高中数学教师、4名初中数学教师、4名物理教师、4名化学教师分别到北师大二附中、北师大三帆中学、北京景山学校、北师大良乡附中开展为期1个月的跟导师学习。

市名优教师高级研修班 3月、10月,分别举办福州市中学第9期历史、化学中学名优教师高级研修班。选送福州市历史、化学学科优秀骨干教师、名师、特级教师100人,采用走出去、请进来、在岗研修等方式,依托北京师范大学等国内著名高等学校,聘请国内各学科的顶尖专家、学者和一线名师开设理论课程,并以北京市教科院、教研室及一流中学作为研修基地,开展为期1年的研修实践活动。其间,福州市第3~7期中学名优教师高级研修班结业,出版学员基于实践问题研究的成果4册;福州市小学思品、心理、美术高研班,福州市小学数学、英语、幼儿园名优教师高研班结业;福州市幼儿园园长、骨干教师高级研修班开班。

骨干教师市级培训 1月,福州市第21期中学骨干教师市级培训开班,170名中学化学、生物学科优秀教师参加培训。4月,福州市小学品德骨干教师市级培训开班,37名小学思品优秀教师参加培训。6月,福州市第22期中学骨干教师市级培训开班,150名中学地理、历史学科优秀教师参加培训。10月,福州市第7期幼儿园骨干教师市级培训结业,58名幼儿园骨干教师结业。11月,福州市第19期中学骨干教师市级培训结业,138名中学物理、政治学科优秀教师结业;福州市第20期中学心理健康学科50名骨干教师在培;福州市小学体育骨干教师市级培训结业,44名小学体育优秀教师结业;福州市小学音乐骨干教师市级培训开班,50名小学音乐优秀教师参加培训。12月,福州市小学数学骨干教师市级培训结业,76名小学数学优秀教师结业。福州市第8期63名幼儿园骨干教师在培。骨干培训为期2年,采用集中培训、网络培训、导师带教实践的方式进行。

校本培训 校本培训工作涉及市区70多所中学7000多名教师,确立"专家引领、多元互动、构建培训共同体"的适合福州特色的校本培训工作方针。年内引进7名国家级校本培训理论专家及北京学科专家3次到榕指导,5名学科专家每次深入4所示范校指导2~3天,针对初、高中语文、数学、英语学科的教育教学情况开展现场诊断、示范指导、跟踪服务等24场系列活动,带教18名学员,辐射至市区各中学语数英教师,培训人数2400人次。5月,举行"专家引领下的校本培训项目总结座谈会"。

中小幼教师全员岗位培训 涉及2万名中学教师的岗位培训继续采网络培训、校本培训、集中面授结合方式,人均接受50学时培训,年培训量近30万人次。初中网络培训内容以新课标、新教材培训为主题,高中以心理健康为主题。依托4个网校,组建113个班级;组织中小幼25个学科,68个班级,开设培训272场。全市70多所中学开展各具特色的校本培训活动675场,参训教师达1.08万人次。同时福州教育研究院组织市区178名各学科名优教师组建27个校本培训学科指导组,深入20所中学,下校指导93人次。

培训者培训班 11月,首次举办福州市教师进修院校培训者(教研员)专业素养提升培训。选送来自福州教育研究院以及五区七县教师进修学校的语、数、英初中教研员30人,围绕研训一体及教研员专业素养提升2个主题,与大连教育学院联合举办培训,为期半年,分3个阶段进行。12月，举办市教师继续教育培训管理者高级研修班，16人参加。培训依托台北教师研习中心，聘请台湾高等学府的专家、学者和中学一线名师开设理论课程，并以台湾教育研究院、教研室及有关中小学作为研修基地，开展研修实践活动。

教育督导专职督学培训　开展市教育督导专职督学培训，75名专职督学参加。培训聘请5名全国一流的专家开设有针对性的6场专题讲座。

新课标、新课程培训　委托“全国中小学教师继续教育网”与“海西教育网”，将最新国培课程挂在网上，有1.25万名初中教师参加培训。同时，根据需要安排高中政治学科、初中英语学科新课程集中培训，550名教师参加培训。

管理“名师工作室”　成立20个中小幼名师工作室，有213名成员和4名顾问，年内组织名师工作室开展各级各类讲座、公开课、示范课、送培送教下县等活动近200场，送培下八县活动近100场。新增名师工作室网站5个，与福州教育研究院官网站对接。各名师工作室网站平均月点击量约2000次，部分工作室网站达到每月2万多的浏览量，并逐步完善优质资源共享，传播课改理念，研究中高考，在线答疑解难等功能。各工作室在研国家级、省市级课题24项，中学语文、数学、历史3个名师工作室由福建教育出版社正式出版研究成果集《边教边想》《图解数学》《史海泛舟》。中学语文、数学、物理工作室通过福州教育研究院向福州市公开“示范讲学菜单”，供各地各学校根据各自需要自主选择约课。

县(市)中学教师送培下县　活动采用分学科送教下县和远程网络培训相结合的形式，人均接受72学时培训，1.26万名七县(市)、平潭综合实验区中级职务教师及民办中学中级、初级职务教师，初中高级教师参加培训。集中培训分中学14个学科，初高中分学段，利用双休日送培下县250多场。

市教师继续教育网　开发完成“福州市教师继续教育网”，对培训过程中的课程设置、报名、编班、考勤、考核、评价问卷、数据统计、选课、选班、师资库等纳入平台管理。同时建立全市教师信息库、专家资源库、学习交流平台、短信群发功能等，将培训工作的各阶段管理纳入“福州市教师继续教育培训管理系统”。

《福州教育研究》和《福州市学前教研通讯》　《福州教育研究》(双月刊)编辑出版6期约120万字，发行2700册，增设《名校风采》《名师工作室》《教院访谈》栏目。创办《福州市学前教研通讯》，完成4期通讯汇编。

(张　洁)

(编辑　邱敏佳)

6月，市属高校开展首届校园文艺精品展演　(市教育局　供)

公共文化

【概况】 2013年,福州市举办第14届“新福州人歌手大赛”,并获第十届中国艺术节项目类“群星奖”;举办第七届福州合唱音乐周,有34支省市合唱团的2000多名歌友参加;农家书屋工程建设获“突出贡献单位”“示范农家书屋”“优秀农家书屋管理员”等奖项和称号;文化科技卫生“三下乡”持续惠民;评出首批十佳“福州最美文化村(社区)”;“海峡两岸民俗文化节”入选国台办2013年对台交流重点项目;“书香八闽”全民阅读月,全市开展图书宣传、展示、互动等70多项活动;评选出“十大特色农家书屋”和“十大特色综合文化站”;“福州市激情广场大家唱”作为福建省唯一入围项目获2013—2015年创建国家公共文化服务体系示范项目名单,年内完成“40个激情广场群众文化活动示范点”建设任务,全市省级示范点达到80个;“艺术扶贫机制建设”和“村级文化协管员队伍建设”等2个项目入选第一批国家公共文化服务体系示范项目;福州小茉莉合唱团获得中国文化艺术政府奖“群星奖”;福州九日台爱乐合唱团获第十二届中国合唱节混声组金奖。

【第十四届新福州人歌手大赛】 10月,第十四届新福州人歌手赛相关工作全面启动,3000多人报名参赛,创历年之最。大赛全新改版,分海选、复赛、决赛3阶段进行角逐,并在原有的县市组、城区组、企业组、院校组的基础上,增设组合组。

【第七届福州合唱音乐周】 10月23—26日,由市文新局和省合唱协会主办,市群艺馆承办的第七届福州合唱音乐周在于山九日台音乐厅举行,吸引福州激情广场合唱团、福州市老干部合唱团、福建幼儿师范高等专科学校小榕树合唱团、福州九日台爱乐合唱团和福建合唱协会直属合唱团等34支省市合唱团的2000多名歌友参加。

【农家书屋建设】 全市有农家书屋2195家。1月14日,全省农家书屋工程建设总结表彰会议在榕举行,市文新局被授予“福建省农家书屋工程建设突出贡献单位”,仓山区盖山镇江边村等12家单位被授予“福建省示范农家书屋”称号,仓山区12人被授予“福建省优秀农家书屋管理员”称号,长乐市科技文体局、福清市文化体育局和闽侯县科技文体局等3家单位被授予“工程建设单位”称号,连江县邱光端等3人被授予“福建省农家书屋工程建设先进个人”。

【十大特色农家书屋和综合文化站】 市文新局组织评选出“十大特色农家书屋”和“十大特色综合文化站”。十大特色农家书屋:仓山区台屿村农家书屋、晋安区前屿村农家书屋、马尾区亭头村农家书屋、福清市岑兜村农家书屋、长乐市泽里村农家书屋、闽侯县白沙湾农家书屋、连江县官坞村农家书屋、罗源县蒋店村长禧农家书屋、闽清县文定村农家书屋和永泰县穴利村农家书屋。十大特色综合文化站:鼓楼区安泰街道综合文化站、鼓楼区温泉街道综合文化站、台江区后洲街道综合文化站、仓山区对湖街道综合文化站、晋安区象园街道综合文化站、福清市三山镇综合文化站、长乐市潭头镇综合文化站、闽侯县白沙镇综合文化站、连江县敖江镇综合文化站和闽清县白樟镇综合文化站。

【文化科技卫生“三下乡”】 1月21日,福州市2013年文化科技卫生“三下乡”启动仪式在罗源县霍口畲族乡霍口中学举行,市领导朱华、黄忠勇、王长鹰等参加启动仪式,并视察了瑾口乡综合文化站建设情况。启动仪式上,霍口畲族乡收到由市“三下乡”活动成员单位捐赠的总价值138.9万元的资金和物品。文艺工作者、科普工作者、农业林业专家、医疗卫生技术人员在现场开展文艺演出、义诊体检、书写春联、科普宣传、政策法规咨询、农业技术推广、志愿者服务、图书销售等惠民服务活动。

【“福州最美文化村(社区)”活动】 由市委文明办、市文新局、市文学艺术界联合会、福州晚报联合举办,评出永泰月洲村、晋安寿山村、仓山林浦村、长乐琴江村、闽清新壶村、连江壶江村、罗源守善村、福清少林村、鼓楼乌塔社区、仓山马厂社区为首批十佳“福州最美文化村(社区)”。

【海峡两岸民俗文化节】 2月20—24日,由省文化厅、省台办、省文联、市委和市政府联合主办,市委宣传部、市文新局、市文联和省民俗文化协会联合承办,以“传承闽都民俗文化、促进两岸文化交流”为主题,为福州市举办的规模最大、项目最多、参与的台湾队伍最多、参演民间艺术团体最多的一次盛会,逾10万市民和台胞参与活动。入选国台办公布的2013年对台交流重点项目。

【文化惠民演出】 9月15日,由省文化厅主办,省艺术馆、市文新局承办,市群艺馆协办的“情系八闽——文化志愿服务走基层”系列活动在晋安区鼓山镇前屿村首场展演。展演内容包括福州软木画、厦门漆线雕、柘荣剪纸等技艺展示,省市非遗重要项目图片展示,流动图书馆现场办证,书画家现场写赠书画作品。省市专业院团演出闽剧、木偶戏、越剧、杂技等10多个节目。

中秋节期间,由省文化厅、市文新局主办,省艺术馆、省非物质文化遗产保护中心承办,市群众艺术馆协办的2013年中秋“文化惠民”系列活动在三坊七巷省非遗博览苑举行。9月19—21日,举行汉服表演、福州评话、肩头戏、闽剧、越剧、陈靖姑信俗舞蹈《十二婆姐送平安》、闽侯民间舞蹈《丰收花篮》等表演。

11月7日,由市委宣传部、市文新局主办,市群艺馆等承办的文化惠民“六进”活动的首场文艺演出——“走进魅力乡村”,在福清宏路街道宏路村开演,市歌舞剧院、市曲艺团等单位参与演出。

【“书香八闽”全民阅读月】 9月28日,开展省第七届“书香八闽”全民读书月活动。福州市各级文化部门在读书月期间组织开展图书宣传、展示、互动等70多项活动;开展首届全国“书香之家”暨福建省首届“书香之家”推荐活动,全市推荐“书香之家”候选家庭19家,其中17个家庭被评为首届福建省“书香之家”,4个家庭入围首届全国“书香之家”。

【村级文化协管员培训】 11月,由市文新局主办,市群艺馆及各有关县(市)区文体局承办4期2014年村级文化协管员培训班在福清市、闽清县、罗源县、马尾区举办,分别来自福清市、闽侯县等10个县(市)区,近600名村级文化协管员参加培训。培训班采取专家授课结合现场观摩的形式,邀请省艺术馆、市图书馆专家为学员开设农村非物质文化遗产保护、农村群众文化活动的组织与开展、农家书屋管理员培训等课程,同时组织学员到罗源县起步镇蒋店村长禧文化站等地观摩学习。

【福州市图书馆】 采购(含捐赠)图书及视听文献1.01万种、2.93万册;订购报刊862种、994份;新购同方工具书、超星电子图书、书生电子图书、海峡两岸关系数据库等数字资源,总量达17万亿字节;购入各类地方文献255种、282册,征集各类非购入地方文献229种、244册。全年新增文献12.62万册,总藏量达119.70万册(件),其中纸质中文书刊61.45万册。

接待读者18.31万人次,书刊外借8.75万人次、23.28万册次,即时性咨询3425条;办理新证476本,累计办理有效证8665本;组织各类读者活动131次,其中专题书刊展14次,新书、新刊展借24次,图片展12次,赠阅杂志1次,开设讲座2场,播放视频讲座48次,举办其他推广活动30场,参加活动读者达4.58万人次。在省军区教导大队和水都社区、象山社区、琴湖社区、对湖街道、安泰街道,先后建立6个图书流通点,流通点总数达99家,其中部队流通点32家。为离岛驻军、新社区、边远村镇等单位,送书上门近50次、5.3万册。

1月25日,深入闽清桔林乡汤兜村开展文化“三下乡”活动,义务写春联,播放闽剧,发放中共十八大精神学习宣传册,开展法律进乡村、送书下乡、科技信息宣传等活动,并赠送汤兜村1台空调,扶持农家书屋建设。1月30日,与市双拥办一起到连江川石岛走访慰问,并送去流通图书。春节期间,开展新办证赠送小礼品、趣味猜谜、表彰2012年阅读达人、“迎新春”民俗专题书推荐、“美味生活”专题期刊展、喜迎已蛇贺新年——数字阅读系列活动和“文化年货带回家”资源服务等“迎新春”系列读者活动,并为异地务工人员提供春节网上订票操作指导。“4·23”期间,开展“世界读书日”书刊免费发放、数字阅读、“中华传统文化经典读本展”、“服饰文化”专题刊展和评点《红楼梦》视频讲座等一系列活动。5月底,开展图书馆服务宣传周活动,举办“古今中外美文阅读”主题书展、“运动健身”专题刊展和

市图书馆市曲艺团文化下乡活动 (市文新局 供)

“倡文明礼仪 弘扬社会公德”图片展，推进数字资源进校园活动。6月2日，到江南水都社区开展馆外宣传活动，现场为江南水都小学师生和社区居民办理借书证，发放馆藏资源介绍、远程登录功能使用说明，提供咨询服务、数字资源试用等服务。第七届“书香八闽”全民读书月活动期间，举办“迎国庆”刊展、“夕阳无限好”刊展、“书画摄影艺术”作品展、“祖国万岁”职工摄影展，编制“终身教育”信息1期，推广书香八闽读书网“手机微书房”，开展冰心作品数字阅读活动。承办市文新局、市双拥办共同举办的“纪念延安双拥运动70周年”征文活动，征集作品70余篇，推荐到省双拥办12篇。

配合相关部门，做好海峡图书馆建设项目选址意见书、国有土地证和建筑施工图纸审批等手续，监督桩基及建筑主体施工进程，并编制人员配置方案、文献资源建设采购计划。启动福州五区首批24家自助图书馆项目，完成选址、招标、可研等前期准备工作。启动“福州文化地图”项目，完成福州市全市文化服务机构、设施信息等数据采集工作，采集数据库数据1966条。出版《福州市农家书屋建设概览》。

【福州市少儿图书馆】 图书总藏量42万册，年购书款60万元，新增图书3.9万册，报刊396种，电子读物478件，年接待读者14.90万人次，流通书刊25.05万册次，新增读者证1088本，新增闽侯县实验小学1个阅读基地，新增闽清县池园新星幼儿园、闽清县文定中学、闽清县白中中学和闽侯县鸿尾桥头小学4个图书流通点，流动图书4000多册，为流通点换书25次，流通图书9600册。开展文化下乡3次，图片图书巡回展出20次，读书阅读讲座1次，读书征文竞赛2次，演讲表演赛3次。开展4场读书月系列活动；分别为在闽侯县实验小学举办“点亮中国梦”为主题的中华经典诵读活动；在闽清县白中中学举办以“中国梦 我的梦”为主题“书香校园”读书征文竞赛；在闽清县白樟中心小学举办“雷锋在我心中”读书征文活动；在各图书流通点举办以“中国梦”主题图片资料宣传巡展。

1月30日，在闽侯县鸿尾乡和闽侯县白沙镇文化活动中心举办文艺演出、图书宣传、图书展、图片展，免费发放科普读物、电子读物、宣传品、刊物等。2月2日，在仓山区台屿村祠堂为村民免费义务书写春联，发放科普读物、宣传品。春节期间，为永泰县图书馆换送新书1000册，为闽清县白中小学和普贤小学更换新书1000册，为台江区洋中幼儿园更换新书500册，在闽侯洋里中心小学、大湖中心小学和闽清县塔庄中学更换图书千余册，为连江潘渡民族中心小学换书500册。4月23日，开展“好书进社区进校园”“树校园新风”读书活动，聘请海峡阅读研究中心高级研究员、福州实验小学高级教师郭燕琼举办小学高年级学生“阅读与写作”主题讲座。5月10日，在仓山区举办建新镇第二届“文教杯”书法演示会。5月29日，由市少儿图书馆、闽侯县图书馆、闽侯鸿尾学区桥头小学共同联办读书活动，捐赠书刊500册以及学习用品，设立市少儿图书馆图书流通点，为校园读书小明星颁奖。7月29日，为闽侯南屿部队“霹雳一团”图书流通点更换图书。9月21日，在仓山区台屿农家书屋开展中秋道德讲堂活动。

(李仲才 江艳青)

专业文化

【概况】 2013年，举办近现代闽籍著名书画家作品系列邀请展，“南北两兰亭”——启功、潘主兰书画展，福州当代系列画展等书画展览。举办福州市闽剧民间职业剧团折子戏大奖赛，开展第23届戏剧剧本征文、福州语歌曲创作演唱大赛和林则徐歌曲征集等创作比赛活动。加快福清中国音协合唱联盟培训基地建设，承办2013年维尔特合唱指挥大师班等培训活动。承办海峡两岸篆刻艺术传承与发展研讨会暨篆刻书法素描艺术展系列活动。举办2013海峡青年节两岸青年联欢会和中华传统文化展示活动。举办（承办）“中国梦·侨乡情”——中国音协“送欢乐下基层”走进福清侨乡慰问演出、“印尼之夜”文艺演出等大型活动。组织第二届茉莉花文艺奖评选活动，全市有82部优秀作品受到表彰并首次进行版权登记。成立闽都画派研究会，《闽都画派研究》项目入围文化部全国画院优秀创作研究扶持计划。闽剧《红裙记》入选2011—2012年度国家舞台艺术精品工程30台资助项目；闽剧《林则徐复出》获第八届全国戏剧文华奖“大型剧本银奖”，在展演比赛中获剧目金奖，同时获集体及个人单项大奖。市曲艺团选送的十番伬《秦楼月·春回坊巷》作为福建省曲艺界唯一一个曲艺节目参演全国曲艺优秀节目展演。由福州闽剧院原创的大型反贪题材闽剧《兰花赋》参加省廉政戏剧精品演出。市林则徐纪念馆入选教育部、公安部、国家禁毒委员会办公室联合公布的首批13家全国中小学毒品预防教育社会实践基地名单；闽剧《红裙记》创作单位福州市艺术学校获得省政府颁发的2012年度福建省优秀文艺创作成果奖；漆画艺术家王和举，漆画艺术家郑益坤，油画艺术家高一呼，寿山石雕艺术家冯久和、林亨云等8名艺术家获首批福建省艺术成就奖，福州市占7席；市艺术学校闽剧表演艺术家林梦萍获首届感动福州十大最美女性提名奖。全年福州市专业文艺项目获国家级奖19项，省级奖8项。

【林则徐歌曲征集评选】 5月16日，“唱林公精神颂民族大义”林则徐歌曲征集第二轮评选在中国音乐家协会举行，评选出一等奖歌曲3首、二等奖歌曲6首和三等奖歌曲9首。活动特邀中国音协分党组书记及常务副主席、作曲家徐沛东，中国音协秘书长韩新安，中国音

表54 **2013年福州市专业文艺省级以上获奖情况分类表**

序号	获奖单位及个人	项　目	授奖单位	奖　项
1	福州市艺术学校	闽剧《红裙记》	文化部、财政部	入围国家舞台艺术精品工程30强
2	福州闽剧艺术传承发展中心	闽剧《林则徐复出》	中国戏剧文学学会、全国戏剧文化奖评委会	第八届全国戏剧文化奖剧目金奖
3	福州市文化新闻出版局	闽剧《林则徐复出》	中国戏剧文学学会、全国戏剧文化奖评委会	第八届全国戏剧文化奖最佳组织奖
4	福州市文化新闻出版局　杨凡	闽剧《林则徐复出》	中国戏剧文学学会、全国戏剧文化奖评委会	第八届全国戏剧文化奖最佳出品人奖
5	福州闽剧艺术传承发展中心	闽剧《林则徐复出》	中国戏剧文学学会、全国戏剧文化奖评委会	第八届全国戏剧文化奖最佳演出单位奖
6	福州闽剧艺术传承发展中心杨东	闽剧《林则徐复出》	中国戏剧文学学会、全国戏剧文化奖评委会	第八届全国戏剧文化奖最佳制作人奖
7	福州闽剧艺术传承发展中心陈元挺	闽剧《林则徐复出》	中国戏剧文学学会、全国戏剧文化奖评委会	第八届全国戏剧文化奖编剧金奖
8	福州闽剧艺术传承发展中心卢浩、张建斌	闽剧《林则徐复出》	中国戏剧文学学会、全国戏剧文化奖评委会	第八届全国戏剧文化奖导演金奖
9	福州闽剧艺术传承发展中心吴则文、杨帅、林颖	闽剧《林则徐复出》	中国戏剧文学学会、全国戏剧文化奖评委会	第八届全国戏剧文化奖表演金奖
10	福州闽剧艺术传承发展中心蔡秀卿、林存荣、滕小丽、程朝晖	闽剧《林则徐复出》	中国戏剧文学学会、全国戏剧文化奖评委会	第八届全国戏剧文化奖舞台美术金奖
11	福州闽剧艺术传承发展中心陈德忠	闽剧《林则徐复出》	中国戏剧文学学会、全国戏剧文化奖评委会	第八届全国戏剧文化奖音乐设计金奖
12	福州闽剧艺术传承发展中心乐队	闽剧《林则徐复出》	中国戏剧文学学会、全国戏剧文化奖评委会	第八届全国戏剧文化奖伴奏奖
13	福州闽剧艺术传承发展中心陈景桦、黄秀春、林宏斌、陈吟	闽剧《林则徐复出》	中国戏剧文学学会、全国戏剧文化奖评委会	第八届全国戏剧文化奖表演银奖
14	福州闽剧艺术传承发展中心林广	现代戏《“瞒”怀深情》	中国戏剧文学学会、全国戏剧文化奖评委会	第八届全国戏剧文化奖大型剧本银奖
15	福州画院	《闽都画派研究》	文化部	2012年度优秀创作研究扶持计划项目
16	福州市曲艺团	福州评话《孝义巷传奇》福州伬艺《月白天青》	文化部	入选文化部扶持项目
17	福州市曲艺团	福州评话《颠和尚插青记》福州伬艺《闯宫》	中国文联	“2013海峡两岸欢乐汇”一等奖
18	福州市闽都文化艺术中心　华伦、苏梦吟	双人舞蹈《同桌的你》	文化部	第十届全国舞蹈比赛优秀表演奖

续表 54

序号	获奖单位及个人	项　目	授奖单位	奖　项
19	福州闽剧艺术传承发展中心	十番音乐	文化部	第十届中国艺术节“中国民族器乐民间乐种组合展演”比赛,获传承奖
20	福州市艺术学校　颜宝华	《梅花操》	省文联	第二届福建舞蹈“百合花奖”专业舞蹈大赛创作铜奖
21	福州市艺术学校　陈志勇		省文联	第十一届福建省水仙花戏剧奖表演奖比赛获演奏奖银奖
22	福州市闽都文化艺术中心	舞蹈	省文联	第二届福建舞蹈“百合花奖”专业舞蹈大赛　优秀组织奖
23	福州市闽都文化艺术中心　林姝敏、邹洋	《还我一片净土》	省文联	第二届福建舞蹈“百合花奖”专业舞蹈大赛　创作银奖
24	福州市闽都文化艺术中心　林姝敏、闵晓晶、邹洋	《脱胎漆韵》	省文联	第二届福建舞蹈“百合花奖”专业舞蹈大赛创作铜奖
25	福州市闽都文化艺术中心　谢丹、陈冲	《火之祭奠》	省文联	第二届福建舞蹈“百合花奖”专业舞蹈大赛创作优秀奖
26	福州市闽都文化艺术中心　蔡丝露	《还我一片净土》	省文联	第二届福建舞蹈“百合花奖”专业舞蹈大赛表演一等奖
27	福州市闽都文化艺术中心　廖克勤	《还我一片净土》	省文联	第二届福建舞蹈“百合花奖”专业舞蹈大赛最佳音乐创作奖

协副秘书长田晓耕,著名作曲家徐锡宜,著名作曲家戚建波,著名词作家化方等国家级权威音乐家担任评委。

【闽剧民间职业剧团折子戏大奖赛】 5月16—18日,由世纪金源集团、闽都文化研究会主办,市文化新闻出版局、各有关县(市)区文体局、市戏剧家协会承办的“金源杯”闽剧民间职业剧团折子戏大奖赛决赛在福州闽剧艺术传承发展中心剧场举行,38个入围决赛的折子戏节目参演。该赛自2012年9月在全市范围展开预赛以来,有116个闽东北福州方言区闽剧民间职业剧团分别派出生、旦、净、末、丑各行当演员参加。

【首届福州话大赛】 5月19日,由市文化新闻出版局、省文史研究馆、福州人民广播电台共同主办,福州左海之声和市群众艺术馆全程承办的首届福州话大赛决赛在福州电视台演播厅落幕,来自闽江学院的教师林明、林则徐小学的四年级学生林展民分获成年组、青少年组金奖。该大赛于年初开幕,历时近半年,经海选、初赛、复赛和决赛等阶段,吸引众多选手参加,年龄最大的50多岁,最小的10岁。

5月19日,举办首届福州话大赛总决赛　(市文新局　供)

【福州文化艺术周】 5月、10月,分别开展“福州文化艺术周”活动。5月的福州文化艺术周活动包括文艺演出、文化展览和文艺比赛等九大系列23项文化活动。10月的福州文化艺术周活动邀市民品戏、看书、听评话、欣赏音乐剧及专场音乐会,涵盖惠民演出、群众文化及文博展示等60多项内容。

【第二届福州市少儿歌手大奖赛】 11月22—23日,第二届福州市少儿歌手大奖赛暨首届海峡杯闽台少儿歌手大奖暨(福州赛区)选拔赛在福建海峡影城举行,226人参赛。大赛由市文化新闻出版局主办、市群众艺术馆承办,面向全社会4～15岁少年儿童,116人获奖,鼓楼区文化馆等5家单位获优秀组织奖。

【《文化福州》创刊】 由市文化新闻出版局主办的《文化福州》(双月刊)于12月创刊,为内部交流刊物。该杂志定位于塑造福州形象、打造福州城市品牌、扩大福州文化影响力,建立福州大文化展示和传播平台。

【福州画院活动】 3月30日,闽都画派研究会、福州画院青年创作室暨福州画院画师作品陈列室在福州成立。5月20日,福州画院《闽都画派研究》项目入选文化部2012年度全国画院优秀创作研究扶持计划研究类项目,并获得文化部奖励。12月7日,举办"南北两兰亭"——启功、潘主兰书画展,画展由全国政协书画室、中国书法家协会、西泠印社、省文化厅主办,省博物馆、市文化新闻出版局、启功书院、潘主兰艺术研究会承办,展出启功、潘主兰书画作品各50件。

(李仲才 江艳青)

文化市场

【概况】 2013年,开展全市文化市场行政审批大检查,规范文化市场行政审批程序并提高行政审批效率。市文化市场综合执法支队受理"12318"文化市场举报热线各类投诉电话158起,出动执法人员2587人次,检查经营单位890余家次,立案35起,处罚违规经营单位35家,罚款60.5万元。受理举报案件30起,移交公安部门刑事立案3起、刑拘4人,申请法院强制执行1家。市文化市场综合执法支队在全省文化市场综合执法大比武中取得团体第三名、网络执法第二名、个人政策法规技能第三名的成绩,在全省执法案卷评比中获1个二等奖、2个三等奖,其中2个卷宗被选送参加全国评比,获二等奖1个,三等奖1个。市文化市场综合执法支队和台江区工商局检查大队2家单位被授予全省"扫黄打非"先进集体称号,市公安局晋安分局治安大队大队长黄长江和闽侯县文化市场综合执法大队科员任纪旋被授予全省"扫黄打非"先进个人称号;长乐市文化市场综合执法大队被授予"第五届全国服务农民、服务基层文化建设先进集体"称号。

【文化市场行政审批大检查】 7月19—31日,市文新局组织对12个县(市)区文体局文化市场行政审批工作进行检查。8月23日,迎接省文化厅行政审批检查。9月23—26日,迎接文化部文化市场行政审批交叉检查。全市有218家电子游戏游艺娱乐经营单位完成换证工作。

【文化市场综合执法】 5月始,市、区两级文化部门出动文化市场综合执法人员6764人次,检查网吧、图书音像和电子游戏店7479家次,娱乐场所14家次,发出整改通知书322份,查处游商地摊291个,缴获盗版图书、非法出版物1.30万本(份),盗版光盘6550张,查扣赌博机2台。

6—8月,全市检查校园周边网吧、歌舞和电子游戏场所、出版物经营单位326家次,责令改正36家,取缔3家,处罚违规网吧9家,收缴非法图书、音像制品等盗版教辅读物3620册(张);取缔6个非法经营出版物游商摊点,收缴12台违禁机种。

【网吧专项整治】 6月3—15日,组织4个组开展网吧专项整治行动,分别对五城区、七县(市)文化市场进行交叉检查。检查经营单位400余家次,发出整改通知书23份,查处网吧违规经营17家,罚款9.5万元;查处违规经营娱乐场所8起,罚款7.1万元。开展非法设置广播电视传输前端专项整治,对城区医院、宾馆和娱乐场所进行检查,接到市广电局转来的《广播影视违法行为查处通知单》15件,出动48人次,发出整改通知单15份。

(李仲才 江艳青)

非物质文化遗产

【概况】 2013年,以全国"文化遗产日"为重要节点,组织开展"非物质文化遗产进校园(展演)"、福州语歌曲演唱会及展览、讲座等宣传展示活动。举办2013年十邑春节联欢晚会、第六届陈靖姑民俗文化节、第九届郑和开洋节、第六届"畲族·风"民族民俗展示和十八坂商贸旅游文化节等系列活动,传承和弘扬闽都文化。启动非物质文化遗产网站和数据库建设,向市政府报送建设非遗网站及非遗数据库方案,市财政同意核拨20.25万元网站建设经费。市曲艺团与省非遗保护中心签订福建省非物质文化遗产的数字化保护合同,将福州评话项目纳入省非遗数字化保护。组织非遗项目和传承人申报工作,发放国家级非物质文化遗产项目代表性传承人每人1万元国家补助经费,下达60岁以上省级传承人的补助经费每人3000元。冯久和获第二届中华非物质文化遗产传承人薪传奖。整理出版《台江区首批非物质文化遗产目录概述》、《畲山剪纸》(第三集)等图书,启动《福州方言字典》编撰工作。

【海峡非物质文化遗产生态园】 组织市非遗保护中心制定生态园初步布局及方案,修改"生态园"功能定位方案31稿,最终定位为海峡人文的精神家园、闽都文化的展示平台、非物质文化遗产保护的传承基地、文化创意产业的示范基地和青少年爱国主义教育基地,位置定在晋安区宦溪镇山溪村桂湖片区。年内完成各场馆面积方案,并拟结合已举办五届的海峡两岸民俗文化节,向文化部、国台办等申办"海峡两岸非物质文化遗产节",形成独具福州特色、融合海峡两岸、辐射全球各地的文化品牌。

【国家级非物质文化遗产项目申报】 9月,推荐花茶制作技艺(福州茉莉花茶窨制工艺)、福州肉燕制作技艺、福建传统咏春拳、仁山拉线狮、中医诊法(福州萧氏中医外科)、福州木雕(象园)6个项目申报第4批国家级非物质文化遗产项目。

(江艳青)

文化交流活动

【概况】 2013年,举办首届海峡青年节、首届海峡两岸(福州)汉服文化节和海峡舞蹈节等以青少年为主体的交流活动,组织市属艺术院团参与“两马同春闹元宵”活动。入岛举办海峡两岸合唱节、台湾灯会福州展区和福建船政文物展等活动。榕台共同打造的音乐剧《有了爱就有了一切》上演,并入围2013年度福建文艺发展基金资助项目。引进音乐剧《妈妈再爱我一次》和阮余群独唱音乐会等节目(剧目),在福建大剧院举办公益性低票价演出。邀请欧美文化交流团到福州市考察闽剧等传统艺术,策划和对接闽剧赴俄罗斯参加国际艺术节工作。福州闽剧院组织闽剧折子戏于7月下旬赴香港参加香港十邑同乡会举办的文艺演出活动。

【海外文化交流活动】 9月11—13日,由法国巴黎MC93剧院总经理索梅尔(PATRICK SOMMIER)与俄罗斯、意大利、美国、希腊和法国数个国家的导演、剧场经理、舞台总监及文化经纪人等9名世界知名艺术家组成的欧美文化交流团,应邀到福州考察以闽剧为主的国家级非物质文化遗产及经典剧目,并拟策划、遴选闽剧剧目参加欧美巡演及2014法国艺术节活动。欧美文化交流团重点考察福州闽剧艺术传承发展中心,观摩配有英文介绍的精品闽剧《王茂生进酒》以及其他经典折子戏。

10月4日,市文化新闻出版局收到俄罗斯的邀请函,邀请由福州闽剧艺术传承发展中心排演的闽剧《杨门女将》参加2015年举办的第12届契诃夫国际戏剧节演出。

【两岸文化交流活动】 2月22—23日,由省文化厅、市政府、市委宣传部和市文新局共同主办的2013年海峡两岸民俗文化节在闽江公园北园望龙园举行。其获国台办认可,入选2013年福州市对台文化交流重点项目。

2月23日,由市委、市政府主办,马尾经济文化交流合作中心、马祖经贸文化交流联谊会承办的第十一届“两马同春闹元宵”活动,约400名台湾同胞从马祖赴福州马尾,共同庆祝元宵佳节。

2月24日,由市旅游局、市文新局、市台办以及国家级非物质文化传承人、工艺美术大师及民间艺人等一行17人组成的福州代表团,参加在台湾新竹开展的“2013台湾灯会”。福州展区以“温泉古都,有福之州”为主题,采用花灯的形式,呈现镇海楼、三坊七巷、白塔、乌塔等知名的景点,将文化与旅游相结合,展现当地文化特色。元宵节当天,10名福州市非物质文化遗产传承人身着鲜艳的畲族传统服饰现场制作软木画、畲族服饰、木雕、茉莉花茶窨制工艺,吸引2.2万名台湾民众参观。

4月30日,由省文史馆等单位联合主办的首届海峡两岸(福州)汉服文化节在福州市文庙举行揭幕仪式,台湾知名人士宋楚瑜送来亲笔致庆题词:推广汉服文化,展现民族特色。汉服文化节吸引两岸70余家汉服社团近200名代表参与。

6月21—23日,第六届海峡两岸合唱节在台湾新竹举行。合唱节有12支大陆合唱团队,约700余人赴台参加,是海峡两岸以音乐为载体的最大规模的文化交流活动。

【内地文化交流活动】 10月23日,“中国音乐剧教父”李盾打造的音乐剧《妈妈再爱我一次》亮相福州文化艺术周,并在福建大剧院连演3场。活动周期间还举行著名歌唱家阮余群独唱音乐会、大众合唱精品音乐会。

(柳 锴)

4月30日,举办海峡两岸(福州)汉服文化节 (市文新局 供)

文博事业

【概述】 2013年,修订《福州市历史文化名城保护条例》并公布实施;编制完成《福州历史文化名城(名街、名镇、名村)保护近期规划》《烟台山历史文化风貌区保护规划》《上下杭历史文化街街区保护规划》;开展福州市第一次可移动文物普查工作,完成2896个国有单位文物收藏情况名录及国有单位文物收藏数量统计、核实、汇总、上报;投资2750万元对市博物馆原固定陈列展览进行更新改造、提升;开展福州地铁屏山站考古发掘和保护工作;完成白马桥、彬德桥等文物保护修缮工程;林则徐祠与宅等7处文物保护单位晋级为第7批全国重点文物保护单位，道山观等35处文物保护单位晋级为第8批省级文物保护单位。全年市文博馆所举办专题展览、道德讲堂、公益讲座、第二课堂等各类活动107场次，免费讲解4167场，培训志愿者425人，参观人数达160万人次。年内林则徐纪念馆获中央纪委驻文化部纪检组、监察部驻文化部监察局授予的全国文化系统"廉政文化教育基地"称号。

【名城规划编制】 完成上下杭历史文化街区、两山两塔两街区烟台山历史文化风貌区规划编制以及三坊七巷文化街区保护规划编修并上报。市文物局委托北京清华同衡规划设计院有限公司和福州市规划设计研究院编制完成《福州历史文化名城(名街、名镇、名村)保护近期规划》，对福州市未来5年历史文化名街、名镇、名村的保护建设进行科学规划，上报市政府审定。

【文物保护修缮】 完成白马桥、彬德桥等文物保护修缮工程。实施芙蓉园、罗源陈太尉宫、欧冶池、龙峰泰山庙墨绘台湾府城隍壁画、福建戍守台湾将士墓群、马尾亭江炮台、长柄朱子祠、福州开元寺铁佛殿等修缮工程。

【可移动文物普查】 根据国家、省统一部署，启动历时5年(2012—2016年)的福州市第一次全国可移动文物普查工作。6月9日，成立市第一次全国可移动文物普查领导小组，制定并发布《福州市第一次全国可移动文物普查实施方案》。6月、8月，召开工作部署会、培训班，组织市可移动文物普查领导小组成员单位、市直有关部门具体负责人或联络员，各县(市)区文体局、市属文化系统相关单位普查机构负责人及业务骨干参加。多次召开国有单位可移动文物收藏情况调查摸底工作推进会促进工作开展。年底，完成2896个国有单位文物收藏情况名录及国有单位文物收藏数量统计、核实、汇总，并上报省文物局。

【市博物馆陈列更新】 对市博物馆原有固定陈列进行改造更新，新展览《闽都华章——福州历史文化陈列》《海丝门户 有福之州——福州海上丝绸之路文化遗产专题展》预计总投资2750万元(含陈列展览、安防消防、文物征集等)，于6月25日完成招标。《闽都华章——福州历史文化陈列》采取纪传体结合编年体形式，应用高科技手段，展出文物精品600多件。整个展览从"溯源：源于海洋的远古闽越""融合：南北交融的东闽盛府""繁荣：百业兴盛的滨海都会""图强：救国图强的近代福州"四部分展示福州从远古时期、闽越立国到两晋末年衣冠南渡、唐末五代绍越开疆再到宋代人文荟萃、海滨邹鲁，明清闽台关系直至辛亥革命时期思想启蒙、船政文化等历史，展现福州文化精髓，突出闽都文化特色。《海丝门户 有福之州——福州海上丝绸之路文化遗产专题展》由"肇始：走向海洋""鼎盛：跨越海洋""融通：世界茶港"3部分组成，通过文献资料、文物、场景复原等形式展示福州重要历史时期对海上丝绸之路的发展所起的重要作用，尤其是突出福州水下考古成就和宋、明时期丝织品等内容。

【地铁1号线屏山站考古发掘】 8月5日开始，省、市考古队联合开展福州地铁1号线屏山站一期考古发掘和保护工作，历时5个月，发掘面积约2500平方米。发现西汉夯土台基、南朝沟、两晋时期砖砌台基、汉代水井、唐代水井、唐代沟、宋代沟等重要遗迹，出土各式瓦当(包括"常乐万岁"瓦当)、花纹砖以及从西汉到现代的各类杯、壶、罐、炉、碗、铜镜等，特别是在围挡范围内的北部区域，再次发现汉代冶城的遗迹，且与周边曾考古发现的汉冶城遗迹相类似，可以断定它是福州汉冶城的中心地带。此次考古发掘，解决冶山西北边界的问题，大体理清福州建城史上汉冶城和晋子城的关系，在地层上发现连续性完整的汉、唐、宋等几个重要时代，印证福州城市发展。

【展览活动】 *"50社"影像展* 1月27日，由海风出版社、福建画报社和林则徐纪念馆馆主办，持续3个月。展出的摄影作品包括福建画报社社长、总编辑崔建楠《失神台湾》、军人那兴海《且行且摄》、摄影家王鹭佳《游记北欧》、李世雄手机摄影作品《随手即景》、海风出版社社长焦红辉《惊艳台东》、自由摄影人周跃东《牛眼城视》。

曹维廉文物捐献展 2月5日，由省委党史研究室主办、省革命历史纪念馆和林则徐纪念馆承办。展览为期6个月，展出照片约200幅、文物150件。

"碗礁1号"出水文物展 2—7月，市博物馆"碗礁1号"出水文物展赴武汉博物馆、孝感博物馆交流展出。2次文物交流展出文物(含瓷器标本)有111件，是"平潭碗礁一号"出水文物中的精品。展品包括清康熙青花八开光杂宝花卉纹盘、清康熙青花"鹬蚌相争渔翁得利"图碗、清康熙青花冰梅纹直腹盖罐、清康熙青花缠枝牡丹纹罐、清康熙青花折枝花卉纹盘、清康熙青花开光人物高足盖杯等。

与子同袍——先秦两汉服饰复原展 作为汉服文化节重要组成部分，4月29日—5月20日，在市博物馆展出。展品中的30多件汉服由湖北理工学院提供。展览主要呈现的是先秦两汉时期的各种服饰的仿制品及3D建模图像。

福建收藏家协会近现代名人收藏展 4月30日—5月20日，市博物馆与省收藏家协会联合主办，展期20天，展出画作有林则徐、沈葆桢、严复、郑孝胥、林纾、王仁堪、陈宝琛等福州文化名人书画扇面作品100多幅。

市博物馆馆藏文物精品展 5月18日—6月18日，在三坊七巷展出，主题为"市博牵手三坊七巷 共谱闽都华彩篇章"，展出190多件的馆藏文物精品，品类有铜器、瓷器、玉器、寿山石雕与名人书画五大类。为市博物馆建馆以来规模最大，展品最丰富，文物级别最高的一次综合性展览，累计接待游客15万人次。

近现代左海名人与新疆书画展 9月16日—10月16日，市林则徐纪念馆与伊犁州文物局、伊犁州博物馆和伊犁州林则徐纪念馆联合在伊犁州博物馆举办《近现代左海名人与新疆书画展》，展出林则徐、沈葆桢等福州名贤书画作品44件(套)。

【考古勘探与调查】 *新店古城遗址考古勘探、试掘* 8月，启动新店古城遗址考古钻勘、试掘工作。考古工作重点落在遗址中南部、南部即新店街以西、岩溪东岸以及高炮团驻地北、西、南3个方向的农田上,同时兼顾新店街以东的几处农田。通过近3个月的实地工作,钻探面积达7万多平方米,布下探沟(方)27个,出土数量较多的有西汉时期的筒、板瓦、砖等建筑材料,以及陶盆、陶釜、陶盅、陶钵、陶纺轮等,还有不少唐五代至宋代遗迹、遗物,反映该区域历史发展脉络。在遗址南部首次发现西汉文化层、遗迹现象,出土数量众多的汉代筒、板瓦等建筑材料,基本可以推断附近有较重要的汉代建筑。

闽山巷遗址抢救性考古发掘 年初,省考古队与市考古所共同对三坊七巷闽山巷遗址进行抢救性考古发掘。考古发掘的重要收获是首次在三坊七巷区域内发现六朝时期地层、夯土台基、灰坑等遗存。考古发掘揭示六朝时期、晚唐五代时期至宋元时期等3个时期的遗存。

仓山唐墓考古清理 10月24日—11月11日,市考古队对仓山万春小区唐墓进行抢救性考古清理。通过清理,该墓保存完好,为单室砖室券顶墓,平面凸字形,墓砖上有钱文、叶脉纹、莲花纹及“莲花纹+”等4种纹饰,出土32件(含碎片)随葬品,有盘口壶、四系罐、五盅盘、双耳罐、香炉、陶灶等。通过墓葬形制、出土器物推断该墓年代为唐中早期。

配合大型基建开展考古调查 配合福建闽江水口水电站枢纽坝下水位治理工程、永泰界竹口水电站建筑工程、闽清县葫芦门水库建设、闽江北水南调平潭及闽江口水资源配置工程等建设开展文物考古调查、测绘,并提出保护建议。

【水下考古】 2013年年初,市考古队应海南省文物局邀请,派人参加海南省举办的水下考古培训班授课和实习指导工作。6月,市考古队派人参加国家文物局水下文化遗产保护中心在湖北丹江口水库的水下考古工作。7月,市考古队派人参加国家博物馆水下考古中心在平潭岛附近海域水下考古调查工作。2013年11月—2014年1月,市考古队派人参加商务部、国家文物局、肯尼亚国家遗产部共同组织的“中国和肯尼亚合作实施拉穆群岛地区考古项目”,赴非洲对肯尼亚拉穆群岛及附近地区水下文化遗存进行科考调查和发掘。

【文博新媒体宣教】 4月,启用全新改版林则徐纪念馆网站,新网站及时上传馆内动态和文博资讯,持续更新林则徐研究、闽都文化研究等各专栏文章,并通过留言板平台与观众进行沟通交流互动。林则徐纪念馆通过新浪微博、腾讯微博、新华网博客、新浪网博客等媒介进行传统文化传播。年内林则徐纪念馆官方微博(新浪、腾讯)先后推出“那些年那些事”“道德箴言大家传”“你的名字我的姓氏”“风言景语”“左海讲坛”“带上文明出发”等话题微博,全年累计发布原创、转载微博1765条。

【道德讲堂系列活动】 福州文庙提升为福州市道德讲堂总堂,1月以来,市博物馆文庙道德讲堂邀请晋安区宣传部副部长、福州孔子学会会长孔海钦,民俗专家方炳桂,市道德模范电力检修员冯振波等专家、学者以及身边的道德楷模宣讲《传统文化及现代道德观》《福州民俗与福州人文化特质》等30场讲座,运用动漫、音乐、美术表现手法和通俗语言结合生活实例,传播诚实守信、孝老爱亲、见义勇为、助人为乐等中华传统美德。

【“左海讲坛”系列公益讲座】 林则徐纪念馆从5月起开展“左海讲坛系”列公益讲座,与省知名专家学者合作,每月不定期举办2场讲座,主题涵盖遗产、禁毒、国学等。共举办《福州才女谢冰心与林徽因》《走进福建文化遗产——福建文化遗产的保护与活化》《佛教造像鉴赏》等16期主题讲座。

(何晓斌)

新闻出版

【概况】 2013年,福州市有出版物发行经营单位704家,其中通过出版物(图书、期刊、电子出版物)发行企业年检的有673家(缓检26家、注销5家),包括出版物批发(连锁)企业95家,音像制品批发(连锁)企业16家;出版物零售单位576家,全年实现销售总额100549.8万元。网上书店5家,销售总额219.3万元;外资企业8家,销售总额402.61万元。有印刷企业481家,其中出版物印刷企业65家、出版物(专项)印刷企业26家,包装装潢印刷企业252家,其他印刷企业138家。

开展“知识产权宣传周”、“4·26”世界知识产权日等版权宣传活动。联合省“扫黄打非”领导小组举行侵权盗版及非法出版物集中销毁活动,并启动以“拒绝盗版,拥抱梦想”为主题的“绿书签行动”系列宣传活动。牵头组织对80个市直部门和12个县(市)区软件正版化整改情况进行检查验收。组织全国“两会”前印刷发行专项检查、“3·15”中小学教科书绿色印刷等专项整治行动。组团参加第六届厦门文博会,福州市推出40项文化产业招商项目,涉及文化旅游、出版印刷、文化创意、工艺美术、建筑设计、会展、动漫游戏等方面,总投资达602.942亿元。

【扫黄打非】 全市收缴非法出版物9.25万件,出动检查7380多人次,检查出版物市场、店档摊点816个,检查印刷复制企业158余家,取缔游商地摊162个。司法部门受理“扫黄打非”案件59起102人,判决26起41人,最高判决3年有期徒刑。

2月5日,市文化市场综合执法支队与市公安局治安支队、台江区公安局民警联合突击检查,查获台江区鼠小蜜书店网络销售台版图书,现场查扣台版图书454本,并查实该书店从2011年7月—2013年2月通过网络销售台版图书4700本,其未从《出版管理条例》规定的进口经营单位进货,属非法出版物。

4月25日,组织开展集中销毁和“绿书签行动”系列宣传活动。在启动仪式上,销毁43万件非法出版物,发放绿书签1万份,宣传画报1000张。

5月6日,市文化市场综合执法支队与鼓楼区公安局经侦大队联合行动,在仓山区盖山镇首山村一民房内查获一批销售盗版教辅材料及会计类资格考试用书地下窝点,当场查扣1.1万多本,抓获犯罪嫌疑人1人。

7月20日,扣押“呼喊派”传教书《神计划里的救赎》3000本,《建造召会的异象、预表与实行》2600 本、《祷告的意义与目的》2640 本、《启示的事奉》2240 本。

8 月 26 日,对 2012 年 4 月 26 日抓获的、非法经营进口图书 41283 万册的犯罪嫌疑人一审判决犯非法经营罪,判处有期徒刑 3 年,缓刑 4 年,并处罚金 15 万元(已缴纳),没收并销毁尚未销售的非法图书 1643 册及音像制品 161 盒。

【出版管理】 市文新局(版权局)完成福州市报纸、期刊、驻榕记者站、连续性内部资料出版物 28 家、侨刊乡讯 9 家等单位年检初审工作。新获批连续性内部资料性出版物 6 家。完成出版物批发(连锁)经营单位年检 97 家,通过 88 家,缓检 2 家,注销 7 家;完成音像制品批发(连锁)经营单位年检 16 家,通过 15 家,缓检 1 家。已通过年检的印刷企业 460 家,其中中国出版物印刷企业 52 家,出版物(专项)印刷企业 24 家,包装装潢印刷企业 250 家,其他印刷品印刷企业 134 家。

【绿色印刷认证】 福州德安彩色印刷有限公司、福州华彩印刷有限公司、福建省金盾彩色印刷有限公司、福州华鑫印刷有限公司、福州兴教印刷有限公司、福州桦榕彩印有限公司、福州万紫千红印刷有限公司等 11 家企业通过绿色印刷认证,取得绿色印刷《中国环境标志产业认证书》。

【培训与交流】 举办 2 期包装装潢印刷企业法规培训班,对全市 287 家印刷企业法人进行有关法规培训及普及绿色印刷相关知识。邀请省新闻出版局印刷发行处副处长高洋和福建省工商行政管理干校高级讲师李志英分别讲授"印刷业管理条例"和"商标印制管理办法"等课程,并向学员印发国家新闻出版广电总局办公厅《关于推进绿色印刷产业发展的通知》等学习材料。 (柳 锴)

【新华书店】 2013 年,福建新华发行集团福州分公司应对图书市场的变化和教材教辅发行新政的影响,实现销售码洋 21755 万元,实现利税 1260 万元,继续保留"省模范职工之家"称号。

一般书发行 开展政治理论读物的发行工作,通过电话征订、传真征订、在书城设立政治读物专架等方式,全年销售政治理论读物 6.30 万册。开展营销推广活动,通过"聚进来"和"走出去"的方式,提高一般书销售,全年举办 54 场优秀图书买赠、展销、签售和读书活动。相继邀请台湾最具人气"畅销书王子"林哲璋及知名少儿作家秦文君、商晓娜走进福清、罗源、福州等地学校举办讲座签售活动,签售图书 5000 余册。开展图书进社区、进军营流动服务,流动场次 20 次;首次与仓山监狱联办图书进监狱流动售书活动。举办以"学生荐书、图书馆购书"为主题的书皮进高校校园活动,组织全市各大中专院校、公共馆和中小学图书馆参与集团举办的福建 2013 年图书订货会暨馆配样采会和福州分公司举办的"第三届中小学图书馆配会"。

教材教辅发行 贯彻规定目录内教材教辅发行"课前到书、人手一册",目录外教辅发行以市场为导向。全年中小学教材教辅发行码洋完成年预算 105.6%。在教辅新政影响下,发行效益有较大下滑,公司运用门市零售窗口拓展零售教材教辅发行业务。

多元产业拓展 安泰图书城重新整合后,以跨行业经营,合作经营等方式,在书城内设立新华生活馆、数码产品区、眼镜销售区。夏季盘活现有物业、卖场等资源,对鼓岭聚英山舍房产采取合作经营模式,合作方投入资金 200 多万元,对山舍进行改造和装修。改造后的山舍成为鼓岭度假区内设备设施最完善的酒店之一。开展音像书店改制工作,发展多元产业。全年多元化产品销售码洋与上年度持平,为 1203 万元。

(吴晓鹰)

福州日报社

【概况】 2013 年,福州日报社围绕市委中心工作开展新闻报道,推进报业发展,实施采编、发行、广告、印务"四轮齐驱、良性互动、整体推进"的发展战略,发展新媒体,建设全媒体,拓展产业链,发展多元产业。业务经营实现利润比上年增长 34%。

【政治建设宣传报道】 宣传报道学习贯彻中共十八大精神,《福州日报》《福州晚报》、福州新闻网(以下简称"两报一网")加大宣传力度,日报开设《学习贯彻十八大 推动福州新跨越》,晚报开设《新征程,新福州——学习贯彻党的十八大精神》,新闻网开设"学习贯彻党的十八大精神 推进福州科学发展跨越发展"等专栏专版专题网页,宣传报道福州市各级各部门贯彻落实中共十八大精神的新举措、新亮点、新成效。

宣传报道全市学习宣传贯彻中共十八届三中全会精神,"两报"组织大批记者深入基层采访。通过开设专栏专版专题网页,重点报道全市各级各部门学习宣传贯彻落实中共十八届三中全会精神的新举措、新经验、新成效,日报开设《深化改革 科学发展》《学习宣传贯彻十八届三中全会精神——在更高起点上加快建设闽江口金三角经济圈》专栏,刊发《砥砺奋进的坚实步伐——改革开放 35 年以来福州市改革发展实现大跨越》《发展成果共享 改革红利普惠——改革开放 35 年以来福州民生事业大发展》《应势而变 顺势而为——改革开放 35 年以来福州市政府职能实现大转变》《我市全力打造"公交都市"》《福州财政总收入首超 600 亿元》等重头文章;晚报推出《迎全会 看变化》《新征程 新跨越》专版,推出《从"镇"到"城" 青口华丽蝶变》《福州基本建成公租房 9952 套,廉租房 17972 套——两户保障房居民的"样本"生活》《福州交出今年发展成绩单——经济健康平稳发展,幸福指数不断提高》等重点文章。

宣传报道福州市全面改进工作作风和贯彻执行中央"八项规定"情况;改进会风文风,精简会议活动和文件简报等,开设《厉行节约 反对浪费》《接地气 察民情 办实事 促发展》等专栏,报道各级各部门转变工作作风,开展"三服务"活动,深入基层一线办实事。

宣传报道"四个万家"主题实践活动,日报开设《进万家门 知万家情 解万家忧 办万家事——加快建设闽江口金三角经济圈》《民情日记》《党报记者在社区》等栏目,晚报开设《进万家门

知万家情　解万家忧　办万家事》《小巷助理手记——晚报记者在社区》等栏目,新闻网开辟"'四个万家'主题实践活动"专题网页。

宣传报道全市贯彻落实市委十届六次全会精神。"两报一网"围绕市委提出的"全力推进福州新区开放开发、在更高起点上建设闽江口金三角经济圈"开展报道,重点加强对新区建设过程中招商引资、项目落地以及生态文明建设等成效的报道。日报开设《贯彻市委十届六中全会大家谈》专栏,刊出《传承"3820"工程的重大战略部署》《建立一体化的市政设施体系》等重头文章,报道市发改委、市城乡建委、市交通运输委等部门贯彻落实市委重大决策部署、融入福州新区开放开发的新思路、新举措。同时推出15篇《三维重大项目巡礼》,对落地情况较好的15个重点项目进行采访报道。

宣传报道"两会"等重要会议,"两报一网"开设《关注"两会"》《聚焦"两会"》等专栏专版,开展大会程序性报道等常规报道,并围绕群众关心的热点问题开展深度报道。同时做好全国"两会"、全省"两会"以及省、市党代会的宣传报道。

【经济建设宣传报道】　宣传建设闽江口金三角经济圈,日报、晚报分别开设《潮涌闽江口　福州新跨越——在更高起点上建设闽江口金三角经济圈》《比学赶超　加压奋进》《加快转型升级　打造实力福州》等专栏,推出一系列重头文章;日报策划推出"在更高起点上建设闽江口金三角经济圈系列述评",刊发《崛起的闽江口金三角》《产业崛起的力量》《城镇化带来的新机遇》《更大开放　更新格局》《榕台交流合作的新空间》《"金三角"也是"绿三角"》等6篇系列综述。宣传上半年经济工作,策划推出"年中经济盘点系列综述",在头版显要位置刊登《"三驾马车"拉动经济更给力》《产业园区　竞相绽放》《继续打好稳增长"组合拳"》等重头文章。报道发展都市现代农业,推出《渔业规模和实力不断壮大——福州筹建远洋渔业产业园》《安排发展专项资金,重点突破12个方面——福州都市现代农业迎来春天》《科技引领产业革命》《机械颠覆传统模式》《理念决定未来走向》等一系列重头文章。报道"海交会"等重大经贸活动,"两报一网"开设《聚焦5·18》《聚焦6·18》等栏目,推出《第十五届海交会在榕开幕——50个重大"三维"项目签约》《品美食赏风情　海交会台湾馆人气爆棚》《"6·18"一批环保项目签约　将惠及福州》《福州精心筹备第十一届"6·18"——对接项目总投资额超过去年》《投洽会首日　福州签约25个项目——战略新兴产业、高新技术产业项目加快向福州新区集聚》《在第十七届投洽会上签约102个外资项目——我市项目签约成果全面超过上届》等报道,"两报一网"发稿270多篇。

【文化建设宣传报道】　宣传报道建设文化强市,推出《打造特色品牌　发展闽都文化》《重点项目"领跑"文化产业发展——上半年全市文化产业实现增加值112.5亿元,主营业务收入449.6亿元》《船政文化城入选省文化产业十大重点项目》《书香飘榕城　文明润心田——我市正式启动全民阅读活动,"书香榕城"读书网开通》《我市规划建设海峡非物质文化遗产生态园》《我市建设东方漆空间创意园》《福州构筑城区15分钟、农村30分钟公共文化服务圈》等报道。同时报道福州市大力弘扬闽都文化,规划建设海峡非物质文化遗产生态园、民间传统工艺美术品交易平台,以及开展文化惠民活动,加快推进海峡图书馆、海峡群艺馆建设等。

"文明福州　持续文明"系列宣传报道,"两报一网"开设《文明福州　持续文明》《与爱同行》《身边的感动》《寻找福州好人》《凡人善举》《雅安坚强　榕城有爱》等栏目。通过开展"福州好人大家评"评选活动,刊发《公交"跳水哥"江中救起落水女》《义务家教十年温暖三百农村娃》《众人爱心接力,将他拉离鬼门关》等众多助人为乐、见义勇为、诚实守信、敬业奉献、孝老爱亲的感人故事,传递正能量。同时推出《"长效机制"释放文明建设正能量》《福州道德讲坛遍地开花——德育深入市井　好人就在身边》《40万志愿者榕城街头传播文明——我市大力弘扬志愿服务精神助推文明城市建设》《省市共建文明幸福之城——190多个省直和中央驻闽单位与福州市社区组织建立了结对共建关系》《坚持为民惠民　打造宜居家园——福州持续建设人民满意的文明城市》等文章。"两报一网"全年刊发900多篇反映全市文明建设的报道。

【社会建设宣传报道】　重点宣传福州市加快建设幸福和谐的"有福之州"。"两报一网"先后开设《幸福福州　共建共享》《福州市2013年春风送岗——情满就业路》《筑梦·情暖求学路》《大学生创业故事》等专栏,推出《榕确定今年25项办实事项目——包括建设市民服务中心、增设城区2320个道路停车泊位等》《福州将大幅提高价格补贴标准——CPI涨2%或食品消费价格涨5%,低收入群体每人补贴50元》《城区低保标准8月起提高》《今年为民办实事项目多数已完成》《福州市公布2013年度城区新建商品房住房价格控制目标——房价增幅低于城镇居民收入增幅》《海峡奥体中心"一场三馆"全面开工》《千余岗位送困难职工及新福州人》《"最难就业季"福州十措施助大学生就业》《我市深化医药卫生体制改革——让百姓看病不再"难贵烦"》《在榕高校学生大病医保待遇大幅提高》《第八届城运会倒计时两周年,五一广场点亮宣传屏——"七大工程"让市民享受盛会成果》等一批文章。

【生态文明建设宣传报道】　报道福州市着力提高城市宜居宜业和生态文明建设水平,"两报一网"先后推出《福州荣膺"绿色城市"称号》《74城空气质量　福州排名第二》《榕城四大路口将提升改造》《闽江河口湿地像座自然博物馆》《市区首条慢行道似"小三坊七巷"》《历史文化主题长廊:休闲路串起榕城历史》《滨江风光长廊:饱览闽江秀色享受江畔慢生活》等一批重头文章。

报道福州市精心打造美丽福州,"两报一网"推出《福州内河整治工程获全国大奖》《榕多条道路完成景观提升——今年新增91个道路桥梁建设项目》《加速构建福州大都市区》《主要公园四季有花　主干道路景致优美——福州打造绿城花城水城》等一批重头文章。《福州晚报》举办"最美文化村(社区)评选"活动,发动读者、网友发现和推荐农村和社区文化特色，图文形式呈现文化村（社区）的自然风光、人文古迹、淳朴民俗、特色文化以及文明新风，活动网络投票达156万张，经市民票选与专家评审，评选出永泰月洲村、晋安寿山村等首批十佳“福州最美文化村（社区）”，并以专版形式推出首批十佳“福州最美文化村（社区）”地图。

【对台宣传报道】 报道福州市推动榕台交流合作先行先试，推出《榕台文化交流合作加快先行先试——10多个文创项目正积极推进、抓紧落实中》《福建发布七项惠台政策——台资中心企业可申请助保金贷款》《今起3年每年安排500万元——我市大力扶持福清台湾农民创业园建设》等报道，报道福州加快推进台商投资区、闽台（福州）文化产业园、海峡两岸（福州）农业合作试验区建设发展等。

报道深化榕台全方位、常态化交流合作，推出《海峡两岸民俗文化节亮点纷呈》《福州三只小熊猫赠送台湾》《两岸合唱节21日在新竹开唱——福州3支团队将赴台参赛展演》《闽台（福州）特色庙会今晚登场——两岸小吃民俗表演齐聚“夜马尾”》等文章，报道市对台特色交流活动。“两报”还开设《跨越海峡青春盛会》等专栏，报道海峡青年节各项活动，刊出《十大政策吸引台青年来榕创业创新》《携手传承中华情 同心共圆中国梦——海峡青年（福州）峰会举行》《两岸青年在榕飞扬青春——海峡青年节多场活动精彩纷呈》《两岸学子分享10万元创投基金》等一批反映海峡青年节盛况及所取得的实效。

【对外宣传报道】 对外宣传发挥晚报海外版对外窗口作用，继续办好美国《侨报》“福州新闻”专版和马来西亚《联合日报》“福州晚报专版”、英国《英中时报》和印尼《国际时报》的“今日福州”专版。

【报纸品牌打造】 加强新闻创新，7月从《福州日报》《福州晚报》选派22名记者，分别到鼓楼区、台江区、晋安区、仓山区的22个社区挂职担任社区书记（或社区主任）助理1年。挂职期间，挂职记者列席社区相关会议，参与社区事务研究，参加社区活动组织，与社区群众打成一片，并为社区排忧解难。日报挂职记者在社区服务或采访时间每周不少于2天，晚报挂职记者每周不少于3天。挂职记者在开展社区新闻报道的同时，还要编辑反映社区社情民意、工作动态的信息简报《记者挂职社区每周动态》等。

深化“走转改”，《福州日报》持续打造“党报记者乡村行”活动品牌，派出5～6人的记者组，坚持每周一村，利用周五或周六一天时间驻村蹲点采访，保障一个新闻版面或大专栏给予重点报道。2011—2013年，“党报记者乡村行”活动行程近1万公里，先后走进近百个行政村或自然村，覆盖福州全市有行政村的所有县（市）区，参与记者达400多人次，采访部一半以上记者参加过活动，采访人数达780多人次，发稿字数超过20万字、图片380多张，先后推出《西华村的富足哪里来》《建设马尾新城 我们率先融入》《看孟超精神如何富民强村》《茶口粉干 香飘万里》《山村里的“甜蜜事业”》《百年特产面临断代 米浆面要打翻身仗》等160多篇报道，涵盖消息、通讯、评论、图片新闻等多种形式或体裁，活动已呈常态化。“党报记者乡村行”活动被评为2012年全市宣传思想文化系统创新奖。

《福州晚报》继续打造“榕台大学生新闻营”活动品牌。8月，《福州晚报》在台湾举办第四届“榕台大学生新闻营”活动。活动旨在创新对台新闻宣传和榕台文化交流，由市委宣传部、市台办全程指导，福州晚报与台湾媒体联合主办，活动围绕“榕台缘”的主题，通过两岸青年深入福州、台湾两地，行访榕台文化渊源的形式，开展新闻营活动。参与对象主要是两岸高校新闻系及相关专业，分别来自台湾大学、“台湾清华大学”、台湾政治大学以及内地复旦大学、武汉大学、北京师范大学、南开大学、中国传媒大学、厦门大学、福州大学等20多所著名高校。有上百家媒体对新闻营进行全方位、多角度的报道，中央电视台、新华社等中央媒体以及新浪、搜狐、网易等大型门户网站，台湾《联合报》《台湾立报》《联合晚报》《工商时报》及台湾中天电视台等近30家台湾媒体，以及香港凤凰网、香港中通社、新加坡星岛日报网、马来西亚《联合日报》等海内外媒体参与报道。

【传统报业向全媒体转型】 新媒体建设 加快福州新闻网、“晚报在线·东街口”网站、“两报”官方微博、晚报手机报、新型户外阅报栏、图片走廊等新媒体建设步伐。把“晚报在线·东街口”网站的“‘微’观福州”办成最新、最全、最吸引眼球的福州网事版；在活动策划中，网站配合《福州晚报》品牌栏目《晚报爱心桥》《新闻你来拍》等，推出“正能量”系列活动；在新闻采写方面，“晚报在线·东街口”网站指定专人与采访部门对接，建立日常例会制度，新闻互动做深入、做到位、做充分。同时配合经营活动，推动融资源、融媒体、融活动的直面市场、直面竞争的采编经营联动机制和管理运营机制的形成。把“晚报在线·东街口”网站打造成为福州本土第一纸媒网，建立由公共服务类、商业服务类、绿卡服务类等3个部分构成的网上福州生活信息服务系统，整合“万维码”与“手机报”打造掌上“东街口”，增配服务器、拍摄设备，以“微光电影”频道做延伸，推进视频平台建设。

全媒体建设 报社依托战略合作伙伴北大方正公司，探索建设全媒体。方正公司于7月提出报社全媒体采编平台建设方案。分两步推进，第一步搭建全媒体平台（同时对采编软件系统进行升级），11月上旬基本完成，让纸媒发布和晚报手机报、官方微博、官方微信、东街口网站、手机移动终端、户外阅报栏信息发布等新媒体发布的接口保持数据链接，使纸媒发布与新媒体发布在同一套采编系统中运行；第二步晚报整合东街口网站、微博、手机报等，待时机成熟时，尝试全媒体融合。

【传统产业向多元产业转型】 晚报广告开展跨界合作，鼓励行业之间跨界合作，整合客户资源，通过跨界活动带来各方共赢；加强与采编部门进行深度沟通和合作，更好地服务代理公司和客户；挖掘广告新增长点，重点突破专题等潜力行业；实行收入与广告到款、广告完成量挂钩的考核制度；调整价格提高版值，并实行专刊版面成本考核。日报广告整合媒体资源、客户资源、读者资源等,向外界寻找项目合作机会;实现经营模式转变,鼓励多种经营模式;深入挖掘行业潜力,活动促广告;继续打造童心 HUA 世界小记者团、八县读者节等品牌活动;通过服务增加广告量。年内报社广告收入比增 5%,房地产行业的广告收入、市场份额实现保量增量,汽车行业、消费类代理行业等收入下滑。报业发行公司通过绿卡工程建设和“欢乐社区行”等活动,确保完成 2014 年度“两报”发行征订任务。在落实每月到期数的同时,加大征订重点区域与发行盲点的零售力度;提高报纸时效性和送达率;以活动和服务促发行,实现社党组下达的晚报月平均订阅量,同时会同报社采编、广告等部门,提高阅读率、入户率。福州新闻网重点发展电子商务业,加大与省电子信息集团下属的福建和格实业公司合作力度,依托电子商务网站开展线下业务,以特色商品与特许经营为服务内容,以电子商务结合体验店形式进行区域性商业活动。主营项目为经营全国各地(含台湾地区)特色农副产品,提供本土社区便利服务,连锁品牌的区域特许推广合作,本土创新型小微企业增值服务。家园杂志社突出城市文化、城市话题,把随刊发行的《GOOD》消费小册子升级为独立的本土消费杂志;在经营方面,对地产、金融、汽车三大行业以及 3C、建材、航空、运营商等行业实行广告代理;通过企业团购或企业定制杂志,拓展零售渠道,维护和拓展个人订户,同时推进杂志电子版的有价销售。

推进广告营销方式转型,对重要时间节点的广告营销策划案(旺季、淡季及节庆、重要事件),做到提前谋划;通过“绿卡工程”建设、“欢乐社区行”等活动,做到应用“两方面”(采编与经营)的资源来实现共同发展目的;延伸报纸内容以外的服务,打造读者服务平台;通过策划活动实现广告的“价值营销”;广告、发行部门初步建立广告客户数据库、读者数据库,并做好数据的应用工作;把报业作为一个资源整合的平台,使新闻采编、广告经营以及产业发展,成为链接各种资源的“节点”,在各个节点上进行价值构建,实现报业价值空间拓展;拓展广告经营,做大总量,实行版面成本核算制;对每项广告策划活动的每个环节制定实施细案,成立社督查办,对党组会(社长办公会)研究确定的广告经营等事项进行督办。

拓展多元产业,福州报业传媒有限公司重点整合晚报广告部、中演协、晚报在线·东街口网站、户外公司等经营部门,在广告、活动、户外、网络运营上进行“四位一体”的全面融合。发展会展业、演艺业、庆典(婚庆)等产业,拓展户外广告业。开发建设阅报栏(包括新闻图片走廊),增加数量,提高档次,加大市场化运作力度。报业发行公司以晚报绿色超市配送为契机,培训队伍,争取开拓轻物流全城速递业务。推进报业体制改革,1 月 10 日,市政府 2013 年第 1 次常务会议研究决定,同意福州晚报印刷厂 49% 的股权以 4539.654 万元为转让保留低价公开挂牌出让,引进合作伙伴,若福州晚报印刷厂股权挂牌无人摘牌,则福州晚报印刷厂先进行改制,改制费用由市政府垫付。至 4 月 16 日,公示没有企业摘牌,转让事宜流拍,印刷厂启动自行改制工作。年底改制工作进入职工全员身份置换和全面安置阶段,改制所产生的职工安置费用通过市财政局、市劳动和社会保障局审核确认,市财政局垫付职工安置费后即可进行全面改制。

(游向东)

广播电影电视

【概况】 2013 年,福州广播电视媒体组织开展“学习贯彻十八大”“学习贯彻三中全会《决定》”“中国梦·我的梦”“典型宣传”等 80 多场重大宣传活动。开办“文明福州　持续文明”“科学发展　成就辉煌”“身边的感动”等有特色的专栏专题,推出“学习贯彻十八大、推动福州新跨越”等有力度的系列报道和“加快建设闽江口金三角经济圈”等有深度专题片。

福州广播电视创收 2.3 亿元(不含网络),其中广告收入为 1.3 亿元,其他收入约 1 亿元。全市新成立广播影视节目制作企业 13 家,新增注册资本 1.19 亿元;有 57 家节目制作单位,总注册资本达 5.9 亿元;有动漫及制作企业 121 家,动漫企业产量达 2.88 万分钟,年产值超过 16 亿元。

节目创优工作取得新成效。市广播电影电视局组织年度“广播电视新闻奖广播类”“广播电视新闻奖电视类”“播音与主持作品奖”“广播文艺、电视文艺及少儿节目奖”“广播电视论文奖”5 次评奖工作,并选送优秀作品参加省广播电视节目评奖。获省级以上优秀广播电视节目奖项 59 件,其中一等奖 9 件,二等奖 16 件,三等奖 34 件。

8 号强台风“苏力”正面袭击福州,福州电视台出动记者 300 多路、600 多人次,采制防抗台风消息 300 多条,滚动播出 1000 多条次(福州广播电影电视局　供)

全系统有国家级"青年文明号"1个,省级"青年文明号"2个,全国"五一劳动奖"班组1个,省级"巾帼示范岗"1个,省级示范窗口2个,省级文明单位3个。福清市广电局被评为全国广播电影电视系统先进集体。

【新闻宣传报道】 组织和指导全市广电媒体开展学习贯彻中共十八大精神宣传活动,策划推出一系列综述、专题、专访、系列报道和动态消息。组织开展习近平系列重要讲话及"中国特色社会主义""中国梦"等宣传报道,深入各行各业采访,讲述普通民众心中的"中国梦",福州电视台制作《一个志愿者的梦想》《母亲最后的心愿》等70多期专题节目。

做好全市重大决策部署、重要会议活动、重点工程项目的宣传报道。深入宣传各级党委政府推进"五位一体"建设的举措,报道各地各部门实施"三维"对接,打好"五大战役"的重大成果。开展省市"两会"、"5·18"海交会、防抗强台风"苏力"、"海峡青年节""四个万家""推动新区开放开发"等重大宣传战役的宣传报道。

宣传具有深厚群众基础、富有时代特色的先进典型,推出《最美系列》《凡人善举》等大型系列报道。结合福州市开展的"福州好人"评选活动,集中报道一些助人为乐、见义勇为、敬业奉献、诚实守信、孝老爱亲的道德典型,开展"身边的感动人物和故事征集"活动。

【专业频道频率】 电视新闻综合频道民生新闻创新舆论监督报道模式,开辟《服务新观察》等新专栏。专题新闻加大调查、评论的深度和力度,运用群众性语言、同期声让感人细节呈现在镜头前,按新闻价值的大小编排新闻顺序,重点转向民生新闻。电视生活频道以无缝连接编排打造"大攀讲"方言节目链,晚间和全日收视率及市场份额始终保持在福州地区位居第一;影视频道抓节目品质,推出的自创情景喜剧《开心小区》第二季,在内容、人物、场景、舞美等方面都大有提升;少儿频道注重少儿特色,开展新年宝贝评选等品牌活动,策划推出"美丽福州 美丽童年"走进校园系列专题节目。电台新闻频率以做强新闻节目为主导,完善早晚呼应、点线相连、灵活机动的新闻节目体系;交通之声借助"全景直播间",建立对重大新闻事件的快速反应直播机制;893女主播电台着力打造个性化的精品电台;左海之声立足"第一本土"精做节目,收听率居于电台4个频率之首。

【精品和品牌栏目】 福州电视台通过建立有效机制促进节目质量提升,有5件作品获省级政府奖一等奖,其中电视专题《鼓岭上的中国梦》获2012年度福建新闻奖一等奖,少儿节目《我歌飞扬》获2012年度福建电视文艺及少儿节目一等奖。《两个人的学校》《鼓岭上的中国梦》入选2012年度国产优秀纪录片推荐名录。《寻梦鼓岭》获得第17届福建对外新闻奖一等奖。

广播短消息《海峡号今日首航台中》获2011—2012年度中国广播影视大奖提名奖,戏曲节目《闽剧现代戏〈别妻书〉录音剪辑》获2012年度福建省广播文艺奖一等奖,播音作品《直播福州》获2012年度福建省广播电视播音主持作品奖一等奖,《晚安宝贝》栏目获2012年度国家广电总局少儿精品发展专项资金优秀少儿广播栏目鼓励奖。

电台电视台各栏目着力打造品牌,《攀讲故事会》《攀讲》创新栏目内容和风格,包揽福州地面收视综合排名前两名;适应观众收视变化引进和科学编排剧目,《合家欢》品牌剧场保持栏目优势地位;《新闻110》《广播110》《政风行风热线》等热线品牌节目,回应受众诉求,整体形象和影响力持续提升。

【上宣外宣工作】 电视新闻实现上省台播出903条,上中央台播出126条,其中《新闻联播》播出13条;广播新闻有417篇稿件在省台播出,67篇稿件在中央台播出。在防抗台风"苏力"的报道中,福州电视台与央视卫星连线18场、连线报道百余条,提供30分钟现场实时画面;《福州:俯身听真话 诚心改作风》在央视《新闻联播》栏目播发,时长2分40秒。有7部电视专题片在央视播出,其中《神鸟天堂》反映福州闽江口河口湿地的壮观景象。市广播电影电视局与中央电视台联合摄制的纪录片《马江古堡》在央视科教频道播出,获中国纪录片十佳作品奖暨中国短纪录片一等奖。

福州电视台编辑35部(集)有关福州选题的专题片在美国ICN电视网播出。广播外宣节目《福州好行》通过台湾北部调频广播电台正式落地台湾本岛,信号覆盖台北市、基隆市及新北市,节目被省广播电影电视局评为对台优秀节目。《左海乡音》通过澳大利亚中文广播电台在墨尔本正式试播。

【"走转改"活动】 开展"走基层、转作风、改文风"活动,各媒体先后开设"记者走基层""身边的感动"等30多个专栏,建立基层联系点350多个。将走转改活动与市委组织的"四个万家"活动结合起来,建立常态化的深入基层、深入群众的新闻工作机制。电台、电视台派出30名记者赴社区挂职,直接参与社区事务,了解社情民意,为群众排忧解难。电视《福州新闻》《城事能见度》等栏目通过记者深入调查,为市民关注的问题答疑解惑,同时提升"执行力""记者观察"等舆论监督版块,推动问题解决。广播调整"走转改"月评、季评激励机制,开展"节目进社区"活动,设立"广播调解室",化解40多件矛盾。全市广电系统采编播人员下基层2500多人次,为群众解决实际问题700多件。

【市场份额与创收】 福州电视台晚间市场总份额20.2%,较上年增长0.7个百分点。其中,生活频道8.2%,在福州地区排名第一;影视频道6.3%,排名第三;新闻综合频道3.6%,排名第六;少儿频道1.4%,排名第二十五。福州人民广播电台采用新的央视索福瑞统计数据,年内收听总体市场份额为25.67%,在福州地区市场占有率超过1/4。

全年电视广告收入10698万元,广播广告收入2656.9万元,广电公司收入5917.5万元,家禧购物频道收入3580万元,晚会制作等收入403.6万元。

【新媒体传播与新技术运用】 福州明珠网及福州网络电视台作为福州地区唯一以视音频为特色的门户网站,通过开设专题、页面,以视频、文字、图片相结合,网络现场直播等方式和技术手段,组织中共十八大、文明创建等内容的报道。发布专题报道700多条,其中视频报道285条。网站每日PV点击率稳定在12万人次左右,注册用户量也在稳定增长中。福州广电集团探索移动媒体产业的发展途径,通过对南京、武汉、广州、深圳四城市地铁移动电视建设的前期考察,拟定集团与地铁公司合作经营移动电视媒体的新项目,

组织实施播出总控矩阵扩容、播出节目存储系统扩容、各频道播出音频响度控制、播出节目远程传输、1000平方米演播厅音频系统等项目升级改造,使电视播控系统基本达到广电总局有关安全播出管理规定。

运用新技术录制各类大型活动、晚会17场次,访谈节目4期,出动卫星采访直播车发回新闻直播报道20多条。发挥高清电视转播车和两台卫星直播车的技术优势,完成CCTV-5新年登高活动(福州鼓山主会场)、2013年厦门马拉松赛和世界沙滩排球巡回赛(福州公开赛)等高清电视节目现场直播任务,并为2013年两岸(平潭)星光马拉松交流大赛现场直播、《直播台港澳》直播节目和《福、莆、宁同城化》三台联合直播节目提供技术支持。

【电影放映与动画制作】 福州新增影院5家,新增影院屏幕30块。全市数字影院有29家,屏幕数147块,其中五城区有18家数字影院、107块屏幕,达到每3万人一块屏幕,超过全国文明城市每5万人一块屏幕标准。全年福州地区电影票房总收入达2.52亿元,比增37%;观影人数达492万人次,比增53%,增幅位居全国重点城市第5位。电影屏幕数及票房收入均居全省第一,全国前列。

开展城区影院的环境整治专项活动,先后发出5张整改通知书。市广播电影电视局多次组织人员到城区影院和市电影放映队开展安全生产大检查和消防演练。

2月,国家广电总局发布《关于2012年度全国电视动画片制作发行情况的通报》,福州市原创动画片年产量名列全国城市第4名,福建神画时代数码有限公司年产量名列全国企业第二名。年内福州动漫企业金豹动画获评全国原创动漫优秀团队称号,入选"原动力"扶持计划,获国家动漫发展专项资金扶持。神画时代公司制作的动画片《抗战奇兵》获2012年度全国少儿精品和国产动画片发展专项资金奖励。福建省嘉泰文化传播有限公司动漫产品《幼童留洋记》在第九届中国国际动漫节上获金猴奖"最具潜力动画系列片奖",该片受到美国传媒公司青睐,版权销售到北美市场。

【广播电视公共服务建设】 巩固提高广播电视村村通工程,市广播电影电视局会同有关部门组织对8个县(市)区开展市级验收及整改工作,3月通过省级验收。全面推进农村有线广播应急预警系统工程。开展技术培训并指导协调各地落实场所和配套资金,年底各县(市)区131个乡镇广播设备全部安装调试完毕,所有村级广播室实现县(市)、乡(镇)、村三级联播联控市级验收工作完成。全年福州农村电影放映2.77万场,完成年计划105.3%,受众315万人次。

组织相关县(市)区开展直播卫星设备用户信息登记、录入、审批等工作和完善村村通运行维护体系,落实运行维护技术力量和经费保障;会同省广电网络公司福州分公司,对福州农村广播电视覆盖情况进行摸底调查,对广播电视户户通工程建设制定初步规划。

组织人员深入各县(市)区检查农村电影放映工作,通过入户调查,与村组织、文化协管员沟通协调等形式,走访10个县(市)、28个乡镇街道,45个行政村的120多户农民,督查农村电影放映开展情况,形成市、县、村三级齐抓共管的整体合力。协调厂家在福州设立农村电影放映设备维修点,解决农村电影放映队设备送外省维修费用高、周期长的实际困难和问题;省市县下拨全年农村电影放映工程补助资金746万元,协调市财政下拨农村电影放映设备维护费82万,通过专项检查确保场次补贴发放及时到位,专款专用。

率先在全省开展"电影进校园"活动,深入到50多所学校,放映300多场次,观影学生达7万多人次。根据部分学校的场地实际,专门购置2台电影放映机和电影帐篷,让没有条件放映的学校也能在校内观看电影;组织开展电影进工地、电影进厦航、电影进企业、电影助残、电影进纳凉工程等各类公益电影放映活动,累计场次达1000多场,观影人数达到数10万人次。

【文化生活报】 为电视各频道开设专版,介绍精彩影视剧;为广播开设"政风行风热线"专版,推动民生热点问题的解决。在资讯版、旅游版、养生版、导视版精编市民衣食住行等实用信息。

【广电行业管理】 组织开展直属单位和县(市)区广电部门消防安全和安全生产大检查,加大广电设施安全保护工作力度。提高安全播出保障能力,确保春节、"两会"、国庆等重要节日和活动期间广播电视安全播出。市广电系统连续11年没有发生安全播出责任事故。有3个单位、6人分别被评为省级安全播出先进集体和先进个人,福清市广播电视台技术播出部被评为全国安全播出先进集体。加强频道频率和互联网视听节目管理,清理网络视听节目环境,加强对网络剧、微电影等网络视听节目的监管,发出3份违规网站整改通知书,3家违规网站进行整改。开展抵制低俗之风行动,抓净化荧屏声频工作。加强广播电视节目视听评议工作,全年向电视台、电台相关栏目提出100多条意见和建议,并进行整改落实,确保导向正确,节目质量提高。清查违规广告,组织开展2次广告内容播出大检查,发出7份广告违规整改通知,要求整改11件违规广告。组织公益广告集中制作展播活动,制作、播出以"中国梦""交通安全""环保"等为主题的"讲文明树新风"系列公益广告。全年广电媒体集中制作广播电视公益广告92条。福州电视台平均每天播出公益广告127条,时长近70分钟,被国家新闻出版广电总局确定为"广播电视公益广告管理和播出工作示范单位"。

【重要活动】 **第二届福州十邑春节联欢晚会** 福州广电集团参与主办。1月16日,在福州电视中心1000平方米演播厅演出录播。晚会以福州话为主,节目有方言相声、小品、歌舞、杂技、对歌、武术等,突出本土特色,展示闽都文化魅力。

11 月 25 日—12 月 16 日,在福州电视中心 1000 平方米演播厅举行 10 场媒体直播"让人民满意"民主评议政风行风活动　　(福州广播电影电视局　供)

媒体直播"让人民满意"民主评议政风行风活动　福州广电集团与市纠风办等部门合作,进行节目策划、拍摄、制作,组织接受评议部门的领导现场解答群众提问,开展互动,对改进工作向社会作出承诺。活动通过电视、广播、报纸、网络等媒体进行直播。集团年内投入 300 万元对演播厅音频系统进行数字化改造。

《幸福之州》MV 拍摄　市委、市政府打造的城市歌曲《幸福之州》MV,7 月中旬在福州拍摄。福州广电集团专题部配合央视摄制组,做大量前期准备与协调工作。完成包括三坊七巷、西湖公园、中州岛、鼓岭、江滨公园、上下杭等地在内的多处选景工作。先后组织群众演员 200 人,协调联络多家市直单位配合拍摄。

(陈超俊)

主流媒体看福州

【概况】　2013 年,境内外新闻媒体持续关注福州改革发展成就,中央、省属新闻媒体正面报道达 1.3 万多篇(条)。其中,在《人民日报》刊登 52 篇、在新华社播发近 664 篇(条),在中央电视台各频道栏目播出 225 篇(条),其中《新闻联播》15 条,其他频道播出专题 11 部;在省台播出新闻 1100 条,其中《福建新闻联播》371 条,在《福建日报》刊发 2950 多篇。

【第十五届海峡两岸经贸交易会宣传报道】　100 多家媒体近 600 名记者参与采访报道,刊播第十五届海峡两岸经贸交易会暨第十届中国福建商品交易会(简称海交会)各类报道 6300 余篇条(含图片、视频)。《人民日报》、新华社、《光明日报》、《经济日报》、中央人民广播电台、中央电视台、中新社等中央媒体对海交会做大量报道,中央一套《新闻联播》播出《福建海交会展示两岸合作成果》,中央四套中文国际频道《海峡两岸》栏目播出《台湾精品亮相第十五届海交会》,《人民日报》刊发《海峡两岸经贸交易会开幕》,新华社播发《两岸企业深化合作:闽江口金三角经济圈将成为福建发展新增长极》《节俭务实:福州"海交会"展示新会风》等新闻。

中央人民广播电台对台广播中心、《中国日报》、中国报道杂志社、《北京周报》,香港凤凰卫视、香港卫视、澳亚卫视、《澳门日报》、香港《文汇报》、香港《大公报》、《香港商报》,台湾《中国时报》、台湾《工商时报》、台湾东森电视台、台湾中视电视等境外对外媒体 40 家从不同视角报道海交会。省、市属媒体也推出大量专题、系列、深度报道,《福建日报》头版头条刊发海交会开幕式消息,在 2 版以近一个版面的篇幅全面报道《福州国际招商月 20 年回顾展侧记》;福建电视台各个频道、频率从不同角度、不同方面采访报道,新闻中心评论部《新闻启示录》栏目制作的"5·18"20 年特别节目——《海交会:见证福州开放 20 年》在福建电视台一套综合频道播出。

新华网福建频道、人民网福建频道、中国网福建频道、中新社福建新闻网、东南网、新浪网福建频道等国内重要网络媒体参与海交会的现场即时报道,关注和转发海交会新闻报道的网络媒体有 500 余家,相关新闻信息近 10 万条。人民网还推出"福州国际招商月 20 年践行福州梦"系列报道。

【第六届海峡两岸合唱节宣传报道】第六届海峡两岸合唱节于 6 月 21—23 日在中国台湾新竹市举行。中央、省、市各大主流媒体在重要时段或版面进行报道,刊播各类新闻 300 多篇(条)。《人民日报》《中国文化报》《中国艺术报》等媒体对赛事情况进行综合性报道,新华社、中新社刊发第六届海峡两岸合唱节在台湾新竹举行,中央电视台《新闻联播》和《朝闻天下》、中央四套《海峡两岸》等栏目对活动赛事进行新闻报道,人民网推出"海峡论坛首个入岛项目两岸合唱节将在新竹举行",《福建日报》刊发落幕消息及《食毕超级卤肉饭　开唱两岸同根情》综述,福建新闻综合频道、东南卫视、海峡卫视等多栏目多时段对赛事进行跟踪报道。

台湾《联合报》《中国时报》《自由时报》《民众日报》《旺报》及民视新闻台、联合影音网等新闻媒体在重要版面、重要时段刊发合唱节报道。新华网台湾频道、台湾新浪网、中国日报网、中国台湾网、中金在线、中央日报网路报等网络媒体进行宣传。

【"四个万家"主题实践活动宣传报道】　6 月 28 日,启动"进万家门、知万家情、解万家忧、办万家事"主题实践活动以来,中央和省属新闻媒体通过文字、图片、视频、网络、专版、期刊等各种形式进行宣传报道,刊发各类稿件 100 多篇。《人民日报》7 月 3 日头版刊登专稿《福州"四个万家"蔚然成风二十年》,9 月 9 日第 14 版连线基层版刊登《在"接地气"中增底气》文章,11 月 18 日头版头条和六版头题位置大篇幅刊登《进万家门、知万家情、解万家忧、办万家事　福州干部坚持 20 多年——像榕树一样扎根大地》

《做群众难题的终点站》专题报道，报道采用“1+1”立体编排形式。新华社7月2日刊发《干部躬身下基层，解民忧有了抓手》综述性文稿并配发图片；9月9日第70期《内部参考》“专题调研”头条刊登2000多字的调研文章《福州“四个万家”成为推动党的群众路线教育实践活动的抓手》。中央电视台8月23日《新闻联播》第四条以《福州：俯身听真话 诚心改作风》为题播出开展“四个万家”活动的综合新闻，时长2分40秒，12月4日新闻联播播出《福建：推“四风”转变》，促进机关效能提速，其中大量采用福州行政服务中心画面。《经济日报》7月7日头版头条刊发以《福州让“进万家门 知万家情 解万家忧 办万家事”常态化 把心沉到基层 把劲用到基层》为题的通讯文章，11月11日第三版刊登《福州开展“四进万家”活动 让矛盾“中转站”成问题“终结站”》。《光明日报》7月2日在“党的群众路线教育实践活动”专栏中刊登消息《福州启动“四个万家”主题实践活动》，11月14日头版图文并茂刊登《马上就办，办就办好——看福州如何持续探索转变政府职能》。第50期《瞭望》杂志刊发“推进群众路线教育实践活动各有抓手”专稿《福州：“四个万家”深入联系群众》

《福建日报》、福建电视台《福建新闻联播》等省属媒体多次在重要版面重要时段宣传报道“四个万家”主题实践活动。新华网、人民网、中新网、东南网等重要网络媒体对重要活动进行报道，对重点文章进行转载。

【第八届两岸青年联欢会暨2013年海峡青年节宣传报道】 组织和邀请68家媒体、240多名记者参与采访报道和节目录制。《人民日报》刊发《两岸青少年共度海峡青年节》《福州出台吸引人才创业创新政策 台湾青年可担任聘任制公务员》，《人民日报(海外版)》刊发《两岸青年联欢节在福州举办》消息；央视四套播出《两岸青年联欢节在福州举办》《海峡青年峰会：两岸携手共圆中国梦》，央视新闻频道播出《台湾青年可来福州报考聘任制公务员》；新华社第一时间发稿、发图、发视频，播发《两岸2000多名青年相聚福州共度海峡青年节》《两岸青年交流由“个体”迈向“社团”》《2013年海峡青年节落幕 2000多名青年齐聚福州》《“海峡青年节”文化交流活动异彩纷呈》等新闻；中央人民广播电台先后播发《第八届两岸青年联欢节暨海峡青年节将在福州举行》《“携手两岸缘共圆中国梦”——海峡青年峰会在福州召开》；中新社刊发稿件40多篇(条)，国内大量网站采用中新社的图片和文稿；《中国青年报》刊发《第八届两岸青年联欢节暨海峡青年节在福州举行 两岸青年学生代表倡议推动中国梦》《福州出台优惠政策引台湾人才》《第五届两岸青年社团负责人圆桌会议举行》《海峡两岸青年共搭“微信墙”》；海峡之声广播电台播发消息20多条。

台湾东森电视台、台湾中国电视、台湾TVBS、台湾联合报、台湾《中国时报》、《台湾导报》、快乐广播网、中国广播公司、《台湾旺报》、《台湾商报》、香港凤凰卫视、香港《文汇报》、《大公报》、《香港商报》以及《人民日报(海外版)》，海外电视专栏等台湾及境外涉外媒体23家参与采访报道。活动期间，台湾和香港媒体分别以专题专版的形式，图文并茂刊登《2000多名两岸青少年齐聚福州追梦》《海峡青年节峰会畅谈“中国梦”》《海峡青年节福州开幕台生秀创意》《海峡青年两岸篮球赛开幕》《台湾青年赴榕就业可享十大惠策》《台青年可任福州公务员》《海峡青年节举行两岸青年社团圆桌会议》《华菁会赴闽圆桌会议》等相关新闻报道130余篇、专版5个。美国《侨报》、马来西亚《联合日报》、欧洲《时报》、印尼《国际日报》等境外10多家华文和英文主流媒体，以专栏、专题、新闻等形式，同步刊发海峡青年节情况。省、市属媒体对活动做全方位报道，《福建日报》刊发《海峡青年节正式拉开帷幕》《海峡青年节发布十大政策》《两岸青年社团负责人圆桌会议侧记》《两岸青年福州寻文化根脉》等。

人民网福建频道、新华网福建频道、中国网福建频道、中新社福建新闻网、东南网、新浪网福建频道、腾讯大闽网、凤凰网福州站、福州新闻网等国内重要网络媒体参与宣传报道，关注和转发青年节新闻报道的网络媒体多达200余家，相关新闻信息近万条，各大网站相继刊播重要新闻报道，有人民网《海峡青年峰会在榕启幕千余人参会 俞正声表祝贺》，新华网《福州三坊七巷授牌正式成为“海峡两岸交流基地”》，中新网《2000多名两岸青少年将齐聚2013年海峡青年节》，中国网《2013年海峡青年节8月福州举行 活动创下三个之最》，中国广播网《“携手两岸缘共圆中国梦”——海峡青年峰会在福州召开》等。

【2013海峡(福州)渔业周暨第八届中国(福州)渔业博览会宣传报道】 活动举办前期，在动车、省市电台、的士广播等播发活动宣传短片。活动得到海内外媒体关注，5月开始，相关媒体便开始跟踪省海洋与渔业厅、市政府联合在台湾与台湾渔业行政、高校、企业等各界人士举行的座谈会，报道在台湾的推介活动。

9月13—16日活动期间，组织邀请中央、省市、境外、网络新闻媒体200多名记者对渔业周、渔博会进行报道，刊播各类新闻报道近千篇(条)，17个网站作现场直播、转播，各网站对渔业周活动各类报道的网页链接达3.6万个。其中，中央电视台四套中文国际频道《海峡两岸》简讯头条播出《海峡渔业周突出海峡特色》，中央电视台七套《聚焦三农》播出《海峡两岸携手增殖放流》；香港《文汇报》《大公报》《香港商报》以近半个版的版面对活动做报道，《福建日报》时政版、海峡版都在重要版面推出相关报道。

【2013年环福州·永泰国际公路自行车赛宣传报道】 组织邀请75家境内外媒体累计刊发700多篇报道(含图片新闻、连线报道、网络直播)，专题专栏(网页)55个。《人民日报》、新华社、中央人民广播电台(中国之声、神州之声)、中国电视台新闻频道《新闻联播》、体育频道《体育新闻》、中文国际《中国新闻》及《海峡两岸》、英语频道整点新闻栏目以及中新社、《中国日报》(含国际在线网)、《中国体育报》(网)等主流媒体都派出记者全程报道，刊播各类报道100多篇(含图片新闻、人民微博等)，专题、言论、专题网页21个。《北京日报》、《北京晨报》、北京电视台体育频道以及新闻网刊播10篇次报道。上海新闻集团五星体育频道、广东电视台、深圳电视台等

7家全国体育联盟每天跟踪报道同时，推出实况专题，累计播出28篇报道，7个专题。《福建日报》、福建电视台相关频道、省广播相关频率、《海峡都市报》、东南网等同步推出“环福州永泰自行车赛开赛”系列报道。

《人民日报(海外版)》、中新社(网)、《中国日报》、BEIJINGREVIEW、GLOBALTIME、香港凤凰卫视、中国报道、《中国文摘》、中国网、今日中国、香港卫视、台湾东森电视、台湾《中时旺报》、台湾《联合报》、台湾《民众日报》、《台湾导报》、《澳门日报》、美国《侨报》、欧洲《时报》及等境外和国家重点外宣媒体都派出记者进行采访，刊发《国际自行车赛在榕举行》等大篇幅图文(视频、网媒)报道。凤凰卫视《焦点新闻》播出新闻采访专题，台湾《民众日报》报道《自行车赛开幕　冠盖云集》《福州自行车赛　我RTS车队领先》《福州永泰　有望成全球自行车赛重镇》《陆公路自行车赛　RTS夺双料冠军》，《台湾导报》刊出《环福州-永泰国际自行车公路赛台湾赢得双料冠军，福州赢得漂亮的城市营销》，《前锋日报》、东森电视台、台湾《旺报》等图文并茂、大篇幅(专栏、专版、专访、专题等载体)报道。

网络方面，人民网、新华网、凤凰网、中国日报网、中国新闻网、搜狐体育、你好台湾网、福建新闻网、东南网、福州新闻网等10家全国和省重点新闻网进行跟踪报道，人民网、新华网、凤凰网设立“‘依波表杯’2013年环福州·永泰国际自行车赛”专门网页，进行全景式深入报道。中国网、中国网络电视台、中国日报网、新浪、腾讯、新民网、东方网、网易、优酷、56视频、华龙网、第一视频、北方网、中国经济网、土豆网、和讯网、大洋网、星岛环球网、大众网、中国江苏网、金羊网、扬子晚报、中关村在线、21CN、中国在线等众多重点新闻网站和门户网站转载报道活动。其中，《有美景有挑战，2013年环福州永泰国际自行车赛开赛》《环福州永泰自行车赛开赛　选手畅骑福建最生态赛道》等重点选题新闻稿件首发后，成为赛事报道转发率较高的新闻，并被国内重点搜索引擎新闻栏即刻新闻、百度新闻转发。广播方面，首次通过福州电台和东南广播公司，采取“主要赛段直播+赛事成果连线报道+话题采访录音报道”的方式，与中央人民广播电台、中国国际广播公司、全国城市广播网、两岸广播网等境内外三广播网媒体合作，进行28次直播和连线报道，播出57条新闻，通过主持人、被采访者的互动及对赛事实时动态跟进，全程展示，通过“中国之声”“直播中国”“国际在线”“祖地乡音”“台湾快乐广播网”“全球资讯广播”等栏目多语种向国内外播出。微博微信方面，人民网、福州新闻广播、福州政府微博、福州新闻网等通过微博微信平台播发信息500多条，不断刷新活动预告、赛事进程、赛道沿途生态人文景观介绍、冲刺点赛况、各赛段成绩、夺冠热门赛队及主要选手介绍及各赛队竞技策略等。

市属媒体全程报道，《福州日报》刊发42篇图文报道，《福州晚报》在开展赛事报道同时加强策划，推出的“最美赛道考验车手耐力”“鲍里斯：这次比赛很美妙”等22篇图文报道，福州电视台各频道提前一周滚动播出30秒赛事宣传广告片，采取新闻、专访、专题方式进行报道。

(朱寿良)

(编辑　邱敏佳)

卫生 体育

卫生事业

【概况】 2013年，福州市卫生事业争取中央及省级建设资金3994万元，完成2013年全省卫生惠民工程床位建设任务，新增床位715张。列入市级重点项目及“五大战役”民生工程项目2个，计划总投资1.5亿元，完成投资1.8亿元，其中福州儿童医院新病房楼项目主体封顶，进入内外装修。完成市妇幼保健院和市第一医院新院选址工作。福州神经精神病防治院病房楼A楼竣工并投入使用，B楼进入结构加固施工；福州肺科医院负压病房楼进入验收阶段。

至年底，全市有卫生机构1959家（含省属医疗机构，不含平潭及卫生室，下同），其中医院107家，比增4家；卫生机构床位3.12万张，比增9.1%，其中医院床位2.49万张，比增10.2%；专业卫生技术人员4.65万人，比增9.7%，其中医生1.69万人，比增5%，注册护士1.87万人，比增6.9%。每千人拥有卫生机构床位4.49张，每千人拥有卫生技术人员6.7人。全市社区卫生服务中心49个，卫生技术人员1529人；社区卫生服务站144个，卫生技术人员1053人；乡镇卫生院123个，卫生技术人员4909人。新型农村合作医疗参加人数332.19万人，参合率99.98%，比省定标准提高1.98个百分点。门诊量539.7万人次、住院量14.3万人次、市属12家医院业务收入26.5亿元。

【实施国家基本药物制度】 在全市政府主办医疗机构和乡镇卫生院、社区卫生服务中心配备使用基本药物并实施零差率销售的基础上，推进村卫生所配备使用基本药物工作，全市2193个行政村卫生所均配备使用基本药物。落实村卫生所实施基本药物制度省级补助资金，督促各县（市）区落实对实施零差率村卫生所的村医多渠道补偿机制。全市12个县（市）区全部出台村卫生所实施国家基本药物制度方案。完善村卫生所药品采购，提高配送率。探索改进基层医疗机构药品服务，协调配送量大的药品配送公司和山区试点县达成协议，由配送公司集中为试点县乡镇卫生院、社区卫生服务中心和村卫生所配送药品，实现基层药品相对统一集中配送，提高基层基本药物配送率，同时方便村卫生所采购基本药物。

【新型农村合作医疗】 建立新农合联络员制度，选聘6000余名镇、村干部担任新农合乡村联络员，负责落实补偿政策宣传、参合缴费动员等工作。统一印制海报、年历等宣传材料6.3万份，依托电视、报纸等媒体强化实例报道和政策宣传，提高新农合政策知晓率。落实省级以上劳模、宗教教职人员、医疗救助对象、计生家庭、空巢老人的参合优惠政策，确保农村医疗保障“应保尽保”。全市332.19万名农民参加新农合，参合率99.98%，较省定要求提高1.98个百分点。年人均筹资水平360元，各级财政补助标准达到300元，比省定高20元。

在试点农村儿童白血病、先天性心脏病“定点救治、定额补偿”的基础上，将急性心肌梗塞等19类病种纳入新农合大病保障范围，完善既保“大病”也保“小病”的保障模式。率先实现省、市、县、乡四级医疗机构新农合住院患者出院即时结算，并开通14所县级医院的跨县区即时结报和200家村卫生所的普通门诊即时结报。新农合报销药品目录扩大至1887种，基本满足农村群众用药需求。全市参合农民门诊报销受益126.82万人次，住院报销受益30.22万人次，全年受益率47.3%。按人均25元的标准筹集市级大病补充补偿基金，对参合农民政策内费用自付部分超过2万元的，按照70%的比例给予补充补偿，年度最高支付限额统一提高到30万元。在全省率先推行尿毒症、重性精神病“定基本服务包、免费医疗救治”试点，通过提高新农合补偿标准、定点医院减免收费和实施农村医疗救助“一站式”服务等综合措施，减轻患者医疗费用负担。全市参合农民新农合补偿超10万元的有473人，有6人年度补偿达30万元，享受尿毒症、重性精神病免费救治1.57万人次，减免患者医药费626.93万元。全市参合农民县外就医即时结报8.7万人次，累计现场报销医疗费用4.6亿元。启用全省统一的民政医疗救助管理软件，新农合补偿、农村医疗救助“一站式”服务全面覆盖省、市、县、乡四级定点医疗机构，全年提供“一站式”服务3.21万人次。

【基本公共卫生服务】　人均基本公共卫生服务经费提高到30元，免费为城乡居民提供12类43项基本公共卫生服务。委托市预防医学会开展基本公共卫生服务第三方考核，提高基层医疗卫生机构实施基本公共卫生服务项目质量。全市城乡居民健康档案累计电子建档率为86.2%，有效建档率达70.7%。开展儿童保健工作，全市已纳入规范管理0～6岁儿童43.21万人，开展儿童体检65.33万人；开展孕产妇保健工作，全市纳入规范管理的孕产妇6.89万人，产前随访23.25万人次，产后访视7.7万人次；开展老人保健工作，65岁以上老年人纳入规范健康管理37万人，开展65岁以上老人体检36.45万人次；开展慢性病管理工作，纳入高血压规范管理25.81万人、糖尿病规范管理7.18万人，并对1.02万人实施重性精神疾病规范化管理。

【基层医疗卫生服务】　8家乡镇卫生院污水处理、环境改造项目获批中央预算内投资建设项目，获中央财政补助460万元；5家社区卫生服务中心的改造提升项目，各级财政共投入1416万元；20所村卫生所的中央投资建设项目，获中央补助100万元。启动新一轮基层医疗机构设备提升配备，对全市基层医疗机构设备情况进行调查，遴选出适应基层需要的“全自动生化分析仪、数字化X光机、黑白B超、全自动血液分析仪、尿液分析仪、心电图机”等六大件设备作为新一轮为基层医疗机构更新配备的基本诊疗设备。下发《福州市卫生局、财政局关于印发福州市2013—2014年基层医疗卫生机构更新购置医疗设备工作方案的通知》，分2年对卫生院老旧基础设备予以更新换代，2013年对全市基层医疗机构的DR予以更新，已开展设备招投标，市县两级预算投入经费9000万元，2014年对基层医疗机构的其他五大件基础设备予以更新购置，市县预算投入经费11000万元。

加强村卫生所建设，在全省率先组织村卫生所统一参加医疗责任保险。市卫生局、市财政局联合出台《福州市空白村卫生所建设的实施意见》，计划分2年完成空白村卫生所建设，年内下达市级补助经费297.28万元。开展村级信息化建设，为207个村卫生所配备电脑、打印机、读卡器等信息化设备。

推广“健康小屋”建设，筛选18家社区卫生服务中心作为“健康小屋”试点，首批11家试点11月投入使用，辖区居民可享受健康体检、慢病筛查等服务，有助于提高群众自我健康管理意识。印发《关于规范和加强社区卫生服务站管理的通知》，规范社区卫生服务站基本医疗和基本公共卫生服务行为。推广全科医生签约健康服务模式，将全科医生签约服务范围扩大到所有城区的社区卫生服务中心，同时将签约服务工作向乡村推进，首批选择仓山区、晋安区、马尾区开展乡村医生签约服务试点工作。台江宁化社区卫生服务中心获国家级示范社区卫生服务中心称号；台江瀛洲、仓山临江、下渡、晋安茶园4个社区卫生服务中心开展创建省级示范社区卫生服务中心工作。

【公立医疗机构综合改革】　总结连江、闽侯第1批开展县级公立医院改革试点经验，增加15家县级公立医院及1家市属公立医院作为下一步改革试点医院。组建市第一医院医疗集团，以市第一医院为核心医院，将福州市第六医院纳入集团管理，推动医疗资源横向流动、优化医疗资源结构布局。市第二医院推进领办县级医院试点，整体接收马尾区医院的经营管理，派出行政、业务团队帮助马尾分院提升医疗管理，以责任共负、互惠互利的合作方式，从管理、医疗技术、人才培养等方面提升开发区医院医疗服务水平，加快形成区域医疗中心。推进福州神经精神病防治院和闽清精神病防治院的机构整合，实行人财物全面对接、业务统一管理，立足资源整合与优势互补，做大做强福州市精神病专科医院品牌。加强医疗机构血液透析室建设，安排专项补助资金1000万元对7家县级综合医院和3家市属医院进行血透室建设，增加血透机52台。

7月，市第一医院牵头吸纳22家县、区医疗机构组建全省首个医疗联合体，依托联合体内管理、设备、技术、人才、信息等方面的资源共享，为基层提供医疗项目、科教项目、进修培训的长期帮扶服务，方便病人自主选择分级医疗，提高基层医疗机构的诊疗水平和服务能力。

8—12月，开展危重症双向转诊303人；下派专家632人次，完成门诊7095人次，查房328次，组织病历讨论147场，疑难手术104台；举办培训班和学习讲座15期，受众1891人；免费接受医务人员进修26人；接受管理参观学习20多批。帮扶罗源县医院、永泰县医院、福

7月12日，市第一医院牵头吸纳22家县、区医疗机构组建全省首个医疗联合体——市一医院医疗联合体　（市卫生局　供）

6月18日,省孟超肝胆技术联合创新重点实验室落户福建医科大学孟超肝胆医院(福州市传染病医院)。左二为吴孟超院士　　(市卫生局　供)

清市第二医院建设血液透析中心;罗源县医院、闽侯县医院、闽清县医院、永泰县医院、福清市第二医院、闽清县第二医院开展腔镜手术。

【疾病预防与控制】　防控重点传染病疫情,及时处置28例输入性登革热疫情和1例本地感染病例;手足口病发病率同比下降,未发现聚集性疫情。提高扩大国家免疫规划疫苗接种率和预防接种服务质量,全市适龄儿童麻疹、脊灰为主的国家免疫规划疫苗报告接种率达95%以上。落实艾滋病“四免一关怀”政策,并采取“五扩大,六加强”措施,开展艾滋病自愿咨询检测、抗病毒治疗、随访和高危人群干预等工作。推进结核病“三位一体”的新型防治服务体系建设,指定市传染病院为市级抗病毒治疗定点医院;指定肺科医院和解放军总院分院为市耐多药肺结核病规范诊疗单位,全市新涂阳肺结核患者治愈率保持在85%以上。

加强疾病预防控制专业队伍建设,开展市、县级结防人员岗位技术大练兵,并参加11月全省结核病防治技能竞赛,取得团体一等奖和3个个人单项奖中一等奖2个、三等奖1个。调整慢性病一体化防治工作领导小组,鼓楼、长乐成为省级慢性非传染性疾病示范区并开展申报国家级示范区。宣传贯彻《中华人民共和国精神卫生法》,开展精神卫生培训,加强基层医疗机构重性精神病人发现和管理,推进永泰、罗源2个精神专科机构项目建设。

【卫生应急】　开展人感染H7N9禽流感防控工作,全市报告不明原因肺炎40例,确诊人感染H7N9禽流感4例,对74名密切接触者进行医学观察。调整充实紧急医学救援、突发急性传染病控制、中毒处置、核和辐射处置4类卫生应急专业化队伍。健全应急队伍资源数据库,建立管理和培训机制。加强应急值守和保障,市本级处置9起突发公共卫生事件,为43场活动(会议)提供医疗卫生保障,累计派出卫生监督人员989人次,医护人员988人次,出动救护车161辆次,保障受益逾百万人次。

【妇幼保健】　完善巩固市、县两级新生儿和儿童救护网络,严格助产技术服务机构准入和监管,提高新生儿和儿童急危症救治能力。落实减少出生缺陷的三级预防措施,提高出生人口素质。加强孕产妇和儿童保健管理,实施农村育龄妇女免费增补叶酸,继续开展免费婚检制度。提高孕期出生缺陷发现率,加强新生儿疾病筛查和听力筛查质量管理,提高筛查率。实施农村孕产妇住院分娩补助、农村育龄妇女免费补服叶酸、农村适龄妇女“两癌”筛查等重大公共卫生项目。农村孕产妇住院分娩补助2.93万人,为农村育龄妇女免费发放叶酸2.13万人次,为农村适龄妇女提供乳腺癌免费筛查5055人次、宫颈癌免费筛查2.02万人次,各项任务均超额完成。孕产妇系统保健管理率88.63%,住院分娩率100%,7岁以下儿童保健覆盖率94.53%,婴儿死亡率3.96‰,孕产妇死亡率4.79/10万。

【中医药事业】　实施基层中医药服务能力提升工程,有序推进仓山区国家基本公共卫生服务中医药项目试点,台江区开展创建全国社区中医药工作先进单位。连江县等县(市)区5家县级中医院完成二级中医医院等级评审;市中医院通过三级乙等中医院评审。邓正明等5名专家被评为首届“福建名中医”。推进市二医院重症医学科和市中医院神志病专科国家“十二五”时期重点专科培育项目。推荐永泰中医院中医脾胃病专科等5项为国家农村医疗机构中医特色优势重点专科。市传染病医院和市中医院开展申报省中医药重点研究室建设项目。出台《福州市中医药适宜技术进社区试点推广工作方案》,抽调市中医院的中医药专家指导基层卫生技术人员开展饮片、针灸、推拿、刮痧、拔罐等10类中医药适宜技术服务项目。在鼓楼东街、温泉,台江瀛洲,仓山上渡等4家试点单位开展中药饮片代煎代送服务。开展社区卫生服务中心“中医馆”建设,集中布局中医诊室、针灸室等中医药服务场地,形成中医药特色服务区,其中仓山区由区财政投入在全区社区卫生服务中心开展中医馆建设。

【卫生监督执法】　简化审批流转环节,行政审批事项由11类压缩成4类、全部行政审批项目的环节不超过“3+1”个(受理初审—审核—审批办结,加上现场察勘)审批环节,办理时限均压缩至法定时限30%以内。开展餐饮业食品安全整顿和监督抽检,全市出动执法人员1.2万人次,检查各类餐饮业1.8万家次,发出卫生整改通知书1230份。加强公共场所场所监督,建立健全各类公共场所经营单位基本档案,建档率和发证率均达100%。加强病原微生物实验室生物安全管理工作,组织专家对辖区内病原微生物实验室进行评审验收。开展打击非法行医和非法采供血专项行动，净化医疗服务市场环境。强化放射防护、学校卫生、职业卫生、消毒产品等监管。

【医疗服务能力】　医疗管理　严格医疗机构、人员准入管理，进一步规范和简化设置审批流程，受理医疗机构执业登记、变更执业登记、年度校验及执业许可证19件；对40家现场审核合格的医疗机构换发新的麻醉药品、第一类精神药品购用印鉴卡；办理护士首次、变更及延续执业注册1300人次，医师首次及变更注册581人次，医师多点执业28人次。对医疗广告发布情况实施全程监控，对16家发布违规医疗广告的医疗单位予以警告并移交市工商局依法查处，分别予以记分并通报全市。10月，市卫生局与省卫生厅联合开展“服务百姓健康行动”省市医疗机构大型义诊活动，21家省、市医疗机构21个专业的70余名副主任以上医师参加，为群众提供常见病、慢性病的咨询、初步筛查、诊断和一般治疗，并发放有关防病、健康教育知识宣传单及手册；全市市属二级及二级以上医院开展院内义诊、义诊活动进社区、义诊活动下乡镇等活动。同月，组织专家对市属公立医院、市管民营医院及市级行业主管医院进行专项督导，重点查处无证行医行为、医疗机构聘用非卫生技术人员行医的行为、医疗机构出租及承包科室的行为、非法从事性病诊疗活动的行为、非法鉴定婴儿性别和选择性终止妊娠的行为及医疗机构核心制度、院感制度落实等情况。组织2276家医疗卫生机构开展医师定期考核，对1.02万名医师的业务水平、工作成绩以及职业道德进行测评，全部医师考核合格。开展医疗责任险，全市42家县级以上公立医院全部参保，乡镇卫生院及社区卫生服务中心参保106家，民营医疗机构参保11家。市卫生局牵头与保险公司签订了为期3年的村居医疗机构责任保险业务合作协议，全市投保村医人数2516人，理赔额近38万元。

医疗事故技术鉴定　市医学会全年收到51例医疗事故技术鉴定案例，由卫生局委托46例，占90.2%，法院委托5例，占9.8%。完成鉴定25例，其中属于事故6例(一级甲等次要责任1例，二级乙等主要责任1例，二级丁等主要责任1例，三级丙等次要责任1例，四级完全、次要责任各1例)，占24%；不属于医疗事故18例，占72%；无法得出是否属于医疗事故1例，占4%；双方协商解决15例，中止1例，不予受理5例，进行中5例。鉴定案例涉及科室前三位：骨科(5例)、妇产科(5例)、普通外科(3例)。鉴定涉及医院级别：省级8例、市级6例、县(市)级5例、卫生院3例、民营3例。协助泉州医学会完成异地医疗事故技术鉴定案例5例。

10月20日，市第二医院与台湾高雄中正骨科医院合作建立“微创关节重建联合体”，举行签约暨揭牌仪式　（市卫生局　供）

便民惠民服务措施　开展“三改二推一评议”活动及“三好一满意”活动，二级及以上医院实行双休日门诊和节假日门诊，三级医院设立医院服务中心，将导诊、咨询、投诉、复印、出具疾病证明书、医保盖章、预约诊疗、办理出入院手续等涉及医院对外服务集中受理和办理。继续在全市二级及以上医院推广优质护理服务，三级医院新增试点病区25个，二级医院试点病区新增26个。20多家二级以上医院开通“12320”预约诊疗服务，并开通电话、网络或者现场等多种预约诊疗服务。延长高血压、糖尿病、精神病等三类慢性病2～4周处方用量，在三级甲等医院及新农合20类重大疾病保障定点医院试行择日住院前门诊费用纳入医保、新农合住院费用结算工作。

【卫生人才队伍建设】　落实《关于我市医疗卫生人才队伍建设的若干措施》，推进市属医疗卫生单位人才队伍建设和县(市)区医疗卫生单位人才队伍建设。实施“五个一批”，采取供需见面、公开招聘、直接面试考试等多种渠道引进一批特岗执业医师。鼓励职工参加多形式、多渠道、全方位的培训，全市所有卫技人员通过好医生、医卫网以及自学、函授等方式参加继续教育。制订人才培养计划，遴选12人赴国内外知名医疗机构、科研院所参加高层次人才国内访学进修。推进市属医院与医学高校合作，市第二医院成为厦门大学医学院附属医院，并与院士陈可冀合作建立院士工作站，开展“冠心病PCI术后中西医结合干预研究”项目合作；市第一医院成为福建医科大学附属市一医院，并与院士郭应禄合作建立院士工作站，开展“经尿道柱状水囊前列腺扩开术”项目合作；福州儿童医院与复旦大学附属儿科医院开展合作。福州市设有3家卫生类院士工作站。福州市医疗卫生单位招聘医疗卫生专业技术人员577人，委托福建省医科大学培养30名定向乡镇卫生院的临床医学本科生。

【卫生信息化建设】　完善居民健康档案信息系统建设，规范和督促各医院上传居民健康档案。完成市卫生局信息中心机房建设,并通过初步验收。新农合信息系统、居民健康档案信息系统、基层卫生信息系统在新机房上线运行。加强区域医学影像PACS系统建设,5家市级医院实现PACS影像信息的上传和存储。市第一医院医疗联合体建立影像诊断中心,其成员单位可通过影像传输实现远程会诊。应急采购基层医疗卫生信息系统数据服务器,实施基层医疗卫生信息系统市级平台扩容,有效解决基层医疗机构高峰时段网络卡顿问题。在福州市村卫生所试点乡村一体化软件运用和评估,为全市村卫生所推广乡村一体化管理软件,实现全部基层医疗机构市民卡就诊一卡通做准备。按照省级部署推进基层医疗卫生机构区域信息系统建设,实现诊疗与健康档案一体化,推进健康档案的实际运用,变死档为活档。

(张先玲)

【爱国卫生月活动】 4月,在全市开展以"美丽福州,健康生活——摒弃乱吐乱扔陋习"为主题的第25个爱国卫生月活动。期间,在城区全面开展市容环境、公共交通、交通环境、店铺场馆和各类市场等五大类专项整治,对31家在城市环境综合整治工作中表现不力的单位给予挂牌警告;在农村开展环境综合治理活动,组织市级督查2次,发出红牌22张,涉及14个镇街和13个村居,集体约谈2批次,对挂牌单位发出整改通报。市爱卫办组织开展春夏季传染病防控工作,相继下发《关于开展全市春季统一灭鼠活动的通知》《关于加强全市防蚊灭蚊工作的通知》等文件,在媒体开展一系列除"四害"宣传活动,组织开展全市公共外环境除"四害"消杀活动,出动专业消杀人员1300多人次。

【健康场所试点项目】 在推进第二批健康社区项目实施的基础上,开展健康学校、公园、单位等类型健康场所创建。上半年组织各区开展健康场所推荐申报,3月下达《关于开展2013年福州市健康场所试点项目的通知》和《福州市健康场所试点建设专项资金管理使用办法(试行)》;下半年,根据各区申报,联合各区爱卫办、相关主管单位到各个申报单位座谈调研,对创建工作进行前期培训和沟通,确定10个健康场所试点单位,下达2013年健康场所补助经费48万元。

【卫生城镇卫生村创建】 组织对已命名满5年的2个省级卫生镇、6个市级卫生镇,18个省级卫生村、68个市级卫生村开展复查。全市新创省级卫生村14个,连江县被省爱卫会命名为"福建省卫生县城",亭江、岳峰镇通过"国家卫生镇"复查。

【城区除"四害"】 五城区开展12次全市统一外环境消杀活动,其中2次全市统一灭鼠活动,4次外环境下水道热烟雾灭蚊灭蟑螂活动,6次外环境药物灭蚊蝇活动;开展2次室内烟熏灭蚊灭蟑活动。组织开展病媒生物传播疾病的防控工作。4月安哥拉登革热爆发,福清市、长乐市有28名染病者返乡,6月晋安区凤坂村发生1例原发性登革热病,市爱卫办组织专业人员到疫点乡村,发动群众,治理蚊虫孳生地并开展消杀工作,有效控制疫情扩散,未发生续发病例。福州市灭蚊先进城区通过省爱卫办复查。福清市省级灭蝇先进城区通过复查,永泰县省级灭蚊、灭鼠先进城区通过考核验收。

【农村改厕】 5个县(市)27个乡(镇)41个项目村建设农村无害化卫生户厕3922户,其中中央补助地方农村改厕项目任务1500户。农村无害化卫生厕所普及率达89.35%。

(郭耀武)

体育事业

【概况】 2013年,市体育局被人力资源和社会保障部、国家体育总局授予"全国体育系统先进集体",被国家体育总局授予"体育竞赛最佳赛区",被全国登山协会授予"2013年全国群众登山健身大会最佳组织奖",被国家体育总局社会体育指导中心、中央电视台体育频道、中国龙舟协会授予"中华龙舟大赛(2013)突出贡献奖",被省体育局授予"2013年第十二届全国运动会突出贡献奖"。福州市体育活动和赛事4次在《新闻联播》上报道;3次在中央电视台体育频道直播、1次录播;近20次在中央电视台1套、4套、5套新闻节目上报道。

【群众体育】 *群众体育活动* 举办全国新年群众登高健身活动、中华龙舟大赛、首届海峡青年节青少年篮球邀请赛、全国徒步大会开幕式暨福建·福州第九届十万人健步行活动、海峡两岸四地定向越野公开赛、第五届海峡论坛·海峡两岸门球公开赛、全国群众登山健身大会暨福建·福州第七届海峡两岸十万人登山活动、首届全民健身运动会等

1月1日,全国新年群众登高健身活动起跑仪式 (市体育局 供)

一系列大型群众体育活动。举办健身气功培训班，市、县两级开展健身气功展示活动达21场，参与人数超过3万人。

海峡体育品牌　大型群众体育活动以“海峡”冠名，有首届海峡青年节青少年篮球邀请赛、海峡两岸四地定向越野公开赛、第五届海峡论坛·海峡两岸门球公开赛、全国群众登山健身大会暨福建·福州第七届海峡两岸十万人登山活动等。常规的大型群众体育活动邀请台湾同胞参加，8月8日的全民健身日海峡两岸柔力球展示活动是柔力球项目从福州传到台湾后，台湾方面首次到榕参加交流活动。

全民健身设施建设　新建24个社区多功能运动场、1个市级农民全民健身活动中心、1个可拆卸游泳池，更新更换城市社区和农村行政村健身路径311条。打造10分钟健身圈，建设沿河健身步道、绿色自行车道。

社会办体育　市体育局与福州日报社共同举办“福矛杯”第四届省市直机关篮球邀请赛、第二届短池游泳争霸赛；与《海峡都市报》共同举办第二届“安利杯”海都草根羽毛球赛，参与群众达800余人。各类体育社团举办赛事和活动53场，参与人数达10多万人。其中，影响比较大的有第十八届元旦横渡闽江活动、福州12小时超级马拉松赛、第六届福州场地超级马拉松接力赛、业余足球联赛等活动。市老体协举办老年体育重点项目展示活动。市羽协举办“谁是球王”民间羽毛球争霸赛福建福州赛区预选赛。

社会体育指导员　新增国家级社会体育指导员12名、二级161名。举办首届残疾人体育健身指导员培训班。

【竞技体育】　赛事获奖　福州市有92名运动员代表福建省参加第十二届全运会，为福建代表团夺得7枚金牌、10枚银牌、10枚铜牌，被省体育局授予“突出贡献奖”。第十五届省运会年度带牌带分赛，福州市获16枚金牌，3年累计为省运会带入54枚金牌，为福建省最多。

后备人才培养　市体育局与市教育局联合举办第五十届中小学田径运动会和田径、游泳、举重、篮球、乒乓球、羽毛球、网球、排球、武术套路等9项市级少儿比赛。福州市女子篮球队在全国U15女篮（南区）比赛中获得冠军。向福建省输送举重、田径、跆拳道、赛艇、划艇、皮艇、帆板、柔道、体操、网球、拳击、排球、篮球等项目79名优秀适龄运动员，充实壮大青运会参赛队伍。

大型体育比赛　4月17—24日，全国击剑冠军赛在福州市体育馆举行，有18个代表队的457名运动员参赛。4月22—28日，2013年国际排联世界沙滩排球巡回赛福州公开赛在南江滨沙排场举行，有37个国家的124对运动员参加比赛。11月16—18日，举行2013年环福州·永泰国际公路自行车赛，有13个国家和地区的20支专业队伍200多名运动员参赛。

【第一届全国青年运动会筹备】　开展第八届城运会（12月25日，市执委会第4次主任办公会议后，更名为第一届全国青年运动会，简称全青会）前期筹备工作，执委会下设18个工作部室，有办公室、组织人事部等12个部室集中办公，专兼职工作人员64名，其中驻会办公人员39名。编印运动会筹备方案汇编（一），草拟《第一届全国青年运动会（福州）赞助招商指南》，拟定《第一届全国青年运动会福州赛区资源开发方案》。推进场馆改造建设，海峡奥体中心项目进度基本按照2014年年底建成的计划推进，运动员村项目全面动工。3月，市执委会与北京中体公司签订体育工艺咨询合同。在“中国福州”门户网站上开通运行全青会福州赛区专题网站，并及时采集、更新信息50余条。组织对全青会口号、会徽、吉祥物等传播元素征集和入围奖组织评选，从800多件应征作品中，评选出主题口号20条，会歌歌词、会徽、吉祥物各10件作品入围，并向社会公布，征求群众意见。志愿者工作方面，落实首批5个全青会试点“驿站”建设选址、资金等，拟定《第一届全国青年运动会志愿者工作方案（初稿）》和《第一届全国青年运动会赛会及城市志愿者招募管理工作方案（初稿）》，公开征集全青会志愿服务行动宣传海报、视频短片等作品，策划制作5集全青会志愿精神动漫宣传片，启动《“全青会”前期志愿者工作手册》编印的前期资料收集工作。

【体育产业】　体育场馆建设　海峡奥林匹克体育中心主体育场初具规模，游泳馆、体育馆、网球馆进入主体施工。晋安区、马尾区、长乐市、闽侯县、连江县体育馆和长乐市水上基地全面动工建设。福州市老年体育活动中心于9月30日动工。福州市体校改扩建工程开展前期工作。

游泳场所管理　启动游泳场所等高危体育项目审批工作。召开福州市游泳场所安全工作会议，6月下旬至7月上旬对游泳场所开展拉网式安全检查。

【体育宣传】　CCTV－5对中华龙舟大赛（福建·福州站）、全国新年群众登高健身活动、国际沙滩排球巡回赛决赛进行现场直播，对环福州·永泰国际公路自行车赛进行录播；《新闻联播》对全国新年群众登高健身活动、中华龙舟大赛（福建·福州站）、环福州·永泰国际公路自行车赛、全国群众登山健身大会暨福建·福州第七届海峡两岸十万人登山活动进行报道；CCTV－4、CCTV－5和海峡卫视等在报道上述活动外，还对福州市举行的海峡两岸定向越野公开赛、全民健身日海峡两岸柔力球交流展示活动等进行报道。举办的龙舟赛创下2013年中华龙舟大赛中最高收视，CCTV－5在赛前20天开始对赛事进行预告，并播放福州4分钟的宣传片；在福州市拍摄的端午节宣传片《端午龙舟》（15秒）从5月25日起至端午节在CCTV－1连续播出。

（陈定超）

（编辑　邱敏佳）

旅游

综述

2013年,福州市旅游接待总人数3536.67万人次,比增17.1%;旅游收入403.17亿元,比增16.8%;接待入境游客90.5万人次,创汇12.88亿美元,分别比增6.3%和16.2%。"十一"黄金周期间,接待游客172.89万人次,比增21.39%;实现旅游收入9.78亿元,比增20.28%。

至年底,全市有国家A级旅游景区26个(其中国家AAAA级旅游景区9个)、国家级风景名胜区3个、中国十大历史文化名街1个、国家森林公园4个、全国工农业旅游示范点5个、全国休闲农业与乡村旅游示范点2个、省级旅游度假区1个、星级乡村旅游经营单位19个、温泉旅游度假区13个、国家重点文物保护单位17个。

资源开发

【资源规划】 制定下发《福州市旅游局关于规范旅游规划编制工作的通知》。编制完成《福州市"中国温泉之都"发展建设总体规划》,《福州温泉博物馆布展设计方案》《长乐市梅花镇旅游发展总体规划》《猴屿乡旅游发展总体规划》《洞天岩景区控制性详细规划》《福清市旅游发展总体规划》《马岚山旅游区总体规划》《福清东关寨旅游总体规划》等通过专家评审。配合编制福莆宁同城化规划、生态福州总体规划、闽江北港内河旅游发展规划、三江沿线游艇游船码头布点规划以及上下杭历史文化街区、烟台山历史风貌区保护修复和三山两塔两街区等市重点旅游项目规划。

【项目建设】 在建旅游项目23项,年内完成投资43.689亿元。福清兰天大酒店二期、福州洲际大饭店等一批项目建成;晋安桂湖生态温泉城项目、福州温泉博物馆、福州旗山森林温泉度假村、连江海峡文化村、中国云顶景区开发项目二期工程、永泰樱花泉国际生态温泉旅游区开发等一批项目加快推进。

加大招商力度,推出五大类26个,总投资达623.5亿元的招商项目,在第九届海峡旅游博览会期间签约引进百花国际(香港)有线公司、郭氏投资集团、大厂回族自治县万果园现代农业科技有限公司、广州富力集团、富力地产(香港)有限公司、台湾客商蔡耀和、厦门日月谷有限公司、香港融汇投资有限公司等投资,开发建设贵安马会温泉旅游度假小镇项目、闽商生态园、牛壁山海画廊旅游景区、金水湖旅游综合体项目、大樟溪休闲游乐增资项目、明鼓温泉项目、桂湖温泉四星级酒店等项目。2月10日,正式开通城市旅游观光巴士2号线;9月28日,正式开通城市旅游观光巴士三坊七巷—马尾船政文化旅游区专线。

【景区管理】 创建国家AAAAA级旅游景区 持续跟进与督促三坊七巷创建AAAAA级景区工作,指导景区做《旅游景区质量等级评定报告书》和创建汇报片等申报材料。10月,三坊七巷景区通过国家AAAAA级旅游景区景观质量专家评审。11月,委托组织专家对三坊七巷景区进行全面的实地暗访与检查并召开暗访情况现场反馈会。

表55 2013年福州市A级景区名单

评级	景区
AAAA级	福州国家森林公园、三坊七巷历史文化街区、于山风景区、鼓山风景区、中国船政文化景区、青云山风景区、永泰天门山风景区、石竹山风景区、福清天生农庄
AAA级	长乐冰心文学馆、长乐显应宫、长乐九龙山庄、董奉山国家森林公园
AA级	福州市博物馆、福州文庙、邓拓故居、绿丰农业生态园、福建省委旧址纪念馆、闇亭寺、陈文龙纪念馆、猴屿洞天岩、琴江满族村、汉唐文化城、卧龙谷、桂湖罗汉溪芙蓉温泉景区、陈靖姑故居

创建鼓岭国家级旅游度假区　制定《鼓岭创建国家级旅游度假区工作倒计时安排表》，完成《鼓岭国家级旅游度假区申评材料——自评报告》文本第二稿。游客服务中心建成并投入使用；核心区柳杉王公园及映月湖2个停车场，1号、2号、3号线及老街至柱里等步行道，供水供电，污水管网接驳，卫生院升格改造，老邮局重建与改造，三星以上标准公厕（映月湖停车场、柳杉王公园停车配套公厕），核心区外围及景区主干道交通指示牌设立等项目基本完成；专门网站、统一电话咨询、邮政、银行等配套服务设施基本完成；提升改造石鼓山庄、移动山庄、华盈山庄、新凤洋山庄等住宿接待设施以达到三星级标准；配套完善游泳池、网球场、门球场等户外设施以及乒乓球桌、台球桌、棋牌室、卡拉OK厅等室内度假设施。

创建永泰云顶国家AAAA级旅游景区　1月，组成明察小组，对云顶景区主要景点与设施进行现场检查，并督促景区对照标准进行整改。7月，省旅游景区质量等级评定委员会对景区进行初评，认为其基本符合国家AAAA级旅游景区标准，同意上报国家旅游局审批。

【乡村旅游星级景区】　省乡村旅游经营单位星级评定委员会授予福州市晋安区同乐园景区、闽清县大明谷温泉度假村为四星级乡村旅游经营单位，授予晋安区飞云峡景区和卧龙谷景区、闽侯县福州军博园、罗源县福湖畲族民俗文化村为三星级乡村旅游经营单位。福州市有星级以上乡村旅游景区19家，其中四星级乡村旅游经营单位9家，三星级乡村旅游经营单位10家。

【“海峡旅游”品牌】　经福州口岸赴台旅游4.90万人次，比增18.6%。其中，旅行社组团3.40万人次，分别为台湾本岛游2.61万人次，马祖游4458人次，金门、澎湖游3428人次；居民赴台湾个人游1.50万人次，居全省前列，分别为台湾本岛个人游1.07万人次，马祖个人游3594人次，金门、澎湖个人游644人次。台湾游客入榕旅游28.36万人次，比增14.7%。

榕台旅游交流与合作　2月，参加“2013年台湾灯会”，福州灯会展区创意性地展现福州旅游文化特色。5月，开展中国旅游日“千人游马祖”活动，组织福州市旅游企业赴台参加“2013年台北两岸观光博览会”。6月，应“台湾海峡两岸观光旅游协会”邀请，派工作人员赴金门、马祖、澎湖踩线考察。8月，编排三坊七巷、马尾船政、鼓山鼓岭、闽江夜游4条线路，组织1200多名到榕参加“第八届两岸青年联欢节暨2013年海峡青年节”的台湾青少年进行考察；主动融入平潭开放开发，打造台湾—平潭—福州一程多站式线路和产品，邀请中国台湾海峡友谊、正港等旅行社及《东森新闻》《旅游周刊》等新闻媒体单位30名代表到榕踩线考察，榕、岚、台三地旅行社和媒体签署《打造福州—平潭—台湾一程多站式旅游产品暨推进海峡旅游品牌建设战略合作框架协议》。9月，随市政府代表团赴中国台湾高雄、台南等地学习考察，研究榕台经济互补、产业对接。10月，组织福州市旅游企业参加“2013年第八届海峡两岸台北旅展”；邀请中国台湾雄狮、行家等旅行社和中国台湾中天电视台、《旅天下杂志》等媒体参加“第四届福州国际温泉旅游节”并在中国台湾进行宣传报道。

“两马”旅游　委托市政府经济发展研究中心启动《新形势下发展“两马旅游”的思考》课题研究，该课题被市委列为2013年重点调研课题。马尾区对福州市所有具有组团赴马祖游资质的旅行社在2013年11月11日—2014年期间组织大陆游客赴马祖旅游的按每人次400元标准实行奖励，奖励人数封顶1万人次。

黄岐半岛旅游开放开发　推进黄岐半岛旅游开放开发工作，把黄岐镇建设成为中国东南沿海独具特色的对台滨海风情小镇，打造以旅游合作为主题的环马祖澳旅游区，把“马祖澳”作为海峡两岸的旅游核心品牌加以培养，在此基础上，将环马祖澳游向贵安温泉、琯头青芝寺等周边区域拓展，培育海西旅游经济新的增长极。策划黄岐至马祖旅游个案包船，10月11日，福州程泰船务公司所属的“安麒轮”成功试航黄岐—马祖北竿。

旅游服务

【星级旅游饭店】　有星级饭店63家，比上年增加3家，其中，市区43家，福清市9家，长乐市5家，连江县2家，闽清县2家，罗源县1家，永泰县1家。有五星8家、四星20家、三星29家、二星6家；有客房1.10万间，床位1.81万张。

组织开展《旅游饭店星级的划分与评定》标准宣传贯彻活动，评定长乐豪生长山湖国际酒店、福州万达威斯汀酒店、福州名城豪生大酒店3家酒店为五星级饭店；评定福州最佳西方财富酒店、福州铭濠酒店、福州景城大酒店3家酒店为四星级饭店。对取得星级资质的饭店，组织开展年度复核和满三年期星级饭店复核。

开展“2013年福州市旅游星级饭店服务技能大赛”，从中挑选优秀选手参加全省旅游星级饭店服务技能大赛，获团体第一名，中餐宴会摆台一等奖和二等奖，西餐宴会摆台二等奖和三等奖，鸡尾酒调制二等奖，中式铺床三等奖，工装展示第三名。

【旅行社】　全市有旅行社134家，比上年增加4家，其中出境游组团社20家，赴台游组团社7家，一般社114家。开展“旅行社服务质量信用等级评定”活动，加强文明示范窗口创建，有7家旅行社被评为省旅游行业文明示范点。

【导游队伍】　全市有持证导游2384人，比上年减少413人，其中初级导游2280人，中级导游84人，高级导游20人，中级以上占导游总人数的4.36%。全市有外语导游131人，其中英语82人，日语8人，德语3人，法语1人，印尼语3人，朝鲜语2人，俄语1人。日语、德语、法语等小语种导游有18人，占外语导游员人数的13.74%。

组织开展导游年审与提升培训，年内1579名导游通过年审，根据新导游上岗要求，组织开展3期岗前培训，488名导游参加，245名导游通过考核。

表 56　福州市五星级、四星级饭店名单

星级	饭　店
五星级(8 家)	福州西湖大酒店、福建外贸中心酒店、福州金源大饭店、福州美伦华美达大饭店、福州香格里拉大酒店、长山湖(长乐)国际酒店、福州万达威斯汀酒店、福州名城豪生大酒店
四星级(20 家)	福州大饭店、福清融侨大酒店、福建金仕顿大酒店、福清兰天大酒店、福州梅峰宾馆、福清冠发君悦大酒店、福建山水大酒店、阿波罗(福州)大酒店、国谊(福建)大酒店、福建阳光假日大酒店、福建省闽江饭店、福州(晋都)戴斯酒店、福清瑞鑫大酒店、福建黄金大酒店、福州新紫阳大酒店、福建国惠大酒店、福建银河花园大饭店、最佳西方财富酒店、福州铭濠酒店、福州景城大酒店

表 57　福州市金牌和 AAAAA 级、AAAA 级旅行社名单

评级	旅行社
金牌(4 家)	福建省中国旅行社、福建省康辉国际旅行社、福建省旅游公司、福建春秋国际旅行社
AAAAA 级(10 家)	福建省中国旅行社、福建省康辉国际旅行社、福建省旅游公司、福建春秋国际旅行社、福建省康泰国际旅行社、福建省铁路国际旅行社、福建省青旅国际旅行社、福建海外旅游实业总公司、福州建发国际旅行社、中国国旅(福建)国际旅行社
AAAA 级(11 家)	福建省白云旅行社、福建省中旅假日旅行社、福州市国际旅行社、福建省金龙国际旅行社有限公司、中青旅(福建)国际旅行社、福清南方国际旅行社、福清世纪假日旅行社、福清市光大旅行社、福清市信天游航空旅游、福建省假日国际旅行社、福建环球国际旅行社

10 月 26 日，第四届福州国际温泉旅游节举行　（市旅游局　供）

宣传营销

【媒体宣传营销】　2 月 4 日起，在中央电视台《新闻 30 分》和《走遍中国》栏目投放 15 秒福州城市旅游形象宣传片。年内在央视的宣传广告片投放频次达 728 次，创历年之最。在动车 TV、动车镜框牌、东街口 LED 广告屏等媒体投放福州旅游宣传广告。与《时代列车》杂志合作，在旅游板块开设“相约福州”栏目，分 12 期，每月 1 期，每期以不同主题演绎特色福州旅游资源与产品。春节、元旦、国际妇女节、清明、国际劳动节、“5・19”中国旅游日、中秋、国庆等重要节点在《福州日报》《福州晚报》上开辟彩版专栏宣传福州旅游资源，推介精品线路。

策划编印《福州市二维码旅游地图》《福州旅游精品线路指南》《闽东北自助旅游指南》等旅游宣传资料，并继续在全市 80 多家星级饭店、重点旅游景区、游客中心实行定期配送，及时补充投放，为游客免费提供旅游资讯。

【“走出去、请进来”营销】　参加“2013 年中国国内旅游交易会”“第九届海峡旅游博览会”“2013 年中国国际旅游交易会”等国内外旅游展会活动，展示福州旅游资源，拓展客源市场。6 月 24—29 日，牵头组织闽东北旅游经济协作区其他各成员市、区旅游部门和旅游企业赴四川成都、绵阳和宜宾三市举办“山海福地・相约闽东北”旅游推介会。12 月 15—19 日，组织福州市重点旅行社、旅游景区、酒店等 28 家旅游企业代表赴南昌、南京、合肥三地举办“温泉古都・有福之州”旅游推介会，同时，以“福州冬天不太冷”为主题在南昌举办首场面向大众的广场推介会。以“第四届福州国际温泉旅游节”为平台，邀请国内外重点旅行商到榕考察、踩线。

【旅游节庆活动营销】　举办“第四届福州国际温泉旅游节”。春节、元旦、国际妇女节、清明、国际劳动节、“5・19”中国旅游日、中秋、国庆等重要节点组织重点旅游景区、旅行社、旅游商品企业等集中开展宣传推介。各县(市)区举办“两

马同春闹元宵”，闽清县、长乐市、罗源县分别举办“十八坂传统墟会暨商贸旅游节”“第六届民俗文化节”“第六届畲族风民俗文化旅游节”等节庆活动。

旅游管理

【安全管理】　开展旅游行业安全生产大检查暨“百日行动”专项整治活动，组织开展企业安全生产自查和整治工作。健全旅游安全管理体系和旅游投诉处理机制建设，发挥福州市旅游产业协调领导小组及假日旅游协调工作领导小组综合协调作用，加强与安监、整规、公安、工商、交通等相关部门配合，开展旅游安全等专项整治活动，获 2013 年度安全生产目标管理责任制考核达标单位和 2013 年度安全生产标准化建设考评先进单位。

【服务质量管理】　*旅游质量监督管理体系建设*　全面推动旅游质量监督管理体系建设，提升完善旅游诚信管理系统、旅游团队服务管理系统、行政执法处罚监察系统、旅游质量监督投诉系统，实现对出境游、入境游、国内游 3 个旅游市场的有效监管。全市 240 家旅游企业和各县（市）区旅游局建立旅游质监员制度，实现市、县、企业对旅游质量三级管控与旅游投诉快速反应。对违规企业按《福州市旅游服务诚信公示制度》进行公示，推动旅游企业诚信经营。畅通旅游投诉渠道，实施“倒逼”检查与执法，年内，福州市、县（市）区两级旅游质监机构接到各类书面、电话、来访旅游投诉与咨询 478 起，其中针对旅行社的投诉与咨询 401 起，针对星级酒店的投诉与咨询 19 起，针对景区的投诉与咨询 50 起，其他投诉投诉与咨询案件 8 起；立案书面旅游投诉（含转办件）45 起，结案 45 起，结案率 100%，为游客挽回经济损失 33.54 万元；出动检查人员 149 人次，检查导游员 465 人次、旅游团队 162 个、星级饭店 27 家次、景区 24 个；处理违规旅行社 1 家并罚款 10 万元；处理违规导游员 5 人，其中一次性扣 8 分 1 人并罚款 1000 元，处理“黑导游”1 人并罚款 5000 元；查处并取缔“黑社”2 家，对 1 家旅行社作出划拨旅行社质量保证金决定书，约谈 8 家旅行社总经理，发放《整改通知书》11 份。

旅游法制建设　国庆和春节旅游黄金周期间，在《福州日报》《福州晚报》等主流媒体刊登旅游维权提示与案例分析，提醒游客理性消费和依法维权；参加政风行风热线广播，开展与听众、游客间的交流对话，宣传旅游法规政策与旅游消费安全提示；9 月在万象城广场举办“旅游法 10 月 1 日实施，福州准备好了吗”大型广场活动，并在《福州日报》、福州电视台以专题的方式进行宣传与播放。践行“四下基层”活动，深入基层开展服务质量提升培训与旅游法制宣传、咨询，6 次到景区、旅行社、饭店等旅游企业开展质量提升培训服务，推动企业落实旅游法；组织旅行社、星级饭店、旅游景区等旅游企业，到各社区开展旅游法制宣传咨询 9 场，发放各类宣传资料万余份，接待社区居民咨询逾 9000 人次。

（洪惠淑）

（编辑　邱敏佳）

9 月，在万象城举办旅游法 10 月 1 日实施宣传活动　（市旅游局　供）

三坊七巷等历史文化街区

综　述

2013 年,三坊七巷管委会按照国家 AAAAA 级旅游景区创建标准,整治提升三坊七巷历史文化街区,完善基础配套设施建设。结合街区商铺(院落)业态整合,划定功能分区、优化业态布局,发挥三坊七巷展示、传承、交易、体验等功能,提升南后街整体品位,壮大文化旅游产业。同时,推进南街、朱紫坊、上下杭等历史街区及烟台山历史风貌区的保护修复。至年底,完成投资 7.63 亿元(三坊七巷历文化街区完成投资 2.55 亿元;南街完成投资 5.08 亿元);接待游客近 900 万人次;主营业务收入 4617.3 万元,比增 13.3%,总资产达 62 亿元。

年内,聘请专业评估机构对南后街商铺、坊巷院落进行全面评估(院落商业部分评估价 70 元/平方米,比增 75%,沿街商铺一层均价 311 元/平方米,比增 94.4%),确保国有资产保值增值;制定并出台《三坊七巷招商导则》,规范各项经营活动;委托上海红坊文化发展有限公司对整个三坊七巷业态重新规划,发挥闽台(福州)文化产业园核心区平台作用,加大榕台交流与合作。续租 11 个商铺,推出 5 批 43 个商铺(院落)招租项目,引进台湾原创文化创意产品展销、香道文化展示、哈根达斯、漫咖啡等业态入驻。三坊七巷被国台办授予"海峡两岸交流基地"称号,三坊七巷旅游部获中华全国总工会授予的"全国五一巾帼标兵岗"及省妇联授予的"省级巾帼标兵岗"等称号。

街区规划

【修编三坊七巷规划】　委托北京清华城市设计研究院和福州市规划设计院对《三坊七巷历史文化街区保护规划》进行修改与补充。2 月 22 日,会同市规划局组织召开《三坊七巷历史文化街区保护规划(修编)》专家论证会,会议原则同意规划(修编)内容。《保护规划(修编)》主要对三坊七巷历史文化街区内的配套设施、用地功能、用地兼容、控高及地下空间等方面进行调整完善。9 月 5 日,《保护规划(修编)》通过省住房和城乡建设厅组织召开的技术审查会。

【朱紫坊规划】　2 月 22 日,市规划局组织召开专家论证会,原则同意《朱紫坊历史文化街区保护规划》,并提出针对地下空间利用、外围整体规划等方面的深化意见。规划确定朱紫坊内各项保护要素,主要对坊巷格局、古河道、文保单位、历史建筑、特色构筑物、节庆习俗、文化名人、历史记忆等进行提炼。

《朱紫坊历史文化街区保护规划》划定核心保护区:北至安泰河,南至法海路、法海小学以北一线,西至南街、延安中学,东至津门路、花园路,面积为 6.47 公顷。根据规划,朱紫坊历史文化街区形成"一心四带"的规划结构。"一心"指朱紫坊河坊一体展示核心,重点展示朱紫坊河坊一体的风貌特征和朱紫坊沿线建筑与人文。"四带"指安泰河休闲旅游带、南街商业带、津门路商业带和教育传承带。11 月 15 日,《朱紫坊历史文化街区保护规划》通过省住房和城乡建设厅组织召开的专家评审会。

【召开两山两塔两街区规划评审会】　8 月,会同市规划局召开《两山两塔两街区文化遗产保护特区保护规划》专家评审会。会议原则同意规划内容,并提出完善意见。近中期的主要规划措施包括恢复安泰河全线的景观风貌,恢复乌山、于山的生态风貌,历史街区协调区逐期依据历史风貌进行整治、恢复。规划远期以打造全球旅游目的地为目标,全面恢复区域体现代表东方城市设计传统的山水格局和传统街区,清晰呈现出城市发展的历史脉络。8 月 27 日,市规划委员会审议通过《两山两塔两街区文化遗产保护特区保护规划》。

【上下杭规划通过专家评审】　3 月,赴京与北京清华城市设计研究院就上下杭历史文化街区核心保护区范围及苍霞地块用地性质调整等问题进行探讨,历史文化街区上下杭地块用地总面积由 30.3 公顷调整为 31.73 公顷。其中,核心保护范围用地面积为 23.54 公顷,核心区规划功能定位为以商业、居住、旅游、文化等复合功能为主,形成具有浓厚的福州中西合璧建筑文化特色和典型的福州闽商文化特色的传统街区。

5月,《上下杭历史文化街区保护规划》初稿编制完成,并于6月27日正式对外公示。《上下杭历史文化街区保护规划》将上下杭历史文化街区的特色和价值归纳为福州历史文化名城格局的重要组成;近现代福州城市近代化进程全面、连续的见证;以闽商为代表的福州商业金融业发展与传承的重要载体;多元文化和多元阶层融合发展的社会和物质反映;与山水紧密关联的街区发展历史和文化;福州近代传统建筑演进的集中体现;福州革命先驱的前沿阵地等七大特点。根据保护规划,通过对街区居民的疏解腾迁,文保单位、历史建筑的保护修复,不协调建筑的整治、改造,市政基础设施的配套、完善,文化商业业态的优化、提升和物质与非物质文化遗产的保护传承等措施,把上下杭历史文化街区打造成以商业、居住、旅游、文化等复合功能为主,形成具有福州中西合璧建筑文化特色和福州闽商文化特色的传统街区。

11月15日,《上下杭历史文化街区保护规划》通过省住房和城乡建设厅组织召开的专家评审会。

【审议通过烟台山规划】 8月,市政府审议《烟台山历史风貌区保护规划》。会后,会同规划编制单位对规划中的建筑高度控制和更新建筑面积等进行调整。该规划范围包括烟台山历史文化风貌区、马厂街历史建筑群、公园路历史建筑群及周边地区,涵盖仓前和公园路、马厂街等片区,总面积76.3公顷,有各级文保单位8处15个点。规划将烟台山定位为历史城区文化休闲、文化创意产业的集中片区,闽江景观游览带与城市商业轴上的重要节点以及具有历史底蕴的生活社区。8月27日,市规划委员会审议通过《烟台山历史风貌区保护规划》。

保护修复

【拆迁工作】 三坊七巷 推进国家级文保单位欧阳花厅、沈葆桢、陈承裘和市级文保单位张经4处拆迁安置工作;加大留住整合力度,通过置换、回购等措施,提高院落利用价值,协调与衣锦坊11号、安民巷30号、塔巷33号、南后街203号、安民巷56号、文儒坊57号、衣锦坊73号、吉庇路27号等9户签订搬迁协议;梳理房源情况,委托房地产评估机构对吉元小区、橘园洲配套房、浦上生活配套房、锦绣闽江、桔园二期、鼓山新区6处安置点的房源重新进行评估;加快三坊七巷产权办理工作,完成BT项目21处更新建筑产权面积以及南后街沿街商铺产权面积测绘工作,至年底,完成古建筑院落产权证86本。

朱紫坊 基本完成朱紫坊一期征迁工作,征迁总建筑面积约1.6万平方米,涉及115户。全面启动朱紫坊二期征迁工作,包括法海路6号陈兆锵故居等8个地块及安泰河沿线房屋降层拆除改造协商项目,征收总户数500户,征收总建筑面积约4.6万平方米。

上下杭 成立上下杭项目指挥部,配合动迁工作,加强对上下杭核心区内重点文物保护单位、历史建筑和历史遗迹的安保巡查。同时,做好文物保护单位、历史建筑档案资料的归类、存档工作,作为文物修缮的参考依据。

【工程建设】 三坊七巷 完成市文保单位黄任故居、历史建筑早题巷8号修复及更新地块雅道巷B1、B2地块,文儒坊K10地块,田黄馆,漆艺馆,黄巷22、24号,安民巷3D影院,A8地块(演艺楼)的建设;完成三坊七巷精品酒店选址、经济指标手续,该地块于9月25日挂牌出让;完成东片区(七巷)永久性用电改造和西片区(三坊)电房土建施工,光禄坊完成电缆入户。至年底,三坊七巷保护修复工程完成26处文保单位的修复,完成119处历史建筑以及45处更新建筑地块的建设,完工总面积约24.45万平方米。

南街 3月,启动南街地下空间施工,包括主体围护结构、地基加固、东侧路面铺盖系统等。年内,南街项目可行性报告通过市发改委审批;一期施工任务基本完成,其中槽壁加固1609幅,地基加固4316幅,导墙906米,地下连续墙153幅,冠梁、铺盖完成450米。

朱紫坊 完成芙蓉园保护修复(一期)主体工程。一期项目重点修复国家级重点文物保护单位芙蓉园,并利用芙蓉园周边部分历史建筑及更新建筑,打造新建建筑与芙蓉园紧密结合的新公共空间。启动二期保护修复工作,完成郑大谟、方伯谦故居等8个地块的工作红线、立项等前期工作。

上下杭 推进第一批福州商务总会旧址、采峰别墅等文物保护修复工作,启动上下杭三捷河沿河两岸文保、历史建筑保护修复与立面景观改造等工作,并结合陈文龙尚书庙等重要节点打造景观工程。年内完成上下杭三捷河两岸整治改造设计方案编制。

福船馆大厅 (三坊七巷管委会 供)

福船馆序厅　　　　（三坊七巷管委会　供）

【社区博物馆建设】　完成社区博物馆中心馆钢构工程及场外展品展项施工，上墙脚本进入最后校对阶段；完成福船文化馆展陈装修及1:0.7实船船体建造；基本完成消防博物馆布展大纲深化设计编写；历史名人勤廉馆完成招标和深化方案设计。

整理已开放场馆院落档案资料，完成国家级文物保护单位资料收集工作。启动《春晖寸草集》《三坊七巷楹联大观》编撰出版。

文化宣传

【主题文化活动】　1月12日，“2013福州海峡创意设计周”以“让艺术与设计走进生活”为主题，在南后街展览馆开幕，来自全国的300多件创意精品集中亮相。

2月25日，中国近现代历史名人文献手迹珍品展在南后街展览馆举办，展出包括康有为、梁启超、陈独秀、孙中山、宋庆龄、李大钊、周恩来、蒋介石、胡适、鲁迅、徐悲鸿、张大千、郁达夫、林语堂、郭沫若、徐志摩等近200名中国近现代历史名人的照片、手迹珍品350多件。

5月18日，由市文化新闻出版局、市三坊七巷管理委员会主办的“福州市博物馆馆藏文物精品展”在南后街展览馆举办，展出市博物馆珍藏的瓷器、铜器、玉器、砚石、雕刻、字画等各类文物精品186件。

6月28—29日，承办第五届“中国历史文化名街”授牌仪式暨首届中国历史文化名街保护同盟年会。国内40多名专家学者和全国50条中国历史文化名街的代表围绕历史文化街区的保护修复和科学发展展开深入探讨。

10月25日，承接首届中国(福州)寿山石文化节暨第九届中国名石雕刻艺术展。展会为期4天，举办6场大型展会，包括中国名石雕刻艺术精品展、福州刻工——玉石类作品展、寿山石书法篆刻图书展、林氏三杰雕刻艺术展等。

【民俗节庆活动】　以打造“文化福州·魅力坊巷”旅游文化品牌为目标，结合民俗节点组织2013年“金蛇献瑞·坊巷春回”春节文化活动、“清新福建·美丽坊巷”五一文化活动、“盛世中国梦·端阳臻坊巷”、传统七夕的文化盛宴、坊巷秋季大型主题月文化活动；配合“2013年海峡青年节”，开展“诗歌闪动四季”“青春舞动行动”“经典旋律·唱响坊巷”“小黄楼·红诗会”“坊巷爵士乐专场”“卢森堡皇家乐队”等活动；引入市场运作模式，承接“苏宁嘉年华”“安利集团文化”活动等。

【宣传活动】　推进三坊七巷官方微博、微信模块建设，配合省、市旅游局及品牌营销中心统一宣传模式，增加原创信息的发布率、提高编辑质量、增强与网民互动体验；协助拍摄专题片《船政学堂》、连续剧《坊巷爱情》、纪录片《台湾往事》、动画片《八闽精灵夺宝记》等；与品牌营销中心合作创办《情报》十二景区杂志，开辟营销微情报、旅业达人秀、旅道新方略、慧眼睇市场、网络行销力、品牌能见度、情报最印象、直销潮爆版、市场新攻略等版块，传递景区旅游资讯。

旅游开发

【景区建设】　2013年，以创建国家级AAAAA景区为目标，对照评分标准制定景区提升方案，在管理规范化、服务标准化、营销智能化、讲解员队伍优质化等方面提出具体目标，逐步改善三坊七巷景区硬件设施。至年底，澳门路8号游客服务中心建成并投入使用；景区标识牌完成优化更新；乌山北坡及营房里路面停车场完成升级改造。同时，加强讲解员、兼职人员及志愿者队伍建设，定期开展礼仪、古建园林、讲解技巧、三坊七巷民俗讲座及各种交流活动。10月16日，三坊七巷高分通过国家旅游局组织的景观价值评审。

【旅游营销】　三坊七巷与84家在榕旅行社、5家福州星级酒店以及113家(新增3家)省市直机关单位签订长期合作协议，保证景区长期稳定的团队旅游客源；与市内的源脉温泉、闽江夜游、溪山温泉等景区合作，打造精品旅游线路；结合向莆铁路开通，增强沿线旅游推介力度，扩大景区宣传地域范围；拓展营销渠道，与中国建设银行福建省分行共同发行福州市首张以旅游文化景区命名的银行卡——三坊七巷旅游龙卡。

【旅游接待】　年内景区游客量突破925万人次，接待团队游客6.60万人次，实现旅游经济收入605万元。参观景区的有原中共中央政治局常委、国务院副总理李岚清，全国人大委员会原副委员长顾秀莲，农工党中央主席陈竺，中宣部副部长王晓辉，国台办主任张志军，国家旅游局局长邵琪伟，国家发改委副主任解振华，还有匈牙利国会副主席伊什特万，匈牙利前总理迈杰希，泰国前总理川·立派，澳大利亚政要等。

新增景点

【尤氏民居】 位于文儒坊东段南侧旧74号、新17号。始建于明代，清乾隆、光绪年间及民国初期历次重修。建筑面积2633平方米，坐南朝北，前后三进，四面围墙，大门原为木构六扇门，民国初改为砖门。入门三面环廊，廊下天井。共三进，面阔三间，进深二间，双坡顶，穿斗式木构架，鞍式山墙。2005年公布为省文物保护单位。

2013年，辟为福船文化馆，展馆分为寻索风帆、福至风帆、守望风帆、扬动风帆4个展区，通过图文、多媒体、实船、船模等形式，主要展示福船的演变历史、建造技艺以及精湛的航海技术。

【田黄馆】 位于宫巷35号，建筑面积约1700平方米。年内辟为田黄馆，内含田黄馆、严复翰墨馆，及收藏出于名家的漆艺、漆画、紫砂壶、字画等5个功能区。馆藏品除了100多枚田黄、240多件的严复真迹墨宝外，还有张伯驹落款章《京兆》、王世襄信札、叶向高书法、齐白石印章、郑孝胥文献等。

【漆艺馆】 位于文儒坊16号，建筑面积1200平方米，年内辟为“汤志义漆画研究中心”，收藏展示汤志义漆画艺术作品。

（董炳强）

（编辑　邱敏佳）

10月24日，三坊七巷田黄馆上午举行开馆仪式，著名文物专家谢辰生等嘉宾参与揭幕论坛活动　（三坊七巷管委会　供）

人民生活

【概况】　2013年，福州市坚持民生优先，在经济持续增长以及实施积极就业政策、加大转移支付力度等各类民生增收举措的支撑下，城乡居民生活水平继续提升，城镇居民人均总收入34824元，其中人均可支配收入32265元，人均消费支出21695元，恩格尔系数为36.9%；农村居民人均纯收入12910元，人均生活消费支出9311元，恩格尔系数为43.1%。

【城镇居民收支】　城镇居民人均总收入34824元，其中人均可支配收入32265元，增长9.8%。在城镇居民人均总收入中，工资性收入22479元，增长5.4%；经营净收入2533元，增长11.4%；财产性收入1726元，增长12.7%；转移性收入8086元，增长13.1%。

人均消费支出21695元，增长8.3%，其中食品支出8016元，增长3.4%，恩格尔系数为36.9%，下降1.8个百分点；衣着支出2107元，增长2.6%；家庭设备用品及服务支出1700元，增长12.1%；医疗保健支出974元，增长14.1%；交通与通信支出3436元，增长12.4%；教育文化娱乐支出2748元，增长12.3%；居住支出1686元，增长19.5%。

【农村居民收支】　农村居民人均纯收入12910元，增长12.3%，其中工资性收入7237元，增长15.9%；家庭经营纯收入3624元，增长4.9%；财产性纯收入766元，增长10.9%；转移性纯收入1283元，增长16.3%。

人均生活消费支出9311元，增长11.7%，其中食品支出4017元，增长9.0%，恩格尔系数为43.1%，比上年降低1.1%；衣着支出719元，增长16.7%；居住支出1324元，增长15.7%；家庭设备用品及服务支出624元，增长14.6%；交通和通讯支出862元，增长15.6%；文化教育娱乐用品及服务支出812元，增长4.0%；医疗保健支出624元，增长15.3%。

市场价格

【居民消费价格】　总水平上涨2.6%。八大类商品价格“六涨两降”：食品类价格上涨4.8%，娱乐教育文化用品及服务类上涨2.9%，居住类上涨2.8%，医疗保健和个人用品类上涨1.1%，家庭设备用品及维修服务类上涨0.8%，衣着类上涨0.3%，烟酒类下降0.3%，交通和通信类下降0.2%。其中，食品价格上涨是引起居民消费价格上涨的主导因素。

【工业生产者出厂价格】　受宏观经济形势影响，下降1.1%。出厂价格跌幅较大的重点行业为黑色金属冶炼及压延加工业、化学纤维制造业、纺织业，分别下降7.1%、5.1%和1.9%。

【房地产价格】　由于购房者对市场房价上涨的预期加重，在市场需求推动下，福州楼市活跃，住宅销售价格持续上涨。二手住宅销售价格上涨6.2%；新建商品住宅销售价格上涨9.5%。

（谢美梅）

人口与计划生育

【概况】　2013年，福州市出生人口73360人，出生率11.99‰，比增0.54个千分点；出生人口政策符合率87.67%，比减5.91个百分点；出生人口性别比108.01。继续加大人口计生经费投入，人口计生事业费投入增长幅度高于同年财政经常性收入增长幅度，各县(市)区社会抚养费均列入财政预算管理。加大计生一票否决力度，分别对1395个申报评先评优的单位和4826名个人进行审核把关，否决27个单位和30名个人。

【依法行政】　组织开展简化办证工作落实情况监督检查，杜绝行政不作为或推诿扯皮现象；加快行政执法信息化建设，推行网上预约办证、发放证件、落实奖惩等措施；开展再生育审批、社会抚养费征收和行政处罚三类行政执法案卷的评查。

【宣传教育】　在福州电台开设每周1期的“人口与计生”专栏；在《福州日报》

开设每月1期的“人口与计生”专栏；在福州电视台开设每季度1期的“和谐计生·服务当先”计生专栏；开展“关爱女孩”行动十周年系列宣传活动。分别在《中国人口报》和《福建日报》刊稿40篇、50篇。开展人口文化阵地建设，长乐市建设以人口服务大厅、人口文化园为特色的青山人口文化示范村，闽清县先后建成多个集休闲、娱乐、教育为一体的人口文化公园。

【计生督查】 推进出生人口清理核查工作，6月召开全市出生人口清理核查工作推进会，动员督导各县（市）区落实工作，提高计生统计准确性。7月起，以福建省考核标准为准则，开展为期2个月的人口计生中期督查工作。

【综合治理性别比偏高问题】 根据出生人口性别比108.01的偏高问题，与市卫生局组成2个督查组对各县（市）区和公立医院开展整治“两非”专项巡查。查处“两非”案件250例。

【流动人口服务管理】 推进流动人口计划生育基本服务均等化工作，组织实施流动人口家庭发展行动，推进流动人口在居住地充分享有均等化的计划生育基本公共服务。健全完善“一站式”“一证式”服务管理模式，整合2243名社区协管员，成立619个流动人口“一站式”综合服务管理中心。实施流动人口节育奖励制度，对在福州市居住并接受管理半年以上，遵守计生政策自觉落实节育措施的流动人口育龄夫妻给予200～500元的奖励。在春节前后开展流动人口计生关怀和巡检清查活动，采集流动人口计生信息。推行流动人口一孩生育服务登记便民服务机制，2010—2013年承诺办理一孩生育服务8630人。

【为民办实事项目】 开展计划生育小额贷款贴息帮扶工作，实施独生子女伤残死亡家庭计生特别扶助和对独生子女父母、生育两个女儿后绝育的农村夫妇一次性奖励制度。开展农村部分计划生育家庭子女中考加分工作，为4157人落实中考加3分的政策。落实计划生育失独家庭特别扶助制度，大部分县（市）区将扶助标准提高至800～1000元。研究出台《福州市人口和计划生育领导小组关于开展计划生育特殊家庭关爱扶助行动的意见》。

2月，国家人口计生委主任王侠（右二）深入福州市连江县指导工作
（市人口计生委 供）

【服务机构建设】 投入专款用于服务机构的新建和改扩建，购买和添置医疗设备，建设人口与家庭村级服务室。至年底，国家、省级示范站（所）19个，其中国家级示范站2个、示范所3个，省级示范站2个、示范所12个。全市服务机构开展优生健康教育、知情同意、病史询问、体格检查、临床实验室检查、影像学检查、风险评估、咨询指导、早孕及妊娠结局追踪随访等服务活动，76266人参加免费孕前优生健康检查，人群覆盖率88.17%。

【行业作风建设】 推进村（社区）计划生育公开工作，全市大部分村（社区）均设立涵盖计划生育政策、服务维权方式、办证流程、计划生育村规民约和计划生育信息等内容的人口计生宣传公开栏，规范率95%。3月起，组织委机关、协会、直属单位全体党员干部职工到基层开展以查民情办实事、结对帮扶、社区服务为主要内容的“三服务”活动。

【信息化建设】 推进省、市、县、乡、镇计生网络全覆盖工程，鼓楼、台江等地实现社区全覆盖，福清市基本实现市、镇、村三级信息网络全覆盖；推进部门数据融合共享工程，通过福州市民网平台，为市民提供人口计生信息在线咨询、办证等服务；深化人口信息系统数据建设，全员人口数据库的数据覆盖率、数据完整率、逻辑准确率、数据一致率、数据更新及时率五项评测指标均达国家甲级标准。

（林　涛）

劳动就业

【概况】 2013年，全市城镇新增就业14.62万人，城镇登记失业率控制在2.5%以内。发放小额担保贷款1752笔1.44亿元，带动创业就业7260人。开展校企对接对接，为237家企业输送技术工人7540人。

【促进就业】 开展“春风行动”“民营企业招聘周”等就业服务专项行动，每周三、五举办大型公共招聘会，在全国率先开发启用公共就业服务智能手机“摇工作”平台。举办各类招聘会150多场，发布用工岗位信息6万多个；城镇新增就业14.62万人，期末城镇登记失业率控制在2.5%以内。发放小额担保贷款1752笔1.44亿元，带动创业就业7260人。建立41个劳务协作基地，陆续推出企业诚信用工承诺活动、聘请“以工引工”老员工、纺织化纤电子等重点行业稳定用工奖励政策等举措。深化校企对接,举办春、秋季技工职业院校与重点用工企业签约对接活动,省内外87所技工职业院校为全市237家企业输送技术工人7540人。

【职业培训和技工教育】 开展劳动者岗前培训1.43万人(其中农业富余劳动力转移就业培训4742人)、紧缺技术工种培训2865人、直补企业培训1.05万人、创业培训5028人,职业技能鉴定7.2万人次。加快高技能人才培养步伐,组建机电、服务等7类工种高技能人才专家库,拟订《福州市高技能人才队伍建设暂行办法》,评选表彰福州市第二届首席高级技师10人和优秀高技能人才30人。新增技师、高级技师1087人,新建省级“技能大师工作室”6个、市级10个,2人获国务院高技能人才特殊津贴,1人获“全国技术能手”称号。提升技工教育办学层次,第一、第二高级技工学校获省政府批准建成技师学院,第二高级技工学校被授予“国家级高技能人才实训基地”称号。

【劳动关系维权】 完善劳动争议调处机制。新组建的市劳动争议仲裁院开始开展工作并建立多层次的劳动争议基层调解组织。全市受理劳动争议案件5638件,结案率逾93.5%,调解率62%。

在全省率先统一并提高城乡最低工资标准,实现社会保障同城同待遇。开展国有企业工资内外收入检查和企业薪酬调查监测工作,及时发布企业及重点行业工资增长指导线和工资指导价位,对开展行业、区域性工资集体协商的小微企业给予奖励。

依法开展劳务派遣行政许可审批,审批劳务派遣公司23家,不予许可9家,备案2家。

强化劳动保障监察执法,开展防暑降温、企业工资支付和参保等专项检查,受理投诉举报2610件,追回劳动者被拖欠工资1.98亿元。在“两节”期间提前部署、滚动排查,建立日报告、零报告和24小时值班制度,对有欠薪苗头企业实施重点监控;成立专项领导小组,对县(市)区进行指导,及时妥善处置千帆印刷厂、省变电公司等大额欠薪事件,将13起恶意欠薪案件移送公安机关,节前欠薪及群体性事件数量同比下降20%和25%。

(陈中钦)

社会保障

【社会保险】 社会养老、医疗、工伤、失业、生育五险参保人数998.44万人次。

制定出台《福州市城乡居民社会养老保险实施办法》,将新型农村和城镇居民社会养老保险合并实施,基础养老金由55元提高至85元。制定出台《福州市基本医疗保险违法行为查处办法》和《福州市职工基本医疗保险实施细则》,加强基本医疗保险规范管理。在全省率先出台《福州市公务员、参照公务员法管理的事业单位和社会团体工作人员参加工伤保险办法》,实现工伤保险制度全覆盖。继续实施降低企业失业保险费率1年,为全市4万多家企业减负2亿多元。

连续第9年提高企业退休人员养老金水平,月均达1845.51元,全市约25万企业退休人员实现100%社会化管理服务。城镇居民医保财政补助标准提高至每人每年300元,城镇职工、居民医保最高报销封顶线分别由25万元和14万元提高至30万元和24万元;在全省率先实施城镇居民大病保险。实施重症尿毒症患者免费血透优惠政策,全面实施医保费用总额控制等付费方式改革,与197家定点医疗机构签订服务协议,医保(医疗)费用增长率从14.2%降至8%。完成第五轮职工医保大额医疗费用补充保险和城镇居民大病保险承办单位招标工作。

开展社保基金社会监督试点和城乡居民、机关事业养老保险、医疗保险基金专项检查。启动医保基金实时监控信息系统升级和泛珠三角地区异地就医结算系统建设,制定《医保医师管理办法》,建立医保专家库,加强医保定点日常稽核、专项检查和年终考核,取消医生医保处方权4人,暂停定点资格16家,取消4家,拒付违规基金773万元。

在全省率先实现工伤、生育保险经办归口管理,将原来分散在不同经办机构办理的单位养老、医疗、失业保险人员增减手续集中统一窗口受理。2月25日,市医保中心仓山区分中心入驻仓山区行政(市民)服务中心正式对外办公,设有8个窗口,办理辖区内城镇居民参保复核、审核及个人信息变更管理、居民医保门诊及生育费用报销等业务。

【住房公积金】 归集业务 截至2013年,全市有缴存职工459797人,归集规模扩大12.19%。新增缴存职工123532人,净增49969人。2013年,住房公积金归集额达44.07亿元,比增20.21%;1996—2013年,归集住房公积金233.87亿元,归集余额111.79亿元。

提取业务 提取住房公积金27.62亿元,比增43.33%,其中购买、建造、翻建、大修自住住房提取10.52亿元;用于偿还购房贷款本息提取9.66亿元;离休、退休提取3.17亿元;与单位终止劳动关系未再就业和职工部分或全部丧失劳动能力造成家庭生活严重困难提取3.01亿元;户口迁出本市或出境定居提取0.38亿元。1996—2013年,提取住房公积金122.08亿元。

个人贷款 向9168户家庭发放个人住房贷款42.21亿元。1996—2013年,向49519户家庭发放个人住房公积金贷款132.03亿元,个贷余额99.59亿元,个贷使用率89.09%。贷款新规范:住房公积金贷款申请人及其配偶的任一方已办理过住房公积金贷款且贷款结清未满5年的,暂停申请住房公积金贷款。申请住房公积金贷款的缴存年限调整为申请贷款前连续足额缴存住房公积金满12个月以上。购买二套住房的,凡夫妻双方在福州地区缴存住房公积金的职工,个人购房贷款最高额度调整至60万元;单方缴存住房公积金的,个人购房贷款最高额度调整至45万元;首付比例提高到60%。房屋套数认定标准,参照贷款承办银行个人贷款住房认定标准执行。控制贷款总体指标,根据审批通过时间实行放款轮候制度。

增值收益 实现增值收益1.42亿

元。上缴廉租房补充资金3070.79万元。1996—2013年，实现增值收益8.49亿元，上缴廉租房建设补充资金3.69亿元。

办事平台　在全省范围率先开通"12329"住房公积金服务热线，组建客户咨询平台，通过自助语音查询和人工服务相结合方式，将公积金咨询、查询以及投诉建议三大服务集中于一个平台。接听职工咨询93707次，转坐席数62242次，转坐席成功数45450次，综合满意率98%。12月6日，在既有住房公积金网上贷款受理审批服务的基础上，推出住房公积金网上提取预审预约服务。缴存职工通过登陆住房公积金网上服务平台，可提前测算住房公积金可贷款额度、提取金额，进行受理材料预审核和办理时间预约。现场办理业务，取消职工多账户合并、申请贷款及委托还贷等业务的单位盖章等环节。实现业务项目"一审一核"，缩短21项"马上就办"公开事项的办理时限，其中包括6项归集业务类、14项提取业务类、1项贷款业务类，承诺时限缩短至法定时限的60%以下。取消住房公积金缴存单位在归集业务承办银行预留印鉴和提取公积金加摁手印环节，实现增加工行委托还贷业务，实行住房公积金贷款楼盘预先报备制度等。

（陈中钦　梁　瑜）

民　政

【概况】　2013年，福州市完成省、市为民办实事项目中的低保提标工作。此外，新建17所农村敬老院，提高农村五保供养标准和城乡困难群体医疗救助比例。按时下达自然灾害生活补助资金、冬春救灾款及防灾减灾资金，用于受灾地区紧急转移安置群众和灾后恢复重建。年内市救灾物资储备库建成投入使用。扶持民办养老机构发展，落实各项优惠政策和补助资金，全面铺开社会福利中心建设。完成新一届村（居）委会培训工作，开展村委会制度规范化建设，修订村规民约，协同相关部门深化"城中村"改制工作。全面完成五区社区整合工作，组建社区工作服务站，招聘专职工作人员；完成22个省级社区综合服务站建设项目。落实老龄事业"十二五"规划责任分工。实行殡葬惠民政策，完成墓地生态建设整治任务，拓展"一站式"殡葬服务。

【优抚安置】　完成"两参"人员认定复核工作，落实伤残抚恤政策，市级下拨抚恤补助金491.9万元、医疗补助配套资金121.24万元，上报新评伤残人员9人，调整等级9人，转移抚恤关系18人。开展散葬烈士纪念设施抢救保护工作，市级下拨散葬烈士墓试点补助经费51.55万元，散葬烈士墓完成895座，纪念设施完成22处。

接收退役士兵2346人，其中，自主就业和自谋职业2261人，安排工作85人。接收安置军队退休干部（士兵）78人。建立退役士兵资料库，为中央、省两级下拨各类补助经费提供依据。加强军休所信息化建设，落实军休干部房改工作，及时审核兑现第二批住房保障经费4200多万元。

【社会救助】　城乡低保　开展低保申请、入户调查、核实审批和监督检查。市区城市低保标准为多人户430元/月，单人户460元/月；市区农村低保标准为多人户320元/月，单人户350元/月（马尾区城乡低保标准均为多人户430元/月，单人户460元/月）。全市保障城市低保对象9226户、16517人，发放城市低保金7377万元；保障农村低保对象40180户、76173人，发放农村低保金1.979亿元。

农村五保　新建17所农村敬老院，将市区农村五保供养标准调整为集中供养每人每月750元，分散供养每人每月620元。保障农村五保对象7862人，发放五保金4940.25万元，人均月补助达541元。

医疗救助　推动下发《福州市人民政府办公厅关于提高我市城乡困难群体医疗救助比例的通知》，从1月1日起，将救助对象患病住院治疗（含住院分娩）和特殊门诊救助发生的、属于社会基本医疗保险制度支付范围的医疗费用（含起付线以下的费用），扣除社会基本医疗保险基金支付金额后的自付医疗费用的民政救助比例由50%提高到60%。同时，开展定额救助、二次救助和第二类救助对象的救助工作。全市审核批准城市医疗救助人数89836人，发放救助金924.4万元；农村医疗救助人数49340人，发放救助金2981.1万元。

【救灾工作】　12月，市救灾物资储备库建成投入使用。冬春期间，下拨省级下达福州市的中央自然灾害生活补助资金650万元，发放救灾款物907.54万元，救助9383户、2.26万人。下拨省级自然灾害救灾款205万元，救灾棉被2000床、毛巾被1000床、衣服1000套，主要用于闽清、连江、罗源等7个县（市）灾民的紧急转移安置，救助受灾群众4.1万人。开展"5·12"防灾减灾宣传日活动，在全市建成36个自然灾害避灾示范点。转移安置因自然灾害受灾户8.33万人，为1207户受灾农户发放农村住房保险理赔金235.1万元。

【社会福利】　扶持民办养老机构发展，落实民办养老机构用地、用水、用电、税收等各项优惠政策，并落实补助资金，申请省市补助资金145.33万元。进一步拓展社区老年康复工作，在鼓楼、台江、晋安、仓山各选择1个社区开展民政部"社区日间照料老年人、残疾人康复器具配置关怀项目"示范点活动，配备15件价值50万元的医疗、康复、健身器材。组织实施"孤儿保障大行动""明天计划""蓝天计划"等专项行动，建立孤儿群体重大疾病公益保险保障机制，为每名孤儿提供年保额10万元的重大疾病公益保险；申报"明天计划"孤残儿童手术20例，完成13例。开展"肢残助行工程"，按照省厅下达的任务数将护理床和假肢矫形器统筹分配到各县（市）区。开展社会福利中心建设，鼓楼区和罗源县社会福利中心建成并投入使用，长乐市社会福利中心主体工程封顶，永泰县和闽清县社会福利中心开工建设。

【基层政权和社区建设】　完成全市新一届村（居）委会培训工作，举办210多期培训班，培训村（居）委会成员1.63万人次。开展村委会制度规范化建设，在全市范围开展村规民约修订工作。协同相关部门深化“城中村”改制工作。

落实市政府办印发的《关于加快发展社区服务业的实施方案》及市委办、市政府办转发的《关于社区工作服务站规范化建设的实施办法》文件精神。完成五区社区整合工作,将原有335个社区整合为263个。推动社区工作服务站组建工作,组织五区开展社区专职工作人员招聘工作。加强社区组织工作用房建设工作,市级财政投入1725万元,用于建设精品社区22个,达标社区60个,争取省级社区综合服务站建设项目22个,补助资金570万元。鼓楼区、台江区获评“全省社区建设先进区”,鼓楼区鼓东街道、温泉街道及台江区后洲街道获评“全省社区建设示范街道”,鼓楼区东街街道军门社区等23个社区获评“全省社区建设示范社区”。

向国家民政部申报“全国和谐社区建设示范城市”,推荐鼓楼区、台江区,鼓东街道、后洲街道及军门社区、金斗社区、大名城社区为“全国和谐社区建设示范单位”。开展创建第二批星级信息化社区活动,全市评出三星级信息化社区38个,四星级信息化社区37个,省级五星级信息化社区75个。鼓楼区东街街道军门社区林丹和鼓西街道后县社区章欢芳当选“福建省十佳社区工作者”。完成10名高校毕业生服务社区招募工作,并分配到闽清县和永泰县。

【老区建设】 推动成立福州市革命老区扶建领导小组。下拨扶持革命老区建设专项补助资金1842万元,其中省级287万元,市级500万元,县(市)区1055万元,分别用于老区基础设施建设和促进老区经济社会事业发展及革命遗址维修保护、老区科技示范基地等项目建设。下达革命“五老”人员定期生活补助经费898.02万元和医疗补助经费65.82万元。为革命“五老”人员遗偶按当地最低生活保障标准全额发放困难补助。

【老龄事务】 开展春节走访慰问和“拗九节”活动;开展居家养老服务面上拓展、点上提升工作,在全市范围内开展社区居家养老服务中心(站)星级评估;开展“敬老文明号”创建活动,落实老年人优待政策,全市评选出50家“敬老文明号”示范单位,其中8家选送全省参评,5家选送全国参评。

【殡葬管理】 出台《关于免除城乡困难群众基本殡葬服务费的通知》;完成墓地生态建设整治任务,整治坟墓数6095台,投入资金1100多万元;拓展“一站式”殡葬服务,明确服务流程、服务项目、收费标准等。针对清明节祭扫人流高峰问题,引导市民错峰祭扫、文明祭扫,市殡仪馆等8家殡葬服务单位接待祭扫群众105万人次,未发生安全事故。

【婚姻收养登记】 办理国内结婚81902对、离婚17843对,国内收养164例,涉外及港、澳、台、侨结婚333对、离婚636对,涉港、澳、台、侨收养8例。婚姻登记场所均符合国家行业A级标准,有独立的对外办证场所,设有结婚登记室、离婚登记室、候登室、档案室、颁证厅,全部实现网络在线登记,启用网络预约系统,开展婚姻登记历史数据补录工作。

【区划地名管理】 加强市区路名牌、门牌设置管理工作,设置街路巷牌457面,门牌22557面。在市区规划命名道路33条,其中用历史名人命名道路12条。完善地名数据库建设,提供标准、有效的地名信息服务。开展地名文化建设宣传、地名文化遗产调查登记和“地名故事”采编工作。落实《中华人民共和国政区大典·福建卷》福州市本级词条编纂、论证、审核工作,加强对所辖县(市)区《政区大典》词条编纂督促指导。

【民间组织登记管理】 推动出台《福州市人民政府办公厅关于加快推进社会组织管理体制改革的实施意见》和《福州市民政局关于进一步培育发展和规范管理社会组织的实施意见》。开展社会组织直接登记试点工作,除依据法律法规需前置行政审批及政治类、宗教类、社科类的社会组织外,其他社会组织均可直接申请直接登记。登记社会团体48家,其中直接登记20家;登记民办非企业单位24家,其中直接登记8家;登记异地商会16家;登记基金会1家。启动社会组织评估工作,收到参评资料173份。推荐台江区为社会组织建设创新示范点。完成323家社团、213家民办非企业单位年检任务。

【边界管理】 完成县级行政区域界线4条、总长74.23公里,乡镇级界线44条、总长494.755公里等联检工作,联检档案整理装订完毕。签订4条县级界线管理维护协议书,明确界桩管护的职责和程序。依托福建省勘界基础数据库系统,在省内率先建立勘界及联检基础数据信息查阅系统。开展“平安边界”创建活动,全市3825.87多公里的边界线无恶性纠纷事件发生。

【福利彩票销售】 新增电脑站点16家,完成新建3个“中福在线”销售厅任务,完成2.73亿元销售任务。

(林志鸿)

(编辑　吴　燕)

鼓楼区

【概况】 鼓楼区区域面积35.7平方公里。辖9个街道、1个镇，有69个社区。常住人口70.5万人。

2013年，市级“五大战役”项目完成年度投资的123.5%，市级重点项目超额完成年度投资6个百分点；签约“三维”项目53项，列“中国最具投资潜力百强区”第29位；完成为民办实事项目10类38项。入选“全国首批云政务平台建设和应用试点示范地区”，门户网站在2013年度全国区县政府网站绩效评估中位列第13名，实现全省绩效考核三连冠。

【经济建设】 实现地区生产总值901.16亿元，比增11.3%；财政总收入47.23亿元，比增11.3%，其中地方财政收入29.88亿元，比增16.5%；规模以上工业增加值62.41亿元，比增13.7%；城镇以上固定资产投资357.53亿元，比增14.9%；社会消费品零售总额720.60亿元，比增15.1%；出口总额46.42亿美元，比增3.19%；城镇居民人均可支配收入3.57万元，比增12.9%。

服务业　实施“213”工程，实现服务业增加值702.3亿元，年内通过国家服务业综合改革试点中期评估。推进闽都温泉旅游文化休闲体验区等4个国家级服务业综合改革项目。发布实施《楼宇经济公共服务规范》，在水部等4个街道试点开展楼宇经济网格化服务管理。恒力创富中心、正祥中心、中盛大厦等约18万平方米的5A级智能化商务楼宇基本落成。实施“一楼一策”改造提升21幢旧商务楼宇。全年引进注册资金千万元以上楼宇企业185家。对接81个项目，投资总额123.7亿元。新增德艺集团等6家省级上市后备企业和9家市总部企业。推进南街改造，启动津泰路、吉庇路及安泰河沿线景观业态提升，完成西营里市场搬迁并启动业态转型升级。全区新增限额以上商贸企业96家，新增11个“省重点培育和发展的国际知名品牌”。国家动漫产业基地年产原创动画片突破2万分钟，产量居全国第三。福州历史文化名城展示馆布展基本完工，朱紫坊保护修复项目一期征迁工作基本完成。三坊七巷被国台办授予“海峡两岸交流基地”称号，通过AAAAA级旅游景区景观质量专家评审。全区年接待游客突破630万人次。

招商引资　全年合同外资2.38亿美元，比增6.7%；实际利用外资（验资口径）2.41亿美元，比增6.23%。“5·18”海峡两岸经贸交易会签约外企项目9项，总投资38560万美元，利用外资30740万美元；签约民企项目9项，总投资24.6亿元；签约央企项目1项，总投资10亿元。“6·18”海峡项目成果交易会征集对接项目50项，项目总投资约3.52亿元。“9·8”中国国际投资贸易洽谈会签约项目12项，总投资3.71亿美元，协议外资2.15亿美元。

【城区建设与管理】 征迁安置　推进国棉厂、琼河旧改地块等13个安置房项目，建成灰炉村、明望新村二期等6个项目24.4万平方米的安置房，其中凤湖新城二区、水榭芳庭、兴桥公寓、鼓东1号完成回迁。启动实施朱紫坊二期及扩征地块、东街街道周边、铜盘路西侧等34个项目征迁，华大村下后营、华润城市综合体一期、加洋巷34号、鼓西路互爱巷等15个地块征迁基本完成。

市政建设与管理　改造提升古田路等13条道路沿线175幢楼体景观，完成东泰路等5条道路“白改黑”，提升保定巷、善化坊等16条小街巷，完成庆城、龙峰等社区和乌山社区、福圆花园等新村改造建设，整治63个老旧小区。创建鼓屏路等10条“严管示范街”，拆除违建4万多平方米。率先推行“数字城管”，全年受理69758起投诉件，结案率99.62%。智能交通公共服务平台建成投入使用，全省率先布设LED停车诱导屏，61家停车场泊位信息源实现动态接入。

社会管理　全面完成社区整合，整合后全区共有社区69个。网格化社会管理服务平台和智慧社区平台实现街镇、社区全覆盖。继续开展“一、二级社区”创建，推行“错时工作制”和“无假日社区”，获评“省社区建设先进区”。

【社会事业】 科技与教育　通过全国科技进步区考核，“福建创新创意产品体验推广公共服务平台”等3个项目获国家火炬计划立项;鑫诺通讯、思迈特数码入选省知识产权优势培育企业;福建联迪等4家企业通过市第三批院士(专家)工作站认定;专利申请数量占全市总量的23%。通过国家义务教育发展基本均衡区验收;建立推行幼教片区管理机制,改造提升7所民办园,基本建成鼓楼实验幼儿园,新增3所市级示范园;基本完成校安工程,建成法海小学、茶园山小学等1.23万平方米教学综合楼,启动鼓二小、科艺宫等教育预留地征迁;全区小学生成绩抽检100%合格,优秀率90%,教师校际交流比例达30%以上。

文化体育　区演艺综合中心基本完工,占地2000平方米,总投资3000万元,实现街镇文化站和社区综合文化中心全覆盖;举办海峡两岸民俗文化节、全民健身运动会等文体活动;"激情广场大家唱"入围国家公共文化服务体系示范项目;启动龙峰泰山庙壁画保护修复。全年新增健身路径20条。

卫生和计划生育　建成区妇幼保健所和东街街道社区卫生服务中心东泰分部,区妇幼保健所占地1800平方米,总投资610万元,年内投入运营;五凤社区卫生服务中心开办全市首家中医馆。居民健康电子档案建档率81%,人均基本公共卫生服务经费提高至30元;通过"国家慢性非传染性疾病综合防控示范区"省级验收。建立覆盖全区的计生服务体系,全年人口自然增长率7.01‰;加强"失独家庭"帮扶,发放扶助款235万元。

社会保障　全年区财政用于民生支出18.07亿元。新增城镇就业2.75万人,实现下岗再就业2132人、困难再就业1058人。提供公共就业服务岗位1.67万个,21家初创企业入驻区高校毕业生创业基地,65个社区获评充分就业社区。585户保障对象申请到公租及廉租房。城镇居民社会养老保险累计参保9030人,被征地农民养老保障参保率达100%。调整重点优抚对象抚恤和生活补助标准,发放低保金、物价补贴372万元。在全市率先建成4个24小时居家养老服务站,建立117个居家养老"睦邻点",低偿服务对象享受服务8.8万人次。

生态环境保护　闽江廊线绿道鼓楼段正式建成,元帅路—卧湖路慢行道贯通三坊七巷与西湖景区。实施大庆河综合整治,原厝水源地水质保持100%达标。大腹山公园、国光公园建成开放,芳沁路等10处实现拆墙透绿,二环路沿线等重要节点绿化全面完成,全区新增绿地15.8万平方米,绿化覆盖率达37.9%。环境空气质量保持优良水平,三坊七巷增设空气自动监测站,区环境监测站通过东部三级站标准化验收。公共便民自行车借车总量超310万人次。年内鼓楼区获评"省级生态区"称号,洪山镇获评"省级生态镇"。

平安建设　办结人大代表意见建议131件、政协委员提案150件,基本满意率均为100%。"12345"便民呼叫中心全年受理诉求2.4万件,处理满意率99.7%。全区设立6个行政服务分中心,便民服务代办点实现社区全覆盖。区行政服务中心全年办结审批20.12万件,所有审批事项流程均压缩至5个环节以内,群众满意率99.76%。组建专职巡防队伍,建设500套小区门禁系统,推动新建住宅小区建立警务室,社会治安满意率95.48%。开展安全生产大检查及"百日整治行动"。加强矛盾纠纷排查调处,化解各类矛盾纠纷1540件。年内获评"省法治县区创建活动先进单位"。

【高新技术产业】　推进福州软件园海峡软件新城建设,五期产业园7栋高层研发楼主体封顶,总部研发楼A楼竣工验收,动漫产业基地二期投入使用,引进神画时代、易联众、航天科技等110多家企业;园区获评"海峡国家数字出版产业基地",全年实现技工贸总收入300亿元,比增20%。加快福州高新区洪山园改造提升,推进华润城市综合体各项前期工作,中海油福建销售有限公司引进入驻;锐思软件等2家企业获评省级创新型企业,"工业自动化IAP新技术应用"和"多功能网络数字媒体终端芯片"2个产业化项目通过验收;园区全年实现技工贸总收入145亿元,比增10%。

闽江廊线绿道鼓楼段　　(鼓楼区政府办　供)

表 58　　2013 年鼓楼区街道(乡镇)基本情况一览

街道(乡镇)	辖地面积(平方公里)	人口		社区(经合社)(个)	财政总收入(万元)	地方财政收入(万元)	规模以上工业产值(万元)
		户数(户)	人口数(人)				
鼓东街道	1.084	19123	62483	5	81295	47429	62381
鼓西街道	1.837	24196	92571	6	28067	20223	2029
温泉街道	2.242	16774	49015	7	75344	44991	11552
东街街道	0.720	14411	46757	4	43513	29005	52117
南街街道	1.544	11086	32295	6	11622	9145	2043
安泰街道	1.588	10097	32856	4	30519	22560	13014
华大街道	3.349	18517	79768	9	31405	21938	57052
水部街道	1.310	23762	66595	5	37896	28993	36555
五凤街道	9.625	28247	82840	11	21095	11795	113515
洪山镇	12.401	10504	29872	12	51115	36321	583332

说明:数据来自鼓楼区公安分局、统计局　　(苏　成)

台江区

【概况】　台江区区域面积 18.86 平方公里。辖 10 个街道,有 52 个社区。常住人口 28.87 万人。

2013 年,台江区实施省级“五大战役”项目 11 项,年度投资 51.89 亿元,完成年度计划的 120.93%;实施市级“五大战役”项目 35 项,年度投资 102.55 亿元,完成年度计划的 122.83%;实施区级“五大战役”项目 107 项,年度投资 316.27 亿元,完成年度计划的 115.10%。

【经济建设】　实现地区生产总值 307.06 亿元,比增 11.1%,三次产业结构为 0:22.14:77.86;财政总收入 26.08 亿元,比增 7.6%,其中公共财政收入 16.01 亿元,比增 16.2%;工业总产值 154.21 亿元,比增 13.6%,其中规模以上工业增加值 31.02 亿元,比增 13.6%;全社会固定资产投资 299.14 亿元,比增 17.8%;社会消费品零售总额 325.99 亿元,比增 17.1%;出口总额 7.55 亿美元,比增 15.75%;进口总额 1.95 亿,比增 91.91%;城镇居民人均可支配收入 31461 元,比增 12.8%。

服务业　实现商品销售额 750.96 亿元,比增 19.22%。“苏万宝”商圈日均客流量 10 万多人次、商业体量超百万平方米;整合提升中亭街、特艺城、红星美凯龙等零散业态;中央第五街项目总投资 5.5 亿元,占地面积 13650 平方米,总建筑面积 8.67 万平方米,其中商业面积 9214 平方米,年内实现竣工招商;苏宁城市广场项目总投资 50 亿元,总建筑面积约 46.9 万平方米,年内项目一期开业。新增、提升限上商贸企业 58 家;海峡电子商务产业基地一期年销售额超 30 亿元,基地二期启动前期建设工作。“闽江游”年接待游客突破 15 万人次。兴业证券等 4 家公司被认定为全市首批总部企业,顶点软件等 8 家企业列入省级重点上市后备企业;“华莱士”等 33 个品牌申报驰名、著名、知名商标。海峡金融商务区、闽江北岸中央商务区全年完成投资 84.4 亿元,超年度计划 67 个百分点,其中 39 个落地项目中有 3 个项目竣工、10 个项目封顶、16 个项目在建。

招商引资　全年合同外资 2.4 亿元,比增 5.39%;实际利用外资(按验资口径)9789 万美元;签约外资项目 22 项,总投资 3.7 亿美元。世贸洲际酒店建成投用,皇冠假日酒店签约入驻;中国民生银行、郑和国际基金等入驻海峡金融商务区;神华集团、榕金实业等 13 个重大招商项目落地实施。

【城区建设与管理】　征迁工作　加快旧城改造,实施 13 片、50.93 公顷、约 51.2 万平方米房屋征收。上下杭历史文化街区地块全面动迁;完成地铁 1 号线达道站及枢纽大厦地块等 5 个征迁项目。

市政建设与管理　推进“三横六纵”“一江八河”轴线景观整治工作,完成西二环路等 8 条主要道路立面景观整治、群众西路等 10 处“拆墙透绿”以及六一路、白马路等主干道重要节点花化美化;闽江北港驳岸整治一期先行先试段和江滨中大道“拆墙退距”工程竣工;推进白马河、东西河等 6 个项目房屋征收及沿线景观建设;整治提升 73 个老旧住宅小区、12 条小街巷;提高“数字城管”系统运行效率;强制拆除正荣润城楼顶违章建筑。

社会管理　网格化社会综合服务管理信息系统区街两级平台建成投用;完成社区整合和社区工作服务站组建;金斗社区以及浦东、宁化等 5 个社区分别列入国家、省级和谐社区建设示范单位;全面推广环卫保洁市场化;提高“数字城管”系统运行效率。

【社会事业】　教育　全年投入教育事业经费 3.58 亿元。完成 1.1 万平方米校舍加固工程及台一小、三十六中教学楼新建任务;推进双虹小学、十四中等改建项目,改善办学面积 2 万平方米;十五中通过省二级达标校验收。完成国家基础教育质量监测工作;通过“全国义务教育发展基本均衡区”评估认定。区教育局门户网站被授予全国“区县级百佳网站”称号。

文化体育　开展“道德讲堂”“激情广场大家唱”等文体惠民活动;配合推进工人文化宫、海峡图书馆等项目建设;区图书馆获评“国家二级图书馆”;启动福州商务总会旧址等5处文保建筑保护性修复工程,完成白马桥、彬德桥文物修缮工作。完成社区多功能公共运动场所和10条健身路径新增任务。

卫生和计划生育　推广家庭医生签约服务模式;试点“健康小屋”社区卫生服务中心居民自助体检;建成60支社区卫生服务团队;更新完善33万名群众健康档案;创建“全国中医药工作先进区”通过省级评审;完成区妇幼保健院及实验室建设;落实基本药物零差价销售;社区卫生服务中心门诊人数比增12.6%,人均门诊费用下降8.3元。全年出生人口2538人,人口自然增长率2.3‰,出生人口政策符合率92.99%,出生人口性别比为102.07。

社会保障　全区各级财政用于民生支出6.32亿元,占公共财政预算支出的47.13%。完成年初确定的26项、年度投资5.17亿元为民办实事项目;运用公共就业服务智能平台,拓宽就业渠道,促进新增城镇就业7435人,下岗失业人员再就业2316人;城镇居民基本医疗保险参保人数7万人,社会养老保险实现全覆盖;全面实行低保对象实现“应保尽保”;落实各项优抚安置政策,发放低保金、医疗补助金、救济金1194万元,帮扶救助生活困难群众1.13万人次。

生态环境保护　新增城市公共绿地7.33公顷,内河截污2000余米,完成五一路、台江路等5条主次干道花化、彩化。落实节能减排、饮用水源保护、环境监察标准化建设等各项工作;东南饮用水源达标率100%。

平安建设　深化“平安台江”建设,完善“天网工程”等立体防控体系。落实安全生产责任制,重点实施燃气、消防、道路交通等9个专项整治行动,安全生产事故下降25.8%。人民群众对社会治安满意率94%。

表59　**2013年台江区街道基本情况一览**

街道	辖地面积(平方公里)	人口		社区(个)	规模以上工业总产值(万元)	财政总收入(万元)	地方财政收入(万元)	财政支出(万元)
		户数(户)	人口数(人)					
瀛洲街道	2.20	13433	36794	5	12308.20	7856.0	4733.5	1063.43
义洲街道	0.87	11729	31416	5	5348.50	5786.8	4094.9	680.86
洋中街道	0.88	9581	25125	4	63611.00	9865.2	5955.1	762.65
新港街道	1.35	13098	39178	5	1221176.00	38533.8	15079.6	722.14
上海街道	2.65	17402	47870	7	21081.10	14278.2	9682.3	942.83
宁化街道	2.90	8653	23172	5	26311.80	18089.7	11413.1	748.25
后洲街道	0.96	14924	37014	6	13018.50	16481.0	11365.0	864.33
茶亭街道	0.88	8924	24378	4	13050.00	17153.7	10740.3	748.49
苍霞街道	1.07	12963	33905	5	4571.50	4618.4	2416.3	996.51
鳌峰街道	5.10	10012	28359	6	28871.50	37095.3	26183.2	757.85

说明:数据来自台江区统计局、财政局

(郑　尧)

仓山区

【概况】　仓山区区域面积142平方公里。辖8个街道、5个镇,有64个社区、102个行政村。常住人口78.6万人。

2013年,仓山区实施区级“五大战役”项目124项,完成年度投资168亿元,超额完成全年任务;承担的43项市级“五大战役”项目完成年度投资141.65亿元,18项市级重点项目完成年度投资72.73亿元,均提前一个季度超额完成年度投资任务。

【经济建设】　实现地区生产总值356.6亿元,比增11%,三次产业比为0.78:57.2:42.02;财政总收入30.61亿元,比增16.5%,其中地方财政收入20.84亿元,比增25.4%;全社会固定资产投资总额375.39亿元,比增13.1%;社会消费品零售总额282.15亿元,比增17.2%;城镇居民人均可支配收入31233元,比增12%;农民人均纯收入15800元,比增11%。

农业　推动茉莉花茶产业发展,全区有56家茉莉花茶加工企业,约占全市同类企业数的80%。突破用地瓶颈制约,引导特色农业“飞地”发展,全年新增茉莉花基地、有机茶园等“飞地”农业基地806.67公顷。重点扶持春伦茶业、仙芝楼等农业龙头企业发展。

工业　实现规模以上工业总产值642.48亿元,比增13%。推动市高新区仓山园扩容提升;区科技创意产业中心启动建设,计划投资5000万元。推动传统产业转型提升、扩大产能,帮助25家企业申报实施厂房加层改扩建,至年底已获批12家;帮助企业申报省市企业技术改造和技术创新项目,累计获得项目支持补助资金1418万元。年内新增神蜂科技等重点上市后备企业4家。

服务业　加大引进总部经济项目力度，对接总部项目18项，促成华威集团总部大楼落地建设。樟岚总部基地项目进入土地报批程序，东扩企业3号安置地块进入总平设计阶段。建成中庚红鼎天下、红星国际(一期)，推进闽江世纪城、利嘉海峡国际商贸城建设。改造升级现有商贸企业，年内新提升商贸限上企业43家。福州海峡创意产业园(一期)建成开园，橘园创意广场完成主体工程改造；完成三江口文化旅游城(一期)主体工程建设，烟台山历史风貌区保护改造(二期)项目征迁工作基本完成。

招商引资　全年新批合同外资1.97亿美元，实际利用外资5613万美元。对接三维项目24项，其中外资总投资额12.72亿美元，比增30.8%；内资总投资额534.81亿元，比增20.7%。对接回归项目25项，签约融信综合体等3个项目，总投资额37.7亿元。

【城乡建设与管理】　城乡规划　区城市管理服务中心建成投入使用，实现区、镇(街)、村(居)三级城市管理政务网络全覆盖。完成第二批9个镇街道路保洁市场化，全面实现辖区道路保洁市场化运作。加大违法建设和乱倒渣土查处力度，全年拆除违法建筑536处、面积24万平方米，查处违法运输渣土车546辆。编制完成全区垃圾转运站中长期建设规划，新建垃圾转运站5座，改造提升公厕4座。

征迁安置　理顺征迁安置项目运作机制，全面实施城建企业整合改革，将原有20家城建和拆迁企业优化整合为7家。推动项目征迁扫尾工作，全年累计完成奥体中心主场馆、南台大道互通立交等32项、549.47公顷的净地交地工作，拆除旧房面积123万平方米，同步推进华侨城欢乐谷、鹭岭新苑、建平新苑等79个征迁项目前期工作。建成金闽二期东地块、东浦新苑等6项51万平方米安置房，安置回迁8208套、73万平方米，启动金闽二期西地块、金亭二期等5项50万平方米安置房项目建设，协调市直部门落实安置现房6178套、58万平方米。

市政建设与管理　完成飞凤路、马厂街等小街巷维修改造8条，公园路、菖蒲路等道路白改黑6条，人民公园小区、

南江滨堤外公园年内建成　　（郑春健　摄）

东升解困小区等旧住宅小区综合整治43个，建筑立面改造70幢；完成仓前公园提升改造，协同建成南江滨堤外公园，启动江心公园提升改造。

社会管理　健全“110”和“12580”为民服务工作模式，组织领导干部深入基层、企业5330人次，协调解决实际问题1335件。加快社区优化整合，全区社区居委会由89个整合为64个，提升建设下池社区、鹭岭社区等7个社区办公用房。

【社会事业】　科技与教育　全年实施各类科技项目32项，获得扶持资金1047万元；下达区级各类科技项目68项，安排项目资金2016.6万元；新增亿元以上高新技术企业5家，高新技术产业增加值占全区GDP比重达23.8%；新增工程(技术)研究中心4个、院士工作站5家，全区现有院士工作站17家，建站数居全市第一；新代实业、宜美电子获中国外观设计专利优秀奖；星网视易入选年度福建知识产权优势培育企业，仙芝楼等5家企业参与国家(行业)标准的制定工作，福州活力孵化器成为全省首家民营科技企业孵化器。加大教育配套投入，新建黄山保障房小学，协同完成三江口高级中学建设，新增学位5505个；新建上渡、东升等4所镇街中心幼儿园，新增学位1230个；完成校舍安全工程28项、总面积5.25万平方米；率先试行向民办学校购买服务，解决3701名外来务工人员子女就学难问题；组织238名教师参加轮岗支教。

文化体育　完成林森公馆、陈绍宽故居、石厝教堂、琉球墓等文物古迹修复保护工作，新增省级文物保护单位8处；区图书馆获评全国三级图书馆；举办第六届陈靖姑民俗文化节、首届海峡两岸汉服文化节等文化宣传活动；制作完成《寻找烟台山传奇》大型系列报道和《世界的烟台山》纪录宣传片。建成多功能城市运动场2个，新建健身路径26条、提升改造9条。

卫生和计划生育　东升、下渡等3家社区卫生服务中心建成投入使用，协同完成省立医院金山分院一期主体工程建设；开展居民健康管理、预防接种、孕产妇保健等11项免费公共卫生服务，落实H7N9、登革热等重大疫病防控工作；新引进卫技人员44人。全年出生人口6129人，人口出生率为13.36‰，政策符合率92.05%，出生人口性别比为107.41；年内兑现计生各类奖励金1183万元；新建3所规范化计生服务所，建新镇计生服务所达到国家级示范所标准。

社会保障　全年区财政用于民生支出11.3亿元。新增城镇就业人数17031人，转移农村富余劳动力3060人，免费开展被征地农民及进城务工农民的转岗再就业培训2246人次。建立区、镇、村三级劳动保障服务平台，在全省率先实现全区各行政村劳动保障工作站全覆盖。落实城乡居民最低生活保障制度，

3147户、6357人纳入城乡低保,发放低保金2032万元。被征地村的11.26万人纳入被征地农民养老保险范围,实现全区被征地农民养老保障全覆盖。提升居家养老服务水平,新建居家养老服务站10个,年内全区有居家养老服务站73个。

生态环境保护　开展"生态仓山"创建活动,完成壁头村农村污水治理试点工作,关停取缔非法环境污染企业18家,整治违法排污企业15家;完成造林绿化153.33公顷,新增绿地560公顷,人均公园绿地面积达11.32平方米;闽江流域仓山段水质达标率100%,3个饮用水源地水质达标率连续4年保持100%。组织开展主干道沿线和奥体周边、火车南站周边等重点区域的环境综合整治,完成73项环境综合整治项目。完成洋浛河、洪阵河等内河整治工作,推进龙津河、吴山河等6条内河整治;完成金山大道、南二环等主干道沿线店牌店招改造2.13万平方米,拆墙透绿工程12项。

平安建设　建成区社会服务管理中心和群众信访接待中心,加强各镇街综治信访维稳中心及三支队伍规范化建设。创新矛盾纠纷调解联动机制,调解民间纠纷503件,成功率97.2%。推进侦破命案、打黑除恶等专项行动,案件侦破率45.63%,同比提升99%,刑侦工作总体绩效位居全市第一。化解安置补偿、"两权证"办理、留用地资金兑现等历史遗留问题,在省下达的35件行政类历史积案中,已办结或息访息诉28件,化解办结率80%;妥善处理群体性、突发性事件94起。加强安全生产标准化建设,完成安全生产标准化国家三级达标建设任务。开展"安全生产重点整治百日行动",查处安全生产违法行为337起,关停"三合一"场所64家,督促整改各类安全隐患4662处。

表60　**2013年仓山区街道(乡镇)基本情况一览**

街道(乡镇)	辖地面积(平方公里)	人口		社区(村)(个)	财政总收入(万元)	地方财政收入(万元)	财政支出(万元)
		户数(户)	人口数(人)				
下渡街道	1.700	10804	30633	5	2635	1615	861.33
仓前街道	1.900	10007	29936	5	2671	1750	872.30
上渡街道	2.000	10325	29257	5	3278	2480	1129.52
临江街道	1.980	7562	21245	4	2508	1319	816.83
对湖街道	2.500	11969	33891	5	2080	1511	1031.14
三叉街街道	0.597	10276	28802	4	2851	1461	911.31
东升街道	1.200	—	—	3	1402	1198	992.06
金山街道	13.090	37011	105496	22	30826	26762	1970.34
仓山镇	5.800	—	—	11	16926	11567	5033.01
城门镇	55.000	25607	86487	25	22938	12758	1771.52
盖山镇	36.000	26293	85765	32	27464	15102	4397.03
建新镇	30.000	11507	33930	37	45039	37998	5274.52
螺洲镇	6.400	3701	11882	8	6989	3774	1807.53

说明:1. 仓山镇人口分别在对湖、仓前、上渡和下渡街道中统计;
2. 东升街道人口在三叉街街道中统计;
3. 淮安人口(户数1423户、人口数5363人)指农大及周边飞地人口,属建新镇辖区;
4. 数据来自仓山区公安局、统计局、财政局、民政局

(郑鑫欣　陈迎旭)

晋安区

【概况】　晋安区区域面积约552平方公里。辖3个街道、4个镇、2个乡,有66个社区、113个行政村。常住人口82.9万人。

2013年,晋安区40个"五大战役"项目完成投资147.8亿元,超计划91.1个百分点;28个市级重大项目完成投资128.9亿元,超计划91.5个百分点。年内获评中国最具投资潜力中小城市百强区。

【经济建设】　实现地区生产总值401.3亿元,比增10.6%,三次产业结构为1.18∶37.41∶61.41;公共财政总收入27.11亿元,比增15.8%,其中地方公共财政收入17.98亿元,比增19%;全社会固定资产投资351亿元,比增15.8%;社会消费品零售总额431.4亿元,比增14%;自营出口(海关口径)13.38亿美元;城镇居民人均可支配收入33464元;农民人均纯收入16767元。

农业　实现农业总产值84503万元,比增0.3%。实施"强龙带动"战略,新增省级农业龙头企业2家,实施科研

成果新产品数6个、新专利数4个。安排4900多万元资金用于扶持农业生产、培育都市现代农业,龙晶葡萄、快乐园艺等休闲观光农业园持续发展。投资2800万元开展宦溪镇省级农民创业园示范基地建设,推进北苑、美地等绿色食品基地标准化建设。

工业　实现工业总产值360.72亿元,比增13%,其中规模以上工业总产值325.82亿元、比增13.3%,增加值92.7亿元、比增13%。全区有规模以上工业企业79家,10亿元企业总数增至2家;新认定高新技术企业3家,新增省级企业研发中心8个,组织实施国家中小型科技企业创新基金项目3项;兑现各类扶持企业、稳增长资金2715万元。推进福兴经济开发区改造提升工作,完成河滨路改造,中辉、盛丰、盛辉等企业总部大楼建成招商。

服务业　实现服务业增加值246.48亿元。五四北泰禾城市广场投入运营,推进东二环泰禾城市广场、世欧王庄商业广场、紫阳商贸中心、洲际大酒店等重点服务业项目建设。推动现代物流、文化创意、研发设计、休闲旅游等新兴业态发展,园中物流园地块完成征迁;鼎鑫建筑创意园建成开园,闽台A·D园通过国家级广告产业园资格认定;桂湖温泉生态城一期项目开工建设;开展鼓岭国家级旅游度假区创建工作,游客服务中心、规划展示馆、停车场等设施建成启用。

招商引资　新批合同外资5267万美元,实际利用外资(验资口径)8839万美元。加强重点优势产业项目的储备和招商,对接项目20余项,总投资49亿元。

【城乡建设与管理】　城区改造　新启动并完成市二棉厂周边地块等18片、约3000户旧屋区的征迁交地,完成火车北站铁路文化宫等10个往年结转扫尾项目交地工作。加快安置房建设回迁,横屿鳝溪佳园等5个省市重点项目安置地共2150户居民实现回迁;王庄安置房基本建成,其中象园片完成回迁交房;桂湖片区、横屿组团安置房动工建设。

市政建设与管理　埔垱路、东浦路等14条市政路网开工建设,秀坂路等10条小街巷完成改造。投入1.7亿元完成国货东路等5条道路以及新店溪沿线、火车南北站动车沿线、江滨路海王药厂片区景观整治,投入5600万元完成77个旧住宅小区改造和环南、紫新两个片区成片小街巷整治。完成金鸡山公园改造提升一期工程,提升浦东河等6条重点整治的内河景观。完成平原镇街645万平方米主次干道保洁市场化运营。

社会管理　完成社区整合任务,将80个社区整合为66个。启动岳峰登云等3个"村改居"试点工作。73%的社区办公用房完成标准化建设。新建10个社区"一站式"服务平台投入使用。推行网格化社会服务管理,建成区数字化城市管理服务中心、6个镇街分中心和67个社区服务管理站。

【社会事业】　教育　年内通过国家义务教育发展基本均衡区评估验收。建成新王庄、东山新苑、横屿佳园等公立幼儿园,新增示范园17所,新建数字青少年宫12个、多媒体教室100间,新增学位2400个,接纳5000名外来务工人员随迁子女入学;鼓山中学通过省二级达标校验收,晋一小等3所学校通过省级语言示范校评估。

文化体育　完成新店等4个乡镇(街道)综合文化站改造提升,建成晋安区图书信息资源中心和首批15家社区电子图书阅览室;推出"零点周末讲坛"系列讲座活动;公布第三次全国文物普查不可移动文物名录,制定《福州市晋安区第一次全国可移动文物普查实施方案》。区体育馆开工建设,建成健身路径35条;承办庆新春登高活动及福州第七届海峡两岸十万人登山活动,举办区第四届运动会。

卫生和计划生育　基本公共卫生服务经费标准提高20%,更新升级区医院医疗设备,改善基层医疗机构就诊条件,全区113个村卫生所完成标准化建设。全年出生人口4241人,人口出生率9.77‰,出生人口政策符合率92.97%,出生人口性别比为107.38;实行计生特殊家庭救助、流动人口计生诚信奖励等政策,计生奖励扶助金发放总额比增69.5%。区妇联获"全国维护妇女儿童权益先进集体"称号。

社会保障　年内民生支出占全区公共财政支出的65%。新增城镇就业人员2.54万人、再就业人员2205人,转移农村富余劳动力2110人。开展居家养老服务站建设、星级评估等工作,完成7300套社会保障房建设。

生态环境保护　全面完成土地整治规划编制和基本农田划定工作。推动国家级生态区创建工作,新增城区绿地93.33公顷、垂直绿化点41个,植树造林980公顷,治理水土流失206.67公顷。开展重点流域水环境综合整治,安排8000多万元整治北峰山区畜禽养殖污染。

平安建设　深化"平安晋安"创建,人民群众对社会治安满意率93.97%。开展消防、燃气、危化品、建筑施工、道路交通、特种设备、食品药品等领域的安全生产重点整治行动,打击非法违法采矿专项行动通过省级验收,王庄街道、福兴经济开发区分别获评省级安全社区、园区,全区安全生产事故比降13%。

表61　**2013年晋安区街道(乡镇)基本情况一览**

街道(乡镇)	辖地面积(平方公里)	人口		社区(村)(个)	规模以上工业总产值(万元)	财政总收入(万元)	财政总支出(万元)
		户数(户)	人口数(人)				
茶园街道	4.7	17079	51866	12	12426	21460	4516
王庄街道	3.6	13020	34572	9	17477	10455	3184
象园街道	1.6	9377	26710	7	—	4140	2213

续表61

街道(乡镇)	辖地面积(平方公里)	人口		社区(村)(个)	规模以上工业总产值(万元)	财政总收入(万元)	财政总支出(万元)
		户数(户)	人口数(人)				
鼓山镇	50.0	35139	97085	38	1789065	33204	7451
新店镇	48.3	38184	94522	39	728723	20766	5531
岳峰镇	11.3	21767	60903	16	73762	23427	3646
宦溪镇	133.0	3496	12192	24	369009	5800	3038
寿山乡	170.8	3236	12217	22	240038	3032	3423
日溪乡	130.6	1842	6940	12	27696	1933	1938

说明：数据来自晋安区统计局

（方长旺）

马尾区

【概况】 马尾区区域面积275.58平方公里，其中福州经济技术开发区面积23平方公里。辖1个经济区、1个街道、3个镇，有12个社区、62个行政村。常住人口24.8万人。

2013年，省、市“五大战役”和重点项目提前完成全年计划，141项区重点项目完成投资133.5亿元。

【经济建设】 实现地区生产总值338.97亿元，比增13.2%，三次产业结构为1.7∶67.6∶30.7；公共财政总收入24.34亿元，比增22.3%，其中地方公共财政收入14.55亿元，比增29.5%；出口总额28.78亿美元，比增12.1%；全社会固定资产投资145.54亿元，比增50.4%；社会消费品零售总额102.21亿元，比增26%；城镇居民人均收入37321元，比增9.4%；农民人均纯收入17344元，比增11.5%。

农业 完成设施农业台湾蔬菜项目，建成琅岐蟹虾生态养殖基地。完成29种无公害农产品认证，认证面积1066.67公顷。11家农业龙头企业完成销售收入173亿元，比增13.5%。

工业 全区149家规模以上工业企业实现总产值849.73亿元、比增14.2%，增加值234.38亿元、比增13.1%。年内全区企业参与制(修)订各级标准81项；科立视触控面板一期试产，中国普天项目落地；开发区被认定为省物联网示范区；完成物联网国家新型工业化产业示范基地申报，物联网相关企业实现产值270亿元。

服务业 实现服务业增加值104.18亿元。中国—东盟海产品交易所落户马尾。名成水产2000吨级专用码头于11月25日正式启用，该码头为海峡水产品交易中心的配套项目，总投资6800万元，建设规模2000吨级，最大靠泊吨位3000吨级，设计年吞吐量30万吨。新增2家汽车4S店，福州大鞋城实现整体搬迁至马尾，推进名城城市广场、新华都、中环广场等城市综合体建设。光大等3家银行在马尾设立支行。

招商引资 签约对接“三维项目”36项，总投资116.5亿元，中建海峡、大德总部等10个“三维”对接项目落地。引进台资项目11个，投资额1.4亿美元。对台货运量28万标箱；对台小额贸易量3713吨，比增96%。

【城乡建设与管理】 城乡规划 配合福州市完成马尾新城控制性详细规划，细化快安、马江、长安、琅岐片区规划，完成产业发展、船政文化城等专项规划编制。

征迁安置 启动9个旧屋片区改造，解决儒江外垱和闽渔东片拆迁历史遗留问题。完成房屋征收47.51万平方米，实现当年拆迁、当年动建。启动118.49万平方米安置房、1200套保障性安居工程建设。

市政建设与管理 琅岐闽江大桥正式通车，结束琅岐、亭江依靠渡船通行的历史，该桥主塔高223米，钢箱梁结构，主线长1280米，主跨680米。琅岐环岛路全线动工，一期完工。启动琅岐围海造地项目。新建快洲路、经五路等12条市政道路，建成江滨路2座人行天桥。

东江滨公园年内建成开园 （于千 摄）

马尾大桥北互通工程、闽江防洪工程福州段(一期)、迷云山塘工程动工建设,完成琅岐千乙贰抢险、琅岐亭江农村安全饮水等工程。

社会管理　完成马江与船政、罗建与沿山社区合并,启动6个村委会的“村改居”工作。

【社会事业】　科技与教育　年内获评全国科技进步先进区称号。完成教育“两项督导”省级评估迎检工作;加大校安工程和学校标准化建设力度。师大二附小等13个项目开工建设,福州三中江滨分校、教育学院一附小魁岐分校、二十四中初中教学楼投入使用,新增学位1800个;师大二附中进入省一级达标校行列。

文化体育　举办“两马同春闹元宵”“两马”体育联谊赛、两岸船政文化研讨会、海峡论坛暨闽台(福州)特色庙会等系列活动。开展马限山景区整体提升工程,改造船政博物馆立面,复建船政衙门和前后学堂。开通“三坊七巷—马尾船政博物馆”观光巴士。建成马江壹号科技文化创意园。罗星塔、亭江炮台、戍守台湾将士墓群列入全国重点文物保护单位。闽安古镇列入闽台十大乡村旅游试验基地。马尾区图书馆、综合体育馆主体封顶,完成省市级全民健身工程。

卫生和计划生育　新增51名卫生技术人员,开发区医院引进市二医院管理团队,琅岐闽江口医院动工建设,完善马尾镇卫生院设备配套。全年出生人口950人,人口出生率6.52‰,出生人口性别比105.6。

社会保障　新增城镇就业8843人,转移农村劳动力2020人。城镇居民医保补助金、新型农村合作医疗标准分别提高至300元、360元,城乡居民实现养老保险全覆盖,企业退休职工人均退休费月增长292元。落实琅岐1500名高龄老人生活补贴。

生态环境保护　国家生态区创建工作通过环保部技术评估。完成青洲污水处理厂生化技改工程、快安污水处理厂2.5万吨改扩建工程,全区污水处理率达83.6%。新建雨污管道40.2公里。新建、改造5座生活垃圾转运站。白眉水库成为琅岐主要供水水源,全区饮用水水质达标率100%。空气质量优良率达98.9%。建成东江滨公园、魁岐生态休闲公园。全区新增各类绿地面积12.65万平方米,建成区绿化覆盖率42.29%,森林覆盖率48.1%。

平安建设　深化“平安马尾”建设,新增视频监控探头460个,完成15个无物业小区整治,社会治安满意率96.31%。安全生产事故比降12.8%。群众来信来访事项办结率98.1%,“12345”便民呼叫系统诉求件查阅率、回复率99.9%。

表62　**2013年马尾区街道(乡镇)基本情况一览**

街道(乡镇)	辖地面积(平方公里)	人口		社区(村)(个)	规模以上工业总产值(亿元)	财政总收入(不含基金)(万元)	财政总支出(一般预算)(万元)
		户数(户)	人口数(人)				
罗星街道	28.08	10682	34637	10	278.26	2223	1986
马尾镇	53.62	10452	33463	16	451.85	4168	2159
亭江镇	105.60	9935	27537	20	117.11	11080	3026
琅岐镇	88.28	21371	73184	28	2.51	11311	21431

说明:数据来自马尾区公安局、民政局、统计局、财政局　(王公略)

福清市

【概况】　福清市区域面积2430平方公里。辖7个街道、17个镇。常住人口127万人。另有旅居海外的华侨和新移民近90万人,遍布世界近120个国家和地区。

2013年,组织实施“项目建设年”活动,福清市417项“五大战役”项目完成投资473.64亿元,112项重点项目完成投资376.58亿元。年内获评2013年度中国中小城市科学发展百强县市、最具区域带动力中小城市百强县市、最具竞争力百强县市、旅游竞争力百强县市、福布斯中国大陆最佳县级城市、全国绿化模范单位和全国科技进步考核先进县市等称号;入选农业部、财政部认定的全国首批21家国家农业改革与建设试点示范区之一,为福建省唯一入选的县(市)区。

【经济建设】　实现地区生产总值667.9亿元,比增10.7%,三次产业结构为13.2∶51.1∶21.7;公共财政总收入63.84亿元,比增8.3%,其中地方公共财政收入43.2亿元,比增10.7%;全社会固定资产投资565.79亿元,比增19.1%;社会消费品零售总额241.34亿元,比增16.3%;城镇居民人均可支配收入3.23万元,比增8.7%;农民人均纯收入1.51万元,比增11.6%。

农业　实现农业总产值144.73亿元,比增5.1%。完成国家现代农业发展专项规划编制,实施15个总面积680公顷的国家立项农业综合开发项目;新增省级海洋龙头企业4家,福州市级以上农业产业化龙头企业12家;增加设施蔬菜、设施渔业面积313.33公顷,完成标准化水产养殖池塘改造266.67公顷。新签约对台农业合作项目3项,总投资4200多万美元。

工业　实现工业总产值1332.28亿元,比增13.3%,其中规模以上工业产值1255.24亿元,比增13.5%。新增高新技术企业5家,福州市级以上企业技术中心3个,福州产学研联合开发重点项目20项,中国驰名商标1个,马德里国际注册商标20个,省级名牌产品、著名商标32个,省重点上市后备企业2家;获评福州市政府质量奖5个。推进重点产业项目建设,核电4号机组正式开工,集佳油脂、经纬新纤、耀隆化工、东南电化、海欣药业等项目基本竣工或投入生产,天辰耀隆己内酰胺、中景石化、绿金纸业、宏港纺织、旭成科技等项目在建。

服务业　实现服务业增加值238.02亿元,比增9.3%。创元千禧大酒店正式营业,海峡商品交易中心一期投入运营,万达广场、裕荣汇等项目主体建设基本完成,江阴汽车整车进口口岸通过国家级验收并投入运营;成立市文化旅游开发建设总公司。全年接待游客285万人次,旅游业收入11.6亿元。新引进2家商业银行,获批筹建1家。

招商引资　全年新批合同外资2.87亿美元,实际利用外资2.121亿美元。组织参加各类大型招商活动,全年签订“三维”项目49项,总投资291.27亿元。

【城乡建设与管理】　城乡规划　完成观溪新区、东部新城、石竹山风景名胜区及配套区等城区8个重点片区控规编制,完善龙江综合治理防洪排涝等专项规划,建设福清市“一张图”管理平台和规划编制成果利用综合公共平台。

市政建设　新、拓建城市道路13.6公里,新增道路面积30万平方米,完成观音埔大桥、观音山隧道、龙江南路B段等路桥项目建设,实现环城路南段通车,动建大埔大桥、狮山隧道等项目,启动东部新城“一江四路”项目报批工作。实施城乡生活污水处理一体化、产业化试点工作,完成第二污水处理厂、高山、渔溪等3个污水处理厂BOT招标工作,新建污水配套管网30.4公里,新建成2座垃圾中转站,22个镇街垃圾直接运往福清市垃圾焚烧发电厂处理。新建、改造供水管网69.8公里,新铺设燃气管道20公里,建成LNG气化站2座,在建CNG汽车加气站1座。

小城镇和新农村建设　完成小城镇建设投资70亿元,推进龙田、高山、渔溪3个试点镇建设。推进新农村“百十一”工程建设,实施新农村建设项目135个,三山镇厚林村民住宅小区、江镜镇南宵村民住宅小区分别获评省级农民住宅示范小区、省级村镇住宅优秀小区。建成农村基础网络公路20.4公里,改造危桥5座,除险加固小(二)型水库7座,完成21户92人“造福工程”危房修缮及改造工作。

【社会事业】　教育　完成城区教育布局规划和农村义务教育学校布局规划编制;投入3.04亿元开展校安工程、薄弱校改造、城区扩容和幼儿园建设,实施开展教师校际交流工作,引进北京师范大学福清附属学校,新增4所中学通过省三级达标校评估验收,通过“义务教育发展基本均衡市”国家督导评估。

文化体育　推进“四大文化惠民工程”,“三馆”工程主体完成封顶,实施50家农家书屋规范提升;龙江桥列入第七批国家级重点文物保护单位。新建20条健身路径、2个多功能社区体育运动场;福清市获评全国柔力球之乡,渔溪、三山镇被命名为全国乡镇体育健身示范工程,福清市少体校获评国家高水平体育后备人才基地;举办“印尼之夜”福清专场、第四届海峡两岸宗鹤拳武术文化交流大会及3万人健步行、重阳节万人登山、全民健身节等活动,福清籍运动员在第十二届全国运动会中获得金牌3枚、银牌4枚。

卫生和计划生育　福清市医院新院一期、福清市妇幼保健院新院进入二次装修阶段,福清市第三医院住院大楼、东瀚镇卫生院门诊住院大楼工程封顶;实施村卫生所标准化建设30家;免费为城乡居民提供11类基本公共卫生服务项目,实现基本药物制度全覆盖。全年出生人口1.55万人,人口出生率11.93‰,出生人口政策符合率88.26%,出生人口性别比为105.15;开展流动人口均等化、免费孕前优生健康检查等计生优质服务,改造4个镇街计生服务场所,完成80%的村(社区)人口家庭公共服务室标准化建设。

社会保障　新增城镇就业3万人,转移农村富余劳动力6210人。城镇居民基本医疗保险参保率和新农合参合率分别达95%、99.98%,城乡居民养老保险参保率提高至98%。建成保障性住房864套,总建筑面积8.57万平方米,保障房配租配售率达82%。

生态环境保护　完成20个国家级生态镇街、22个省级生态镇街、375个福州市级以上生态村的创建工作,通过国家级生态市环保部技术评估和国家环保模范城市省级预评估。48家企业通过清洁生产审核,全过程治理丰泽农牧等8家大型畜禽养殖场,拆除53家畜禽养殖场、35.1万平方米,实施涉及6个镇街、4.43万人的农村饮水安全工程,启动江镜等11个镇污水简易处理系统建设,市级集中式生活饮用水源地、镇村饮用水源地水质达标率分别达98.9%和98.2%。投入10.8亿元实施78个城乡环境综合整治项目,开展“两高、三线”沿线景观整治,完成沈海高速宏路出入口连接线景观改造、福厦高铁福清段绿色通道建设、大真线龙江至高山段两侧绿化带改造提升及大北溪两岸公园、福百大道、清盛大道绿化、绿道建设,新增道路绿化面积6600平方米、公园绿地面积4万平方米,造林面积2678.07公顷。推进农村环境综合治理“五个一”工程建设,投入4.6亿元实施119个整治项目。

平安建设　推进公安警务改革创新,年内福清市获评全国社区戒毒社区康复工作示范单位。启动社会管理服务网格化工作,加强社区矫正工作。组织开展“安全生产重点整治百日行动”。

【江阴汽车整车进口口岸】　1月7日,福清市江阴港区汽车整车进口口岸通过海关总署牵头的国家级验收组验收,成为继大连新港、天津新港、上海港、广州黄埔港、广西钦州之后国内第6个正式投入运营的沿海整车进口口岸。该口岸已建成大车10吨检测线、小车3吨检测线各1条,年检测车辆5万余辆。

表63　　2013年福清市街道(乡镇)基本情况一览

街道(乡镇)	辖地面积(平方公里)	人口		社区(村)(个)	规模以上工业总产值(万元)	财政总收入(万元)	地方财政收入(万元)	财政支出(万元)
		户数(户)	人口数(人)					
玉屏街道	7.30	24884	71730	18	0	38644.80	24920.40	1694.07
龙山街道	34.00	18789	55400	17	91183	17944.53	12903.48	2094.72
龙江街道	31.10	11061	36039	11	593588	12164.29	6746.79	1271.16
音西街道	51.10	15086	47781	17	340042	97948.45	76557.17	5648.81
宏路街道	36.60	10397	33641	12	648511	57319.57	41760.46	3829.18
石竹街道	15.40	4995	15015	10	4311546	71589.72	34089.24	1538.04
阳下街道	69.00	12981	40272	23	2007947	38505.91	25417.01	2392.13
镜洋镇	88.60	8520	26267	17	856131	13520.54	5570.94	2619.30
东张镇	128.50	9581	31426	19	44592	4165.64	2014.22	1142.85
一都镇	108.00	3622	11791	7	0	241.35	172.30	1267.95
渔溪镇	115.30	15563	50007	22	209715	7867.42	4651.29	2614.71
上迳镇	52.53	9303	32610	16	260173	6411.75	2802.28	1219.26
江阴镇	69.75	23862	83470	23	882164	44555.88	22641.67	1866.63
新厝镇	73.60	7933	26775	16	133845	5669.97	4428.69	1043.70
海口镇	52.64	23727	75166	20	164290	5035.64	2679.24	1145.62
南岭镇	34.30	2185	7106	8	0	514.45	420.18	799.40
城头镇	70.50	17314	59524	26	1126650	14902.00	7050.30	1881.71
龙田镇	88.00	35252	129921	42	689658	14042.50	7804.14	2708.00
江镜镇	56.70	25629	98220	26	68601	4752.11	2639.64	1456.73
港头镇	45.00	24138	81032	31	46589	1093.77	673.44	1542.61
三山镇	102.00	34842	118501	36	37090	12577.82	9413.65	2779.18
高山镇	40.50	20228	69026	24	50165	7572.92	5044.86	2813.60
东瀚镇	74.00	12231	42712	17	0	766.95	485.11	1230.90
沙埔镇	40.00	13124	50300	22	12363	1320.71	890.73	1425.37

说明：数据来自福清市公安局、统计局、财政局、民政局　　（吴　晶）

长乐市

【概况】　长乐市区面积728.29平方公里。辖4个街道、12个镇、2个乡。常住人口71.2万人。

2013年，安排340项“五大战役”项目，全年完成投资264.9亿元，占年度计划投资的107.18%，其中86项列入福州市“五大战役”项目完成投资158.93亿元，占年度计划投资的132.87%。192个项目动工建设，其中87个项目建成投产或竣工；148个项目基本完成前期工作。经济综合实力继续位居第十三届全国县域经济“百强”县、2013年度福建省县域经济实力“十强”行列。

【经济建设】　实现地区生产总值485.07亿元，比增12.4%，三次产业结构为8.4∶67.1∶24.5；公共财政总收入(不含基金)47.46亿元，比增17.5%，其中地方财政收入28.35亿元，比增21%；全社会固定资产投资339.76亿元，比增23.4%；社会消费品零售总额124.25亿元，比增19.3%；出口总值5.14亿美元，比增4.8%，进口总值12.46亿美元，比增6.2%；城镇居民人均可支配收入33625元，比增11.3%；农民人均纯收入14839元，比增11.5%。

农业　实现农林牧渔业总产值75.46亿元，比增5%。设施农业面积400公顷，建成1个省级现代农业蔬菜产业化基地和4个蔬菜冷藏基地，希尔帆食用菌公司等4家企业获福州市现代农业创新基地认定，福州市级以上农业产业化龙头企业达21家。

工业　实现工业总产值1744.48亿元，比增20%，其中规模以上工业总产值1662.45亿元，比增20.5%。加快传统产业改造提升，规模以上纺织业、钢铁业产值分别达1080亿元和194亿元，实现千亿纺织产业集群目标。“数字福建”产业园动工建设,总规划面积9.07平方公里,重点打造云计算、物联网、电子商务、北斗地理信息、大数据、海洋文化数字内容等六大产业。雪人制冰生产基地、网龙动漫天晴楼、明一国际等重大项目建成。技术创新能力加强,实施锦江科技、吴航不锈钢等45项重点技改项目,完成投资72亿元,雪人股份“自动储冰送冰系统”获国家火炬计划立项,锦江科技、雪人股份等企业设立国家级博士后科研工作站,力恒锦纶等15家企业获评福建省科技型企业,全省工业企业技术改造现场会在长乐市举办。新增省著名商标6件,凯邦锦纶、阿石创光电子等3家企业获评福州市知识产权示范企业,长乐市获“福建省知识产权强市”称号。

服务业　加快鹤上钢贸城、十洋商务广场、松下粮食物流园区、冶金大厦等项目建设。董奉山景区、九龙山生态旅游景区获评国家AAA级旅游景区,豪生长山湖酒店获评五星级旅游饭店。新引进浙江稠州银行、福州农商银行,落户长乐银行业机构达20家。

招商引资　全年内资实际到资129.26亿元,比增18.8%;实际利用外资8771万美元。加强“三维”项目对接,引进金强建材、国创合纤等“三维”项目65项,总投资850亿元。

【城乡建设与管理】　城乡规划　加快推动城乡总体规划修编,完成海湾新城等8项重点区域控制性详细规划编制。

市政建设与管理　完善基础设施建设,建成漳湖路,改造完成航猴线,滨江滨海路、营滨路、东鹤路、两港路进行拓宽改造,福平铁路及长平、福州东绕城高速公路动工建设;建成松下22万伏变电站主体工程和龙门、渡桥、文武砂等3座11万伏变电站,完成松下港18号、19号5万吨级泊位主体工程,实施外文武海堤除险加固、首祉溪整治等35项重点水利项目。加强市政设施建设,完成吴航路(会堂路—南山路段)改造,实施长安公园二期、吴航路沿线、莲柄港绿道等绿化提升工程,新增绿地面积40公顷。提升城市综合管理水平,推进道路交通、市容环境、非法采砂、渣土运输等专项整治。开展打击违法建设专项整治月行动,拆除违法建设35处、面积9552平方米。加快重点区域建设,金港路、梅文路、鹏程路三期建成,宝钢不锈钢片区、大鹤片区等启动前期工作。首占营前新区“三纵三横”路网建成通车,消防抢险中心投入使用,电力调度中心、西岱湖景观整治等公建项目基本建成。

小城镇和新农村建设　开展“城镇化建设年”活动,实施384项城镇化项目,完成投资215亿元,占年度计划的116%,改善江田、古槐、金峰、漳港、文武砂等中心镇区环境,推进古槐青山等14个福州市“百村竞赛”村和潭头泽里等18个长乐市级精品示范村建设。

长乐市城市管理服务指挥中心　(长乐市政府办　供)

【社会事业】　教育　落实“两免一补”资金4273万元,投入1.1亿元实施53项校安工程,武警福州指挥学院和长乐一中新校区、附小一分校等4所城区新增学校动工建设。

文化体育　长乐市图书馆通过国家一级馆复评,长乐市博物馆获评国家二级博物馆;九头马古民居列入第七批全国重点文物保护单位;闽剧《苏秦还乡》获福州市第二届茉莉花文艺奖戏剧类一等奖,举办闽台海防文献展。新建30条社区、农村健身路径,长乐市体育中心、东湖水上运动中心等青运会场馆动工建设,举办第七届长乐市运动会。

卫生和计划生育　推进医药卫生体制改革,实现乡镇卫生院、社区卫生服务中心药品零差率销售全覆盖,长乐市医院外科综合大楼、红十字医院公共综合楼动工建设。全年出生人口7507人,人口出生率10.31‰,人口自然增长率5.61‰,出生人口政策符合率84.28%,出生人口性别比111.23。兑现各项计生奖励优惠政策,已婚育龄群众享有免费的基本计划生育技术服务落实率100%。

社会保障　长乐市财政用于民生支出24.1亿元,占公共财政支出的71.1%。投入资金12亿元办理惠民实事。推进就业、社保等民生工程,新增城镇就业8450人,转移农业富余劳动力7986人,城镇登记失业率1.9%。提高城乡低保、农村五保等各类优抚对象生活补助标准,全年发放各类补助金3460万元,城镇居民医疗保险补助标准由每人每年220元提高至300元,新农合参合率99.98%。开展医疗救助、扶贫济困、老区帮扶活动,救助金额2590万元,受益群众5.7万人次,市慈善总会被国家老龄委授予第一届全国“敬老文明号”称号。长乐市社会福利中心主体工程完工,建成2所乡镇敬老院和6个社区居家养老服务站。新建各类保障性住房490套,完成280户贫困残疾户和239户“造福工程”危房改造。实施墓地生态整治。

生态环境保护　莲柄港主河道整治鹤上段基本完工,实施营前、玉田等10个乡镇(街道)农村安全饮水工程,完成城区10个小区旧供水管网改造,配合完成大樟溪引水工程勘探、设计等工作。

推进"四绿"工程,实施机场高速、峡漳路沿线绿化景观整治提升,完成造林绿化1840公顷。完成14个国家级生态乡镇创建,并通过国家级生态市创建环保部技术评估,闽江河口湿地获评国家级自然保护区并入选"中国十大魅力湿地"。完成鑫海冶金脱硫工程,动工建设潭头污水处理厂,建成湖南、文武砂等8座乡镇垃圾中转站,长乐市牲畜定点屠宰场主体工程完工。

平安建设　开展普法依法治理工作,实现网格化社会服务管理乡镇(街道)全覆盖。规范城市管理服务指挥中心运行,"12319"爱长乐·城市贴心管家、"12345"便民呼叫中心等信息化服务平台受理群众诉求16035件,办结15800件,办结率98.5%。开展社会治安综合治理,全年破获各类刑事案件2010起、查处治安案件8825起。开展领导干部接访活动,接访群众5218人次,排查调处各类矛盾纠纷8066件,化解省、福州市交办的信访积案20件。加强食品安全专项整治,长乐市通过国家级商务综合行政执法试点城市和福建省食品安全示范县(市)验收。

【城市管理服务指挥中心投入使用】该中心位于长乐市区会堂路电信大厦七楼,总建筑面积1100平方米,2012年5月中旬开始建设,10月29日开始试运行。开发建设"12319"爱长乐·城市贴心管家指挥系统,包括社会综合管理、数字城管指挥、我心长乐、应急指挥、生态安全监管、公共场所监管、安全生产监管、社区矫正、特殊车辆监管等九大平台,实现对城区142个网格的网格协管员每日巡查工作情况进行监督,并对巡查中发现的及群众通过"12319"24小时热线服务电话、"12319"网站、"爱长乐"手机应用软件反映的各类事件做出处理。至2013年年底,受理各类事件11564件,办结11494件,办结率99.39%。

表64　2013年长乐市街道(乡镇)基本情况一览

街道(乡镇)	辖地面积(平方公里)	人口		社区(村)(个)	农林牧渔业总产值(万元)	规模以上工业总产值(万元)	财政总收入(万元)
		户数(户)	人口数(人)				
吴航街道	8.25	21361	54240	13	404	32107	51737
航城街道	57.00	13285	41113	20	16212	1102056	97494
营前街道	34.56	11317	36171	12	21815	729619	11257
漳港街道	42.40	16896	54575	19	67973	2430616	19572
首占镇	30.90	7797	28698	13	19791	60532	12516
玉田镇	54.50	11327	42368	11	37092	74735	1152
罗联乡	21.50	3393	11326	8	17233	40659	550
松下镇	38.60	7087	26264	9	36232	1892659	29088
江田镇	86.40	15616	56019	17	41293	2851812	20131
古槐镇	51.80	16824	60269	23	30616	408010	8810
文武砂镇	32.00	6435	22594	9	63875	965210	8692
鹤上镇	48.50	17729	60069	22	45283	1480895	18318
湖南镇	32.80	9703	29151	11	37253	1450860	30956
金峰镇	29.88	19967	70038	21	21726	912915	24545
文岭镇	28.80	10272	34729	12	82052	601738	16159
梅花镇	5.80	6068	15866	6	130334	102371	1216
潭头镇	56.00	17303	55473	23	74410	467635	5475
猴屿乡	19.60	1970	5097	4	10979	—	331

说明:数据来自长乐市统计局

(黄　强)

闽侯县

【概况】　闽侯县区域面积2136平方公里,辖1个街道、8个镇、6个乡,有323个行政村(居)。常住人口75万人(含上街大学新校区学生数)。旅居海外华侨及港澳台同胞20多万人,是福建省主要侨乡之一。

2013年,闽侯县在全国县域经济基本竞争力"百强县(市)"位次由第91位升至第86位,连续4年入选全省县域经济实力"十强县"、经济发展"十佳县"。

【经济建设】　实现地区生产总值377.46亿元,比增13%,三次产业结构为8.6:61.5:29.9;公共财政总收入(不含基金)74.06亿元,比增17.7%,其中

东南国际建材城规划效果图　　(闽侯县政府办　供)

地方公共财政收入47.9亿元,比增24.3%;全社会固定资产投资453.95亿元,比增19.3%;社会消费品零售总额137.8亿元,比增32.2%;城镇人均可支配收入32334元,比增9.5%;农民人均纯收入12122元,比增12%。

农业　实现农业总产值53.54亿元,比增4.9%。落实农林水资金投入4.7亿元,比增43%;发放粮食直补和农资综合补贴等1692万元;落实财政贴息贷款2641万元。发展果蔬、茶叶、花卉、食用菌等特色产业,新增15家龙头企业和重点基地,总数达70家,年销售额36亿元。实施农业综合开发,完成500公顷中低产田改造;投入2410万元,完成12个小农水项目建设;开发复垦补充耕地122.4公顷,实施农业"五新"项目60项。

工业　实现规模以上工业产值683.76亿元,比增16.8%。促进工贸企业稳定增长,兑现补助和奖励1.95亿元。支持东南汽车、奔驰汽车及配套企业发展,汽车产业实现产值228.53亿元;机电产业成为继汽车产业之后的第二个百亿产业群,实现产值133.76亿元;建材、工艺、食品、轻纺等产业分别实现产值77.97亿元、67.53亿元、54.24亿元和58.39亿元。全县新增规模产值96亿元,新提升规模企业16家。青口投资区东台、五虎山片区开发全面铺开,全区实现产值330亿元。闽侯经济技术开发区实现产值110亿元,一期延伸区及白沙园、竹岐园、鸿尾园加快建设。福州高新区海西园(一期)基本建成,"两园"区兆元光电、久策气体等4家企业加快建设。投入4000万元支持企业创新发展,新建院士(专家)工作站5个,落实产学研项目18项,海源机械获首届市政府质量奖,新认定高新技术企业3家,全县高新技术产业产值325亿元,连续7届获得"全国科技进步先进县"称号。

服务业　南通物流园入驻13个大型物流项目,总投资92亿元,其中普洛斯物流、东南国际建材城等4个项目动工建设。苏宁云商、海盛环球等11个在建物流项目加快建设,鹭燕医药物流等4个项目建成投产。海峡传媒港动工建设,成为国家级广告产业试点园。新入驻3家股份制银行。实施政府与建行"善融商务"合作项目,推进本地产品网上分销。推进金水湖、八闽文化等旅游综合体建设,旗山森林温泉度假村(二期)建成开业;年内举办"美丽闽侯"旅游摄影大赛;全县接待游客215万人次,实现旅游总收入4.2亿元,分别比增22.9%和23.5%。

招商引资　实际利用外资(验资口径)1.9亿美元,比增6.2%;实现出口11.5亿美元,进口3.7亿美元。加强"三维"对接,实施"回归工程",举办"5·16"海峡两岸经贸交易会闽侯专场招商会,全年对接"三维"项目53项。新引进天泽国际商贸城等超千万美元外资项目9项,总投资10.8亿美元。对接中科院计算所,成立福州(闽侯)中科数据应用技术研究院(中科院计算所福州分所)。启动实施"闽侯县高层次人才集聚工程",成立人才发展基金,表彰第一届14名优秀人才。

【城乡建设与管理】　加快推进"五城"建设。县城新区科技中心、文化中心、市民广场等项目建成投用;旧城改造安置房建成27幢3216套;推进竹岐新区道路、水利等基础设施建设,推进316国道(苏洋至闽侯大桥段)拓宽改造;荆溪大道部分建成投用,江滨路实现通车;白沙旧街景观改造(一期)等项目完工。加快青口汽车城建设,中央公园、体育馆等项目在建,东台大道、公交首末站等基本建成,尚干淘江大道启动建设,祥谦峡南安置房建成回迁。推进南通物流城建设,新南港大桥全线合龙,完善物流城一期(海峡农副产品批发物流中心)商业配套,海峡鑫天地建成招商;二期(物流园)开发全面启动,商贸大道基本建成。推进南屿科技城建设,五都大道、晓岐路等项目在建,"两园"区安置房(一期)基本建成。完善上街大学城服务功能,旗山大道全面建成通车,新西客站、福建中医药大学附属第三人民医院投入使用。

城乡规划　编制完成闽侯县城乡发展战略规划。初步完成大县城总体规划,推进鸿尾、洋里等乡镇总体规划和控制性详细规划编制,完成137个行政村(居)规划修编。

新农村建设　出台加快山区半山区发展政策,各山区乡镇年内安排财政资金3000万元以上用于公共服务项目建设,已落实26项,总投资5.1亿元。实施新一轮“双百工程”,建设白沙孔元、南通洲头等精品示范村。“造福工程”完成搬迁480户2047人。新开通县内公交线路3条,新建成通自然村公路40公里。完成冬春修水利、水毁工程修复等年度任务,饮水安全工程惠及15.4万人。动建1000千伏福州(大湖)特高压变电站,建成南屿变电站、南通变电站(二期),各乡镇实现10千伏双回路供电。

【社会事业】 教育 实施东南学校(小学部)等24个项目,县实验幼儿园(新园)、五虎山小学等基本建成,扩容学位1300个。闽侯一中晋升省一级达标校,县教师进修校获评省级示范校。在福州七县(市)中率先实现高中阶段免学费。

文化体育 县图书馆、文化馆等文体设施建成投用。青橄榄合唱团获第六届“海峡两岸合唱节”比赛银奖,推进开展全民健身、激情广场、民间曲艺及文艺下乡巡演等群众性文体活动。开展可移动文物和非物质文化遗产普查工作,林森故居等16处文物点提升为省级文物保护单位。

卫生和计划生育 县人民医院和荆溪、廷坪卫生院门诊病房大楼投入使用,成立小箬乡卫生院,全县新增床位130张。全年出生人口7835人,人口出生率11.73‰,出生人口性别比110.67。

社会保障 全年县财政安排34亿元用于民生事业,比增35.1%,占公共财政支出58.7%。新增城镇就业1.2万人,转移农村富余劳动力8800人。城镇居民医保和新农合支出2.1亿元,惠及17万人;被征地老龄农民生活补助支出8790万元,5万人受益;建成保障性住房1658套。

生态环境保护 青口新区污水处理厂、城关污水处理厂(二期)基本建成,新增日污水处理能力3万吨,上街、南屿等乡镇垃圾转运站建成投用。完成324国道景观整治等15个项目;福银、沈海高速沿线景观通道绿化36公里;全县造林绿化4867公顷,新增公园绿地20公顷。加强企业技改升级,淘汰落后产能企业1家,实施节能改造5家,完成减排项目16项。开展闽江流域水环境综合整治,拆除禁养区内养殖场所10.9万平方米。

平安建设 开展安全生产重点整治“百日行动”,推进企业安全生产标准化建设。开展道路交通安全综合整治“三年行动”,投入5000多万元实施道路安保工程。加强社会管理综合治理,持续开展县领导大接访活动。

【南通商贸物流城建设】 推进南通商贸物流城建设,一期农副产品物流区(即海峡农副产品批发物流中心)占地161.73公顷,年内建成投入使用;二期专业产品配送区(即南通物流园)占地253.33公顷,规划建设建材批发市场、大型物流企业和综合配套设施。至年底,南通商贸物流城累计落户大型物流项目13个,总投资92亿元,其中永辉物流仓储中心、东南·国际建材城、新加坡普洛斯物流、华威莱多多等4个项目动工动建,总占地106.67公顷,总投资30.38亿元。

表65 **2013年闽侯县街道(乡镇)基本情况一览**

街道(乡镇)	辖地面积(平方公里)	人口		社区(村)(个)	农林牧渔业总产值(万元)	规模以上工业总产值(万元)	财政总收入(万元)
		户数(户)	人口数(人)				
甘蔗街道	47	16596	45056	17	13621	765068	130194
青口镇	127	26637	83907	40	68895	2529422	198526
尚干镇	5	5930	17634	13	9058	153268	11076
祥谦镇	89	19275	63201	20	50451	613245	23107
南通镇	112	16568	46799	17	59069	143662	10077
南屿镇	171	20359	60921	24	32913	764808	96595
上街镇	157	20929	83464	23	15544	337380	87955
荆溪镇	131	15050	46568	19	54103	1064106	33248
白沙镇	175	10290	33913	25	28784	89464	6814
竹岐乡	224	8483	29187	22	38796	137069	5823
鸿尾乡	157	9638	33609	20	34920	216418	4582
洋里乡	151	8778	30761	23	45138	10671	916
大湖乡	282	9324	33431	23	43709	10503	557
廷坪乡	217	10023	36397	25	22088	2510	611
小箬乡	46	2754	10155	8	12305	0	541

说明:数据来自闽侯县统计局

(施理光)

连 江 县

【概况】 连江县区域面积4280平方公里。辖16个镇、6个乡,有274个村居。常住人口约56.5万人。

2013年,实施“五大战役”项目200项,完成投资157.05亿元,占年度计划投资的119.2%。实施重点项目186项,完成投资151.48亿元,占年度计划投资的121.1%。在2013年度福建省县域经济评价中,连江县进入经济实力“十强”县、经济发展“十佳”县行列。

【经济建设】 实现地区生产总值302.54亿元,比增10.6%,三次产业结构为35.4:38.5:26.1;财政总收入(不含基金)37.88亿元,比增32%,其中地方财政收入28.61亿元,比增38.1%;财政支出40.26亿元,比增37.7%;全社会固定资产投资341亿元,比增32.2%;进出口总额4.26亿美元,比增2.6%,其中出口总额3.55亿美元,比增5.7%,进口总额0.71亿美元,比降10.3%;城镇居民人均可支配收入27765元,比增10.9%;农民人均纯收入11611元,比增12.4%。

农业　实现农林牧渔业总产值168.07亿元,比增5.2%。实现水产品总量81.9万吨,比增7.38%;水产品加工量47.4万吨,比增8.15%。省级农民创业园建设全面展开,蔬菜加工基地、水产育苗加工基地等5个重点项目建成。全年发放涉农补贴2.57亿元。年内连江县被国家农业部确定为全国基层农技推广示范县。福建省现代渔业产业园落地连江。国家质检总局正式批准“连江鲍鱼”为国家地理标志保护产品。梭子蟹养殖技术规范、鲍鱼罐头加工技术规范成为福建省地方标准。新改建农村公路26.1公里,完成公路安保工程60.5公里。组织造福搬迁380人,改造农村危房550户。实施水利重点工程5项,解决51个行政村11.79万人饮水安全问题。农村有线广播应急预警系统建成,实现县、乡、村三级联播联控。

工业　实现规模以上工业产值387.66亿元,比增17.8%;规模以上工业增加值108.11亿元,比增14%;规模以上工业销售产值380.02亿元,比增17.7%。工业产品销售率98%。兑现县级企业发展专项资金750万元,60家企业获得“两税”即征即奖扶持资金2371万元。锦程高科、茶花塑料、吉百年食品等项目竣工投产,神华储煤中转发电一体化、中石油钢管制造、恒捷综合化纤等项目动工建设,己内酰胺一体化项目落地。

服务业　实现社会消费品零售总额77.26亿元,比增18.2%,其中限额以上企业零售额25.37亿元,比增38.1%;大个体零售额3.75亿元,比增10%;限下零售额48.14亿元,比增18.2%。溪山温泉酒店、西方财富酒店主体建成。贵安温泉公园建成,世纪金源五星级酒店、水世界、欢乐世界等项目开业,开通3条福州城区至贵安旅游区公交专线,贵安旅游区游客接待量突破100万人次。黄岐对台小额贸易口岸实行开放式管理,黄岐对台客运口岸启动建设。青岛啤酒梦工厂于8月12日获批成为省级工业旅游示范点,东湖天竹村于10月被列为闽台乡村旅游试验基地。年内稠州银行、平安银行、农村商业银行、浦东发展银行等入驻连江县。

招商引资　新批合同外资1.786亿美元,比增196.27%;实际利用外资8575万美元,比增25.7%。实际内资到资57.07亿元,比增42.25%。组织参加“5·18”海峡两岸经贸交易会、“亲情回归”恳谈会、民营企业产业项目对接会、“9·8”中国国际投资贸易洽谈会等招商活动。全年对接“三维”项目61项,总投资770亿元。

【城乡建设与管理】 城乡规划　编制完成东浦新城北区控制性详细规划、县城环境卫生专项规划和县域绿道网总体规划,启动县城核心区和连江经济开发区青塘片区控规编制。

市政建设与管理　完成桶街片区一期改造,启动敖江路三期工程建设。杭下河改造、污水处理厂三期工程、城区第一水厂技改扩建等项目完工。金凤路、客运东站周边路网通车,江南路开工建设。完成八一六路街景改造和通港大道一期绿化工程。启动县数字化城市综合管理服务平台建设,开展打击违法建设、乱摆摊设点、渣土车辆“滴洒漏”等专项整治行动,年内获评“福建省卫生县城”称号。

【社会事业】 科技与教育　全县经省认定的高新技术企业共4家,企业与高校、科研院所开展“产学研”合作项目10项;全年专利申请量168件,其中发明专利42件,实用新型专利83件,外观专利43件。投入2.7亿元建设49个校舍及配套项目,完成80所农村学校标准化建设,新改扩建乡镇公办中心幼儿园4所;福州一中贵安学校建成招生。

文化体育　县图书馆、文化馆、博物馆实现免费开放;启动第一次可移动文

可门储运中心装卸船机　　(连江县政府办　供)

物普查工作;举办民俗文化活动20余场,放映农村公益电影3400余场;百姓文化长廊、海峡传统文化街等正式开放,推进海峡文化创意产业基地建设。推进体育公园建设,举办县第十三届运动会。

卫生和计划生育　推进医药卫生体制改革,55个村级卫生所试点药品零差价销售;县"120"急救中心扩建、县医院医技楼改造完成,县卫生监督综合楼、琯头和官坂中心卫生院病房楼投入使用。全年新出生人口8972人,人口出生率为13.27‰,人口自然增长率为6.59‰,出生人口性别比为110.12。

社会保障　新增城镇就业3225人,转移农村富余劳动力6954人。提高城乡居民社会养老保险和被征地收海农渔民养老保障标准、城乡低保标准,"五老"遗偶实行生活定补。加快连江县社会福利中心建设,开展居家养老试点工作。开征价格调节基金,修订价格补贴联动机制,居民消费价格总水平涨幅控制在2.1%以内。推进保障性安居工程,完成195套保障房和300套棚户区改造安置房建设,配租廉租房165户。

生态环境保护　县生活垃圾焚烧发电厂正式并网发电。开展美丽乡村建设,建立农村环境综合治理奖补机制。年内通过省级生态县考核验收。加强饮用水源保护,石板材集中加工园区污水处理设施基本建成。开展墓地生态整治。全年完成造林绿化3万公顷。

平安建设　深化"平安连江"建设,社会治安满意率达95.4%。开展安全生产大检查和"百日专项整治行动",成立村级安全监管员队伍。实施信访事项"路线图",开展县、乡领导大接访活动。

表66　**2013年连江县街道(乡镇)基本情况一览**

街道(乡镇)	辖地面积(平方公里)	人口		社区(村)(个)	农林牧渔业总产值(万元)	规模以上工业总产值(万元)	财政总收入(万元)
		户数(户)	人口数(人)				
凤城镇	6.19	21423	70310	14	777	3876	16901
敖江镇	41.54	10744	37815	14	6298	426216	34164
江南乡	75.18	7533	25329	16	11971	7607	6054
东湖镇	45.85	5014	16929	10	11683	30845	2217
浦口镇	52.40	10748	38356	14	67365	9053	2642
东岱镇	24.73	10082	36369	9	91198	15994	2359
晓澳镇	20.08	11219	37776	7	151280	61436	3743
琯头镇	61.09	18258	57291	28	192470	114897	10244
潘渡乡	142.87	5879	20419	11	46617	—	12778
小沧乡	65.24	1190	4399	5	2486	—	130
丹阳镇	111.53	8521	29035	19	24488	30677	1965
蓼沿乡	124.57	8218	29666	23	10277	19529	1671
长龙镇	66.51	3788	12851	7	18053	—	1630
透堡镇	25.81	6052	22402	8	36491	1552	3950
马鼻镇	38.82	12388	46190	15	70709	2476	7676
官坂镇	49.44	8813	32982	16	75483	3598	1687
坑园镇	39.33	6030	23246	8	107964	6964	3089
下宫乡	32.36	3827	15232	9	42913	12735	1844
筱埕镇	32.99	8279	28501	11	125841	56410	2038
黄岐镇	13.43	7402	25004	11	268357	17388	1422
安凯乡	30.87	5019	17716	11	105193	21835	652
苔菉镇	8.30	7895	26759	8	285134	8234	1163
其他	—	—	—	—	107683	229773	258781

说明:数据来自连江县统计局

(陈　鸿)

闽 清 县

【概况】 闽清县区域面积1466平方公里。辖11个镇、5个乡,有291个村(居)。常住人口30万人。有20多万侨胞旅居新加坡、马来西亚、印尼等12个国家和地区。

2013年,闽清县实施5个省市重点项目、12个市级“五大战役”项目,总投资138亿元,年度计划投资25亿元,完成年度投资28.8亿元。

【经济建设】 实现地区生产总值117亿元,比增11%,三次产业结构为17.7:57.6:24.7;财政总收入11.6亿元(不含基金,下同),比增16%,其中地方级财政收入6.3亿元,比增29.8%;海关出口总值1.16亿美元,比增12.1%;全社会固定资产投资40亿元,比增26.6%,其中工业固定资产投资13.2亿元,比增33%;社会消费品零售总额32.2亿元,比增15%;城镇居民人均可支配收入22602元,比增9.8%;农民人均纯收入10317元,比增11.4%。

农业 发放种粮补贴、农资综合补贴等1376.95万元。完成粮食播种面积1.22万公顷,实现产量7.35万吨。新建名优水果示范基地80公顷,新植油茶333.33公顷、“铁观音”20公顷,改造中低产茶园100公顷。新增2家省级农业龙头企业,全县21家市级以上农业龙头企业实现销售收入7.64亿元,带动农户增收1.6亿元。实施冬春水利及水毁工程修复,完成三溪等5个乡镇第一批全国小农水重点县项目建设,除险加固水库9座,新增和改善节水灌溉面积486.67公顷,治理水土流失24平方公里。完成3个乡镇733.33公顷国家农业综合开发土地治理项目和5个乡镇5万多人安全饮水工程建设。

工业 全年签约会审19个工业项目,总投资22.08亿元;浩通管业等9个项目竣工投产,兆兴户外等31个项目动工建设;新东方等16家陶瓷企业投入2.91亿元实施技改扩产。推进陶瓷企业清洁生产,联兴等7家建陶企业和百纳等12家电瓷企业使用天然气。全年新增省市著名商标10件。建成陶瓷科技孵化器一期主体工程,一期建筑面积20320平方米,建有1幢陶瓷技术服务中心大楼和2幢孵化厂房,于5月初竣工验收,并有2家企业签约入驻;启动陶瓷科技孵化器二期工程和福建省陶瓷电瓷产品质量检验中心建设,其中二期工程计划建筑面积20976平方米,于4月5日动工建设。新增建筑企业36家,实现建安产值145.68亿元、建安税收1.77亿元,分别比增76.68%和97.26%。

服务业 新增物流企业2家。完成省璜等4个乡镇农贸市场升级改造。恒晟晶都步行商业街投入运营,初步形成华侨城至恒晟晶都商业零售圈。投入3100万元,完善七叠、黄楮林、大明谷等温泉旅游景区设施和新建水口电站工业游展览馆。全年接待游客64.75万人次,实现直接经济效益7787.5万元。金融机构新增中小企业贷款2.72亿元,比增34.69%;全县涉农贷款余款30.97亿元,比增6.68%。

招商引资 内资实际到资14.6亿元,比增36.9%;实际利用外资425万美元,比增6%。参加“6·18”“9·8”等大型招商活动,举办坂东十八坂商贸旅游文化节和闽清旅游、物流福州专场招商推介会。全年引进156个项目,总投资79亿元。引导企业拓展国际市场,新增自营出口企业10家,出口交货总值达6.2亿美元(按商检统计口径),比增13%。实施“回归工程”,引进回归企业11家。与马尾区、闽侯县开展对口协作,全年承接产业转移项目3个,总投资3.25亿元;实施20个对口协作项目,总投资2771万元。

【城乡建设与管理】 重点项目建设 实施重点项目31个,总投资117.1亿元,完成年度投资34亿元,其中梅溪新城完成投入4.3亿元,完成一、二期安置征迁和172公顷土地预征收,加快一期安置房、防洪景观工程、一期路网等配套设施建设,首期6.3公顷开发用地完成出让;白金工业园区完成二期主干道路4.19公里建设,维达电器等23个项目入区动建;完成宝新电瓷园护岸、主干道工程建设和25.33公顷土地对外招商;东桥产业新城完成园区控制性详细规划编制和53.33公顷土地征迁,一期8.898公顷工业项目用地挂牌出让;福银高速公路闽清(梅溪)互通口基本完成路基工程;合福高速铁路闽清段全面进入铺轨阶段;京台高速公路闽清段完成路基工程60%。推进闽清北溪闽江大桥、合福高速铁路闽清北站站前广场、葫芦门水库等重点项目建设。

旧城改造 完成恒晟晶都等房地产项目开发和北青路、天行大桥等城市基础设施建设,天行新区二期、城北猴山片区等开发建设进展顺利,基本完成梅溪路南段路基工程建设。

市政建设与管理 实施城区主干道两侧人行道整修和下水道管网改造,建

合福高速铁路闽清段进行铺轨施工 (刘建新 摄)

成梅溪绿水一级壅水坝工程，实施城区主干道“白改黑”和重点区域景观改造，完成5条小街巷提升改造和8条道路亮灯工程建设。加快推进城乡便捷通道建设。继续推进新一轮农网升级改造，完成2个35千伏以上变电站和相关输电线路建设。

小城镇和新农村建设　推进坂东坂中、雄江梅雄等22个美丽乡村建设；完成福银高速公路闽清段及白金连接线沿线建筑立面改造。完成国省干线、镇镇有干线和县乡村道路规划编制，投资1.98亿元的“镇镇有干线”白中里洋至池园潘亭段、东桥溪沙至朱山段等道路新改建工程全面动建，改造5座农村危桥，硬化村通村和通自然村道路30公里，实施农村公路安保工程153公里。实施城乡环境综合整治，完成3个乡镇垃圾中转站和5个乡镇生活污水处理站建设。

【社会事业】　科技与教育　建立云龙、池园、坂东等3个农村星火科技培训基地，新增省级科技创新项目1项、省级企业技术中心1家、市级知识产权示范企业1家、农业创新基地1家、市级专家工作站3家。县一中体艺馆建成投入使用，新建、改扩建10所乡镇公办幼儿园，80所义务教育学校标准化建设通过市级验收；实施8项校安工程，新扩建校舍8500平方米，拆除改造校舍危房9600平方米。

文化体育　完成“三中心”“三馆”综合楼建设，吴孟超院士先进事迹展示馆正式对外开放，改造3个乡镇综合文化站。建成县级全民健身路径15条。

卫生和计划生育　六都医院病房大楼、梅城社区卫生服务中心综合楼和县医院急救中心建成投入使用，下祝卫生院门诊楼主体竣工；公开招聘84名卫生专业技术人员。全年出生人口4692人，人口出生率14.19‰，出生人口政策符合率84.27%，出生人口性别比108.81。

社会保障　全年县财政用于民生支出9.92亿元，占公共财政预算支出的68.4%，比增18.5%。新增城镇就业2396人，转移农村富余劳动力5985人。扩大城镇职工基本医疗保险覆盖面，新增参保单位92家，新增参保职工1137人。完成城乡居民养老保险参保登记13.3万人，3.63万人享受基础养老金；城乡居民基础养老金标准由每人每月55元提高至85元。推进新农合医疗制度和城镇居民基本医疗保险制度，全县3.37万人次参合农民和1.2万人次参保居民得到住院及特殊门诊补偿。被征地农民养老保障待遇标准提高至每人每月150元。推进社会保障性住房建设，建成488套保障房，分配出租442套。实施农村造福工程危房改造400户。完成83户贫困残疾人安居工程建设；农村低保标准提高到年人均1900元；农村五保补助标准由每人每月200元提高至430元，集中供养提高至516元；城市低保标准统一提高至每人每月400元；减免城乡困难群众基本殡葬服务费；全年发放低保金、医疗补助金、救灾款4008.7万元。

生态环境保护　开展大气污染6个专项整治，取缔10家非法经营企业，责令关停42家烟尘排放企业。加强重点流域水环境综合整治，清理禁养区畜禽养殖场，省级生态县创建工作通过市级验收。实施“四绿”工程，投入1350万元实施福银高速公路闽清段森林生态景观示范工程，全县造林面积4533.33公顷，塔庄镇创建绿色乡镇通过市级验收。

平安建设　开展安全生产大检查和重点整治“百日行动”等活动；加强基层司法所和综治信访维稳中心建设，完善城乡社会治安防控体系，社会治安满意率96.91%。

表67　**2013年闽清县街道(乡镇)基本情况一览**

街道(乡镇)	辖地面积(平方公里)	人口		社区(村)(个)	农林牧渔业总产值(万元)	工业总产值(万元)	地方财政收入(万元)	地方财政一般预算支出(万元)
		户数(户)	人口数(人)					
梅城镇	9.27	13949	40483	12	3931	59983	9048	954
梅溪镇	144.13	6892	22796	21	24740	55929	3559	635
云龙乡	40.42	3631	11664	10	26498	286842	646	527
白樟镇	80.78	5613	18704	14	25569	258632	1788	414
金沙镇	156.67	4288	14222	19	24084	57177	314	437
白中镇	41.80	5530	18963	14	15092	284470	2375	319
池园镇	89.47	7129	24174	20	19545	155623	1290	439
上莲乡	122.68	3794	13373	18	22087	6391	92	384
坂东镇	58.53	13203	43989	28	32580	63686	1138	542
三溪乡	47.00	2994	9759	12	13078	1031	10	253
塔庄镇	73.27	7543	25956	25	29226	12798	647	652
省璜镇	116.67	5575	20050	27	27569	2133	857	376
雄江镇	111.2	2138	6198	13	16013	10736	127	298

续表 67

街道(乡镇)	辖地面积(平方公里)	人口		社区(村)(个)	农林牧渔业总产值(万元)	工业总产值(万元)	地方财政收入(万元)	地方财政一般预算支出(万元)
		户数(户)	人口数(人)					
橘林乡	107.2	2123	6874	13	14838	9227	191	335
东桥镇	187.34	5991	22146	23	27395	38558	558	585
下祝乡	80.14	5481	20520	22	23671	1649	41	342
其他	—	—	—	—	—	194993	—	—

说明:数据来自闽清县统计局、财政局 (何 云)

罗 源 县

【概况】 罗源县区域面积1187平方公里。辖6个镇、5个乡,有196个行政村(居)。常住人口20.5万人;户籍人口25.6万人,其中畲族人口占8.1%,为福建省畲族主要聚居区和老区县之一。

2013年,罗源县80项"五大战役"项目完成投资124.9亿元,超年度计划32.2个百分点,其中24项市级"五大战役"项目完成投资99.2亿元,超年度计划84.7个百分点。年内罗源县被认定为"参照享受原中央苏区县政策待遇县",获评国家"义务教育发展基本均衡县"、省级"园林县城"、省级"双拥模范县"、省级"平安先行县"等称号。

【经济建设】 实现地区生产总值162.49亿元,比增10.7%,三次产业结构为17.4:68.2:14.4;公共财政总收入17.2亿元,比增26.1%,其中地方公共财政收入12.26亿元,比增29.3%;全社会固定资产投资143.58亿元,比增22.1%;社会消费品零售总额34.86亿元,比增15%;城镇居民人均收入23986元,比增10.8%;农民人均纯收入10521元,比增12.5%。

农业 实现农业总产值48.7亿元,比增4.7%。实现食用菌产量9.3万吨,水产品产量13万吨;新建和改造生态茶园180公顷,建设丰产毛竹基地433.33公顷、油茶基地406.67公顷。

工业 实现工业总产值405.84亿元,比增12.9%,其中规模以上工业产值378.18亿元,比增13.1%。华能火电厂一期于8月动工建设,计划投资90.76亿元;弘景木塑一期于12月动工建设,年内完成3幢钢构厂房3幢;时代包装六线、金闽烟叶二期、福亮玻璃二期、益升食品二期等项目在建。

服务业 实现第三产业增加值23.35亿元,比增8.8%。滨海新城项目中商业街、写字楼、酒店、购物中心、水幕电影等建成运营,永辉超市入驻运营。年末金融机构存款余额76.58亿元、贷款余额78.3668亿元,分别比增20.8%和44.4%。

招商引资 全年合同外资5946万美元,实际利用外资3127万美元,比增7.6%。"5·18"海峡两岸经贸交易会、"6·18"海峡项目成果交易会、"9·8"中国国际投资贸易洽谈会期间签约或对接项目59项。

举办罗源县第六届"畲族·风"民俗文化旅游节 (罗源县政府办 供)

【城乡建设与管理】 城乡规划 编制新一轮城市总体规划纲要,完成144个行政村村庄规划编制,实现全县村庄规划全覆盖。

市政建设与管理 滨海新城项目完成年度投资56.3亿元,竣工和在建建筑面积440万平方米,销售面积175万平方米。改造提升高速公路北出口至三道桥、金闽公司至岐头桥2条市政主干道。新建、改建小西外路和罗马景福城周边、实验幼儿园周边等6条市政道路,建成三道桥至新东方酒店景观综合整治工程、陈善广场一期和江滨西公园。

小城镇和新农村建设 推进起步、飞竹、霍口等小城镇建设,建成松山北山、起步上长治、碧里西洋、西兰许洋、飞竹陶洋、霍口福湖等精品村、示范村,完成148个村"世纪之村"信息平台建设,起步镇庭洋坂村、霍口乡福湖村被列入全国少数民族特色村寨建设试点。贯通霍口东园亭至晋安日溪段、中房岭兜至宁德金涵段县际路,完成104国道水古至上楼段改造。建成4个乡镇安全饮用水主体工程,完成起步护国溪防洪工程一期、余家塘排涝站应急工程等5个水利项目建设。

【社会事业】 科技与教育 获批3家

省级高新技术企业。完成福州三中滨海学校建设和中房中心幼儿园改扩建,推进进修校二附小、第二实验幼儿园、职业中学实训基地建设。

文化体育　县博物馆、图书馆、文化馆通过省三级达标认定,新增"农家书屋"示范点22个、省级文物保护单位2个,举办县第六届"畲族·凤"民俗文化旅游节;完成县乡村三级广播联播联控和城区1.7万户有线电视数字化整转。完成九大中心田径场改造提升和起步镇省级社区多功能篮球场等体育设施建设。

卫生和计划生育　中医院通过"二甲"评审,建成精神病防治院综合楼、中医院东院区和全市首家县级血液透析中心,完成40所县级示范村卫生所建设。全年出生人口4100人,出生率15.13‰,人口自然增长率8.69‰,出生人口政策符合率86.27%,出生人口性别比107.91。

社会保障　全年县财政用于民生支出14.38亿元,占公共财政预算支出的77.45%。城镇新增就业2385人,转移农业富余劳动力7095人。全面施行被征地收海农渔民养老保障。建成搬迁安置房1563套,实施重点项目涉迁居民1203户、4352人搬迁安置。完成350户1368人"造福搬迁"和危房改造。建成敬老院3所、慈善助老安居楼4座、保障性住房115套。

生态环境保护　加强重点流域水环境综合整治,加强石材行业和畜禽养殖治理;开展开发区工业企业环境整治;10个乡镇和167个行政村分别通过省级、市级以上生态创建验收。

平安建设　完成凤山镇网格化管理试点平台建设,建成县第二消防站,成立海上搜救分中心和"海上110警务室"。通过省市"六五"普法中期督导和"三五"依法治县检查验收。开展安全生产"百日行动""打非治违"和食品安全、市场整规、质量监督等专项工作。年内社会治安满意率达97.5%。

【港区建设】　罗源湾北岸港口全年货物吞吐量1500万吨,比增11.1%。推进码头泊位建设,将军帽15万吨码头、碧里作业区6号泊位主体工程在建;宝钢德盛、亿源、源鑫、旺达、博澳等企业码头开展建设前期工作。碧里至将军帽疏港公路基本建成。

【福州台商投资区松山片区动建】　年内启动福州台商投资区松山片区开发建设。实施与福州市台商投资区管委会合作开发模式,完成片区规划编制,规划总面积调整为6.024平方公里,其中A片区面积3.944平方公里,B片区面积2.08平方公里。成立开发建设指挥部,完成B片区征地收塘并启动A片区收塘等前期工作,同步推进土地填方、基础设施建设等各项工作,确定福营塑胶、创隆电器、汇昌纺织、弘景木塑等7个项目为第一批入园项目。承接台湾产业转移,建设不锈钢精深加工、高端装备制造、模具制造等产业基地。

表68　　2013年罗源县街道(乡镇)基本情况一览

街道(乡镇)	辖地面积(平方公里)	人口		社区(村)(个)	农林牧渔业总产值(万元)	规模以上工业总产值(万元)	财政总收入(万元)
		户数(户)	人口数(人)				
凤山镇	32.2	17363	54250	16	6329.72	64563	12603
松山镇	146.0	10035	37826	22	162854.71	9240	3322
碧里乡	199.0	7033	24784	12	114276.68	0	2498
鉴江镇	70.0	3903	13323	9	39684.71	10069	508
起步镇	71.7	8413	28454	21	38012.06	24105	1254
洪洋乡	80.0	4086	13543	18	15634.24	68928	913
中房镇	134.0	7362	24398	23	31019.38	7003	405
白塔乡	77.0	4442	15217	15	16149.93	96206	1799
西兰乡	78.4	4168	13660	17	17398.78	170233	1639
飞竹镇	119.0	4669	16028	19	20526.68	41615	538
霍口畲族乡	198.0	5874	19945	24	24969.62	0	388

说明:数据来自罗源县统计局

(杜武义　雷全福)

永泰县

【概况】　永泰县区域面积2230平方公里。辖9个镇12个乡,有255个行政村、10个社区。常住人口24.7万人。有畲、傣、蒙、回等12个少数民族,人口6000多人。

2013年,永泰县安排重点项目80项,开工57项,完成投资63.5亿元,其中26项结转在建项目完成投资38.5亿元,占年计划的116%。13项市级"五大战役"项目全部动建,完成投资34.57亿元,占年计划的142.56%。

【经济建设】　实现地区生产总值108.7亿元,比增10.8%;财政总收入

(不含基金)7.13亿元,比增33.3%,其中地方级财政收入(不含基金)5.03亿元,比增41.2%;全社会固定资产投资(不含铁路、高速公路)53.3亿元,比增58.8%,其中项目投资33.3亿元,比增41.2%,房地产开发投资18.6亿元,比增112.8%;社会消费品零售总额36.1亿元,比增16.1%;城镇居民人均可支配收入22090元,比增9.6%;农民人均纯收入9428元,比增12.8%。

农业　实现农林牧渔业总产值54.15亿元,比增4.9%。建立60个水稻新品种区域实验基地,创建部级水稻高产示范基地。与省农科院联合建设133.33公顷鲜食李基地;建立国家级芙蓉李栽培标准化示范区400公顷,于5月22日通过验收。建设塘前省级农民创业示范基地(中药材)。新造油茶林200公顷。建成嵩口苗圃基地。

工业　实现工业总产值51.1亿元,比增14.1%,其中规模以上工业产值37.9亿元,比增15.3%。朗宇环保新材料一期厂房全面竣工,顺达食品、艾瑞数码建成试生产。实施华尔锦纺织、三连制衣搬迁扩建工程。信息化产业园、海西(永泰)文化创意园在建。胜华科技等6家企业提升为规模以上工业企业。年内晋升一级施工企业3家,全县完成建安产值168.4亿元,比增24.5%。房地产及建筑业入库税收3.09亿元,比增22.13%。开展农村小水电增效扩容工作;界竹口电站下闸蓄水发电。

服务业　实现服务业增加值32.3亿元,比增13%。全县金融机构人民币存款余额88.61亿元,比增23.6%;个人储蓄存款51.97亿元,比增14.6%;各项贷款余额46.61亿元,比增24.1%。出口总值3579万美元,比增9.3%。香米拉酒店建成试营业,完成新安古街改造。火车站站前广场城市综合体动工建设,汤埕温泉、闽商生态园等项目在建。全年接待游客373万人次,创旅游产值10.9亿元,分别比增20%、23.9%。

招商引资　内资实际到资30.1亿元,比增29.4%。实际利用外资1724万美元,比增25.7%。引进海峡(永泰)生态旅游度假和奥特莱斯项目。“5·18”“9·8”签约项目12项,合同外资6585万美元;“6·18”对接项目10项,计划总投资1.2亿元。

【城乡建设与管理】　城乡规划　完成城南片区、城西片区控制性详细规划修编,加快编制太原组团控制性详细规划。葛岭镇西片区黄埔地块、溪南片区(MS项目)、北部片区及嵩口镇、塘前片区、大洋镇金顶片区等乡镇控制性详细规划完成修编。除县城规划区外,18个乡镇总体规划全部完成,另有172个村庄规划完成编制。

征迁安置　年内获批农转用和土地征收11批次155.13公顷。各类项目征收房屋491户,完成拆迁面积88275.82平方米,安置175户。全年查处违章建筑424起,违章面积44272平方米,其中拆除228起、面积21864平方米,拆除率53.8%。

市政建设与管理　建成南江滨路、环城东路(马洋桥至下林桥段)、樟树坂滨江道路。基本完成北江滨路、县府路拓宽。启动建设环城北路、仙佛路、刘岐三岔路口至203省道段、葛岭至东方学院段和天门山公路,启动县三环路建设规划。完成城区景观(西门桥至北门桥段)、永福公路“白改黑”及沿线美化工程。“三溪六岸”景观、塔山公园南区扩建、沙浮路旧城区改造、古岸大桥及连接线等工程在建。实施日出东方、云山蓝郡、永福广场二期、泗洲路东侧等房地产项目,全县房地产开发投资完成18.55亿元,比增112.8%。利用移植废弃树木加工城市家具614件,安装在城区各公园广场。实施省级园林、卫生、文明县城“三城同创”,获得“省级园林县城”命名。

小城镇和新农村建设　推进葛岭示范性小城镇建设,实施嵩口、梧桐、大洋、同安等中心集镇建设。开展城乡环境综合整治,以月洲村、连山村为示范,全面开展“美丽乡村”建设。实施“百村竞赛”活动,农村主干道及公共场所基本实现净化、绿化、亮化、美化。

【社会事业】　科技与教育　实施跨年度科技项目12项,其中科技型中小企业技术创新基金2项(国家级1项、省级1项)、市级农业科研项目9项、市级工业项目1项。福州市环天燃料科技有限公司被认定为2013年度福州市知识产权示范企业;成立中国创新驿站福州基层站永泰县工作站。与闽江学院签订科技人才交流合作框架协议。启动高级人才进修基地项目。新建同安、大洋中心幼儿园,完成13所乡镇附属幼儿园改扩建工程;城关中学通过省三级达标校市级评估验收;完成永泰三中和十五中整合。加快农林大学东方学院和城乡建设职业中专学校教学楼建设。

文化体育　开展首届青云山文艺奖评选活动;实施乡镇综合文化站、农家书屋等文化惠民工程。新建省级乡镇体育活动中心1个、健身路径20条,县离退休干部暨妇女儿童活动中心进入装修阶段,“六馆一中心”项目在建;11月16—18日,举办2013年环福州·永泰国际公路自行车赛,中央电视台全程录播;组队参加国际国内武术大赛,获15项金牌;县少体校恢复办班;永泰籍女子体操运动员姚金男获得2013年第十二届全国运动会体操比赛女子全能冠军、女子高低杠亚军。

卫生和计划生育　县医院门诊综合大楼基本建成,县精神病院新病房大楼进入装修阶段。全年出生人口5279人,人口出生率13.93‰,人口自然增长率7.08‰,出生人口政策符合率83.82%,出生人口性别比111.33;年内县财政投入计生经费3327.57万元;全年完成免费孕前优生健康检查1985对;依法查处“两非”案件14例。

社会保障　全年民生事业资金投入11.7亿元,占公共财政支出的73.5%。新增城镇就业2750人,城镇下岗失业人员再就业143人,转移农村富余劳动力5750人;城镇登记失业率1.92%。发放小额贴息贷款2485万元,贴息金额290多万元,扶持自主创业435人,带动就业1336人。参加城乡居民养老保险14.92万人,新型农村合作医疗参保率99.9%。启动价格调节基金征收工作。建成乡镇敬老院2个、老年活动中心6个、社区综合服务站5个。基本完成3个应急避难场所建设。县级社会福利中心动工建设,启动10个行政村慈善幸福院项目。建成南江滨廉租房(一期)和樟树坂大桥东侧、樟城影院、城峰路口等地块安置房。实施造福工程搬迁300户、农村危房改造528户。青云山水厂和天门山水厂一期工程动工建设。完成16个乡镇、8所学校及1所农场安全饮水工程,受益人口16.8万人。

生态环境保护 国家级生态县创建通过环保部技术评估;年内有9个乡镇获得国家生态乡镇命名、1个乡镇获得省级生态乡镇命名、6个村获得省级生态村命名、53个村获得市级生态村命名。至年底,全县有19个乡镇获得省级及以上生态乡镇命名,236个村获市级及以上生态村命名;生态乡镇、生态村比重分别达90.5%、92.6%。完成水土流失治理面积2886.67公顷,植树造林5306.67公顷,全县森林覆盖率73.8%。完成3206株名木古树调查。实施5个乡镇14个村环境连片整治。县污水处理厂及5个乡镇污水处理站建成投入运行;城镇垃圾无害化处理率93.1%。治理"青山挂白",推进乡镇树葬区建设,基本完成天境陵园一期工程。

平安建设 启动城市管理服务指挥中心建设,开展网格化社会服务管理。建成县公安局技术综合楼,改扩建"110"指挥中心。推进第二轮"全球眼"视频监控系统建设,新增高清探头150个。深化"平安永泰"建设,开展"平安先行单位"创建工作,建成示范村(社区)243个,各级"平安家庭"覆盖率95.5%。深化信访维稳和人民调解工作,"金梅法官调解室"被人民网等媒体宣传报道,县人民调解中心张燕被司法部评为"全国优秀人民调解员"。开展交通安全、食品安全专项整治行动。

福永高速公路永泰葛岭段 (邵永裕 摄)

【福永高速公路正式通车】 5月18日,福永高速公路正式通车。该路为海西高速公路主骨架网"二纵"沈海复线的重要组成部分,起于闽侯南屿镇,途经永泰葛岭镇、城峰镇、赤锡乡,终于梧桐镇与仙游交界处,全长66.3公里(其中永泰境内约51公里)。

高速公路全线采用双向6车道高速公路标准,设计荷载为公路Ⅰ级标准,设计时速100公里,路基宽33.5米,总投资73.59亿元,其中永泰段投资60.3亿元,在永泰境内设有隧道13座、互通4处、服务区1处、特(大)桥30座、涵洞72道、通道9处、人行天桥2座。

【昌福铁路正式开通】 9月26日,昌福铁路正式开通。该铁路为福建省铁路网"二横三纵"中的一纵,北接京九线、浙赣线,南连温福—福厦—厦深沿海快速通道。全线按双线电气化Ⅰ级干线标准建设,设计时速为每小时200公里,共设24个车站。铁路正线全长603.6公里,其中永泰段总长92公里,投资84.57亿元,在永泰境内有隧道27座、大中桥梁20座,设永泰站、长庆镇梅楼村越行站,兼有客、货运功能。

【2013年环福州·永泰国际公路自行车赛】 11月16—18日,2013年环福州·永泰国际公路自行车赛举行。全球19支专业队伍107名选手参加。赛事为洲际2.2级,中央电视台全程录播。第一赛段在福州绕城50公里经福永高速往永泰火车站站前广场;第二赛段从站前广场出发至嵩口镇折返,到云顶景区,全程153公里。第三赛段绕城6圈108.8公里。台北RTS森地客获得比赛团体第一,中国万胜车队获得大中华团体第一。捷克ADP车队哈克曼夺得冲刺王绿衫,捷克ADP车队米兰夺得爬坡王圆点衫,青海天佑德队吴佩伦获得大中华最佳车手白衫。

表69 **2013年永泰县街道(乡镇)基本情况一览**

街道(乡镇)	辖地面积(平方公里)	人口		社区(村)(个)	农林牧渔业总产值(万元)	工业总产值(万元)	财政总收入(万元)	财政总支出(万元)
		户数(户)	人口数(人)					
塘前乡	89.45	1566	4669	6	12216	61625	865.04	865.04
葛岭镇	239.04	4990	17132	16	43675	17590	1084.12	1084.12
樟城镇	5.04	12014	33572	7	1878	10994	566.03	566.03
城峰镇	88.18	9029	27477	17	23236	150825	1324.59	1331.67
清凉镇	105.05	3568	11865	12	49986	16171	642.72	642.72

续表69

街道(乡镇)	辖地面积(平方公里)	人口		社区(村)(个)	农林牧渔业总产值(万元)	工业总产值(万元)	财政总收入(万元)	财政总支出(万元)
		户数(户)	人口数(人)					
富泉乡	64.52	2124	6974	9	13865	7176	677.20	677.20
岭路乡	114.63	2246	8069	10	19398	2298	964.64	964.64
赤锡乡	98.70	4485	16031	15	20057	10930	875.04	875.04
梧桐镇	171.92	11451	38956	22	41066	16320	2041.09	2041.09
嵩口镇	248.82	10289	32050	21	41698	17610	1068.55	1068.55
洑口乡	133.12	4050	13237	10	16272	11468	754.08	804.08
盖洋乡	114.54	2856	9234	10	16988	12300	554.31	645.31
长庆镇	160.72	8112	24598	15	35899	39554	1049.86	1065.25
东洋乡	48.57	2888	8712	10	14519	5168	667.86	615.93
霞拔乡	59.54	5269	17090	11	15906	264	489.88	496.88
同安镇	138.90	9659	31366	23	31938	11743	826.00	822.00
大洋镇	107.71	9720	33985	18	29656	10405	750.97	750.97
盘谷乡	30.28	3179	10337	6	14876	8610	681.79	687.09
红星乡	46.17	2920	8823	8	16796	7167	467.12	467.12
白云乡	105.17	4243	13508	13	32283	9184	631.79	631.79
丹云乡	59.80	1205	3923	6	15196	4026	312.45	312.45

说明:数据来自永泰县统计局

(蔡志远)

(编辑　黄　铭)

编者按

本栏目从市委政研室提供的2013年《福州调研》与《福州政研专报》刊发的市委市政府84篇调研文章中选取14篇，主要选录年鉴既设栏目未能全面涉及的行业或部门2012—2013年的发展情况，仍以年鉴常用的体例条目体呈现。选编坚持“浓缩精华、过滤一般、保存史实”的原则，目的是尽可能客观全面地保存史料，故选取的文章主要摘录调研文章中“现状”及“存在的问题”等“已然”内容，对“对策建议”等“未然”内容暂不选录。

市级行政审批制度改革

市委课题组

【市级行政审批制度改革历程】 福州市开展行政审批制度改革始于2000年。截至2012年底，行政审批项目从原来的1174项减少为287项(含国家、省级97项)，精简率达75%。改革历程主要有三个阶段：

第一阶段(2000—2004年)，先后制定出台了《福州市改革政府审批、审核制度的实施方案》《关于进一步改革和简化建设工程项目审批程序的通知》《关于建立和实行投资项目申报代办制 进一步加强软环境服务工作的实施意见》等，开展清理审批事项、简化审批程序、推行代办审批、减少前置审批等工作。

第二阶段(2004—2011年)，贯彻《中华人民共和国行政许可法》，继续清理行政审批事项，重点清理涉及行政审批的行政规章，进一步简化审批流程，实行网上审批。其中对重大建设项目审批从选址、开工6个阶段涉及的23个市直部门和单位的22项审批事项进行部分并联审批，审批时间从原来的120个工作日以上缩短到62个工作日。并于2007年11月开通福州市网上审批及效能监察系统。

第三阶段(2011年至今)，主要是以行政服务中心为平台，实行行政审批集中办理，推动简政放权。市行政服务中心于2011年12月正式启用，全市共有45个审批部门和单位的591项审批和服务事项入驻行政服务中心，市产权交易中心等5个与公共资源交易相关的单位及其事项整建制入驻。中心运行以来，日均受理1918件，当场办结率73%，群众满意率达99.9%，成为国家级服务业标准化试点单位。12个县(市)区全部建立行政服务中心。市委、市政府出台了关于简政放权、扩权强区(县、市)的意见和实施细则，取消行政审批项目101项，下放行政事权项目117项。同时，加快推进市民服务中心建设。

【市级行政审批制度改革做法及成效】 倡导“马上就办” 20世纪90年代，时任中共福州市委书记习近平大力倡导“马上就办”的优良工作作风，在全国首创“一栋楼办公”，建立“一条龙”服务制度。20多年来，“马上就办”已成为福州市的服务品牌和各级审批职能部门的自觉行为，全市各级各部门以行政审批制度改革为突破口，深化行政管理体制改革，推进简政放权，着力建设服务型政府。

推动简政放权 按照“能减则减、能放则放、能优则优、能快则快”的原则，最大限度减少审批事项、办理环节、承诺时限、申报材料，优化审批流程。重点围绕产业发展、项目投资、市场监管、城市管理、民生事业等领域，扩大区(县、市)政府经济社会管理权限，减少行政管理层级和审批环节。对市场机制能够有效调节，公民、法人及其他组织能够自主决定，行业组织能够自律管理的，原则上不设行政审批项目。通过清理、取消和调整行政审批事项，把部分原本由政府管理的事项交给企业、社会和市场，逐步改变了政府直接干预微观经济活动和以行政手段管理经济的做法，力促政府职能从“越位点”退出、在“缺位点”补上，实现政府职能向创造良好发展环境、提供优质公共服务转变。

注重平台建设　在福州市行政服务中心有效平台内实行“一个窗口受理、一条龙服务、一站式办结、一个平台收费”的运作模式,全市约90%的行政审批和公共服务事项实现集中办理。推进“三集中、两到位”(各部门审批职能集中整合到审批处室、审批处室集中到行政服务中心、审批项目集中到网上审批系统办理,部门领导授权到位、审批人员入驻到位),确保各部门入驻窗口能够真正代表部门履行审批职能。加强县(市)区行政服务中心和乡镇(街道)便民服务中心和村(居)代办点的建设与管理,构建纵向、横向业务联动机制。发展电子政务,探索推行网上审批、并联审批,全市共有53个行政机关的446项行政审批和公共服务项目投入网上运行,对房地产开发、港口、水利、市政、交通工程等建设项目和工商设立登记等涉及多个审批机关的行政审批事项实行网上并联审批。

规范审批制度　以依法行政作为深化行政管理体制改革的基本要求,把梳理行政许可、非行政许可职权作为一项常态化工作,每年根据法律、法规、规章的立、改、废情况,及时对行政许可、非行政许可审批职权的法律依据、实施主体等进行全面梳理。对不属于行政许可法设定的许可事项,及时予以清理,减少行政审批项目,推进行政审批工作法制化、制度化、规范化运行。按照“3+1”流程(受理初审—审核—审批办结,加上某些审批事项必需的现场勘查或技术审查等),推进“一审一核”,压缩审批时限,提高窗口即办率。做好市、县两级联动审批项目的衔接工作,运用信息化手段,建设以市级行政服务中心为重点、覆盖各县(市)区行政服务中心审批业务联动的行政审批系统和网络平台,实现申请人的网上申报、审批部门的在线审批、上下级中心的协同审批服务功能。

强化监督问责　坚持把反腐倡廉、监督问责贯穿于行政审批制度改革的全过程,建立规范行政审批权力运行的监督制约机制,对行政审批权力运行实施动态监管,确保问责情形全覆盖、问责对象无遗漏、问责措施刚性化,做到“有权必有责、用权受监督”。实施审批服务责任、投诉即时回应等制度,强化对审批全过程的监督。建立福州市网上审批及效能监察系统,着力破解行政审批工作中的“收件难”“办理难”“取件难”“监督难”等四大难题。充分发挥人大、政协和人民群众的监督作用,主动接受新闻媒体的监督。加大效能投诉件办理力度,通过开展问责问效,以刚性的督查惩戒机制,倒逼干部责任落实、作风改进、效率提升。

【市级行政审批制度改革存在的困难】　领导协调机制不够顺　行政审批制度改革需要有专门的组织机构牵头抓总,统筹协调全市行政审批制度改革工作。回顾福州市审改历程,先后由市改革开放办、市编办、市发改委、市效能办、市行政服务中心等部门分别牵头,或由两三个部门联合牵头,具体事务基本上由市政府法制办承担,导致许多工作难以形成全市统筹、部门联动。同时,推进行政审批制度改革工作缺乏专项的市级文件进行规范、指导,导致审改工作不规范、不顺畅。

政府职能转变不够到位　体现在不该管的事没有完全放开,该管的事没有管好,特别是公共产品和服务提供不足。政府还集中了过多的公共资源和社会资源,权力部门化、利益化的问题仍然存在。经过多轮行政审批制度改革以后,行政审批事项明显减少,但与先进地区比较,还是偏多。如江苏省宿迁市新发布的行政审批制度改革总体方案,保留的市级审批项目仅为57项;漳州市目前保留的市级审批项目也才93项。而福州市市级审批项目还有190项,仍有较大的清理和下放空间。在下放领域,目前县(市)区普遍反映,受编制和经费问题制约,下放事项难以承接,已下放审批项目中存在老项目多、新项目少,琐碎事务多、实际权限小的问题。

事项设定管理不够严格　《中华人民共和国行政许可法》明确规定,新设审批项目必须于法有据,严格按照法定程序进行合法性、必要性、合理性审查论证。2013年中发〔2013〕9号文件《关于地方政府职能转变和机构改革的意见》中也指出,“今后一般不再新设行政审批事项”,“切实防止行政审批事项边减边增、明减暗增”等。但在基层实际操作中,仍存在对行政审批设定管理不规范、随意性较大的问题,个别地方和部门利用“红头文件”、规章等,以登记、备案、年检、监制、认定、审定以及准销证、准运证等形式,变相设置或擅自增设行政审批事项。行政审批缺乏严肃性,项目审批互为前置条件、互为制约的现象仍比较严重,甚至成为一些部门多重审批、推诿扯皮、行政不作为的借口。与此同时,行政审批过程信息不对称、一次性告知不全、变相设置条件、受理程序不规范等现象也有不同程度。

审批服务方式不够规范　目前,各级各部门的行政审批事项大都集中到行政服务中心办理,但个别部门仍存在授权不到位的问题,设在中心的窗口成了“收发室”。一些专业性强、关联性强的审批事项,必须依赖专业处室才能完成,难以向窗口全面授权,项目审批“体外循环”依然是影响审批效率提升的关键因素。作为集中办理行政审批事项的统一平台,行政服务中心标准化建设也有待加强,事项集中率、现场办结率、功能完善、加强管理等方面都有待提高,并联审批、授权到位、网上审批等方面都还有很大的进展空间。同时,中介组织发展不充分,一些中介机构与有关审批部门存在利益往来,带有浓厚的官方色彩和垄断性质,缺乏竞争和退出机制;中介服务不规范、效率不高、有失诚信等问题,是目前企业和群众反映意见较集中的地方。

权力监督机制不够健全　一方面,虽然建立了行政效能投诉、行政首长问责、行政审批电子监察、行政效能评估等监督制度,但这些内部监督往往缺乏制约和强制性保障,人民群众和新闻媒体外部监督作用还不够明显。另一方面,受传统计划经济体制影响,行政机关依然存在“以批代管”“只管审批、不担责任”的行为习惯,对审批之后怎样管、审批错了怎么办等问题重视不够,权利与义务严重不对等。尤其是在项目建设、市场准入等方面,缺少必要的执法监管力量,审批事项后续监管的范围比较有限,监督效果不很理想。一些部门同时承担审批、执行、监督、评价职能,权力过于集中,极易产生腐败现象,对一些违法、违纪问题,当事人不举报难以发现。

(课题总负责:杨岳　课题成员:徐启源　郭铁民　吴晓杰　王振松　戴清泉　林宗辉　伍南腾　唐文贵　李占卫

翁宜冰　李贵勇　沈秋贵　林徐峰　张冰　执笔:李贵勇　张冰)

市属国有企业改革

市委课题组

【市属国有企业发展现状】　截至2012年底,全市市属国有及国有控(参)股企业(含权属企业及市属部分企业化管理的事业单位,境外企业)共有294家(其中一级88家,二级及以上206家),主要分布在城市基础设施、公用事业和民生保障等行业,总资产1061.56亿元,总负债612.84亿元,净资产448.72亿元,资产负债率为57.7%。这些企业在产权管理上可分为3类:

一是授权市国资委履行出资人职责监管的国有企业。共有168家(其中一级14家,二级及以上154家),总资产766.16亿元,总负债438.96亿元,净资产327.2亿元,资产负债率为57.3%。对这些企业,市政府授权市国资委按照"管资产和管人、管事相一致"的原则,履行三大职能:1.代表市政府行使股东权利,管好企业的资产、资本和股东权益;2.向企业委派国有股权代表与监事会,按照现代企业制度建立法人治理结构,并落实资产经营责任,负责业绩考核;3.监管国有资产运营、资本运作等重大事项的决策。

二是由各行政主管部门管理的国有企业。共有126家,包括:市直行政部门管理的97家(其中一级63家,二级及以上34家),总资产89.86亿元,总负债50.75亿元,净资产39.1亿元;企业化管理的事业单位29家(其中一级11家,二级及以上18家),总资产205.54亿元,总负债123.13亿元,净资产82.41亿元。

三是市国资委成立前已完成改革任务、实现"关门走人",但尚有资产存量或债权的国有企业。这类企业产权由市国有资产管理有限公司(简称市国资公司)和企业托管营运公司进行集中监管和专业化管理,其中,市国资公司处置的资产涉及9.28亿元、7个主管部门、82家企业,目前处置已基本结束。

【市属国有企业改革的做法及成效】　改革始于1978年,之后经历了以完善企业经营机制为主要内容阶段(1978—1996年)和改革产权制度为主要内容阶段(1997年后)。在这两个阶段,采用松绑放权、扩权让利、二步利改税、承包、股份制、抓大放小、兼并、破产、退二进三等多种形式,分类对市属国有企业实施改革:对产业性资本较大的国有企业实施大集团战略;对一般竞争性资本不大的国有企业通过产权转让、投资主体多元化等方式,退出一般竞争性领域;对扭亏无望、资源枯竭的企业实施关闭破产。截至2005年底,市属工业系统、农业系统、外经贸系统的国有企业改革基本完成,这些领域的国有资本已全部退出;市属粮食系统、商贸系统和建委系统的国有企业正按上述原则加快改革。目前,以"四大投资集团"为代表的市属国有企业运行质量和效益不断显现。

推进国有资产整合重组　按照"同业同类"资产整合、构建投融资公司、组建国有资产投资公司——打造国企"航空母舰"等思路,在全国率先组建了十八届三中全会提出的,以运营国有资本为目标的国有资本投资集团——"四大投资集团",率先实现了以管资本为主加强国有资产监管体制,基本改变了国有企业原有的"小散乱"现象,国有经济辐射和引领作用明显增强。目前福州正围绕研究明确"四大投资集团"的战略定位和主业方向,全面实施战略规划,引导企业积极转变商业模式,实现由生产经营型向战略管控型转变,资产运营型向资本运作型发展,不断巩固其在全市重要行业与领域的主导地位。

深化公司制股份制改革　一是稳步推进国企规范改制,大型国企已基本建立起较完善的法人治理结构,企业董事会正加快从传统的经营管理者到决策者的角色转变。二是适应市场竞争要求,深化国企内部改革,重点是加快建立完善对企业董事会的业绩评价考核和薪酬管理体系。如采取落实三年任期资产经营责任与当年资产经营责任相结合的办法,突出考核资产经营效益和保值增值。三是引进资金雄厚、经验丰富的战略合作伙伴,通过改善国有企业股权结构,促进企业提升技术和管理水平。如市煤气、液化气两国有燃气企业各转让50%国有股权与华润燃气实施高位嫁接,引进了先进的管控模式。

健全国有资产监管体系　福州市在2006年1月成立了市国资委,由其代表市政府履行市属国有企业资产出资人职责,从而在机构设置上实现了政府公共管理职能和出资人职能的分离。市国资委作为市属国有资产出资人代表,先后研究出台了产权管理、资本运作、对外投资、规范中介、集团管控、考核评价、薪酬管理、董监事会议事规则、廉洁从业等9类348个规范性文件,引导市属国有企业突出主业、提高管控能力、加强自主创新、强化风险防控。如全面转换实行新会计准则,实施企业法人代表向出资人代表报告年度资产经营工作、重大事项报告制度,在全省率先建立外派监事会及管理体系,推行国有产权转让"二次竞价"等,对进入机构备选库的审计、评估、拍卖、律师等中介机构实行"优存劣退"动态管理等。同时,建立低效运营国有企业有序退出机制,对省渔港工程公司等20家资不抵债、长期扭亏无望的劣势企业,予以关闭解散处理。

承担全市项目建设　以"四大投资集团"为代表的市属国有企业贯彻落实市委、市政府各项决策部署,主动承担急、难、险、重建设任务。一是在城市发展中争当排头兵。承担新区开放开发和市区旧屋区改造建设任务,相继建成海峡会展中心、海峡汽车文化广场、平潭海峡大桥、源脉温泉、海峡农副产品批发中心、机场高速公路二期、螺洲大桥、渔平高速、长平高速、东山新苑、左海印吧等一大批重点项目。其中,开发建成1390万平方米、143549套保障性安居工程,极大地减轻了财政债务风险。二是在项目建设中勇做主力军。近三年累计承接项目264项,总投资2170亿元,已完成投资700亿元,其中承接政府性项目211项,总投资2103亿元,已完成投资640亿元。三是在保障民生中甘为压舱石。如新榕燃气公司采购溢价气源保障供气安全;水务投资公司参与第三水资源工程建设,全力推进白马河综合整治;公交集团坚持公益经营,增加运力、开辟新线、延伸及优化线路。

【市属国有企业改革发展中存在的突出问题】 国有资产总量不大,资本结构单一 与先进城市相比,福州市国有资产规模还不够大,国企资本构成还比较单一。如截至2012年底厦门市国资委监管的国企资产总额为3269亿元,营业总收入达到2685.5亿元,实现利润总额超过95亿元。而同期福州市只有765亿元、116亿元、7.5亿元。在全市294家国有企业中,国有独资企业为218家,控股及参股企业只有77家,后者只占全部国有企业总数的26%。此外,市属国有资本大多分布在基础设施建设、公用和民生事业、商业老字号等少数几个一般竞争性行业中,对全市经济社会发展的带动力和影响力还可以进一步提高。

国有企业实力不强,政企不分 市属国有企业与先进城市相比,企业规模普遍偏小,实力偏弱。如截至2012年底,厦门市资产总额超100亿元的企业有9家,营业收入超100亿元的企业达到4家,有4家企业进入"中国企业500强",仅厦门建发的资产总额就达762亿元。而截至2013年8月底,福州市资产总额超100亿元的企业也只有3家,没有一家企业营业收入超100亿元,最大的"福州城投"资产只有393亿元,营业收入只有30亿元。从历史和现实两个维度来看,市属国有企业多由准行政单位或准事业单位转变而来,仍然不同程度存在政企不分、事企不分现象。此外,许多国有企业市场化运作程度不够高,在经营中承担了较多的政府性项目,影响了自身经济效益的提高和可持续发展。

企业经营机制不活,发展活力有待提升 一些市属国有企业现代企业制度有待健全,法人治理结构有待完善,有效适应市场激烈竞争环境的运行机制还未完全建立,已有的财务监督、风险控制等企业管理举措也还不够严格。同时,资本证券化步伐较慢,融资渠道还比较狭窄,资本积聚能力有待提高。国有企业的用人机制也不够完善,人才支撑不足对国企发展的制约十分明显。如在海峡会展中心、海峡汽车文化广场等重大项目建设中历练培养了一批工程建设施工领军人才,但由于待遇、晋升等各方面原因后来陆续流失,企业发展急需的人才普遍紧缺。

国资监管体制仍需理顺 福州市在组建市国资委后,市国企改革的重点集中在由其负责监管的国有企业,而分散在市直部门进行管理的国有企业改革基本停滞。这些企业资产规模多数偏小,截至2012年底,平均资产总额只有2.29亿元,主业盈利能力普遍不强,基本处于亏损或微利状态,人员老化、断层问题突出,由深层次管理体制问题衍生出来的制约企业健康快速发展的各种矛盾比较多。无论是与先进城市相比,还是与由福州市国资委负责监管的企业相比,服务全市经济社会发展的能力都比较弱。

(课题总负责:杨岳 课题成员:徐启源 刘卓群 王阿忠 高明 王振松 游通铃 连国平 戴清泉 林宗辉 谢建明 白俊超 周耿忭 邵丽 执笔:白俊超)

城乡一体化

市人大常委会课题组

【城乡互动发展格局初步形成】 近年来,市委、市政府把统筹城乡发展作为在更高起点上加快建设闽江口金三角经济圈的重要举措,积极推进城乡一体化建设,城镇化步伐以每年超过1.5个百分点的速度跨步前进,2012年城镇化水平达到64.8%,初步形成以城带乡、以工促农、城乡互动的格局。

城乡经济逐步融合发展 一是工业逐步由中心城区向周边县(市)扩散转移,县域经济实力不断增强。2012年,南北两翼规模以上工业产值占全市比重达63.87%,福清、长乐、闽侯三县(市)入围全国县域经济基本竞争力百强县(市)。二是中心城区服务业加速向各县(市)延伸拓展。乡村游成为都市休闲游热点,人民群众从城市走向农村;一批专业性市场和物流中心从中心城区迁出,搬迁至城乡结合部和各县(市)区;深入实施"万村千乡"市场工程,农家店乡镇覆盖率为98.53%,有效改善农村的消费环境和农产品流通体系。三是福州港已基本实现从河口港向深水海港跨越。在深水港口建设和临港工业发展的带动下,从罗源湾、福清湾到兴化湾江阴港区,福州沿海地区初步形成了港口群、城市群、产业群"三群联动"良好态势,带动了福州城乡一体化进程。

基础设施加速向农村延伸覆盖 "十一五"期间,福州市用于农村基础设施投入的资金390多亿元,重点推进农村防灾减灾体系、水利工程、农村路网、农村沼气、农村信息通信等基础设施建设。目前,农村公路网络化基本形成,实现"村村通"水泥路,行政村的客运班车通车率达到96.89%,城镇供水网络向农村集镇、中心村延伸,安全卫生自来水普及率达85.2%。农村生活垃圾处理率达75%,农村卫生厕所普及率达成77.8%,农村生产生活条件显著改善。

基本公共服务逐步并轨共享 城乡居民之间所享受的基本公共服务水平差距逐步缩小。义务教育阶段进城农民工随迁子女公办学校就读率达88.12%;农村地区学前三年入园率达95.9%;新型农村合作医疗参合率达99.26%,新农合补助标准和基本公共卫生服务人均经费标准进一步提高;城乡居民社会养老保险实现全覆盖,城乡低保、农村"五保"供养标准进一步提高;基层文化设施建设稳步推进,农村劳动力及被征地人员的就业技能培训全面推开。

帮扶机制逐步完善 一是建立市域内县(市)区对口协作机制。建立4个对口协作组,由鼓楼等5个城区和福清、长乐、闽侯等县市,每年分别安排300万元、500万元、1000万元不等的资金,分别挂钩连江、罗源、闽清、永泰4个县,从产业联动、资源共享、乡镇结对、干部挂职、扶贫开发、环境共保等方面,开展多形式、全方位县(市)区对口协作,加速推进城乡一体化进程。二是扎实推进干部驻村工作。先后共选派4批党员干部到相对后进、薄弱村驻村任职,实现了2193个村庄100%覆盖。累计投入各类帮扶及项目资金17.47亿元,改善驻点村的基础设施等。三是实施“企村结对”和“榕商联村”帮扶活动。近两年来,全市1024个非公企业党组织与739个行政村结成对子,签订合作项目3256个,落实合作资金7.5亿元。

小城镇、新农村建设试点有序推进　由点带面全力推进新农村建设,先后开展特色村、综合示范村、新农村精品示范村建设、“百村竞赛”等活动,初步形成了新农村建设“点”“面”攻坚、层层推进、逐级提升的推动格局。实施新农村“双百工程”(即百村以上示范、百村以上整治)以来,三轮累计实施874个试点村,占全市行政村36.5%,累计实施项目2728项,总投资13.3亿元。

【城乡一体化发展面临的挑战】　中心城市辐射带动城乡一体化发展的能力有待提升　截至2012年底,福州建成区面积为240平方公里,人口约300万人,城市规模在东中部地区省会城市中仅高于海口等少数城市,辐射带动城乡一体化的能力有限,尚不能适应闽江口金三角经济圈快速发展的需要。

城乡经济发展水平仍存在较大差距　从经济总量上看,2012年各县(市)人口占全市的59%,但地区生产总值只占全市的50.83%。特别是闽清、永泰2个山区县经济实力较弱,GDP在全省58个县(市)中排名靠后,分别居第37、41位,目前依然没有省级以上开发区,工业发展比较滞后,产业带动能力不强,人均地区生产总值分别为45455元和39557元,仅为全市水平的78%和68%。

城乡居民收入水平差距较大　2012年城镇居民人均可支配收入29399元,农村居民人均纯收入11492元,二者之比为2.56:1,城乡居民收入差距仍然较大。从消费水平看,2012年农村居民恩格尔系数0.44,超过城镇居民5.5个百分点,2005—2012年,城镇居民恩格尔系数下降6个百分点,而农村居民恩格尔系数仅下降3个百分点,农村居民生活质量以及近年来的改善程度明显落后于城镇居民。

农村基础设施建设仍然滞后　城乡基础设施建设存在着明显的二元化现象,与城市相比,农村道路、交通、通讯、水利设施建设整体水平相对落后,特别是山区半山区道路、水利、电力等基础设施建设欠账较多,农村集中供水、排污、垃圾集中处理等设施配套性和共享性差,部分乡镇仍存在区域性供水水量不足、水源水质恶化、环境脏乱差等问题。乡级财政资金不足,农村基础设施建设投入不足,发展的基础仍较为薄弱。

城乡社会公共事业发展不平衡　农村现有义务教育学校硬件配套设施较差;农村教师队伍结构不合理,还不能完全适应加快农村教育发展的需要。农村污水、垃圾处理等环保设施较落后。城乡医疗卫生基础设施建设、基层医疗卫生服务能力的差距仍然存在,与人民群众的期盼还有一定距离。农村文化设施建设仍然相对滞后,经济发达地区与经济欠发达地区的公共文化服务水平还存在较大差距。

(课题指导:周振华　林厚新　严可仕　课题组长:陈斌　副组长:赵宝昌　陈家炎　课题成员:丘志强　林万震　林光　刘起宏　林京洪　全国栋　刘庆　陈炜　执笔:刘庆　陈炜)

党员干部直接联系和服务群众制度

市委组织部课题组

【完善党员干部直接联系和服务群众制度的现状】　福州市委组织部课题组以完善党员干部直接联系和服务群众制度为切入点,对如何做好新时期群众工作进行调查研究。先后召开5场座谈会,在12个县(市)区和10个市直机关发放调查问卷1200份,结果显示,认为福州市党员干部直接联系和服务群众工作好的有54.2%,较好的有32.1%。

建立健全领导干部与群众“面对面”工作制度　一是建立健全社情民意“大调研”制度。各级领导干部围绕全市发展的重大问题、群众关切的热难点问题,采取召开座谈会、随机抽查、个别访谈等方式,深入基层一线体察民情、倾听民意。截至2013年,全市各级领导干部共下基层9.38万次,建立联系点4.98万个,收集各类意见建议5.1万条,协调解决基层和群众实际困难和问题8869个。二是建立健全信访积案“大接访”制度。市领导每季度集中赴挂钩联系的县(市)区开展联合大接访,对群众反映集中的问题,进行集中梳理归类,逐项研究解决办法。活动开展以来,全市各级信访受理同比下降18.3%,进京、进省上访批次和人数分别同比下降39.5%和40.2%。三是建立健全企业群众“大帮扶”制度。把服务中小微企业、外贸企业作为重要的服务对象,各级领导干部深入中小微企业近万人次,帮助企业融资262亿元,出台了10多项加快发展总部经济、扶持小微企业发展、促进工业稳定增长的政策措施。

建立健全党政机关与基层“点对点”服务制度　一是着力推行现场服务制度。建立健全上下联动、民需导向、直面基层的综合型服务体系。福州市90%的行政审批和公共服务事项在市、县行政服务中心和乡镇街道市(村)民服务中心实现了集中办理,当场办结率72.36%,群众满意率99.99%。二是着力推行驻点服务制度。建立健全蹲点、驻点、挂点“三位一体”的直接联系基层群众机制,选派机关、事业单位党员干部驻村任职,实现了2193个村庄驻村工作100%覆盖,推动了建设农村经济发展项目12682个,实现增值12.3亿元。三是着力推行志愿服务制度。组建各类党员干部志愿服务队,机关党员干部以身份信息进社区、岗位承诺进社区、志愿服务进社区、监督管理进社区的“四进社区”形式,通过发放联系卡、岗位承诺卡、活动登记卡、表现反馈卡,推动每位党员干部每年至少参加1次志愿活动、1次社区公益活动。

建立健全督促检查与责任“实打实”问效制度　一是建立公开承诺制度。对办好惠民实事、推进“五大战役”项目建设和创新社会管理等中心工作,做到责任人员、工作措施、完成时限、目标进度和检验方式“五明确”,并实行公开承诺,严格按照调研走访、提出承诺、审核确定、公示承诺、履行承诺、评议承诺等六大环节公开承诺。二是建立督查整改制度。将全市各级党政机关和领导干部,特别是全市各级领导班子主要领导干部作为重点督查对象,综合采用专项检查、重点抽查、明察暗访等方式,强化组织指导、综合协调和检查督办。建立月报制度,及时下达整改通知书责其限期整改。三是建立专项考评制度。把“三服务”和“四个万家”活动开展情况纳入领导班子和干部考核评价内容。建立县(市、区)、乡镇(街道)、村(社区)党组织书记抓基层党建工作专项述职制度,邀请“两代表一委员”和普通党员群众进行跟踪评议,考评结果作为评价班子和使用干部的重要依据。

【党员干部在直接联系和服务群众工作上存在的问题】

部分党员干部未能主动自觉地直接联系和服务群众　问卷调查显示,62.7%的受访者认为现在基层出现的问题很多是因为党员干部没有重视群众工作,没有做好群众工作,甚至不去做群众工作而造成的。有的党员干部服务意识和群众观念较差,在公务行为中没有坚持群众路线,不同程度地存在“临时抱佛脚”现象。个别群众反映:“联系我的党员干部,只有年末给我送了慰问金和慰问品,平时很少来。”

部分党员干部未能有效地直接联系和服务群众　部分党员干部联系服务群众作风不实、本领不高,不知如何融入群众。个别党员干部不会“说话”,处于失语状态。一些联系和服务群众工作走形式、走过场。在问卷调查中,74.3%的被调查者指出这一问题也是有力的佐证。个别党员干部反映:“我也很想联系和服务群众,但一开始不知道如何打交道。”

党员干部直接联系和服务群众未能形成合力　在问卷调查中,有52%的被调查者指出这一问题。当前,党员干部联系和服务群众,大多还是采取点对点、一对一的形式,而群众反映的诸多诉求,仅靠一个部门或一名党员干部往往难以及时有效解决。个别党员干部无奈地表示:“有些群众反映的诉求,在我们职责范围内没办法解决,也缺少协调相关部门的权限。”

(课题指导:陈元邦　课题负责:陈荣生　课题成员:林毅敏　陈剑雄　陈武　许宁　执笔:许宁)

文化创意产业融合发展

市委宣传部课题组

【文化创意产业融合发展状况】　文化科技融合成绩显著　近年来,福州市整合省会城市科技力量,重大文化科技研发列入福州市年度科技计划项目,以企业为主体,组织实施了一大批文化科技项目,其中2个项目获得国家科技部立项及1300万元资金扶持,8个项目获得福建省创意产业科技计划重点项目立项及330万元资金扶持。从技术创新、创建名牌、开拓市场、信息化建设、公共服务平台等提供全方位政策扶持,培育了福昕、网龙、富士通、福晶科技、瑞芯微电子等一批文化科技龙头企业和福昕PDF阅读器(Foxit PDF Reader)、91助手、裸眼3D等技术产品。推动海峡(福州)国家数字出版基地、海西动漫创意之都、海西(冠城大通)文化创意产业园等一批产业特色鲜明、创新能力强、产业链完整的文化科技型产业园区建设,依托福州软件园和海西高新技术产业园推动国家级文化科技融合示范基地建设。福州已形成软件和信息服务、动漫游戏、网络文化、集成电路设计等文化科技融合四大产业支柱。

文化旅游品牌效应凸显　深入挖掘发挥福州历史文化旅游资源丰厚的优势,大力实施三坊七巷保护修复工程、船政文化开发建设工程、昙石山遗址保护和博物馆工程、福建寿山国家矿山公园核心园区工程等,着力打造历史文化旅游品牌,三坊七巷名列首批“中国十大历史文化名街区”之首。深入挖掘福州温泉资源分布广、水质好、温度高的优势,改造恢复一批老字号温泉澡堂,提升完善一批温泉文化景观设施,推进贵安、桂湖、中心城区三大温泉旅游片区建设,打造温泉文化旅游品牌,福州成为唯一荣获“中国温泉之都”称号的省会城市。深入挖掘发挥福州生态环境好的特点,推出青云山康体度假、鼓山生态避暑、闽江口国家自然保护区与湿地公园等环城休闲游憩产品,打造生态文化旅游品牌。深入挖掘发挥福州水系发达的优势,着力打造闽江游、内河游品牌,内河整治工程继闽江口湿地之后再获“中国人居环境范例奖”。同时,大力实施文化旅游项目带动战略,加快推动三江口、东雁、欢乐谷、琅岐国际旅游度假区等一批投资达数十上百亿元的大型文化旅游综合体项目建设。

休闲农业文化内涵增强　大力发展农家乐、休闲农庄、水乡渔村、森林人家等休闲农业,当前福州已建成旗山森林人家、千江月休闲农场等比较规范、较大规模的乡村旅游景点80多个,年均接待游客200万人次,创收3亿多元,初步形成东部滨海休闲渔业带、闽江干支流滨江休闲农业带和山区休闲农业带等点片相连的休闲农业产业群。多年来致力于茉莉花种植和茶文化系统的保护发展,建成茉莉花一条街、春伦茉莉花文化创意园等,2012年福州茉莉花茶产量1.1万吨,产值17.85亿元,带动农户增收8亿元,先后被授予“世界茉莉花茶发源地”“世界名茶”称号,最近茉莉花种植和茶文化系统又入选国家首批19个重要农业文化遗产。

创意产业与工业发展成效初现　工艺美术方面,把寿山石雕、脱胎漆器、木根雕、软木画等传统技艺类非物质文化遗产作为重点,建立漆器、寿山石雕等行业技术创新中心,举办海峡创意设计周、版博会等活动,建成或动建了寿山石文化城、东方漆空间、根雕展示交易中心、民间传统工艺美术品交易平台等生产展示基地,福州荣获“中国寿山石之都”“中国脱胎漆艺之都”称号,闽侯获评“中国根艺之乡”。工业设计方面,设立工业设计产业发展专项资金,强化平台建设、品牌提升、自主创新、产业转化等全方位扶持,建成海峡工业设计创意园,与台湾知识创新学会合作共建的“福州海峡工业设计创意园公共服务平台”列入“2011年国家服务业发展引导资金”项目。

【文化创意产业融合发展存在的主要问题】 缺乏专项政策规划 先后颁布实施了一系列文化创意产业规划纲要、扶持政策等,但仍没有制定文化与科技、旅游、金融等相关产业融合的专项规划、政策措施。

工作尚未形成合力 从纵向上看,福州已初步形成市、县两级文化产业协调管理网络,而从横向上看,市文改办、七大重点行业主管部门与各相关产业主管部门协调、联络相对较少,尚未建立有效的跨部门协调机制,没有形成工作合力。

资源整合严重不足 科技资源配置效率有待提高,尚未形成以企业为主体的文化科技创新体制,大多数文化企业自主科技创新能力不强;省会城市科研资源优势没有得到充分发挥,产学研联动机制不健全,高校和科研院所科研成果转化偏重产业技术开发,对于应用性的产品开发较少,在技术先进性、产业适用性、市场实用性三者之间存在矛盾。产业资源缺乏统筹配置,文化与农业、工业、金融等相关产业资源缺乏有效对接平台;示范带动作用大的龙头企业较少,制约了产业集群培育。

资金短缺融资困难 文化产业的融合存在投入大、风险高、收益不确定的问题,单靠企业自身的力量很难完全满足融合创新的资金需要。福州文化创意企业大多属于中小微型企业,规模小,企业自身的技术实力和资金储备不足。同时因为企业规模实力问题,企业的融资水平也得不到提升。

文化综合人才匮乏 福州市在培养文化创意人才方面做了大量工作,但与行业发展的需求还是有一定的差距,存在着人才结构性缺失的问题:缺乏高层次、高水平的专业人才和行业领军性创意人才;缺乏多学科背景、跨行业工作经验的综合人才,特别是缺乏具备文化创意、产业经营和管理经验的综合型人才,在很大程度上制约了福州文化创意产业的融合发展。

(课题指导:朱华 黄忠勇 林绍斌 课题负责:余作尧 课题组成员:郑勇 施炜 朱福星 潘冬东 丁琼 执笔:朱福星 潘冬东 丁琼)

保持空气质量位居全国“三甲”

市委政策研究室课题组

【空气质量状况呈现逐年向好趋势】 得益于自然禀赋、产业特点及环保工作等多方因素,多年来,福州市空气污染指数〔简称API,由二氧化硫(SO_2)、二氧化氮(NO_2)和可吸入颗粒物(PM10)等3项指标构成〕年均值在51~59之间波动,空气质量排名长期居于全国省会城市、直辖市前列,优良率呈持续上升态势(详见表70、表71)。

一是从纵向看:2006—2012年,福州市API年均值总体呈稳定状态,其中,2012年API为51,是近年来的最低值;构成API的三项指标中,根据年均浓度由小到大依次为,二氧化硫(SO_2)<二氧化氮(NO_2)<可吸入颗粒物(PM10),PM10为福州市空气环境首要污染物。其中,SO_2总体呈逐年下降态势;NO_2总体亦呈逐年下降态势,但2012年有微小反弹;PM10总体呈波动状态,但近三年下降明显。

二是从横向比:2006—2012年,福州API指数在全国排名稳步上升。2006年,在全国47个重点城市中排名第11位;2007年,在全国113个重点城市中排名第10位,居海口、珠海、桂林等之后;2008年,在全国31个省会城市、直辖市中排名第5位,居海口、拉萨、南宁、昆明等之后;2009年,超过昆明,居海口、拉萨、南宁等之后,排名第4位;2010年,落后于海口、拉萨、南宁、广州等,排名第5位;2011年,重新超过广州,排名第4位;2012年,福州API年均值低至51,首次超过南宁,位居海口、拉萨之后,排名第3位,为历史最佳。

三是从省内看:2006—2012年,福州API指数在全省九地市排名多在第4或第5变动,而空气优良率多在靠后位置(详见表72)。

表70 福州市2006—2012年API年均值、全国排名及三项指标数值

年度	API年均值	空气质量全国排名	二氧化硫(SO_2)毫克/立方米	二氧化氮(NO_2)毫克/立方米	可吸入颗粒物(PM10)毫克/立方米
2006	59	11	0.020	0.049	0.072
2007	56	10	0.027	0.055	0.065
2008	59	5	0.023	0.046	0.070
2009	54	4	0.014	0.040	0.065
2010	59	5	0.009	0.032	0.074
2011	58	4	0.010	0.032	0.069
2012	51	3	0.008	0.035	0.061

说明:空气污染指数及排名以国家环保部发布的正式公告为依据,目前可追溯的排名城市范围不一。其中,2006年为全国47个重点城市的排名,2007年为全国113个重点城市的排名,2008—2012年统一为全国31个省会城市、直辖市的排名

表 71　　福州市 2006—2012 年空气优良天数及优良率

年度	优(天数)	良(天数)	优良率(%)
2006	117	227	94. 25
2007	136	225	98. 90
2008	119	235	96. 72
2009	152	201	96. 71
2010	133	218	96. 17
2011	114	246	98. 63
2012	158	206	99. 45

表 72　　2006—2012 年福州 API 指数、空气优良率在福建省九地市排名

指标 年度	API 指数		空气优良率	
	排名	优于福州的其他城市	排名	优于福州的其他城市
2006	5	宁德、泉州、莆田、厦门	7	莆田、宁德、厦门、南平、泉州、漳州
2007	3	泉州、宁德	5	宁德、莆田、厦门、南平
2008	5	泉州、宁德、厦门、莆田	6	宁德、莆田、泉州、南平、漳州
2009	4	泉州、厦门、莆田	7	南平、漳州、泉州、厦门、莆田、宁德
2010	5	宁德、厦门、莆田、泉州	8	漳州、南平、宁德、莆田、厦门、龙岩、泉州
2011	—	—	6	漳州、南平、莆田、厦门、宁德
2012	—	—	8	厦门、莆田、漳州、南平、宁德、龙岩、泉州

表 73　　2012 年福州五城区大气污染物排放情况

污染源	二氧化硫		氮氧化物		烟(粉)尘		油烟	
	排放量(吨)	比例(%)	排放量(吨)	比例(%)	排放量(吨)	比例(%)	排放量(吨)	比例(%)
市区工业源	2303	74. 29	1836	9. 49	1931	3. 48	—	—
居民生活	797	25. 71	153	0. 79	356	0. 64	—	—
机动车	—	—	17353	89. 72	1920	3. 46	—	—
交通扬尘	—	—	—	—	3960	7. 14	—	—
建筑施工扬尘	—	—	—	—	20414	36. 82	—	—
建筑拆迁扬尘	—	—	—	—	24200	43. 65	—	—
道路施工扬尘	—	—	—	—	2655	4. 79	—	—
餐饮油烟	—	—	—	—	—	—	179. 2	100
排放总量	3100	—	19342	—	55436	—	179. 2	—

【影响福州市空气质量指数排名的内外在因素】　自身空气质量恶化因素增多　福州城区三面环山、一线临江,地形闭塞,大气流动和空气扩散条件较差,再加上城市热岛效应的胁迫作用,城区局部大气污染状况消除缓慢。此外,近年来,福州市城市建设快速推进,建筑拆迁施工扬尘和道路施工扬尘造成的空气污染日趋严重;大量钢铁、石化等项目布局在沿海港口地区,受风向影响排放物容易散布到城区;机动车数量持续增加,机动车烟尘和氮氧化物排放逐年增多;餐饮行业油烟净化装置安装率低、运行效果差。根据 2012 年统计,影响城区空气质量的大气污染物,按年排放量由大到小依次为,烟粉尘(55436 吨)>氮氧化物(17342 吨)>二氧化硫(3100 吨)>油烟(179. 2 吨),其主要来源为建筑拆迁施工扬尘、机动车排放和市区工业源等。其中,烟(粉)尘排放主要来自建筑拆迁扬尘、建筑施工扬尘、交通扬尘和道路施工扬尘等,占比分别

为43.65%、36.82%、7.14%和4.79%;氮氧化物排放主要来自机动车排放,占比89.72%;市区工业源和居民生活源是二氧化硫主要排放源,占比分别为74.29%和25.71%;餐饮油烟排放量估算达到179.2吨(详见表73)。

新的空气质量评价标准影响排名 2013年,环保部公布了新的空气质量检测标准,采用空气质量指数〔简称AQI,在API指数的基础上增加了细颗粒物(PM2.5)、臭氧(O_3)、一氧化碳(CO)等三项污染物指标计算构成〕来定量描述空气质量状况。包括福州、厦门,全国共有74个城市开始采用新标准检测空气质量。近年来,由于污染因素增多,福州市空气中可吸入颗粒物和NO_2浓度不断增加。按照新的空气质量标准,福州市NO_2、PM10、PM2.5等指标面临超标危险,年度AQI指数在全国31个省会城市、直辖市中的排名有可能下降。比如,在4月全国74个城市空气质量状况月报中,福州排名就从3月的第4位跌至第8位(如按31个省会城市、直辖市排名,福州仍居第3位)。

环保意识尚需加强 与广州、南宁、厦门等城市相比,全社会的文明理念和环保意识还较为欠缺。比如,在统筹经济发展和生态文明建设关系方面理念和手段还需更新,一些企业经营者缺乏社会责任意识和长远发展意识,部分市民缺乏绿色生活消费观。

(课题指导:徐启源 课题负责:戴清泉 林宗辉 课题成员:白俊超 周耿忭 李伟 执笔:白俊超 周耿忭)

发展低碳经济

农工党福州市委会课题组

【发展低碳经济的形势与机遇】 *省会中心城市提升的战略要求* 根据2009年国务院出台的《关于支持福建省加快建设海峡西岸经济区的若干意见》要求和福州市相继出台的《中共福州市委关于贯彻落实省委八届九次全会精神,推动跨越发展的实施意见》《关于增强自主创新能力,建设海峡西岸创新型省会中心城市的决定》《福州市"十二五"节能和循环经济发展专项规划》等一系列支持低碳产业发展的政策。2012年6月,《福州生态市建设规划(修编)》正式下发实施,各县(市)区也先后完成生态建设规划和乡镇环境规划的编制及组织实施工作。

加快产业结构调整的组成部分 2012年,福州市第一产业比重为8.7%,第二产业比重为45.5%,第三产业比重为45.8%,产业结构呈现第一产业比重持续下降、第二产业比重升势减缓、第三产业比重波动上升的新变化。福州正处于工业化后期的转型阶段,农业发展已经相对成熟,规模虽大,但重要性趋于下降;工业发展取得了长足进步,重工业规模已经大于轻工业,工业比重快速上升的势头趋于减弱;服务业的重要性逐年上升,产业结构日趋合理,服务业正进入大提升、大发展的时期。同时,福州是典型的能源输入型城市,所需煤炭、液化气等能源多从外地调入,且能源消费以煤炭为主,煤炭(含火电用煤)占73.5%,水电占8.9%,柴油占7.2%,汽油占6%,液化石油气占1.94%,燃料油占1.97%,风电仅占0.5%。此外,优质清洁能源天然气在民用领域已逐步推广,但在工业中仍只是局部试点使用,受限于成本较高推广难度大,风能、太阳能、生物质能等清洁可再生能源的开发利用仍处在起步阶段,基础十分薄弱,能源消费结构不尽合理。

提高可持续发展水平的客观需要 长期形成的主要依靠物质投入的传统经济发展方式与资源环境的矛盾日益突出。2012年全市单位GDP能耗为0.523吨标准煤/万元,下降4.0%,化学需氧量(COD)排放强度小于4.0千克/万元,二氧化硫(SO_2)排放强度小于5.0千克/万元,工业废水处理排放达标率95.49%,工业固体废物综合利用率99.74%,完成了预期目标。但随着工业化进程的加快推进,面临的节能减排压力将进一步加大,只有扎实推进节能减排,大力发展绿色经济、低碳经济和循环经济,才能有效突破资源环境瓶颈制约。

提升城市生活质量的重要保证 福州市环保工作在全国中等经济发展水平以上的城市中名列前茅,先后荣获"全国绿化模范城市""国家卫生城市""国家园林城市""国家环保模范城市""国家文明城市"等称号。近几年,大力推广节能、环保建筑,采用户式新风系统、太阳能庭院灯、LOW-E中空玻璃、同层排水、内墙玻化微珠、纳米涂料、隔热断桥铝合金门窗等新技术,使"低碳"生活更加贴近群众。在2010年全国31个省会城市及5个计划单列城市的环境宜居城市的监测指标体系评价中,福州市以综合得分最高,获得"最宜居城市"榜首的殊荣。2011年空气质量在全国省会城市及直辖市中排名第四位,空气质量优良率达98.63%。集中式饮用水水源地水质达标率100%,城市水环境功能区达标率100%。这些都是福州发展低碳经济、吸引低碳产业入驻的竞争软实力。

【发展低碳经济的问题与挑战】 *产业结构不够合理* 投入、高消耗、高排放的粗放式增长方式没有得到根本转变,冶金、化工、纺织、陶瓷及塑胶等传统产业仍占较大比例,能源消耗较大、经济增长方式相对粗放式仍较突出。与此同时,人均耕地面积仅为全国平均水平的1/5,土地供应日趋紧张;石油、天然气、煤炭、铁矿石等工业原料自给率不高,环境问题越来越突出,土地供应日益紧张。

新技术产业所占比例不高 2012年相对高效低耗的高新技术产业增加值仅占GDP比重为14.8%,工业总产值中高新产业比重小,科技含量低。福州市高新技术产业产值占全省比重为26.1%,比厦门市的37.4%还低11.3%,与省会中心城市地位不相适应。缺少能够主导行业整体水平提升的龙头企业、核心企业,缺少具有核心竞争力和国际竞争力的知名品牌。经济增长的科技贡献率所占比例较小,科技产业化程度还不高,传统产业优化升级的任务仍十分繁重,同时财政对科技的投入较低。

节能减排形势较严峻 "十二五"规划以来,国家对减排工作要求进一步加大。福州仍处于工业化、城镇化快速发展时期,发展方式比较粗放,企业减排设施建设滞后,规模化畜

禽养殖场减排进度滞后,工业污染物减排后劲不足,在消化主要污染物增量的同时还须持续削减存量。同时行业性、区域性、流域性污染仍较突出,餐饮业油烟排放、机动车废气排放、内河景观水体污染、建筑粉尘污染等尚未得到有效控制,敖江流域的石板材污染、闽侯、福清等部分县(市)畜禽养殖污染、闽清建陶业污染等仍比较突出。随着工业项目向福清、长乐、连江、罗源等城市两翼重点开发区域集聚,大型钢铁企业聚集罗源湾,环境保护日趋严峻,面临的节能减排压力将进一步加大。

建筑低碳长期被忽视 建筑生产粗放、建筑品质不高、设计陈旧、隔热效果差、政策缺位等多种原因,导致多数建筑"高碳、高耗能"。在房地产开发过程中,建筑采暖、空调、通风、照明灯方面所需的能源消耗,加上当前大量建筑本身存在着因结构不合理、物料使用失当等而引发的大量的高耗能、高排放等问题,其中尤以室内建筑及装修材料上的缺陷所造成的甲醛、苯、氨和氡等室内污染最为严重。

(题指导:郑新清 题组成员:林景 林澄 潘辉 林宇 倪斌 蔡东升 施蔚然 何飞 林岸 黄敏 林玮 范国宏 执笔:林宇)

2012年度福州市行政机关透明度报告

市社科院、市数字办联合课题组

【政府信息公开工作取得的成效】 2012年7月,市社科院、市数字办联合课题组对福州市所辖12个县(市)区(不包括平潭县)政府和61个市直行政机关通过观察和验证两种方法进行了调研。根据工作性质及社会关注侧重点的不同,对县(市)区政府和市直行政机关开展调研评测的指标及权重设置略有差异。其中,对县(市)区政府调研评测指标包括6个部分,总分100分,分别是政府信息公开指南编制情况(满分10分)、政府信息公开目录设置情况(满分25分)、编制公布政府信息公开年度报告情况(满分10分)、依申请公开政府信息情况(满分35分)、公共资源配置信息公开情况(满分10分)、食品安全监管信息公开情况(满分10分)。对市直行政机关调研评测指标同样包括6个部分,总分100分,分别是政府信息公开指南编制情况(满分10分)、政府信息公开目录设置情况(满分25分)、编制公布政府信息公开年度报告情况(满分10分)、主动公开政府信息报送公共查阅场所情况(满分15分)、依申请公开政府信息情况(满分20分)、相关领域信息公开情况(满分20分)。结果显示,福州市行政机关在贯彻实施《中华人民共和国政府信息公开条例》(以下简称《条例》),提高政府管理透明度方面做了大量工作,取得了一定进步(详见表74、表75)。

政府信息公开制度得到较好实施 各县(市)区政府都按照《条例》及省、市政府有关规定,在本级政府网站醒目位置设置了"政府信息公开"专栏,下设政府信息公开目录、政府信息公开指南、政府信息公开制度规定、政府信息公开年度报告、依申请公开、公开意见箱等二级栏目。市直行政机关和各县(市)区政府全部按《条例》要求按时编制公开了政府信息公开年度报告。

重视与公众的沟通互动,不断提高公众获取信息的便利性 60个市直单位和10个县(市)区政府网站都提供了政府信息公开目录检索功能,按照所涉及的部门、文件类型等对信息进行多种分类,提供多种检索方式以及在线浏览、下载等,以方便公众快捷地获取信息。部分政府网站将涉及房屋征收、土地征用、人事任免、财政资金使用、重大项目建设等社会关注、与公众关系密切的信息集中公布在专门的栏目中,放置在网站较为醒目的位置。相比2011年,政府信息目录编制更加规范,信息公开更加及时,信息链接有效性进一步提高。对政府信息公开申请回复总体比较规范,有的还能告知司法救济的途径,服务意识进一步增强。

政府信息公开工作人员的公开意识与业务熟练程度增强 绝大多数市直行政机关和县(市)区政府负责政府信息公开的工作人员,对于课题组通过电话、电子邮件、网站平台提出的咨询和申请,能够认真负责、耐心主动、及时地作出解答与回应,态度和气、讲解细致。

市直行政机关政府信息公开工作总体测评结果(满分100分)

表74

市直机关	总得分
市城乡建设委员会	88.5
市工商行政管理局	87.0
市卫生局	86.0
市人民防空办公室	84.5
市市容管理局	84.5
市国土资源局	84.5
市经济委员会	84.0
市环境保护局	83.5
市对外贸易经济合作局	83.0
市公务员局	82.0
市公安局	81.5
市水利局	81.0
市统计局	81.0
市教育局	81.0
市档案局	81.0
市食品药品监督管理局	80.5
市民政局	80.5
市财政局	80.5

续表 74－1

市直机关	总得分
市广播电影电视局	80.0
市城乡规划局	80.0
市住房公积金管理中心	79.0
市土地发展中心	79.0
市农业局	79.0
市旅游局	79.0
市安全生产监督管理局	79.0
市地震局	78.0
市质量技术监督局	77.5
市审计局	77.5
市人力资源和社会保障局	76.0
市文化新闻出版局	75.5
市房屋登记中心	74.0
市知识产权局	73.5
市高新区管委会	72.0
市司法局	71.5
市监察局	71.0
市海洋与渔业局	71.0
市国有房产管理中心	70.5
市发展和改革委员会	70.0
市城镇集体工业联合社	70.0
市无线电管理局	69.5
市人民政府国有资产监督管理委员会	69.5
市人口与计划生育委员会	69.5
市住房保障和房产管理局	69.0
市园林局	69.0
市粮食局	69.0
市机关事务管理局	68.5
市民族与宗教事务局	67.0
市供销合作社联合社	67.0
市商贸服务业局	66.0
市物价局	62.5
市投资促进局	61.5
市体育局	61.5
市科学技术局	61.0
市人民政府外事侨务办公室	58.5
市交通运输委员会	58.0

续表 74－2

市直机关	总得分
市保税区管委会	58.0
市林业局	57.5
市住宅发展中心	56.0
市地方税务局	54.0
市港口管理局	48.0
市人民政府台湾事务办公室	31.5

县(市)区政府信息公开工作总体测评结果(满分100分)

表 75

县(市)区	总得分
台江区	72.5
仓山区	71.0
罗源县	70.0
闽侯县	69.5
连江县	69.0
晋安区	69.0
长乐市	68.5
鼓楼区	67.5
福清市	60.0
马尾区	60.0
闽清县	55.0
永泰县	54.5

【政府信息公开工作存在的问题】 行政机关政府信息公开工作情况不稳定 2012年测评结果与2011年相比,2011年排名前十名的市直机关单位全部不在2012年前十名名单之列,有的还落到比较靠后的位置。

部分单位政府网站运行状况不佳 10个县(市)区质监局、工商局、食品药品监督局、卫生局网站无法打开。有的政府网站运行速度偏慢,很长时间无法打开网页。有个别县(市)区政府网站运行不稳定,间歇性无法访问。

政府信息公开工作的指引性有待加强 7个县(市)区行政机关政府信息公开指南全文无法利用搜索引擎获取,不易查找。5个县(市)区行政机关公开指南编制不够细致、更新不及时,指南有效性仍需增强,指南的指引作用有待进一步发挥。晋安区只编制区政府办信息公开目录,未编制本级政府信息公开目录。

部分政府网站信息公开流于形式,应主动公开的信息公开不充分 有超过20%的市直单位全部未公开本次测评的5个特定领域信息。单位内部的活动通知及各类会议情况等方面信息较多,涉及民生的、与社会公众密切相关的信息,公共资源配置方面(如政府采购政策法规)、食品安全方面(如餐饮服务许可办理流程)等信息较为缺乏,不利于公众或企业获取信息便捷办事。11个县(市)区行政机关网站提供的检索、在线申请等功能无法使用。

信息更新不及时现象仍较明显 根据《条例》规定,属于主动公开范围的政府信息,应当自该政府信息形成或者变更之日起20个工作日内予以公开。接近三分之二的单位在信息公开及时性方面存在不同程度的滞后问题。

限制公众依申请获取信息的问题没有太大改观 绝大多数县(市)区政府网站政府信息在线申请平台设置了多余的选项,违法查验申请人身份,要求申请人提供申请用途,个别市直机关也有打电话查验申请人身份的情况,增加了社会公众获取政府信息的难度和成本。

(课题负责:张兰英 许剑锋 执笔:叶伟奇 杨济亮 张宗柯 丁琼)

构建现代化综合交通运输体系

市交通运输委员会课题组

【交通基础设施网络基本形成】 公路 截至2013年6月,福州市公路网总里程10698公里,公路网密度达到89.2公里/百平方公里。其中高速公路498公里,普通国省道829公里,农村公路9371公里。随着2013年5月18日福州至永泰高速公路建成通车,全市已实现县县通高速;国省道中二级及以上公路已达58.4%;农村公路于2007年提前实现了2010年行政村通达目标,99.85%的行政村通达了水泥路。公路运输场站设施建设加快,拥有三级及以上公路客运站16个,其中一级站3个,分别为福州汽车客运南站、福州汽车客运北站和福州汽车客运西站;福州市现状公用型公路货运站场较少,货物运输组织主要依托运输企业自身建设的自用站场、物流中心、货场或停车场。

铁路 福州市铁路现状为"四干一支"布局,"四干"分别为温福铁路、福厦铁路、峰福铁路和向莆铁路(已于2013年9月底正式开通运营),"一支"为福马铁路支线,铁路网总里程达到368公里,铁路网密度达到3.1公里/千平方公里,高于福建省平均水平。

沿海港口 福州港是全国25个沿海主要港口之一,也是对台直航试点口岸之一。目前福州港与宁德港、平潭港已整合成新福州港,其中福州市港区主要分为闽江口内、江阴、松下和罗源湾4个港区。至2013年6月,福州市域共有生产性码头泊位129个(平潭9个),年设计通过能力达到10299万吨,其中集装箱242万TEU,万吨级以上泊位数达到44个。

航空 福州长乐国际机场位于长乐市东郊滨海,距福州市中心48公里,飞行区等级为4E级,停机位达到36个,设计年吞吐能力为旅客1300万人次、货邮18万吨。

城市轨道交通 福州正在建设城市轨道交通1号线(象峰站至东部新城站),全长29.29公里,计划2015年建成,主要服务于老城区南北向客流需求。轨道交通2号线(竹岐站至鼓山站)已处于设计阶段,项目全长26.25公里,主要服务于城市东西向客流需求。

【运输服务能力不断提高】 运输装备 福州市公路运输企业现状拥有营运客车3819辆,其中中高级占92%;营运货车4.9万辆、39.6万吨,其中重型货车、专用车辆和厢式货车分别占25.8%、10.6%和46.5%。福州市共有214家水路运输企业,营运客船拥有3291客位,拥有营运货船995艘、166万载重吨和8889TEU。其中,营运货船中内河运输船舶535艘、16.7万载重吨;沿海运输船舶421艘、117.8万载重吨;远洋运输船舶39艘、31.9万载重吨。

客货运输量 2012年,福州市全社会完成客货运输量2.18亿人次和1.76亿吨,同比分别增长9.5%和9.8%。公路运输:公路在客运中的主导地位十分明显,2012年全市公路完成旅客周转量818311万人公里,完成客运量18395.4万人次,占全社会客运总量的84.5%,同比增长4.7%。公路货物运输专业化、组织化程度不断提高,2012年全市公路完成货物周转量1501752万吨公里,完成货运量10676万吨,占全社会货运总量的60.7%,同比增长11.21%。农村客运发展迅速,全市所有乡镇已通客运班车;全市2390个行政村中已通客运班车的有2167个,通车率达90.67%。铁路运输:温福、福厦铁路建成通车后带动铁路客运量快速增长,2012年全市铁路完成客运量2485万人次,占全社会客运总量的11.4%,同比增长63%;完成货运量389万吨,占全社会货运总量的2.2%,同比增长6.4%。水路运输:2012年全市水路完成旅客周转量2958万人公里,完成客运量99.5万人次,占全社会客运总量的0.5%,同比增长38.6%;完成货物周转量9046627万吨公里,完成货运量6525.6万吨,占全社会货运总量的37.1%,同比增长7.7%。航空运输:目前长乐机场共开通国内航线53条、国际航线7条。2012年航空完成客运量785万人次(列全国民航机场第25位),占全社会客运总量的3.6%,同比增长9.0%;完成货运量10万吨(列全国民航机场第22位),占全社会货运总量的0.06%,同比增长10.6%。

城市客运 福州市现有公交线路202条,线路长度为2562.4公里,线网长度为585.65公里,公交场站173处(含大修厂),总面积近50公顷。福州市区公交车3666辆,市区平均每万人拥有公交车13.52标台,日均运送乘客198.36万人次。出租车6545辆,其中福州市区5445辆。

邮政业务 2012年全市邮政业务收入15.83亿元,同比增长16.8%。

【综合交通运输体系存在的问题】 交通基础设施网络规模和结构不完善 1.公路网规模虽然较大,但高速公路比重仍然偏低,高速公路网络尚未全面形成;闽清、永泰、福清等相邻县市之间及其与宁德、莆田等周边区域之间缺乏便捷的快速通道,相对落后的交通运输条件已经成为制约福州西部山区各县发展的瓶颈。2.客货运场站建设方面,受体制、规划、土地等因素制约,公路客运站与火车站衔接仍不顺畅,福州火车北站、南站的城市公共交通、公路长途客运等换乘设施有待完善,缺少整合多种运输方式实现"零距离换乘"的综合性客运站。货运站场方面,公路、铁路分散独立设置,普遍存在散、小、乱的局面。3. 铁路运输能力大幅提高,但布局仍不完善,枢纽地位尚未形成。受运输能力的限制,铁路客货运输量比重长期处于较低水平,而福州由于钢铁、煤炭等能源物资紧缺,经济的快速发展产生大量的大宗物资运输需求,铁路运输支撑不足。4. 港口基础设施已初具规模,但港口大而不强,现代化水平亟待提高,港口作用有待进一步发挥。受制于港口发展政策、经济腹地受限、集疏运系统建设滞后等因素,港口与临港产业布局分散,功能单一,产业层次低,临港相关产业缺乏发展动力,港城经济发展缓慢,缺乏规模化、集约化、现代化临港产业集群,不能对地方经济形成有效的集聚和扩散效应。5. 长乐国际机场客货运量增长迅猛,但场站配套设施尚不完善,集疏运体系仍需进一步完善。6. 城际交通与城市交通衔接有待加强。福州对外干线公路与市政道路衔接不顺畅,通行能力不匹配;部分国省道已市政道路化,导致长途交通与城市交通相互干扰,降低了运输效率。闽江口内港区紧邻城市,后方陆域纵深不足,疏港交通与城市交通混杂,港区与城市发展之间的矛盾日益突出。7. 城市公交场站用地缺乏,特别是首末站能力不足;首末站利用率差别巨大,造成车站用地闲置与紧缺并存;停车、保养能力不足,布局和功能定位需进一步优化;中途站等级低,使用空间及布局不能完全满足现阶段需要;场站用地存在较大不稳定性,远期发展不确定性较强。8. 交通设施布局与城市规划建设缺乏协调。区域交通设施如高速公路、铁路的规划布局与城市规划建设冲突较多。

综合交通运输服务水平仍存在薄弱环节 客运服务方面,公路客运服务水平相对较低,营运客车超载、超速、甩客、站外揽客等现象时有发生,对旅客和正常营运车辆合法权益造成损害。城市公交线网的区域覆盖水平差异较大,区域分布不均衡。城乡公交运营效率及服务水平较低,客运量低,亏损严重。货运服务方面,公路运输市场集约性、专业性发展不足,先进技术、管理方式应用不广,一体化运输、多式联运发展滞后。道路运输货运企业规模小、组织化程度较低,与物流发展要求仍有较大差距。真正能够为客户提供全方位、多功能、一体化物流服务的物流企业较少,相当一部分物流企业由中小型运输企业发展而来,物流市场化组织程度较低,缺乏大型的公用型物流配送中心,装卸、仓储等物流基础设施共享程度不高;大部分物流服务仍停留在代储代运业务范围,服务功能比较单一,信息服务、流通加工等深层次的配套服务功能建设较为滞后。交通运输信息化发展相对滞后,各运输方式信息系统之间的互联互通和信息资源的共享交换机制仍不完善,尚未形成互通共享、联动协作的管理信息平台。物流公共信息平台尚未形成,物流信息化水平有待进一步提升。

综合交通运输管理体制仍不顺畅 公路、铁路、水路、民航等对外大交通虽已初步综合,但对外大交通与城市交通分割管理,城市交通的规划、建设、管理又分散在不同部门,缺乏有效衔接,综合运输的整体优势没有充分发挥。受管理体制的制约,政策的具体制定与实施、各种运输方式发展规划的协调和平衡力度不够,各种运输方式自成体系、各自发展的倾向依然强烈。体制不顺还导致了技术标准不统一和运营管理难协调,与现代化综合运输体系要求不相适应。

(课题负责:左美俊 课题成员:施向文 刘起宏 钟闻华 陈志武 邱吉忠 林恒 陈斯春 执笔:林恒 陈斯春)

开发区整合提升

市委政策研究室课题组

【开发区总体概况】 至2013年,福州市市级以上开发区有22家,其中国家级7家、省级9家、市级6家,2011年实现工业总产值4548.76元,占全市工业总产值77.45%,初步形成了全方位、多层次的发展格局。

园区布局相对规范 总规划面积614.06平方公里,已开发面积221.66平方公里。中心区包括市区、马尾、闽侯等地,南翼包括福清、长乐,北翼包括连江、罗源,开发区的空间分布呈现南北翼与中心区三足鼎立的格局,永泰、闽清山区生态经济带也在逐步形成一批特色产业集中区,总体布局已初步明确。

主导园区初步形成 近年来,市委、市政府大力促进企业向园区集中,项目向园区聚集,各功能园区竞相发展,初步形成了电子信息、纺织服装、冶金建材、机械装备、轻工食品五大特色产业,占全市工业比重87.1%,主导园区平台初步形成。

园区功能逐步完善 福州市各开发区大都已成为当地经济发展的重要增长点和对外开放的重要窗口。园区规划建设水平逐步提高,产业集聚功能有所提高,设施配套相对完善,供水、供电、供气、供热、通讯、道路能力均达到相当水平,支撑作用和载体功能进一步提高。

园区模式基本覆盖 福州市开发区分为3种体制管理模式:一是准政府的管委会体制,管委会作为政府的派出机构,主要职能是经济开发规划和管理,为企业提供服务,适用于人口较少、相对独立的中小型新开发区,如软件园、金山工业集中区等。二是开发区与行政区合一的管理体制,开发区和行政区两块牌子一班人马,保持行政区管理机构的编制和职能,合一管理,如福州经济技术开发区。三是以企业为主体的开发体制,通过设立企业来规划、开发、管理一个开发区,开发主体承担了一定的政府职能,进行公共事业开发,如省首家民办开发区福兴经济开发区。

【开发区发展的制约因素】 *规划布局有待提高* 福州市开发区规划仍有待与城市总体规划、土地利用规划、产业发展规划进一步衔接,分区功能定位与产业布局、产业分工协作体系尚未形成,制约了开发区整合与规模扩张。布局失控,多数开发区存在对产业布局控制不力、区域内产业发展不合理、园区多而散等问题,不利于发挥各经济区域的合理分工和比较优势,难以实现产业发展和城市建设的良性循环。大而不强,现有多数开发区特色不够突出,产业分布混杂、层次不高,缺乏形成一批专业型、配套型产业园区,规模经济效应、产业竞争力不强等问题依然较为突出。产业雷同,难以分工协作、优势互补,如福清与马尾的电子、罗源与长乐的钢铁、马尾与连江的食品、福清与仓山的塑胶等,形成了“大而全”“小而全”的产业格局。

运行机制有待优化　一是准政府的管委会体制作为大部分开发区在建设初期采取的一种过渡管理体制,当城市功能健全后,已不适应发展需要,突出表现为管委会的管理不到位,机构设置尚待完善,缺乏相关职能分设机构与人员,管理权限、审批权限还需进一步规范,明显制约了保税港区、福州高新区等的发展。二是政区合一的管理模式,由于历史包袱较重,基础欠账较多,管理链条长,加之财力不足,开发区的体制优势逐渐丧失,如福州经济技术开发区呈现“似县不是县、是区不像区”的发展困境。三是以企业为主体的开发体制,开发商既要进行大量的公共基础设施投资,又无法从区域税收中获得必要的回报,对基础设施的投资或缺失或转嫁,致使产业难以更新、发展基本停滞,如福兴投资区发展已逐渐止步。同时,各开发区与所在辖区基本实行的是两套管理体制,在工作任务层面,各开发区的发展需要辖区提供土地保障以及基础设施、公共服务等配套,但在利益分成方面,开发区发展所得税收辖区却很难直接分享,一定程度上影响了与辖区之间的联动配合,制约发展。各开发区经济管理权限分散,工商、地税、土地等职能上收,部分权限虽未上收但须逐事逐项上报“确认”“备案”“审核”,导致办事环节增多,协调难度增大,影响效率。

土地开发有待优化　一是未开发区域比重过大。22 家市级以上开发区,已开发 221.66 平方公里,约占总规划面积的 36.1%(2012 年全国 341 个国家级开发区平均开发比例为 71.37%,是福州市的 2 倍),未开发面积高达 392.4 平方公里,其中国家级元洪投资区仅开发 12.5%,海西高新技术产业园仅开发 6.5%,省级青口投资仅开发 17.8%,连江经济开发区仅开发 29.8%。二是扩大生产空间受限与用地闲置并存。22 个开发区中规模在 5 平方公里以下的占 8 个,50 平方公里以上的仅 3 个。由于发展预估不足,部分开发区趋于成熟后,绝大多数工业用地和标准厂房已租售,如星网锐捷、森源动力、康师傅等企业扩大再生产空间紧缺,无新增用地满足企业扩张需求。受项目落实审批、环境评估、拆迁收储、招商引资等多方因素影响,部分项目无法落地开工,部分项目用地闲置,形成了有的开发区有项目但无地可落,有的开发区有地但项目不愿来的“两头落空”现象,导致优质企业外迁,落后企业沉淀,行业产值下降。三是土地资源整合提升困难重重。在已审批开发的土地中,传统工业比重大,土地集约利用度较低。目前多数开发区厂房权属私有、权属关系复杂,加之没有明确的整顿清理政策及程序,无法在既定的规划范围内对土地资源进行整合清理,难以清退低产高耗、闲置零散的传统企业进行重新规划改造,造成产业升级难以实现。如罗源湾经济技术开发区截至目前审批工业用地 92 宗,其中闲置 14 宗,低效用地 12 宗,于 2012 年下半年开始专项整治。四是土地资源利用率低。由于产业布局不合理,关联度不高的企业相互紧挨建设、相互影响,部分区域还出现工业区与居民区混杂建设的现象,企业与居民矛盾时有发生。小企业杂乱,产品附加值不高却占据了大量的土地,地均产出和效益较低,如福州经济技术开发区规下企业 288 家,用地与其他企业相仿,但产出仅占工业总产值 0.55%。

功能配套急待完善　除中心城区外的开发区多数距离县城在 20 公里左右,基础配套设施建设滞后,服务配套主要依靠周遍小城镇,难以满足企业发展需求。一是开发区差异大,福州经济技术开发区、福清融侨经济技术开发区等规划早、基础好、发展快,但连江经济技术开发区、罗源湾经济技术开发区等起步晚、规划相对滞后,发展差距呈拉大趋势。二是融资难度高,目前开发区融资渠道有限,融资创新缓慢,吸纳社会资金投入和争取金融部门贷款投资较少,建设资金紧张问题突出。三是基础配套差,尤其是项目供地、防洪排涝、给排水、生态环保建设等方面欠账较多,路网建设不完善,后续保养责任不明,难以满足企业发展的需求。四是社会配套缺,大部分开发区教育、医疗、商贸、文化娱乐等社会配套服务设施建设滞后,给企业职工的工作生活带来诸多不便。即便是位于中心城区的金山工业区职工住宿也仅解决 16%,缺乏员工食堂、银行网点、休闲场所等生活配套,问题突出,导致“招工难”“发展慢”。五是自有财力弱,各开发区大多没有独立的财政体系,财政留成有限,区内设施投资、扶持企业发展资金主要依靠财政拨款,所有工程项目所需资金都要上报逐项研究,经过论证、预算、审批、资金划拨等程序,时间跨度长,很大程度上制约了开发区建设发展的自主性。

综合效益有待升级　一是产业上下游链条断层,多个开发区的电子信息、纺织、汽车等主导产业与传统产业链仍有待延伸拓展,如信息产业缺“芯”、纺织产业缺高档面料等现象普遍存在。新大陆、星网锐捷等部分重点企业虽已形成了初具规模的产业,但发展时间较短,布局相对分散,园区企业与其在业务上关联度不高,集聚效应并不明显。二是产业规模效应不高,部分园区准入门槛偏低,存在小企业偏多、项目规模偏小,污染比较严重等问题,引进的高成长性龙头企业不多,不少企业尚处于产业链的低端,规模有限,单位产出低,缺少核心技术,初级产品、中低档产品比重大。三是企业竞争力不强,特别是在设计、生产工艺等方面核心竞争力较弱,工艺装备方面相对落后,缺乏自主品牌,协作配套能力薄弱,无法形成显著的规模效应。四是用地产出强度不高,2012 年福州经济技术开发区土地 GDP 产出强度仅 11.29 亿元/平方公里,福清融侨开发区仅 17.45 亿元/平方公里,而根据国土资源部发布的《国家级开发区土地集约利用评价情况(2012 年度)》,全国 341 个国家级开发区同期平均工业用地产出为 129.8 亿元/平方公里,上海漕河泾新兴技术区更高达 230 亿元/平方公里。

(课题指导:王振松　课题成员:白俊超　周耿忭　邵丽　李伟　执笔:周耿忭)

历史文化名城保护和旅游开发

市政府发展研究中心课题组

【历史文化名城保护和旅游开发现状】 *修编历史文化名城保护规划* 福州市是第二批国家历史文化名城。2013 年,《福州市历史文化名城保护规划(2012—2020)》已通过专家评审,正在上报审批中。该规划结合福州古城的历史特征和遗存实际情况,划定“一城两区”为历史城区范围,总面积 10.1 平方公里,总体规划比原先增加了 2.6 平方公里。新增了台江(台南)与仓前山两个片区历史城区,涵盖福州清末到近现代时期的城市拓展轨迹和历史信息。同时根据新扩展的保护范围,由三坊七巷管委会正式委托北京清华城市规划设计研究院编制《两山两塔两街区文化遗产保护特区规划》。目前《两山两塔两街区文化遗产保护特区规划》成果和区域内设计工作已经全部完成。

历史文化名城保护及旅游开发管理 一是挖掘以三坊七巷文化为代表的福州历史文化,保存了数量众多的历史文化遗迹。全面启动三坊七巷历史文化街区修复保护工作。2010 年、2011 年,三坊七巷连续两年接待境内外游客超 800 万人次,已成为名副其实的城市会客厅和福州历史文化第一休闲品牌。同时,开展林则徐系列古迹、台江上下杭等一大批历史文化遗迹保护修复工程,收集整理保护涉台文物,开展非物质文化遗产申报和保护工作,凸显福州历史文化在现代城市发展中的价值。自福州被公布为第二批国家历史文化名城以来,绝大多数的文物保护单位得以保存,中心城区的文物保护单位增加到 337 处。二是开展历史文化名城中轴线和主要街巷传统风貌整治工作。在组织编制各项城市历史文化中轴线保护规划基础上,按计划逐步实施屏山镇海楼重建、鼓楼遗址公园建设、南街改造和风貌整治工作。同时,还先后开展了古城区内澳门路、道山路、北大路、鳌峰坊等传统街巷街景风貌整治工作,形成了以三坊七巷、朱紫坊和乌山、于山 4 个临近历史地段围合的“两山两区”风貌地段,以及位于台江的上下杭历史文化街区和位于仓前的烟台山历史文化风貌区。基本延续了历史城区在历史上的城市功能格局特点,如鼓楼区用地功能以行政、商业、文化居住为主,台江较为完整的传承了传统的商业集聚功能,仓山一带则突出延续教会学校的功能。这条较为完整保存、历史脉络清晰的中轴线与前述重点保护的历史人文和自然景观,形成了福州市目前较为清晰完整的历史城区本底风貌认知。三是大力开展非物质文化遗产保护工作。目前已申报成功 10 个国家级非物质文化遗产项目在内的非遗项目共 51 项,申报的非遗项目已经涵盖《第一批国家非物质文化遗产名录推荐项目名单》和联合国教科文组织《保护非物质文化遗产公约》的所有分类目录。2011 年,举办海峡两岸民俗文化节展演活动,开展第 6 个“全国文化遗产日”宣传展示活动,组织闽剧、评话和伬艺等国家非物质文化遗产项目展演,福建海峡寿山石文化研究院成为福建首家入选第一批国家级非物质文化遗产性保护示范基地。福州市聚春园、同利肉燕、老天华乐器等 8 家企业上榜商务部公布的第二批中华老字号名录。

加大投入、严控规模,确保可持续发展 近年来,福州市结合旧城改造,实施三坊七巷及其风貌区、乌山南北坡、屏山山头角、仓前山北坡等历史城区、历史街区、风貌区保护,居民搬迁 5000 多户,拆除各类建筑 60 多万平方米,投入资金达 50 多亿元。同时继续严格控制历史城区建设强度。特别是在旧城更新改造中,严格控制建设容量和建筑高度,力争把旧城的居住人口调整到适宜水平。

强化营销、加大宣传,提升知名度 一是加强营销设计。三坊七巷,朱紫坊、台江、仓山等中轴线上重点古迹遗存都通过整合各自周边旅游资源,以自身开发为主要载体,带动了周边人文景观和自然景观的综合开发保护。同时针对旅游团队制定了优惠政策,主动让利,与各大旅行社建立长期的合作关系。二是加大宣传,提升福州历史文化名城知名度。通过电视媒体、网站、论坛、微博、制作宣传片等形式加大了宣传推介力度。在中央一套、四套投放了福州历史文化名城旅游的宣传广告,并在《走遍中国》《远方的家》等央视知名旅游栏目进行福州形象专题宣传。同时实施“走出去,请进来”的宣传策略,组织专人赴各大主要旅游客源地开展福州历史文化名城的宣传推介会,并邀请各地组团社的踩线团来福州踩线,争取更多客源。

【历史文化名城保护和旅游开发中存在的问题】 *历史文化遗产保护尚需加强* 一方面,对于年代较为久远的遗址日常维护不够。如作为闽商文化的重要发源地的台江上下杭文化街区某些重要遗址没有及时修整,表面已经出现霉变、风化和开裂现象,有些文物还存在电线分布杂乱、防火设施不全等安全隐患。另一方面,城市建设发展导致老城区保护压力不断增大。高层建筑在主要文化聚集区内数量和高度的不断攀升,使得历史城区逐渐丧失城市传统特色和天际轮廓线。同时,由于各历史文物属多个部门管理,沟通协调较少,使得有些文物管理与监护、使用与维修相脱节,文物保护管理存在“缺位”的现象。

特色旅游产品缺乏,旅游配套建设滞后 无论是已开发初见成效的三坊七巷街区,还是台江上下杭与仓前山等片区,都存在缺乏精品特色旅游产品,无法留住客源长时间游览的问题。同时由于各个文化古迹聚集区景点的旅游六要素建设相对滞后,旅游开发力度不够,缺乏创意,景区自配停车场面积不够、公厕数量不够、游客中心位置不明显、景区住宿设施缺乏、旅游互动项目、休闲服务设施相对较少、旅游纪念品缺乏特色等问题都大大降低了旅游吸引力。

旅游宣传营销力度尚需加大 长期以来,福州作为旅游中转城市,文化旅游氛围不够浓,文化旅游形象提炼不足,没有形成鲜明特色的文化特色品牌和独特的竞争力,旅游宣传和市场开拓力度还远远不够,在全国知名度不高。如三坊七巷街区,虽然 2010 年、2011 年两年接待境内外游客都超 800 万人次,但从游客结构看,进入收费景点的多为公务接待与持

年卡的本地市民,而进入景区的外地旅行团有70%不会选择进入收费景点,不仅流失了巨大经济效益,还会使游客对福州三坊七巷的历史文化产生误读,误认为南后街即为三坊七巷,对福州历史文化名城的保护和旅游开发产生不良的影响。

人才队伍尚需进一步建设　历史文化名城的保护和旅游开发需要特殊性、专业性的人才队伍作保障,但相关人才力量还相当薄弱。一方面,文物考古、鉴定、古建筑维修、传统工艺制作等专业研究人才、技术人才相对缺乏,对大量文物古迹的保护性开发造成了困难;另一方面,在文化古迹景点的“艺术导览”相对滞后,游客进入一些已修复的古建筑和名人故居中,没有行家在场逐一指点解说,游客无法领略到古建筑的艺术韵味,难以领略到名人的历史功绩和精神面貌,无法将福州的历史文化底蕴通过游客的口口相传带到境内外,形成良性发展的格局。

(课题负责:林高星　课题组成员:刘庆　郑晓鹏　周愿　执笔:郑晓鹏)

优化福莆宁职业教育专业结构

市中华职教社课题组

【福莆宁职业教育专业发展现状及优势】　至2013年,福莆宁三市中等职业学校有77所,其中国家级重点中等职业学校20所,省级重点职业学校14所;在校生15万多人,2012年毕业生2.8万多人;开设专业150多个,其中国家级示范专业10个、国家级改革创新重点专业5个,省级技能型紧缺人才培养基地15个,省级重点专业53个,专业门类覆盖国家教育部制定的中等职业教育18个专业大类(详见表76)。据初步调查,福莆宁中职毕业生首次就业率高达95%、专业对口率约为70%。

表76　福莆宁2012年中职专业分类及毕业生统计表

三次产业分类	专业大类	2012年毕业生人数
第一产业	农林牧渔类	1176
	合计	1176
第二产业	资源环境类	34
	能源与新能源类	40
	土木水利类	1027
	加工制造类	2881
	石油化工类	101
	轻纺食品类	66
	合计	4149

续表76

三次产业分类	专业大类	2012年毕业生人数
第三产业	交通运输类	1054
	信息技术类	7246
	医药卫生类	2403
	休闲保健类	139
	财经商贸类	5528
	旅游服务类	1376
	文化艺术类	1766
	体育与健身类	331
	教育类	3338
	司法服务类	32
	公共管理与服务类	252
	合计	23465
总计		28790

福莆宁三市现有高职院校9所,其中公办高职院校3所,民办高职院校6所,在校生2.8万多人,2012年毕业生约1万人。在专业设置方面,通过调研福州职业技术学院、福州英华职业学院,可知作为公办职业院校,福州职业技术学院专业种类和规模较大,专业建设水平较高,共开设36个全日制高职专业,2个特殊教育专业,覆盖8个专业大类,其中中央财政支持专业2个,中央财政支持的实训基地1个,省级示范性重点建设专业3个,省级精品专业5个。福州英华职业学院是一所非营利性民办高职院校,专业建设较为规范,共开设专业24个,涵盖经济、电子信息、土建、文教4个大类,其中省级精品专业2个,省级精品课程5个。从两所高职院校的情况看,高等职业教育在专业设置上以现代服务业相关专业为主,制造业相关专业为辅,与中等职业教育专业机构较为相似。

福莆宁不同的经济发展水平、产业结构以及政策等方面对三市职业教育发展产生较大的影响,形成了三市不同的专业结构特点和优势。福州市实行“一校一策”目标管理,做强做精品牌专业,形成了以电子、建筑、财经、商贸、学前教育、旅游、汽车等一批品牌专业群;莆田市发展以鞋革工艺、工艺美术、食品加工、医疗器械等为主的品牌特色专业群;宁德市则形成了以农产品加工、机电制造、船舶制造、旅游服务为主的品牌专业群。为保护扶持三市特色的非物质文化遗产,福州市开设了寿山石雕、脱胎漆器、软木画、金箔等专业,莆田市开设了工艺木雕专业,宁德市开设了传统银雕专业。

【福莆宁职业教育专业结构存在的问题】　专业结构与产业结构不相适应　从三次产业分类来看(详见表77),职业教育中第三产业的专业规模偏大,第二产业的专业规模太小,三次产业专业比例明显失衡,与产业结构不相适应。

表77　福莆宁三次产业结构和中职专业结构状况

三次产业分类	2012年产业结构	2012年毕业生比例
第一产业	10.4%	4.1%
第二产业	48.2%	14.4%
第三产业	41.4%	81.5%

从第二产业的行业分类来看(详见表78),食品、纺织、能源电力等行业的相关专业规模偏小,冶金、林产加工、医药制造等行业未设置相关专业,这将制约这些产业的长远发展。

表78　福莆宁第二产业结构和中职专业结构状况

行　业	2012年产值比重	2012年毕业生比例
轻工食品、纺织服装化纤	26.3%	1.4%
机械制造、电子信息、皮塑制鞋	25.4%	60.0%
建筑	16.5%	21.4%
冶金	12.3%	0.0%
能源电力	6.5%	0.8%
石油化工	2.9%	2.1%
工艺美术	1.8%	14.3%
林产加工	0.8%	0.0%
医药制造	0.8%	0.0%

专业结构与劳动力需求结构不相适应　从劳动力市场的行业需求来看(详见表79),制造业、住宿和餐饮业、批发和零售业等3个行业的劳动力需求占总体需求量的80%,而相关专业的毕业生比例仅为15%;计算机服务和软件业、商务服务、教育卫生等行业的劳动力需求仅占总体需求量的4%,而相关专业的毕业生比例却达到63%。

福莆宁2012年劳动力需求结构和中职专业结构状况
表79

行　业	2012年 用工需求结构	2012年 毕业生比例
制造业	59.2%	10.6%
住宿和餐饮业	11.0%	4.1%
批发和零售业	9.4%	0.2%
居民服务和其他服务业	5.5%	1.7%
建筑业	4.2%	3.6%
租赁和商务服务业	2.9%	18.0%
交通运输、仓储和邮政业	2.8%	3.7%

续表79

行　业	2012年 用工需求结构	2012年 毕业生比例
文化、体育和娱乐业	0.9%	7.8%
房地产业	0.9%	0.0%
农、林、牧、渔业	0.8%	4.1%
金融业	0.8%	1.0%
信息传输、计算机服务和软件业	0.5%	25.2%
教育	0.4%	11.6%
电力、燃气及水的生产和供应业	0.3%	0.0%
科学研究、技术服务和地质勘察业	0.2%	0.0%
卫生、社会保障和社会福利业	0.1%	8.3%
水利、环境和公共设施管理业	0.1%	0.3%
采矿业	0.1%	0.0%

部分专业重复设置、办学同质化现象普遍存在　因为职业教育经费、设备、师资、社会观念等原因,一些职业院校在专业设置方面侧重于开设投入小、教学成本低、得到家长学生欢迎的专业,如:计算机类、财经类、学前教育类专业等,重复同质化办学造成了教育资源的浪费(详见表80)。

表80　专业设置重复率最高的10个专业情况

序号	专业名称	设置专业的学校数量	专业重复率
1	计算机及应用	64	83.1%
2	学前教育	45	58.4%
3	会计	40	51.9%
4	商务外语	31	40.3%
5	工艺美术	27	35.1%
6	烹饪	26	33.8%
7	计算机网络技术	24	31.2%
8	汽车运用与维修	22	28.6%
9	国际商务	18	23.4%
10	电子技术应用	17	22.1%

中高职教育专业衔接的困境　高职专业设置是中职专业设置的纵向延伸和横向拓展。目前,福莆宁高职院校所开设专业的种类和规模小于中职学校,仅有13个大类的中职专业

与高职对接,一些新的专业未实现对接,不利于形成中职学生成长发展的渠道。如福州市中高职都开设了城市轨道交通相关专业,但是中职和高职之间的升学渠道没有打通。2013年,福州城市地铁有限责任公司和4所外省职业技术院校合作开设委托培训班和订单班联合培养地铁运营人才,却未考虑本市职业院校。同时,中高职专业在专业目录结构、专业名称等方面不统一,这也降低了中高职专业衔接的可操作性。

(课题指导:陈今明　林承超　课题组长:陈美华　严星　周翔　曾繁相　杨冰　课题成员:江堃俤　林原　林若红　林培斌　林俞男　仪淑丽　吕文敏　林小鹏　执笔:陈美华　林小鹏)

新形势下"两马"旅游的发展

市政府发展中心、市旅游局联合课题组

【"两马"旅游发展情况】　2001年1月,《福州马尾—马祖关于加强民间交流与合作的协议》(简称"两马协议")的签订打破了两岸50多年的隔绝状态,在两岸交流史上率先形成了"两马先行、两门对开"的格局。2005年6月,正式启动福建居民赴马祖旅游以来,福州市紧紧围绕榕台"五缘"优势,主动融入海西发展战略,全力打造"小三通"黄金旅游通道,树立"两马"旅游品牌。

"两马"旅游合作机制不断完善　自启动以来,榕马两地高度重视,旅游、公安、台办、边防、金融等部门密切配合,不断召开议事协调会议,解决涉及"两马"旅游业务方面的财务结算、货币兑换、机车船票、通行证与入台证的办理、旅游活动的对接等问题。为培育"两马"旅游市场,福州市先后出台《福州市关于赴台湾旅游的奖励办法》和《福州市旅游业发展专项资金管理暂行办法》等奖励措施。此外,福州市委、市政府建立了由市旅游局、市台办、市公安局、赴台组团社组成的赴台湾地区旅游工作联席会议制度,及时处理赴台旅游工作中出现的新情况。

"两马"旅游品牌形成一定影响力　2005年以来,福州市连续采取了一系列宣传与营销手段,积极引导游客赴马祖地区旅游。一是加强本地宣传与营销。在《福州日报》《福州晚报》等主流报刊上开辟马祖地区旅游专栏,宣传"两马"旅游;在福州鼓山、西湖公园、五一广场等公众场所开展大型"两马"旅游推介、咨询服务,采取活动日期间优惠旅游等活动,鼓励游客赴马祖地区旅游;印制《海峡亲情游—马祖风光》等多种宣传画册资料,加强两马海峡旅游品牌推广。二是扩大境内外宣传与营销。加强与马祖交流与合作,共同组织参加了国际旅交会、台北旅展、台北旅游博览会、全国旅游交易会、长三角旅游推介会、温福动车沿线旅游推介等活动,向全国及境外客商宣传海峡旅游产品,进一步扩大"两马"旅游的客源市场。三是举办节庆旅游。两地联合开展一年一度的"两马同春闹元宵"系列活动,已成功举办11届,成为两地旅游节庆品牌。目前,"两马同春闹元宵"已是国家非物资文化遗产。

"两马"旅游开放程度不断提高　一是开放大陆居民赴马祖旅游的地区范围不断扩大。2004年12月,首先启动了福建居民赴金门地区旅游。2005年6月,开放福建居民赴马祖地区旅游。2008年7月,扩大赴台地区的大陆居民可以赴马祖旅游,并经马祖赴台湾本岛旅游。2009年5月,在福州市居住满1年以上的外省暂住人员可申请赴台湾地区(含金门、马祖、澎湖)旅游。二是开放大陆居民赴马祖旅游从组团游开放到个人游。2011年7月,开放福建居民赴马祖地区个人游。2012年8月,启动实施新增海西地区11个城市(包括浙江的温州、衢州、丽水,江西的赣州、抚州、上饶、鹰潭以及广州的梅州、潮州、汕头、揭阳)居民赴马祖地区个人游。

"两马"航线成为海峡两岸快速、便捷的旅游通道　2001年1月2日,"两马"客运直航首航,距台湾马祖29海里、台湾基隆149海里,随后不断发展壮大,航班大致经历三个阶段:第一阶段:"个案审批",时间为2001年—2004年6月。第二阶段:"固定通关",时间为2004年6月—2006年5月。第三阶段:"常态化通关",时间为2006年6月至今。截至2013年6月底,"两马"航线共运送旅客近48万人次,进出港客轮9246航次。

【"两马"旅游存在的主要问题】　"两马"旅游日益边缘化　2008年6月19日,台湾"行政院会"通过"扩大小三通案"后,"两马"直航客运流量在2009年达到顶峰(接送旅客达91189人次),每天往返三个航次。全面"三通"后,两马"小三通"航线的旅客量逐年以平均21%的速率快速递减。现在,每天仅一个往返航班,2013年上半年进出客轮346航次,接送旅客15131人次,同比下降26.17%。福州与马祖之间的旅游业发展也不尽人意,组团社组织赴马祖旅游人数日益萎缩。从近三年统计数据可以看出,目前福州市组织赴马祖旅游的人数在赴金马澎湖旅游的总人数中所占比重较小,2010年占14.09%,2011年占28.91%,2012年下降到3%。尤其是与赴金门旅游的人数相比差距较大,"两马"旅游日益边缘化。

"两马"旅游产品市场有待培育　一是赴马祖一日游受航程限制。福州经马尾赴马祖航程要1个小时40分钟左右,往返需三个多小时,造成很难开展马祖"一日游",对异地游客吸引力较小。二是二日游价格偏高,竞争优势较弱。目前福州至马祖游二天一晚价格约在1100~1300元/人次,与厦金旅游产品相比,市场价格偏高,性价比也不高,市场吸引力不足。三是"两马"旅游线路还未真正形成。目前,"两马"航线的主要客源为马祖居民,据初步统计,2012年往返该航线的台胞约有24000人,占全年客流量的67%。去马祖旅游多数是交流团、乡亲团和进香团,航线民俗特点较为突出。最近,在华外国人"刷签"情况日益增多,许多外国人通过往返"两马"刷新在华签证记录,延长在华的停留期限,甚至成为了口岸通关的常态化现象。但是"两马"航线每年以"旅游签注"到马祖观光旅游人数偏少,就几百人,旅游团队和个人游尚未形成规模,市场化程度不高,"两马"旅游目的地还未真正形成。

旅游配套设施等吸引体系不够完善　从"吃、住、行、游、购、娱"旅游六大要素看,一是交通不够便利。"两马"航线过长,时间约为1小时40分钟。马祖空中客运落后,机场小,航班少,设施落后,有时会受海面风大、大雾天等影响,关停率达25%,大陆居民经马祖赴台旅游的中转功能有限。二是马祖游自身容量小,配套资源有限,自身经营成本高,景点、住宿、美食、购物、娱乐等配套设施不完善,"夜"生活几乎没有。三是特别与金门游相比,马祖免税购物规模偏小,存在一定市场缺陷,旅行社与导游无利可图,而且在往返船票、岛上交通、宾馆住宿等费用也较高。四是"两马"旅游在形象吸引、活动吸引、氛围吸引和服务吸引方面还有诸多不足,有待加强。

办证手续与办证费用有待进一步优化　一是无法解决外地临时来榕居民赴马祖旅游办通行证问题。二是入台证办理费用偏高。入台证办理主要委托有资质的赴台组团社办理,组团社收取费用大概在150~350元不等(台湾方面费用50元),一定程度上造成"两马"旅游费用偏高。

政策落实力度有待加强　国家旅游局下发的《关于开展大陆居民赴台湾地区个人旅游的通知》(旅办发〔2011〕75号)第四条规定,大陆居民赴台湾地区个人旅游,应向其户口所在地公安机关出入境管理部门申请办理大陆居民往来台湾通行证及个人旅游签注,之后委托本城市指定经营大陆居民赴台湾旅游业务的旅行社,经台湾有接待大陆居民赴台湾旅游资质的旅行社,向台湾相关机构申请、代办入台相关出入境手续。虽然2012年8月,赴马祖个人游扩大到海西20个城市,但海西有的城市不一定重视通行证办理,有的办理手续比较繁杂,有的城市不一定有赴台资质旅行社,如果福州市没有组织旅游局、公安局、台办等主动与他们相关部门对接,这项政策很难落实。

马祖地区公投通过博弈案,容易引起大陆设防　2012年7月8日,全台瞩目的"博弈公投"在马祖地区举行,实际结果以赞成1795票,反对1341票,弃权30票,公投通过了"博弈案",马祖预计3年时间将在黄官屿及大澳山建成马祖亚洲地中海度假村及赌场,预计马祖将迎来每天1万以上的客流量。虽然马祖公投通过博弈案对马祖旅游是好消息,但相反,通过博弈案会引起大陆设防,国家旅游局下发的《关于开展大陆居民赴台湾地区个人旅游的通知》(旅办发〔2011〕75号)第六条明确提出"大陆居民赴台湾地区个人旅游,不得参与涉及赌博、色情、毒品及有损两岸关系的活动"。

(课题指导:潘威　课题负责:沈岳阳　姚瑞强　课题成员:翁伟华　章筱强　陈晖　张章山　执笔:陈晖)

茉莉花茶生态产业

市老科协课题组

【茉莉花茶生态产业发展沿革】　新中国成立后,福州茉莉花茶"一枝独秀",一直作为国家的外事礼茶。改革开放前,花茶年产值超过15亿元,中国出口的茉莉花茶均为福州出产,出口量居全国之冠。上世纪90年代初期,全市种植茉莉花面积达到高峰,约0.17万公顷,仅福州市仓山区城门镇,就有大大小小几百家茉莉花茶厂,全市茉莉花茶年产量8万吨,占全国总产量的60%以上。90年代中后期,由于土地被征用开发,加上厂家无序竞争和市场冲击,茉莉花茶劳动力成本提高,价格持续走低,花农种植积极性受到打击,产量锐减,全市茉莉花种植面积降至4000多亩,有生产能力企业不到10家,年加工量不足3000吨,福州茉莉花茶生态产业步入低谷。

【茉莉花茶生态产业发展现状】　近年来,福州市先后出台了《关于加快发展茉莉花茶产业发展的意见》等相关政策文件,推动茉莉花茶产业向规模化、标准化、产业化、品牌化方向发展。仓山区是种植、生产、加工茉莉花的主要地区,现有茶厂56家,2010年仓山区成为中国茶叶百强县第18名。在2011年中国茶叶区域公用品牌价值评估中,福州茉莉花茶品牌价值18.27亿元,位列十强。2012年,福州辖区茉莉花种植面积2万多亩,辐射周边面积1.5万多亩,茶叶面积15.5万亩,茉莉花茶产量1.3万吨,产值18.2亿元。同时,茉莉花茶由福州港出口1200多吨到20多个国家和地区,出口平均单价5美元/公斤,是全国茶叶平均价格水平的近一倍,创汇1363万美元。福州茉莉花茶产业振兴主要有以下5个特点:

敢创新,花茶生态产业迅速壮大　近年来,福州市不少茉莉花茶企业调整发展战略,坚持自主创新,投入大量资金购置设备,与大学院校合作,改进传统工艺,改良品种,形成了研、种、产、销一体化的流程,打造出自己特色产品。同时,访名师,查渊源,反复探索,积累经验,由最初的茉莉花茶是在绿茶中添加茉莉花的传统制作,尝试为用红茶、乌龙茶等新配料制作,丰富了市场上茉莉花茶的品种。在做茶技术上,摸索总结出一套质量稳定的生产模式,既继承了茉莉花茶传统工艺上的精华,又融进现代化技术对工艺流程进行完善和提高。产品多元化、市场高端化使福州茉莉花茶迅速发展成为国内外"名茶",名牌效应逐步显现。100多家茉莉花茶生产企业中,有农业产业化国家重点龙头企业2家,中国驰名商标2个,院士工作站2家,省级农业龙头企业4家。福建春伦、福建敖峰闽榕、福州满堂香、福州福民、福州蓝湖等5家企业进入中国茶叶百强。春伦、闽榕生产的茉莉花茶均是全国"两会"指定用茶。2010年,福州茉莉花茶产业联盟成为全国农产品加工示范基地,福建春伦茶业集团有限公司成为全国农产品加工研发茶叶专业分中心,福建敖峰闽榕茶业有限公司成为全国农产品加工示范企业。

抓优质,打造原生态花茶产业基地　要制好花茶,必须有茉莉花质保证。福州市地处闽江口,土壤肥沃偏微酸性质,气候温和,雨量充沛,特别适宜优质茉莉花生长。特殊的地理位置和气候环境,加上传统种植技艺,造就了福州市产茉莉花与众不同的品质。为了保证制作茉莉花茶原料花的香味纯正,2011年,福州市规划用3年在闽江沿岸、仓山、闽侯、连江、长乐、永泰等地发展茉莉花基地1万亩,并建立茉莉花种植资源圃及苗木繁育基地;力争在"十二五"末,茉莉花种植面积达3万亩,年产茉莉花产值30亿元。在政策的积极引导下,福州不少茶企都自筹资金,自建产业基地。作为省市农业产业化重点企业——福建春伦茶叶公司,通过自建基地示范及公司加农户的形式,不断扩大花和茶的基地。目前,已在福州地区设有600亩生态旅游观光园和7000亩茉莉花的基地。在闽东北高山地区建立了3.5万多亩绿色生态茶园,为公司发展提供原材料保证。福建闽榕茶叶公司在福州乌龙江畔租赁一块1000多亩的湿地,种植茉莉花0.2公顷。茉莉花茶也带动茶农、花农2.6万户,户均增收1.3万元。福州茉莉花单价由2008年的14元/公斤上涨到2012年的35元/公斤,共计为农户增收1.38亿元。

防风险,结盟抱团做大产业规模 2009年4月,福州茉莉花茶生态产业成立了由35家茉莉花茶生产、销售及科研单位组成的产业联盟,共同签署联盟自律公约,统一指导和协调全市茉莉花茶生产销售工作;统一实施复合无公害食品或绿色食品标准的福州茉莉花茶操作规程,推行标准化生产,防止低劣产品进入市场,维护福州茉莉花茶原产地品牌形象;加强会员在科技研发、市场销售、产业链等方面横向联系与合作,合理配置资源,组织会员参加各种商品交易、产品展销、技术转让、招商引资等经贸活动,多方面推进福州茉莉花茶生态产业的发展。

保规范,实施地理产地保护标志 2008年1月,国家工商总局商标局对福州茉莉花茶核发地理标志证明商标;2009年9月,国家质检总局通过对福州茉莉花茶实施国家农产品地理标志保护;2010年3月,由福州市园艺学会、福州茉莉花茶产业联盟及福州市质监局联合起草的省地方标准《地理标志产品福州茉莉花茶》正式发布实施。2013年,福州市有13家茉莉花茶地标企业核准使用"福州市茉莉花茶金字招牌",有23家企业先后获权使用《福州茉莉花茶地理标志产品》专用防伪标志。从2010年8月以来,全市已发放防伪标志421.6万枚,按每枚0.1千克计算,可用421.6吨茉莉花茶的防伪。对获准使用专用防伪标志的企业,未按相应标准和管理规范组织生产的,或者在2年内未在受保护的地理标志上使用专用防伪标志的,或者年审不合格者,将停止其使用地理标志专用标志并对外公告。

整资源,打造茉莉花茶生态文化之旅 市旅游局正在推动春伦茉莉花茶文化创意园区申报省级工农业旅游示范点。同时,市旅游局还在研究利用福州市多家茉莉花茶厂的优势旅游资源,打造集采花、采茶、制茶、品茶和购茶为一体的"茉莉花茶文化之旅"。此外,有关部门已建好泛船浦营业面积达5万平方米的"茉莉花茶一条街"。

【茉莉花茶生态产业的制约因素】 文化内涵尚待深层挖掘 福州茉莉花具有丰富的文化内涵,目前由于认识的局限,宣传的限制,福州茉莉花茶的历史文化底蕴尚未得到深度挖掘。如历史上福州是世界最大的茶港,而茶叶在世界近代贸易史中占有举足轻重的战略地位。茶叶尤其是福州茉莉花茶产业的发展对于世界航海史乃至中国近现代史、世界近现代史的重要影响等,还未得到充分有效的传播,导致福州茉莉花茶这一名片未能很好发挥作用。

种植面积还难以保证 茉莉花最适宜在江边沙洲地种植,仓山建新等地气候温和、土地肥沃,是福州市最大茉莉花园。由于城市发展,房地产开发冲击,大片的茉莉花种植用地被征用,原有的茉莉花种植基地大部分都已消失。近年,虽然通过努力在仓山、长乐、闽侯、永泰、连江新发展了几千亩,但若遇规划调整,基地经常需要转移,难以保证持续稳定的面积。

税负偏高企业外迁 1994年税制改革以来,仓山区茶叶产品总体税率在10%左右,而广西横县一带茶叶产品总体税率在3%左右,大大低于福建省税率,导致仓山区部分企业外流。如城门胪雷茶厂,年产值最高时曾达2000多万元,1999年就搬到广西横县;建新镇福州满堂红茶厂,年产值5000多万元,早年就迁移广西生产加工茶叶。据不完全统计,仅城门镇外流至广西茶地的茶厂就有30多家,每年外流的茶叶加工量达5万担,加工产值亿元以上。近年来,茉莉花茶生产企业转移到横县的投资虽然有所回迁,但大部分仍在外省。

产业链条有待延伸 茉莉花中的夜来香是世界著名的气质型花,由于开花时间、气温固定,只有开花(30~40度)才释放香气,所以茉莉花精油是世界最难提取的香料。目前,福州市乃至国内对茉莉花香气的利用仅仅还停留在制茶方面,在精油等领域研究有限,产业链无法得到有效延伸。此外,福州茉莉花茶产业布局相对分散,工艺大师人才流失,以及消费群体在口感、习惯等方面的改变等方面原因,也都使福州茉莉花茶振兴面临严峻考验。

发展资金筹措比较困难 随着宏观经济滑坡,一些龙头企业想要做强做大,资金筹措却十分困难。若要办抵押贷款,一些部门办理手续繁多;同时,支持小微企业发展的鼓励政策没有触及到农业企业,也制约了茉莉花茶生态产业的进一步发展。

人才制约问题仍然突出 花茶生态产业在人力资源的配置上,始终落后于其他经济要素,明显滞后于花茶生态企业发展的需要。特别是高层次管理人才更少。有的民营企业,虽然花了大本钱想留住人才,却由于受到职称评定、社会成就认可、享受保障房待遇等条件的制约,优秀人才无法留住,难以把产业做好。

(课题负责:陈寿冰 课题成员:陈寿冰 林文 林书芳 金文生 执笔:陈寿冰 林文)

(市委办公厅调研一处)

(编辑 陈 敏)

2013 年在榕工作的院士

姓　名	出生年月	籍贯	当选年度	职务　职称	毕业院校	研究领域
谢联辉	1935.3	龙岩	1991	中国科学院院士,福建农林大学学术委员会主任、病毒研究所所长	福建农学院	植物病理学
魏可镁	1939.8	福清	1997	中国工程院院士,福州大学教授、原校长	福州大学	化学催化剂工程
吴新涛	1939.4	晋江	1999	中国科学院院士,福建省科协主席、中国科学院福建省物质结构研究所研究员	厦门大学	物理化学(结构化学)
洪茂椿	1953.9	莆田	2003	中国科学院院士,中国科学院福建物质结构研究所所长、研究员	福州大学	无机化学
谢华安	1941.8	龙岩	2007	中国科学院院士,福建省农科院研究员、原院长	龙岩农校	杂交水稻育种
付贤智	1957.7	邵武	2009	中国工程院院士,中共福州大学委员会常委、副书记,福州大学副校长、教授、博士生导师	北京大学	光催化

(苏燕铃)

2013 年福州市先进人物

全国"五一"劳动奖章获得者(5 人)

姓　名	工　作　单　位	职务(职称)
陈道炼	福州大学电气工程与自动化学院应用电子系	主　任
唐素萍(女)	福建省福州儿童医院门诊部	主　任
林国康	福建新代实业有限公司财务经理兼技改办	主　任
俞建生	福清市鑫辉建筑工程有限公司	技术员
罗祥英(女)	福州市内河管理处	护河员

福建省"五一"劳动奖章获得者(56人)

姓　名	工　作　单　位	职务(职称)
林　杰	东南(福建)汽车工业有限公司	生产部技术长
鲁亚男(女)	福建大昌生物科技实业有限公司	工　人
林青青(女)	福建省长乐市金沙港针纺实业有限公司	车间主任
兰凤凤(女)	罗源县凤山镇环境卫生管理所	工　人
王志华	福建省电力建设有限公司	焊接一班副班长
林家辉	福建水口发电集团有限公司水口电站运营管理公司	水调班班长
叶　馨(女)	沃尔玛深国投百货有限公司福州山姆会员商店	行政职员
詹传莺	福清市邮政局	营销员
徐智勇	冠城大通股份有限公司	技术员
陈　斌	本特勒汽车系统(福州)有限公司	工程主管
陈　斌	福建省电力有限公司福州电业局	运维检修部主任
傅祥文	北京福富软件技术股份有限公司福州分公司	ITBG软件部总监
谢惠云(女)	福州天宇电气股份有限公司	技术支持主管
黄仲辉	福建省二建建设集团有限公司	项目经理
吴建涛	福建六建集团有限公司	项目经理
刘筝徽(女)	中建海峡建设发展有限公司	设计部副经理
潘丽芳(女)	福州建工(集团)总公司	项目负责人
何道朝	福建朝辉水产集团	技术科科长
赵依杰	福州市农业科学研究所果树研究室	主　任
余文贵	闽清县云龙乡农业服务中心	主　任
张卫东	福州耀隆化工集团公司	搬迁筹建处主任
邹雪玉(女)	福建省长乐市植保植检站	站　长
黄立健	福州民天集团有限公司海峡蔬菜批发市场	经　理
黄济云	利莱森玛电机科技(福州)有限公司	厂务经理
郑剑熙	福州市台江区拆迁工程处	副主任
汪晓东	福建三元达通讯股份有限公司	总经理助理
薛文奇(女)	福建清禄鞋业有限公司	课　长
李　军	福州统一企业有限公司	管理部经理
陈　勋	福州市晋安区房屋拆迁工程处	副主任
林建明	福建海峡银行股份有限公司福清支行	党支部书记
林　敏	福建外运公司福州马江仓库	主　任
薛行远	祥兴(福建)箱包集团有限公司	董事长
吴华新	福建锦江科技有限公司	董事长、总裁
赵跃平	福建华电可门发电有限公司	总经理
王闽寅	福建省汽车运输有限公司	总经理
薄长富	青岛啤酒(福州)有限公司	党委书记、总经理
刘若兰(女)	福州市公共交通集团有限责任公司	党委书记、董事长
林俊敏	福建海川工程监理有限公司	董事长

姓　名	工　作　单　位	职务(职称)
项秀娥(女)	福州聚春园集团有限公司	总经理、副董事长、党委副书记
林　明	福建省永泰建筑工程公司第一分公司工程	项目负责人、项目经理,恒宇集团董事长
薛来强	福建泉景兴农业科技有限公司	技术员
孙海平	福州市仓山区仓山镇仓山村	党总支书记
李继忠	福州市晋安区新店镇义井村	党支部书记
黄道俊	福州市晋安区宦溪镇洲洋村	党支部书记
林　辉	福州市琅岐经济区琅岐镇吴庄村	党委书记
李书锥	长乐市湖南镇仙富村	种菜大户
陈国彬	长乐市文岭镇阜山村	党委书记、村渔业协会会长
黄昭生	闽侯县甘蔗街道昙石村	党支部书记
林佑昇	闽侯县尚干镇洋中村	党支部书记
郑德钗	连江县坑园镇下屿村	党总支书记
郑金章	福建金贸物资再生资源利用有限公司	业务主管
林明德	罗源县碧里乡新澳村	党支部书记
陈德龙	福建省龙湟市政工程有限公司	总经理
傅天龙	福建春伦茶业集团有限公司	董事长
卢玉胜	永泰县同安镇翥岭林场	场　长
潘礼明	福建省星源农牧科技股份有限公司	总经理

福州市“五一”劳动奖章获得者(300 人)

姓　名	工　作　单　位	职务(职称)
陈艳青(女)	福州神州数码有限公司	技术部技术员
袁冬洋	鼓楼区水部街道环卫所	环卫工人
史晓冬(女)	福州五洲佳豪酒店投资有限公司	培训师
张瑾红(女)	福建华信控股有限公司	财务部会计
林长智	福建信睿网络科技有限公司	室分工程人员
鄢继恩(女)	福州市鼓楼区洪山镇锦江社区	党支部书记、主任
郑小燕(女)	金红叶纸业集团有限公司福州分公司	销售助理
陈剑萍	福州市鼓楼区华大街道办事处招商办	主任、经济办副主任
纪晓林	福州市鼓楼区地方税务局稽查分局	局　长
陈爱莉(女)	温泉街道汤门社区	党支部书记、主任
任良栋	福州市鼓楼区商贸服务业局	局　长
胡春荣	福州荣誉大酒店	执行董事
李振华	台江区环境卫生管理处	职　工
林　莉(女)	福州市台江区人民检察院	科　员
吴　岩	福州吴熙妇科中医院	医师组组长
任茂炳	台江区总工会	副主席
刘传斌	福州奔客邦文化传播有限公司	设计总监

姓　名	工　作　单　位	职务(职称)
林　影(女)	中国银行股份有限公司福州市市中支行红星支行	行　长
陈　艳(女)	台江区洋中街道金斗社区	党支部书记、主任
王建铭	福州万山电力咨询有限公司	设计师
李世琪	福州市台江房地产开发公司	总经理
林君宏	临江街道太平洋社区林君宏骨科诊所	中医骨伤科专业首席专家
林　潮	福州铭林钢塔钢构制造有限公司	项目经理
谢传宏	仓山区信访局	副局长
谢　烨	福州市仓山区城管执法大队	队　长
黄新怡(女)	仓山区盖山镇	妇联主席、组织干事
郑夏珍(女)	福州鑫威扬电子有限公司	董事长、总裁
潘丽金(女)	福州春晖制衣有限公司	董事长
陈连瑛	福州祥杰电子有限公司	课　长
柯和平	福州市晋安区环境卫生管理处	驾驶员
黄万能	福建思嘉环保材料科技有限公司	总工程师
方　进	晋安区委员会区委办	总值班室科员
方旭光	晋安区综治办	副主任
赵　贵	福州晋安区鼓山镇卫生院	院　长
许和铨	福州农村商业银行股份有限公司岳峰支行	行　长
黄秀芳(女)	晋安区茶园街道东浦社区	主　任
陈金官	晋安区城乡建设局	局　长
徐秋爱(女)	福州开发区钜联鞋业有限公司	品管部主任
雷寿国	福州万德电气有限公司	车间主任
肖水宝	中国移动福建公司马尾分公司	网络部经理
杨机强	LG伊诺特(福州)有限公司	设备班长
林　洲	福州经济技术开发区总工会	主任科员
叶张京	福州开发区管委会马尾区政府办公室	科　员
林　瑜(女)	福州市马尾区人民检察院	公诉科副科长
任　榕(女)	福州市马尾区住房和城乡建设局	城建科副科长
魏秀美(女)	福州经济技术开发区园林局	职　工
翁希明	福建朝日环保科技开发有限公司	总经理
郑　雄	福清市环境卫生管理处垃圾中转站	操作工
刘熙隆	福建海壹食品饮料有限公司	生产线职工
周遵光	福耀玻璃工业集团股份有限公司	总工艺师
翁武瑜	融达物流(福建)有限公司	业务员
翁祖明	福清市一都善山小学	教　师
陈旭晖(女)	福清市妇幼保健院	党支部书记、副院长
杜辉标	福清市医院	神经外科主任
何文金	福清市环保局	局长、党支部书记
陈优珠	福建捷联电子有限公司	会计总监

姓　名	工　作　单　位	职务(职称)
林玉祥	福清市重点项目建设领导小组办公室	干　部
李云杰	福清第三中学	数学组组长
薛建波	建发宴席服务中心	工　人
陈　琼(女)	祥兴(福建)箱包集团有限公司	项目部主任
林　森	福清市纪委监察局	审理室主任
钟祯芳	福清市老年大学	干　部
王圣富	福州市江阴工业集中管理委员会	规划建设处副处长
余细命	福州元洪投资区建设有限公司	安全专干
陈　旺	音西街道经济发展服务中心	副主任
林　捷	福清市对外贸易经济合作局	局　长
陈桂凤	福清市住建局	局　长
孙远秀(女)	福建省长源纺织有限公司	车间主任
成经林	福建鑫海冶金有限公司煤气防护站	站　长
吴国和	福建省长乐市峰院针织有限公司	挡车工
陈　响	长乐市地方税务局航城分局	局　长
念　强	长乐力恒锦纶科技有限公司	办公室主任
曹金秋	长乐市交通运输局	科　员
林　彬(女)	长乐市供电有限公司	发展策划部主任
黄季锋	长乐市人民法院	副庭长
潘国灯	长乐市漳港街道办事处	科　员
董孔铭	福建省长乐第一中学	校长、党总支书记
黄建锋	福建省长乐市国家税务局	局　长
郑照南(女)	福州六和机械有限公司	总务人事课长
黄志鑫	福州天石源超硬材料工具有限公司	技术员
陈川闸	福建建华管桩有限公司	电器工程师
林　熙	中建长通(福州)商品混凝土有限公司	工程师
林　浩	福建联合动力机电科技有限公司	工程师
谢传木	福州仕诚电器有限公司	生产部主任
杨　影(女)	闽侯县医院	心内科主任
王剑飞	闽侯县人民法院	审判员
林锋华	中建海峡建设发展有限公司青口小城镇建设市政工程项目	项目经理
陈炳建	闽侯县青口小学	校长、书记
黄铁明	福建省祥鑫铝业集团有限公司	董事长、总经理
邱丽容(女)	连江清禄鞋业有限公司	针车工
游兰平(女)	连江县才溪水电站	电　工
杨　琛(女)	连江县凤城镇西南街社区	党支部书记
杨孝东	连江县医院	内科主任
谢　恩(女)	连江实验小学	语文中心组组长
郑厚楚	福建省连江县供电有限公司	安监部主任、生技部副主任

姓　名	工　作　单　位	职务(职称)
单建光	福建可门港物流有限责任公司	总经理
吴贤鹏	连江县财政局	局　长
吴　林	福建盛利达陶瓷有限公司	车间主任
张春燕(女)	中国移动通信集团福建有限公司闽清分公司	政企客户部经理
张兆青	闽清县公安局	副局长
谢友辉	闽清县第二中学	体育教师
涂传真	中共闽清县梅城镇委员会	书　记
杨仁茂	福建省超越路桥设备制造有限公司	董事长
郭炳胜	福建三金钢铁公司炼钢厂	连铸洗钢工
刘　明	华能(福建)海港有限公司	机械队副队长
唐　烟	罗源县公安局刑侦大队	刑　警
张振文	罗源县牛坑小学	校　长
陈坚英(女)	罗源县供电有限公司	营销部副主任
江义峰	中国电信罗源分公司	政企客户经理
陈向东	罗源县国家税务局	党组书记、局长
廖林建	福州市公路局永泰分局	王布公路站站长
杨仁城	永泰二中教务处	副主任
张　辉	福建省汽车运输有限公司永泰分公司	车辆检测站站长
李智平	福建省永泰建筑工程公司	董事长、总经理
郑　旭	福州市永泰县地方税务局	局　长
刘荣林	福建省港航管理局勘测中心	测量队队长
郑童华	福建省东南造船厂	物资供应部主任
曲卫东	元翔(福州)国际航空港有限公司	小车队副队长(省派挂村书记)
姚玉芳	福建省邮电印刷厂	技术主管
王洪亮	福州广电集团新闻频道	总　监
张应灵	省电力调控中心	班组长
彭　军	福建中医药大学医学实验中心	主　任
叶雪云(女)	福建联迪商用设备有限公司	财　务
陈娟秀(女)	福建邮科通信技术有限公司	市场副总监
陈　江	福建医科大学附属口腔医院	院长、主任医师
郑　萍	福建中移通信技术工程有限公司	技术总监
黄陵东	福建江夏学院人文学院	院　长
唐茂林	国电福州发电有限公司	设备管理部热控专业主管
唐　光	上海海事局福州航标处马尾航标站	站　长
江　星	福建东方海运有限公司	东方盛轮号船长
李正光	福建广播电视大学	教学管理处处长
杨　敏	福州高速公路	交警支队中队长
郑　峰	福建中医药大学附属人民医院	全科医疗科主任
王永明	福建省电力有限公司检修分公司	工程师

姓 名	工 作 单 位	职务(职称)
陈凤玉(女)	福建幼儿师范高等专科学校	学前教育系主任
郑海波	中国联合网络通信有限公司福州市分公司	二级高级业务主管
陈乐章	福州港务集团有限公司	总经理
刘 立	福州成建工程监理有限公司	董事长、总经理
林致燊	福建省马尾造船股份有限公司	党委副书记、总法律顾问
林红光	福建八方物流股份有限公司	党委书记
卓新录	华能国际电力股份有限公司福州电厂	党委书记、纪委书记
池新庄	福建奔驰汽车工业有限公司	生产部总装车间技术长
张忠煊	福州茶厂	综合生产车间车间主任
李秀英(女)	福建新乌龙饮料有限公司	生产部长
潘敏捷	福建嘉达纺织股份有限公司	整理车间车间主任
卓 诚	福建日立工机有限公司	制造部助理
杨小河	福州雕刻工艺品总厂	雕刻师
刘燕青(女)	福建同春药业股份有限公司	计财中心经理、财务总监
史国敏	宝钢德盛不锈钢有限公司	总经理
陈栋春	福建碧全工艺品有限公司	纺织品打样组组长
仲 瑾(女)	福州顺邦国际贸易有限公司	生产制造部主管
齐孝斌	福州一化化学品股份有限公司	车间主任
黄豪统	福建省福抗药业股份有限公司	车间工段长
杨林鹏	东芝照明(中国)有限公司	制造课长
郑德柳	福建腾新食品股份有限公司	副主任
汤秀华(女)	福州思迈特数码科技有限公司	工程师
张梅贵(女)	福建东南医药有限公司	办公室主任
朱玉武	福建省东南电化股份有限公司	董事长、总经理
卞志航	福建福日电子股份有限公司	董事长
杨梁源	金陵药业股份有限公司福州梅峰制药厂	厂长、党委书记
邱祝连(女)	永辉超市股份有限公司屏西超市	前台经理
王猛飞	福州市市场服务中心程埔农贸市场	场 长
赵素琼(女)	沃尔玛深国投百货有限公司福州大利嘉分店	员 工
马 力	福州市地方税务局涉外税务局	局 长
林少茹(女)	中国农业银行股份有限公司福新支行	行长、党总支书记
杨家兴	福州市禾盛粮油食品连锁有限公司	洪山粮店主任
王玉华(女)	兴业银行福州分行福清高山支行	行 长
徐鼎芳	福州市新店供销社新店综合服务社	负责人
林 喻(女)	福建省财富投资集团股份有限公司西方财富酒店	房务部副经理
程文清	中国工商银行福建省分行营业部	综合管理部经理
林雪丹(女)	中国建设银行福州城东支行	理财中心经理
梁守群	中国太平洋人寿保险股份有限公司福建分公司新渠道业务部	业务室经理

姓　名	工 作 单 位	职务(职称)
刘新盛	一丁集团股份有限公司软件研发部	项目组组长
孙炳章	平安银行股份有限公司福州分行	行　长
林忠顺	福州市内河管理处	护河员
卓家忠	福州市光明港公园管理处	绿化科科长
李大鉴	海纳(福州)物业服务有限公司公园道1号	项目经理
胡明华	福州市公共交通集团有限责任公司	驾驶员
林祥利	福州市政工程管理处	班　长
周永祥	福州海峡奥林匹克体育中心项目部	生产主管
郭美华	福州自来水有限公司	管线管理所主任
王　科	福州建工(集团)总公司	项目负责人
高已兴	福州房地产发展集团有限公司	工程部副经理
陈仁春	福州市规划设计研究院交通规划研究所	所　长
何义华	福建华业工程建设有限公司	项目经理
黄庆财	福州市城乡建设发展总公司市政工程部	工程师
林　威	福州市一建建设股份有限公司	项目经理
朱勇进	福建省交通建设投资有限公司	副总经理
林　锐	福州华润燃气有限公司	抢修班班长
张德峰	福建省二建建设集团有限公司分公司	副经理
游能平	福建中闽宏大建筑工程劳务有限公司	董事长
林元明	福州第七建筑工程有限公司	总经理
林　瑋	福州市海洋与渔业执法支队	办事员
陈再锐	福州市北郊畜牧场	办公室主任
邵显洪	福州大北农生物技术有限公司	基地经理
阮友直	融信(福建)投资集团有限公司	总裁办主任
林光生	福建盛丰物流集团有限公司	运营部经理
刘正炳	福州福雷电子有限公司	线　长
林松青	盛辉物流集团汽车修理公司	维修总技师
李立新(女)	建州控股集团有限公司	销售经理
陈香蕊(女)	福建龙川集团有限公司	部门经理
郑长水	福州真味食品有限公司	技术员
赵复平	长乐金源纺织有限公司	设备保养队长
陈　东	德通(连江)金属容器有限公司	副厂长
宋茂松	福建飞远城市配送有限责任公司	总经理
王星华	福建星辉建筑装饰工程有限公司	董事长
林　杰	福建省诺希投资集团有限公司	董事长、总经理
陈　琦	福州市道路运输管理处	出租车大队副大队长
陈韵顺	福州市公路局	科　长
朱忠贵	福州海峡出租车有限责任公司	业务保障部经理
王　威	福建路桥建设有限公司	项目经理

姓　名	工　作　单　位	职务(职称)
陈　健	福建华威股份有限公司	董事长、总裁
梁秋华	福州城门中心小学	校　长
陈东生	闽江学院服装与工程学院	院　长
游振平	福州格致中学	校　长
谢赠生	福州第二中学	教　师
力　平(女)	福州第三中学	教　师
潘永红(女)	福州第三十二中学	德育处副主任
杜　斌(女)	福建师范大学第二附属中学	教　师
林　群(女)	福建师范大学附属中学	教研组组长
刘　俊	闽江学院附属中学	校　长
罗振兴	福州教育学院附属第二小学	校　长
王金石	福州延安中学	校　长
洪　飚(女)	福州市第二医院	护士长
陈力舟(女)	福州肺科医院	医务处主任
郑碧辉(女)	福州市中医院大	内科及心血管内科科主任
江源清	福州市第七医院	党总支书记
陈继勇	福州市艺术馆	馆　长
李德祖	福州福华纺织印染有限公司	班组长
郭金章	福州世纪金源大饭店有限公司	安保部经理
陈仁达	中国福万(福建)玩具有限公司	工程制造部经理
任承宝	福建茶叶进出口有限责任公司福兴茶叶加工厂	车间主任
岳素琼(女)	福辉贸易实业有限公司福辉珠宝宏利金行	业务副经理
张　敏	中国外运福建河西储运公司	总经理
马　瑜	市直机关幼儿园食堂	班长、厨师
陈　斌	市政府办公厅	综合处处长
陈夏森	市委市直机关工委宣传部	副部长
林锡卫	市建委房地产开发指导处	处　长
胡建钢	市工商局	注册处处长
朱红艳(女)	市委办公厅	调研一处处长
陈　峰(女)	市委农办	综合处处长
范忠华	市体育局	群体处副处长
陈处民	福州高新技术产业开发区管理委员会	主任助理、计划财务处处长
张在和	市林业局	机关党委专职副书记
程建进	市行政服务中心	质监审批处处长
唐钟鹏	福州市劳动就业管理中心	常务副主任
游少健	福州市公安局东街派出所	副所长
潘志国	福州市公安局治安支队	大队长
朱文胜	仓山分局刑侦大队	大队长
杨文生	福州市公安局行动技术支队二大队	大队长

姓　名	工　作　单　位	职务(职称)
吴君辉	仓山区螺洲镇吴厝村	党总支书记
李长枝	仓山区金山街道葛屿村	村　民
王德星	福建敖峰闽榕茶业有限公司	董事长
张敏忠	晋安区宦溪镇垅头村	村民代表
刘碧湘(女)	福州康源中药材种植有限公司	种植技术组组长
王锦泰	晋安区鼓山镇鼓四村	党支部书记
郭　东	马尾区亭江镇英屿村	村委会主任
陈庸秀	福州市琅岐经济区庸秀养殖场	场　长
陈起长	马尾区琅岐镇红光村	党支部书记
俞礽平	福清市三山镇良棋村	种植大户
俞厚力	福清市天利园农业种植农民专业合作社	种植大户
严　明	福清市江阴镇田头村	种植大户
林学兴	福清市冠农业综合开发基地(高山镇院西村)	技术员
杜开建	福清市东瀚镇大壤村	种植大户
张明华	福清市渔溪镇下里村	海蛎养殖专业户
王长勇	福清市港头镇草柄村	党支部书记
张雄林	福建顺味食品有限公司	董事长
杨　新	福建福铭食品有限公司	总经理
谢武芳(女)	长乐乐丰农业专业合作社	理事长
林官源	长乐市大农蔬果种植农民专业合作社	理事长
陈国平	长乐市利丰农业专业合作社	农民技术员
黄雄秋	长乐市古槐镇青山村	党支部书记
谢金灼	长乐市湖南镇鹏谢村	党支部书记
陈广成	长乐市鹤上镇仙街村	村委会主任
林琪俤	长乐海洲养殖有限公司	董事长
叶世杯	闽侯县鸿尾乡鸿尾村	农　民
陈进新	闽侯县小箬乡尚锦村	农　民
陈孝斌	闽侯县白沙镇大目埕村	农　民
江道必	福建省福丰农业发展有限公司	董事长
洪启淦	闽侯县大湖乡大池村	党支部书记、村委会主任
郑　钦	闽侯县竹岐乡竹西村	党支部书记
林道伟	闽清县梅溪镇上埔村	农　民
毛钟城	闽清县东桥镇农村公路养护管理站	农　民
李炳增	闽清县桔林乡四宝村	种养大户
刘久北	闽清县坂东镇坂中村	村委会主任
林　武	罗源县起步镇洋北村	党支部书记
兰水康	罗源县起步镇庭洋坂村	党支部书记
郑国意	红苹果化工(福建)有限公司	总经理
李炳星	罗源县旗峰生态农场	总经理

姓　名	工　作　单　位	职务(职称)
陈兆城	罗源县起步镇兰田村	党支部书记
叶万通	连江县敖江镇青塘村	个体户
赖隆银	连江县潘渡乡坡西村	个体户
邱吉发	连江县晓澳镇晓锋花蛤养殖场	场　长
陈晓华	连江县丹阳镇华翔蛋鸡场	养鸡大户
林云飞	连江县江南乡魁岐村	党支部书记
雷时玉	连江县东湖镇天竹村	党支部书记
黄再生	永泰县白云乡白云村	农　民
毛有仓	永泰县丰园蔬菜育苗有限公司	经　理
郑　雄	永泰县葛岭镇葛岭村	党支部书记
卢伯美	福建省永泰县卢峰茶业有限公司	总经理

（余荣发）

（编辑　苏　颖）

福州市2013年地方法规、规章政策(选录)

地方法规

福州市消防管理若干规定

2013年4月26日福州市第十四届人民代表大会常务委员会第十次会议通过

2013年5月30日福建省第十二届人民代表大会常务委员会第三次会议批准

第一条 为了预防火灾和减少火灾危害，加强应急救援工作，保护人身、财产安全，维护公共安全，根据《中华人民共和国消防法》、《福建省消防条例》等法律、法规，结合本市实际，制定本规定。

第二条 市、县(市、区)、乡(镇)人民政府负责本行政区域内的消防工作。

市、县(市、区)公安机关依法对本行政区域内的消防工作实施监督管理，并由本级公安机关消防机构负责具体实施。

市、县(市、区)人民政府城乡规划、建设、安全生产监督、交通、教育、住房保障和房产管理等部门在各自职责范围内做好消防工作。

第三条 市人民政府应当采取措施加强海上消防监督管理工作，建立健全海上消防安全责任制。

第四条 实行消防安全重点单位名录管理制度。市、县(市、区)公安机关消防机构每年应当向社会公布消防安全重点单位名录。

第五条 历史文化街区、城市轨道交通、核电站等重要单位，应当建立专职消防队，确定消防安全管理人，配备灭火救援装备，建立消防安全管理制度，对本单位人员开展消防应急救援和人员疏散知识技能的培训，定期开展消防演练和消防安全检查。

第六条 新建、改建、扩建市政道路应当按照消防技术标准配置市政消火栓，并与道路同步设计、施工和投入使用；项目竣工后，建设单位应当将市政消火栓设置资料报市、县(市)公安机关消防机构备案。

第七条 公众聚集场所、市级以上文物保护单位及文物部门认定的具有保护价值的木结构历史建筑，应当设置漏电火灾报警系统。

老年公寓、福利院、养老院、幼儿园和寄宿制学校等场所，应当按照消防技术标准的要求安装火灾自动报警系统，或者安装独立式火灾探测报警器。

第八条 新建建筑高度超过一百米的民用建筑，应当按照消防技术标准的要求设置避难层(间)。避难层(间)应当设置明显标识，并保持防排烟、应急照明等消防设施完好有效，任何单位和个人不得占用。

新建建筑高度超过一百米且标准层建筑面积超过一千平方米的公共建筑，应当按照消防技术标准设置屋顶直升机停机坪或者供直升机救助的设施。

第九条 设置在高层建筑的宾馆、饭店、公共娱乐场所，应当按照规定配备防烟面具等逃生器材。

高层建筑和公共娱乐场所禁止使用瓶装液化气，人民防空工程及地下建筑禁止使用液化石油气和汽油、煤油等闪点低于六十摄氏度的液体作燃料。

任何单位和个人不得在居民住宅区或者商住楼内设置液化石油气、氧气、乙炔等易燃助燃气体、压缩气体以及汽油、煤油等易燃液体的经营点、储存点。

第十条 营业面积大于五百平方米的餐饮服务场所，其烹饪操作间的排油烟罩及烹饪部位应当设置自动灭火装置，且应在燃气或燃油管道上设置紧急事故自动切断装置。

餐饮服务场所的经营者应当每季度对烹饪操作间集烟罩、排油烟管道等集排油烟设施和燃气管道进行检查、清洗和保养，并建立台账。

第十一条 居民住宅区共用消防设施的维护和管理由物业服务企业负责。未实行专业化物业管理的小区，由全体业主或者其委托的物业管理人负责。

第十二条 居民住宅区、高层公共建筑的管理单位应当按照规划设计要求,明显标识消防车道、消防登高作业场地和消防救援窗。

消防车道、消防登高作业场地和消防救援窗标识样式由市公安机关消防机构统一规定。

第十三条 住宅安装防盗设施,应当符合消防安全要求,留有安全逃生出口。

除安装公用防盗设施外,禁止住户在公用楼道设置栅栏以及其他障碍物。

第十四条 学校、科技馆、文化馆、体育馆(场)、影剧院等公共服务设施,未经城乡规划行政主管部门批准改变用途的,公安机关消防机构不得通过消防设计审核、备案。

第十五条 城市轨道交通的运营设施和广告设施应当采用规定的难燃、不燃材料。地面设施应当设有防雷装置,并保持完好有效。城市轨道交通车站内商铺的开设与经营不得影响消防安全。

第十六条 销售消防产品应当建立销售记录。记录的保存期限不得少于二年。

维修消防产品应当在维修后的产品上张贴维修标识,标明维修单位、日期和安全使用期等规定内容。

第十七条 公安机关消防机构应当加强对使用和维修消防产品的监督检查,建立消防产品信息公共服务平台,及时向社会公布消防产品质量信息。

公安机关消防机构对消防产品进行随机抽取检验,不得收取检验费用。

第十八条 农村公共消防设施建设应当与农村公共基础设施统一规划、建设和管理。

新建、改建农村道路,村内主干道的路面宽度及管架、栈桥等设施跨越道路的高度,应当符合消防车辆通行要求。

新建、改建农村自来水管网,应当按照规定配置消火栓。已有自来水管网但未配置消火栓的村,应当对管网进行改造,并按照规定配置消火栓。

第十九条 城乡结合部、城中村和棚屋区所在地的村(居)民委员会应当宣传消防法律法规,制定消防安全公约,配备必要的消防器材,加强消防安全检查巡查,落实消防安全责任。

第二十条 利用农村既有建筑物从事生产经营的,应当遵守下列消防安全规定:

(一)两层及两层以上的建筑禁止在门窗设置防护栏、防盗网等影响逃生和灭火救援的障碍物;

(二)单层建筑面积超过二百平方米或者单层居住人数超过三十人的建筑物,每个楼层应当至少设有两部直通室外的疏散楼梯;

(三)经营场所应设置在建筑物底层,经营场所的安全出口应当与住宿部分隔开;

(四)房屋电气线路及电器安装应当符合消防安全要求;

(五)配备应急照明、安全出口标志、疏散标识和必要的消防器材;

(六)法律、法规规定的其他消防安全要求。

第二十一条 未造成人员伤亡且财产损失轻微的火灾所引起的纠纷,公安机关消防机构等行政机关和具有调解职能的组织可以依法调解处理。

第二十二条 未报警、自行处理且现场尚未清理的火灾事故,当事人请求火灾发生地公安机关消防机构调查火灾原因的,应当在火灾发生后十日内提出申请,公安机关消防机构应当依法组织调查。

第二十三条 公安机关消防机构应当公开办事制度,公布举报电话,受理公民对消防执法行为的举报投诉,并及时调查核实,反馈查处结果。

第二十四条 违反本规定的行为,《中华人民共和国消防法》和其他有关法律、法规已经规定法律责任的,依照法律、法规的规定处理。

第二十五条 违反本规定第七条第一款、第八条第一款、第十条第二款、第十六条规定的,由公安机关消防机构责令限期改正,逾期不改正的,对单位处一千元以上五千元以下罚款,对个人处警告或者五百元以下罚款。

福利院、寄宿制学校违反本规定第七条第二款规定的,由公安机关消防机构责令限期改正,逾期不改正的,处一千元以上五千元以下罚款。

第二十六条 违反本规定第十条第一款规定的,由公安机关消防机构责令限期改正,逾期不改正的,对单位处一万元以上五万元以下罚款,对个人处警告或者五百元以下罚款。

第二十七条 公安机关消防机构工作人员滥用职权、玩忽职守、徇私舞弊的,依法给予处分;构成犯罪的,依法追究刑事责任。

第二十八条 本规定自2013年8月1日起施行。1994年5月26日福州市第十届人民代表大会常务委员会第九次会议通过,1997年10月7日福州市第十届人民代表大会常务委员会第三十二次会议修正,2002年10月31日福州市第十一届人民代表大会常务委员会第四十次会议修正的《福州市消防安全管理办法》同时废止。

福州市历史文化名城保护条例

2013年6月28日福州市第十四届人民代表大会常务委员会第十一次会议通过

2013年7月25日福建省第十二届人民代表大会常务委员会第四次会议批准

第一章 总 则

第一条 为了加强福州历史文化名城的保护和管理,继承和弘扬优秀历史文化,促进经济和社会协调发展,根据《中华人民共和国城乡规划法》、《中华人民共和国文物保护法》、《中华人民共和国非物质文化遗产法》、国务院《历史文化名城名镇名村保护条例》等有关法律、法规,结合本市实际,制定本条例。

第二条 福州历史文化名城的规划、保护、利用和管理,适用本条例。

法律、法规对文物、非物质文化遗产等的保护和管理另有规定的,从其规定。

第三条 历史文化名城保护应当遵循科学规划、严格保护的原则,维护历史文化遗产的真实性和完整性,正确处理历史文化遗产的保护传承与开发利用的关系。

第四条 市、区人民政府负责历史文化名城保护的监督管理工作。

第五条 市人民政府设立历史文化名城保护管理综合协调机构,对历史文化名城保护工作进行协调和指导。

市建设主管部门负责历史文化名城保护管理综合协调机构日常工作。

市城乡规划主管部门会同文化(文物)主管部门,负责组织实施本条例。

市财政、住房保障和房产管理、国土资源、园林、环境保护、旅游、市容管理、教育、民政等有关主管部门,应当按照各自职责,协同实施本条例。

第六条 市、区人民政府设立的历史文化街区保护管理机构,负责历史文化街区的日常保护和管理工作。

第七条 市、区人民政府应当将历史文化名城的保护和管理工作纳入国民经济和社会发展规划,并将历史文化名城保护专项资金列入本级财政预算。

第八条 任何单位和个人都有保护历史文化名城的义务,有权对破坏历史文化名城的行为进行劝阻、举报和控告。

鼓励单位和个人以捐赠、资助、提供技术服务或者提出建议等方式参与历史文化名城的保护和管理工作。

市、区人民政府及有关部门应当加强历史文化名城保护的宣传教育,增强全民保护意识,对在历史文化名城保护工作中做出突出贡献的单位和个人,给予表彰和奖励。

第二章　保护内容

第九条 福州历史文化名城的保护内容主要包括:

(一)历史城区的传统格局、历史风貌;

(二)三坊七巷、朱紫坊、上下杭等历史文化街区;

(三)烟台山、冶山、马尾等历史文化风貌区;

(四)鼓岭、马厂街等历史建筑群,历史建筑;

(五)螺洲、阋安等历史文化名镇、名村;

(六)福州文庙、华林寺大殿等不可移动文物;

(七)非物质文化遗产;

(八)古河湖水系、古树名木等历史环境要素;

(九)市人民政府确定的其他保护内容。

前款所称的非物质文化遗产,主要包括:脱胎漆器、佛跳墙制作等传统手工技艺;寿山石雕、软木画等传统美术;闽剧、福州评话、伬艺等传统戏剧和曲艺;福州十番等民间音乐;诗钟等民间文学和福州方言;各种传统舞蹈、传统医药、杂技与竞技、健康的民俗活动;其他非物质文化遗产,以及与上述表现形式相关的实物和场所等。

第十条 福州历史文化名城实行保护名录制度。保护名录包括国务院和福建省人民政府批准公布的保护项目以及根据本条例第九条所列内容项下的保护项目。

第十一条 市建设主管部门负责组织编制和调整历史文化名城保护名录。

市建设、城乡规划、文化(文物)、园林等主管部门,应当普查本市的历史文化资源,发现具有保护价值的,及时提出将其列入保护名录的意见。

除国务院和福建省人民政府批准公布的保护项目外,对列入保护名录的保护项目,市建设主管部门应当会同有关部门组织专家论证并向社会公示,经历史文化名城保护管理综合协调机构审议,报市人民政府批准后公布。

第十二条 市人民政府应当根据保护名录建立档案数据库,并及时更新。

市城乡规划主管部门应当会同文化(文物)、住房保障和房产管理等主管部门建立历史建筑档案数据库。

第三章　保护规划

第十三条 市人民政府应当组织城乡规划、建设、文化(文物)、历史文化街区保护管理机构等有关单位,编制福州历史文化名城保护规划,依法报经批准后,向社会公布,并将其纳入城市总体规划。

第十四条 市城乡规划主管部门应当根据历史文化名城保护规划,会同文化(文物)主管部门、历史文化街区保护管理机构,编制历史文化街区专项保护规划;会同文化(文物)、建设、园林、住房保障和房产管理等有关主管部门,编制历史文化风貌区、历史建筑群、历史建筑、历史环境要素的专项保护规划。各专项保护规划应当依法报经批准后,向社会公布。

第十五条 保护规划的编制应当进行科学论证,广泛征求有关部门、专家和公众的意见。

经依法批准的保护规划,不得擅自修改。确需修改的,应当征求有关部门、专家和公众的意见,按照法定程序批准并公布。

第十六条 历史文化街区、名镇、名村、风貌区和历史建筑群、历史建筑的保护范围包括核心保护范围、建设控制地带;必要时,可以在建设控制地带外划定环境协调区。具体范围由市城乡规划主管部门会同文化(文物)主管部门确定后,列入保护规划,报市人民政府批准并公布。

第十七条 市、区人民政府应当严格执行历史文化名城保护规划,加强对各有关部门实施情况的监督检查,对保护状况进行评估,并向同级人民代表大会常务委员会报告。

第四章　保护措施

第十八条 市、区人民政府应当根据历史文化名城保护规划严格保护历史城区空间格局、自然地貌与外围山水环境,控制历史城区开发总量、人口规模、空间尺度,建筑物的高度、体量、色彩和立面风格,延续名城传统格局和历史风貌。

第十九条 历史城区中轴线沿线新建建筑的建筑高度、体量、色彩等方面应当符合保护规划的要求。

第二十条 于山、乌山、屏山之间视线走廊宽度为100米,视线走廊之内的建筑高度不得超过24米,围合范围内的其他区域、历史城区内白马河沿线建筑高度不得超过48米。闽江北岸解放大桥青年会广场周边区域建筑高度不得超过18米,闽江南岸应当凸显烟台山山体轮廓特征。

违反前款规定高度的建筑物,以及现有严重影响于山、乌山、屏山山体景观风貌的建筑物,应当按照历史文化名城保护规划的要求,依法进行整治。

第二十一条 市人民政府应当保护历史文化街区的整体风貌特色及空间形态,保护和修复三坊七巷的坊巷结构,保护和延续朱紫坊街区河坊一体的整体空间格局,保护和延续上下杭街区传统商业街巷、建筑、会馆的历史风貌。

第二十二条 历史文化街区范围内的商业经营布局,应当符合历史文化街区专项保护规划并与街区内环境、功能相配套,注重历史文化宣传,展示福州地方文化的项目和老字号。

第二十三条 市人民政府应当对公布的历史文化街区、名镇、名村、风貌区和历史建筑群、历史建筑设置明显的保护标志,标明保护范围。

任何单位或者个人不得擅自设置、移动、涂改或者损毁保护标志。

第二十四条 在历史文化风貌区和历史建筑群、历史建筑的核心保护范围内,除新增必要的公共基础设施和公共服务设施外,不得进行新建、扩建活动。

在历史文化风貌区和历史建筑群、历史建筑的核心保护范围内,新建、扩建公共基础设施、公共服务设施,应当报市城乡规划主管部门批准。市城乡规划主管部门在批准之前应当征求文化(文物)主管部门的意见。

对历史建筑进行修缮,改变历史建筑使用性质,或者在历史建筑上设置牌匾、空调设备、外部照明等设施,应当报城乡规划主管部门会同同级文化(文物)主管部门批准。

第二十五条 在历史文化街区、名镇、名村、风貌区和历史建筑群、历史建筑的建设控制地带内进行建设活动,应当维护传统格局,延续历史风貌。新建、改建建筑物、构筑物时,应当在高度、体量、色彩等方面与历史风貌相协调;新建、改建道路时,不得改变原有的道路格局和景观特征。

第二十六条 在历史文化街区、名镇、名村、风貌区和历史建筑群的环境协调区内进行建设活动,应当保护其依存的自然与人文环境,新建、改建的建筑物、构筑物应当与文物古迹及周边环境风貌相协调。

第二十七条 在历史文化街区、名镇、名村、风貌区和历史建筑群、历史建筑的保护范围内禁止进行下列活动:

(一)擅自爆破、取土、挖沙、围填水面、抽取地下水等;

(二)建设损害传统格局和历史风貌的建筑物、构筑物或者其他设施;

(三)损坏或者擅自拆除历史建筑构件;

(四)在历史建筑上张贴或者设置除店牌、店招外的户外广告;

(五)其他破坏传统格局、历史风貌或者历史建筑的活动。

第二十八条 历史文化街区、名镇、名村、风貌区和历史建筑群的整体开发利用,市人民政府应当征集市民意见,组织专家论证,制订建设方案,并向市人民代表大会常务委员会报告。

第二十九条 历史建筑的所有权人或者使用人应当合理使用建筑,负责建筑物的保养和安全防范,保持建筑的原有风貌,接受指导、检查和监督。

历史建筑的维护和修缮由所有权人负责,维护和修缮应当按照城乡规划主管部门会同同级文化(文物)主管部门审定的保护方案实施。

直管公房和政府代管的历史建筑,由政府确定的管理人或者使用人负责维护和修缮。

历史建筑有损毁危险,所有权人或者使用人确不具备维护和修缮能力的,市、区人民政府应当根据情况,进行补助、修缮或者采取置换等措施予以保护。

第三十条 经依法批准拆除的历史建筑中具有收藏价值的壁画、雕刻、建筑构件等,由市文化(文物)主管部门指定的文物收藏单位收藏。

第三十一条 尚未核定公布为文物保护单位的不可移动文物,区文化(文物)主管部门应当予以登记公布,并划定其保护范围。

市文化(文物)主管部门可以根据历史资料、考古调查划定地下文物埋藏区,并报市人民政府核定公布。在地下文物埋藏区进行工程建设的,应当根据法定程序组织考古调查、勘探或者发掘,所需费用由建设单位列入工程预算。

在工程建设过程中,任何单位和个人发现文物或者文物遗址的,应当立即报告当地文化(文物)主管部门;负责建设、施工的单位和个人必须立即停止施工并保护现场。

第三十二条 市、区人民政府对列入非物质文化遗产代表性项目名录所依存的文化空间发源地划定保护范围,设置保护标志,进行整体性保护。对传承非物质文化遗产所需的展示场所和传承场所,应当依法予以保障。

传统商业贸易、手工艺和地方传统饮食街区由所在地的区人民政府结合城市经济、建设活动统筹予以保护。

第三十三条 各级人民政府对有突出贡献的和积极开展传承、传播活动的非物质文化遗产代表性项目的代表性传承人,应当采取命名、授予称号、表彰奖励、资助扶持等方式予以鼓励和支持。

第三十四条 古河湖水系应当按照市人民政府制定的综合整治规划进行治理,保护和恢复西湖、白马河、晋安河、琼东河、安泰河、屏东河、东西河等的历史景观风貌,保护遗存的河桥、树木和石砌驳岸等。

任何单位或者个人不得擅自填盖、占用古河道或者改变古河道走向。

第三十五条 历史城区内体现福州历史文化内涵的街巷、区域和建筑的名称,不得擅自更改。因特殊情况确需更改的,在依法报经批准前,市民政主管部门应当征求文化(文物)主管部门的意见。

第五章 法律责任

第三十六条 违反本条例第二十三条第二款规定的,由市规划主管部门责令限期改正;逾期不改正的,对单位处以一万元以上五万元以下的罚款,对个人处以一千元以上一万元以下的罚款。

第三十七条 违反本条例第二十四条第二款规定,未按照程序审批的,依法对直接负责的主管人员和其他直接责任人员给予处分。

第三十八条 违反本条例第二十七条第四项规定的,由市容管理主管部门责令限期改正;逾期不改正的,对单位处以五千元以上五万元以下的罚款,对个人处以二百元以上二千元以下的罚款。

第三十九条 违反本条例第二十九条第二款规定,未按照审定的保护方案实施维护和修缮历史建筑的,由城乡规划主管部门责令改正,对单位并处五万元以上十万元以下的罚款,对个人并处一万元以上五万元以下的罚款。

第四十条 对历史文化街区内违反本条例规定的经营活动、破坏街容街貌等行为,由历史文化街区保护管理机构依照相关法律法规予以处罚。

违反本条例其他行为的,由有关主管部门依照相关法律法规予以处罚。

第四十一条 市、区人民政府及有关主管部门工作人员在历史文化名城保护工作中,滥用职权、玩忽职守、徇私舞弊的,依法给予处分;构成犯罪的,依法追究刑事责任。

第六章 附 则

第四十二条 本条例下列用语的含义:

(一)三山两塔,是指乌山、于山、屏山、乌塔、白塔。

(二)三坊七巷,是指衣锦坊、文儒坊、光禄坊、杨桥巷、郎官巷、塔巷、黄巷、安民巷、宫巷、吉庇巷。

(三)历史城区,是指以三山两塔区域为核心,东起五一路、五四路,西至白马河(含西湖),北起屏山北麓,南至东西河的古城区和城郭外的滨江地区(含台江城区、仓前城区)构成的区域。

(四)历史城区中轴线,是指北起屏山,沿鼓屏路、八一七路、解放大桥至烟台山的历史城区沿线地段。

第四十三条 有关县(市)对历史文化名镇、名村保护和管理,参照本条例执行。

第四十四条 市人民政府应当根据本条例制定实施细则。

第四十五条 本条例自2013年10月1日起施行。1995年10月27日福州市第十届人民代表大会常务委员会第十九次会议通过的《福州市历史文化名城保护条例》同时废止。

福州市城市内河管理办法

2013年8月30日福州市第十四届人民代表大会常务委员会第十二次会议通过

2013年9月27日福建省第十二届人民代表大会常务委员会第五次会议批准

第一条 为了加强城市内河管理,保护和改善内河水环境,发挥内河的防洪排涝、生态、旅游等综合功能,根据有关法律、法规,结合本市实际情况,制定本办法。

第二条 本办法适用于本市市区的内河管理。

第三条 内河管理应当按照统一规划、综合整治、严格保护、注重效益的原则,实行统一管理与分级、分部门负责相结合的制度。

第四条 市人民政府应当加强内河管理工作的领导,并保障内河整治与管理所需资金。

内河整治与管理资金实行政府投资和其他渠道筹集相结合的办法。

第五条 各级人民政府应当加强内河保护的宣传教育,增强市民维护内河生态环境意识,对保护和改善内河生态环境成绩显著的单位和个人,给予表彰和奖励。

第六条 任何单位和个人都享有良好的内河生态环境的权利,负有维护内河生态环境的义务,有权对违反本办法的行为进行劝阻和举报。

第七条 市内河行政主管部门负责市区内河管理工作,组织实施本办法。主要职责是:

(一)组织编制内河专项规划及年度计划;

(二)制定内河整治与管理标准;

(三)确定内河管理范围,划分内河管理责任区段;

(四)组织实施内河疏浚、沿河截污、驳岸修砌、绿化建设、景观改造等内河整治工程;

(五)市人民政府确定的其他职责。

市内河管理机构具体负责内河的日常管理。

区人民政府按照市人民政府确定的职责,负责辖区内河的管理。

第八条 市容、园林、水利、环境保护、交通、城乡规划、国土资源等有关主管部门按照下列分工承担内河管理职责:

(一)市容行政主管部门负责内河环境卫生的日常管理,制定内河卫生保洁管理标准,实施内河生态补水调节;

(二)园林绿化主管部门负责内河绿化建设和养护的监督管理,对破坏绿化的行为进行查处;

(三)水利行政主管部门负责内河防洪排涝和水利设施建设、维护和管理;

(四)环境保护行政主管部门负责内河水环境保护的监督管理;

(五)交通行政主管部门负责通航内河营运船舶的监督管理。

城乡规划、国土资源等行政主管部门按照市人民政府确定的职责,依法对内河管理范围内的违法建设进行查处。

第九条 市内河行政主管部门应当会同城乡规划、园林、水利、环境保护、交通等主管部门编制内河专项规划,报市人民政府批准后公布实施。

第十条 市市容行政主管部门应当会同水利行政主管部门,根据内河管理的要求,通过开闸放水、引水等方式实施内河生态补水,促进水体交换。

第十一条 内河管理范围内的卫生保洁实行区段专人负责制。护河员按照内河卫生保洁管理标准配备。

第十二条 内河疏浚清淤、截弯取直、生态补水和污水截流等综合整治工程,以及在内河管理范围内修建码头、跨河桥梁等工程建设,应当符合内河专项规划,以及防洪排涝、环境保护、市容环境卫生等有关规定和技术标准。

建设单位应当将工程建设方案报送市内河行政主管部门审查同意,经依法批准后方可施工。

建设单位应当在工程竣工后十五日内拆除围堰、清理河道、修复内河设施,并由市内河行政主管部门进行监督检查。

第十三条 在内河管理范围内,严格控制新建、改建、扩建与内河整治无关的工程项目。市、区人民政府应当结合城市建设和内河整治工程,依法拆除内河管理范围内已有的妨碍防洪排涝或者内河景观的建筑物、构筑物和其他设施。

第十四条 在内河管理范围内,任何单位和个人不得擅自堆放物料和搭建建筑物、构筑物及其他设施。因内河整治等特殊需要临时堆放、搭建的,应当经市内河行政主管部门批准,并在施工结束后五日内恢复原状。

第十五条 在内河管理范围内,任何单位和个人不得擅自填河断水、爆破作业、拦河筑堰、设置阻水抽水设施。

第十六条 在内河管理范围内,禁止设置排污口。

内河新设雨水排放口的,应当经市内河行政主管部门同意。

第十七条 内河船舶应当按照市内河行政主管部门指定的地点停泊、装卸,不得向内河排放污水和油污。

第十八条 在内河管理范围内,禁止下列行为:

(一)乱扔生活垃圾或者洗涤物品;

(二)悬挂、晾晒有碍景观的物品;

(三)擅自放养动物、种植植物、打捞鱼虫;

(四)抛弃、掩埋动物尸体;

(五)炸鱼、电鱼、张网捕鱼;

(六)倾倒渣土或者其他建筑垃圾;

(七)排放污水、泥浆;

(八)擅自铺设缆线、管道;

(九)损毁坝闸、明渠、隧洞、暗涵、泵站、护坡、码头、驳岸、护栏等内河设施;

(十)其他损坏内河设施、破坏内河生态环境的行为。

第十九条 在内河管理范围内有下列行为之一的,由内河行政主管部门责令改正,并可以按照以下规定处罚:

(一)乱扔生活垃圾或者洗涤物品的,处以一百元以上五百元以下罚款;

(二)悬挂、晾晒有碍景观物品的,处以一百元以上五百元以下罚款;

(三)擅自放养动物、种植植物、打捞鱼虫的,处以一千元以上三千元以下罚款;

(四)抛弃、掩埋动物尸体的,处以一千元以上三千元以下罚款;

(五)炸鱼、电鱼、张网捕鱼的,处以三千元以上五千元以下罚款;

(六)船舶未按指定地点停泊、装卸或者向内河排放污水、油污的,处以五千元以上一万元以下罚款。

第二十条 在内河管理范围内有下列行为之一的,由内河行政主管部门责令改正,处以一万元以上五万元以下罚款:

(一)工程项目竣工后,未按时拆除围堰、清理河道或者修复内河设施的;

(二)擅自堆放物料的;

(三)擅自填河断水、爆破作业、拦河筑堰或者设置阻水抽水设施的;

(四)擅自铺设缆线、管道的;

(五)排放泥浆、倾倒渣土或者其他建筑垃圾的;

(六)损毁坝闸、明渠、隧洞、暗涵、泵站、护坡、码头、驳岸、护栏等内河设施的。

有前款第一项至第四项行为之一拒不改正的,由内河行政主管部门依法拆除或者清理。

第二十一条 在内河管理范围内设置排污口或者排放污水的,由内河行政主管部门责令改正,处以三万元以上十万元以下罚款;拒不改正的,依法拆除有关设施。

第二十二条 违反本办法规定的其他行为,由市容、园林、水利、环境保护、交通、城乡规划、国土资源等主管部门按照相关法律法规规定处罚;构成犯罪的,依法追究刑事责任。

第二十三条 内河行政主管部门和其他有关主管部门工作人员玩忽职守、滥用职权、徇私舞弊的,依法给予处分;构成犯罪的,依法追究刑事责任。

第二十四条 本办法所称内河管理范围指内河水体、河床、滩地、坝闸、明渠、隧洞、暗涵、泵站、护坡、堆场、码头、驳岸及岸线。

内河岸线是指规划河道绿线范围,具体范围由市内河行政主管部门在内河两侧河岸明显位置标识。

第二十五条 本办法自2013年12月1日起施行。1992年8月27日福州市第九届人民代表大会常务委员会第三十二次会议通过,1997年10月7日福州市第十届人民代表大会常务委员会第三十二次会议修正,1999年6月24日福州市第十一届人民代表大会常务委员会第十次会议修正的《福州市城市内河管理办法》同时废止。

福州市人民代表大会常务委员会任免国家机关工作人员条例

2013年8月30日福州市第十四届人民代表大会常务委员会第十二次会议通过

2013年9月27日福建省第十二届人民代表大会常务委员会第五次会议批准

第一章　总　则

第一条 为了履行地方人民代表大会常务委员会任免国家机关工作人员职权,规范任免国家机关工作人员工作,根据

《中华人民共和国地方各级人民代表大会和地方各级人民政府组织法》、《中华人民共和国各级人民代表大会常务委员会监督法》等有关法律的规定,结合本市实际情况,制定本条例。

第二条 福州市人民代表大会常务委员会(以下简称市人大常委会)任免、决定任免、批准任免、推选代理、决定代理、通过人选、接受辞职以及撤销职务等事项,适用本条例。

第三条 市人大常委会任免国家机关工作人员,必须贯彻中国共产党的干部路线,坚持德才兼备、任人唯贤,充分发扬民主,严格依法办事。

第四条 市人大常委会任命的国家机关工作人员,应当具备履行职责相应的素质和能力,模范遵守宪法和法律,恪尽职守,认真执行市人民代表大会及其常务委员会的决议和决定,自觉接受市人大常委会、市人民代表大会代表和人民群众的监督。

第五条 市人大常委会任免事项的具体工作,由市人大常委会人事代表工作机构负责。

第二章 任免范围

第六条 市人大常委会任免本市国家机关工作人员下列职务:

(一)在市人民代表大会闭会期间,根据市人大常委会主任会议(以下简称主任会议)的提名,任免市人民代表大会专门委员会(以下简称专门委员会)的个别副主任委员和部分委员。专门委员会组成人员的人选,必须在市人民代表大会代表中提名;

(二)根据主任会议的提名,任免市人大常委会办事机构、工作机构的主任;

(三)在市人民代表大会闭会期间,根据市人民政府市长的提名,决定副市长的个别任免;

(四)根据市人民政府市长的提名,决定市人民政府秘书长和市人民政府组成部门(工作部门)的主任、局长的任免,并由市人民政府报省人民政府备案;

(五)根据市中级人民法院院长的提名,任免市中级人民法院副院长、审判委员会委员、庭长、副庭长、审判员;

(六)根据市人民检察院检察长的提名,任免市人民检察院副检察长、检察委员会委员、检察员和市人民检察院派出机构检察长、副检察长、检察委员会委员、检察员;

(七)根据市人民检察院检察长的提请,批准任免县(市)区人民检察院检察长。

第七条 在市人民代表大会闭会期间,市人大常委会推选、决定国家机关工作人员下列代理职务:

(一)市人大常委会主任缺位时,根据主任会议的提名,从市人大常委会副主任中推选一人代理主任的职务;

(二)市人民政府市长缺位时,根据主任会议的提名,从副市长中决定一人代理市长的职务。代理市长的人选不是副市长的,可以根据主任会议的提名,决定任命为副市长后,决定其代理市长的职务;

(三)市中级人民法院院长缺位时,根据主任会议的提名,从市中级人民法院副院长中决定一人代理院长的职务。代理院长的人选不是副院长的,可以根据主任会议的提名,任命为副院长后,决定其代理院长的职务;

(四)市人民检察院检察长缺位时,根据主任会议的提名,从市人民检察院副检察长中决定一人代理检察长的职务。代理检察长的人选不是副检察长的,可以根据主任会议的提名,任命为副检察长后,决定其代理检察长的职务。决定的代理检察长,必须由市人民检察院报省人民检察院和省人大常委会备案。

第八条 根据主任会议的提名,市人大常委会通过市人大常委会代表资格审查委员会的主任委员、副主任委员、委员的人选。代表资格审查委员会成员的人选,必须在市人大常委会组成人员中提名。

第九条 在市人民代表大会闭会期间,根据市人大常委会组成人员、专门委员会组成人员,市人民政府市长、副市长,市中级人民法院院长、市人民检察院检察长提出的辞职请求,市人大常委会可以决定是否接受其辞职。市人大常委会决定接受辞职的,报市人民代表大会下一次会议备案。市人民检察院检察长的辞职,还必须由市人民检察院报经省人民检察院检察长提请省人大常委会批准。

市人大常委会组成人员、专门委员会组成人员不得担任国家行政机关、审判机关、检察机关的职务;如果担任上述职务,必须辞去所担任的市人大常委会、专门委员会的职务。国家行政机关、审判机关和检察机关人员不得担任市人大常委会组成人员、专门委员会组成人员;如果担任市人大常委会组成人员、专门委员会组成人员的,应当辞去或者免去所担任的国家行政机关、审判机关、检察机关的职务。

第十条 市人大常委会可以撤销国家机关工作人员下列职务:

(一)根据主任会议提出的撤职案,决定撤销市人大常委会办事机构、工作机构主任的职务;

(二)在市人民代表大会闭会期间,根据市人民政府市长或者主任会议提出的撤职案,决定撤销个别副市长的职务;

(三)根据市人民政府市长或者主任会议提出的撤职案,决定撤销市人民政府秘书长和市人民政府组成部门(工作部门)的主任、局长的职务;

(四)根据市中级人民法院院长或者主任会议提出的撤职案,决定撤销市中级人民法院副院长、审判委员会委员、庭长、副庭长、审判员的职务;

(五)在市人民代表大会闭会期间,根据主任会议的提请,决定撤销市中级人民法院院长的职务。撤销市中级人民法院院长的职务,必须报请省高级人民法院报经省人大常委会批准;

(六)在县(市)区人民代表大会闭会期间,根据县(市)区人大常委会的决定和市中级人民法院的提请,批准撤销县(市)区人民法院院长的职务;

(七)根据市人民检察院检察长或者主任会议提出的撤职案,决定撤销市人民检察院副检察长、检察委员会委员、检察员和市人民检察院派出机构检察长、副检察长、检察委员会委员、检察员的职务;

(八)根据市人大常委会五分之一以上的组成人员书面联名提出的撤职案,并经主任会议提请,决定撤销本条第二项、第三项、第四项和第七项所列国家机关工作人员的职务。

第三章 任免程序

第十一条 新的一届市人民政府领导人员依法选举产生后,市人民政府市长应当在两个月内提请市人大常委会任命市人民政府秘书长和市人民政府组成部门(工作部门)的主任、局长,未重新任命的,其原任职务自行终止。

除前款规定的人员外,市人大常委会任命的国家机关工作人员,在市人民代表大会换届后,继续担任原职务的,不需重新任命;不再担任原职务的,应当提请市人大常委会免职。

市人大常委会任命的国家机关工作人员,其任职的机构职能已调整,但名称未变更的,不需重新任命;新设立、更名、合并、撤销或者不再属于市人民政府组成部门(工作部门)的,应当提请市人大常委会任免。

第十二条 提请市人大常委会任免国家机关工作人员,提名机关应当书面向市人大常委会提出任免议案或者任免报告,并报送有关材料。

提请任职的议案或者任职报告,应当写明拟任命人员的基本情况、简历、提名理由和德、能、勤、绩、廉具体情况以及其他需要说明的情况。提请任命新设置机构人员职务的,必须附批准机关的文件。提请批准任命的,必须附县(市)区人民代表大会的选举结果报告。

提请免职的议案或者免职报告,应当写明拟免职人员的基本情况、免职理由等内容。机构更名、合并、撤销或者不再属于市人民政府组成部门(工作部门)的,必须附批准机关的文件。

提请批准免职属于辞职或者罢免情形的,必须附县(市)区人民代表大会或者县(市)区人大常委会接受辞职的决定或者罢免的决定及表决结果报告。

提请撤职的议案或者撤职报告,应当写明拟撤职人员的基本情况、撤职理由等内容,并提供有关材料。提请批准撤职的,必须附县(市)区人大常委会的决定及表决结果报告。

提请辞职的,应当附本人的辞职报告。

第十三条 提请审议的任免议案或者任免报告应当在市人大常委会举行会议的十日前,送达市人大常委会。个别特殊情况不能按时报送的,提名机关应当向主任会议作出说明,经主任会议同意后,可以列入市人大常委会当次会议议程。

第十四条 市人大常委会人事代表工作机构应当对任免议案或者任免报告进行初步审查,并向主任会议报告;审查认为对拟任免人员情况需作补充说明的,提名机关应当及时报送补充说明材料。

第十五条 提请市人大常委会审议的任免议案,由主任会议决定提请市人大常委会会议审议。

市人大常委会五分之一以上的组成人员书面联名提出的撤职案和任免报告,由主任会议决定是否提请市人大常委会会议审议。

主任会议认为对拟任免人员情况需作补充说明的,提名机关应当按照主任会议的要求到会或者书面作出说明。

第十六条 市人大常委会会议审议任免议案或者任免报告时,提名人或者其委托的副职领导人必须到会作提请任免议案或者任免报告及说明,听取意见,回答询问。由主任会议提名的,应当确定一名主任会议成员作提请任免议案及说明。

第十七条 市人大常委会会议审议任职议案或者任职报告时,拟任命人员应当到会作供职发言,回答询问。因特殊情况不能到会的,经主任会议同意,可以向市人大常委会提交书面供职发言材料。

第十八条 市人大常委会会议审议撤职案时,被提出撤销职务的人员有权提出申辩意见。

第十九条 列入市人大常委会会议议程的任免议案或者任免报告,在审议中发现有重大问题需要查清的,经主任会议提出,市人大常委会会议同意,任免议案或者任免报告可以暂不付表决。所提问题交有关机关调查、提出报告,由主任会议决定是否再次提请市人大常委会会议审议。

第二十条 列入市人大常委会会议议程的任免议案或者任免报告,在交付表决前,提名机关要求撤回的,经主任会议同意,对该任免议案或者任免报告的审议即行终止。

第二十一条 市人大常委会会议对任免议案或者任免报告采取逐项逐人表决。通过市人大常委会代表资格审查委员会成员的人选,可以合并表决。

第二十二条 市人大常委会会议表决任免议案或者任免报告,采用按表决器或者其他无记名投票的表决方式。

市人大常委会组成人员对任免议案或者任免报告可以表示赞成,可以表示反对,也可以弃权。

任免议案或者任免报告以市人大常委会全体组成人员过半数赞成通过。表决结果由会议主持人当场宣布。

任职议案或者任职报告未获通过的,不得在同一次会议上就同一人选再次表决。如果提名机关认为必要,可以向市人大常委会另一次会议作出说明,再次提出同一人选担任同一职务的任职议案或者任职报告;如果再次未获通过,不得再提名其担任同一职务。

第二十三条 市人大常委会任命、决定任命的国家机关工作人员,由市人大常委会主任或者其委托的副主任在市人大常委会会议上颁发任命书。

任命书由市人大常委会主任签署。

第二十四条 任免议案或者任免报告通过后,市人大常委会应当书面通知提名机关。任免名单应当在市人大常委会公报和本市主要新闻媒体上公布。必须上报批准、备案和下达批复、通知的,由市人大常委会或者提名机关按照有关规定办理。

第二十五条 由市人大常委会任命的国家机关工作人员,任职期间死亡的,其职务自然终止,由提名机关报市人大常委会备案。

第四章 任职监督

第二十六条 市人大常委会可以通过视察、听取工作汇报、执法检查、询问、质询和特定问题调查等方式,了解所任命的国家机关工作人员履行职务的情况,进行法律监督和工作监督。

第二十七条 市人大常委会任命的国家机关工作人员,应当受降职处理或者撤职、开除处分的,原提名机关必须报市人大常委会依法予以免职或者撤职;受警告、记过、记大过、降级处分的,原提名机关应当及时报市人大常委会备案。

第五章 附 则

第二十八条 本条例自2013年12月1日起施行。

政府规章及政策

福州市人民政府令

第56号

《福州市国有房产管理办法》已经2013年3月18日市人民政府第7次常务会议通过,现予发布,自2013年6月1日起施行。

市长:杨益民
2013年3月25日

福州市国有房产管理办法

第一章 总 则

第一条 为加强本市国有房产管理,保障国有房产所有权人和使用人的合法权益,根据国家法律法规和有关规定,结合本市实际,制定本办法。

第二条 本办法所称的国有房产是指房屋产权属国家所有,由市政府授权福州市国有房产管理中心管理经营的房产。

国有房产包括直管公房,公共租赁住房,廉租住房,房改腾退房,行政机关及全额拨款事业单位剩余公有住房(不含办公用房),关闭、停产、合并、改制的国有企事业单位移交的房产,以及市政府授权管理的其他房产等。国有房产按使用性质分为住宅和非住宅两大类。

第三条 本办法适用于本市五城区国有房产的经营和管理。

公共租赁住房、廉租住房的管理办法,由市人民政府另行制定。

第四条 福州市国有房产管理中心(以下简称"市房管中心")是本市城区国有房产的主管部门,负责本市城区国有房产的管理经营工作。市房管中心可委托各区房产管理部门或其他房产管理单位对国有房产进行经营管理。

第五条 国有房产的所有权和使用权受国家法律保护,任何单位和个人不得侵占国有房产。

禁止任何单位或个人非法租赁、买卖国有房产或利用国有房产危害公共利益,损害他人合法权益。

第六条 市房管中心应当建立国有房产信息系统,做好国有房产清产核资等工作。

国有房产的经营收入应按规定上缴同级财政,实行收支两条线管理。

第二章 租赁管理

第七条 市房管中心作为国有房产的出租人,应当与承租人签订租赁合同,约定租赁期限、租赁用途、租赁价格、修缮责任等条款。

租赁合同的期限一般不超过两年,最长不超过三年。期满后经双方协商可以续租。

第八条 国有房产的租赁实行标准租金和市场租金。国有房产实行标准租金的范围和租金标准按市政府有关规定执行,市场租金由租赁双方协商确定。

实行标准租金的租赁合同,在租赁期内标准租金遇有政策性调整时,应当按新租金标准重新签订租赁合同。

对于实行标准租金的,由出租人发给《国有房产租赁凭证》,出租人应当定期对承租人使用房产情况进行审核登记,并记载于《国有房产租赁凭证》;未经审核登记的,为无效凭证,不得作为征收补偿和其他事项的依据。

第九条 承租人应当按月足额缴纳房屋租金,不得无故拒付或拖欠租金。

第十条 未经出租人同意,国有房产不得转租(包括承包、联营、转借、转让等)。

擅自转租的,转租无效,转租收益归出租人所有,承租人应承担违约责任。

第十一条 国有住宅房屋实行一户一租制度,一户只能租赁一处实行标准租金的住宅房屋。对租赁两处以上住宅房屋的,出租人有权终止原租赁合同,收回出租房屋或对承租人自住的一处住房外所租赁的房屋实行市场租金。

第十二条 实行标准租金的住宅房屋承租人在租赁期限内死亡的,其成年直系亲属同时符合下列条件的,可以在原承租人死亡6个月内向出租人委托的房屋所在地的区房产管理部门申请更名继续承租:

(一)与原承租人在同一户籍内;

(二)与原承租人共同居住生活2年以上;

(三)五城区内无住房;

(四)未享受过国家规定的住房优惠政策;

(五)一次性缴清原承租人所欠房屋租金。

同一户籍内原承租人有多个直系亲属的,各直系亲属之间必须协商一致,确定其中符合国有房产承租条件的一人为新承租人。

6个月内不申请变更承租人或协商不一致无法确定新承租人的,出租人有权解除租赁合同,收回房屋。

第十三条 实行标准租金的直管公房住宅房屋承租人另有房产时,经出租人同意,承租人可以将所承租的住宅使用权,转让给在本市五城区内无住房且未享受过国家规定住房优惠政策的新承租人,新承租人应当与出租人重新签订租赁合同。

第十四条 租赁期满后,承租人应当退出原租赁的房屋,将房屋交还给出租人。如需继续承租,在同等条件下,符合国有房产管理规定的原承租人有优先承租权。

第十五条 在租赁期间,承租人租赁的房屋经有资质的危房鉴定机构鉴定为D级危房的,自鉴定之日起租赁合同终止。承租人应当在出租人通知之日起10日内无条件搬离;未搬离的,由承租人承担安全责任。

第十六条 承租人有下列行为之一的,出租人有权解除租赁合同,收回房屋,并可索赔损失:

(一)无正当理由拖欠房屋租金累计达六个月的;

(二)无正当理由房屋闲置六个月以上的;

(三)擅自改变房屋用途的;

(四)擅自将房屋转租、转让、转借他人或擅自调换使用的;

(五)擅自对房屋进行扩建、改建、拆建的;

(六)利用承租房屋进行非法活动或非法谋利的;

(七)故意损坏国有房产的;

(八)其他严重损害出租人利益的行为。

第十七条 市房管中心及其委托的各区房产管理部门、房产管理单位应当按照管理权限建立国有房产产业档案及承租人的信息档案,定期核查辖区国有房屋状况,做到资料真实完整,全面反映房屋的来源、坐落、结构、面积、设备、用途、完好程度和变动情况。

第三章 使用管理

第十八条 承租人对所承租的房屋负有维修养护责任,任何单位和个人都不得损坏国有房产,不得利用国有房产谋取非法利益。

第十九条 承租国有房产不得擅自改变房屋用途。因历史原因改变用途的,报经出租人同意后,重新签订租赁合同,明确租金标准。

第二十条 住宅房屋的承租人为改善住房条件,经出租人同意,可以互换国有房产使用权。互换国有房产使用权的,房屋互换双方应持书面互换协议、双方房屋合法使用凭证及当事人身份证明,到房屋所在地的区房产管理部门申请办理房屋使用权互换相关手续。

第二十一条 承租人不得对所承租的国有房产进行改建、扩建。

在本办法实施前承租人因生产或生活需要对承租的国有房产进行改建、扩建的,应当到市房管中心进行备案登记,因改建、扩建新增的房产所有权属出租人所有。

第二十二条 承租人对房屋进行装饰和添装设备时,不得影响房屋的结构和安全,因承租人的使用原因,造成房屋及人身财产损害的,由承租人承担责任。

第二十三条 因暴雨、洪水、台风、地震等自然灾害影响,承租人应当服从辖区政府的统一安排,暂时搬离所租住的国有房产或自行解决居所。

第四章 修缮管理

第二十四条 出租人与承租人共同承担维修养护国有房产及其附属设施的责任。双方应当在房屋租赁合同中明确约定修缮责任。对危及房屋使用安全的维修项目,承租人要及时报修,出租人应当及时维修。

遇暴雨、洪水、台风、地震等自然灾害,各级房屋管理部门应配合辖区政府提前做好防范工作,发现房屋险情,及时抢修。

第二十五条 房屋及其附属设施属于自然损坏的,由出租人负责维修,因承租人使用不当或过错造成损坏的,由承租人负责修复。

第二十六条 出租人应对房屋及其附属设施进行定期检查、修缮、保证其正常使用和安全。

在房屋修缮或对危房进行翻修加固时,承租人和相邻人应积极配合,主动搬迁,不得无理阻挠或借故提出不合理要求,阻碍房屋的修缮。

第二十七条 国有房产修缮所需的资金从租金收入中列支,应当专款专用,严禁挪用。房屋修缮资金的投入必须满足房屋安全住用和基本使用条件的需要,优先安排危房抢险加固、治漏资金。

第五章 接收管理

第二十八条 行政、事业单位剩余的公有住房(不含办公用房),经市政府批准关闭、停产、合并、改制的国有企事业单位的房产,以及市政府授权管理的其他房产,应统一移交市房管中心经营管理。

第二十九条 移交房产的单位及其主管部门应做好所有移交国有房产的清查、统计、汇总及房产档案资料整理工作,全面移交所有房产及相关档案资料(包括产权证、土地证、房产历史资料、租赁协议、合同、抵押、债务等),并与市房管中心签订《国有房产移交确认书》。

第三十条 房产移交后,市房管中心应当持房产移交单位(或其主管部门)证明、《移交确认书》和测绘资料申办权属变更手续。

第三十一条 移交房产的单位及其主管部门在移交房产前应当妥善处理好房屋纠纷等相关问题。市房管中心接收房产后,应当对原已出租的房产重新进行核查。对符合条件的承租人,重新签订租赁合同,确定租金标准;不符合条件的承租人,解除租赁合同,收回房屋。

第六章 征收补偿

第三十二条 房屋征收范围确定后,房屋征收部门应当在房屋征收决定作出前,将征收范围内国有房产坐落、用途、建筑面积等调查结果书面告知市房管中心,由市房管中心核实确认。市房管中心负责通知属地区房产管理部门暂停办理征收范围内国有房产的使用权转让、承租人变更及分户等手续。

对征收范围内承租人是否享受过国家规定的住房优惠政

策,市、区各级房屋管理和房屋登记等相关部门应积极配合市房管中心,并提供相关书面审核意见,由市房管中心函告房屋征收部门。

第三十三条 政府作出房屋征收决定后,涉及征收国有房产的,房屋征收部门应当依照征收补偿方案,与市房管中心就征收范围内的国有房产签订房屋征收补偿协议。征收部门应当按照征收补偿协议约定按时支付国有房产征收补偿款。

第三十四条 实行标准租金的住宅房屋承租人未享受国家规定的住房优惠政策的,市房管中心在收回市政府规定的住宅产权补偿款后,承租人可购买被征收房屋的公房产权,并与房屋征收部门签订房屋征收补偿协议。

房屋征收时,除直管公房非住宅承租人(以各区房屋管理部门直管公房档案记载为准)及前款规定的承租人外,其他国有房屋承租人不享受房屋征收补偿,应自行搬离,房屋征收部门不得与房屋承租人签订房屋征收补偿协议。原承租人符合继续承租条件的,可向市房管中心申请继续承租。

第三十五条 住宅房屋承租人申请办理安置房产权时,应当提交房屋征收补偿安置协议书,以及国有房产租赁凭证、缴纳国有房产征收补偿款结算单、购公房产权花名册等相关材料,经市房管中心审核确认后向房屋登记机关申请办理国有房产原权注销及安置房产权登记手续。

第七章 法律责任

第三十六条 承租人违反房屋租赁合同约定,有擅自转租国有房产、擅自改变房屋用途或擅自对房屋进行改扩建等违约行为的,出租人依合同约定收取违约金、提前终止合同,并要求承租人搬离。承租人逾期不支付违约金或逾期未搬离的,由出租人依法起诉和申请法院强制执行。

第三十七条 仿造、涂改《国有房产租赁凭证》的,由所在地区房屋管理部门依法予以处罚。

利用承租房屋进行非法活动或者强占国有房产的,由公安机关依据《中华人民共和国治安管理处罚法》等法律法规予以处罚。

第三十八条 国有房产管理部门工作人员,在执行本办法中有弄虚作假、徇私舞弊、敲诈勒索等违法行为的,依法追究行政、刑事责任。

第八章 附则

第三十九条 各县(市)国有房产管理可以参照本办法执行。

第四十条 本办法自2013年6月1日起施行。

福州市人民政府令

第57号

《福州市基本医疗保险违法行为查处办法》已经2013年市人民政府第14次常务会议通过,现予公布,自2013年8月1日起施行。

市长:杨益民

2013年6月10日

福州市基本医疗保险违法行为查处办法

第一条 为了预防和查处违反基本医疗保险制度规定的行为,保障基本医疗保险基金的安全,根据《中华人民共和国社会保险法》、《劳动保障监察条例》等法律法规规定,结合本市实际,制定本办法。

第二条 本办法所称基本医疗保险包括职工基本医疗保险、城镇居民基本医疗保险、新型农村合作医疗。基本医疗保险基金由职工基本医疗保险基金、城镇居民基本医疗保险基金、新型农村合作医疗统筹基金等构成。

本市行政区域内基本医疗保险违法行为的查处适用本办法。

第三条 人力资源和社会保障、卫生行政管理部门(以下统称"基本医疗保险主管部门")按照下列分工承担基本医疗保险的监督管理职责:

(一)市人力资源和社会保障行政管理部门负责本市行政区域内的职工基本医疗保险、城镇居民基本医疗保险的监督管理。各县(市)、马尾区人力资源和社会保障行政管理部门负责本区域内职工基本医疗保险、城镇居民基本医疗保险的监督管理。

(二)市卫生行政管理部门负责本市行政区域内的新型农村合作医疗的监督管理。各县(市)、仓山区、晋安区、马尾区负责本区域内的新型农村合作医疗的监督管理。

民政、财政、食品药品、工商、物价等行政管理部门应当密切配合,按照各自职责分工,共同做好本办法的实施工作。

第四条 各级基本医疗保险经办机构具体负责本区域内基本医疗保险的日常管理和稽核工作。各级基本医疗保险经办机构应当与定点医疗机构、定点零售药店签订《医疗保险定点服务协议》,规范定点医疗机构、定点零售药店的基本医疗保险服务。

第五条 基本医疗保险主管部门及基本医疗保险经办机构在实施监督管理、日常稽核的过程中,可采取下列措施:

(一)依法进入用人单位、定点医疗机构、定点零售药店等场所开展调查、检查工作;

(二)调查、询问有关人员,要求被调查、检查的单位和个人提供与调查、检查事项相关的文件资料,并作出解释和说明;

(三)查阅与基本医疗保险有关的人员花名册、会计账簿、会计报表、工资发放表以及其他资料;

(四)采取记录、录音、录像、照相或者复制等方式收集证据材料;

(五)依法可以采取的其他措施。

第六条 用人单位应当根据《中华人民共和国社会保险法》、《社会保险费征缴暂行条例》、《福建省社会保险费征缴办法》的规定,及时为本单位职工办理基本医疗保险,并足额缴纳基本医疗保险费。

第七条 用人单位不得出具虚假的劳动关系、财务会计报表等证明材料,为不符合条件的人员参加基本医疗保险或者骗取基本医疗保险待遇提供便利。

第八条 参保(合)人员不得有下列行为:

(一)将本人社会保障卡出(转)借他人使用;

(二)伪造社会保障卡就医或持他人社会保障卡冒名就医;

(三)伪造、变造档案等证明材料,逃避基本医疗保险费缴费义务;

(四)伪造、变造医疗文书、医疗费票据等与基本医疗保险有关的材料;

(五)变卖由基本医疗保险费用结算的药品、医疗器械、医用材料或者诊疗项目;

(六)与基本医疗保险定点服务机构串通,串换医保项目、空刷社会保障卡;

(七)享受医疗保险待遇的条件发生变更或丧失享受基本医疗保险待遇资格,未按规定到医疗保险经办机构办理相关的变更、注销手续;

(八)其他违反基本医疗保险制度规定的行为。

参保(合)人员发生工伤、交通事故等应由第三方支付医疗费用的情形,在第三方支付医疗费用后的60日内应当将基本医疗保险基金先行垫付的医疗费用返还。

第九条 定点医疗机构、定点零售药店应当按照《医疗保险定点服务协议》的规定,建立符合基本医疗保险制度运行要求的信息管理系统,并对诊疗项目、药品、医疗器械等实行信息化管理,按照基本医疗保险经办机构的要求保存、传送信息。

定点医疗机构在接诊时,应当校验就诊人员的社会保障卡,确认社会保障卡信息与持卡人一致,按照处方管理规定开具处方,并将诊治情况记载于病历。

第十条 定点医疗机构不得有下列行为:

(一)采用为参保(合)人员重复挂号,重复或者无指征化验、检查、治疗,分解或者无指征住院等方式,提供不必要的医疗服务,并将费用纳入基本医疗保险费用结算;

(二)将非住院人员或挂床住院人员的医疗费用纳入住院基本医疗保险基金结算;

(三)将不属于基本医疗保险基金支付范围的药品、诊疗项目、医疗器械、生活用品、保健品等费用,或者应由个人自付的医疗费用纳入基本医疗保险基金结算;

(四)违反基本医疗保险用药范围或者用药品种规定,以超量用药、重复用药、违规使用无适应症的药品,或者以分解、更改处方等方式,为参保(合)人员配药,进行基本医疗保险费用结算;

(五)违反基本医疗保险制度规定的支付比例进行基本医疗保险费用结算;

(六)伪造、变造医疗文书或者提供虚假医疗费用结算凭证,骗取或者协助他人骗取基本医疗保险基金支出;

(七)替非定点医疗机构代结算费用;

(八)其他违反基本医疗保险制度规定的行为。

第十一条 定点零售药店不得有下列行为:

(一)协助套现基本医疗保险基金或者将生活用品纳入基本医疗保险基金结算;

(二)替非定点零售药店代结算费用;

(三)其他违反基本医疗保险制度规定的行为。

第十二条 基本医疗保险经办机构及其工作人员不得有下列行为:

(一)违规为参保单位或个人办理参保登记;

(二)擅自减免或者不按规定程序核销用人单位和参保(合)人员应当缴纳的基本医疗保险费;

(三)擅自更改基本医疗保险缴费标准,或者不按规定执行基本医疗保险基金支付标准;

(四)利用职务和工作便利协助参保单位、定点单位或个人骗取城镇基本医疗保险基金支出;

(五)泄露用人单位或者参保(合)人员信息;

(六)其他违反基本医疗保险法律、法规规定的行为。

第十三条 拒绝、阻挠基本医疗保险主管部门或基本医疗保险经办机构依据本办法第五条规定实施检查稽核的,由基本医疗保险主管部门处以500元以上1000元以下罚款。

第十四条 违反本办法第七条、第八条、第九条、第十条、第十一条规定之一,骗取基本医疗保险基金支出的,由基本医疗保险主管部门责令退回骗取的基本医疗保险基金支出,处以骗取金额二倍以上五倍以下的罚款;未骗得基本医疗保险基金支出的,由基本医疗保险主管部门处以1000元罚款。

违反本办法第九条、第十条、第十一条规定之一的,基本医疗保险经办机构可以对相关定点医疗机构、定点零售药店、医保医师暂停医保结算1至12个月;情节严重的,基本医疗保险经办机构应当解除与其签订的医疗保险定点服务协议,基本医疗保险主管部门应当取消其定点医疗机构、定点零售药店资格。

第十五条 参保(合)人员涉嫌违反本办法第八条规定的,在调查处理期间,基本医疗保险经办机构可以改变其基本医疗保险费用结算方式。

定点医疗机构、定点零售药店涉嫌违反本办法第十条、第十一条规定的,在调查处理期间,基本医疗保险经办机构可以暂停支付费用。

第十六条 基本医疗保险经办机构或其工作人员违反本办法第十二条规定的,由基本医疗保险主管部门责令限期改正,对直接负责的主管人员和其他直接责任人员依法给予处分;造成基本医疗保险基金损失的,责令追缴应当缴纳的基本医疗保险费或者追回已支付的基本医疗保险基金;给用人单位、定点医疗机构、定点零售药店、参保(合)人员造成损失的,依法承担赔偿责任。

第十七条 基本医疗保险经办机构在日常稽核的过程中发现定点医疗机构、定点零售药店或其工作人员有违反执业规范行为的,应当移送相关行政管理部门处理。

定点医疗机构、定点零售药店、基本医疗保险经办机构或其工作人员、参保(合)人员和其他人员骗取基本医疗保险基金支出,情节严重构成犯罪的,基本医疗保险主管部门应当及时移送司法机关,依法追究刑事责任。

第十八条 位于本市行政区域外,与本市各医疗保险经办机构签订基本医疗保险服务协议的定点医疗机构、定点零售药店违反本办法规定的,基本医疗保险经办机构可以暂停支付医疗费用,并移送所在地的相关行政部门依法处理。

第十九条 鼓励单位和个人对违反基本医疗保险制度规定的行为进行举报。对举报属实且为查处重大违法行为提供主要线索和证据的单位或者个人,基本医疗保险主管部门或基本医疗保险经办机构应当给予奖励。

第二十条 基本医疗保险经办机构在日常稽核过程中发现基本医疗保险基金以外的城乡医疗救助费、劳模医疗补助费等基本医疗保障基金被骗取的,应当移送相关的基金管理部门处理。

第二十一条 本办法自2013年8月1日起施行。

福州市人民政府令

第58号

《福州市城镇生活用水二次供水管理办法》已经2013年6月19日市人民政府第15次常务会议通过,现予发布,自2013年8月1日起施行。

市长:杨益民

2013年6月24日

福州市城镇生活用水二次供水管理办法

第一条 为加强城镇生活用水二次供水管理,保障供用水安全和公众身体健康,根据《城市供水条例》、《福州市城市供水管理办法》等法律法规,结合本市实际,制定本办法。

第二条 本市行政区域内城镇生活用水二次供水管理适用本办法。

本办法所称的二次供水,是指从城镇公共供水管道取水后直接向用户提供生活用水,或者通过储存、加压或者净化处理后向用户提供生活用水的供水形式。

本办法所称的二次供水设施,是指为二次供水设置的储水设施、加压设备、供水泵房、电机、气压罐、电控装置、水处理设备、消毒设备、供水管道、阀门等设施。

第三条 市建设行政主管部门负责本市二次供水的管理工作。

马尾区、县(市)建设行政主管部门负责本辖区内二次供水的管理工作。

卫生行政主管部门负责二次供水的卫生监督工作。

规划、住房保障和房产管理、价格等主管部门应当在各自职责范围内,共同做好二次供水的管理监督工作。

第四条 市、县(市)建设行政主管部门应当按照“统一规划、节能减排、安全环保”的原则制定辖区二次供水设施改造计划,并会同有关单位组织实施,各相关单位和用户应当予以配合。

二次供水设施改造应当与居民“一户一表”改造同时进行,供水企业应当按照规定的标准向用户收取改造费用。

第五条 新建、改建、扩建建设项目,应当按照“一户一表、水表出户”的要求设计、建设二次供水设施,并与建筑物主体工程同时设计、施工、交付使用。

建筑物对水压的要求超过市政供水正常压力时,项目建设单位应当建设二次供水增压设施。

第六条 二次供水设施的设计、施工、监理,应当委托具有相应资质的单位承担。设计方案应当符合城镇公共供水管网连接的条件和管理要求,并征求属地供水企业的意见。

新建住宅二次供水设施委托供水企业承建的,其建设费用标准由市价格行政主管部门核定。

与城镇公共供水管网连接的二次供水设施,未经供水企业同意不得擅自改动、拆除。任何单位和个人不得损坏、侵占或者阻塞维护通道。

第七条 二次供水设施的设计、施工应当符合国家有关标准和规范,并符合下列要求:

(一)生活饮用水二次供水设施必须独立设置,不得与消防、商业、绿化等设施混用;

(二)设计、安装的供水设施应确保用户水压平稳、安全,不得对水质、水压、管网造成不利影响;

(三)采用高效、节能的供水设施;

(四)建筑物引入管应采用可靠的伸缩补偿装置,安装位置便于维护、管理;

(五)在二次供水储水设施周围二米范围内,不得有污水管线及其他污染物,严禁给水、排水管线同沟埋设;

(六)二次供水设施水箱(水池)的材质和内壁涂料应无毒无害,符合水质卫生要求,水箱(水池)不得埋设地下。

第八条 二次供水设施所用产品、材料和设施设备应当符合国家有关要求和标准,不得使用国家明令禁止和淘汰的管材、配件和设备。涉及饮用水卫生安全的产品应当按照有关规定取得卫生部门的许可,未经许可不得投入使用。

第九条 二次供水设施竣工后,建设单位应当通知供水企业进行查验,隐蔽工程的查验工作,可在施工过程中进行。查验合格,并经有资质的水质检测机构检验合格后,方可接入市政供水管网。未查验、检验或者查验、检验不合格的,不得投入使用。

有资质的水质检测机构名录由市建设行政主管部门会同市卫生行政主管部门定期公布。

第十条 二次供水设施周围应当保持环境整洁,做好截水、排水处理,防止污染、损坏二次供水设施。

在二次供水储水设施周围十米范围内,禁止下列行为:

(一)挖坑取土、修建构筑物;

(二)设置渗水厕所、渗水坑、化粪池等污染源;

(三)堆放垃圾、养殖畜禽;

(四)其他危害供水设施安全的行为。

第十一条 按照《福州市城市供水管理办法》规定由供水

企业负责管理维护的二次供水设施,供水企业应当在接到移交申请后十五日内到现场查验并出具查验意见书。用户或其委托单位应当在供水企业查验合格后三十日内办理管理权移交手续,并提供管网竣工图纸、设备档案等有关资料。查验不合格的,应当进行整改,在保修期内,由建设单位负责整改;超过保修期的,用户可以自行组织整改或委托供水企业整改,整改费用由用户承担。

第十二条 按照《福州市城市供水管理办法》规定由用户自行负责管理维护的二次供水设施,用户委托供水企业管理维护的,供水企业应当对二次供水设施查验合格后,方可接受委托,费用由双方协商确定。

用户未委托供水企业管理维护的,可以由所在物业管理区域业主大会或者业主委员会进行管理维护,或者委托物业服务企业进行管理维护。无物业管理的住宅小区,未成立业主大会或者业主委员会管理维护的,由所在地的乡镇人民政府、街道办事处组织业主确定管理维护方式。

第十三条 城镇生活用水应当分别装表计量,由最终用户承担相应水费。

业主自用的水费向业主收取,物业服务企业使用的水费向物业服务企业收取。

消防等公共用水水费由全体业主共同分摊,并由下列管理人与供水企业按照供用水合同约定收取:

(一)实施物业管理的住宅区域,公共用水的申请、管理和水费收取由物业服务企业负责;

(二)未实施物业管理的住宅区域,由所在地居(村)委会负责,业主或者其委员会愿意自行负责的,可签订协议自行管理;

(三)开发建设单位未移交管理的,由开发建设单位负责。

第十四条 二次供水设施管理维护单位应当制定和实施二次供水管理制度,配备专(兼)职管理人员,负责二次供水的给水增压、水质监测、安全管理及供水设施的清洗消毒、维修维护工作,并做好工作记录,建立档案。

二次供水设施管理维护单位应当遵守下列规定:

(一)定期巡检,及时维修养护储水设施、水泵、管线等二次供水设施,并采取必要的安全防范措施,确保二次供水设施安全、不间断运行;

(二)每半年开展不少于一次的清洗、消毒储水设施工作,并根据实际情况增加频次;

(三)每半年开展不少于一次的水质检测工作,水质检测应当委托有资质的水质检测机构进行,并于收到水质检测报告后三日内向用户公示,保证水质符合国家有关标准;

(四)每半年开展不少于一次的水压检测工作,保证水压符合国家有关标准;

(五)由于二次供水设施工程施工、设备维护保养等原因需要停水或降压供水的,应当提前二十四小时告知用户做好储水准备,因紧急抢修等特殊原因无法提前通知的,应当在抢修同时通知用户。超过二十四小时不能恢复供水的,管理维护单位应当采取应急供水措施,解决居民基本生活用水;

(六)二次供水设施达到使用年限或因国家标准提高需进行更换、改造的,应当及时通知产权人或其委托单位进行更换、改造,相关费用由产权人承担。

第十五条 二次供水设施管理维护单位应当服从城市用水调度,蓄水时应避开用水高峰期。

第十六条 从事二次供水设施清洗消毒工作的专业人员,必须每年进行一次健康检查,取得当地健康证明后方可上岗。患有痢疾、伤寒、病毒性肝炎等消化道传染病的人员,以及患有活动性肺结核、化脓性或渗出性皮肤病等有碍饮用水卫生疾病的人员,不得直接从事二次供水设施的清洗消毒工作。

第十七条 供水企业应当制定二次供水应急管理制度,指导二次供水设施管理维护单位进行日常供水应急管理。

二次供水设施管理维护单位应当制定本单位二次供水应急预案。当二次供水水质受到污染或者出现异常,管理维护单位应当根据预案,立即停止供水,组织清洗、消毒、换水;在采取措施后仍不能消除安全隐患的,应保存水样,并立即向建设、卫生行政主管部门报告,协助建设、卫生行政主管部门调查处理。

发生水质污染事故的二次供水设施经清洗、消毒、整改,且经有资质的水质检测机构对其水质进行检验,合格后方可继续使用。

第十八条 违反本办法规定,有下列行为之一的,由建设行政主管部门责令改正,并可处一万元以上三万元以下的罚款:

(一)新建、改建、扩建项目未按照“一户一表、水表出户”要求设计、建设二次供水设施的;

(二)二次供水设施的设计、施工、监理,未委托具有相应资质的单位承担的;

(三)二次供水设施未经供水企业查验或查验不合格投入使用的;

(四)二次供水设施未经有资质的水质检测机构检验合格投入使用的;

(五)隐瞒、缓报、谎报水质突发事件、水质信息或未采取应急措施的;

(六)二次供水设施所用产品、材料和设施设备不符合国家有关要求和标准的。

第十九条 违反本办法规定,有下列行为之一的,由建设行政主管部门责令改正,并可对单位处以五千元以上一万元以下罚款,对个人处以一千元以上五千元以下罚款:

(一)损坏、侵占或者阻塞维护通道的;

(二)擅自改动或者拆除二次供水设施;

(三)阻挠或者妨碍供水日常维护及应急抢修工作的。

第二十条 违反本办法规定,在二次供水储水设施周围十米范围内,有下列行为之一的,由建设行政主管部门责令改正,并可对单位处以一千元以上五千元以下罚款,对个人处以五百元以上一千元以下罚款:

(一)挖坑取土、修建构筑物;

(二)设置渗水厕所、渗水坑、化粪池等污染源;

(三)堆放垃圾、养殖畜禽。

第二十一条 违反本办法规定,有下列行为之一的,由建

设行政主管部门责令改正,并可处以三千元以上一万元以下的罚款,造成损害的,应当承担相应的法律责任:

(一)未按本办法第十一条规定向供水企业移交二次供水设施管理权;

(二)二次供水设施管理维护单位不服从城市用水调度;

(三)违反本办法第十四条第二款第(一)、(三)、(四)、(五)、(六)项规定之一的。

违反本办法第十四条第二款第(二)项规定的,由卫生行政主管部门责令改正,并处以五百元以上三千元以下罚款;造成损害的,应当承担相应的法律责任。

第二十二条 违反本办法其他规定的,由公安、卫生、规划、环保、消防、价格等有关行政主管部门依据有关法律、法规、规章予以处罚;构成犯罪的,依法追究刑事责任。

第二十三条 建设等有关行政主管部门工作人员玩忽职守、滥用职权、徇私舞弊的,由其所在单位或者上级机关予以行政处分;构成犯罪的,依法追究刑事责任。

第二十四条 本办法自2013年8月1日起施行。

福州市人民政府令

第59号

《福州市轨道交通建设管理办法》已经2013年市人民政府第22次常务会议通过,现予公布,自2013年11月1日起施行。

市长:杨益民

2013年9月4日

福州市轨道交通建设管理办法

第一章 总 则

第一条 为了加强城市轨道交通的规划建设,保障城市轨道交通建设顺利进行,根据有关法律法规,结合本市实际,制定本办法。

第二条 本办法适用于本市行政区域内轨道交通的建设及其相关管理活动。

第三条 本办法所称轨道交通,是指本市地铁、轻轨等城市轨道公共客运系统,包括规划轨道交通、在建轨道交通和运营轨道交通。

本办法所称轨道交通设施,是指为保障轨道交通系统正常安全运营而设置的轨道、隧道、高架桥及路基、车站(含出入口、通道等附属)、风井、车辆段、停车场、控制中心、变电站(所)、车辆、机电设备系统及其他附属设备等,以及为保障轨道交通运营而设置的其他相关设施。

第四条 本市轨道交通实行统筹规划、分期建设、安全运营的原则。

轨道交通建设资金实行政府投资与多渠道筹集相结合。

第五条 市人民政府统一领导、统筹安排轨道交通规划和建设;福州市地铁工程建设指挥部负责轨道交通工程建设的日常指挥协调工作;福州市城市地铁有限责任公司(以下简称轨道交通建设单位)具体负责实施轨道交通建设。

城乡规划、建设、发展和改革、国土资源、人防、住房保障和房产管理等行政管理部门以及有关县(市)区人民政府,应当按照各自职责做好轨道交通建设的相关工作。

供电、供水、排水、供气、通信等相关单位,应当配合轨道交通建设,保障工程建设顺利进行。

第二章 规划管理

第六条 轨道交通规划主要包括轨道交通线网规划以及轨道交通建设规划。

第七条 轨道交通规划应当符合国民经济和社会发展规划,纳入城市总体规划。

轨道交通规划由市发展和改革行政主管部门负责组织编制,并按照规定的程序报批。经批准的轨道交通规划不得擅自变更。

第八条 市城乡规划行政主管部门应当根据轨道交通规划,会同国土资源等部门编制轨道交通土地利用规划和控制性详细规划,对轨道交通建设用地进行规划管理和控制。

规划确定的轨道交通建设用地,未经法定程序调整不得改变用途。

第九条 市城乡规划行政主管部门应当结合客流量、换乘需要和用地条件,预留交通换乘枢纽、停车场等相关公共设施用地。

第十条 建立轨道交通建设土地专项储备制度。

市国土资源行政主管部门应当将轨道交通、相关公共设施建设用地一并纳入轨道交通建设用地的土地征收(用)范围,并协调办理轨道交通建设用地出让、划拨手续。

第三章 建设管理

第十一条 轨道交通建设应当按照国家基本建设项目管理规定和批准的轨道交通规划进行。

轨道交通建设单位应当在轨道交通建设项目初步设计前对轨道轨道交通建设项目沿线周边已有建(构)筑物和城市基础设施等进行调查和记录。

轨道交通建设单位应当按照国家有关要求对轨道交通建设项目进行安全质量风险评估。

第十二条 轨道交通建设实行"地下优先"的原则。轨道交通的地下建设,不受其上方土地所有权、使用权归属的限制。

轨道交通建设需要临时占用地下、地表、地上空间的,其上方和相邻的建筑物、构筑物及土地的所有权人、使用权人应当提供必要的便利。

第十三条 轨道交通工程建设期间,轨道交通建设单位应当采取措施,保护沿线上方和周边已有建筑物、构筑物、地下管线以及设施的安全。

轨道交通建设单位在轨道交通建设工程沿线采取技术保护及监测措施的,相关单位和个人应当予以配合保护。任何单位和个人不得损毁或擅自移动轨道交通建设工程沿线测量控制基点。

第十四条 轨道交通建设影响周边建(构)筑物或者通信、供电、供水、热力、排水、燃气、人防工程等管线的,轨道交通建设单位应当及时组织勘察、设计,相关主管部门、产权单位及个人应当予以配合,提供相关详细资料。

建设单位因轨道交通建设需要进入沿线建(构)筑物内对建(构)筑物进行监测或鉴定的,应当提前向产权人发出协助通知,产权人应当予以配合。

第十五条 因轨道交通建设必须拆除或迁移相关市政公用设施的,轨道交通建设单位应当与有关产权单位协商,有关产权单位应当予以配合。可以恢复的,轨道交通建设单位应当在施工完成后予以恢复;不能恢复的,应当建设相应的替代设施。

第十六条 因轨道交通建设需要进行管线迁移的,各管线产权单位应当予以配合,协商确定管线迁移方案并主动协助实施。按照原标准迁移的,管线迁移费用由轨道交通建设单位承担;管线产权单位要求提高标准或者增加管线容量、数量的,提高或者增加的费用由管线产权单位承担。

第十七条 轨道交通工程建设期间,公安交通管理部门应当制订局部和区域交通组织疏解方案、城市交通堵塞应急处理方案。

第十八条 商业开发项目需要轨道交通配套对接出入口的,应当经市政府同意后,由项目业主与轨道交通建设单位就接入通道权属等事项达成协议,项目业主应当承担相应的建设费用。

第十九条 轨道交通建设单位应当按照环境保护、文物保护、城市市容和环境卫生管理等方面法律法规的规定,做好轨道交通工程建设期间的环保、文保、市容和环境卫生工作。

第二十条 轨道交通工程建设项目的勘察、设计、施工(含设备)、监理,由具备相应资质等级的单位承担,并遵守国家和地方规定的标准。

第二十一条 轨道交通建设单位应当明确安全质量职责,对勘察、设计、施工、监理等单位实施安全质量管理。

各有关行政主管部门按照有关法律法规的规定,对轨道交通工程建设的施工安全和工程质量进行监督管理。

第二十二条 轨道交通工程竣工后,应当进行工程初验;初验合格的,可以进行不载客试运行;试运行合格,并具备基本运营条件的,可以进行试运营。

第二十三条 轨道交通建设单位应当及时收集、整理轨道交通工程建设档案,在工程竣工验收合格后,及时按规定向市有关行政主管部门和城乡建设档案管理机构移交轨道交通工程建设档案。

第四章 保护区管理

第二十四条 轨道交通设置控制保护区,保证轨道交通规划、建设顺利进行和建成后的安全运营。

规划线路控制保护区的范围为:以轨道规划线路中线为基线,每侧宽度为60米。

在建和建成的线路,控制保护区范围为:

(一)地下车站和隧道结构外边线周边外侧50米内;

(二)地面车站和高架车站以及线路轨道外边线外侧30米内;

(三)出入口、风亭、冷却塔、主变电所、控制中心等建(构)筑物结构外边线以及车辆段(停车场)用地范围外侧10米内;

(四)穿过闽江的隧道、桥梁结构外边线外侧100米内。

第二十五条 在轨道交通控制保护区内设立轨道交通特别保护区,特别保护区的范围如下:

(一)地下车站和隧道结构外边线外侧5米内;

(二)高架车站及高架线路工程结构水平投影外侧3米内;

(三)地面车站及地面线路路堤或路堑边线外侧3米内;

(四)出入口、风亭、冷却塔、主变电所、控制中心等建(构)筑物结构外边线以及车辆段(停车场)用地范围外侧5米内;

(五)过江河、湖泊等水域的隧道、桥梁结构外边线外侧50米内;

(六)高压电缆沟水平投影外侧3米内。

因地质条件或者其他特殊情况,市城乡规划行政主管部门可以对轨道交通控制保护区和特别保护区范围进行调整。

第二十六条 在轨道交通控制保护区范围内进行下列活动的,业主或施工单位应当制定轨道交通设施保护方案,征得轨道交通建设单位的同意后,按有关程序办理审批手续:

(一)新建、改建、扩建或者拆除建(构)筑物;

(二)钻探、基坑(槽)开挖、爆破、桩基础施工、取土、填土、顶进、灌浆、锚杆作业;

(三)新建塘堰、开挖河道水渠、采石挖砂、打井取水、地下采水;

(四)敷设管线、穿越或者跨越轨道交通设施的作业;

(五)在过江河、湖泊等水域的隧道段疏浚河道渠道和抛锚、拖锚作业;

(六)其他可能影响轨道交通设施的行为。

第二十七条 在轨道交通特别保护区范围内,除必需的市政、园林、环卫和人防工程外,不得进行其他建设活动。

第二十八条 在轨道交通控制保护区和特别保护区内进行建设的,设计、施工方案应由建设单位组织不少于3个城市轨道交通方面的专家参与进行论证,并严格按照方案组织施工,市建设行政主管部门应当加强对建设活动的监督管理。

第二十九条 轨道交通建设单位应当对轨道交通控制保护区和特别保护区范围内的建设项目进行定期巡查,发现施工作业危及或者可能危及轨道交通设施安全的,可以要求施工作业单位停止作业并采取相应的安全措施。施工作业单位拒不停止作业的,轨道交通建设单位应当及时报告市建设行政主管部门。

对危及轨道交通设施安全的,市建设行政主管部门应当责成施工单位立即停止作业,并依法处理。

第三十条 敷设在轨道交通控制保护区和特别保护区范围内的地下管线,其所有权人或者使用权人应当加强管线的巡查、维护和管理,保障管线安全,避免对轨道交通设施的安全产生影响。轨道交通建设单位应当提供必要的便利。

第五章　安全应急管理

第三十一条　轨道交通建设项目在进行可行性研究时,应当对其安全生产条件进行论证和安全预评价;在项目初步设计时,轨道交通建设单位应当委托有相应资质的设计单位对项目进行安全质量风险评估专项设计。

第三十二条　轨道交通建设项目安全设施应当与主体工程同时设计、同时施工、同时投入生产和使用;安全设施竣工或者试运行完成后,应当对安全设施进行验收评价。

第三十三条　轨道交通建设单位应当设置安全生产管理机构,建立事故预防、报告和处理制度,执行建设过程动态安全监测制度,做好安全生产工作。

第三十四条　轨道交通建设单位应当按照安全生产管理有关规定,设置配备必要的安全警示标志和救援设备器材,并保持其性能完好。

轨道交通建设单位应当制定轨道交通建设突发事件应急处置方案,定期组织应急抢险队伍演练,随时做好轨道交通抢险准备。

第三十五条　发生轨道交通建设安全事故,轨道交通建设单位应当按照轨道交通突发事件应急处置方案,迅速采取有效措施,防止事故扩大,避免或者减少人员伤亡,并及时向市人民政府和有关行政主管部门报告。

第三十六条　发生轨道交通建设安全事故,市有关行政主管部门、事故所在地区、县人民政府以及供电、供水、供气、通信等单位,应当按照轨道交通突发事件应急预案的规定,进行应急保障和抢险救援。

第六章　法律责任

第三十七条　未按本办法规定取得批准,擅自在轨道交通控制保护区和特别保护区范围内进行建设的,由市城乡规划、建设等行政主管部门依法处理;造成损失的,应当依法承担赔偿责任。

第三十八条　在轨道交通控制保护区和特别保护区范围内施工作业未执行有效保护方案的,或者拒绝接受轨道交通建设单位安全监控的,由市建设行政主管部门责令停工整改;造成损失的,应当依法承担赔偿责任。

第三十九条　对妨碍轨道交通工程建设实施的单位和个人,由有关行政主管部门责令改正;造成损失的,应当依法承担赔偿责任;情节严重的,依法追究法律责任。

第四十条　有关行政主管部门、轨道交通建设单位及其工作人员不履行本办法规定的职责,或者有其他玩忽职守、滥用职权、徇私舞弊行为的,由其所在部门、单位责令改正;情节严重的,依法追究法律责任。

第七章　附　则

第四十一条　本办法自2013年11月1日起施行。

福州市人民政府令

第60号

《福州市上下杭历史文化街区文化遗产保护管理办法》经2013年11月20日市人民政府第27次常务会议通过,现予发布,自2014年1月1日起施行。

市长:杨益民

2013年11月26日

福州市上下杭历史文化街区文化遗产保护管理办法

第一条　为加强上下杭历史文化街区内文化遗产的保护与管理,根据《中华人民共和国城乡规划法》、《中华人民共和国文物保护法》、国务院《历史文化名城名镇名村保护条例》、《福州市历史文化名城保护条例》等有关法律、法规,结合本市实际,制定本办法。

第二条　上下杭历史文化街区(以下简称街区)的规划保护范围包括核心保护范围和建设控制地带。具体四至为:西到白马路,南至苍霞新城、合春弄、三捷河、中平路,东到三通路,北到学军路,面积为31.73公顷。

核心保护范围北至福州四中、天胜花园,南至中平花园、洲边小学,西至白马路、隆平路,东至高顶路、三通路,面积为23.54公顷。

建设控制地带北至延平路、学军路,东至中亭街西侧三通路,南到中平花园北侧、中平路,西至隆平路、白马南路,面积8.19公顷。

第三条　历史文化街区的保护管理应当遵循科学规划、严格保护的原则,维护历史文化遗产的真实性和完整性,实现街区的社会效益、环境效益和经济效益和谐发展。

第四条　市历史文化名城街区保护管理委员会(以下简称市名城街区管委会)负责统筹协调、指导监督街区的保护和管理工作。

市城乡规划、建设、文物、公安等行政主管部门和街区所在地的台江区人民政府,应当按照各自职责,协同做好相关的管理监督工作。

第五条　市城乡规划行政主管部门应当会同市文物行政主管部门、市名城街区管委会编制街区保护规划,按照法定程序批准后实施。

第六条　街区内下列具有历史、艺术、科学价值的历史实物遗存均属于物质文化遗产范围,任何单位或者个人不得损坏或者擅自迁移、拆除、改(扩)建及改变使用性质:

(一)街区内传统空间格局和街巷结构;

(二)具有历史、艺术、科学价值的名人故居、古民居、传统商铺、会馆、宗教建筑物等历史实物遗存,包括建筑的各种装饰装修构件,如门、窗、户、扇、木雕、灯杠、灯杠托、牌匾、楹联、雀替、悬钟等木构件,碑刻、井圈、井盖、天井石、廊檐石、柱础等石构件,以及泥(灰)塑、彩绘等;

(三)古河湖水系、古桥、古井、古碑刻和古树名木等;

(四)其他需要保护的物质文化遗产。

第七条 文物行政主管部门负责街区内非物质文化遗产的收集、建档、公布和展示宣传等工作,抢救和保护街区内民间特色传统商业习俗信仰、传统工艺美术、民间舞蹈、民间歌谣,以及福州民俗、礼仪、节庆等反映福州历史的民间传统文化。

第八条 鼓励社会力量对流散在民间的传统文化艺术进行挖掘和整理,扶持教育研究等机构培养有关专业人才以及名老艺人传徒、授艺。扶持具有地方特色的民间传统工艺和民间手工艺的整理和研究,保护、利用和发展传统工艺。

第九条 鼓励居民将古家具等可移动文物和街区名人的字画、书籍等捐赠或优先出售给文物部门。

第十条 街区内的建设项目,应当符合街区保护规划的要求,并与周围景观和环境相协调。建筑的外立面装修装饰应与历史风貌相协调。

市城乡规划行政主管部门应当将建设项目的规划设计方案征询市名城街区管委会的意见。

第十一条 区级以上人民政府公布的文物保护单位和挂牌保护的名人故居,根据文物保护法律、法规进行保护管理。因特殊情况需要在其保护范围内进行工程建设的,应当依法履行报批手续。

第十二条 街区内的历史建筑(名单见附件)应当按照《历史文化名城名镇名村保护条例》和《福州市历史文化名城保护条例》进行保护管理。

第十三条 禁止在历史建筑内进行违章建设。在本办法公布前擅自建设的与历史建筑不相协调的建筑物、构筑物,由台江区人民政府组织限期整改、拆除。

第十四条 市名城街区管委会应当会同台江区人民政府及文物、城乡规划等行政主管部门,对街区内的文保单位、历史建筑及其建筑构件和建筑材料进行登记造册、测绘、摄影、摄像等,完成建档保存工作,建筑的所有权人和使用人应当予以配合。

第十五条 在街区保护性修复过程中,需要对街区内的住户房屋实施征收时,市名城街区管委会和台江区人民政府应当对文保单位、历史建筑及其建筑构件和建筑材料对照档案进行清点、核对;征收完成后,按照登记造册的情况把文保建筑和历史建筑交付保护修复单位。

第十六条 在街区内住户实施搬迁过程中,公安部门和市名城街区管委会要加强对搬迁区域的巡查,防止建筑构件和建筑材料等被盗。

公安、工商、海关等相关部门依法查获和没收的、经鉴定有文物价值的建筑构件和建筑材料,应及时依法无偿移交文物行政主管部门。

第十七条 历史建筑的所有权人和使用人应当与市名城街区管委会签订《保护使用责任书》,负责历史建筑的保养和安全防范,保持建筑的原有风貌。城乡规划行政主管部门和文物行政主管部门应当对其进行检查、监督和指导。

历史建筑的维护和修缮由所有权人负责,维护和修缮应当按照城乡规划行政主管部门会同文物行政主管部门审定的保护方案实施。

第十八条 街区内的消防设施和消防通道应当按照有关消防技术标准和规范设置。确因街区的保护需要,无法按标准和规范设置的,由市名城街区管委会会同公安消防部门制定相应的防火安全保障方案,并组织实施。

文物保护单位、历史建筑的所有者、使用者应当负责建筑的消防安全,配备必要的消防设备和器材,并定期进行检查。

第十九条 街区内禁止生产、储存、运输、销售、燃放烟花爆竹等易燃、易爆物品;禁止从事液化气、汽油等易燃易爆危险品、放射性、腐蚀性物品经营活动,以及举行其他危害文保单位和历史建筑安全的活动。

禁止在街区内的文保单位、历史建筑内吸烟。

第二十条 任何单位和个人有权对违反本办法的行为进行劝阻、检举和控告。对举报走私、盗窃和违法买卖文物(包括具有文物价值的历史建筑构件和历史建筑材料)的有功人员,予以奖励。

第二十一条 违反本办法第十四条的规定,不配合、阻挠有关部门对历史建筑及其构件进行登记的,由市名城街区管委会责令限期改正,并可处一百元以上一千元以下的罚款;拒不改正的,处一千元以上一万元以下的罚款。

第二十二条 违反本办法规定,损坏或者擅自迁移、拆除、改(扩)建及改变历史建筑使用性质的,由城乡规划行政主管部门依照《历史文化名城名镇名村保护条例》等相关规定进行处罚;情节严重,构成犯罪的,依法追究刑事责任。

违反本办法其他规定的,由有关主管部门依照相关法律法规予以处罚。

第二十三条 相关职能部门及其工作人员在历史文化街区保护管理工作中,滥用职权、玩忽职守、徇私舞弊的,依法给予行政处分;构成犯罪的,依法追究刑事责任。

第二十四条 本办法自 2014 年 1 月 1 日起施行。

附件:上下杭历史文化街区 74 处历史建筑名单

上下杭历史文化街区 74 处历史建筑名单

序号	名　　称	所在坊巷
1	上杭路 73 号古民居	上杭路
2	上杭路 77 号古民居	上杭路
3	上杭路 87 号古民居	上杭路
4	上杭路何氏祠堂	上杭路
5	上杭路 91 号古民居	上杭路
6	上杭路致远药行旧址	上杭路
7	上杭路 101 号古民居	上杭路
8	上杭路 102 号古民居	上杭路
9	后洲中孚药行旧址	上杭路
10	周宁会馆	上杭路
11	寿宁会馆	上杭路

续表

序号	名　　称	所在坊巷
12	上杭路120号古民居	上杭路
13	上杭路124号古民居	上杭路
14	建宁会馆	上杭路
15	后洲江西会馆旧址	上杭路
16	后洲百龄百货办事处旧址	上杭路
17	上杭路168号古民居	上杭路
18	上杭路张氏祠堂	上杭路
19	浦城会馆	上杭路
20	下杭路70号古民居	下杭路
21	兴安会馆	下杭路
22	下杭路86号古民居	下杭路
23	南郡会馆	下杭路
24	下杭路121号古民居	下杭路
25	下杭路124号古民居	下杭路
26	下杭路125号古民居	下杭路
27	下杭路134号古民居	下杭路
28	下杭路151－153号古民居	下杭路
29	下杭路209号邓炎辉旧宅	下杭路
30	下杭路165号古民居	下杭路
31	下杭路169号古民居	下杭路
32	下杭路175号古民居	下杭路
33	下杭路192号古民居	下杭路
34	下杭路220号古民居	下杭路
35	下杭路224号古民居	下杭路
36	下杭路230号古民居	下杭路
37	三通桥下巷10号	三通桥下巷
38	三通桥下巷12号	三通桥下巷
39	三通桥下巷36号	三通桥下巷
40	星安桥巷12号古民居	星安桥巷
41	星安桥巷方氏百货行旧址	星安桥巷
42	星安桥巷70号古民居	星安桥巷
43	星安桥巷74号古民居	星安桥巷
44	星安桥巷76号古民居	星安桥巷
45	星安桥巷86号古民居	星安桥巷
46	龙岭顶巷34号古民居	龙岭顶巷
47	龙岭顶巷36号古民居	龙岭顶巷
48	龙岭顶巷38号古民居	龙岭顶巷

续表

序号	名　　称	所在坊巷
49	龙岭顶巷40号古民居	龙岭顶巷
50	龙岭顶巷42号古民居	龙岭顶巷
51	龙岭顶关帝庙	龙岭顶
52	龙岭顶55号民居	龙岭顶
53	龙岭顶文昌帝君殿	平和里
54	隆平路15号古民居	隆平路
55	隆平路57号倪文彬故居	隆平路
56	隆平路79号古民居	隆平路
57	隆平路81号古民居	隆平路
58	隆平路83号古民居	隆平路
59	隆平路85号古民居	隆平路
60	隆平路87号古民居	隆平路
61	隆平路89号古民居	隆平路
62	隆平路91号古民居	隆平路
63	隆平路93号古民居	隆平路
64	隆平路95号古民居	隆平路
65	潭尾街102号古民居	潭尾街
66	潭尾街108号古民居	潭尾街
67	戚继光祠堂	平和里
68	星河巷8号古民居	星河巷
69	万隆弄4号古民居	万隆弄
70	万隆弄7号古民居	万隆弄
71	总管巷6号古民居	总管巷
72	汤房巷4号古民居	汤房巷
73	三穿井	龙岭顶
74	观音庵	星河巷

福州市人民政府关于加强福州市高速公路保护和管理工作的通告

榕政〔2013〕4号

(2013年5月22日)

根据《公路法》、《公路安全保护条例》、《福建省公路路政管理条例》,为切实加强福州市境内高速公路的保护和管理工作,确保高速公路运营安全,现将有关事项通告如下:

一、任何单位和个人不得占用高速公路用地红线范围内

(高速公路两侧隔离栅外0.5米以内公路用地或隔离栅外公路两侧边沟外缘1.0米以内的公路用地)的土地,不得破坏已建成或正在建设中的高速公路及其设施。禁止任何单位和个人在高速公路及高速公路用地红线范围内进行构筑设施、摆摊设点、违章建设与堆物、挖掘、取土、烧窑、制坯、种植作物以及利用高速公路边沟进行灌溉或排放污水等。

二、任何单位和个人不得在高速公路控制区内进行挖土、采石、伐木等可能危及高速公路设施和行车安全的作业。

三、不得在高速公路大中型桥梁上游500米、下游2000米范围内组织挖沙、采石、取土、修筑堤坝、压缩或拓宽河床以及爆破、倾倒垃圾等作业。

四、通过高速公路桥梁的船舶应当符合公路桥梁通航净空要求,严格遵守航行规则,不得在公路桥梁下方停泊或者系缆。

五、在高速公路两侧(高速公路控制区范围外)修建永久性工程设施,其建筑物边缘与高速公路用地外缘的间距应不少于50米。在互通立交外侧修建永久性工程设施,其建筑物边缘与互通立交高速公路用地外缘的间距不少于100米。在高速公路建设以前,在上述范围内已建的建筑物原则上应逐步拆迁,对暂时无法拆迁的可先维持现状,但禁止原地改建、扩建任何建筑物。

六、应当避免在高速公路两侧规划和新建村镇、开发区,确需新建的,其建筑物边缘与高速公路边沟外缘的最近距离应不少于80米。

七、高速公路的立交桥、高架桥、大桥的产权以及桥梁(含引桥)下部已征用土地的使用权属高速公路所有,任何单位和个人都不得占用。

八、任何单位和个人未经批准不得擅自在高速公路控制区范围内进行营建和开发等活动,确需实施的须报经省高速公路管理部门批准:

1. 凡修建跨越或穿越高速公路的桥梁、道路,在高速公路或匝道增设或改造平面交叉道口,在高速公路用地及两侧控制区内铺设、埋设管道、电缆等设施,在高速公路路面或上空临时作业等,必须经省高速公路管理部门批准。

2. 因特殊原因需在高速公路控制区范围内设置广告、宣传栏或非交通标志、标牌等,须经省高速公路管理部门批准。

本通告自发布之日起施行。

福州市人民政府关于禁止在福州市闽江下游马尾亭江防洪防潮工程建设征地范围内新增建设项目和迁入人口的通告

榕政〔2013〕5号

(2013年7月9日)

根据《大中型水利水电工程建设征地补偿和移民安置条例》(国务院令第471号)、《中华人民共和国海域使用管理法》、《福建省海域使用管理条例》、《福建省海域使用补偿办法》和福建省水利水电工程建设管理的有关规定,经研究,现将福州市闽江下游马尾亭江防洪防潮工程建设征地范围内禁止新增建设项目和迁入人口的有关事项通告如下:

一、福州市马尾长安投资区防洪防潮工程包括海堤及4座水闸(长柄水闸、英屿水闸、东岐水闸及长安水闸)。本工程堤线西起亭江镇政府,东至连江琯头海堤起点,海堤全长6.8千米,其中,新建海堤长2.7千米,旧堤改造长4.1千米,建成后堤防标准为50年一遇。

二、工程建设征地涉及马尾区亭江镇的长安村、东岐村、英屿村、长柄村、象洋村,征地范围涉及海域及陆地,其中陆地部分包括开荒地、果园、滩涂地及绿化用地等。

三、自本通告发布之日起,福州市闽江下游马尾亭江防洪防潮工程建设征地范围内,未经市政府批准,严禁进行任何永久性或临时性的基本建设(扩建、改建和续建),已批准的项目不得再建、在建项目应停建;严禁进行产权分割、分立、承租、改变房屋和土地用途等活动;严禁实施新开荒、造地和新建海域养殖基地等活动;严禁新种植果树、竹类等经济作物或林木。

四、严格控制工程建设征地范围内的人口迁入。在本通告发布后,除出生落户、正常婚嫁、军人复原退役、大中专毕业生及“两劳”人员回原籍等按规定准许迁入外,其他人员一律不得迁入;属非正常分户或突击分户的,有关部门不得为其办理分(立)户手续。

五、凡违反本通告规定迁入人口、分立户籍、增建(抢种)地面(海域)附着物等行为的,一律不得列入工程建设征地用海征迁、用地补偿范围。

六、本通告自发布之日起实施。

福州市人民政府关于促进福州临空经济区发展的若干意见

榕政综〔2013〕7号

(2013年1月8日)

各县(市)区人民政府,市直各委、办、局(公司):

为加快建设福州临空经济区,促进航空产业和现代服务业发展,做大做强临空经济,特提出如下意见:

一、总体要求

以科学发展观为指导,进一步发挥长乐国际机场的区位优势,大力发展航空产业和现代服务业,引进发展航空先进制造业,改造提升传统优势产业,促进产业转型升级,优化发展环境,创新发展模式,转变发展方式,努力将福州临空经济区打造成为集临空产业、航空商务、航空总部、地方优势产业、配套居住于一体的综合性新型临空经济区。通过临空经济区辐射带动全市发展,推动机场与周边地区、临空经济区与马尾新城建设相融合,使临空经济区成为带动福州经济发展的重要增长极,海西经济发展的示范区。

二、发展重点与政策措施

福州临空经济区范围为福州长乐机场周边约170平方公里,东、北面临海,西至东绕城高速,南至机场高速。按照“政府引导、规划先行,资源整合、差异发展,完善设施、筑巢引凤,招商选资、持续发展,培养人才、科技兴区,打造平台、优质服务”的发展策略,打造空港服务核、综合商贸居住服务核和空港配套产业带、临空制造业产业带、滨海生态休闲文化产业带的“两核三带”产业空间格局,在保护闽江口海边生态带的前提下,着力优化经济发展环境,深度推进产业结构升级,构建独具特色的临空经济产业格局。

1. 优先发展航空服务业。以航空运输为核心,延伸航空服务产业链,积极吸引航空公司入驻,形成航空区域总部或营运中心。大力拓展相关产业,发展航空商务、航空物流、航空食品、航材供应、航空维修、航空培训、航空信息等航空服务业,以及为航空客流服务的娱乐、餐饮、住宿、健身休闲等服务项目,完善航空服务产业体系。支持航空工业设计、科技研发项目落地。

(1)航空服务类企业自项目运营当年起5年内,上年度纳税形成地方财政留成300万元(含300万元)至500万元的,对企业按地方财政留成部分的30%予以奖励;上年度纳税形成地方财政留成500万元(含500万元)至1000万元的,对企业按地方财政留成部分的50%予以奖励;上年度纳税形成地方财政留成1000万元(含1000万元)以上的,对企业按地方财政留成部分的80%予以奖励。

(2)航空总部型企业注册资本1000万元(含1000万元)至5000万元的,按注册资本给予2%的开办补助;注册资本5000万元(含5000万元)以上的,给予3%的开办补助。开办补助金额最高不超过1000万元,从企业入驻后地方财政留成中分年安排。企业注册资金分期到位的,每年按实际到位数进行计算和补助。航空总部型企业自认定当年起,其应缴纳的行政事业性收费属于地方政府审批权限范围内的部分,前2年全部免收,后3年减半征收。

(3)在区内成立的基地航空公司,注册时在福州机场固定投放2架驻场营运飞机即给予800万元补贴,投放2架以上的按每架400万元递增。运营一年以上的基地航空公司,在原有机队基础上增加投放驻场飞机,扩大运营规模的,给予增加运力补助,即基地航空公司每增加一架驻场飞机,给予100万元补助。

(4)航空物流企业在建设期3年内,按建设项目贷款本金平均余额的2%~3%给予贴息补助,一年最高贴息100万元,3年单项目贴息累计不超过300万元。航空物流企业在项目投产3年内,年纳税在100万元(含100万元)以上的,按照地方财政留成部分给予50%奖励;投产第4、5年各给予30%奖励。对当年度新评为国家3A、4A、5A级的航空物流企业,给予10万元、30万元、50万元奖励,升级企业给予补差奖励。

(5)航空商务、工业设计、科技研发企业总投资在1000万元(含1000万元)至3000万元的,自项目运营当年起3年内,对企业按纳税形成地方财政留成部分的30%予以奖励;总投资在3000万元(含3000万元)至5000万元的,自项目运营当年起3年内,对企业按纳税形成地方财政留成部分的50%予以奖励;总投资在5000万元(含5000万元)以上的,自项目运营当年起3年内,对企业按纳税形成地方财政留成部分的80%予以奖励。

2. 积极发展航空及相关先进制造业。积极引进飞机整机装配、飞机零部件制造、航空材料制造、航空电子等航空制造业,促进航空产业链不断发展壮大。积极培育精密仪器仪表、数控机床、新一代信息技术等相关航空先进制造业,促进产业规模化、高端化。

(1)总投资在1亿元(含1亿元)至5亿元的,给予1%的投资补助;总投资5亿元(含5亿元)至10亿元的,给予2%的投资补助;总投资10亿元(含10亿元)以上的,给予3%的投资补助。以上补助按当年实际投资额计算,同一项目补助资金连续不超过两年。

(2)总投资在1亿元(含1亿元)至5亿元的,自项目运营当年起5年内,对企业按纳税形成地方财政留成的30%予以奖励;总投资在5亿元(含5亿元)至10亿元的,自项目运营当年起5年内,对企业按纳税形成地方财政留成的50%予以奖励;总投资在10亿元(含10亿元)以上的,自项目运营当年起5年内,对企业按纳税形成地方财政留成的80%予以奖励。

3. 提升发展传统优势产业。以产业转型升级为抓手,以技术创新为手段,改造提升纺织、食品、不锈钢等传统优势产业,促进现有纺织产业向高端纺织及高端服装产业延伸,现有机械制造产业向高端装备制造业提升,不锈钢产品向高端化、精细化发展。

(1)引导企业搬迁安置。对于不符合临空产业布局规划的企业分步实施搬迁,腾笼换鸟,引导搬迁到长乐市其他工业区或周边县(市)工业集中区,各有关县(市)要积极支持,优先安排建设用地。土地使用权收购价按公式计算:土地使用权收购价=按原用途核定的地价+房屋建筑物和构筑物评估价+搬迁补助费。对搬迁到我市行政区域内继续生产经营(工商和税务登记在我市行政区内)的企业,按时或提前搬迁的给予按原用途核定地价的50%奖励;对搬迁出我市行政区域以外的企业,按时或提前搬迁的给予按原用途核定地价的20%奖励。

(2)鼓励区内现有工业企业加快产业转型升级。对于在企业厂区内实施与航空相关的先进制造业项目的,在符合机场限高和临空经济区规划条件下,企业技术改造所建设的厂房、购置的设备等投资,自项目实施当年起3年内,按年度实际投资额的3%给予技改补助,最高不超过企业纳税形成地方财政留成的50%。

(3)加大企业技术改造力度,提高土地利用效率。对利用现有工业用地增加容积率的,在符合规划并未改变土地用途的前提下,不设容积率上限,不增收土地价款。

4. 加大对临空产业培育和建设的投入。市财政成立福州临空经济区专项投资基金,充分发挥财政资金的杆杠作用,进一步促进临空经济发展。利用该基金和社会资金合作成立临空产业股权投资基金,根据临空经济区产业发展导向,参股入股航空类产业项目,鼓励其做大做强并向上下游延伸,带动产业集聚发展、集约发展。

5. 加强项目用地支持。优先保障重点项目建设用地指标,加快建设用地报批速度。对航空服务业、航空及相关先进制造业、物流企业用地享受工业用地、实行优惠地价政策。

(1)对航空服务业及四星级以上酒店项目优先安排用地指标,不实行城乡建设用地增减挂钩,可按符合规定的最低价起始招拍挂出让土地。

(2)凡符合我市总部企业认定条件的航空总部企业用地,按照同地段同用途基准地价的楼面地价确定的宗地价格为底价挂牌出让;以基准地价的楼面地价确定的宗地价格低于土地取得费、前期开发费及出让规费之和的,按成本价为底价挂牌出让。

(3)属于省市重点项目的航空及相关先进制造业项目,实行优惠的地价政策,可按不低于所在地土地等别相对应《全国工业用地出让最低价标准》的70%确定建设用地使用权出让底价。

(4)对世界500强、中国100强企业设立区域性总部项目,在用地、供地、地价方面予以个案研究。

6. 加强企业住房支持。积极帮助企业解决高管和员工住房问题,根据福州临空经济区产业布局规划,由临空经济区分期统筹安排建设人才公寓、员工公寓等配套公租房出租给符合条件的企业员工。

7. 加强企业人才支持。临空经济区引进的人才符合《福州市引进高层次优秀人才暂行办法》规定的,经市政府认定后发放住房补贴、给予科研经费支持等。其子女入园、入义务教育阶段中小学,由教育行政主管部门按其居住地就近统筹安排优质学校入学入园。加强高管人员激励,经认定的企业高管人员,按其所缴个人工薪收入所得税的40%予以奖励。企业上年度累计获得的企业高管激励资金,从其上年度纳税形成地方财政留成部分列支,总额不超过企业上年度纳税形成地方财政留成部分的6%。

8. 加强企业金融支持。

(1)引导企业加强与银行、信用担保等金融机构的对接,争取通过信用担保等途径提高企业的贷款额度;优先支持和帮助有条件的企业申请国家政策性贷款。

(2)鼓励支持有条件的企业发行企业债券、短期融资券和中期票据等进行融资。

(3)引导企业通过资产重组、合资合作、融资租赁以及引进产业投资基金、创业风险投资基金等境内外股权投资的多种方式,拓宽融资渠道。

9. 加强企业自主创新。积极推进科技成果转化和产业化支撑平台,促成一批重大科技成果、重大技术专利产业化项目在区内落地。加大企业自主创新扶持力度,引导企业加大创新投入。强化知识产权保护,支持企业形成自主知识产权,对企业专利申请和产业化给予资金奖励。建立专利服务交易平台,通过直接购买专利和先期扶持研发等途径,控制区域主导产业发展的核心专利和技术,不断提升主导产业核心竞争力。加大品牌培育和扶持力度,鼓励企业争创著名品牌和驰名商标。

10. 加快基础设施建设。为支持福州临空经济区加快发展,确保资金平衡,区域内收储地块出让收益及各种规费地方留成部分,原则上全部用于该区域内的改造和基础设施建设。

凡落户长乐域内的福州临空经济区项目,其项目工商注册地为福州市或长乐市。

以上补助或奖励,由市、县按财政体制分级负担。涉及以税收(企业所得税、增值税、营业税)为依据的奖励及补助资金总额不超过当年度本企业对纳税形成地方财政留成部分。

三、加强统筹协调

1. 完善体制机制。建立健全临空经济区发展推进工作机制,形成联动机制,整合各方资源,形成发展合力,统筹推进临空经济区建设和发展。

2. 强化服务。进一步提高临空经济区服务水平,优化投资软环境,提供"一站式"服务,包括工商注册、税务登记、规划、环保、立项、土地、施工、市政等。建立项目报批"绿色通道"制度,实行项目全程代办制。管委会下设物业服务中心,为入区企业提供保安、绿化以及信息咨询、广告代征、人才引进等服务。

3. 整合招商资源。搭建招商平台,加强招商队伍建设,理顺工作流程,强化工作衔接,建立项目评价机制,严格项目准入标准,提高项目引进质量,确保招商选资工作的程序化、制度化和规范化。

4. 打造临空品牌。立足区域功能定位,充分发挥临空优势,构筑统一品牌形象,辐射带动周边区域发展,提升临空经济区整体知名度。充分发挥舆论的导向作用,广泛宣传加快发展临空经济区的政策措施,引导跨国公司、大型央企、大型民企等资源,聚焦临空经济区建设,营造加快临空经济区发展的良好氛围。

本意见自发布之日起施行,有效期至2017年12月31日。

福州市人民政府关于印发福州青年科技奖评选表彰办法的通知

榕政综〔2013〕27号

(2013年2月19日)

各县(市)区人民政府,市直各委、办、局(公司):

《福州青年科技奖评选表彰办法》已经市政府2013年第3次常务会议审议通过,现印发给你们,请认真组织实施。

福州青年科技奖评选表彰办法

第一章 总 则

第一条 为深入实施闽都人才集聚工程,加快构建福州大都市区人才高地,表彰为推进福州科学发展跨越发展做出突出贡献的青年科技工作者,经中共福州市委同意,设立"福州青年科技奖"。由中共福州市委组织部、福州市公务员局、福州市科技局、福州市科学技术协会共同组织实施。结合我市实际,制定本办法。

第二条 福州青年科技奖由福州市人民政府设立,每两年评选一次,每一届授奖人数不超过20名。已获得中国青年科技奖、福建青年科技奖荣誉称号的,不再参评。对同一个人不重复授奖。

第二章 评选范围和条件

第三条 评选范围

在榕各级各类科研机构、高等院校、企事业单位及其他社会组织中从事自然科学、技术科学、工程技术以及相关管理工作,年龄在40周岁以下并在福州工作满1年以上(含1年)的科技工作者,均可被推荐参加评选。

公务员及参照公务员法管理的机关(事业)单位人员不参评。

第四条 评选条件

福州青年科技奖推荐人选应热爱祖国,遵纪守法,具有"献身、创新、求实、协作"的科学精神和良好的职业道德,并符合以下条件之一:

1. 在自然科学、工程技术、应用技术开发研究上有创造性成果,研究成果达到国内领先水平,获得省部级二等奖或市级一等奖以上,并在我市实施应用后取得显著效益;

2. 在省、市重点工程项目、重大科技攻关项目中,解决了关键性的技术难题,有突出发明创造或技术革新,并在我市实施应用后取得显著经济效益或社会效益;

3. 在高新技术应用和成果转化方面做出重要贡献,对推动我市技术进步和成果产业化作出突出贡献,取得显著效益。

同等条件下优先考虑在生产第一线,特别是在基层工作岗位上工作的青年科技工作者。

第三章 申报和评选程序

第五条 推荐单位

各县(市)区委组织部、公务员局、科技局、科协共同推荐在本辖区的候选人;市直各单位推荐在本系统的候选人;省部属在榕高校院所推荐在本部门的候选人;各市级学会(协会、研究会)推荐在本学科领域工作的候选人。推荐单位对推荐登记表所填内容及证明材料的真实性负责。

第六条 组织领导

设立福州青年科技奖评选工作领导小组和评审委员会。

市委组织部、市公务员局、市科技局、市科协共同成立福州青年科技奖评选工作领导小组,负责评选的组织工作、聘请评审委员会委员、审批评审结果。评选工作领导小组设组长1人,由市科协领导担任;副组长4人,分别由市委组织部、市公务员局、市科技局、市科协有关领导同志担任;成员若干人。评选工作领导小组下设评选办公室,负责处理日常工作,办公室设在市科协组织联络部。

评审委员会由专家学者和有关部门负责同志组成,市科协领导任评审委员会主任。评审委员会主要负责具体的评审工作,并根据当年度的有效人选涉及的专业范围设立若干学科评审组。

第七条 评选程序

1. 评选办公室负责受理推荐和申报,对申报的候选人进行资格审查,规范申报材料,将符合申报条件的候选人编入相关学科专业组(目前设置以下学科专业组:理科组、工科组、农科组、医科组、综合组);

2. 评审委员会依据申报情况,授权评选办公室聘请知名专家学者组成若干专业评审组,各专业评审组负责对候选人业绩进行初评,推选出初选候选人,提请评审委员会复评;

3. 评审委员会召开复评会议,以无记名投票方式对进入复评的全部人选进行评审和投票。评审工作领导小组根据评审委员会意见,研究、确定获奖人员名单。并在"福州市科学技术协会网站"(网址:www. fast. org. cn)上公示7天。

4. 经公示无异议后,报请福州市人民政府批准;对公示期间有异议的人员,由评选办公室会同评审委员会调查核实,评审工作领导小组根据调查核实结果决定是否列入获奖名单。

第四章 管理办法

第八条 福州青年科技奖获奖者由福州市人民政府颁发奖章或荣誉证书,并一次性发放一定的奖金。

第九条 广泛宣传获奖者先进事迹,大力弘扬"献身、创新、求实、协作"的科学精神,创造有利于青年科技人才健康成长、充分发挥作用的环境。

第十条 评选工作遵循公开、公正、平等、择优的原则,坚持实事求是,保证质量,反对任何不端行为。凡属弄虚作假骗取奖项者,一经核实,立即撤销其奖励,并提请有关部门追究当事人的责任。

第五章 附 则

第十一条 本办法自发布之日起施行,由福州青年科技奖评选工作领导小组负责解释。

福州市人民政府关于调整福州市征地补偿标准的通知

榕政综〔2013〕37号

(2013年2月28日)

各县(市)区政府,市直各委、办、局(公司):

为规范征地补偿安置工作,切实维护被征地农民和农村集体经济组织的合法权益,根据《福建省人民政府关于调整征地补偿标准的通知》(闽政〔2012〕57号)精神和要求,现将调整后的福州市征地补偿标准予以公布,并就有关事项通知如下:

一、我市征收土地实行耕地年产值标准的调整如下:耕地年产值标准最高为1440元/亩,最低为1300元/亩。

征收土地按所在区域的统一年产值计算土地补偿费和安置补助费,其中耕地为25倍、果园和其他经济林地为9.5~15倍、非经济林地为6倍、养殖生产的水面和滩涂为8~11倍、盐田为7~9倍、未利用地为1.5倍。青苗补偿费和地上附着物(含房屋、其他建筑物、构筑物等)补偿费的具体标准由县(市)区人民政府按《福建省实施〈中华人民共和国土地管理法〉办法》规定制定。

二、我市实行征地区片综合地价的区域,征地区片综合地价最低标准调整为32500元/亩。青苗补偿费和地上附着物(含房屋、其他建筑物、构筑物等)补偿费的具体标准由县(市)区人民政府按《福建省实施〈中华人民共和国土地管理法〉办法》规定制定。

三、马尾区和各县(市)人民政府应按照本通知的规定,根据地类、产值、土地区位、农用地等级、耕地质量、人均耕地数量、土地供求关系、当地经济发展水平和城镇居民最低生活保障等因素,划分具体区域范围,在最低标准基础上修订各区片的耕地统一年产值和征地区片综合地价标准并公布实施,同时报福州市人民政府备案。

四、调整后的征地补偿标准自2013年1月1日起执行。

附件:福州市耕地统一年产值和征地区片综合地价标准表(略)

福州市人民政府关于修订价格补贴联动机制的通知

榕政综〔2013〕61号

(2013年4月5日)

各县(市)区人民政府,市直各委、办、局(公司),市属各高校:

2010年10月起我市正式建立了价格补贴联动机制,惠及民生成效明显。为进一步加大对低收入群体和高校学生等困难群众的保障救助力度,减轻因价格上涨对困难群众造成的生活影响,经市政府研究同意,决定修订我市价格补贴联动机制。现将有关事项通知如下:

一、联动机制的启动

在居民基本生活费用价格指数未发布前,以月度居民消费价格指数(CPI)结合食品类消费品价格指数作为衡量指标,确定启动联动机制的标准。

当CPI同比涨幅达到2%或食品类消费价格同比涨幅达到5%时,启动联动机制,每人价格补贴50元;同期食品类消费价格涨幅超过5%的,每超过1个百分点,每人增加补贴10元。但每人每月补贴总金额以100元为限。

食品类消费价格同比涨幅连续3个月超过10%,另行研究补助标准和方法。

CPI同比涨幅未达到2%且食品类消费价格涨幅回落到5%以下时不启动联动机制。

二、纳入联动机制的补助对象

联动机制的补助对象包括革命五老人员、重点优抚对象、城乡低保对象、农村五保供养对象、领取失业保险金人员等低收入群体和市属高校家庭经济困难学生。

三、价格补贴的测算与发放

低收入群体的价格补贴每季度测算发放一次,每季度头一个月份发放上季度价格补贴。市属高校家庭经济困难学生实行按学期定额补贴,补贴标准按价格涨幅另行确定。

四、节日食品券

为确保低收入群体过好春节等传统节日,可以根据价格形势在春节、中秋等传统节日向革命五老人员、重点优抚对象、城乡低保对象和农村五保供养对象发放节日食品免费供应券,指定供应大米、食用油、猪肉、禽蛋类等主副食品。

五、资金保障

领取失业保险金人员价格补贴所需资金由失业保险基金支付,其他人员价格补贴扣除省级补助资金后由市级价格调节基金支付。

六、切实加强联动机制的组织领导

各县(市)区政府、市直各部门要加强统筹协调,强化责任分工,精心组织落实价格补贴联动机制。市、县价格主管部门负责牵头财政、民政、人力资源和社会保障、教育部门,提出启动或停止联动机制的意见,报同级政府审定;负责综合协调有关部门落实联动机制政策,及时向当地政府汇报执行情况。市、县统计调查部门负责提供价格指数有关数据,在工作条件具备的情况下,开展低收入指数的具体编制和低收入家庭住户调查的统计汇总工作。市、县财政部门负责协调补贴资金的安排落实及监督检查。市、县民政、人力资源和社会保障、教育部门根据各自职能,负责提供补助对象基础数据、补助资金和食品券的发放工作。各县(市)政府应根据当地实际情况制定相应的联动机制,所需资金自行承担;确有困难的个别县(市),由市级价格调节基金给予适当补助。

七、本通知自2013年1月1日起执行,福州市人民政府《关于建立社会救助和保障标准与物价上涨挂钩联动机制的通知》(榕政综〔2010〕243号)同时废止。

福州市人民政府关于提高我市农村五保供养标准的通知

榕政综〔2013〕70号

(2013年4月18日)

各县(市)区人民政府,市直各委、办、局(公司):

为保障农村五保供养对象的正常生活,促进农村社会保障制度的发展,根据省人民政府《福建省实施〈农村五保供养工作条例〉办法》(省政府令第120号,以下简称《条例》)有关精神,经市政府研究同意,决定提高我市农村五保供养标准,现将有关事项通知如下:

一、按照《条例》有关规定,各设区市、县(市)区人民政府应根据统计部门提供的上年度人均生活消费支出的70%以上确定新的农村五保供养标准。同时,为鼓励集中供养,根据省民政厅《关于印发〈福建省实施《农村五保供养工作条例》办法解读〉的通知》(闽民保〔2013〕24号)有关意见,各设区市、县(市)区人民政府在测算集中供养标准时,应在分散供养标准的基础上再适当提高20%~30%,具体提高标准由各县(市)政府自行研究公布,并于每年的2月1日实行新标准。

二、福州市自2013年2月1日起提高全市农村五保供养标准,其中城区农村五保分散供养标准从目前的每人每月380元(马尾为400元)提高到每人每月620元,集中供养标准从目前的每人每月430元(马尾为450元)提高到每人每月750元(较分散供养标准提高约21%)。其他各县(市)人民政府接到本通知后,应根据上述政策及统计部门提供的人均生活消费支出数据,自行研究确定当地农村五保供养标准并尽快予以公布,执行日期由2013年2月1日起计算。

三、提高我市农村五保供养标准所需经费,按照《福州市人民政府关于进一步加强农村五保供养工作的意见》(榕政综〔2010〕48号)文件精神及现行财政体制规定,由市财政对仓山区、晋安区、马尾区给予50%经费补助,对永泰县、闽清县给予30%经费补助。

四、各县(市)人民政府要加强与统计部门的沟通联系,建立农村五保供养标准与当地农村居民家庭上年度人均生活消费支出相挂钩的关联机制,全面促进我市农村社会保障制度发展。

附件:2012年福州市农村居民生活消费支出统计表

2012年福州市农村居民生活消费支出统计表县(市)区

县(市)区	农村居民生活消费支出(元)
全　市	8336
鼓楼区	—
台江区	—
仓山区	9226
晋安区	9643
马尾区	12525
福清市	8507
长乐市	8967
闽侯县	8037
连江县	7636
罗源县	8539
闽清县	7369
永泰县	6248

说明:数据由国家统计局福建调查总队城镇住户调查处提供

福州市人民政府关于发展粮食生产加强粮食安全工作的实施意见

榕政综〔2013〕109号

(2013年6月6日)

各县(市)区人民政府,市直各委、办、局(公司):

为认真贯彻学习李克强总理近期关于粮食工作重要讲话精神,根据《福建省人民政府关于发展粮食生产加强粮食安全工作的意见》(闽政〔2012〕34号)精神,结合我市工作实际,现就我市进一步加强粮食安全工作提出如下实施意见:

一、进一步落实粮食安全行政首长负责制。各县(市)区政府要高度重视粮食工作,加强对粮食生产和流通工作的组织领导,建立粮食安全考核责任制。行政首长对辖区内耕地保有量、粮食播种面积、粮食产量、地方储备、市场供应、价格稳定等负全责。强化对粮食生产和流通工作的检查督导。

二、稳定粮食播种面积。各县(市)区政府要加强对粮食生产工作的组织领导,沿海、平原生产条件较好的稻作区,应鼓励和扶持农民恢复双季稻生产,减少双季稻改为单季稻面积,严禁抛荒。

三、增加粮食作物重大专项推广经费。各县(市)区每年应适当增加一定专项资金用于粮食作物重大专项推广。资金重点用于超级稻、再生稻高产栽培,脱毒甘薯、马铃薯示范推广,水稻集中育秧,优质稻产业发展等粮食增产增效项目方面。农业部门要加强技术指导,提高单产,提升品质,降低生产成本,增加种粮效益。加大农田基础设施投入,努力提高农田生产综合能力。对再生稻生产每亩给予催芽肥30元补贴。

四、扶持种粮大户,规模发展粮食生产。要认真落实强农惠农政策,并按照闽政〔2012〕34号文件精神,对承包耕地30亩以上种粮大户给予30元/亩以上的奖励,鼓励和支持种粮大户、专业合作社、粮食生产龙头企业开展粮食生产规模经营。对承包耕地300亩以上,双季种植水稻的种粮大户,财政每年安排一定资金予以奖励。

五、提高订单粮食收购补贴标准。继续实施订单粮食收购计划,从2013年起,市级储备订单粮食补贴标准由每50公斤10元提高到12元。各县(市)区可结合实际,按照储备粮轮换需要,研究制定储备粮订单收购计划。各县(市)区粮食部门在挂牌收购订单粮食时,必须明示市场收购价格和直接补贴标准。

六、强化地方储备粮管理。地方储备粮规模应根据经济发展、人口增长情况适时增加和落实,并优化品种结构和布局。要保证资金,确保现有应急大米储备和小包装食用油储备落实到位。认真组织开展春秋两季粮油库存大普查,确保储备规模到位、库存粮油品质符合要求。合理安排粮食储备保管和轮换费用,根据物价变动因素和储粮实际需要,逐步调整本级储备粮保管和轮换费用,各级储备粮轮换原则上应当通过福州粮食批发交易市场进行。加大对储备粮承储企业的政策扶持力度,对储备粮承储企业获得的财政补贴收入免征营业税或即征即返。

七、加强储备粮库建设。粮食仓储设施是保障粮食安全的重要物质基础。各县(市)区政府在进行城乡规划建设时必须统筹安排好粮食仓储用地规划,优先安排建设用地,推进中心粮库建设,按照商业用地盘活现有老旧粮库资产并全额返回,专项用于新库建设。把握好我省扶持中心粮库建设有利时机,2013—2015年重点完成马尾、闽侯、长乐、福清、连江、罗源、永泰22万吨现代化仓容建设工作(具体建设计划安排见附件)。有条件的市、县应加强应急成品粮油储备仓库建设。同时加大地方储备粮库仓储设施建设和仓储功能提升的资金投入,各级财政安排一定专项资金,用于补助修复危仓、改造老库。

八、加强粮食质量安全检测监管。加强粮食质量安全检测监管,加大对国家粮食局在福州设立的区域性粮油质检机构福州市粮油质量监督检测站建设力度。各县(市)区政府要进一步加强粮食质量安全监测监管体系和粮油检验技术装备建设,加大监督检查工作力度,提升粮食市场监管和质量安全检验检测水平。进一步推进粮食质量安全监管责任体系及考核考评制度建设,加大粮食质量安全行政问责力度。支持粮食质量检测机构建设,配齐专业人员,提升技术水平。县(市)政府财政每年要安排足够的专项资金,用于定期开展对辖区内粮油质量卫生检验监测和补助粮食质量检测机构仪器设备购置。

九、强化依法管粮工作。加强粮食监督检查和行政执法体系建设,强化对全社会粮食流通的监管与服务,各级粮食部门要切实履行粮食市场监管职责,有针对性地开展政策性粮食购销、出库等监督检查,确保市场粮食有序流通。

十、深入推进粮食批发交易市场建设。着力提升福州粮食批发交易市场功能,进一步完善其作为国家及全省粮食竞价交易平台的建设,丰富市场交易品种,扩大产业影响,提升交易市场引粮入闽保供应能力。同时,加大政府财政支持和税收扶持力度,推进市场在物流配送、低温仓储、电子商务等方面水平的提升。积极探索产业化经营,推进批发交易市场做大做强做优。

十一、积极"引粮入榕"。积极争取省级引粮入闽奖励资金的同时,县(市)区政府都要积极建立对当地重点、骨干粮食企业到省外采购粮食调回本地销售给予一定的费用补助或奖励的制度,鼓励和支持重点、骨干粮食企业多调粮、调好粮。继续完善我市省外产区粮食生产基地建设,用好、用活基地建设扶持资金,按照自愿原则,鼓励经认定的省外粮食生产基地建设企业在辖区内建立动态储备制度,并给予粳稻350元/吨、年,中、晚籼稻300元/吨、年的补贴;基地建设范围从粳稻主产省扩大到中、晚籼稻主产省;帮助基地建设企业解决调返福州的粮食运输问题并给予一定的资金扶持;强化应急时基地粮食调回福州供应的管理办法和责任落实制度,对应急状态下不服从调控,未能在规定时间内调回规定数量粮食的企业,追回之前发放的所有补贴资金并给予一定的经济处罚,同时取消其省外粮食生产基地资格。

十二、扶持骨干粮食企业。各级政府要进一步强化粮食安全应急保障能力建设,加强对骨干粮食企业的指导和服务。根据中央和省的要求,安排专项资金,完善粮食应急体系,进一步扶持骨干加工企业,加大力度建立应急供应网点,健全配送体系,逐步提高应急成品粮储备。认真落实骨干粮店、骨干粮食加工企业享受国有粮食购销企业有关政策,对骨干粮食企业缴纳房产税和土地使用税有困难的,比照国有粮食购销企业有关规定经批准后给予减免。

十三、加强粮食风险基金管理。严格按照有关规定,粮食风险基金列入本级当年财政预算,并按规定及时足额拨付到位,确保本级粮油储备支出需要。进一步完善粮食风险基金管理办法,按照储备粮油规模和费用增加的实际需要及省确定的配套比例,适时调整增加本级粮食风险基金规模。

十四、加强基层农技推广体系建设。健全乡镇农技推广机构,稳定基层农技队伍,保障从事农业技术推广所必需的工作经费,适当增加高中级岗位,以鼓励从事农技推广基层工作的人员。同时市政府每年对突出贡献的粮食生产科技工作者进行表彰。

十五、稳定粮食行政管理机构。县(市)区级政府机构改革中具备条件的,在政府机构限额内单独设置机构,独立"三定";在相关部门加挂粮食机构牌子的,应根据工作需要,独立开展工作,依法依规履行职责,确保粮食行政管理职能不削弱。进一步加强对全社会粮食流通行政管理和行业指导,加强粮食监督检查队伍建设。加强对国有粮食企业的领导和保证军供工作顺利进行,巩固和稳定国有粮食企业隶属粮食行政管理部门的现行体制和机制,促进粮食工作正常有序和安全运行。

附件:县(市)区中心库建设计划安排表

县(市)、区中心库建设计划安排表

地区	现储备规模	现有仓容	2015年应具备现代化中心库
马尾区	1.6	0	2.4
福清市	5	2.4	7.3
长乐市	3.3	1.82	4.9
闽侯县	1.8	0.69	2.7
连江县	1.8	2.6	2.7
罗源县	0.6	0.6	0.9
永泰县	0.7	0.47	1.1
合计	14.8	8.58	22
备注	2015年应建仓容=现储备规模÷0.75×1.1(0.75为小麦与稻谷的换算系数,1.1为机动仓容系数)		

福州市人民政府关于加快福州市信息产业发展的若干意见

榕政综〔2013〕110号

(2013年6月6日)

各县(市)区人民政府,市直各委、办、局(公司):

为加快建设先进的"海峡电子信息产业基地",推动福州市信息产业发展,促进福州市经济转型升级,特提出如下意见:

一、总体思路

深入贯彻落实科学发展观,紧紧把握新一代信息技术的发展趋势,推动信息产品制造业、软件和信息服务业协调发展,促进信息产业规模扩张与产业升级。加强榕台产业和技术合作,发挥龙头企业带动和示范作用,延伸和完善产业链;推进一批高端信息产业重大专项,构建优势产业集群;提高产业园区配套和协同发展能力,调整和优化产业布局。通过规划引导、政策扶持,优化资源配置,加强服务和环境建设,进一步激活企业市场主体活力,推进全市信息产业实现新的跨越发展。

二、发展目标

到2015年,福州市信息产业(含信息产品制造业、软件和信息服务业)上市公司数量力争达到30家,信息产业营业收入力争达到2000亿元,年增长速度达25%,产业链更为齐整、园区布局更加合理、产业规模显著提升;到2017年,形成一批以上市公司(超过40家)为领头羊的在全国领先的企业群体,信息产业规模力争超过3000亿元,成为福州市最重要的支柱产业之一,建成"海峡电子信息产业基地"。

三、发展重点

着力抓好产业集群、产业基地和专业园区的建设工作,推动全市信息产业跨越式发展。

(一)完善、培植5个重点产业链和5个产业集群

5个重点产业链:平板显示产业链、云计算产业链、LED产业链、物联网产业链、集成电路产业链。

5个产业集群:软件产业集群、动漫游戏产业集群、通讯产业集群、移动互联网产业集群、汽车电子产业集群。

(二)提升、创建5个国家基地

5个国家基地:平板显示产业基地、数字家庭示范产业基地、物联网产业基地、软件基地(中国软件名城)、电子商务基地。

(三)规划、建设10个专业园区

10个专业园区:福州软件园、融侨光电产业园、云计算产业园、物联网产业园、数字家庭产业园、移动互联产业园、北斗卫星导航系统应用产业园、电子商务产业园、汽车电子产业园、数字出版产业园。

四、政策措施

(一)加快专业园区建设

1. 采取市、县两级共建方式,加大对信息产业园区的投入,加快园区配套设施建设。连续5年,由市、县两级财政每年安排1亿元专项资金,用于充实园区建设资本金和各项贷款贴息。园区内收储地块出让收益及各种规费地方留成部分,原则上全部用于园区改造和基础设施建设。

2. 建立园区考核、评价、授牌制度。园区考核内容包括产业政策执行情况、投资情况、土地产出效率、产业集聚功能、生活服务配套情况等。对考核合格的园区,由政府授牌,在建设园区公共平台等方面给予相应补贴,入住园区企业优先享受政策优惠。

(二)加大财税政策扶持

1. 安排专项扶持资金

市级财政每年安排1亿元财政专项扶持资金,扶持信息制造业、软件和信息服务业,支持中国软件名城、国家数字家庭应用示范产业基地、国家物联网信息识别产业基地、海峡电子信息产业基地的创建工作。

2. 鼓励企业做大做强

——电子信息制造业企业

新引进并经认定的入驻信息产业特色园区的电子信息制造业企业,固定资产投资在1亿元(含1亿元)至5亿元的,给予1%的投资补助;固定资产投资5亿元(含5亿元)至10亿元的,给予2%的投资补助;固定资产投资10亿元(含10亿元)以上的,给予3%的投资补助。以上补助按当年实际投资额计算,同一项目补助资金连续不超过两年。企业投产当年,按照企业上缴的增值税、所得税的地方留成部分的60%奖励企业用于技术改造,投产次年起5年内,以上一年纳税的地方留成部分为基数,对超出部分按增量的50%奖励企业用于技术改造。

——软件企业

入驻信息产业特色园区的软件企业,对营业收入超过5000万元的软件企业,按企业当年实现税收地方留成部分较上年增量部分的50%给予奖励。

鼓励软件企业积极申报软件产品和软件企业的认定,通过认定的软件产品、软件企业由软件产业发展专项资金分别一次性给予1万元、2万元补贴。

——信息服务企业

对入驻信息产业特色园区的新引进经认定从事数据处理、交换和网络运营服务、增值服务和软件服务企业,年度实际缴纳增值税在100万元以上的,按企业当年实现税收地方留成部分较上年增量部分的50%给予奖励。

以上补贴(补助)或奖励,由市、县按财政体制分级负担。涉及以税收(企业所得税、增值税、营业税)为依据的奖励及补贴(补助)资金总额不得超过当年度本企业对纳税形成地方财政留成部分。

(三)加强项目用地支持

1. 优先保障信息产业项目建设用地指标,加快建设用地报批速度。对属于信息产业链龙头的项目,实行优惠的地价政策,可按不低于所在地土地等级相对应《全国工业用地出让最低价标准》的70%确定建设用地使用权出让底价。

2. 对世界500强、中国500强企业、中央直管企业、中国民营100强以及台湾100大中的信息企业,以及中国电子信息百强企业、中国软件业务收入百强企业投资建设的信息产业项目,在用地方面予以个案研究。

3. 鼓励城区传统工业园区实施腾笼换鸟,发展信息产业。根据《福建省人民政府关于加快推进旧城镇旧厂房旧村庄改造的意见》(闽政〔2010〕27号),现有工业用地在符合规划的前提下,提高土地利用率和增加容积率的,不再增收土地出让金。利用现有工业厂房用地创办软件和信息服务业企业的,可以不办理土地用途变更手续。

(四)加强企业人才支持

1. 信息产业引进的人才符合《福州市引进高层次优秀人才暂行办法》(榕政综〔2009〕66号)规定,经市政府认定后,给予发放住房补贴和科研经费支持。其子女入园、入义务教育阶段中小学,由教育行政主管部门按其居住地就近统筹安排优质学校入学入园。企业高管、高级技术人员,年缴纳个人工薪收入所得税超3万元的,按所缴税收地方留成的50%予以奖励。

2. 对新增软件销售收入达到5000万元至1亿元、1亿元以上的项目研发人员或团队,由软件产业发展专项资金分别一次性给予50万元和100万元的奖励。

3. 从事软件工作的软件系统分析员和系统工程师或软件企业急需引进的专业人才和管理人才,本人和共同居住的直系亲属户籍迁入不受限制。

4. 国内高等院校、科研院所的科技人员创办软件企业,由软件产业专项资金予以资金扶持。国外留学生、外籍人员、港澳台人员在福州市创办的软件企业,可享受国家对软件企业的各项优惠政策。

(五)加强企业住房支持

支持企业解决高管和员工住房问题,在信息产业园区或信息产业建设项目中预留7%的土地,统筹安排,集中建设员工公寓等配套房出租给符合条件的企业员工。

(六)加强市场开拓支持

编制《福州信息产品和服务目录》,对入围的产品和服务,实行政府首购和订购制度;市县两级政府投资及政府采购项目,招投标中实行加分制或优先采用。支持市内的央企、省企及其他各类企业优先采购目录产品和服务。

(七)加强企业金融支持

1. 创新支持信息产业发展的金融体制机制,多渠道扶持信息产业发展。设立不低于1亿元的信息产业政府引导基金(创业引导基金)。在初创型中小企业、银行、担保机构之间建立利益共享、风险共担的风险分散补偿机制,引导创业投资行为,支持初创期科技型中小企业的创业和技术创新。

2. 鼓励企业上市融资。选择一批符合产业发展方向、质地优良、成长性好的信息产业企业,根据主板和中小板、创业板的以及境外上市不同条件,分类筛选并建立后备企业资源库,做好上市辅导和培训工作。根据《福州市人民政府关于进一步推进企业上市的意见》办法,对列入上市后备资源库的企业,在改制上市过程中给予相应资金奖励。

3. 引导企业加强与银行、信用担保等金融机构的对接,优先支持和帮助有条件的企业申请国家政策性贷款。鼓励支持有条件的企业发行企业债券、短期融资券和中期票据等进行融资。

4. 引导企业通过资产重组、合资合作、融资租赁以及引进产业投资基金、创业风险投资基金等境内外股权投资的多种方式,拓宽融资渠道。

(八)加强企业自主创新

积极推进信息产业科技成果转化和产业化支撑平台,促成一批重大科技成果、重大技术专利产业化项目在福州市落地。加大企业自主创新扶持力度,引导企业加大创新投入。强化知识产权保护,支持企业形成自主知识产权,对企业专利申请和产业化给予资金奖励。加大品牌培育和扶持力度,鼓励企业争创著名品牌和驰名商标。

(九)加强产业环境建设

1. 建立百家重点骨干企业跟踪制度,形成直接协调服务机制,在企业上市辅导、总部经济建设、企业并购、标准制定等方面给予重点扶持。

2. 进一步提高服务水平,优化投资软环境。建立项目报批"绿色通道"制度,提供"一站式"服务,实行项目全程代办制,建立重大项目例会制度。

3. 建立信息产业专家、顾问团队,共同推动园区建设、项目招商、人才引进、产业布局。

(十)加强组织领导

1. 成立由市领导牵头的"福州市振兴信息产业领导小组",建立健全信息产业发展推进工作机制,形成联动机制,整合各方资源,形成发展合力。成立信息产业服务中心,加强职能部门力量,明确部门、园区、协会管理服务内容。

2. 细化信息产业发展指标,列入县区年度绩效考评体系。

本意见自发布之日起执行,有效期至2017年12月31日止。本意见实施细则另行制定。

福州市人民政府关于做好2013年普通高校毕业生就业工作的通知

榕政综〔2013〕123号

(2013年7月1日)

各县(市)区人民政府,市直各委、办、局(公司):

根据《国务院办公厅关于做好2013年全国普通高等学校毕业生就业工作的通知》(国办发〔2013〕35号)和《福建省人民政府关于做好2013年普通高校毕业生就业工作的通知》(闽政〔2013〕24号)精神,为切实做好普通高校毕业生就业工作,保障我市2013年应届高校毕业生就业水平不降低,现将做好高校毕业生就业工作的有关意见通知如下:

一、发放高校毕业生中小企业就业社保补贴

充分发挥中小企业吸纳高校毕业生就业主渠道作用,对积极吸纳高校毕业生就业的企业,按照规定给予相关就业扶持政策。对与新聘应届高校毕业生签订一年以上劳动合同、缴纳社会保险且在我市政府人事部门所属人事人才公共服务机构办理人事代理手续的中小企业(民办非企业),分别给予企业、毕业生社会保险补助100元/月、80元/月,补助期限不超过一年。

二、建设市级大学生创业园

加快福州高新区海西园4000平方米以上的福州市大学生创业园建设,力争在明年上半年完成,为自主创业高校毕业生提供项目开发、开业指导、融资、跟踪扶持等"一条龙"创业服务。鼓励和支持有条件的县(市)区设立大学生创业园。按照《福州市人民政府关于促进普通高等学校毕业生创业就业的通知》(榕政综〔2012〕127号)要求,进一步落实高校毕业生自主创业在工商注册登记、税收优惠、启动资金扶持、申请小额担保贷款、创业场所等方面的优惠政策。做好首届海峡两岸(福州)大学生创业创新大赛后续工作,加强对来榕落地的大学生创业项目的跟踪对接,推荐有意来榕落地转化的参赛团队入驻大学生创业园、科技孵化器,促进大学生创业创新成果转化。

三、设立市级创业就业培训基地

在福州高新区海西园和市人才储备中心设立市级创业就业培训基地,对在福州市人事人才公共服务中心办理待就业登记、有意向参加创业就业培训的高校毕业生实行全程免费培训。市政府每年安排大学生就业创业培训专项经费,用于培训基地软硬件建设、管理和师资费用。与各有关高校共建大学生创业培训基地,对按要求完成年度创业培训计划任务的市级基地给予补贴。鼓励高校与公共就业人才服务机构合作开展创业培训和实训,为自主创业高校毕业生提供形式多样的创业扶持和服务,从2013年起,将创业培训补贴政策期限从目前的毕业年度调整为毕业学年(即从毕业前一年7月1日起的12个月)。加强创业导师队伍建设,组建福州市创业讲师团,为有创业意愿和创业初期的高校毕业生提供创业咨询指导服务。

四、完善高校毕业生"一站式"就业公共服务

在各级就业公共服务机构、人才服务机构设立高校毕业生就业专门服务窗口,统一服务标准,优化服务流程,为高校毕业生提供高效、便捷的政策咨询、职业指导、求职登记、岗位信息、培训信息、职业介绍、档案保管、人事劳动保障代理等"一站式"服务。

政府人事部门及其所属人才服务机构要多渠道、多形式举办各类人才交流会,为毕业生提供更多就业信息,有效搭建高校毕业生和用人单位供需对接平台。其举办的各类面向高校毕业生的招聘会,以及经政府人事部门同意或受政府人事部门委托各高校举办的公益性招聘会,全部实行用人单位和高校毕业生免费入场,市财政根据举办成本费用给予一定补贴。

充分发挥公共就业人才服务机构和高校毕业生就业指导服务机构的作用,广泛开展公共就业人才服务进校园活动,帮助高校毕业生及时了解就业形势、就业政策和企业用人需求。加强对促进高校毕业生就业政策的宣传,努力让每一个高校毕业生都了解政策、掌握政策、用好政策,增强就业信心。

五、实行离校未就业高校毕业生实名登记

离校未就业高校毕业生可在求职地进行求职登记和失业登记,申领就业失业登记证,纳入本地免费公共就业服务和就业扶持政策范围。各级公共就业、人才服务机构要依托基层服务平台,"一对一"地开展以下服务:对有就业意愿的,及时提供用人信息;对有创业意愿的,组织参加创业培训,提供创业服务,落实创业扶持政策;对暂时不能实现就业的,组织参加就业见习和职业培训;对就业困难的,提供有针对性的就业援助。力争使每一名有就业意愿的离校未就业高校毕业生在毕业半年内实现就业或参加到就业准备中。

六、组织离校未就业高校毕业生参加就业见习

继续开展就业见习计划。鼓励各类企事业单位申报市级就业见习基地,提供就业见习岗位。组织我市离校未就业高校毕业生参加市级就业见习活动(见习时长一般为三个月),见习期间,由见习单位和当地政府提供不低于当地最低工资标准的基本生活补助,并办理人身意外伤害保险。组织台湾地区大学生到福州台资企业参加见习活动,为来榕参加见习的台湾地区大学生提供见习岗位和见习生活补贴,并办理人身意外伤害保险。加强就业见习基地的管理和考核,对连续两年未能完成见习任务或未接收毕业生参加见习,且不及时整改或整改后仍不合格的,取缔其就业见习基地资格。

七、开展离校未就业高校毕业生免费职业技能培训

依托福州职业技术学院、福州市人事人才公共服务中心、福州人才市场、福州市第一技工学校、福州市第二高级技工学校和福州市就业训练指导中心等培训点,面向高校毕业生开展就业技能培训。对到我市各级政府人事部门所属人事人才公共服务机构办理待就业登记的愿意在福州就业的应届高校毕业生,待就业一年内可参加一次免费职业技能培训。

八、发放低保家庭毕业生求职补贴

将零就业家庭、经济困难家庭、残疾等就业困难的未就业高校毕业生列为重点工作对象,提供"一对一"个性化就业帮扶。对残疾高校毕业生,向用人单位重点推荐,落实企业按比例吸纳残疾人就业相关政策。对享受城乡居民最低生活保障家庭的毕业年度内福州生源高校毕业生,在市人事人才公共服务中心办理求职登记后,给予一次性求职补贴1000元。

九、建设高校毕业生就业创业网上服务平台

开发建设福州人才市场网,提升福州市人事人才公共服务网,作为福州市高校毕业生就业创业网上服务平台,提供毕业生政策发布、岗位信息、网络招聘、远程面试、毕业生指导咨询等就业服务。加强与各县(市)区人事人才公共服务网、各高校就业网站的互联互通,多种渠道发布就业信息,降低毕业生求职成本。

十、营造高校毕业生公平就业环境

大力营造公平的就业环境,用人单位招用人员、职业中介机构从事职业中介活动,不得对求职者设置性别、民族等条件;招聘高校毕业生,不得以毕业院校、年龄、户籍等作为限制性要求。规范签约行为,任何高校不得将毕业证书发放与高

校毕业生签约挂钩。加大人力资源市场监管力度,严厉打击招聘过程中的欺诈行为,及时纠正性别歧视和其他各类就业歧视现象。加大劳动用工、缴纳社会保险费等方面的劳动保障监察力度,维护高校毕业生就业后的合法权益。

本通知由福州市公务员局负责解释,自发布之日起执行。

福州市人民政府关于贯彻质量发展纲要(2011—2020年)建设质量强市的实施意见

榕政综〔2013〕138号

(2013年7月19日)

各县(市)区人民政府,市直各委、办、局(公司):

为认真贯彻落实党的十八大精神和国务院《质量发展纲要(2011—2020年)》(以下简称《纲要》),促进经济发展方式转变,全面建设质量强市,提升我市质量总体水平和城市综合竞争力,现提出如下实施意见,请认真贯彻实施。

一、充分认识贯彻《纲要》建设质量强市的重大意义

质量反映一个国家和地区的综合实力,是企业和产业核心竞争力的体现。市委、市政府历来高度重视质量工作,特别是国务院颁布实施《质量振兴纲要(1996—2010年)》以来,我市先后制定实施了一系列促进质量振兴和发展的配套政策和措施,质量基础工作逐步夯实,质量发展环境日趋优化,社会质量意识逐步增强,全市质量总体水平稳步提升,质量工作对经济社会发展的贡献日益突出。但是,与国内外一流水平相比,我市质量总体水平仍有一定差距,质量工作仍存在一些薄弱环节,特别是质量发展机制还需进一步完善,质量安全监管能力还需进一步提升,企业质量主体作用还需进一步强化,社会质量诚信意识还需进一步增强。

新世纪第二个十年,是全面建成小康社会、加快推进我市现代化建设的关键时期,是深化改革开放、加快转变经济发展方式的攻坚时期。随着我市调整优化产业结构、发展壮大实体经济进程的加快,以质量为核心要素的标准、人才、技术、市场、资源等需求更加突出。实现又好又快发展需要坚实的质量基础,满足人民群众日益增长的物质文化需求也对质量工作提出更高要求。面对新形势、新挑战、新任务,认真贯彻《纲要》,坚持以质取胜,建设质量强市,是贯彻落实党的十八大精神、加快发展方式转变的内在要求,是提升我市综合竞争力、实现经济持续健康发展的重要之举,是坚持以人为本、维护社会和谐稳定的重要保障,是推动我市实现科学发展跨越发展的必由之路。

二、明确我市质量发展战略规划

(一)总体要求

认真贯彻党的十八大精神,以邓小平理论、“三个代表”重要思想和科学发展观为指导,以提高经济增长质量和效益为中心,将质量发展作为我市发展战略的核心内容,把质量发展目标纳入全市国民经济社会发展规划,全力打造以质量为核心要素的我市区域发展竞争力。将落实质量发展的远期规划同解决当前突出的质量问题结合起来;充分发挥质量工作在加快推进闽江口发展区建设中的重要支撑作用,把创新驱动作为质量发展的强大动力,大幅提升我市质量总体水平,增强我市的质量竞争力,努力建设质量强市,实现可持续健康发展。

(二)发展目标

到2020年,全面建成质量强市,包括产品质量、工程质量和服务质量在内的全市质量总体水平达到国内一流水平,城市质量文化软实力明显提升,质量发展成果惠及全体人民。培育形成一批拥有国际知名品牌和核心竞争力的优势企业,形成一批品牌形象突出、服务平台完备、质量水平一流的现代企业和产业集群。企业质量管理及质量诚信水平明显提高,质量竞争优势充分体现,质量基础作用进一步增强,质量安全得到有效保障,社会质量意识显著提升,为在更高起点上建设闽江口金三角经济圈奠定坚实的质量基础。

到2015年,力争获评“全国质量强市示范城市”,质量发展工作的具体目标:

——产品质量。产品质量保障体系更加完善,产品质量总体水平明显提升。生产企业产品质量监督抽查合格率达到94%以上,我市企业生产的相关产品生产许可证、CCC目录内产品认证证书覆盖率达到100%。农业标准化生产普及率达到30%以上,地产农产品抽检合格率达到95%以上,重点食品监督抽查合格率达到95%以上。力争进口商品法检检出率和出口商品法检合格率连续3年居全国城市前10位,3年内本市生产的出口商品遭境外通报比率(通报次数/出口批次)低于全国平均水平。城市特种设备万台设备事故死亡率低于全国平均水平。培育一批具有国际竞争力的自有品牌,品牌价值和效益明显提升,各类品牌荣誉数量居全国同级城市前列。

(牵头部门:市质监局;责任部门:市质监局、市农业局、市食品药品监管局、福州检验检疫局、福清检验检疫局、市工商局)

——工程质量。工程质量水平显著提升,重点工程质量达到国内先进水平。工程验收合格率达到100%。建筑工程节能效率和工业化建造比重连续3年保持增长,新建建筑设计阶段节能标准执行率达100%,施工阶段节能标准执行率力争达到100%。城市保障房工程质量验收合格率达到100%。争创一批国家级优质工程。

(牵头部门:市建委;责任部门:市建委、市交通委、市水利局、市住房保障和房产管理局)

——服务质量。服务质量明显改善,顾客满意度明显提升。城市服务业顾客满意度居全国同级城市前10名,消费者对城市服务业满意度连续3年不断提高。在城市旅游区、现代服务区中争创1个以上“全国知名品牌创建示范区”。培育形成一批品牌影响力大、质量竞争力强的大型服务企业(集团)。

(牵头部门:市商贸服务业局;责任部门:市商贸服务业局、市发改委、市旅游局、市卫生局、市工商局、市金融办、市民政局、市体育局、市统计局、人行福州中心支行,其他涉及服务

业的职能部门)

三、主要任务

(一)强化企业质量主体作用

1. 落实企业质量主体责任。建立健全企业质量安全控制关键岗位责任制,明确企业法定代表人对质量安全负首要责任,进一步落实企业质量主管人员的职权和责任,落实生产经营各环节相关人员的质量工作责任。推动在我市大中型企业中推行首席质量官制度,建立质量关键岗位考核机制,实行质量安全"一票否决"。严格执行企业重大质量事故报告及应急处理制度,健全产品质量追溯体系,切实履行质量担保责任及缺陷产品召回等法定义务,依法承担质量损害赔偿责任。

2. 提升企业质量管理水平。建立健全企业质量管理体系,加强全员、全过程、全方位的质量管理,严格按标准组织生产经营,严格原材料、过程等质量控制,严格实施质量检验和计量检测。积极推行质量、环境、职业健康安全和能源等管理体系。积极组织经验交流、公益讲座等活动,大力推广卓越绩效模式、精益生产等先进质量管理理念和方法,指导企业开展质量攻关、质量改进、质量比对、质量风险分析等活动。积极推行清洁生产,大力倡导低碳、节能、高效的生产经营模式。鼓励企业积极开展争创质量管理先进班组和质量标兵活动,鼓励质量工作者争创"五一"劳动奖。

3. 加快企业质量技术创新。实施创新驱动战略,把技术创新作为企业提高质量的重要抓手,切实加大技术创新投入力度,加快科技成果转化,注重创新成果的标准化和专利化。积极应用新技术、新工艺、新材料,改善品种质量,提升产品档次和服务水平,研究开发具有核心竞争力、高附加值和自主知识产权的创新性产品和服务。充分发挥我市重点科研院所和高等院校集聚的优势,进一步加大产学研相结合的力度,推动有条件的企业建立技术中心、工程中心、产业化基地,努力培育集研发、设计、制造和系统集成于一体的创新型企业。

4. 发挥优势企业引领作用。深入实施名牌发展战略,积极推动我市产业集聚区、工业园区、农业区、经济技术开发区、现代服务区、旅游区等各类园区争创"全国知名品牌创建示范区",加快形成一批以名优企业为主体,以知名品牌创建示范区为载体的区域品牌。完善我市政府质量奖励制度,鼓励我市各类企业积极争创各级政府质量奖、中国驰名商标、国家地理标志保护产品、福建名牌产品、福建省著名商标、福州市产品质量奖、福州市知名商标以及中华老字号、达标百货店等品牌荣誉,积极参加全国品牌价值评价工作。充分发挥示范带动作用,努力推动我市龙头骨干企业成为制定国家标准的主体,将质量管理的成功经验和先进方法向产业链两端延伸推广,带动提升整体质量水平。鼓励制定企业联盟标准,引领新产品开发和品牌创建,带动中小企业实施技术改造升级和管理创新,增强质量竞争力。

5. 推动企业履行社会责任。建立健全企业履行社会责任的机制,推动企业积极承担对员工、消费者、投资者、合作方、社区和环境等利益相关方的社会责任。鼓励企业发布社会责任报告,强化诚信自律,践行质量承诺,在经济、环境和社会方面创造综合价值,树立对社会负责的良好形象。

(二)深化政府质量监督管理

1. 切实强化质量安全监管。加强对关系国计民生、健康安全、节能环保的重点产品、重大设备、重点工程及重点服务项目的监管。强化城乡结合部等重点区域以及生产、流通、使用、进出口等环节质量安全监管,形成全方位的质量安全监管网络。加强质量准入退出监管,严格执行产品质量、食品安全、生产许可、强制性产品认证、进出口商品检验、特种设备安全监察等法律法规。建立健全食品安全综合协调机制、特种设备安全保障长效机制。建立实施特种设备安全监察工作联席会议制度和各级地方政府及相关部门特种设备"一岗双责"制度。推进工程项目严格执行工程建设强制性标准规范要求,严格执行节能标准规定。

充分发挥质量监管职能,通过严格执行市场准入制度,加快淘汰落后产能,促进结构优化升级。严格执行缺陷产品和不安全食品召回制度,对不能满足准入条件的企业、因责任过错造成重大质量安全事故的工程建设相关责任单位、造成重大人身和财产损害的服务主体,依法强制其退出相关领域。

完善产品质量状况分析报告制度,定期分析我市重点产业质量状况与发展前景,并向社会发布有关分析结果或监督抽查合格率等重点质量指标。积极争创"世界卫生组织口岸核心能力达标单位"、"食品进出口质量安全示范区"。

2. 实施质量安全风险管理。建立质量安全风险排查长效管理机制,落实相关风险管理措施。建立实施企业重大质量事故报告制度和产品伤害监测制度,在我市骨干医院开展产品质量伤害监测工作。加强对重点产品、重点行业和重点地区质量安全风险监测和分析评估,制定食品安全、特种设备安全保障等质量安全风险应急预案,建立质量安全预警机制和风险信息资源共享机制,提升质量安全风险评估预警水平和防范处置能力。健全食品安全日常防控、舆情监测、隐患排查、紧急处置、事故调查、信息发布等相关制度。建立有效的进出境检验检疫信息服务平台,完善进出境动植物疫情疫病预警防控体系、出入境人员疫情疫病防控体系、进出口农产品和食品质量安全监管体系、进出口工业品质量安全监控体系,保障进出口农产品、食品和工业品质量安全。建立有效的食品进出口质量安全追溯体系,及时有效处置突发性进出口商品质量事件。

3. 严厉打击质量违法行为。制定区域整治方案,每年定期开展针对重点产品、重点工程、重点行业、重点地区和重点市场的专项执法整治,查办制假售假大案要案,严厉打击危害公共安全、侵犯知识产权、危及人身健康和生命财产安全等质量违法行为。严厉打击非法添加和滥用食品添加剂违法行为,严厉惩处食品安全违法犯罪分子。建立并落实产品质量安全监管和执法重大信息报告制度,健全质量安全执法联动机制和突发案件快速反应机制。建立打击质量违法行为长效协作机制,做好行政执法与刑事司法的衔接工作,加快行政执法与刑事司法信息共享平台建设,对重大质量安全案件实行联合挂牌督办,加大对质量违法行为的刑事司法打击力度。

4. 大力提升质量总体水平。

(1)提升产品质量。依靠技术进步、管理创新和标准完善,加强产品可靠性设计、试验和生产过程质量控制,促进我市产品质量由符合性向适用性、高可靠性转型。在轻工食品、机械制造、纺织服装等重点行业深入开展质量对比提升活动,制定质量改进和赶超措施,优化生产工艺,更新生产设备,创新管理模式,提高产品档次和质量。

(2)提升工程质量。完善建设工程质量管理体系,加强对勘察、设计、施工、监理等环节及有关中介代理机构的监管。大力推进建设工程开发和应用工作,推广应用新材料、新技术、新工艺、新设备。有效发挥市场机制作用,在我市大型工程、重点工程建设中,针对保障设备制造、安装、运行引入重大设备监理机制。推进采纳国家标准《住宅性能评定技术标准》,提升住宅居住性能要求。加强工程抗震设防,增强学校、医院、住宅等抵御地震灾害能力。不断提升节能建筑的比重和工业化建造比重。加强对保障性住房、城市轨道交通等涉及民生的重点工程建筑材料质量的监督检查。鼓励企业争创鲁班奖等国家优质工程奖。

(3)提升服务质量。推动服务业特别是现代服务业发展壮大。以提升顾客满意度为重点,加快推进服务业标准体系建设。加快推进国家级、省级服务业标准化试点项目建设。积极承办金融、通信、旅游、餐饮、零售等重点服务行业国际性会议,组织骨干企业和重点项目与世界先进企业进行交流研讨,寻找差距,积极改善。积极承办国内、国际大型运动会、博览会、展会。探索开展体育赛事服务标准化工作,为规范、高效、优质筹办体育赛事发挥技术支撑作用。开展"生产性服务示范区"或"生产服务功能企业"认定工作。引进现代经营方式和先进质量管理方法,改造提升商贸、餐饮等传统服务业。以实施标准化、规范化为手段,提升物业管理、社区服务、养老服务、健康服务等新兴服务业服务质量。借鉴国外服务业先进技术和标准,推进现代物流、金融、旅游、文化等现代服务业规模化和品牌化发展。加快培育壮大三坊七巷、温泉之都、船政文化等一大批具有品牌优势和国际影响力的服务名牌,带动整体服务质量提升。

(三)优化社会质量发展环境

1. 加强质量文化建设。牢固树立质量是企业生命的理念,实施以质取胜的经营战略。提炼形成我市的城市质量精神,并通过展板、显示屏、横幅、路牌、橱窗以及电视、报纸、网络等各类途径进行宣传。推进建设各级中小学质量教育社会实践基地,积极开展基地开放日活动,在综合实践基地中融入质量教育内容,普及质量教育。将诚实守信、持续改进、创新发展、追求卓越的质量精神转化为社会、广大企业及企业员工的行为准则,自觉抵制违法生产经营行为。加强质量诚信道德教育,提升全民质量意识,倡导科学理性、优质安全、节能环保的消费理念,努力形成政府重视质量、企业追求质量、社会崇尚质量、人人关心质量的良好社会风尚。

2. 健全质量诚信体系。制定出台推进我市质量诚信体系建设的相关政策措施,建立政府各部门间的联动机制。建立以企业(组织机构代码)实名制为基础和物品编码管理为溯源手段的企业和产品质量信用信息平台,健全质量信用信息收集与发布制度,推动行业质量信用建设,实现银行、工商、质监、检验检疫、海关等多部门质量信用信息交换与共享。完善企业质量信用档案和产品质量信用信息记录,健全质量信用评价体系,实施质量信用分类监管。严格实施守信激励和失信惩戒制度,将严重违法违规企业纳入"黑名单"并依法向社会公布。推动质量信用服务机构的发展和质量信用服务产品的运用。

3. 营造公平竞争环境。建立各类企业依法使用生产要素、公平参与市场竞争、平等受到法律保护的环境。把优质安全作为扩大市场需求的重要前提,促进社会资源向优质产品、优秀品牌和优势企业聚集。依法打击垄断经营和不正当竞争行为,破除地方保护,维护市场秩序,形成公平有序、优胜劣汰的市场环境。完善质量投诉和消费维权机制,畅通12315、12365等质量投诉和消费维权渠道,建立完善社会质量监督员制度和消费维权渠道,明确质量监督员职责,有效调解和处理质量纠纷。强化质量舆论监督,震慑质量违法行为。发挥行业协会等社会中介组织作用,促进行业自律。

4. 夯实质量发展基础。加强质量人才队伍建设,制定出台有关保障政策措施,在职称、待遇等方面对质量工程师做出明确规定,推动企业积极聘用质量工程师。发挥省会城市的优势,完善质量公共服务平台建设,建立与我市轻工食品、纺织服装、石油化工等重点产业相适应的保障民生需求的国家级、省级检测中心、重点实验室、计量、标准、认证等公共技术服务平台。实施标准化发展战略,建立标准化工作协调推进机制,完善相关政策措施,普及农业标准化生产,推动我市有机食品、绿色食品、无公害农产品认证总数居全国同级城市前列,基本消灭无标生产,推动服务标准化,在我市商贸、物流、旅游等主要服务行业树立标准化标杆示范企业。强化计量基础支撑工作,建立健全量值传递和溯源体系,推进国家级计量测试中心(国家重点实验室)建设,支持能源计量能力建设,建立重点用能单位能源计量数据在线采集、实时检测平台。加强认证认可工作,完善有关政策措施,鼓励企业开展环保、低碳、节能等产品认证,鼓励在质量、环境、职业健康安全、社会管理、文化教育、医疗卫生等有关领域实施管理体系认证,大力推进食品安全领域良好农业规范(GAP)、危害分析和关键控制点(HACCP)等认证工作,鼓励企业参与国际互认,服务外经贸发展,探索在交通运输业、金融服务业、商务服务业、旅游业、体育产业推行服务质量管理认证。

5. 推动全民共享质量发展成果。建立符合市场经济规则、有利于消费者维权的产品质量安全多元救济机制,建立产品侵权责任制度和产品质量安全责任保险制度,探索建立企业、行业协会、保险以及评估机构的合作机制。定期开展市民质量满意度调查测评,推动我市人民群众质量满意度居全国同级城市前列。

四、保障措施

(一)加强组织领导。完善质量工作体制机制,健全各级政府负总责、监管部门各负其责、企业是第一责任人的质量安全责任体系。努力构建政府监管、市场调节、企业主体、行业自律、社会参与的质量工作格局。市政府组织开展争创"全国质量强市示范城市"活动,并调整充实质量强市工作领导小组,领导小组下设办公室(简称"市质量强市办")负责日常工作,挂靠在市质监局;市质监局、建委、商贸服务业局分别作为产品质量、工程质量、服务质量工作组的牵头单位。全面构建"大质量"工作机制,建立并落实质量工作部门联席会议制度,加强对《纲要》和本意见组织实施的统筹规划、督导检查,研究解决和协调处理重大质量问题。要加强质量政策引导,明确目标责任,认真组织实施,切实提高质量发展的组织保障水平。

(二)明确工作职责。市质量强市办要组织研究制订年度行动计划及任务分解,市直各有关部门要按照职责分工密切配合,形成合力,确保质量强市战略部署落到实处。各县(市)区政府要结合自身实际,围绕建设质量强市,制定具体的实施意见或方案,层层分解各项目标任务,把质量发展目标纳入本地区国民经济和社会发展规划。广泛开展质量强县(市)区、质量兴(强)园活动。领导小组各成员单位每半年将质量强市工作总结及下阶段工作计划报送市质量强市办。

(三)加大政策扶持。建立质量投入稳定增长机制,保障质量工作经费投入。重点加强行政执法监管能力和涉及民生的产品质量检验检测能力建设,逐步在我市产业集聚区建立质量监管和技术服务机构,提升质量监管部门的履职能力。加大对产品、工程和服务质量安全特别是食品、特种设备、重点项目质量安全监管的财政投入,保障我市重点工业产品质量安全监督抽查经费。通过安排国家中小型企业发展专项资金,支持中小微企业质量提升、技术创新。严格落实政府质量奖、标准创新、质量创新和品牌创建等质量奖励扶持政策,保障市民质量满意度调查测评工作经费。对新认定为"全国知名品牌创建示范区"的,由市政府给予一次性奖励100万元;对新获评"中国质量奖"(含提名奖)的组织,由市政府给予一次性奖励100万元。

(四)加强学习宣传。各级、各部门要组织开展形式多样、内容丰富的学习宣传活动,确保《纲要》规定的各项措施得到落实。市属新闻媒体要结合"3·15"国际消费者权益日、"质量月"、"世界标准日"、"世界计量日"等主题宣传活动,向社会广泛宣传《纲要》和本实施意见的目标任务和重要意义,动员社会各界积极参与质量发展,增强全社会的质量意识。要注重树立典型,对重视质量、诚信守法的优秀企业和质量过硬的名优产品,要加大宣传报道力度。要正确处理新闻监督与社会效果的关系,既要发挥新闻舆论的公开监督作用,又要把握宣传的时机、力度和分寸。要通过宣传引导,形成人人重视质量、人人监督质量、人人享受质量的良好社会氛围。

(五)强化检查考核。市质量强市办要会同市委组织部、市效能办等部门,根据国家有关考核规定,研究制定质量强市工作考核办法,将质量工作纳入政府年度绩效考核体系,绩效考核结果作为各级政府领导班子和领导干部的综合考核评价内容。要强化对《纲要》和本意见贯彻实施情况的检查考核,对取得突出成绩的单位和个人按照有关规定予以表彰奖励,对推诿扯皮、推进工作不力的单位和责任人进行通报批评,对发生区域性、系统性质量问题的严格行政问责。

福州市人民政府印发关于支持和鼓励企业投资建设公共租赁住房的若干意见

榕政综〔2013〕141号

(2013年7月25日)

各县(市)区人民政府,市直各委、办、局(公司):

《关于支持和鼓励企业投资建设公共租赁住房的若干意见》已经2013年第16次市政府常务会议研究同意,现印发给你们,请遵照执行。

关于支持和鼓励企业投资建设公共租赁住房的若干意见

根据《公共租赁住房管理办法》(住房和城乡建设部令第11号)、《福建省人民政府关于进一步加快公共租赁住房建设的意见》(闽政〔2011〕18号)和《福州市公共租赁住房管理办法》(福州市人民政府令第54号)的有关规定,现就支持和鼓励企业投资建设公共租赁住房提出以下意见:

一、坚持"政府引导,政策扶持,企业运作,规范管理"的原则。各县(市)区人民政府和各工业园区、开发区管委会以及住房保障、发改、审计、监察、国土、规划、建设、经委、财政、税务、物价等部门应做好公共租赁住房的相关服务和管理工作。各工业园区、开发区管委会[非园区企业由县(市)区人民政府组织实施]负责对辖区内企业建设、使用、配租公共租赁住房及承租人使用情况进行监管,国土、规划、建设、物价等政府职能部门要按照职能分工,依法依规对企业投资建设公共租赁住房的建审、定价等手续进行审批。

二、在外来务工人员集中的开发区和工业园区,县(市)区人民政府应当按照集约用地原则,统筹规划,引导各类投资主体建设公共租赁住房,面向用工单位或园区就业人员出租。开发区和工业园区的生活配套设施用地中应安排不低于30%用地作为公共租赁住房等保障性住房建设用地。

三、凡企业愿意利用自有土地投资建设公共租赁住房的,由企业向所在地的县(市)区住房保障部门提出申请,县(市)区住房保障部门进行初审,符合有关规定的报经市住房保障主管部门备案核准后,提请县(市)区人民政府批准,列入当地年度公共租赁住房建设项目。经批准后的建设项目,由企业与所在县(市)区住房保障部门签订公共租赁住房建设协议,享受公共租赁住房建设有关优惠政策。

四、经批准并纳入年度建设计划的公共租赁住房项目,按市重点建设项目报批绿色通道有关规定办理审批事项,市、县(市)区各相关职能部门应加快审批步伐,缩短办事时限,提高服务水平,在办理项目审批或备案、消防、绿化、环评、施工许可等建设前期手续时执行绿色通道、容缺预审等办法,实现项目前期审批服务的提速、提质、增效。

五、支持企业在不超过工业项目总用地面积7%的办公生活配套设施用地内安排建设公共租赁住房。在符合城市规划的前提下,可适当提高容积率,不再增收土地出让金。

六、企业用地规模较小,不适宜作为生产用地,或者已闲置的工业用地,且不在城市近期旧屋区成片改造和拟收储范围内的,在符合土地利用总体规划和城市规划,同时满足居住项目必要的环境卫生、日照采光、消防等基本条件的前提下,可由政府依法收回后以挂牌方式提供给企业作为公共租赁住房建设用地,或者由政府主导建设公共租赁住房。上述工业用地变更为公共租赁住房建设用地应由用地业主单位与所在地县(市)区住房保障部门签订公共租赁住房建设协议,并纳入年度公共租赁住房建设计划,再由市、县(市)区国土部门予以办理用地变更手续。土地出让协议应载明建设、移交、违约处理等事项。

七、企业投资建设的公共租赁住房,纳入全市住房保障建设计划的,项目所在地发改部门可争取国家、省补助资金,各县(市)区人民政府、园区管委会也可根据当地财政状况和建设任务,合理安排分配公共租赁住房专项补助资金。

八、根据《财政部 国家税务总局关于支持公共租赁住房建设和运营有关税收优惠政策的通知》(财税〔2010〕88号)等有关规定,企业投资建设的公共租赁住房免征城市基础设施配套费、防雷检测及图纸审查费、人防建设基金、城市道路占用费等各项行政事业性收费和政府性基金;对公共租赁住房建设期间用地及建成后的占地免征城镇土地使用税;对公共租赁住房经营管理单位建造公共租赁住房涉及的印花税予以免征;对经营公共租赁住房所取得的租金收入,免征营业税、房产税。公共租赁住房租金收入与其他住房经营收入应单独核算,未单独核算的,不得享受免征营业税、房产税优惠政策。电力、通讯、市政公用事业等单位应适当减免公共租赁住房的入网、管网增容等经营性收费。

九、公共租赁住房要严格按照国家有关建筑工程质量安全标准和建设程序进行勘察、设计、施工和验收。坚持小型、适用、满足基本居住需求的原则,可以是成套住房也可以是集体宿舍或公寓,可在符合城市规划的前提下适当提高建筑容积率。成套建设的住宅类公共租赁住房,其套型建筑面积不大于60m^2,高层套型建筑面积不大于66m^2。宿舍公寓类(非成套)公共租赁住房,其套型建筑面积不大于30m^2,高层套型建筑面积不大于33m^2。建筑设计和装修要符合《福建省公共租赁住房建设导则(试行)》等有关标准、规范和规定。

十、对实施产业结构调整而腾出的厂房、工业用房等房屋,如符合土地利用总体规划和城乡规划,可在依法办理用地变更手续后,按照公共租赁住房建设标准,改建为公共租赁住房。

十一、允许企业新建公共租赁住房按一定比例在底层配建商业店铺,具体配建比例应严格控制在总建筑面积5%以下。出租收入用于弥补公共租赁住房建设和运营成本。

十二、公共租赁住房建设实行"谁投资、谁所有",并整体确权,由房屋、土地登记部门在房屋所有权证和土地使用权证上注明"公共租赁住房项目"字样及用地性质,不得分割登记、分割转移登记和分割抵押登记。企业利用自有土地建设公共租赁住房的不得单独转让,但可随企业整体转让,转让后公共租赁住房性质不变。

十三、企业投资建设的公共租赁住房优先向本企业住房困难的员工(含外来务工人员)供应,由企业根据自身实际情况制定准入条件、分配方案以及使用和退出管理等规定,并向县(市)区经委及住房保障部门报备。满足本企业员工需求后的剩余房源可统一出租给其他企业作为公共租赁住房使用,具体由企业间协商形成一致调配方案,并向县(市)区经委及住房保障部门报备。严禁将公共租赁住房项目用于或变相用于商品房开发,或擅自改变房屋使用功能。

办理配租入住手续时,企业应当与申请人签订租赁合同,并将配租情况送县(市)区经委及住房保障部门备案。承租人在承租期间不得在本市再次申请其他保障性住房。

十四、公共租赁住房承租人所在企业应当在每年年末向所在地的县(市)区住房保障部门报备其公共租赁住房分配和退出情况。

十五、公共租赁住房租金实行政府指导价。企业可在价格部门会同住房保障、财政等部门制定的租金标准基础上下浮动,但上浮幅度不得超过10%。

公共租赁住房租金收入,应优先用于公共租赁住房的维护、管理和偿还建设投入。

十六、有下列情形之一的,企业可依照租赁合同责令承租人退出公共租赁住房:

(一)转借、转租或者擅自调换所承租公共租赁住房的;

(二)改变所承租公共租赁住房用途的;

(三)破坏或者擅自装修所承租公共租赁住房,拒不恢复原状的;

(四)在公共租赁住房内从事违法活动的;

(五)无正当理由连续6个月以上闲置公共租赁住房的。

十七、工业园区、开发区管委会[非园区企业由县(市)区人民政府组织实施]应当定期或不定期组织相关单位对企业建设、使用、出租公共租赁住房及承租人使用情况进行监督检查,发现问题的应及时责令整改。各级住房保障行政主管部门应及时掌握辖区内的项目建设和使用情况,其他政府职能部门要按照职能分工,依法依规对企业投资建设公共租赁住房的各个环节进行监督。

十八、各县(市)区人民政府和各工业园区、开发区管委会可依照本办法规定,制定具体的实施细则,完善相关工作机制。

十九、本意见有效期五年,自公布之日起施行。

福州市人民政府关于实施《工伤保险条例》的若干意见

榕政综〔2013〕145号

(2013年7月31日)

各县(市)区人民政府,市直各委、办、局(公司):

根据《国务院关于修改〈工伤保险条例〉的决定》(国务院

令第586号)和《福建省人民政府关于印发福建省实施〈工伤保险条例〉办法的通知》(闽政〔2011〕80号),结合我市实际,现就我市实施《工伤保险条例》和《福建省实施〈工伤保险条例〉办法》的有关问题提出以下意见:

一、我市工伤保险基金继续实行市级统筹,统一参保范围和对象、统一缴费基数和费率、统一基金财务管理、统一工伤认定和劳动能力鉴定、统一工伤待遇支付标准、统一业务流程和信息系统;工伤保险经办业务实行分级管理。

二、工伤保险实行调剂金制度。我市每年按征收工伤保险费总额的3%向省级上解工伤保险调剂金。

三、工伤保险实行储备金制度。工伤保险储备金按不低于我市当年征收工伤保险费一个月的额度筹集,工伤保险基金历年结余部分并入储备金。

储备金在发生重大工伤事故或当期工伤保险基金不足支出时,由县(市、区)经办机构提出申请,经市社会保障行政部门和财政部门核准后使用。

四、工伤保险经办机构根据国家规定的行业差别费率及行业内费率档次,确定单位缴费费率。一类行业、二类行业和三类行业的基准费率分别为用人单位职工工资总额的0.5%、1.0%、2.0%。

用人单位缴纳工伤保险费的数额为本单位职工工资总额乘以单位缴费费率之积。

五、工伤保险费率实行浮动制度。工伤保险经办机构根据用人单位上两个缴费年度工伤保险费收支情况、工伤事故发生率、职业病危害程度及必要的风险储备金等因素,在用人单位的缴费费率基础上实行浮动费率,浮动费率每两年调整核定一次。用人单位的浮动费率连续上、下浮动不得超过二个档次。一类行业不实行浮动,二、三类行业的用人单位,其费率浮动按下列规定执行:

(一)用人单位上两个缴费年度工伤保险费支出超过本单位缴费总数的70%,且经鉴定达到伤残等级的职工(含职业病及工亡事故,不含老工伤人员)数占单位参保总人数年均4.5‰以上的,向上浮动一个档次;

(二)用人单位上两个缴费年度工伤保险费支出低于本单位缴费总数的40%,且经鉴定达到伤残等级的职工(含职业病及工亡事故,不含老工伤人员)数占单位参保总人数年均2‰以下的,向下浮动一个档次。

不符合前款(一)、(二)项规定的用人单位,其当年度工伤保险缴费费率保持不变。

六、用人单位应当按规定缴纳工伤保险费,并及时向经办机构报送本单位人员情况表和人员增减明细表。

用人单位报送人员情况表和人员增减明细表的次日为参保生效日期。

七、工伤认定采取属地和分级管理相结合的办法。市社会保障行政部门负责办理鼓楼、台江、仓山、晋安四城区市属以上国有、集体企事业单位及四城区其他已参加工伤保险的用人单位的工伤认定事项。其余用人单位(含外地机构,下同)的工伤认定事项,由市社会保障行政部门委托县(市、区)社会保障行政部门办理,并作出工伤认定决定,具体委托管辖按下列办法执行:

(一)用人单位登记住所地与生产经营地在我市同一个县(市)区的,工伤认定事项由登记住所地的县(市、区)社会保障行政部门负责办理。

(二)用人单位登记住所地与生产经营地在我市不同县(市、区)的,不论用人单位是否已经参加工伤保险,由生产经营地社会保障行政部门负责办理工伤认定事项。但四城区用人单位登记住所地与生产经营地在不同城区的,工伤认定事项由登记住所地的社会保障行政部门负责办理。

(三)用人单位登记住所地不在我市但其生产经营地在我市范围内,未参加登记住所地工伤保险的,工伤认定事项由生产经营地社会保障行政部门负责办理。

(四)情况特殊的,由市社会保障行政部门进行协调和指定管辖。

八、各县(市)区社会保障行政部门进行工伤认定,遇到疑难或有重大影响的案件,应当在作出结论前向市社会保障行政部门报告和集中评议,保证工伤认定行为合法有效,减少行政复议或行政诉讼案件的发生。

九、对工伤认定结论不服提请行政复议或者行政诉讼的,除市社会保障行政部门直接作出的工伤认定由市社会保障行政部门应诉外,其余委托县(市、区)社会保障行政部门负责处理应诉等事项。

十、工伤保险基金用于《工伤保险条例》和《福建省实施〈工伤保险条例〉办法》规定的工伤保险待遇,劳动能力鉴定,工伤预防的宣传、培训等费用,以及法律、法规规定用于工伤保险其他费用的支付。

工伤预防费用的提取比例、使用和管理办法按我省的具体实施细则执行。

社会保障行政部门工伤认定调查核实经费按照实际工作需要列入市财政预算,综合考虑各县(市)区工伤认定质量和数量等因素,市财政据实予以适当经费拨补;各级经办机构所需的管理服务经费,按实际工作需要列入同级财政预算。

工伤保险基金全部纳入社会保障基金财政专户,实行收支两条线管理。

任何单位或者个人不得将工伤保险基金用于投资运营、兴建或者改建办公场所、发放奖金,或者挪作其他用途。

十一、已纳入工伤保险管理的一至四级工伤职工,伤残津贴、供养亲属抚恤金和生活护理费由福州地区社会保障行政部门根据统筹地区职工平均工资和生活费用变化等情况每年调整一次;由用人单位按月发放伤残津贴的五至六级工伤职工,其伤残津贴同步调整,由用人单位负担;未参加工伤保险的工伤职工,其伤残津贴、供养亲属抚恤金和生活护理费由单位负担并同步调整。

十二、五至十级伤残的工伤职工,在2011年1月1日前与用人单位解除或终止劳动关系的,用人单位应按原规定标准支付一次性工伤医疗补助金和伤残就业补助金;自2011年1月1日起与用人单位解除或终止劳动关系的,则按《福建省人民政府关于印发福建省实施〈工伤保险条例〉办法的通知》(闽政〔2011〕80号)规定的支付途径、待遇标准,由工伤保险基金支付一次性工伤医疗补助金,由用人单位支付一次性伤残就业补助金。

十三、工伤职工治疗工伤住院期间的伙食补助费、转外就医的交通、食宿费,2011年1月1日前发生的按原规定由用人单位支付,2011年1月1日起发生的由工伤保险基金支付。由工伤保险基金支付的各项标准规定如下:

(一)工伤职工住院伙食补助费:工伤职工在统筹地区医疗机构就医的,伙食补助费以每人每天20元的标准计发;经医疗机构出具证明,报经办机构同意,工伤职工到统筹地区以外(含省外)异地就医的伙食补助费以每人每天35元的标准计发。因工伤医疗依赖等原因申请转回户籍所在地的一般地区医疗机构住院治疗的,其伙食补助费以每人每天20元的标准计发。

(二)工伤职工转统筹地区以外就医所需的交通费:根据伤情需要及向社会保障经办机构申请的交通工具等具体情况,由社会保障经办机构凭工伤职工提供的公共交通的正式车票(据)核销。每次就医核销一次往返交通费。公共交通限于火车硬席(包括硬座和硬卧)、城市轨道交通列车、城际轨道交通列车(二等票及以下)、普通客轮三等舱,公共客运汽(电)车;飞机票按火车票硬卧票标准报销,出租小汽车不得报销。

因工伤医疗依赖等原因申请转回户籍所在地的一般地区医疗机构住院治疗的,交通费用按单程报销。

(三)工伤职工到统筹地区以外就医的,给予3天的院外食宿费。食宿费日报销标准限额为:本省异地的食宿费日报销标准限额150元;到外省市的食宿费日报销标准限额200元。

(四)参保职工因公出差或派驻统筹地区以外工作期间发生工伤,在工伤发生地住院治疗的,住院伙食补助费按每人每天35元标准计发。交通费和食宿费不予报销。

十四、本意见从颁布之日起实行。

福州市人民政府关于进一步支持工业产品开拓市场的若干意见

榕政综〔2013〕154号

(2013年8月8日)

各县(市)区人民政府,市直各委、办、局(公司):

根据省发改委、省经贸委、省财政厅、省住建厅《关于印发工程建设项目主要设备材料实行甲供甲控工作指导意见的通知》(闽发改法规〔2012〕1213号)、《福州市大力实施名牌发展战略的若干意见》(榕政办〔2012〕154号)以及省、市稳增长系列扶持政策精神,为推进我市工业产品开拓市场,提高企业综合实力和产品竞争力,引导和鼓励我市机关、企事业单位和广大市民使用本地产品,促进经济发展,提出如下意见:

一、加强组织领导

成立"福州市支持工业产品开拓市场工作领导小组"(以下简称"市领导小组"),由市政府分管领导任组长,市政府分管副秘书长、市经委主任任副组长,成员由市直相关部门和各县(市)区政府分管领导组成。市领导小组下设办公室(以下简称"市开拓办"),挂靠市经委,负责组织协调全市工业产品开拓市场相关工作,包括制定并下达我市工业产品开拓市场工作目标任务;编制工业产品推荐使用目录;搭建福州工业产品供需平台,不定期发布供需信息等。

各县(市)区相应成立领导小组和工作机构,负责本辖区工业产品开拓市场工作。

二、建立产品目录

《福州市工业产品推荐使用目录》(以下简称《目录》)选择金属材料及制品、水泥建材、塑胶管材、电控电器、照明灯具、办公用品、专用设备、电子软件、纺织服装、医疗食品等十大类我市产能较为充足、具有一定优势的工业产品作为试点,由市开拓办根据申报企业规模、依法经营情况、生产条件、产品质量、缴税情况等条件不定期遴选发布,动态管理。

对我市工业企业生产的获得省名牌产品、市产品质量奖等称号的产品或获得中国驰名商标、省著名商标、市知名商标等称号的产品(需提供质监或工商部门的有效认定),或经由市领导小组认定,同意给予扶持的新兴战略性产业相关产品,在《目录》中作为名优产品给予重点扶持。名优产品每年遴选一次,经公示后发布。

三、支持参与政府投资项目

1. 政府投资项目(包括国有投资占控股或者主导地位的高速公路项目,政府投资占项目总投资20%以上的房屋建筑和市政基础设施项目)不得以任何限制性或倾向性条款阻碍《目录》内企业参与工程采购或政府采购的招投标活动。

2. 在政府采购中对《目录》内名优产品实行加分或价格折让。《目录》内名优产品参与政府采购招投标,在采用综合评分法评标时实行加分,即给予参与投标的《目录》内名优产品按其占总投标产品的权重乘10分的加分奖励;采用最低价法评标时实行价格折让,即按参与投标的《目录》内名优产品占总投标产品的权重乘以投标总价的10%进行折让。

3. 在政府投资项目工程采购中优先购买《目录》产品。《目录》内同一产品有3家(含3家)以上生产商,在政府投资项目工程采购时必须在《目录》内的产品中选用;《目录》内同一产品少于3家生产商,可增补《目录》外产品,属于《目录》内名优产品的,比照政府采购作法给予加分或价格折让。未进行招标的施工采购须按上述方法比选采购,工程采购招投标未按上述要求进行的,业主单位必须向市政府作出说明。省、市共同出资的高速公路项目经市政府同意后可按行业管理规定执行。

4. 政府投资项目在设备、材料采购招标之前应将包含选用《目录》产品情况的预算材料报市开拓办备案。市财政投资评审中心对未出具市开拓办备案意见的项目不予审核,并依据上述政策对所有结算项目使用《目录》产品情况进行结算审核,并将项目使用产品情况反馈给市开拓办,由市开拓办通报市财政局不再拨付剩余的工程款。

5. 市监察局、市效能办、市财政局、市审计局、市开拓办不定期组织市领导小组成员单位对政府投资项目使用《目录》产品情况进行检查,检查结果上报市政府。对没有按政策要求使用《目录》中产品的单位，由市监察局、市效能办对相关责任人进行责任追究和效能问责。

四、扶持工业产品拓展市场

1. 根据《福建省人民政府办公厅关于支持工业企业开拓市场六条措施的通知》（闽政办〔2013〕90 号）要求，鼓励和支持我市工业企业开拓市场，积极帮助企业争取省级资金扶持。

2. 鼓励上下游协作配套，互采互用。支持电子信息、环保设备、工程机械、输变电设备生产企业采购使用《目录》中终端产品，对首次采购金额达 100 万元以上，按采购总价 2% 给予采购单位补助。

3. 鼓励《目录》内名优产品进驻各大型连锁经营零售企业。对名优产品首次进入实行全国统一采购配送的国内外大型连锁经营零售企业，且第一年度销售总金额超过 500 万元的，奖励名优产品生产企业 20 万元。

4. 搭建供需对接平台。在每年“5·18”商品交易会上免费为《目录》内名优产品生产企业提供一千平方米以上场地设立展销专区，并逐年递增。支持组织开展面向本市重点用户、重点项目的输变电设备、汽车、新型建材、新能源装备、节能环保装备、电子信息产品等推介会。

5. 支持我市工业企业参加全国性、区域性的大型专业展会。对市政府及上级主管部门要求组织参展以及友好协作城市邀请我市参展，给予展位费全额补助，并根据实际支出给予不超过 10 万元的特装补助（专项用于整体展示福州产品形象）和不超过 2 万元的宣传补助，给予牵头单位上述三项补助总额 20% 的组织管理费补助；对经委根据企业申请牵头组织的抱团（参展企业 5 家以上，含 5 家）参展（广交会除外），给予展位费 80% 的补助，并给予牵头单位展位费总额 15% 的组织管理费补助。

6. 加强展销活动的组织管理。由市开拓办负责整合展会资源，会同市财政局提出年度专项资金使用计划，报经市政府同意后实施。

五、加大宣传力度

在全市开展“爱我福州、爱我企业、爱我产品”活动，增强城市荣誉感，鼓励机关、企事业单位和广大市民使用本地名优产品。由市宣传部门牵头组织在《福州日报》《福州晚报》《福州人民广播电台》《福州电视台》等媒体上开辟专栏，宣传本地名优产品及其生产企业，提高影响力和知名度。

六、加强监督管理

海关、商检、工商、质监等相关部门密切配合，加强对市场商品质量的监督检查，进一步规范流通秩序，保护名优产品，打击假冒伪劣，制止低价倾销等不正当竞争行为。同时对《目录》产品加强监管，及时淘汰不符合质量标准和违反相关规定的企业和产品。

本意见自发文之日起施行，有效期至 2015 年 12 月 31 日止。原榕政办〔2009〕10 号文同时废止。本意见由市开拓办负责解释。

附件：福州市支持工业产品开拓市场工作领导小组成员名单

福州市支持工业产品开拓市场工作领导小组成员名单

组　长：陈大强　市委常委、常务副市长

副组长：游通铃　市政府副秘书长

陈继鹏　市经委主任

成　员：市委宣传部、市效能办、市经委、市发改委、市城乡建委、市交通委、市监察局、市财政局、市审计局、市质监局、市工商局、市商贸服务业局、市国税局、市地税局以及各县（市）区政府分管领导

市领导小组下设办公室（简称“市开拓办”），挂靠市经委，办公室主任由市经委分管主任担任。市开拓办负责领导小组议定的各项政策具体协调落实；负责组织协调全市工业产品开拓市场相关工作；制定并下达工业产品开拓市场工作目标任务；编制《福州市工业产品推荐使用目录》；搭建福州工业产品供需平台，不定期发布供需信息，引导福州市建设项目使用《目录》推荐的工业产品。

福州市人民政府关于印发《福州市进一步促进服务外包产业发展的若干意见》的通知

榕政综〔2013〕160 号

（2013 年 8 月 13 日）

各县（市）区人民政府，市直各委、办、局（公司）：

《福州市进一步促进服务外包产业发展的若干意见》已经市政府研究同意，现印发给你们，请认真贯彻执行。

福州市进一步促进服务外包产业发展的若干意见

为贯彻落实《国务院办公厅关于进一步促进服务外包产业发展的复函》（国办函〔2013〕33 号）及《福建省人民政府关于促进服务外包加快发展的若干意见》（闽政〔2012〕44 号）精神，加速我市服务外包企业的转型升级，提升国际竞争力，现就进一步促进我市服务外包产业发展提出如下意见：

一、提高认识，加强组织领导

（一）发展服务外包有利于加快我市现代服务业发展，提升自主创新能力。积极承接国际服务外包，是福州市与国际经济接轨，提升产业结构、增强城市竞争力的重要途径。

（二）成立福州市服务外包发展领导小组，由常务副市长任组长，分管副市长任副组长，相关部门负责同志参加，负责研究和协调全市服务外包发展的重大问题。领导小组办公室设在市外经贸局，负责日常工作。

二、制定规划，明确工作目标与重点

(三)服务外包产业发展的工作目标。

制定《福州市服务外包中长期发展规划》,紧紧抓住国际服务外包市场转移的机遇,充分利用和发挥我市作为区域性和海峡西岸省会中心城市的综合优势,把服务外包作为全市现代服务业发展的重要方向,着力打造产业集中、特色鲜明的服务外包集聚区;引进一批国内外大型外包企业,培育一批具有自主知识产权和自主品牌的本地服务外包骨干企业,把福州建设成为国际一流的服务外包基地。至2015年建成6个具有一定规模、各具特色的服务外包产业聚集区;吸引15家以上跨国服务外包公司落户福州;从事服务外包业务的专业人才超15万人;离岸服务外包出口额超10亿美元;培育100家取得国际认证资质的服务外包企业,其中5家以上营业额超10亿元,3家以上离岸服务外包出口额超1亿美元,2家以上对台承接离岸服务外包额超300万美元,5家以上人数超过5000人。

(四)服务外包产业发展的重点领域。

根据我市服务外包产业现状,今后我市要着力发展以下具有比较优势的服务外包:

1. 工业、工程设计服务外包;

2. 移动互联、物联服务外包;

3. 信息技术服务外包;

4. 生物医药研发服务外包;

5. 动漫游戏研发服务外包;

6. 软件技术服务外包。

(五)深化榕台服务外包合作。

突出我市对台区位和海峡西岸省会中心城市的综合优势,力争使我市在榕台物流、信息、金融等服务领域合作实现新突破。鼓励台湾知名大企业集团在我市设立地区总部、研发中心、采购中心、营销中心等。探索闽台两岸金融交流与金融服务外包合作发展方式。联手建设海峡西岸服务外包示范区。

三、设立专项资金,扶持服务外包产业发展

(六)设立服务外包专项扶持资金。至2015年,全市每年投入1亿元,专项用于:国家、省扶持资金的配套;鼓励引进服务外包企业;支持企业承接国际外包业务和国际市场推广活动、项目研发、专业人才培养培训、专业国际认证;自主知识产权和自主品牌培育;公共技术和服务平台的建设和维护;示范园区建设等。

(七)享受扶持政策的服务外包企业须具备以下条件,服务外包专项资金具体管理办法,由市财政会同市外经贸局另行制定。

1. 符合《福州市服务外包企业认定管理办法》(另行制定)要求;

2. 企业中具备大专以上学历的员工占企业职工总数50%以上;

3. 企业年离岸服务外包业务收入在20万美元(含)以上或企业年在岸服务外包收入1000万元(含)以上。

四、实施服务外包业务奖励制度

(八)实施服务外包业务地方税收贡献奖励。

开展服务外包业务的企业,在本市辖区内纳税的,按企业新增地方税收贡献额,给予30% ~50%的奖励,根据属地原则,由企业所在县(市、区)财政负责兑付。

(九)实施离岸和台湾地区服务外包业务奖励。

鼓励服务外包企业发展离岸服务外包业务,其离岸服务外包业务比上年增长部分,给予每美元0.03元人民币的奖励,每家企业每年不超200万元;服务外包企业承接台湾地区服务外包业务并在当年实现收入300万美元以上的,再给予一次性奖励50万元。

五、强化服务外包人才引进和培养

(十)加大人才培训力度,构建完善的人才保障体系。

1. 对已获得商务部服务外包人才培训资金支持的服务外包企业、培训机构,按照国家对其人才培训的支持金额,给予1:1比例资金配套支持;

2. 未获得商务部服务外包人才培训资金支持的服务外包企业,对新录用大专以上学历员工进行岗前业务技能培训,并签订1年以上《劳动合同》的,按每人4500元给予补助,每家企业最高不超过30万元。

(十一)鼓励服务外包企业积极引进高层次优秀人才。对引进的高层次紧缺人才和行业领域中有突出贡献的领军人物,按照市政府印发的《福州市引进高层次优秀人才暂行办法》(榕政综〔2009〕66号)精神,在子女入学、安家补贴等方面予以落实相关政策待遇。

六、加快公共服务平台建设

(十二)鼓励服务外包企业创建公共服务平台。

1. 对经市外经贸局备案审查,在境外设立研发中心、接单中心与运营维护机构的企业,给予10万元的一次性奖励,每个境外国家或地区仅限一次;

2. 鼓励企业与国内高校院所共同建设我市区域内所有服务外包企业都可以使用的公共服务平台,新通过省级和市级认定的,按照市政府印发的《福州市创建国家创新型城市若干配套政策》(榕政综〔2011〕54号)的规定,分别给予50万元和30万元的一次性奖励。

七、加快服务外包园区建设

(十三)鼓励服务外包企业自筹资金建设服务外包园区(认定办法另行制定),建筑面积在5万平方米以上的,对建设办公及研发用房、员工宿舍和公寓、工作和生活配套设施等发生的建设项目贷款利息,可给予投资主体不超过50%的贷款贴息扶持,年贴息额最高不超过100万元,贴息期限不超过三年;对服务外包园区发生的规划费用和公共技术平台、公益性基础设施、培训平台的建设费用,按不超过其实际投资额的5%给予资助,资助金额最高不超过200万元。

八、积极开拓服务外包市场

(十四)鼓励服务外包企业申请相关国际资质认证。

对当年获得人力资源成熟度模型(PCMM)认证、信息安全管理标准(ISO27001/BS7799)认证、IT服务管理(ISO20000)认证、服务提供商环境安全(SAS70)、P-MARK/PIPA以及系统集成资质等认证的企业,根据认证类别的合理成本确定补贴金额,原则上不超过认证费用的50%,单个项目最高50万元。对当年取得多项国际认证和认证升级的软件和服务外包企业,最多资助不超过三项。

(十五)鼓励企业积极参加招商、展览活动,服务外包企业参加市政府组织的境内外服务外包专业会议、展会或招商活动的,可按规定享受财政资金扶持。

九、提升企业自主创新能力

(十六)对服务外包企业创建研发中心、技术中心等研发机构,新通过国家级、省级和市级认定的,按照市政府印发的《福州市创建国家创新型城市若干配套政策》(榕政综〔2011〕54号)的规定,分别给予100万元、30万元和10万元的一次性奖励。

(十七)鼓励服务外包企业开发具有自主知识产权的技术或产品,对服务外包企业专利申请的资助,按市政府印发的《福州市扶持和培育自主知识产权奖励办法》(榕政综〔2008〕63号)的规定予以资助;对具有突破性的自主创新成果,按照市政府印发的《福州市创建国家创新型城市若干配套政策》(榕政综〔2011〕54号)的规定,获得国家科技进步一、二等奖第一完成单位的我市企业,给予100万元的研发经费支持,获得福建省科技进步一等奖、二等奖的第一完成单位的我市企业,分别给予30万元、15万元的研发经费支持。

(十八)服务外包企业研究开发新产品、新技术、新工艺所发生的研发费用,未形成无形资产的计入当期损益,在按规定据实扣除的基础上,按研究研发费用的50%加计扣除;形成无形资产的,按无形资产成本的150%摊销。服务外包企业为完成特定服务外包项目,聘请海外留学人员和国内享受政府特殊津贴专家所支付的咨询费、劳务费可计入成本。

十、加大融资扶持力度

(十九)建立"贷款风险补偿资金池",为中小型服务外包企业提供融资担保服务。采取政、银、企合作的方式,设立"贷款风险补偿资金池",由银行对入池企业适当降低贷款抵质押或担保比例并提供优惠贷款利率,扶持中小型服务外包企业发展。

十一、深化服务外包统计信息工作

(二十)建立服务外包统计指标体系,对遵守国家统计制度、按月登录商务部"服务外包及软件出口信息管理系统"(http://www.fwwb.gov.cn)、按时向外经贸部门提供统计资料、报送全面统计信息的服务外包企业和培训机构,给予一定的年度统计工作补贴。

本意见自发布之日起执行至2015年12月31日,同时《福州市促进服务外包产业发展若干意见的通知》(榕政综〔2008〕210号)废止。未尽事宜,按法律、法规、规章及相关规定执行。

福州市人民政府关于印发福州市规范农村住宅建设规划用地管理的实施意见的通知

榕政综〔2013〕164号

(2013年8月21日)

各县(市)区人民政府,市直各委、办、局(公司):

《福州市规范农村住宅建设规划用地管理的实施意见》已经市政府2013年8月5日第19次常务会议研究同意,现印发给你们,请认真贯彻执行。

福州市规范农村住宅建设规划用地管理的实施意见

为进一步规范我市农村村民住宅建设规划用地管理工作,引导村民有序开展住宅建设,改善农村人居环境,根据《中华人民共和国城乡规划法》、《中华人民共和国土地管理法》、《福建省农村村民住宅建设用地管理办法》(闽政〔2004〕21号)、《福建省农村村民住宅建设管理办法》(闽政办〔2011〕189号)等相关法律法规及政策规定,结合我市实际,制定本实施意见。

一、适用范围

本实施意见适用于我市行政区域内行政村村民新建、原址拆建住宅的用地、规划、建设和产权登记管理。已完成村改居的村和已纳入市"三旧"改造范围的行政村,其住宅规划建设不适用本实施意见。

二、农村村民住宅规划建设管理机构

县(市)区人民政府、乡镇人民政府(街道办事处)负责本行政区域内农村村民住宅规划建设工作,并指定一个职能部门作为牵头部门,负责农村村民住宅规划建设日常事务。牵头部门在县(市)区、乡镇(街道)行政服务中心(便民服务中心)设置专门窗口集中收案,受理本行政区域内农村村民住宅建设申请。对农村村民住宅规划建设事务实行"集中式管理",统一收案、集中分案、并联审批、跟踪督办、统一监管。

属利用原宅基地改建的,不需办理用地批准手续,直接办理规划建设许可手续,由乡镇人民政府(街道办事处)行政服务中心(便民服务中心)受理。属新建、扩建的,由县(市)区级行政服务中心或者受委托的乡镇人民政府(街道办事处)行政服务中心(便民服务中心)受理。乡镇人民政府(街道办事处)尚未设立行政服务中心(便民服务中心)的,由牵头部门负责受理。

三、农村村民自建住宅申请条件

(一)村民建房申请应当符合下列条件之一:

1. 因无住宅或现有住宅宅基地面积明显低于法定标准,需要新建或扩建住宅的;

2. 同户中兄弟姐妹或者子女已达到法定结婚年龄要求分户的;

3. 因国家或者集体建设、实施镇乡、村庄规划以及进行公共设施与公益事业建设,需要拆迁安置的;

4. 因发生或防御自然灾害,需要安置的;

5. 原有住宅属D级危房需要拆除重建的;

6. 向中心村、集镇、小城镇或者农村住宅小区集聚的;

7. 县(市)区人民政府规定的其他情形。

(二)村民建房申请有下列情形之一的,不予批准:

1. 现有宅基地面积虽明显低于法定标准,但现有人均住宅建筑面积超过60平方米的;

2. 分户前人均住宅建筑面积已超过60平方米的;

3. 年龄未满18周岁的;

4. 不符合镇乡、村庄规划和镇乡土地利用总体规划的;

5. 将原住宅出卖、出租、赠与或改作生产经营用途的;

6. 不符合"一户一宅"政策规定的。

四、农村村民申请住宅建设程序

(一)村民委员会在县(市)区人民政府、乡镇人民政府(街道办事处)的指导下,制定本行政村宅基地使用方案。鼓励集约节约用地、统一建设农民公寓。宅基地使用方案应明确宅基地分配原则、公共设施配套、住宅空间布局形式、本村村民申请宅基地应当具备的条件、批准标准等内容,并应按照《中华人民共和国村民委员会组织法》要求召开村民会议表决通过。

(二)村民以户为单位向所在的村民委员会提出建房申请。并提交以下材料:

1. 村民住宅建设和用地申请表一式五份;

2. 户口簿及家庭成年成员的身份证影印件;

3. 申请人同意退出原使用的住宅用地并交由村民委员会或村民小组重新安排使用的承诺书(没有旧住宅的除外);

4. 属危房改建的,应提供原住宅权属证明以及危房鉴定部门或村镇建设管理机构出具的危房鉴定书;

5. 拟建房屋与相邻建筑毗连或者涉及公用、共用、借墙等关系的,应当取得各所有权人一致同意,并签订书面协议或者在申报图纸(含四至范围)上签字确认,协议应当经过当地村委会见证或者依法公证;

6. 具有相应资质的建筑设计单位、具备注册执业资格的设计人员绘制的设计图,或者选用标准通用图;

7. 出具符合"一户一宅"的保证书。

(三)村民委员会根据已通过的本行政村宅基地使用方案对村民申请进行审核,出具审核意见。

(四)由村民委员会在村内将申请建房村民的现居住情况及申请建房情况予以公示,属于原址拆建的,还应当同时公示原状建筑实测图(含四至图),公示期不少于15日。如无异议,村民委员会出具审核意见。

(五)申请人或村民委员会持申请材料报所在乡镇人民政府(街道办事处)审核,乡镇人民政府(街道办事处)根据经批准的城乡规划,在5个工作日内加具审核意见。

(六)申请人持申请材料向县(市)区或乡镇人民政府(街道办事处)行政服务中心(便民服务中心)的政务窗口递交资料。村民也可委托村民委员会递交资料。

申请材料存在可以当场更正的错误的,应指导当场更正;申请材料不齐全或者不符合法定形式的,应当场或者在5个工作日内一次告知申请人需要补正的全部内容,逾期不告知的,自收到申请材料之日起即为受理;申请材料齐全、符合规定,或者申请人按照要求提交全部补正材料的,应予受理。

(七)政务窗口受理或者不予受理农村村民住宅建设申请,应出具加盖专用印章的书面凭证,注明收案日期和办结日期。

(八)政务窗口受理村民住宅建设申请后将材料递交牵头部门。牵头部门经初步核查后,将申请材料分送国土、规划、建设等相关行政主管部门,实行联合办理、并联审核。

1. 国土资源部门负责审查:

(1)是否符合"一户一宅"的规定;

(2)是否符合镇乡土地利用总体规划;

(3)是否已完善用地手续;

(4)是否违法用地及是否已查处结案;

(5)是否位于地质灾害危险区域;

(6)其他法律、法规、规章中要求审查的内容。

2. 城乡规划部门负责审查:

(1)是否符合城乡规划;

(2)建筑基底面积及建筑面积是否超过法定标准;

(3)建筑间距、建筑外立面、建筑高度以及房屋使用功能等是否符合规划设计要求;

(4)是否有违反规划许可建设行为及是否已查处结案;

(5)其他法律、法规、规章中要求审查的内容。

3. 建设部门负责审查:

(1)是否直接选用《美丽乡村民居设计图集》的方案。

(2)自行委托建筑设计单位或设计工程师进行设计的,设计单位需持有效资质,设计工程师需持执业资格,所设计图纸符合规范要求。

(3)其他法律、法规、规章中要求审查的内容。

4. 涉及农业、林业、水利等行政主管部门需要审查的内容,由牵头部门会同相关行政主管部门办理。

(九)农村村民住宅建设申请应自政务窗口受理申请之日起30个工作日内办结(依法办理农用地转用审批的期限除外)。其中,相关行政主管部门应在20个工作日内依法作出审核、审批决定;如各行政主管部门均审核、审批通过的,在10个工作日内,规划部门发放乡村建设规划许可证;建设部门发放施工许可证;属新建、扩建的,国土部门发放《建设用地批准书》。相关行政主管部门在20个工作日内不能作出审核决定的,经本级人民政府负责人批准,可以延长15个工作日,并应将延长期限的理由通过受理窗口告知申请人。

申请人的申请符合法定条件、标准的,各行政主管部门应当依法作出同意申请的审核、审批决定。如行政主管部门依法作出不同意申请的审核、审批决定的,应当说明理由,并告知申请人享有依法申请行政复议或者提起行政诉讼的权利。

牵头部门跟踪督办案件的办理情况,在规定时限内收集各行政主管部门的审核、审批决定。在联合审核过程中,牵头部门可以组织相关行政主管部门对农民建房有关问题进行会审,相关行政主管部门视审核需要可到申请人拟建住宅现场开展踏勘等工作。

(十)牵头部门收集、综合各行政主管部门的审核、审批决定,填写农村村民住宅建设申请审核情况汇总表。如各行政主管部门均审核通过,规划、国土、建设部门应在规定时限内完成制作乡村建设规划许可证、建设用地批准书、施工许可证,并交牵头部门。

(十一)牵头部门将审批资料交由受理窗口发还给申请人。

五、农村村民住宅建设、监管和验收

(一)农村村民住宅的建设,由村民选择具有施工资质的单位或具有注册建造师、监理工程师执业资格的个人及其组织的施工队伍承接工程施工及相关管理工作,并依法承担相应的质量安全责任。

(二)施工单位、个人应当按照有关施工技术标准、规范、规程进行施工,使用符合工程质量要求的建筑材料、建筑构配件和设备,保证工程质量和安全。有关行政主管部门、乡镇人民政府或街道办事处应安排工作人员或技术人员定期和不定期对村民住宅建设进行巡查,并对工程质量、工程安全进行监管和指导。

(三)农村村民住宅建设完工后,应当持以下资料向规划部门申请竣工规划验收。

1.《乡村建设规划许可证》。

2.竣工图。如住宅建设没有变更或者变更不涉及主体结构的,可以施工设计图作为竣工图;如采用《美丽乡村民居设计图集》的方案进行施工的,应提供方案中的设计图。

3.规划验收申报表。

规划部门应当会同乡镇人民政府(街道办事处)、国土部门实施规划验收,并自受理之日起15个工作日内完成审核,作出验收合格或者不合格的决定。验收合格的,出具规划验收合格证。

六、住宅建设涉及农用地转用的审批

在土地利用总体规划确定的镇乡、村庄建设用地区范围内申请住宅建设用地,涉及办理农用地转用的,由县(市)区行政服务中心统一受理,并联办理,并按批次以县(市)区人民政府名义组卷报市国土资源局审核,由市人民政府审批农用地转用审批手续。

七、农村村民住宅产权登记与发证

申请人备齐产权登记资料向国土资源、房管部门申请办理土地、房产登记。涉及违法建设的,需提交执法部门出具的违法建设处理决定书及查处结案材料,方可办理产权登记。

八、监督和检查

(一)市规划、国土、建设、市容等部门是我市农村村民住宅规划建设管理的主管部门,应在各自职权范围内加强我市农村村民住宅规划建设管理、指导工作。

(二)县级规划、国土、建设、城管执法局负责具体指导及办理所在本行政区域内农村村民住宅的规划、国土、建设、执法工作。

(三)各县(市)区人民政府、乡镇人民政府(街道办事处)和各部门应积极、稳妥、快速处理农村村民住宅规划建设过程中的各种问题和投诉。各县(市)区人民政府、乡镇人民政府(街道办事处)指定的牵头部门是行政区域内农村村民住宅规划建设管理牵头部门,负责协调本地区的农村村民住宅规划建设管理工作。投诉的受理和处理遵循"向谁投诉,由谁负责答复"的原则,涉及其他单位的,应转其他单位办理后再由本单位回复投诉人,或者把其他单位的投诉方式告知投诉人。

(四)各县(市)区人民政府及各乡镇人民政府(街道办事处)应当加强对本行政区域内农村村民建房活动的监督检查,严格执行本实施意见的规定,发现有未取得规划许可或未按许可内容进行建设的,应根据《中华人民共和国城乡规划法》第六十四条、第六十五条规定处理。

九、鼓励及保障政策

(一)鼓励城乡建设用地增减挂钩服务农村住房建设。对空心村、空心房、危旧房等农村宅基地重新规划、整治,一部分复垦为耕地,一部分改建为新村。复垦新增耕地形成的挂钩指标用于城镇建设的,应从土地出让金收益中转移部分资金到农村,支持农村建设发展。在项目实施上,利用增减挂钩以及其他渠道筹集的资金,统一规划设计、统一提供宅基地并统一建房、统一基础设施和公共设施建设。

(二)乡镇人民政府(街道办事处)应通过配套完善公共设施,使农村道路、通信、绿化、卫生院、文化站等公共设施有根本的改观,促进群众生活条件明显改善。

(三)村民经批准使用集体土地建设住宅,只需向农村集体经济组织或者村委会支付土地补偿费用。对原旧住宅进行原址翻建、申请新的住宅用地后将原旧住宅用地退还村集体经济组织的,不缴纳土地补偿费用。村委会或村集体经济组织收取的土地补偿安置费用,应当用于本村基础设施、公共服务设施建设,或者用于发展生产,安置或者补偿被用地农业人口,不得侵占、挪用或者以其他形式非法使用。

(四)农村住宅建设使用村民承包地的,所在地村委会或者村集体经济组织应当调整数量、质量相当的土地归原承包方继续承包经营;没有条件调整承包地的,村委会或者负责拆迁安置的单位应当依照法定征地补偿标准和办法,向原承包人支付补偿安置费用。补偿安置费用由建房户分摊缴纳。

(五)农村住宅建设小区涉及跨村使用土地的,由乡镇人民政府召集相关村充分协商,进行土地权属置换,置换后的集体土地所有权可确定为乡镇集体所有或村集体所有。置换中涉及原土地所有权人或原承包人的土地减少的,使用土地的村民委员会或者负责拆迁安置的单位应当依照法定征地补偿标准和办法,向原土地所有权人或原承包人支付补偿安置费用。补偿安置费用由建房户分摊缴纳。

(六)县(市)区规划建设管理部门和乡镇人民政府(街道办事处)应当及时提供技术指导服务,免费提供住宅通用图纸,加大技术宣传力度,主动向村民宣传住宅小区规划、建房技术标准、质量安全要求、减灾防灾知识、生态环境保护和配套设施建设等相关规定。

福州市人民政府印发《关于加快推进电子商务产业发展的实施办法(试行)》的通知

榕政综〔2013〕167号

(2013年8月21日)

各县(市)区人民政府,市直各委、办、局(公司):

《关于加快推进电子商务产业发展的实施办法(试行)》已经市政府2013年第18次常务会议研究同意,现印发给你们,请结合各自实际,认真贯彻执行。

关于加快推进电子商务产业发展的实施办法(试行)

为进一步加快我市电子商务产业发展,促进经济结构调整和发展方式转变,充分发挥政府对产业的政策引导作用,特制定本办法。

第一条 本办法适用范围:在我市已依法取得工商营业执照,并在税务部门登记纳税,具有独立法人资格,从事或应用电子商务的企业(单位);承建电子商务产业园区或集聚区的企业或机构。

第二条 凡在我市已依法注册取得营业执照且开展电子商务经营活动的企业,不需要重新登记注册;对传统农、工、商贸、高新技术和战略性新兴产业的企业应用或转型开展电子商务平台运营及相关服务的经营者,可依申请放宽工商核定的经营范围。

第三条 允许电子商务经营者登记个性化的企业名称(包括以自有网站中文域名在内的个性化词语作为企业名称[商号]);对从事电子商务经营活动的企业或经营者,允许在符合条件的集中办公区域或产业园区(基地)内一幢楼宇登记多家企业。

第四条 对引进的海内外电子商务知名专家、行业领军人才、高级技术人才,参照《福州市引进高层次优秀人才暂行办法》(榕政综〔2009〕66号)享受创业、教育、医疗、投融资担保以及个人住房、子女入学、学术研修津贴补助等优惠政策。

第五条 对新通过国家级、省级认定的电子商务研究中心、电子商务公共数据服务中心、电子商务培训基地等电子商务研究开发及培训机构,分别一次性给予100万元、30万元的奖励;对在我市启动运营并获批的国家、省级的电子商务相关研究(认定)中心、工程实验室、试点项目等,按国家、省级补助金额的1: 1和1: 0.5给予配套扶持,但各级财政累计补助资金不超过项目总投资的50%。

第六条 对利用旧的标准厂房、商务楼宇进行提升改造,或新建电子商务园区(基地),并用于电子商务企业租赁使用的,单个工程项目面积达到1万平方米以上,具备电子商务企业运营所需的配套服务设施,吸纳电子商务企业数达到30家以上且入驻面积超过80%,注册到资达3亿元及以上,实际运行一年以上,按照其工程实际投入的20%给予一次性补助,最高不超过100万元;单个工程项目面积达到3万平方米以上,具备电子商务企业运营所需的配套服务设施,吸纳电子商务企业数达到70家以上且入驻面积超过80%,注册到资达7亿元及以上,实际运行一年以上,按照其工程实际投入的30%给予一次性补助,最高不超过300万元。对入驻上述专业楼宇和园区(基地)的电子商务企业,给予适当的租金补贴,补贴期限三年。

第七条 在符合土地利用总体规划、城市建设总体规划及纳入土地利用年度计划的前提下,对电子商务产业园区(基地)、电子商务重点项目优先安排用地指标,其出让底价根据相应的土地用途的基准楼面地价确定,但不得低于土地取得费、前期开发费及出让规费之和。

第八条 对国内外知名电子商务企业到我市建立企业总部或区域总部(运营中心)并将注册、纳税地迁入我市,其实际到位注册资本金不低于1000万元,在我市年纳税地方留成部分达100万元及以上的企业,一次性给予100万元补助。对台湾地区投资者到我市建立企业总部或区域运营中心并将注册、纳税地迁入我市的,其实际到位注册资本金不低于500万元,在我市年纳税地方留成达50万元及以上的企业,一次性给予50万元补助。

第九条 对在我市建立第三方支付总部、两岸跨境支付总部并将注册、纳税地迁入我市从事国内网络支付(包括货币汇兑、互联网支付、移动电话支付、固定电话支付、数字电视支付等第三方支付业务)、跨境结算与境内外银行卡收单业务并经中国人民银行批准获得《支付业务许可证》的企业,且日均资金流量不低于300万元的,给予300万元奖励(分三年兑付)。

第十条 电子商务企业年缴纳"三税"(营业税、增值税、企业所得税)地方留成部分首次超过100万元的,由企业所在县(市)区按地方留成部分的50%给予奖励。次年开始,按其缴纳"三税"地方留成新增部分的50%给予奖励。

第十一条 对在我市注册建立具有示范效应的第三方电子商务平台,年交易额达到3亿元及以上(通过网上支付工具结算金额),注册收费会员企业不少于1000户的,一次性给予100万元奖励。对在我市注册的工业企业运用电子商务平台年交易额首次突破1亿元(通过网上支付工具结算金额)的,一次性给予100万元奖励,奖励金额原则上不超过其当年缴纳流转税地方留成部分。

第十二条 对被授予国家级、省级的电子商务产业示范园区(基地),分别一次性给予100万元、50万元的奖励;对获批的国家、省级"电子商务重点示范企业",分别一次性给予30万元、10万元奖励。

第十三条 对为小微电子商务企业提供贷款、担保业务的小额贷款公司、担保机构,参照《福州市人民政府关于扶持小微企业发展的若干意见》(榕政〔2012〕9号)的规定,享受优惠政策。

第十四条 对在我市合作组建,并经国家或省批准成立的"新一代信息技术创投基金"和"电子商务创投基金"等基金,由市股投资金出资参与运作,持股比例根据实际确定。支持电子商务企业通过境内外证券市场上市融资,对符合条件的重点企业给予优先培育、优先推荐并办理有关手续。

第十五条 充分发挥行业协会、研究学会及产业联盟在沟通政府、联系企业、规范经营、推动转型等方面的桥梁与纽带作用;鼓励各行业协会建立为其行业服务的第三方电子商务公共服务平台。积极引导行业组织参与制定电子商务行业标准与诚信体系建设,逐步赋予行业组织一定的职业评价与管理职能。

第十六条 本实施办法的资金使用管理及认定办法另行制定。本实施办法涉及的奖励与补助资金按现行财政体制分级承担,纳税贡献奖励由各级财政按留成比例和奖励标准各自承担;其余奖励与补助资金,五城区企业由市、区财政各承担50%,七县(市)企业按财政体制由县(市)财政承担。

第十七条 本实施办法自发布之日起试行3年。

福州市人民政府关于印发加快闽台(福州)蓝色经济产业园发展若干意见的通知

榕政综〔2013〕214号

(2013年9月30日)

各县(市)区人民政府,市直各委、办、局(公司):

《关于加快闽台(福州)蓝色经济产业园发展的若干意见》已经市委2013年第27次常委会议、市政府2013年第18次常务会议研究同意,现印发给你们,请认真贯彻执行。

关于加快闽台(福州)蓝色经济产业园发展的若干意见

为加快闽台(福州)蓝色经济产业园发展,按照市委、市政府《关于在更高起点上加快建设"海上福州"的意见》文件精神,结合园区产业规划与发展定位,主动承接台湾产业转移,对接平潭综合实验区优惠政策,引导高端产业向园区集聚,促进周边地区联动发展,提升园区经济实力与发展后劲,现制定如下意见:

一、投资政策引导

1. 明确产业投资重点。重点发展临海装备制造产业,培育发展海洋生物产业,扶持发展海洋服务产业。

(1)临海装备制造产业:按照规模化、集约化发展的要求,引导海洋工程装备制造、海水淡化与综合利用装备制造、核电装备制造、海洋新材料制造、高端精密机械制造等重大产业项目向园区集聚发展,培育临海高端装备制造产业集群。

(2)海洋生物医药产业:重点跟踪国内外海洋生物医药产业发展动态,加强关键技术研发,加大海洋生物资源开发,重点发展海洋生物保健品、功能性食品与化妆品、海洋生物酶制剂研发利用,打造海洋生物产业技术研发、成果转化与产品生产基地。

(3)现代海洋服务产业:积极引进商贸、旅游、物流、会展服务业,探索利用平潭设立保税岛政策,促进保税产业外包服务的发展;探索允许台湾相关服务机构、人员在园区开展相关业务,推动海洋现代服务业集聚发展,形成以海洋文化创意、海洋信息服务、海洋科技服务为主导的园区现代海洋服务业发展体系,建成重要的现代海洋服务业集聚区。

2. 建立项目储备与推进机制。园区建立重点项目储备库,策划、生成、储备一批临海装备制造业、海洋生物产业、现代海洋服务业等项目。按照"投产一批、在建一批、开工一批"原则,做好重点项目跟踪服务,加快推进项目建设,培育新的经济增长点。对项目落地园区,符合国家产业政策、城乡发展规划、土地利用总体规划、节约集约用地用海等要求的海洋产业建设项目,优先列为省(市)重点项目或参照省重点项目管理办法,优先保障用地用海需求。

二、财政政策扶持

3. 专项资金扶持。积极争取福建省海洋经济发展专项资金支持园区海洋产业发展;福州市与福清市两级财政每年安排一定的资金和从园区产生的各项地方留成收益(土地出让收益除外)中提取20%,专项用于支持园区产业发展。

(1)对新入驻符合园区产业导向和入园条件的临海装备制造产业:自项目开工之日起两年内,实际完成投资在1亿~5亿元(含)的,给予企业1%的投资补助;实际完成投资在5亿~10亿元(含)的,给予企业2%的投资补助;实际完成投资10亿元以上的,给予企业3%的投资补助。

(2)对新入驻符合园区产业导向和入园条件的海洋生物医药产业:自项目开工之日起两年内,实际完成投资在1亿~3亿元(含)的,给予企业1%的投资补助;实际完成投资在3亿~5亿元(含)的,给予企业2%的投资补助;实际完成投资5亿元以上的,给予企业3%的投资补助。

(3)对新入驻符合园区产业导向和入园条件的海洋现代服务业(含工业设计等生产性服务业):自项目开工之日起两年内,实际完成投资在0.3亿~0.5亿元(含)的,给予企业1%的投资补助;实际完成投资在0.5亿~1亿元(含)的,给予企业2%的投资补助;实际完成投资1亿元以上的,给予企业3%的投资补助。

4. 财政资金引导。

(1)临海装备制造产业:总投资在1亿~5亿元(含)的,自项目投产当年起5年内,按缴纳税收地方留成部分比上年增加部分的30%给予奖励;总投资在5亿~10亿元(含)的,自项目投产当年起5年内,按缴纳税收地方留成部分比上年增加部分的50%给予奖励;总投资10亿元以上的,自项目投产当年起5年内,按缴纳税收地方留成部分比上年增加部分的80%给予奖励。

(2)海洋生物医药产业:总投资在1亿~3亿元(含)的,自项目投产当年起5年内,按缴纳税收地方留成部分比上年增加部分的30%给予奖励;总投资在3亿~5亿元(含)的,自项目投产当年起5年内,按缴纳税收地方留成部分比上年增加部分的50%给予奖励;总投资5亿元以上的,自项目投产当年起5年内,按缴纳税收地方留成部分比上年增加部分的80%给予奖励。

(3)现代海洋服务业(含工业设计等生产性服务业):总投资在0.3亿~0.5亿元(含)的,自项目投产当年起5年内,按缴纳税收地方留成部分比上年增加部分的30%给予奖励;总投资在0.5亿~1亿元(含)的,自项目投产当年起5年内,按缴纳税收地方留成部分比上年增加部分的50%给予奖励;总投资1亿元以上的,自项目投产当年起5年内,按缴纳税收地方留成部分比上年增加部分的80%给予奖励。

5. 创新政策扶持。鼓励园区企业自建或引进高校、科研院(所)在园区设立研发机构,对获批的国家级、省级涉海工程(重点)实验室、工程(技术)研究中心,分别给予100万元、30万元奖励(不重复补助)。对园区新通过国家级、省级认定的涉海科技企业孵化器,分别给予补助100万元、50万元,专项用于公共技术服务平台建设。对新通过省级、市级认定的涉海产业技术创新战略联盟,分别给予50万元、30万元奖励,用于产业关键共性技术研发。对首次获得省级海洋龙头企业称号的企业给予20万元奖励,对首次获得省"十佳"海洋龙头企业给予50万元奖励。园区对获得上述国家级荣誉的企业另行给予适当奖励。

三、金融政策支持

6. 扩大信贷规模。支持金融部门在园区设立各类分支机构,并给予用地或购房、租房优惠政策;落实福州市海洋与渔业局与中国民生银行福州分行签订的《关于推进福州市海洋产业发展战略合作框架协议》,推动民生银行福州分行支持海洋产业发展融资资金(100亿元)的一定比例投入园区。

7. 提供融资担保。落实福建省财政厅等五部门《关于进一步落实支持台资企业发展若干财税政策的通知》(闽财税〔2010〕67号),支持信用担保机构为园区台资企业提供融资担保。对为海洋生产性企业、涉海服务业提供融资担保的担保机构,分别按年度平均担保额的1.6%、1%给予风险补偿。

8. 拓展抵押贷款业务。加大对海洋产业融资支持,鼓励成长型海洋高新技术企业以知识产权质押融资;鼓励海洋企业发行企业债券、短期融资券和中期票据等。探索海洋中小企业发行私募债券,为中小型海洋企业提供信托贷款支持。鼓励海洋企业利用融资租赁实现设备升级改造。

四、税收政策扶持

9. 海洋高新企业。对以海洋新兴产业为主营业务的企业,被认定为高新技术企业的,执行15%的企业所得税税率;海洋企业新技术、新产品、新工艺的研发费用,按有关规定进行税前加计扣除,并按规定实行固定资产加速折旧。

10. 现代海洋服务业。对注册在园区的航运企业从事福州至台湾航运业务取得收入,适用增值税零税率;对注册在园区的保险企业向园区企业提供国际航运保险业务取得的收入,免征营业税;对服务外包企业因转让专利技术和非专利技术的所有权而发生的销售计算机软件的业务,不征收增值税;对离岸服务外包业务不征收营业税,职工教育经费不超过工资薪金总额8%的部分税前扣除。

五、要素保障政策扶持

11. 用地用海保障。优先保障重点项目建设用地指标,实行优惠地价政策,加快项目用地报批速度。

(1)园区开展土地管理改革试点,优先保障园区建设用地。对入驻园区的企业,符合国家产业政策,属于省、市鼓励发展、列入产业调整振兴规划的重大项目和省、市重点建设项目,可按不低于所在地土地等别相应《全国工业用地出让最低价标准》的70%确定土地使用权出让底价,但出让价格不得低于土地取得成本、前期开发成本和相关税费之和。

(2)加快编制区域用海建设规划,简化用海审批手续,提高海域使用审批效率。对列入省重点项目的园区企业用海,海域使用金省内部分减免30%。

(3)凡符合福州市总部企业认定条件的项目建设用地,按总部企业用地优惠政策执行。

(4)新建的生产型企业,且总投资20亿元以上或世界500强企业、国内100强企业、台湾100强企业且总投资10亿元以上的项目,在用地、供地、地价方面采取"一事一议"的方式,具体事项由园区研究后报福州市人民政府审定。

12. 企业人才保障。企业引进的各类人才符合《福州市引进高层次优秀人才暂行办法》规定的,经市政府认定后发放住房补贴、给予科研经费支持等。其子女入园、入义务教育阶段中、小学,由教育行政主管部门按其居住地就近统筹安排优质学校入学入园。加强高管人员激励,经认定的企业高管人员,按其上一年度所缴工薪个人所得税地方留成部分的50%返还,返还期不超过三年。

13. 鼓励企业自主创新。积极推进科技成果转化和产业化支撑平台,促成一批重大科技成果、重大技术专利产业化项目在园区内落地。加大企业自主创新扶持力度,引导企业加大创新投入。强化知识产权保护,支持企业形成自主知识产权,对企业专利申请和产业化按有关规定给予资金奖励。

14. 企业住房保障。积极帮助企业解决高管和员工住房问题,根据园区产业发展与空间布局规划,分期统筹安排建设人才公寓、员工公寓等配套公租房出租给符合条件的企业员工;同时允许有条件的企业自建职工宿舍和高层次人才住宅。

15. 基础设施保障。为支持园区发展,确保资金平衡,前五年将园区产生的各项收益(含建设期的建安税收、企业税收地方留成以及部分非税收入等)全部返还给园区,其中,20%部分集中设立园区产业发展基金,10%部分维持园区正常运转,70%部分用于园区基础设施建设和还本付息;园区产生的土地净收益全额用于园区基础设施建设和还本付息。同时,园区要进一步探索开发模式,加快基础设施建设。

16. 公共配套保障。按照园区总体规划,市属重点教育、医疗等机构应在园区设立分校、分院,满足园区公共配套服务的需要。

六、强化组织实施

17. 加强组织领导。成立园区管委会,按照"体制创新、先行先试"原则,明确园区行使市一级审批权限,加快推进园区开发建设。

18. 加大招商力度。市投资促进局、市经委、市外经贸局、市台办、市工商联等市直单位,要充分利用"三维"、"回归工程"等项目招商平台,整合招商资源,加大招商力度。对涉海有关产业项目的引进和招商,原则上优先推介和引导到蓝色经济产业园落地,确保园区尽快形成投资规模和产业集聚效应。对招商有功的单位或个人,依据市委、市政府《重大"三维"项目招商引资奖励办法(试行)》(榕委〔2012〕73号)文件要求,按照"就高不重复"原则给予奖励。

19. 强化项目服务。做实项目前期工作,各有关单位要主动承担重大项目的促批工作。建立项目报批"绿色通道"制度,简化项目审批程序,为项目提供"一站式"服务,实行项目全程代办制,包括工商注册、税务登记、规划、环保、立项、土地、施工、市政等。强化效能督查,实行“投诉即查”制度,建立高效廉洁的服务型园区。

20. 建立监督检查机制。园区管委会和市财政局要对园区发展专项资金实施全过程监督控制,把专项资金的审批分配、监督检查与绩效评价结合起来,建立健全科学、完善的财政专项资金监管制度,确保专项资金按规定用途合理使用。

七、落实奖励资金

21. 符合本意见的补助或奖励对象按从优、从高、同类别不重复计算的原则,享受奖励原则上每家企业的补助或奖励不超过其当年缴纳税收(企业所得税、增值税、营业税)地方财政留成部分。

22. 本意见中涉及税收分成的奖励金额由缴纳税收同级财政地方留成部分按比例兑现;其他单项奖励金额按照市委、市政府《关于加快建设“海上福州”配套政策措施的通知》(榕委〔2012〕71 号)等文件规定执行。

23. 本意见自发布之日起实行,有效期至 2017 年 12 月 31 日止,对有效期内符合条件但未完全享受优惠政策的企业可以继续享受。

福州市人民政府关于印发《福州市城乡居民社会养老保险实施办法》的通知

榕政综〔2013〕247 号

(2013 年 11 月 12 日)

各县(市)区人民政府,市直各委、办、局(公司):

《福州市城乡居民社会养老保险实施办法》已经市政府常务会议研究通过,现予以印发,请遵照实施。

福州市城乡居民社会养老保险实施办法

建立城乡居民社会养老保险制度,实现基本养老保险制度全覆盖,是全面建设小康社会的重要内容,也是促进社会公平正义的重大举措,对建立健全我市社会保障体系,维护社会稳定、促进社会和谐,实现城乡一体化社会养老保险具有十分重要的意义。根据《福建省人民政府关于城乡居民社会养老保险制度一体化的实施意见》(闽政〔2013〕15 号)精神,结合我市实际,制定本办法。

一、基本原则

城乡居民社会养老保险(以下简称居民保)的基本原则是“保基本、广覆盖、多层次、可持续”。一是从城乡居民实际出发,低水平起步,筹资标准和待遇标准要与经济发展及各方面承受能力相适应;二是个人(家庭)、集体、政府合理分担责任,权利与义务相对应;三是政府主导和居民自愿相结合,引导城乡居民普遍参保;四是根据中央和省确定的基本原则和主要政策,制定我市具体的实施办法,对参保居民实行属地管理。

二、任务目标

建立个人缴费、集体补助、政府补贴相结合的居民保制度,实行社会统筹与个人账户相结合,与家庭养老、社会救助、社会福利等其他社会保障政策措施相配套,保障我市城乡居民老年基本生活,基本实现居民保制度全覆盖。

三、参保范围

年满 16 周岁(不含在校学生)、未参加城镇职工基本养老保险的城乡居民,可以在户籍所在地自愿参加居民保。

四、基金筹集

居民保基金主要由个人缴费、集体补助、政府补贴构成。

(一)个人缴费

参加居民保的参保居民应当按规定缴纳养老保险费。缴费标准目前设为每年 100~2000 元,以每 100 元为一个缴费档次,共 20 个档次,参保居民自主选择,多缴多得。各县(市)区可根据当地实际情况增设缴费档次。缴费档次将根据我省调整情况,结合我市城乡居民人均纯收入增长等因素作适时调整。

(二)集体补助

有条件的村(社区)可对参保居民缴费给予补助,补助标准由集体研究民主确定。鼓励其他经济组织、社会公益组织和个人为参保居民缴费提供资助。

(三)政府补贴

一是政府对符合领取条件的参保居民全额支付城乡居民养老保险基础养老金。

二是政府对参保居民缴费给予补贴。补贴标准为每人每年不低于 30 元。对选择较高缴费档次的,政府给予适当增加补贴;选择缴费档次 100 元的,政府补贴标准为每人每年 30 元;每提高一个缴费档次,政府补贴标准增加 5 元,最高不超过 85 元(即缴费档次达 1200 元及以上,政府补贴均为每人每年 85 元)。居民保制度实施时 46~59 周岁的参保居民,应按年缴费,到 60 周岁办理养老金领取手续前,允许其一次性补缴不足 15 年的部分,补缴部分政府给予相应补贴。

三是对重度残疾人,政府为其代缴最低标准养老保险费(即每人每年 100 元,不负担补缴部分金额);对低保户,及计生对象中独生子女死亡或伤残、手术并发症人员、非重度残疾人、重点优抚对象等缴费困难群体,政府为其代缴 50% 的最低标准养老保险费(即每人每年 50 元,不负担补缴部分金额)。允许缴费困难群体个人增加缴费,缴费后按照相应档次予以缴费补贴。

四是对农村 45~59 周岁生育两个女孩或生育一个子女的夫妻,以及城镇 45~59 周岁生育一个子女的夫妻,在选择不同缴费档次予以相应缴费补贴的基础上,再增加 20 元缴费补贴。

各级财政政府补贴分担比例。居民保基础养老金和个人缴费等项目政府补贴,除中央和省级财政补助外,市财政对鼓楼、台江、仓山、晋安、马尾五城区给予 50% 补助,对闽清、永泰两县给予 40% 补助,其他县(市)不补助。各县(市)区可根据实际情况提高基础养老金和个人缴费补贴标准,提高部分所需资金由当地财政承担。

五、账户管理

经办机构为每个参保居民建立终身记录的养老保险个人账户。个人缴费,集体补助及其他经济组织、社会公益组织、个人对参保居民缴费的资助,地方政府对参保居民的缴费补贴,全部记入个人账户。个人账户储存额目前每年参考中国人民银行公布的金融机构人民币一年期存款利率计息。

参保居民在缴费期死亡的,个人账户资金,可以依法继承;参保居民在领取期死亡的,除个人账户资金余额可以依法继承外,同时按上个月全市统一确定的最低基础养老金标准的20个月给予丧葬补贴。

六、养老金待遇

居民保养老金待遇由基础养老金和个人账户养老金组成,支付终身。

基础养老金标准最低为每人每月85元,对于缴费年限超过15年的参保居民,缴费每增加1年月基础养老金增加5元。个人账户养老金月计发标准为个人账户全部储存额除以139。

七、养老金待遇领取条件

年满60周岁、未享受国家法定退休保障待遇的城乡居民和老年生活保障金的无力参保县及以上集体所有制企业退休人员,且具有当地户籍,满足以下三个条件之一的参保居民,可以按月领取养老金。参保居民从其办理领取养老金手续的次月起享受养老金待遇。

(一)新农保或城居保制度实施时,已年满60周岁,不用缴费,可以按月领取基础养老金。

(二)新农保或城居保制度实施时,未满60周岁,距领取年龄不足15年的,应按年缴费,也允许补缴,累计缴费不超过15年;若未按年缴费,60周岁前应补足中断缴费年限,补缴部分不享受政府补贴。未补足中断缴费年限的,个人账户存储额扣除政府补贴部分后予以一次性支付,不享受基础养老金待遇。

(三)新农保或城居保制度实施时,未满60周岁,距领取年龄超过15年的,应按年缴费,累计缴费不少于15年;若中断缴费,累计缴费不足15年的应补足15年,补缴部分不享受政府补贴。未补足15年的,个人账户存储额扣除政府补贴部分后予以一次性支付,不享受基础养老金待遇。

八、待遇调整

居民保基础养老金根据我市经济发展和物价变动等情况,适时给予调整。

九、基金管理

建立健全居民保基金财务会计制度。居民保基金纳入社会保障基金财政专户,实行收支两条线管理,单独记账、核算,按国家有关规定实现保值增值,任何部门不得挤占、挪用。

十、基金监督

人力资源和社会保障部门要切实履行居民保基金的监管职责,制定完善居民保各项业务管理规章制度,规范业务程序,建立健全内控制度和基金稽核制度,对基金的筹集、上解、划拨、发放进行监控和定期检查,并定期披露居民保基金筹集和支付信息,做到公开透明,加强监督。财政、监察、审计部门按各自职责实施监督,严禁挤占挪用,确保基金安全。居民保经办机构和村(居)民委员会每年在行政村(社区)范围内对参保居民缴费和待遇领取资格进行公示,接受群众监督。

十一、加强经办能力建设

各县(市)区要建立统一的居民保信息管理系统,纳入社会保障信息管理系统(金保工程)建设,并与其他公民信息管理系统实现信息资源共享。要加强村级金融服务便民点建设,方便参保居民持卡缴费、领取待遇和查询本人参保信息。要加强县、乡(镇、街道)、村(社区)三级居民保经办机构建设,建立统一的居民保经办机构,提供工作场所和设备,根据服务对象数量充实工作力量,确保工作经费。各乡(镇、街道)劳动保障事务所要对参保居民的参保资格、基本信息、缴费信息、待遇领取资格及关系转移资格等进行初审,并录入信息管理系统。村(社区)要认真做好参保居民基本资料的收集、每月参保居民增减员统计上报工作。

十二、相关制度衔接

居民保制度与城镇职工基本养老保险等其他养老保险制度的衔接,待人力资源社会保障部、财政部制定的办法出台后贯彻执行。

居民保制度与被征地农民养老保障制度的衔接,按照《福建省人民政府办公厅关于做好被征地农民就业培训和社会保障工作的补充通知》(闽政办〔2011〕12号)和《福州市人民政府办公厅关于做好被征地农民就业培训和社会保障工作的补充通知》(榕政办〔2011〕110号)的规定执行。

居民保与城乡最低生活保障、农村五保供养、社会优抚等制度的衔接,按照人力资源社会保障部、财政部、民政部《关于做好新型农村和城镇居民社会养老保险制度与城乡最低生活保障农村五保供养优抚制度衔接工作的意见》(人社部发〔2012〕15号)执行。16~59周岁符合居民保参保条件的低保、五保、优抚对象,应按规定参保缴费,享受政府相应补贴和集体补助;年满60周岁符合领取条件,按月支付养老保险待遇,原已享受的待遇只叠加、不扣减、不冲销。在审核低保、五保资格时,基础养老金暂不计入家庭收入。

居民保与水库移民后期扶持政策、农村计划生育家庭奖励扶助政策的衔接,待人力资源社会保障部、财政部会同有关部门制定出台具体办法后贯彻执行。

居民保与老农保的衔接,按照省新型农村和城镇居民社会养老保险试点工作领导小组办公室《关于做好老农保与新农保衔接过渡等工作的通知》(闽人社文〔2010〕288号)和《关于新型农村社会养老保险推进过程中若干问题的处理意见》(闽人社文〔2011〕241号)的有关规定执行。

十三、本办法由市人力资源和社会保障局负责解释。

十四、本办法自2013年12月1日起施行。

福州市人民政府关于印发福州市促进金融业发展若干意见的通知

榕政综〔2013〕251号

(2013年11月16日)

各县(市)区人民政府,市直各委、办、局(公司):

《福州市促进金融业发展若干意见》已经市政府2013年第26次常务会议研究同意,现印发给你们,请结合各自实际,认真贯彻执行。

福州市促进金融业发展若干意见

第一条 为贯彻落实省政府《推进闽台金融合作先行先试建立两岸区域性金融服务中心实施意见》和“十二五”金融业发展专项规划,优化海西省会中心城市金融业发展环境,培育壮大福州金融业,更好地发挥金融业对海西省会中心城市建设的支撑、服务作用,着力构建海西现代金融中心,特制定本意见。

第二条 对在福州市区内,2013年起新设立或者新迁入的金融机构及其配套服务机构营运满一年,按以下原则给予一次性奖励:

(一)对在本市新注册成立的银行、证券、保险、期货、基金、信托等各类金融机构总部(下文简称“法人金融机构”),注册资本在10亿元(含10亿元)以上的,奖励1000万元;7亿元(含7亿元)至10亿元的,奖励800万元;5亿元(含5亿元)至7亿元的,奖励500万元;2亿元(含2亿元)至5亿元的,奖励300万元;1亿元(含1亿元)至2亿元的,奖励200万元;5000万元(含5000万元)至1亿元的,奖励100万元。

(二)对设立境内外(含港澳台)银行、证券、期货、信托等各类金融机构地区总部,营运资金在2亿元(含2亿元)以上的,奖励200万元;1亿元(含1亿元)至2亿元的,奖励150万元;5000万元(含5000万元)至1亿元的,奖励50万元。上述法人金融配套服务机构参照金融机构地区总部享受一次性奖励。

(三)对设立境内外(含港澳台)保险机构地区总部,给予一次性奖励30万元;保险中介机构主体,给予一次性奖励10万元。

第三条 在福州市区内的金融机构实现机构升级或升格的,给予一次性奖励。由驻榕代表处升格为地区性总部机构的,安排办公购房补助资金200万元;由地区性总部机构升格为金融机构总部的,安排办公购房补助资金800万元;对注册资本或营运资金达到本意见第二条(一)、(二)项规模的,按照该项规定给予奖励。一次性奖励金不重复计算,取其高者给予奖励。

第四条 对其他金融机构的一次性奖励,由有关政府部门根据相关金融机构的注册资本金或营运资金、从业人数、纳税情况等方面因素给予综合评定,给予适当奖励。

对市政府重点引进的金融机构,可单项申请,一项一议,适当提高奖励标准。

第五条 对在榕金融机构,购地、购房及租房给予以下优惠:

(一)对在榕法人金融机构、设立两年以上的地区性总部机构(银行业总行总资产1万亿及其以上,证券、保险业总公司综合排名全国前20、福建省业务排名前10)以及市政府重点招商引资的金融机构购地自建办公用房,在我市四城区规划范围申请建设用地,符合城市规划要求的,以挂牌出让方式提供土地,土地出让底价按同地段同用途基准地价的楼面地价确定的宗地价格作为出让底价;以基准地价的楼面地价确定的宗地价格低于土地取得费、前期开发费及出让规费之和的,按成本价为底价挂牌出让。

(二)对在榕新设立或新迁入的法人金融机构、地区性总部机构,购买办公用房,按每平方米1000元的标准给予一次性补贴,其补贴的总额度不超过上年度该企业缴纳税收市级地方留成的80%,最长分2年兑现。

(三)对在榕新设立或新迁入的法人金融机构、地区性总部机构,租用办公用房,按每平方米市场评估价房屋租金的30%补贴,补助时间为2年,其补助金额不超过上年度该企业缴纳税收市级地方留成的80%。若新租赁自用办公用房的价格低于房屋租金市场指导价,则以其实际租价为基准计算租房补贴。享受补贴期间的办公用房不得对外转租。

(四)新入驻金融机构购租其他已兑现房屋补贴企业办公用房的,不再享受本购租房政策,上述办公用房补助原则上最高累计不超过500万元。

享受落户一次性奖励和购地、购房及租房补贴的金融机构,应当按照我市要求提供相关材料,并承诺10年内不迁离福州、不注销机构。

第六条 对福州市法人金融机构到异地及境外设立地区总部(省级分行或分公司),每增设1家给予50万元奖励。

第七条 鼓励金融机构引进高级管理人员和保险精算师、保荐代表人等专业技术人才来榕发展,其优惠政策为:

(一)符合《福州市引进高层次优秀人才暂行办法》等有关文件规定的,可享受我市关于高层次优秀人才引进在创业科研经费、人才住房、安家补贴、生活津贴以及子女入学、职称评聘等方面的优惠政策。

(二)对2013年新引进的金融机构总部高级管理人员任职满一年的,从第二年起,可按其当年在本地缴纳的个人所得税地方留成部分的50%,给予住房和生活补助,补助期3年;对2013年新引进的外资金融机构地区总部高级管理人员任职满一年的,从第二年起,可按其当年在本地缴纳的个人所得税地方留成部分的100%,给予住房和生活补助,补助期3年;对在榕的金融机构总部高级管理人员,以2012年为基期,按其在本地缴纳的个人所得税地方留成增量部分的50%,给予住房和生活补助,补助期3年;对其3年内工资收入中的住房补贴、伙食补贴、搬迁费、探亲费、子女教育费等,按照国家税收法律法规有关规定,予以税前扣除。对省政府授予荣誉称号并给予奖励的金融机构管理人员和专业技术人员,所得奖金免征个人所得税。

(三)赴国(境)外培训可纳入本市人才培养计划,并提供便利;因商务出国或赴港澳台申请予以优先办理。

(四)对在榕的金融机构设立博士后科研工作站和院士工作站给予30万元的一次性建站资助;对进站开展科研工作的博士后,每人每年资助5万元科研经费。

第八条 鼓励各类金融机构拓展、创新业务支持地方经济发展。

(一)自2013年起,金融机构贷款投向在福州辖区内的年度贷款余额每增加30亿元,给予5万元奖励;对小微企业年度贷款余额每增加5亿元,给予5万元奖励;上述两项奖励年度累计最高不超过100万元。

(二)保险机构以债权、股权等方式投资福州支柱产业和重大基础设施项目三年及其以上的,自2013年起,单项融资额在5亿元以上且融资成本不高于同期贷款基准利率的按融资额的0.15%给予奖励,单个项目只能享受一次奖励,最高奖励金额不超过1000万元。

(三)各保险公司为福州市区小微企业承保贷款履约保证保险的按年度保费收入增长部分的1%给予奖励。该项奖励每家公司每年不超过50万元。

(四)规范发展小额贷款公司。按照严格监管、规范运作的要求,引导小额贷款公司坚持小额、分散的经营取向,推动小额贷款公司规范发展。对经营规范、治理优良的小额贷款公司成功改制为村镇银行的,参照前述规定给予奖励。

第九条 市政府设立金融创新奖,对进行下列金融产品、服务创新以及金融监管成果显著,对争取到对我市经济社会发展具有重要意义的金融政策或创新试点的金融机构和有关人员,按照"一事一议"原则,市政府给予奖励和表彰,并授予奖牌。

(一)金融管理部门通过管理创新,在引导优化金融资源配置、扩大金融交易规模、支持地方经济发展、稳定优化地方金融生态等方面取得显著成效;

(二)通过金融技术创新、金融产品创新和金融服务创新,在降低金融交易成本、提高金融交易效率等方面取得良好的经济效益和社会效益;

(三)提出我市金融业发展的重大措施建议并被国家(包括国家金融管理机构)和省、市政府采纳;

(四)为我市金融市场的支付结算、市场交易、钞票处理等重大金融基础设施的建设、营运和管理做出突出贡献;

(五)利用我市货币、外汇、证券、期货、保险等金融市场平台从事交易且交易量位于前列,为我市金融市场的发展壮大做出突出贡献;

(六)其他经有关金融管理部门认定、市政府确认的,对我市经济和金融发展确实做出突出贡献的。

第十条 《意见》所称争取到对我市经济社会发展具有重要意义的金融政策或创新试点,具体是指:

(一)争取到在我市新设立全国性或区域性证券交易所、商品交易所、股权交易所等有重要意义的金融交易市场;

(二)争取到在全国有重要影响的金融机构总部新设立或新迁入我市;

(三)争取到国家重点金融创新政策和海峡两岸金融领域先行先试政策在我市试点;

(四)其他经市政府认定有深远意义的事项。

第十一条 市政府建立工商、税务等相关部门对金融机构的绿色通道机制,为金融机构提供更加便捷全面的服务。

第十二条 市财政在年度预算中安排不少于3000万元金融业发展专项资金,专项用于上述意见的落实兑现。上述意见与福州市有关政策,同类性质奖励按照"从优不重复"的原则执行。各(市)县政府可参照本意见对辖区内新设立的法人机构、地区性总部机构和代表处等金融机构,给予奖励。

第十三条 本意见各条所指资金均以人民币为单位。

第十四条 市投资促进局(金融办)、市财政局根据本意见制定实施细则。

第十五条 本意见自发布之日起生效,有效期为三年。榕政综〔2010〕128号文同时废止。

福州市人民政府关于印发福州市职工基本医疗保险实施细则的通知

榕政综〔2013〕265号

(2013年12月6日)

各县(市)区人民政府,市直各委、办、局(公司),闽江学院、福州职业技术学院、福州保税港区管委会:

《福州市职工基本医疗保险实施细则》已经市政府常务会议研究通过,现予以印发,请认真组织实施。

福州市职工基本医疗保险实施细则

第一章 总 则

第一条 为进一步加强和规范我市职工基本医疗保险管理,根据《中华人民共和国社会保险法》等法律法规,结合我市实际,制定本实施细则。

第二条 我市职工基本医疗保险实行市级统筹,执行统一参保范围、统一缴费标准、统一待遇水平、统一经办流程、统一基金管理、统一信息系统的制度。

第二章 实施范围及对象

第三条 本实施细则适用于我市辖区内所有用人单位及其职工、无雇工的个体工商户、未在用人单位参加职工基本医疗保险的非全日制从业人员以及其他灵活就业人员。

第四条 福州市本级及所辖鼓楼区、台江区、仓山区、晋安区和琅岐经济区职工基本医疗保险由市医疗保险经办机构负责经办;各县(市)、马尾区职工基本医疗保险分别由各县(市)、马尾区医疗保险经办机构负责经办。

第三章 基本医疗保险基金的筹集

第五条 用人单位应当自成立之日起三十日内凭营业执照、组织机构代码证及相关材料,向当地医疗保险经办机构申请办理医疗保险登记。医疗保险经办机构应当自收到申请之日起十个工作日内予以审核,发给医疗保险登记证件。用人单位的医疗保险登记事项发生变更或用人单位依法终止的,应当自变更或终止之日起三十日内,到医疗保险经办机构办理变更或注销医疗保险登记。

用人单位应当自用工之日起30日内为其职工办理基本医疗保险登记,并按规定缴纳医疗保险费。

与用人单位解除劳动关系(或人事关系)的参保人员未就业期间可以灵活就业人员身份接续医疗保险关系。

第六条 医疗保险经办机构依照居民身份证号码为每位参加基本医疗保险的人员建立社会保障号码。港澳台及外籍参保人员根据有关规定建立社会保障号码。

第七条 用人单位按其职工月工资总额的8%缴纳基本医疗保险费。职工按其月工资总额的2%缴纳基本医疗保险费,由用人单位从其工资中代扣代缴。职工缴纳基本医疗保险费的基数,不得低于福州市上年度城镇单位在岗职工月平均工资的70%,最高不超过福州市上年度城镇单位在岗职工月平均工资的300%。工资总额难以确定的,以福州市上年度城镇单位在岗职工月平均工资为基数缴纳基本医疗保险费。

无雇工的个体工商户、未在用人单位参加职工基本医疗保险的非全日制从业人员以及其他灵活就业人员应以不低于福州市上年度城镇单位在岗职工月平均工资的70%为缴费基数,按10%比例由个人缴纳基本医疗保险费。

职工因工致残被鉴定为一级至四级伤残的,由用人单位和工伤职工个人以伤残津贴为基数,缴纳基本医疗保险费。

职工工资总额的构成以国家统计局规定为准。基本医疗保险费不得减免。

第八条 用人单位应当按时足额缴纳基本医疗保险费。未按时足额缴纳基本医疗保险费的,由医疗保险费征收机构责令限期缴纳或者补足,并自欠缴之日起,按日加收万分之五的滞纳金,滞纳金并入统筹基金。用人单位因不可抗力等法定事由需缓缴医疗保险费的,应报统筹区人社部门审查批准后方可缓缴,缓缴期最长不超过3个月,缓缴期间不加收滞纳金。

第四章 职工基本医疗保险缴费年限确认

第九条 参保人员应按照我市[含县(市)区]规定时间参保。参保人员原在国家机关、事业单位、国有企业及国有控股企业、城镇集体企业等符合国家视同缴费规定的累计工龄可视同为基本医疗保险缴费年限;参保人员未按规定时间参保或中断缴费的,应当在补缴相关的医疗保险费后,原符合国家视同缴费规定的累计工龄方可视同。

参保人员视同基本医疗保险缴费年限由各级医保经办机构审核确认。

第十条 参保人员达到法定退休年龄时累计缴费年限(含视同缴费年限)须达到25年(含)以上,缴费年限(含视同缴费年限)不足25年的,补足25年后,方可享受退休人员基本医疗保险待遇。其中以灵活就业人员身份参保的,参保后达到国家法定退休年龄时,缴费年限(含视同缴费年限)须达到25年(含)以上且实际缴费年限满10年的,方可享受退休人员基本医疗保险待遇。

第十一条 参保人员办理医保在职转退休手续时缴费年限(含视同缴费年限)不足的,应以申报办理医保关系在职转退休手续时福州市上年度城镇单位在岗职工月平均工资为基数,按10%的缴费比例补足后,方可享受职工基本医疗保险待遇。补缴的医疗保险费并入统筹基金,只计算缴费年限,不划入个人账户。

第十二条 用人单位因宣告破产、撤销、解散或者其他原因终止的,对于缴费年限(含视同缴费年限)满25年,且实际缴费年限满10年的已退休人员直接享受基本医疗保险待遇。对于缴费年限(含视同缴费年限)满25年,实际缴费年限不足10年的上述单位已退休人员,应以向医保经办机构申报办理医保关系终止手续时福州市上年度城镇单位在岗职工月平均工资为基数,按10%的缴费比例补足10年后,方可享受基本医疗保险待遇。补缴的医疗保险费并入统筹基金,只计算缴费年限,不划入个人账户。

第五章 基本医疗保险统筹基金和个人账户建立

第十三条 基本医疗保险基金由统筹基金和个人账户构成。职工个人缴纳的基本医疗保险费,全部记入其个人账户。用人单位缴纳的基本医疗保险费,一部分用于建立统筹基金,一部分划入参保人员的个人账户。

个人账户的本金和利息归个人所有,可以结转使用和继承。

用人单位缴纳的基本医疗保险费按以下标准划入参保人员个人账户:

1. 40周岁以下(含)的按本人月缴费工资的0.8%;

2. 41周岁至法定退休年龄的按本人月缴费工资的1.5%;

3. 退休人员月基本养老金在500元以上的,按本人月基本养老金的4.5%,月划入个人账户的金额少于32元的,按32元划拨。退休人员月基本养老金在500元以下(含500元),按本人月基本养老金的6.4%,月划入个人账户的金额少于20元的,按20元划拨。退休人员无基本养老金的,其个人账户按每人每月20元划拨。

无雇工的个体工商户、未在用人单位参加职工基本医疗保险的非全日制从业人员以及其他灵活就业人员参保后,达到法定退休年龄前,其缴纳的基本医疗保险费按以下标准划入参保人员个人账户:

1. 40周岁以下(含)的按本人月缴费工资的2.8%;

2. 41周岁至法定退休年龄的按本人月缴费工资的3.5%。

达到法定退休年龄后,按照基本养老金金额,参照上述退休人员标准划拨个人账户。

第六章 基本医疗保险基金支付

第十四条 符合基本医疗保险药品目录、诊疗项目、医疗服务设施标准以及急诊、抢救的医疗费用,按照国家规定由基本医疗保险基金支付。

第十五条 基本医疗保险统筹基金支付设立起付标准、个人负担比例和年度最高支付限额。起付标准、个人负担比例、最高支付限额根据基金收支情况和医疗管理状况,由市人力资源和社会保障局会同财政局提出调整意见,报市政府审定。起付标准以下以及起付标准以上个人负担的部分,由个人账户或个人现金支付。为提高个人账户使用效率,个人账户结余过多的,可以扩大个人账户支出范围。具体方案由市人力资源和社会保障局会同市财政局制定。

第十六条 职工(或个人)应当连续参保。职工基本医疗保险的参保人员,连续参保时间(含视同缴费年限)不满6个月的,由统筹基金支付的最高限额为1万元;满6个月不满24个月的,由统筹基金支付的最高限额为2万元;连续参保时间(含视同缴费年限)24个月以上的,按正常参保人员享受医保待遇。

第十七条 用人单位未按时足额缴纳基本医疗保险费三个月以上或经批准缓缴期满仍未缴纳基本医疗保险费的,医疗保险经办机构可以暂停其职工享受统筹基金支付的基本医疗保险待遇。用人单位补足欠缴的基本医疗保险费后,按规定比例记入个人账户,暂停期间应由统筹基金支付的医疗费用统筹基金支付60%。

第十八条 参保人员异地就医以及设立家庭病床医保费用结算办法由市人力资源和社会保障局制定。

第十九条 参保人员在境外所发生的医疗费用,基本医疗保险基金不予支付。

第二十条 除急救和抢救外,参保人员在非定点医疗服务机构就医、购药发生的医疗费用,基本医疗保险基金不予支付。

第二十一条 发生严重自然灾害等意外风险时所发生的医疗费由同级人民政府拨付专款解决。

第七章 基本医疗保险关系中断或转移接续处理

第二十二条 参加我市职工基本医疗保险人员因各种原因中断医保关系的,中断前后实际缴费年限合并计算,其医疗保险待遇按下列办法处理:

1. 中断时间不超过(含)3个月,应以本人当期医疗保险缴费工资为基数补缴后,中断缴费期间方可按正常参保人员享受医保待遇。

2. 中断时间超过3个月的,中断缴费期间发生的医疗费用医保统筹基金不予支付。

本人愿意补缴的,以福州市上年度城镇单位在岗职工月平均工资的70%为基数补缴中断期间的基本医疗保险费,中断缴费前后视为连续参保。中断补缴后12个月内,按下列办法享受医疗保险待遇:连续参保(含视同缴费年限)不满6个月的,由统筹基金支付的最高限额为1万元;满6个月不满24个月的,由统筹基金支付的最高限额为2万元;24个月以上的,统筹基金最高支付限额为正常职工的50%。中断补缴后正常缴费满12个月以上的,按正常参保人员享受医保待遇。

本人不愿补缴的,中断缴费前后不视作连续参保,连续参保时间重新计算,待遇享受按照第十六条执行。

第二十三条 用人单位连续三个月以上未按时缴纳基本医疗保险费,且未申报办理医保关系注销手续的,造成参保职工无法正常享受医保待遇和正常参保缴费的,允许参保职工本人提出申请,经医疗保险经办机构审核确认后,以福州市上年度城镇单位在岗职工月平均工资的70%为基数清欠医疗保险费后终止与原用人单位医保关系,并以灵活就业人员身份接续医保关系。

第二十四条 参保人员在我市范围内跨县区转移的,其基本医疗保险关系随本人转移,缴费年限(含视同缴费年限)累计计算。

第二十五条 从外统筹地区调入我市的参保人员,转入后达到法定退休年龄并办理退休手续时,累计缴费年限(含实际缴费年限和视同缴费年限)应满25年,且在我市实际缴费年限达到10年的,方可享受退休人员基本医疗保险待遇。

经组织(人事)部门批准调入我市机关、事业单位的工作人员以及在我市医疗保险制度建立时即2001年1月1日前转入我市的人员不受实际缴费年限10年限制。

参保人员转入我市前中断参保的,根据中断时间和补缴情况参照上述第二十二条执行。

第二十六条 职工医保、城镇居民医保和新型农村合作医疗不能重复参保,也不能重复享受待遇。

已参加职工医保、城镇居民医保或新农合的参保人员,要跨制度转移至居民医保或新农合的,必须从新年度开始跨制度转移医保关系;已参加城镇居民医保或新农合的参保人员,要跨制度转移至职工医保的,其年度内已发生的城镇居民或新农合医保费用视同职工医保费用累计计算,待遇按职工医保有关规定执行。

第八章 基本医疗保险医疗服务管理

第二十七条 定点医疗机构和定点零售药店实行统一管理,具体办法由市人力资源和社会保障局制定。

第二十八条 各级医疗保险经办机构根据管理服务的需要,可以与获得定点资格的医疗机构、零售药店签订服务协议,规范医保服务行为。

第二十九条 参保人员可凭本人的社会保障卡(市民卡)到当地定点零售药店和定点医疗机构结算,具体办法由市人力资源和社会保障局制定。

社会保障卡(市民卡)遗失补换按规定收取制作成本费。

第九章 基本医疗保险基金管理和监督

第三十条 基本医疗保险基金存入财政专户,专款专用,不得侵占挪用。

第三十一条 各级医疗保险经办机构负责基本医疗保险基金的统一征缴、管理和支付,并建立健全预决算制度、财务会计制度、财务预警分析制度和内部审计制度。医疗保险经办机构的事业经费列入同级财政预算,不得从基金中提取。

第三十二条 各级人力资源和社会保障部门、财政部门、审计部门要加强对基本医疗保险基金的监督管理。各级医疗保险经办机构按照职责范围负责本行政区域内的基本医疗保障日常监督和稽查工作。

卫生、财政、税务、食品药品、工商、公安、民政、教育、价格等行政管理部门按照各自职责,配合做好基本医疗保险基金的管理和监督工作。

第十章　建立职工基本医疗保险大额医疗费用补充保险制度

第三十三条　我市建立职工基本医疗保险大额医疗费用补充保险制度,由市医疗保险经办机构统一办理职工基本医疗保险大额医疗费用补充保险。所需费用由用人单位或职工(个人)和医保统筹基金共同负担,为方便参保人员及时缴费,医保中心可以从参保人员个人账户中扣缴。享受公务员医疗补助的参保人员,由公务员医疗补助经费支付。已改制、关闭、破产、撤销的企事业单位已按原规定缴纳一次性预留医疗保险费的退休人员个人应缴纳的大额医疗费用补充保险保险费由统筹基金支付。

第三十四条　用人单位在参加基本医疗保险的基础上,可以为其职工建立商业补充医疗保险。建立商业补充医疗保险在工资总额4%以内的部分,从职工福利费中开支,也可从工资结余和公益金中开支。福利费、工资结余和公益金不足列支部分,经同级财政部门核准后列入成本。

第十一章　附　则

第三十五条　我市离休人员、老红军、二等乙级以上革命伤残军人医疗保险待遇以及退休劳模、公务员医疗补助按相关规定执行。

第三十六条　原参加我市城镇职工大病医疗保险和城镇职工住院医疗保险的,继续按原规定执行。并逐步将城镇职工大病医疗保险和城镇职工住院医疗保险向职工"统账结合"基本医疗保险并轨。

第三十七条　本实施细则中"统筹基金最高支付限额"含起付标准、按比例自付费用。

第三十八条　本实施细则由福州市人力资源和社会保障局负责解释。

第三十九条　本实施细则从发布之日起施行,原规定与本《实施细则》规定不一致的,按本《实施细则》规定执行。

福州市人民政府关于进一步加强和改进最低生活保障工作的实施意见

榕政综〔2013〕268号

(2013年12月9日)

各县(市)区人民政府,市直各委、办、局(公司),闽江学院、福州职业技术学院、福州保税港区管委会:

为贯彻落实《国务院关于进一步加强和改进最低生活保障工作的意见》(国发〔2012〕45号)和《福建省人民政府转发国务院关于进一步加强和改进最低生活保障工作意见的通知》(闽政文〔2013〕181号)精神,进一步加强和改进我市最低生活保障工作,健全和完善社会救助体系,全面提高规范化管理和服务水平,结合我市工作实际,现提出如下实施意见:

一、进一步加强城乡低保、农村五保工作规范化管理

(一)科学制定标准。各级民政、财政等部门要加强调研、科学测算,建立与我市经济发展水平相适应的低保标准机制。现阶段我市城市居民低保标准按当地最低工资标准的33%～40%确定;农村低保标准按不低于省定标准,并在综合运用基本生活费用支出法、消费支出比例法等测算方法的基础上确定;农村五保供养标准按照不低于当地农村居民家庭上年度人均生活消费支出的70%确定。同时,为鼓励农村五保集中供养,根据省民政厅《关于印发〈福建省实施《农村五保供养工作条例》办法解读〉的通知》(闽民保〔2013〕24号)有关意见,各县(市)区人民政府在测算集中供养标准时,应在分散供养标准的基础上再适当提高20%～30%。扎实推进城乡社会救助一体化建设,逐步缩小城乡差距,在有条件的地区,尽快实现城乡低保一体化。

(二)规范审核审批程序。在《福建省城市居民最低生活保障工作规范》和《福建省农村居民最低生活保障工作规范》(闽民保〔2009〕109号)(下简称"规范")修改前,此"规范"仍然是城乡居民最低生活保障工作,提高工作质量和管理水平的主要依据之一。要认真结合"规范"并根据当地实际情况认真开展审核审批工作,确保规范有序。

1. 规范申请程序。凡认为符合条件的城乡居民都可以直接向其户籍所在地的乡镇人民政府(街道办事处)提出低保申请,乡镇人民政府(街道办事处)无正当理由,不得拒绝受理。受低保申请人委托,村(居)民委员会或代理人可以代为提交申请。申请低保要以家庭为单位,按规定提交相关材料,书面声明家庭收入和财产状况,签署收入和财产信息查询授权书等,承诺提供信息真实完整,并由申请人签字确认。

2. 规范申请透明度。申请低保时,申请人与低保经办人员和村(居)民委员会成员有近亲属关系的,应当如实申明。"近亲属"包括配偶、父母、子女、兄弟姐妹、祖父母外祖父母、孙子女、外孙子女。

3. 规范审核程序。乡镇人民政府(街道办事处)是审核低保申请的责任主体,在村(居)民委员会协助下,应当对低保申请家庭逐户通过入户调查、邻里访问和信函索证等方式,详细核查申请材料以及各项声明事项的真实性和完整性,并由调查人员和申请人分别签字,实行"谁入户、谁签字、谁负责"的首问责任制。

4. 规范民主评议。入户调查结束后,乡镇人民政府(街道办事处)应当在村(居)民委员会的协助下,组织由村(居)代表、包片干部等组成的低保民主评议小组,对申请人家庭经济状况调查结果真实性进行民主评议。各地组织评议方式、方法、内容等程序,要严格遵循"公开、透明、阳光"的原则。

5. 规范审批程序。县级人民政府民政部门是低保审批的责任主体,在作出审批决定前,应当全面审查乡镇人民政府(街道办事处)上报的调查材料(含民主评议结果)和审核意见,并按照不低于30%的比例进行入户抽查。有条件的地方,县级民政部门可邀请乡镇人民政府(街道办事处)、村(居)民委员会参与审批,促进审批过程的公开透明。严禁不经调查和不履行规定程序直接将任何群体或个人纳入低保范围。

6. 规范公示程序。各县(市)区要严格执行低保审核审批公示制度,规范公示内容、形式和时限等。村(居)委会应在村(居)设立独立的、固定的低保公示栏,专门用于评议审核审批前后公示,以及批准享受的低保家庭成员、保障金额等实行长期公开,公开中应当保护低保对象个人隐私,不得公开与低保无关的信息;县级民政部门应当对拟批准的低保家庭通过乡镇人民政府(街道办事处)、村(居)民委员会独立的固定的政务公示栏及政务大厅设置的电子屏等场所和地点进行公示。

7. 规范发放程序。全面实施最低生活保障保金社会化发放机制,按照财政国库管理制度将低保金直接支付到保障家庭账户,原则上按月发放到位。禁止村(居)干部代为保管或领取低保金,严禁截留、套取、挪用或二次分配低保金。为了减少资金流转环节,应大力推行县级民政部门直接通过金融机构社会化发放低保金。

(三)加强最低生活保障对象动态管理。对已经纳入最低生活保障范围的救助对象,要采取多种方式加强管理服务,定期跟踪保障对象家庭变化情况,形成最低生活保障对象有进有出、补助水平有升有降的动态管理机制。各地要建立最低生活保障家庭人口、收入和财产状况定期报告制度,并根据报告情况分类、定期开展核查,将不再符合条件的及时退出保障范围。

(四)健全最低生活保障工作监管机制。各级人民政府要将最低生活保障政策落实情况作为督查督办的重点内容,定期组织开展专项检查。财政、审计、监察部门要加强对最低生活保障资金管理使用情况的监督检查,防止挤占、挪用、套取等违纪违法现象发生。建立最低生活保障经办人员和村(居)民委员会干部近亲属享受最低生活保障备案制度,县级人民政府民政部门要对备案的最低生活保障对象严格核查管理。充分发挥舆论监督的重要作用,对于媒体发现揭露的问题,应及时查处并公布处理结果。要通过政府购买服务等方式,鼓励社会组织参与、评估、监督最低生活保障工作,财政部门要通过完善相关政策给予支持。

(五)建立健全投诉举报核查制度。各地要公开最低生活保障监督咨询电话,畅通投诉举报渠道,健全投诉举报核查制度。要切实加强最低生活保障来信来访工作,推行专人负责、首问负责等制度。县级以上政府民政部门应当自受理最低生活保障信访事项之日起60日内办结;信访人对信访事项处理意见不服的,可以自收到书面答复之日起30日内请求原办理行政机关的上一级行政机关复查,收到复查请求的行政机关应当自收到复查请求之日起30日内提出复查意见,并予以书面答复;信访人对复查意见不服的,可以自收到书面答复之日起30日内向复查机关的上一级行政机关请求复核,收到复核请求的行政机关应当自收到复核请求之日起30日内提出复核意见;信访人对复核意见不服,仍以同一事实和理由提出信访请求的,不再受理,民政等部门要积极向信访人做好政策解释工作。

二、积极推进救助申请家庭经济状况多部门协查核对机制

(一)建立多部门协查工作机制。在强化入户调查、邻里访问、信函索证等调查手段基础上,加快建立跨部门、多层次、信息共享的救助申请家庭经济状况核对机制。认真落实《福州市人民政府办公厅印发关于福州市城市低收入家庭认定试行办法的通知》(榕政办〔2012〕225号)和《福州市人民政府关于进一步加强保障性住房配租配售和管理工作的意见》(榕政综〔2012〕214号)等文件要求,公安、人力资源社会保障、住房城乡建设、金融、保险、工商、税务、住房公积金等部门和机构应当根据有关规定和社会救助对象认定工作需要,及时向民政部门提供户籍、机动车、就业、保险、住房、存款、证券、工商登记、纳税、公积金等方面的信息。

(二)建立完善救助申请家庭经济状况核对工作平台和机制。市县两级要进一步健全完善信息核对平台,并安排必要的工作经费。信息核对平台项目要纳入各级政府信息化建设总体规划,省政府将统一开发软件、统一核对程序,市民政局会同有关部门研究制定具体信息查询办法,市级负责跨县(市)区的信息核对查询协调工作,跨地级市核查报省级协助查询。在大力开展救助申请家庭经济状况核对认定的过程中不断完善核对机制,到"十二五"末,要基本建立完善的救助申请家庭经济状况核对机制,将城乡低保的认定工作纳入到经济状况核对机制中,通过财产、收入的科学认定,确保城乡低保等社会救助对象准确、高效、公正认定。

三、加强有效衔接,全面开展其他各项困难家庭社会救助工作

(一)全面落实《福州市城乡困难居民临时救助暂行办法》(榕政综〔2012〕158号)要求,进一步加大工作力度,规范工作程序,严格按户籍人口每人每年不低于1元的标准筹集资金,从实际出发,及时有效解决城乡困难群众突发性、临时性生活困难。

(二)积极落实《福州市城乡医疗救助办法》(榕政综〔2011〕24号),提高医疗救助的效率与层次。在全面实施住院和特殊门诊"一站式"救助的基础上,大力开展日常救助、定额救助、二次救助和第二类对象的救助工作,实现医前、医中、医后及日常救助等多种救助方式。继续推进我市医疗救助"一站式"即时结算服务系统的运用,充分发挥信息网络平台的作用,真正实现高效、便捷的救助方式。在目前筹资标准下,救助资金有缺口的地区县级财政要全力保障,确保医疗救助工作的持续性。

(三)认真落实《福州市人民政府关于修订价格补贴联运机制的通知》(榕政综〔2013〕61号)要求,按照"当CPI同比涨幅达到2%或食品类消费价格同比涨幅达到5%时,启动联动机制,每人每月补助50元;同期食品类消费价格涨幅超过5%的,每超过1个百分点,每人每月增加补助10元"的新标准实施物价联动机制,加强对城乡低保对象等困难群众的保障,减轻物价上涨对困难群众生活造成的影响。

(四)住房、教育等部门要大力开展困难家庭住房救助、教育救助、就业救助、司法救助等工作,不断建立健全救助机制,切实解决困难群众的实际困难。鼓励机关、企事业单位、社会组织和个人积极开展扶贫帮困活动,形成慈善事业与社会救助的有效衔接。

(五)加强最低生活保障与其他社会救助制度的有效衔

接。加快推进低收入家庭认定工作,为医疗救助、教育救助、住房保障等社会救助政策向低收入家庭拓展提供支撑;完善城市最低生活保障与就业联动、农村最低生活保障与扶贫开发衔接机制,鼓励积极就业,加大对有劳动能力最低生活保障对象的就业扶持力度。劳动年龄内、有劳动能力、失业的城市困难群众,在申请最低生活保障时,应当先到当地公共就业服务机构办理失业登记;公共就业服务机构应当向登记失业的最低生活保障对象提供及时的就业服务和重点帮助;对实现就业的最低生活保障对象,在核算其家庭收入时,可以扣减必要的就业成本。

四、强化工作保障,确保各项政策措施落到实处

(一)加强能力建设。要切实加强最低生活保障工作能力建设,结合实际,统筹研究制定按照保障对象数量等因素配备相应工作人员的具体办法。要科学整合相关机构及人力资源,通过人员调配、政府购买服务、设置公益岗位、使用社会工作专业人才等方式,充实加强基层最低生活保障工作力量,确保事有人管、责有人负。要加强最低生活保障工作人员业务培训,保障工作场所、条件和待遇,不断提高最低生活保障管理服务水平。加快推进信息化建设,全面部署全国最低生活保障信息管理系统。在村(居委会)设立村级民政协管员,协助开展各项民政工作。

(二)加强经费保障和政策宣传。要切实保障基层工作经费,最低生活保障工作所需经费要纳入地方各级财政预算。要以党和政府对最低生活保障工作的有关要求以及认定条件、审核审批、补差发放、动态管理等政策规定为重点,深入开展最低生活保障政策宣传。利用广播、电视、网络等媒体和宣传栏、宣传册、明白纸等群众喜闻乐见的方式,不断提高最低生活保障信息公开的针对性、时效性和完整性。充分发挥新闻媒体的舆论引导作用,大力宣传最低生活保障在保障民生、维护稳定、促进和谐等方面的重要作用,引导公众关注、参与、支持最低生活保障工作,在全社会营造良好的舆论氛围。

五、加强组织领导,进一步落实管理责任

(一)加强组织领导。进一步完善政府领导、民政牵头、部门配合、社会参与的社会救助工作机制。我市已成立以分管副市长为组长的医疗救助工作协调小组和城市低收入家庭认定工作领导小组,下设办公室,挂靠民政局,以加强和领导各项社会救助工作。各县(市)区应成立相应协调领导小组,统筹做好最低生活保障与医疗、教育、住房等其他社会救助政策以及促进就业政策的协调发展和有效衔接,研究解决救助申请家庭经济状况核对等信息共享问题,督导推进社会救助体系建设。地方各级人民政府要将最低生活保障工作纳入重要议事日程,纳入经济社会发展总体规划,纳入科学发展考评体系,建立健全相应的社会救助协调工作机制,组织相关部门协力做好社会救助制度完善、政策落实和监督管理等各项工作。

(二)落实管理责任。最低生活保障工作实行地方各级人民政府负责制,政府主要负责人对本行政区域最低生活保障工作负总责。县级以上地方各级人民政府要切实担负起最低生活保障政策制定、资金投入、工作保障和监督管理责任,乡镇人民政府(街道办事处)要切实履行最低生活保障申请受理、调查、评议和公示等审核职责,充分发挥包村干部的作用。各地要将最低生活保障政策落实情况纳入地方各级人民政府绩效考核,考核结果作为政府领导班子和相关领导干部综合考核评价的重要内容,作为干部选拔任用、管理监督的重要依据。要按照省里确定的最低生活保障工作绩效评价指标体系和评价办法,积极开展最低生活保障工作的年度绩效评价工作。

(三)强化责任追究。对因工作重视不够、管理不力、发生重大问题、造成严重社会影响的地方政府和部门负责人,以及在最低生活保障审核审批过程中滥用职权、玩忽职守、徇私舞弊、失职渎职的工作人员,要依纪依法追究责任。同时,各地要加大对骗取最低生活保障待遇人员查处力度,除追回骗取的最低生活保障金外,还要依法给予行政处罚;涉嫌犯罪的,移送司法机关处理。对无理取闹、采用威胁手段强行索要最低生活保障待遇的,公安机关要给予批评教育直至相关处罚。对于出具虚假证明材料的单位和个人,各地除按有关法律法规规定处理外,还应将有关信息记入征信系统。

(编辑　苏颖)

表 81

2013 年福州市经济社会主要指标完成情况

项目	单位	2013 年	2012 年	2013 年比 2012 年增长(%)
一、人口与就业				
年末常住总人口	万人	734.00	727.00	1.0
年末户籍总人口	万人	665.49	655.27	1.6
#市区人口	万人	194.76	192.06	1.4
全社会从业人员	万人	462.66	451.68	2.4
#城镇非私营单位年末从业人员数	万人	142.75	143.70	(0.7)
#城镇非私营单位年末在岗职工人数	万人	128.87	131.51	(2.0)
城镇私营个体从业人员	万人	94.30	85.77	9.9
二、经济总量				
地区生产总值	亿元	4678.50	4210.93	11.5
第一产业	亿元	402.26	367.73	4.6
第二产业	亿元	2133.60	1905.50	13.2
#工业增加值	亿元	1654.51	1481.99	13.2
第三产业	亿元	2142.63	1937.70	10.8
人均地区生产总值	元	64045.00	58202.00	10.4
三、工业				
规模以上工业总产值	亿元	6786.33	5954.89	14.4
#轻工业	亿元	3113.75	2665.90	
重工业	亿元	3672.58	3288.99	
#国有企业	亿元	222.30	405.31	
集体企业	亿元	30.05	32.69	
外商及港澳台商投资企业	亿元	2991.43	2769.90	
#大中型工业企业	亿元	4738.94	4171.15	
规模以上工业销售产值	亿元	6515.25	5767.62	13.6

续表 81－1

项目	单位	2013 年	2012 年	2013 年比 2012 年增长(%)
#出口交货值	亿元	1415.54	1312.35	7.6
四、农林牧渔业				
农林牧渔业总产值	亿元	682.75	625.12	4.7
#农业产值	亿元	176.16	162.07	3.7
林业产值	亿元	18.85	16.98	0.8
牧业产值	亿元	73.78	73.68	2.1
渔业产值	亿元	392.97	352.64	5.9
农林牧渔业主要产品产量				
粮食总产量	万吨	55.53	56.00	(0.8)
水果产量	万吨	45.46	41.04	10.8
蔬菜产量	万吨	323.67	311.96	3.8
茶叶产量	万吨	2.19	1.95	12.3
食用菌产量	万吨	14.50	13.08	10.8
肉类总产量	万吨	27.56	26.90	2.4
禽蛋总产量	万吨	10.63	12.67	(16.1)
水产品总产量	万吨	207.70	196.22	5.9
农业机械总动力	万千瓦	140.01	137.68	1.7
五、固定资产投资				
全社会固定资产投资	亿元	3869.84	3266.49	18.5
#固定资产投资(不含农户)	亿元	3834.22	3234.78	18.5
#项目投资	亿元	2569.43	2262.51	13.6
#房地产开发投资	亿元	1264.79	972.27	30.1
施工房屋建筑面积	万平方米	6871.04	5704.68	20.4
#住宅	万平方米	4961.57	4275.69	16.0
竣工房屋建筑面积	万平方米	832.55	534.33	55.8
#住宅	万平方米	605.83	402.46	50.5
商品房销售额	亿元	1411.79	941.49	50.0
六、交通运输、邮电				
客运总量(发送量)				
铁路	万人次			
公路	万人次	18531.21	18395.41	0.7
水路	万人次	100.32	99.46	0.9
航空	万人次	458.90	402.86	13.9
货运总量(发送量)				
铁路	万吨			
公路	万吨	12234.06	10676.56	14.6
水路	万吨	7294.50	6525.61	11.8

续表 81 -2

项目	单位	2013 年	2012 年	2013 年比 2012 年增长(%)
航空	万吨	6.50	5.68	14.4
沿海港口货物吞吐量	万吨	10504.87	9373.27	12.1
集装箱吞吐量	万标箱	197.79	182.50	8.4
年末邮电局(所)	处	232.00	231.00	0.4
年末程控电话交换机总容量	万门	300.40	327.25	(8.2)
年末固定电话用户	万户	213.90	206.80	3.4
年末移动电话用户	万户	901.50	834.30	8.0
七、贸易旅游、物价				
社会消费品零售总额	亿元	2681.72	2319.82	15.6
接待境外旅游人数	万人次	90.50	85.13	6.3
居民消费价格指数(以上年为100)		102.60	102.20	
八、对外经贸				
进出口总额	亿美元	314.29	310.60	11.9
出口总额	亿美元	193.37	211.31	6.8
进口总额	亿美元	120.92	99.29	21.1
新批外资项目	项	135.00	148.00	(8.8)
合同外资金额	亿美元	20.57	20.56	0.0
实际利用外资(验资口径)	亿美元	14.31	13.39	6.9
九、财政、金融				
财政总收入(不含基金收入)	亿元	689.12	597.39	15.4
财政一般预算收入	亿元	453.97	382.01	18.8
财政一般预算支出	亿元	533.84	409.37	30.4
金融机构年末存款余额(本外币)	亿元	8950.14	7909.63	13.2
金融机构年末存款余额(人民币)	亿元	8746.76	7707.28	13.5
#储蓄存款余额	亿元	3215.33	2939.46	9.4
金融机构年末贷款余额(本外币)	亿元	8159.89	7054.33	15.7
金融机构年末贷款余额(人民币)	亿元	7773.64	6711.77	15.8
十、教育				
学校数				
高等院校	所	32.00	32.00	0.0
中等职业技术学校	所	56.00	61.00	(8.2)
高中	所	94.00	93.00	1.1
初中	所	268.00	266.00	0.8
小学	所	905.00	927.00	(2.4)
在校学生数				
高等院校	人	318343.00	305386.00	4.2
中等职业技术学校	人	166265.00	195095.00	(14.8)

续表 81-3

项目	单位	2013 年	2012 年	2013 年比 2012 年增长(%)
高中	人	105037.00	108488.00	(3.2)
初中	人	193086.00	193463.00	(0.2)
小学	人	469174.00	451238.00	4.0
专任教师数				
高等院校	人	19248.00	18470.00	4.2
中等职业技术学校	人	4697.00	4967.00	(5.4)
高中	人	8378.00	8408.00	(0.4)
初中	人	15898.00	15524.00	2.4
小学	人	25394.00	24553.00	3.4
招生数				
普通高校招生数	人	96502.00	92999.00	3.8
中等职业学校招生数	人	40026.00	92580.00	(56.8)
高中	人	33428.00	35515.00	(5.9)
初中	人	65819.00	64762.00	1.6
小学	人	88700.00	84486.00	5.0
成人高校在校生数	人	93413.00	80842.00	15.6
十一、文化				
文化馆	个	12.00	12.00	0.0
博物馆、纪念馆	个	15.00	15.00	0.0
博物馆、纪念馆收藏文物	万件	3.25	3.15	3.2
艺术表演团体	个	9.00	10.00	(10.0)
艺术表演团体演出场次	场	2402.00	2897.00	(17.1)
公共图书馆	个	13.00	13.00	0.0
公共图书馆图书藏量	万册	239.31	194.70	22.9
广播综合人口覆盖率	%	98.33	98.32	
电视综合人口覆盖率	%	99.06	99.04	
有线电视用户	万户	176.16	173.69	1.4
十二、卫生				
卫生机构数	个	1959.00	1950.00	0.5
#医院	个	107.00	103.00	3.9
卫生机构床位数	张	31175.00	28611.00	9.0
#医院	张	24926.00	22592.00	10.3
卫生技术人员数	人	46466.00	42397.00	9.6
#医生	人	16880.00	16140.00	4.6
每千人拥有卫生机构床位数	张	4.49	4.66	
#医院	张	3.59	3.68	
每千人拥有卫生技术人员数	人	6.70	6.91	

续表 81－4

项目	单位	2013 年	2012 年	2013 年比 2012 年增长(%)
#医生	人	2.43	2.63	
十三、人民生活				
在岗职工工资总额	亿元	699.80	614.85	13.8
在岗职工年平均工资	元	53333.00	48089.00	10.9
城镇居民人均可支配收入	元	32265.00	29399.00	9.8
城镇居民人均消费性支出	元	21695.00	20040.00	8.3
城镇居民恩格尔系数	%	36.90	38.70	
城市居民人均可支配收入	元	33514.00	30073.00	11.4
城市居民人均消费性支出	元	22771.00	20571.00	10.7
农村居民人均纯收入	元	12910.00	11492.00	12.3
农村居民人均生活消费支出	元	9311.00	8336.00	11.7
农村居民恩格尔系数	%	43.10	44.20	
十四、城市基本情况				
城市道路长度	公里	1180.80	1170.80	0.9
城市道路面积	万平方米	2590.82	2562.80	1.1
建成区绿化覆盖面积	公顷	10594.00	9750.00	8.7
建成区绿化覆盖率	%	42.70	40.60	5.2
建成区绿地面积	公顷	9750.00	8921.00	9.3
年末公园绿地面积	公顷	2954.00	2544.00	16.1
年末人均公园绿地面积	平方米	12.80	11.30	13.3
年末公交营运车辆	辆	4310.00	4066.00	6.0
年末公交营运线路	条	318.00	293.00	8.5
自来水厂	座	30.00	28.00	7.1
综合生产能力	万吨/日	252.10	239.50	5.3
供水总量	万吨	48448.20	43737.90	10.8
#生活用水量	万吨	19476.70	18688.40	4.2
液化气供气总量	吨	82911.90	91021.30	(8.9)
#家庭用气	吨	48687.90	53722.90	(9.4)
天然气供气总量	万立方米	32894.80	27331.10	20.4
#家庭用气	万立方米	10599.50	9205.50	15.1
城市气化率	%	98.64	98.34	

说明：空格为当年无统计数据或无法取得数据

表 82　　2013 年全国 26 个省会城市主要经济指标

城市	土地面积（平方公里）	常住人口（万人）	户籍总人口（万人）	地区生产总值（亿元）		第一产业增加值（亿元）	
				2013 年	比上年增长（%）	2013 年	比上年增长（%）
福州	11968	734.00	665.49	4678.50	11.5	402.26	4.6
广州	7434	1292.68	823.21	15420.14	11.6	228.87	2.7
成都	12121	1429.78	1187.99	9108.90	10.2	353.20	3.6
南京	6587	818.78	643.09	8011.78	11.0	204.64	3.4
哈尔滨	53068	1010.96	955.20	5010.80	8.9	592.60	7.5
沈阳	12860	825.70	727.11	7158.57	8.8	335.52	4.7
长春	20571	772.90	752.67	5003.20	8.3	332.00	3.5
济南	8177	699.88	613.23	5230.19	9.6	284.71	3.9
武汉	8494	1022.00	822.05	9051.27	10.0	335.40	4.5
西安	10108	858.81	806.93	4884.13	11.1	217.76	4.8
杭州	16596	884.40	706.61	8343.52	8.0	265.42	1.5
石家庄	15848	1049.80	987.30	4863.60	9.5	488.70	3.0
太原	6988	427.77	367.95	2412.87	8.1	38.73	3.2
合肥	11445	761.10	711.50	4672.90	11.5	247.20	3.2
南昌	7402	515.60	510.08	3336.03	10.7	157.24	3.1
郑州	7446	919.10	731.47	6201.90	10.0	146.96	3.2
长沙	11816	722.14	—	7153.13	12.0	291.16	3.0
南宁	22122	719.00	724.43	2803.54	10.3	349.93	4.8
贵阳	8034	452.19	379.09	2085.42	16.0	81.52	6.3
昆明	21013	657.90	546.79	3415.31	12.8	175.27	6.8
兰州	13086	364.16	321.43	1776.83	13.4	49.70	6.7
西宁	7649	226.76	—	978.53	14.1	36.10	5.1
银川	9025	208.27	208.27	1273.49	10.0	55.71	3.8
海口	2305	217.11	163.23	904.64	9.9	58.54	6.3
乌鲁木齐	13788	346.00	262.93	2400.00	15.0	27.00	6.2
呼和浩特	17186	300.11	233.96	2710.39	10.0	134.72	5.3

续表 82－1

城市	第二产业增加值（亿元）		#工业增加值（亿元）		第三产业增加值（亿元）	
	2013 年	比上年增长（%）	2013 年	比上年增长（%）	2013 年	比上年增长（%）
福州	2133.60	13.2	1654.51	13.2	2142.63	10.8
广州	5227.38	9.2	4754.85	9.9	9963.89	13.3
成都	4181.49	12.2	3493.08	13.0	4574.20	8.8
南京	3450.58	11.1	2997.63	11.1	4356.56	11.3
哈尔滨	1743.90	9.0	1191.90	9.5	2674.30	9.0
沈阳	3709.25	10.1	3348.55	10.0	3113.80	7.6
长春	2658.70	9.4	2222.20	10.0	2012.50	7.8
济南	2053.20	10.1	1690.60	10.6	2892.24	9.7
武汉	4396.17	10.3	3645.32	10.3	4319.70	10.0
西安	2117.66	13.9	1484.63	14.5	2548.71	9.3
杭州	3661.98	7.4	3246.67	7.8	4416.12	9.0
石家庄	2359.50	9.8	—	—	2015.40	10.4
太原	1052.08	10.6	772.27	10.1	1322.06	6.1
合肥	2583.75	12.9	2053.57	14.1	1842.00	10.6
南昌	1850.49	11.9	1398.63	11.7	1328.30	9.8
郑州	3470.52	10.4	3101.38	10.3	2584.40	9.6
长沙	3946.97	12.5	3352.34	13.2	2915.01	12.1
南宁	1110.89	14.6	820.60	14.8	1342.73	8.1
贵阳	848.64	18.6	608.32	16.8	1155.26	14.6
昆明	1537.11	13.2	1100.06	11.4	1702.93	13.1
兰州	820.42	13.5	614.50	14.1	906.74	13.6
西宁	514.50	18.0	440.75	18.3	427.93	9.7
银川	678.80	11.8	524.11	12.0	529.97	8.3
海口	217.03	8.9	144.72	6.0	629.06	10.5
乌鲁木齐	930.00	14.8	794.00	14.7	1443.00	15.3
呼和浩特	866.74	14.5	690.35	16.4	1708.93	7.9

续表 82－2

城市	农林牧渔业总产值(亿元)		社会消费品零售总额(亿元)		全社会固定资产投资额(亿元)	
	2013 年	比上年增长(%)	2013 年	比上年增长(%)	2013 年	比上年增长(%)
福州	682.75	4.7	2681.72	15.6	3869.84	18.5
广州	391.51	2.7	6882.85	15.2	4454.55	18.5
成都	584.60	3.5	3752.90	13.1	6501.10	10.4
南京	351.31	10.3	3504.17	13.8	5265.55	12.4
哈尔滨	1089.50	7.8	2728.30	13.9	4940.00	25.1
沈阳	643.28	6.6	3186.09	13.7	6383.90	13.5
长春	602.70	4.9	1970.04	13.2	3408.40	20.0
济南	508.84	3.9	2633.90	13.4	2638.30	20.7
武汉	530.27	4.5	3878.60	13.0	6001.96	19.3
西安	342.89	4.9	2548.02	14.0	5134.56	21.0
杭州	399.76	4.0	3531.17	13.0	4263.87	14.5
石家庄	762.70	2.6	2154.50	13.8	4369.20	20.0
太原	72.24	3.3	1281.46	13.5	1670.74	26.5
合肥	432.19	3.2	1480.84	14.8	4707.99	23.1
南昌	266.12	3.1	1270.01	13.7	2909.76	21.6
郑州	263.35	3.3	2586.42	13.0	4509.30	22.9
长沙	452.25	3.0	2801.97	14.1	4593.39	20.1
南宁	577.27	4.7	1450.84	14.0	2432.69	23.7
贵阳	125.88	6.5	785.66	15.0	3030.38	22.1
昆明	298.66	7.2	1702.30	14.0	2931.50	25.0
兰州	—	—	843.80	14.7	1623.70	31.0
西宁	—	—	365.07	15.0	925.44	32.1
银川	103.95	4.0	348.06	12.2	1149.00	25.1
海口	95.26	6.1	490.05	12.3	649.33	27.2
乌鲁木齐	53.76	6.5	970.05	16.3	1271.59	25.9
呼和浩特	235.06	3.5	1142.36	11.8	1504.83	15.6

续表 82 - 3

城市	进出口总额（亿美元）		#出口总额（亿美元）		房地产开发投资额（亿元）	
	2013 年	比上年增长（%）	2013 年	比上年增长（%）	2013 年	比上年增长（%）
福州	1264.79	30.1	314.29	11.9	193.37	6.8
广州	1579.68	15.3	1188.88	1.5	628.06	6.6
成都	2110.30	11.7	506.00	6.4	318.80	5.0
南京	1120.18	10.3	557.57	0.9	322.66	1.1
哈尔滨	849.70	10.1	65.40	40.3	29.00	53.4
沈阳	2184.01	12.4	143.29	12.4	69.96	17.3
长春	613.60	-5.6	204.00	3.7	32.90	13.4
济南	721.17	8.7	95.66	4.7	54.81	-4.1
武汉	1905.60	21.0	217.52	6.9	119.43	11.1
西安	1595.64	24.5	179.82	38.2	84.76	16.1
杭州	1853.28	16.0	650.70	5.5	447.70	8.5
石家庄	—	—	140.00	8.1	71.20	-3.0
太原	635.85	14.5	91.63	8.2	52.95	24.8
合肥	1105.81	21.0	181.90	3.1	118.99	-12.7
南昌	406.14	17.9	97.22	17.3	73.11	13.1
郑州	1445.33	32.0	427.49	19.3	250.66	23.7
长沙	1153.61	11.8	98.93	13.8	61.66	19.2
南宁	416.37	14.8	44.21	6.6	23.53	-6.5
贵阳	983.09	8.2	63.18	25.1	55.79	32.4
昆明	1291.71	40.5	174.22	20.8	104.10	83.1
兰州	286.80	28.4	40.63	19.6	35.93	33.5
西宁	195.29	23.4	12.41	32.9	7.79	17.6
银川	330.81	20.0	24.11	80.9	20.78	99.1
海口	256.40	46.1	51.01	21.0	18.85	4.8
乌鲁木齐	271.43	25.5	77.98	-25.0	63.99	-20.6
呼和浩特	581.68	29.8	15.99	-5.9	7.35	-11.7

续表 82－4

城市	实际利用外资(亿美元)		财政一般预算收入(亿元)		年末金融机构人民币存款余额(亿元)	年末国内金融机构人民币贷款余额(亿元)
	2013 年	比上年增长(%)	2013 年	比上年增长(%)	2013 年	2013
福州	14.31	6.9	453.97	18.8	8720.26	7738.74
广州	48.04	5.0	1141.79	10.8	32850.57	20172.97
成都	112.16	30.6	898.50	16.6	23662.00	17618.00
南京	40.33	-2.0	831.31	13.4	18050.82	13791.06
哈尔滨	22.60	19.1	402.30	13.4	8488.20	6275.90
沈阳	58.11	0.1	801.00	12.0	11437.20	8867.10
长春	9.40	10.4	381.80	12.0	7808.31	6453.35
济南	13.20	8.2	482.10	13.9	10808.10	7812.50
武汉	52.50	18.1	978.52	18.1	14915.69	14701.18
西安	31.30	26.3	501.98	26.5	13763.19	10023.63
杭州	52.76	6.4	945.20	9.9	22174.71	19350.70
石家庄	9.70	11.8	315.20	15.8	—	—
太原	9.44	20.7	247.33	14.7	9819.68	7111.87
合肥	18.90	18.1	438.62	12.6	8232.58	7054.99
南昌	21.17	11.3	291.91	21.6	6624.57	5464.22
郑州	33.22	-3.1	723.60	19.3	12450.50	9342.30
长沙	34.00	14.2	536.63	23.8	—	—
南宁	5.80	15.5	256.25	11.6	—	—
贵阳	6.30	32.9	277.21	20.2	5742.09	4177.93
昆明	17.98	13.2	450.75	19.1	10085.36	9148.63
兰州	—	—	124.50	20.0	5499.20	4407.70
西宁	—	—	67.11	22.5	2822.47	2727.69
银川	1.29	-12.0	134.60	19.0	2340.93	2660.62
海口	5.12	13.1	86.73	15.1	2893.80	2547.80
乌鲁木齐	2.23	15.6	301.90	19.8	5590.19	3922.02
呼和浩特	8.83	43.2	182.02	1.9	4437.99	4273.09

续表 82－5

城市	城镇居民人均可支配收入（元）		城镇居民恩格尔系数（%）	城市居民消费价格指数（以上年为100）	农民人均纯收入（元）	
	2013 年	比上年增长（%）	2013 年	2013 年	2013 年	比上年增长（%）
福州	32265	9.8	37.0	102.6	12910	12.3
广州	42066	10.5	—	102.6	18887	12.5
成都	29968	10.2	—	103.1	12985	12.9
南京	39881	9.8	33.0	102.7	16531	11.8
哈尔滨	25197	12.0	32.8	102.1	10800	14.1
沈阳	29074	10.0	31.6	102.5	14467	10.9
长春	26034	13.3	—	103.0	10060	11.0
济南	35648	9.5	30.6	102.8	13248	12.4
武汉	29821	10.2	38.6	102.4	12713	13.6
西安	33100	10.4	32.4	102.7	12930	13.0
杭州	39310	10.1	34.3	102.5	18923	11.2
石家庄	25274	9.7	—	102.9	10066	12.6
太原	24000	11.0	32.1	103.1	11288	12.0
合肥	28083	10.4	35.6	102.7	10352	14.0
南昌	26151	10.8	—	102.3	10806	11.1
郑州	26615	9.8	32.4	102.8	14009	11.8
长沙	33662	10.5	—	102.8	—	—
南宁	24817	10.0	—	102.1	7685	13.4
贵阳	23376	10.0	38.2	103.2	9595	13.0
昆明	28354	12.3	36.7	103.9	9273	15.3
兰州	20767	12.6	—	103.5	7114	14.3
西宁	19444	10.3	—	103.8	9004	15.4
银川	23776	10.0	—	103.5	9036	12.0
海口	24461	9.5	42.7	102.9	10240	13.2
乌鲁木齐	20780	13.0	38.2	103.5	12065	16.5
呼和浩特	35629	9.1	29.8	103.8	12736	12.1

表 83　**2013 年福建省及九个设区市主要经济指标**

指　　标	计量单位	全省		福州市	
		2013 年	比上年增长(%)	2013 年	比上年增长(%)
年末常住总人口	万人	3774.00	0.7	734.00	1.0
城镇化率	%	60.77	1.2	65.90	1.1
地区生产总值	亿元	21759.64	11.0	4678.50	11.5
第一产业	亿元	1936.31	4.4	402.26	4.6
第二产业	亿元	11315.30	12.9	2133.60	13.2
第三产业	亿元	8508.03	9.6	2142.63	10.8
农林牧渔业总产值	亿元	3281.96	4.5	682.75	4.7
规模以上工业总产值	亿元	33853.36	14.5	6786.33	14.4
全社会固定资产投资	亿元	15526.87	22.2	3869.84	18.5
固定资产投资(不含农户)	亿元	15245.24	22.4	3834.22	18.5
财政总收入	亿元	3430.35	14.0	689.12	15.4
地方级一般预算收入	亿元	2119.45	19.3	453.97	18.8
社会消费品零售总额	亿元	8275.34	14.0	2681.72	15.6
居民消费价格环比指数	%	102.5	2.5	102.60	2.6
实际利用外资(验资口径)	亿美元	66.79	5.4	14.31	6.9
出口总额	亿美元	1064.74	8.8	193.18	(8.6)
城镇居民人均可支配收入	元	30816.00	9.8	32265.24	9.8
农村居民人均纯收入	元	11184.00	12.2	12909.91	12.3
城镇非私营单位在岗职工平均工资	元	49328.00	9.7	53333.00	10.9

续表 83－1

指　　标	计量单位	厦门市		莆田市	
		2013 年	比上年增长(%)	2013 年	比上年增长(%)
年末常住总人口	万人	373.00	1.6	283.00	0.7
城镇化率	%	88.70	0.1	53.60	1.8
地区生产总值	亿元	3018.16	9.4	1342.86	12.5
第一产业	亿元	25.99	0.2	114.58	3.1
第二产业	亿元	1434.79	11.1	783.46	14.3
第三产业	亿元	1557.38	7.7	444.82	11.5
农林牧渔业总产值	亿元	42.38	0.4	190.57	3.2
规模以上工业总产值	亿元	4716.21	13.1	2008.92	15.4
全社会固定资产投资	亿元	1347.54	1.1	1191.11	28.0
固定资产投资(不含农户)	亿元	1337.26	1.1	1164.54	29.3
财政总收入	亿元	835.05	11.5	153.16	18.7
地方级一般预算收入	亿元	500.56	15.8	94.92	22.6
社会消费品零售总额	亿元	974.51	10.5	444.13	12.5
居民消费价格环比指数	%	102.30	2.3	102.50	2.5
实际利用外资(验资口径)	亿美元	18.72	5.5	3.02	18.0
出口总额	亿美元	523.43	15.3	31.69	7.5
城镇居民人均可支配收入	元	41360.40	10.1	27233.14	10.3
农村居民人均纯收入	元	15007.56	11.5	11599.96	12.5
城镇非私营单位在岗职工平均工资	元	55864.00	6.4	43963.00	9.8

续表 83－2

指　　标	计量单位	三明市		泉州市	
		2013 年	比上年增长(%)	2013 年	比上年增长(%)
年末常住总人口	万人	251.00	0.4	836.00	0.8
城镇化率	%	53.60	1.5	61.60	1.2
地区生产总值	亿元	1477.59	11.2	5218.00	11.5
第一产业	亿元	230.97	4.8	171.03	2.1
第二产业	亿元	771.92	14.8	3227.03	12.6
第三产业	亿元	474.70	7.9	1819.94	10.2
农林牧渔业总产值	亿元	368.31	4.8	298.09	2.1
规模以上工业总产值	亿元	2574.75	14.7	9379.11	13.9
全社会固定资产投资	亿元	1361.01	21.8	2502.44	24.1
固定资产投资(不含农户)	亿元	1334.13	22.1	2443.51	24.5
财政总收入	亿元	136.90	12.5	650.06	13.1
地方级一般预算收入	亿元	89.85	16.0	346.91	18.2
社会消费品零售总额	亿元	385.53	12.9	1945.57	14.0
居民消费价格环比指数	%	102.40	2.4	102.50	2.5
实际利用外资(验资口径)	亿美元	1.25	21.4	13.91	5.4
出口总额	亿美元	13.75	(54.3)	164.70	33.1
城镇居民人均可支配收入	元	25723.51	9.8	35430.44	9.8
农村居民人均纯收入	元	10531.58	12.3	13315.97	11.8
城镇非私营单位在岗职工平均工资	元	46552.00	11.0	44895.00	9.2

续表 83－3

指　　标	计量单位	漳州市		南平市	
		2013 年	比上年增长(%)	2013 年	比上年增长(%)
年末常住总人口	万人	493.00	0.6	262.00	(0.4)
城镇化率	%	53.00	1.0	52.60	1.0
地区生产总值	亿元	2236.02	11.5	1105.82	11.2
第一产业	亿元	345.53	4.8	257.00	5.0
第二产业	亿元	1091.71	15.3	481.13	15.0
第三产业	亿元	798.78	9.1	367.69	9.5
农林牧渔业总产值	亿元	600.93	4.7	422.62	5.2
规模以上工业总产值	亿元	3259.21	16.2	1317.29	14.5
全社会固定资产投资	亿元	1761.48	18.5	1214.45	35.1
固定资产投资(不含农户)	亿元	1713.26	18.6	1186.59	35.6
财政总收入	亿元	237.79	15.7	106.67	15.9
地方级一般预算收入	亿元	154.86	17.6	71.62	21.0
社会消费品零售总额	亿元	746.36	12.9	412.68	15.5
居民消费价格环比指数	%	102.50	2.5	102.60	2.6
实际利用外资(验资口径)	亿美元	9.46	6.2	1.05	20.2
出口总额	亿美元	71.08	1.7	15.32	(9.2)
城镇居民人均可支配收入	元	26471.06	10.5	24317.50	9.4
农村居民人均纯收入	元	11639.33	12.0	10030.77	12.8
城镇非私营单位在岗职工平均工资	元	46610.00	10.6	44003.00	10.5

续表 83-4

指　标	计量单位	龙岩市		宁德市	
		2013 年	比上年增长(%)	2013 年	比上年增长(%)
年末常住总人口	万人	258.00	0.4	284.00	0.0
城镇化率	%	50.90	1.5	51.80	1.2
地区生产总值	亿元	1479.90	11.2	1238.72	12.6
第一产业	亿元	177.81	4.4	223.65	5.8
第二产业	亿元	796.04	14.5	627.59	18.1
第三产业	亿元	506.05	7.8	387.48	7.9
农林牧渔业总产值	亿元	290.63	4.6	385.67	5.9
规模以上工业总产值	亿元	1488.43	14.8	2323.12	21.6
全社会固定资产投资	亿元	1298.87	29.8	934.49	47.1
固定资产投资(不含农户)	亿元	1269.92	30.3	910.02	48.3
财政总收入	亿元	249.14	5.0	125.79	20.4
地方级一般预算收入	亿元	117.21	15.5	88.69	25.6
社会消费品零售总额	亿元	490.64	13.5	372.07	15.4
居民消费价格环比指数	%	102.40	2.4	102.20	2.2
实际利用外资(验资口径)	亿美元	2.16	8.5	1.44	20.2
出口总额	亿美元	21.17	0.4	28.38	29.6
城镇居民人均可支配收入	元	26281.22	10.6	23951.00	9.7
农村居民人均纯收入	元	10578.42	12.6	10039.26	13.7
城镇非私营单位在岗职工平均工资	元	45845.00	11.4	47020.00	8.1

(市统计局综合处)

(编辑　苏　颖)

说 明

一、本索引采用主题词分析法，按主题词首字汉语拼音字母（同音字按声调）顺序排列。

二、栏目、分目标题用黑体字。“特载”“专文”“大事记”“人物”“福州市2013年地方法规、规章政策（选录）”“统计资料”内容不作索引。

三、索引主题词后的数字表示页码，数字后的a、b、c表示栏别左中右。

四、空一字起排的款目为上一主题的“附见”。

A

API均值（图） 179
爱国卫生月 300a
安全工作部署 143c
安全生产 32b
　电力工业 164c
　港口 189c
　建筑业 183b
　石油 218b
　医药化工 165c
　渔业 159a
安全生产标准化 143c
安全生产检查 143c
安全生产管理 143b
安全生产信息公开 68b
安置帮教 123b
案件查办 44c

B

“百村百连结对子，军民融合促发展”
　　活动动员会 43c
办公区集中管理 71c
办公自动化系统 196c
保健食品监管 140b
保教质量 268b
保密工作 53c
保密管理 53c
保密技术防护 53c
保险 31a
保险业 236c
保障房建设投入 148b
保障性住房信息公开 68a
报社多元产业 289c
报纸品牌 289
暴雨 25b
边防管理 121a
边防检查 201b
边界管理 314c
便民呼叫中心“12345”系统 195c
标准化管理 142a
滨海工业集中区 207c
殡葬管理 314b
病险水库加固 160c

C

财产行为税 152c
财政 147
财政管理 148c
财政收入 147a
财政收支审计 144b
财政预审决算公开 68a
财政政策 147b
财政支出 147a
参政议政
　工商联 89b
　九三学社 87a
　民革 81a
　民建 84a
　民进 88a
　民盟 82b
　农工党 83a
　台盟 86a
　致公党 85a
餐饮业 215c
残疾人扶残助学 100b
残疾人就业 100a
残疾人康复 99c
残疾人权益保护 100a
残疾人社会保障 99c
残联 99a
残联第五次代表大会 99b

仓山区　318a
仓山唐墓　286a
拆迁
　三坊七巷　307a
　上下杭　307b
　朱紫坊　307b
产地证业务　201a
产学研活动　252a
产业投入　147b
产业转型升级　131b
昌福铁路开通　337b
长乐市　325a
长乐市城市管理服务指挥中心　327c
车船税　152c
成品油价格　137c
成人教育　207b
城建档案管理　183c
城市副食品基地　214c
城市管理　170
城市建设　170
城市建设维护税教育费附加　152c
城市数字化综合管理平台　196b
城乡低保　313b
城乡规划　170a
城乡规划管理　171a
城乡规划监察　171b
城乡互动发展格局初步形成　342b
城乡建设　29c
城乡一体化　342b
城镇保障性安居工程审计　145a
城镇居民收支　310a
稠州银行　235c
出版　278
出版管理　286a
出版物发行经营单位　286b
出境货物检验检疫　200a
出口额3000万美元以上商品（表）　221
出口市场(表)　222
出口退税　150b
出入境管理　118b
出入境检查　201c
出租车　187a
初等教育　268b
初中招生　268c
除“四害”　300b
传媒　278
传统服务业　215c
船员管理　189a
创新型企业　243a
创新型企业(表)　241
“春风·春雨·光彩”行动　48b
村财监管　154b
村级文化协管员培训　279b
村卫生所建设　297a
村镇建设　174a

D

打非治违　144a
“打黑除恶”　116a
打击走私　202b
打私成果　202c
大病救助　98a
大气环境　179b
党风廉政建设　45b　50c
党建品牌建设　50c
党史刊物　55a
党史研究　54b
党史专著　54c
党外代表人士队伍建设　49a
党校工作　52b
党校教学　52c
党校科研　52c　264c
党校信息化建设　52c
党员队伍建设　47a
党员干部直接联系和服务群众制度　343b
党政代表团赴重庆、成都学习考察　43b
档案工作　55a
档案开发利用　55c
导游队伍　303c
道德讲堂　51a　286b
道路保洁　176c
道路交通安全整治　143c
道路交通管理　119b
道路绿化　174c
低碳经济　347a
地方财政收入及其增速(图)　27
地方立法　59b
地方税务　151a
地方志　75b
地方志学术研讨会　76a
地籍管理　172a
地理　23a
地理标志产品　142a
地名管理　314b
地情网　76a
地区生产总值(GDP)及其增速（图）　27
地税法制建设　151a
地税风险防控　151c
地铁　188a
地铁1号线　188b
地铁2号线　188c
地铁1号线屏山考古　285b
地震监测预报　258a
地震应急救援　258b
地震应急流动观测系统　258a
地震灾害防御　258a
地震灾害紧急救援队　258c
地质灾害预防　172b
典当业　215c
电价　137b
电力工业　164a
电力供应　164a
电气机械及器材制造业　163c
电网建设　164b
电信　192c
电影放映　292a
电影进校园　292b
电子商务示范城市　131b
电子信息产业　165c　212a
电子信息企业获创新奖(表)　166
电子政务网络　196c
调查服务　133a
调查制度改革　133a
调研成果转化　53b
冬春水利　160b
动画制作　292a
动漫游戏产业　166c
动物疫病防控　157c
都市现代农业规划　155a
督查领导批办件　67b
督查人大代表建议　67b
督查政协委员提案　67c
督查综合性工作　67b
队伍建设
　党校工作　53a
　党员　47a
　导游　303c
　公安　122b
　检察　115b
　民兵工作　125b
　审判　113a
对台港口运输　189c

对台经贸合作　108c
对台文化交流　108c
对台宣传　289a
对外及港澳台经济贸易　220
对外及港澳台贸易　212c　**221c**
对外及港澳台投资与劳务合作　221b
对外经济　30c
对外宣传　289a
多党合作　48a

E

恶性案件侦查　115c
儿童教育　268b
儿童医院新病房楼　296a

F

发展研究　74c　265c
法律援助　123c
法院　33a
法治建设　111a
反走私管理　203b
防腐　45a
防洪减灾　161c
防汛抗旱　161a
防震减灾　258a
防震减灾宣传教育　258b
房产税　152c
房地产管理　184a
房地产价格　138a　310c
房地产开发和销售主要指标（表）　30
房地产市场管理　184b
房地产市场信息系统　185c
房地产业　183
房屋登记业务改革　185b
房屋征收　184c
纺织业　167c
非工业企业景气调查　132c
非公有制经济工作　48b
非商品收费　138a
非物质文化遗产　294b
非物质文化遗产生态园　283c
分行业固定资产投资（表）　29
服务业　214
服务业标准化　218b
服务业调查　132c
福利彩票销售　314c
福平铁路　187c
福莆宁第二产业结构和中职专业结构（表）　355a
福莆宁劳动力需求结构和中职专业结构（表）　355a
福莆宁三次产业结构和中职专业结构（表）　355a
福莆宁同城化推进　132a
福莆宁职业教育专业结构优化　354a
福莆宁中职专业分类和毕业生统计（表）　354a
福莆宁中职专业设置重复率最高的 10 个专业（表）　355b
福清市　323a
福兴经济开发区　208c
福永高速公路通车　337a
福州・宁德山海协作工作座谈会　66c
福州保税港区　205c
福州大鞋城转型项目　219a
“福州发布”政务微博群　69b
《福州港总体规划》　189b
福州高新技术产业开发区　205a
福州话大赛　282a
福州金鱼　158c
福州经济技术开发区　204a
福州空气质量逐年趋好　345b
福州日报社　287b
福州软件园　207a
福州新区　131c
福州新区规划　170a
福州职业技术学院　265a　273c
妇联　93b
妇女儿童权益维护　93c
妇女就业创业“双学双比”“巾帼文明岗”　93c
妇幼保健　298b
副食品商业　215c

G

干部监督管理　46b
干部教育培训　46b
干部人事制度改革　46a
港澳事务　108b
港口　189b
港口服务　190a
港口改革　190a
港口物流链体系　189c
港区作业区连片开发　189b
高层次人才引进和服务　73a
高等教育　271c
高等特殊教育　270b
高温　25c
高校毕业生就业　74b
高校一览（表）　272bc
高新技术产业　242c
高新技术产业开发区新体制运行揭牌仪式　66b
高新技术企业　242c
高新技术研究开发计划　243b
高中多样化特色化建设　269b
高中会考　269c
革命遗址保护利用　54c
个人所得税　152b
个体劳动者协会私营企业协会　102b
工程建设
　南街　307c
　三坊七巷　307b
　上下杭　307c
　朱紫坊　307c
工程造价管理　183c
工会　91a
工勤人员岗位考核培训　74c
工商登记制度改革　133b
工商联　81　89b
工商行政管理　133b
工商银行　228b
工业　28a　**162**　211b
工业企业服务政策　162a
工业生产者出厂价格　310b
工业增加值及其增速（图）　28
工业主要产品产量（表）　28
工艺美术　168c
　参展赛事　168c
　市场拓展　169b
　行业服务　169c
工资收入分配制度改革　73c
公安　115b
公安法制　122a
公安科技信息通信　122b
公共安全投入　148b
公共服务标准化　142a
公共机构节能　71c
公共交通　187a
公共企事业单位信息公开　68c
公共卫生服务　297a
公共卫生服务体系建设专题询问　59c
公共文化　278a
公立医疗机构改革　297b

公路建设　186a
公路养护　186a　186b
公路运输　186c
公民道德教育　49b
公务车辆管理　71c
公务员管理　73b
公用经费审计　144b
公园景区　175a
公证工作　123c
供电　174b
供气　174b
供热　174c
供水　174a
供销合作　218c
供销社项目建设　219a
鼓岭国家级旅游度假区　303a
鼓楼区　315a
鼓楼区高新技术产业　316c
固定资产投资　29b
固体废弃物处置　180c
光大银行　231c
“光明行动”项目　99c
广播电视公共服务　292b
广播电影电视　290c
广播影视公共服务体系　307a
广电市场份额与创收　291c
广告创意产业园　133c
归侨侨眷权益维护　108a
规范化建设
　初等教育　268c
　档案工作　55b
　民兵工作　125b
　人民代表大会　63a
　司法建设　122c
　征兵工作　124c
规范性文件备案审查　71b
规费征收　152c
规划
　两山两塔规划　306c
　三坊七巷规划　306b
　上下杭规划　306c
　烟台山规划　307a
　朱紫坊规划　306b
国Ⅳ汽油　218c
国防动员　125c
国防后勤保障　126a
国防建设　124
国防教育　125c
国际电讯联盟标准年会　142b
国际公路自行车赛　294c　337c
国际税收　150b
国家税务　149a
国民经济　27c
国企改革发展　136a
国税法制建设　149a
国税管理　149c
国税稽查　149b
国税收入　149a
国土资源“一张图”项目　173a
国土资源管理　171b
国外代表团访问福州　104c
国有企业改革　341a
国有企业和金融机构审计　145c
国有资本运作　136b
国有资产监督管理　135b
国资履职监管　135c

H

海防管理　201c
海港口岸对台客货直航统计(表)　197
海关服务　198c
海关缉私　199b
海关监管　198b
海关税收征管　199a
“海上福州”建设　158a
海外文化交流　284a
海西服务业综合标准化试点　142a
海西论坛　102c
海西引智试验区建设　73a
海峡股权交易中心　236c
海峡两岸合唱节宣传　293c
海峡两岸经贸交易会、中国福建商品
　交易会暨福州国际招商月20年
　回顾展　66c　221b　293b
海峡体育品牌　301a
海峡银行　345b
海洋环境保护　158b
海洋监察　159c
海洋经济　131b
海洋与渔业　157c
海洋资源　23c
海洋综合管理　157c
海域采砂管理　158a
汉服文化节　264a
航空安全　190c
航空应急救援培训　191a
航空运输　190c
航运业管理　189a
行业技术创新中心　240a
合唱音乐周　278b
河流水质达标情况(表)　180
红色文化开发　54c
“红十字博爱送万家”活动　98a
红十字会　98a
红十字志愿者　98c
宏观经济管理　130a
宏观经济专项规划编制　130c
华侨到榕定居　108a
华夏银行　233a
化工　165a
化妆品监管　140b
画院活动　283a
环保科研　182b
环保信息化　182b
环保综合整治　180a
环境保护　179
环境保护信息公开　68b
环境监测　182b
环境监察整治　180a
环境事件应急管理　182a
环境卫生　176c
环境信访　182b
环境质量　179b
环境综合整治规划　170c
环境综合整治现场推进会　44a　67a
环委会全体成员会暨全市环保
　工作会议　66c
环卫基础设施建设　177c
黄岐半岛旅游　303b
“回归工程”　48b
会展业　216b
婚姻收养登记　314b
火车南站机动车停车费(表)　138
火炬计划　243b
火灾案例　120c
货物劳务税　150a
货运市场　187a

J

机场　190b
机场服务　191b
机动车维修　187b
机动车尾气治理　181a
机构编制　72a
机构编制资源配置　72b

机构及负责人　32c
机关办公用房管理　71b
机关财务管理　71b
机关党的工作　50b
机关事务管理　71b
机关作风建设　50c
机械冶金　163b　211b
基本药物制度　296b
基层党组织建设　46c　50c
基础设施建设
　海防管理　202a
　机场　190b
　市容管理与执法　177c
基础设施投入　148b
基准地价　172a
绩效管理　45c
绩效管理和“五大战役”工作
　　表彰会　43b
疾病防控　298a
集体林权制度改革　156c
计量监管　142b
计生督查　311a
纪检监察　44c
纪委十届四次全会　43a
技术创新
　电力　164c
　工艺美术　168c
　轻纺塑料　168b
技术市场管理　252a
继续教育　73c
加油站业务拓展　218a
家具制造业　168b
家庭教育　94a
家政服务业　216b
价格补贴　137a
价格成本调查　139a
价格成本监审　139a
价格调研　139b
价格服务　139a
价格管理　136c
价格和收费信息公开　68c
价格监测预警　137b
价格监督　139a
价格认证　139b
价格调节基金　137a
价格调整听证　103b
价格总水平调控　136c
监督检查
　保密　54a
　机构编制　72c
　纪检监察　45a
　人民代表大会　59c
　政治协商　79b
监督渠道
　检察　115a
　审判　113a
监管活动监督　114c
监所管理　121c
检察　113b
检察院　33a
检验检疫　199b
简政放权　70c　131c
建材业　164a
建设银行　230b
建筑　28a　**183**
建筑工程质量监管　183b
建筑节能　183b
建筑垃圾管理　177b
建筑劳务税　152a
建筑市场监管　183a
建筑业管理　183a
建筑业增加值及其增速(图)　28
健康场所试点　300a
健康小屋　297b
健身设施　301a
江阴工业集中区　209c
江阴汽车整车进口口岸　324c
交通　30c　**186**
交通基础设施网络形成　350a
交通建设项目　131a
交通市政基础设施规划　170b
交通事故案例　120a
交通运价　138a
教育　31b　**267**
教育费　138a
教育培训平台　213c
教育投入　148a
教育先进人物(表)　268ab
教职工编制　267b
街区规划　306b
节能降耗　163a
金牌和 AAAAA 级、AAAA 级
　　旅行社(表)　304ab
金融业　31a　**225**
金融业增加值　225a
金山投资区　209b
金属制品业　163b
进出境集装箱检验检疫　200b
进出口总额　221c
进口额 3000 万美元以上商品
　　(表)　223
进口货物检验检疫　200b
进口市场(表)　223
晋安区　320a
禁毒工作　117a
经济犯罪要案　116c
经济犯罪侦查　116c
经济工作会议　44a
经济技术协作　163a
经济建设宣传　288a
经济普查　132c
经济形势分析　43bc
经济运行分析　130c
经济责任审计　146a
经济作物　156a
经贸团组访问福州　105a
精品与品牌栏目　291b
精神文明建设　49a
景区管理　302c
景区建设　308c
警企联动　201c　202b
警卫工作　119a
竞技体育　301a
纠风专项工作　45b
九三学社　87a
旧屋区　171a　184c
救灾　313c
居民消费价格环比增跌幅度(图)　27
卷烟销售　217b
卷烟营销网络　217b
卷烟专卖市场监管　217c
决策服务　53b
军转干部安置　74b

K

开发区整合提升　351b
勘察设计管理　183c
科技成果管理　248a
科技创新体系建设　240a
科技创新投入　147c
科技进步奖(表)　248　249
科技进步考核　240c
科技进步信息产业项目(表)　167
科技企业孵化器　240b
科技人才对接平台　213b
科技实践　269c

科技下乡　97a
科技政策培训　257b
科技支出使用情况(表)　241
科技支出占财政支出比例(表)　240
科普创先争优　97a
科普创作与宣传　96b
科普活动　96c
科普设施　96b
科普行动计划　97a
科普宣传　257c
科协　96a
科协重点调研课题　97c
科学技术　31c　239
科学技术奖励　248a
科学技术经费　240c
科学普及　257b
可移动文物普查　285a
客户服务
　电信　193b
　联通　194c
　移动　194b
　电力工业　164c
客运市场　186c
课题调研　53a
空间地理基础数据库　195c
空气质量天数比例(图)　179
空气质量位居全国“三甲”　345b
控制性详细规划　170a
口岸　197
口岸管理　197a
口岸海运统计(表)　197
口岸航线　198a
口岸建设　197a
口岸开放　197a
口岸客运统计(表)　197
口岸通关　198a
口岸通关模式改革　199c
快递业务　192b
矿产管理　172b
矿产资源　23a
扩权强区(县、市)　70c

L

垃圾无害化处理　177b
烂尾楼盘活　184a
劳动就业　311c
劳动维权　312a
劳务输出　221b
老干部待遇　52a
老干部发挥作用　52a
老干部工作　51c
老干部活动中心　52b
老龄事务　314b
老年大学　52b
老年协会规范化建设研讨会　264a
老区建设　314a
理论工作　47b
历史文化名城保护规划　170c
历史文化名城保护规划编修　353a
历史文化名城保护和旅游开发　353a
历史文化名城保护及旅游开发
　管理　353a
历史文化名城保护条例　59b
历史文化名街保护同盟年会　67a
历史文化名街授牌仪式　67a
历史文化名街专业委员会成立
　大会　67a
立法工作　70c
利用外资及港澳台资　220a
连江经济开发区　209a
连江县　330a
联通　194b
粮食安全保障　217a
粮食产量及其增速(图)　27
粮食产销协作　217a
粮食储备管理　216c
粮食市场监管　217b
粮油贸易　216c
两岸民俗文化节　279a
两岸青年联欢节暨2013年海峡
　青年节　67a　92b　294a
两岸文化交流　284b
“两马”旅游　303b
“两马”旅游的发展　356a
“两马同春闹元宵”　284a
两权证　185a
林业　156b
林业产业　157a
林业科技　157b
林则徐歌曲征集评选　280c
领导接访活动　51c
流动人口服务　311a
留守流动儿童及“春蕾女童”关爱　94b
路桥项目　173b
路政管理　186b
旅行社　303c
旅游　30b　302
旅游安全管理　304a
旅游法制建设　304c
旅游服务　303c
旅游管理　305a
旅游规划编制　302a
旅游接待　308c
旅游节庆活动营销　304c
旅游开发　308c
旅游媒体宣传营销　304c
旅游门票价格　138b
旅游文化宣传　308a
旅游项目建设　302b
旅游宣传营销　304c
旅游营销　308c
旅游与文化研讨会　263a
旅游质量监督管理体系　304a
律师工作　123b
绿色印刷认证　287a
罗源港区建设　335c
罗源湾经济开发区　208a
罗源县　334a

M

马尾区　322a
贸易　30a
媒体交流　109c
面粉公司　217a
“灭枪”行动　116a
民办教育　221c
民兵工作　124c
民兵专业训练　125a
民兵组织整顿　124c
民革　81a
民航经济　131b
民间组织登记　314c
民建　84a
民进　87c
民盟　82a
民商事审判　111c
民生保障　32a
民生档案工作　56a
民生银行　232b
民生资金审计　145a
民事行政检察　114c
民俗节庆活动　308b
民营电子信息行业　212a
民营对外贸易　212c
民营工业　211b

民营行业　211b
民营机械制造业　211b
民营经济　211
民营经济服务平台　213a
民营轻工纺织行业　212b
民营石化行业　212a
民营冶金行业　211c
民营医疗机构　212c
民营医药行业　212a
民政　313a
民主党派　81
民主党派和工商联机构及负责人　36c
民主协商　79a
民族工作　48c　**56a**
民族团结进步创建　56c
闽都文化　47c
闽都文化论坛　263c
闽都文化推广　94c
闽侯县　327a
闽江师范高等专科学校　275a
闽江学院　265a　272b
闽江游　188c
闽剧职业剧团折子戏大奖赛　282a
闽清县　332a
闽山巷遗址　286a
名城规划编制　285a
名牌发展战略　141c
魔方协会福州公开赛　92c
茉莉花茶保护条例　59c
茉莉花茶生态产业　357a
茉莉花文艺评奖　94c
募捐活动　98b

N

内部审计　146b
内地文化交流　284c
内河管理办法　59b
内河交通安全管理　189a
内河整治　173b
纳税服务　150c　153a
南通商贸物流城建设　329c
能源项目　131a
年鉴　75c
年鉴培训班　76a
农产品“绿色通道”政策　137a
农产品质量安全监管　154c
农超对接　215a
农村成人教育　271a
农村电气化　164b
农村电影放映　307a
农村改厕　300b
农村公路　186b
农村合作医疗　296b
农村集体土地所有权确权　172b
农村经济　154
农村精神文明建设　49c
农村居民收支　310a
农村社区综合维修服务体系　219c
农村土地整治　171c
农村五保　313b
农村信用社　234c
农工党　83a
农技推广　155b
农家书屋　278b
农民专业合作社　155a　211b
农田水利　160c
农业　28a
农业产业化龙头企业　155a
农业发展银行　227c
农业服务　155b
农业科技　243b
农业科技培训与服务　155b
农业科技园区　243b
农业银行　229a
农业园区　155b
农资供应　218c

P

拍卖业　216c
《攀讲》　291b
皮革制品业　168a
片区管理　268b
平安海域创建　202a
平安建设　111a　112c
平安银行　233b
平潭开放开发　132a
平潭通关　198b
浦发银行　234a
普查　132c
普法依法治理　123b

Q

漆艺馆　309c
企事业单位知识产权　253b
企业诉求反映平台　213c
企业所得税　150b　152a　152b
企业注册登记　134a
企业自主创新　162c
气候　24b
气价　137b
气温　24c
气温(图)　24
气象干旱　26a
汽车制造业　163c
强对流天气　25b
强冷空气过程　25c
强农惠农　154b
强震观测台　258a
墙体管理　183c
侨胞权益保护　101a
侨联　100c
侨资企业帮护　107b
侨资侨智引进　100c
侵财罪案侦破　115c
青口投资区　206c
青年文明号创建　92c
青少年就业创业　93a
青少年科技大赛、机器人大赛获
　　全国奖名单(表)　269
青少年科技活动　97b
青少年维权工作　93b
轻纺　167b　212b
轻工业　168a
全国青年运动会　301b
全国文明城市报道　308b
全国职业院校技能赛获奖名单
　　(表)　271
全国质量强市示范城市　141b
全媒体　289c
全民阅读月　279a
全社会固定资产投资(表)　29
权力运行规范　45a
群团组织工作　51a
群众体育　300c

R

燃油运价(表)　138
热带气旋　25b
人才队伍建设　46c
人才市场　74b
人才中介机构管理　74c
人大常委会机构及负责人　34a
人大常委会及“一府两院”副职以上

领导任免名单(表)　64
人大常委会领导班子　32c
人大常委会任免国家机关工作人员条例　59c
人大常委会组成人员和工作机构负责人任免名单(表)　64
人大代表工作　62b
人大代表建议办理　63a
人大代表履职保障　63a
人大代表议案办理　62b
人大调研工作　63b
人大执法检查　60abc　61abc　62ab
人防法制　128a
人防工程　127c
人防指挥通信　128a
人口　27a
人口机械变动　27b
人口科学研讨会　264a
人口与计划生育　310c
人口自然变动　27a
人民代表大会　58
人民调解　123a
人民防空　127c
人民生活　310a
人民银行　226a
人民政府　65
人事人才　72c
人事人才公共服务　74a
人事任免　63c
人事争议仲裁　74c
日照时数　25a
日照时数(图)　24
荣誉市民　107a
榕籍在沪企业服务　77a
榕台交流　95a　97c　101c
榕台直航　109b
融侨经济技术开发区　204c
融资性担保公司　225b
软件百强企业(表)　166
软件产业　166a

S

赛事和交流　270c
赛事获奖　301a
"3·15"消费者权益日活动　103a
三坊七巷　302c　**306**
三坊七巷保护修复　307a
三坊七巷新增景点　309a
"三公"经费公开　68a
"三维"战略合作　136b
散装水泥管理　183c
扫黄打非　286c
扫盲教育　271b
森林公安　121a
森林资源　23c
森林资源保护　156c
森林资源资产评估(表)　138
商标品牌战略　134a
商会工作　77c
商贸市场和网点建设　214a
商品价格　137b
商事纠纷调处平台　213c
商务服务平台　213b
上街投资区　210b
上市公司直接融资　236b
上宣外宣　291b
少儿歌手大奖赛　283a
少儿图书馆　280a
少数民族乡村发展　56a
设备制造业　163b
社会办体育　301a
社会保险　312b
社会保障　312b
社会福利　313c
社会公益代建项目　173c
社会管理　110c
社会管理标准化　142a
社会管理创新工作宣传　308c
社会管理综合治理　110b
社会建设宣传　288c
社会救助　313b
社会科学　279
社会科学成果奖(表)　279
社会科学规划项目立项课题(表)　262
社会科学宣传普及　95c
社会科学优秀成果评奖　95c
社会民生　310
社会事业　27c
社会事业投入　148a
社会体育指导员　301a
社会团体机构及负责人　37a
社会团体　91
社会消费品零售　214a
社会消费品零售总额及其增速(图)　30
社会志愿服务　50a
社会治安管理　110a　117ab
社会主义理论体系研究基地立项课题(表)　262
社科联　95b
社科研究成果　264c
社科院学术活动　274a
社区博物馆　308a
社区矫正　123a
社区教育　271a
社区警务　118a
社区网格化服务管理　110c
涉港澳台案件审判　111c
涉诉信访　112b
涉台检验检疫　201a
涉外案件审判　111c
"申报中央苏区县"　55a
审计　144b
审计信息　146b
审计信息化　146c
审判　111b
审判监督　112a
生产力促进体系　240c
生命工程　98b
生态保护投入　148b
生态环保　32b
生态建设　180a
生态市建设专题询问　59c
生态文明建设宣传　288c
声学环境　180a
湿地保护　157b
十二五规划中期评估　130a
十四届人大常委会会议　58b
十四届人民代表大会第一次会议　58a
十邑春节联欢晚会　292c
石油　218a
石油安全管理　218b
石油化工　165a　212a
石油数质量管理　218b
食品安全监管　143a　215a
食品安全网格化管理　215b
食品药品安全信息公开　68a
市博物馆陈列更新　285a
市场价格　310b
市场监管执法　135a
市场营销
电信　192c
移动　193c
联通　194b
市民服务中心建设　70a
市情概貌　23

市容管理与执法 176a
市容环境整治 176b
市容行政处罚 178b
市委工作会议 43a
市委机构及负责人 33a
市委领导班子 32c
市委十届六次全会 44a
市委十届七次全会 44a
市委市政府调研课题(选编) 339
市委市政府工作检查活动 43c
市委议军会议 43a
市一医院医疗联合体 297c
市政府常务会议 65a
市政建设 173b
市政设施维护 173b
市直行政机关政府信息公开工作总体测评结果(表) 348b
市直属副处级以上事业单位机构及负责人 37b
事业单位登记管理 72c
事业单位分类改革 72a
事业单位人事管理 73c
首席质量官制度 141c
蔬菜价格异动协商机制 137a
熟食品质量抽查检验 103a
数字城市地理空间框架建设 172c
数字化城市管理系统 196a
数字家庭 166a
双拥共建 126b
水产加工业 158c
水产品监管 159a
水产养殖业 158c
水环境 179c
水环境整治 180b
水价 137b
水力资源 23b
水利 160a
水利工程 160b
水利项目 131a
水路 188c
水上执法 189a
水土流失治理 160c
水下考古 286a
水行政工作 160a
税务 147
司法服务 122b
司法公信建设 113a
司法建设 112c
司法鉴定 123c
司法考试 123c
司法行政 122c
私营企业 211a
私营企业职称评定 102b
思想理论建设 50b
“4321 行政服务建设模式” 70a
四大投 136a
“四个万家”活动动员部署会 43c
“四个万家”主题实践活动宣传 293c
诉讼监督 114b
塑胶制品业 168a
塑料 167b

T

台胞帮扶 102a
台胞参政议政 101c
台风 161a
台江区 317a
台联 101b
台盟 86a
台商投资区松山片区动建 335c
台湾事务 108b
太平洋财产保险 238c
逃犯缉捕 116a
特警工作 117c
特色农业 156b
特色文艺活动 95a
特殊儿童的心理辅导策略培训 270b
特殊教育 270a
特殊教育教研室 270a
特殊人群管理 110c
特种设备监察 143a
体育 31c 296 **300c**
体育比赛 301b
体育场馆建设 301c
体育后备人才 301b
体育宣传 301c
体制改革 131c
体制机制结构调整 72a
田黄馆 309b
调解工作 112b
铁路 187b
铁路安全 188a
铁路枢纽改造 188a
停车费 138a
通关监管 198c
通信保障 193c 194c
通行服务 201b
统计法制 132b
统计与调查 132b
统战工作 48a
统战联谊 48c 94c
投入产出调查 132c
图书馆 279b
土地利用规划 171c
土地使用税 152c
土地卫片检查 172c
土地增值税 152a
土地资源 23a
团市委 92b
退休干部管理服务 74c

W

外商及港澳台商投资项目 220a
外事侨务 104a
外资市场 211a
网吧专项整治 283b
网络安全监察 118c
网络建设
电信 193a
联通 194c
移动 193c
为农服务平台 219c
委员工作 79c
卫生 31c **296 296a**
卫生城市 300b
卫生村 300b
卫生机构 296a
卫生检疫 200c
卫生人才队伍 299c
卫生投入 148a
卫生信息化 299c
卫生应急 298b
未成年人思想道德教育 50a
文博事业 284c
文博新媒体宣教 286a
文稿服务 53b
文化 31b **278**
文化产业 47c
文化创意产业融合发展 344a
文化福州 283a
文化惠民演出 279a
文化建设宣传 288b
文化交流 48a **284a**
文化科技卫生“三下乡” 278c
文化生活报 292c

文化市场 283a
文化市场行政审批大检查 283b
文化市场综合执法 283b
文化事业 47b
文化艺术周 282c
文联 94c
文明城市建设 49a
文明风尚传播 49c
文明共建 127b
文明强市报道 308c
文体事业投入 148a
文物保护修缮 285a
文艺惠民工作 95b
污染减排 180a
污水处理 174a
无居民海岛管理 158a
“五大战役”项目 130c
五新技术推广 155c
五星级、四星级饭店(表) 304ab
武装警察 128a
武警后勤保障 129c
武警基层建设 129a
物流业 216a
物业服务收费管理 138a
物业管理 184c

X

厦门投资贸易洽谈会 221b
县(市)平均气温、雨量、日照评价(表) 25
县(市)区 315
县(市)区机构及负责人 38c
县(市)区街道(乡镇)基本情况一览(表)
仓山区 320
长乐市 327
福清市 325
鼓楼区 317
晋安区 321
连江县 331
罗源县 335
马尾区 323
闽侯县 329
闽清县 333
台江区 318
永泰县 337
县(市)区行政区划(表) 26
县(市)区政府信息公开工作总体测评结果(表) 349b
县(市)区专利申请量与授权量(表) 254
现代服务业 216a
现代化综合交通运输体系构建 350a
现代粮食流通产业 217a
现代农业技术创新基地 240a
乡村旅游星级景区 303a
项目成果对接转化 131a
消防安全管理若干规定 59b
消防工作 120a
消费教育引导 103b
消费维权 135b
消费维权案例 103b
消委会 102c
消委会社会监督 103a
效能督查 45c
效能投诉办理 46a
效能问责 46a
校际交流 267c
校企合作 270c
校舍安全保障 267a
校园文化 272a
鞋业 168a
新店古城遗址 285c
新福州工人文化宫落成 92a
新福州人歌手大赛 278a
新华书店 287a
新建商品房交易登记(表) 185
新媒体传播与新技术运用 291c
新农村档案工作 56a
新农村建设 154a
“新网工程” 218c
新闻出版 286b
新闻宣传 47b
新闻宣传报道 291a
信访工作 51b
信访渠道 51b
信访维稳 51c 76c
信访问题排查化解 51b
信简(箱)管理 192b
信息产业发展政策 166a
信息共享系统 70a
信息化服务
电信 193a
联通 194c
移动 194a
信息化建设
党校工作 52c
档案工作 55c
国防动员 126a
兴业银行 231a
星火计划 243c
星火计划项目(表) 244
星级旅游饭店 303c
刑事犯罪侦查 115c
刑事检察 113c
刑事审判 111c
刑事诉讼监督 114b
刑事要案 116a
行政法制建设 141a
行政服务中心建设 69c
行政复议 71a
行政机关透明度报告 348a
行政经费控制 148b
行政区划 26c
行政权力阳光运行平台 45a
行政权利阳光运行平台 195c
行政审判 112a
行政审批
建筑业 183a
市容管理 178a
行政审批信息公开 68a
行政审批制度改革 339a
行政事业收费 138a
行政执法监督 71a
幸福之州 293a
休闲农业 155a
休闲渔业 158c
畜牧业 157b
宣传工作 47a
保密 54a
档案工作 56a
人民代表大会 63b
人民防空 127c
征兵工作 124a
宗教 57b
学前教育 276a
学术活动 263a
学术社团研究成果 265c
寻机发展平台 213c

Y

烟草 217b
烟草企业管理 217c
烟花爆竹安全 218c
央企民企项目对接 162b

药品流通监管 139c
药品生产监管 139c
药品食品监督 139b
药械案件稽查 140c
药械技术认证 140c
冶金业 163c 211c
“110”指挥中心 121b
医患纠纷调解处置 123b
医疗便民服务 299c
医疗服务收费 138a
医疗管理 299a
医疗器械生产监管 140a
医疗事故鉴定 299b
医药 165ab 212a
医药化工政策扶持 165c
医药价格 137c
医药卫生体制改革 131c
移动 193c
移动互联产业 166b
遗体和器官捐献 98b
义务教育均衡 269a
疫苗接种 298a
银企合作平台 213a
银行存贷款余额 225a
银行业 225b
应急救援 144a
婴幼儿早期教育 268a
营业税 152a
营业税改征增值税 152b
拥军优属 126c
拥军支前 126b
永泰县 335a
永泰云顶 303a
用海管理 157c
优抚安置 313b
尤氏民居 309a
邮电 31a
邮政储蓄银行 234c
邮政通信 192
邮政业 192a
邮政业务 192a
游泳场所管理 301c
友好城市建立 107a
渔船燃油补贴 159a
渔港建设 159a
渔业保险 159b
渔业惠民政策 159a
渔业科技 159b
渔业周 159c 294c
渔政渔监 159c
雨季灾害 161a
雨量 25a
雨量(图) 24
元洪投资区 206b
园林管理 175c
园林绿化 174c
园区管理机构及负责人 41c
园区建设 204
远洋渔业 158c
院士(专家)工作站认定 96a
云计算产业 166c
运输驾驶从业人员培训 187b

Z

灾害性天气 25b
再生资源回收体系 219c
造林绿化 156c
造血干细胞捐献 98b
噪声变化(图) 180
噪声声源比例变化趋势(图) 180
渣土管理 177b
展览活动 285b
占道摊点整治 176b
招商银行 232b
招商引资
  利用外资及港澳台资 220b
  驻北京联络处 76c
  驻沪办 77a
  驻深(广)办 77b
招生工作
  成人高考 272a
  普通高校 272a
  研究生 272a
  中职 270c
沼气 154b
征兵工作 124a
征地拆迁信息公开 68c
征管改革 151c
证券 31a
证券期货业 236a
政策研究 53a
政策咨询服务 75a
政策咨询平台 213a
政法 110
政府采购 71c
政府法制 70b
政府机构及负责人 34b
政府领导班子 32c
政府投资审计 145a
政府信息公开 67c
政府信息公开渠道 69a
政府信息化建设 192 195a
政府性债务审计 144c
政府职能部门主要负责人任免名单(表) 64
政务督查 67b
政务服务 45a
政务公开 45a
政务云计算平台 196b
政协福州市第十二届常委会 78b
政协福州市第十二届委员会第二次会议 78a
政协机构及负责人 36b
政协监督 79b
政协交流联谊 80c
政协领导班子 33a
政协视察调研 79b
政协提案 79a
政协文史工作 80a
政协信息工作 80a
政治建设宣传 287c
政治思想教育
  民兵工作 125a
  武装警察 128b
政治协商 78
知识产权 253a
知识产权案件审判 111c
知识产权强县工程 257a
知识产权示范城市建设 253a
知识产权示范企业和优势企业(表) 257
知识产权宣传 254c
知识产权优势企业(表) 257
执法监察
  工商行政管理 135a
  国土资源管理 172c
  人民代表大会 60abc 61abc 62ab
  市容管理与执法 176a
  水路 189a
  文化市场 283b
  政府法制 71a
  知识产权保护 254a
执勤处置突发事件 128c
执行工作 112a
职称评审 73b
职工帮扶服务 92a

职工技能竞赛　91a
职工权益维护　91c
职工素质教育　91b
职教基地　270c
职务犯罪侦查和预防　114a
职业培训　312a
植物病虫害防控　156b
志鉴业务辅导　75c
志书　75b
志愿服务　51a　93a
质量技术监督　141b
致公党　85a
中等教育　268c
中等职业教育　270b
中共福州市委　43
“中国·福州”门户网站　195b
中国人保　237a
中国人寿　237a
“中国温泉之都”总体规划　173a
中国银行　229c
中小河流治理　160c
中小学质量教育基地　141c
中信银行　231b
中医药事业　298c
中招制度　269a
终端产业　166b
种禽项目　157c
种植业　156a
重大利用外资项目　220b
重大项目建设推进大会　67a
重大项目建设推进大会暨马尾新城
　　建设项目开工仪式　66b
重大项目审批服务　70a
重点地段修建性详细规划　170c
重点课题调研　75a
重点项目建设
　电子信息产业　166a
　公路　186a
重点行业(领域)整治　144a
重要接待　44b
主流媒体看福州　393a
主题文化活动　308a
住房保障　184b
住房公积金　312c
助残工程　99b
驻北京联络处　76b
驻沪办　76c
驻深(广)办　77a
专利奖(表)　255
专项调查　132c
专项规划　170b
专业技术人员管理　73b
专业频率频道　291a
专业文艺　280b
专业文艺获奖(表)　281
专志编修　75c
卓越绩效管理　141c
资本市场违法违规整治　236c
资源　23a
资源环境审计　145c
资源开发　302a
自然资源　23a
自学考试　272a
自主知识产权　253c
宗教工作　48c　56a
宗教事务管理　56c
宗教文化宣传交流　57b
综合经济管理　130
综合文化站　278b
总部经济　131b
总体规划　170a
“走出去、请进来”旅游营销　304c
组织工作　46a
组织和宣传思想工作会议　44a
组织建设
　九三学社　87b
　民革　81c
　民建　84a
　民进　89a
　民盟　82c
　农工党　83c
最美文化村(社区)　278c
左海讲坛　286b
作风建设　44c

《福州年鉴（2014）》优秀文稿

优秀文稿篇名（10 篇）	**撰稿单位**	**撰稿人**
“人民政府”栏目“重要会议及活动”	市政府办公厅	庄琳芳
“外事 侨务 港澳台事务”栏目“外事侨务”“港澳事务”	市外侨办	林木荣
“政法”栏目“综述”“社会管理综合治理”	市委政法委	陈　璐
“政法”栏目“公安”	市公安局	曹友权、宋增清、陈茂华
“综合经济管理”栏目“价格管理”	市物价局	王明新
“农村经济”栏目“林业”	市林业局	吴志琴
“工业”栏目“综述”	市经委	翁锦昕
“城市建设与管理”栏目“市容管理与执法”	市市容局	林秀忠
“民营经济”栏目“民营经济服务平台”	市工商联	余　芳
“卫生 体育”栏目“卫生事业”	市卫生局	张先玲

《福州年鉴》（2008—2013）优秀撰稿人

2008 卷

人行福州中心支行	王　勉
市海洋与渔业局	高　晶
市物价局	郑礼招
市药监局	周韶辉
市发改委	廖小晖
市公安局	曹友权
连江县政府办公室	陈　丹
市统计局	范国山
福州警备区	温运生
市残联	郑海云
市民政局	翁昌福
市国土资源局	邱凯儿
福州国际航空港有限公司	林中涛
市城管执法局	周建国
青口投资区管委会	黄振东
市环保局	张梅榕
市教育局	林伯方
市劳动和社会保障局	吴军翔
市卫生局	林钟淦
市保密局	陈云娟
市文明办	林　彤

2009 卷

市纪委	程小彬
市政府办公厅	林明忠
市委宣传部	陈超俊
市委党校	李和忠
市人事局	宋　燕
市公安局	曹友权
市经委	石　晶
市数字办	叶伟奇
市电子信息产业办	林　捷
市档案局	林　敏
台盟福州市委会	程　栩
市红十字会	吴金祝
市电业局	洪　亮
中国电信福州分公司	陈俏彬
市艺校	王　宇
市海洋与渔业局	高　晶
福州出入境检验检疫局	汤晓翔
市外贸局	谷　兆
人行福州中心支行	王　勉
平潭县政府办公室	陈为松

2010 卷

市委政研室	林徐峰
市委组织部	王智武
市委宣传部	薛超进
市人大常委会	戴晓铧
市数字办	叶伟奇
市公务员局	宋　燕
市检察院	刘　媛
市公安局	曹友权
福州警备区	胡剑明
市计生委	吴秀娜
市农业局	朱祖强
市商贸服务业局	刘必华
市物价局	郑礼招
市药监局	周韶辉
中国联通福州分公司	江　轩
福州经济技术开发区	吴　惠
市海洋与渔业局	高　晶
市市容局	周建国
青口投资区管委会	林巧文
鼓楼区政府办公室	贾学勤

2011 卷

市纪委	程小彬
市委政研室	林徐峰
市委宣传部	薛超进
市委党史办	石国雄
市编办	陈　华
市公安局	曹友权
市民宗局	唐良惠
市外事侨务办	陈　婧
市发改委	刘慧冰
市环保局	申家驹
市电业局	刘力丰
市林业局	高佳景
市市容局	周建国
致公党福州市委会	魏小云
市经委	林　捷
人行福州中心支行	王　勉
寿保福州分公司	黄一彬
福州日报社	游向东
市广播电影电视局	郑润生
永泰县政府办公室	陈文琳

2012 卷

市委组织部	许　宁
市老干部局	李　敏
市发展研究中心	王正凯
市委统战部	何仲武
市总工会	陈丽燕
市公安局	曹友权
市人防办	邱明霞
市发改委	林　焱
市物价局	郑礼招
市审计局	陈直华
市国税局	魏文忠
市城乡建委	许信证
融侨经济技术开发区	陈玲颖
市商贸服务业局	刘必华
市外经贸局	林　珊
市科技局	李　勇
市广播电影电视局	郑润生
市社科联	严　平
市三坊七巷管委会	董炳强
晋安区政府办公室	张　谨

2013 卷

市委宣传部	薛超进
市党工委	张洪新
市数字办	叶伟奇
市政协办公厅	陈雪洪
市消委会	陈成铜
市外侨办	林木荣
市发改委	刘慧冰
市国资委	王宇兴
市财政局	陈洲凤
市水利局	陈　嘉
市经委	张晓江
市市容局	林　忠
福州高新技术产业开发区	黄　闽
市供销社	戴　新
省保监局	李昭赢
市科技局	潘　珍
市社科联	严　平
市旅游局	林　卉
市人力资源和社会保障局	陈中钦
仓山区政府办公室	吴建雄